2021

BEIJING EDUCATION YEARBOOK

北京教育年鉴

北京市教育委员会　编

北京出版集团
北 京 出 版 社

图书在版编目（CIP）数据

北京教育年鉴．2021/ 北京市教育委员会编．— 北京：北京出版社，2021.12

ISBN 978-7-200-16665-1

Ⅰ．①北… Ⅱ．①北… Ⅲ．①教育事业 — 北京 — 2021 — 年鉴 Ⅳ．① G527.1-54

中国版本图书馆 CIP 数据核字（2021）第 220354 号

责任编辑：周海燕

责任印制：承伯平

北京教育年鉴　2021

BEIJING JIAOYU NIANJIAN　2021

北京市教育委员会　编

*

北 京 出 版 集 团
北 京 出 版 社　出版

（北京北三环中路 6 号）

邮政编码：100120

网 址：w w w . b p h . c o m . c n

北 京 出 版 集 团 总 发 行

北京天恒嘉业印刷有限公司印刷

*

890 毫米 ×1240 毫米　16 开本　49.5 印张　1856 千字

2021 年 12 月第 1 版　2021 年 12 月第 1 次印刷

ISBN 978-7-200-16665-1

定价：200.00 元

如有印装质量问题，由本社负责调换

质量监督电话：010-58572293　58572393

北京教育年鉴编纂委员会（2021）

主　　任　郑吉春　刘宇辉

副 主 任　李军锋　李　奕　曹文军　张永凯　柳长安　丁大伟　刘晓明
黄　侃　王定东（常务）　冯义国　葛巨众

常务委员（按姓氏笔画排序）

马千里　王力志　王建辉　王艳霞　刘　霄　刘忠心　刘新军
杨江林　吴　洁　张树刚　庞成立　赵长顺　聂　荣　徐建姝
郭春彦　寇红江　魏旭斌

委　　员（按姓氏笔画排序）

王　泳　王　栋　卢向红　史晓河　杜建峰　李善廷　杨志强
吴雅星　邹美凤　冷传才　宋晓辉　张凤华　张宪国　张晓玲
武怀海　范忠伟　庞　谦　赵学智　胡　靖　姚林修　陶春梅
潘芳芳

《北京教育年鉴》（2021）工作人员名录

主　　编　赵长顺

执行主编　华　蕾

责任编辑（按姓氏笔画排序）

王永刚　华　蕾　孙晓楠　张晓兰　胡　雨　曾　婷

特约编辑（按姓氏笔画排序）

1997

1997 年起，逐年编纂

2021

编辑说明

EDITOR'S NOTE

一、《北京教育年鉴》是一部大型专业性资料工具书。在中共北京市委教育工委、北京市教委领导下，由北京市教育档案馆（北京教育博物馆）主持编纂。本年鉴始终坚持以马克思列宁主义、毛泽东思想、邓小平理论、“三个代表”重要思想、科学发展观、习近平新时代中国特色社会主义思想为指导，遵循实事求是的原则，科学、客观地反映北京教育事业发展的实际情况。

二、本年鉴以文章和条目为基本体裁，条目为主，使用规范的语体文、记述体，直陈其事，文字力求言简意赅。文前配有彩色图片，文内配有彩色随文图片，文后附有索引。索引由条目主题词、随文图片、随文表格、单位名称、人名索引五部分组成。

三、本年鉴从 1997 年开始逐年编纂。当年出版的年鉴，记述上一年内北京教育事业各个方面发生的新情况，为领导决策提供依据，为教育规划发展提供资料，为国内外各方面人士了解、研究北京教育事业提供最新的信息。自 2017 年起，本年鉴以正式出版的年鉴版本、《北京教育年鉴简本》和《北京教育年鉴》网络版（njzypt.jyzh.cn）三个版本呈现，各有侧重。

四、本年鉴除记述北京市属教育部门情况外，对北京行政区划内中央部委所属各级各类教育单位的情况也作全面记述，力求反映北京教育事业发展全貌。

五、2021 卷年鉴按教育管理、教育教学、教育服务支撑三大系统布局结构，采用分类编纂法，设北京教育总述、年度关注、大事记、首都教育系统同心抗疫、学前教育、基础教育、普通高等教育、职业与继续教育、民办教育、德育体育美育劳育、党的工作、综合管理、教育督导、科学研究、师资建设、学生管理、招生与考试、交流与合作、京津冀教育协同发展、各区教育、市教委直属单位、社会团体、人物、专文与纪实、文献、调研报告、统计表、附录 28 个类目。

六、2021卷年鉴新增“首都教育系统同心抗疫”专栏，全面记述首都教育系统在抗击新冠肺炎疫情中取得的重大战略成果。

七、本年鉴附录部分通过图表记述北京行政区划内教育事业发展基本情况，便于读者查询相关信息。

八、本年鉴收录单位在收录时限内更名的，以原名称为正名，新名称用括号附在正名后。由于版面限制，年鉴中出现的国务院和北京市行政机构原则上使用规范简称，彩色插页和随文图片的说明使用各单位的规范简称，具体见附录“部分单位全称简称对照表”。

九、本年鉴收录北京各级教育行政部门主要负责人名录，所列均以2020年内任职为限，其中任免情况分别予以注明。

十、本年鉴收录的文章、条目和图片均由各级教育行政部门和各级各类教育单位专人提供，并经部门和单位主要负责人审核。北京市教育事业统计资料由北京市教委发展规划处提供。

十一、本年鉴记述货币名称中，人民币直书“元”，其他货币采用通用名称。

十二、本年鉴涉及各项年度数据以2020年12月31日为统计口径，其他非年度数据以统计部门或业务主管部门的统计口径为准。

十三、本年鉴反映2020年1月1日至12月31日期间情况（部分内容依据实际情况时限向前略有延伸）。

Editor's Note

1. Beijing Education Yearbook is a large-scale specialized reference book. It is compiled by the Compilation Committee of Beijing Education Yearbook (Beijing Education Yearbook Editorial Office) under the guidance of the Education Commission of Beijing Municipal Committee of CPC and Beijing Municipal Education Committee. Its compilation is always guided by Marxism-Leninism, Mao Zedong Thought, Deng Xiaoping Theory, the important thought of Three Represents, the Scientific Outlook on Development and Xi Jinping Thought on Socialism with Chinese Characteristics for a New Era, also follows the principle of seeking truth from facts to reflect the actual situations scientifically and objectively.

2. With articles and entries as the primary literature type, this yearbook mainly consists of entries. It uses narratives to present straightly and make efforts to be concise and comprehensive. There are colorful pictures both before and in articles. The indexes of keywords, pictures, tables, units, and names of people are at the end of the articles.

3. This Yearbook has been published annually since 1997. Each yearbook records the previous year's new development of the Beijing education system, which offers references for decision-making and information for educational planning and development. In addition, it also helps people from both home and abroad to understand and do research on Beijing education. Since 2017, this yearbook has been presented in three versions: the officially published yearbook version, the Brief Edition of the Beijing Education Yearbook, and the online edition of the Beijing Education Yearbook (njzypt.jyzh.cn), the contents of them are emphasized differently.

4. This Yearbook embodies the panorama of Beijing education, which includes educational departments directly under Beijing Municipal and all kinds of educational units at all levels under the ministries and commissions in Beijing.

5. The 2021 Yearbook was compiled by categories, which has three major sections: education management, Teaching, and Education service. It contains 28 categorically codified categories, including Generality of Beijing Education, Annual Concern, Major Events Records, The education system of Beijing is united to fight COVID-19, Preschool Education, Elementary Education, Higher Education, Vocational and Continuing Education, Non-State Education, Moral Physical Aesthetic and Labor Education, Party Work, Integrated Management, Education Supervision, Scientific Research, Teachers Construction, Students Management, Enrolling and Testing, Communication and Cooperation, Beijing-Tianjin-Hebei Education Coordinated Development, Districts Education, Units Directly Subordinate To Beijing Municipal Education, Social Groups, Personage, Specialized Articles And

Records, Documents, Research Reports, Statistical List, and Appendix.

6. THE EDUCATION SYSTEM OF BEIJING IS UNITED TO FIGHT COVID-19 is a newly added category. It's a comprehensive account of the participation of the Capital education system in the fight against the epidemic, as well as all-weather and multi-disciplinary services.

7. For readers' convenience, the appendix section uses charts to indicate the overall situation of education development in different districts of Beijing.

8. In this Yearbook, those working units which have changed their names during the editing period would still be referred to as their primitive names with the new names in the following brackets. Due to layout limitations, abbreviations are used in referring to Party and government organizations in the yearbook. Abbreviations are used in referring to the name of the organizations in captions of the color images. Details can be found in the Full name & Abbreviation table of some organizations in Appendix.

9. This Yearbook contains a list of chief leaders of Beijing Educational Administrative sections at various levels, all of whom held positions in 2020, and the appointment and dismissal are noted separately.

10. All the articles, entries, and pictures in this yearbook are provided by specialized staff from all types of educational administrative sections and examined carefully by their chief managers. The Statistical Material of Beijing Education is provided by the Development Planning Department of Beijing Municipal Education Committee.

11. In terms of the currency in this yearbook, RMB is referred to as Yuan, and the common names are used in referring to other currencies.

12. Annual statistics involved in this yearbook take the statistical criteria of December 31, 2020; other non-annual statistics are taken from statistical or operating departments.

13. This Yearbook describes educational events between January 1, 2020, and December 31, 2020. Some of its contents may date back a bit according to practical circumstances.

党建工作 PARTY-BUILDING WORK

01 3月1日，北大国家援鄂医疗队举办主题党日活动（北大　供）

02 5 月 19 日，市属高校巡视整改推进会议召开（蔡赫　摄）

03 6月21日，清华举行2020届毕业生党员大会暨启航出征仪式（清华　供）

04 7月17日，北京高校“使命在肩、奋斗有我”主题教育活动推进会暨暑期师生社会实践活动动员部署会举办（新闻中心　供）

改革创新 REFORMATION AND INNOVATION

01 市教委深化职业教育改革。图为1月19日，市教委举办深入贯彻落实《国家职业教育改革实施方案》座谈会（新闻中心　供）

02 回天地区优化提升。图为名校入驻补充教育缺口（昌平区教委　供）

03 市教委推进市属公办本科高校分类发展。图为12月10日，市属公办本科高校分类发展推进会召开（蔡赫　摄）

04 市教委推进沙河高教园区建设。图为沙河高教园区基础教育配套学校（北航附小　供）

05 市教委推进良乡高教园区建设。图为利用市级奖补资金建设的良乡高教园区智能城市管理系统（房山区教委　供）

01 北京8所高校入选“强基计划”。图为5月12日，清华举行“强基计划”启动会暨书院院长聘任仪式 （清华 供）

02 城市副中心重点建设项目推进。图为9月1日，城市副中心通运小学开学 （通州区教委 供）

03 市教委全力支持雄安新区建设。图为9月，市教委举办京雄职教骨干教师培训 （市教委相关处室 供）

04 市教委推进垃圾分类工作。图为10月，奋斗小学开展“垃圾分类我先行”综合实践系列活动 （西城区教委 供）

05 中小学校幼儿园安全管理规定推进实施。图为10月28日至29日，八十中牌坊分校举办“应急安全进校园”宣传培训活动 （八十中牌坊分校 供）

人才培养 TALENT CULTIVATION

学前教育

01 6月8日，东城区具备开园条件的幼儿园大班陆续复园 （唐晨　摄）

02 10月15日，昌平幸福童年幼儿园操课展示 （欧阳芙红　摄）

03 12月，崇文三幼举办第二届“萌娃迎冬奥，冰雪庆新年”主题欢乐周活动 （王朔　摄）

01

02

03

04

基础教育

01 5月10日，明远教育书院实验小学开展垃圾分类教育，启动“明心远行 劳动实践”垃圾分类主题教育活动（明远教育书院实验小学 供）

02 10月28日，丰台区教委举办北京小学丰台万年花城分校办学实践研讨会（丰台区教委 供）

03 11月25日，汇文中学举办建党100周年、建校150周年教学实践研讨活动（郭琳 摄）

04 11月，丰台八中开展劳动教育，组织清洁校园劳动实践活动（李亚娟 摄）

05 12月1日至2日，北京小学通州分校举办统编教材习作课评优研讨会（靳朝霞 摄）

05

高等教育

01 6月23日，北邮举办多场“校长·学生”座谈会（刘家杰　摄）

02 8月31日，首都高校秋季开学工作会召开（新闻中心　供）

03 9月，北航学生秋季返校（北航　供）

04 11月14日，中央财大举办大学生诵读经典活动（中央财大　供）

民办教育

01 9月4日，世纪学院科研成果亮相2020年国际服贸会（世纪学院 供）

02 10月23日，科技经营管理学院2020年学生秋季运动会（陈光祥 摄）

03 11月20日，王府外国语学校小学双语部首届国际节日游园日活动（袁子婷 摄）

04 11月25日，二十一世纪幼儿园恩济园冬季运动会（二十一世纪幼儿园 供）

05 11月至12月，西城区校外培训机构（含民办幼儿园）从教人员授课内容清查整治及自编教材核查（红旗大学 供）

人才强教 STRONG TALENT TO TEACH

01 5月6日，通州区名师国际化素质提升高端培训项目开班 （通州区教委 供）

02 9月10日，东城区学生在庆祝教师节表彰座谈会上为获奖干部教师献花 （刘毅 摄）

03 10月23日，北京高校新上岗思想政治理论课教师拜师宣誓仪式举办 （王辉 摄）

04 11月19日，市委教育工委、市教委举办“对话与成长：高校新生辅导员与高三班主任面对面”活动 （市委教育工委相关处室 供）

05 12月22日，西城区教委、区教育研修学院举办“走进童心世界，做专业爱心幼儿教师”师德展示会 （西城区教委 供）

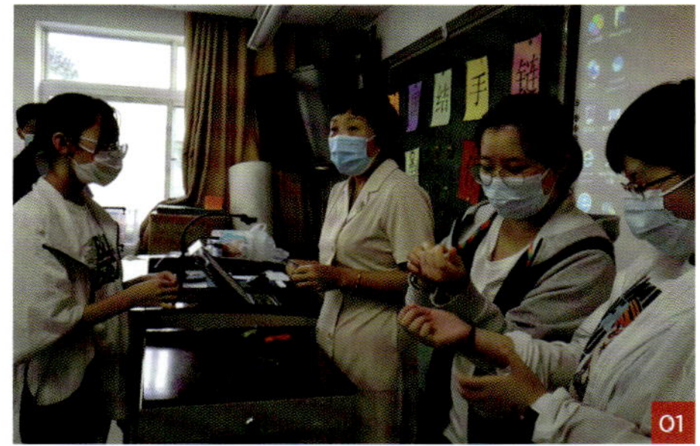

01 9月3日，财会学校综合实践活动课程教师为高一学生开设校本课程 （李纪军　摄）

02 10月20日，密云区小学非骨干教师现场评优课活动 （密云区教委　供）

03 12月3日，平谷一幼新入职教师讲故事考核 （于海清　摄）

04 12月4日，北科院第11届青年教师教学基本功大赛 （汪彦辰　摄）

05 12月，北大基础医学院教授在医学部解剖楼纪念馆前讲授解剖课 （北大　供）

科学研究 SCIENTIFIC RESEARCH

01 6月9日，清华团队进行世界首个超高压柔性直流电网工程人工短路试验（清华　供）

02 9月10日，北理工怀来科研试验基地开工仪式在河北怀来县举行（北理工　供）

03 9月23日，公安大学召开第五次科研工作会议（李承真　摄）

04 10月，地大研究成果获国际水环境联盟McKee奖（地大　供）

05 11月22日，首届国际中文教育发展智库论坛暨国际中文教育发展智库联合体揭牌仪式举行（北语　供）

01

02

03

04

05

01 4月27日，北京实验学校推进试开学教育教学工作，图为疫情防控常态化背景下的升旗仪式 （郭峰亭 摄）

02 9月11日，百善学校举办“以科研促教研”全学科阅读教研活动 （张燕 摄）

03 10月23日至25日，北京市教师参加第八届全国中小学实验教学说课活动现场展示 （市教委相关处室 供）

04 12月6日，北京教科院举办深化新时代教育评价改革论坛 （北京教科院 供）

05 12月25日，海淀区委教育工委、区教委共同举办汪春燕教育教学实践研讨会 （十一学校 供）

COMMUNICATION AND COOPERATION 交流与合作

01 6月22日，对外经贸大2020届留学生毕业（对外经贸大 供）

02 9月，2020年国际服贸会教育专题展（新闻中心 供）

03 11月4日至8日，人民大学“同心笃行”港澳台学生国情教育实践活动（人民大学 供）

04 12月9日至11日，首届世界慕课大会举办（清华 供）

01 9 月 1 日，河北张家口阳原县学生赴电气工程学校访学 4 个月 （市教委相关处室 供）

02 9 月 22 日，朝阳实验小学举办京湘牵手交流活动 （朝阳实验小学 供）

03 9月22日，农大与四川成都新津区签署共建四川现代农业产业研究院（新津）合作协议 （欧阳永志 摄）

04 9 月 24 日，怀柔职校骨干教师到河南卢氏中专交流授课 （怀柔职校 供）

05 10 月，京津冀地区 2021 届高校应届毕业生医学类急需紧缺人才引进专场洽谈会举办 （朱况 摄）

06 12 月 24 日，北工大与华为技术有限公司签约成立“智能基座”产教融合协同育人基地 （北工大 供）

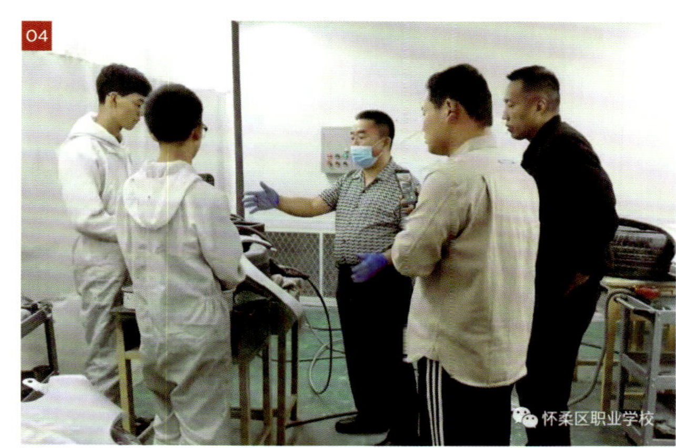

教育扶贫支援

EDUCATION POVERTY ALLEVIATION AND EDUCATIONAL SUPPORT

01 5月，北京教育专家在京藏优质教育资源远程互动教学项目上通过网络与拉萨教师互动 （市教委相关处室 供）

02 9月30日，黄庄职高组织拉萨学生体验冰壶运动（舒燕军 摄）

03 10月14日，首都教育远程互助工程——和田项目第三期启动 （市教委相关处室 供）

04 8月5日，北京教育代表团到西藏拉萨尼木县帕古乡中心小学交流 （市教委相关处室 供）

05 11月3日起，联合大学师范学院学生赴内蒙古乌兰察布乡村学校支教 （市教委相关处室 供）

06 11月26日，戏剧学院助力脱贫攻坚，开展美育课程教师培训 （戏剧学院 供）

07 11月，中央美院艺术课堂走进云贵川 （中央美院 供）

目 录
CONTENTS

幼儿园选介

基础教育

综述

小学教育

中学教育

民族教育

特殊教育

小学选介

中学选介

民族教育学校选介

特殊教育学校选介

普通高等教育

综述

本科教育

学位与研究生教育

普通高等学校

■ 北京大学

■ 中国人民大学

■ 清华大学

■ 北京交通大学

■ 北京工业大学

■ 北京航空航天大学

■ 北京理工大学

■ 北京科技大学

■ 北方工业大学

■ 北京化工大学

职业与继续教育

综述

职业教育

继续教育

学习型城市建设

高等职业院校

■ 北京工业职业技术学院

■ 北京信息职业技术学院

■ 北京电子科技职业学院

■ 北京京北职业技术学院

■ 北京交通职业技术学院

■ 北京青年政治学院

■ 首钢工学院

■ 北京农业职业学院

■ 北京政法职业学院

■ 北京财贸职业学院

■ 北京戏曲艺术职业学院

■ 北京经济管理职业学院

■ 北京劳动保障职业学院

■ 北京社会管理职业学院

民办高等学校选介

■ 北京城市学院

■ 北京北大方正软件技术学院

■ 北京经贸职业学院

■ 北京经济技术职业学院

■ 北京汇佳职业学院

■ 北京科技经营管理学院

■ 北京吉利学院

■ 首都师范大学科德学院

■ 北京工商大学嘉华学院

■ 北京科技职业学院

■ 北京培黎职业学院

■ 北京邮电大学世纪学院

■ 北京工业大学耿丹学院

■ 北京艺术传媒职业学院

■ 北京第二外国语学院中瑞酒店管理学院

■ 北京网络职业学院

民办高等教育机构选介

民办中小学幼儿园选介

德育体育美育劳育

综述

党的工作

综述

重要活动

组织干部工作

宣传与思想政治教育

综合管理

综述

政策法规

发展规划

财务

审计

基本建设

后勤管理

科研管理

科研成果

教育科学研究

教育教学研究

师资建设

综述

师德建设

师资管理

师资培训

职称评定与资格认定

学生管理

综述

学籍管理

创新创业

毕业与就业

征兵工作

奖贷助学

招生与考试

综述

高级中等学校招生

普通高中学业水平合格性考试

普通高等学校招生

研究生招生

成人高等学校招生

高等教育自学考试

社会考试

交流与合作

综述

国际交流与合作

■ 友好往来

■ 一带一路

■ 外国学生教育与管理

■ 国际汉语教育

港澳台侨交流与合作

扶贫协作与支援合作

京津冀教育协同发展

综述

学前教育

基础教育

高等教育

职业与继续教育

各区教育

东城区

西城区

昌平区

大兴区

怀柔区

平谷区

密云区

延庆区

燕山地区

市教委直属单位

北京教育科学研究院

北京教育考试院

北京教育音像报刊总社

北京市教工休养院

北京市校办产业管理中心

北京教育网络和信息中心

北京教育综合服务中心

北京市教育系统人才交流服务中心

北京市国际教育交流中心

北京学生活动管理中心

北京市教育技术设备中心

北京教育老干部活动中心

北京高校房地产开发总公司

北京教育志编纂委员会办公室

CONTENTS

INTRODUCTION TO SELECTED ETHNIC EDUCATION SCHOOLS

INTRODUCTION TO SELECTED SPECIAL EDUCATION SCHOOLS

HIGHER EDUCATION

SUMMARY

UNDERGRADUATE EDUCATION

ACADEMIC DEGREE AND POSTGRADUATE EDUCATION

REGULAR HIGHER EDUCATION INSTITUTIONS

NON-STATE EDUCATION

MORAL, PHYSICAL, AESTHETIC AND LABOUR EDUCATION

MORAL EDUCATION

■ MORAL EDUCATION WORKS

■ SPECIALIZED EDUCATION

NATIONAL DEFENSE EDUCATION

PHYSICAL EDUCATION AND HYGIENE

■ PHYSICAL EDUCATION

■ SCHOOL HYGIENE

WINTER OLYMPIC EDUCATION

ART AND OFF-CAMPUS EDUCATION

■ ART EDUCATION

■ OFF-CAMPUS EDUCATION

■ SCIENCE AND TECHNOLOGY ACTIVITIES

LABOUR EDUCATION

PARTY WORK

SUMMARY

SCIENTIFIC RESEARCH

SUMMARY

SCIENTIFIC RESEARCH MANAGEMENT

SCIENTIFIC DISCOVERY

EDUCATIONAL SCIENCE RESEARCH

EDUCATION AND TEACHING RESEARCH

TEACHERS CONSTRUCTION

SUMMARY

COMMUNICATION AND COOPERATION

UNITS DIRECTLY SUBORDINATE TO BEIJING MUNICIPAL EDUCATION

RESEARCH REPORT

STATISTICAL LIST

APPENDIX

NATIONAL ADVANCED INDIVIDUALS AND COLLECTIVES IN THE FIGHT AGAINST THE COVID–19 EPIDEMIC (BEIJING EDUCATION SYSTEM)

ELEMENTARY EDUCATION

HIGHER EDUCATION

VOCATIONAL EDUCATION AND FURTHER EDUCATION

TEACHERS CONSTRUCTION

COMPARISON TABLE OF FULL NAME AND ABBREVIATION

INDEX

做好新冠肺炎疫情防控

落实立德树人根本任务

提高学前教育普及普惠水平

推进基础教育优质均衡发展

推动高等教育内涵特色差异化发展

2021 | 北京教育总述

GENERALITY OF BEIJING EDUCATION

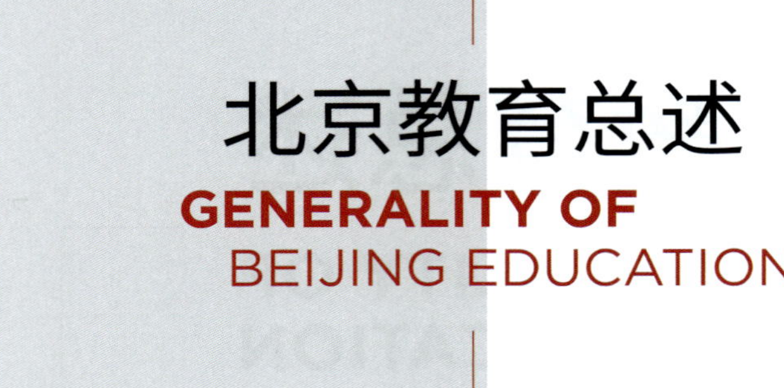

北京教育总述

GENERALITY OF BEIJING EDUCATION

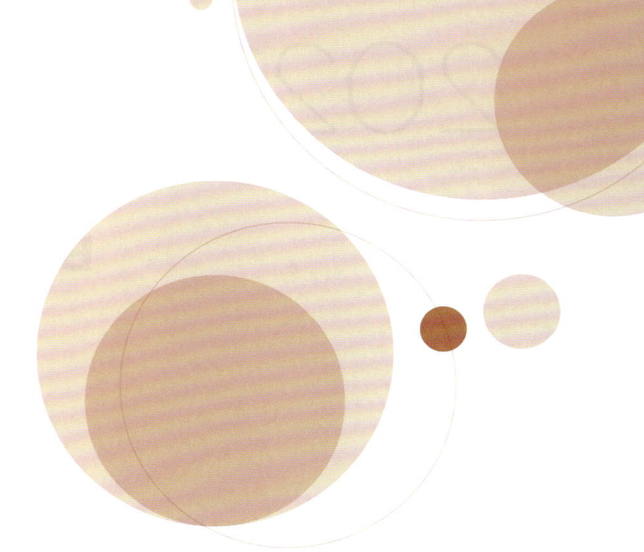

2020 年北京教育事业发展简况

1899 所幼儿园
656 所普通中学
335 所初中
321 所高中
934 所小学
20 所特殊教育学校
6 所工读学校
110 所中等职业学校
92 所普通高等学校
18 所成人高校
15 所民办普通高校

基本情况

学前教育

北京市有幼儿园 1899 所；在园幼儿 52.59 万人。

基础教育

北京市有普通中学 656 所，其中，高中 321 所、初中 335 所；小学 934 所；特殊教育学校 20 所；工读学校 6 所。

基础教育在校学生 148.57 万人，其中，普通高中 16.02 万人，普通高中在校生中本市户籍 14.89 万人、非本市户籍 1.12 万人；初中 33.05 万人，初中在校生中本市户籍 27.13 万人、非本市户籍 5.92 万人；小学 99.50 万人，小学在校生中本市户籍 74.14 万人、非本市户籍 25.36 万人。

特殊教育学校在校生 7308 人；工读学校在校生 452 人。

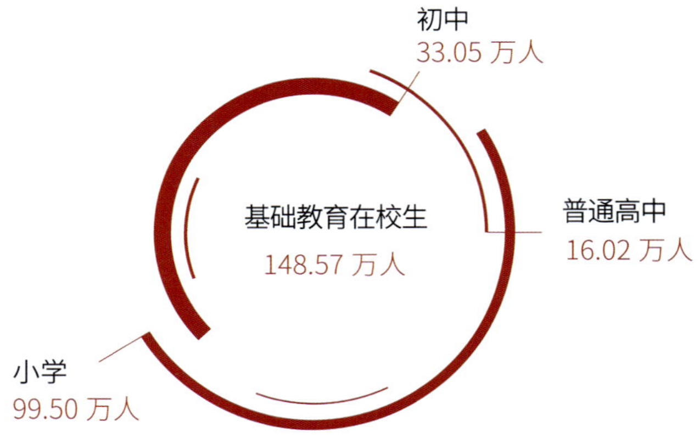

中等职业教育

北京市有中等职业学校 110 所，其中，中等专业学校 29 所、成人中专 11 所、职业高中 44 所、技工学校 26 所。

中等职业学校在校学生 7.31 万人，其中，中等专业学校 2.91 万人、成人中专学校 0.73 万人、职业高中 1.00 万人、技工学校 2.67 万人。

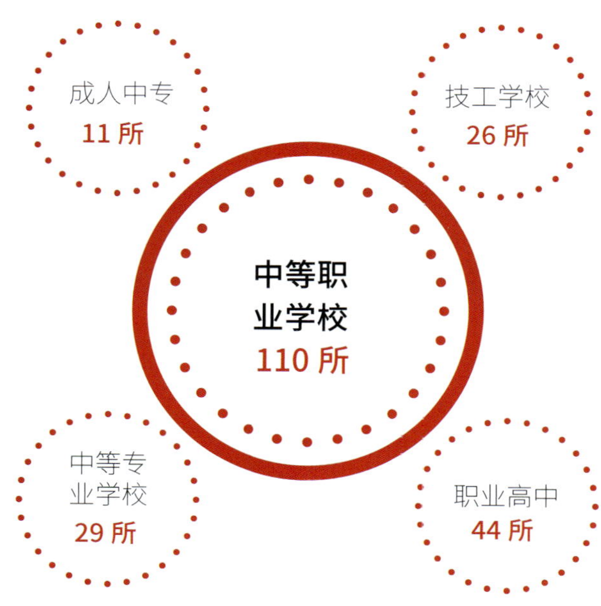

研究生教育

北京市有 59 所普通高校和 86 个科研机构培养研究生，有在学研究生 38.66 万人，比上年增加 2.60 万人。其中，博士生 10.85 万人，比上年增加 0.77 万人；硕士生 27.81 万人，比上年增加 1.83 万人。2020 年招收研究生 13.37 万人，比上年增加 0.98 万人。在 59 所普通高校中，中央部委所属高校 38 所，研究生在校生 31.80 万人、招生 10.83 万人；市属高校（含民办高校）21 所，研究生在校生 4.84 万人、招生 1.88 万人。

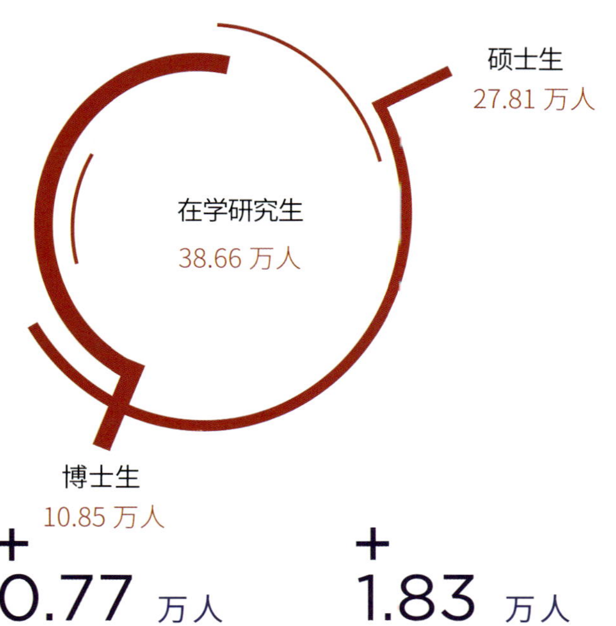

\+ 0.77 万人

博士生 10.85 万人，比上年增加 0.77 万人

\+ 1.83 万人

硕士生 27.81 万人，比上年增加 1.83 万人

普通本专科教育

北京市有普通高等学校 92 所，普通本专科在校生 59.03 万人，比上年增加 0.43 万人，其中，普通本科在校生 51.75 万人，比上年增加 0.55 万人；普通专科在校生 7.28 万人，比上年减少 0.12 万人。2020 年普通高校本专科共招生 15.93 万人，比上年增加 0.25 万人。在 92 所普通高校中，市属普通高校 53 所（含民办高校 15 所），普通本专科在校生 26.34 万人，比上年增加 0.02 万人。

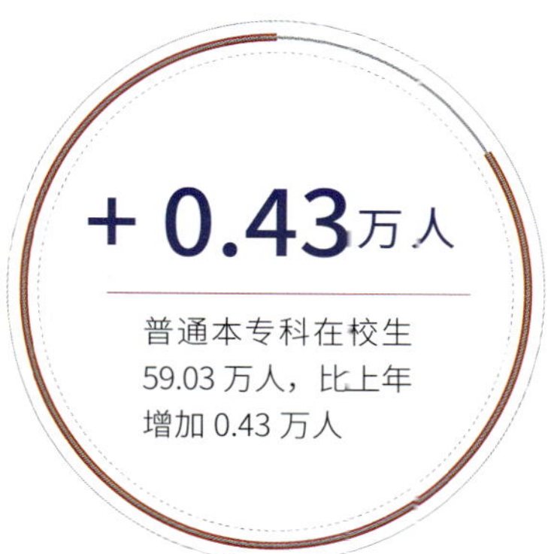

\+ 0.55 万人

普通本科在校生 51.75 万人，比上年增加 0.55 万人

\+ 0.25 万人

普通高校本专科招生 15.93 万人，比上年增加 0.25 万人

成人教育

北京市有独立设置成人高校 18 所，成人高等学历教育在校生 11.78 万人，招生 4.19 万人。培训机构 3199 所，注册学生 251.18 万人。

民办教育

北京市有民办普通高校 15 所，民办高等教育机构 64 所，民办中学 96 所，民办中等职业学校 19 所，民办小学 51 所，民办幼儿园 934 所。

中外合作办教育

北京市有中外合作办普通高中 4 所，中外合作办幼儿园 2 所，中外合作办职业技术培训机构 1 所。

教育资源状况

北京市高等教育设施情况

单位：万平方米

		学校产权占地面积	学校产权校舍面积	学校产权教室面积	学校产权图书馆面积	学校产权实验实习场地面积	学校产权学生宿舍面积	学校产权正在施工校舍面积	非学校产权独立使用占地面积	非学校产权独立使用校舍面积
普通高校	计	4687	4155	351	160	568	891	299	612	267
	市属	1578	1198	174	60	214	283	12	283	124
成人高校		131	80	15	4	4	15	0	3	1
民办高等教育机构		40	45	8	2	3	20	0	126	89

北京市高等教育设备情况（学校产权）

		固定资产（万元）	教科仪器（万元）	图书（万册）	教学用计算机（台）	教室（间）	网络多媒体教室（间）
普通高校	计	20765472	7265311	11934	451867	19695	14062
	市属	5950619	2144847	4312	209588	10393	6879
成人高校		293701	34164	229	10966	1170	729
民办高等教育机构		117132	21753	159	8645	923	62

注：以上两个表格中市属普通高校办学条件包含民办普通高校数据

北京市基础教育设施情况

单位：万平方米

	占地面积	校舍建筑面积	教室面积	实验室面积	图书室面积
普通中学	2602.79	1610.37	335.98	94.19	43.32
小学	1430.69	767.44	274.29	20.54	18.68

北京市基础教育设备情况

	固定资产（万元）	仪器设备（万元）	计算机（台）	图书（万册）	电子图书（万册）
普通中学	4580033.43	1272605.00	363216	3169.46	1625.89
小学	2390923.44	837200.31	258351	2804.23	395.03

师资队伍状况

北京市小学教职工 6.25 万人，其中，专任教师 5.64 万人，生师比 14：1；普通中学教职工 9.29 万人，其中，专任教师 7.37 万人，生师比 8.3：1。普通高校教职工 14.59 万人，其中，专任教师 7.06 万人。

（李佳琦　张晓兰）

2020 年北京教育事业发展综述

2020 年，北京教育系统全面贯彻党的教育方针，全面贯彻落实习近平总书记关于教育的重要论述，深入落实全国和全市教育大会精神，全力抗击新冠肺炎疫情，稳步推进教育改革发展，努力办好人民满意的教育。

做好新冠肺炎疫情防控

新冠肺炎疫情发生以来，北京教育系统坚决落实“坚定信心、同舟共济、科学防治、精准施策”总要求，始终把战疫和保学同步考虑、协同推进，始终把确保师生生命安全和身体健康放在第一位，构建市、区、校三级防控体系，确保 320 万名师生校园内“零感染”。首次采用社会合作方式构建全覆盖的在线教学传播平台，面向 240 万名学生开展史上最大规模线上教学，中小学免费开放名师同步课、特级教师辅导课等在线课程 1.7 万余节，组织千余名骨干教师新录制市级课程 6000 节，在京 66 所本科高校开设在线课程 8.5 万余门次，确保“停课不停学”。打响特级校长、特级教师“双‘特’战疫”，加强学生居家学习生活指导。精心组织各类考试，作为全国唯一在二级疫情防控下开展首次新高考的省市，实现新高考平稳落地。

落实立德树人根本任务

坚守素质教育导向，充分挖掘战“疫”中的育人资源，强化爱国主义、道德法治、生命健康、心理健康教育，在全市中小学开展“凝聚正能量、同心抗疫情”“学习新思想、做好接班人”主题教育活动，组织开展中华经典诵写讲系列活动，传承、弘扬中华经典文化，鼓励学生承担家务劳动。研究制定体育改革文件及相关配套措施，深化教体结合，推动学校体育取得新突破。举办冰雪冬令营、模拟冬奥会总决赛等活动，普及推广冰雪运动，开展奥林匹克教育。围绕新冠肺炎疫情防控开展丰富多彩的美育活动。研究制定加强新时代大中小学劳动教育的实施意见，进一步提升劳动教育水平。

提高学前教育普及普惠水平

将新增 3 万个学前学位作为政府实事予以推进，通过新建、改建、扩建幼儿园及鼓励引导社会力量办园等方式新增幼儿园（点）121 所、学位 34350 个，完成新增学前学位的实事任务。全市适龄幼儿入园需求基本得到满足，入园率 90%，普惠率 87%，无证办园现象基本消除。开展 3 年一轮的幼儿园办园质量督导评估工作，在组织全市幼儿园全覆盖完成自评基础上，完成 580 所幼儿园的办园质量督导评估，促进学前教育普及普惠安全优质发展。

推进基础教育优质均衡发展

出台《北京市关于进一步深化教育教学改革 全面提高义务教育质量的意见》和《北京市关于深化育人方式改革 推进普通高中多样化特色发展的意见》，加强基础教育改革发展整体谋划。持续深化中小学学区制管理和集团化办学，加大教研资源和在线课程资源共享力度。启动国家和市级新课程新教材示范区示范校遴选建设，首批认定市级示范区 4 个和示范校 11 所，其中，被教育部认定国家级示范区 2 个和示范校 6 所。市级财政每年投入 1.5 亿元用于奖励参与市级统筹任务的优质学校校长、管理干部和教师，调动帮扶积极性。认定全市 518 所学校达到义务教育学校管理标准。实施城乡中小学校一体化发展项目，推进“手拉手”100 所结对学校共发展。进一步完善义务教育入学政策，稳妥落实民办义务教育学校招生政策调整，与公办学校同步招生、电脑随机录取，公办寄宿招生电脑随机录取，公办小学、初中就近入学率均保持在 99% 以上。

10 月 28 日，首师大附中昌平学校举办首届劳动丰收嘉年华活动（姚健 摄）

推动高等教育内涵特色差异化发展

出台《北京市属公办本科高校分类发展方案》，协调相关部门重点推动高校人事制度改革、分类考核评价改革、分类拨款机制改革。统筹推进“双一流”建设，加强重点领域改革，对北京高校公共卫生、5G通信、微电子等领域专业人才培养给予专项指导和支持。推动8个“北京学院”和8个“卓越联盟”建设，探索人才交叉培养模式的创新。建设“学院路教学共同体”“沙河大学城联盟”“良乡大学城联盟”等，支持高校间交流合作、共建共享。

推进职业教育改革发展

召开全市职业教育工作推进会，出台《深化职业教育改革的若干意见》。推进北京“特高”项目，指导两批次99个骨干特色专业、90个工程师学院和大师工作室推进建设任务。优化贯通培养院校专业，完成首届1817名内培学生转段到本科，推进“3＋2”中高职衔接办学379对，衔接专业覆盖率75.1%，加强与首都经济社会发展紧密契合的高素质技术技能人才系统培养。统筹学分银行项目，完善“1＋X”证书制度试点机制，组织三批45所院校141个专业55150名学生参与155个证书试点。

支持和规范民办教育健康发展

出台《关于进一步规范民办非学历高等教育机构办学行为的意见》，强化内部治理。在市委编办统筹下，编制“全市培训机构分类和准入清单”“培训机构违规行为监管职责分工清单”，深化校外培训机构系统治理。针对“线下暂停、线上火爆”的实际，对267家校外线上培训机构进行重点监管。实施“公示承诺＋备案名单”监管模式创新，对外发布首批52家校外线上机构备案名单。应对疫情挑战做好帮扶。为保障民办普通高校稳定办学，对16所民办普通高校给予1900余万元的疫情防控补贴。疫情期间研究出台减免房租、延期纳税等措施，187家符合条件的线下教育机构和民办幼儿园实现房租减免，总额1200万余元。

1月18日，东城区回民实验小学开展以剧目形式展演师德故事活动 （马涛 摄）

全面加强教师队伍建设

推进全面深化新时代教师队伍建设改革各项任务落实。研究制定加强和改进新时代师德师风建设的实施意见，进一步提高师德建设水平。积极拓展中小学教师来源，实施城区中小学校公开招聘紧缺学科教师计划，缓解城区中小学教师学科性结构短缺问题。持续推进中小学绩效工资政策落地，研究制定市属高校绩效考核办法。研究制定职业院校“双师型”教师认定办法，加快提升职业院校“双师型”教师队伍建设水平。研究制定《关于减轻中小学教师负担 进一步营造教育教学良好环境的若干措施》，为教师创造更好的工作环境。

提高首都教育服务经济社会发展能力

组织实施高校新冠肺炎疫情防控应急攻关项目，直接遴选立项支持的11个项目中，8个项目成果在防控一线得到应用。另有260余项高校科技成果直接应用到疫情防控中。向党政有关部门提交研究报告和政策建议2000余件（530件被采纳，114件被各级领导批示，20余件获中央领导批示）。继续统筹推进北京实验室建设布局，完成第一周期13个高精尖中心建设评估工作。出台《进一步提升北京高校专利质量加快促进科技成果转移转化的意见》和《北京高校科技成果转移转化促进中心建设管理办法》，积极推进技术转移研究生培养，促进有关高校与良乡、沙河高教园区共建科技成果转移转化促进中心。

优化教育空间布局

编制完成北京市教育设施专项规划、中小学和市属高校功能建设标准清单，推进7所市级统筹优质校按计划开工建设，实现城市副中心北京市第五幼儿园和北京市第一幼儿园按期开园、北京学校小学部按期开学、北京市北海幼儿园副中心园按期竣工的目标，解决搬迁机关干部子女入学的后顾之忧。回天地区三年行动计划完成年度目标的32个教育项目，城南行动计划12所学校建设项目和生态涵养地区5所优质校建设项目按计划、分阶段实施。加快推进实现区区有高校。加快北京信息科技大学等4所市属疏解高校新校区建设。研究推进首都体育学院挂牌“北京国际奥林匹克学院”，到延庆区办学，首都医科大学落户大兴建设新校区，首都师范大学整合城内分散校区，启动研究良乡校区二期建设。协调支持中央高校疏解，全年投入7.3亿元支持沙河、良乡两个高教园区建设发展。成立两个高教园区“内涵发展建设联盟”，试点开展课程共享、实践资源共享。

12 月，2020 年教育系统国家宪法日“宪法晨读”活动中北京市分会场师生们共同诵读宪法　　（教育音像报刊总社　供）

全力推进教育开放协同

出台《北京地区高等学校招收和培养国际学生管理办法》《关于外国学生就读北京市幼儿园、普通中小学、中等职业学校的意见》，研究制定《北京市高等教育来华留学质量发展指标体系》等文件，进一步完善来华留学质量标准和管理服务，优化留学政策环境。出台《北京市外籍人员子女学校管理办法（修订）》，突破现有政策，在全国率先允许中国企业和个人举办外籍人员子女学校。成功举办国际服贸会教育服务专题展和论坛，展示内容国际化率超 60%。深入落实北京市国际学校发展三年行动计划，顺利推进新布局国际学校建设任务，目前已开工学校 13 所。支持河北雄安新区建设，4 所援助学校办学水平明显提升，3 所“交钥匙”学校建设进展顺利。

全力做好大学生就业工作

面对 2020 年严峻的就业形势，多次召开工作推进会，定期通报各高校就业进展，约谈就业率靠后的高校领导，督促指导学校开展工作。积极开拓就业岗位。会同市人力社保局、市财政局等部门，出台促进就业的政策措施，鼓励企业吸纳毕业生。深挖教育系统内部就业资源，优先征集毕业生入伍。举办网络招聘会 123 场，参会单位 2.2 万家，招聘岗位 365 万个，岗位数量与毕业生数量比超过 10∶1。制定“一生一策”工作方案，加强困难群体毕业生帮扶。北京高校 2020 届毕业生 24 万余人，就业率达到 90.2%，远超全国平均水平。

打赢教育脱贫攻坚战

统筹实施市区两级年度教育扶贫支援项目，完成 286 名支教干部教师赴任组织工作，动员社会力量为受援地区捐赠价值 2.3 亿元的优质在线教育资源，推进 23 所市属高校与本市 34 个低收入村引智帮扶，开展“推普助力脱贫攻坚”。市教委及在京国家语言文字推广基地克服新冠肺炎疫情影响，对口支援完成少数民族教师、农村教师 3252 人次在线培训任务。积极拓展实施“云帮扶”，开展线上培训、云端研修等 10 余个互联网帮扶项目，累计培训 40 余个贫困旗县干部教师近 4000 人，截至 2020 年，市教委扶贫培训次数和人数在全市各委办局排名第一。

提升首都教育治理水平

全面总结评估“十三五”规划进展，凝练首都教育的北京特色、北京经验。推进编制“十四五”教育规划，在教育资源配置、育人理念和育人方式变革、扩大教育对外开放、促进新技术与教育融合发展 4 个方面推进首都教育的重点创新突破。组建首都教育咨询委员会，遴选一批教育、经济、科技等领域顶尖专家参与首都重大教育改革发展政策的调研、论证和评估等工作。

全面推进依法治教

加强教育立法工作总体谋划，研究提出“十四五”立法规划。完成《北京市学前教育条例》修法调研，完成《北京市教育督导规定》修订立项论证。全面梳理北京教育标准，加强合法性审查和备案，完成市教委现行全部行政规范性文件清理，废止 85 件。执法力度进一步加强，年检查量达 3.1 万余件，完成行政处罚职权划转至市场监管部门工作交接，印发教育行政处罚裁量基准。出台《北京市中小学校幼儿园学生伤害事故处理办法》，召开中小学依法治校基本标准落实推进会，开展高校依法治校专题培训。围绕宪法、民法典和疫情防控“两法一条例”开展法治宣传教育，提高干部师生法治素养，完成首批 50 名法治名师选拔培养工作。协调各处室、相关委办局做好营商环境评价工作。出台《北京市关于深化新时代教育督导体制机制改革的实施意见》，对石景山等 8 个区开展政府履行教育职责综合督导。大力推进实施中小学校幼儿园安全管理规定，加强平安校园建设。加大审计力度，强化结果应用，提升监督效能。

（王艳霞）

（本栏责任编校　张晓兰）

完善“接诉即办”工作机制
切实提升教育治理能力

减轻中小学教师负担
营造教育教学良好环境

全面加强和改进新时代
学校体育工作

加强北京市中小学学位建设

校外线下培训机构综合治理

2021 | 年度关注

ANNUAL CONCERN

- 年度聚焦
- 政策解读
- 社会关注

年度关注 ANNUAL CONCERN

年度聚焦

公共服务资源布局持续优化

2020 年，为落实京津冀协同发展纲要和新版北京城市总体规划，优化北京市高等教育空间布局，根据市委、市政府决策部署，北京市组织实施部分市属高等学校有序疏解工作。北京信息科技大学昌平校区、北京工商大学良乡校区、北京电影学院怀柔校区、北京城市学院顺义校区稳步建设。

主管教育的市领导多次专题研究调度高校新校区建设，听取学校事业改革发展规划方案汇报。教育主管部门密切协同相关部门和属地政府加强顶层设计，多次专题研究部署，共同推动项目实施，建立周报告、月调度、季度现场观摩的督查推进机制，及时掌握各项任务完成情况、存在问题和下一阶段目标。

年内，工商大学良乡校区二期 4.23 万平方米学生宿舍、学生活动中心及食堂项目竣工并投入使用。电影学院怀柔校区一期工程 18 万平方米教学及生活设施主体施工完成，正在进行教育仪器设备和生活设施安装。信息科大昌平校区 32 万平方米教学及生活设施正在施工。城市学院顺义校区三期工程学生宿舍组团 14.4 万平方米校舍开工建设。

（市教委基本建设处）

回天地区名校入驻　加快补齐教育缺口

优化提升回龙观、天通苑地区公共服务和基础设施三年行动计划是市委、市政府坚持以人民为中心的发展思想，深入落实北京城市总体规划，推动首都高质量发展，提高保障和改善民生的一项重要惠民工程，也是探索大型居住区治理经验的重要举措。2018 年起，按照市委、市政府总体部署，北京市组建市级回天工作专班，发挥统筹协调作用，扎实推进回天地区三年行动计划，在缓解回天地区居民入园入学难题、满足回天地区居民优质教育等需求方面取得阶段性成效，补短板、惠民生效果已经显现，人民群众安全感、获得感、幸福感不断增强。

聚焦持续改善教育民生，着力加强体制机制保障。市教委推进“回天计划”教育项目有效实施，昌平区政府发挥主体责任，围绕回天地区居民最关心、最直接、最现实的教育公共服务和基础设施难题，切实加大资金支持力度和规划建设推进力度。一方面，继续巩固已有工作态势，在保障学位供给、提升办学质量方面持续发力。市教委建立定期督查、按月“吹哨报到”、市区联动等工作机制，对工作任务进行市区分解、委内分工，形成各部门协同配合、协同发力的局面。另一方面，继续加大监督和指导力度，协调区政府出实招解决建设项目建设主体多元、规划条件欠缺等影响开工的问题，督促开发商配建项目按照同步规划、同步建设、同步交付使用的要求加快实施。

10月15日，回龙观镇中心幼儿园防震逃生演练
（李响 摄）

指导昌平区教委落实《北京市学前教育专职督查队伍建设与管理暂行办法》，2020年疫情期间，指导昌平区教委完成两轮对回天地区所有幼儿园和社区办园点的专职督查，确保园所顺利开园。组织“回天地区幼儿园园长、骨干教师培训”活动8期，累计培训1400余人次。

聚焦优质教育资源短缺，着力提升基础教育品质。市教委启动回天地区“手拉手”结对帮扶项目，统筹协调西城、海淀区11所优质中小学与回天地区11所学校手拉手，同时，协调城区10所优质幼儿园与回天地区10所普惠性幼儿园手拉手，21对“手拉手”项目学校（园所）均签订合作协议。通过引资源、结对子、点对点帮扶，以及教师互派交流等措施，围绕课程建设、教学研究、教师培训、跟岗学习、半日观摩指导等方面，提升回天地区学前教育和义务教育质量。整合市级教研部门力量，辐射带动区域教育水平提升。市教委牵头在回天地区成立“北京教育科学研究院学科教研基地”，重点支持回天地区学科建设。围绕市级教研基地、回天地区教研中心、市区教研协作组三个功能定位，形成长效机制，定期开展“四个一”活动，即一次教研活动、一次听课评课、一次教师培训和一次市或区公开课活动。引进名校名园办学，扩大优质教育资源覆盖面。截至2020年，回天地区引进名校名园13所，占全区引进优质资源总量的50%。2018年至2020年，回天地区引进优质教育资源6个，分别是人大附中昌平学校、清华附小昌平学校（天北校区）、清华附中昌平学校悦府校区小学部、清悦幼儿园和北京市第六幼儿园回龙观园、成志幼儿园。

聚焦教育配套设施不足，着力狠抓建设项目实施。市教委会同昌平区政府、市级各有关部门，不断优化教育资源配置，促进优质教育均衡发展，努力满足群众的入园和入学需求，创造居民良好的受教育条件。2020年，回天地区三年行动计划涉及的32个教育项目全部按计划实施。其中，移交和竣工17个，其余15个项目全部开工并加快推进建设。项目全部建成后可提供学位2万个，其中，学前学位0.7万个、中小学学位1.3万个，基本满足现阶段各学段入学需求。

聚焦入园难和入园贵，着力发展普惠性学前教育。市教委研究制定《优化提升回龙观、天通苑地区教育基础设施、质量三年行动实施方案（2018—2020年）》，扩大回天地区学前教育资源，提升学前教育普惠率。自2018年9月启动普惠性幼儿园认定工作至今，回天地区38个民办园和27个社区办园点陆续转为普惠性质，新增普惠性学位1.94万个。截至2020年，回天地区有普惠性幼儿园76所，在园幼儿2.02万人，普惠率89.8%，超额完成普惠率80%的目标任务。加强监管和培训，保障回天地区学前教育质量。

（市教委基本建设处）

完善“接诉即办”工作机制切实提升教育治理能力

“接诉即办”工作开展以来，市教委始终坚持以人民为中心的发展思想，紧紧围绕统筹推进疫情防控和教育发展稳定大局，充分发挥12345热线“前哨”作用，聚焦“七有（即幼有所育、学有所教、劳有所得、病有所医、老有所养、住有所居、弱有所扶）”“五性（即便利性、宜居性、多样性、公正性、安全性）”，准确把握“接诉即办”工作的新要求、高要求、严要求，对群众反映问题“闻风而动、接诉即办”。通过完善制度机制，搭建市区校三级专班，制定问题台账和责任清单，严密办理流程，明确办理标准，创新实施联席会、双回访、通报制“三步工作法”等多项举措，实现全系统派单快速响应、迅速督办，构建北京教育系统“接诉即办”工作“一盘棋”工作格局，确保教育系统“接诉即办”工作平稳、高效运行，为打赢“战疫保学”攻坚战，平稳恢复教育教学秩序等作出积极贡献，群众的教育获得感不断增强。

2020年，市教委受理12345市民服务热线群众来电44920件，受理派单10444件，环比上年分别上升28%、320%（包括关于疫情相关派单占比44%）。市教委全年平均解决率94.09%，满意率96.80%，综合评分96.57分，在52个参评市属机构综合成绩排名第12名。市教委获评2020年全市“接诉即办”改革工作“先进集体”称号。

主要做法如下：

一是响应提速，“接得快”。针对网上舆情、分中心电话诉求，以及政风行风来件、在线问答、主任信箱留言等反映市民普遍关心的问题及动向，第一时间向市民服务热线提供有关咨询解答口径。增设专门咨询服务电话，每天接听咨询、诉求、建议等来电上百个。对标一级响应办理要求，提高响应办理时限，当天给予解答。

二是拓宽渠道，“派得好”。新冠肺炎疫情期间，与市民热线服务中心建立微信工作群，24 小时保持手机畅通，将问题立即转办相关单位和部门。围绕涉教类政策及热点敏感话题，主动及时发布回应，组织百余名特级校长、特级教师“接诉即办”、答疑解惑，打响“双‘特’战疫”；加强与高校督导组的沟通，将部属院校疫情防控问题通过督导组转办高校；组织指导有关高校承接 12345 市民热线外语服务和新国展入境人员分流防控工作，向外籍人士解答北京防疫政策规定。6 月 24 日，市政务服务局《市民热线反映》专刊印发市教育两委组织统筹的市民服务热线外语服务情况，得到市领导肯定。

三是优化机制，“强管理”。一年来，教育系统全面实施“三步工作法”（联席会、双回访、通报制），完善诉求分类标准，推动“接诉即办”向“未诉先办”转变，切实提高教育系统群众满意度。强化“日督办、周分析、月排名”机制，完善“接诉即办”工作台账，确保合理诉求件件办结，提高“接诉即办”响应率、解决率和满意率。“日报告”“周总结”统计分析每日各项工作数据，提出问题集中点和风险点供领导决策。进一步强化行业指导，将“接诉即办”工作纳入《北京市属高校“平安校园”建设考核项目》，并作为市属高校全面从严治党（党建）重要内容进行量化考核，倒逼责任落实和问题解决。《北京日报》在头版“学习贯彻十九届四中全会精神．中国之治 北京实践”栏目报道市教委激发治理效能和“接诉即办”工作的探索实践。

（市教委办公室）

深化教师队伍建设改革

构建师德师风建设工作新格局。为落实教育部等七部门印发的《关于加强和改进新时代师德师风建设的意见》等文件精神和要求，全面提升教师思想政治素质和职业道德水平，市委教育工委、市教委等 11 个部门联合印发《关于进一步加强和改进新时代师德师风建设的若干措施》，从整体上顶层设计师德师风建设的方向目标、工作重点、任务举措，建立健全师德师风建设长效机制，推进落实北京高校、中小学、幼儿园教师职业行为十项准则、师德考核办法和违反职业道德行为处理办法，构建多层面、多环节、多主体参与的师德师风建设工作新格局。

加大教师培养培训力度。继续实施《北京市拓展中小学教师来源行动计划（2018—2022 年）》，拓展中小学教师来源。统筹协调各相关部门、高校和职业院校、各区推进各项工作，积极拓展教师来源，2020 年增加招收师范生 1840 余人。着力建设一支骨干教师队伍，印发《关于做好 2020 年北京市特级教师评选工作的通知》《关于做好 2020 年北京市幼儿园、中小学校、中等职业学校学科教学带头人和骨干教师评选工作的通知》《关于做好 2020 年北京市中小学骨干班主任评选工作的通知》，先后评选出北京市特级教师 202 人、北京市学科教学带头人 400 人、北京市骨干教师 2000 人、北京市农村校骨干教师 196 人，首次评选北京市中小学骨干班主任 492 人。“十三五”教师培训任务收官，加强“名师名校长工程”“北京市名校长领航工程 · 李希贵校长工作室”“特级教师工作室”建设，培养一批名教师、名校长。完成“十三五”时期中小学（幼儿园）教师继续教育学分认定和干部教师培训总结验收工作。印发《北京市中小学教师信息技术应用能力提升工程 2.0 实施方案（试行）》，实施中小学教师信息技术应用能力提升工程 2.0 试点工作，63 所试点校 8522 名专任教师完成培训任务，为全面实施奠定良好基础。

10 月 22 日，密云一小举办非骨干教师评优课活动

（密云一小 供）

精心打造乡村教师队伍。完成《北京市乡村教师支持计划实施办法（2015—2020 年）》收官任务。继续实施《北京市乡村教师特岗

计划（2016—2020 年）》，为远郊区中小学招聘紧缺学科教师 308 人。根据 10 个远郊区教师学科需求定向招收师范生 84 人，培养“一专多能”的乡村教师。全面落实乡村教师素质提升计划，提升乡村教师素质能力。落实乡村教师岗位生活补助政策，12 个区全部按照乡村教师岗位生活补助标准落实市级财政保障的 367 所学校 16960 名乡村教师的岗位生活补助发放工作。开展乡村教师支持计划实施情况的调研评估，谋划新时期北京市落实教育部等六部门《关于加强新时代乡村教师队伍建设的意见》的工作方案。完成对 100 名从教 30 年和 200 名从教 20 年优秀乡村教师的奖励，每人分别奖励 1 万元和 5000 元。

（市教委人事处）

京津冀协同发展水平明显提升

深入贯彻党中央关于推进京津冀协同发展的战略决策部署，落实北京市政府、河北省政府《关于共同推进河北雄安新区规划建设战略合作协议》，全面实施《京津冀教育协同发展行动计划（2018—2020 年）》《关于雄安教育发展全面合作协议》《关于北三县地区教育发展合作协议》，克服新冠肺炎疫情影响，深入推进京津冀教育协同发展。

援助雄安新区办学的北京市六一幼儿院、北京市海淀区中关村第三小学、北京市朝阳区实验小学、北京市第八十中学完成 35 名支教干部教师轮换。新冠肺炎疫情期间组织开展在线课程教学及线上教学督导，复课后常态化展开教师跟岗交流、名师工作室指导、学科教师专题培训等工作。北京艺术传媒职业学院与雄县职业教育中心签订合作办学协议，并选派 4 名教师支教帮扶。组织雄安新区 15 名校长开展个性化研修，50 名学科骨干教师来京集中培训，分 3 批培训指导 150 名教研员。推动北京金隅科技学校和北京市丰台区职业教育中心学校对雄安三县开展职教帮扶，在京举办首届“京雄”职业院校学生技能大赛。雄安新区教育生态发生新变化，许多学校生源回流明显，部分学校高考一本上线人数、本科上线人数大幅增加。2020 年，北京市第八十中学雄安校区（安新二中）被评为河北省示范性普通高中。

推进北京财贸职业学院与廊坊燕京职业技术学院合作办学、协同发展，举办“1+X 网店运营推广师资培训”“1+X 智能财税职业技能等级证书师资培训”等 6 期培训，吸收廊坊燕京职业技术学院 259 名专业教师参与。选派 24 名北京专家教师，完成对大厂县中小幼学段 417 名学科教师的线上、线下送教培训。

落实《京冀两地教育协同发展对话与协作机制框架协议》，接收河北省 11 个地市 200 名学校管理干部、骨干教师来京跟岗研修。组织 18 名北京专家教师赴“涞源教师培训基地”送教讲学，培训当地教师 180 人。持续推进北京景山学校、北京市电气工程学校曹妃甸分校合作办学。选派 6 名专家教师赴大名县进行示范讲学，并免费开放 500 个数字学校账号。选派 6 名专家教师赴滦南县开展示范讲学。

（市教委扶贫协作与支援合作处）

加强北京市中小学学位建设

市委、市政府历来高度重视中小学学位建设工作，始终把满足适龄人口入学需求放在优先位置予以保障。2022 年是“全面二孩”政策实行后第一批“二宝”的入学年龄，北京市中小学适龄人口规模快速增加，学位需求明显加大，另外，群众对公平、高质量的中小学教育需求与学位供给不充分、布局不均衡之间的矛盾不断加大。为进一步推进解决中小学学位供给问题，有效保障群众“学有所教”，市教委、市发展改革委、市财政局等六部门于 2020 年 12 月 30 日印发《关于进一步加强全市中小学学位建设的工作方案》，加快中小学学校建设，提出到 2025 年，新建、改扩建和接收居住区教育配套中小学 150 所

9 月 1 日，府学小学举行“家国情怀驻心间 满怀信心再出发”开学典礼　　（府学胡同小学　供）

左右，新增学位16万个。

学校可适当扩大班级容量。方案明确16项重点任务，在增加学位资源供给方面，一是将加快中小学学校建设，严格落实教育设施专项规划，优先保障中小学教育用地，建立中小学建设项目库，补齐教育设施欠账。二是要充分挖掘利用现有教育资源，支持学校整合校内空间资源，通过各类教室复合利用，增加学位数量；在保障教学质量和安全前提下，适当扩大班级容量；统筹区域内职业教育、校外教育等资源，用于补充中小学学位缺口。

北京市还加大出租出借校舍的回收力度。除经市教委审定的教育用途外，各区教育用地和房产不得出租或出借。北京市鼓励各区通过适当方式，提前收回教育用地和房产用于补充学位，市级财政通过转移支付予以支持。

各类教育设施将统筹使用。加强学区内、学校间的资源共享，充分提高学位资源利用效率。综合考虑小学、初中、高中入学高峰的动态变化，建立各学段用地用房腾挪调配机制，优先保障学位紧张学段的需求。

方案还提出，积极面向校外拓展办学资源。各区要充分利用城市疏解腾退空间资源，优先用于补充义务教育学位缺口。在学位紧张地区，积极探索通过租赁、购买等方式增加办学空间，扩大学位供给。支持核心区优质高中学校到平原地区新城和生态涵养区办学，通过寄宿制、跨区招生等方式招收中心城区学生就学。

重点功能区新建17所优质校。将分区域推进学位建设。方案明确，要合理保障核心区入学需求；综合运用户籍、住房、入学等政策，合理控制核心区入学规模；发挥核心区优质教育资源引领带动作用，实现核心区内外施教质量的整体提升和均衡发展。

中心城区将重点促进教育资源均衡配置。人口密集地区结合街区修补，补充中小学办学资源；城乡接合部地区确保中小学设施与村庄改造同步规划、同步建设、同步交付；全面补齐海淀山后、丰台河西等地区教育设施短板，大力引入优质教育资源。

（市教委发展规划处）

推进普通高中多样化特色发展

习近平总书记在全国教育大会上强调要促进普通高中多样化发展，为新时代高中教育发展提供根本遵循。2019年，国务院办公厅印发《关于新时代推进普通高中育人方式改革的指导意见》，这是新时代中国深化普通高中教育改革的纲领性文件。为贯彻落实国家文件要求和全国基础教育工作会议精神，着力从根本上解决北京市普通高中教育质量不够均衡、办学特色不够鲜明、体制机制不够灵活等问题，更好地满足学生全面而有个性发展需求和“四个中心”功能建设对人才智力需求，在全国率先实现普通高中教育现代化，市委教育工作领导小组于2020年2月25日印发《北京市关于深化育人方式改革推进普通高中多样化特色发展的实施意见》。

实施意见基于北京统筹推进课程和高考改革的现状基础，对照国家任务进行细化落实，提出九项重点任务。一是构建全面培养体系。高水平五育并举，促进学生全面发展，立足首都丰富社会资源拓宽育人渠道，利用先进信息技术完善教育评价机制，瞄准世界前沿推进战略规划研究。二是优化课程实施。高标准抓好新课程新教材实施，以丰富可选择的课程为核心推进学校多样化特色发展。三是创新教学组织管理。在实施选课走班背景下落实新课程理念，保障学生充分的课程选择权，实施教学提升行动巩固全国领先地位，协同高校、科研院所为具有创新潜质学生搭建发展平台。四是加强学生发展指导。新课程新高考实施后，学生选择权增加，但学业和职业规划能力成为短板。为此要健全符合北京学生特点的指导机制，指导学生处理好个人兴趣特长与国家需要的关系，提高选课、选考、报考专业和未来发展方向的自主选择能力。五是深化考试评价制度改革。中考坚持校额到校，推进自主招生，放权与统筹相结合。高考深化命题改革，加强题库建设，着重考查学生分析和解决问题能力。推进教学考试评价一体，引导育人方式改革。六是强化师资和条件保障。创新教师编制管理和师资配置机制，解决选课走班带来的教师结构性缺口。坚持勤俭办学原则规划建设。七是实施普通高中空间布局结构优

11月13日至14日，首师大附中举办2020年高中教育教学研讨会学科公开课展示活动 （首师大附中 供）

化计划。结合城市总体规划，市区共同新建一批市建共管、市建区办学校，扩大优质高中办学规模，优化优质教育资源布局。八是实施普通高中多样化特色发展示范计划。设立体制机制创新、一体化培养、协同培养、特色培育、综合高中、国际化教育六个分类，积极引导和精准支持学校特色发展。九是实施普通高中多样化特色发展精准支持计划。着力解决长期以来对占学校总数 60% 的一般学校政策资源支持不足、影响办学活力问题，设立自主招生、总额包干、人事自主、协同育人、学科基地、特色培育 6 个政策工具，主要支持一般学校发展。九项任务有机衔接，积极实践北京深化育人方式改革的有效路径。

北京市全面贯彻落实该项实施意见，不断深化育人方式改革，加快推进高中多样化特色发展。围绕核心素养深化课程改革，启动新课程新教材示范建设，遴选 4 个示范区、11 所示范校，培育推广多样化特色发展典型经验。启动高中教学视导，强化特色课程建设、完善教学组织管理，推广教学优秀案例。完善高中综评信息系统，确保内容客观、数据安全，顺利纳入高招和强基计划。深化考试评价改革，学业水平考试进一步规范，高一限考四科引导学校全面育人，确保学生学好各门功课全面发展。科学制定特色学校创建方案和指标体系，精准支持不同区域、不同类型高中发展，坚持过程评价、关注增值指标，围绕特色课程推动教学、人事、招生系统变革，实现学校内涵驱动、活力发展。

（市教委基础教育二处）

推动在京高校“双一流”建设

北京市认真落实全国教育大会、全国研究生教育工作会议精神，按照市委、市政府《统筹推进北京高等教育改革发展的若干意见》总体部署，坚持理念思路创新、方式手段创新，持续推进在京高校“双一流”建设取得显著实际成效。

持续支持在京国家“双一流”高校建设。积极保障“双一流”高校政策资金支持，促进“双一流”建设稳步推进。督促指导 3 所市属“双一流”高校，按照“对标一流、以评促建”的总体思路，对表建设方案，对标一流标准，对过去五年的建设成果和发展经验进行全面客观的梳理，实事求是总结成绩，深入细致查找差距，提出切实可行的改进措施，为下一轮“双一流”建设打下坚实基础。2020 年，北京市投入“双一流”建设资金 84451 万元，其中，支持国家“双一流”高校 72548 万元、高精尖学科 11903 万元。

强化“双一流”建设成效评估。为深入推进“双一流”建设，加强过程管理，强化跟踪问效，探索多维多元分类评价新模式。根据《北京高校一流大学和一流学科建设管理办法》，委托第三方评估机构，组织开展 34 所在京“双一流”建设高校、99 个高精尖学科建设成效年度评估工作，强化评估结果的运用，推动建立学科预警机制和动态调整机制。

经过首轮周期建设。在京高校“双一流”建设发展呈现良好态势。在京“双一流”建设高校在北京市相关政策资金支持下，坚持以服务国家重大战略需求和北京经济社会发展需要为导向，立足学校实际，推进学校综合改革，探索出一条特色鲜明的中国高校建设世界一流大学之路。如，北京大学建设一支高素质师资人才队伍，形成高水平人才培养体系，原始创新和服务国家重大需求能力不断提升，国际国内合作交流、文化传承创新、服务区域经济社会发展等方面都取得突出成绩，全面实现“双一流”建设近期目标；中国农业大学打造“知农爱农”思想政治教育新格局，构建“通专平衡”的本科人才培养模式，形成“科技小院”等科教融合、产教融合的研究生培养模式，建立“三院、二站、一体系”社会服务模式，在脱贫攻坚、乡村振兴等方面作出突出贡献；北京工业大学基本形成“一流工科、优势理科、特色文管、精品艺术”的特色学科生态体系，高质量完成首轮“双一流”建设周期任务，达到预期建设目标。

9月9日，北邮召开“双一流”建设周期总结工作启动会

（北邮 供）

自立项建设以来，高精尖学科服务北京“四个中心”建设成效显著。高精尖学科积极参与北京“四个中心”建设，发挥新兴交叉学科智库作用，标志性的学术成果

有效地服务全国政治中心建设。加强历史研究与文化传承，深化拓展优秀文化传播与教育服务。加强关键核心技术研发、技术转移和技术服务，产出一批具有重要影响的科技创新成果，体现高精尖学科融入北京、服务北京，有亮点、有特色的建设成效。如，中国政法大学证据科学学科出版《人民法院诉讼证据规定适用指南》，发布中国司法文明指数研究成果，服务北京全国政治中心建设；北京师范大学的文化遗产与文化传播学科，建设全国公共文化和旅游产品交易中心和北京师范大学非遗传习工作坊，切实服务北京非遗的研究、保护、传承和发展事业；北京大学分子光谱学学科，瞄准北京市和国家新能源战略，研制成功“甲酸燃料电池”装置，在“一带一路”国家和地区进行合作推广。

学科共建助力市属高校取得新突破。市属高校在与中央高校一流学科结对共建中，把准发力点，聚焦成果产出突破点，实现建设质量和育人成效的相互融合、共同提升，学科建设取得新突破。2020 年，市属高校高精尖学科成果获国家科技奖励 5 项（国家自然科学奖二等奖 1 项、国家科技进步奖二等奖 4 项）。

（市教委科学技术与研究生工作处）

北京市属公办本科高校分类发展

推进北京市属公办本科高校分类发展，是市委、市政府决定开展的一项重大改革。2018 年 6 月，市委、市政府印发《关于统筹推进北京高等教育改革发展的若干意见》，提出高等教育要实现“内涵发展、特色发展、差异化发展”，市属高校要分四种类型发展建设，分别是高水平研究型大学、高水平特色型大学、高水平应用型大学、高水平技能型大学，前三类针对本科高校、第四类针对高职院校。

各高校高度重视该项工作，组织开展内部评估，研讨办学方向，制定建设方案。市教委组织专家组进驻学校，全面考察教学、科研、人事、财务、国际化、管理等多方面改革建设情况，与校领导、师生、管理人员充分交流沟通，对学校发展提出建设性意见。依据专家组反馈意见，市委、市政府多次召开专题会研讨分类发展工作。

2020 年 2 月 24 日，市委全面深化改革委员会审议通过《北京市属公办本科高校分类发展方案》。5 月 6 日，市委教育工作领导小组印发《北京市属公办本科高校分类发展方案》，确定北京工业大学、首都师范大学、首都医科大学为高水平研究型大学，中国音乐学院、首都经济贸易大学、北京工商大学为高水平研究型大学（B 类）；确定北京建筑大学、北京电影学院、北京舞蹈学院、中国戏曲学院、北京服装学院、首都体育学院为高水平特色型大学，北京第二外国语学院、北京印刷学院为高水平特色型大学（B 类）；确定北方工业大学、北京信息科技大学、北京联合大学、北京农学院、北京石油化工学院、北京物资学院、北京警察学院为高水平应用型大学。高水平研究型大学（B 类）高校和高水平特色型大学（B 类）高校，需在 2 年左右建设期后进行评估，届时将根据建设成效明确或调整发展类型。

12 月 10 日，王宁主持召开市属公办本科高校分类发展推进会，要求各高校、各部门要深刻认识推进分类发展的重要性和必要性，准确把握共性和个性要求，切实发挥好头雁效应，扛起学校分类发展的主体责任，不断推进和支持分类发展工作。至年底，各公办本科高校按要求全面开展分类发展建设工作。

（市教委高等教育处）

深化职业教育改革

职业教育为服务北京高精尖产业发展、高品质民生需求、城市运行支撑和助力京津冀教育协同发展、东西协作与脱贫攻坚作出重要贡献。市委、市政府把职业教育摆在北京市教育改革创新和经济社会发展更加重要的位置上来，北京职业教育在办学理念、立德树人、产教融合、内涵建设、终身学习、国际合作等领域的实践经验，在全国具有示范引领作用。

为深入推进职业教育改革发展，2020 年 3 月 13 日，陈吉宁主持召开市政府专题会议，研究深化职业教育改革有关工作，听取北京市职业院校校长意见和建议。市委教育工委、市教委于 2020 年 5 月 26 日召开北京市职业教育工作推进会，对标《国家职业教育改革实施方案》，发布北京市《关于深化职业教育改革的若干意见》，部署职业教育改革发展重点任务。方案由市教委等五部门联合于 5 月 27 日印发。

实施方案在 2015 年市政府印发的《关于加快发展现代职业教育的实施意见》和 2018 年市教委等五部门联合印发的《北京职业教育改革发展行动计划（2018—2020 年）》基础上制定，紧密围绕北京“四个中心”建设和经济社会高质量发展的人才需求，坚持“开放办学、自主办学、创新办学”的原则，聚焦职业教育重点难点问题，深化体制机制改革，实现首都职业教育的“高质量、有特色、国际化”发展。方案结合已有政策和新时期首都职业教育发展需要，提出十条意见，明确新时期北京职业教育改革发展的基本定位，从优化职教布局、完善职教体系、深化产教融合、创新培养模式、加强社会培训、培养师资队伍、建设智慧校园、推进国际合作八个方面提出具体改革措施。

（市教委职业教育与成人教育处）

政策解读

减轻中小学教师负担营造教育教学良好环境

为深入贯彻全国教育大会和中共中央办公厅、国务院办公厅《关于减轻中小学教师负担进一步营造教育教学良好环境的若干意见》精神，进一步营造全社会尊师重教的浓厚氛围，为教师安心、热心、舒心、静心从教创造更加良好环境，经市委、市政府同意，市委办公厅、市政府办公厅于12月25日印发《关于减轻中小学教师负担进一步营造教育教学良好环境的若干措施》。

文件规定要统筹规范督查检查评比考核事项、统筹规范社会事务进校园、统筹规范精简相关报表填写工作、统筹规范中小学教师抽调借用和参加培训事宜，切实减轻中小学教师负担。

文件提出要提升中小学校治理效能、提高教师综合素质，推进学校治理体系和治理能力现代化。要求健全现代中小学校制度体系，推进治理能力现代化，学校领导班子和管理人员要不断提升自身综合素质和管理水平，完善和创新教育教学管理方式，深化教育评价和人事制度改革，营造教育教学良好环境，确保教师的时间和精力集中在教育教学核心任务上。文件要求不断提升教师热爱教育事业的情怀和工作热情。指导教师树立正确的教育质量观、人才观、师生观、教学观，促进学生的全面发展和健康成长。改革教师评价，引导教师不断提高教书育人素质能力，鼓励教师运用现代信息技术推进教育方式、育人方式变革和线上线下融合化教育教学，提高工作效率和质量。

文件指出要强化组织保障。各级党委和政府要高度重视，把减轻中小学教师负担工作纳入重要议事日程，严格落实审批和报备制度。要依法保障学校办学自主权和中小学教师各项权益，激励教师肯干能干做出成绩。严格教职工编制管理，严禁挤占、挪用、截留编制和有编不补。市政府教育督导室要把减轻中小学教师负担工作纳入对区政府履行教育职责的督导范围，重点督导各区对清理后保留的督查检查评比考核工作事项清单的执行情况。坚持定期督导与长期监管相结合，将结果作为各级党政领导班子和有关领导干部综合考核评价、奖惩任免的重要参考，对于执行不力、落实不到位的要严肃问责。

文件还明确列出16条北京市中小学教师减负清单，为营造良好的教育教学环境创造条件。

（市教委人事处）

全面加强和改进新时代学校体育工作

为贯彻落实习近平总书记关于教育、体育的重要论述精神，切实加强和改进新时代学校体育工作，经市委、市政府同意，市委办公厅、市政府办公厅根据中共中央办公厅、国务院办公厅《关于全面加强和改进新时代学校体育工作的意见》，结合北京市实际，于12月30日发布《关于全面加强和改进新时代学校体育工作的行动方案》。

12月，平谷区教委举办阳光体育绳毽比赛

（平谷区教委　供）

行动方案以服务学生全面发展、增强综合素质为目标，坚持健康第一的教育理念，推动青少年文化学习和体育锻炼协调发展，将深化学校体育改革作为实施素质教育的重要手段，以强化体育课和课外锻炼为基础，进一步丰富学校体育供给、加强师资队伍建设、深化协同机制、完善评价机制、强化资源保障，扎实提升体育教育的育人水平，帮助学生在体育锻炼中享受乐趣、增强体质、健全人格、锤炼意志，培养德智体美劳全面发展的社会主义建设者和接班人，为首都经济社会发展提供强大的人才支持和智力支撑。

行动方案坚持问题导向。聚焦学生体质健康监测、“小眼镜”“小胖墩”现象反映的普遍性问题，以提升课堂教学质量、强化课外体育锻炼、扩大普及比赛活动为着力点，补齐师资、场馆、器材等短板，有效破解制约学校体育发展的瓶颈问题，促进学校体育健康发展。坚持“五育并举”，厚植“以体载德”“以体育美”“以体促劳”“以体筑智”的育人观念，扭转“重智轻体”和“唯升学率”的片面认识，引导学生养成终身锻炼的良好习惯，实现全面发展。方案明确体育工作的重点任务和保障措施。

行动方案提出到 2022 年，配齐配强体育教师，开齐开足体育课，办学条件全面改善，学校体育工作制度机制更加健全，教学、训练、竞赛体系普遍建立，教育教学质量全面提高，育人成效显著增强，学生身体素质和综合素养明显提升。到 2030 年，学生体质健康水平全面达到《“健康中国 2030”规划纲要》要求，保持全国领先。到 2035 年，多样化、现代化、高质量的学校体育体系基本形成。

为切实加强中小学体育工作，着力提升学生体质健康水平，方案以附件的形式，结合北京市实际，发布北京市加强中小学体育增强学生体质健康二十条措施。

（市教委体育卫生与艺术教育处）

社会关注

校外线下培训机构综合治理

2020 年，北京市着力健全监管体制机制，提高校外线下培训机构综合治理效能。一是扎实做好疫情防控。1 月 27 日，以北京市民办教育工作联席会议名义暂停全市校外培训机构线下培训，至 8 月中旬，教育部门指导学科类校外培训机构有序恢复线下培训。二是推进培训市场行业归口管理。1 月，启动并完成编制“培训机构类型及准入清单”和“培训机构违规行为监管职责分工清单”。“培训机构类型及准入清单”梳理全市所有培训市场主体，将其划分为 7 大类 42 小类；“培训机构违规行为监管职责分工清单”分析近年来投诉情况，列出 17 种常见违规违法行为，并提出部门监管职责。三是推进教育执法权划转。10 月 24 日，市政府印发《关于进一步相对集中相关领域行政处罚权的决定》，将教育部门行使的全部行政处罚权划入市场监管部门集中行使，具体执法工作由市场监管综合执法队伍承担。

（市教委民办教育处）

高校教学实验室安全加强

2020 年，市教委加强高校教学实验室安全，提升实验室管理水平。市教委会同市应急管理局、市消防救援总队开展高校实验室危险化学品安全专项治理现场检查，要求各高校落实学校危险化学品安全管理主体责任，实行校长负责制，成立党政一把手任组长的组织领导机构，健全学校危险化学品安全管理体制机制，厘清学校各部门职责范围，加强院系之间、部门之间、科室之间协调配合，形成统一领导、分工明确、责任落实、齐抓共管的学校危险化学品安全管理格局。

市教委另组织高校提交教学实验室安全年报告，完成《2019 年北京高校教学实验室安全年报告》；组织在京高校开展实验室信息统计，完成网上统计培训、学校上报信息审核、汇总等工作。10 月，市教委对市属高校开展教学实验室危化品安全专项检查。

（市教委高等教育处）

规范民办非学历高等教育机构办学行为

民办非学历高等教育作为终身学习体系的组成部分，多年来利用体制机制优势，在自考助学、职业技能教育方面发挥积极作用。近年来，高等教育改革不断深化，首都城市战略定位进一步明确，民办非学历高等教育机构发展面临着新形势、新挑战。为进一步规范其办学行为，提升发展质量和能力，依据相关法律法规政策，市教委于 2020 年 11 月 10 日印发《关于进一步规范民办非学历高等教育机构办学行为的意见》，适用于市教委审批的民办非学历高等教育机构。

意见将易发高发新发的违规行为，列入办学规范内容，划定规范办学的“硬边界”，并首次提出非学历高等教育发展总体定位，引导学校办学符合首都经济社会发展定位，要成为首都教育的有益补充。学校的发展定位应是为区域经济社会发展、为企业成长、为劳动者职业发展和为市民教育需求服务，办成区域紧缺人才培养基地、入职培训和职业发展的职教中心以及提升文明素质的市民学校。意见对近年来领域内违规行为作出规范要求，例如，用名用语、招生宣传、合作办学、校园管理、关联交易、信贷消费、教学点管理等，并提出构建市区两级监管体制机制，建立向相关政府部门和社会公众发布风险预警的机制体系。

（市教委民办教育处）

中小学校幼儿园学生伤害事故处理办法颁布

为办好人民满意教育，回应家长和社会对学校安全的关切，创造安全和谐的校园环境，市教委等七部门于 2020 年 5 月 21 日联合出台《北京市中小学校幼儿园学生伤害事故处理办法》，作为 2019 年印发的《北京市中小学校幼儿园安全管理规定（试行）》配套文件予以实施。适用于北京市公办中小学校幼儿园，少年宫、科技馆等校外教育机构、教育培训机构、外籍人员子女学校、中外合作举办的教育机构的学生伤害事故处理，参照此办法执行。

处理办法指导各级单位依法依规、客观公正处理学生伤害事故，保护学生生命安全，解决学校后顾之忧，维护教师和学校应有的尊严。处理办法的突出特点是更加聚焦建立健全事故发生后的处理机制。一是突出服务性。突出服务学校，给予学校依法处置事故、“校闹”的具体指导，减轻学校负担和压力；突出服务学生，保障合法正当权益。二是突出实操性。全面涵盖学生伤害事故发生后的应急处置、责任认定、损害赔偿等全链条工作，可操作性强。三是突出创新性。明确在事故赔偿方面，“以保险公司实施保险赔付为基本保障手段”，强调相关保险公司应尽早介入，积极参与协商和调解。提出借鉴医患纠纷化解方式，教育行政部门牵头建立第三方调解机构。同时，提出进一步夯实行政调解、人民调解、司法调解在解决伤害纠纷方面的地位和作用，丰富纠纷化解方式。四是突出协同性。学生伤害事故处理涉及多部门，进一步增加和细化公、检、法、司等部门在依法处理事故中的责任。处理办法对学生伤害事故进行界定，并对“校闹”行为具体表现进行说明。

（市教委政策研究与法制工作处）

涉未成年人网课平台及网络环境专项治理

为深入贯彻落实中央网信办、教育部《关于开展涉未成年人网课平台专项整治工作的通知》、教育部等六部门《关于联合开展未成年人网络环境专项治理行动的通知》要求，切实保障优质线上教育资源供给，有力维护未成年人网络合法权益，推动网课平台规范有序发展，市委网信办、市教委联合开展涉未成年人网课平台及网络环境专项治理。

治理工作坚持规范管理与创新发展相统一，督促指导网课平台建立健全信息内容生态治理机制，稳步推进教育移动应用程序和面向中小学生的学科类校外线上培训机构备案审查，针对网民反映强烈的问题，按照分类管理原则精准施策，引导校外线上培训提升规范水平，营造良好安全的未成年人网络环境，维护未成年人身心健康。

整治重点是存在色情低俗、血腥暴力、教唆不良交友、诱导过度消费、恶意弹窗、推送与学习无关内容等问题的涉未成年人网课平台及网站平台。治理工作坚持标本兼治，以治标促进治本，以治本巩固治标，着眼于打基础、利长远，梳理工作中存在的短板和不足，系统研究治本之策，推动形成长效机制。治理工作于 11 月结束。

（市教委民办教育处）

（本栏责任编校 华蕾）

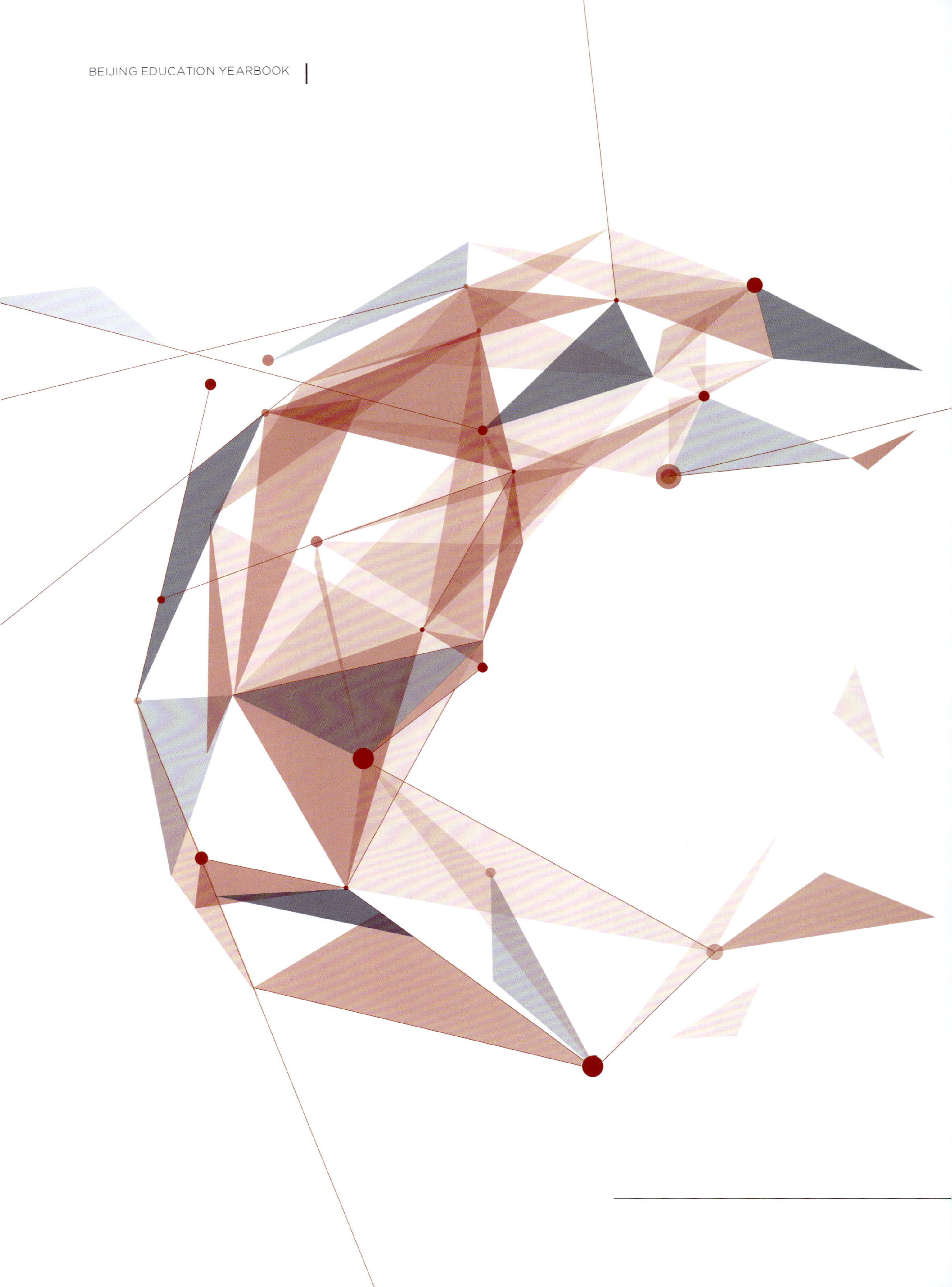

2021 | 大事记

MAJOR EVENT RECORDS

大事记
MAJOR EVENT RECORDS

2020 年北京教育大事记

1 月

3 日　市委教育工委、市教委和市农业农村局联合召开北京高校“引智帮扶”低收入村 2019 年工作总结交流会。

△　市教委召开“仁爱·智慧·魅力”——第 32 届北京市中小学“紫禁杯”优秀班主任暨第 7 届北京市中小学“学生喜爱的班主任”评选总结展示交流活动，表彰北京市“紫禁杯”优秀班主任 400 人、“中小学学生喜爱的班主任”200 人，公布“紫禁杯”优秀班主任标识。

6 日　市教委印发《北京市中小学校幼儿园厕所管理规范（试行）》，全面加强中小学校、幼儿园厕所规范化管理，提高校园厕所管理服务水平。5 月，市教委完成剩余 40 个旱厕改造。

10 日　2019 年度国家科学技术奖励大会举行，北京高校作为第一完成单位的 35 项通用成果获奖，其中，国家自然科学奖二等奖 7 项，国家技术发明奖一等奖 1 项、二等奖 7 项，国家科学技术进步奖二等奖 20 项。

△　市教委认定 15 个项目为第三批职业院校“一校一品”优秀德育品牌三星级。

△　市委教育工委、市政协办公厅首次组织 10 名高校

1 月 17 日，北京市中小学特级校长培训会　（王辉　摄）

思政课教师观摩市政协第 13 届委员会第 3 次会议。思政课教师旁听政协会议机制正式建立。

13 日　市教委公布 2020 年度北京市职业院校教师素质提升计划资助名单，包括职业院校特聘专家 15 人、职教名师 26 人、专业带头人 50 人、专业创新团队 20 个、优秀青年骨干教师 197 人。

14 日　市委教育工委、市教委公布首批 93 名中小学特级校长名单，职级待遇从 2019 年 1 月起计算。

19 日　市委教育工委、市教委召开 2019 年度工作总结暨 2020 年重点工作部署会。市委常委、市委教育工委书记王宁，市委教育工委常务副书记郑吉春，市委教育工委副书记、市教委主任刘宇辉参会。

△　市委教育工委、市教委召开北京高校领导干部会议，总结 2019 年工作，部署 2021 年重点任务。

20 日　市教委、市人力社保局新增 2020 年“3+2”中高职衔接办学项目 59 个，撤销 4 个。该项目为中高职统筹发展的重要路径。

26 日　市教委在北京市新型冠状病毒感染的肺炎疫情防控工作新闻发布会上发布北京市大中小学、幼儿园 2020 年春季学期延期开学的通知。

27 日　以北京市民办教育工作联席会议名义暂停全市校外培训机构线下培训。至 8 月中旬，教育部门指导学科类校外培训机构有序恢复线下培训。

2 月

2 日　市教委、市政府外办、市公安局联合印发《北京地区高等学校招收和培养国际学生管理办法》，明确高校在国际学生管理工作中的职责和各项管理制度。

25 日　市委教育工作领导小组印发《北京市关于进一步深化教育教学改革全面提高义务教育质量的意见》和《北京市关于深化育人方式改革推进普通高中多样化特色发展的意见》。

27 日　清华大学“构架出面向人工通用智能的异构芯片”和北京大学“阐明铕离子对提升钙钛矿太阳能电池寿命的机理”成果入选 2019 年度中国科学十大进展。

3 月

3 日至 6 日　北京市组织 2020 年新高考适应性测试。5 万余名考生采取居家分散考试方式参加测试。这是全国年内唯一一次大规模教育测试活动。

13 日　北京市深化职业教育改革校长座谈会在北京财贸职业学院召开。会议由市委副书记、市长陈吉宁主持。

15 日　中共中央总书记、国家主席、中央军委主席习近平给北京大学援鄂医疗队全体“90 后”党员回信，向他们和奋斗在疫情防控各条战线上的广大青年致以诚挚的问候，勉励他们：让青春在党和人民最需要的地方绽放绚丽之花。

23 日　市教委、市财政局、市民政局、市人力社保局等七部门联合印发《关于做好北京市家庭经济困难学生认定工作的指导意见》。

△　市教委印发《北京市初中学业水平考试实施办法》。9 月 23 日，首次北京市初中学业水平考试初二年级地理、

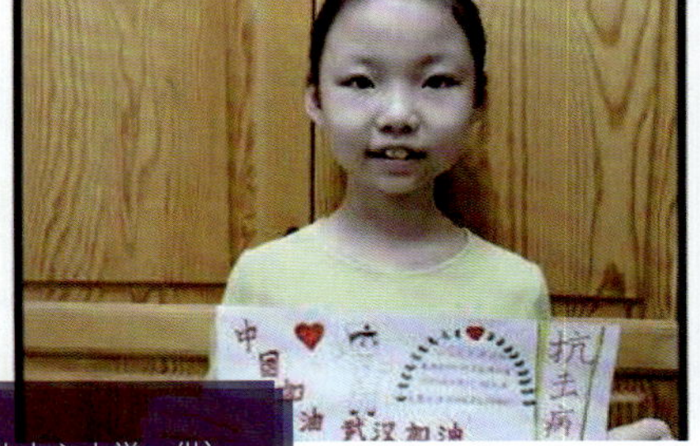

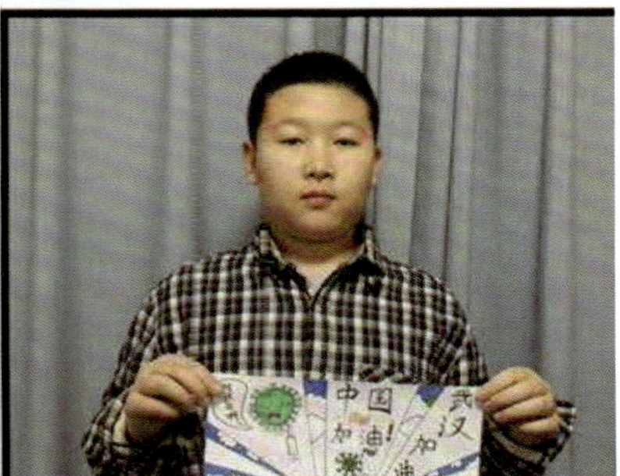

2 月，昌平城北中心小学为武汉加油抗疫宣传
（昌平城北中心小学　供）

生物科目考试开考。毕业会考和中考“两考合一”平稳开局。

25日 市教委印发《北京市中小学教师信息技术应用能力提升工程2.0实施方案（试行）》，计划到2022年对全市中小学（含幼儿园、职业高中）教师开展不少于50学时的能力提升工程全员培训。

30日 教育部批复同意北京吉利学院整体搬迁至四川省成都市，更名为吉利学院。按照属地原则，学校主管机关由北京市教委调整为四川省教育厅。

31日 市教委启动“两类”学校区级验收工作。至年底，56所乡村小规模学校、105所乡镇寄宿制学校全部完成建设目标。

4月

3日 市教委印发《北京市学校生活垃圾分类工作方案》，形成生活垃圾分类宣传教育工作长效机制，建立学校生活垃圾分类制度。

8日 教育部首批确定48对高校实施全国高校与湖北高校毕业就业创业工作“一帮一”行动，北京15所高校对口帮扶15所湖北高校。

14日 市教委认定北京市第二批义务教育学校管理标准达标学校518所。

21日 市教委认定北京市中小学科技教育示范学校222所。

22日 市教委印发《关于2020年义务教育阶段入学工作的意见》。

26日 市教委印发《北京市中等职业学校学生学籍管理办法》，明确规定入学与注册、学籍异动与信息变更、成绩考核、奖励与处分、毕业与结业等内容。

△ 教育部部长陈宝生到北京师范大学附属中学、北京市第二中学调研检查北京市2020年春季学期初高三年级开学工作，了解学校教育教学安排、教学区防疫、就餐管理等情况。

29日 北京9个案例入选教育部首批全国职业院校“双师型”教师队伍建设典型案例。

30日 市教委印发《关于2020年开展高端技术技能人才贯通培养的通知》，面向符合中考升学资格的北京市户籍考生招生，贯通培养学制7年，前3年为中职教育阶段、中间2年为高职教育阶段、后2年为本科教育阶段。

4月 市委教育工委组织北京高校集中开展“坚持总体国家安全观，统筹传统安全和非传统安全，为决胜全面建成小康社会提供坚强保障”为主题的系列宣传教育活动。

5月

4日至5日 市科协、市教委、市科委、市知识产权局、怀柔区政府联合主办第40届北京青少年科技创新大赛终评，各项目最终评出一等奖87个。比赛于2019年11月启动，全市30万名青少年参与。

6日 市委教育工作领导小组印发《北京市属公办本科高校分类发展方案》，确定16所市属公办本科高校办学类型。12月10日，市委教育工委、市教委召开北京市属公办本科高校分类发展推进会。

12日 市委教育工委、市教委以视频形式召开北京教育系统2020年全面从严治党工作会。

△ 市教委印发《关于进一步提升北京高校专利质量加快促进科技成果转移转化的意见》，并以附件形式发布《北京高校科技成果转移转化促进中心建设管理办法》。

△ 市教委发布《2020年北京市特岗计划乡村教师招聘公告》，为10个远郊区乡村中小学校招聘音乐、体育、美术、历史、地理、生物紧缺学科教师308人。

13日 中央政治局委员、市委书记蔡奇到北京工业大

丰台一小开展垃圾分类教育。图为11月，学校举办“垃圾类分，环境满分”主题画展　　（丰台一小　供）

赛上，北京职教代表团获中职组二等奖 2 个、三等奖 5 个，高职组二等奖 2 个、三等奖 11 个。

10 日　市教委印发《关于进一步规范民办非学历高等教育机构办学行为的意见》，通过明确发展定位、严格办学条件、规范办学行为、强化法人治理、构建共治格局，进一步规范民办非学历高等教育机构办学行为。

10 日至 12 月 28 日　市教委、国家体育总局冬季运动管理中心、市体育局、冬奥组委、奥运城市发展促进中心联合主办北京市第五届中小学生冬季运动会。

11 日　北京市第 16 届全民终身学习活动周暨 2020 年职业教育活动周开幕。活动公布 119 名“第 11 批首都市民学习之星”名单。市教委为 18 家学分银行分中心和 19 家学分银行联盟成员单位授牌，同时为 17 家区级老年开放大学授牌。

13 日　1038 项毕业设计（论文）入选市教委 2020 年北京市普通高等学校优秀本科生毕业设计（论文）。

△　北京高校 41 个团队入选市教委 2020 年北京高校优秀本科育人团队，42 人入选北京高校优秀本科教学管理人员。

16 日　王宁为市委教育工委市教委机关全体干部和直属单位负责人讲党课，宣讲党的十九届五中全会精神。

17 日　蔡奇到清华大学宣讲党的十九届五中全会精神并调研。

18 日　北京高校代表队在第六届中国国际“互联网＋”大学生创新创业大赛总决赛中获得 8 项金奖。

23 日至 29 日　市台办、市教委举办第六届京台基础教育校长峰会。

23 日至 12 月 15 日　市教委联合市民政局对北京市 35 所民办普通高校和民办非学历高等教育机构备案事项的执行情况实施“双随机一公开”行政检查。19 所学校检查结果合格、10 所学校基本合格、5 所学校不合格。

24 日　全国劳动模范和先进工作者表彰大会在北京人民大会堂举行，北京教育系统 10 人获全国先进工作者称号。

26 日　市 15 届人大常委会第 26 次会议审议通过北京市第三期学前教育行动计划总结报告，北京市适龄幼儿入园率由 2017 年的 75% 提高至 90%，普惠性幼儿园覆盖率由 2017 年的 67% 提高至 87%；基本消除无证园，学前教育管理科学规范化水平不断提高。

27 日　市委教育工委、市教委与故宫博物院、国家大剧院联合主办的“见字如面 对话故宫”书信交流活动启动。

30 日　市教委、首都精神文明办认定 80 所中小学校为第五批北京市中小学文明校园。

12 月

2 日　教育部公布首批“一校一案”落实《中小学德育工作指南》典型案例名单，北京 10 所学校的案例入选。

3 日　清华大学经济管理学院顾问委员会 2020 年会议召开。习近平通过视频向会议致辞，祝贺清华经济管理学院顾问委员会成立 20 周年。

4 日　全市教育系统开展 2020 年国家宪法日暨宪法宣

市教委全力支持雄安新区建设。图为 10 月 17 日，首届“京雄”职业院校学生技能大赛电子商务——新媒体运营比赛现场
（市教委相关处室　供）

传周“宪法晨读”活动。

9日至11日 清华大学、联合国教科文组织教育信息技术研究所联合举办首届世界慕课大会。会议宣布世界慕课联盟成立并同期发布《慕课发展北京宣言》。

10日 市教委公布2019年度民办高等学校及其他民办高等教育机构办学状况检查结果，77所学校参加年检，4所未参加。经评定，42所学校年检结果为“通过”等次、22所学校为“基本通过”等次、17所学校为“不通过”等次。

14日 市教委、市财政局、市人力社保局等六部门联合印发《北京市高等学校、中等职业学校、普通高中学生资助资金管理实施办法》，坚持扩面提标、提质增效原则，建立动态机制，落实各项学生资助政策，帮助学生和家庭解决实际困难。

15日 市教委召开首都基础教育人才发展2020年研讨会。

20日 国务院办公厅印发《关于建设第三批大众创业万众创新示范基地的通知》，北京航空航天大学和北京理工大学获批创业就业方向“双创”示范基地。

21日 市教委公布916个项目入选2020年北京高等学校高水平人才交叉培养“实培计划”项目。

△ 市教委向北京地区各相关学位授予单位反馈2018—2019学年度硕士学位论文抽检结果，抽检论文占应抽检硕士学位论文的99.44%；存在问题学位论文占抽检论文总体的0.56%。市教委同时约谈连续两年抽检多篇不合格单位。

22日 市委、市政府召开北京市劳动模范、先进工作者和人民满意的公务员表彰大会，北京教育系统3人当选北京市劳动模范，125人当选北京市先进工作者，20个单位当选北京市模范集体。

25日 市教委认定71人获第16届北京市高等学校教学名师奖，70人获第4届北京市高等学校青年教学名师奖。

△ 市委办公厅、市政府办公厅印发《关于减轻中小学教师负担进一步营造教育教学良好环境的若干措施》，附北京市中小学教师减负措施和清单。

28日 市教委、市人力社保局公布202人当选2020年北京市特级教师，2021年1月1日起享受特级教师津贴等有关待遇。

30日 市委办公厅、市政府办公厅印发《关于全面加强和改进新时代学校体育工作的行动方案》，推出加强中小学体育增强学生体质健康20条措施。

△ 市教委等六部门印发《关于进一步加强全市中小学学位建设的工作方案》，旨在解决因全市中小学适龄人口规模快速增加而引起的教育需求与学位供给不充分、布局不均衡之间的问题。

△ 市教委、市体育局、北京冬奥组委新闻宣传部和北京奥运城市发展促进中心联合主办北京市中小学生冬奥知识竞赛市级总决赛。

31日 市委、市政府印发《北京市新时代爱国主义教育实施方案》。

△ 市教委批复同意北京政法职业学院牵头组建北京退役军人职业教育集团。集团由8所高职院校、6所中职学校和3家企业组成。

妙峰山民族学校开展普法活动。图为11月30日，学校举办“12·4”国家宪法日暨宪法宣传周活动　　（妙峰山民族学校　供）

宣师一附小开展安全教育。图为9月14日，学校举办“消除火灾隐患 共建平安校园”主题消防活动　　　　（宣师一附小　供）

△　市教委公布2020年第12届北京市中小学生科学建议奖获奖名单，12名学生获科学建议奖、14名学生获科学建议奖提名奖。

△　市教委、市发展改革委联合印发《北京市绿色学校创建行动方案》，计划到2022年底，全市60%以上的学校达到绿色学校创建要求。

12月　市委教育工委组建市委第六督导组，开展高校2020年度领导班子民主生活会督导工作。

至12月　全市高校启动开设“习近平新时代中国特色社会主义思想概论”课程。

△　市教委推进12345市民服务热线“接诉即办”工作，市民服务热线群众来电4万余件，受理派单1万余件，环比上年分别上升28%、320%。全年平均解决率94.09%，满意率96.80%，综合评分96.57分。

△　北京市中小学幼儿园“平安校园”建设工程完成。全年完成6个区24所学校的“平安校园”建设检查验收。至此，16个区3013所学校100%完成区级达标验收。

是年

至年底　市教委继续实施《北京市拓展中小学教师来源行动计划（2018—2022年）》，开展北京市乡村教师特岗计划、北京市公开招聘城区中小学史地政生等紧缺学科教师三年行动计划两项招聘工作，增加招收公费师范生1880人，招聘紧缺学科教师1000余人。北京师范大学和首都师范大学完成定向培养高起点教师工作，实际完成培训任务的学术型研究生185人，实际到基础教育领域工作的教师129人。

△　市教委完成全面推开行业协会商会与行政机关脱钩改革工作任务。

△　北京教育系统接收非北京生源毕业生1213人。

△　市教委完成第十批援疆教师（干部）及援青援藏教师选派任务，选派对口支援教师（干部）276人。

△　驻市委教育工委纪检监察组、市委教育工委推动高校纪检监察体制改革，归口市委教育工委管理的62所高校全部组建全面从严治党主体责任和巡察相关部门，市属高校全部建立监察专员办公室。

△　市教委推进“回天地区”三年行动计划32个教育项目全部按计划实施，已建成投用并移交项目14个、已完工新建改扩建项目3个，其余15个新建项目全部开工。

△　市委编办发函，明确市教委内设处室增加“承担北京市人民政府教育督导委员会办公室日常工作；发布教育督导评估、评价、监测报告”的职责。至此，市级督导部门形成“三处一办”新格局。

（华蕾）

（本栏责任编校　华蕾）

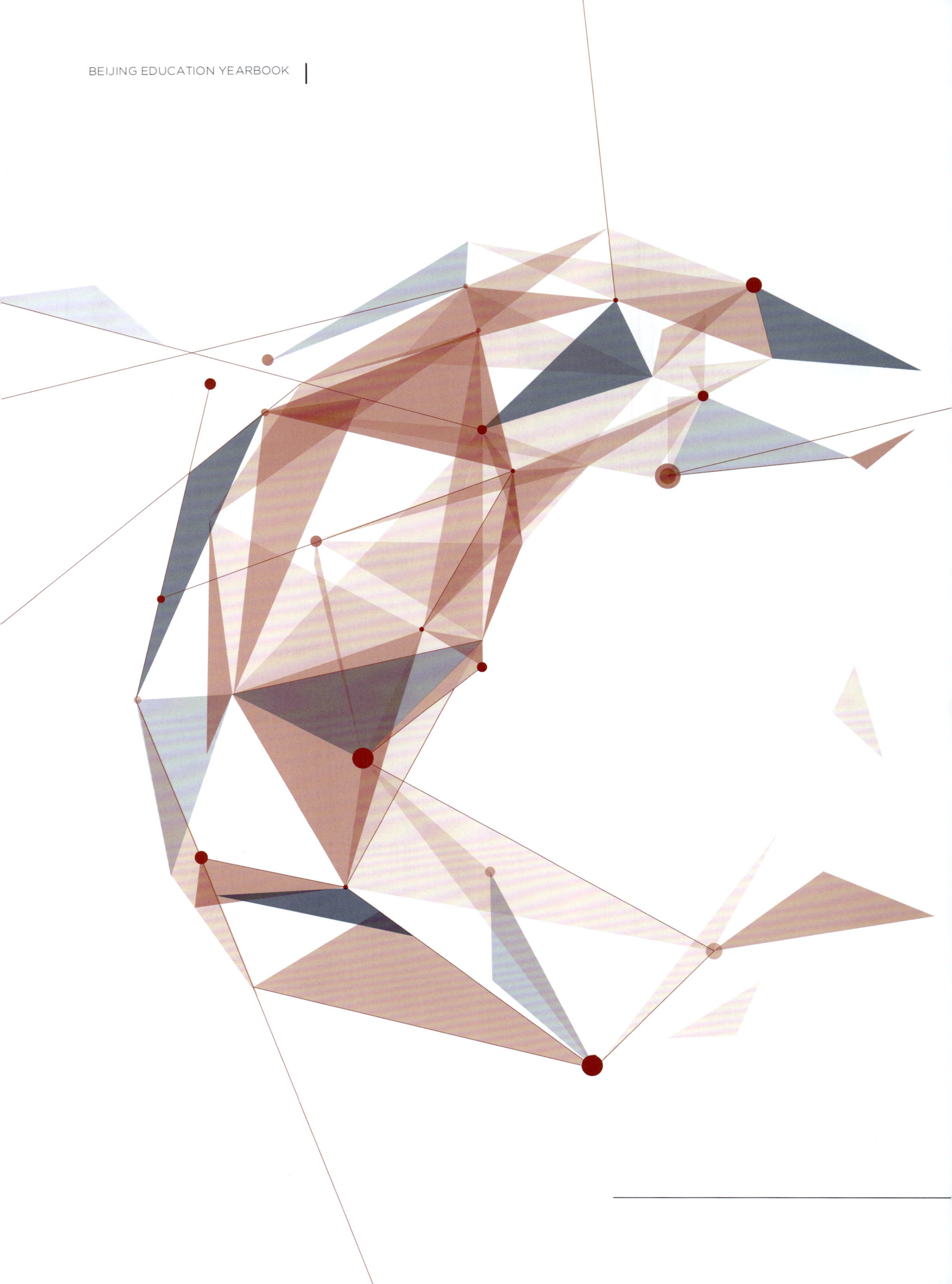

2021 首都教育系统同心抗疫

THE EDUCATION SYSTEM OF BEIJING IS UNITED TO FIGHT COVID-19

首都教育系统同心抗疫

THE EDUCATION SYSTEM OF BEIJING IS UNITED TO FIGHT COVID-19

首都教育系统抗击新冠肺炎疫情斗争取得重大战略成果

2020年初，面对突如其来的新冠肺炎疫情，首都教育系统坚决落实党中央和市委关于疫情防控的决策部署，统筹推进疫情防控和教育改革发展，稳定各项工作，取得疫情防控重大战略成果，确保教育系统各项工作平稳有序开展。

提高站位，迅速战斗，抢抓疫情防控的“窗口期”

快速响应。中央、市委一声令下，全市教育系统立即行动、全面响应。自1月22日起，在京机关干部迅速组建工作专班，全力投入紧张的“战斗”，坚持生命至上，始终把确保师生生命安全和身体健康放在第一位，筑好教育战“疫”的“防火墙”，坚决守住校园这方净土。

至年底，市委教育工委、市教委老党员先锋队志愿者队员参加社区疫情防控，为进入小区人员检测体温（市委教育工委相关处室 供）

构建“两个体系”。建立指挥体系，第一时间成立北京教育系统新冠肺炎疫情防控工作领导小组，构建起市、区、校三级防控体系，统筹开展疫情防控，出台多份重要指导文件、工作指南，建立“121”数据上报制度（一报：疫情防控工作日报；两表：各级各类学校师生情况表、疫情防控情况汇总报表；一台账：建立全市教育系统新冠肺炎确诊疑似病例台账），形成疫情防控期间北京教育系统人员整体情况数据库，精准掌握全市大中小学、幼儿园相关数据和具体人员流动情况。建立督查体系，市级成立14个督查组，向各区、各高校派驻89名联络员，守护住教育系统疫情防控“最后一公里”。在开学复课等疫情防控重点领域和关键环节，采取“四不两直”方式督查大中小学（含培训机构）600余所，发现并推动解决问题百余项，快速处理“接诉即办”事项，及时回应家长、师生合理诉求。

强化三个统筹。统筹疫情防控与全年工作，统筹线下教学与线上教学融合发展，确保“停课不停教、停课不停学”，统筹校内防控与校外稳控。

全面布控，精准施策，打出疫情防控和教育教学“组合拳”

严格把关落实校园疫情防控。严把返京返校关，根据疫情防控要求，落实“不离家、不返校”硬规定，“一对一、点对点”做好教育引导工作。严把校门管理关，在校学生和在岗后勤员工原则上不出校门，无关人员一律不得进入学校。严把人员聚集关，实行分餐制，宿舍控制在6人以下、人均不低于4平方米。严把健康观察关，全市高校设置231个健康观察点。启用“京心相助”教育系统专用端口，数据实时共享。严把体温监测关，严格入校体温监测和晨午检制度，特别是初三、高三年级试开学期间，所有师生员工一律佩戴智能体温监测手环。严把防控防疫关，聚焦“学、食、住、行”，做到全覆盖、零盲区、无死角。新发地疫情发生后，各级各类学校连夜组织拉网式大排查，全面摸排食堂、餐饮进货渠道及师生员工活动轨迹，对食堂员工全员开展核酸检测，组织食堂环境采样和全面消杀。

多措并举保证正常教育教学。快速部署“两延期、一暂停”，报请市委、市政府研究决定，全市大中小学、幼儿园2020年春季学期延期开学，延期推迟特殊类型考试，暂停校外培训机构线下培训活动。1月26日正式向社会发布，并同步印发延期开学工作方案、延期开学学生学习指导方案、推迟特殊类型考试工作方案等配套方案。据舆情监测，该项政策发布后，受到舆论普遍好评，在全国起到示范作用。返校复课快而有序。4月27日，4.4万余名高三年级学生顺利返校复课，随后，初三、中小学其他年级分批次陆续返校复课，直到6月新发地疫情突然再次爆发，返校复课被迫中断。自新发地疫情发生后，教育系统落实市委、市政府部署要求，严格执行各项疫情防控措施，坚决守好师生员工生命健康防线，坚决守住校园不发生聚集性疫情底线。6月16日，北京应急响应级别调整为二级，教育系统根据疫情变化果断决策，市、区两级教育部门连夜部署各级各类学校学生停止到校工作，6月17日起，全市大中小幼一律停止到校（园），恢复居家线上教学，校外培训机构继续暂停线下培训。按照“积极、稳妥、循序、安全”的原则，于8月29日、9月1日、9月7日分三批组织全市中小学生返校开学。同时，自8月15日起，92所在京高校组织学生分期分批、错时错峰返校。

回应关切，疏解焦虑，压实教育系统疫情防控“稳定器”

想方设法保障“五育并举”融合育人。整体规划春季学期课程教学安排，统筹好学生居家学习、线上学习和在校学习，强化在线学科教学技术保障，构建涵盖歌华有线电视平台、北京数字学校官网、互联网平台等五类14家在线教学传播平台，精心组织在线学科教学。新冠肺炎疫情以来，中小学免费开放名师同步课、特级教师辅导课等在线课程1.7万余节，组织千余名骨干教师新录制市级课程6000余节，在京高校开设在线课程8.5万余节。2020年春季学期结束，市级线上课程累计点播学习11.5亿人次。国家统计局北京调查总队数据显示，师生家长对北京市线上学习满意率为83.3%。向教育部报送729个优秀线上教学案例，并推荐分享到全国，中央广播电视总台《焦点访谈》对北京市线上教学给予肯定。加强学生居家学习与生活指导，制定印发《2020年春季学期延期开学期间中小学生居家学习与生活指导工作指南》，分学段从培育和践行社会主义核心价值观、探究学习和研究性学习、阅读经典文学作品、居家体育锻炼、坚持美育活动、开展家务劳动、合理安排毕业年级学习七个方面以及特殊教育学校学生居家生活与康复给予指导。

深入开展学生思想政治教育。开展“众志成城，共克时艰——大学生在行动”网络主题教育活动，普及科学防疫知识，宣传中国特色社会主义的制度优势。推出“青春记疫——大学生在行动”主题云晚会，由海内外48所高校184名大学生联袂制作、云端集结，网络首播超过20万人同时观看，并在央视黄金时段播出。联合北京广播电视台打造《老师请回答》疫情防控特别节目，打通特殊时期家校“连心桥”，视频累计传播15亿次。国家广播电视总局专门调拨节目资源，提供全国电视台播出。开展北京市学校思想政治理论课教师“同备一堂课”活动，及时将疫情防控的生动实践转化为鲜活课堂，帮助广大思政课教师上好新学期的线上思政课。引导大学生立足当地、发挥专业

6月1日，光明小学开展“返校复课第一课”教育活动，强化防疫技能、疏导心理情绪、恢复健康体能　（光明小学　供）

优势，广泛参与疫情防控志愿服务，在奉献社会、服务人民的实践中强化使命担当。

严格按照疫情防控要求组织考试。在组织考试招生过程中认真贯彻落实有关防控工作的部署和要求，科学研判中考、高考、自学考试、社会考试、研究生复试等20余项考试安排，制订各类工作预案30余个，各类考试实施平稳顺利，特别是2020年北京新高考改革平稳落地，有力地支撑教育系统疫情防控和社会稳定大局。积极主动化解社会焦虑，及时发布各项考试政策调整方案，通过多种媒体加强宣传，构建全方位、多渠道、多形式的宣传工作体系，切实做好志愿填报、信访咨询、温馨提示等服务工作，把政策和方法传递到每名考生和家长，努力打通政策落地"最后一公里"。

7月7日至10日，东城区19所高考考点校防疫高考两手抓，完成2020年高考工作 （唐晨 摄）

切实帮助大学生顺利毕业就业。坚决落实党中央"稳就业保民生"工作部署，指导高校合理调整人才培养方案、创新开展网上答辩，积极推动24万名高校毕业生"应毕业尽毕业"。全面开通就业指导线上平台，健全特殊学生群体就业台账，牵头举办网络招聘会126场，参会单位2.2万家，提供招聘岗位365万人次，努力降低疫情对就业的影响。截至12月底，2020届毕业生整体就业率90.2%。毕业季期间，针对特殊形势，要求各高校加强关心关爱，不得对毕业生离校安排采取"一刀切"政策，结合实际适当延迟毕业生离校期限，采用视频连线、同学代办、暂存学校等方式解决行李打包寄送问题，指导高校把毕业答辩和离校手续办理全部转至线上，创新开展"毕业云典礼"，打造"最美毕业季"。

迎接大考，决战决胜，筑牢教育系统疫情防控"防火墙"

筑牢共抗疫情的思想防线。广大师生经历疫情考验，进一步增强"四个自信"，特别是制度自信，受到一次生动鲜活的爱国主义教育、激发爱国情怀。调查显示，99.4%的大学生认为疫情防控体现中国特色社会主义制度的显著优势，98.0%的教师对中国未来发展充满信心。广大师生自觉服务于大局，延期开学期间，百万名中小学生自觉遵守社区防控要求，64万名京外大学生严守"不离家、不返校"的纪律要求，没有与春节后返京大人流形成叠加风险；境外师生服从国家政策和学校安排，坚守驻地做好个人防护，服务首都"外防输入"的防控大局。

回应社会关切，压实教育系统疫情防控"稳定器"。构建多层次、高密度权威发布回应机制，疫情期间，主动发布、回应、集体采访209次，媒体报道1万余篇，《新闻联播》报道11次；两委领导接受采访、参与节目录制66次；市、区教育部门参加新闻发布会24场，现场回应热点问题145个。以官方微博、微信、客户端、抖音、快手为抓手，打造政务融媒体传播矩阵。打响"双'特'战'疫'"，组织800余人次北京市特级校长、特级教师"接诉即办"，解答困惑，缓解社会焦虑。

坚持底线思维守护校园安全稳定。不断强化意识形态责任，紧盯疫情、舆情、社情和校情，主动发声引导，化解社会焦虑，特别是在疫情期间，对错误观点举旗亮剑，坚决斗争，处置突出舆情90余起，坚决防止"疫情下去了，舆情上来了"，确保重要敏感时间节点平稳渡过。坚持超前一步研判疫情影响，用大概率思维应对小概率事件，及时采取有效应对措施，严防疫情次生灾害。努力建立疫情常态化防控的校园管理机制，积极构建校地协同、联防联控联动工作格局，主动识别防范化解风险，及时处置突发事端249起，比上年同期增长35%，通过校地协同机制，推动部分学校实现家属区与校园分区独立管理，解决历史遗留问题，得到教育部领导高度评价和充分肯定。

让党旗在斗争一线高高飘扬。坚决打好高校党的政治建设攻坚战，建强基层组织体系，第一时间迅速组织1.2万个基层党组织、5万余名党员投入防控一线，派出党员突击队31个，建立临时党组织48个，设立党员责任区、党员先锋岗，构建起校地协同、联防联控、群防群治的铜墙铁壁。创新线上组织生活模式，组织"共同战疫"主题党日、党组织战疫微党课，火线发展党员68人，组织党员捐款4400余万元，表彰350个集体和个人，凝聚起强大战疫力量。坚持在斗争一线检验锤炼识别干部，严肃督查问责，弘扬严实作风，把全面从严治党向纵深推进，激励广大党员干部在大战中践行初心使命，在大考中交出合格答卷。

（张远贵）

2020年首都教育系统抗击新冠肺炎疫情大事记

1月

11日　北京协和医学院研发的新冠病毒核酸检测试剂盒，在武汉通过国家卫健委组织的首批现场评估，并获得国家药监局文号。

22日　市委教育工委、市教委召开新型冠状病毒感染肺炎疫情防控工作部署会。王宁部署北京教育系统防控工作，刘宇辉传达市委、市政府有关会议精神。在京93所高校主要负责人，各区教委主任参会。

26日　市教委在北京市新型冠状病毒感染的肺炎疫情防控工作新闻发布会上发布北京市大中小学、幼儿园2020年春季学期延期开学的通知。

27日　以北京市民办教育工作联席会议名义暂停全市校外培训机构线下培训。至8月中旬，教育部门指导学科类校外培训机构有序恢复线下培训。

29日　市委教育工委印发《关于要求在京高校党政主要负责同志全天在岗工作的通知》，建立高校领导干部全天候值守制度，市委教育工委、市教委领导带队以"四不两直"形式开展督导检查。

31日　市委教育工委、市教委、北京广播电视台共同录制《老师请回答》大中小学生同上一堂课特别节目，旨在加强学生思想政治教育和心理疏导，指导学生居家学习生活。节目包括延期开学政策权威发布、青少年疫情防控指南、疫情当前谁在逆行、学生宅家心理疏导4期。刘宇辉、清华大学校长邱勇、北京育英学校校长于会洋、北京史家教育集团校长王欢、北京协和医学院基础学院流行病学教授单广良参加首期节目录制。4期节目从2月3日起，每周一、周二晚间在北京卫视播出。全年录制新冠肺炎疫情防控特别节目33期。

1月　北京高校援鄂医疗队陆续出发驰援湖北。

2月

3日　市教委协同北京教育新闻中心打造的"双'特'战'疫'"平台开栏。组织北京市中小学特级校长和特级教师（简称"双特"）在平台上及时回应社会关切问题。93名特级校长、400余名特级教师822人次"双特"来稿1167篇，官微专栏发布453期，解答回应师生家长问题100余种，总阅读量3000余万次。

△　市委教育工委、市教委启动首都高校"众志成城、共克时艰——大学生在行动"网络主题教育活动。活动通过组织大学生"同上一堂课"，参与"我承诺、我报到、我接力"线上活动，征集抗击新冠肺炎疫情主题艺术作品和新媒体作品。

5日　北京教育系统新冠肺炎疫情防控工作领导小组向在京93所高校派驻57名联络员协助高校开展新冠肺炎疫情防控工作。市委教育工委另向各区派驻17名联络员。11月，联络员结束派驻，返回工作岗位，但继续执行联络员任务。

11日　蔡奇到清华大学、北京联合大学检查调研新冠肺炎疫情防控工作。

13日　市教委、市财政局联合发布《关于切实做好教育系统疫情防控经费保障及学生资助工作的通知》，确保教育单位不因资金问题影响新冠肺炎疫情防控，保证家庭经济困难学生及时受助。

14日　市教委印发《关于疫情防控期间以信息化支持教育教学工作的通知》，发挥北京市信息技术的优势，切实支持学校延期开学期间线上教育教学工作，全力保障"停课不停学"。

△　市教委、市财政局征集新冠肺炎疫情防控应急科研攻关项目，重点支持新型冠状病毒感染肺炎的重症救治、检测系统、病毒溯源、药物研发、疫苗研发、防护装备等。最终，确定首批资助项目11个，资助金额近1000万元。

15日　市委教育工委、市教委印发《关于充分发挥基层党组织作用、激励党员干部担当作为、坚决打赢疫情防控阻击战的通知》，动员两委机关和直属单位各基层党组织和广大党员干部主动投身到疫情防控斗争中去。

17日起　市教委与北京广播电视台联手推出电视课堂特别节目《老师请回答特别节目"空中课堂"》。优秀教研员及特级教师为初三、高三年级备考学生推出复习指导讲座。每周一至周五下午13∶15开始，每天分别播出高中课程和初中课程各3节。第一阶段2月17日至5月31日、第二阶段6月17日至7月19日共运行138天，累计1918名教师针对5572名学生提出的157796个问题给出408694个答案。

20日　北京市发布3月北京教育类相关考试推迟

2月24日，北方工大教师干部参加志愿服务

（北方工大　供）

公告。

21日 市委教育工委主办的打赢疫情防控阻击战——北京市学校思想政治理论课教师“同备一堂课”（第四批）活动在中国人民大学举办。

27日 北京教育系统新冠肺炎疫情防控工作领导小组印发《关于进一步规范疫情防控期间中小学生居家线上学习有关工作的通知》，规范教学行为，同时强调各区和各校要全面准确理解延期开学意义、全面准确把握居家学习内容要求、突出学生安排和自主管理、正确应用线上教育手段、合理安排学生线上学习时长、明确学校和教师职责等内容。

2月 北京教育科学研究院依据市教委在不同阶段的工作要求和指示，陆续研制《北京市防控新型冠状病毒肺炎疫情2020年春季学期延期开学期间中小学生居家学习与生活指导工作指南》和《2020年春季学期学科教学指导意见》。

2月至3月 市教委面向全市中小学组织开展“凝聚正能量 同心抗疫情”主题教育活动，围绕爱国主义教育、感恩教育、生命教育、生态文明教育、科学教育、健康教育6项内容，录制、上线教育微课17节；开展致前线医护人员的一封信、向逆行者致敬、抗疫倡议建言、爸妈的抗疫前线故事、把爱唱给您听等活动。

2月至12月 市委教育工委、市教委为保证中小学生“停课不停学”，组织开展北京市中小学“空中课堂”录制工作。北京教育科学研究院组织协调各区教研员、学科专家、特级教师、市区骨干教师、学科带头人，将中小学所有课程录制成视频；北京教育网络和信息中心组织各区中小学和信息中心组建“空中课堂”摄制基地73个，完成近7000节北京市“空中课堂”课程、3000余节国家“空中课堂”课程和1000余节微课录制，通过歌华有线及各个网络平台开展教学活动，播放30亿次。

3月

2日 习近平到清华大学考察新冠肺炎防控科研攻关工作，先后走进全球健康与传染病研究中心、生物医学检测技术及仪器北京实验室，详细了解创新药物研发进展和新型检测试剂、检测设备研发应用等情况，并观看正在进行的酶联免疫吸附试验。习近平在清华医学院主持召开座谈会并发表重要讲话。习近平代表党中央向奋斗在疫情防控科研攻关一线的广大科技工作者表示衷心的感谢和诚挚的问候。

3日至6日 北京市组织2020年普通高中学业水平等级性考试适应性测试。为应对新冠肺炎疫情，5万余名考生采取居家分散考试方式参加测试。这是年内全国唯一一次大规模教育测试活动。考试过程平稳有序，实现预期目标。

9日 北京第二外国语学院组建由30名学生和3名教师组成的国门多语种防疫志愿者团队，到首都机场T3航站楼D区新国展集散点现场服务。该团队是首都第一批前往防疫一线的志愿者服务队。

11日 北京教育系统新冠肺炎疫情防控工作领导小组发布《关于进一步做好2020年春季学期中小学延期开学相关工作的通知》。召开基础教育工作视频会，延迟中小学开学时间，强调坚持不讲新课、不集中教学、不留作业、不打卡，不断优化完善线上教育内容和方式，突出学生自主学习，增加体育锻炼等内容，契合学生较长时间居家学习和生活实际情况。

15日 习近平给北京大学援鄂医疗队全体“90后”党员回信，向他们和奋斗在疫情防控各条战线上的广大青年致以诚挚的问候，勉励他们：让青春在党和人民最需要的地方绽放绚丽之花。

26日 市教委、市财政局印发《关于新冠肺炎疫情期间支持民办幼儿园稳定发展的通知》。支持876家普惠性幼儿园，拨付资金10.7亿元；2月至4月对在疫情期间运转困难的民办非普惠性幼儿园拨付帮扶和转普资金663.8万元，帮扶幼儿园43家。

30日 北京教育系统新冠肺炎疫情防控工作领导小组印发《关于统筹推进中小学2020年春季学期教育教学工作的通知》，明确自4月13日起，调整学生居家学习的内容与方式，由学生自主学习、自主管理为主，转变为学校按照本学期课程教学计划进行线上学科教学为主，集中时间完成学科课程教学任务。强调各区和各校要严格控制学生每天线上学习时间不超过半天，小学、中学阶段每节课时长分别不超过25分钟、35分钟;不要求统一集中观看课程；不得安排重复性、叠加性学习；严格控制作业量。

4月

7日 市教委印发《关于做好2020年春季学期特殊教育学校课程教学工作的通知》《2020年春季学期北京市培智学校综合教学指导意见》，明确新冠肺炎疫情期间特殊教育学校线上教育教学应遵循的基本原则、工作要求、时间安排。市教委委托北京教育科学研究院，依托北京市特教资源网开发多样化居家学习资源单元26个、主干活动250个、教学资源包600个，方便残疾学生居家学习。

12日 北京教育系统新冠肺炎疫情防控工作领导小组印发《关于做好2020年春季学期高三初三年级试开学相关工作的通知》，明确自4月27日起，北京市春季学期高三、初三年级试开学，其他年级启动线上学科教学。

15日 市教委推进新冠肺炎疫情防控期间干部师生普法工作，要求各高校、中小学错峰错时观看“2020年全民国家安全教育日高校公开课”，引导学生将总体国家安全观贯穿抗击新冠肺炎疫情全过程。开发试用“依法治教”手机学法小程序提供网上法律学习服务，参与学习15915人，累计167002人次。

24日 清华大学、联合国教科文组织联合在线举办“全球大学特别对话：新冠疫情下的大学在线教育及展望”会议。会议发布《清华大学疫情期间在线教育阶段性研究报告》。

30日 由市委教育工委指导，中国传媒大学主办的全国首台主题云晚会“青春记疫 ——大学生在行动”在西瓜视频、抖音首播。20余万名学生在线观看。海内外48所高校的184名大学生共同参与制作，并于6月2日在中央广播电视总台音乐频道晚黄金时段播出。

4月 北京高校援鄂医疗队陆续凯旋。

5月

11日　初三年级开学。丰台、东城、西城、通州、大兴5个区高三、初三年级学生和返校返岗教职员工佩戴智能体温计，开展智能体温监测。市教委启动高三、初三年级试开学期间全体师生员工佩戴智能体温计，开展智能体温监测。

16日　北京教育系统新冠肺炎疫情防控工作领导小组印发《关于做好2020年春季学期基础教育各学段有序返校复课工作的通知》。

19日　市教委召开内地民族班返校复课工作部署视频会，从分类做好开学前返校工作、做好开学后的学校日常管理工作、做好开学后教育教学工作调整三个方面提出具体要求。

6月

1日　高一、高二年级，初一、初二年级，小学六年级返校复课。

△　孙春兰到北京市中小学、幼儿园检查疫情防控工作，看望复学复课学生，并向孩子们致以节日祝贺。孙春兰到北京汇文中学、北京光明小学和北京市第五幼儿园，实地察看学生入校测温、教室及活动场所防控、应急处置、防疫物资储备等情况，并与教职工、校医等交流。

5日　蔡奇检查学校返校复课后新冠肺炎疫情防控工作，并在中国人民大学主持召开市委教育工作领导小组会议，听取关于疫情防控形势下首都高校思想政治工作总体情况汇报，与一线师生座谈，研究推动首都高校思想政治工作。

8日　小学四、五年级返校复课。一至三年级同步做好开学准备，具体开学时间另行通知。即日起，具备开园条件的幼儿园可陆续开园，家长自愿确定幼儿是否返园。

15日　市教委、市发展改革委、市财政局、市市场监管局联合印发《关于加强疫情防控期间教育收费管理工作的通知》，规定学费（保育教育费）严格按规定的收费标准收取，不得跨期预收；各级各类学校（幼儿园）按照北京市疫情防控工作的统一部署开始复课（复园），未复课不得提前收取学费，幼儿园未复园期间原则上不得收取保育教育费。

△　原计划小学一至三年级返校复课。6月16日，新发地聚集性疫情发生后，北京应急响应级别调整为二级，市、区两级教育部门连夜部署，6月17日起，全市大中小学、幼儿园一律停止到校（园），恢复居家线上教学，校外培训机构继续暂停线下培训。

16日至17日　清华大学举办以“后疫情时代：中国与世界”为主题的2020世界和平论坛特别视频会议。

30日　孙春兰到北京市检查新冠肺炎疫情下的高考准备工作，到北京科技大学附属中学考点和北京教育考试院实地察看入校体温检测、防控物资准备、考场布置、应急隔离考场准备等情况，听取组考工作和监考教师培训情况汇报。

7月

3日　市教委召开内地民族班返乡工作部署视频会，从明确四方责任、整体工作安排、假期管理及开学返京事宜三个方面对内地民族班暑期新冠肺炎疫情防控和秋季返校开学工作提出具体要求。

29日　市委教育工委、市教委联合教育部思政司举办“疫情之下大学的使命和担当”书记校长论坛暨北京市“三全育人”综合改革试点区建设推进会。

8月

15日起　92所在京高校组织学生分期分批、错时错峰返校。

20日　市人大采用视频会议方式组织部分市人大代表听取市教委和北京教育考试院有关工作情况汇报，并进行线上座谈交流。刘宇辉通报市教委上半年“战疫保学”和推进各级各类教育稳步发展工作情况。

29日　小学一年级，初一、初三、高一、高二、高三年级开学。29日至31日，小学一年级，初一、高一年级开展3天入学教育。

9月

1日　小学五、六年级，初二年级开学。7日，小学二、三、四年级开学。

6月1日，海淀区8万名中小学生返校
（海淀区教委　供）

8日 各类型幼儿园大班、中班开园。11日，小班开学。

△ 全国抗击新冠肺炎疫情表彰大会召开，中共中央、国务院、中央军委表彰全国抗击新冠肺炎疫情先进个人和先进集体，北京教育系统获先进个人称号41人，其中，首都医科大学附属医院18人、北京大学附属医院15人、北京协和医学院5人、北京中医药大学附属医院2人、清华大学附属医院1人；先进集体7个，分别为首医大附属北京地坛医院党委、附属北京佑安医院党委，国家援鄂抗疫中医医疗队（中医药大学东直门医院、东方医院），协和医院党委，北大附属第一医院、人民医院、第三医院援鄂抗疫国家医疗队。

16日 王宁主持市委教育工委、市教委理论学习中心组（扩大）会议，传达学习习近平总书记在全国抗击新冠肺炎疫情表彰大会上讲话精神，研究首都教育系统贯彻落实举措。

29日 北京市抗击新冠肺炎疫情表彰大会召开，市委、市政府表彰北京市抗击新冠肺炎疫情先进个人和先进集体，北京教育系统获先进个人称号225人，包括首都医科大学附属医院126人、北京高校18人（含学生2人）；先进集体36个，包括高校附属医院21个。

10月

31日 国内首部《"战疫"应急语言服务报告》新书首发，由北京语言大学组织编写，对外经济贸易大学出版社出版发行。

11月

4日 北京市"众志成城、共抗疫情"百姓宣讲活动首都大学生专场在华北电力大学主会场举行，56所高校设视频分会场，首都各高校大学生通过在线直播方式同步聆听宣讲，同上一堂"伟大抗疫精神"思政课。

27日 市委教育工委、市教委、故宫博物院、国家大剧院联合启动"见字如面·对话故宫"书信交流活动。新冠肺炎疫情期间，北京市7名初中生发起"拿起纸笔·见字如面"书信交流活动。

是年

至年底 北京教育考试院根据教育部和市委、市政府，市委教育工委、市教委统筹安排，取消高考外语口试等7项考试、中高考等15项考试延期举行。高级中等学校招生考试由6月23日至25日延期至7月17日至19日；学考合格考试由6月23日至25日延期至9月23日至25日。普通高等学校招生考试由6月7日至9日延期至7月8日至10日；取消高考外语口试和高水平运动队招生全市统测。高等教育自学考试上半年考试由原来4月延期至8月1日至2日。

△ 市委教育工委围绕全市重点课题"疫情对首都教育的影响"开展调研，形成首都教育抗疫"实践成果篇""精神成果篇""研究成果篇"，以及《两委机关处室关于疫情对首都教育的影响对策及启示专题研究报告汇编》《疫情对首都教育的影响对策及启示研究报告》等多项成果。

△ 市委教育工委、市教委建立"战时"工作机制，牵头成立机关工作组，统领机关系统疫情防控工作，健全制度，印发疫情防控工作方案等通知39个，并对6所直属学校疫情防控工作进行针对性指导。组建机关系统疫情信息报送群和直属学校工作群，每日统计报告人员健康情况及离返京（境）情况，编发工作日报245期。配发专项党费30.5万元，支持各单位做好防疫和慰问工作。组织1470名党员自愿捐款26.39万元，支持疫情防控工作。

△ 市教委做好教育系统新冠肺炎疫情防控物资保障工作，累计为市委教育工委和市教委机关、直属单位、内高班、93所高校调配口罩1410.9万只，为全市中小学、幼儿园4054个校区调配口罩543.36万只；调配调拨测温枪1723支；84消毒液3480公斤；医用消毒酒精5200公斤；免洗消毒洗手凝胶7380瓶。研究制定智能测温仪管理办法，做好智能测温仪佩戴管理工作，共调拨智能测温仪1749台，为43所高校、15所内高班学校和市教委机关服务中心、北京市教工休养院临时隔离点及重点场所岗位人员佩戴，设备日活率稳定在95%以上、有效检测率在99%左右。

△ 市教委先后研究制定两版高校、中小学校、幼儿园做好开学和开学后过渡期（开学复课期间）新冠肺炎疫情防控工作建议（指南），科学指导学校精准有效地抓好常态化疫情防控，做好返校复课期间各项工作。

（华蕾）

9月至12月，昌平教工幼儿园做好常态化疫情防控工作（褚小芹 摄）

01

02

03

04

停课不停学

01 2月20日，清华95岁教师进行线上教学 （清华 供）

02 2月至5月，牛栏山一中教师进行网上教学 （梁波 摄）

03 2月9日，信息中心组织拍摄空中课堂 （马东 摄）

04 北京数字学校新版首页 （北京教科院 供）

05 3月，东城新鲜胡同小学学生居家学习 （崔子千 摄）

06 5月11日，丰台五小开展“致敬白衣天使 做五自好少年”线上主题升旗活动 （丰台五小 供）

05

06

返校复课

01 4月27日，一零九中高三学生复课（王辉 摄）

02 5月11日，中国教科院朝阳实验学校初三年级返校复课，学生上开学第一课“爱国 责任 生命”（中国教科院朝阳实验学校 供）

03 6月8日，昌平机关幼儿园大班幼儿复园（李晓杰 摄）

04 6月11日，首师大第一批毕业生返校（贾雪 摄）

05 6月，人大附中石景山学校复课后学生专注上课（石景山区教委 供）

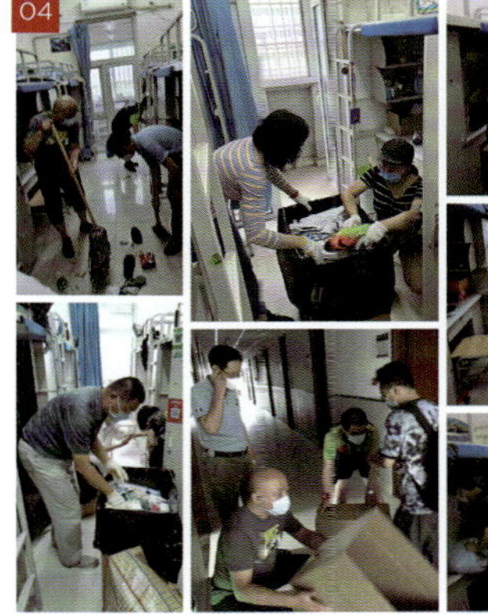

毕业就业

01 6月25日，六一幼儿院举办“云”毕业典礼 （六一幼儿院 供）

02 6月29日，北航2020届本科生毕业典礼 （北航 供）

03 6月，北大组织为未能返校的毕业生打包及运送行李 （北大 供）

04 7月11日，电科职院教职工为未能返校的毕业生打包行李 （电科职院 供）

05 9月16日，教育人才交流中心举办的高校毕业生就业双选会严格落实防控一米线 （孙毅君 摄）

06 7月8日，北理工举行线上线下相结合的毕业典礼 （北理工 供）

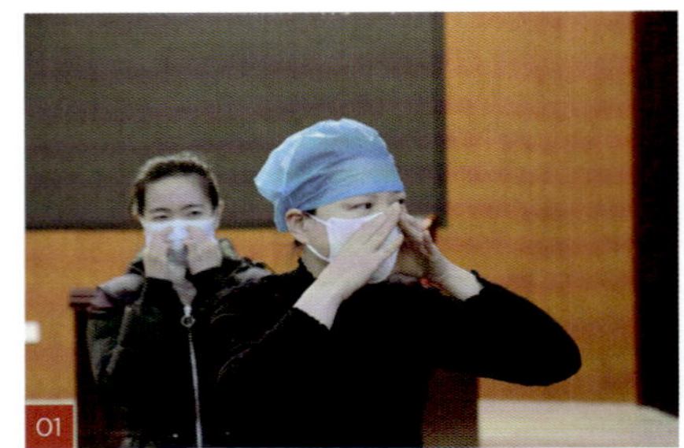

科学防疫

01 1月6日，西城教科院组织疫情防控应急演练 （杨军 摄）

02 6月8日，园林学校疫情期间食堂就餐情况 （园林学校 供）

03 6月17日，北京中学东坝校区一年级学生做核酸检测 （朝阳区教委 供）

04 6月27日，石油大学校领导看望留校学生 （石油大学 供）

05 9月13日，中央财大疫情防控常态化校园管控措施 （中央财大 供）

06 9月30日，北工大附中劲松分校举行室内健身操评比活动 （朝阳区教委 供）

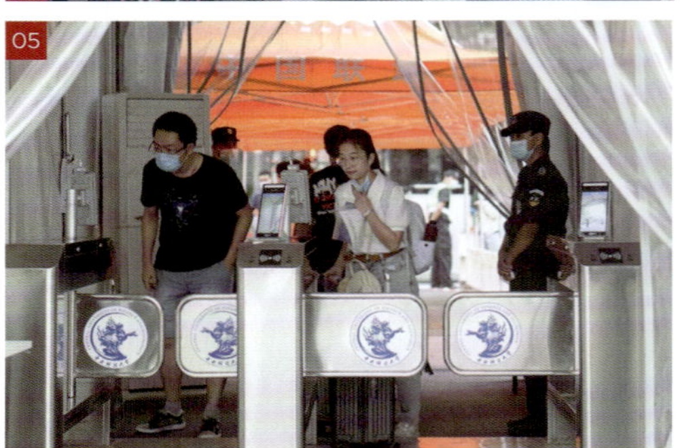

01

03

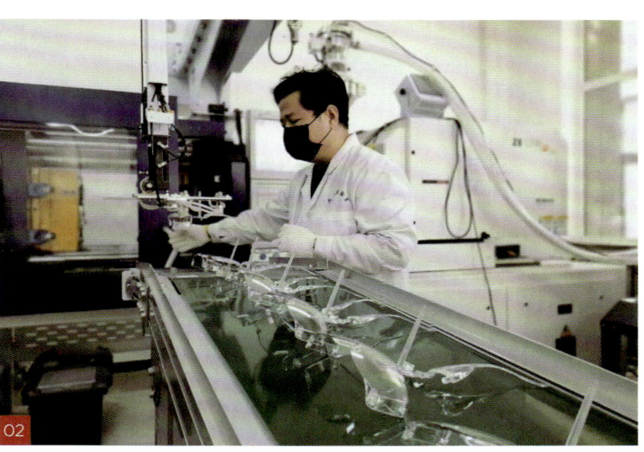

02

科学战疫

01 2月22日，清华医学院研发的“六项呼吸道病毒核酸检测试剂盒（恒温扩增芯片法）”获国家药监局新型冠状病毒应急医疗器械审批（清华 供）

02 2月，化大采用3D复印智能塑化制造技术生产防疫护目镜产品驰援湖北一线（化大 供）

03 3月，涵盖41种语言的《疫情防控外语通》开通（北语 供）

04 3月27日，由亚洲大学联盟主办的大学抗击新冠疫情特别工作会议在清华举行（清华 供）

05 5月6日，北大连线阿拉伯国家驻华使领馆举办《抗击新冠疫情资料汇编（阿拉伯文版）》视频发布会（北大 供）

04

05

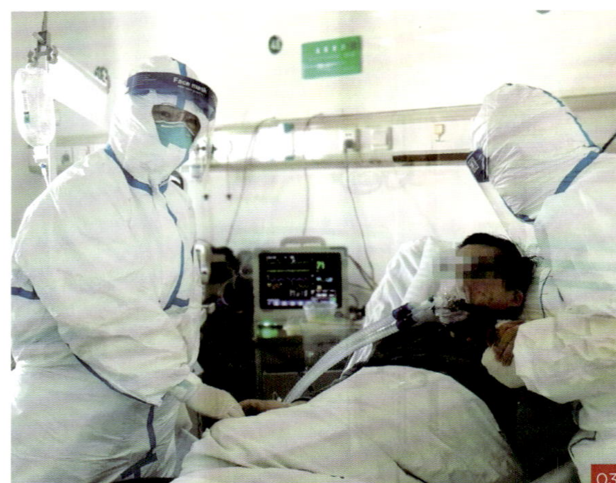

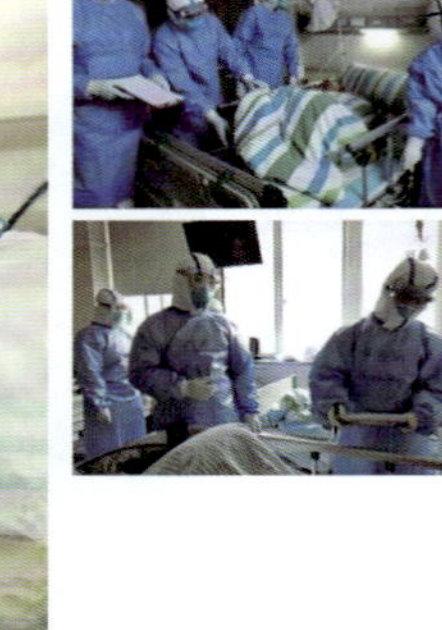

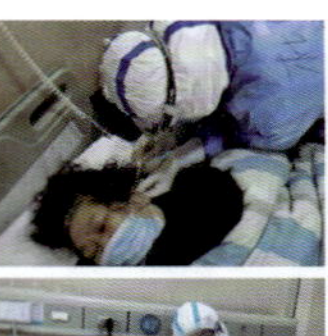

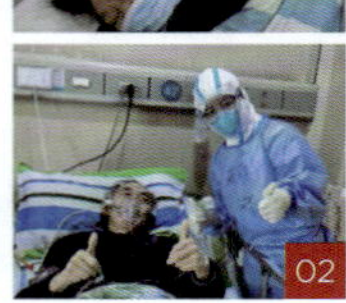

驰援湖北

01 1月27日，清华附属北京清华长庚医院医护团队出发驰援武汉 （清华 供）

02 1月27日，中医药大学援鄂抗疫国家中医医疗队驰援武汉 （中医药大学 供）

03 1月30日，首医大宣武医院重症医学科主任姜利教授（左一），作为国家卫健委专家组成员第一批援鄂，在武汉市金银潭医院开展救治工作 （首医大 供）

04 4月6日，北大援鄂抗疫国家医疗队抵京，“三重水门”迎接英雄凯旋 （北大 供）

05 4月9日，中医药大学援鄂抗疫国家中医医疗队平安返京 （中医药大学 供）

06 北大人民医院援鄂抗疫国家医疗队 （北大 供）

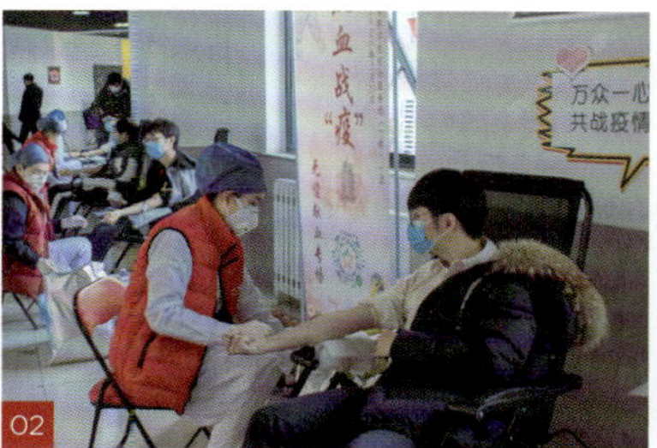

志愿服务

01 1月31日，北交大教职工参与人员转运工作（张先睿　摄）

02 2月23日，清华举办“热血战‘疫’”无偿献血专场活动（清华　供）

03 3月14日，消防救援学院湖北籍学员就地参加抗疫志愿行动（消防救援学院　供）

04 3月18至30日，北工大学生在九华山庄参与入境进京核酸检测阴性人员集散工作（北工大　供）

05 4月5日，二外学生家长迎接国门志愿者回家（二外　供）

06 6月27日，首医大学生在丰台区核酸检测点开展核酸检测志愿服务（徐焕昌　摄）

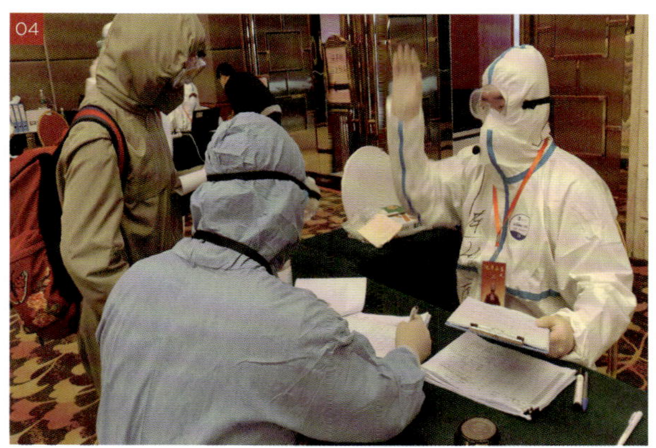

2589 所

幼儿园

58.32 万人

在园幼儿

8.85 万人

教职工

2021 | 学前教育

PRESCHOOL EDUCATION

- 新增学位 34350 个
- 督查幼儿园疫情防控
- 学前教育云平台培训系列活动
- 学前教育宣传月活动
- 完成第三期学前教育行动计划

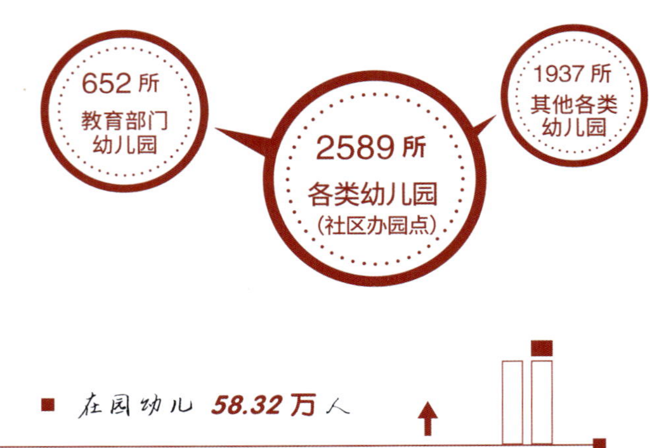

综述

概述

2020 年，北京市共有幼儿园（包括社区办园点）2589 所；在园幼儿 583153 人。其中，教育部门办园 652 所，在园幼儿 178996 人；其他公办性质幼儿园 516 所，在园幼儿 141788 人；民办幼儿园 981 所，在园幼儿 217935 人；社区办园点 440 个，在园幼儿 44434 人。全市幼儿园中，普惠性幼儿园（社区办园点）1989 个，在园幼儿 505163 人；非普惠性幼儿园（社区办园点）600 个，在园幼儿 77990 人。全市 3～6 岁幼儿入园率 90%。

（郭春彦）

通过新建、改扩建新增学位 34350 个

2020 年，北京市超额完成新增学前教育学位年度任务。通过新建、改建、扩建幼儿园及鼓励引导社会力量办园等方式，新增 34350 个学位，超额完成新增 3 万个幼儿园学位的年度目标任务，完成市政府实事。

（孙艳云）

督查幼儿园疫情防控

2020 年，市教委采取多种形式督查幼儿园新冠肺炎疫情防控工作。市教委对全市各区（含燕山地区）共计开展 400 余园次的督查、抽查与调研，同时组织全市学前教育督查员采取实地督查、分组联络、划片评估等方式，督查幼儿园疫情防控、复园评估、日常巡检等工作。市级督查办公室组织各区（含燕山地区）的 230 余名专兼职督查员，对 2000 余所幼儿园开展 2.20 万余园次的督查，保障防疫工作状态下幼儿园的安全稳定。

（郭春彦）

学前教育云平台培训系列活动

3 月，北京教育音像报刊总社依托云平台开展学前教育专业培训系列活动。针对热点问题，通过新媒体开展 5 场专业培训活动，观看人数累计 26.20 万人次；举办“‘创新联动赋能’第五届家园共育”和“张雪门教育思想与文化自信、课程自信”两次征文活动，收到全国各地来稿 8500 余篇；继续举办第四届“我来讲故事”音频作品征集展示公益活动，收到 170 余所幼儿园的 4000 余件作品，包含教师作品 1300 余件、幼儿和亲子作品 2700 余件，其中近 300 件获奖作品在学前教育杂志社和学前教育家教版两个公众号进行展播，累计阅读量近 26 万次，为师生搭建展示和分享平台。

（陈蕾）

学前教育宣传月活动

5 月 29 日，市教委组织学前教育宣传月活动。市教委印发《关于开展落实教育部 2020 年学前教育宣传月活动要求的通知》，以“快乐的时光、健康的成长”为主题，指导各区以发挥“双特战疫”的示范作用、持续促进学前教育的质量提升、弘扬爱祖国爱家乡的情感教育为重点，组织相关教科研机构、幼儿园结合工作实际和亲子互动实践，推广科学育儿、高质量陪伴的好经验和做法，传播科学的育儿理念。

（彭兴蕊）

第二届托育服务发展论坛

10 月 31 日至 11 月 1 日，北京师范大学举办第二届托育服务发展论坛。论坛以“新托育 · 新希望”为主题，邀请专家学者围绕促进婴幼儿照护服务高质量发展、儿童早

期发育综合干预、托育服务最新政策解读等方面作报告。会议认为中国0～3岁婴幼儿托育服务事业仍存在政策法规滞后、供需矛盾突出、服务质量参差不齐等问题；“十四”时期将迎来婴幼儿照护服务需求持续释放，政策法规、标准规范、服务供给体系不断完善，婴幼儿照护服务事业加快发展的关键时期；要着力解决婴幼儿照护事业所面临的问题和挑战，精准把握各项政策精神，调动各方面积极性，尊重婴幼儿身心发展的科学规律，走科学化、规范化、高质量发展道路。分论坛分别从托育服务政策解读与实践、托育服务行业标准与质量评估、家庭养育指导与婴幼儿照护公益服务、婴幼儿发展特点与规律、婴幼儿照护服务人才队伍的建设与培养、后疫情时代托育机构的运营管理等方面，分享婴幼儿托育服务最新前沿观点和研究成果。中央和地方相关部门领导、高校和医疗卫生领域的专家学者、托育行业机构负责人等400余人参加现场论坛，来自30个省、市、自治区的700余人参加线上论坛直播，十余家媒体对主论坛同步直播，3万余人次在线观看。

（申政）

完成第三期学前教育行动计划

11月26日，市十五届人大常委会第二十六次会议审议通过《北京市第三期学前教育行动计划总结报告》。北京市适龄幼儿入园率由2017年的75%提高至90%，普惠性幼儿园覆盖率由2017年的67%提高至87%；基本消除无证园现象，学前教育管理科学规范化水平不断提高。第三期学前教育行动计划于2018年开始实施。

（郭春彦）

保育教育

延庆二幼冰上亲子趣味运动会

1月10日，北京市延庆区第二幼儿园在夏都公园冰场开展第一届“助力冬奥，快乐成长，有我更精彩”亲子趣味运动会。小班举行亲子双人冰车比赛，中大班举行单人冰车比赛。幼儿和家长组织自行车、冰壶球和冰上龙舟等运动。幼儿及家长450人参加活动。

（曹怀秀）

北师大实验幼儿园线上家教指导活动

2月至7月，北京师范大学实验幼儿园开展线上家教指导活动。疫情期间，幼儿园成立家庭教育指导小组，经过前期线上研讨，制定特殊时期家园互动方案。教师结合班级幼儿特点，关注幼儿心理需求和家长陪伴需要，制定各班家教指导活动计划，通过网络平台，以海报、视频、音频等多种形式，开展内容丰富的家庭指导活动，有效保障家教指导活动的质量。在全体家长问卷调查中，99.60%的家长认为家教指导活动让居家生活更丰富有趣。

（李琳　王昕昕　黄宇佳）

“海淀空中亲子乐园”上线

3月3日，“海淀空中亲子乐园”（课程资源包）上线。“海淀空中亲子乐园”为家长提供亲子活动视频资源，包括体育游戏、益智游戏、艺术表达、语言活动、健康保健、家务劳动等多种类型，指导家长结合幼儿年龄和家庭特点，居家科学开展亲子活动，促进幼儿玩中学、玩中发展。该资源由海淀区教师进修学校研制，面向全区幼儿园，由幼儿园选取适合的内容，指导家长自主选用。全年投放视频资源120个，为海淀区6万余个家庭科学育儿、6000余名专任教师家园共育能力提升提供专业支持。

（宋亚甫）

望京新城幼儿园专题教研活动

3月16日，北京市朝阳区望京新城幼儿园举办“在师幼互动中提高教师共情能力”专题线上教研活动。幼儿园组织专家讲座，解读共情理念，进行案例分析，通过听、看、评、研等方式，落实理解幼儿、尊重幼儿、有效回应幼儿方法策略，丰富教师在一日生活中的教育教学措施。

（冀雪）

回龙观镇中心幼儿园节水护水线上教育活动

3月22日至28日，北京市昌平区回龙观镇中心幼儿园举办节水护水线上主题教育活动。教师通过节水故事、

3月22日至28日，回龙观镇中心幼儿园开展节水护水教育活动
（回龙观镇中心幼儿园　供）

节水手指游戏和儿歌的形式教育幼儿节约用水；家长和幼儿线上展示居家生活中节水护水小妙招的视频、照片，制作宣传节水知识手抄报，呼吁珍惜水资源、节约用水。教师、家长、幼儿 158 人参加活动。

（杨凡）

定福家园幼儿园空中微论坛

3 月 24 日，北京市朝阳区定福家园幼儿园举办空中微论坛活动。活动以“家庭教育指导”为主题，分集中活动和分组活动两部分，与会人员分析延期开学期间家园共育工作特点、方法，交流班级开展家庭教育指导活动情况，分享家庭教育指导案例及探索家庭教育指导中家长工作方式方法，拓展线上家庭教育指导思路。教师 36 人参加活动。

（李丽平）

幸福幼儿园线上幼儿科技节

3 月 27 日，北京市顺义区幸福幼儿园开展“宅”家也精彩——“我是小小科学家”科技节活动。教师在线上推送、分享“斜而不倒的易拉罐”“来一场 CD 气垫船滑行比赛”等科学小实验，让幼儿了解重心与平衡原理、匀速直线运动、碳酸分解、氧化等科学现象。幼儿在家中参与实验操作，在班级群中分享实验过程，表述在观察、探究、操作过程中的想法和发现，感受科学魅力。幼儿和家长 1100 余人参加活动。

（郭雯雯）

延庆二幼“云端”体育节

5 月 15 日，北京市延庆区第二幼儿园利用互联网举办第五届体育节。活动以“防疫有我，健康同行”为主题，大班比赛一分钟计时跳绳，中、小班比赛一分钟计时拍球，家长为幼儿录制 1 分钟视频上传到微信群，以数量多少为标准，取班级前十名为“跳绳、拍球小超人”，其他幼儿为“跳绳、拍球小达人”，发放电子奖状。教师到各小区门口集中分时间、分批次为幼儿发放奖品“乒乓球训练器”。教师 46 人、幼儿 464 人参加活动。

（曹怀秀）

怡馨幼儿园“户外家访”活动

9 月 3 日至 4 日，北京市顺义区怡馨幼儿园举办“户外家访”活动。为缓解中大班幼儿返园情绪以及小班幼儿的入园焦虑，各教研组在充分讨论的基础上开展为期两天的“户外家访”活动。教师将幼儿分成小组，约定时间在小区里见面。原班教师为家长和幼儿介绍班级新教师，了解幼儿假期生活情况和身体状况，并做好详细记录。同时征询家长对幼儿园的诉求，拉近幼儿、家长和教师之间的距离，为开园做好充分准备。

（何四芳）

六一幼儿院新生入园活动

9 月 11 日，北京市六一幼儿院举办新生入园活动。入园之前，教师引导幼儿及家长在班级网页“云游”六一幼儿院。入园当日，院长及教师在大门口迎接幼儿，每名幼儿获赠“小飞龙”吉祥物和寄语卡片，与院长在马背摇篮雕塑前合影；走过红地毯，穿过“我上六一幼儿院啦”气球门，按照小鸭子指示牌找到班级；在教师带领下，参观园所环境，共同做游戏，回到“六一家”吃饭。新生幼儿、家长及教师 700 人参加活动。

（迟芳）

密云三幼“光盘行动”园本微课程

9 月 14 日至 10 月 27 日，北京市密云区第三幼儿园开展“光盘有我，不负‘食’光”园本微课程活动。幼儿园向师幼及家长发起“光盘”倡议，号召争当“爱粮节粮”的宣传者、践行者、推动者。各班根据幼儿年龄特点，通过看视频、听故事、做手工等方式开展集体教育，引导幼儿了解粮食的重要性；开展“石磨磨粮”区域活动，幼儿亲身实践将“粗粮”变“细粮”；设置“光盘承诺墙”，通过捺手印、画符号、写名字表达“光盘”的决心。开展亲子光盘活动，幼儿化身“光盘”使者，带动家长日

9 月 3 日，怡馨幼儿园开展“户外家访”活动

（怡馨幼儿园　供）

常生活中做到“光盘”，提高爱惜粮食、勤俭节约意识。

（王玉玲）

密云八幼垃圾分类活动

9月15日至30日，北京市密云区第八幼儿园开展“分类在指尖、文明在心间”垃圾分类系列活动。教师组织幼儿制作垃圾分类宣传海报，提高幼儿垃圾分类意识；各班级针对幼儿年龄特点和兴趣开展主题教育活动，评选“垃圾分类小卫士”，帮助幼儿丰富垃圾分类知识；倡导幼儿到社区做垃圾分类宣传员、小小指导员，用实际行动践行垃圾分类；组织幼儿与家长参与“变废为宝”制作，减少资源浪费，激发幼儿创新意识和环保意识。幼儿300余人参与活动。

（刘多悦）

红星幼儿园（丰台园）创新家园共育方式

9月至12月，中央军委机关事务管理总局红星幼儿园（丰台园）开展“创新家园共育方式”活动。小班每月开设家长课堂，为家长培养幼儿自我服务能力支招；中班尝试半日活动直播，追踪每名幼儿在班级宽松氛围下自主活动的画面，让家长直观了解幼儿半日活动状态；大班每月召开线上家长会，全方位梳理展示幼儿在园学习、游戏、生活情况。幼儿园还针对二胎家庭、军人子女、三代之家等问题，开展个性化家园共育指导，梳理有效策略40余条在全园分享交流。教师38人、家长528人参与活动。

（赵萍）

良乡二幼拒绝“舌尖上的浪费”活动

10月12日，北京市房山区良乡第二幼儿园举办“拒绝舌尖上的浪费、引领文明新风”系列主题教育实践活动。组织团课，讲解中央、市区关于厉行节约、反对浪费的重要指示精神和国际国内贫困饥饿人群的现状，观看农业生产劳作视频，增强制止餐饮浪费行为的责任感和使命感；借助微信群、橱窗倡导教职工、幼儿、家长弘扬“文明就餐、杜绝浪费”的饮食文化，传承尊重劳动、珍惜粮食、勤俭节约的传统美德，营造“节约光荣、浪费可耻”的良好氛围。

（纪雨梅）

昌平机关幼儿园反恐应急演练

10月19日，北京市昌平区机关幼儿园组织反恐应急演练。演练前，幼儿园制定《机关幼儿园防恐怖袭击及个人极端事件应急预案》，召开防恐演习部署会，确保分工明确、责任到人，各班教师提前对幼儿讲解相关安全注意事项。演练过程中设置模拟场景，由教职工扮演的外来入侵人员硬闯入园，带班领导与安保人员迅速将其制服并报警，教师组织本班幼儿快速有序安全回班。师幼1012人参与演练。

（李晓杰）

三里屯幼儿园文化节活动

10月30日，北京市朝阳区三里屯幼儿园举办线上“我的屯幼我的家”文化节活动。通过师幼情景剧、亲子红歌联唱、重阳节主题采访等形式，师幼加深对园所“融”文

9月18日，密云八幼开展垃圾分类教育活动

（密云八幼 供）

化理解，凝练“融”文化精神，推动文化育人。教职工、幼儿和家长500余人参加活动。

（李建）

平谷三幼环保艺术创意活动

10月，北京市平谷区第三幼儿园开展“废物巧利用、垃圾变成宝”环保艺术创意月活动。幼儿园开展“环保大变身”活动，教师带领幼儿用落叶制作书签，用瓶罐制作运动器材，用纸盒制作汽车；利用废纸箱、包装绳等废弃物创设可以操作的互动墙饰，幼儿依照垃圾分类知识和口诀主动将垃圾分类入箱。通过班级微信群向家长宣传垃圾分类知识，开展“我是小小科学家”家园互动，家长和幼儿利用废旧物品制作“喷泉”“乐器”“神奇的电话”等玩教具。师幼406人参加活动。

（孙晓娜）

怀柔二幼筷子游戏活动

11月2日，北京市怀柔区第二幼儿园举办“筷子游戏乐翻天”活动。师幼一起了解筷子的历史，聆听故事感知筷子文化，组织夹豆子、夹瓶盖、夹饺子等“筷子夹夹乐”活动，讲解餐桌礼仪，提高幼儿的手部肌肉和手眼协调能力。中班幼儿160人参加活动。

（郑慧敏）

仁和中心幼儿园消防安全教育活动

11月5日，北京市顺义区仁和中心幼儿园开展消防安全教育活动。该园举办《认识火灾 学会逃生》幼儿消防知识讲座，讲解火灾求救逃生知识；组织消防安全应急演练，师幼按疏散路线有序撤离到指定集合地点；组织教师动手操作，学习灭火器及消防栓的使用方法；开展消防安全排查，检查园所水、电、气设施和消防器材，消除安全隐患。

（张晴）

北京五幼消防安全演练

11月9日，北京市第五幼儿园开展“消防安全进校园”活动。随着模拟火灾警报声响起，全园幼儿和教职工迅速集结到安全场地；消防员通过互动问答方式讲解消防安全知识、消防车构造，演示消防器材的使用方法；幼儿穿戴消防服，参与“我是小小消防员”活动；教职工现场操作灭火器。

（吕晓菲）

大兴二幼保育员思政故事比赛

12月23日，北京市大兴区第二幼儿园举办保育员思政故事比赛。保育员11人围绕社会主义核心价值观，从爱国情怀、传统文化、文明素养三个主题，采用图文并茂的形式分享思政故事。来自11个班级的幼儿代表担任“小评委”，与幼儿园领导班子共同组成评委团，依次对保育员讲述故事进行“喜爱度”投票。评选出最佳表现力奖3人、最具活力奖4人、最美声音奖4人。

（王嘉美）

《新闻联播》播出回龙观镇中心幼儿园特色活动

12月24日，中央广播电视总台《新闻联播》节目播出北京市昌平区回龙观镇中心幼儿园特色活动。在自然小镇里，幼儿通过种植、照料、收获蔬菜水果等活动，体验

11月9日，北京五幼开展“消防安全进校园”活动
（北京五幼 供）

植物生长变化的奥秘。在自然体验馆里，幼儿尝试石榴榨汁、小麦磨面等活动，体验食物从农场到餐桌的过程。作为“回天计划”的实施园所、北京市示范幼儿园，该园为幼儿开设自然体验活动课程，幼儿在自然乐园里探索、体验、收获、成长，促进德智体美劳全面发展。

（郑玉春）

延庆四幼滑雪体验活动

12月24日，北京市延庆区第四幼儿园组织大班幼儿到延庆石京龙滑雪场开展滑雪体验活动。幼儿在专业教练指导下，学习穿戴护具、基本滑行、转弯、摔倒、站立等基本技巧。延庆四幼将滑雪体验活动纳入幼儿园体育特色课程建设中，从2016年开始每年开展一次。

（鲁爱文）

大兴区保育员职业技能竞赛

12月25日，2020年大兴区保育员职业技能竞赛在北京市大兴区第一职业学校落幕。比赛主题为“弘扬劳模劳动工匠精神，锤炼本身本职保育技能”，由大兴区教委、区人力社保局主办，大兴区各幼儿园915人参加线上比赛。经过初赛，60人进入决赛，最终评出一等奖5人、二等奖10人、三等奖20人，最佳协作奖6人，最佳答题奖8人，最佳风采奖8人。

（李辉）

密云栗榛寨幼儿园自建滑冰场

12月28日，北京市密云区高岭学校栗榛寨幼儿园自建幼儿滑冰场投入使用。该滑冰场投资0.15万元，占地面积20平方米，长5米、宽4米，四周采用木板围挡，中间铺设塑料布灌水，自然封冻后成为简易滑冰场，冰层厚度约10厘米，用于幼儿在教师保护下开展户外滑冰活动。

（蔡海宾）

六一幼儿院教育教学活动展评

12月，北京市六一幼儿院举办第六届“小飞龙杯”教育教学活动展评。活动面向全体教师，设初赛、复赛和决赛三个环节，初赛按照20%比例推选16人进入复赛；复赛环节采取专家级骨干教师、业务管理者一对一跟进指导方式，8人进入决赛，最终评出一等奖2人、二等奖2人、三等奖4人。教师100余人参加活动。

（迟芳）

幼儿园选介

北京市东城区东华门幼儿园

2020年，北京市东城区东华门幼儿园为教育部门办园类别，日托制。分两址办学，其中，园本部占地面积2212.24平方米，校舍建筑面积3009.08平方米。全年教育经费投入407.60万元。固定资产总值1360.70万元。拥有图书1.30万册，计算机90台，专用教室4个，普通教室12个。教职工93人，包括专任教师59人，其中，本科学历36人、中级以上职称34人；保健医5人。开设教学班14个，其中，半日制小班4个、中班4个、大班6个。幼儿入园297人，离园232人，在园410人。

幼儿园通过线上线下方式开展亲子故事会、防疫儿歌创编、健康好习惯假期养成、运动游戏打卡、云端传爱庆“六一”等活动，以专业引领打造高质量陪伴，促进幼儿身心健康发展，提升家园共育质量。幼儿园工会发起“关爱东幼娃娃暖心工程”，以师幼连线一对一的形式关心一线工作者子女生活。保健部门录制“洗手操”“东幼美食厨房”等视频，帮助幼儿养成良好卫生习惯，为家长提供饮食指导。继续深化园所语言特色，构建特色课程体系。小班教研组深入研究儿歌教育，中班教研组着重童谣研究，大班教研组深入研究戏剧教育；张雪门实验班注重日常工作实践和课程研究探索，定期组织交流会。幼儿园通过MCC管理必修课开展幼儿文学赏析解读、张雪门思想研讨等培训提升教师专业能力；开展各岗教

12月24日，延庆四幼幼儿滑雪体验活动

（延庆四幼 供）

9月25日，东华门幼儿开展“庆中秋”行为课程实践活动（东华门幼儿园 供）

师教育质量观讨论演讲，组织体育游戏指导、多媒体课件评比等业务练兵活动，夯实教师基本功。

（赵智虹）

北京市第五幼儿园

2020年，北京市第五幼儿园为教育部门办园类别，日托制。设有东城区夕照寺街五幼园本部和4所分园：北京市第五幼儿园分园、五幼城市副中心园、街道托管园——东城区红湖幼儿园、东城区崇文幼儿园。总占地面积15685.58平方米、校舍建筑面积12279.9平方米（不含五幼城市副中心园），其中，园本部占地面积8023.77平方米、校舍建筑面积6986.78平方米。五个园区共有教职工351人、在园幼儿1428人。园本部全年教育经费投入6282.71万元，固定资产总值2668.91万元。园本部拥有多功能游戏室、宝宝书吧和玩具图书馆等专用教室6个，普通教室20个，教室内设有教学终端触摸一体机和钢琴等教学设施。园本部教职工186人，包括专任教师126人，其中，本科学历110人、中级以上职称83人；保健医11人，中级以上职称4人；保育员20人。园本部开设教学班20个，其中，小班8个、中班6个、大班6个；幼儿入园234人，离园241人，在园715人。

2020年，幼儿园构建“党建引领下全覆盖动态防控大格局”，实行“1+4”管理模式，党员干部“五带头五到位”，全园教职工“三防控两手抓”，迅速搭建起家园防疫共同体，实现五园疫情防控举措全覆盖。牢固树立“预防为主、安全第一”思想，将安全工作制度化、常规化、信息化，撰写、修改、调整各类安全制度56项、预案29个。构建教师居家网络学习平台，统筹规划培训方案，录制400余个活动视频，推送文章400余篇。

1月，东城崇文幼儿园成为托管园。9月，五幼城市副中心园开园。幼儿园加强“中心制”管理体系建设，聚焦围绕“政能量入脑入心，正能量至善至行”，形成“和至善、合致行”的园所文化。加大园际间人才流动，创推“年级组长首席制”管理模式，助推青年教师成长。以“带入式全园学”“互助式小组学”“兴趣性交流学”为载体，拓展“云端”媒介手段，采取线上线下相结合的方式，举行“学讲观”系列活动，邀请专业人士开展美术培训、“2020年度梦想计划”培训、消防安全培训、中医预防新冠肺炎培训、环境创设与幼儿自主学习培训、家庭教育指导服务师培训、张雪门行为研讨等20余项培训。开展“立本固原、提质创新”厨师技术练兵活动和“夯实基础、压实责任”五幼后勤人员岗位技术答辩展示活动。

（吕晓菲）

北京市东城区崇文第三幼儿园

2020年，北京市东城区崇文第三幼儿园为教育部门办园类别，日托制。占地面积3988平方米，校舍建筑面积3216平方米。全年教育经费投入2593万元。固定资产总值1114万元。图书1.10万册。拥有幼儿木工坊、特殊资源教室和幼儿棋类教室专用教室3个，普通教室14个。计算机72台。教职工73人，包括专任教师55人，其中，本科学历39人、中级以上职称32人；保健医4人，包括中级以上职称2人；保育员14人。开设教学班14个，其中，小班5个、中班4个、大班5个。幼儿入园141人，离园149人，在园405人。

幼儿园在新冠肺炎疫情期间加强家园沟通，推送亲子体育游戏42个、亲子绘本阅读140次、科学益智游戏50个、食谱23篇、疫情防控知识23篇、亲子艺术活动41个，组织线上节日节气亲子主题活动103次，召开线上家长会39次。加强师德建设，在教师节表彰会上重温师德承诺，开展《幼儿园师德教育手册》赠书活动，该书由幼儿园自主编写、中国农业出版社出版发行。组织红色文化主题教育课程编写和实践活动，大班以“国歌嘹亮、国旗飘扬”为主题开展系列红色主题教育活动，让幼儿认识国旗、国徽，会唱国歌；中班以“我向国旗敬个礼”为主题，在一日生活、游戏以及集体活动中渗透爱国旗、爱祖国教育；小班以“国旗国旗真美丽”为主题，从游戏入手，通过音乐、美工、社会活动引导幼儿认识国旗，学会升旗礼仪，培养幼儿尊重国旗、热爱祖国的情感。

（李晶）

北京市西城区西四北幼儿园

2020年，北京市西城区西四北幼儿园为教育部门办园类别，日托制。占地面积5126平方米，校舍建筑面积2673平方米。全年教育经费投入2028万元。固定资产总值646.51万元。图书室藏书3888册。拥有专业美术教室1个，普通教室12个。台式计算机30台，便携式计算机37台，校园网出口总带宽1024Mbps，数字资源量25GB。教职工49人，其中，教师43人，均为专科以上学历，包括中级以上职称26人、区级学科带头人3人、区级骨干教师5人；保健员2人，均为专科以上学历，中级以上职称1人。开设9个教学班，其中，小班3个、中班3个、大班3个。幼儿入园153人，离园72人，在园316人。

2020年，幼儿园坚持“四合愿”教育主题、“四溢阳光合德乐融”办园理念、“健康、仁厚、乐学、尚美”培养目标，开展传承优秀美德的特色教育。开展“战疫情、勇担当、彰显共产党员人格力量”“防疫有我，爱卫同行”“防控疫情、复园开课大行动”等主题教育活动，做好疫情防控工作。探索完善教师在生成性主题活动中支持幼儿自主学习的方案和策略，帮助教师理清生成主题活动过程及幼儿主体与教师主导的关系，支持幼儿主动学习。

（丁怡）

9月26日，三里屯幼儿园开展“唤醒”环保旧物生新——闲置物品置换活动（三里屯幼儿园　供）

北京市宣武回民幼儿园

2020年，北京市宣武回民幼儿园为教育部门办园类别，日托制。分两址办学：南横西街校区（南横西街119号）、烂漫胡同校区（烂漫胡同101号原湖南会馆），总占地面积5676.96平方米，校舍建筑面积6512.72平方米，运动场地面积1830平方米。图书室藏书0.42万册。固定资产总值2372.42万元。全年教育经费投入3355.22万元。拥有计算机120台。教职工73人，包括高级职称7人、中级职称17人，本科以上学历63人。教师中专任教师51人，包括特级教师1人、北京市骨干教师1人、西城区学科教学带头人4人；保健员4人。开设教学班23个，其中，小班12个、中班6个、大班5个。幼儿入园198人，离园155人，在园552人。

2020年，幼儿园健全应急管理制度和预案，坚持日报告、零报告制度，做好新冠肺炎疫情及各类传染病防控工作；高度重视平安校园建设，投入技防经费近百万元；通过微信公众号与家长保持紧密沟通。以园本培训、园本课程实践为载体引领教师专业发展，组织教师开展“我的智慧亮出来”教育策略评价交流活动和“好玩具玩出来”案例分享交流活动。团支部继续在宣武医院神经外科小儿病房开展志愿活动。

（朱晨晓）

北京市朝阳区三里屯幼儿园

2020年，北京市朝阳区三里屯幼儿园为教育部门办园类别，日托制。占地面积3107.87平方米，建筑面积2872平方米，活动场地面积946平方米。固定资产总值1075万元。全年教育经费投入1588万元。教室内设有液晶电视机、便携式计算机和数码照相机等教学设施。教职工46人，其中，教师41人，包括高级职称8人、中级职称10人、特级教师1人；保健员3人，均为专科以上学历。开设教学班10个，其中，小班4个、中班3个、大班3个。幼儿入园97人，离园87人，在园275人。

2020年，幼儿园根据新冠肺炎疫情防控要求，立足本岗，推动特殊时期工作创新开展。开展线上“教师素养提升培训”“云教研”、教师共享“T”“云”党日等活动，打造学研圈，提升不同层次教师专业能力。规范教科研管理，开展家园共育实践研究，多举措构建家园共同体，幼儿园微信公众号发送原创文章43篇，包括家园共育文章22篇；班级开展家园互动活动154次，成为区幼儿园幼小衔接家园共育研训项目试点园。开展“共享·云时刻”“悦读·云沙龙”等12场次科研、教研活动；北京市教育学会3项课题结题。教师1人被评为北京市特级教师，1人被评为市学科带头人，4人被评为市骨干教师，1人获市先进工作者称号。

（李建）

北京市朝阳区定福家园幼儿园

2020年，北京市朝阳区定福家园幼儿园为教育部门办园类别，日托制。占地面积2902平方米，建筑面积2518平方米，活动场地面积616平方米。固定资产总值841万元。全年教育经费投入1451万元。教室内设有触摸一体机、钢琴和数码照相机等教学设施。教职工40人，其中，教师35人，均为专科以上学历，包括高级职称4人、中级职称13人；保健员2人，均为专科以上学历、中级以上职称。开设教学班8个，其中，小班3个、中班3个、大班2个。幼儿入园77人，离园59人，在园238人。

2020年，幼儿园以“家文化”为抓手、“生活即教育”理念为基础，梳理“知止有定、和而不同、七巧启智、善育五福”办园理念，挖掘“品读悦成长、七巧育童心、明德润家园”办园目标内涵。重视教师队伍建设，通过线上线下培训、业务评比、家园共育及生活环节组织与指导，提升青年教师专业基本功；通过微讲堂、承担课题研究及园本课程建设，提高骨干教师研究能力；组织“教师在户外集体体育游戏中利用低结构材料提升幼儿动作技能”“缓解小班幼儿入园焦虑的策略研究”等4个专题教研活动，提升教科研水平；探索信息技术与幼儿教育融合发展，成为区“基于教学改革、融合信息技术的新型教与学模式”项目实验校。构建“阅·悦·越”园本课程，探究幼儿喜爱、主动探索、积极参与主题教学活动的有效方法，将“劳动教育目标”融入幼儿一日生活环节，培养幼儿劳动意识；通过“孙敬修杯”讲故事活动、“小机器人”及足球等特色课程促进幼儿富有个性的全面发展；“浸润式语言，培育七彩童心”教学文化项目被评为区第四批学校文化特色品牌项目。

（李丽平）

北京市丰台区丰台第一幼儿园

2020年，北京市丰台区丰台第一幼儿园为教育部门办园类别，日托制。分六址办园：丰台区第一幼儿园东大街园、丰益分园、民族分园、草桥分园、顺八分园、西局分园。总占地面积20000平方米，总建筑面积11700平方米。固定资产总值2567.58万元，全年教育经费投入5702.94万元。拥有美术创意教室、多功能音乐室和绘本图书馆等专用教室18个，普通教室51个。教室内设有多媒体设备、消毒柜、直饮机和钢琴等设施。教职工212人，包括教师98人，均为专科以上学历，中级以上职称44人；保健员9人，均为专科以上学历，中级以上职称4人。开设教学班46个，其中，小班16个、中班15个、大班15个。幼儿入园467人，离园292人，在园1339人。

2020年，幼儿园组织党员参与社区新冠肺炎疫情防控工作，录制微党课开展每月一次线上政治学习；自编自导自演“抗疫舞蹈剧”，开展“宝宝居家趣成长——科学居家一日指南”、云端毕业典礼、开学第一课等活动；6月

12月30日，定福家园幼儿园庆新年活动

（定福家园幼儿园　供）

10 月，丰台一幼开展垃圾分类教育活动
（丰台一幼 供）

8 日，线上直播复园第一天，点击量 1.20 万人次。以专家引领、教育实践、小组交流、观摩学习等方式，对骨干教师、青年教师和新教师分层培训，力求解决共性问题，夯实基本功，促进教师专业发展和课程建设。利用生活资源开展健康教育、环保教育、感恩教育、垃圾分类、光盘行动等活动，促进幼儿健康成长。

（易明延）

中央军委机关事务管理总局红星幼儿园（丰台园）

2020 年，中央军委机关事务管理总局红星幼儿园（丰台园）为北京市示范幼儿园，日托制。占地面积 24000 平方米，建筑面积 11000 平方米。幼儿图书 1.53 万册，教师用书 6760 册。固定资产总值 1115.52 万元。全年教育经费投入 826.53 万元，其中，国家拨款 636.80 万元、自筹 189.73 万元。园内建有幼儿礼堂、乐高游戏室、舞蹈教室、古筝教室、体育拓展室和亲子游戏室等配套用房。教室内设有钢琴、互动一体机和移动黑板等教学设施。室外建有 3 个大型操场，1 个游泳池，1 个攀岩山，2 个露天沙池。户外活动场地创建“天线宝宝”“学做解放军”“蜘蛛侠”3 个游戏区域。教职工 101 人。教职工中专任教师 51 人，均为专科以上学历，包括中学高级教师 2 人、幼儿园高级教师 19 人、一级和二级教师 16 人。保育员 17 人，包括高级保育员 1 人、初级保育员 16 人；后勤工作人员 33 人。开设教学班 17 个，其中，小班 8 个、中班 6 个、大班 3 个。幼儿入园 257 人，离园 81 人，在园 528 人。

6 月 1 日，幼儿园建园 60 周年，组织忆园史、颂师德、展桃李、揭园标、谋发展五个环节的活动。幼儿园利用线上模式，每周推送文章，分享育儿经验，指导家长居家科学育儿，推送家园共育文章 125 篇，收集整理居家游戏 20 余个，梳理有效措施 40 条。通过线上视频和家长建立联系，了解幼儿居家生活具体情况，宣传健康防疫知识，疏解幼儿心理问题。

（张京）

北京市丰台区芳庄第三幼儿园

2020 年，北京市丰台区芳庄第三幼儿园为教育部门办园类别，日托制。占地面积 0.70 万平方米，校舍建筑面积 0.51 万平方米。固定资产总值 2583.27 万元。全年教育经费投入 1726.93 万元。拥有幼儿图书室、美术教室等专用教室 7 个，普通教室 18 个。教室内设有多功能一体机、摄像机等教学设施。教职工 67 人，包括教师 54 人，均为专科以上学历，中级以上职称 34 人；保健员 6 人，均为专科以上学历，中级以上职称 5 人。开设 18 个教学班，其中，小班 6 个、中班 6 个、大班 6 个。幼儿入园 194 人，离园 147 人，在园 453 人。

2020 年，幼儿园以培养“阳光快乐儿童”为目标，以爱国主义教育为切入点，探索以节日教育、传统文化教育为重点，把爱国主义教育因素渗透在一日生活中。开展“爱国主义教育月”活动，设置“我当升旗手”“北京小吃”“传统服饰制作”等主题活动，激发幼儿的爱国主义情怀。开展“小手拉大手，垃圾分类”和“光盘行动我先行”主题活动，幼儿了解垃圾分类知识，制作分类垃圾桶，在生活中践行垃圾分类，从小养成环保的好习惯；各班创设“我光盘我亮灯”互动环境，鼓励幼儿珍惜粮食，从小养成不挑食、不浪费的生活习惯。

（刘毓）

北京市石景山区实验幼儿园

2020 年，北京市石景山区实验幼儿园为教育部门办园类别，日托制。占地面积 8184 平方米、校舍建筑面积 6378 平方米。固定资产总值 5636.62 万元。全年教育经费投入 1823.52 万元，其中，国家拨款 1684.50 万元、自筹经费 139.02 万元。拥有宝贝厨房、科学建构室、幼儿图书室等专用教室 5 个，普通教室 12 个。教室内设有计算机、互动大屏和功能墙等教学设施。在编教职工 43 人，其中，专任教师 31 人，均为专科以上学历，中级以上职称 21 人；保健员 2 人，均为专科以上学历，中级以上职称 1 人。开设 12 个教学班，其中，小班 4 个、中班 4 个、大班 4 个。幼儿入园 120 人，离园 124 人，在园 364 人。

2020 年，幼儿园践行阳光文化行动，加强师德师风建设，搭建网上 e 支部，组织学习《习近平谈治国理政》第三卷，开展“争做抗疫宣传员，礼赞抗疫英雄”等主题党日主题活动，制作《听我说谢谢你》“三八”抗疫云视频；开展师德教育专题月学习活动，通过师德故事演讲等活动，激励全体教职工敬业情怀。幼儿园录制教学微视频 40 个、微课 20 个、课件 20 个，各班级以“致敬英雄”“空中亲子运动会”等主题开展活动近 50 个。开展“冰花探宝”“冰雪博物馆”等“迎冬奥冰雪嘉年华”系列活动，丰富幼儿冬奥会相关知识；举办“牛气冲天贺新年”活动，开展“冰雪仙踪嘉年华”等班级主题活动。

（张艳君　王晓頔）

北京市石景山区第三幼儿园

2020 年，北京市石景山区第三幼儿园为教育部门办园类别，日托制。园所占地面积 4190 平方米，校舍建筑面积 3352.05 平方米。固定资产总值 2871.94 万元。全年教育经费投入 1522.55 万元，其中，国家拨款 1418.69 万元、自筹经费 103.86 万元。拥有音乐教室和图书阅览室专用教室 2 个，普通教室 11 个。教室内设有触控一体机、钢琴和电子播放器等教学设施。教职工 48 人，其中，专任教师 36 人，均为专科以上学历，中级以上职称 29 人；保育员 3 人，均为专科以上学历，中级以上职称 1 人。开设教学班 11 个，其中，小班 4 个、中班 4 个、大班 3 个。幼儿入园 118 人，离园 73 人，在园 335 人。

2020 年，幼儿园做好新冠肺炎疫情防控工作，建立入园体温检测制度，填写健康卡。利用暑假德育培训、园本培训，师徒结对等形式对教师培训，邀请专家举办督导背景下幼儿园户外体育活动实施策略、幼儿游戏的观察与分析、如何撰写高质量的观察记录等专题讲座。定期检查教师备课情况以及幼儿成长册、观察记录填写情况，加大对一日生活各环节的监督和调控；开展抽查听课活动，及时点评并与教师交流。开展“儿童为视角”的教育实践研究，制订教学计划，合理安排周、半日活动教育内容，把领域活动与主题活动有机结合，防止教学工作的主观性和随意性；开展节日主题教育活动，加强幼儿对中国传统文化的理解和认知。

（李璐）

11 月 9 日，石景山三幼开展消防安全体验活动

（石景山三幼　供）

北京明天幼稚集团

2020 年，北京明天幼稚集团为教育部门办园类别，日托制。占地面积 64732.34 平方米，校舍建筑面积 53640.88 平方米。固定资产总值 17771.56 万元。全年教育经费投入 28861.57 万元。拥有互动教室、视频会议室和特色教室等专用教室 41 个，普通教室 145 个。教室内设有电子白板、计算机和电视等教学设施。正式在编教职工 639 人，其中，教师 460 人，包括研究生学历 20 人、本科学历 395 人、专科学历 44 人，中学高级职称 24 人、小学高级职称 221 人；保育员 34 人，保健医 31 人。开设教学班 145 个，其中，小班 48 个、中班 46 个、大班 51 个。幼儿入园 1402 人，离园 1253 人，在园 4518 人。

2020 年，幼稚集团践行“求真 立美 至善”集团精神，推动党组织建设、疫情常态化防控、

总值304.84万元，图书0.68万册，计算机42台。拥有专用教室3个，普通教室10个。教职工60人，其中，专任教师36人，包括本科学历32人、中级以上职称16人；保健医3人，保育员10人。开设10个教学班，其中，小班5个、中班3个、大班2个。幼儿入园168人，离园103人，在园312人。

2020年，幼儿园召开6次线上疫情防控工作视频会，开展180次“云”见面活动，了解幼儿居家情况，指导家长科学育儿，举办“云”上运动会、读书节、庆“六一”、毕业典礼活动。开展线上教研活动54次，专家讲座11次，干部讲座30次，年级研讨50次，工作坊研修48次，完成3套园本课程内容的撰写和修改工作，公众号转发抗疫宣传材料88次。

幼儿园秉承“自然天成和合共生”的办园思想，以“自然教育”为办园特色，构建“自然共生”园本课程，初步完成种植课程编纂工作。着力园本课程研究，继续开展实践基础课程，开展“文化育人”主题活动，引导幼儿体验人与自然关系。通过特色课程“自然小镇”种植活动，让幼儿体验草莓、蔬菜等植物从播种到收获的完整过程，师幼进行观察记录、测量、实验等探究活动；通过自然体验馆磨面、开核、榨油等活动，让幼儿体验食物从农场到餐桌的过程；通过自然创意馆活动，让幼儿运用植物根、茎、皮、核、花等材料进行创意活动；开展“艺术陶笛”特色课程，幼儿能熟练吹奏《粉刷匠》《你笑起来真好看》等曲目；各班根据幼儿发展评价弱项及保教计划开展体能、剪纸等活动；12月24日，中央电视台《新闻联播》节目介绍该园特色活动。设置种植、数学pck和文化育人3个教研组，力求解决教师实际问题；借助“北京市名园长工程”和专家资源，开展“种植活动中幼儿深度学习”课题研究。

（郑玉春）

北京市大兴区第二幼儿园

2020年，北京市大兴区第二幼儿园为教育部门办园类别，日托制。设有3个园区：总园、实验园、融汇园，总占地面积13580平方米、校舍建筑面积9172平方米。固定资产总值2289万元。全年教育经费投入4161万元。拥有普通教室31个，教室内设有交互式电子白板、计算机和电子钢琴等教学设施。教职工165人，其中，教师87人，均为专科以上学历，包括高级教师4人、一级教师34人；保健医6人，均为专科以上学历，中级以上职称5人。开设教学班31个，其中，小班10个、中班10个、大班11个。幼儿入园332人，离园284，在园945人。

2020年，幼儿园在疫情防控常态化的背景下，设计推送以保教知识为主的《家长居家陪伴指引手册》，提高亲子陪伴质量。结合园所实际情况，补充修订《传染病信息上报制度》《家园信息互通制度》和《健康教育宣传制度》等13项工作制度，制定清晰的岗位工作流程和标准。组织教师心理健康训练营，开展教学组织与实施技巧、防疫常识、家园协作等线上培训课程，拓展课程内容。开展“保育员思政故事比赛”“创新菜肴大比拼”“防疫知识竞答”等系列活动，提高不同岗位教职工的工作能力，突出保育、保健、膳食营养和安全工作的实践重点。开展“垃圾巧分类，教师作表率”生活垃圾分类主题教育活动，推进校园生活垃圾分类管理工作。首次采用互联网技术实现与新疆和泰新村第一幼儿园对口帮扶，首次尝试北京、天津、浙江跨省异地线上教研，助力教师专业化发展，实现资源共享、优势互补、共同提高。承办大兴区创建健康促进幼儿园终期评估展示活动，加强健康服务创建工作，不断深化健康服务工作的内涵，促进幼儿全面均衡、健康快乐地成长。

（王嘉美）

北京市大兴区黄村镇第一中心幼儿园

2020年，北京市大兴区黄村镇第一中心幼儿园为教育部门办园类别，日托制。占地面积12786.32平方米，校舍建筑面积5742.06平方米。固定资产总值1227万元。全年教育经费投入2850.46万元。拥有美术和亲子阅读专用教室2个，普通教室46个。教室内设有计算机、白板和钢琴等教学设施。教职工61人，其中，教师32人，均为专科以上学历，中级以上职称7人；保健员7人，均为专科以上学历，中级以上职称4人。开设教学班21个，其中，小班8个、中班8个、大班5个。幼儿入园221人，离园144人，在园604人。

2020年，幼儿园将“五育”融入课程、环境、活动中，挖掘传统节日课程的内涵及教育价值，设计“五育”活动内容，贯穿于幼儿的一日生活，促进幼儿德智体美劳全面发展。疫情期间，幼儿园实施“1263”管理模式：即一个制定、二个注重、六个询问、三个助力，坚持“细化方案—强化责任—分层管理—严格落实”的管理机制，关注师幼身心健康。幼儿园坚持“园所顶层设计、中层深度探究、教师有效落实”的整体原则，助力幼小衔接工作有效开展，帮助幼儿开启小学生活。通过调查分析聚焦家长对幼小衔接的关注点，采取“云推送”“外援支持”“家园手拉手交流推进”等措施，缓解家长幼小衔接焦虑。依托“基于《3～6岁幼儿体质健康标准》的大班幼儿体能训练策略研究”课题，形成“2＋6”研究成果：基于体能发展需求，形成幼儿体能发展测评表和幼儿行为与教师支持策略表；基于体育教育活动，形成分层教学法策略；基于“五个一”活动，形成技能应用迁移强化策略；基于家园协同教育，形成“家园共育”策略；基于园本足球课程，形成“空间训练”策略；基于人体发展生理机能规律，形成“强度训练”策略；基于斯金纳强化理论，形成“激励性”策略，促进幼儿体能发展。

（黄新苹）

北京市怀柔区第二幼儿园

2020 年，北京市怀柔区第二幼儿园为教育部门办园类别，日托制。占地面积 4140 平方米，校舍建筑面积 3017 平方米。全年教育经费投入 2882.52 万元。固定资产总值 1884.58 万元，图书 2.49 万册，计算机 134 台。专用教室 3 个，普通教室 13 个。教职工 85 人，包括专任教师 82 人、本科学历 73 人、中级以上职称 39 人。开设教学班 13 个，其中，小班 5 个、中班 5 个、大班 3 个。幼儿入园 183 人，离园 169 人，在园 497 人。

2020 年，幼儿园在“崇尚自然，七彩阳光”办园理念，“托起七彩教育、培育阳光儿童”目标引领下，实施闭环管理，坚持防控新冠肺炎疫情与提升办园质量并重、促进幼儿学习发展与提升教师专业能力并重、班级教育管理与家园共育并重，践行幼有优育的社会责任。七彩教育课程以生命健康教育为核心，传承和发展民族文化，从国旗下微课程、班级主题教育、户外体育活动、室内区域游戏四个角度，不断丰富课程内容。以节日、节气、纪念日为契机，结合重点热点事件，开展“健康礼仪”“不忘国耻”“国旗，国歌我知道”等 10 次主题课程。结合幼儿的身体发育阶段特点，通过体育游戏、儿歌创编、趣味竞赛、技能展示、文化溯源、创意延伸开展教育活动，组织小手真能干系列之“篮球宝贝”“筷来试一试”“舀来舀去”主题活动。开展垃圾分类和“光盘行动”，创设“绿色环保，珍爱家园”“低碳环保，我型我秀”“世界清洁日”“节约粮食，从我做起”主题课程。传承民族文化，各班开展“蕴意青花瓷”“喜乐灯笼荟”“百变窗花”等民间艺术主题教育活动。

（郑慧敏）

北京市怀柔区第三幼儿园

2020 年，北京市怀柔区第三幼儿园为教育部门办园类别，日托制。总占地面积 16800 平方米，校舍建筑面积 9472.77 平方米。全年教育经费投入 3836.78 万元。固定资产总值 5012.47 万元。拥有图书 1.73 万册，计算机 88 台，专用教室 2 个，普通教室 27 个。教职工 134 人，包括本科学历 121 人。教职工中专任教师 130 人，其中，高级职称 15 人、中级职称 50 人；保健医 8 人，包括中级以上职称 7 人；保育员 27 人。开设教学班 27 个，其中，小班 11 个、中班 10 个、大班 6 个。幼儿入园 415 人，离园 352 人，在园 974 人。

2020 年，幼儿园落实市区疫情防控要求，扎实做好疫情防控工作。复园期间制定详细的卫生保健工作计划，严格班级卫生消毒制度，明确消毒液的不同配比浓度，加强保育员对呕吐物应急处理流程及教师发热应急处理流程的学习，开展多次疫情应急演练，不断完善调整工作方案；作为疫情复园窗口单位，向全区展示“幼儿复园一日生活流程”。深入践行《3～6 岁儿童学习与发展指南》精神，以“和乐”办园理念为基础，以幼儿的自主发展为目标，以教师的专业成长为根本，以保教质量的提升为重点，扎实开展教育科研、队伍建设、常规管理等各项工作，继续探究“和乐”生活课程，与“每月之星”活动有机整合，以“爱阅读、爱运动、乐探索、知感恩”为线索，形成生

11 月 16 日，怀柔二幼室内体育活动

（怀柔二幼　供）

6月8日，怀柔三幼幼儿采摘活动
（怀柔三幼　供）

活主题活动《可爱的小兔子》《我是冬天里的小暖阳》《翻滚吧被子》等117个。以“和乐”生活课程建设为核心，开展教师业务学习8次，学前教育第三联盟、“拉手园”线上、线下活动10次，市区级开放活动10次，“走出去、请进来”培训活动40余次；对教师进行业务培训70余次，撰写培训体会100余篇，参与论文征集90余人次、教学设计20人次、教育叙事随笔23人次。

（李煜）

北京市平谷区第一幼儿园

2020年，北京市平谷区第一幼儿园为教育部门办园类别，日托制。占地面积5155平方米，校舍建筑面积5335平方米。全年教育经费投入2030.59万元。固定资产总值1049.15万元。图书室藏书2.50万册。拥有美工活动室、幼儿图书室、录播室等专用教室6个，普通教室16个。计算机128台，信息化经费投入4.95万元，校园网出口总带宽500Mbps，数字资源量100GB。教职工74人，包括高级职称13人、中级职称36人。专任教师51人，包括市级骨干教师1人、区级骨干教师13人。保健员3人。开设16个教学班，其中，小班6个、中班5个、大班5个。幼儿入园217人，离园187人，在园503人。

2020年，幼儿园落实防控措施，坚持“九项到位”：落实责任到位、健康摸排到位、防疫物资到位、环境准备到位、卫生消杀到位、健康教育到位、培训技能到位、防控演练到位、领导巡检到位，“严把七关”：外来人员快递物品入园关、师幼体温监测关、环境物品消毒关、人员距离关、幼儿洗手关、教师口罩关、厨师操作关。延期开学期间，幼儿园秉承五育并举原则，借助班级微信群，以“中国传统文化教育课程”和“我运动、我健康”活动为抓手，每日推送新冠肺炎病毒防疫知识、音乐律动、舞蹈、亲子游戏、科学小实验等内容。幼儿园相继开展“书香助战‘疫’、阅读悦精彩”读书活动，“珍爱生命、感恩有你”开学第一课主题教育，“诚实守信、你我同行”诚信主题教育等活动，促进幼儿全面发展。考核教师舞蹈、绘画、讲故事基本功，组织读书感悟交流、生活化课程、家园共育等线上线下专题培训，完成幼儿园“十三五”规划课题成果——《传承经典墨趣童年》《传承经典剪趣童年》《传承经典绣趣童年》《传承经典染趣童年》和《传承经典泥趣童年》5本中国传统艺术课程实用教材。

（于海清）

北京市平谷区第三幼儿园

2020年，北京市平谷区第三幼儿园为教育部门办园类别，日托制。园所占地面积6317平方米，建筑面积3675平方米。拥有图书13021册，固定资产总值100.81万元。全年教育经费投入1421.85万元。设有亲子书吧、图书室等专用教室3个，普通教室13个。教室内配有液晶电视、触摸一体机和钢琴等教学设施。教职工55人，包括本科以上学历46人、中学高级教师10人、幼儿园一级教师25人。开设教学班13个，其中，大班3个、中班4个、小班6个。幼儿入园191人，离园111人，在园413人。

2020年，幼儿园定期向家长、幼儿和教师宣传科学防控知识，做好新冠肺炎防控工作，每天向家长推送亲子活动内容。多举措推进垃圾分类工作，组织教师、幼儿、家长学习垃圾分类知识，鼓励幼儿自编垃圾分类儿歌，绘制垃圾分类主题画，开展垃圾分类竞猜游戏，用废旧物品制作时装、玩具、生活用品。各班创设“低碳行动”“垃圾分类我在行”等主题环境，张贴垃圾分类图示图片。家园携手，开展“小手拉大手、最美光盘者”活动，倡导勤俭节约。园长带领大班教研组长赴湖北省郧西县城关幼儿园开展送教帮扶活动，从园务管理、师资队伍建设、校园环境创设、保教质量提升等方面与郧西县城关幼儿园教师开展交流并提出合理化建议；接待郧西县4名园长进行为期一周的教育教学交流。

（孙晓娜）

北京市密云区第三幼儿园

2020年，北京市密云区第三幼儿园为教育部门办园类别，日托制。占地面积2711平方米，建筑面积2701平方米，运动场地面积1200平方米，绿化用地面积967.40平方米。图书室藏书9763册，包括电子图书732册。固定资产总值977.48万元。全年教育经费投入1678.62万元。拥有美术工坊、木创工坊、陶泥工坊等专用教室8个，普通教室10个。教室内设有电视、照相机和交互式电子白板等设施。教职工68人，其中，教师58人，均为专科以上学历，高级职称1人、中级职称20人；保健员3人，均为专科以上学历。开设10个教学班，其中，小班3个、中班4个、大班3个。幼儿入园99人，离园92人，在园286人。

2020年，幼儿园成立新冠肺炎疫情防控工作领导小组及工作专班，制定9项疫情防控工作方案及应急预案，新增25项疫情防控制度，开展20余次应急演练。

加强教师队伍建设。坚持落实“一二四”管理思路（“一”：抓住党支部建设这一关键工作，“二”：抓好党员和教师两支队伍建设，“四”：管理有尺度、知识有宽度、专业有深度、工作有温度），以服务师幼和家长为工作宗旨，提升各项工作质量。依托教科研、园本培训、岗位练兵等活动，夯实新教师、青年教师、成熟教师和骨干教师的分层培养工作，形成层次分明的教师梯队。组织专业培训、继续教育、参观见学、岗位竞赛等活动，提升教师专业能力和专业素养。

提升课程质量，促进幼儿全面发展。以“绿色生态教育”办园特色为抓手，着力打造“绿色生态多元课程”体系，依托“绿色生态教育主题融合下的区域活动”和“生态式艺术剪纸项目”等园本教研，构建自然、生态、和谐、多元发展的八大课程体系，落实立德树人的根本任务，促进幼儿全面而富有个性的发展。组织全体师幼开展体育节、艺术节、阅读节、“吉祥剪纸献祖国——庆祝密云水库建成60周年师幼剪纸展”“垃圾分类我能行”“光盘有我，不负‘食’光”等教育活动，培养幼儿爱祖国、爱家乡的情感。

（李云霞）

12月，密云三幼举办幼儿阅读节活动

（密云三幼　供）

北京市密云区第八幼儿园

2020年，北京市密云区第八幼儿园为教育部门办园类别，日托制。占地面积4909平方米、建筑面积2933平方米。图书室藏书1.10万册。固定资产总值489.09万元。全年教育经费投入1641.91万元。拥有美劳教室、备课室等专用教室3个，普通教室12个。教室内设照相机、摄像机和电钢琴等教学设施。教职工76人，其中，教师63人，包括区级骨干教师6人、专科以上学历57人、中级职称15人；保健员4人，均为专科以上学历，中级以上职称2人。开设12个教学班，其中，小班4个、中班4个、大班4个。幼儿入园113人，离园120人，在园345人。

2020年，幼儿园以“为了今天的孩子，为了孩子的明天”为宗旨，以“构筑成长的七色摇篮，营造发展的七彩空间”为办园理念，培育“七彩文化”。

分层培养，促进教师队伍“梯队成长”。扎实开展园本教研，提升骨干教师研究能力；开展“五赛”活动，提升青年教师教育实践能力；开展“五个一”活动，提升新教师基本功水平。全年组织教科研活动50余次，教师70余人次参加校本培训。

聚焦幼儿发展，多元课程融合。加强园本课程建设，在“七彩课程、和谐发展”课程文化的引领下，构建“七彩”园本拓展课程。加强区域特色课程建设，运用“三三三”模式（即三级审议、三维目标、三步推进），推进早期阅读、无稿创意剪纸区域特色课程。开展生活化主题活动，丰富幼儿园课程内容，助力幼儿快乐成长，每月设定一个主题内容，各班围绕主题开展活动，全年向家长推送文章300余篇。

落实疫情防控要求，保障师生生命安全。园所多次召开紧急布置会、延期开学方案研讨会和家庭教育指导研讨会，严格落实防疫要求，做好全园师幼居家活动引导工作；教师根据幼儿居家活动情况，在班级群内发送“每日生活速递”200余篇，引导幼儿居家开展丰富多彩的活动；加强教师学习，组织教师针对专业知识、居家防疫、心理健康等内容进行线上培训20余次；征集教师抗疫故事50余篇；党员教师在社区值守60余人次。

（刘多悦）

北京市延庆区第二幼儿园

2020年，北京市延庆区第二幼儿园为教育部门办园类别，日托制。7月，在南菜园功德巷6号开办分园。总园占地面积0.36万平方米，校舍建筑面积0.50万平方米；分园占地面积0.30万平方米，校舍建筑面积0.32万平方米。全年教育经费投入2554万元。固定资产总值1506万元。藏书2.48万册。总园拥有舞蹈室、艺术室和幼儿阅览室等专用教室4个，普通教室26个。台式计算机73台，便携式计算机40台，校园网出口总带宽100Mbps，数字资源量650GB。教职工91人，包括专科以上学历90人、高级教师9人、北京市骨干教师2人、延庆区骨干教师22人、园级骨干教师25人。开设18个教学班，其中，小班9个、中班5个、大班4个。幼儿入园243人，离园176人，在

11月18日，密云八幼展示班级进餐环节

（密云八幼　供）

11月5日，延庆二幼与河北省怀来县府前幼儿足球比赛
（延庆二幼　供）

园532人。

2020年，延庆二幼以“快乐发展”为办园理念，以“一切为了孩子的幸福人生”为办园宗旨，构建“雁文化”管理体系。提出“管理科学高效，园所氛围和谐，师幼快乐发展，幼小衔接、艺术特色彰显，争创全国优质学前教育品牌”发展目标。形成“雁文化”体系，包括延——理念文化、颜——视觉文化、验——行动文化、艳——成果文化，将儒家文化中的“仁、义、礼、智、信”融入雁文化内涵，聚焦园所、干部、党员、环境、教师、家长、幼儿、管理八大文化。开展“妫雁杯”教师基本功比赛，推荐12人参加区级基本功比赛，获得一等奖4人、二等奖13人、三等奖2人。

做好新冠肺炎疫情防控工作，成立后勤保障组、宣教指导组、家园共育组、培训提高组四个工作小组，制定延期开学总体方案、家园共育工作方案及教师培训方案。幼儿园实施封闭管理，坚持日报告、零报告制度，确保幼儿生命安全和身体健康。家园共育组先后三次向家长发放调查问卷，依据家长需求开展“小雁成长不延期，二幼家园指导活动”。通过“鸿雁传书，二幼宅家小妙招”活动进行线上家园共育指导。微信公众号推送“我是健康小超人”“我是开心小当家”“我是游戏小达人”等疫情防控知识、亲子游戏、录音故事72个。云盘游戏超市存储健康、社会、语言、数学、艺术五大领域游戏362个。围绕“深度学习下的一日生活”，结合社会热点开展“万达开业了！”“我爱祖国”“十二生肖”“垃圾分类”等主题活动；结合日常生活，开展“海棠红了、柿子熟了、挖红薯和我爱吃蔬菜”等实践活动；结合疫情防控开展“七步洗手法”“21天好习惯养成”“不喝饮料”等家园共育活动；结合冰雪和足球特色，开展“足球联谊赛”“扶翼丰羽冰雪节”等活动。

（曹怀秀）

北京市延庆区第三幼儿园

2020年，北京市延庆区第三幼儿园为教育部门办园类别，日托制。占地面积0.52万平方米，校舍建筑面积0.54万平方米。全年教育经费投入3287.05万元。固定资产总值2583.75万元。图书室藏书5.31万册，包括电子图书2.80万册。拥有绘本、玩具、舞蹈专用教室3个，普通教室22个。计算机126台，校园网出口总带宽1024Mbps，数字资源量920GB。教职工106人，均为专科以上学历，包括中级以上职称33人、北京市骨干教师1人、北京市特级教师1人、延庆区骨干教师18人。保健员8人，均为专科以上学历、中级以上职称。开设22个教学班，其中，小班8个、中班8个、大班6个。幼儿入园253人，离园278人，在园751人。

2020年，幼儿园坚持“润泽心灵、承载幸福”的办园理念，以“培养健康自强、朴素自然的幸福传递者”为育人目标，梳理提炼形成幸福文化框架，融入园所管理、环境创设、课程建设、队伍建设等各项活动中，构建“暖心点燃幸福基因、真心开启幸福旅程、实践探寻幸福密码、诚心凝聚幸福力量、童心共筑幸福乐园”文化实践体系。制度管理取得新成效，完善园所安全管理制度、卫生保健、幼儿一日常规管理等各项制度，形成岗位职责33项、流程46项、制度275项，编辑科学管理提升质量制度手册。通过修师德、研课题、练内功、拓眼界、结师徒、追名师、推成果等多种策略，加强教师队伍建设。运用真实践活动科学保教，培养幼儿良好生活习惯：小班学习生活自理能力、中班学习为他人服务能力、大班学习为社会服务能力；疫情期间幼儿在楼顶的空中种植园接触大自然。

年内，幼儿园新增北京市特级教师1人、北京市骨干教师1人、区级骨干教师18人；教师获得区级基本功比赛一等奖5人次、二等奖6人次、三等奖2人次；承担的北京市教育科学规划办、北京市教育学会等28项课题结题，其中，两项课题分别获得北京市教育学会“十三五”优秀课题一等奖和二等奖；教师获奖论文、课例等 300 篇。

（刘胤）

北京市延庆区第四幼儿园

2020 年，北京市延庆区第四幼儿园为教育部门办园类别，日托制。占地面积 1.13 万平方米，校舍建筑面积 0.75 万平方米。全年教育经费投入 3107.36 万元。固定资产总值 2281.17 万元。图书室藏书 0.70 万册，包括电子图书 0.23 万册。拥有生活馆、图书室和科技室等专用教室 5 个，普通教室 20 个。计算机 94 台，学校信息化经费投入 8.84 万元，校园网出口总带宽 200Mbps，数字资源量 850GB。教职工 98 人，其中，教师 86 人，均为专科以上学历，包括中级以上职称 28 人、北京市骨干教师 1 人、延庆区骨干教师 16 人；保健员 5 人，均为专科以上学历，中级以上职称 2 人。开设 22 个教学班，其中，小班 9 个、中班 7 个、大班 6 个。幼儿入园 278 人，离园 228 人，在园 693 人。

2020 年，幼儿园秉承“生命自然成长”的教育理念，加强师德建设，邀请北京教育学院专家开展儿童积极心理学系统培训、家长分享抗疫故事、区“五老宣讲团”讲师德故事、观看《我和我的家乡》电影、教师节“星级教师”表彰等活动，将师德日常考核与保教日常考核相结合，引导教师守住师德底线，收到家长锦旗 200 面、感谢信 8 封。深化教师分层培养，新教师团队细化为 1 年、2 至 3 年、3 至 5 年三个梯次，骨干教师团队细化为班长、园骨干和区骨干三个梯次，将教师分层培养与基本功展示、课程小组教研以及园本培训整合。基本功展示中，新教师把重心放在专业理论积淀上，成熟期和骨干教师把重心放在说 DV 上，教研组长和青年业务干部把重心放在说教研上；将教师的专业优势与兴趣养成、数学 pck、主题活动、体育四个课程研究小组对接，安排“慧玩数学”、体育游戏、区域游戏优秀案例交流等专题系列培训。加强家园共育工作，将疫情防控安全、交通秩序安全、文明行为要求以及早晚接送幼儿的流程，录制成微视频并生成二维码推送给家长；印制、发放《传染病早期症状排查手册》和《幼儿接送安全手册》，开展线上家长沙龙、家教案例分享等系列专题活动；通过“每日进班打卡”“线上家园联系栏”“生活记录表”等方式加强与家长沟通。

（鲁爱文）

北京市房山区燕山星城幼儿园

2020 年，北京市房山区燕山星城幼儿园为教育部门办园类别，日托制。幼儿园占地面积 5088 平方米，校舍建筑面积 3288 平方米。全年教育经费投入 1475.18 万元。固定资产总值 1116.34 万元。藏书 3 万册，包括电子图书 50 册。拥有木工坊、建构区和地区绘本阅读室等专用教室 7 个，普通教室 14 个。台式计算机 45 台，平板计算机 38 台。教职工 97 人，其中，专任教师 46 人，均为专科以上学历，包括高级职称 2 人、中级职称 14 人；保健员 5 人。开设 14 个教学班，其中，小班 5 个、中班 5 个、大班 4 个。幼儿入园 173 人，离园 144 人，在园 526 人。

2020 年，幼儿园成立新冠肺炎疫情防控领导小组，落实“一把手”负责制，坚持日报告制度，及时发布权威媒体对疫情的介绍，加大对公众号推送文章和信息的监管和指导。年内，职工下沉社区值守 434 次、1954 小时；制定防疫制度 12 项，安全预案 2 个，操作手册 2 个；公众号发布安全教育提示 27 次、膳食建议 26 次、卫生保健知识 15 次；开展线上教研活动 28 次、家园共育活动 82 次、教师线上学习 104 次；组织疫情防控安全演习 7 次。

加强管理工作，在网格化管理的基础上，针对部门管理的条理性问题，以思维导图的形式帮助管理干部梳理管理思路，理清工作重难点，整理管理案例 100 余篇、管理月小结 20 余篇。探索课程建设新方向，在“幸福家文化”的引领下，确定戏剧体验课程的“培养具有主动体验与参与、学会合作与交往、能够自由表达与思考的幸福儿童”育人目标，重点关注幼儿的学习品质与社会性，研制《戏剧体验活动：兴趣与能力表现评价指标》，形成戏剧体验活动观察量表及 App 研发、“五步教学法”、四阶段体验模式等研究成果。成立“星教联盟”，以“幼小衔接”项目为抓手，北京教育科学研究院为教师量身制订研修计划；借助北京市名园长工程资源，满足不同类型教师发展需求，青年教师到西城区三教寺幼儿园跟岗学习；北京教育学院专家指导教师职业发展规划，与园级骨干教师结对启动园本课题系列培训与研究。

（赵新悦）

（本栏责任编校　王永刚）

小学教育

中学教育

特殊教育

民族教育

2021 | 基础教育

ELEMENTARY EDUCATION

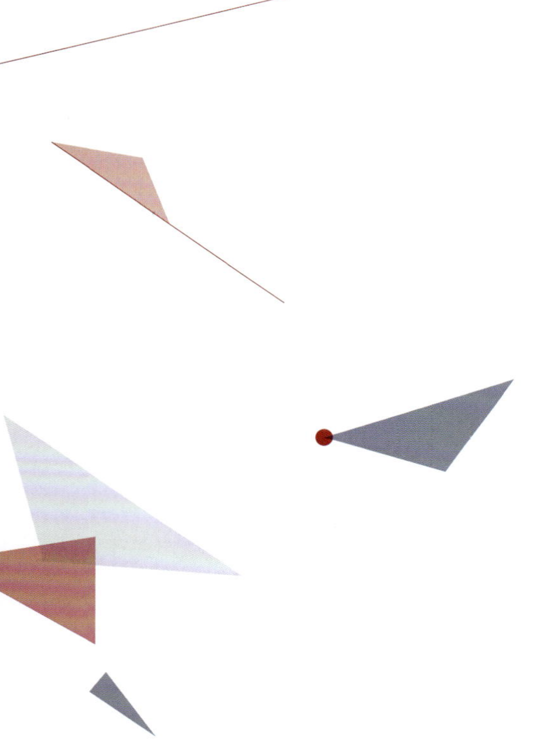

- 义务教育质量提升意见印发
- 首批普通高中新课程新教材实施示范区示范校建设
- 推进普通高中多样化特色发展意见发布
- “两类”学校区级验收
- 518 所第二批义务教育学校管理标准达标校认定
- 第十届书香燕京阅读指导活动
- 两区获批基础教育国家级示范区

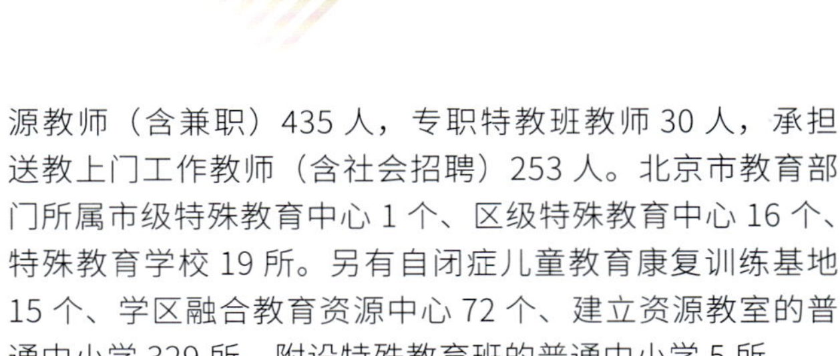

综述

概述

2020年，北京市有小学934所（比上年减少7所）。毕业136671人、招生202157人、在校生995046人。教职工62495人，包括专任教师56412人。学校占地面积1430.69万平方米，校舍建筑面积767.44万平方米。固定资产总值239.09亿元，其中教学仪器设备资产值83.72亿元。

北京市有普通中学656所（比上年增加2所）。其中，完全中学172所、十二年一贯制学校115所、高级中学34所、初级中学190所、九年一贯制学校145所。初中毕业88151人、招生122123人、在校生330478人；高中毕业52094人、招生61071人、在校生160152人。教职工92920人（比上年增加1643人），包括专任教师73715人（比上年增加2444人）。学校占地面积2602.79万平方米，校舍建筑面积1610.37万平方米。固定资产总值458.00亿元，其中教学仪器设备资产值127.26亿元。

北京市有民族学校38所，其中小学31所、中学7所。在校生29662人，包括少数民族学生7744人。教职工2856人，包括少数民族教职工437人，专任教师2544人。民族中学分布在西城、朝阳、海淀、门头沟、通州、大兴6个区；民族小学分布在东城、西城、朝阳、海淀、房山、通州、顺义、昌平、大兴、怀柔、密云、延庆12个区。内地新疆高中班办班学校11所，在校生4213人；内地西藏班（校）5所，在校生1201人；内地青海班办班学校4所，在校生790人。

全市有备案残疾儿童少年8155人，新招入学生中备案残疾儿童少年1462人。义务教育入学率超过99%。全市有特殊教育学校专任教师991人，特殊教育中心专业教师78人，巡回指导教师（含兼职）245人，特殊教育资源教师（含兼职）435人，专职特教班教师30人，承担送教上门工作教师（含社会招聘）253人。北京市教育部门所属市级特殊教育中心1个、区级特殊教育中心16个、特殊教育学校19所。另有自闭症儿童教育康复训练基地15个、学区融合教育资源中心72个、建立资源教室的普通中小学329所、附设特殊教育班的普通中小学5所。

（张琳　陆小红　慕明高）

义务教育质量提升意见印发

2020年，市委教育工作领导小组印发《北京市关于进一步深化教育教学改革全面提高义务教育质量的意见》。意见指出，要健全立德树人落实机制，着力在坚定理想信念、厚植爱国主义情怀、加强品德修养、增长知识见识、培养奋斗精神、增强综合素质上下工夫。意见明确“发展素质教育，促进学生德智体美劳全面发展”“改进课堂教学，全面提升教学质量”“加强教材建设，规范课程教材管理”“强化教科研支撑，发挥教科研先导和引领作用”“建设智慧教育，推进教育＋互联网发展”“加强教师队伍建设，提升综合素养”“改革教育评价，促进学、考、招有机衔接”“推进协同育人，切实提高育人实效”8项重点任务。

（冯雪　向姣姣）

首批普通高中新课程新教材实施示范区示范校建设

2020年，北京市2个区及区内的6所学校入选普通高中新课程新教材实施国家级示范区和示范校名单。4月至5月，市教委开展普通高中新课程新教材实施示范区和示范校遴选工作。首批遴选确定东城区、西城区、海淀区、通州区4个市级示范区和11所示范校，建设周期3年。示范区工作任务包括探索区域推进课程改革的有效工作机制，组织开展新课程新教材实施重点难点问题研究，探索建立区域新课程新教材实施监测机制，完善普通高中办学质量评价，探索形成可借鉴、可推广的区域实施新课程新教材

包括寄宿生 29 人。

2020 年，学校坚持依法治校、依法执教。优化线上教育与线下学习相结合的教育教学实践，确保教育教学质量。建立线上学习小组，提高线上学习效果；举办网上运动会，组织学生个人、小组录制运动视频，发起擂主挑战，激发学生运动兴趣，形成运动习惯。以六年级学生复课为背景，就学生入校、体温检测、特色课程等一日生活环节，反复开展全要素、全流程演练，营造健康校园环境。开展“筑梦冬奥 · 荣耀光明”主题系列活动，组织学生体验冰上运动、观看冰上舞剧，邀请冬奥会滑冰冠军走进光明课堂，讲述成长历程，传递奥运精神。开展“垃圾分类，行动有我”系列活动，引导学生自主设计、每日记录垃圾分类健康行动日志，利用少先队晨会进行宣讲，巩固垃圾分类生活习惯。尝试开展“光明·劳动”活动课，根据学段特点设立劳动标准，通过广播指导、视频演示、合作行动、观摩评估，进行劳动知识宣讲、劳动技能学习、劳动行为实践和劳动成果分享，全校教职员工和学生共同参与，人人有岗，营造劳动氛围。开通家长心理热线电话和心理网络辅导平台，针对反馈的家庭教育需求，分层开展家庭教育指导。面向不同学段家长组织《告别拖拉磨蹭，合理管理时间》《如何在家中培养自律自学的孩子》讲座，发布《如何不急不躁陪孩子学习》《亲子沟通》系列微课。为调节家长情绪压力，举办“母亲情绪调节策略”线上团体辅导式主题家长沙龙，逐步实现良性家校沟通。

（卢凤霞　郭颖）

北京市第十五中学附属小学

2020 年，北京市第十五中学附属小学占地面积 6362 平方米，校舍建筑面积 9050 平方米，运动场地面积 1110 平方米。图书馆（室）藏书 49857 册。固定资产总值 1064 万元，全年教育经费投入 4131 万元。学校信息化经费投入 1.50 万元，拥有计算机 328 台，网络多媒体教室 39 个，校园网出口总带宽 5120Mbps，数字资源量 2048GB，“信息技术”课程 4 课时 / 周。教职工 85 人，包括高级职称 14 人、中级职称 36 人。专任教师 77 人，包括北京市骨干教师 1 人；本科以上学历 75 人。开设教学班 32 个。毕业 166 人、招生 324 人、在校生 1308 人。

2020 年，学校在教育教学工作中不断加强社会主义核心价值体系教育，增强学生社会责任感、创新精神、实践能力。居家学习期间指导学生合理安排学习和生活，实现一人一案。全体教师参与研发学习德育课程，将学习疫情防控知识作为重要内容。开展全体教职工应急救护培训活动，让教师了解掌握急救知识。组织校园消防演练，提高师生突发事件应变能力。

科研育人、协同育人、高效育人。利用课题活动带动课题研究，举办十五中附小家校协同育人课程建设专题论坛，展示建设内容。“爱与创新，教师效能训练工作坊”开设情感课程，指导教师如何在特殊时期和环境下，与家长、学生沟通。开展非暴力沟通在教室的应用研习班培训，与教师分享正面管教理论在实际问题中的实施范例。开展爱与创新的青年教师教育戏剧培训活动，提升青年教师素养和教学技能。开展教师的“自我情绪管理”培训，同时组织青年教师以小组合作的形式将学习收获、体会发布到学校微信公众号，调控教师心理和情绪。

（何珊　李艳焕　木东影）

10 月 7 日，十五中附小举办科技节

（十五中附小　供）

北京市宣武师范学校附属第一小学

2020 年，北京市宣武师范学校附属第一小学分三址办学，分别为本部校区、右安校区和里仁校区。3 个校区总占地面积 2.95 万平方米，校舍建筑面积 2.91 万平方米，运动场地面积 1.17 万平方米。图书馆（室）藏书 10.39 万册。固定资产总值 7284 万元，全年教育经费投入 10351 万元。学校拥有计算机 360 台，网络多媒体教室 84 个，校园网出口总带宽 1000Mbps，数字资源量 6000GB。教职工 230 人，包括高级职称 33 人、中级职称 92 人。专任教师 202 人，包括北京市骨干教师 1 人、北京市学科教学带头人 1 人；本科以上学历 221 人。开设教学班 84 个。毕业 362 人、招生 775 人、在校生 3452 人，包括随班就读生 4 人。

2020 年，学校德育工作以“童真育人”为教育理念，

10 月 14 日，宣师一附小举办学生体能比赛

（宣师一附小 供）

围绕“仁、礼、责、信”教育目标，加强对学生的爱国主义教育，通过常态活动和主题活动教育学生用实际行动践行社会主义核心价值观。培养学生良好习惯，践行《中小学生守则》和《中小学生日常行为规范》要求。

师资队伍建设。开展班主任队伍建设工作，加强年级组建设，发挥骨干班主任作用。加强对组长的培训，行政组长和教研组长形成合力，提升组长的组织和管理能力，完善组长层级管理。

线上教学工作。研究、总结线上线下教学经验，优化教学管理，优化教学实施，优化教学研究指导。童真“宅趣”每周发布 1 次周活动计划，设置适合学生居家开展的实践活动内容，学生可以有选择地自主开展居家学习活动。少先队大队向全体队员发出“垃圾分类，我们一起来！”云端倡议，结合倡议内容，组织全体学生开展线上“小小红领巾 四色环保心”系列主题教育活动等。

（孙薇　冉梅　代菲）

北京市朝阳区实验小学

2020 年，北京市朝阳区实验小学分三址办学，分别为幸福校区、柳芳校区和体育场路校区。3 个校区总占地面积 26411 平方米，校舍建筑面积 28081 平方米，运动场地面积 9834 平方米。图书馆（室）藏书 7.72 万册，电子图书 104 册。固定资产总值 22234 万元，全年教育经费投入 1778 万元。学校信息化经费投入 47.93 万元，拥有计算机 1478 台，网络多媒体教室 196 个，校园网出口总带宽 100Mbps，数字资源量 500GB，“信息技术”课程 0.5 课时/周。教职工 164 人，包括高级职称 30 人、中级职称 74 人。专任教师 156 人，包括特级教师 1 人、北京市骨干教师 6 人;本科以上学历 152 人。开设教学班 55 个。毕业 185 人、招生 338 人、在校生 1567 人，包括寄宿生 410 人。

2020 年，学校围绕“为幸福人生奠基”办学理念，以“幸福教育”为核心，科学育人。丰富课程资源，展开线上、线下同步教学。利用信息化教学手段，整体构建全学科立体多元线上微课程，全年录制微课程视频 4029 节，内容涵盖德智体美劳。开展体育节、英语节、科技节、足球文化节等系列跨学科整合实践活动。发挥优质教育资源引领辐射作用，与湖南省花垣县双龙镇十八洞小学开展交流帮扶活动。学校被评为北京市 2020 年中小学生综合素质评价工作先进单位（体育组）、北京市“遨游计划项目”研究基地校、2020 年朝阳区小学教育教学优秀校、“见字如面”书信交流活动试点单位等。

加强教师队伍建设，提高教学质量。打造高阶思维课堂教学体系，举行“春华杯”“秋实杯”集团教学联赛。结合集团互巡、质量月督导、特级教师进校园等工作契机，开展校区、集团、区域内教研活动。为培养较高专业水平教师队伍搭建平台。开展育人活动，构建全员、全方位、全过程育人德育课程体系。学校被评为北京市模范集体、2019—2020 学年度优秀基层领导班子等。

（王新宇　孙滨）

北京市朝阳区日坛小学

2020 年，北京市朝阳区日坛小学分两址办学，分别为四惠校区和东恒校区。2 个校区总占地面积 14834 平方米，校舍建筑面积 10689 平方米，运动场地面积 4650 平方米。

12月31日，日坛小学举办国风国情艺术展
（日坛小学　供）

图书馆（室）藏书4.43万册。固定资产总值4286万元，全年教育经费投入632万元。学校信息化经费投入14万元，拥有计算机288台，网络多媒体教室54个，校园网出口总带宽100Mbps，“信息技术”课程0.5课时/周。教职工82人，包括高级职称7人、中级职称48人。专任教师80人，本科以上学历78人。开设教学班38个。毕业133人、招生245人、在校生1198人。

2020年，学校探索实施课程与教学改革，侧重线上教学研究，初步形成科学规范、线上线下相融合的常态化管理运行机制，推进教育教学工作发展与提高。

德育工作。设计非遗、创客、科学探秘、心理卫士等线上、线下社会实践课程。开展“爱国少年身心两健”主题系列活动，包括对话抗疫英雄、骄傲中国人、厨房小主人等活动内容。疫情期间收集学生原创的诗歌、声乐、器乐等作品2765件，开通小荷少年“特殊的假期”学习成果连载、小荷宅学季、“我是小主播”网上微班会课例分享3个平台进行成果展示。学校获2020年北京市中小学生定向越野比赛男子乙组团体第二名等10项集体荣誉。

教学工作。语文、数学、英语学科利用学校“智慧校园”实验研究已有资源开展高效课堂教学模式研究；音乐、体育、美术学科以双师课堂教学模式为研究抓手，结合名师教学要点及学生特点有效指导学习；道德与法治、科学、综合实践学科利用学校数字活动平台设计综合导学单及趣味学习单，强化研究性学习和跨学科整合。录制微课341节，收集整理文字、图片、视频、音频、动画等学习资源2782件。

（刘卫东）

北京明远教育书院实验小学

2020年，北京明远教育书院实验小学分五址办学，分别为中园校区、知语城校区、望花路校区、东园校区和青年城校区。5个校区总占地面积5.09万平方米，校舍建筑面积3.14万平方米，运动场地面积2.21万平方米。图书馆（室）藏书10.93万册。固定资产总值13050万元，全年教育经费投入14137万元。学校信息化经费投入29万元，拥有计算机1074台，网络多媒体教室170个，校园网出口总带宽100Mbps，数字资源量400GB，“信息技术”课程0.5课时/周。教职工329人，包括高级职称48人、中级职称156人。专任教师327人，包括北京市骨干教师8人、北京市学科教学带头人1人；本科以上学历315人。开设教学班136个。毕业795人、招生854人、在校生4670人，包括随班就读生11人。

2020年，学校适应疫情背景下教育思维、形式、资源转变，探索现代学校建设路径。

师资队伍建设。开展以“停课不停研，停课不停教，夯实基本功”为主题的师德学习教育、专题培训、微课竞赛等系列活动。开展心理健康、传统文化、现代教育理念培训等学习培训活动10余次，举办教师学术素养提升类培训10余场。与北京明远教育书院合作开展名师培养项目和班主任大学项目。举办第三届“明远杯”教学基本功大赛，拓展线上学习资源，将理论应用到实践。

学科课程建设。3个北京市教育科学规划课题、1个朝阳区教育科学规划办课题完成中期检查；1个朝阳区教育科学规划办课题和8个北京市教育学会课题结题。召开2019—2020年度教科研年会，评选优秀论文123篇，优秀开题报告32篇。打造校园足球、篮球、心育、海洋文化特色课程；“打造独具特色的足球育人文化”项目被评为朝阳区学校文化建设第四批文化特色品牌项目，“向海”海洋意识教育校本课程建设项目获北京市基础教育课程建设优秀成果三等奖。

德育教学实践。开展“明心远行 劳动实践”垃圾分类主题教育活动、“明心远行 向疫‘逆行’”主题教育系列活动。运用信息媒介开展疫情防控教育宣传。通过召开线上班会和家委会、科普宣传、问卷调查等，建立家校沟通渠道。完成德育影视课程《北京的门》拍摄、制作。

（刘润梅）

北京市第八十中学牌坊分校

2020年，北京市第八十中学牌坊分校分两址办学，分别为北校区和南校区。2个校区总占地面积18129平方米，校舍建筑面积9845平方米，运动场地面积10670平方米。图书馆（室）藏书4.69万册。固定资产总值5788万元，全年教育经费投入335万元。学校信息化经费投入74.50万元，拥有计算机485台，网络多媒体教室61个，校园网出口总带宽100Mbps，数字资源量38GB，“信息技术”课程0.5课时/周。教职工114人，包括高级职称7人、中级职称57人。专任教师110人，本科以上学历109人。开设教学班50个。毕业194人、招生370人、在校生1765人，包括随班就读生14人。

2020年，北舞附小举办“静静地绽放——2020年金帆团专场演出活动”（北舞附小 供）

2020年，学校继续落实办可持续发展学校，构建特色课程体系，深化课堂教学改革。

教师队伍建设。梳理出以“展”“引”“带”“推”为思路的教师梯队建设策略，为不同层次教师搭建学习、交流、展示平台。在朝阳区第三届“扬帆杯”新任教师教学技能培训与展示活动中，学校获奖率80%，1名教师获一等奖、5名教师获二等奖、2名教师获三等奖。

德育管理。线上教学落实《义务教育阶段学科德育指导纲要》及朝阳区新修订《课堂评价标准》；以爱国主义、法治、传统文化等为主题开展线上升旗、线上节点教育、线上垃圾分类实践活动等教育活动。以“小小国旗班”为实践途径进行爱国主义教育，学生争当“小小升旗手”；建立“小小国旗班”管理制度、培训制度、评价制度，形成以“小小国旗班”为主题的爱国主义教育发展和评价体系，规划并设计“小小国旗班”德育课程并实施。

鼓曲特色教育。聘请北京琴书、京韵大鼓、单弦专业教师来校授课，社团教师和学生通过学习获得演唱技巧和创编知识，运用知识技巧创编具有时代精神内容的鼓曲，通过“老调新唱”方式把传统艺术和时代精神相结合。

（马丽）

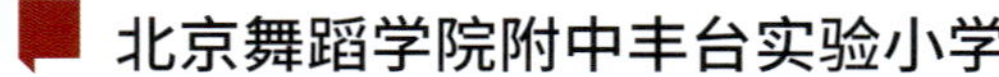

北京舞蹈学院附中丰台实验小学

2020年，北京舞蹈学院附中丰台实验小学占地面积0.95万平方米，建筑面积0.53万平方米，运动场地面积0.22万平方米。图书馆（室）藏书1.15万册。固定资产总值136万元，全年教育经费投入214万元。学校信息化经费投入19.58万元，拥有计算机93台，网络多媒体教室20个，校园网出口总带宽100Mbps，数字资源量200GB，“信息技术”课程1课时/周。教职工51人，包括高级职称3人、中级职称27人。专任教师49人，本科以上学历42人。开设教学班17个。毕业83人、招生108人、在校生531人，包括寄宿生150人。

2020年，学校坚持立德树人，推进少先队改革、垃圾分类、光盘教育等重点工作，通过校园十节主题活动的开展，班级文化节等班主任基本功学习和评比，加大班主任培训力度，提升班主任育人能力。开展“中秋节”“国庆节”“重阳节”主题学科综合实践活动，引导学生继承和弘扬中华民族优秀传统。开展“重温全国八少精神，为红领巾增添时代光荣”中国少年先锋队第八次全国代表大会精神学习重温活动。

统筹处理疫情防控与教育教学的关系。落实“停课不停学”政策部署，组织教师开展“e研修”活动，引导和帮助教师在线教研，提升教师线上教育教学水平，增强学生居家学习实际获得。坚持开展课堂教学改革实践活动，推进课堂教学改革，提高课堂实效。

推进艺术教育。构建具有特色的艺术课程体系，逐步形成学校艺术教育品牌，规范过程性管理，锻炼教师队伍、培育学生素养，举办“静静地绽放——北舞附小2020年金帆专场活动”，组织学生参加由市教委、国家大剧院等部门联合主办的我和祖国一起成长——青少年庆祝中华人民共和国成立71周年主题活动。

（胡春凝）

北京市丰台区丰台第一小学

2020年，北京市丰台区丰台第一小学教育集团分四址办学，分别为本校区、丰益校区、远洋校区和长辛店分校

（独立法人）。除长辛店分校外，其他 3 个校区总占地面积 4.49 万平方米，校舍建筑面积 3.21 万平方米，运动场地面积 1.38 万平方米。图书馆（室）藏书 12500 册。固定资产总值 3645 万元，全年教育经费投入 10113 万元。学校信息化经费投入 40 万元，拥有计算机 909 台，网络多媒体教室 135 个，校园网出口总带宽 200Mbps，数字资源量 350GB，“信息技术”课程 0.5 课时 / 周。教职工 225 人，包括高级职称 36 人、中级职称 103 人。专任教师 218 人，包括北京市骨干教师 2 人、北京市学科教学带头人 1 人；本科以上学历 205 人。开设教学班 84 个。毕业 429 人、招生 572 人、在校生 3029 人，包括随班就读生 8 人。

2020 年，学校把握积极因素，多措并举稳中求进。依托学校“六小”公民课程体系，推进“食育”“steam”“VEX”“人工智能”4 个项目的教材编写工作；牵头组建 steam 课程编写小组，参与课程的设计、编写及修订。以“六小”公民教育为载体，落实立德树人根本任务。开展主题云队课“坚持让我更优秀”、团体心理疏导、14 期线上红领巾广播等线上、线下德育活动。

以提升教师在线教育能力为核心，促进教师专业化发展。教师全程监测学生身体健康、出行轨迹，严格按要求落实日报告、零报告制度；多次召开线上家长会，指导学生做好疫情防控及学习活动；与班级学生开展线上交流，了解学生思想状态、学习生活状况，指导学生完成学习任务。以“‘居家共学’教与学内容、方式的研究”为主题，着眼学生居家自主学习习惯与能力培养。开展居家学习教与学方式研究。10 名教师确立研究小课题在区课程中心备案；9 名教师在北京疫情期间评价故事、案例的征集中获奖。梳理线上教育资源涉及学科教学 12 项、反馈评价 6 项、技术融合 15 项、乐学减负 2 项、五育并举 13 项、整体设计 5 项。

开展学习方式研究。根据不同阶段的要求制订教学工作方案，着重引导学生学会学习；统筹安排居家学习的内容和方式，设计延期开学阶段居家学习任务单。10 名教师参与 4 个学科“空中课堂”录制工作；10 名教师参与区级音乐学科“在线学习资源包”整理工作；2 名教师录制的美术教学资源在“丰台区小学美术学科”公众号面向全区小学生推送。

（陈力强）

北京市丰台区丰台第五小学

2020 年，北京市丰台区丰台第五小学教育集团分六址办学，分别为本校区、银地校区、京铁校区、鸿业校区、科丰校区和万柳分校（独立法人）。除万柳分校外，其他 5 个校区总占地面积 5.32 万平方米，校舍建筑面积 3.06 万平方米，运动场地面积 2.36 万平方米。图书馆（室）藏书 12.95 万册，电子图书 9 万册。固定资产总值 6060 万元，全年教育经费投入 655 万元。学校信息化经费投入 122.65 万元，拥有计算机 997 台，网络多媒体教室 152 个，校园网出口总带宽 10Mbps，数字资源量 3200GB，“信息技术”课程 1 课时 / 周。教职工 308 人，包括高级职称 42 人、中级职称 128 人。专任教师 304 人，包括北京市骨干教师 7 人；本科以上学历 294 人。开设教学班 117 个。毕业 645 人、招生 823 人、在校生 4399 人，包括随班就读生 6 人。

2020 年，学校落实国家、市、区“健康第一”理念，五育并举提升教学品质。延期开学期间，按照“健康第一、面向全体、五育并举、自主发展、家校协同”总要求，做到“延期开学不停学”，各学科教师通过“线上学习共同体”方式，采用学生喜欢的活动方式，对学生进行生命教育、爱国主义教育、社会责任感教育和英勇主义教育，并通过集团微信公众号展示学生的实践、学习成果、收获心得。银地校区居家学习期间体育特色活动被北京卫视报道。推进学习共同体课堂改革实践，邀请北京师范大学专家团队开展学习共同体教学研讨活动 4 次。开展集团范围共同体巡课活动，以课题研究为抓手，鼓励全体教师开展课程建设。

3 月，丰台五小银地校区学生在家进行趣味花棍体育锻炼

（丰台五小　供）

线上线下对接，促学生全面发展。邀请专家举办线上讲座，进行幸福理念、带班育人方略、课程建设等培训促进教师专业化成长。以“五 jing”班级、“最美队礼仪标兵”等评选活动为渠道，发挥德育共同体作用。开设机器人、创客、面塑坊等科技、艺术、体育、心理社团。组织金帆民乐团、合唱团、管弦乐团坚持开展线下训练，举办线上新年专场音乐会。

（李燕军）

北京市石景山区古城第二小学

2020年，北京市石景山区古城第二小学分两址办学，分别为古城南路校区和古城地铁家园校区。2个校区总占地面积10565平方米，校舍建筑面积19283平方米，运动场地面积9752平方米。图书馆（室）藏书3.85万册。固定资产总值7473万元，全年教育经费投入4472万元。学校信息化经费投入20.30万元，拥有计算机504台，网络多媒体教室76个，校园网出口总带宽1000Mbps，数字资源量60GB，“信息技术”课程1课时/周。教职工120人，包括高级职称29人、中级职称61人。专任教师94人，包括北京市骨干教师2人；本科以上学历115人。开设教学班40个。毕业225人、招生241人、在校生1264人，包括随班就读生1人。

2020年，学校高质量完成年度各项教育教学工作。做好春季学期延期开学工作，召开线上部署会，要求各学科制定学习活动计划，按年级汇集成《自主学习指南》，每周发放给学生。启动“4＋3＋3好伙伴式学习”居家课程（即学校、年级、教师、学生4个角度；市级、校级、自身3个层级；学校监控、教师监控、组内监控3个监控环节），有布置、有检查、有反馈，确保自主学习效果。依照《2020年春季学期延期开学德育工作执行方案》对学生开展德育主题教育。

教学提质增效。构建以“悦”为核心的一体化课程体系框架，梳理学校“活动中体验、合作中探索、开放中创新”的师生双向评价三维课堂文化。设立教师教育教学专业发展项目，投入经费20万元。与中央音乐学院合作创建“金声合唱团”。先后在低、中、高3个学段举办诗词大会，引领学生在阅读中成长。

冬季奥林匹克教育。组织学生到首钢园冰雪项目国家集训队训练馆参加“国庆冰雪乐”上冰体验活动。启动“走进冰雪季，快乐我生活”迎冬奥系列活动，开展“伴冬奥”“画冬奥”活动。

关注学生身心健康。编制《疫情期间学生心理状况调查》，制订《小学居家学习防控疫情心理辅导计划》。通过微信公众号发布与情绪管理、亲子关系、自我规划等相关的文章11篇、微课3期，普及到学生家庭1246个。开启云端家访，覆盖率100%。带领学生走进奥林匹克森林公园开展第四届快乐长走节活动。举办“关注消防 生命至上”消防安全宣传周活动。

（关玉环　郝树萍　郝晓娟）

12月，古城二小举办诗词大会

（古城二小　供）

北京市海淀区中关村第二小学

2020年，北京市海淀区中关村第二小学分五址办学，分别为中关村校区、华清校区、百旺校区、万泉河分校和昌平学校。5个校区总占地面积5.11万平方米，校舍建筑面积5.21万平方米，运动场地面积1.83万平方米。图书馆（室）藏书12万册，电子图书60万册。固定资产总值19902万元，全年教育经费投入14682万元。学校信息化经费投入343.18万元，拥有计算机900台，网络多媒体教室160个，校园网出口总带宽1000Mbps，数字资源量15000GB，“信息技术”课程1课时/周。教职工324人，包括高级职称46人、中级职称152人。专任教师273人，包括特级教师2人、北京市骨干教师5人、北京市学科教学带头人2人；本科以上学历268人。开设教学班137个。毕业720人、招生870人、在校生5529人，包括随班就读生1人。

2020年，学校教育教学各项工作在疫情防控常态化下回归正轨，抓牢教育教学质量提升。制定《中关村二小关于推进集团化办学的指导意见》，开启集团化办学4.0模式。通过青蓝之约、名师工作室、大组教研、常态课教研、联合教研、学科诊断等形式为分校教师创设专业发展的机会和平台。开展历时12周全学科、全过程学情诊断分析，帮助学生实现线上、线下过渡衔接。开设科技教育必修课；建设“I”劳动教育课程。建造自制校园冰场，开展冰雪运动。举办第八届心理健康教育宣传周活动，发挥教师作用，与家长携手关注学生心理健康。形成家校共育合力，开展家庭调研和小型家长会，发放家长指南、自主学习生活建议单和学习资料包。开设科技教育必修课，面向全体学生，分年级制定主题。金帆舞蹈团30名学生应邀参加春节团拜会演出。

（张苗）

北京市海淀区中关村第一小学

2020年，北京市海淀区中关村第一小学分三址办学，分别为天秀校区、党校校区和怀柔分校。3个校区总占地面积7.40万平方米，校舍建筑面积5.52万平方米，运动场地面积2.60万平方米。图书馆（室）藏书29.80万册。固定资产总值21930万元，全年教育经费投入13267万元。学校信息化经费投入427万元，拥有计算机2747台，网络多媒体教室206个，校园网出口总带宽12Mbps，数字资源量520GB，“信息技术”课程1课时/周。教职工449人，包括高级职称75人、中级职称242人。专任教师416人，包括特级教师3人、北京市骨干教师9人、北京市学科教学带头人1人；本科以上学历398人。开设教学班183个。毕业1140人、招生1264人、在校生6789人。

2020年，学校构建以学习者为中心的教学研究体系，通过建立常规学习、跨龄学习、小组学习、跨班级学习以及跨年级学习模式，培养学生自主学习的能力、合作共学的能力；形成教师“自主+合作”教研文化，通过教学观摩、教学切磋、教学合作等，增加相邻班级、相邻年级教师和学生交往互动；探索提高教育质量的学习评价机制，通过精准学习和个性化学习，推动学生差异化发展。搭建线上学习模块“葵园云”。

五育并举，全面育人。举办以“挑战天下——好奇点燃梦想，科学照亮世界”为主题的第17届科技节，设置新书发布、挑战传统的集体个人项目以及科学家课程等；举办葵园冰雪嘉年华，设置旱地滑雪、俯式雪橇、雪垒大战等项目。在第24届“中国少儿戏曲小梅花荟萃”活动中，原创校园京剧《精忠报国》获评原创类“小梅花”集体节目。

（董静　邓翼涛　张玉会）

北京大学附属小学

2020年，北京大学附属小学占地面积2.86万平方米，校舍建筑面积3.39万平方米，体育场（馆）面积1.16万平方米。图书馆（室）藏书5.93万册。固定资产总值5179万元，全年教育经费投入8544万元。学校信息化经费投入133万元，拥有计算机599台，网络多媒体教室4427个，校园网出口总带宽200Mbps，数字资源量30TB，“信息技术”课程1课时/周。教职工198人，包括高级职称29人、中级职称136人。专任教师173人，包括特级教师4人、北京市骨干教师5人、北京市学科教学带头人3人；本科以上学历197人。开设教学班62个。毕业369人、招生411人、在校生2235人。

2020年，学校直面挑战和教学工作特殊情况，平稳推进各项工作。

德育工作。建立育人工作多元联动机制，校长、副校长、德育主任、年级组长、班主任层层齐抓共管，纵向管理。秉承以美育德、文化育人的办学传统，从“生活化德育、课程化德育、活动化德育”3个维度勾勒学校德育工作体系。大队部开展“感恩有您，致敬母亲”三八节教育、“学雷锋”主题队日、“迎接少代会，争做好队员”主题队日等系列活动。各中队根据实际情况开展“微队课”“为你写诗”“‘我的爸爸妈妈在前线’书信朗诵”等主题活动。

教学工作。把握好3个“一点”，即适应时期“长一点”，为学生制造更多相处、交往的机会；教学进度“缓一点”，多给时间复习、练习；质量监测“近一点”，不做“开门考”。组织教师参与市、区“空中课堂”课程录制工作以及海淀区网络教研培训工作。其中，35名教师为北京市和海淀区“空中课堂”录制网课、9名教师为海淀区网络教研活动录制课例。机器人、单片机、建筑模型等社团取得优异成绩，包括机器人英国锦标赛冠军。

教科研工作。以国家级课题研究与国家级教学成果孵化为抓手，在日常教育教学工作中渗透科研意识与科研思维，以学业述评为主要切入口，从科研队伍建设、科研管理机制、科研成果创

12月30日，北大附小举办小学英语整本书阅读新视野教学展示研讨活动　（北大附小　供）

新3个方面着力，推动良好科研氛围形成。17名教师在《人民教育》《中国德育》《中国教师》等核心期刊上发表文章。

（刘健　刘桂红）

清华大学附属小学

2020年，清华大学附属小学本校区占地面积3.30万平方米，校舍建筑面积1.20万平方米，运动场地面积1.93万平方米。图书馆（室）藏书13.50万册。固定资产总值1590万元，全年教育经费投入7279万元。学校信息化经费投入510万元，拥有计算机550台，网络多媒体教室3000个，校园网出口总带宽500Mbps，数字资源量500GB，“信息技术”课程三年级至五年级1课时/周。教职工177人，包括高级职称16人、中级职称79人。专任教师153人，包括特级教师3人、北京市骨干教师8人、北京市学科教学带头人1人、北京市骨干班主任2人；本科以上学历175人。开设教学班50个。毕业360人、招生399人、在校生2180人。学校有社团26个。

2020年，学校在海淀区中小学绩效考核中，连续2年获评优秀，同时被评为北京市大中小幼一体化德育研究基地校。

师资队伍建设。开展教师常态化校本培训，为入职3年（含）以内新教师提供适应期专项培训，举办“班主任、副班主任”岗位专项培训和35岁以下青年教师长期培训。校长窦桂梅被中宣部和教育部授予2020年全国教书育人楷模称号。学校教师代表在教育部2020年深化新时代学校思政课改革创新现场推进会上作说课展示，参与完成《习近平新时代中国特色社会主义思想教育学生读本》小学编写和试教任务。学校获评海淀区首届教育信息化工作先进集体，并作为典型代表在全区信息化工作年会上发言。

学科建设。学校通过国家社会基金课题、教育部重点课题中期检查。重点推进体育、三进阶、学业评价诊断与反馈、学校治理体系、“1＋X课程”育人、主题课程群等项目建设。“小学主题阅读课程深化实践研究”获北京市课程建设优秀成果一等奖。受教育部委托，承担《同上一堂课》小学阶段全学科课程直播任务。承担国家中小学云平台录播课程381节、北京“空中课堂”录播课77节、海淀“空中课堂”录播课184节。获评“清华大学抗疫先锋集体”、清华大学在线教学先进集体特别奖、海淀区“空中课堂”优秀团队。

（代养兵）

7月4日，清华附小举办2020届清华附小成志少年6年修远成长“云报告会”　（清华附小　供）

北京师范大学实验小学

2020年，北京师范大学实验小学占地面积1.38万平方米，建筑面积1.24万平方米，体育场馆面积0.81万平方米。图书馆藏书14.67万册，电子图书0.73万册。固定资产总值3719万元，全年教育经费投入4972万元。学校信息化经费投入228.43万元，拥有计算机737台，网络多媒体教室65个，校园网出口总带宽1024Mbps，数字资源量15.13TB，“信息技术”课程1课时/周。教职工118人，包括高级职称22人、中级职称76人。专任教师96人，包括特级教师2人、北京市骨干教师5人；本科以上学历116人。开设教学班36个。毕业253人、招生256人、在校生1410人。

2020年，学校践行“乐学会学，健康发展”育人理念，注重学生德、智、体、美、劳全面发展。

教育教学。新冠肺炎疫情期间，数学学科利用网络平台展示学生电子版寒假作业；语文学科通过录制视频的方式开展“阅读求知超越”学生讲坛展示活动；体育组举办“坚持锻炼强身体，协同配合战疫情”主题身体素质团体挑战赛。举办阅读节阅读成果展、整本书阅读活动、英文阅读之星评比等活动，拉近学生与经典的距离。举办太空探索、“童友杯”足球赛、跳绳比赛等活动，学校被评为2020年全国青少年篮球特色校。组织语文、英语、科学、美术、书法5个学科15名教师参加市、区级骨干教师网上课程录制活动，录课63节，获2020年海淀区空中课堂资源研发

8月29日至31日，大峪一小开设一年级入学课程

（大峪一小　供）

优秀团队称号。

加强交流合作。与美国风景高地小学（Scenic Heights Elementary School）共同开展毕业诗歌“创译”活动，与日本新潟大学教育学部附属新潟小学开展线上英文交流活动。发挥引领辐射作用，校领导一行3人到海南省三沙市永兴学校交流访问，根据永兴学校实际情况，提出对永兴学校的7项帮扶计划。

（曾珮）

北京市门头沟区大峪第一小学

2020年，北京市门头沟区大峪第一小学占地面积2.27万平方米，校舍建筑面积1.68万平方米，运动场地面积0.71万平方米。图书馆（室）藏书40.26万册，电子图书36万册。固定资产总值18755万元，全年教育经费投入3633万元。学校信息化经费投入393.75万元，拥有计算机312台，网络多媒体教室56个，校园网出口总带宽1000Mbps，数字资源量2000GB，“信息技术”课程2课时/周。教职工89人，包括高级职称23人、中级职称43人。专任教师75人，包括特级教师1人、北京市骨干教师1人；本科以上学历85人。开设教学班29个。毕业205人、招生247人、在校生1126人。另设附属幼儿园，园所占地面积9392平方米，园舍建筑面积7181平方米。固定资产总值3905万元，全年教育经费投入2422万元。教职工62人，包括专任教师51人、保健医4人，中级以上专业技术职务28人。开设教学班16个（小班7个、中班6个、大班3个）。在园幼儿457人。

2020年，学校打造“修德修能”团队文化、“和谐党建”品牌、“定峰为始 日高日新”课程文化、“定河为源 日进日明”德育文化，培育全面发展的日新少年。

师资建设。以“创设探究式学习活动”为主题，采取“学校课题引领—教研组子课题跟进—主题教研推进”教科研一体化研究方式，通过市骨干课题汇报、高级教师示范课、教研组子课题研究课等形式，纵深推进“3D”课堂研究。在门头沟区小学教师第八届“三杯”教学基本功培训与展示活动中，教师获教学设计一等奖4人、说课比赛一等奖5人，学校获优秀组织奖。

家长夜校。依托“和之家”讲堂，以网络会议形式，开办家长夜校，对家庭教育给予指导，提升家校协同育人效果。挖掘教育资源，发挥融合教育项目、星光自护项目和门头沟区法院、检察院、家教协会成员等社会力量作用，通过前期网络问卷明家长需求、定课程主题，与教师沟通学情、共商课程目标与内容，线上直播解家长困惑、筑家校合力，课后反馈知课程效果、识优势不足的实施策略，开发并落实家长夜校课程在新冠肺炎疫情防控常态化期间的有效实施。

师德教育。健全师德建设长效机制，通过学习培训、交流分享、警示教育等措施，强化师德教育，提升师德素养。开展“警钟长鸣修师德 日新教师铸师魂”主题教育活动和“日新教师正己修德 以案为鉴警钟长鸣”师德警示教育微党课系列活动。

（吕建华）

北京市大峪中学分校附属小学

2020年，北京市大峪中学分校附属小学占地面积1.27万平方米，校舍建筑面积1.29万平方米，运动场地面积0.25万平方米。图书馆（室）藏书8000册。固定资产总值13177万元，全年教育经费投入1381万元。学校信息化经费投入67.72万元，拥有计算机107台，网络多媒体教室17个，校园网出口总带宽1000Mbps，“信息技术”课程1课时/周。教职工37人，包括高级职称2人、中级职称14人。专任教师31人，本科以上学历37人。开设教学班12个。招生160人、在校生424人。

2020年，学校加强制度建设，全体教职工大会讨论并通过《教师日常考核细则》《峪分附小教研组考核办法》《峪分附小班主任考核办法》等，学校校章通过审核并投入使用。

师资队伍建设。建立五课（常态推门课、骨干示范课、师傅引路课、徒弟汇报课、评价考核课）课堂管理体系，通过一课一评、一课同评、一课一议、一课三上、一课多评评课形式，推动课堂研究，提升教师课堂教学水平。邀请北京市特级教师作说课培训，全国绘本教学专家、河北省语文教研员、石景山区语文研修员开展绘本教学专题培训，通过专家高位引领，助力学校队伍建设。建立语文、数学、科任3个教研组，通过听课、评课、说课、期末优秀教研活动展评等系列活动提升教研水平。启动第二届“峪分杯”基本功展示活动，鼓励教师积极参加市、区级各类教学竞赛、论文比赛，支持教师参加各级各类培训。

10月30日，峪分附小红领巾广播站成功转型为红领巾电视台并进行首次直播　（峪分附小　供）

教育教学工作。成功申报诗歌课程与绘本教学课程，以学校三级课程方案为核心，整体建构诗歌课程体系和绘本阅读课程体系。成立“小山谷”诗社并举办揭牌仪式，开展小山谷系列活动。以九月习惯养成教育、十月爱国主义教育、十一月劳动教育、十二月生命教育、一月诚信教育为主线，开展每月的“小五日”活动，并将活动系列化。选举第一批少先队小干部，制定定期换届监督制度，并定期召开小干部例会。红领巾广播站成功转型为红领巾电视台。

（段介然）

北京市房山区良乡第三小学

2020年，北京市房山区良乡第三小学占地面积1.06万平方米，校舍建筑面积0.88万平方米，运动场地面积0.47万平方米。图书馆（室）藏书3.20万册，电子图书510册。固定资产总值4111万元，全年教育经费投入3347万元。学校信息化经费投入45.90万元，拥有计算机287台，网络多媒体教室33个，校园网出口总带宽1000Mbps，数字资源量2000GB,“信息技术”课程1课时/周。教职工90人，包括高级职称10人、中级职称54人。专任教师88人，包括北京市骨干教师2人；本科以上学历83人。开设教学班33个。毕业210人、招生222人、在校生1193人。

2020年，学校聚焦师生发展，抓好常态防控，落实立德树人。构建课程育人、文化育人等“六育人”工作格局。以“把有意义的事做得有意思”为指导，确立厚植爱国情怀、做细养成教育、夯实德育课程、构建勤敏少年培养模式。以“把疫情当做最好的教科书”为理念，设计实施“防疫教育”主题课程，分低、中、高3段，从勤敏少年与他人、勤敏少年与社会、勤敏少年与世界3个维度引导学生进行思考与探究，将疫情知识、关爱他人、责任担当等话题融入各个学科，设计专题跨学科实践活动内容。

教育教学实践活动。代表房山区教委接受市教委联合北京师范大学项目组开展的基于学生思想道德发展状况测评结果提升和改进工作情况实地调研指导。利用微信公众平台开设读享时光、家风故事2个新栏目，助力家校协作。组织召开“道德与法治”学科教研组成立仪式暨任课教师座谈会，成立学科教研组。作为课程领导力优质样本校参加房山区三年课程领导力首轮答辩获好评。

（顾艳宁）

北京市房山区良乡第四小学

2020年，北京市房山区良乡第四小学分两址办学，分别为瑞雪校区和滨河校区。2个校区总占地面积5.62万平方米，校舍建筑面积0.59万平方米，运动场地面积1.32万平方米。图书馆（室）藏书3.45万册。固定资产总值1450万元，全年教育经费投入450万元。学校信息化经费投入201.44万元，拥有计算机476台，网络多媒体教室39个，校园网出口总带宽1024Mbps，数字资源量5GB，“信息技术”课程0.5课时/周。教职工73人，包括高级职称13人、中级职称29人。专任教师68人，包括北京市骨干教师6人；本科以上学历72人。开设教学班32个。毕业111人、招生310人、在校生1180人，包括随班就读生1人。

2020年，学校以战“疫”为契机，加速教与学方式变革，推进从呈现式课堂到呈现式学习的跨越，初步实现呈现式教学、呈现式班级管理的“研究＋呈现式”管理模式。探索远程学习模式，利用微课实现线上观课、线下完成、线上展示、线上辅导，推出微课 869 节。探索网上教研模式，提高教师间交互、共享，提高教师对教材把握、实施、评价的能力以及系统化的远程学习，教师参与 413 人次。

教育教学。推出空中课堂 38 期，内容涉及共读一本书、主题知识讲座等，组织共读图书 2 本，邀请心理、家庭教育、历史等领域专家 35 人授课、指导，学生及家长 2.21 万人次参与活动。开发家庭教育系列微课 54 节，成立“四小家长学苑”微信公众号，推出信息 57 篇，举办一、二年级自主性培育家庭教育分享会，家长 591 人参与。推进校本教研项目，评选党建品牌、先锋课堂。发布垃圾分类主题歌曲《四色娃娃四朵花》。建设校园气象站，被中国气象局气象影视中心认定为气象教育特色学校。

（齐利敏）

北京教育科学研究院通州区第一实验小学

2020 年，北京教育科学研究院通州区第一实验小学占地面积 1.72 万平方米，校舍建筑面积 0.37 万平方米，运动场地面积 0.43 万平方米。图书馆（室）藏书 3.19 万册。固定资产总值 2872 万元，全年教育经费投入 6016 万元。学校信息化经费投入 13.50 万元，拥有计算机 353 台，网络多媒体教室 60 个，校园网出口总带宽 2750Mbps，数字资源量 5000GB，“信息技术”课程 1 课时 / 周。教职工 152 人，包括高级职称 16 人、中级职称 73 人。专任教师 146 人，包括北京市骨干教师 3 人、北京市学科教学带头人 2 人；本科以上学历 141 人。开设教学班 50 个。毕业 250 人、招生 512 人、在校生 2362 人。

2020 年，学校创新管理，深化发现教育，以关注生命与成长为核心课题，落实五育并举。

实施矩阵式管理，促进学校规范化、科学化发展。规划横向联系和纵向联系两条管理线，学校中的每个人，每个角色，每项工作，每个团队都存在于整体矩阵之中，相互协同，共同发展。通过增强矩阵中的交流，实现分享中获得；深化矩阵中的结构，实现定制中发展；夯实矩阵中的项目，实现研究中收获。层级性打造“五项修炼”团队建设工程、“3 + 3”骨干培养工程、青年教师“五项攻关”工程、研究型青年教师培养工程等教师培养系列工程，助力教师专业发展。

立德树人，实现三全育人。依托通州区教育系统小学党组织书记工作室，推进校长负责制，培育发现党建工作品牌；“支部引领党员自学能力提升的行动研究”课题立项。开展师德培训和德育研究，推进家校共育课题研究。开展“爱与生态文明”之“益启分”活动，打造学校生态文明教育特色品牌。加强素质成长类红领巾小社团建设，建设王海航空模型社团。建设发现 · 劳动实践园，开展学科实践活动和劳动教育。

提升教育教学质量。完善工作机制，开展教育教学活动，加强线上、线下混合式教学研究。从课堂、作业、随堂小测 3 个维度构建，落实教学常规管理工作。深化校本教研和项目研究，完善教研组管理模式，从理论、实践、反思 3 个层面推进思维课堂建设。8 名教师获北京市车模竞赛优秀辅导员称号。

（陈军华）

北京市史家小学通州分校

2020 年，北京市史家小学通州分校占地面积 4.05 万平方米，校舍建筑面积 3.06 万平方米，运动场地面积 1.76 万平方米。图书馆（室）藏书 4.98 万册。固定资产总值 17398 万元，全年教育经费投入 1570 万元。学校信息化经费投入 135.90 万元，拥有计算机 638 台，网络多媒体教室 89 个，校园网出口总带宽 5750Mbps，数字资源量 2862GB，“信息技术”课程 2 课时 / 周。教职工 183 人，包括高级职称 23 人、中级职称 92 人。专任教师 172 人，包括北京市骨干教师 5 人；本科以上学历 182 人。开设教学班 62 个。毕业 412 人、招生 505 人、在校生 2833 人，包括随班就读生 1 人。

9 月 25 日，北京教科院通州实验一小举办“硕果金秋 喜迎国庆”采摘节 （北京教科院通州实验一小 供）

2020 年，学校践行欣赏教育理念，落实首缘服务制，圆满完成各项工作。

停课不停学，停课不停研。教师通过主题式研学方式从各个学科特点出发或自主录制或筛选资源，累计上传市、区及校内优质课551节，作为市、区网络媒体课程资源的补充和完善；采用多元模式推送，利用“创先泰克教育云平台”App、班级群等形式推出供学生选择和参考，做到线上线下有效衔接。开展适合学生年龄特点的垃圾益起分、“垃圾要回家，请你帮助它”垃圾分类系列教育展示活动等，并利用线上平台展示交流。组织《写给武汉小朋友的一封信》、垃圾分类知识宣传、家长教育良方等网上德育活动。出版4期《新希望》校刊，同时通过校园微信公众号展示交流师生疫情期间的收获等。

11月20日，史家小学通州分校承办通州区小学学校发展第四共同体课堂教学交流展示活动　（史家小学通州分校　供）

推进特色发展。干部深入基层与教师、学生及家长沟通交流，实行近距离服务、走动式管理。通过每周一次行政进课堂、一日跟班听课等方式，全方位对班级学生及授课教师、班级管理等工作进行诊断，商讨可行性改进策略，借助学校第12届“欣悦杯”课堂教学评优活动进行成果展示。开展感动校园十件事、感动校园好老师、最美史分人评选活动以及党员、师生微善活动；借助城乡一体化、区域共同体等项目，推进学校特色建设工程。学校被评为北京市示范性学区融合教育资源中心，经典曲目《诗经·小雅·鹿鸣》获“通州之声 天籁之音”第四届经典诵读大赛经典咏流传铜牌等。

（武海深）

北京小学通州分校

2020年，北京小学通州分校占地面积2.23万平方米，校舍建筑面积1.95万平方米，运动场地面积0.74万平方米。图书室藏书3.47万册，电子图书6万册。固定资产总值3229万元，全年教育经费投入4689万元。学校信息化经费投入245.32万元，拥有计算机561台，网络多媒体教室55个，校园网出口总带宽8000Mbps，数字资源量600GB，“信息技术”课程1课时/周。教职工134人，包括高级职称17人、中级职称61人。专任教师122人，包括北京市骨干教师5人；本科以上学历134人。开设教学班41个。毕业271人、招生331人、在校生1993人。

2020年，学校坚持五育并举理念，基于“活力教育”特色办学理念，制订科学有实效、尊重个性助成长的延迟开学课程方案，研发实践活动课程群，优化课程供给，提升学生素养。1项国家级课题、9项区规划办课题结题，完成“十三五”继续教育区级考核验收。

教育教学。研发《CEPO学校办学生态发展系统学校价值观课程系列》并完成录制。开展线上、线下混合式校本研训，组织学习《北京小学通州分校活力教研组活动建设方案》。开展第11届“活力杯”新三届教师教学评优活动，以赛代研，以研促训，落实“五节十力”活力课堂教学流程、活力课堂评价标准，提升教师教学技能，提高教学实效。开发战“疫”课程，为学生提供“举、齐、爱、系、宅”课程单，录制国家级课例2节、市级课例11节、区级课例92节。

合作交流。发挥共同体学校核心作用，组织第二共同体学校开展多领域交流互学活动，促进各校优长发展。与河北省廊坊市三河市第四小学建立合作共建关系，承接内蒙古自治区科右中旗小学、湖北省武当山旅游经济特区草店小学教师和河北省廊坊市三河市第四小学校长来校学习交流。

五育并举。推进道德与法治课堂教学改革创新，有机融入抗疫中先进典型事迹以及形势与政策要闻等素材。打造多功能学生活动区，增加楼道图书近万册，展示学生作品千余份。开展活动实践，结合学生成长和发展特点，将德育内容融入重要节日纪念日、班队活动、志愿服务、社团活动等主题教育活动中，引领学生在活动中体验感悟。

（孙紫薇）

北京市通州区张家湾镇中心小学

2020年，北京市通州区张家湾镇中心小学分五址办学，分别为张家湾镇中心小学本校、张湾镇民族小学、张湾村民族小学、枣林庄民族小学和上店小学。5个校区总占地面积5.89万平方米，校舍建筑面积2.24万平方米，运动场地面积3.09万平方米。图书馆（室）藏书12.60万册。固定资产总值4120万元，全年教育经费投入9678万元。学校信息化经费投入26.07万元，拥有计算机817台，网络多媒体教室114个，校园网出口总带宽5750Mbps，数字资源量800GB，“信息技术”课程1课时/周。教职工224人，包括高级职称35人、中级职称106人。专任教师189人，包括北京市骨干教师1人；本科以上学历208人。开设教学班82个。毕业373人、招生515人、在校生2562人，包括随班就读生11人。

2020年，学校在“做主人”教育思想引领下，稳步完成各项工作。

师德培训。停课不停学，通过微信平台进行防疫知识宣传及师生网上活动宣传百余次，对优秀党员事迹、最美防疫女教师事迹进行报道，评选最美家庭。开展师徒工作坊、教师基本功竞赛、班主任培训等多项教职工文体、技能评比活动。

教育实践。不断完善课程实施框架和运行系统，以学科实践活动的研究为支点，撬动课程整体改革，开展青年教师课堂评优、教师辩论大赛、通州区融合教育工作推进现场会、学科核心组培训教研、三地四校跨省线上说课等课堂实践与研究活动。探索学生管理文化的途径与方式，推进学生自主管理，开展生态文明教育、作家进校园、冬季体育竞赛、科技嘉年华、云风筝微课等学科实践活动，培养学生多种兴趣与能力。组织参与体育、艺术、科技等比赛，学生在2020“鸣时达杯”北京市通州区首届青少年高尔夫比赛中获单项赛冠军。

文化建设。加强制度文化、课程文化、活动文化、环境文化等方面的实践探索，推进学校内涵发展。组织开展学生诗词大会、温馨教室评比、脚斗社团活动等多项特色活动。学校获评北京市先进职工之家、北京市示范性学区融合教育资源中心、北京市奥林匹克教育示范学校等。

（张海涛）

北京市顺义区石园小学

2020年，北京市顺义区石园小学分两址办学，分别为本部校区和高部校区（借址）。2个校区总占地面积32237平方米，校舍建筑面积2610平方米，运动场地面积13877平方米。图书馆（室）藏书5.79万册。固定资产总值4649万元，全年教育经费投入8079万元。学校信息化经费投入72.51万元，拥有计算机907台，网络多媒体教室85个，校园网出口总带宽1000Mbps，数字资源量2316GB，“信息技术”课程1课时/周。教职工186人，包括高级职称34人、中级职称87人。专任教师184人，包括北京市骨干教师3人、北京市学科教学带头人1人；本科以上学历171人。开设教学班65个。毕业337人、招生598人、在校生2622人。

2020年，学校创新教学方式，实施线上教学，做好线上育人各项工作。

在线教学工作。印发线上教育教学工作实施方案和致家长的一封信，结合教师录制的微课，开展在线教学工作。线上教学采取网络和电视频道直播、网络教学互动互补相结合的形式，使用钉钉、腾讯会议等学习平台。班主任定期通过网络视频连线班里的每名学生，逐一答疑解惑。坚持线上升旗，教师每周一早8点统一指导学生穿校服佩戴红领巾观看升旗视频。推进家校协同，在线上加强家校沟通，帮助学生结合学校教育教学的安排制订并落实个人学习与生活计划。

特色活动。制定童心战疫在行动——“凝聚正能量，同心抗疫情”主题教育活动课程任务单，分年级开展主题实践活动。组织小学五年级400余名师生到东江国际艺术园参观学习，感受宫廷金鱼传统文化。开展《青春期心理健康教育》讲座，邀请国家二级心理咨询师结合案例，为五年级和六年级700余名学生讲解选择的重要性。

教研活动。教师利用各种平台和教育信息化手段进行网络教研。以学科为单位，推出各学科主题资源课程，供学生自主选择。开展“小讲师”课程，掌握学生学习动态，增强

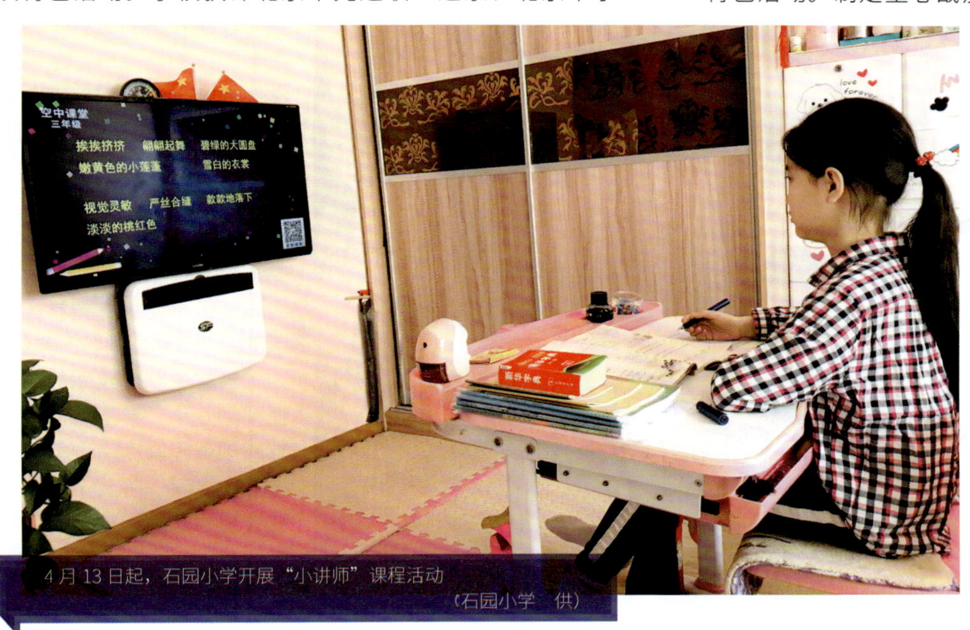

4月13日起，石园小学开展“小讲师”课程活动

（石园小学 供）

学生学习自信心。

（崔静）

北京市顺义区西辛小学

2020 年，北京市顺义区西辛小学教育集团分三址办学，分别为仁和校区、西辛校区和电大校区。3 个校区总占地面积 3.58 万平方米，建筑面积 1.64 万平方米，运动场地面积 1.36 万平方米。图书馆（室）藏书 10.24 万册，电子图书 200 册。固定资产总值 7283 万元，全年教育经费投入 10481 万元。学校信息化经费投入 132.60 万元，拥有计算机 291 台，网络多媒体教室 86 个，校园网出口总带宽 100Mbps，数字资源量 10GB，“信息技术”课程 1 课时 / 周。教职工 234 人，包括高级职称 41 人、中级职称 111 人。专任教师 232 人，包括特级教师 2 人、北京市骨干教师 3 人；本科以上学历 225 人。开设教学班 83 个。毕业 347 人、招生 692 人、在校生 3150 人。

2020 年，学校教育以“顺天致性”为原则，以“多元幸福”为目标，遵循学生成长规律，顺应学生天性，构建幸福田园课程体系。

“三合”原则课程建设。课程设计适合学情，整合学科，综合评价，人文、科技、体育、艺术、思品、社会实践六大学院相互协同，贯通学习内容使学习走向综合；教师以健康为主线，构建学科特色教育。开发幸福田园学生发展评价系统，建立 ARCS 模型，从注意、切身、自信和满意 4 个维度，设计多种评价方法。开展跨学科主题式学习活动。建立全学科师生第二课堂微信群和全学科线上备课群，设计形成 6 个跨学科主题课程资源包，学生自主选择学习内容，以手抄报、书法作品、观后感等形式提交学习成果。推出 13 期暑期特色课程，涉及北京的城市营造、古代皇家建筑、饮食文化等内容，并通过微信平台推送直播课程的方式供学生收听收看，学生以写、画方式记录线上“云游北京城”足迹。开展冰雪进校园系列体验活动，举办“校园全员冬运会”。

11 月 12 日，西辛小学教育集团开展冰雪进校园体验活动

（西辛小学　供）

（马红莲）

北京市昌平区昌盛园小学

2020 年，北京市昌平区昌盛园小学占地面积 1.37 万平方米，校舍建筑面积 1.16 万平方米，运动场地面积 0.36 万平方米。图书馆（室）藏书 6.06 万册，电子图书 25 万册。固定资产总值 5245 万元，全年教育经费投入 5046 万元。学校信息化经费投入 2 万元，拥有计算机 468 台，网络多媒体教室 54 个，校园网出口总带宽 1000Mbps，数字资源量 1000GB，“信息技术”课程 1 课时 / 周。教职工 136 人，包括高级职称 21 人、中级职称 63 人。专任教师 112 人，包括特级教师 3 人、北京市骨干教师 8 人、北京市学科教学带头人 1 人；本科以上学历 124 人。开设教学班 45 个。毕业 310 人、招生 345 人、在校生 1910 人，包括随班就读生 4 人。

2020 年，学校做好疫情防控，全面组织协调各阶段工作。

教育工作开展。延期开学期间以“主题活动导航”形式推送周任务清单及资源；线上教学阶段以“大单元、大概念、任务群”方式，推送周课程安排及日资源包；返校复课阶段，以“空中课堂”资源为主，做好线上、线下衔接。班主任每周推送德心养志内容，包括爱国教育、生命教育、心理教育等，通过微信公众号推送 32 期。通过年级微信群向全体教师传达学校不同时期的工作要求 14 次。开展学生“问卷”调研 8 次。

教学资源开发。1 名教师参加录制北京市“空中课堂”数学课程 5 节，27 名教师开发录制语文、数学、道德与法治、心理、信息 5 个学科区级微课 52 节。8 个教研组在区级教研活动中交流经验 14 次。数学低数组向区级平台提交数学实践活动资源 4 个。辅导一年级、二年级学生制作绘本故事微课视频 6 个。参加第七届首都原创课程辅助资源征集评选活动，获一等奖 7 个。学校被评为北京市中小学生科技教育示范学校、2019—2020 学年度北京市基础教育课程建设先进单位、北京市创客空间基地。

课程教学改革。建设完善学校三级课程体系，推出“尊重生命 健康成长 绿色发展”主题课程。全学科推进实施“尊重”课堂教学模式，加强《语文》《道德与法治》部编教材使用研究，形成以“生态—育人”为特色的课程与课堂。参加市、区级项目研究，落实项目开展、课题研究工作机制。

（王京辉）

北京市昌平区城北中心小学

2020 年，北京市昌平区城北中心小学分四址办学，分别为中心校城北中心小学校区、完小城北中心三街小学校区、城北中心东关小学校区和城北中心西关小学校区。4 个校区总占地面积 2.91 万平方米，校舍建筑面积 1.84 万平方米，运动场地面积 1.60 万平方米。图书馆（室）藏书 12.16 万册，电子图书 307 册。固定资产总值 7297 万元，全年教育经费投入 11033 万元。学校信息化经费投入 243.29 万元，拥有计算机 1141 台，网络多媒体教室 129 个，校园网出口总带宽 1000Mbps，数字资源量 350GB，“信息技术”课程 1 课时 / 周。教职工 301 人，包括高级职称 56 人、中级职称 147 人。专任教师 287 人，包括北京市骨干教师 5 人；本科以上学历 272 人。开设教学班 96 个。毕业 611 人、招生 702 人、在校生 3852 人，包括随班就读生 5 人。

2020 年，学校组织干部教师重新制订学校章程，建立健全学校制度。

五育并举。与北京市昌平区第一中学人工智能社团合作项目签约，双方在教学资源的使用上优势互补，昌平一中开辟人工智能实践训练基地，向城北中心小学学生开放人工智能社团。开展心理健康教育课程建设，搭建线上心理小屋，开通小屋信箱。利用线上平台对学生进行指导，开展“宅”家的日子也精彩、相约云端乐享线上学习之旅、“疫后重相聚 养正伴我行”等教育活动。开展爱心捐赠活动，为内蒙古自治区手拉手学校、云南省曲靖市会泽县贫困学生捐赠御寒衣物和书籍，接待内蒙古自治区阿鲁科尔沁旗德育干部跟岗学习。举办跳绳“小达人”、足球和篮球班级联赛、第 17 届学生艺术节等活动。

教育教学。构建延期开学期间“五养课程”和“成长课程”体系，建设校本资源，录制微课。各教研组共同开发微课资源、钻研教材教法、分享经验。采用“分组研究、专项研讨”方式、“三维三定”模式开展教研活动。以大小教研相结合方式深研教材，开展网络备课。分年级开展“每周一研”活动。加强师资队伍建设，开展班主任岗位公开竞聘、“四课制”教学展示和交流、英语课题研究等活动。

（王英　李凤欣）

北京市昌平区南口镇小学

2020 年，北京市昌平区南口镇小学占地面积 13269 平方米，校舍建筑面积 4346 平方米，运动场地面积 6011 平方米。图书馆（室）藏书 1.60 万册。固定资产总值 1002 万元，全年教育经费投入 2391 万元。学校信息化经费投入 8 万元，拥有计算机 225 台，网络多媒体教室 29 个，校园网出口总带宽 1000Mbps，数字资源量 3378GB，“信息技术”课程 1 课时 / 周。教职工 67 人，包括高级职称 10 人、中级职称 30 人。专任教师 67 人，本科以上学历 60 人。开设教学班 21 个。毕业 100 人、招生 114 人、在校生 604 人，包括随班就读生 3 人。

2020 年，学校加强依法治校和法治教育，从意识形态、

12 月 23 日，城北中心小学开展课例研修展示活动
（城北中心小学　供）

师德师风、舆情管理、家校合作、学校环境、科技及人员管理等方面强化安全稳定工作。开展“一对一帮扶”活动和微班会录课活动。依托“育人故事”“微信学习”平台，开设师德讲堂，讲身边的人，讲自己的事。通过微信公众号进行交通、禁毒、安全等教育。加强爱国主义教育和养成教育，开展“抗击疫情红领巾在行动”“携手战疫共待花期”“端牢中国饭碗，共筑全球粮安”等主题活动，以及“延学教育”线上升旗仪式，举办“儒雅少年”评选——雅学、雅德之星活动。开展线上专家心理坐诊接待活动；班主任利用微信视频、打电话、一米线等方式完成谈心谈话595人次，家访普访率100%。学校门口防疫值班近900人次，通过校会、班会等途径宣传防疫40余次，制作居家锻炼美篇18篇，发放防疫物资近10种。

课程教学改革。加强两支队伍建设。加强部编教材的使用研究，建设武术精品特色校本课程和STEM、创客课程。打造以学生为中心的生态课堂，促进教与学方式转变。整体提升教学质量和学生学科素养；加强学科德育、中华优秀传统文化教育和实践育人。以养成教育和劳动教育为引领，使学生行有所悟，德有所立。

（吴保飞）

北京市昌平第二实验小学

2020年，北京市昌平第二实验小学分两址办学，分别为东校区和西校区。2个校区总占地面积3.09万平方米，校舍建筑面积1.77万平方米，运动场地面积1.46万平方米。图书馆（室）藏书8.81万册，电子图书265册。固定资产总值4814万元，全年教育经费投入5809万元。学校信息化经费投入89.78万元，拥有计算机1017台，网络多媒体教室82个，校园网出口总带宽1000Mbps，数字资源量265GB，“信息技术”课程1课时/周。教职工160人，包括高级职称21人、中级职称36人。专任教师152人，包括北京市骨干教师2人；本科以上学历155人。开设教学班65个。毕业274人、招生662人、在校生2612人，包括随班就读生11人。

2020年，学校做好“停课不停学”各项教育教学工作和活动，科学整合各学科和各项教育教学活动。

教育教学。以“学习单”为内容，推进深度学习“软工具”开发。打造“润泽生命教育”课堂。与北京市昌平区第二中学开展小学初中“同读经典”全学科阅读项目，设置多种类型的主题阅读课程。承办昌平区、顺义区小学音乐学科联合教研——“核心素养下的单元主题教学设计与实施”活动。开展以“纸上行舟·龙娃阅享会”为主题的第九届读书节（线上），以及二年级和一年级常规展示课评比活动。

五育并举。创办校报《三叶草报》（电子版）。开展以“粮食课程、仪式课程、电影课程、劳动课程”为核心的多元而立体的德育课程，以疫情防控为核心内容，加强爱国主义教育和生命教育。举办以“阳光龙娃·运动战疫”为主题的第七届体育节（线上）和线上庆六一暨“奇思妙想日”活动等。成立家长教师协会，针对家长需求开展线上家庭教育指导系列课程16期，家长志愿者695人自愿报名参与“家校护学岗”活动。

（佟倩倩　赵红艳　柳东红）

北京印刷学院附属小学

2020年，北京印刷学院附属小学占地面积7839平方米，校舍建筑面积8049平方米，体育场地面积2500平方米。

6月1日，昌平实验二小六年级返校复课
（昌平实验二小　供）

图书馆（室）藏书16758万册。固定资产总值1111万元，全年教育经费投入2580万元。学校信息化经费投入47.54万元，拥有计算机169台，网络多媒体教室27个，校园网出口总带宽40Mbps，数字资源量100GB，“信息技术”课程1课时/周。教职工59人，包括高级职称8人、中级职称27人。专任教师59人，包括北京市骨干教师4人、北京市学科教学带头人1人；本科以上学历59人。开设教学班19个。毕业106人、招生156人、在校生673人。

2020年，学校持续推进五育并举，不断完善育人体系。推进家校协同育人，组织开展“家校夜话”活动，打造“家校协同”新品牌;开展“基于多彩教育的家校共育制度建设”课题实践研究活动。为教师搭建平台，提升教师教学研究能力，通过线上、线下混合式，累计开展校本教研、区域教研、专家引领“三级”分层教研活动100余次。立德树人，开展大兴区小学“1＋2＋N”德育创新项目暨精品德育展示交流活动以及“凝聚正能量,同心抗疫情”“三爱三节”主题教育等活动。学校获2020北京市中小学生综合素质评价典型案例先进单位、2020年大兴区小学教育教学工作一等奖等28项荣誉。

（李书凤）

北京师范大学大兴附属小学

2020年，北京师范大学大兴附属小学占地面积1.57万平方米，校舍建筑面积0.97万平方米，运动场地面积0.71万平方米。图书馆（室）藏书2.66万册，电子图书8300册。固定资产总值2042万元，全年教育经费投入3453万元。学校信息化经费投入2.50万元，拥有计算机384台，网络多媒体教室35个，校园网出口总带宽40Mbps，数字资源量2500GB，“信息技术”课程1课时/周。教职工79人，包括高级职称13人、中级职称34人。专任教师73人，包括北京市骨干教师3人；本科以上学历78人。开设教学班26个。毕业122人、招生195人、在校生955人。

2020年，学校将天文课程作为科技教育品牌特色项目，引领各项工作稳步发展。构建全员育人德育工作体系，通过德育课程建设培养学生行为习惯，组建社团发展学生潜能，为学生搭建成长和展示的平台。开展课程跨学科整合工作，采用“主题”形式，遵循“实践性”课程定位，按照课程体系领域和展示平台进行梳理和整合。探索“两操一课＋N社团＋全员体育”工作思路，推进绘本、戏剧、舞蹈等实践项目建设。成立班主任工作坊。举办“依托学习共同体，打造精品课堂，提高教学实效”大兴区小学精品课展示活动、“新时代少先队辅导员专业成长领航行动”培训、线上直播“会边习食”等活动。学校获北京市2020年中小学生综合素质评价工作先进单位、京城百所特色校之京城优质教育均衡化突出贡献奖、北京市大兴区青少年法治教育基地等25项荣誉。

（方亮）

10月15日至16日，北师大大兴附小举行2020年科技节主题活动（北师大大兴附小 供）

北京市大兴区安定镇中心小学

2020年，北京市大兴区安定镇中心小学分五址办学，分别为安定中心校、后安定校区、通马坊校区、东白塔民族小学校区和西芦各庄校区。5个校区总占地面积8.82万平方米，校舍建筑面积1.91万平方米，运动场地面积2.37万平方米。图书馆（室）藏书5.42万册。固定资产总值9645万元，全年教育经费投入5504万元。学校信息化经费投入230万元，拥有计算机706台，网络多媒体教室59个，校园网出口总带宽40Mbps，“信息技术”课程1课时/周。教职工103人，包括高级职称15人、中级职称32人。专任教师103人，本科以上学历97人。开设教学班43个。毕业205人、招生233人、在校生1433人。

2020年，学校全面深化教育体制机制改革，加强师德师风建设，构建现代学校制度。开展校本教研活动，提高课堂教育教学实效，构建德智体美劳全面培养的育人体系。开展“每日一刻·阅读100天·养成好习惯”读书活动，90名学生被评为悦读者，64名学生被评为品读者，212名学生被评为领读者。统筹推进各校区协调优质发展，通马校区到安定中心校区借址办学。学校获大兴区2019年小学教育教学工作一等奖、大兴区2019年小学校本教研示范校等荣誉，被区教委选定为党组织领导的校长负责制试点单位、大兴区“三好”项目“好学校”之一。

服务区域教育发展。承办北京教育科学研究院基教所助力大兴区教育科研工作暨大兴区“十三五”2020教育科研周，承接北京师范大学云南镇雄县“加油计划”校长研修项目观摩活动，先后承接大兴区政协“增强学生体质健康促进全面发展”调研活动、大兴区教委阅读工作调研活动、大兴区课程中心课程调研活动等。

（王艳）

北京市大兴区第二小学

2020年，北京市大兴区第二小学分两址办学，分别为西校区和东校区。2个校区总占地面积2.06万平方米，校舍建筑面积1.15万平方米，运动场地面积1.01万平方米。图书馆（室）藏书4.19万册。固定资产总值4974万元，全年教育经费投入7667万元。学校信息化经费投入41.09万元，拥有计算机415台，网络多媒体教室69个，校园网出口总带宽10000Mbps，数字资源量2800GB，“信息技术”课程1课时/周。教职工163人，包括高级职称24人、中级职称94人。专任教师155人，包括特级教师1人、北京市骨干教师3人；本科以上学历147人。开设教学班56个。毕业335人、招生459人、在校生2202人。

2020年，学校不断研究和创新工作内容，细化德育课程体系，开展校本教研和课题研究，改进课堂教学。开展线上、线下教学，制定校级、年级和班级的“学习建议单”；开通班级空间，组织师生通过钉钉视频、腾讯视频等媒介参与活动。开展“垃圾分类 我是行动派”主题系列活动、建校60周年系列活动和研修活动等。为苏尼特右旗第二小学开展送教活动。学校被评为北京市中小学科技教育示范学校和北京市2020年中小学生综合素质评价工作先进单位，获2020“戏聚北京”北京市群众戏剧、短剧作品大赛优秀组织奖和大兴区2019年小学教育教学工作一等奖等。组织教学研究活动，为教师进步搭建平台。邀请特级教师、教研员等来校作点评与微讲座，开展第38次特级教师吴正宪及其团队走进大兴区第二小学暨大兴二小数学团队系列研修活动。

（王慧莲　王新　张雨会）

北京市怀柔区第三小学

2020年，北京市怀柔区第三小学分两址办学，分别为本校区和北校区。2个校区总占地面积1.01万平方米，校舍建筑面积0.71万平方米，运动场地面积0.35万平方米。图书馆藏书4.50万册。固定资产总值2203万元，全年教育经费投入3641万元。学校信息化经费投入49万元，拥有计算机303台，网络多媒体教室35个，校园网出口总带宽100Mbps，数字资源量20GB，“信息技术”课程1课时/周。教职工146人，包括高级职称17人、中级职称71人。专任教师116人，包括北京市骨干教师1人、北京市学科教学带头人3人；本科以上学历137人。开设教学班42个。毕业270人、招生495人、在校生1772人，包括外省市借读生27人。

2020年，学校秉承“带着智慧和自信从这里走向明天”校训，根植“三槐文化”，坚持“以爱与爱 美美与共”办学理念。以培养“全面发展的人”为核心，创新开展“八礼”评价活动，获全国文明校园称号。实行绩效工资改革，教代会审议通过教职工绩效工资分配方案及相关增补方案；设立“光盘行动监督员”，并实行“用光盘换水果”奖励措施。

探索课程建设。整合国家课程与校园环境、特色活动、主题活动等校本课程开发的基本元素，构建“树型慧信”课程体系；设计开发“诗里中国”“病毒与科学”“花式小讲师”等课程；搭建育网云盘，构建资源库；建设资源平台，录制适量微课、整合各学科视频课程资源，三槐e课堂投放资源2万个；开展后疫情时代学校课程建设论坛交流活动。

推动智能评价及教学模式改革。使用一系列小程序实施教学评价，利用大数据精准分析帮扶学生；组织全校学生通过后台管理中心进行纸笔测试学科趣味闯关；尝试番

10月28日，怀柔三小开展孔子研究月暨“演话剧·塑孔子”课程建设活动　　（怀柔三小　供）

茄表单教育版、三槐 e 课堂学生空间收集学生的学习成果，通过校园宝推送学生综合评价成绩。运用抽签、计时器、黑板等方式，增加学生动口、动手、动笔等课堂活动；学生预约进行精彩 2 分钟展示，直播中践行生生对话；开展孔子研究月活动；参与的“小学学科实践活动中创造教育研究”等 6 个市级“十三五”教育科研课题结题。在聚智云讲坛、北京市教育学会小学教育研究分会 2020 年学术年会、第五届 STEM ＋创新教育学术交流研讨会上作主题发言。

结合疫情创新线上管理形式。成立疫情防控领导小组、师生信息摸排专班、“空中课堂”筹备专班、疫情防控后勤保障专班、督察专班和学校后援团，建立信息摸排—德育为首—空中课堂—后勤保障工作机制；开展 11 期线上教学经验交流与分享系列活动，92 名教师参加活动；参加中国教育电视台《同上一堂课 · 给老师帮帮忙》节目录制，分享疫情期间在线教学经验。开展“乐种”体验劳动实践、跳绳月赛、2020 年慧信少年暑假成长夏令营等线上活动；举办“情蕴‘悦’读别样精彩——第 13 届读书节暨语文实践成果展”“今时‘一犁春雨’日后‘满目金黄’——数学实践活动”“学酷英语 爱在云端——学科实践活动”等线上社会实践活动。

（陈晓燕）

北京市怀柔区实验小学

2020 年，北京市怀柔区实验小学占地面积 3.30 万平方米，校舍建筑面积 1.86 万平方米，运动场地面积 1 万平方米。图书馆（室）藏书 4.80 万册。固定资产总值 12190 万元，全年教育经费投入 4073 万元。学校信息化经费投入 50 万元，拥有计算机 300 台，网络多媒体教室 52 个，校园网出口总带宽 1000Mbps，数字资源量 1000GB，“信息技术”课程 1 课时 / 周。教职工 126 人，包括高级职称 18 人、中级职称 72 人。专任教师 106 人，包括北京市骨干教师 1 人；本科以上学历 122 人。开设教学班 37 个。毕业 231 人、招生 219 人、在校生 1452 人，包括随班就读生 5 人。

2020 年，学校构建愉悦教育课程体系，把国家、地方、校本三级课程整合融通、界定，确立基础课程、拓展性课程、特色课程，形成四维“YUE”课程，为学生提供发展空间。

教育教学管理。在教师队伍建设中，凸显三个思维（战略性思维、专业性思维、卓越思维）；坚持三话（数据说话、行动说话、效果说话）；强化三力（执行力、协同力、创造力）；强调四走进（走进课堂、走进教研组、走进教师、走进学生）。完善“法治”，推动“元治”，增强“自治”，梳理实验小学善治体系，形成教师专业发展支持系统。

11 月 21 日，怀柔实验小学邀请书法家走进学校指导社团活动
（怀柔实验小学　供）

提升学生素养。培养学生自主愉悦管理能力。邀请家长到校参加社会大课堂、早到校管理、家长开放日等活动。将《实验小学 YUE 少年积分成长计划细则》与《陪伴成长手册》评价指标有机结合，共同促进德育与教学。

树立正确的教育观和质量观，构建教师发展共同体。全学科教学突出 Q（问题）思维培养。探究“实小 YUE 课堂”文化，重点加强“对话”环节，发展学生思维品质。通过课前参与、课中研讨、课后延伸的三段式教学，让学生在课前任务单提出问题，在课中研讨中解决问题，生成新问题，课后继续探究，形成 Q 思维闭环。搭建多元平台，上好常态课，重视评优课、挂牌课，以“三课”为引领，加大组内研究课、家长开放课、推门课等研究力度，助推课堂教学进步。开展西城区和怀柔区手拉手科技进校园活动，聘请中国科学院大学教授为科技副校长，邀请科学家进校园，举办科技节、科技金点子大赛，成为中国雏鹰青少年科学教育基地、中国民主同盟航天科普志愿服务行动项目签约校。

树立健康第一理念。常年大课间坚持一项运动，学生 100% 参与运动与健康课程。建立“1 ＋ 3 ＋ 3”运动计划，为每一名学生建立健康档案，做到“三清楚”，即体育教师清楚、班主任清楚、家长清楚，在日常课程中做好防控“三个一”（每天 1 小时高效锻炼，常抓不懈；一生一策专属家庭锻炼作业，每日打卡；一家一谱均衡营养摄取指导跟踪，源头管控）。学校被评为全国青少年足球特色校，篮球全国基地校。

开设阅读课程和英语口语课程。自主开发英文阅读手册，构建 BMSC 阅读框架，即从书中得到什么（BOOK）、在大脑中思考什么（MIND）、与同伴分享什么（SHARE）、在认知行为方面能改变什么（CHANGE）。运用3W阅读策略，即What（主题、知道）、What（惊喜、疑问）、What（认知、行为）指导学生阅读；举办英语节、英语冬奥欢乐节和“阅动童心”阅读节等活动。

（吕永梅）

北京市平谷区第一小学

2020年，北京市平谷区第一小学占地面积2.48万平方米，校舍建筑面积1.27万平方米，运动场地面积1.37万平方米。图书馆（室）藏书5.50万册。固定资产总值5337万元，全年教育经费投入4388万元。学校信息化经费投入27.60万元，拥有计算机513台，网络多媒体教室60个，校园网出口总带宽1024Mbps，数字资源量85GB，“信息技术”课程1课时/周。教职工149人，包括高级职称18人、中级职称80人。专任教师135人，包括北京市骨干教师1人；本科以上学历146人。开设教学班43个。毕业255人、招生299人、在校生1605人。

2020年，学校实施“防控＋教学”双线把控模式，坚持把师生的生命安全和身体健康放在第一位。

教育教学。举办每周一测，“多彩杯”竞赛，查缺补漏。以“大树课程”为理念，创设多彩活动。全校学生参与开心农场课程，体验劳动乐趣；参与家校进博活动，开阔视野。依托重大节日、事件，举办主题活动、红领巾广播、少先队活动课等活动。新建足球社团、软式棒垒球社团、武术社团、跆拳道社团、啦啦操社团、无人机社团和校跳绳队、田径队、篮球队，组织拔河比赛、跳绳比赛等；组织“多彩杯”课间操和眼保健操评比、冰雪项目进校园、国家学生体质健康标准测试等活动。

师生培养。采取“线下＋线上分享”模式进行学习与研讨；邀请不同学科教研员走进线上课堂指导教学，并在相应学科举办讲座，指导教师如何利用有限的线上教学时间发挥教学最大效益。举办首届“多彩一小梦 金秋硕果香——平谷一小收获节”、“大手拉小手”冬奥知识竞赛、“多彩杯”爱读书讲故事比赛等活动；组织学生参加2020北京市中小学生奥林匹克艺术作品展征集、北京市中小学生科学传播大赛、翰墨薪传——平谷区第二届中小学师生作品展暨京津冀首届千人书法大赛等活动。2名学生获北京市小学生诗词大会铜奖。学校被评为北京市红领巾读书活动示范单位。

（景国莲）

北京市平谷区第六小学

2020年，北京市平谷区第六小学分两址办学，分别为本部校区和景悦府校区。2个校区总占地面积13029平方米，校舍建筑面积6371平方米，运动场地面积7160平方米。图书馆（室）藏书1.94亿册。固定资产总值3505万元，全年教育经费投入4152万元。学校信息化经费投入15万元，拥有计算机431台，网络多媒体教室39个，校园网出口总带宽100Mbps，数字资源量20GB，“信息技术”课程1课时/周。教职工165人，包括高级职称21人、中级职称82人。专任教师150人，包括北京市骨干教师3人；本科以上学历152人。开设教学班56个。毕业294人、招生503人、在校生2190人，包括随班就读生1人。

2020年，学校在立德树人教育根本任务思想指导下，将弘扬中华优秀传统美德与“明礼”教育特色相结合，坚

12月，平谷一小举办“多彩杯”爱读书讲故事比赛
（平谷一小 供）

9月14日，密云一小举办班级趣味运动会
（密云一小　供）

持五育并举，开展“疫”起学习实践教育活动等；以研促教，提升学生核心素养。

师资队伍建设。开展“我的教育故事”宣讲活动、“使命在肩 奋斗有我”主题教育活动、“三亮四联五带头”活动，采用结对子、跟踪指导等形式，提高青年教师思想素养和业务水平；落实双培养制度；完善“双积分”和“教育教学评价奖励制度”。开展“一帮一一对红”活动，为青年教师挑选“导师”；落实绿谷读书行动计划，提高师生全学科阅读能力；建立青年教师成长档案；安排市、区级骨干教师上示范课，邀请区级教研员走进学校授课；定期组织青年教师基本功培训活动、1～2次理论学习及交流活动以及“现场说课比赛”“青年教师粉笔字比赛”“微课展示”等教师职业技能和基本功竞赛活动，并积极推荐青年教师参加各级各类比赛；加强青年教师基本功训练、教育教学理论培训。青年教师每天坚持“三字”（钢笔、毛笔、粉笔字）打卡活动，学习并摘抄本学科《新课程标准》《课堂评价标准》及国内外最新教育教学动态。

教学改革。开展多种形式听课活动，促进教师听课与评课相结合。开发校本课程及学科实践活动课程，整合各种活动内容，形成学生个性化发展、教师教学风格，实现学校特色发展；制定详细的课堂学习习惯要求。

（陈红梅）

北京市密云区第一小学

2020年，北京市密云区第一小学占地面积1.49万平方米，校舍建筑面积5384平方米，运动场地面积1.14万平方米。图书馆（室）藏书5.84万册。固定资产总值1632万元，全年教育经费投入3516万元。学校信息化经费投入22.63万元，拥有计算机286台，网络多媒体教室44个，校园网出口总带宽1000Mbps，数字资源量316GB，“信息技术”课程1课时/周。教职工103人，包括高级职称19人、中级职称45人。专任教师90人，包括北京市骨干教师1人、北京市学科教学带头人1人；本科以上学历90人。开设教学班36个。毕业254人、招生276人、在校生1559人。

2020年，学校深化改革，建设精致课程体系。探索“雅智”课堂文化，确立“三层六类”雅智课程体系。落实“一二二一”工作思路（确定一个宗旨——让学习真正地发生；修改两个设计——精致教学设计模板、修订教师教研组研修活动手册；抓住两个发力点——精准确定学习目标、设计好学生活动；用一本《第一小学雅智少年评价手册》评价、引领学生发展）。修订教学设计模板，从学生学习角度设计教学；调整、修订、使用“塑雅智教师，育雅智学生”教学设计。强化教师对学习内容分析和学情分析，制定有针对性的学习目标、合理设计教师智教流程和学生智学活动，强调在活动中探究获得。开展北京市教育科学规划办课题“利用评价引领教师课堂教学行为的策略研究”成果展示活动和“专家走进学校 诊断思政课堂”活动。深化德育课程体系建设，开展行为习惯养成教育月、雅智少年爱祖国、垃圾分类等活动。培育全面发展的学生，举办学生书法作品展、学生趣味运动会等活动。

（曹玉芳）

北京市密云区南菜园小学

2020年，北京市密云区南菜园小学占地面积1.48万平方米，校舍建筑面积0.55万平方米，运动场地面积0.88万平方米。图书馆（室）藏书3.98万册。固定资产总值2577万元，全年教育经费投入2507万元。学校信息化经费投入3.10万元，拥有计算机287台，网络多媒体教室37个，校

12 月 11 日，南菜园小学组织学生到南山滑雪场开展实践活动
（南菜园小学 供）

园网出口总带宽 1000Mbps，数字资源量 1100GB，“信息技术”课程 1 课时 / 周。教职工 76 人，包括高级职称 12 人、中级职称 28 人。专任教师 62 人，本科以上学历 62 人。开设教学班 26 个。毕业 122 人、招生 172 人、在校生 922 人。

2020 年，学校持续开设阳光教师立德修身课程、阳光教师立功炼能课程、阳光教师立言展艺课程和阳光教师阅读养心课程。依托班主任、习作、写字、数学、英语、武术、思政 7 个工作室，5 个语文组、2 个数学组、英语组、体育组、艺术组、科任综合组 11 个学科教研组深化团队教研，通过专家指导、组长培训、组内研修、组间联动开展教研活动。

做好疫情防控下的教育工作，促进家校沟通共成长。推进以疫情为教材的生命教育、责任教育、爱国主义教育和心理健康教育，开展在线教育体验式教育教学课题研究。开展“垃圾分类，从我做起”主题系列活动、冰雪系列活动等。组织少先队员参加“红领巾爱首都”冬奥冰雪体验营，举办冬奥知识竞赛，带领学生走进南山滑雪场，体验滑雪实践的乐趣。德育处举办南小好声音、在线主题班队会。居家学习期间，推出心理健康课 20 节、健康卫生课 32 节、法治课 5 节、劳动教育课和劳动成果展示 18 次。发送《致家长的一封信》12 封。召开线上家长会 8 场，组织“1 米家访”1 次、全员线上家访 4 次，邀请家长教师协会委员进校 1 次。

（胡小娜）

北京市延庆区第二小学

2020 年，北京市延庆区第二小学占地面积 2.53 万平方米，校舍建筑面积 1.83 万平方米，运动场地面积 0.69 万平方米。图书馆（室）藏书 5.58 万册。固定资产总值 9535 万元，全年教育经费投入 4136 万元。学校信息化经费投入 4.50 万元，拥有计算机 384 台，网络多媒体教室 57 个，校园网出口总带宽 100Mbps，数字资源量 30GB，“信息技术”课程 1 课时 / 周。教职工 127 人，包括高级职称 12 人、中级职称 53 人。专任教师 107 人，包括北京市骨干教师 2 人；本科以上学历 121 人。开设教学班 40 个。毕业 271 人、招生 359 人、在校生 1725 人，包括随班就读生 1 人。

2020 年，学校坚持“五育并举、全面育人”原则，围绕活力教育主题和学校育人目标促进学生全面发展，提升教育教学质量。

以研促教。与北京史家教育集团合作开展“城乡一体化建设”系列教研活动，作展示课及同课异构课 26 节，围绕活动主题开展教学研讨，举办讲座及微讲座 13 场。开展学科教研活动 7 次，研讨设计学生预习单和作业，布置艺术、体育及科技类居家活动内容。

课程体系建设。设计“生态、生活、生命”三生教育课程；开设低年级启蒙课程、中年级知行课程和高年级成长课程，分为认知提高意识、尊重敬畏珍爱、价值引领实践 3 个方面，内容涵盖人与自然、人与社会、人与自我等 34 个主题。分年级、学科制订学生停课不停学学习方案，举办录屏软件和教学微课制作培训 4 次。

立德树人。举办“爱我中华”主题系列爱国教育活动，组织学生通过制作月饼、绘制中秋儿童画、诵读古诗词等活动形式迎国庆；以“致敬抗美援朝 做新时代好少年”为题进行演讲动员，组织学生在线观看“致敬抗美援朝 70 周年”主题云队课，以“学习抗美援朝精神，激励我前行”为主题谈感受，开展“致敬抗美援朝 做新时代好少年”萌娃孝心行活动。举办第七届校园足球文化节，分年级开展绘画、手抄报、摄影和作文征集活动以及 KT 五人制足球赛和八人制足球赛。

（盛敏）

北京市延庆区第四小学

2020 年，北京市延庆区第四小学占地面积 3.27 万平方米，校舍建筑面积 1.21 万平方米，运动场地面积 1.66 万平方米。图书馆（室）藏书 7.56 万册。固定资产总值 4251 万元，全年教育经费投入 387 万元。学校信息化经费投入 8.05 万元，拥有计算机 279 台，网络多媒体教室 58 个，校园网出口总带宽 3000Mbps，“信息技术”课程 1 课时 / 周。教职工 132 人，包括高级职称 14 人、中级职称 46 人。专任教师 117 人，包括北京市学科教学带头人 1 人；本科以上学历 124 人。开设教学班 44 个。毕业 290 人、招生 332 人、在校生 1772 人。

2020 年，学校落实“六横八纵”校本课程体系，关注师生发展，提高教育教学质量。

教学改革。深化“八度评价小组合作学习”生态课堂教学模式；师生根据合作学习评价标准共同评选八度之星，利用计时器、红绿灯、小明星评价表，开展校级大组教研、校级青年教师课堂教学评优。利用校内、外资源开展学农实践活动，校内开发学农实践基地，组织学生采摘葡萄、山楂，刨花生，收蔬菜，做罐头、果干，榨果汁，包饺子；校外与北京市王木营蔬菜种植合作社合作开展学农实践活动。

9 月至 12 月，延庆四小与教育学院开展“协同创新学校计划”项目系列活动（延庆四小 供）

全面育人。利用班会课、红领巾广播、升旗仪式，宣传创建文明城区、垃圾分类、厉行节约等知识。成立足球小组 7 个，成立速滑、花滑、冰球、冰壶、旱地滑雪 5 个社团。学校通过全国青少年校园足球特色学校复核。开展滑冰运动普及活动，组织学生参加北京市青少年短道速滑联赛，获金牌 4 枚、银牌 3 枚。代表延庆区参加 2020 年北京市中小学生冬季运动系列比赛旱地冰球比赛。举办冬奥知识、绘画、手抄报等展览，展示学生冬奥作品 100 件。

巩固提升基础学科教学质量。举办“组串式语文教学及歌诀化语文教学”语文教学讲座，梳理统编版教材，结合教学实例讲解组串式和歌诀化语文教学。举办数学学科“感悟数学思想，积累活动经验”专题研究活动及系列数学专题讲座，用贯通思维解读京版数学教材。

（崔小燕）

北京市房山区燕山星城小学

2020 年，北京市房山区燕山星城小学占地面积 19274 平方米，校舍建筑面积 6207 平方米，运动场地面积 7458 平方米。图书馆（室）藏书 70227 册，电子图书 207 册。固定资产总值 2341 万元，全年教育经费投入 3163 万元。学校信息化经费投入 6.07 万元，拥有计算机 459 台，网络多媒体教室 50 个，校园网出口总带宽 200Mbps，数字资源量 200GB，“信息技术”课程 1 课时 / 周。教职工 76 人，包括高级职称 6 人、中级职称 43 人。专任教师 70 人，本科以上学历 75 人。开设教学班 26 个。毕业 153 人、招生 196 人、在校生 929 人，包括随班就读生 2 人。

2020 年，学校党组织领导的校长负责制试点工作取得阶段性成果，为北京市整体试点提供可转化样本。组织开展各类主题教育活动，加强学校文化建设、党建文化建设，提升校园文明程度。开展校级领导办学理念解读、中层干部的工作职责梳理与办学文化对接、学校文化与学科建模对接等活动。

完善养正课程体系建设。围绕“养正文化”理念，梳理五横、三纵、多结合、全维度养正课程体系。开设“五养”（养德、养智、养体、养美、养行）课程。

开展全学科线上教学。聘请钉钉（Ding Talk）专业人员对中层及骨干教师进行指导培训。“首都教育”“燕山教育”微信公众号多次展示学校线上教学活动成果。

（吴迎春）

中学选介

北京市第二中学

2020 年，北京市第二中学占地面积 2.94 万平方米，校舍建筑面积 4.52 万平方米，运动场地面积 0.74 万平方米。图书馆（室）藏书 9.82 万册，电子图书 1500 册。固定资产总值 9306 万元，全年教育经费投入 13694 万元。学校信息化经费投入 110 万元，拥有计算机 710 台，网络多媒体教室 40 个，校园网出口总带宽 350Mbps，数字资源量 1500GB，“信息技术”课程 3 课时 / 周。教职工 248 人，包括高级职称 115 人、中级职称 64 人。专任教师 220 人，包括特级教师 5 人、北京市骨干教师 7 人；本科以上学历 220 人。开设高中教学班 45 个。毕业 379 人、招生 397 人、在校生 1177 人。高中录取分数线 566 分（东城区），应届高考本科上线率 100%。

2020年，学校科学防控，多措并举稳步推进教育教学工作。制定抗击新冠肺炎疫情的管理制度、方案、管理办法等37项。发出致教职工、学生、家长的信62封。通过各类网络平台组织教师授课7233节。其中，选派29名教师分别在国家中小学网络云平台、中国教育电视台、北京市中小学“空中课堂”等媒体和网络平台授课87节次；向学生和家长推荐或转发市、区学习教育资源317项。组织开展五育并举活动42项；各年级召开主题班会450余节；利用微信公众号发布关于阻击疫情、师生抗疫、居家五育等宣传报道65篇。

10月7日，二中金帆舞蹈团参加青少年庆祝中华人民共和国成立71周年主题活动 （二中 供）

借助优质力量促进学校学生培养能力提升。与中国政法大学、北京市东城区史家胡同小学签约，共建青少年法治教育与大中小学思政一体化教学基地，探索新时代青少年法治教育和思政课一体化建设的新路径和新方式。与人民文学出版社签约成立“人民文学出版社、北京二中教育集团阅读教学实验基地”，完善学校阅读课程体系建设，实现阅读课程体系纵向衔接、横向协同。

（薛丽霞）

北京市第一六六中学

2020年，北京市第一六六中学分两址办学，分别为灯市口校区和东四六条校区。2个校区总占地面积2.12万平方米，校舍建筑面积2.46万平方米，运动场地面积0.64万平方米。图书馆（室）藏书9.16万册。固定资产总值8147万元，全年教育经费投入11319万元。学校信息化经费投入95.70万元，拥有计算机812台，网络多媒体教室54个，校园网出口总带宽200Mbps，数字资源量26TB，“信息技术”课程2课时/周。教职工272人，包括高级职称96人、中级职称78人。专任教师239人，包括特级教师2人、北京市骨干教师5人；本科以上学历262人。开设教学班54个（初中32个、高中22个）。毕业550人（初中314人、高中236人）；招生663人（初中393人、高中270人）；在校生1794人（初中1078人、高中716人），包括寄宿生20人，随班就读生1人。高中录取分数线546分（东城区），应届高考本科上线率100%。

2020年，学校为应对新冠肺炎疫情，利用网络平台开展教学，组织毕业年级线上模拟考试，开展“推门听课”100余节。发布官方消息解读和分享教育教学资料，开展家校沟通，指导学生家庭学习生活。开展区级教育质量专项调研和市、区联动视导。先后与中国农业科学院、北京师范大学、中国科学院、北京大学医学部开展交流会谈，拓展合作方式与途径，优化人才培养课程。组织《在新闻中读懂中国》讲座；举办“网络舆情对于抗击疫情的利与弊”云上辩论会。以班级为单位制作14节弘扬抗疫精神主题微课；12个教师团队编写以新冠肺炎疫情为背景原创学习材料26篇；班主任、年级组长分享管理经验交流18篇。微信公众号开设“共克时艰，师者情怀”专栏，发布13期；开设“解忧杂货铺——疫情期的心灵处方”专栏，发布18期。

对口支援。针对四川省凉山彝族自治州金阳县金阳中学开展对口教育帮扶，先后委派4名教师到金阳中学任教高中政治、物理、化学、英语学科，累计6个学期次。安排英语、数学、理综、文综教研组帮助金阳中学开展学科建设。组织高一年级学生小讲师录制视频分享学习经验与方法，并向同龄学生捐赠书籍。两校联动开展“博雅·山鹰携手经典阅读，北京·凉山学子共筑中国梦”主题教育活动。金阳中学在2020年高考中取得历史最好成绩，被评为四川省文明校园。

（周燕）

北京市广渠门中学

2020年，北京市广渠门中学分三址办学，分别为校本部、初三学部和高三学部。3个校区总占地面积2.54万平方米，校舍建筑面积3.67万平方米，运动场地面积1.06万平方米。图书馆（室）藏书10.17万册。固定资产总值1.48亿元，全年教育经费投入1.42亿元。学校信息化经费投入518万元，拥有计算机1020台，网络多媒体教室105个，校园网出口总带宽1000Mbps，数字资源量5000GB，“信息技术”课程1课时/周。教职工292人，包括高级职称105人、中级职称 82 人。专任教师 263 人，包括北京市骨干教师 7 人；本科以上学历 287 人。开设教学班 75 个（初中 48 个、高中 27 个）。毕业 637 人（初中 368 人、高中 269 人）；招生 762 人（初中 496 人、高中 266 人）；在校生 2145 人（初中 1354 人、高中 791 人），包括寄宿生 410 人，随班就读生 7 人。高中录取分数线 555 分（东城区），应届高考本科上线率 100%。

2020 年，学校坚持五育并举开展德育教育，开设德育特色系列课程，探索思政课大贯通与校本化进程。推出线上网络自主选修课，根据学生需求开发课程内容，加强多领域课程资源供给。邀请各科区教研员到校指导期中考试自命题工作，提高试题质量及教师学科研究能力。14 个学科 70 余名教师进行集团骨干教师、备课组长示范课展示。

10 月至 12 月，五十中举办“适合校园中使用的分类垃圾桶”模型设计活动（五十中 供）

培育全面发展的学生。举办“疫”路花开主题征文活动、京津冀中小学奥林匹克教育及校园冰雪运动推广经验交流研讨活动暨“Hello! 冰 go”北京市广渠门中学附属花市小学冰雪课程展示活动、“博越杯”科技节初三专场活动等。提升学校影响力及教育教学水平，召开第七届全国中小学校长论坛分论坛、北京市教育学会 2020 年学术年会分论坛暨广渠门中学第二届学术年会，组织学生参加世界顶尖科学家论坛。成立党总支红色成长营，举办“不忘立德树人初心 牢记为党育人、为国育才使命”主题党日活动。居家学习期间，报送信息简报 134 篇，策划校内微信公众号 57 期。北京市广渠门中学雪山飞狐队在 2020 年北京市冬奥知识竞赛中，获亚军；健美操队在“阳光体育 2020”东城区中小学生大体操比赛中，获一等奖；轮滑队在 2020 年北京市中小学生民族传统体育节轮滑比赛中，5 个项目、团体总分均获第一名。学校被评为北京市普通高中新课程新教材实施市级示范校。

（吴臻）

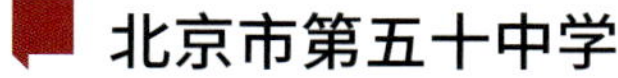

北京市第五十中学

2020 年，北京市第五十中学占地面积 2.79 万平方米，校舍建筑面积 2.42 万平方米，运动场地面积 1.01 万平方米。图书馆（室）藏书 11.02 万册，电子图书 0.40 万册。固定资产总值 7572 万元，全年教育经费投入 10313 万元。学校信息化经费投入 157.97 万元，拥有计算机 799 台，网络多媒体教室 51 个，校园网出口总带宽 1024Mbps，数字资源量 4096GB，“信息技术”课程 2 课时 / 周。教职工 237 人，包括高级职称 99 人、中级职称 69 人。专任教师 171 人，包括北京市骨干教师 1 人、北京市学科教学带头人 1 人；本科以上学历 171 人。开设教学班 48 个（初中 24 个、高中 24 个）。毕业 503 人（初中 269 人、高中 234 人）；招生 603 人（初中 333 人、高中 270 人）；在校生 1669 人（初中 918 人、高中 751 人），包括寄宿生 158 人，随班就读生 2 人。高中录取分线 540 分（东城区），应届高考本科上线率 95.26%。

2020 年，学校加速推进智慧校园建设，加强教育教学管理。完成钉钉平台功能测试培训和入驻工作，通过钉钉平台上课 2.65 万节、召开主题班会 736 节；开展开学典礼、成人仪式、社团嘉年华等各类主题教育活动 18 次。线上开展教师评先、职评、招聘等活动。加强爱国主义教育，做好师生思政教育，围绕香山革命精神、粮食节约和垃圾分类等主题开展专题思想政治学习，组织党员教师线上参加党史国情知识竞赛。关爱职工，组织教职工开展云端集体生日会和三八送祝福活动，为教职工购买寄送“爱心防疫大礼包”。

家校协同培育全面发展的学生。推出官方微博 41 篇，为师生开展防疫宣传和指导、心理疏导和自我规划指导。面向各年级学生和家长开展心理辅导讲座及家庭教育指导讲座 9 场。“模拟政协”社团 1 名学生作为北京青少年“模拟政协”学生代表受邀观摩中国人民政治协商会议北京市第 13 届委员会第三次会议。通用技术教研组组织高一年级学生开展“适合校园中使用的分类垃圾桶”模型设计活动。

（张剑平）

北京汇文中学

2020 年，北京汇文中学占地面积 5.21 万平方米，校舍建筑面积 6.65 万平方米，运动场地面积 2.80 万平方米。

图书馆（室）藏书 10.89 万册，电子图书 10 万册。固定资产总值 8178 万元，全年教育经费投入 12688 万元。学校信息化经费投入 80 万元，拥有计算机 916 台，网络多媒体教室 104 个，校园网出口总带宽 1000Mbps，数字资源量 5000GB，“信息技术”课程 1 课时 / 周。教职工 238 人，包括高级职称 94 人、中级职称 79 人。专任教师 182 人，包括特级教师 3 人、北京市骨干教师 9 人、北京市学科教学带头人 2 人；本科以上学历 235 人。开设教学班 55 个（初中 30 个、高中 25 个）。毕业 621 人（初中 317 人、高中 304 人）；招生 677 人（初中 357 人、高中 320 人）；在校生 1965 人（初中 1043 人、高中 922 人），包括寄宿生 65 人。高中录取分数线 557 分（东城区），应届高考本科上线率 100%。

2020 年，学校稳步开展常态化疫情防控形式下的教学工作。制定学生居家自主学习“停课不停学”和常态化疫情防控形式下的教学工作方案。组织教师进行复课防疫模拟演练和紧急情况处置演练。体育组教师指导学生居家锻炼的视频被区教委采用并推送给全区中小学生。开展线上德育活动 19 次，线上升旗 16 次。选送 6 首金帆合唱团学生作词谱曲的抗疫歌曲参加首都学生“使命在肩 奋斗有我”原创歌曲大赛，其中 4 名学生获新生代组（中学组）优秀作品奖。

党建引领。汇文中学党总支在北京汇文中学朝阳学校建立朝阳校区党支部，发展党员 3 人，确定入党积极分子 1 人。推进学习型党组织建设，完成中心组学习 9 次，党员学习 17 次。推进学校“课程思政”建设工作，开展以“家书和汇文红色基因与课堂教学有效融合”为主题的教学实践研讨活动，完成建校 150 周年宣传片、画册等撰写拍摄工作。

队伍建设和学生培养。制定干部教师队伍建设整体方案，推出骨干教师进阶成长计划。成立汇文中学教育集团第一届学术委员会，针对不同群体开展培训。举办教育集团新教材、新课程教学展示活动，56 门课程参与展示。学生在数学、物理、化学、生物和信息奥赛等市级比赛中，获奖 31 人次；在 2020 年北京市中小学生天文观测竞赛中，5 人获奖；在第六届全国中学生科普科幻作文大赛中，20 人获奖；在第 40 届北京青少年科技创新大赛、第 20 届北京青少年机器人竞赛机器人人工智能比赛等市级比赛中，30 余人次获奖。学校在 2020 年北京市青少年足球锦标赛中，获初中组、高中组 2 个季军。

（于敏霞　王苗）

北京市三帆中学

2020 年，北京市三帆中学分两址办学，分别为新风校区和裕中校区。2 个校区总占地面积 3.12 万平方米，校舍建筑面积 3.08 万平方米，运动场地面积 1.22 万平方米。图书馆（室）藏书 13 万册。固定资产总值 5224 万元，全年教育经费投入 6969 万元。学校信息化经费投入 155.88 万元，拥有计算机 1181 台，网络多媒体教室 99 个，校园网出口总带宽 5120Mbps，数字资源量 2996GB，“信息技术”课程 2 课时 / 周。教职工 227 人，包括高级职称 85 人、中级职称 82 人。专任教师 192 人，包括北京市骨干教师 2 人；本科以上学历 191 人。开设初中教学班 61 个。毕业 758 人、招生 835 人、在校生 2379 人，包括随班就读生 7 人。

2020 年，学校全面实施素质教育，开发校本课程，建立以基础型、丰富型、发展型和专长型四类课程为核心的课程体系。修订《北京市三帆中学课程方案》，编制《北京市三帆中学综合实践课程实施方案》和《北京三帆中学分层教学实施方案》并贯彻执行。组织指导学生居家学习，开展线上授课和辅导。举办第 11 届艺术节，新增亲子艺术活动项目，开展居家自主演练、自制音视频上传、班级微信群展示分享、校园公众号共赏交流等活动。继续发挥对北京师范大学三帆中学朝阳学校、北京市房山区昊天学校和北京市通州区第六中学的引领示范作用。关注学生身心健康，邀请专家到校开展“青春期成长与困惑”“依法执教，护航成长”“青少年网络沉迷的预防与干预”等主题讲座，规范学生行为。

（徐文敏）

北京师范大学附属中学

2020 年，北京师范大学附属中学分三址办学，分别为东校区、西校区和南校区。3 个校区总占地面积 4.61 万平方米，校舍建筑面积 5.61 万平方米，运动场地面积 1.68 万平方米。图书馆（室）藏书 14.20 万册，电子图书 0.50 万册。固定资产总值 39438 万元，全年教育经费投入 26981 万元。学校信息化经费投入 1542.75 万元，拥有计算机 1671 台，网络多媒体教室 163 个，校园网出口总带宽东校区和西校区 400Mbps、南校区 4096Mbps，数字资源量 88115GB，“信息技术”课程初中 1 课时 / 周、高中 2 课时 / 周。教职工 400 人，包括高级职称 157 人、中级职称 140 人。专任教师 317 人，包括特级教师 7 人、北京市骨干教师 3 人、北京市学科教学带头人 2 人；本科以上学历 317 人。开设教学班 86 个（初中 50 个、高中 36 个）。毕业 885 人（初中 507 人、高中 378 人）；招生 1171 人（初中 722 人、高中 449 人）；在校生 3227 人（初中 1970 人、高中 1257 人），包括寄宿生 170 人。高中录取分数线 558 分（西城区），应届高考本科上线率 100%。

2020 年，学校面对疫情，提前谋划，创造性地开展工作。经过居家—返校—居家 3 个阶段的教学实践，初步探索出“线上＋线下”相融合的混合式教学模式。

教育教学研究。以教研组为单位开展学业质量标准新课标研究等活动，以备课组为单位开展主题为“新教材研究”的集体备课观摩展示活动。通过“研培”一体模式提升教师专业素养。各教研组设计并实施基于情境教学的高阶思维能力培养专题研究课，研讨并完成学科课程建设三年规划，并以展板形式呈现。初中学科组以“分层教案”为抓手，开展分层教学研究。学校被评为普通高中新课程新教材实施国家级示范校。

加强学科课程建设，全面育人。以项目班为依托推动优秀生培养课程建设。各学科开展学生实践活动，包括地理组野外考察、语文组戏剧演出、艺术组户外写生、政治组模拟法庭等。各学科联合开发《科学防疫、健康有道》STEM 课程。1 人获 2020 丘成桐中学科学奖（生物）银奖，1 人获第 34 届中国化学奥林匹克（初赛）一等奖，4 人获 2020 年北京地区数学建模联校活动一等奖。

（韩颖）

北京市第十五中学

2020 年，北京市第十五中学分三址办学，分别为陶然校区、春明校区东址和春明校区西址。3 个校区总占地面积 5.09 万平方米，校舍建筑面积 4.67 万平方米，运动场地面积 1.92 万平方米。图书馆（室）藏书 10 万册。固定资产总值 14530 万元，全年教育经费投入 17711 万元。学校信息化经费投入 188 万元，拥有计算机 540 台，网络多媒体教室 62 个，校园网出口总带宽 4096Mbps，数字资源量 10GB，“信息技术”课程 2 课时 / 周。教职工 341 人，包括高级职称 105 人、中级职称 181 人。专任教师 290 人，包括北京市骨干教师 1 人、北京市学科教学带头人 1 人；本科以上学历 311 人。开设教学班 64 个（初中 38 个、高中 26 个）。毕业 718 人（初中 427 人、高中 291 人）；招生 891 人（初中 567 人、高中 324 人）;在校生 2226 人（初中 1448 人、高中 778 人），包括寄宿生 103 人，随班就读生 3 人。高中录取分数线 545 分（西城区），应届高考本科上线率 99%。

2020 年，学校以防控新冠肺炎疫情为主线，探索新的教育教学模式，继续推进课堂教学变革。探索、总结线上教学模式，整合多个平台，为教育教学提供方便；开展线上德育活动，举办线上毕业典礼、线上特色班会、线上辩论赛等活动。重视宣传思想工作，通过微信公众号推送党和政府的声音、科学防控常识等相关宣传文章 100 余期，包括抗疫特刊 61 期。组织教职工参与社区防控工作和垃圾分类工作；开展对青年干部的选拔培养；完成职称评定工作和新一届区级学科带头人、骨干教师评选工作。

发挥优秀教育资源辐射作用。推进与北京市第四十三中学合作交流工作。选派骨干教师到河北省保定市阜平县台峪学校支教，并通过网上师徒结对方式协助受援地区学校培养优秀教师。在集团校建设中，开展理念共融、学术引领、资源共享等方面的工作。继续在北京市第十五中学南口学校建设中发挥总校的引领示范作用。

（孙静）

北京市徐悲鸿中学

2020 年，北京市徐悲鸿中学分两址办学，分别为初中校区和高中校区。2 个校区总占地面积 1.03 万平方米，校舍建筑面积 1.27 万平方米，运动场地面积 0.34 万平方米。图书馆（室）藏书 44107 册，电子图书 106 册。固定资产总值 2304 万元，全年教育经费投入 4536 万元。学校信息化经费投入 54.20 万元，拥有计算机 530 台，网络多媒体教室 19 个，校园网出口总带宽 5120Mbps，数字资源量 606GB，“信息技术”课程初中 1 课时 / 周、高中 2 课时 / 周。教职工 107 人，包括高级职称 35 人、中级职称 31 人。专任教师 92 人，本科以上学历 106 人。开设教学班 19 个（初中 7 个、高中 12 个）。毕业 180 人（初中 109 人、高中 71 人）；招生 123 人（全部为高中）；在校生 464 人（初中 177 人、高中 287 人），包括寄宿生 121 人。高中录取分数线（含专业加试成绩）630 分（西城区），应届高考本科上线率 78.5%。

2020 年，学校坚持立德树人，推进爱国主义教育和社会主义核心价值观教育相结合。结合疫情形势变化和师生情况，适时调整教学方案的设计制订和教务保障。通过微信组群形式开展联合教研，在非毕业年级实施网络教学，加强基础课训练。通过线上授课形式，结合视频示范、群组评画和交流等方式开展教学，开发创新一批优秀课例。利用中央美术学院教育资源，做好“高参高”工作。发挥辐射示范作用，开展线上绘画辅导。

发挥特色，助力防疫宣传。组织学生参加“众志成城共抗疫情”西城区中小学生线上艺术作品展活动及西城区第 23 届学生艺术节，让学生用画笔宣传防疫知识。发起《抗击疫情倡议书》活动，组织全体学生创作加油信、手抄报、防护日记、书法、诗歌、宣传 PPT 等文字作品以及美术作品，收获歌颂英雄人物、描述疫情防控、健康科普宣传、为祖国励志加油等专题作品。

（杨守岐　王添媛）

北京市金盏中学

2020 年，北京市金盏学校占地面积 3.16 万平方米，校舍建筑面积 0.93 万平方米，运动场地面积 1.90 万平方米。图书馆（室）藏书 2.70 万册。固定资产总值 4971 万元，全年教育经费投入 3458 万元。学校信息化经费投入 3 万元，拥有计算机 748 台，网络多媒体教室 49 个，校园网出口总带宽 1024Mbps，数字资源量 60GB，“信息技术”课程小学 0.5 课时 / 周、初中 1 课时 / 周。教职工 102 人，包括高级职称 11 人、中级职称 50 人。专任教师 97 人，包括北京市骨干教师 1 人;本科以上学历 93 人。开设教学班 32 个(小学 20 个、初中 12 个)。毕业 128 人(小学 85 人、初中 43 人)；招生 211 人（小学 106 人、初中 105 人）；在校生 987 人

（小学 728 人、初中 259 人），包括随班就读生 27 人（小学 7 人、初中 20 人）。

2020 年，学校将疫情防控与教育教学工作相结合，开展线上、线下教育，开通校长信箱。

6 月 8 日，金盏学校组织八年级学生在学校金盏花园举行“麦”入成长——“夏季麦收”活动　（金盏学校　供）

师资队伍建设。优化“九一三三”内部治理体系（九年一贯，学生发展中心、教师发展中心、资源发展中心三中心，低学部、中学部、高学部三学部），结合朝阳区教育系统规范绩效工资发放工作，重新梳理修订常规管理、激励评价等制度。成立金盏教师学院，通过课题引领、校际联动、师徒结对等活动打造教师发展平台。开展读书沙龙 1 次，举办 PDF（PARTICIPATION——参与、分享，DEVELOPEMENT——成长、发展，FELICITY——深度幸福）金盏智慧大讲堂 4 期。“名校长工程”重点立项课题“九年一贯制学校内部治理体系实践研究——以北京市金盏学校为例”和朝阳区教育科学规划课题“乡土教育资源融入校本课程开发的实践研究”结题。1 名教获第 33 届北京市中小学“紫禁杯”优秀班主任一等奖。

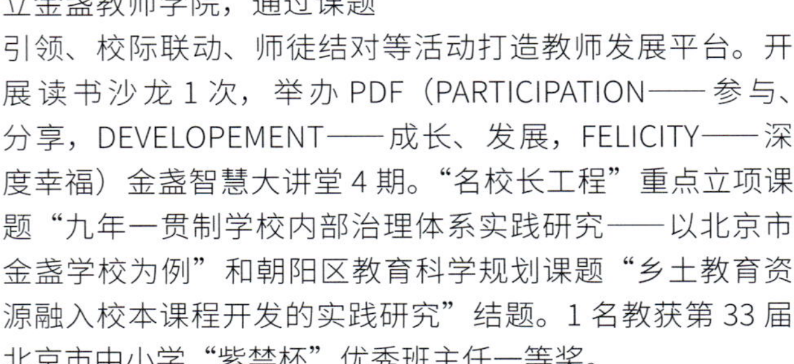

教育教学改革。开展协同创新学校发展计划三年行动项目系列培训和教育扶贫。高学部开展班级治理和学科治理，探索提高课堂教学效率新途径；中学部注重堂堂清、日日结，邀请语文特级教师入校指导 5 次，开展“同上一节课”活动；低学部重点抓一年级日常行为习惯和课堂常规习惯养成教育。

德育队伍建设。开展预防校园欺凌和暴力、劳动教育、垃圾分类、光盘行动等主题教育活动。四年级、五年级、七年级、八年级开设积极心理课，完成 214 人的心理体检。形成校家协同教育新合力，成立家校社共育咨询室；聘请专家开展线上、线下家长主题培训；启动学校立德树人德育高地建设项目，与北京视情教育科技研究院合作开展“新时代德育工作的校家社区合作策略——立德树人德育高地建设方案”等校家共育系列讲座 7 次。

（付冬梅）

中国教育科学研究院朝阳实验学校

2020 年，中国教育科学研究院朝阳实验学校分四址办学，分别为中学部校区、小学低部校区、小学高部校区和小学安华里校部校区。4 个校区总占地面积 3.32 万平方米，校舍建筑面积 2.26 万平方米，运动场地面积 1.67 万平方米。图书馆（室）藏书 7.02 万册，电子图书 5 册。固定资产总值 11319 万元，全年教育经费投入 7707 万元。学校信息化经费投入 12 万元，拥有计算机 1045 台，网络多媒体教室 127 个，校园网出口总带宽 1024Mbps，数字资源量 600GB，“信息技术”课程小学 0.5 课时 / 周、初中 1 课时 / 周。教职工 172 人，包括高级职称 22 人、中级职称 73 人。专任教师 159 人，包括特级教师 3 人、北京市骨干教师 2 人；本科以上学历 152 人。开设教学班 63 个（小学 48 个、初中 15 个）。毕业 221 人（小学 177 人、初中 44 人）；招生 381 人（小学 249 人、初中 132 人）；在校生 1630 人（小学 1280 人、初中 350 人），包括随班就读生 22 人。

2020 年，学校拓展工作内容，调整管理策略，不断完善疫情防控常态化管理。

师资队伍建设。推进九年一贯制治理体系建设，优化双向岗位聘任制，在原有校部聘任领导小组基础上，加设年级聘任领导小组。借助绩效工资配套制度修订和完善工作，优化学校 19 项运行机制，建立和完善干部教师评价体系。开展基于思考力培养青年教师说教材活动。4 名教师在中国教育电视台《名师课堂》作专场课堂直播。教师结合教学实际及对思考力课堂教学要素理解，撰写分析思考力课堂教学案例 26 项，形成思考力培养教学成果 60 项，开展首届思考力课堂教学论文评比工作。深化 6 个学科工作坊和 11 个名师工作室工作，开展教研活动 40 余次；结合学生居家学习研究线上、线下融合教学，形成线上教学范式 64 篇。在朝阳区第三届“扬帆杯”新任教师教学技能培训与展示活动中，6 人获一等奖，学校被评为优秀组织校。学校被评为 2019—2020 学年度北京市基础教育课程建设先进单位、2020 京城百所特色校之京城课程建设领军学校等。

科研成果研发。参与研究国家级课题“信息技术条件下开放式互动应用实践研究”和区级课题“诊断式督导教师教育教学评价实践研究”。2 个课题获批北京市教育科学规划立项课题，1 个北京市教育科学规划课题结题。

德育队伍建设。构建“润泽德育”九年一贯制润泽德育体系。推进五优（德育优、智育优、体育优、美育优、劳动优）班集体建设。开展线上、线下班主任教研与班级管理论坛以及家国情怀、法治、垃圾分类等主题教育。在四年级、五年级、七年级、八年级开设积极心理课，完成朝阳区心理体检工作。学校被评为2020年“少年问天”全国青少年航天科普活动优秀活动基地校、北京市中小学科技教育示范学校。

（喻小兰）

北京市第一七一中学朝阳豆各庄分校

2020年，北京市第一七一中学朝阳豆各庄分校分两址办学，分别为中学部校区和小学部校区。2个校区总占地面积4.15万平方米，校舍建筑面积3.21万平方米，运动场地面积2.06万平方米。图书馆（室）藏书2.62万册。固定资产总值12580万元，全年教育经费投入1778万元。学校信息化经费投入114万元，拥有计算机210台，网络多媒体教室38个，校园网出口总带宽1000Mbps，数字资源量60GB，“信息技术”课程小学0.5课时/周、初中1课时/周。教职工104人，包括高级职称10人、中级职称53人。专任教师101人，本科以上学历104人。开设教学班25个（小学15个、初中10个）。毕业22人（全部为初中）；招生290人（小学189人、初中101人）；在校生720人（小学491人、初中229人），包括随班就读生7人（小学3人、初中4人）。

2020年，学校以全员德育观为育人原则开展德育工作。举办我和祖国合个影、“共抗疫情，阅读相伴”海量阅读活动、“我和我的祖国——建国70周年校园文化节”合唱比赛、西部送温暖等活动。开展班主任经验交流活动6次，举行家委会活动5次；初中部班主任召开线上家长会15次，小学部通过线上平台召开班主任会议6次、开展全体学生线上家访4次。

教学工作。开展“五步自主高效课堂”（明确目标、自学交流、展示提升、教师讲解、练习反馈）等实践活动，形成星级化、生活化、学科价值化特色课堂。开展初三年级师生回本部体验活动，集团领导到校指导，本校分校各学科师徒结对开展针对性辅导。展示各级各类公开课46次，包括中学部质量月迎检课6节、道德督导课3节，小学部学区专家视导公开课6节。通过钉钉平台“家校本”为初中8个教学班布置和批阅作业3840次，提交线上教学计划及反馈表2352次。

资源开发。中学部开发课程资源2384节，1人参加区教材资源组活动，录制区级微课2节，生成评价试题3套；2人参与目标检测出题任务；开展微误题研究39个，撰写线上教学日志37篇。小学部教师录制微课400节，开展校级教研活动13次、教研组会议8次，备课组会议100次，发布校本课程“美篇”40篇。8个市、区级课题结题。

（聂雪萌）

1月15日，一七一中豆各庄分校小学部举办2019—2020学年第一学期学业展示活动　（一七一中豆各庄分校　供）

中国科学院附属实验学校

2020年，中国科学院附属实验学校分四址办学，分别为科学园校区、南沙滩校区、华严里校区和初中校区。4个校区总占地面积12307平方米，校舍建筑面积6501平方米，运动场地面积4335平方米。图书馆（室）藏书7.77万册。固定资产总值10916万元，全年教育经费投入8381万元。学校信息化经费投入19万元，拥有计算机746台，网络多媒体教室119个，校园网出口总带宽1000Mbps，数字资源量800GB，“信息技术”课程小学0.5课时/周、中学1课时/周。教职工191人，包括高级职称32人、中级职称84人。专任教师186人，包括北京市骨干教师1人；本科以上学历136人。开设教学班91个（小学69个、初中20个、高中2个）。毕业415人（小学317人、初中98人）；招生693人（小学445人、初中178人、高中70人）；在校生2725人（小学2229人、初中426人、高中70人），包括寄宿生370人，随班就读生19人。高中录取分数线514分（朝阳区）。

2020年，学校增设高中部，推进教育教学管理、师资建设、特色建设、课程改革、基础设施、党团建设工作。党总支完成各支部改选、增选工作和各支部书记党建工作。建立宣传队伍，微信公众号推出微文 88 期，期均阅读数 2601 次，获朝阳区委教育工委、区教委颁发的最具影响力奖。

师资队伍建设。发挥优秀教职工引领和示范作用，推选榜样教师 9 人。参加朝阳区“博研苑”项目，完成第二届青蓝工程，形成师徒39对。启动全学段青年教师培养工程，进行专家培训 8 次，44 名青年教师参训。举办第五届硕博论坛暨提升质量研讨活动。

学生综合素养提升。全校师生参加“凝聚正能量 同心抗疫情”“我心中最亮的一颗星”等主题教育，初中部和高中部举办“观晓国家事，厚植家国情”“展青春风采，诉爱国情怀”辩论赛。组织 3000 余人次学生走进 9 个中国科学院院所、台站；邀请 5 名两院院士进校园，举办科学家讲座 30 场。12 名学生参加 2020 年北京市中小学生民族传统体育节跳绳比赛获小学组一等奖。13 名教师被评为 2019—2020 学年度朝阳区教育系统“阳光杯”优秀班主任。高中部探索建立“560 体育课程模式”，即一周 5 节体育课，每次 60 分钟。学校被评为 2020 年全国青少年校园冰雪体育传统特色学校、北京市中小学科技教育示范校。

教育科研改革。探索中国科学院资源校本化，推进 5 门科教融合 2.0 课程。承担区级“小学中段经典诗文校本课程开发与实施研究”“初中史地政跨学科主题学习活动的设计研究”等课题。完善和探索线上教学模式，教师累计在线答疑 19 万人次，20 名教师参与市、区级教研中心微课录制工作，录制课程 60 节、总时长 906 分钟。

（王芃）

中央美术学院附属实验学校

2020 年，中央美术学院附属实验学校分四址办学，分别为高中校区、初中校区、小学校区和小学低部校区。4 个校区总占地面积4.49万平方米，校舍建筑面积3.52万平方米，运动场地面积 2.05 万平方米。图书馆（室）藏书 10.69 万册，电子图书 1432 册。固定资产总值 17546 万元，全年教育经费投入 5927 万元。学校信息化经费投入 2 万元，拥有计算机 874 台，网络多媒体教室 158 个，校园网出口总带宽 100Mbps，数字资源量 300GB，“信息技术”课程小学 0.5 课时 / 周、中学 1 课时 / 周。教职工 252 人，包括高级职称 44 人、中级职称 92 人。专任教师 230 人，本科以上学历 249 人。开设教学班 61 个（小学 25 个、初中 23 个、高中 13 个）。毕业 305 人（小学 130 人、初中 113 人、高中 62 人）；招生 360 人（小学 96 人、初中 172 人、高中 92 人）；在校生 1342 人（小学 689 人、初中 425 人、高中 228 人），包括寄宿生 144 人，随班就读生 7 人。高中招收 5 个美术班，录取分数线 431 分（朝阳区）；应届高考本科上线率 87%，美术特色应届高考本科上线率 92%。

9 月 1 日，中央美院附属实验学校组织高一年级 24 名学生在温榆河公园朝阳示范园开园仪式当天在园内写生（中央美院附属实验学校　供）

2020 年，学校积极推进线上教学，制定学生居家生活和学习指南，小学部开展校级评优课活动，初中部开展教学基本功展示活动，高中部开展有效课堂教学交流研讨活动。

德育工作。以“强化理想信念 厚植爱国情怀 珍惜生命”为主线开展社会主义核心价值观主题教育活动。小学部组织线上庆“六一”、新生开笔礼、开学第一课等活动，完善“尚美少年”学生评价体系。初中部组织“致敬时代砥砺前行”一二·九合唱比赛、2020 中国大事件手抄报等实践体验活动。高中部组织学生参加 2020 年朝阳区中小学生线上生态文明教育活动、社会实践挑战赛等。学校被评为北京市 2020 年中小学生综合素质评价工作先进单位。

科研工作。落实“线上＋线下”“必学＋选学”校本研修 27 次和专业分层培训 4 次。组建课程建设小组并进行理论培训 3 次，续办《青藤学刊》和《青藤文摘》2 册校刊，编写数学校本辅导 1 册和社团课程 1 册。首次采用跨班组合方式组织高一年级、高二年级学生开展线上研究性学习项目 11 个。

美术特色教学。3 个校区美术教师联合开展美术教育研究，初步建立美术高中课程框架结构。市级美术课题结题。建立石膏馆。组织学生创作疫情防控艺术作品 300 幅；举办第三届师生作品展，展出作品 650 件；指导学生参加“‘画’说教育扶贫，‘艺’述扶贫故事”作品征集活动，23 幅作品被刊登在《朝阳教育》和《现代教育报》强国号上。

校园文化建设与交流。定制小学、初中走廊非遗文化建设，完成高中艺术楼国家的名片邮票设计装饰。学校网站、报刊、新媒体发稿 96 篇。与天津市宝坻艺术中学和河北省唐山艺术高中签署京津冀艺术类高中协同发展构架协议，接待河北省雄安新区雄县教育局和基层学校领导到校考察交流。

（黄春丽）

北京市第十二中学

2020 年，北京市第十二中学联合学校总校分八址办学，分别为本部校区、科丰校区、朗悦学校、钱学森学校、南站学校、附属实验小学、附属实验幼儿园和铭品校区良乡小学。除隶属于房山区教委的朗悦学校和铭品校区良乡小学外，其他 6 个校区总占地面积 17.63 万平方米，校舍建筑面积 1.51 万平方米，运动场地面积 4.65 万平方米。图书馆（室）藏书 34.19 万册。固定资产总值 3420 万元，全年教育经费投入 2610 万元。学校信息化经费投入 189.94 万元，拥有计算机 2415 台，网络多媒体教室 292 个，校园网出口总带宽 200Mbps，数字资源量 15TB，“信息技术”课程 2 课时 / 周。教职工 631 人，包括高级职称 195 人、中级职称 170 人。专任教师 563 人，包括特级教师 25 人、北京市骨干教师 13 人、北京市学科教学带头人 1 人；本科以上学历 535 人。开设教学班 158 个（学前 12 个、小学 33 个、初中 62 个、高中 51 个）。毕业 1221 人（幼儿园 81 人、小学 51 人、初中 579 人、高中 510 人）；招生 1683 人（幼儿园 164 人、小学 208 个、初中 737 人、高中 574 人）；在校生 5191 人（幼儿园 373 人、小学 1115 人、初中 2060 人、高中 1643 人），包括寄宿生 1078 人，随班就读生 6 人。高中录取分数线 562 分（丰台区），应届高考本科上线率 100%。

2020 年，十二中联合学校总校基本实现“十三五”时期“同行·同构·同质”集团化发展目标。总校统一部署，提出“质量提升年”发展目标，顶层设计“十四五”规划，推动各成员校教育高质量发展。各成员校引导学生抒爱国情立英雄志，关爱生命，奉献社会，自主学习。利用网站和微信公众号开辟空中课堂，开设“杏坛回声”“校长声音”等栏目。统筹市、区、校三级课程资源，优化教学设计和线上考评，开设“防疫科普”“心理辅导”“体育锻炼”“劳动实践”等校本课程，设立“导师制”，通过主题教育、德育早课、主题班会开展理想信念教育、爱国主义教育和社会主义核心价值观教育。全校师生开展云班会、导师制等线上主题教育活动。不断扩大办学影响力，承办北京市教育学会学术年会、北京市学校德育研究会第二次德育学术年会暨会员代表大会。

五育融合全面育人。本部校区承担科技部“创新方法与教育创新融合发展研究与示范”课题的“中学教育创新人才培养的体系研究”项目研究，构建劳动教育课程体系和实施管理系统，编写《城市中学劳动教育指导手册》《城市中学劳动教育评价手册》，《新时代劳动教育评价实践探索》《三大类十项目新时代劳动教育实践案例》被北京教育科学研究院评为优秀成果。钱学森学校构建“航天筑梦”德育课程体系，编写校本教材《家国天下》和校本读物《钱学森精神与思想》，创办校刊《钱学森精神伴我行》。附属实验小学成立红领巾志愿服务队，1 名学生发起“小小气象宣讲员”公益项目，500 余人直接受益，项目获评中国扶贫基金会颁发的益路同行 · 优秀公益创新团队，该生获评 2020 年度全国优秀少先队员。

（刘志强　李婷婷）

北京市丰台区丰台第二中学

2020 年，北京市丰台区丰台第二中学分五址办学，分别为本部校区、附属中学小屯校区、附属中学看丹校区、附属实验小学校区和附属看丹小学校区。5 个校区总占地面积 142.25 万平方米，校舍建筑面积 97.80 万平方米，运动场地面积 46.92 万平方米。图书馆（室）藏书 25 万册，电子图书 0.40 万册。固定资产总值 28152 万元，全年教育经费投入 7369 万元。学校信息化经费投入 13.90 万元，拥有计算机 2174 台，网络多媒体教室 271 个，校园网出口总带宽 100Mbps，数字资源量 500GB，“信息技术”课程 1 课时 / 周。教职工 458 人，包括高级职称 112 人、中级职称 160 人。专任教师 416 人，包括特级教师 12 人、北京市骨干教师 8 人；本科以上学历 432 人。开设教学班 112 个（小学 43 个、初中 45 个、高中 24 个）。毕业 797 人（小学 239 人、初中 311 人、高中 247 人）；招生 1102 人（小学 240 人、初中 581 人、高中 281 人）；在校生 3558 人（小学 1399 人、初中 1433 人、高中 726 人），包括寄宿生 230 人，随班就读生 25 人。高中录取分数线 545 分（丰台区），应届高考本科上线率 100%。

2020 年，学校在保障全体师生安全前提下五育并举，减负提质，以德育工作为核心，以教学工作为重点，顺利达成教育教学目标。9 月，原看丹中学、看丹小学并入后，学校成为拥有 5 个校区的集团校。

打造高品质有特色的教育品牌。以增强教育集团凝聚力，提升教育集团整体实力，扩大教育集团影响力为目的，进行集团管理顶层设计，探索集团治理模式。坚持继承发扬优良传统与革新发展相结合，以科研课题和规划项目为贯穿，创新集团集群、教育科研工作；实施有针对性的教师培训。以教师专业发展为动力，以课程开发和课堂教学方式变革为抓手，不断提升课堂教学品质。以“研用新课标，钻研新教材，建构新体系，适应新高（中）考”的“四新”融合为基础，以课堂教学方式的改进为行动研究主题，打造“生态智慧课堂”，促进学生核心素养形成和关键能力发展。

加强对班主任和任课教师的培训。通过培训使教师熟悉疫情常态化防控日常工作和突发问题处理，提升班主任管理能力和全员德育意识。建立丰台二中心理工作室，以心理教师为核心，聘请部分有证书和对心理工作感兴趣的教师担任兼职学生心理辅导员。通过团队研究协作提升学生心理突发事件的解决和处理工作质量，为班主任和任课教师提供指导，共同解决学生心理问题。

（吴俊花）

北京市首都师范大学附属丽泽中学

2020 年，北京市首都师范大学附属丽泽中学分三址办学，分别为初中部校区、高中部校区和南校区。3 个校区总占地面积 4.49 万平方米，校舍建筑面积 2.83 万平方米，运动场地面积 1.69 万平方米。图书馆（室）藏书 8.31 万册。固定资产总值 4499 万元，全年教育经费投入 12613 万元。学校信息化经费投入 105.28 万元，拥有计算机 583 台，网络多媒体教室 156 个，校园网出口总带宽 300Mbps，数字资源量 120GB，“信息技术”课程 2 课时 / 周。教职工 292 人，包括高级职称 112 人、中级职称 84 人。专任教师 250 人，包括特级教师 4 人、北京市骨干教师 4 人；本科以上学历 275 人。开设教学班 58 个（初中 37 个、高中 21 个）。毕业 498 人（初中 304 人、高中 194 人）；招生 683 人（初中 465 人、高中 218 人）；在校生 1798 人（初中 1206 人、高中 592 人），包括寄宿生 298 人，随班就读生 5 人。高中录取分数线 536 分（丰台区），应届高考本科上线率 98.28%。

2020 年，学校以立德树人为根本，依托主题教育，强调自主管理，提升德育实效，助力学生成长。

完善《首师大附属丽泽中学班级文化建设实施策略》，以自主为核心构建班级管理新模式。在自主班级文化建设管理中深入挖掘中华优秀传统文化精髓；组织各班自主设计班徽、班训等班级文化标志，为班级确立文化立意。通过书香校园、升旗仪式、入团和成人仪式等教育形式，对学生进行社会主义核心价值观教育，成为北京市社会主义核心价值观行动研究项目学校，丰台区中小学开展培育和践行社会主义核心价值观项目研究实验校。推进居家学习期间学生德育教育，开展以家务劳动为主的劳动教育，班级每周五召开“微班会”，班主任反馈学生居家学习生活。一体化构建传统文化课程体系。面向全体学生开发“传统文化诵读课程”“传统文化基础课程”“传统文化自修课程”“传统文化德育课程”，利用早读时间诵读经典、校本课程普及传统文化常识，提高学生传统文化素养。开展预防艾滋病、环境与可持续发展、毒品预防、时事政治、中学生礼仪等专题教育；协同语文、历史、研究性学习等学科教师开发社会大课堂资源，带领学生走进德育基地，让学生在活动中了解社会，参与社会。

探索家校联合教育模式。依托家长开放日、家长学校、家长教师协会、导师制等家校合作模式，形成丽泽中学导师制“2211”工程，即导师与学生家长沟通 2 次、与学生个别谈话 2 次、参加 1 次班级主题教育活动、完成 1 篇导师制的德育案例。

（陈迎春）

7 月，首师大附属丽泽中学圆满完成高考考点服务保障任务
（首师大附属丽泽中学 供）

北京市第十中学

2020 年，北京市第十中学分三址办学，分别为高中部校区、初中部校区和新疆班校区。3 个校区总占地面积 5.77 万平方米，校舍建筑面积 1.24 万平方米，运动场地面积 1.66 万平方米。图书馆（室）藏书 5.71 万册。固定资产总值 7088 万元，全年教育经费投入 11138 万元。学校信息化经费投入 43.01 万元，拥有计算机 1211 台，网络多媒体教室 78 个，校园网出口总带宽 200Mbps，数字资源量 5000GB，“信息技术”课程 1 课时 / 周。教职工 240 人，包括高级职称 97 人、中级职称 80 人。专任教师 228 人，包括特级教师 5 人、北京市骨干教师 7 人；本科以上学历 227 人。开设教学班 47 个（初中 18 个、高中 29 个）。毕业 472 人（初中 188 人、高中 284 人）；招生 474 人（初中 192 人、高中 282 人）；在校生 1403 人（初中 571 人、高中 832 人），包括寄宿生 479 人，随班就读生 1 人。高中录取分数线 532 分（丰台区），应届高考本科上线率 95%。

2020 年，学校发挥党建引领作用，加强师德师风建设。开展主题教育活动，开办学生业余党校，启动党建课题研究，创新党组织建设形式，宣传师德先锋、优秀共产党员在学校教育教学和校园文明建设中的先锋作用，提升教师队伍政治素质，促进学校规划科学发展。推动教育扶贫走出特色之路，成立扶贫领导工作小组，开展帮困扶贫活动，捐书捐物，全员办理“爱心卡”，注册“中国社会扶贫网”，

3个校区食堂定向采购贫困地区农产品。开展“垃圾分类，践行新时尚”“厉行节俭，践行光盘行动”“开展新时代爱国卫生运动，创建优美生活环境”等活动。

坚持特色办学，促进学校多样化发展。实现国家课程校本化，编写具有地域特色的地方教材，开设“生命的脚印”系列科考实践课程、红十字人道教育校本课程，牵头集群校，打造彰显红色文化、军事科技和生命教育的三大发展特色品牌课程。在课程建设长足发展的同时，促进科技教育工作在生命科学和环境科学领域的提升和发展。加强科研引领，组织市级课题“基于‘证据推理与模型认知’核心素养的高中化学教学实践研究”开题工作，完成“实现精准推送和即插批注功能的名著助读App的研发与应用”等4项全国教育信息技术研究课题结题工作。

（武晓云）

北京市第十八中学

2020年，北京市第十八中学分五址办学，分别为方庄校区、西马金润校区、左安门校区、附属实验小学校区和嘉泰学校校区。5个校区总占地面积8.55万平方米，校舍建筑面积6.04万平方米，运动场地面积3.67万平方米。图书馆（室）藏书25.26万册。固定资产总值2.19亿元，全年教育经费投入1.38亿元。学校信息化经费投入108万元，拥有计算机500台，网络多媒体教室65个，校园网出口总带宽10000Mbps，数字资源量100GB，“信息技术”课程2课时/周。教职工341人，包括高级职称112人、中级职称106人。专任教师295人，包括特级教师9人、北京市骨干教师5人；本科以上学历327人。开设教学班111个（小学37个、初中48个、高中26个）。毕业686人（小学163人、初中343人、高中180人）；招生982人（小学208人、初中466人、高中308人）；在校生3007人（小学1065人、初中1217人、高中725人），包括寄宿生261人，随班就读生6人。高中录取分数线544分（丰台区），应届高考本科上线率98.47%。

2020年，学校坚持变革与坚守统一，稳中应变，以变创新，进行治理应变、创新应变、智慧应变，在守正中出奇应变。坚守立德树人根本任务，创建有温度的线上学习共同体，将学校的特色和优势与教育信息技术相结合。利用人工智能技术对教育教学进行全面重构。

发挥优质教育资源引领辐射作用。作为方庄教育集群龙头校，开展以创新教育为主线的“心系蓝天”网络直播科技课程，为提升中国西南地区学生科技素养作贡献。组织7名骨干教师，分批次为青海省玉树藏族自治州囊谦县提供送教服务。作为北京市教师信息技术应用能力提升工程2.0试点校，在全市率先开展教育信息技术应用能力2.0培训。以整校推进的方式，确立组织校本研修活动、完成技术应用设计、完成实践展示、形成应用反思4项校本研修任务，体现关系网络化、研修校本化、行为数据化3个特点。形成疫情期间在线教学分析报告257份、微能力点解读视频1277个、信息技术融合案例270个，学习共同体小组在线交互4929次，教师实践与交流12297次。

（管杰　李亮芝）

首都师范大学附属苹果园中学分校

2020年，首都师范大学附属苹果园中学分校占地面积10703平方米，校舍建筑面积6462平方米，运动场地面积3978平方米。图书馆（室）藏书31375册。固定资产总值4696万元，全年教育经费投入3321万元。学校信息化经费投入11万元，拥有计算机443台，网络多媒体教室25个，校园网出口总带宽1000Mbps，数字资源量100GB，“信息技术”课程2课时/周。教职工100人，包括高级职称30人、中级职称46人。专任教师68人，本科以上学历98人。开设初中教学班18个。毕业116人、招生196人、在校生557人，包括寄宿生18人，随班就读生3人。

2020年，学校坚持党建引领全局，依托“不忘初心、牢记使命”“我是党员我承诺”等主题教育活动，加强师德师风建设。坚持“让生命因教育而美好”办学理念，整合高校和集团优势资源，营造“身心和谐，尚善至美”德育

8月29日至31日，首师大附属苹果园分校开展新初一入学教育——心理拓展活动　（首师大附属苹果园分校　供）

文化，打造“各美其美，美美与共”课程文化，追求绿色可持续的高效课堂。

以美好课程为平台，探索五育并举。开展家庭、学校、社区、企事业单位合作，形成教育合力。作为样本校完成市级 2020 年国家义务教育质量监测工作。组织初一年级 20 余名师生参加北京市中小学生奥林匹克教育主题系列活动——北京市中小学生奥林匹克冬令营活动。在教科研支持学校发展项目指导下，开展以“提升教师专业自觉 促进‘美好教师’持续发展”为主题的系列培训，提升教师专业素养和教学实施水平。

（赵荣辉　赵丽娜）

北京市石景山区实验中学分校

2020 年，北京市石景山区实验中学分校占地面积 11082 平方米，校舍建筑面积 4890 平方米，运动场地面积 3714 平方米。图书馆（室）藏书 2.50 万册。固定资产总值 3971 万元，全年教育经费投入 2342 万元。学校拥有计算机 192 台，网络多媒体教室 30 个，校园网出口总带宽 1000Mbps，数字资源量 7335GB，“信息技术”课程 2 课时 / 周。教职工 59 人，包括高级职称 15 人、中级职称 26 人。专任教师 46 人，本科以上学历 55 人。开设初中教学班 12 个。毕业 40 人、招生 56 人、在校生 165 人，包括随班就读生 2 人。

2020 年，学校在满足疫情防控工作流程及要求的前提下以教研组工作为抓手，落实教学常规，提升课堂实效。坚持开展教师校本培训，在上半年设置疫情防控知识学习和利用多媒体技术开展居家教学 2 个主题内容，下半年从深度学习领域引导教师以理论指导实践教学。组织 7 名年轻教师参加秋季学期石景山区教师教育教学展示活动。

立德树人，活动育人。初一年级以增强班集体凝聚力为出发点、初二年级以个人项目为主、初三年级与中考体育项目相结合开展趣味体育活动。举办跳蚤市场暨捐款献爱心活动，倡议师生把跳蚤市场活动部分收入捐出为养老院的老人们购买生活用品，为参与捐款的学生发放学校印制的“爱心达人”卡片。组织“光盘行动”系列教育宣传活动、利用升旗仪式向全校师生进行宣讲、开设学科渗透讲堂等，呼吁全校师生“勤俭节约，光盘行动”。开展《“家”有石榴》综合实践活动，以校园里石榴树为教育资源，融入跨学科思想开展综合实践活动。

（梁燚　王燕）

北京市第九中学

2020 年，北京市第九中学占地面积 6.30 万平方米，校舍建筑面积 1.18 万平方米，运动场地面积 1.89 万平方米。图书馆藏书 74769 万册。固定资产总值 2.40 亿元，全年教育经费投入 7408 万元。学校信息化经费投入 106 万元，拥有计算机 863 台，网络多媒体教室 68 个，校园网出口总带宽 1000Mbps，数字资源量 800GB，“信息技术”课程 2 课时 / 周。教职工 179 人，包括高级职称 74 人、中级职称 51 人。专任教师 146 人，包括特级教师 1 人、北京市骨干教师 9 人、北京市学科教学带头人 2 人；本科以上学历 174 人。开设高中教学班 36 个。毕业 427 人、招生 402 人、在校生 1235 人，包括寄宿生 446 人。高中录取分数线 517 分（石景山区），应届高考本科上线率 96%。

2020 年，学校继续推进集团化发展，营建和合共生的教育生态。对文化进行创建、认同和弘扬，在尊重成员校特色传承基础上，着眼学段衔接、跨学科教学、地域文化等领域研究，推进德智体美劳多育互动，推进内涵质量提升和人才贯通培养。

做好民族团结教育。作为北京市民族团结教育示范校，坚持为少数民族地区人才培养和为新疆培养合格的建设者和可靠的接班人作贡献。学校新疆部举办国防教育实践活动军训汇报表演。2 名内高班学生在北京市第三届内地民族班演讲比赛中分获一、二等奖。开展足球、话剧、吉他、舞蹈、十字绣等各类社团活动，丰富学生课余生活。新疆部教师团队在教育扶贫、智力援疆等工

10 月 7 日，九中新疆部进行军训汇报表演

（九中　供）

作中表现突出，被全国妇联授予“巾帼文明岗”荣誉称号。学校被市委宣传部、市委统战部、市民宗委认定为“北京市民族团结进步创建示范单位”。新疆部课题“新疆内高班学习风格与学习力提升实践研究”获石景山区第四届教学成果评选二等奖。

发挥文体科技冰雪特色，培养全面发展的学生。北京市第九中学·北京首钢篮球俱乐部雏鹰班开班，探索全新的、更丰富的体教融合模式。作为北京市中小学科技教育示范校，不断完善相关课程建设，与北京四维拓智教育科技有限公司合作开设人工智能（AI）课程，聘请专业讲师授课。全年组织学生进行冰雪课程体验 34 次。学校冰雪教育相关内容被中央电视台、北京电视台报道。

（荀梦圆）

北京市第十九中学

2020 年，北京市第十九中学分三址办学，分别为万泉庄校区、阳春光华校区和闵庄校区。3 个校区总占地面积 9.91 万平方米，校舍建筑面积 8.55 万平方米，运动场地面积 6.37 万平方米。图书馆（室）藏书 5.66 万册，电子图书 1.10 万册。固定资产总值 2858 万元，全年教育经费投入 12347 万元。学校信息化经费投入 150.99 万元，拥有计算机 1282 台，网络多媒体教室 91 个，校园网出口总带宽 220Mbps，数字资源量 150GB，“信息技术”课程初中 1 课时 / 周、高中 2 课时 / 周。教职工 231 人，包括高级职称 94 人、中级职称 85 人。专任教师 209 人，包括特级教师 4 人、北京市骨干教师 4 人、北京市学科教学带头人 1 人；本科以上学历 227 人。开设教学班 67 个（初中 39 个、高中 25 个、国际部 1 个、幼儿园 2 个）。毕业 714 人（初中 438 人、高中 272 人、国际部 4 人）；招生 1029 人（初中 592 人、高中 374 人、国际部 1 人、幼儿园 62 人）；在校生 2552 人（初中 1557 人、高中 927 人、国际部 6 人、幼儿园 62 人），包括寄宿生 28 人，随班就读生 8 人。高中录取分数线 532 分（万泉庄校区）、521 分（闵庄路校区），应届高考本科上线率 93%。附设校内幼儿班开园，有教职工 10 人，首届开设小班 2 个。

2020 年，学校加大资源供给，提升办学品质。闵庄校区高一年级首次招生，开设 2 个平行班，招生 80 人；高中住宿部获区教委复批，首批入住 28 人。学校在 2020 年海淀区义务教育学校绩效考核中再获优秀。组织初中、高中 18 个学科 200 余名教师在线开展网络教学，12 名教师参加海淀区空中课堂录制工作，30 名教师在国家资源云平台开设示范研究课 78 节次，被评为海淀区空中课堂资源研发优秀团队。召开普通高中新课程新教材实施国家级示范区建设工作三年规划专题学习启动会，对《十九中新课程新教材三年行动计划》课程规划、教学改革、学生指导、学生评价、师资建设 5 个模块进行讨论和研究。

关注学生身心健康发展。启动“垃圾分类”主题教育；开展垃圾分类宣传活动，指导学生在海淀区中小学资源平台上学习“垃圾分类的意义”“垃圾四分法”“跟我一起做” 3 个主题微课；组织学生参与“垃圾分类我先行”创新创意作品征集活动，收到手抄报 63 份、主题征文 23 份、小制作 2 份。党员干部践行《“生活垃圾分类 我是党员我先行”党员干部倡议书》，各支部录制 10 余个垃圾分类教学视频在“抖音” App 上分享，组织学生签订垃圾分类承诺书。承担海淀学区 5211 人核酸检测工作。心理中心接待 30 余个学生家庭，提供心理咨询服务。

（江翠红）

清华大学附属中学

2020 年，清华大学附属中学分三址办学，分别为校本部、奥林匹克森林公园校区和将台路校区。校本部位于清华大学院内，占地面积 7.88 万平方米，校舍建筑面积 9 万平方米，运动场地面积 1.80 万平方米（室外），绿化用地面积 1 万平方米。图书馆（室）藏书 13.90 万册。固定资产总值 14119 万元，全年教育经费投入 3.25 亿元。学校信息化经费投入 560 万元，拥有计算机 980 台，网络多媒体教室 150 个，校园网出口总带宽 1400Mbps，数字资源量 150GB，“信息技术”课程初一和初二年级 1 课时 / 周、高一年级 2 课时 / 周。教职工 417 人，包括高级职称 117 人、中级职称 83 人。专任教师 278 人，包括特级教师 24 人、北京市骨干教师 16 人、北京市学科教学带头人 5 人；本科以上学历 370 人。开设教学班 100 个（初中 52 个、高中 48 个）。毕业 1140 人（初中 558 人、高中 582 人）；招生 1322 人（初中 674 人、高中 648 人）；在校生 3674 人（初中 1865 人、高中 1809 人），包括寄宿生 455 人，外省市借读生 90 人。高中录取分数线 564 分（海淀区），应届高考本科上线率 100%。校本部有社团 55 个。

2020 年，学校保障“停课不停学”，采取线上教学、网络互动、实践作业等多种学习形式，落实五育并举，做好学生居家教育指导。对 15 所清华附中一体化学校在线授课提供支持，在线教学应用学校数目达到 16 个，应用教师总数达 1490 人，1.60 万名学生参与学习，累计在线学习时长 539 万小时。同时，承担录制市、区级公开课 1100 余节次。31 名教师获清华大学在线教学优秀教师奖；2 人获清华大学在线教学管理服务先进个人称号；学校获清华大学在线教学先进集体称号。6 名教师被评为海淀区空中课堂资源研发先进个人。

培育全面发展的学生。完成《STEM 教育理论与实践》《人工智能》系列教材编写，承担科技部 2030 新一代人工智能重大项目课题“人工智能赋能教育强国社会实验研究”研究工作。1 名学生在第 19 届中国女子数学奥林匹克竞赛中获金牌；6 名学生分获数学、物理、化学、生物全国中学生学科竞赛金牌，其中 1 人入选中国数学国家集训队；在美国学术五项全能比赛中，获得最佳组织奖、卓越成就奖、通识教育示范学校称号。学校男女篮双获耐克中国高中生篮球联赛全国总冠军。组织 24 所一体化学校 280 名学生和 52 名教师录制云合唱《我们》。美术班 7 人被清华大学美术学院录取，2 人被中央美术学院录取。

发挥基础教育引领作用。发起成立中国战略学会教育评价专业委员会，该校校长任委员会理事长。学生综合素质评价系统覆盖 10 余个省市，与央视网和中国科学院计算所签订战略合作协议。对外合作办学成果显著，清华附中郑州学校、清华附中管庄学校开学，承办清华附中稻香湖学校以及清华附中稻香湖外籍子女校。积极开展边远地区教育帮扶和支教活动，线上推进“中华英才培养计划”。

（王殿军）

北京市十一学校

2020 年，北京市十一学校占地面积 15.60 万平方米，建筑面积 16 万平方米，体育场（馆）面积 3.96 万平方米。图书馆（室）藏书 15 万册。固定资产总值 7.89 亿元，全年教育经费投入 3.70 亿元。学校信息化经费投入 480 万元，拥有计算机 3691 台，网络多媒体教室 357 个，校园网出口总带宽 820Mbps，“信息技术”课程 2 课时 / 周。教职工 620 人，包括高级职称 185 人、中级职称 164 人。专任教师 526 人，包括特级教师 23 人、北京市骨干教师 11 人、北京市学科教学带头人 3 人；本科以上学历 607 人。开设教学班 1993 个。毕业 1691 人（初中 707 人、高中 984 人）；招生 1456 人（初中 736 人、高中 720 人）；在校生 4727 人（初中 2306 人、高中 2421 人）。高中录取分数线 561 分（海淀区），应届高考本科上线率 97.6%。

2020 年，学校在“停课不停学、停课不停教”要求下，开展线上教育教学工作，提供居家学习学分认定，做好家校沟通和学生指导。55 名党员教师下沉社区一线参与防疫值守，评选校级抗疫敬业标兵 129 人，组织 472 名教职工累计捐款 53807 元。学校入选普通高中新课程新教材实施国家级示范校。进一步优化分层、分类、综合、特需课程体系，推动从教向学的转变，通过“学习单元开发工作坊”“湖畔论学”等研发和分享平台，分享探索成果。建成多语种学习与交流中心。加强基础设施建设，加装校园 AED 除颤仪，翻新篮球场、网球场，安装官方授权纪念品自动售卖机、智能借还书柜等设备，新建轻食营养餐厅，便利店增设自助结算通道。

学生培养。6 个项目入围 2020 丘成桐中学科学奖全球总决赛，获银奖 1 个、铜奖 1 个、优胜奖 2 个。1 名学生入选中学生科技创新后备人才培养计划（简称“英才计划”），在《科学引文索引》（SCI）期刊上发表论文。20 名学生参加中国中学生冰球锦标赛获团体第一名，7 名学生参加全国第 12 届中学生击剑锦标赛获团体第一名，8 名学生参加北京市中小学生大众健美操比赛获冠军；金帆合唱团参加第 15 届中国国际合唱节获少年组一级团队金奖。

（牛鑫）

中国人民大学附属中学

2020 年，中国人民大学附属中学占地面积 9.72 万平方米，校舍建筑面积 11.53 万平方米，运动场地面积 2.54 万平方米。图书馆（室）藏书 17.05 万册。固定资产总值 51330 万元，全年教育经费投入 37986 万元。学校信息化经费投入 428.70 万元，拥有计算机 2121 台，网络多媒体教室 214 个，校园网出口总带宽 850Mbps，数字资源量

11 月 27 日，海淀区第二届中小学 STEM 教育大会暨航天类 STEM 课程教学研讨会在人大附中举办　（人大附中　供）

50000GB，“信息技术”课程 1 课时 / 周。教职工 540 人，包括高级职称 222 人、中级职称 183 人。专任教师 453 人，包括特级教师 20 人、北京市骨干教师 17 人、北京市学科教学带头人 8 人；本科以上学历 525 人。开设教学班 151 个（初中 60 个、高中 91 个）。毕业 1722 人（初中 717 人、高中 1005 人）；在校生 5385 人（初中 2209 人、高中 3176 人）。高中录取分数线 558 分（海淀区），应届高考本科上线率 100%。

2020 年，学校整体梳理各类课程，完成《新课程背景下人大附中课程方案》。形成德育课程体系，将德育内容贯穿到德育课、社会实践课。德育和社团课程初具规模；德育与心理健康课程相互融合，持续推进生涯规划课程建设。开展劳动教育课程模块化教学，设置劳动技术、校园劳动、生产劳动和生涯体验 4 个模块，组织通用技术教师、学校各相关部门、资源单位人员参与课程实施。开设高端类课程 24 门，包括大学先修课、自主招生课程、学科竞赛课程；拓展类课程 110 门，包括国家选修课、跨学科综合课、学科拓展课。组织开发设计“中国传统文化”课程。开展学生社团活动、仪式教育、实践教育等主题活动。

学科课程改革。探索单元化、主题化教学内容，通过“直播＋录播”形式，开展线上教学，将学习内容前置。语文教研组研究教学中的“整合”问题；数学教研组制定研究新教材使用方案，整合教学内容，并推进教研组备课资源建设与备课改革；英语教研组针对不同学习阶段，研究相应的教育教学策略；物理教研组进行单元教学设计的实践探索等。开展网上实验课、网上升旗、网上班会以及网络运动会、音乐会等。

发挥优质教育资源引领辐射作用。全面开放中小学教育联盟网和“双师教学网”公益网络教育教学资源平台，开通免注册绿色通道，供全国师生免费使用。面向云南省兰坪县开展教育定点帮扶，推出《疫情期间的校园心理健康》线上讲座；兰坪县第一中学加挂“中国人民大学附属中学联合学校总校联谊学校”校牌；参加兰坪定点帮扶脱贫攻坚工作调研。推动大中小学思政课一体化建设，承办北京市大中小学思政课一体化建设现场会、2020 年深化新时代学校思想政治理论课改革创新现场推进会——海淀区现场。

人才培养。1 名学生获第 61 届国际数学奥林匹克竞赛（IMO）金牌；1 名学生获 2020 国际物理奥林匹克竞赛（IdPHO）金牌；1 名学生获 2020 国际初中信息学竞赛（ISIJ）金牌，第一名；1 名学生获第 33 届国际青年物理学家竞赛（IYPT—2020）金牌；4 名学生代表中国在第 54 届门捷列夫国际奥林匹克化学竞赛中获 3 银 1 铜。三高足球队获 2020 年北京市青少年足球锦标赛男子甲组 U16—U17、男子乙组 U14—U15 第一名，2019—2020 全国青少年校园足球联赛高中男子组总决赛第一名。学校在第六届美国学术十项全能中国站比赛中获通识教育先锋称号和卓越学校奖；被评为中医药文化进校园示范学校、北京市海淀区中医药文化科普基地、2020 年海淀区教育信息化工作先进单位等，获海淀区 2020 年高考考点校目标管理优秀奖、2020 年普通高校招生工作目标管理优秀奖等。

（杨春燕　杜祥）

北京市第二十中学

2020 年，北京市第二十中学分三址办学，分别为小营（本部）校区、永泰校区和新都校区。3 个校区总占地面积 7.22 万平方米，校舍建筑面积 4.71 万平方米，运动场地面积 2.70 万平方米。图书馆（室）藏书 8.31 万册。固定资产总值 2.11 亿元，全年教育经费投入 1.42 亿元。学校信息化经费投入 423 万元，拥有计算机 870 台，网络多媒体教室 81 个，校园网出口总带宽 350Mbps，数字资源量 300GB，“信息技术”课程 1.5 课时 / 周。教职工 296 人，包括高级职称 116 人、中级职称 74 人。专任教师 283 人，包括特级教师 3 人、北京市骨干教师 9 人；本科以上学历 293 人。开设教学班 82 个（初中 52 个、高中 30 个）。毕业 840 人（初中 517 人、高中 323 人）；招生 1166 人（初中 843 人、高中 323 人）；在校生 3155 人（初中 2131 人、高中 1024 人），包括寄宿生 207 人。高中录取分数线 541 分（海淀区），应届高考本科上线率 100%。

2020 年，学校建立以培育民族脊梁为主题的德育体系。定期组织召开学生代表大会、“榜样的力量”主题班会、每天一分钟小论坛；开展“青春榜样进校园”讲座，以及国土国防、交通消防、卫生保健、生命安全、生态环保教育活动。举办以“‘疫’成长 · 心健康”为主题的“525 心理健康周”活动。学校尊师阁被评为爱国主义教育基地。

开展线上教学。结合停课不停学线上教学技能培训，开展混合式教学。利用“学习强国”、微信群、钉钉等在线教育平台开展在线课堂教学研究课。参加北京市和海淀区空中课堂录制工作，3 个学科 4 名教师录制 9 节市级空中课堂，12 个学科 50 名教师录制 76 节区级空中课堂。居家学习期间发布 63 节在线课堂教学公开课、示范课，教师在线听课 2000 人次。利用自媒体向学生、社会推出北京市第二十中学空中艺术课堂 120 余节，阅读人数 9 万人次，留言 4 万余条；发布“科技云课堂”课程 9 节，点击量 12.69 万次。开展线上“青春校园”自编操征集活动，收集作品 36 部，评选出一等奖 8 个、二等奖 12 个、三等奖 16 个。

积极发挥引领辐射作用。举办第二届新高考与课堂教学方式变革教育论坛；召开第 13 届学习节、首届教学研讨月启动动员会；与 3 所对口支援学校开展对口支援工作；与合作校易县易州九年一贯制学校通过微信群进行“停课不停学”网上工作交流。

资源优化。开通“校长热线”（60202020），为家长、教师、学生提供与学校沟通的通道。南楼部署 5G 无线网络；新建 2 个英语机考机房，建成校级网络阅卷系统。学校被教育部基础教育司评为“基于教学改革 融合信息技术的新型教与学模式实验区”海淀区实验学校。

（贺正东）

首都师范大学附属中学

2020年，首都师范大学附属中学占地面积5.40万平方米，校舍建筑面积8.20万平方米，运动场地面积1.45万平方米。图书馆（室）藏书13万册，电子图书2万册。固定资产总值15205万元，全年教育经费投入30512万元。学校信息化经费投入2966万元，拥有计算机1710台，网络多媒体教室113个，校园网出口总带宽1000Mbps，数字资源量50TB,“信息技术”课程1课时/周。教职工436人，包括高级职称143人、中级职称105人。专任教师358人，包括特级教师11人、北京市骨干教师6人、北京市学科教学带头人3人;本科以上学历357人。开设教学班98个(初中48个、高中50个)。毕业1279人（初中342人、高中937人）；招生1241人（初中684人、高中557人）；在校生3791人（初中1930人、高中1861人），包括寄宿生253人，随班就读生155人。高中录取分数线562分（海淀区），应届高考本科上线率100%。

2020年，学校倡导办负责任、有内涵、有温度的“成达教育”，其本质就是将“人”的培养放在核心位置，遵循教育规律和人才成长规律，培养健康阳光、自信坚毅、正志笃行、成德达才、家国担当、胸怀天下的创新人才。以“成德达才”理念为引领，构建起培养“仁爱之心、睿智之脑、健康之体、发现之眼、创造之手”的成达五维育人体系，不断深化“四修课程”建设，着力打造成达思维发展型课堂，构建以思维培养为主线的课堂教学。发挥优质教育资源引领辐射作用，与丰台区教委签署战略合作框架协议，共同建设首都师范大学附属中学丰台学校。

将全体师生生命健康安全放在首位。在复课阶段求新求实，创新“小班化面对面＋1＋1”教学模式，实现两个不变、两个增加，即在班级建制和任课教师不变的情况下，增加一间教室和一名助教，通过信息技术，实现两间教室无障碍互动。学校获评北京市“智慧校园”融合应用示范基地校、北京市2020年中小学综合素质评价工作先进单位、京城教育集团领军学校；学校党委获首都师范大学先进党组织称号；2名教师获北京市特级教师称号；1名教师获北京市“紫禁杯”优秀班主任特等奖。

（范广宁　邓晨）

12月8日至11日，首师大附中举办第五届“正志杯”青年教师基本功大赛　　（首师大附中　供）

北京市中关村中学

2020年，北京市中关村中学分三址办学，分别为科学院南路校区、双榆树校区和清华园校区。3个校区总占地面积5.42万平方米，校舍建筑面积4.56万平方米，运动场地面积2.18万平方米。图书馆(室)藏书10.57万册。固定资产总值13859万元，全年教育经费投12364万元。学校信息化经费投入293.15万元，拥有计算机1640台，网络多媒体教室167个，校园网出口总带宽100Mbps，“信息技术”课程1课时/周（初中）。教职工382人，包括高级职称149人、中级职称125人。专任教师306人，包括特级教师5人、北京市骨干教师10人；本科以上学历306人。开设教学班82个（初中49个、高中33个）。毕业943人(初中534人、高中409人);招生1063人(初中630人、高中433人);在校生3084人（初中1846人、高中1238人），包括随班就读生3人。高中录取分数线545分（海淀区），应届高考统招生本科上线率99.60%。

2020年，学校坚持党委领导、校长负责，全面统筹疫情防控和教育教学工作，组织线上教学，共建教学资源库，持续开展线上教学科研和经验分享，开展云社团活动。学校获评2020年海淀区“空中课堂”资源研发优秀团队。

交流合作。与中国科学院数学与系统科学研究院签订合作协议，双方联合中国科学院大学数学科学学院、中国数学学会，共同建设中小学数学素质教育联盟中关村中学数学实验室，探索数学前沿、数学建模、数学文化等，形成大中贯通教育、院校联合的科技后备人才培养创新模式。4家合作单位将共同开发系统校本课程，提升中学生数学学习志趣及思维品质，利用各方资源联合开展科学人大课堂、数学建模、数学竞赛、STEM教育、数学学科实践等课程，以课程育人，共同探索面向未来、科技创新的数学后备人才培养路径。

加强基础设施建设，提升教育服务保障水平。

1月3日，中关村中学举行第二届学生节
（中关村中学 供）

校史馆改造工作完成，以学校发展历史时间轴为主线，展示自1982年以来学校在德育、教学、文化生活及合作发展等方面成果。凸显学校“科教协同，共育英才”特色创新办学机制，成为联系师生和品牌建设的重要载体和宣传阵地。学校作为2020年北京市最大高考考点校，共设考场49个，备用考场5个，承担9个学科、298场次考试的保障任务。

（张振环）

北京大学附属中学

2020年，北京大学附属中学占地面积5.16万平方米，校舍建筑面积4.86平方米，运动场地面积1.20平方米。图书馆（室）藏书10万册，电子图书与北京大学图书馆共享。固定资产总值10826万元，全年教育经费投入24905万元。学校拥有笔记本电脑545台、台式机584台、平板电脑517台，网络多媒体教室199个，校园网出口总带宽1200Mbps，数字资源量2TB，“信息技术”课程2课时/周。教职工426人，包括高级职称127人、中级职称119人。专任教师356人，包括特级教师7人、北京市骨干教师6人；本科以上学历418人。开设教学班226个（初中61个、高中165个）。毕业1417人（初中633人、高中784人）；招生1225人（初中332人、高中893人）；在校生3635人（初中1222人、高中2413人）。高中录取分数线560分（海淀区），应届高考本科上线率100%。

2020年，学校以60周年校庆为契机，坚持外延发展和内涵建设相结合，全面落实立德树人根本任务。

教学工作与课程建设。上线预科部高三备考系统，教师通过系统平台向学生提供备考课程和检测，并依据系统反馈的学生学习数据及时调整备考策略和教学方法。围绕课程建设、项目研发、学生成长、升学发展等改革理念与实践经验进行深度梳理与系统总结，组织8个平行论坛、20余个分会场活动。国际部（道尔顿学院）注重课程建设与体验，探索学生与大学学校双向匹配的申请指导。举办2020年度暨首届课程与项目成果评选。

人才培养。初中部探索、构建2－1育人模式，初一年级、初二年级侧重小学初中的衔接与习惯养成，初三年级侧重初高中衔接。成立高中部第九书院弘毅书院。为学生全面发展打牢物质基础，启用初中部阅览楼和篮球馆。成立垃圾分类工作领导小组，制定并颁布《北大附中垃圾分类工作实施办法》，宣传垃圾分类。

（赵彦芳）

北京市第一〇一中学

2020年，北京市第一〇一中学分三址办学，分别为圆明园校区、双榆树校区和温泉校区。3个校区总占地面积24.42万平方米，校舍建筑面积10.55万平方米，运动场地面积3.06万平方米。图书馆（室）藏书13.59万册，电子图书13.60万册。固定资产总值58325万元，全年教育经费投入27945万元。学校信息化经费投入937.14万元，拥有计算机2591台，网络多媒体教室151个，校园网出口总带宽210Mbps，“信息技术”课程初一年级和初二年级1课时/周、高一年级2课时/周。教职工475人，包括高级职称181人、中级职称167人。专任教师361人，包括特级教师14人、北京市骨干教师20人、北京市学科教学带头人4人；本科以上学历467人。开设教学班140个（初中84个、高中56个）。毕业1400人（初中811人、高中589人）；招生1862人（初中1163人、高中699人）；在校生5084人（初中3149人、高中1935人），包括寄宿生943人，随班就读生5人。高中录取分数线566分（海淀区），应届高考本科上线率100%。北京一零一中实验幼儿园开园，位于丽景苑小区内，占地面积4200平方米，校舍建筑面积4535平方米，绿化用地面积1260平方米；开设教学班9个，有教职工27人，首批招收幼儿90人。

2020年，一零一中教育集团继续推进集团化办学，建立学前、小学、初中、高中K15一体化的教育生态全链条。通过classin、口袋课堂等软件开展线上教学，创立线上融合线下（OMO）教学与管理模式。选派28名教师完成初二年级语文、数学、英语、历史、地理、生物和初一年级英语，7个学科的录课任务。

推进教育教学改革。与中国教育智库网合作共建的未来智慧校园研究中心揭牌成立，探索建设“智慧校园”，打造智能个性化学习平台应用场景。推进智慧化教学平台建设，研究集团化办学条件下的信息化建设，推进集团治理内部治理体系和治理能力国家级课题研究。积极与高校及科研院所合作，增强学校科技教育力量，与北京语言大学签订全面合作框架协议，北京语言大学附属中学、北京语言大学附属小学揭牌；与中国科学院大学签约联合建设中国科学院大学附属实验学校，同时开展国科大科技创新实验班和2＋4贯通培养项目。学校成为北京市大中小幼一体化德育研究基地校、中国科协青少年科技中心英才培养基地、北京大学心理科学人才培养基地，以及为中国科学院物理研究所“强基计划”人才培养基地和首都师范大学教师教育学院教育硕士培养提供产、学、研、训“四位一体”服务。学校入选普通高中新课程新教材实施国家级示范校名单并启动相关建设工作；被评为全国文明校园。

（康文中）

北京市门头沟区新桥路中学

2020年，北京市门头沟区新桥路中学占地面积2.69万平方米，校舍建筑面积1.69万平方米，运动场地面积0.98万平方米。图书馆（室）藏书5.50万册。固定资产总值6802.08万元，全年教育经费投入998.84万元。学校信息化经费投入160.89万元，拥有计算机1037台，网络多媒体教室57个，校园网出口总带宽1000Mbps，数字资源量50GB，“信息技术”课程初一年级2课时/周。教职工125人，包括高级职称53人、中级职称50人。专任教师100人，包括特级教师1人；本科以上学历125人。开设初中教学班30个。毕业220人、招生285人、在校生690人，包括随班就读生6人。

2020年，学校在防控抗击疫情的同时，有序开展线上线下相结合的教育教学工作。探索适应新时代新要求背景下的家校社协同育人新生态，构建一体化“心桥课程”体系，挖掘有效资源，满足学生成长需要。围绕“问题解决—主体互动”课堂学习方式，深化课堂教学方式改革，向课堂要质量。结合各阶段目标和任务确定工作方案，自主开展多种年级活动，推进年级负责制，完善学校管理机制。备案设置专制安全管理干部，加强校园内外安全工作，加强法治教育和应急演练，确保校园安全。与内蒙古自治区察右后旗第三中学、北京市门头沟区王平中学开展对口帮扶和交流工作，逐步实现资源共享、课程共建、学校互动、师生共赢，谋求共同发展。开展主题升旗、艺术节、主题讲座等爱国主义教育活动。开展创城创卫工作，联合门头沟区城管委宣教中心、中华环境保护基金会举办“践行垃圾分类，守护绿水青山”主题教育活动，组织推进垃圾分类值守工作。依托特级教师安淑娥工作室、优秀班主任“砺行”工作坊等，开展教师专业化培训。开展多种形式的活动加强师德师风建设，引导教职工树德育人。

（王业霞）

10月10日，新桥路中学组织教师赴内蒙古开展交流活动（新桥路中学 供）

北京市大峪中学

2020年，北京市大峪中学分两址办学，分别为本部校区和西校区。2个校区总占地面积8.04万平方米，校舍建筑面积5.84万平方米，运动场地面积3.15万平方米。图书馆（室）藏书8.51万册。固定资产总值26631万元，全年教育经费投入2131万元。学校信息化经费投入136.90万元，拥有计算机839台，网络多媒体教室94个，校园网出口总带宽1024Mbps，“信息技术”课程1课时/周。教职工265人，包括高级职称111人、中级职称86人。专任教师216人，包括特级教师7人、北京市骨干教师5人；本科以上学历215人。开设教学班61个（初中30个、高中31个）。毕业698人（初中356人、高中342人）；招生704人（初中359人、高中345人）；在校生2211人（初中1125人、高中1086人），包括寄宿生273人，随班就读生1人。高中录取分数线533分（门头沟区），应届高考本科上线率

10月至11月，大峪中学举办2020—2021第五届“山谷杯”足球赛 （大峪中学 供）

95.60%。5月14日，西校区更名为北京市门头沟外国语学校，为独立法人单位，与大峪中学一体化办学。

2020年，学校以提高教育教学质量、培养学生良好习惯养成、坚持防疫常态化为重点，推进各项工作。

山谷教育。研究探索线上线下“全域式”和“个性化”教育教学规律，由学习研究指导中心牵头进行线上线下融合式教学，打造空中课堂。由学习研究指导中心牵头组织“文献教学”琢磨节活动，尝试将文献资料引入中学课堂，引导学生学会查阅资料、阅读资料、应用资料。培养学生学科核心素养，构建科学话语体系。英语学科组打造英语戏剧表演课程，增强课堂趣味性。

山谷德育。完善生涯教育课程体系，加强红色教育，深化科普教育。举办“预见未来——做自己生命航船的舵手”校园模拟招聘会、“法治副校长进校园讲好开学第一课”活动、初一年级“争做新时代好队员”少先队建队仪式、2020—2021北京市大峪中学第五届“山谷杯”足球赛等传统活动。开展室内课间操，在避免人员聚集的前提下进行课间活动。

科技创新。通过北京市学生金鹏科技团生命科学分团线上评审，观鸟社团定期组织观鸟活动，进行专业学习，组织参加各类观鸟类竞赛项目。组织学生实地考察门头沟区潭柘寺，开展课题研究。

（于君雅）

北京市房山区良乡第二中学

2020年，北京市房山区良乡第二中学占地面积3.25万平方米，校舍建筑面积1.70万平方米，运动场地面积1.60万平方米。图书馆（室）藏书4.92万册，电子图书1328册。固定资产总值5507万元，全年教育经费投入6099万元。学校信息化经费投入7.40万元，拥有计算机743台，网络多媒体教室62个，校园网出口总带宽100Mbps，数字资源量150GB，“信息技术”课程1课时/周。教职工171人，包括高级职称63人、中级职称67人。专任教师140人，包括北京市骨干教师2人；本科以上学历168人。开设教学班36个。毕业459人、招生492人、在校生1418人，包括随班就读生6人。

2020年，学校以实施“梧桐文化”为核心开展工作，进一步规范教学常规管理。编制《良乡二中“品位”课程一体化实施方案》，制定《良乡二中校本研修三年行动计划》《良乡二中青年教师培养三年规划》《良乡二中课堂信息技术提升培训方案》《良乡二中骨干教师考核评价制度》等多项规章制度。落实教育改革，加强培训研究德育体系化建设，形成三横六纵德育体系，完成协同育人体系构建。优化教学环境，实现课堂教学与课外实践有机结合。开展家校合作和环保教育活动。加强体育工作，举办空中艺术节、空中科技节和空中体育节。成立卫生健康办公室，普及安全知识，为师生提供医疗服务。

（崔雪艳）

北京市房山区长沟中学

2020年，北京市房山区长沟中学占地面积6.54万平方米，校舍建筑面积1.97万平方米，运动场地面积2万平方米。图书馆（室）藏书1.68万册。固定资产总值7446万元，全年教育经费投入2743万元。学校信息化经费投入1万元，拥有计算机497台，网络多媒体教室50个，校园网出口总带宽1024Mbps，数字资源量60GB，“信息技术”课程1课时/周。教职工64人，包括高级职称22人、中级职称27人。专任教师61人，本科以上学历60人。开设教学班12个。毕业107人、招生161人、在校生413人。

2020年，学校做好常态化疫情防控，提升教育教学质量，提出德育教学质量标准。开展部门联动承包制，各部门走进年级和班级，通过包年级、包班级的方式，进行目标分解，责任到人，提升教学质量。制订学生居家学习课程方案，开展线上、线下相结合的教学，利用QQ群、微信群，将智慧学伴、北京数字学校等网络教育资源融入教育教学，落实五育并举，全面育人。根据疫情防控要求，设计的校门口、校内出现发热情况应急处置流程图被房山区教委采纳，并作为标准范例下发到各单位。党支部注重挖掘身边的先进人物和典型事迹，以鲜活的教育内容引领师生员工向“最美”看齐，发起“毓秀之师”评选活动。

（穆美佳）

北京市通州区运河中学

2020年，北京市通州区运河中学分两址办学，分别为东校区和西校区。2个校区总占地面积10.60万平方米，校舍建筑面积7.69万平方米，运动场地面积6.29万平方米。图书馆（室）藏书8.44万册。固定资产总值14444万元，全年教育经费投入15377万元。学校信息化经费投入27.80万元，拥有计算机1312台，网络多媒体教室139个，校园网出口总带宽2750Mbps，数字资源量5500GB，“信息技术”课程1课时/周。教职工335人，包括高级职称103人、中级职称98人。专任教师277人，包括特级教师3人、北京市骨干教师7人、北京市学科教学带头人2人；本科以上学历332人。开设教学班70个（初中38个、高中32个）。毕业857人（初中306人、高中551人）；招生1070人（初中620人、高中450人）；在校生2725人（初中1430人、高中1295人），包括寄宿生650人。高中录取分数线521分（通州区），应届高考本科上线率98.5%。

2020年，学校在五育并举理念引领下，促进学生全面发展。开展线上教学，应用“无线宝”平台使线上、线下教育教学无缝衔接。开展2020—2021学年度“新芽杯”教学竞赛、名师大讲堂、青年教师培训班等教育教学活动。成立运河中学班主任工作坊。

搭建多元发展平台。开设机器人、建模、车模、书法绘画、篆刻等各类艺术、体育、科技类实践课程。开设ASR全学科阅读、知识产权进校园、生涯规划、中华篆刻、运河民间美术等特色校本课程及140余项研究性学习项目，其中中华篆刻为国家申遗项目。组织学生参与中国科技馆抗疫情专题海报征集活动，7名学生的作品获特等奖，并被中国数字科技馆收录，4名学生的作品获优秀奖。定期开展成果展示交流活动以及传统文化进校园活动。

交流合作，助力区域特色发展。继续与内蒙古自治区奈曼旗东明中学和奈曼旗第一中学开展对口支援合作，接待当地3名干部教师到校轮岗交流。组织10名骨干教师参加“通武廊”基础教育第二共同体教学研讨活动。与河北省三河市第七中学、第九中学、第十中学、第一实验中学签订合作交流协议，开展合作共同体学访交流，在教师专业发展、党建、学校建设方面开展线上、线下合作。

（刘凌）

北京市通州区潞河中学

2020年，北京市通州区潞河中学占地面积17.06万平方米，校舍建筑面积10.02万平方米，运动场地面积2万平方米。图书馆（室）藏书15.30万册，电子图书2.80万册。固定资产总值5.23亿元，全年教育经费投入2.26亿元。学校信息化经费投入100万元，拥有计算机2600台，网络多媒体教室82个，校园网出口总带宽700Mbps，数字资源量2500GB，“信息技术”课程初中1课时/周、高中2课时/周。教职工378人，包括高级职称154人、中级职称135人。专任教师306人，包括特级教师15人、北京市骨干教师19人、北京市学科教学带头人5人；本科以上学历366人。开设教学班82个（初中32个、高中50个）。毕业892人（初中349人、高中543人）；招生1023人（初中402人、高中621人）；在校生3140人（初中1242人、高中1898人），包括寄宿生595人。高中录取分数线544分（通州区），应届高考本科上线率100%。

2020年，学校坚持疫情防控与事业发展两手抓、两不误，全面提升教育教学质量，推进学校各项事业高速发展，办好人民满意的教育。以抗疫、抗洪、全面脱贫等社会重大事件为关注点，利用国旗下讲话、主题班队会、专家讲座等形式开展社会主义核心价值观、中华优秀传统文化、民族精神和时代精神等特色主题教育。把意识形态教育贯穿教育教学全过程；加强干部、教师队伍师德师风建设，坚持以德立身，依规从教。

10月30日，运河中学开展家长接待日活动
（运河中学 供）

课程改革。作为北京市11所普通高中新课程新教材实施市级示范校之一，学校制订和实施课程改革工作方案，打造课程实施和评价体系，通过全区课程工作

4月27日，潞河中学学生复课
（潞河中学　供）

每段都明确各科学习任务、安排具体假期生活指导建议，安排教师就本段学习任务进行线上指导和答疑工作，并就每段情况召开线上班会进行反馈和指导；高二年级帮扶后进生，关注其思想状态，并及时进行疏导；高三年级抓好年级转化生工作。

文化建设。收集、整理1952年建校以来部分大事记、历任领导、知名校友、教育教学活动资料等。完成《永中记忆》资料收集、整理、撰写、修改、编辑和出版工作。梳理、总结学校办学理念、办学特色及教育教学的经验和方法，完成《责任担当，逐梦前行》编写及出版工作。

（刘杰）

现场会展示学校促进学生全面可持续发展的课程建设理念。组织实施初、高中课程改革，落实招考制度改革，初、高中部各年级结合学生特点全面落实新课程要求；推动学校初高中思想政治课改革创新。

（刘晓蕾）

北京市通州区永乐店中学

2020年，北京市通州区永乐店中学占地面积13.10万平方米，校舍建筑面积8.76万平方米，运动场地面积2.95万平方米。图书馆（室）藏书8.37万册，电子图书10万册。固定资产总值13450万元，全年教育经费投入15897万元。学校信息化经费投入236万元，拥有计算机1041台，网络多媒体教室135个，校园网出口总带宽1000Mbps，数字资源量1000GB，“信息技术”课程1课时/周。教职工294人，包括高级职称112人、中级职称68人。专任教师211人，包括特级教师2人、北京市骨干教师4人；本科以上学历291人。开设教学班46个（初中12个、高中34个）。毕业667人（初中116人、高中551人）；招生533人（初中135人、高中398人）；在校生1530人（初中407人、高中1123人），包括寄宿生1031人，随班就读生2人。高中录取分数线488分（通州区），应届高考本科上线率75.2%。

2020年，学校推进制度建设、队伍建设、课程体系建设，组织和实施线上、线下教学工作。

责任教育。建构教育共同体，通过网络召开“永中家校合作”线上云家长会等家校共育系列活动。举办首届2020冰雪嘉年华活动。初一年级开展线上7个学科的“每日一测”活动；初二年级打造优秀班主任集体；初三年级探索线上教学实践研究；高一年级将寒、暑假均分成3段，

北京中加中学

2020年，北京中加学校占地面积7.19万平方米，建筑面积3.65万平方米，运动场地面积1.93万平方米。图书馆藏书4.25万册，电子图书0.50万册。固定资产总值686万元，全年教育经费投入2645万元。学校信息化经费投入9万元，拥有计算机392台，网络多媒体教室55个，校园网出口总带宽320Mbps，数字资源量13GB，“信息技术”课程4课时/周。教职工94人，包括高级职称9人、中级职称21人。专任教师45人，外籍教师16人，本科以上学历71人。开设高中教学班14个。毕业98人、招生105人、在校生246人，全部为寄宿生。高中录取分数线450分（通州区）；申请国内外大学学生98人，录取率100%。

2020年，学校以“双一流”（即一流的国内课程和一流的国际课程）建设为目标，在国家课程必修课基础上，发展校本课程特色，开设学业规划类、学科拓展类、传统文化类、发展指导类、社会生活类、身心健康类、兴趣爱好类、双语理科类8类校本课程。

提高国际课程教学质量，开展AP课程（针对“美国大学预修课程考试”开设的授课辅导）与国际竞赛课程的各项工作。组织学生参加具有国际认证水平的课程及活动，包括爱丁堡公爵国际奖及各学科国际竞赛等。加强国际交流，组织学生参加澳大利亚圆方线上国际会议，了解堪培拉文化，探讨冒险精神；开展加拿大圆方线上国际会议，探讨加拿大原住民的历史和和解方程；组织韩国圆方线上国际会议，讨论韩国和朝鲜历史及未来发展趋势；举

2020 年，中加学校 38 名学生获 2019—2020 学年度爱丁堡公爵国际奖　　（中加学校　供）

办 ASDAN 模拟商赛北京区域赛，取得 2021 年全明星赛和 2021 年上海全球赛资格。

师生培养。加强教师教育技能和教学基本功训练、提高教师信息技术和现代教育装备应用能力。开展第八届教师管理与教学论文评选工作，评选出优秀论文 39 篇。与北京理工大学共同举办专业发展研讨会暨教师“一对一”结对活动，打造新型教师队伍。培养全面发展的学生，组织全校师生共同学习北京垃圾分类新政，98 名学生使用全英文录制宣传视频，解读新政内容和要求；组织高一学生到什刹海，开展胡同文化实践活动。

（王莉）

北京市顺义区高丽营学校

2020 年，北京市顺义区高丽营学校占地面积 7.33 万平方米，校舍建筑面积 1.83 万平方米，运动场地面积 1.43 万平方米。图书馆（室）藏书 4.73 万册。固定资产总值 2488 万元，全年教育经费投入 4957 万元。学校信息化经费投入 15.88 万元，拥有计算机 347 台，网络多媒体教室 57 个，校园网出口总带宽 1000Mbps，数字资源量 1000GB，“信息技术”课程 1 课时 / 周。教职工 112 人，包括高级职称 30 人、中级职称 50 人。专任教师 87 人，包括北京市骨干教师 1 人；本科以上学历 108 人。开设教学班 30 个（小学 24 个、初中 6 个）。毕业 116 人（小学 77 人、初中 39 人）；招生 212 人（小学 153 人、初中 59 人）；在校生 887 人（小学 745 人、初中 142 人），包括随班就读生 3 人。学校有社团 45 个。

2020 年，学校以“为学生的幸福人生奠基”为宗旨，搭建“幸福成长”课程体系，促进学生健康成长。

立德树人。结合传统节日、重大活动、安全教育等平台开展常规评价活动。开展学生种植园管理、播种与秋收、我是小当家等实践活动，培养学生劳动能力。开展“盘盘净餐 · 人人节俭”的“光盘行动”，成立“光盘行动”检查小组，评选文明餐桌活动先进班级。

立本求新。推进课堂教学改革，以课题引领促进教师专业成长。依据顺义区科研活动方案，开展“以研促教，共研促发展”第 15 届科研月课题成果交流研修活动。根据九年一贯制学校研究环境，开展中小学一体化衔接教学研讨活动。

队伍建设及学生培养。注重教师专业素养提升，促进课堂教学方法创新，在北京市第三届科研课题研究课（教学基本功）评比活动中，2 名教师获一等奖、10 名教师获二等奖、10 名教师获三等奖。培养全面发展的学生，2 名学生获第 21 届北京青少年机器人竞赛暨第六届北京青少年创意编程与智能设计大赛二等奖。学校获评第十届“书香燕京——北京市中小学阅读指导活动”组织先进学校。

（海朋）

北京市第四中学顺义分校

2020 年，北京市第四中学顺义分校占地面积 12.12 万平方米，建筑面积 4.38 万平方米，运动场地面积 2.94 万平方米。图书馆藏书 7.54 万册，电子图书 0.20 万册。固定资产总值 1.05 亿元，全年教育经费投入 1.06 亿元。学校信息化经费投入 87 万元，拥有计算机 636 台，网络多媒体教室 72 个，校园网出口总带宽 100Mbps，数字资源量 320GB，“信息技术”课程 1 课时 / 周。教职工 247 人，包括高级职称 99 人、中级职称 96 人。专任教师 185 人，包括特级教师 2 人、北京市骨干教师 5 人、北京市学科教学带头人 1 人；本科以上学历 242 人。开设教学班 48 个（初中 24 个、高中 24 个）。毕业 575 人（初中 320 人、高中 255 人）；招生 620 人（初中 320 人、高中 300 人）；在校生 1761 人（初中 952 人、高中 809 人），包括寄宿生 975 人，外省市借读生 95 人。高中录取分数线 487 分（顺义区），应届高考本科上线率 100%。学校有社团 42 个。

2020 年，学校构建对外与北京市第四中学合作办学、对内深化“和润育人”特色文化和课程体系建设的双轮驱动发展模式，探索走班教学和新中高考改革的应对之策。接受总校教师通过“云端课堂”、腾讯会议等线上授课平台提供的课程资源 300 余节次。为保证在线学习效果，组织师生“云端课堂”在线授课和听课培训 14 次，保证全体教师能够熟练使用平台软件。组建领导巡课小组，负责检查线上授课效果。

人才培养。通过校内“青蓝携手，师徒共进”工程、校外组织教师向四中名师拜师、深入四中浸润学习、建立人才发展档案等途径促进教师专业发展。1 名教师获评北京市学科教学带头人，5 名教师获评北京市骨干教师，1 名教师获评北京市骨干班主任；1 名教师代表北京市参加第八届全国中小学实验教学说课活动获初中组第一名，获评 2020 年度全国中小学实验教学能手。

坚持素质教育，开展师生文体、科技活动。举办“筑梦冰雪 · 相约冬奥”冰雪知识进校园讲座，邀请专业教练传授和展示滑雪技能。举办第二届教职工健步走活动，引导教师养成健康生活习惯。组织初中 3 个年级的学生到中国宋庆龄青少年科技文化交流中心参观学习。

（周雪斌　宋艳琴）

北京市顺义牛栏山第一中学

2020 年，北京市顺义牛栏山第一中学占地面积 18.17 万平方米，建筑面积 12.34 万平方米，运动场地面积 5.65 万平方米。图书馆（室）藏书 13.55 万册，电子图书 9 册。固定资产总值 53056 万元，全年教育经费投入 18968 万元。学校信息化经费投入 97 万元，拥有计算机 1295 台，网络多媒体教室 112 个，校园网出口总带宽 1120Mbps，数字资源量 1060GB，“信息技术”课程 1 课时 / 周。教职工 366 人，包括高级职称 144 人、中级职称 139 人。专任教师 251 人，包括特级教师 15 人、北京市骨干教师 17 人、北京市学科教学带头人 4 人；本科以上学历 349 人。开设教学班 54 个（初中 2 个、高中 52 个）。毕业 783 人（初中 90 人、高中 693 人）；招生 909 人（初中 90 人、高中 819 人）；在校生 2491 人（初中 90 人、高中 2401 人），包括寄宿生 2443 人，随班就读生 1 人。高中录取分数线 544 分（顺义区 01 专业）、536 分（顺义区 02 专业），应届高考本科上线率 99%。

2020 年，学校加强课程整体建设，创新课程管理方式，重点打造融合课程，打通学科壁垒，建设教师自主发展创新团队，提高教育教学质量。

师资队伍建设。加强青年教师培养，召开青年教师座谈会，解决教育教学实际问题，搭建交流平台；以“元圣”班主任工作坊为引领，开展班主任沙龙、课题研究、班级文化建设等活动，制定班主任轮值制度，促进班主任专业成长；该工作坊获评“北京市紫禁杯班主任工作室学校优秀班主任工作坊”，获得奖励经费 3 万元。教师获第 32 届北京市中小学“紫禁杯”优秀班主任特等奖 1 人、一等奖 1 人、

培育全面发展的学生。举办首届生命科学月活动，包括基础知识答题、生物学科特色海报展、教材实验操作展示、专家进校园讲座 4 项活动。开发劳动教育校本课程，启动种植农艺园劳动实践基地，学生按照作物生长周期自主实施浇水、施肥、收割等作业。建成传统发酵技术工作坊。

教育教学。开办数学讲坛，采取轮讲形式，由学校 4 名数学学科北京市特级教师不定期授课。打造多学科融合课程，由政治、地理、历史、语文、美术、音乐等多学科教师组成课程实践研究团队，发挥各学科的特点和不同学科教师资源优势，设计不同层次的探究性问题，培养学生跨学科的通用素养。

庆祝建校 70 周年。采访退休教师和校友，以口述校史的方式回忆建校 70 年来的变化。举办校庆 70 年系列国旗下讲话、师生书画作品展、退休教师座谈会、校友体育项目比赛、学生寄语等活动。举行薪火相传 70 载——牛栏山一中校庆 70 周年庆典活动。

线上教学。制订《牛栏山一中“战胜疫情、赢在自觉，空中自主课堂”实施方案》，为授课教师补足配齐网络教学设备，利用腾讯课堂、微信群、问卷星等软件平台，完成教师授课、屏幕共享、学生签到等教学活动。在开齐各门课程的基础上，增加健身操、心理辅导、优秀曲目推送、唐朝绘画作品赏析等内容。

（许坤）

北京市顺义区杨镇第一中学

2020 年，北京市顺义区杨镇第一中学占地面积 26.68 万平方米，校舍建筑面积 12 万平方米，运动场地面积 4.79 万平方米。图书馆（室）藏书 11.60 万册，电子图书 10 万册。固定资产总值 15384 万元，全年教育经费投入 23867 万元。学校信息化经费投入 125 万元，拥有计算机 534 台，网络多媒体教室 72 个，校园网出口总带宽 1240Mbps，数字资源量 2000GB，“信息技术”课程 2 课时 / 周。教职工 384 人，包括高级职称 167 人、中级职称 152 人。专任教师 271 人，包括特级教师 3 人、北京市骨干教师 7 人、北京市学科教学带头人 2 人；本科以上学历 381 人。开设高中教学班 52 个。毕业 687 人、招生 595 人、在校生 1864 人，包括寄宿生 1607 人，随班就读生 1 人。高中录取分数线 504 分（顺义区），应届高考本科上线率 91.3%。

2020 年，学校深化课堂教学改革，转变课堂教学方式，加强课程研究与建设以及起始年级和毕业年级的管理和引领。

立德树人，全面育人。举办第七届 5 · 25 心理文化节系列活动，分别开展“疫情期间我的成就事件”线上活动和“给一年后的自己”一封信线下活动，帮助学生增强自控力，提升适应性。举办“冰雪进校园，助力冬奥会”冬奥知识宣传普及周活动，开展“冬奥知识跟我学”“我与冬奥同行”“北京 2022”3 个篇章的冬奥讲座和“弘扬奥运精神，传承奥运文化”知识竞赛普及冬奥知识，推广冰雪运动。举办“扬帆一中魂，炫动颂青春”展演录播活动，展

示 7 个社团活动以及 17 个达人秀节目，学生可线上下载观看。学校获评北京市教育信息化融合应用示范基地、北京市中小学校健康食堂，获得北京市第五届“民族杯”中学教师民族团结进步教育进课堂教学大赛优秀组织奖。

（李洪峰　金英　侯瑞铭）

北京市昌平区百善学校

2020 年，北京市昌平区百善学校占地面积 5.19 万平方米，校舍建筑面积 2.20 万平方米，运动场地面积 2.10 万平方米。图书馆（室）藏书 5.10 万册。固定资产总值 2188 万元，全年教育经费投入 5339 万元。学校信息化经费投入 7.85 万元，拥有计算机 312 台，网络多媒体教室 49 个，校园网出口总带宽 1000Mbps，数字资源量 600GB，“信息技术”课程 1 课时 / 周。教职工 138 人，包括高级职称 18 人、中级职称 64 人。专任教师 130 人，本科以上学历 120 人。开设教学班 33 个（小学 24 个、初中 9 个）。毕业 190 人（小学 118 人、初中 72 人）；招生 270 人（小学 170 人、初中 100 人）；在校生 1131 人（小学 870 人、初中 261 人），包括随班就读生 8 人。

2020 年，学校在做好疫情防控基础上，坚持做好各项教学工作。

五育并举。通过各类活动为学生搭建展示平台，开展“铭记历史，厚植爱国主义情怀”主题教育活动、“勤为本 俭养德 我光盘 我光荣”节粮主题活动、“学会守法，争做文明学子”教育活动，以及“探索、创新、合作”第四届科技节活动、“119”消防宣传月活动、“巧手制作创意无限”手工活动、尚善少年“经典浸润人生，书香伴我成长”课本剧表演比赛、“红领巾相约中国梦，争做新时代好队员”第七届魔方魔尺竞速赛。

抓实教研工作，加强合作交流。开展“干部学习周”活动、一年级教师上岗培训和各类继续教育培训，组织让幸福之花在工作中绽放活动。开展“以科研促教研”全学科阅读教研活动、“抓住课堂，巧用教材，落实素养，提高效率”语文骨干教师展示课活动。接待内蒙古自治区太仆寺旗第二小学骨干教师到校跟岗培训，与云南省丘北县曰者镇中学校干部教师开展校际交流活动。

（张立亭　张燕）

北京市昌平区第一中学

2020 年，北京市昌平区第一中学分四址办学，分别为本部校区、天通苑校区、西关校区和中滩校区。4 个校区总占地面积 6.74 万平方米，校舍建筑面积 5.10 万平方米，运动场地面积 3.56 万平方米。图书馆（室）藏书 12.50 万册，电子图书 2 万册。固定资产总值 1.42 亿元，全年教育经费投入 1.17 亿元。学校信息化经费投入 343 万元，拥有计算机 485 台，网络多媒体教室 94 个，校园网出口总带宽 1000Mbps，“信息技术”课程 1 课时 / 周。教职工 316 人，包括高级职称 120 人、中级职称 84 人。专任教师 259 人，包括特级教师 8 人、北京市骨干教师 6 人、北京市学科教学带头人 2 人；本科以上学历 300 人。开设教学班 77 个（小学 6 个、初中 39 个、高中 32 个）。毕业 771 人（初中 377 人、高中 394 人）；招生 1007 人（小学 79 人、初中 509 人、高中 419 人）；在校生 2786 人（小学 204 人、初中 1308 人、高中 1274 人），包括寄宿生 583 人，随班就读生 3 人。高中录取分数线 536 分（昌平区），应届高考本科上线率 99.6%。

2020 年，学校全面实施“五七”改革（“五共”治理原则：文化共融、管理共通、课程共建、资源共享、发展共进；“七领域”实施一体化办学：资源统筹、师资调配、教师培训、学生培养、质量评价、绩效奖励、管理机制），明确各校区功能定位和中长期发展目标，建立和完善内部治理各项制度。

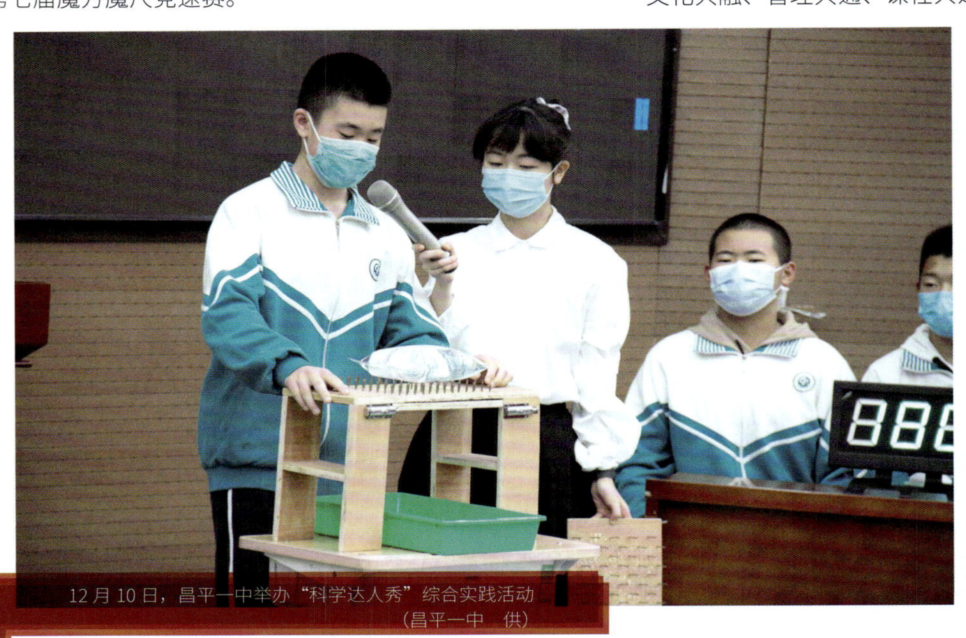

12 月 10 日，昌平一中举办“科学达人秀”综合实践活动
（昌平一中　供）

德育工作。建立集团校区间班主任培养联动机制，增强集团间优秀班主任经验交流与分享。将社团活动类、人文素养类、科学技术类、体育艺术类课程品牌化，同时融入生涯规划类、心理健康类和劳动教育类课程，形成一中化德育课程体系。在科技、体育、艺术等方面探索集团内跨校区、跨学段交

流分享，在京剧、舞蹈等艺术特色项目上加大融合，在人工智能和科技创新项目上创新培养模式。举办第一届“人工智能创客营”活动。

教科研工作。持续推进集团化办学改革工作。调整课教中心内部职能结构，搭建“经纬式”教学管理模式（“年级组＋教研组”“行政班＋学习组”），构建“三生两思”（“三生”课程：尊重生命，贴近生活，促进生长；“两思”课堂：培养学科思想，培育创新思维）生本素养课程体系。调整初中、高中分层走班模式，探索一中特色分类分层走班与选项走班新模式。举办“两思”领航教师加速成长计划启动仪式暨专家报告会。

集团化办学改革。5 月 1 日，中国共产党北京市昌平区第一中学教育集团委员会成立，下设 7 个党支部。6 月 30 日，中滩中学并入昌平一中教育集团，更名为昌平一中教育集团中滩校区，形成本部校区、天通苑校区、西关校区、中滩校区“一核四区”发展布局。

（殷思伟）

北京市昌平区第二中学

2020 年，北京市昌平区第二中学分两址办学，分别为政府街校区和回龙观校区。2 个校区总占地面积 8.20 万平方米，校舍建筑面积 6.84 万平方米，运动场地面积 3.69 万平方米。图书馆（室）藏书 1.39 万册，电子图书 4.41 万册。固定资产总值 14891 万元，全年教育经费投入 14622 万元。学校信息化经费投入 170 万元，拥有计算机 2049 台，网络多媒体教室 140 个，校园网出口总带宽 50Mbps，数字资源量 60GB，“信息技术”课程 2 课时 / 周。教职工 399 人，包括高级职称 154 人、中级职称 137 人。专任教师 341 人，包括特级教师 7 人、北京市骨干教师 6 人；本科以上学历 381 人。开设教学班 99 个（初中 54 个、高中 45 个）。毕业 831 人（初中 384 人、高中 447 人）；招生 1389 人（初中 922 人、高中 467 人）；在校生 3847 人（初中 2175 人、高中 1672 人），包括寄宿生 1084 人，随班就读生 8 人。高中录取分数线 540 分（昌平区），应届高考本科上线率 95.3%。

2020 年，学校开展线上、线下融合教学实验。研究集团化背景下学校课程文化整合与课程教学衔接工作，开展小学初中“同读经典”全学科阅读项目等跨校区合作；开展“1＋3”与“2＋4”实验项目，探索初高中贯通培养综合素养提升课程。推进教育改革，开展 iPad 教学、虚拟学校、英语电子词典等信息化教学应用实践活动。加强爱国主义教育，开展“使命在肩，奋斗有我”“百年青春心向党，矢志建功新时代”等主题教育活动。建立学生心理导师制度，加强家校合作。建立健全校园安全防控体系，通过平安校园区级验收。

五育并举，培育全面发展的学生。金鹏科技团、金帆民乐团、金奥田径队通过新一轮申报验收。在 2020 年北京市中小学生曲棍球比赛中，曲棍球队获初中女子组、初中男子组、高中女子组 3 项冠军，2 名学生被评为最佳守门员、2 名学生被评为最佳球员，1 名教师被评为优秀教练员。在 2020 年北京市中小学生大众健美操比赛中，健美操社团 9 名队员获初中组全民健身操有氧舞蹈三级第一名，1 名教师被评为优秀教练员。在 2020 年北京市中小学生冬季运动系列比赛——旱地冰球比赛中，旱地冰球队获高中组冠军、初中组亚军，1 名学生被评为最佳守门员、1 名学生被评为最佳球员、1 名学生被评为最佳射手，2 名教师被评为优秀教练员。在第 21 届北京市中小学生师生电脑作品交流展示活动中，机器人社团 4 支代表队获一等奖 1 个、二等奖 2 个、三等奖 1 个。

（王婧）

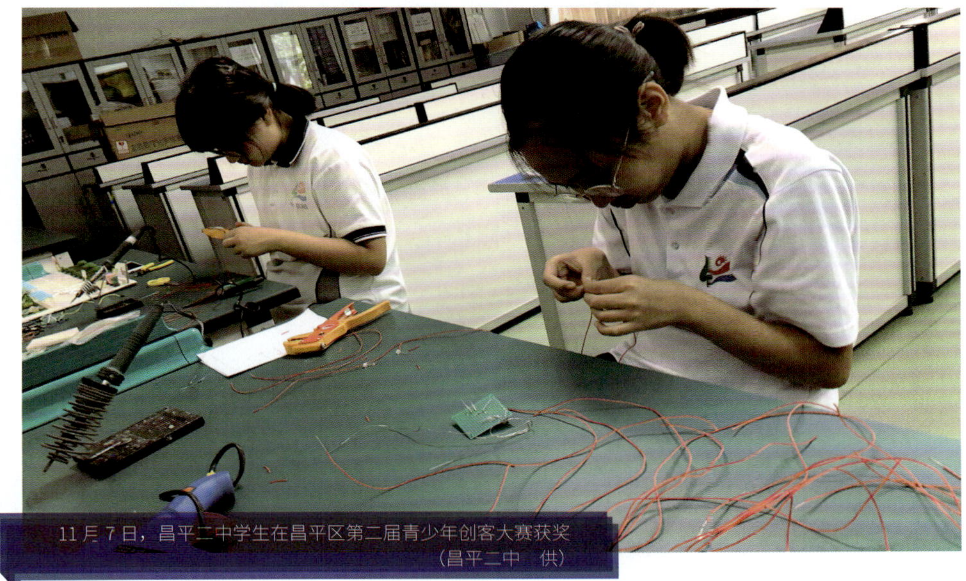

11 月 7 日，昌平二中学生在昌平区第二届青少年创客大赛获奖（昌平二中　供）

北京市昌平区实验学校

2020 年，北京市昌平区实验学校振兴路校区占地面积 3.36 万平方米，校舍建筑面积 2.73 万平方米，运动场地面积 1.12 万平方米。图书馆（室）藏书 6.54 万册。固定资产总值 6762 万元，全年教育经费投入 5961 万元。学校信息化经费投入 25.30 万元，拥有计算机 610 台，网络多媒体教室 84 个，校园网出口总带宽 1000Mbps，数字资源量 600GB，“信息技术”课程 1 课时 / 周。教职工 196 人，包括高级职称 71 人、中级职称 42 人。专任教师 153 人，包括特级教师 2 人、北京市骨干教师 4 人、北京市学科教学带头人 1 人；本科以上学历 153 人。开设教学班 60 个（小学 40 个、初中 7 个、高中 13 个）。毕业 355 人（小学 166 人、初中 27 人、高中 162 人）；招生 775 人（小学 444 人、初中 158 人、高中 173 人）；在校生 2340 人（小学 1670 人、初中 225 人、高中 445 人），包括寄宿生 150 人。高中录取分数线 476 分（昌平区），应届高考本科上线率 93%。2016 年 2 月 19 日，昌平区教委为促进基础教育发展，决定北京市昌平实验中学更名为北京市昌平区实验学校。更名后，该校涵盖小学、初中、高中，为十二年一贯制学校，增加小学义务教育职责，负责实施小学、初中义务教育和高中学历教育。由于学校小学教学楼建设手续办理需要，学校并未更换公章。2020 年 6 月，学校公章正式变更为“北京市昌平区实验学校”。

2020 年，学校探讨课程教学，研究线上、线下教学策略，研讨内化培训内容，创新教学方式。承担的市普教系统党建研究立项课题“课程思政理念下中小学教学课例的实践研究”、市教育科学规划 2020 年一般课题“深度学习视角下高中化学项目式教学策略研究”开题。初中部被评为昌平区初中教育教学质量综合评价优秀学校。

培育全面发展的学生。组织学生参加课本剧表演、科技比赛、多米诺比赛、定向越野等各项比赛。开展“聚焦两会精神，凝聚奋斗力量”主题党日活动。加强学生素质教育、法治教育、安全教育，注重学业指导，探索生涯规划指导。小学部坚持“五育并举”原则，实施以“十会教育”（会做人、会学习、会健体、会审美、会劳动、会合作、会创造、会生活、会办事、会负责任）为主要内容的家校指导指南计划。教师引导学生线上交流、线下自主学习，设置学生与家长共同参与的健体项目，安排心理辅导咨询服务。中学部落实“学科走组式教育教学管理方案”“自主诊断式学校管理方案”，开展学科德育渗透教育活动。中学部被评为 2020 年昌平区教育系统师德建设先进集体。

（肖杰　袁子波　谭雪）

北京市第十五中学南口学校

2020 年，北京市第十五中学南口学校占地面积 9.60 万平方米，校舍建筑面积 3.23 万平方米，运动场地面积 1.74 万平方米。图书馆（室）藏书 4.50 万册，电子图书 10 万册。固定资产总值 3609 万元，全年教育经费投入 5249 万元。学校信息化经费投入 25 万元，拥有计算机 389 台，网络多媒体教室 56 个，校园网出口总带宽 1000Mbps，数字资源量 10240GB，“信息技术”课程初中 1 课时 / 周、高中 2 课时 / 周。教职工 150 人，包括高级职称 57 人、中级职称 52 人。专任教师 98 人，包括北京市骨干教师 2 人；本科以上学历 146 人。开设教学班 20 个（初中 12 个、高中 8 个）。毕业 185 人（初中 108 人、高中 77 人）；招生 283 人（初中 123 人、高中 160 人）；在校生 693 人（初中 375 人、高中 318 人），包括寄宿生 217 人，随班就读生 1 人。高中录取分数线 488 分（昌平区），应届高考本科上线率 91.18%。

2020 年，学校稳步开展各类工作。以“身体力行树榜样，共克时艰创佳绩”为主题开展党员参与疫情防控活动、“周末我上岗”活动，加强师德师风建设，通过“亮承诺”活动、志愿服务活动、“党员先锋岗”和“党员执勤岗”活动，加强党建。立德树人，开展线上主题班会、线上班主任家长培训，举办线上道德法治、光盘行动、心理辅导等专题讲座以及“我和我的祖国”主题班会评比、南口战役宣讲、科技节等活动。开展“传递心声 致敬崇高”抗疫主题活动；创作抗疫主题歌曲《风雨同舟》。组织学生到君德益木作文化传承园开展学习体验活动。

12 月 4 日，十五中南口学校组织学生到君德益木作文化传承园开展学习体验活动　　（十五中南口学校　供）

夯实教学工作，发挥引领作用。开展线上师生工作学习交流、教学总结研讨交流、全校师生和家长视频指导工作等，举办教师展示课、特级教师工作室专家教学研讨指导、中国数字吉祥文化培训等活动。与河北省尚义县第二中学签订对口支援协议，开展合作交流。推进学区制管理改革，举办学区小学初中教学衔接工作研讨交流、教研组评课交流、小学初中学科教研等活动。

（程红玲　胡立平　陈秀兰）

国家教育行政学院附属实验学校

2020年，国家教育行政学院附属实验学校占地面积3.16万平方米，校舍建筑面积3.05万平方米，运动场地面积1.33万平方米。图书馆（室）藏书4万余册。固定资产总值2672万元，全年教育经费投入5270万元。学校信息化经费投入3.79万元，拥有计算机212台，网络多媒体教室70个，校园网出口总带宽1000Mbps，数字资源量300GB，“信息技术”课程1课时/周。教职工145人，包括高级职称23人、中级职称35人。专任教师132人，包括北京市骨干教师2人；本科以上学历132人。开设教学班46个（小学34个、初中12个）。毕业154人（全部为初中）；招生414人（小学236人、初中178人）；在校生1787人（小学1307人、初中480人）。

2020年，学校结合三年发展规划，探索九年一贯制学校管理模式，落实五育并举。

教学课程改革。设计“我是学习小主人”九个1主题课程（1个理想信念课程、1个阅读课程、1个审美课程、1个运动课程、1个探索课程、1个劳动课程、1个心理健康课程、1个安全课程、1个环保课程），实现线上、线下课程融合。分学段开设冰雪、舞蹈、阅读等必修课程，同时开设书法、礼乐、播音主持等选修课程。

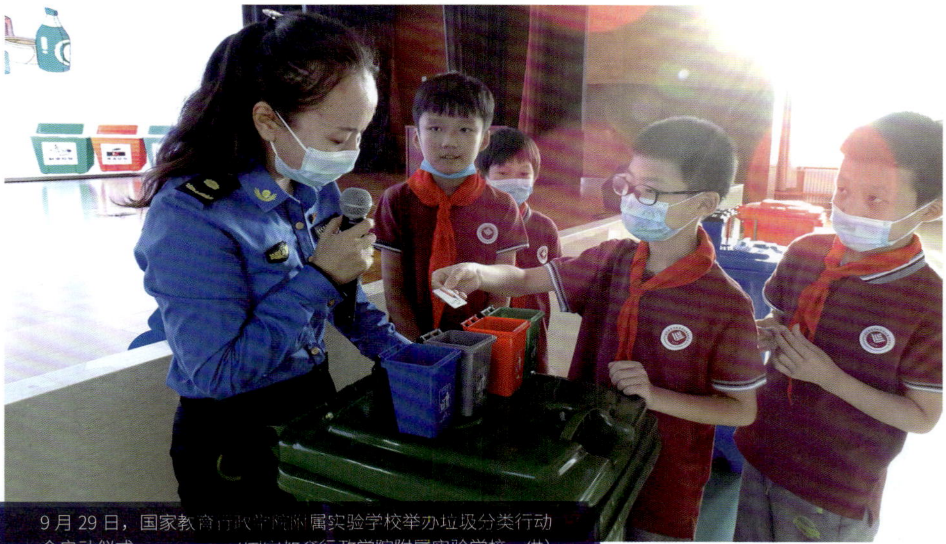

9月29日，国家教育行政学院附属实验学校举办垃圾分类行动令启动仪式　（国家教育行政学院附属实验学校　供）

教育教学管理。开展疫情“小小宣传员”活动，改编红色歌曲、制作手抄报、录制红领巾在行动微视频等。开展教师评、家长评、同学间互评、学生自评等评价活动，以评促管。组织线上作业展，包括抗疫作业展、实践活动作业展、写字作业展等，并为优秀作业获奖者颁发电子奖状、录制微视频。启动垃圾分类行动令活动，举办第二届国教论坛——德育丰收节以及“浸润书香 悦读童年”读书漂流活动。定期组织“冰雪知识微课堂”活动，并在校园艺术节和各类庆祝活动中展示学生学习成果。

交流合作。举办以“日新教育下的教师专业化成长”为主题的师徒结对成果展示交流活动。接待内蒙古自治区察右前旗“手拉手”学校11名干部教师到校开展教育教学对口交流学习，参与学校“专家进校园”系列活动。

（李京　李修雯　苏亚斌）

北京建筑大学附属中学

2020年，北京建筑大学附属中学分两址办学，分别为南校区和北校区。2个校区总占地面积5.43万平方米，校舍建筑面积3.58万平方米，运动场地面积2.23万平方米。图书馆（室）藏书8.70万册。固定资产总值4718万元，全年教育经费投入8869万元。学校信息化经费投入16.84万元，拥有计算机605台，网络多媒体教室85个，校园网出口总带宽1000Mbps，数字资源量2000GB，“信息技术”课程1课时/周。教职工173人，包括高级职称57人、中级职称79人。专任教师130人，包括特级教师1人；本科以上学历130人。开设教学班28个（初中12个、高中16个）。毕业409人（初中177人、高中232人）；招生403人（初中135人、高中268人）；在校生862人（初中369人、高中493人），包括高中寄宿生301人，初中外省市借读生69人。高中录取分数线457分（大兴区），应届高考本科上线率83.95%。

2020年，学校建立以“践行铸魂”为育人目标的养成教育体系，开展垃圾分类从我做起、云运动打卡、以艺战“疫”等系列主题教育活动。加强家校协同，疫情期间布置联系单12期，开展线上家长会、线上家访等活动。开通心理热线（010—69224634—8044、QQ：350136933），对有需要的学生及时跟踪并提供心理疏导。召开中高考研讨会，引导教师对学生分层管理，查漏补缺；完善总结反馈机制，开好四会（全体教师会、学科教师会、班级教师会、全体学生会)，强化落实改进措施；实施导师制，实施个性化辅导。

教师队伍建设。制定校级培训方案，展开各级培训，指导教师将研修成果应用到实际教学工作中。规范教研活动形式，以“做中学 记中学 悟中学”为主题开展校本教研，班子成员下沉到教研组，与教师进行有效沟通。通过赛课、同课异构、专题培训、经验交流等形式提升教师业务水平。

（党立明）

北京师范大学大兴附属中学

2020 年，北京师范大学大兴附属中学分两址办学，分别为主校区和东校区。2 个校区总占地面积 6.48 万平方米，校舍建筑面积 5.33 万平方米，运动场地面积 2.78 万平方米。图书馆（室）藏书 10 万册。固定资产总值 9300 万元，全年教育经费投入 10000 万元。学校信息化经费投入 400 万元，拥有计算机 1462 台，网络多媒体教室 67 个，校园网出口总带宽 40Mbps，数字资源量 400GB，“信息技术”课程 2 课时 / 周。教职工 341 人，包括高级职称 103 人、中级职称 130 人。专任教师 293 人，包括特级教师 2 人、北京市骨干教师 4 人、北京市学科教学带头人 1 人；本科以上学历 293 人。开设教学班 75 个（小学 16 个、初中 30 个、高中 29 个）。毕业 650 人（初中 268 人、高中 382 人）；招生 870 人（小学 121 人、初中 415 人、高中 334 人）；在校生 2446 人（小学 529 人、初中 1018 人、高中 899 人），包括寄宿生 623 人。高中录取分数线 495 分（大兴区），应届高考本科上线率 85%。

2020 年，学校落实《德育工作指南》，开展养成教育，促进家校协同，注重劳动教育，关注师生心理健康。依托年级家长会，组织开展家长、学校信息资源分享；依托校长陪餐制度，引导学生文明就餐、节约粮食。结合劳技科技课程，为学生提供展示平台。社团课程打破学段界限，初中、高中学生共同参与训练比赛。开展美育实践活动、主题艺术活动等。在 2019—2020 年航海模型项目全国青少年航海模型锦标赛和“我爱祖国海疆”全国青少年航海模型教育竞赛活动总决赛中，6 名学生获“三级运动员”称号、1 名学生获“二级运动员”称号。

提升教育教学质量。开展基于学校战略规划下的课程建设，分学科进行课程优化，提升课程供给质量。推进基于学科核心素养的教学改进，实现教与学的转变。实施一体化教研，通过评价引导强化过程管理。接待青海省玉树州教育局领导看望慰问青海内高班学生。1 名教师被评为优秀藏文教师，1 名学生获第 12 届“中国青少年科技创新奖”。

（王钰）

北京市大兴区兴华中学

2020 年，北京市大兴区兴华中学分两址办学，分别为高中部校区和仰山校区。2 个校区总占地面积 6.06 万平方米，校舍建筑面积 4.80 万平方米，运动场地面积 2.55 万平方米。图书馆（室）藏书 10.57 万册。固定资产总值 11059 万元，全年教育经费投入 15414 万元。学校信息化经费投入 41 万元，拥有计算机 745 台，网络多媒体教室 76 个，校园网出口总带宽 50Mbps，数字资源量 800GB，“信息技术”课程 1 课时 / 周。教职工 357 人，包括高级职称 104 人、中级职称 109 人。专任教师 291 人，包括特级教师 1 人、北京市骨干教师 3 人；本科以上学历 288 人。开设教学班 76 个（小学 27 个、初中 13 个、高中 36 个）。毕业 706 人（小学 116 人、初中 147 人、高中 443 人）；招生 904 人（小学 227 人、初中 174 人、高中 503 人）；在校生 2802 人（小学 1017 人、初中 472 人、高中 1313 人），包括寄宿生 576 人。高中录取分数线 513 分（大兴区），应届高考本科上线率 91%。

2020 年，学校坚持立德树人根本任务，创造性开展教育教学管理工作，自觉担当起“立己达人、筑梦兴华”教育使命。加强师资队伍建设，增强团队凝聚力，召开以“‘延学’期间班主任工作”“防控疫情期间学情与特色团队建设”为内容的团队建设交流会和以“学科内容的整合”“线上线下学习方式的优化”为内容的学科建设交流会。启动“聚力筑梦 青年教师发展工程”项目。

加强教育教学管理，培育全面发展的学生。举办 2020 春季学期线上教学优秀成果评审活动，评出一等奖 96 人。启动“聚力筑梦兴华教学季”活动。举办校园科技节，高中部和初中部分别以“感受科技魅力 成就科技梦想”和“节能环保 科技同行”为主题开展各类活动。加强冰雪运动教育，组织学生参加“筑梦冰雪 相约冬奥”第二届全国学校冰雪运动竞赛暨冰雪嘉年华、2020 年北京市中小学生冬季运动系列比赛——旱地越野滑轮赛等活动，6 名学生入选北京越野滑轮（项目）代表队，代表北京市参加全国冬季运动会。

（李晶）

人大附中北京经济技术开发区学校

2020 年，人大附中北京经济技术开发区学校分两址办学，分别为本部校区和北校区。2 个校区总占地面积 11.74 万平方米，校舍建筑面积 11.79 万平方米，运动场地面积 3.78 万平方米。图书馆（室）藏书 10.07 万册。固定资产总值 0.83 亿元，全年教育经费投入 2.59 亿元。学校信息化经费投入 366.80 万元，拥有计算机 1500 台，网络多媒体教室 208 个，校园网出口总带宽 400Mbps，数字资源量 450GB，“信息技术”课程 2 课时 / 周。教职工 632 人，包括高级职称 115 人、中级职称 136 人。专任教师 502 人，包括特级教师 16 人、

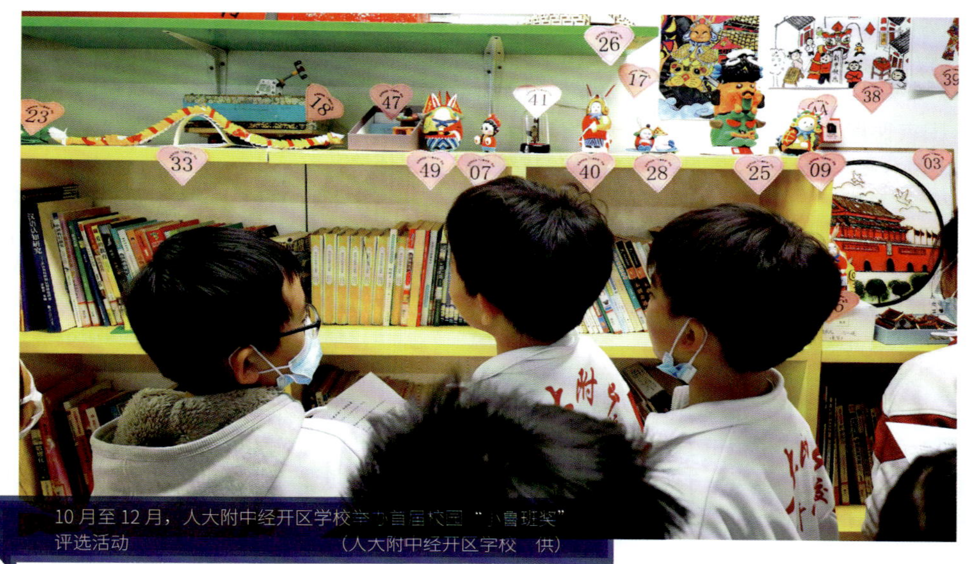
10 月至 12 月，人大附中经开区学校举办首届校园“小鲁班奖”评选活动　　（人大附中经开区学校　供）

北京市骨干教师 3 人、北京市学科教学带头人 1 人；本科以上学历 502 人。开设教学班 150 个（小学 88 个、初中 46 个、高中 16 个）。毕业 771 人（小学 371 人、初中 297 人、高中 103 人）；招生 1558 人（小学 683 人、初中 653 人、高中 222 人）；在校生 5398 人（小学 3432 人、初中 1522 人、高中 444 人），包括寄宿生 270 人。高中录取分数线 520 分（大兴区），应届高考本科上线率 98.7%。

2020 年，学校依托中国人民大学附属中学联合学校总校资源，借鉴融合国际教学理念和课程，建设魔力课程，构建引力课堂，塑造魅力教师。提出“具身五育”理念，指出德、智、体、美、劳是具体化的、自身化的，是在实践中让学生自然获得的具体教育，让学生能够实现自主、自律，能够自我反省和自我完善，实现自我成长，并根据该理念组织相关教研组和任课教师，推出“中高考百日网络誓师大会”“云阅读暨 2020 年读书节”“小咖讲堂”等系列线上活动和居家抗疫微课。提供综合课程，设计居家指南；推出“居家抗疫”微课程。首次承担中考考点校组考工作，完成 543 名考生组考任务。跆拳道队参加全国、市级 4 项跆拳道比赛获金牌 17 枚。其中，在 2020 年中国中学生跆拳道联赛（南部赛区）中，获金牌 4 枚；在 2020 年北京市青少年 U 系列跆拳道冠军赛中，获金牌 6 枚；在 2020 年北京市青少年跆拳道锦标赛中，获金牌 4 枚；在 2020 年中国中学生跆拳道联赛暨 2020 年世界中学生运动会跆拳道选拔赛中获金牌 3 枚。

（侯萱　李雪　周小明）

北京市怀柔区第五中学

2020 年，北京市怀柔区第五中学占地面积 2.70 万平方米，校舍建筑面积 2.29 万平方米，运动场地面积 1.16 万平方米。图书馆（室）藏书 7.18 万册。固定资产总值 7824 万元，全年教育经费投入 6935 万元。学校信息化经费投入 134.50 万元，拥有计算机 645 台，网络多媒体教室 61 个，校园网出口总带宽 1000Mbps，数字资源量 2048GB，“信息技术”课程 1 课时 / 周。教职工 183 人，包括高级职称 59 人、中级职称 70 人。专任教师 144 人，包括特级教师 2 人、北京市骨干教师 1 人；本科以上学历 182 人。开设教学班 38 个。毕业 335 人、招生 417 人、在校生 1161 人，包括随班就读生 5 人。

2020 年，学校以学会健康生活为前提、以实现自主学习为目标、以培养自律意识为手段、以开展劳逸教育为保障，思想上重视、筹措上到位、行动上落实、感情上投入。边探索边实践，形成学校特色“宅家攻略”。通过线上指导＋线下活动、偶用网络＋重在调动、重构集体＋鼓励交流、多维沟通＋缓解焦虑等多种途径对学生宅在家中的学习和生活进行指导，安排体育、艺术、心理教师和校医对学生进行防控知识宣传、艺术熏陶、心理辅导和运动指导等。开展项目式学习活动 20 余次。成立领导小组和专项小组推进生活垃圾分类工作，举办垃圾分类培训会。引领教师提升与家长学生的沟通能力，开展教师魅力调查和评比工作；举行“怀海一体化”中小学美术教师发展工作室教研活动。

（赵录志）

北京市怀柔区第一中学

2020 年，北京市怀柔区第一中学占地面积 5.65 万平方米，校舍建筑面积 3.37 万平方米，运动场地面积 2.77 万平方米。图书馆（室）藏书 10 万册，电子图书 6.30 万册。固定资产总值 17665 万元，全年教育经费投入 12787 万元。学校信息化经费投入 735 万元，拥有计算机 935 台，网络多媒体教室 72 个，校园网出口总带宽 100Mbps，数字资源量 1405GB，“信息技术”课程 2 课时 / 周。教职工 251 人，包括高级职称 96 人、中级职称 89 人。专任教师 205 人，包括特级教师 5 人、北京市骨干教师 2 人；本科以上学历 205 人。开设教学班 48 个（初中 2 个、高中 46 个）。毕业 538 人（初中 80 人、高中 458 人）；招生 769 人（初中 78 人、高中 691 人）；在校生 1747 人（初中 78 人、高中 1669 人），包括寄宿生 633 人。高中录取分数线 499 分（怀柔区），应届高考本科上线率 96.5%。

2020 年，学校坚持以“立德树人”为根本任务，通过推进课程改革、打造科技特色、开展海量阅读工程等，为新优质高中校奠定新的办学机制。坚持“做有层次无淘汰教育”方针，以培养拔尖创新人才为导向，构建涵盖编程与工程课程、航天特色课程等国家课程，生涯规划课程、社团体验课程等校本选修课程以及金鹏科技竞赛、信息学技术竞赛等竞赛荣誉类课程的课程体系。

坚持特色教育。与中国科学院系统科学研究所共同成立中国科学院科学教育联盟，与中关村互联网创新中心、北京教育科学研究院共建课程供给联合体，形成课程资源群，并搭建“金字塔”型科技创新人才培养体系和“十字”科技创新人才培养框架。学生在北京青少年科技创新大赛、2020 北京市中小学生无线电测向竞赛、2020 北京市中小学生太空种子种植大赛中获一等奖；在第 12 届北京市中小学生科学建议奖活动中获科学建议奖一等奖和三等奖。举办 4 场专题讲座，从航空、地理、政治、科普等方面进行讲解。形成“以阅读课程为基础，以主题阅读活动为展示平台，以各类作文比赛为竞技场”的系列阅读活动体系。

（王新宇　樊建增）

北京市第一 0 一中学怀柔分校

2020 年，北京市第一 0 一中学怀柔分校占地面积 6.55 万平方米，校舍建筑面积 4.84 万平方米，运动场地面积 2.40 万平方米。图书馆（室）藏书 6.07 万册，电子图书 3 万册。固定资产总值 2587 万元，全年教育经费投入 8541 万元。学校信息化经费投入 85.58 万元，拥有计算机 681 台，网络多媒体教室 69 个，校园网出口总带宽 1000Mbps，数字资源量 8900GB，“信息技术”课程初中 1 课时 / 周、高中 2 课时 / 周。教职工 200 人，包括高级职称 40 人、中级职称 45 人。专任教师 167 人，包括北京市骨干教师 3 人；本科以上学历 199 人。开设教学班 42 个（初中 28 个、高中 14 个）。毕业 340 人（全部为初中）；招生 588 人（初中 429 人、高中 159 人）；在校生 1551 人（初中 1067 人、高中 484 人），包括寄宿生 1551 人，随班就读生 1 人。高中录取分数线 552 分（怀柔区）。

2020 年，学校贯彻集团“六个一体化”，立足怀柔、融入总校、守正出新，以“建中国基础教育名校、助力怀柔科学城发展”为目标，坚持立德树人，以“课程育人、文化育人、活动育人、实践育人、管理育人、协同育人”多方面协调统一为抓手，全面加强未成年人思想道德建设。与中国科学院大学签署战略合作框架协议，合作共建国科大附属实验学校，建立“校地合作共同体”机制，探索从高等教育贯通基础教育的人才培养新模式。提升课程育人实效，依托总校开展“大备课”“大教研”“大课堂”“大考试”共建、共享、共进活动；通过总校名师送课、培训讲座、专家指导、青蓝工程、校区联合教研等方式，线上线下提升教师专业水平。成立“戴你唱歌 · 美猴王音乐教室”，通过互联网线上线下相结合的形式推进学校音乐教育。成立学生成长共同体，共同制订学习计划，分享居家学习经验，用音乐和美术作品致敬抗疫前线英雄。开展线上游览苏州网师园等系列活动。

（于洁　张琴苑）

11 月 21 日，一 0 一中怀柔分校获全国未成年人思想道德建设工作先进单位称号　（一 0 一中怀柔分校　供）

北京市平谷区第七中学

2020 年，北京市平谷区第七中学占地面积 93067 平方米，校舍建筑面积 38932 平方米，运动场地面积 11000 平方米。图书馆(室)藏书 24992 册。固定资产总值 1796 万元，全年教育经费投入 223 万元。学校信息化经费投入 6 万元，拥有计算机 192 台，网络多媒体教室 9 个，校园网出口总带宽 1000Mbps，数字资源量 100GB，“信息技术”课程 1 课时 / 周。教职工 102 人，包括高级职称 37 人、中级职称 50 人。专任教师 97 人，本科以上学历 101 人。开设教学班 9 个。毕业 83 人、招生 113 人、在校生 285 人，包括寄宿生 285 人。

2020 年，学校坚定“培养有爱心、会合作、勇担当、敢创新的现代人才”办学目标，形成“德育塑生，科研兴校”办学特色。

促进综合实践教育。组织学生参加“社会大课堂”和“四个一”活动，自主完成学习任务单，进行实践合作展示；结合重要节日开展形式多样的主题教育活动，加强学生荣辱观和爱国主义教育；建立学雷锋志愿服务岗，组织师生到敬老院、困难家庭等开展志愿服务活动。

关爱学生身心健康。举办全员参与的特色运动会，提升学生身体素质；开设心理咨询室、设立心理信箱；通过微信家长群、钉钉直播等方式与家庭同步实施心理辅导；通过家长会、校园开放月、重点家访等，向家长普及心理健康常识，引导家长关注青春期学生心理需求。

发展特色办学。举办艺术节、科技节、体育节、读书节等系列活动；开发具有学校特色的校本课程——科技、体育、艺术教育3类16项活动，科技小组2次参加北京电视台《非常向上》节目录制，多名选手在市、区级比赛中获奖。

提升教育教学水平。承担市级课题2项，区级课题1项；有机整合国家课程、地方课程、校本课程，研发跨学科课程；组织初一、初二年级师生到广西壮族自治区进行科学实践考察。

（王国凤　邹丽娜）

北京市平谷中学

2020年，北京市平谷中学占地面积7.31万平方米，校舍建筑面积6.60万平方米，运动场地面积1.85万平方米。图书馆（室）藏书7.80万册，电子图书30万册。固定资产总值26078万元，全年教育经费投入10812万元。学校信息化经费投入400万元，拥有计算机900台，网络多媒体教室80个，校园网出口总带宽200Mbps，数字资源量1000GB，“信息技术”课程2课时/周。教职工309人，包括高级职称128人、中级职称108人。专任教师202人，包括特级教师1人、北京市骨干教师2人、北京市学科教学带头人1人；本科以上学历289人。开设教学班57个（初中14个、高中43个）。毕业672人（初中184人、高中488人）；招生697人（初中160人、高中537人）；在校生2137人（初中502人、高中1635人），包括寄宿生800人。高中录取分数线510分（平谷区），应届高考本科上线率96.38%。

2020年，学校做好停课不停学，保障教育教学工作正常开展，持续加强与东城区的教研合作，开展课程资源共享，推动航天科普特色教育创新发展。开展网课教学，教师网上集体备课、直播授课，学生以年级为单位统一参与网络课程学习；初高中所有学科教师加入东城区在线研修；与东城教研员每月进行一次备考研讨。全校师生共享东城初三、高三名师线上微课；通过学校微信，对学生进行学习、生活、心理等方面指导；组织学生给身为医生的父母写信；组织全体师生观看《老师请回答》节目，并写观后感；与北京师范大学儿童阅读与学习研究院合作举行全学科阅读推进会。组织学生通过手绘海报、书信、自编视频为武汉加油，向最美逆行者致敬；组织学生向武汉、浙江、福建等地的慈善机构捐款，为武汉环卫工人捐献口罩。加强航天特色学校建设，邀请中国科学院地质与地球物理研究所博士为学生作《嫦娥奔月》航天讲座。

（杜德胜）

北京市密云区新农村中学

2020年，北京市密云区新农村中学占地面积3.68万平方米，校舍建筑面积2.50万平方米，运动场地面积2万平方米。图书馆（室）藏书2.50万册。固定资产总值16678万元，全年教育经费投入5780万元。学校信息化经费投入27万元，拥有计算机408台，网络多媒体教室35个，校园网出口总带宽1000Mbps，数字资源量320GB，“信息技术”课程1课时/周。教职工155人，包括高级职称63人、中级职称45人。专任教师110人，包括特级教师1人、北京市骨干教师3人；本科以上学历155人。开设教学班31个（初中11个、高中20个）。毕业213人（初中74人、高中139人）；招生328人（初中92人、高中236人）；在校生871人（初中267人、高中604人），包括寄宿生261人。高中录取分数线440分（密云区），应届高考本科上线率65.2%。

2020年，学校以迎接建党100周年和庆祝水库建成60周年为契机，开展爱

11月26日，新农村中学举办青年教师基本功比赛

（新农村中学　供）

国主义教育和生态文明教育。成立班主任工作室，开展集中理论学习，及时更新班级管理理念，丰富班级管理经验；定期举办读书沙龙、“特色班牌”设计、班级文化设计与创意分享、主题班会观摩课及评课等系列活动。全体教师参与课间、周五放学执勤，教师志愿者参与早上 6:30 到晚上 8:30 学生闭环管理工作，强化上学期间学生持证明出校园制度落实；全体导师定期联系学生、关注学生身心健康、进行学习指导；加强学生心理健康教育，用好心理咨询室（咨询电话、咨询信箱）。以“珍爱生命、拒绝毒品”为主题开展毒品预防教育，实现校园禁烟；以“团结友爱，共同成长”为主题开展防止校园欺凌教育；开展“三爱三节”主题教育活动。以教学工作为中心，提高课堂效率。依法开齐、开足课程，落实《密云区中学课堂教学十项要求》，形成常态化机制，巡教巡考，规范常规检查，加强过程管理。开展评教评学活动，每学期由学生对任课教师工作情况进行评价。

（马小红）

北京市密云区高岭学校

2020 年，北京市密云区高岭学校分五址办学，分别为高岭学校本部、上甸子小学（内设上甸子幼儿园）、高岭中心幼儿园、放马峪幼儿园和栗榛寨幼儿园。5 个校区（园所）总占地面积 3.64 万平方米，校（园）舍建筑面积 2 万平方米，运动场地面积 1.18 万平方米。图书馆（室）藏书 4.13 万册。固定资产总值 5094 万元，全年教育经费投入 5335 万元。学校信息化经费投入 40.69 万元，拥有计算机 260 台，网络多媒体教室 49 个，校园网出口总带宽 1000Mbps，数字资源量 800GB，“信息技术”课程 1 课时 / 周。教职工 127 人，包括高级职称 24 人、中级职称 67 人。专任教师 90 人，包括北京市骨干教师 2 人；本科以上学历 123 人。开设教学班 29 个（幼儿园 7 个、小学 15 个、初中 7 个）。毕业 179 人（幼儿园 40 人、小学 61 人、初中 78 人）；招生 148 人（幼儿园 47 人、小学 40 人、初中 61 人）；在校生 572 人（幼儿园 122 人、小学 248 人、初中 202 人），包括寄宿生 354 人。

2020 年，学校继续深化“智 · 慧”品牌党建工作，创新工作机制，同时开展主题教育系列活动。抓好师德考核工作，开展警示教育活动，引导教师明大德、守公德、严私德。完善评价机制，加强干部教师日常工作考核及工作述职，健全人事管理体制，强化管理。

教育教学工作。打造并实施农耕课程，让学生体验农事，感悟物力维艰和粮食的来之不易。开展金融课程，培养学生建立目标并为之努力的意识。丰富课后 1 小时、户外体育活动，开设武术、轮滑、冰雪等项目。结合学校、家庭、社会，做好中小幼衔接教研活动。深化思政课教师“同备一堂课”，推进思政课一体化建设。推进信息技术与教育教学的深度融合，整合课程资源，加强线上答疑。

（蔡海宾）

首都师范大学附属密云中学

2020 年，首都师范大学附属密云中学占地面积 5.39 万平方米，校舍建筑面积 3.24 万平方米，运动场地面积 1.83 万平方米。图书馆（室）藏书 5.99 万册，电子图书 3 万册。固定资产总值 6391 万元，全年教育经费投入 8113 万元。学校信息化经费投入 140 万元，拥有计算机 402 台，网络多媒体教室 71 个，校园网出口总带宽 1000Mbps，数字资源量 1150GB，“信息技术”课程 2 课时 / 周。教职工 233 人，包括高级职称 79 人、中级职称 60 人。专任教师 175 人，包括特级教师 2 人、北京市骨干教师 5 人；本科以上学历 221 人。开设教学班 44 个。毕业 513 人、招生 630 人、在校生 1691 人，包括寄宿生 425 人，随班就读生 5 人。高中录取分数线 500 分（密云区），应届高考本科上线率 96.42%。

2020 年，学校做好新冠肺炎疫情防控工作的基础上，开展教育教学创新活动以及应急演练。开设“中外戏剧名著赏析”“《平凡的世界》《红楼梦》名著阅读指导”“英语戏剧”等系列戏剧课程；举办第六届戏剧节；反映密云水

12 月 17 日，首师大附属密云中学举办第六届戏剧节
（首师大附属密云中学　供）

库建设题材的作品《足迹》获密云区第23届学生艺术节戏剧比赛一等奖。开发“绿水青山课程”内涵、途径和形式，将“行走”由线下转移到线上，开发线上校本课程平台“ebook”，学生在家里通过线上云空间学习课题研究的理论、方法，根据实践任务单完成学习任务；在“绿水青山课程”整体规划下，申报北京市学生金鹏科技团生命科学分团。学生参与的课程成果分别参加第37届北京学生科技节、北京市第20届中小学生金鹏科技论坛、第12届北京市中小学生科学建议奖等市、区级活动。

师资队伍建设。面向所有教研组推开探索主题式大单元备课，利用暑期网络研修学习大单元教学设计理念及思维工具组织教学内容，以大单元、任务群等方式呈现教学内容。成立校级班主任工作室，开展优秀班主任讲堂、主题班会观摩研讨、班主任基本功培训与展示等活动。开展青年教师管理能力提升工程，实施“七个一”工程（结交一名班主任师傅、开展一次主题班会、完成一篇德育教育案例或论文、读一本教育类书籍、开展一次班级工作交流会、与班主任师傅进行一次工作谈话总结一周工作、与班主任师傅共同进行一次家访工作）。开展“沟通有道育人有成”主题活动，加强班主任在心理疏导、家校沟通层面的方式、方法和能力培养；开展“带班育人弘德兴校”主题活动，聘请市、区级专家进行班主任带班育人方略、班级管理、学生管理指导。

（刘毅军）

北京市延庆区十一学校

2020年，北京市延庆区十一学校占地面积6.12万平方米，校舍建筑面积3.80万平方米，运动场地面积3.18万平方米。图书馆（室）藏书8.30万册，电子图书3000册。固定资产总值13208万元，全年教育经费投入8533万元。学校信息化经费投入53万元，拥有计算机898台，网络多媒体教室115个，校园网出口总带宽1024Mbps，数字资源量2240GB，“信息技术”课程1课时/周。教职工264人，包括高级职称65人、中级职称91人。专任教师199人，包括北京市骨干教师2人；本科以上学历199人。开设教学班60个（小学24个、初中36个）。毕业485人（小学173人、初中312人）；招生513人（小学170人、初中343人）；在校生1985人（小学943人、初中1042人），包括寄宿生157人，随班就读生6人。

2020年，学校完善党组织建设，党政工三位一体决策体系和年级组党小组工会小组协调一致。教职工300人次参与社区联防联控，捐款1.20万元；10名干部教师在2020年无偿献血活动中被评为最美逆行志愿者。

深化课堂改革，提升师生素养。借力“友善用脑科学助教”项目，逐步推进以学习者为本的课堂模式建设，10名教师获北京市学习科学学会评选的2020年度“友善教研导师”称号。组织7个中考学科的教研组长和备课组长到北京景山学校观摩学习。完善考核机制，以专业引领、校本研修为途径，提升教师执教能力和专业水平。4名教师被评为北京市骨干教师、北京市中小学骨干班主任。4名教师获“八达岭长城杯”优秀班主任称号。落实社会主义核心价值观教育、学生综合素质提升、创建文明城区等重点工作，开展理想信念教育、中华优秀传统文化教育、良好行为习惯养成教育。组织社会主义核心价值观班会比赛，开展“迎国庆庆中秋”作品评比、光盘行动等活动。

（刘明军）

北京市延庆区第三中学

2020年，北京市延庆区第三中学占地面积2.59万平方米，校舍建筑面积1.31万平方米，运动场地面积1.32万平方米。图书馆（室）藏书5.79万册。固定资产总值5576万元，全年教育经费投入4541万元。学校信息化经费投入4.90万元，拥有计算机315台，网络多媒体教室3个，校园网出口总带宽300Mbps，数字资源量6700GB，“信息技术”课程初中2课时/周、高中1课时/周。教职工162人，包括高级职称43人、中级职称54人。专任教师112人，包括北京市骨干教师2人；本科以上学历112人。开设教学班30个（初中18个、高中12个）。毕业345人（初中194人、高中151人）；招生334人（初中184人、高中150人）；在校生956人（初中553人、高中403人），包括寄宿生165人，随班就读生1人。高中录取分数线490分（延庆区），应届高考本科上线率97.97%。

2020年，学校秉承“创造生长，幸福三中”办学理念，努力培养具有人文精神和科学素养的中学生、建设能力和责任担当的社会公民、追求人生幸福和事业成功等能力的人，关注学生全面而有个性地发展。

德育工作。开展垃圾分类、光盘行动主题教育，建设垃圾分类示范区，实施班级轮流值守垃圾桶和监督餐后亮光盘等措施；落实班主任坐班制和导师制，压实班主任主体责任；落实家庭、学校、社会联动共育机制，推出“从管控到赋能”家庭教育系列讲座8期，成立延庆三中家校社共育委员会，完善特殊学生群体的教育途径。

教学研究。依据《延庆三中学科组工作管理规范》加强对学科组、备课组的监督和管理，重点加强学科教研，提升课堂教学质量。开展“议课式”教研，重点关注课例中所体现的课程设计、情景构建、资源适配和课堂掌控等。文史类学科重点开展提升学生阅读能力的教学实践活动，理化生学科开展以实验教学促进学生动手实践和创新思维的综合性实践活动。开展《新课程标准》和《中国高考评价体系》《中国高考评价体系说明》研学活动，思考学科课程改革的方向、中高考变革的趋势和课堂教学的应对策略。重点关注概念教学、问题情境还原、解决问题的实践，开展原创题命题和学科辅助资源开发研究。

（王芳）

北京市延庆区第一中学

2020年，北京市延庆区第一中学占地面积7.59万平方米，校舍建筑面积1.94万平方米，运动场地面积2.05万平方米。图书馆藏书7.96万册，电子图书1100册。固定资产总值25479万元，全年教育经费投入7696万元。学校信息化经费投入234.30万元，拥有计算机1323台，网络多媒体教室68个，校园网出口总带宽3000Mbps，数字资源量440GB，“信息技术”课程1课时/周。教职工244人，包括高级职称72人、中级职称48人。专任教师177人，包括特级教师5人、北京市骨干教师3人、北京市学科教学带头人1人;本科以上学历176人。开设教学班46个(初中2个、高中44个)。毕业494人（全部为高中）；招生700人（初中70人、高中630人）；在校生1712人（初中70人、高中1642人)，包括寄宿生492人。高中录取分数线509分（延庆区），应届高考本科上线率95.97%。

2020年，学校坚持立德树人根本任务，践行生态教育理念。完善学校管理制度和章程，制定《校务会议事规则》《领导干部廉洁自律制度》《校务公开实施意见》《干部学习制度》等制度。

教师队伍建设。完善师德师风建设长效机制，开展“用业务为自己代言”活动，通过教职工生态教育论坛、一师一优课、岗位大练兵等活动，总结教职工在教育、教学、课程、科研、服务等领域的实践与探索、成就与进步。

推进生态教育。打造生态智慧课堂，与北京师范大学合作，启动“新课程标准下基于核心素养的高端备课”项目，开展教育质量提升的研究实践。完善生态德育，实行包班制，以班级值周为主要形式，围绕遵守交规、文明入校、课间操秩序等环节，以监督、巡视等亲身实践的方式杜绝不文明行为。

（吴东华）

北京师范大学燕化附属中学

2020年，北京师范大学燕化附属中学分三址办学，分别为本部校区、向阳校区和职业学校校区。本部校区和向阳校区总占地面积6.02万平方米，校舍建筑面积3.12万平方米，运动场地面积2.63万平方米。图书馆（室）藏书44333册，电子图书2000册。固定资产总值8357万元，全年教育经费投入7772万元。学校信息化经费投入196.91万元，拥有计算机450台，网络多媒体教室61个，校园网出口总带宽200Mbps，数字资源量1000GB，“信息技术”课程2课时/周。教职工141人，包括高级职称48人、中级职称33人。专任教师125人，包括特级教师1人、北京市骨干教师2人；本科以上学历125人。开设高中教学班34个。毕业400人、招生395人、在校生1059人，包括寄宿生452人。高中录取分数线420分（燕山地区），应届高考本科上线率90%。

2020年，学校深化教育领域综合改革，实现学校内涵发展。克服“一校多址”办学困难，做好疫情防控工作，推进新高考分层分类走班工作，推进“友善用脑”和“大数据”项目，加强学校硬件建设，打造希望教育品牌。本部校区教学楼抗震加固工程和综合楼建设工程完工并投入使用，满足新课改“走班制”教学需求。做好民族团结教育，强化西藏班学生行为规范教育和教学过程管理，2020届西藏班学生全部考入重点大学。

教育教学工作。梳理、整合校内外德育资源，开展专家引领、学生社团、学生职业生涯教育等活动。推进校本课程、综合实践课程研发与实施，构建“希望与生命教育”校本课程体系。开展以“教师有效任务引领下的学生积极自主学习”为主题的课堂教学实践研究活动。推进北京市学习科学学会“友善用脑科学助教”项目，组织全校教师进行“友善用脑”课堂教学改革培训和实践，承办第九届全国学习科学友善用脑高峰论坛暨主题探究式的学科融合教学研讨会。推进“基于大数据的高中教育质量提升”合作项目。

（张军胜）

民族教育学校选介

北京市东城区回民小学

2020年，北京市东城区回民小学占地面积4426平方米，校舍建筑面积7592平方米，运动场地面积1860平方米。图书馆(室)藏书2.60万册。固定资产总值2672万元，全年教育经费投入3071万元。学校信息化经费投入20万元，拥有计算机312台，网络多媒体教室35个，校园网出口总带宽1024Mbps，“信息技术”课程1课时/周。教职工81人，包括高级职称5人、中级职称53人。专任教师76人，本科以上学历75人，少数民族教师15人。开设教学班24个。毕业114人、招生190人、在校生762人，包括少数民族学生223人（其中回族学生171人）。

2020年，学校全面实施素质教育。严格落实“停课不停学”要求，建立健全延期开学工作领导机制。把校园欺凌、法治教育和心理健康教育纳入德育教育范畴，举办“与法同行，快乐成长”主题升旗仪式暨国家宪法日宪法宣传周活动。通过线上、线下相结合的形式加强校本培训，提高教师师德素养和教学能力。构建“多彩德育”品牌，涉及多彩的节日、多彩的德育课程、多彩的民族等内容。开展课堂教学研究和减负策略研究，提升课堂教学实效性；开展教材使用情况自查，规范校本课程教材使用；开展推普周宣传活动，规范祖国语言文字运用。通过心理健康主题班会、体验式团体辅导和个别辅导等开展心理辅导工作。加强民族团结教育，举办“民族团结谱新篇 共绘祖国多彩卷”

第 14 届民族团结教育周主题活动、“5 · 6 民族团结日”暨第十届民族文化节。

（张翔云 芦平）

北京市东城区回民实验小学

2020 年，北京市东城区回民实验小学占地面积 3454 平方米，校舍建筑面积 5227 平方米，运动场地面积 781 平方米。图书室藏书 1.57 万册。固定资产总值 1156 万元，全年教育经费投入 2329 万元。学校信息化经费投入 138.77 万元，拥有计算机 197 台，网络多媒体教室 24 个，校园网出口总带宽 1024Mbps，数字资源量 2000GB，“信息技术”课程四年级和五年级 1 课时 / 周。教职工 57 人，包括高级职称 5 人、中级职称 34 人。专任教师 47 人，包括特级教师 1 人、北京市骨干教师 1 人；本科以上学历 52 人；少数民族教师 13 人。开设教学班 16 个。毕业 110 人、招生 120 人、在校生 587 人，包括少数民族学生 86 人，随班就读生 1 人。

2020 年，学校设计“共性＋个性”“基础＋拓展”课程方案，在市级供给课程基础上，研发跨学科主题课程。通过“周调研”“月访谈”形式，每月开展一次全校家长访谈，家长对课程设置、线上教学及教师工作的满意度均达到 100%。开展学用研讨活动，准确把握教与学的核心要义。在 2020《北京教育》第 6 期《刊中刊》上发表市级课题研究报告及子课题研究成果。

队伍建设。实行党管人才，落实“双培养”计划。继续开展“和合戏剧课程”体系研究和“师德建设年”活动。通过“以案说法”指导教师开展自查自省；推荐教师参加“身边党员榜样”“四美教师”“身边党员”等评选活动；组织“教师故事”宣讲活动。2 名教师干部参加 2020 年东城区教育系统青年成长营选拔，成为校级青年成长营成员；3 名新入职教师参加北京市中小学新任教师第四届“启航杯”教学风采展示活动，分获一、二、三等奖。

五育并举。组织开展爱国主义、生态文明、法治安全等主题教育活动。以戏剧教育为载体，引导班级剧组开展“享受美好‘食’光”“别让网络‘网’祝你”“‘疫’动我心”等艺术实践活动。实行“阳光餐饮”，发动家长参与食品安全建设，成立家长膳食委员会，实现信息“阳光”、过程“阳光”、评价“阳光”，家长对午餐质量满意度为 82.30%。关注师生心理健康，设立“心语小屋”和“心语信箱”，开设心理健康课程。探索体育教师、班主任、家长联动的培养模式，实现对体育锻炼的量化和可视化管理。

（梁帆）

11 月 25 日，回民实验小学举办学科关键能力展示活动
（回民实验小学 供）

北京市宣武回民小学

2020 年，北京市宣武回民小学分三址办学，分别为西里一校区、西里二校区和醋章校区。3 个校区总占地面积 2 万平方米，校舍建筑面积 1.93 万平方米，运动场地面积 0.81 万平方米。图书馆（室）藏书 5.10 万册。固定资产总值 4412 万元，全年教育经费投入 7421 万元。学校信息化经费投入 197.79 万元，拥有计算机 450 台，网络多媒体教室 2 个，校园网出口总带宽 1024Mbps，“信息技术”课程 1 课时 / 周。教职工 146 人，包括高级职称 19 人、中级职称 59 人。专任教师 156 人，包括北京市骨干教师 3 人；本科以上学历 151 人。开设教学班 65 个。毕业 251 人、招生 465 人、在校生 2441 人，包括少数民族学生 918 人。

2020 年，学校坚持以“人和”思想为管理核心，以“个性”培养为办学特色，以打造“精品”为发展策略，办有民族文化特色的优质学校。与首都师范大学教授团队合作开展精品联盟校学科组建设工作，与中央民族大学合作进行美育体育特色建设，推动学校各项工作高水平发展。

民族文化特色课程体系构建。开展系列教育教学活动，全方位、多元化培养学生。以“五节”（科技节、读书节、艺术节、体育节、民族文化节）为载体，将德育教育纳入课程。组织民法典中未成年人权益保护的有关内容解读活动。举办足球嘉年华、“筑梦航天 拥抱星辰’科技节等活动。学校先后获全国民族教育先进集体、联合国教科文组织世界遗产青少年教育基地、首都文明单位标兵等荣誉称号。

加强师资队伍建设。发挥优秀教师引领示范作用，遴选出 50 名市、区级骨干教师，秉承“共建共享”思想引领全校教师在教育教学中深入研究、共同发展，促进学校整体提升。举办第 14 届校级“西城杯”教师校内说课评选比赛，引导教师深入钻研教材，探讨教学方法，不断提高教师教学基本功和教育教学水平。

（寇磊）

北京市回民学校

2020 年，北京市回民学校占地面积 5.17 万平方米，校舍建筑面积 3.53 万平方米，运动场地面积 1.88 万平方米。图书馆（室）藏书 10 万册。固定资产总值 10640 万元。学校信息化经费投入 70 万元，拥有计算机 470 台，网络多媒体教室 60 个，校园网出口总带宽 200Mbps，数字资源量 1500GB，“信息技术”课程 1 课时 / 周。教职工 212 人，包括高级职称 83 人、中级职称 63 人。专任教师 197 人，包括北京市骨干教师 1 人；本科以上学历 211 人；少数民族教师 47 人。开设教学班 52 个（初中 32 个、高中 20 个）。毕业 474 人（初中 284 人、高中 190 人）；招生 778 人（初中 478 人、高中 300 人）；在校生 1898 人（初中 1245 人、高中 653 人），包括寄宿生 464 人，少数民族学生 728 人。高中录取分数线 484 分（西城区），应届高考本科上线率 59%。

2020 年，学校工作以“抗疫”为主线，实行线上与线下结合，防疫与常规并重的工作模式。

居家学习，线上教育工作。团委、学生服务管理中心和学生发展中心面向学生做好宣传教育工作，从多个角度向学生提出居家防控倡议，通过图文、音视频结合的方式，组织线上课堂、线上升旗仪式、运动秀等云端教育教学活动。开展线上班会、线上嘉年华、为最美逆行者歌唱等班级活动。举办战“疫”——“最美逆行者”绘画评比和手抄报评比。督促球队、乐团居家停赛停训不停练。

做好常规教育工作。优化教育资源配置，促进学校软硬件资源整合和治理能力现代化，落实学校管理标准建设，做好民族团结教育工作，改善学校办学条件，完成学校操场施工验收。加强队伍建设，借助多方教育资源，形成教育合力，使学校管理改革收获实效。推进课程改革，关注新课标新教材，研读新教材，研究学情，掌握学生学习特点，加强质量检测与评价，聚焦教师的过程性成长，完成 2020—2021 学年度视导工作。

（闫墨童）

北京市陈经纶中学民族分校

2020 年，北京市陈经纶中学民族分校占地面积 20000 平方米，校舍建筑面积 13700 平方米，运动场地面积 7640 平方米。图书馆（室）藏书 5.43 万册。固定资产总值 3247 万元，全年教育经费投入 3421 万元。学校信息化经费投入 56 万元，拥有计算机 315 台，网络多媒体教室 52 个，校园网出口总带宽 30Mbps，数字资源量 500GB，“信息技术”课程小学 0.5 课时 / 周、初中 1 课时 / 周。教职工 96 人，包括高级职称 12 人、中级职称 50 人。专任教师 91 人，本科以上学历 89 人，少数民族教师 19 人。开设教学班 37 个（小学 25 个、初中 12 个）。毕业 164 人（小学 124 人、初中 40 人）；招生 261 人（小学 167 人、初中 94 人）；在校生 1072 人（小学 847 人、初中 225 人），包括少数民族学生 448 人。

2020 年，学校推行“九年四段”（一年级和二年级为第一学段、三年级至五年级为第二学段、六年级和七年级为第三学段、八年级和九年级为第四学段）办学模式，建立学科大教研组和学科党小组，形成中小学教育教学管理合力；制定学生养成教育贯通培养目标框架体系，一段至四段分别实行行为习惯养成教育、班集体建设、责任与担当意识培养和目标意识培养。以抗疫中的先进典型和感人事迹为主题，发表抗“疫”专题信息 34 篇，抗“疫”之星专栏 13 期。开展干部、教师集中培训和专题培训，成立新一届青年教师研究会，推进“师徒结对”工作。面对防疫常态化，设计教职工“开学第一课”、

11 月 25 日，陈经纶中学民族分校首届学生年级集体舞比赛 （陈经纶中学民族分校 供）

我们在一起教师节主题庆祝等活动。2 名班主任被评为北京市骨干班主任。

特色课程建设。构建民族团结教育实践课程体系，涉及民族服饰、民族体育、民族工艺、民族建筑、民族传统节日和民族文化 6 个主题。开设“博采众长、民族辉煌”博物馆系列实践课程。创新民族工艺主题中的“蓝印绘染”课程，将现代艺术创作植入民间传统蜡染艺术创作中，开创毛笔画蜡法，通过与剪纸技艺结合开发出印蜡法，成为学校精品课程。

（楚洪娟）

北京西藏中学

2020 年，北京西藏中学占地面积 3.59 万平方米，建筑面积 2.81 万平方米，体育场（馆）面积 1.06 万平方米。图书室藏书 5.05 万册，电子图书 0.35 万册。固定资产总值 5018 万元，全年教育经费投入 5306 万元。学校信息化经费投入 70 万元，拥有计算机 356 台，网络多媒体教室 17 个，校园网出口总带宽 100Mbps，数字资源量 3GB，“信息技术”课程 2 课时 / 周。教职工 122 人，包括高级职称 38 人、中级职称 29 人。专任教师 60 人，本科以上学历 99 人，少数民族教师 2 人。开设教学班 18 个。毕业 269 人、招生 265 人、在校生 793 人，全部为少数民族学生。

2020 年，学校以疫情防控为主线，以安全稳定为目标，以立德树人为根本任务，稳步推进教育教学各项工作。

坚持党建引领，强化爱国主义教育。开展中心组学习 17 次，参与学习 153 人次，党总支会议（含党政联席会）9 次，议事 48 项，校务会 81 次，议事 616 项。坚持在党的领导下，保障学校健康稳步前行。注重德育引领，民族团结教育抓细抓实，寓家国情怀培育于主题教育活动。深入开展“五观两论”教育，增强学生使命感责任感。完善校本教材内容，创新思政教育方式。坚持每周一和重大节日举行升国旗唱国歌仪式，开展国旗下主题演讲活动；采取“走出去、请进来”等方式，定期聘请各类专家、学者为学生讲解国情，增强学生“四个自信”。发挥青年党校先锋作用，通过编写民族团结教育校本教材，邀请往届毕业生来校讲座，引导学生正确看待西藏历史，理性对待西藏当前存在的各种问题。

队伍建设。加强班主任队伍建设，完善班主任培训制度，建立班主任评价机制，面向全体教职工定期开展专家讲座、专题培训，提升班主任和全员德育管理水平。邀请专家进校作《班主任的专业成长与实践》主题讲座。加强师德师风建设，开展“立师德、树师表，抓师纪、正师风”集中教育实践等活动。为学校教育教学发展提供有力队伍保障。

11 月 10 日至 11 日，西藏中学开展秋季社会实践活动
（西藏中学 供）

提升教育教学水平。推动教改引领，采取线上线下教学，确保疫情期间停课不停学。全体教师同心协力、集思广益，开拓线上教学新模式。开展教研工作，提升教师专业素养。秉持发展引领，强化制度保障，先后制定、修订各类规章制度 20 余项，提高学校管理精细化、科学化水平。加强后勤服务管理改革，梳理整合食堂、安保、维修、保洁、采购、资产、宿管等多个管理内容，整合资源，提高效能，确保校园安全稳定。

（张一帆 曾丽）

北京市海淀区民族小学

2020 年，北京市海淀区民族小学分两址办学，分别为马甸后黑寺 1 号和花园北路 26 号。2 个校区总占地面积 2.87 万平方米，校舍建筑面积 1.49 万平方米，运动场地面积 0.88 万平方米。图书馆（室）藏书 51171 册。固定资产总值 11495 万元，全年教育经费投入 18848 万元。学校信息化经费投入 105 万元，拥有计算机 641 台，网络多媒体教室 81 个，校园网出口总带宽 250Mbps，数字资源量 17TB，“信息技术”课程 1 课时 / 周。教职工 161 人，包括高级职称 17 人、中级职称 61 人。专任教师 148 人，本科以上学历 148 人，少数民族教师 19 人。开设教学班 59 个。毕业 273 人、招生 458 人、在校生 2355 人，包括少数民族学生 346 人。

2020 年，学校在抗击新冠肺炎疫情新形势下，稳步有序开展各项工作。开展线上教学、教研工作，组织党员教师上录像课、直播课。坚持开展各类活动，丰富学生生活，举办云端运动会、诗词大会、垃圾分类等活动。30 名教师参与编写的《中小学培育和践行社会主义核心价值观心有榜样（人物篇）》出版发行，3 名教师和 10 名学生为该书创作插图。

发挥优质教育资源引领辐射作用。组织教师参加中国教育电视台全媒体直播《开学啦》节目并与边远地区学生连线；参加中国教育电视台《同上一堂课 · 名师课堂》专场课堂直播活动，展示直播课 4 节；参与中央电视台少儿频道《到学校去》直播，介绍学校开展国学和传统文化教育的思考、举措，展示学校教育成果。

（李艳）

中央民族大学附属中学

2020 年，中央民族大学附属中学占地面积 2.27 万平方米，建筑面积 2.28 万平方米，体育场（馆）面积 0.43 万平方米。图书馆藏书 20153 册。固定资产总值 1.27 亿元，全年教育经费投入 2.19 亿元。学校信息化经费投入 156 万元，拥有计算机 260 台，网络多媒体教室 64 个，校园网出口总带宽 25Mbps，数字资源量 100GB，“信息技术”课程 2 课时 / 周。教职工 134 人，包括高级职称 51 人。专任教师 103 人，包括特级教师 3 人、北京市骨干教师 2 人、北京市学科教学带头人 1 人；专任教师本科以上学历 103 人；少数民族教师 27 人。开设教学班 52 个。毕业 636 人、招生 909 人、在校生 2237 人，全部为寄宿生。应届高考本科上线率 98%。

2020 年，学校坚持社会主义办学方向，强化党建引领，落实立德树人根本任务，围绕铸牢中华民族共同体意识，推动健康持续发展。高考取得优异成绩，一本上线率比上一年提高 4 个百分点。继续发挥优质教育资源引领辐射作用，民大附中与呼和浩特市政府合作的民大附中呼和浩特分校建设项目开工。

培育全面发展的学生。成立体健组、艺术组和技术组，进一步优化学科建设，全年有 300 余名学生在区级以上体育、艺术、科技等比赛中获奖。44 人次取得科技创新方面市级以上奖励，其中 1 名学生获世界机器人大赛总决赛青少年机器人设计大赛高中组冠军，另有 4 名学生获该赛项团体一等奖。

教育教学整体提升。坚持以科研为引领，教研为支撑，学科建设为重点的教师专业发展策略。组织教师上市级公开课 6 节，区级公开课 56 节。校长受聘为教育部跨学科教学指导专委会委员。学校获评海淀区新品牌学校。4 名教师执教的 3 节课在北京市第五届“民族杯”中学教师民族团结进步教育进课堂教学大赛中均获一等奖。

（孙立清）

北京市门头沟区妙峰山民族学校

2020 年，北京市门头沟区妙峰山民族学校占地面积 15028 平方米，校舍建筑面积 7256 平方米，运动场地面积 2500 平方米。图书馆（室）藏书 3 万册。固定资产总值 1749 万元，全年教育经费投入 4425 万元。学校信息化经费投入 16.19 万元，拥有计算机 246 台，网络多媒体教室 2 个，校园网出口总带宽 1000Mbps，数字资源量 60GB，“信息技术”课程 8 课时 / 周。教职工 102 人，包括高级职称 19 人、中级职称 39 人。专任教师 72 人，本科以上学历 90 人，少数民族教师 4 人。开设教学班 18 个（小学 12 个、初中 6 个）。毕业 69 人（小学 36 人、初中 33 人）；招生 73 人（小学 37 人、初中 36 人）；在校生 334 人（小学 231 人、初中 103 人），包括寄宿生 30 人，少数民族学生 52 人。另设附属幼儿园，园所占地面积 2272 平方米，园所建筑面积 886 平方米。固定资产总值 241 万元，全年教育经费投入 37 万元。教职工 25 人。开设教学班 6 个（小班 2 个、中班 2 个、大班 2 个）。幼儿离园 56 人、入园 62 人、在园 162 人。

11 月 4 日，妙峰山民族学校举办社会大课堂活动——走进北京迷你世界儿童职业体验馆　（妙峰山民族学校　供）

2020 年，学校以“赏文之妙识人之长登学之峰”为核心价值，加强学校内涵与可持续发展。

师资建设。通过开展岗前培训，线上线下教师培训，以幼儿发展为核心的园本教研，以园所特色为主要内容的课题研究，助力教师专业成长。北京市学前教育研究会重点课题“以田园课程为载体提高幼儿探究能力的实践研究”结题，并被评为优秀课题。

教育教学。开发节日主题课程群，从“学科＋节日课程”“实践课程”和“研究课程”3个维度构建具有学校特色的《节日》主题课程体系。幼儿园推进“赏美”课程，开展以社会主义核心价值观为主要内容的礼仪教育和爱家乡、爱祖国教育；以低碳环保为主要内容的“我是环保小卫士、垃圾分类我参与”“我是文明小主人”等环保教育；以自然田园为主要内容的“我和蔬菜做朋友”“快乐的石榴娃”等主题教育活动；以传统节日、节气为主要内容的“童心爱祖国、萌娃庆中秋”“快乐立冬”等传统文化教育活动；以培养幼儿自理能力为主要内容的穿脱衣服、叠被子比赛等活动。小学部开展以“诵读展书香，经典永流传”为主题的经典诵读展演活动。

（马焕）

北京市昌平区西贯市回民小学

2020年，北京市昌平区西贯市回民小学占地面积1.33万平方米，校舍建筑面积0.27万平方米，运动场地面积0.54万平方米。图书馆（室）藏书1.15万册，电子图书68册。固定资产总值1509万元，全年教育经费投入869万元。学校信息化经费投入5万元，拥有计算机56台，网络多媒体教室13个，校园网出口总带宽1000Mbps，数字资源量50GB，“信息技术”课程1课时／周。教职工23人，包括中级职称13人。专任教师22人，本科以上学历19人，少数民族教师16人。开设教学班6个。毕业21人、招生18人、在校生76人，包括少数民族学生67人。

2020年，学校在对学生进行疫情防控知识教育和线上教育的同时，完成生命教育、信念教育、科学教育、道德教育、感恩教育、爱国主义教育。利用网络平台，提升教育教学质量，组织教师结合教学知识点、区资源、学科指导等选用视频并向学生推送。确保“教、学、考”相一致。突出基础和核心知识，关注学科能力的考查。建立常态化教研机制，组织学校3个教研组开展线上教研，围绕特殊时期线上教学的重点难点开展组内经验交流。组织教师深入学习各科课程标准，领悟新课改精神、新课程理念。为教师订阅有关教学理论书籍，组织教师学习，用理论指导教育教学实践。

推进全学科阅读开展。通过“读书会”“我的游记”“专题知识”等主题阅读活动，引导学生收集主题下的各类材料，进行阅读、整理、分析。设立学生“书吧”“流动柜”，让学生亲近阅读。将每周二下午最后一节课定为全校阅读时间，营造读书氛围，让学生享受阅读。举行班级读书会，交流读书心得，让学生体验阅读。

关注校园安全，开展“骑行戴好头盔 乘车系好安全带”交通安全主题教育活动，邀请专业人员到校讲解相关安全知识，印发交通安全海报30张；开展“关注消防生命至上”消防教育活动，设置班队会、消防安全疏散演练活动等内容。立德树人，开展“垃圾分类我们在行动”主题教育，举办分类知识培训、环保小制作等活动，为每名学生发放环保书签，提醒学生将垃圾分类知识投入实践。

（包雪莲）

北京市怀柔区喇叭沟门满族乡中心小学

2020年，北京市怀柔区喇叭沟门满族乡中心小学占地面积2.34万平方米，建筑面积0.63万平方米，运动场地面积0.46万平方米。图书馆（室）藏书1.50万册。固定资产总值2521万元，全年教育经费投入1705万元。学校信息化经费投入2.30万元，拥有计算机72台，网络多媒体教室15个，校园网出口总带宽1000Mbps，数字资源量60GB，“信息技术”课程1课时／周。教职工34人，包括高级职称4人、中级职称20人。专任教师28人，包括北京市学科教学带头人1人；本科以上学历33人；少数民族教师7人。开设教学班6个。毕业24人、招生11人、在校生97人，全部为寄宿生，包括少数民族学生50人。

2020年，学校以“为山区教师成长发展服务，为满乡学生幸福人生奠基”为办学理念，以“团结花课程体系”为基础，以“民族文化之水浇学校特色之花”为特色，在原有发展模式基础上围绕“实”字，从师生、学校实际出发，各项工作持续稳步提升。开展深度阅读，培养教师书香气质。通过党员1＋1发展模式培养青年教师，创建“三员兴三园”党建特色品牌。推进“书香润童心”读书工程、“书写好人生”习字工程、“播种好习惯”奠基工程、“携手育新人”合力工程、“共筑童心梦”体验工程。加强特色教育，邀请剪纸艺术家来校开展金帆书画院观摩指导活动。学生满族剪纸作品在北京市教育学会小学教育研究分会2020年学术年会上展出。坚持立德树人，举办法治副校长进校园——《民法典》宣传活动；成立光盘行动领导小组，开展“制止餐饮浪费 践行光盘行动”主题系列活动、“垃圾分类，从我做起”主题教育讲座、“情难舍 恩难忘 立师德 铸师魂”主题教育活动以及重阳节敬老等活动。

（赫燕燕）

特殊教育学校选介

北京市东城区特殊教育学校

2020年，北京市东城区特殊教育学校改扩建工程建设中，暂时在安定门外大街安德路西营房胡同2号院内办学，占地面积5230平方米，建筑面积3791平方米，运动场地面积2858平方米。图书馆（室）藏书2.39万册。固定资产总值2512万元，全年教育经费投入3631万元。学校信息化经费投入 136.98 万元，拥有计算机 422 台，网络多媒体教室 27 个，校园网出口总带宽 1000Mbps，数字资源量 750GB，“信息技术”课程小学 1 课时 / 周、初中和高中 2 课时 / 周。教职工 83 人，包括高级职称 11 人、中级职称 32 人。专任教师 75 人，包括北京市骨干教师 1 人；本科以上学历 75 人。开设教学班 22 个（小学阶段 8 个、初中阶段 6 个、中职阶段 8 个）。毕业 42 人（小学阶段 15 人、初中阶段 19 人、中职阶段 8 人）；招生 37 人（小学阶段 7 人、初中阶段 15 人、中职阶段 15 人）；在校生 154 人（小学阶段 66 人、初中阶段 47 人、中职阶段 41 人），其中，听力残疾 34 人、智力残疾 120 人。

11 月 24 日，北京市盲聋教研组活动走进东城特教学校
（东城特教学校　供）

2020 年，学校全面推进治理体系和治理能力现代化，各项工作稳中提质。学校被评为东城区教育系统信息工作先进单位等。

教育教学及学生培养。与北京市东城区培智中心学校共同成立学习联合党支部。构建线上教学新模式，落实“一人一案”，开展有针对性的线上指导。通过网络组织学生开展“书信手语传敬意，字里行间表真情”“致敬战疫先锋”等德育主题教育活动。学生获北京市第 22 届学生艺术节冬奥歌词征集评选活动金奖等。

发挥优质教育资源引领辐射作用。承办“新课标背景下创新盲聋学校课堂教学模式的实践研究”教学研讨活动。网络推送理论中心组学习材料、教职工政治学习资料各 15 周次；推送教师学习资源包 18 次，包含各类文件 10 个、专业培训资料 34 个。教师制作、推送课件 963 个、微视频 501 个、微课 433 节，发布在北京市特殊教育资源网。为北京市特殊教育资源网开发线上课程资源，39 名教师录制 50 节微课，涉及 8 个主题、130 余份教学设计和相关的资源包开发；指导 24 名联盟校教师录制微课 28 节。

（彭彤）

北京市东城区培智中心学校

2020 年，北京市东城区培智中心学校占地面积 3659 平方米，校舍建筑面积 2550 平方米，运动场地面积 1009 平方米。图书馆（室）藏书 700 册。固定资产总值 1128 万元，全年教育经费投入 1755 万元。学校信息化经费投入 41.98 万元，拥有计算机 100 台，网络多媒体教室 9 个，校园网出口总带宽 1000Mbps，数字资源量 1800GB，“信息技术”课程 4 课时 / 周。教职工 37 人，包括高级职称 3 人、中级职称 15 人。专任教师 34 人，本科以上学历 35 人。开设教学班 9 个（小学阶段 6 个、初中阶段 2 个、送教班 1 个）。初中阶段毕业 7 人；招生 14 人（小学阶段 13 人、初中阶段 1 人）；在校生 83 人（小学阶段 58 人、初中阶段 25 人），其中，视力残疾 1 人、听力残疾 1 人、肢体残疾 5 人、智力残疾 40 人、精神残疾 19 人、多重残疾 17 人。

2020 年，学校致力于开展服务学生成长、教师发展、家校社协同育人的教育教学实践活动，落实“一生一案”。

教育教学。注重科研、教研和课程相结合，东城区优秀人才培养资助项目结题；2 名教师课题分获区级 A、B 类立项资格。80 余人次青年教师参加注册行为技术师（RBT）、孤独症康复、言语治疗、感统治疗、个案干预等特教专业培训课程；聚焦课堂问题开展低、中、高学段集体研讨课 7 节。以班级组训、个训形式开展潜能教学，结合故宫课程、绘画、手工作品等教学内容进行潜能开发和缺陷补偿。开展个性化“一生一案（IEP）”资源包活动，下发资源包 1360 个；7 名青年教师完成市级秋季线上资源课录制，录制课程 7 节。11 名教师为 11 名学生提供一对一线上、线下送教服务，上门送教 80 次，视频网络送教 125 次，共计 410 学时；4 名自闭症基地教师下校随班就读指导 20 次，线上指导 20 次；2 名教师为区内 6 所学校提供巡回指导服务，下校指导 12 次，线上指导 16 次。

五育并举。举办读书、劳动、才艺、体育主题居家体验周。关注家校共育，制作亲子共育视频进行展播；印发“21 天养成好习惯”家长信，家校共同制定养成目标；依托线上故宫美育课程，制作 13 期图文故宫美篇，实现亲子线上游览。围绕卫生防疫知识、抗疫故事、战疫心理调节等内容录制思想政治课 11 期；研发“我是防疫小卫士”原创学习辅具。

（肖晓萌）

北京启喑实验学校

2020年，北京启喑实验学校占地面积0.87万平方米，校舍建筑面积2.32万平方米，运动场地面积0.38万平方米。图书馆（室）藏书2.70万册。固定资产总值3667万元，全年教育经费投入4406万元。学校信息化经费投入120万元，拥有计算机366台，网络多媒体教室21个，校园网出口总带宽4096Mbps，数字资源量1100GB，“信息技术”课程小学1课时/周、初中2课时/周、高中4课时/周。教职工114人，包括高级职称28人、中级职称37人。专任教师97人，包括北京市骨干教师1人；本科以上学历105人。开设教学班21个（小学阶段6个、初中阶段6个、高中阶段9个）。毕业47人（小学阶段19人、初中阶段14人、高中阶段14人）；招生34人（小学阶段1人、初中阶段19人、高中阶段14人）；在校生157人（小学阶段40人、初中阶段53人、高中阶段64人），其中，听力残疾155人、肢体残疾2人，包括寄宿生82人。

2020年，学校教育教学秩序稳定，教师队伍稳定，各项工作取得新成绩。

干部教师队伍素养提升。执行《教职工思想政治教育制度》，每月开展1次集中学习教育。坚持中心组学习制度，推进“两学一做”学习教育常态化制度化。落实干部队伍调整改革措施，改善干部年龄结构。

开展素质教育。组织学生用画笔赞美防疫英雄，零接触录制公益手语歌《你是英雄》并通过微信公众号发布。加强学生和家长心理健康教育，开展疫情防控知识的宣传、禁毒教育活动、垃圾分类相关知识的学习等德育工作。

安全服务保障。建立健全安全保障制度，定期清理饮水机和空调，完成消杀工作，落实食堂卫生保障工作。完成附属幼儿园改建、装修工作。承担2次面向全区的核酸检测场地服务工作。

（王秋阳）

北京市朝阳区安华学校

2020年，北京市朝阳区安华学校占地面积5628平方米，校舍建筑面积3984平方米，运动场地面积1734平方米。图书馆（室）藏书7790册。固定资产总值2410万元，全年教育经费投入3420万元。学校信息化经费投入2万元，拥有计算机177台，网络多媒体教室27个，校园网出口总带宽1000Mbps，数字资源量3GB，“信息技术”课程12课时/周。教职工79人，包括高级职称7人、中级职称24人。专任教师74人，本科以上学历78人。开设教学班26个（学前教育阶段1个、小学阶段12个、初中阶段4个、高中阶段9个）。毕业90人（小学阶段40人、初中阶段20人、高中阶段30人）；招生86人（小学阶段31人、初中阶段40人、高中阶段15人）；在校生365人（学前教育阶段1人、小学阶段177人、初中阶段117人、高中阶段70人），其中，听力残疾1人、言语残疾2人、肢体残疾31人、智力残疾136人、精神残疾78人、多重残疾117人。

2020年，学校加强教资队伍建设、落实学生目标、创新教学方式，实现线上、线下教育教学工作有序开展。

师资队伍建设。制定教师专业发展梯队标准，打造复合性专业化师资队伍。实行教学工作月考核制度、教师日常考核积分制。采取教师线下自主学习+线上集中研讨形式，组织不同内容线上教研活动，包括分小组研讨、教研组研讨和联合教研组研讨等，开展专业组和年级组教研活动20次；8个小组通过教师自学和线上教研，形成研究成果，为教学活动做资源储备。承办北京市培智学校包班制教学实践研究线上教研活动。完成“我们的夏天”高年级学段7个主题微课和资源包设计；参与研发“春季健康与卫生”“我是职高生”“我为家人做件事”等微课和资源包。

9月18日，安华学校对学生开展专业评估

（安华学校 供）

创新教学方式。开展学生教育和学生居家学习、线上教学、弹性教学等形式的教育教学工作，制订学段教育教学工作方案，做到“一段一策”。班级教师和康复教师为班级和每名学生个案制定个别化教育教学指导建议，做到“一段一策、一班一案、一人一案、一日一案”。

成立康复专业团队，支持和指导班级教师对学校筛查专业康复方向的三级、二级学生个案进行专业指导，制订居家康复训练方案，通过指导学生个案负责教师对学生个案实施训练及调整建议。开展传统文化进校园、“垃圾分类 从我做起”等实践活动。

（高磊）

北京市丰台区培智中心学校

2020 年，北京市丰台区培智中心学校占地面积 9003 平方米，校舍建筑面积 7748 平方米，运动场地面积 1819 平方米。图书馆（室）藏书 3314 册。固定资产总值 1789 万元，全年教育经费投入 1560 万元。学校信息化经费投入 57.29 万元，拥有计算机 163 台，网络多媒体教室 14 个，校园网出口总带宽 100Mbps，“信息技术”课程 2 课时 / 周。教职工 41 人，包括高级职称 4 人、中级职称 19 人。专任教师 39 人，本科以上学历 38 人。开设教学班 13 个（小学阶段 9 个、初中阶段 4 个）。初中阶段毕业 23 人；小学阶段招生 12 人；在校生 187 人（小学阶段 131 个、初中阶段 56 人），其中，智力障碍 99 人、自闭症 69 人、多重残疾 19 人，包括外省市借读生 25 人。

2020 年，学校围绕“共容、共熔、共融、共荣”办学理念，实现以学校发展带动学生发展，让残疾学生真正享受公平教育的工作目标。教师参与北京市特殊教育资源网课程资源开发录制，其中 15 名教师参与春季线上课程 4 节、23 名教师参与秋季线上课程 13 节。继续开展区内“送教上门”工作，开展线下送教志愿活动 32 次。线上线下开展以“疫情防控”“垃圾分类”“珍惜粮食”为主题的系列班会及实践活动。邀请北京联合大学特殊教育学院教授以线上培训交流形式，为学校开展系列指导研讨活动，提升教师专业水平。以新课标、全体障碍儿童教育法案（IEP）为指导，以发展学生的能力为宗旨，以研究使用新教材为依托，结合“自主交往”训练方法，探究如何将“分科教学”与“综合教学”有机结合，开展教师评优课、常态组内教研等活动，促进教师队伍专业成长。

（李司琪）

11 月 13 日，丰台培智中心校开展校园消防培训演练

（丰台培智中心校 供）

北京市盲人学校

2020 年，北京市盲人学校占地面积 2.97 万平方米，校舍建筑面积 3.14 万平方米，运动场地面积 0.83 万平方米。图书馆藏书 31741 册，包括盲文版书 4250 册。固定资产总值 14513 万元，全年教育经费投入 5022 万元。学校信息化经费投入 54.87 万元，拥有台式机 330 台、笔记本电脑 133 台，网络多媒体教室 44 个，校园网出口总带宽 100Mbps，数字资源量 4TB，“信息技术”课程 2 课时 / 周。教职工 123 人，包括高级职称 31 人、中级职称 33 人。专任教师 86 人，包括特级教师 1 人、北京市骨干教师 2 人、北京市学科教学带头人 1 人；本科以上学历 83 人。开设教学班 17 个（小学 7 个、初中 4 个、职业高中 6 个）。毕业 45 人（小学 11 人、初中 11 人、职业高中 23 人）；招生 32 人（小学 7 人、初中 12 人、职业高中 13 人）；在校生 131 人（小学 59 人、初中 42 人、职业高中 30 人），其中，视力残疾 110 人、智力残疾 5 人、多重残疾 16 人，包括寄宿生 72 人。

2020 年，学校突出政治引领，依法治校，加强师德师风建设，确保新冠肺炎疫情期间零感染。修订学校章程。推进特教学校合作交流工作。组织学校职康部 4 名教师到北京市健翔学校实地调研“多专业整合”模式下个别化教育的制定与实施过程。发挥特级教师、学科带头人、骨干教师和名师工作室引领辐射作用，配合教育部高考入围制卷、长春大学特教学院北京考区组考以及人民教育出版社盲校义务教育部分学科教材编写工作。

以养成教育为目标，规范学生健康文明行为。坚持特殊人才培养目标，学生在 2020 年“爱满京华”第十届北京市社区残疾人文艺汇演中获一、二等奖各 1 个。举办 2020 年校园文化艺术节系列活动之艺术团迎新线上音乐会，线下录制 13 个节目上传到学校微信公众号，丰富学生课余文化生活。

培养专业师资队伍。中医康复保健专业教研组和“筋骨平衡”疗法工作室联合举办“呼吸的训练和评估”主题学习活动。开展新任教师师徒结对活动，关注青年教师专业成长。举办“教师如何作研究”专题讲座，提升教师教研能力。

与时俱进，因材施教。开展个性化学习和学科辅导，组织学生参加全国第四届视障青少年英语作文征集活动。发挥中医康复保健专业服务社会辐射作用，通过 2018 年北京市职业院校教师素质提升计划选拔计划项目验收。应对职业教育障碍类型变化（单一视力障碍转变为多种障碍兼有），调整教学方法，对个别学生进行认知、社交、语言沟通综合评估，为针对性教学提供依据。坚持问题导向，突出以学生为主体的康复教学，每周开设个别化课程近百节。发挥资源优势，为全市视障学生提供送教上门、早期干预训练与家庭指导等服务。

（单纬华　赵瑜　高爽）

北京市健翔学校

2020 年，北京市健翔学校分两址办学，分别为海培校区和牡丹园校区。2 个校区总占地面积 17.94 万平方米，校舍建筑面积 1.80 万平方米，运动场地面积 0.45 万平方米。图书馆（室）藏书 5.63 万册，电子图书 0.50 万册。固定资产总值 9196 万元，全年教育经费投入 9273 万元。学校信息化经费投入 162.79 万元，拥有计算机 1303 台，网络多媒体教室 5 个，校园网出口总带宽 150Mbps，数字资源量 12TB，“信息技术”课程中年级 1 课时 / 周、高年级 2 课时 / 周。教职工 150 人，包括高级职称 32 人、中级职称 73 人。专任教师 137 人，包括特级教师 2 人、北京市骨干教师 3 人；本科以上学历 138 人。开设教学班 71 个（学前教育阶段 1 个、小学阶段 30 个、初中阶段 19 个、职业教育 21 个）。毕业 84 人（小学阶段 3 人、初中阶段 34 人、职业教育 47 人）；招生 78 人（学前教育阶段 3 人、小学阶段 36 人、初中阶段 3 人、职业教育 36 人）；在校生 526 人（学前教育阶段 4 人、小学阶段 232 人、初中阶段 144 人、职业教育 146 人），其中，视力残疾 1 人、听力残疾 25 人、言语残疾 8 人、肢体残疾 3 人、智力残疾 195 人、精神残疾 118 人、多重残疾 150 人、自闭症 26 人，包括寄宿生 57 人。

2020 年，学校开展线上教学，利用在线视频会议、微信等方式授课，为学生规划和提供居家学习和训练的相应教学资源。研发录制特殊教育线上教学资源。开展个别化辅导、分组教学等形式的教学补充，并补充和开发实物教具、学具。举办 2 个国家级、2 个市级、8 个校级课题的开题论证会。“通用手语一起学”项目被评为 2020 年海淀区语言文字优秀项目。培智部开设萨克斯、金贝鼓、空竹等 20 个选修课程。5 名听障部高中毕业生考入北京联合大学特殊教育学院；培智部高考班 12 名毕业生通过自主招生面试考入北京农业职业学院、北京网络职业学院等职校。

主题教育活动。坚持立德树人，举办学生才艺展示、抗疫手抄报线上征集活动、线上“三八”特别活动以及线上垃圾分类主题教育活动、线上“五四”主题教育活动、班主任线上班会家长会等。组织“不同的课堂，同样的精彩”“成长不停歇，居家展才艺”活动，制作 21 期系列专题报道，并通过微信公众号推送。发挥专业优势服务社会，2 名教师承租多场次北京市新型冠状病毒肺炎疫情防控工作新闻发布会的手语翻译工作。

（米洁　孙艳　曲亚迪）

北京市门头沟区特殊教育学校

2020 年，北京市门头沟区特殊教育学校占地面积 3915 平方米，校舍建筑面积 3775 平方米，运动场地面积 1250 平方米。图书馆（室）藏书 6000 册，电子图书 1000 册。固定资产总值 1970 万元，全年教育经费投入 1319 万元。学校信息化经费投入 12.92 万元，拥有计算机 107 台，网络多媒体教室 17 个，校园网出口总带宽 2048Mbps，“信息技术”课程 4 课时 / 周。教职工 30 人，包括高级职称 6 人、中级职称 15 人。专任教师 24 人，本科以上学历 26 人。开设教学班 9 个（小学阶段 6 个、初中阶段 3 个）。毕业 16 人（小学阶段 9 人、初中阶段 7 人）；招生 20 人（小学阶段 11 人、初中阶段 9 人）；在校生 81 人（小学阶段 50 人、初中阶段 31 人），其中，肢体残疾 1 人、智力残疾 34 人、精神残疾 11 人、多重残疾 35 人。

2020 年，学校干部教师紧密团结在党支部周围，发挥共产党员先锋模范作用，教育教学各项工作有序开展。发挥骨干教师示范引领作用，为青年教师搭建学习、交流、展示平台，以教研组为核心，开展教学研究工作。加强特教中心对融合教育学校的巡回指导工作，帮助融合教育学校做好随班就读学生的教育指导。完成北京市教育研究指导中心关于“联盟组承担高年级段的资源包制作”任务，并将资源包全部上传到中国特殊教育资源网。发挥家长教师协会作用，为家长与教师搭建沟通交流平台。为毕业生打通升学渠道，2 名应届毕业生通过中考招生分别进入北京市盲人学校、北京市健翔学校就读。

（魏宏亮）

北京市通州区培智学校

2020 年，北京市通州区培智学校占地面积 1.13 万平方米，校舍建筑面积 0.72 万平方米，运动场地面积 0.21 万平方米。图书馆（室）藏书 8321 册。固定资产总值 2865 万元，全年教育经费投入 2537 万元。学校信息化经费投入 58 万元，拥有计算机 112 台，网络多媒体教室 22 个，校园网出口总带宽 1000Mbps，数字资源量 3614GB，“信息技术”课程 2

课时／周。教职工 61 人，包括高级职称 7 人、中级职称 28 人。专任教师 57 人，包括特级教师 1 人、北京市骨干教师 1 人；本科以上学历 55 人。开设教学班 18 个（小学阶段 13 个、初中阶段 5 个）。初中阶段毕业 17 人；小学阶段招生 12 人；在校生 165 人（小学阶段 117 人、初中阶段 48 人），其中，言语残疾 1 人、肢体残疾 4 人、智力残疾 130 人、精神残疾 24 人、多重残疾 6 人，包括寄宿生 117 人。

2020 年，学校依托“学会生活、快乐成长”办学特色，为学生提供专业教育与康复课程；以“礼孝”教育为重点，深化养成，提高学生实践能力和综合素养。

加强队伍建设，提高教师整体素养。加强教师职业道德、行为规范制度建设；采用以会代培的方式，通过自学和集中学的途径及时改进工作方法和策略，形成老带新、新促老的工作模式，提升队伍专业素质。依托北京市性健康教育基地、首都师范大学心理学院主持课题“智障生性审美教育的实践研究”和区级课题“提高培智学校家校合作实效性的策略研究”，成立研究团队，定期开展研讨和交流，通过班会开展实践性研究。结合养成教育，开展一年级至三年级评优主题活动课，通过评优竞技共同提升。将教师培训纳入大计划并制定校本培训计划，为教师开辟绿色通道，鼓励教师积极参加各类培训。

深化课堂改革，提升教学质量。以“在课堂教学中如何实施个别化计划”为主题，开展课改实践。加强家校沟通，形成教育合力。开展家校合作抗疫线上沟通活动，利用网络微信、QQ 媒介平台、家长视频会议等，做好家长的沟通、教育、引导工作。少先队坚持做好每月一期的红领巾小报，展现师生在校动态信息并为家长提供教育方法和策略。多渠道、多途径对家长开展心理辅导、教育方法指导和家校融合教育，让家长积极配合、主动参与学校教育。

（李楠）

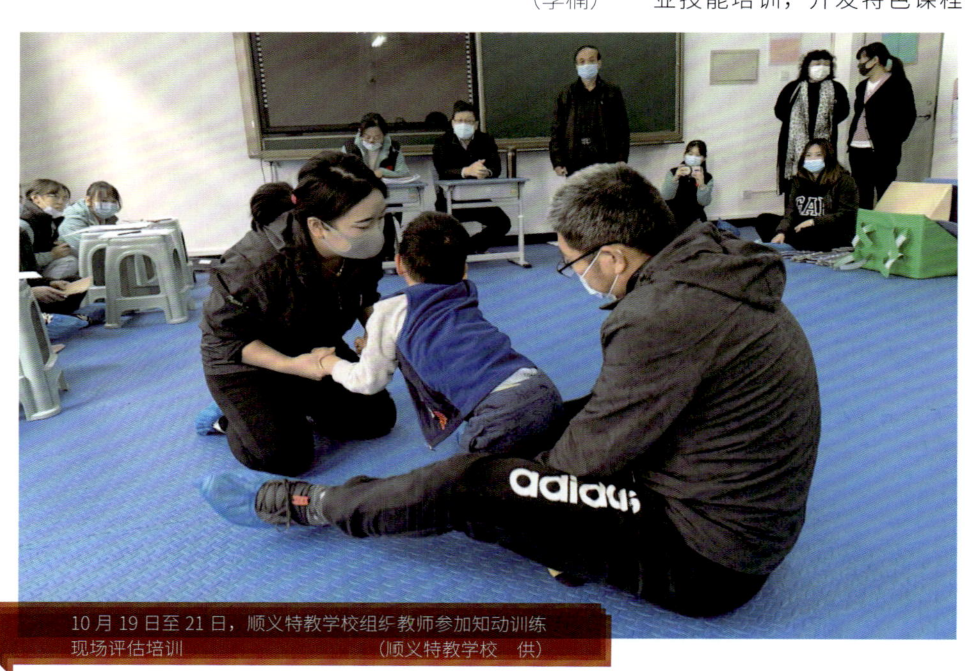

10 月 19 日至 21 日，顺义特教学校组织教师参加知动训练现场评估培训　　（顺义特教学校　供）

北京市顺义区特殊教育学校

2020 年，北京市顺义区特殊教育学校占地面积 30665 平方米，校舍建筑面积 9327 平方米，运动场地面积 5800 平方米。图书馆（室）藏书 8145 册。固定资产总值 1629 万元，全年教育经费投入 3953 万元。学校信息化经费投入 3.67 万元，拥有计算机 178 台，网络多媒体教室 18 个，校园网出口总带宽 1000Mbps，数字资源量 33GB，“信息技术”课程 2 课时／周。教职工 71 人，包括高级职称 26 人、中级职称 29 人。专任教师 59 人，包括北京市骨干教师 1 人；本科以上学历 71 人。开设教学班 24 个（小学 17 个、初中 7 个）。毕业 35 人（小学 25 人、初中 10 人）；招生 68 人（小学 37 人、初中 31 人）；在校生 231 人（小学 146 人、初中 85 人），其中，视力残疾 1 人、听力残疾 1 人、言语残疾 6 人、肢体残疾 6 人、智力残疾 144 人、精神残疾 17 人、多重残疾 56 人，包括寄宿生 94 人。

2020 年，学校以“爱慧教育”为办学理念，以“尊重差异，珍视生命”为育人理念，实现建设爱慧校园、塑爱慧教师、育爱慧学生的办学目标。科学完善教师“诚信档案”，实行骨干引领、分层培训、定点追踪，构建专业化教师发展梯队，制订与实施《绩效工资分配方案》。

党建活动。党支部开展“同心同行，战疫必胜”主题活动，党员参与社区卡口值守和居家观察人员服务保障等工作。32 名党员自愿参与校门口的交通秩序维护全年达 360 人次。

教育教学。调整“爱慧教育”课程体系，采取线上、线下相结合的方式对学生进行多元评价，评估学生学习效果和教师教学质量。持续聘请特教专家为教师开展专业技能培训，开发特色课程。完成秋季线上教学资源开发，梳理职业课程体系。承担市级资源库和微课录制 30 余节。利用“一日生活任务单”规范学生一日生活。开展“践行光盘，从我做起”活动，评选文明餐桌 126 个、“光盘”模范标兵 180 人。

科研工作。在“北京市秋季学期培智学校线上课程资源开发”活动中，录制微课 10 节、提供教学设计 20 节。北京市教育学会“十三五”教育科研课题“构建生命课程体系，提高综合课堂教学效果的研究”获市级二等奖、区级一等奖，“顺义特教学校社会实践基地课程开发与实施的研究”获市级二等奖、区级一等奖。

（王向辉 张卫华）

北京市昌平区特殊儿童教育学校

2020年，北京市昌平区特殊儿童教育学校占地面积8020平方米，校舍建筑面积2441平方米，运动场地面积3727平方米。图书馆（室）藏书9767册。固定资产总值634万元，全年教育经费投入1518万元。学校信息化经费投入46万元，拥有计算机56台，网络多媒体教室1个，校园网出口总带宽1024Mbps，数字资源量64GB，“信息技术”课程2课时/周。教职工38人，包括高级职称4人、中级职称6人。专任教师27人，本科以上学历34人。开设教学班9个（小学阶段6个、初中阶段3个）。毕业33人（小学阶段24人、初中阶段9人）；招生52人（小学阶段26人、初中阶段26人）；在校生133人（小学阶段89人、初中阶段44人），其中，听力残疾1人、肢体残疾7人、智力残疾68人、精神残疾13人、多重残疾44人，包括寄宿生19人。

2020年，学校深化教育教学改革，延伸“四好”教育，从“生活化主题教学”到“项目式理念下的主题教学”，到“同课异构”“小组式学习”。关注学生健康，举办“快乐康复 有你有我”线上康复运动会，设置快乐的气球、纸杯城堡、无敌乒乓球3个项目。开展线上“每日一分享”系列活动，累计分享95次。推送教师一对一“每日一练”个训课程322节，开展系列活动3047次。推进送教上门工作，开设就近集中送教点10个，完成送教上门家庭康复计划56次，上门送课206次，为不参与集中送教的送教上门学生分组录制线上推送课程资源106节，为新增19名送教上门学生安排专属教师。加强干部教师队伍建设，组织全体干部教师参加“教师专业化发展培训项目”感觉统合、心理、领导力等系列培训。20名教师参与北京市特殊教育资源网线上课程资源开发，开发资源包8个，录制线上微课程16节；推送线上课程3020节、线上直播课程237节，每日答疑864次、真情交流无缝教学106次、组织开展学生活动16项。提升教师教学、教研能力，进行教研活动112次、完成教师日志470份、举办教师活动11项、整理教师读书心得体会210篇。

（吴振奇 张丽明 王海涛）

北京市怀柔区培智学校

2020年，北京市怀柔区培智学校占地面积4098平方米，校舍建筑面积1777平方米，运动场地面积1296平方米。图书馆（室）藏书1万册。固定资产总值2272万元，全年教育经费投入1379万元。学校信息化经费投入153.20万元，拥有计算机80台，网络多媒体教室11个，校园网出口总带宽100Mbps，数字资源量15GB，“信息技术”课程6课时/周。教职工33人，包括高级职称4人、中级职称20人。专任教师30人，本科以上学历32人。开设教学班10个。招生7人，在籍生95人（听力障碍3人、智力残疾36人、多重残疾18人、脑瘫1人、自闭症4人、送教上门学生33人）。

2020年，学校坚持“人人参与 人人成长”阶段目标，家校携手，线上线下相结合教学形式，严格落实个别化教育计划下的学习指导和康复训练，促进学生个体发展，提升教师教育技能和专业能力。以班级为单位制订周学习指导方案，明确学生一周之内学习的内容、要求、推送形式、个性化指导、家长反馈等内容。教师及联盟校教师组建微视频教学设计录制团队，开发中学段课程资源并发布在特

12月18日，昌平特教育学校开展集中送教活动
（昌平特教学校 供）

殊教育资源网上。加强教师培养，开展“特教专业”校本培训，青年教师研究课，骨干、优秀教师示范课等。

（任海明）

北京市平谷区特教中心

2020 年，北京市平谷区特教中心新校舍在筹备中，现租借平谷区中罗庄老年公寓部分房屋为临时校舍。图书馆（室）藏书 2040 册。固定资产总值 758 万元，全年教育经费投入 189 万元。学校拥有计算机 131 台，网络多媒体教室 15 个，校园网出口总带宽 4Mbps，数字资源量 23GB，“信息技术”课程 2 课时 / 周。教职工 62 人，包括高级职称 11 人、中级职称 34 人。专任教师 52 人，本科以上学历 59 人。开设教学班 16 个。毕业 23 人；招生 20 人；在校生 116 人（听力障碍 5 人、智力障碍 72 人、脑瘫 10 人、孤独症 9 人、多重残疾 20 人），包括寄宿生 24 人。

2020 年，学校以新冠肺炎疫情防控为重点，推送“学习指导单”；深化“双积分”管理，完善积分办法，强化过程评价，助力教师专业化成长；树立师德典型，表彰师德先进，抓好骨干教师队伍建设，全面提升教师师德素养；通过学习、交流、活动等形式提高干部教师管理和教育教学能力；线上德育教育不缺位，线下德育教育重养成。以活动为载体，以疫情防控为重点，培养学生爱校、爱家、爱国的家国情操，重视学生卫生习惯养成、加强疫情防控相关知识宣传；深化课题研究，推进课堂教学改革，发掘潜能、激发创新意识，开展个别化教育；参加东城特教联盟组织的系列活动，促进教师专业化发展；聘请专家进行线上培训，提升教师业务水平，提升学校办学效果；加强教职工安全管理培训教育，实施全员安全负责工程，做到人防、技防双标准；落实并执行“三重一大”制度，加强资产与经费管理，规范审批手续，合理使用学校经费；加强随班就读指导室管理，加强对资源教室和送教上门工作的指导与检查，落实二期提升融合教育计划。开展系列特殊教育活动，促进学生全面发展。师生手势舞《有你就幸福》辐射全体家庭。举办快乐的学习生活、读绘本、微视频手指操、练习戴口罩、学会七步洗手法、争当防疫小卫士活动以及跑步、跳跃、拍球、踢毽子等健康动起来活动。

（王红梅）

北京市密云区特殊教育学校

2020 年，北京市密云区特殊教育学校占地面积 9144 平方米，校舍建筑面积 4215 平方米，运动场地面积 2864 平方米。图书馆（室）藏书 4008 册。固定资产总值 3582 万元，全年教育经费投入 1775 万元。学校信息化经费投入 5 万元，拥有计算机 60 台，网络多媒体教室 16 个，校园网出口总带宽 1000Mbps，数字资源量 1060GB，“信息技术”课程 1 课时 / 周。教职工 47 人，包括高级职称 6 人、中级职称 23 人。专任教师 35 人，本科以上学历 34 人。开设教学班 12 个。毕业 10 人、招生 15 人、在校生 68 人，包括寄宿生 12 人。

2020 年，学校以“培养能够适应生活，积极乐观面对生活，并能够有尊严的享受生活的人”为育人目标，深化特殊教育课程改革。推广“互联网＋”成果，组织教师做好线上教学活动，录制教学视频资源 881 个，学生反馈视频、照片 3000 余个；开设“培训体会”“手语联盟”“康复一招鲜”等栏目，组织教师以“我是大主播”形式录制视频 196 个。32 名干部教师参与北京市培智学校春季和秋季课程资源开发工作，录制视频资源 15 个、主干活动的教学设计和资源包 10 个。

11 月 26 日，密云特教学校举办首届“星空杯”教学评优——艺术休闲课 （密云特教学校 供）

教育教学改革。综合课程研修部包班制教学班级增至 4 个，使用人教版教材，开展综合性主题教学；生活适应研修部 4 个班级和职业教育研修部 4 个班级开展分科式教学，落实一人一案个别化教育计划。组织学生参与各级各类体育、艺术类活动，组织开展线上第四届“水墨童心”书画展兼义卖活动，学校特奥足球队训练工作得到国际奥林匹克东亚区肯定。成立绿色生活共同社，推进垃圾分类工作，共建生态宜居家园。举办首届特教理论素养考核大赛和首届“星空杯”教学评优课活动，推进教师队伍建设，推广培智学校教育教学改革成果。

（赵丽娟）

北京市延庆区特殊教育中心

2020 年，北京市延庆区特殊教育中心占地面积 1.98 万平方米，校舍建筑面积 0.40 万平方米，运动场地面积 1.04 万平方米。图书馆（室）藏书 2.32 万册，电子图书 1 万册。固定资产总值 2272 万元，全年教育经费投入 147 万元。学校信息化经费投入 13.28 万元，拥有计算机 110 台，网络多媒体教室 1 个，校园网出口总带宽 100Mbps，数字资源量 300GB，“信息技术”课程 2 课时 / 周。教职工 41 人，包括高级职称 8 人、中级职称 21 人。专任教师 32 人；本科以上学历 39 人。开设教学班 8 个（小学阶段 6 个、初中阶段 2 个）。初中阶段毕业 6 人；小学阶段招生 8 人；在校生 86 人（小学阶段 56 人、初中阶段 30 人），其中，听力残疾 1 人、言语残疾 1 人、肢体残疾 9 人、智力残疾 59 人、精神残疾 1 人、多重残疾 15 人，包括寄宿生 20 人。

2020 年，学校坚持“实施个性化教育，让每个生命都精彩”办学目标，促进学生健康发展。

11月，延庆特教中心组织开展学生社会实践活动

（延庆特教中心 供）

教师队伍建设。组织教师通过线上、线下相结合的培训方式，推动教师专业化成长。依托与北京市朝阳区安华学校、北京市密云区特殊教育学校组成的三校联盟，组织教师开展专业化教研，建立言语沟通、代币制、感统训练、行为支持 4 个教研组。组织教师录制基线课程、阶段性研究课、精品展示课 28 节；参与开发北京市特殊教育线上学习资源，35 人次参与录制微视频、制作教学资源包，并将成果上传到北京市特殊教育支持服务平台。

线下、线上教育教学活动相结合。为每名学生制定个别化“居家教育康复指导”任务单，涉及常识介绍、抗疫先锋活动安排、锻炼身体与康复训练、居家生活、居家学习 5 个方面。对每名学生进行综合能力评估，根据评估结果，为每名学生制订个别化教育计划，再确定学期教学计划。推进、研究包班制教学工作，为一年级学生创建结构化的班级环境。推进教育科研，从科研角度对包班制教学进行立项研究，课题组成员在市级培智教研活动中分享经验。开展《农村培智学校性健康教育课程设计与实施》的研究，在不同学段、不同学科进行渗透教育。组织教师参加区级“师生电脑作品征集”活动，8 人获一等奖。

助力学生融入社会。以课程开发为模式，组建种植小组、环保小组、志愿服务队，参与学校种植活动、废品回收变卖活动、卫生打扫活动。组织学生到北京王木营蔬菜种植专业合作社、北京南山健源农业生态产业园、万达影院等单位参加社会大课堂活动。与延庆区沈家营学区融合教育资源中心联合举办线上培训 1 次。修订《随班就读学生审批方案和认定流程》，为延庆区中小学 21 名随班就读学生做好审核和认定。对延庆区融合教育学校进行首次评估，并开展融合教育课堂教学评优及教学设计评优活动。配合延庆区教委完成《北京市特殊教育提升计划（2017—2020年）》落实情况摸底工作。3 名教师为 16 名极重度学生提供送教上门服务，巡回指导教师到 19 所小学、6 所中学下校调研、指导开展融合教育工作。

（周英杰）

（本栏责任编校　孙晓楠）

48.31 万人

普通本科在校生

27.81 万人

在学硕士研究生

10.85 万人

在学博士研究生

6.39 万人

普通高等学校专任教师

2021 普通高等教育

HIGHER EDUCATION

- 市属高校分类办学推进
- 高等教育布局优化
- 北京市“双一流”建设成效年度评估
- “学堂在线”国际版发布
- 优质本科课程和优质本科教材课件遴选

普通高等教育

HIGHER EDUCATION

综述

概述

2020 年，收录的 60 所普通本科高校（不含民办）中，中央部委属高校 39 所，包括教育部属 25 所、其他部委属 14 所；市属公办高校 21 所。60 所高校产权占地面积 3905.00 万平方米，产权校舍建筑面积 3708.18 万平方米。图书 10282.80 万册。固定资产总值 1886.02 亿元，其中，教学、科研仪器设备资产 680.28 亿元。教职工 13.29 万人，其中，专任教师 6.39 万人，包括正高级职称 2.00 万人、副高级职称 2.39 万人。毕业生 11.44 万人、招生 12.50 万人、在校生 48.31 万人。

2020 年，北京市 59 所普通高校和 88 个科研机构培养研究生。共有在学研究生 38.66 万人，比上年增加 2.60 万人。其中，博士生 10.85 万人，比上年增加 0.77 万人；硕士生 27.81 万人，比上年增加 1.83 万人。招收研究生 13.37 万人，比上年增加 0.98 万人。

（张晓兰）

市属高校分类办学推进

2020 年，北京市推进市属高校分类办学。市委教育工作领导小组印发《北京市属公办本科高校分类发展方案》，确定 16 所市属公办本科高校办学类型，其中，“高水平研究型大学”3 个、“高水平研究型大学（B 类）”3 个、“高水平特色型大学”3 个、“高水平应用型大学”7 个。市委教育工委、市教委召开市属高校分类办学推进会，肯定各校在推进分类办学中取得的进展，要求各校继续推进分类发展，明确定位、强化特色、提升人才培养能力及科技创新能力。

（张富宇）

高等教育布局优化

2020 年，市教委优化高等教育布局，加快市属高校疏解进度。北京电影学院怀柔校区一期工程进入竣工收尾阶段，二期工程宿舍楼完成施工图设计和施工图审查。北京工商大学良乡校区二期工程进行室外工程收尾，二期新建工程概算调整。北京信息科技大学昌平校区第一标段外墙保温完成，第二标段完成首层砌筑，第三标段屋面施工完成 80%。北京城市学院顺义校区开展施工图设计。北京建筑大学 11 号学生宿舍深化设计方案和投资概算。国际奥委会批准在

9 月 14 日，清华举行 2020—2021 学年度升国旗仪式　（清华　供）

首都体育学院加挂“北京国际奥林匹克学院”牌子，首体院学科建设规划及延庆新校区建设规划方案基本完成。北京工商大学疏解学生 1100 人任务完成。

（王鑫）

北京学院培养工作

2020 年，北京学院继续开展培养工作。中国地质大学（北京）北京学院招收北方工业大学、北京服装学院、北京电影学院等 20 所市属高校学生 62 人，围绕珠宝鉴赏与首饰设计，为学生量身设计课程体系，采取授课、实习与科研素质训练相结合的专业培养方式。中央财经大学北京学院新增“双培计划”学生 132 人；116 名“双培计划”学生完成访学返回学籍所在市属高校，其中，6 人获得研究生推免资格、2 人保送研究生至中央财大。中国传媒大学北京学院招收北京第二外国语学院、北京工业大学、北京印刷学院、首都经济贸易大学、首都体育学院 2020 级“双培计划”学生 90 人，83 名学生完成访学返回其学籍所在市属高校。学院发挥在线教学技术优势，开启“艺术设计人生杂谈”“流光中的大学故事”等线上“名师讲堂”系列活动。北京航空航天大学北京学院招收“双培计划”交流学生 159 人。建立健全学生“激励、辅导、帮扶”的长效机制，落实“四年一贯制学生学业支持计划”。2017 级 131 名学生获得成绩合格的修业证明，学业达成率 84%；10 名学生获学籍高校研究生推免资格，5 名学生保送研究生至北航。中国农业大学北京学院招收 5 所市属高校学生 35 人，围绕“食品营养与安全”为学生设计理论课程体系。第六期 23 名学生毕业，获食品营养与安全专业辅修证书。在学习过程中，第六期学生利用两年的假期完成 224 学时 14 学分的理论学习、10 学分的专业实验，并在导师的一对一指导下完成科研训练。

（赵晓琳）

19 项大学生学科竞赛举办

2020 年，市教委继续举办市级大学生学科竞赛。市教委以赛促教、以赛促学、以赛促改、以赛促建，进一步加强大学生自主创新、自主实践能力及团队协作精神的培养，推动高等教育创新教育教学模式、更新教育教学内容，提升北京高校人才培养实践育人水平和质量。本年继续开展北京大学生数学建模与计算机应用竞赛等学科竞赛 19 项。

（荣燕宁）

2020 年北京市级大学生学科竞赛项目

2020 年北京市级大学生学科竞赛项目
北京市大学生文创设计大赛竞赛
北京市大学生数字媒体设计竞赛
“青年杯”北京市大学生人文知识竞赛
北京市大学生广告艺术竞赛
北京市大学生动漫设计竞赛
北京市大学生交通科技竞赛
北京市大学生模拟法庭竞赛
北京市大学生工程设计表达竞赛
北京大学生数学建模与计算机应用竞赛
北京市大学生 ERP 管理会计应用决策大赛
北京市大学生集成电路设计竞赛
北京市大学生节能节水低碳减排社会实践与科技竞赛
北京市大学生物理实验竞赛
北京市大学生化学实验竞赛
北京市大学生工程能力综合训练竞赛
北京市大学生建筑结构设计竞赛
北京市大学生工业设计大赛

11 月，北印学生在第九届全国大学生机械创新设计大赛中获一等奖 （北印　供）

北京市大学生生物学竞赛
北京市大学生机械创新设计大赛

（荣燕宁）

世界舞蹈戏剧教育联盟成立

1月3日至6日，中央戏剧学院召开世界舞蹈戏剧教育联盟成立大会。会议通过联盟章程和徽标，选举戏剧学院舞剧系主任为联盟秘书长。中国、法国、丹麦等8个国家的师生共同举办精品课展示、工作坊、剧目展演等活动。世界舞蹈戏剧教育联盟首批加盟院校包括戏剧学院、北京舞蹈学院、中央民族大学舞蹈学院、法国阿维尼翁音乐舞蹈戏剧学院、以色列耶路撒冷音乐舞蹈学院、丹麦蒂沃利芭蕾舞学校、香港演艺学院7所院校。联盟秘书处设在戏剧学院。

（王兴民）

“学堂在线”国际版发布

4月20日，教育部在线教育研究中心、清华大学、“学堂在线”联合主办的高校在线教学国际平台上线暨“学堂在线”国际版发布会举行。“学堂在线”国际版汇聚国内外一流在线课程，支持汉语、英语，后续将支持俄语、西班牙语、法语及日语等语种的在线课程学习。平台重点挖掘来自中国高校的一流课程，同时兼顾引进全球性区域性顶尖高校的一流课程，首批发布在线课程109门。“学堂在线”国际版上线标志以“学堂在线”“爱课程”为代表的首批高校在线教学国际平台面向全球正式推出。

（张晓兰　肖勇）

“双一流”建设成效年度评估

4月至8月，市教委组织实施北京市“双一流”建设成效年度评估。评估工作委托第三方评估机构北京理工大学研究生教育研究中心负责，覆盖34所国家“双一流”建设在京高校和99个高精尖学科，从建设目标达成度、服务社会贡献度、支持发展支撑度及学科共建协同度4个维度，采取定性与定量、客观与主观相结合的多元分类评价方式，经过高校和学科自我评估、专家综合评价，全面考察各建设主体年度建设成效、存在问题，提出改进意见，形成评估工作总报告和专题评估分报告。对存在整体建设成效不佳、经费执行效率低、建设任务推进缓慢的北京电子科技学院网络空间安全、中央财经大学金融安全工程、北京工商大学应用经济学等20个高精尖学科提出预警，并酌情调整年度经费支持力度。

（侯东云）

市属公办本科高校分类发展方案印发

5月6日，市委教育工作领导小组印发《北京市属公办本科高校分类发展方案》。方案确定16所市属公办本科高校办学类型，其中，北京工业大学、首都师范大学、首都医科大学为“高水平研究型大学”，中国音乐学院、首都经济贸易大学、北京工商大学为“高水平研究型大学（B类）”；北京建筑大学、北京电影学院、北京舞蹈学院、中国戏曲学院、北京服装学院、首都体育学院为“高水平特色型大学”，北京第二外国语学院、北京印刷学院为“高水平特色型大学（B类）”；北方工业大学、北京信息科技大学、北京联合大学、北京农学院、北京石油化工学院、北京物资学院、北京警察学院为“高水平应用型大学”。“高水平研究型大学（B类）”高校和“高水平特色型大学（B类）”高校需在两年建设期后进行评估，并根据建设成效调整发展类型。

（张富宇）

全球体育院校专家学者研讨会

6月17日，北京体育大学举办全球体育院校专家学者研讨会。研讨会采取线上方式，以“讲好中国抗疫故事，传递体育正能量”为主题，讨论新冠肺炎疫情对全球体育发展带来的影响，并分享体育在疫情期间的创新和最新研究成果，表达体育人克服疫情的决心和担当精神。会议由中国体育战略研究院承办，来自德国、瑞士、瑞典等9个国家的9所高校的专家学者参加研讨会。

（马嘉悦）

2020年秋季开学工作会

8月31日，市委教育工委召开首都高校2020年秋季开学工作会暨国际形势报告会。北京理工大学、首都医科

9月14日，清华全面开启“线上线下融合式”教学
（清华　供）

大学校长，对外经济贸易大学、北京交通大学、北京建筑大学党委书记，分别围绕新时代智慧教育、常态化疫情防控下医学人才培养模式改革、新形势下的高校国际交流等主题发言。会议同时总结梳理上半年重点工作，布置下半年重点工作。市委、市政府相关人员，在京高校党委书记、校长，市委教育工作领导小组部分成员单位相关负责人及市委教育工委、市教委领导班子 240 余人参加会议。

（谢文全）

北外与法大签约合作开展涉外法治人才本硕贯通培养

9 月 4 日，北京外国语大学与中国政法大学签署涉外法治人才本硕贯通培养合作协议。根据协议，双方以现有培养模式为基础、以培养“外语法学双精通”的高端涉外法治人才为目标，创新本科生和研究生跨校贯通培养模式，开展推荐优秀应届本科毕业生免试攻读硕士学位研究生项目。协议有效期 10 年。

（陈泉廷　朱玉清）

北京高校 27 个基地入选首批基础学科拔尖学生培养计划 2.0 基地

9 月 17 日，教育部公布首批基础学科拔尖学生培养计划 2.0 基地（2019 年度）名单，北京 9 所高校 27 个基地入选。经高校申报、专家审议等程序，教育部确定 104 个基地入选首批基础学科拔尖学生培养计划 2.0 基地。基础学科拔尖学生培养计划 2.0 基地是在全面启动“六卓越一拔尖”计划 2.0（卓越工程师教育培养计划 2.0、卓越医生教育培养计划 2.0、卓越农林人才教育培养计划 2.0、卓越教师培养计划 2.0、卓越法治人才教育培养计划 2.0、卓越新闻传播人才教育培养计划 2.0 和基础学科拔尖学生培养计划 2.0），推进新工科、新医科、新农科、新文科建设的背景下启动的，旨在建设基础学科拔尖人才孵化器和国家一流人才培养高地，计划到 2021 年建设基地 260 个左右，其中，理科基地 190 个、文科基地 60 个、医科基地 10 个。

（张晓兰）

基础学科拔尖学生培养计划 2.0 基地（2019 年度）名单（北京）

所属学校	类别	基地名称
北京大学	数学	未名学者数学拔尖学生培养基地
北京大学	物理学	未名学者物理学拔尖学生培养基地
北京大学	化学	未名学者化学拔尖学生培养基地
北京大学	计算机科学	未名学者计算机科学拔尖学生培养基地
北京大学	生物科学	未名学者生物科学拔尖学生培养基地
北京大学	基础医学	未名学者基础医学拔尖学生培养基地
北京大学	中国语言文学	未名学者中国语言文学拔尖学生培养基地
中国人民大学	哲学	哲学拔尖学生培养基地
中国人民大学	经济学	经济学拔尖学生培养基地
中国人民大学	历史学	历史学拔尖学生培养基地
清华大学	数学	学堂计划数学班——数学拔尖学生培养基地
清华大学	物理学	学堂计划叶企孙物理班——物理学拔尖学生培养基地
清华大学	力学	学堂计划钱学森力学班——力学拔尖学生培养基地
清华大学	化学	学堂计划化学班——化学拔尖学生培养基地
清华大学	生物科学	学堂计划生物科学班——生物科学拔尖学生培养基地
清华大学	计算机科学	学堂计划计算机科学班——计算机科学（含人工智能）拔尖学生培养基地
北京航空航天大学	计算机科学	计算机科学拔尖学生培养基地
北京理工大学	计算机科学	计算机科学拔尖学生培养基地
中国农业大学	生物科学	生物科学拔尖学生培养基地
北京师范大学	数学	励耘计划数学拔尖学生培养基地
北京师范大学	地理科学	励耘计划地理学拔尖学生培养基地
北京师范大学	心理学	励耘计划心理学拔尖学生培养基地
北京师范大学	中国语言文学	励耘计划中国语言文学拔尖学生培养基地

所属学校	类别	基地名称
北京师范大学	历史学	励耘计划历史学拔尖学生培养基地
中央财经大学	经济学	数字经济时代经济学拔尖学生培养基地
中国科学院大学	数学	华罗庚英才班——数学拔尖学生培养基地
中国科学院大学	物理学	物理学拔尖学生培养基地

（张晓兰）

12 所高校入选国家知识产权试点示范高校

10 月 16 日，国家知识产权局、教育部公布 2020 年度国家知识产权试点示范高校名单，北京 12 所高校入选。经申报、推荐、评审等程序，认定 2020 年度国家知识产权示范高校 30 所，其中，北京高校 5 所，分别是北京大学、清华大学、北京交通大学、北京航空航天大学、北京理工大学；遴选 2020 年度国家知识产权试点高校 80 所，其中，北京高校 7 所，分别是中国人民大学、中国农业大学、北京科技大学、北京化工大学、北京中医药大学、北京工业大学、首都师范大学。

（孙桂凤　林飞）

实践育人工作联盟成立

10 月 24 日，北京地区高校实践育人工作联盟成立大会召开。会议宣读联盟筹备工作报告、联盟理事会成员名单，为“北京地区高校实践育人工作联盟”揭牌，通过《北京地区高校实践育人工作联盟章程》，推选北京林业大学作为联盟理事长单位，北京航空航天大学、中国农业大学、北京科技大学为副理事长单位。来自 20 个联盟成员单位负责实践育人工作的 60 名师生代表，围绕抗疫期间实践育人工作的典型经验做法、新时代青年如何弘扬和践行伟大抗疫精神，以及如何构建实践育人工作长效机制等议题交流研讨。北京地区高校实践育人工作联盟由教育部、市委教育工委指导，旨在推进高校思想政治工作质量提升工程，推动高校实践育人共同体构建，搭建高校实践育人工作合作交流平台。联盟由教育部高校思想政治工作创新发展中心联合北林大、北航、农大、北科大发起成立。

（焦隆）

中国舞台美术教育联盟成立

10 月 27 日，中国舞台美术教育联盟成立仪式暨第一次会议在中央戏剧学院举行。会议确定联盟理事单位包括中央戏剧学院、上海戏剧学院、中国传媒大学、国防大学军事文化学院、沈阳音乐学院、南京艺术学院、山东艺术学院、新疆艺术学院。联盟立足新时期人才培养需求，致力于建立具有中国特色的戏剧影视美术教育体系。全国 24 所院校的 32 名代表参加会议。

（王兴民）

首届中国高校 PPE 专业论坛

11 月 7 日，中国人民大学哲学院、PPE（Philosophy, Politics and Economics）专业委员会主办首届中国高校 PPE 专业论坛。论坛以“新时代—新文科—新融合：新形势下 PPE 教学培养模式的改革与创新”为主题，邀请国内外高校学者作主旨发言，并颁发首届中国人民大学哲学院“PPE 熵一奖学金”。英国牛津大学、伦敦国王学院的 3 名学者以视频方式参加会议。来自北京大学、清华大学、北京师范大学等十余所国内高校 PPE 专业的专家与师生代表现场参加论坛。

（楚艳红）

京南大学联盟联席会议

11 月 15 日，京南大学联盟第四次联席会议暨京南大学联盟成立四周年回顾展举办。会议回顾联盟成立以来的发展历程，联盟学校围绕“拓宽校际共建、深化校地合作”主题交流分享。北京政法职业学院加入联盟。京南大学联盟成立四周年回顾展包括“疫情防控篇”“事业发展篇”“服务大兴篇”“大兴兴业篇”4 个篇章，通过文字、图片形式，回顾联盟成立以来在文化创意、科技创新和高端服务等方面取得的发展成绩。大兴区委相关负责人及联盟高校领导 40 余人参加活动。

（谢丹）

中国新闻传播大讲堂启动

11 月 15 日，中国新闻传播大讲堂在中国传媒大学启动。来自北京大学、清华大学、中国人民大学等 13 所高校相关代表与教育部、中宣部相关部门负责人一同按下大讲堂启动按钮，各省教育厅、各高校新闻传播院系师生通过直播方式在线观看。传媒大学师生近百人现场参加活动。启动仪式后，主会场师生代表观看中国新闻传播大讲堂第一讲视频。大讲堂在中宣部、教育部的指导下，由学校与教育部高等学校新闻传播学类专业教学指导委员会主办，利用现代视听技术与通讯网络，推动优质教学资源覆盖全国 727 所高校的 1391 个新闻传播学类专业点，是“司、局、校”协同推进新闻传播教育创新发展的重要举措。大讲堂以“中国新闻传播大讲堂——来自武汉抗疫一线的报道”为主题，邀请 14 家主流媒体参与抗疫一线报道的 42 名新闻记者录制教学视频 32 集。

（刘书峰）

一流课程与教材建设研讨会

11 月 28 日，市教委、北京信息科技大学、高等教育出版社联合举办北京地区高校一流课程与教材建设研讨会。会议听取教育部相关负责人主题报告，报告以时间脉络为主线简述新工科的由来与发展，从系统化、结构化、要素式等方面介绍新工科的改革与实践。邀请专家分别从新时代“课程思政”视域下高校体育课程建设路径的构建、拔尖人才培养与一流课程教材建设和数字课程出版与一流教材建设方面作大会报告，邀请高校专业负责人从工科拔尖人才培养、本科教材建设新着力点、一流本科课程建设等方面作专题报告。会议开设理工类专业和文科类专业两个分会场研讨交流。北京地区50余所高校的校领导、国家级一流本科课程负责人、教务处处长及院系负责人、教师代表等近200人参加会议。

（孙旭）

市属公办本科高校分类发展推进会

12月10日，市委教育工委、市教委召开北京市属公办本科高校分类发展推进会。北京工业大学等5所高校分别代表相应办学类型高校就落实分类办学、明确办学定位、深化内部综合改革等作交流发言。王宁参加会议并讲话，他肯定各校在推进分类办学中取得的进展，要求进一步明确定位、强化特色、提升人才培养能力及科技创新能力。市委教育工委、市教委相关部门负责人，21所市属公办本科高校的党委书记、校长和相关部门负责人100余人参加会议。

（谢文全　张富宇）

师范教育中的创新和信息技术在线研讨会

12月18日，北京师范大学、中俄教育类高校联盟俄方联盟校共同举办师范教育中的创新和信息技术在线研讨会。会议举办全体大会和师范大学人才培养中的创新和信息技术、创新和信息技术在未来教师培育中的功能、教师专业发展和教育专业再培训中的创新和信息技术、乡村教师教学活动中的创新和信息技术4个平行论坛，交流与讨论如何提高教师的专业素质、增强教师的信息处理能力。华东师范大学、东北师范大学、俄罗斯莫斯科国立师范大学等19所联盟成员高校的专家参加研讨会。中俄教育类高校联盟2014年由北师大与莫斯科国立师范大学牵头成立，俄方盟校11所、中方盟校8所。

（申政）

916个项目入选“实培计划”

12月21日，市教委公布2020年北京高等学校高水平人才交叉培养计划“实培计划”项目名单。经指南征集、立项申报、项目审核等程序，916个项目入选，其中，毕业设计科研类项目320个、毕业设计创业类项目347个、大学生科研训练计划深化项目249个。

（荣燕宁）

财经类高校课程思政联盟成立

12月21日，对外经济贸易大学举办首届全国财经类高校课程思政建设研讨会暨财经类高校课程思政联盟成立会议。会议包括主旨报告、财经类高校课程思政联盟揭牌仪式、大会交流、总结发言4个议题。中央财经大学、中南财经政法大学、首都经济贸易大学等35所财经类高校领导和职能部门负责人、二级学院负责人、一线专业教师等100余人参加会议。财经类高校课程思政联盟由对外经贸大牵头成立，包括成员高校35所，旨在打造以财经学科为纽带的跨校、跨区域的高校思政建设共同体，形成思政类课程的特色和品牌。

（苏隆中）

教育部、北京市共建法大

12月，教育部、市政府联合印发《教育部 北京市人民政府关于共建中国政法大学的意见》。根据文件，部市双方通过建立共建协商机制，定期组织工作互访交流，研究提出共建工作的意见建议和具体措施，加强对法大学科建设、人才培养、科学研究、校园建设等各项工作的领导与支持。此举标志法大进入省部共建高校行列。

（陈泉廷）

11月5日，中国新闻传播大讲堂启动仪式在传媒大学举办
（传媒大学　供）

卓越工程师教育培养高校联盟工作推进

至年底，北京卓越工程师教育培养高校联盟继续推动卓越工程师培养工作。工业科学实验室建设继续进行，完善工业科学实验室设备门类和数量，能容纳更多学生同时开展实践学习。组织实施2020年度联盟“科创杯”科技竞赛，经组织、筛选、评审等环节，11个项目进入决赛，最终决出一等奖3个、二等奖5个、单项奖3个。至11月，向联盟高校开设共享课程3门，学院路共同体课程1门，北京航空航天大学本科核心通识课程5门、研究生公选课程1门。选课学生100人次。系列课程持续获得北航一流本科课程建设项目支持。

（赵晓琳）

北邮提供12门课程供沙河高教园区校际互选

至年底，北京邮电大学提供12门课程供沙河高教园区学生开展校际互选、学分互认。北邮以共享优质教学资源，提高高教园区学生综合素养为目标，提供“名师课程”“精品资源共享课程”“高新课程”等学校优势学科特色课程12门供沙河高教园区学生校际互选、学分互认。共享课程主要面向大一、大二年级开设。

（赵晓琳）

卓越艺术（美术、设计）人才培养高校联盟线上工作

至年底，北京卓越艺术（美术、设计）人才培养高校联盟开展线上工作。联盟加入全国最大规模的高校毕业设计展览和作品展览互联网平台“在展”，利用移动端、电脑端等多矩阵形式，形成多维的数据平台，为毕业生提供展示交流的机会。把线上线下活动结合，利用互联网技术与融媒体平台，整合联盟高校优质资源，运用媒介展示方式，记录和积累数据，开发和输出联盟线上资源，服务高校师生。

（赵晓琳）

本科教育

本科专业新增89个

2月21日，教育部公布2019年度普通高等学校本科专业备案和审批结果，北京地区39所普通高等学校的89个本科专业通过教育部备案或批准设置。其中，24所中央部委属高校增设57个本科专业，15所市属高校增设32个本科专业。新增专业自2020年起开始招生。另有1所市属高校撤销本科专业2个，1所中央部委属高校3个本科专业调整学位授予门类。

（陈雷）

《北京高等教育质量报告（本科）2019》编制

3月，北京教育科学研究院编制完成《北京高等教育质量报告（本科）2019》。报告包括北京普通高校本科教学质量状态与分析、本科教育发展的主要举措与成绩、问题分析与建议3个部分，从6个方面对64所北京地区普通本科高校进行教学质量分析，全面总结2019年北京本科高等教育质量建设情况。

（王怀宇）

清华5个书院成立

5月12日，清华大学启动基础学科招生改革（强基计划），致理、日新、未央、探微、行健5个书院成立。5个书院作为学校本科人才培养改革试点单位，按学校实体机构运行。致理书院负责基础理科学术类专业的人才培养，日新书院负责基础文科类专业的人才培养，未央书院负责数理基础科学（含工程衔接方向）专业的人才培养，探微书院负责化学生物学（含工程衔接方向）专业的人才培养，行健书院负责理论与应用力学（含工程衔接方向）专业的人才培养。9月7日，清华首批“强基计划”录取新生939人。

（吴筱君）

2020年，北航定制录取通知书——新生专属中阳纸雕飞机
（北航　供）

北航“强基计划”首次招生

5 月至 8 月，北京航空航天大学完成首次基础学科招生改革试点（强基计划）招生。首次开展 5 个专业招生，经过笔试、面试和体质测试，并对考生的综合素质档案评审，最终录取数学与应用数学专业 18 人、信息与计算科学专业 3 人、应用物理学专业 23 人、化学专业 25 人、工程力学专业 17 人。

（朴悦嘉）

中央美院举办线上本科毕业作品展

6 月 15 日，中央美术学院举办线上本科生毕业作品展。展览包括 5 个美术馆虚拟展厅，展出 11 个院系的 846 名本科毕业生的毕业作品，同时通过网页链接展示毕业创作草稿、过程和本科学业过程中的创作实践，展出平面作品、三维作品、视频作品近 2 万件，是学校最大规模的本科毕业展。

（任劭坤）

国科大“一生一芯”计划首期成果发布

7 月 25 日，中国科学院大学“一生一芯”计划首期成果发布。该成果在国内首次以流片为目标，由 5 名 2016 级本科生主导完成一款 64 位 RISC—V 处理器 SoC 芯片设计并实现流片，芯片能成功运行 Linux 操作系统以及学生自己编写的国科大教学操作系统 UCAS—Core。学校 2019 年 8 月启动“一生一芯”计划，目标是通过让本科生设计处理器芯片并完成流片，培养具有扎实理论与实践经验的处理器芯片设计人才。

（顾盼）

北大“博雅学堂”开讲

9 月 23 日和 24 日，北京大学“博雅学堂”开设的两门新课“博雅理学讲堂”“博雅人文讲堂”正式开课。首期人文讲堂邀请副校长、哲学系教授王博以《有无相生：儒家与道家》为题介绍儒家、道家思想的核心及如何相辅相成影响中国文化；首期理学讲堂邀请院士高原宁以《镜像中的世界可以是真实的吗》为题介绍粒子物理学相关知识。理学讲堂和人文讲堂分别面向学校 2020 级理学部和人文学部“强基计划”学生，邀请各院系名师以系列讲座的形式为新生介绍基础学科。至年底，理学讲堂举办讲座 8 次、人文讲堂举办讲座 8 次。2020 年，北大开始实施基础学科招生改革试点工作（强基计划），首批数学、物理、中文（古文字学）等 10 个 A＋学科共招生 842 人。学校通过“基础学科＋多元选择”个性化培养体系、“1＋X”导师制、“1＋N”研究训练、“3＋N”交流项目、打通本科和研究生阶段培养的‘3＋X”计划等方式，培养基础学科研究的拔尖创新人才。

（徐聪颖）

9 月 16 日，北航 2020 年本研迎新现场

（北航　供）

242 个项目入选本科教学改革创新项目

10 月 12 日，市教委公布 2020 年北京高等教育本科教学改革创新项目入选名单，北京高校 242 个项目入选。经学校申报、市教委审定等程序，北京各高校 242 个项目获立项支持。其中，重大项目和重大委托项目 11 个、重点项目和重点委托项目 31 个、一般项目 200 个。项目建设周期 2～3 年。

（张富宇）

优质本科课程和优质本科教材课件遴选

10 月 23 日，市教委公布 2020 年北京高校优质本科课程和优质本科教材课件遴选结果。经高校推荐、专家评审，共遴选出优质本科课程项目 231 个，其中，重点项目 40 个、一般项目 191 个；优质本科教材课件项目 234 个，其中，重点项目 43 个、一般项目 191 个。市教委为入选优质本科课程的主讲教师颁发证书。

（陈雷　张晓兰）

优秀本科生毕业设计（论文）评优

11 月 13 日，市教委公布 2020 年北京市普通高等学校优秀本科生毕业设计（论文）名单，1038 项毕业设计（论文）入选。该项工作于 5 月 28 日启动，面向北京地区普通本科高等学校（含独立学院和民办本科高校）本科生开展。年内，市教委加强教育引导、制度规范、监督约束、查处警示相结合的学风长效机制建设，严把质量关、出口关，营造良好的学术诚信氛围，对本科毕业（设计）论文的学术诚信及质量标准严格审核，对弄虚作假或违反学术道德等行为“零容忍”。

（荣燕宁）

458 门课程入选首批国家级一流本科课程

11 月 24 日，教育部公布首批国家级一流本科课程名单，北京高校 458 门课程入选。经省级教育行政部门、部属高校申报推荐，并经专家评议与公示，认定 5118 门课程为首批国家级一流本科课程，包括北京高校课程 458 门。其中，线上一流课程 1875 门，北京高校 126 门；虚拟仿真实验教学一流课程 728 门，北京高校 28 门；线下一流课程 1463 门，北京高校 222 门；线上线下混合式一流课程 868 门，北京高校 62 门；社会实践一流课程 184 门，北京高校 20 门。

（张晓兰）

新文科与一流经济学本科专业建设研讨会

12 月 19 日，中国人民大学举办新文科与一流经济学本科专业建设研讨会。会议围绕深入贯彻习近平总书记在十八届中央政治局第 28 次集体学习和 8 月 24 日经济社会领域专家座谈会上的重要讲话精神，落实教育部《新文科建设宣言》探讨交流。全国 100 余所院校的 100 余名校长、院长参加研讨会。会议由教育部高等学校经济学类专业教学指导委员会主办。

（楚艳红）

学位与研究生教育

北京高校 201 个学位授权点抽评合格

4 月 13 日，国务院学位委员会、教育部下达学位授权点合格评估结果及处理意见，北京高校 201 个学位授权点抽评合格。北京高校 292 个博士学位授权学科、5 个博士专业学位授权类别、268 个硕士学位授权学科、70 个硕士专业学位授权类别自我评估结果合格且未被抽评；124 个博士学位授权学科、3 个博士专业学位授权类别、55 个硕士学位授权学科、19 个硕士专业学位授权类别抽评结果合格。本轮学位授权点合格评估 2014 年启动，2018 年 11 月相关学位授予单位完成自我评估。2019 年 4 月，国务院学位委员会、教育部对自评结果为合格的学位授权点按一定比例抽评，全国共抽评普通高校和科研机构现有学位授权点 2292 个，其中，2251 个学位授权点抽评结果合格、8 个学位授权点抽评结果不合格、33 个学位授权点抽评结果“限期整改”。

（张晓兰　肖勇　李强楠）

北航与国外高校合作开展博士生培养

5 月 7 日，北京航空航天大学与意大利都灵理工大学、俄罗斯鲍曼莫斯科国立技术大学签署联合培养航空工程博士生协议。协议有效期 5 年，到期后可自动续签 5 年。根据协议，三方各自选派博士生参与三校联合培养，学生在三方导师的共同指导下，围绕三方导师共同确定的科研方向开展研究，在三校轮流培养，完成培养的学生获三校共同授予的联合培养证书。其中，参与该项目的北航学生和都灵理工大学学生，在达到两校博士学位授予条件后，可同时获北航与都灵理工大学两校的博士学位。该项目是三校基于长期合作关系，在欧洲顶尖工科大学联盟（Top Industrial Managers for Europe，简称 T.I.M.E.）支持下建立起来的博士生培养国际合作创新项目，该项目同时获批国家留学基金委创新型人才国际合作培养项目立项资助。

（朴悦嘉）

北京高校 222 个第二专业学位备案

7 月 6 日，教育部办公厅公布 2020 年普通高等学校第二学士学位专业备案结果，北京高校 222 个第二专业学位备案。涉及北京交通大学、北京科技大学、北京化工大学等 37 所北京高校。根据教育部要求，此次备案的医学门类第二学士学位专业学制为两年，其专业毕业生不能以该学历报考医师资格、护士资格考试。相关高校必须在招生简章中作出明确说明，并在录取前与就读学生签署知情同意书。

（张晓兰　李媛媛）

7 月 8 日，北理工举行毕业典礼，学校党委书记为毕业生拨穗正冠　（北理工　供）

劳动关系学院首届劳动教育管理研究生招生

7月，中国劳动关系学院完成首届MPA劳动教育管理（方向）研究生招生。学校通过统考面向社会招收首届MPA劳动教育管理（方向）研究生14人。这是全国高校首个劳动教育管理研究领域的硕士，学制2.5年，主要课程包括劳动教育理论前沿、习近平关于劳动和劳动教育论述汇编、劳动哲学等，论文答辩通过后，授予公共管理学专业硕士学位。

（卢典）

中央财大改革博士生招生培养方式

7月和12月，中央财经大学分别印发《中央财经大学本科直博研究生选拔与培养管理办法》和《中央财经大学申请考核制博士研究生招生管理办法（试行）》，推动博士研究生招生及培养方式改革。学校增加博士研究生直博招生方式，取消普通招考，全面实施申请考核，将学校博士生招生方式从硕博连读、申请考核和普通招考调整为直博、硕博连读和申请考核，提升对优质统考生源的吸引力。同时全面实施申请考核制博士研究生招生，学校在考生报名和寄送申请材料后，通过综合评定，结合招生名额和评审结果给予部分优秀考生考核资格，并组织考核，完成录取。新办法从发布之日起开始实施。

（王卉乔）

传媒大学召开研究生教育会议

8月3日，中国传媒大学召开研究生教育会议，启动研究生教育改革。会议从改革背景、招生改革、培养体系和学位改革、导师评聘改革、质量监控改革、学科与专业设置调整方面，介绍学校研究生教育改革的推进情况、主要措施和改革亮点，并对推进落实改革工作提出建议。学校主要领导，相关部门负责人及教师、学生等1300余人参加会议。

（刘书峰）

北中医首批“丹心计划”实施

8月30日，北京中医药大学“丹心计划”学生赴基层动员大会暨首批培养基地挂牌仪式举行。“丹心计划”评选百名优秀硕士毕业生赴基层实践后推免攻读博士研究生，是学校在抗击新冠肺炎疫情特殊背景下创新的人才培养模式。学校首批建立北京市东城区社区卫生服务中心、北京市丰台区社区卫生服务中心、北京市朝阳区高碑店社区卫生服务中心等29个“丹心计划”培养基地，首期100名硕士毕业生赴培养基地通过签订劳动合同方式参加工作。学校要求专业学位硕士在基层工作1年、学术型硕士在基层工作2年，服务期满且考核合格后被推荐免试攻读博士研究生。

（沈琦）

法大与圣路易斯华盛顿大学双硕士学位项目启动

9月12日，中国政法大学与美国圣路易斯华盛顿大学合作培养国际法专业双硕士学位项目启动。项目学制3年，首批招生30人。学生2年在学校就读，1年在美国圣路易斯华盛顿大学就读。完成学业后可获国内国际法专业硕士学位和美国法律硕士学位。

（陈泉廷）

技术转移人才培养研究生教育改革试点

9月，市教委联合市人力社保局开展技术转移人才培养教育改革试点。支持清华大学五道口金融学院、北京理工大学、北京工业大学开展技术转移人才培养。清华每年招

8月30日，北中医“丹心计划”学生赴基层动员大会暨首批培养基地挂牌仪式举行　（北中医　供）

收培养 30 名非全日制金融硕士（技术转移方向）研究生；北理工开展培养全日制工商管理硕士（技术转移方向）研究生；北工大开展技术转移方向双选研究生培养。

（刘安邦）

中青院首批青年学专业硕士研究生入学

9 月，中国青年政治学院青年学专业首批 15 名硕士研究生和中国近现代史基本问题研究专业首批 10 名硕士研究生入学。青年学专业学制 3 年，主要课程包括马克思主义思想政治教育原著选读、青年学主修文献导读、马克思主义发展史专题研究等。毕业要求修够 33 个学分，完成与本专业相关的具体工作岗位实习。2019 年，学校在马克思主义理论一级学科下增设目录外二级学科青年学专业，培养专业化高层次青年工作人才；增设目录内二级学科中国近现代史基本问题研究专业，下设五四运动和五四精神研究、中国青年运动的理论和实践研究两个研究方向。

（李成）

清华召开研究生教育改革发展大会

10 月 8 日，清华大学召开研究生教育改革发展大会。会议结合研究生教育改革研讨月期间师生所提的意见建议，从课程建设重视不够、导师责任没有充分压实、研究生培养质量有待提升、研究生发展支持体系需要完善、研究生教育体系建设和管理机制存在薄弱环节 5 个方面，剖析学校研究生教育改革发展面临的 21 条主要问题，探讨研究生教育教学改革。学校各院系和各部处负责人、教职工和研究生代表等 9000 余人参加会议。学校于 9 月举行首个“研究生教育改革研讨月”活动，召开讨论会 156 场，专题研讨 20 次，师生超过 3700 人次参加讨论，形成意见建议 200 余条。

（吴筱君）

北大召开研究生教育会议

11 月 2 日，北京大学召开研究生教育会议。会议采取线下线上相结合的方式，播放主题视频短片，回顾学校近年来在研究生拔尖创新人才培养方面的创新理念、实际举措以及取得成效，分析研判学校研究生教育面临的新形势，研讨部署未来改革发展的目标和任务。院系负责人以“研究生教育与人才培养”为主题展开讨论，交流院系在培养过程管理、研究生教育国际化、交叉学科及新工科人才培养等方面的改革与实践，总结前一阶段研究生教育与改革发展各项工作经验，对推进“十四五”期间相关工作提出思路与建议。会议设分会场 56 个，教育部相关负责人及学校领导班子，相关部门负责人，院系、职能部门负责人，院系研究生教务员，以及导师和研究生代表参加会议，师生通过网络视频直播方式同步参加会议。

（刘鹏）

11 月 2 日，北大举办研究生教育会议

（北大 供）

北邮研究生教育工作会议

11 月 25 日至 27 日，北京邮电大学召开研究生教育工作会议。会议谋划加快新时代研究生教育改革发展的新理念、新目标、新举措，印发《北京邮电大学关于加快新时代研究生教育改革发展的实施意见》，明确研究生教育“七大行动计划”（研究生思想政治教育“铸魂”计划、学位点建设“雁阵”计划、研究生学业指导“交叉”计划、产教融合“实践”计划、研究生专业课程“前沿”计划、导师队伍建设“四有”计划、研究生教育管理“提质”计划），与会人员围绕加强研究生思想政治教育、优化学科专业结构、完善人才培养体系等问题研讨，并在推动研究生教育高质量发展方面形成共识。学校主要领导，各学院、职能部门负责人及研究生导师 6000 余人参加会议。

（刘家杰）

北外新时代研究生教育工作会议

12 月 4 日，北京外国语大学召开新时代研究生教育工作会议。会议解读《北京外国语大学研究生教育改革目标和行动方案》，对学校研究生教育工作进行“向内、向外、向上、向下”4 个维度分析和部署。会上为获研究生教育教学卓越奖、教育教学优秀奖、研究生教育管理工作先进个人、研究生教育教学成果奖、研究生教育管理工作先进集体的个人和单位代表颁奖。学校学术委员会、学位委员会、研究生教育督导委员会委员，职能部门负责人，研究生教学单位代表等 180 余人参加会议。

（朱玉清）

戏剧学院研究生教育发展改革推进会

12月11日，中央戏剧学院召开研究生教育发展改革推进会。会议全面把握新时代研究生教育的新要求，立足于解决学院研究生教育教学中的实际问题，分析研判学校研究生教育面临的新形势，研讨部署学校研究生教育改革的新目标、新任务和新要求。会议听取研究生教育发展改革工作报告，与会人员围绕研究生专业方向设置、学术型研究生和专业学位研究生分类培养模式、硕博招生选拔机制等方面研讨并提出意见和建议。全体院领导、在职研究生导师、离退休导师代表、研究生培养单位负责人、相关职能部门负责人等120余人参加会议。

（王兴民）

传媒大学首届博士生创新论坛

12月19日，中国传媒大学举办首届博士生创新论坛。论坛以“智能传播：艺术与科技”为主题，采取线上+线下的方式，开设主论坛和理工分论坛、新闻传播分论坛、艺术分论坛、艺术与科学分论坛。与会学者就智能传播背景下艺术、艺术与科学、新闻传播、信息通讯以及学科之间的交流互通等重要议题展开交流探讨。论坛是“2020金蔷薇学术季”的重要组成部分，由学校研究生院、科学研究处和校团委联合主办，共收到国内外20余所高校的博士生论文投稿100余篇。

（刘书峰）

建筑大学创新与研究生教育大会

12月22日，北京建筑大学召开创新与研究生教育大会。会议以“创新驱动加快推进高质量科技发展 · 学科引领全面提升高层次人才培养”为主题，总结“十三五”期间学校科技创新和研究生教育成果和经验，谋划和部署学校“十四五”时期创新发展、学科建设与研究生教育工作。会议听取题为《新时代高校科技创新工作》《持创新核心地位建设高水平特色型大学》《站位新高地，构建新机制，激发新活力，高质量提升创新能力和研究生培养质量》的主题报告。教育部相关部门负责人，学校主要领导及校学术委员会委员、校学位评定委员会委员、师生代表等200余人参加会议。

（何其锋）

公安大学研究生教育工作会议

12月23日，中国人民公安大学召开研究生教育工作会议。会议总结学校开办研究生教育27年来，特别是入选国家“世界一流学科”建设高校以来研究生教育取得的成绩和经验，分析存在的问题和不足，部署未来一段时期学校研究生教育工作。会议表彰优秀研究生培养单位、优秀研究生指导教师和获得优秀博士、硕士论文及国家奖学金的学生。学校领导、教师及学生代表1000余人参加会议。

（署名）

北林大研究生教育工作会议

12月31日，北京林业大学召开研究生教育工作会议暨研究生院成立20周年纪念大会。会议采用视频直播、线上线下相结合的形式举办，以“深化学位与研究生教育综合改革，实现研究生教育高质量创新发展”为主题，听取《深化学位与研究生教育综合改革 实现研究生教育高质量创新发展》的主题报告，总结学校学位与研究生教育20年来取得的成绩和存在的问题，明确提出学校研究生教育改革的具体任务和工作要求。会议同时表彰研究生精品课程、研究生教育教学优秀成果、研究生“十佳”导师。学校主要领导、相关职能部门负责人、各学院党政负责人、导师代表、研究生代表等参加会议。

（焦隆）

学位授予信息管理

至年底，北京教育综合服务中心加强学位授予信息管理。2019—2020学年度第一学期75个学位授予单位报送电子数据37176条（含光盘报送数据），其中，博士学位4151条、硕士学位13899条、学士学位19126条；第二学期139个学位授予单位报送电子数据249384条（含光盘报送数据），其中，博士学位15613条、硕士学位85662条、学士学位148109条。两个学期实时报送率分别为92.84%、87.53%，实时审核率分别为79%、93.29%。全年受理36个学位授予单位61次信息修改申请，涉及数据949条；受理2个学位授予单位2次信息补报申请，涉及数据58条；受理9个学位授予单位16次照片补报申请，补报照片30张；受理11个学位授予单位撤销申请，撤销备案13名学生学位；受理2个学位授予单位删除申请，涉及708条数据；受理14个学位授予单位添加专业授权申请，涉及56条学士学位授权信息。组织北京地区学位授予信息专项清理工作，清缴50个学位授予单位4000余条历史沉淀的学位信息问题数据。组织全市学位授予单位自2016年自行设计印刷学位证书以来首次证书样式备案工作。

（李静华渊）

普通高等学校

北京大学

概述

2020年，北京大学占地面积274.11万平方米，产权校舍建筑面积289.36万平方米。图书馆建筑面积8.04万平方米。全年教育经费投入126.62亿元，其中，财政拨款48.12亿元。固定资产总值175.41亿元，其中，教学、科研仪器设备资产值83.20亿元，信息化设备资产值15.63

亿元。拥有教室 402 间，其中，网络多媒体教室 377 间。拥有图书 800.83 万册，计算机 66986 台。网络信息点 172212 个，上网课程 2378 门，电子邮件系统用户 94412 个，管理信息系统数据总量 45384GB，数字资源量中电子图书 300.55 万册、电子期刊 7.75 万册、学位论文 399.41 万册、音视频 10057 小时。学校由教育部举办，为综合大学，设置 51 个院系。开设 130 个本科专业，覆盖除军事学外的所有学科门类；具有一级学科 50 个；一级学科博士点 50 个、专业学位博士点 6 个；一级学科硕士点 50 个、专业学位硕士点 27 个；博士后科研流动站 49 个，其中，博士后研究人员出站 576 人、进站 689 人、在站 2317 人。“双一流”建设学科 41 个，国家级一流本科专业建设点 35 个，北京市级一流本科专业建设点 10 个，北京高校高精尖学科 3 个。国家重点实验室 8 个、国家研究中心 1 个、国家工程研究中心 2 个、国家工程实验室 3 个、国家临床医学研究中心 5 个、教育部野外科学观测研究站 1 个。北京实验室 1 个、北京高精尖创新中心 2 个，北京重点实验室 39 个。教职工 11694 人，其中，专任教师 3401 人，包括正高级 1527 人、副高级 1507 人；博士生导师 2784 人、硕士生导师 3947 人；中科院院士 90 人、工程院院士 25 人。“长江学者奖励计划”特聘教授 188 人、青年长江学者 64 人；“国家高层次人才特殊支持计划”杰出人才 1 人、领军人才 95 人、青年拔尖人才 68 人；“国家杰出青年科学基金”获得者 290 人，“国家优秀青年科学基金”获得者 169 人。外籍教师 287 人，其中，教授、研究员 91 人。学历教育学生中毕业生 21938 人，其中，研究生 8173 人（博士生 2225 人、硕士生 5948 人）、普通本专科生 3862 人（本科生 3855 人、专科生 7 人）、成人教育本科生 1798 人、网络教育本专科生 8105 人（本科生 6964 人、专科生 1141 人）。本科毕业生就业率 97.34%。招生 14014 人，其中，研究生 9047 人（博士生 3090 人、硕士生 5957 人）、普通本科生 3840 人、网络教育本科生 1127 人。高考北京地区提档线不限选考专业组 684 分、物理必考专业组 690 分、物理 / 化学专业组 683 分。在校生 46113 人，其中，研究生 29741 人（博士生 12464 人、硕士生 17277 人）、普通本科生 16372 人。另有成人教育本科生 4003 人、网络教育本专科生 21163 人（本科生 18849 人、专科生 2314 人）。留学生毕业 2208 人、招生 2371 人、在校生 4369 人。网址：www.pku.edu.cn。

2020 年，学校加快推进“双一流”建设，制定《北京大学“十四五”改革和发展规划纲要》《北京大学新工科建设规划》。围绕国家重大需求、主动对接国家战略，制定新工科建设规划。

学校党委建立“首要议题”制度，及时跟进学习习近平总书记重要讲话和指示批示精神，把学习传达、研究落实工作作为党委常委会和校长办公会首要议题。组织全校师生学习习近平总书记给在首钢医院实习的西藏大学医学院学生回信精神、给北京大学援鄂医疗队全体“90 后”党员回信精神以及党的十九届五中全会精神。

科研工作。成立未来技术学院、材料科学与工程学院，新设中华人民共和国史研究中心、能源研究院、全球健康发展研究院，重组国家重点实验室，推进大科学设施建设，牵头成立中俄数学中心，建设中华文明国家文物基因库。获批国家自然科学基金项目 674 个，承担国家重点研发计划项目 18 个。多模态跨尺度生物医学成像设施主体结构封顶，激光驱动多束流设施、蛋白质科学研究设施等重大项目取得阶段性进展。继续坚持“北大医学”发展理念，推动本部和医学部学科交叉融合，依托“临床医学＋ X”计划，产出多项重要研究成果。附属医院总床位数超过 1.1 万张，年门诊、急诊量合计超过 1380 万人次。成立公众健康与重大疫情防控战略研究中心、全球健康发展研究院等前沿科学平台，与国家药品监督管理局共建药品医疗器械监管科学研究院。3 项成果获 2019 年度国家科学技术奖。在何梁何利科技奖、陈嘉庚科学奖、第二届全国创新争先奖、第 16 届中国青年科技奖、科学探索奖等方面，学校获奖人数均位居全国高校前列。103 项成果获评第八届高等学校科学研究优秀成果奖（人文社会科学）。国家社科基金“研究阐释党的十九届四中全会精神重大项目”立项 9 个；国家社科基金年度项目立项 49 个。组建科技成果转化基金，重点支持学校重大原始创新和成果转化。入选教育部高等学校科技成果转化和技术转移基地、国家知识产权示范高校和专业化国家技术转移中心试点。

学科建设。春季学期，全校 3500 余名教师共开设在线课程 6400 余门次，以线上方式完成研究生招生复试及毕业答辩。秋季学期，统筹抓好新冠肺炎疫情防控和复学复课工作，逐步恢复正常教育教学秩序。开发、启用电子

7 月 2 日，北大 2020 年毕业典礼举行。典礼通过多平台中英文双语直播，是学校首个“云端”毕业礼　　　　（北大　供）

成绩单系统、线上毕业审查系统、课程评估系统等，搭建支撑服务平台，推进慕课和国家级精品课程建设。召开2016年至2020年“双一流”建设周期总结工作评议会议。

10月15日，北大图书馆东楼修缮工程正式竣工交付，并于12月1日正式重启 （北大 供）

人才培养。建立高端人才专家库，持续完善以“预聘—长聘制”为核心的教研职位分系列管理制度，扩大博士后规模，推动博士后与学校专职科研队伍建设实现有效衔接。开展“拔尖计划2.0”，制定“未名学士”评选方案，组织遴选出第一批“未名学士”。完成“强基计划”首次招生，设立“博雅学堂”推动基础学科创新人才培养。召开研究生教育会议，建立研究生招生资源与培养需求相匹配的名额分配机制，促进资源分配与人才培养、科学研究紧密结合。全面修订《研究生学籍管理办法》，落实落细研究生培养的全过程管理。举办就业“空中宣讲会”70余场、线上双选会8场，保障整体就业率与往年持平。

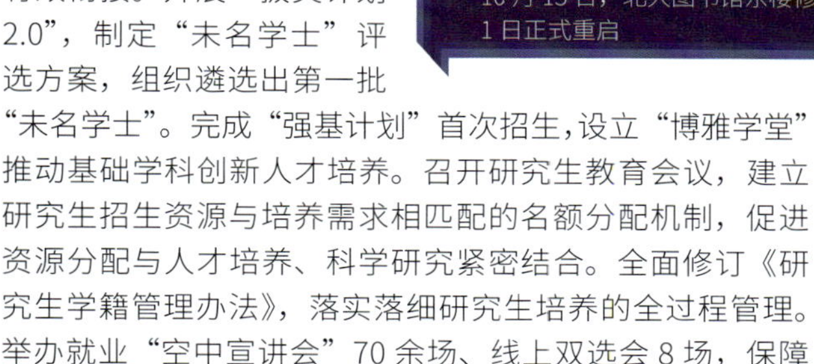

交流合作。向全球各地的80余所合作院校发出慰问信函，与日本东京大学、美国密西根大学、英国伦敦大学学院等高校举办40余次抗击新冠肺炎疫情防控视频会议，参与环太平洋大学联盟、世界研究型大学联盟等组织开展的线上活动10余次，开展校际联合新冠肺炎疫情防控科研项目和多边交流合作。创新国际化人才培养，通过代培代管方式联合培养中国籍学生，为申请交换的学生开设线上学习项目。服务京津冀协同发展、长三角一体化发展、粤港澳大湾区建设等国家战略，与北京、广东、上海等省区市开展战略合作，与国家文物局签订战略合作协议，搭建一批高水平产学研平台。定点扶贫的云南省弥渡县正式脱贫摘帽。

新冠肺炎疫情防控。筑牢疫情防控网络，第一时间派出由454名医护人员组成的援鄂医疗队，并组织多支科研团队开展应急防控、临床救治、流行病学、病毒检测、治疗药物科研攻关，为打赢湖北保卫战、武汉保卫战提供有力保障。第一时间发布《关于发挥全校党组织战斗堡垒作用和共产党员先锋模范作用，坚决打赢疫情防控阻击战的通知》，全校党员干部累计捐款600万余元，居全国高校之首，援鄂前线成立临时党委和14个临时党支部，火线发展党员41人。全国抗击新冠肺炎疫情表彰大会中，校友钟南山获共和国勋章，15人获评先进个人、3个集体获评先进集体、1人被授予全国优秀共产党员。学校主要领导担任疫情防控工作领导小组组长，实现校园内“零感染”。

党委书记 邱水平
校　　长 郝平

（张子瑞　徐聪颖　刘鹏）

中俄数学中心成立

6月29日，北大中俄数学中心成立。中心由北大和俄罗斯莫斯科大学牵头，依托数学“双一流”建设联盟、联合国相关单位、俄方高校和科研院所共同参与建设。中心围绕国家发展战略，承担面向国家重大需求的科研任务，加强人才培养，以解决实际科技问题为导向开展应用数学研究。中心聘任院士张继平担任主任。学校另于11月25日与莫斯科国立大学签署中俄数学中心联合培养协议，制定跨学科人才培养方案，探索建立行业急需、能力突出的高层次复合型人才培养新机制，推动博士生、硕士生、高年级本科生的联合培养。

（徐聪颖）

两个新食堂开业

11月20日和30日，北大成府园食堂、家园食堂分别开业。成府园食堂位于北大燕园校区东北角，建筑面积1100平方米，餐位约200个。家园食堂位于北大燕园校区西南角，紧邻学生宿舍和办公区，建筑面积3.46万平方米，地上4层为就餐区，餐位约4200个，是集餐饮、聚会、学习交流于一体的现代化、智能化、多功能的综合型食堂。

（刘鹏）

图书馆东楼重启

12月1日，北大图书馆东楼重启。该楼维修改造工程2018年5月启动，地上7层地下2层，总建筑面积2.66万平方米。改造范围包括外立面、坡屋面、室内拆除加固、精装修、机电安装等，总投资约2.8亿元，10月15日竣工交付。东楼布局坚持用户导向、服务至上原则，包括科学报告厅、社会科学厅、自然科学厅等。

（徐聪颖）

中国人民大学

概述

2020 年，中国人民大学占地面积 92.14 万平方米，产权校舍建筑面积 108.81 万平方米。图书馆建筑面积 3.97 万平方米。全年教育经费投入 442529.96 万元，其中，财政拨款 202914.04 万元、事业预算收入 159966.79 万元、其他预算收入 79649.13 万元。固定资产总值 57.60 亿元，其中，教学、科研仪器设备资产值 7.66 亿元，信息化设备资产值 65049.68 万元。拥有网络多媒体教室 338 间。拥有图书 401.9 万册，计算机 17975 台。网络信息点 48900 个，上网课程 334 门，电子邮件系统用户 112017 个，管理信息系统数据总量 891GB，数字资源量中电子图书 446 万册、电子期刊 21 万册、学位论文 14 万册、音视频 11489 小时。学校由教育部举办，为综合大学，设有 4 个校区，设置 36 个院（系、部）。开设 82 个本科专业（不包括学校自设专业“国学”），覆盖 9 个学科门类；具有一级学科 37 个；一级学科博士点 22 个、二级学科博士点 137 个；一级学科硕士点 37 个、二级学科硕士点 172 个、硕士专业学位授权类别 20 个；博士后科研流动站 21 个，其中，博士后研究人员出站 79 人、进站 108 人、在站 258 人。“双一流”建设学科 14 个，国家级一流本科专业建设点 22 个，北京市级一流本科专业建设点 6 个，北京高校重点建设一流专业 3 个，北京高校高精尖学科 2 个。北京高精尖创新中心 1 个，北京重点实验室 2 个。教职工 3957 人（含附中附小 657 人，国家资助博士后 125 人），其中，专任教师 1899 人，包括正高级 733 人、副高级 776 人；外籍及港澳台籍教师 43 人，包括教授 19 人、副教授 12 人；博士生导师 837 人、硕士生导师 1518 人。“长江学者奖励计划”特聘教授 50 人、讲座教授 1 人、青年长江学者 32 人；“国家高层次人才特殊支持计划”领军人才 20 人、青年拔尖人才 17 人；第八届国务院学位委员会学科评议组成员 18 人。“国家杰出青年科学基金”获得者 10 人，“国家优秀青年科学基金”获得者 17 人。学历教育学生中毕业生 27303 人，其中，研究生 5336 人（博士生 732 人、硕士生 4604 人）、普通本科生 2730 人、成人教育本专科生 1498 人（本科生 1266 人、专科生 232 人）、网络教育本专科生 17739 人（本科生 7846 人、专科生 9893 人）。本科毕业生就业率 81.28%。招生 10816 人，其中，研究生 5599 人（博士生 1010 人、硕士生 4589 人）、普通本科生 2856 人、成人教育本科生 494 人、网络教育本科生 1867 人。高考北京地区提档线不限选考专业组 671 分、物理必考专业组 675 分、物理 / 历史专业组 673 分。在校生 77056 人，其中，研究生 15941 人（博士生 4792 人、硕士生 11149 人）、普通本科生 11354 人、成人教育本专科生 2574 人（本科生 2558 人、专科生 16 人）、网络教育本专科生 47187 人（本科生 33321 人、专科生 13866 人）。留学生毕业 372 人、招生 365 人、在校生 1206 人。网址：www.ruc.edu.cn。

2020 年，学校推进“双一流”建设，提升人才培养质量，加强和改进师生思想政治工作，做好疫情防控各项工作，学校各项事业有序发展。

校园建设。通州新校区 22 万余平方米项目开工建设，40 万余平方米项目启动规划，通州校区北区学生宿舍一期基本竣工。学校东南区项目历时 4 年建设，顺利竣工交付使用。

学科建设。学校“双一流”建设取得长足进步，14 个首批进入“双一流”建设的学科继续保持优势。成立评价研究中心、国家治理与舆论生态研究院。

人才培养。坚持“以本为本、四个回归”（以本科教育为根本，回归常识、回归本分、回归初心、回归梦想），完善人才培养体系。新设系列思政选修课。开展疫情期间线上教学条件建设，以大规模线上教学为契机，全面推动现代信息技术与教育教学深度融合，构建后疫情时代在线教学新常态。设立明德书院和明理书院。制定《中国人民大学劳动教育实施方案》《中国人民大学体育教学改革方案》《中国人民大学加强美育工作实施细则》。推进“123”金课（100 门通识核心课程、200 门专业核心课、300 门线上线下混合式教学课程）建设。推进新工科、新文科建设。制定《中国人民大学新时代研究生教育改革行动方案》《中国人民大学全面提升研究生教育质量十项行动》。继续推进各类研究生专项改革计划。

科学研究。设立两批“肺炎疫情专项项目”44 个。2 个教育部哲学社会科学研究重大课题攻关项目立项，17 个国家社科基金重大项目立项，41 个国家社科基金年度项目立项，78 个项目获国家自然科学基金资助，84 项成果获教育部第八届高等学校科学研究优秀成果奖（人文社会科学）。首次获中美两国国家自然科学基金重点国际合作资助，卢仲毅团队成果获国家自然科学奖二等奖。

师资队伍。推进教师队伍水平提升与结构优化。实施“读懂中国”青年教师社会调研活动，召开“‘人民教育家’与人民大学”主题座谈会，评选首批 5 个吴玉章课程思政名师工作室。新选聘教师 108 人。形成以“杰出学者”为主线、“大华讲席教授”为补充、各类兼职人才项目为呼应的人才体系。

交流合作。与澳大利亚墨尔本大学、加拿大约克大学等 9 所高校新签或续签协议，牵头成立国际文化交流学术联盟，举办首届“一带一路”绿色发展大会、首届“全球青少年图灵计划”。签订校地协议 5 份、校际协议 2 份，基层单位签订协议 41 份。支援西藏民族大学、新疆财经大学等 8 所大学。

社会服务。以国家发展与战略研究院等为载体，报送内参 1000 余份，发布研究报告 100 余份，参加重要政策咨询会 1000 余场。新冠肺炎疫情防控、《民法典》、“十四五”规划等相关建议最终转化为国家重要政策。完成教育扶贫各项任务指标，帮助云南省兰坪县顺利脱贫摘帽。

党委书记 靳诺
校　　长 刘伟

（楚艳红　吕鹏军）

11月29日，人民大学习近平新时代中国特色社会主义思想研究院习近平法治思想研究中心成立　　（人民大学　供）

新时代中国特色社会主义教育研究中心揭牌

10月28日，人民大学新时代中国特色社会主义教育研究中心揭牌。中心旨在推进学校习近平新时代中国特色社会主义思想的研究，主要职责是深化对习近平总书记关于教育的重要论述的研究和学习，更好地落实立德树人根本任务。中心隶属于学校习近平新时代中国特色社会主义思想研究院，聘有研究人员10人。

（吕鹏军）

习近平法治思想研究中心揭牌

11月29日，人民大学习近平新时代中国特色社会主义思想研究院习近平法治思想研究中心揭牌。中心是综合性全国重点大学中成立的第一家习近平法治思想研究中心，也是国内经党中央批准首批10家“习近平新时代中国特色社会主义思想研究机构”中第一个成立习近平法治思想研究中心的单位。中心由学校习近平新时代中国特色社会主义思想研究院与法学院共同组建，统筹各方面研究资源，开展习近平法治思想的研究、阐释和宣介。中心聘有研究人员37人。

（张珊）

清华大学

概述

2020年，清华大学占地面积462.74万平方米，产权校舍建筑面积365.18万平方米、非产权校舍建筑面积19.16万平方米。图书馆建筑面积6.98万平方米。全年教育经费投入1726280.51万元，其中，财政拨款449612.82万元、自筹经费1276667.69万元。固定资产总值22.37亿元，其中，教学、科研仪器设备资产值94.83亿元，信息化设备资产值47168万元。拥有网络多媒体教室303间。拥有图书465.19万册，计算机81284台。网络信息点85000个，上网课程6423门，电子邮件系统用户116896个，管理信息系统数据总量82605GB，数字资源量中电子图书954.03万册、电子期刊484.00万册、学位论文935.96万册、音视频134.30万小时。学校由教育部举办，设有1个校区，设置21个学院、59个系。开设82个本科专业，覆盖10个学科门类；具有一级学科58个；一级学科博士点50个；一级学科硕士点4个、二级学科硕士点1个。博士、硕士专业学位授权类别6个；博士专业学位授权类别1个；硕士专业学位授权类别16个；硕士、学士专业学位授权类别1个。博士后科研流动站50个，其中，博士后研究人员出站691人、进站887人、在站2256人。“双一流”建设学科34个，国家级一流本科专业建设点27个，北京市级一流本科专业建设点6个，北京高校重点建设一流专业2个，北京高校高精尖学科3个。国家重点实验室13个、国家研究中心1个、国家工程研究中心4个、国家工程技术研究中心3个、国家工程实验室11个。北京实验室1个、北京高精尖创新中心2个，北京重点实验室19个。教职工14848人，其中，专任教师3608人，包括正高级1399人、副高级1703人；博士生导师2836人、硕士生导师901人；中科院院士53人、工程院院士35人。“长江学者奖励计划”特聘教授175人、讲座教授58人、青年长江学者66人；“国家高层次人才特殊支持计划”杰出人才1人、领军人才87人、青年拔尖人才50人；“国家杰出青年科学基金”获得者254人，“国家优秀青年科学基金”获得者174人。外籍教师118人，其中，教授68人、副教授33人。学历教育学生中毕业生8187人，其中，研究生5110人（博士生1671人、硕士生3439人）、普通本科生3077人。本科毕业生就业率96.8%。招生12156人，其中，研究生8589人（博士生3203人、硕士生5386人）、普通本科生3567人。高考北京地区提档线不限选考专业组697分、物理必考专业组687分、化学必考专业组691分、物理化学必考专业组687分。在校生44261人，其中，研究生29136人（博士生14505人、硕士生14631人）、普通本科生15125人。留学生毕业1673人、招生1087人、在校生3369人。网址：www.tsinghua.edu.cn。

2020年，学校坚持疫情防控不松懈、教学科研不停步、改革发展不放松，完成综合改革和“双一流”建设周期任务，如期实现“三个九年，分三步走”战略目标。

践行“两个维护”。贯彻落实习近平总书记对清华的重要指示批示和致信回信精神，建立“一事一册”，完善督查问责机制。学习贯彻习近平主席1月6日给世界大学气候变化联盟学生代表回信精神，为碳中和宣示的提出和国家自主贡献目标的更新提供学术支撑。学习贯彻习近平总书记3月2日考察新冠肺炎疫情防控科研攻关时重要讲话精神，组织18支抗疫科研攻关突击队。学习贯彻习近平主席12月3日给经管学院顾问委员会视频致辞精神，发挥委员会桥梁作用，服务国家外交大局。

教育教学改革。以实施“强基计划”为契机深化本科教育改革，首批录取“强基计划”学生939人。成立致理、日新、未央、探微、行健5个书院，探索“强基计划”书院制培养模式。开展“研究生教育改革研讨月”活动，召开研究生教育改革发展大会，分析研究生教育存在的问题，明确改革方向。落实“破五唯”要求，修订研究生申请学位创新成果标准规定。成立本科生与研究生教育改革领导小组，探索本研贯通培养。

人才队伍建设。修订教师学术评价标准，突出考察教师的学术质量贡献、师德师风、教育教学。制订文科人才认定方案，支持文科高层次人才发展。坚持教育者先受教育，全年围绕师德师风、教育教学、学术研究和教育领导力等主题举办教师培训活动60场，覆盖超1.7万人次。

学科建设。完善重点学科领域布局，成立万科公共卫生与健康学院、人工智能国际治理研究院、智能产业研究院。分类推进学科发展，继续实施工科、理科、文科发展规划，明确医学规划总体思路，以“培养具有高度人文情怀的顶尖医师科学家”为纲编制医学规划。成立学科专业建设咨询专家组，做好58个学科参与第五轮学科评估工作。获批一级学科博士学位授权点2个。

科研体制机制改革。召开第18次科研工作讨论会，剖析制约学校科研创新发展的七大方面20条突出问题。制订国家重点实验室改革重组方案，成立启元实验室，推进航空发动机研究院建设，启动国际大科学种子项目培育计划项目10个。完善新型产学研合作模式，与国内外领军企业建立长期、深度的产学研合作关系。做好国家高端智库整改提升，重组成立国家治理与全球治理研究院，13篇报告获《国家高端智库报告》刊发。作为第一单位或第一完成人所在单位获国家科学技术奖11项。学校师生以第一完成人（单位）在《自然》《科学》杂志发表论文11篇。59项成果获第八届高等学校科学研究优秀成果奖（人文社会科学），其中，一等奖10项、二等奖35项、三等奖8项、青年成果奖5项、普及读物奖1项。

推动内涵式发展。完成综合改革任务和“双一流”建设周期任务。推进试点院系拨款改革，完善经费资源配置管理制度体系。全校110家单位完成职工队伍人事制度改革岗位设置、人员聘岗和薪酬兑现工作。完成校园总体规划总报告编制，确定82项行动计划和120项工作任务。完成教室改造，建成公共空间268处，改善学生学习生活环境和住宿条件。完成17大类96项后勤综合改革任务，全面推进校园垃圾分类。制订实施《健康清华2030计划》，推进新校医院建设。

服务经济社会发展。做好对口支援青海大学、新疆大学工作，提前完成定点帮扶云南省南涧县扶贫责任书各项指标，接续助力乡村振兴。制定发布《关于深化继续教育改革的若干意见》，推进继续教育向数字时代终身教育转型，全年培训200万人次。助力有关国家部委和企事业单位定点帮扶工作，为全国援鄂医护人员推出最美逆行者终身学习计划。

推进全球战略实施。发起成立世界慕课联盟，并担任主席单位。开展高水平国际交流合作，举办“一带一路”达沃斯论坛、世界和平论坛特别视频会议、大学抗击新冠疫情特别工作会议、中美大学校长论坛、中意大学校长论坛、首届中俄青年创新创业与创意大赛发布会暨中俄青年创业峰会、中印尼繁荣70年云论坛等重要对外交流活动。落实国际化能力提升计划任务，重点支持双语化建设、队伍国际化能力提升、国际化课程建设、中外师生融合发展等“在地”国际化项目，全面提升国际办学能力。

党委书记 陈旭
校　　长 邱勇

（徐思羽　吴筱君）

9月26日，清华举行第63届“马约翰杯”学生田径运动会
（清华　供）

学术评价"破五唯"改革启动

3月，清华推进完善学术评价制度相关工作，启动学术评价"破五唯"（克服唯学历、唯资历、唯"帽子"、唯论文、唯项目的倾向）改革。发布《清华大学研究生申请学位创新成果标准规定》《关于进一步加强研究生学位论文质量全过程管理的意见》，确立研究生学位评定标准"破五唯、立质量"的基本框架，破除对发表《科学引文索引》（SCI）论文数量、高影响因子论文等相关指标的过度追求，明确学位论文是学位评定的主要依据，并提出保障和提升研究生学位论文质量的要求和举措。至6月18日，全校36个学位评定分委员会提交41份各学科《研究生申请学位创新成果要求》文件，分三批经校学位评定委员会全体会议审议并全部通过。

（吴筱君）

万科公共卫生与健康学院成立

4月2日，清华万科公共卫生与健康学院成立。学院聚焦公共卫生安全、健康大数据、公共健康政策与管理等核心方向，拥有公共卫生专业硕士学位授权点，设置公共卫生专业硕士（MPH）、公共卫生与健康全日制硕士和国际公共卫生硕士（IMPH）项目，主要开展教学、科研、人才培养、国际合作、社会服务、智库建设活动。世界卫生组织原总干事、国务院深化医药卫生体制改革领导小组首席顾问陈冯富珍担任学院首任院长。拥有教职工20人，其中，教师10人、职工5人、博士后1人、科研助理4人；学生12人。万科企业股份有限公司将在科研创新、奖励科研成果和引进人才等方面持续支持学院的建设和发展。

（吴筱君）

"双一流"建设周期总结专家评议会

9月18日，清华召开"双一流"建设周期总结专家评议会。会议听取学校"双一流"建设的符合度和达成度、全面加强党的领导和建设、优化创新一流大学育人体系等方面的情况汇报。专家组一致认为，清华全面、高质量完成"双一流"建设任务，办学质量、社会影响力和国际声誉持续提升，建议在新的历史起点上加快建设成为扎根中国的世界顶尖大学，为建设高等教育强国、探索中国特色世界一流大学的建设道路，树立清华标杆、奉献清华经验。

（吴筱君）

北京交通大学

概述

2020年，北京交通大学占地面积80.56万平方米，产权校舍建筑面积101.22万平方米、非产权校舍建筑面积16.39万平方米。图书馆建筑面积1.64万平方米。全年教育经费投入312328万元，其中，财政拨款113538万元、自筹经费198790万元。固定资产总值46.84亿元，其中，教学、科研仪器设备资产值12.92亿元，信息化设备资产值6.84亿元。拥有教室249间，其中，网络多媒体教室227间。拥有图书253.53万册，计算机18621台。网络信息点62156个，上网课程2116门，电子邮件系统用户101209个，管理信息系统数据总量1054GB，数字资源量中电子图书151.52万册、电子期刊120.16万册、学位论文836.01万册、音视频2292.90小时。学校由教育部举办，为理工院校，设有2个校区，设置16个院（系、部）。开设66个本科专业，覆盖7个学科门类；具有一级学科33个；一级学科博士点21个、专业学位博士点3个；一级学科硕士点33个、二级学科硕士点2个、硕士专业学位授权类别19个；博士后科研流动站17个，其中，博士后研究人员出站45人、进站54人、在站181人。"双一流"建设学科1个，国家级一流本科专业建设点17个，北京市级一流本科专业建设点5个，北京高校重点建设一流专业3个，北京高校高精尖学科1个。国家重点实验室1个、国家工程研究中心1个。北京实验室2个、北京重点实验室/工程技术研究中心17个。教职工3040人，其中，专任教师1973人，包括正高级584人、副高级853人；博士生导师626人、硕士生导师1535人；中科院院士4人、工程院院士9人，外籍院士1人；"国家高层次人才特殊支持计划"领军人才10人、青年拔尖人才3人；"国家杰出青年科学基金"获得者12人、"国家优秀青年科学基金"获得者20人。外籍教师25人，其中，教授7人、副教授7人。学历教育学生中毕业生37594人，其中，研究生4190人（博士生373人、硕士生3817人）、普通本专科生3816人（本科生3635人、专科生181人）、成人教育本专科生2539人（本科生1990人、专科生549人）、网络教育本专科生27049人（本科生9636人、专科生17413人）。本科毕业生就业率86.89%。招生40206人，其中，研究生4444人（博士生549人、硕士生3895人）、普通本专科生4437人（本科生4237人、专科生200人）、成人教育本专科生2166人（本科生1832人、专科生334人）、网络教育本专科生29159人（本科生16534人、专科生12625人）。高考北京地区提档线不限选考专业组633分，物理必考专业组634分，物理/化学专业组635分。在校生95390人，其中，研究生12933人（博士生3132人、硕士生9801人）、普通本专科生16693人（本科生16153人、专科生540人）、成人教育本专科生5285人（本科生4109人、专科生1176人）、网络教育本专科生60479人（本科生30328人、专科生30151人）。留学生毕业882人、招生530人、在校生1519人。网址：www.bjtu.edu.cn。

2020年，学校推进"十四五"规划编制工作，落实新时代教育评价制度改革，围绕校园新冠疫情防控和事业改革发展两条主线，推动学校各项事业稳步前进。

人才培养。全面实施人才培养2.0版改革。开展本研贯通、学科融通、产学相通、国际互通的教育教学模式改革，实施课程分级、辅修学士学位制、全员导师制、三学期运行制。成立詹天佑学院，开展本博贯通的拔尖人才培养试点，首届招生311人。成立民航运输系。

科学研究。智慧高铁系统前沿科学中心获国家正式立项。入选首批交通运输新型智库联盟并当选副理事长单位，成立雄安数字交通创新中心，开展川藏铁路相关技术咨询和科技攻关。获批首批国家铁路局科技创新基地重点实验室 3 个，首批国铁集团科技计划重点、重大项目 10 个。获批国家重点研发计划 1 个，国家自然科学基金重大科研仪器研制项目 1 个、优秀青年科学基金项目 2 个。1 人获詹天佑铁道科学技术奖，2 人获茅以升北京青年科技奖。成立知识产权与技术转移中心，成为教育部高校科技成果转化和技术转移基地、首批国家知识产权示范高校。

学科建设。通过“双一流”建设周期总结评估，“智慧交通”一流学科领域建设获评审专家高度评价。获批国家级新工科项目 10 个，入选首批国家级一流本科课程 32 门，北京高校优质本科教材 4 部。新增电子信息工程、智能装备与系统、生物信息学、系统科学与工程 4 个本科专业。

队伍建设。新增北京市教学名师 3 人，宝钢优秀教师特等奖提名奖 1 人，1 人获评最美铁道科技工作者。新增国家青年人才计划 6 人，交通运输部交通运输行业科技创新人才推进计划中青年科技创新领军人才 1 人，中科协青年人才托举工程 3 人，中宣部宣传思想文化青年英才 1 人，新增入选北京交大“卓越百人计划”人才 14 人，招聘青年教师 107 人。

合作与交流。签署战略合作协议 13 个，与中国铁路工程集团有限公司、中国铁建股份有限公司、京沪高速铁路股份有限公司等单位建立战略合作关系。与 10 个国家和地区的 10 所高校和机构签署 13 份合作协议。与瑞典皇家理工大学、德国亚琛工业大学等达成博士生联合培养协议。推进北京交通大学兰卡斯特大学学院自主招生项目。巴西坎皮纳斯大学孔子学院完成转隶。举办 2020 年 UIC 高速铁路高校联盟会议等 10 余场线上国际会议。

定点扶贫。超额完成《中央单位定点扶贫责任书》任务，内蒙古自治区通辽市科左后旗全旗所有建档立卡贫困人口全部脱贫。援建中学物理科技演示与探索馆竣工，帮扶科左后旗民族职业技术学院建设专业首次招生，初步形成“学前教育—义务教育—高中教育—职业教育—成人教育”全覆盖的教育扶贫工作体系。科技成果转化项目、农校对接等工作持续推进。学校在中央单位定点扶贫成效考核中获优秀。

党委书记　黄泰岩

校　　长　王稼琼

（高杰）

9 月 10 日，北京交大首届“感动交大”人物揭晓

（北京交大　供）

詹天佑学院成立

7 月，北京交大成立詹天佑学院。学院以“为国选才育才”为宗旨，选拔一批有志向、有兴趣、有天赋的青年学生开展未来科学家和未来技术领军人才的培养；强化科教融合和跨学科交叉，注重学生国际交流能力和全面素质。学院落实导师制，实施八年一贯制、本博连读的“3 ＋ 5”培养模式。其中，前 3 年为本科生培养阶段，采取“厚基础、宽口径”的通识培养，选择主修和辅修专业，配备跨学科双导师，获得本科主修和辅修学位；后 5 年为博士生培养阶段，部分采取联合培养。学院面向 2020 级新生，采用申请—面试方式，首届选拔 311 人进入学院学习。

（高杰）

首届“感动交大”人物评选

9 月 10 日，北京交大首届“感动交大”人物表彰名单揭晓，并在“北京交通大学庆祝 2020 年教师节暨表彰大会”上举行颁奖仪式。学校 2019 年 5 月开展“感动交大”人物推选展示活动，经过媒体线上线下集中宣传展示、会议评审等程序，决定授予 5 个团队或个人首届“感动交大”人物称号。

（高杰）

3 个重点实验室获首批铁路行业科技创新基地认定

12 月 15 日，北京交大 3 个铁路行业重点实验室获国家铁路局首批铁路行业科技创新基地认定。分别是宽带移动信息通信铁路行业重点实验室、列车自主运行控制铁路行业重点实验室、铁路运营主动安全保障与风险防控铁路行业重点实验室。经初审、国家铁路局技术委员会审议、现场评审并公示，国家铁路局认定首批铁路行业科技创新基地 7 个。

（高杰）

人。外籍教师 58 人，包括教授 31 人、副教授 8 人。学历教育学生中毕业生 69708 人，其中，研究生 3442 人（博士生 543 人、硕士生 2899 人）、普通本科生 3521 人、成人教育本专科生 900 人（本科生 542 人、专科生 358 人）、网络教育本专科生 61845 人（本科生 13877 人、专科生 47968 人）。本科毕业生就业率 92.79%。招生 10640 人，其中，研究生 6104 人（博士生 1116 人、硕士生 4988 人）、普通本科生 3748 人、成人教育本科生 250 人、网络教育本科生 538 人。高考北京地区提档线不限选考专业组 654 分、物理必考专业组 653 分、中外合作办学专业组 630 分。在校生 88745 人，其中，全日制研究生 14728 人（博士生 4773 人、硕士生 9955 人）、非全日制研究生 2445 人（博士生 50 人、硕士生 2395 人）、普通本科生 14848 人、成人教育本专科生 1955 人（本科生 1212 人、专科生 743 人）、网络教育本专科生 54769 人（本科生 26635 人、专科生 28134 人）。留学生毕业 849 人、招生 762 人、在校生 1810 人。网址：www.bit.edu.cn。

9 月 19 日，北理工举行“光荣与梦想”建校 80 周年纪念晚会（北理工　供）

2020 年，学校以高质量党建引领学校高质量发展，推进学校各项事业取得成果，完成年度各项工作任务。

治理体系构建。持续深化“大部制”改革，优化机构职能配置，实施校院两级管理体制改革，启动 3 个学院综合改革试点工作。深化数据治理，建设一站式填报平台，推动解决数据重复填报问题。

人才培养。推进延河联盟红色资源协同育人，完善贯通高水平人才培养体系的“大思政”工作格局。获评国家级一流本科课程 39 门。获批建设国家级双创示范基地，学生在第六届中国国际“互联网＋”大学生创新创业大赛、中国大学生无人驾驶方程式大赛、阿布扎比国际机器人挑战赛中夺冠，获第 12 届“挑战杯”中国大学生创业计划竞赛总分第二名。

学科建设。构建“工理管文医”协调可持续发展的学科体系。巩固国防特色优势，强化兵器学科引领地位，加强机械工程、信息通信等学科优势地位。推动前沿交叉学科建设，成立网络空间安全学院，增设储能技术领域 2 个交叉学科方向，拓展生物医学工程 2 个医学学位授予方向。推动中国工程科技前沿交叉战略研究中心等高端智库建设。新增外国语言文学一级学科博士点。开展“双一流”建设周期总结评估工作，组织 29 个一级学科参与第五轮学科评估，完成首轮“双一流”建设任务。

师资队伍。突出师德师风第一标准，评选第二届“懋恂终身成就奖”。创新团队培引机制，启动建设首批 6 个创新研究中心和 10 个青年科学家工作室。获批增设“重庆创新中心”博士后工作站，博士后招收总量连续 4 年递增。深化人事制度改革，突出业绩贡献导向，实施差异化评价。引进双聘院士 4 人，新增高层次人才 64 人次，高层次人才占专任教师比例升至 13%；新增重点领域创新团队 1 个，国防创新团队 2 个，引进海内外优秀人才 158 人。5 人获评北京市教学名师（含青年教学名师）；2 人当选国际宇航科学院通讯院士，1 人当选俄罗斯工程院外籍院士，2 人分别获全国创新争先奖章、奖状。

科技创新。攻关“卡脖子”关键技术，5 个牵头项目获国家科学技术奖。获批国家自然科学基金项目 309 个，包括无人智能系统基础科学中心 1 个，国家重大科研仪器研制项目 3 个，获批项目数和经费数均创历史新高。获批军科委重点基础研究项目 13 个，数量居全国第一；获批建设军科委某国际创新平台；牵头承担国家重点研发计划和科技创新 2030 重大项目 14 个。

合作交流。新增 15 个世界一流高校 / 学科合作伙伴，高等学校学科创新引智基地 1 个，获批教育部高层次国际化人才培养创新实践基地。加快建设深圳北理工莫斯科大学，推动建设北理鲍曼学院。举办 2020 两岸高等教育（北京）论坛。在籍学位留学生比例升至 70%。怀来科研试验基地开工建设，启动长三角研究生院（嘉兴）/ 研究院签约建设，推进重庆、济南、唐山等地校地合作研究机构建设。与中软国际有限公司、中国第一汽车集团有限公司、北京汽车集团有限公司、中国重型汽车集团有限公司共建智能网联汽车协同创新研究院，构建产学研用融合创新体系。

党委书记　赵长禄
校　　长　张军

（岳鹏）

“师缘·北理”教师节表彰大会

9月9日，北理工“师缘·北理”庆祝第36个教师节暨教师表彰大会举行。会议以“砥砺奋进八十载·薪火相传育人才”为主题，分为“感恩·师缘”“奋进·师缘”“荣耀·师缘”3个篇章，表彰在人才培养、科学研究、党建思政等方面做出突出贡献的先进集体和个人。工程院院士、雷达和信息处理技术专家毛二可获第二届“懋恂终身成就奖”。学校领导、院士代表，相关职能部门、学院负责人，2019—2020学年荣休教师代表等240余人参加会议。

（岳鹏）

建校80周年

9月19日，北理工举办建校80周年纪念大会。会议明确把学校建设成为中国特色世界一流大学的战略目标，与会人员听取题为《特立潮头，开创未来》的大会致辞，回顾学校80年来的办学历程。会议同时邀请校友代表、相关院校代表分别发言。国家及北京市相关部门负责人、50余所高校负责人、学校师生共1500余人参加会议。校庆期间，学校另举办“红色育人路”高等教育论坛、“挑战与机遇——世界格局变化中的高等教育”大学校长论坛、“光荣与梦想”建校80周年纪念晚会等系列活动。北理工前身是1940年成立于延安的自然科学院，历经晋察冀边区工业专门学校、华北大学工学院等办学时期。1949年，定址北京并接收中法大学校本部和数理化3个系；1952年，定名北京工业学院；1988年，更名北京理工大学；1984年，学校设立研究生院。至2020年，学校累计培养毕业生30余万人。

（岳鹏）

北京科技大学

概述

2020年，北京科技大学占地面积80.39万平方米，产权校舍建筑面积85.55万平方米。图书馆建筑面积2.77万平方米。全年教育经费投入307084.47万元，其中，财政拨款129543.62万元、自筹经费177540.85万元。固定资产总值400342.02万元，其中，教学、科研仪器设备资产值175346.49万元，信息化设备资产值20618.34万元。拥有教室272间，其中，网络多媒体教室194间。拥有图书230.39万册，计算机22838台。网络信息点29890个，上网课程2007门，电子邮件系统用户39660个，管理信息系统数据总量18873GB，数字资源量中电子图书439.14万册、电子期刊64.29万册、学位论文778.27万册、音视频12.78万小时。学校由教育部举办，为理工院校，设有2个校区，设置20个直属院（系）。开设53个本科专业，覆盖8个学科门类；具有一级学科30个；一级学科博士点20个、二级学科博士点80个；一级学科硕士点30个、二级学科硕士点138个、硕士专业学位授权类别15个；博士后科研流动站17个，其中，博士后研究人员出站77人、进站146人、在站340人。“双一流”建设学科4个，国家级一流本科专业建设点13个，北京市级一流本科专业建设点2个，北京高校重点建设一流专业2个，北京高校高精尖学科2个。国家科学中心1个、“2011计划”协同创新中心1个、国家重点实验室2个、国家工程研究中心1个、国家工程技术研究中心1个、国家科技资源共享服务平台1个、国家科技基础条件平台2个、国家野外科学观测研究站2个。北京实验室1个、北京高精尖创新中心1个，北京重点实验室15个。教职工3371人，其中，专任教师1906人，包括正高级598人、副高级900人；博士生导师567人、硕士生导师638人；中科院院士6人（双聘3人）、工程院院士9人（双聘4人）。“国家高层次人才特殊支持计划”领军人才19人、青年拔尖人才4人；“国家杰出青年科学基金”获得者21人，“国家优秀青年科学基金”获得者19人。外籍教师30人，其中，教授12人、副教授6人。学历教育学生中毕业生23653人，其中，研究生3215人（博士生398人、硕士生2817人）、普通本专科生3285人（本科生3279人、专科生6人）、成人教育本专科生

11月20日，北科大与怀柔区政府、有研科技集团有限公司签署北京怀柔综合性国家科学中心创新生态建设项目合作协议（北科大　供）

1789人（本科生1404人、专科生385人）、网络教育本专科生15364人（本科生3110人、专科生12254人）。本科毕业生就业率90.14%。招生9835人，其中，研究生4100人（博士生670人、硕士生3430人）、普通本科生3452人、成人教育本科生660人、网络教育本科生1623人。高考北京地区提档线不限选考专业组625分、物理必考专业组626分、物理/化学专业组626分。在校生53455人，其中，研究生12115人（博士生3895人、硕士生8220人）、普通本专科生13836人（本科生13835人、专科生1人）、成人教育本专科生2665人（本科生2340人、专科生325人）、网络教育本专科生24839人（本科生10226人、专科生14613人）。留学生毕业285人、招生263人、在校生848人。网址：www.ustb.edu.cn。

2020年，学校统筹学科建设和整体发展，完成“双一流”首轮建设周期总结工程，组织第五轮学科评估工作。推进学科交叉融合的顶层设计，实施“大安全”融合战略，成立大安全科学研究院，推进未来技术学院、现代产业技术学院等新办学机制的建设。启动“十四五”规划编制工作。获评国家级节约型公共机构示范单位。

学科建设。制定《高精尖学科建设管理办法》，推进安全和人工智能北京市高精尖交叉学科建设。加大青年教师学科交叉研究培育项目支持力度。以一流优势学科建设为基础，带动学校学科建设水平稳步提升。加快实施“一流本科教育行动计划”。4个专业通过工程教育专业认证。

教育教学改革。12门课程入选首批国家级一流本科课程，获批教育部第二批新工科研究与实践项目4个。设立材料本硕博贯通高精尖班，推动人才培养模式改革。制订《第二学士学位教育实施方案》，申报12个专业开展第二学士学位教育，招生110人。深化本科生全程导师制，组建由5名院士领衔、1503名专任教师参与的本科生全程导师队伍，实现本科生全覆盖。召开研究生教育工作会议，明确构建立德树人的思政教育体系、创新引领的教学育人体系、科学严谨的综合评价体系、全面保障的质量管理体系4个体系，明确思想政治教育、导师育人、学科布局优化等9项改革任务。

人才强校。召开人事人才工作会议，深化职称评聘、人事管理制度和博士后工作体制机制改革，健全以品德、能力和业绩为导向的考核评价机制，注重标志性成果的质量、贡献，在专技职务评聘中加大青年教师支持力度。深化“人才特区”建设，推进融合创新研究院建设。新增“国家高层次人才特殊支持计划”领军人才5人、“国家杰出青年科学基金”获得者4人、“创新人才推进计划”中青年科技创新领军人才1人，累计引进人才46人，学校培育省部级以上人才称号14人次。2人入选“国家杰出青年科学基金”，1人入选“国家优秀青年科学基金”。1名教师获第五届全国高校青年教师教学竞赛理科组一等奖第一名。

创新发展。成立世界钢铁发展研究院，建设城镇化与城市安全研究院等创新平台。共建科技研发平台10余个，成立科技成果转化研究院，入选2020年度国家知识产权试点高校。校企改革试点工作首家通过教育部、财政部现场验收。连续两年获批科技部重点领域创新团队，获批国家自然科学基金项目151个、国家及省部级社科纵向项目50个，获批国家自然科学基金重大项目2个、国家社科基金重点项目1个，牵头国家重点研发计划项目7个，牵头“两机专项”重大科研项目3个。参加第六届中国国际“互联网+”大学生创新创业大赛总决赛获主赛道金奖2个、主赛道银奖1个、青年红色筑梦之旅赛道银奖1个，并获评青年红色筑梦之旅赛道先进集体奖。

交流合作。与大型企事业单位、地方政府签订战略合作协议50余项，新增美国伊利诺伊大学香槟分校、英国伦敦大学学院等合作伙伴7个，与韩国浦项钢铁公司签约。入选全国首批高层次国际化人才培养创新实践基地建设高校，与教育部中外人文交流中心共建矿业与钢铁行业中外人文交流研究院。获批创新引智基地1个。全部教学科研单位完成英文网站建设。创新开展国际交流云端模式和外籍专家合作交流线上模式，举办线上讲座120余场。实施“知友工程”（以培养知华友华人才为目标，探索建立一批来华留学生国情实践教育基地，加强对来华留学生的国情校情、文化风俗主题教育宣传，增强来华留学生对中国发展的理解和认同，讲好中国故事，传播好中国声音），开展中外人文交流。

党委书记 武贵龙
校　　长 杨仁树

（林飞）

“大国钢铁”课程开设

4月23日，北科大开设“大国钢铁”课程。课程由工程院院士毛新平，冶金工业规划研究院党委书记李新创，首钢京唐公司总工程师、中国钢铁工业协会质量与标准委员会副主任委员陈凌峰等专家分节讲授，把思想政治教育融入到课程教学的各个环节。课程包括中国钢铁强国之路、钢铁摇篮之钢铁栋梁、科技贡献等8个章节。课程面向全校所有学生，不限专业、不限年级，为公共选修课，计2个学分，32个学时。

（林飞）

与怀柔区政府和有研集团签署战略合作协议

11月20日，北科大与怀柔区政府、有研科技集团有限公司签署北京怀柔综合性国家科学中心创新生态建设项目战略合作协议。根据协议，三方共建北科大能源环境与绿色材料创新研究院，打造“三平台一示范区”（即产业技术联合创新平台、科技成果转化平台、科技金融服务平台、怀柔绿色技术创新应用和产业发展示范区），在基础研究、技术攻关、科技孵化、成果转化、人才培养方面开展合作，重点推进能源环境与绿色材料研究、金属材料智能制造、科技创新平台建设等项目落地。协议有效期5年。

（林飞）

北方工业大学

概述

2020 年，北方工业大学占地面积 30.15 万平方米，产权校舍建筑面积 39.93 万平方米、非产权校舍建筑面积 3.81 万平方米。图书馆建筑面积 1.77 万平方米。全年教育经费投入 89475 万元，其中，财政拨款 69774 万元、自筹经费 19701 万元。固定资产总值 209753.87 万元，其中，教学、科研仪器设备资产值 80249.92 万元，信息化设备资产值 32488.82 万元。拥有教室 244 间，其中，网络多媒体教室 95 间。拥有图书 177.80 万册，计算机 9486 台。网络信息点 14940 个，上网课程 1206 门，电子邮件系统用户 35981 个，管理信息系统数据总量 982GB。数字资源量中电子图书 153.76 万册、电子期刊 96.52 万册、学位论文 460.93 万册、音视频 28.41 万小时。学校由北京市举办，为理工院校，设有 1 个校区，设置 12 个院（系、部）。开设 49 个本科专业，覆盖 7 个学科门类；具有一级学科硕士点 17 个、硕士专业学位授权类别 10 个。国家级一流本科专业建设点 5 个，北京市级一流本科专业建设点 3 个，北京高校重点建设一流专业 2 个，北京高校高精尖学科 1 个。北京重点实验室 4 个。服务国家特殊需求博士人才培养项目 1 个。教职工 1165 人，其中，专任教师 900 人，包括正高级 153 人、副高级 341 人；博士生导师 31 人、硕士生导师 426 人；双聘院士 1 人；“国家高层次人才特殊支持计划”青年拔尖人才 1 人。外籍教师 18 人，其中，教授 6 人、副教授 6 人。学历教育学生中毕业生 4345 人，其中，硕士研究生 724 人、普通本科生 2791 人、成人教育本专科生 830 人（本科生人 582 人、专科生 248 人）。本科毕业生就业率 87.06%。招生 5370 人，其中，研究生 1051 人（博士生 11 人、硕士生 1040 人）、普通本科生 3335 人、成人教育本科生 984 人。高考北京地区提档线不限选考专业组 532 分、物理必考专业组 527 分、化学必考专业组 531 分、物理 / 化学 / 生物专业组 533 分、物理 / 历史 / 地理专业组 535 分、生物 / 历史 / 地理专业组 532 分、中外合作办学专业组 498 分。在校生 16608 人，其中，研究生 2671 人（博士生 42 人、硕士生 2629 人）、普通本科生 11312 人、成人教育本专科生 2625 人（本科生 2118 人、专科生 507 人）。留学生毕业 76 人、招生 102 人、在校生 621 人。网址：www.ncut.edu.cn。

2020 年，学校坚持“抗疫情、促工作、谋发展”总原则，持续推进高水平应用型大学建设。

思想政治教育。制定学校《关于深化新时代思想政治理论课改革创新的实施办法》，推进专题教学、案例教学、实践教学“三位一体”的综合改革，打造立体化“抗疫思政课”。探索构建学院、系部（教研室）教工党支部、任课教师三级课程思政工作体系。开展“使命在肩、奋斗有我”主题教育活动，全校 192 支实践团 857 名学生通过线上线下相结合的方式开展暑期社会实践活动。

人才培养。全国 27 个招生省份中，理工类提档线超过一本线 20 分的地区 25 个，录取超过一本线 50 分的考生 805 人。本科毕业生考研率 18.64%，出国留学率 7.85%，一次就业率 87.06%。获批北京市级一流本科专业建设点 3 个，1 门课程入选国家一流课程，4 门课程入选 2020 年北京高校优质本科课程、4 项教材（课件）入选北京高校优质本科教材课件。

师资队伍建设。2 名教师分获北京市高等学校教学名师奖、青年教学名师奖。1 个教师团队获评北京高校优秀本科育人团队；1 个项目获批教育部第二批新工科研究与实践项目，4 个项目获批北京高等教育本科教学改革创新项目。引进人才 39 人，其中，具有国（境）外留学或访学经历 18 人，留学访学占比 46%。获批北京市海外高层次人才引进自主认定资格单位，新增百千万人才工程国家级人选 1 人、“国家高层次人才特殊支持计划”青年拔尖人才 1 人、2020 年度北京市百千万人才工程 1 人。

学科建设。国家特殊需求博士人才培养项目建设通过教育部验收。开展第五轮学科评估和专业学位水平评估工作，参与评估一级学科 16 个。

科技创新。学校年度科研经费 1.52 亿元。新增国家级项目 43 个、省部级科研项目 56 个。制定学校《重点科学研究方向（2020—2025）》，启动“1138 工程”（即围绕 1 个建设目标，构建 1 个学科群，打造 3 类学科交叉融合体，形成 8 个稳定的学科方向）。新增省部级重点实验室、省部级工程研究中心 2 个。获批北京市科协城市系统工程与社区治理高端智库。获省部级奖 22 个。承担石景山区应急局、科委等项目，项目经费近 1000 万元。制定学校《促进科技成果转化实施办法》。开放运营大学科技园，入驻企业 15 家。

国际化办学。学校中外合作办学实现重大突破，北方工大伦敦布鲁内尔学院获教育部批准设立。接收 63 个国家各类外国留学生 621 人，包括长期留学生 515 人。接待“一带一路”沿线 21 个国家学生 245 人到学校学习交流。

党委书记 郑文堂（11 月免）
缪劲翔（11 月任）
校　　长 丁辉（10 月免）

（刘侠）

布鲁内尔学院获批

4 月 26 日，北方工大伦敦布鲁内尔学院获教育部批准设立。学院由学校与英国伦敦布鲁内尔大学联合申报，是北京高校中第一家面向本科人才培养的中英合作办学机构，人才培养采用“4＋0”模式（即学生在北方工大进行 4 年全日制课程学习，并修满合作专业培养方案规定应修全部学分，可获得双方学位）模式，学生完成规定学业可获北方工大本科毕业证和两所学校学士学位证书。学院设立数据科学与大数据技术、机械设计制造及其自动化、土木工程 3 个本科专业，每年每个专业最多可招收本科生 100 人。学院 2020 年开始招生，首批招生 114 人。

（刘侠）

北京化工大学

概述

2020年，北京化工大学占地面积150.39万平方米，产权校舍建筑面积83.25万平方米。图书馆建筑面积4.37万平方米。全年教育经费投入207536万元，其中，财政拨款94908万元、自筹经费112628万元。固定资产总值429195万元，其中，教学、科研仪器设备资产值137376万元，信息化设备资产值33205万元。拥有教室255间，其中，网络多媒体教室201间。拥有图书181.85万册，计算机11250台。网络信息点3.67万个，上网课程1093门，电子邮件系统用户5.95万个，管理信息系统数据总量6000GB，数字资源量中电子图书11.52万册、电子期刊72.21万册、学位论文984.76万册、音视频7109小时。学校由教育部举办，为理工院校，设有4个校区，设置14个院（系、部）。开设52个本科专业，覆盖8个学科门类；具有一级学科8个；一级学科博士点8个；一级学科硕士点21个、二级学科硕士点2个、硕士专业学位授权类别10个；博士后科研流动站8个，其中，博士后研究人员出站42人、进站55人、在站178人。“双一流”建设学科1个，国家级一流本科专业建设点11个，北京市级一流本科专业建设点3个，北京高校重点建设一流专业1个，北京高校高精尖学科2个。国家重点实验室2个、国家工程技术研究中心1个、国家工程实验室1个。北京实验室1个、北京高精尖创新中心1个，北京重点实验室8个，省、部级工程技术研究中心（所）15个。教职工2670人，其中，专任教师1318人，包括正高级332人、副高级438人；博士生导师325人、硕士生导师603人；中科院院士4人、工程院院士6人（含中科院外籍院士1人、工程院外籍院士1人，双聘中科院院士1人、工程院院士2人）。“长江学者奖励计划”特聘教授13人、讲座教授2人、青年长江学者2人；“国家高层次人才特殊支持计划”领军人才13人、青年拔尖人才5人；“国家杰出青年科学基金”获得者24人，“国家优秀青年科学基金”获得者24人。外籍教师20人，其中，教授3人。学历教育学生中毕业生6843人，其中，研究生2260人（博士生245人、硕士生2015人）、普通本科生3596人、成人教育本专科生987人（本科生872人、专科生115人）。本科毕业生就业率85.34%。招生7439人，其中，研究生2798人（博士生346人、硕士生2452人）、普通本科生3835人、成人教育本专科生806人（本科生763人、专科生43人）。高考北京地区提档线不限选考专业组615分、物理必考专业组614分、物理化学必考专业组609分、物理/化学专业组613分、物理/化学/生物专业组613分。在校生26200人，其中，研究生8158人（博士生1193人、硕士生6965人）、普通本科生15346人、成人教育本专科生2696人（本科生2595人、专科生101人）。留学生毕业156人、招生123人、在校生462人。网址：www.buct.edu.cn。

2020年，学校持续推进治理体系和治理能力现代化建设。化学工程学院党委入选第二批全国党建工作标杆院系，3个党支部入选第二批全国党建工作样板支部。

人才培养。实施“育人为先”战略。972名教师开设本科生课程2364门次，本科生在线学习153811人次，实践类课程开出率100%；227名教师开设线上研究生课程208门次，研究生在线学习7858人次。推进新高考改革省份录取工作，首次录取第二学士学位学生28人。推进博士研究生招生“申请—考核”制改革，新增2个学院试点。2名留学生获中国政府优秀来华留学生奖学金。系统实施“德耀北化工程”，开展“节点式、节日式、项目式”主旋律教育活动，实施“新生引航工程”。与美国佐治亚大学合作的生物工程专业硕士教育项目获教育部批准。

6月，化大为师生员工集中核酸检测

（化大　供）

教师队伍。实施“人才强校”战略。完成管理人员高教管理系列专业技术职务聘任、基层管理人员岗位聘任工作；将岗位设置、评聘工作向育人、教学和解决国家经济社会发展重大需求倾斜，切实扭转“唯帽子”“唯论文”“重科研轻教学”的用人导向。实行“师德师风一票否决制”，处理违反师德师风的教职工3人。启用教师发展管理平台自主建课功能并试运行。引进国家人才计划入选者6人；新增“长江学者奖励计划”青年学者1人、“国家高层次人才特殊支持计划”青年拔尖人才1人。

学科建设。深化“强工、厚理、兴文、重交”发展布局。完成“双一流”建设周期总结。推进一流学科建设专项实施，启动1个重大科学工程项目、2个交叉学科创新平台（项目）以及人工智能交叉研究中心建设。把高精尖学科建设纳入“双一流”建设体系，与交叉学科平台、新兴交叉学科中心衔接，在病原微生物安全防控、食药生物安全、大气生物安全等领域取得研究进展。1个学科获国家自然科学基金委员会重大项目课题。3个一级学科分别启动“文科提升计划”项目。首批新工科研究与实践项目全部通过验收；启动第二批新工科研究与实践项目评选及推荐工作，入选教育部项目3个。

科学研究。成立人工智能交叉研究中心。举办2020化学与生物医药前沿交叉学术论坛，与各类企业共建联合研发中心28个。成立先进技术与装备研究院。年度科研经费到款8.6亿元，其中，竞争性科研到款比上年增加1亿元。获批国家社科基金项目6个，创历史新高，首次获批国家社科基金思政专项项目、国家社科基金后期资助项目。获批国家重点研发计划项目1个，国家重点研发计划—政府间国际合作项目3个、课题9个。1个中心入选第二批高校知识产权信息服务中心。

国际交流。实施“全球化”发展战略，持续推进“一带一路”建设。新（续）签校际合作协议33份，新增国际合作伙伴14个，其中，12个来自“一带一路”沿线国家。“先进炭材料及特种高分子”引智基地进入“111计划2.0”建设阶段；“微生物绿色制造技术”引智基地通过5年验收，进入滚动建设阶段。29名研究生获资助赴境外攻读博士学位或联合培养，2名本科生被国家留学基金委与加拿大Mitacs基金会合作本科生实习项目录取，实现学校在该项目上“零”的突破。

党委书记　袁自煌

校　　长　谭天伟

（肖勇）

两个研究机构成立

7月9日和28日，化大大化工行业中外人文交流研究院和人工智能交叉研究中心分别揭牌成立。大化工行业中外人文交流研究院与教育部中外人文交流中心、山东玲珑轮胎集团有限公司合作共建，主要职责是为大化工行业企业在国内外发展提供人文理论指导、专业人才与技术支持、发展问题的解决方案等。人工智能交叉研究中心聚焦人工智能在化工行业的融合应用，打造“人工智能＋X”交叉研究创新平台，为人工智能与实体经济融合战略提供技术与人才支撑，推动人工智能创新成果在化工行业的落地应用。研究方向包括智能医学工程、危化品智能机器人、能源安全工业大数据等。

（肖勇）

北京工商大学

概述

2020年，北京工商大学占地面积83万平方米（阜成路校区21万平方米、良乡校区62万平方米），产权校舍建筑面积51.88万平方米。图书馆建筑面积2.58万平方米。全年教育经费投入167910.48万元，其中，财政拨款121587.57万元、自筹经费46322.91万元。固定资产总值30.25亿元，其中，教学、科研仪器设备资产值12.61亿元，信息化设备资产值5.03亿元。拥有教室268间，其中，网络多媒体教室128间。拥有图书186.14万册，计算机10200台。网络信息点25965个，上网课程1144门，电子邮件系统用户18650个，管理信息系统数据总量1780GB，数字资源量中电子图书129.01万册、电子期刊193.44万册、学位论文891.17万册、音视频36.30万小时。学校由北京市举办，为财经院校，设有2个校区，设置17个院（部）。开设57个本科专业，覆盖7个学科门类；具有一级学科17个；一级学科博士点2个；一级学科硕士点17个、二级学科硕士点40个、硕士专业学位授权类别17个；联合培养博士学位授权点1个；博士后科研流动站2个，其中，博士后研究人员出站2人、进站12人、在站23人。国家级一流本科专业建设点7个，北京市级一流本科专业建设点4个，北京高校重点建设一流专业3个，北京高校高精尖学科3个。入选国家第一批“卓越农林人才教育培养计划”（拔尖创新型农林人才培养模式改革试点项目）专业2个。国

10月18日，工商大学举行建校70周年纪念大会

（工商大学　供）

家级检测中心 2 个、国家级实验教学示范中心 1 个、国家级虚拟仿真实验教学中心（项目）2 个、国家工程实验室 1 个、科技部中国—加拿大联合实验室 1 个、北京实验室 2 个、北京高精尖创新中心 1 个、北京重点实验室 4 个、环境保护部重点实验室 1 个、北京高等学校工程研究中心 1 个、北京市工程技术研究中心 1 个、省部级研究基地 4 个、省部级协同创新中心 2 个。教职工 1617 人，其中，专任教师 1050 人，包括正高级 184 人、副高级 441 人；博士生导师 108 人、硕士生导师 637 人；工程院院士 5 人（含双聘院士 2 人、兼职教授 2 人）。“国家高层次人才特殊支持计划”领军人才 2 人；“国家优秀青年科学基金”获得者 1 人；北京学者 1 人。外籍教师 2 人。学历教育学生中毕业生 4053 人，其中，研究生 1051 人（博士生 3 人、硕士生 1048 人）、普通本科生 2773 人、成人教育本专科生 229 人（本科生 217 人、专科生 12 人）。本科毕业生就业率 82.33%。招生 4847 人，其中，研究生 1376 人（博士生 32 人、硕士生 1344 人）、普通本科生 3343 人、成人教育本科生 128 人。高考北京地区提档线不限选考专业组 538 分、物理必考专业组 535 分、物理 / 化学专业组 537 分、物理 / 化学 / 生物专业组 534 分、化学必考专业组 532 分。在校生 15486 人，其中，研究生 2972 人（博士生 84 人、硕士生 2888 人）、普通本科生 11953 人、成人教育本专科生 561 人（本科生 559 人、专科生 2 人）。留学生毕业 55 人、招生 68 人、在校生 330 人。网址：www.btbu.edu.cn。

2020 年，学校统筹疫情防控与事业发展“两手抓”“两不误”，围绕建设高水平研究型大学目标，深化综合改革主旋律，树立新发展理念，各方面工作展现新气象。

学科及专业建设。学校明确高水平研究型大学发展定位，明确良乡主校区为高水平创新型人才培养基地、阜成路校区为高水平科技创新和国际交流基地；良乡主校区新建项目投入使用并完成法学院、数学与统计学院、传媒与设计学院“一院一楼”改造项目和成建制搬迁；良乡校区在校学生 9615 人，比上年增加 1466 人。制定《北京工商大学加快创新人才培养和统筹推进一流学科建设实施意见》，编制《北京工商大学综合改革方案》，起草学校“十四五”时期发展规划，制订并实施《北京工商大学 2025 行动计划》。组建新型学院 6 个。新增硕士学位授权一级学科 1 个。获批北京市级一流专业建设点 8 个、国家级一流本科课程 5 门，1 项虚拟仿真实验教学项目获批国家级虚拟仿真实验教学一流课程；获评北京高等教育本科教学改革创新项目 4 个、北京高校优质本科课程 4 门、北京高校优质本科教材课件 4 个、北京高校优秀本科育人团队 1 个。推进思政课程和课程思政建设，制定《学校推进课程思政建设实施方案》。

人才培养。获第七届“学创杯”全国大学生创业综合模拟大赛总决赛一等奖。开展以“落实立德树人、培育一流人才”为主题的教育教学思想大学习、大讨论活动，开展“使命在肩、奋斗有我”主题教育。

科研平台建设。先后获批首批化妆品监管科学研究基地、国家环境保护食品链污染防治重点实验室等。组建新型科研机构 7 个。入选国家社科基金、国家自然科学基金项目 45 个，国家重点研发计划项目课题 2 项。183 件知识产权获授权（发明专利 125 件）。横向到位经费 6426 万元，转让专利 13 件，超过往三年的总和。

交流与合作。签署涉外合作协议 3 个，新增合作院校 1 个。招收来自 91 个国家和地区的留学生 330 人。成立工商大学—经济合作组织科学基金会“一带一路”科技与经济合作联合培训中心。在第五届“一带一路”中巴科技与经济合作论坛上，学校牵头发起中巴经济走廊科学传播合作网络。

师资队伍建设。面向海内外公开招聘高层次人才 45 人，柔性引进高层次人才 21 人；公开招聘选拔博士后 92 人。1 人入选北京市百千万人才工程。印发《北京工商大学师德教育手册》，组织教师参加各项研修培训。获北京市“三八红旗奖章”1 人。

增强基础设施和服务保障能力。良乡主校区新建 4 栋学生宿舍、学生食堂，学生活动中心项目建成并投入使用。工商大学教育大数据建设示范基地入选北京市教育信息化融合应用示范基地，成为北京市首批入选的 10 家高校示范基地之一。

党委书记 黄先开
校　　长 孙宝国

（杨蓉　张凯伟）

与腾讯合作共建智慧校园

1 月 3 日，工商大学与深圳市腾讯计算机系统有限公司签署战略合作协议。根据协议，双方共建工商大学智慧校园，联合打造网络化、数字化、个性化、泛在化的智慧校园环境；共同探索创新人才培养新模式，开展实践教学示范基地的建设；针对“互联网＋”“大数据”“人工智能”等新兴产业方向，联合探索产学研创新合作；联合建立“智慧校园融合应用示范基地”，重点围绕校园管理与服务、教学与办公，规划校园数据标准，实现各类教育信息化应用间数据共享。协议有效期 5 年。

（杨蓉　张凯伟）

建校 70 周年

10 月 18 日，工商大学举行建校 70 周年纪念大会。会议回顾学校 70 年建设发展历程和取得的成就，听取题为《铸七秩辉煌 谱时代新章》主题致辞，研究生、本科生、教师及校友代表分别发言。各相关单位领导及部分高校代表，学校校友和师生 1000 余人参加庆祝大会，15 万世界各地校友、社会各界人士通过央视频、抖音、微博等 10 个直播平台线上观礼。工商大学前身是中央合作事业管理局干部学校，1949 年 12 月批准设立，1950 年初招生开学，是新中国成立后中央批准创办的第一所商科学校；1959 年，中央商学院成立；1960 年，更名为北京商学院；1999 年，组建北京工商大学。至 2020 年，学校累计培养毕业生 15 万余人。

（杨蓉　张凯伟）

北京服装学院

概述

2020年，北京服装学院占地面积36.14万平方米，产权校舍建筑面积25.52万平方米、非产权校舍建筑面积3.32万平方米。图书馆建筑面积0.97万平方米。全年教育经费投入61543.05万元，其中，财政拨款50058.71万元、自筹经费11484.34万元。固定资产总值10.35亿元，其中，教学、科研仪器设备资产值4.05亿元，信息化设备资产值20669.43万元。拥有网络多媒体教室202间。拥有图书80.32万册，计算机5442台。网络信息点6000个，上网课程118门，电子邮件系统用户1.30万个，管理信息系统数据总量10893GB，数字资源量中电子图书239.34万册、电子期刊8.43万册、学位论文813.09万册、音视频14.05万小时。学校由北京市举办，为艺术院校，设有4个校区，设置9个全日制本科教学学院、2个教学部门以及研究生院、国际学院、继续教育学院。开设28个本科专业，覆盖6个学科门类；双学位专业点4个，具有服务国家特殊需求博士人才培养项目1个；具有一级学科硕士点7个、二级学科硕士点1个、硕士专业学位授权类别4个。教育部科研机构1个，省部级科研平台9个，北京市大学科技园1个。国家级一流本科专业建设点9个，北京市级一流专业建设点6个，北京高校重点建设一流专业2个，国家级特色专业建设点7个、市级特色专业建设点9个。国家级优秀教学团队1个、市级优秀教学团队4个，国家级实验教学示范中心1个、市级实验教学示范中心2个，国家级人才培养模式创新实验区1个。教职工901人，其中，专任教师645人，包括教授108人、副教授244人；博士生导师12人、硕士生导师183人。享受政府特殊津贴专家4人，北京市海聚工程特聘专家5人。北京市教学名师奖5人、青年教学名师奖3人，北京市高创计划教学名师2人，北京高等学校优秀专业课（公共课）主讲教师9人。外籍教师1人。学历教育学生中毕业生2047人，其中，研究生373人（博士生7人、硕士生366人）、普通本科生1444人、成人教育本专科生230人（本科生208人、专科生22人）。本科毕业生就业率83.67%。招生2571人，其中，研究生453人（博士生13人、硕士生440人）、普通本科生1574人、成人教育本科生544人。高考北京地区提档线不限选考专业组481分、物理必考专业组479分、化学必考专业组478分、物理/化学专业组482分。在校生9320人，其中，研究生1264人（博士生41人、硕士生1223人）、普通本科生6215人、成人教育本专科生1841人（本科生1668人、专科生173人）。留学生毕业15人（授予学位）、招生129人、在校生204人。网址：www.bift.edu.cn。

2020年，是学校“十三五”的收官之年，谋划“十四五”的关键之年。学校师生员工齐心协力，攻坚克难，高水平特色大学建设稳步推进。

学科专业建设。结合博士点申报和第五轮学科评估工作，全面梳理学科建设情况，完成两个二级学院的整合调整，加强艺术学和工学学科群建设，科学谋划新的学位授权点和新兴交叉学科建设。获首批国家级一流本科课程3门。

人才队伍建设。坚持把师德师风作为评价教师队伍素质的第一标准，组织评选“师德模范”，选树先进典型。加强高层次人才引育力度，引进北京市人才短期项目1人，认定北京市人才青年项目1人。柔性聘用校外专家学者和行业领军人才，充实高水平教师队伍。学校获批海外高层次人才自主认定资格，1个团队获评2020年北京市模范集体，1个团队获评2019年度全国三八红旗集体，1名教师获2020纺织学术大奖。

科研水平提升。新增科研项目132个，包括国家级科研项目20个。发表科研论文389篇，核心期刊163篇，被《科学引文索引》（SCI）、《社会科学引文索引》（SSCI）、《艺术与人文科学引文索引》（A&HCI）等期刊收录论文80篇。

社会服务。与中国垒球协会、中国中丝集团有限公司、迪尚集团有限公司等开展战略合作，深化产学研融合。青岛时尚产业园投入运营，对接朝阳区、大兴区、海淀区，服务北京“四个中心”建设。学校获评冰雪运动推广示范单位、北京市模范集体。

国际合作。与国际一流时尚院校推进互免交换，首次就接收美国帕森斯设计学院交换生来校学习达成意向。与西班牙马德里理工大学、意大利米兰理工大学、罗马时尚学院、英国伦敦艺术大学等院校探索线上联合授课和课程共享新模式，扩展国际办学新路径。

党委书记 马胜杰（4月免）
周志军（7月任）
院　　长 贾荣林

（付佳）

9月17日至21日，北服、凉山州妇联等共同举办“彝的新风·凉山印象”彝族非遗彝绣衍生品发布会（北服 供）

北京市园林绿化行业工装发布

6月8日，北服设计的北京市园林绿化行业工装发布。受市园林绿化局工会的邀请，工装由学校全民健康研究中心的设计团队设计完成。设计以“绿波荡漾”为主题，以大面积亮绿色为基底，采用插肩袖的设计和宽松的款式，衣服同时设计反光带，保障作业安全。市园林绿化局向设计团队颁发“弘毅日新助绿色园林，衣锦天下促行业规划”锦旗及荣誉证书。

（付佳）

本科毕业生城市移动作品展上线

8月10日至9月6日，北服2020届本科毕业生城市移动作品展“设计激活城市”在北京地铁上线。展览从未来科技、时尚态度、人文关怀等视角遴选6个学院不同专业28名学生的毕业作品，在地铁芍药居、知春路、国贸3个站点的灯箱橱窗展出。作品展宣传短片在王府井、大望路、西单等24个站点的70个屏幕进行为期一周的联播。乘客同时可通过扫码进入线上学生作品页面浏览。本次作品展是首都大学生毕业设计作品首次进入地铁公共空间展示。

（付佳）

北京邮电大学

概述

2020年，北京邮电大学占地面积87.08万平方米，产权校舍建筑面积86.34万平方米、非产权校舍建筑面积0.67万平方米。图书馆建筑面积4.90万平方米。全年教育经费投入135513.81万元，其中，财政拨款79219.27万元、自筹经费56294.54万元。固定资产总值396049.92万元，其中，教学、科研仪器设备资产值95935.90万元，信息化设备资产值11899.41万元。拥有网络多媒体教室281间。拥有图书217.49万册，计算机2.57万台。网络信息点3万个，上网课程1750门，电子邮件系统用户5.50万个，管理信息系统数据总量852GB，数字资源量中电子图书850.87万册、电子期刊112.11万册、学位论文756.13万册、音视频34.57万小时。学校由教育部举办，为理工院校，设有4个校区，设置13个院（系、部）。开设45个本科专业，覆盖7个学科门类；具有一级学科22个；一级学科博士点10个；一级学科硕士点22个、二级学科硕士点1个、硕士专业学位授权类别11个；博士后科研流动站7个，其中，博士后研究人员出站23人、进站40人、在站102人。“双一流”建设学科2个，国家级一流本科专业建设点16个，北京市级一流本科专业建设点6个，北京高校重点建设一流专业2个，北京高校高精尖学科2个。国家重点实验室2个、国家工程研究中心7个（国家工程技术研究中心1个、国家工程实验室6个）、北京实验室1个、北京高精尖创新中心1个，北京重点实验室5个。教职工2371人，其中，专任教师1676人，包括正高级343人、副高级666人；博士生导师451人、硕士生导师623人；院士11人。“长江学者奖励计划”特聘教授6人；“国家高层次人才特殊支持计划”领军人才9人、青年拔尖人才5人；“国家杰出青年科学基金”获得者15人，“国家优秀青年科学基金”获得者13人。外籍教师5人。学历教育学生中毕业生16719人，其中，研究生3364人（博士生293人、硕士生3071人）、普通本科生3561人、成人教育本专科生297人（本科生254人、专科生43人）、网络教育本专科生9497人（本科生4969人、专科生4528人）。本科毕业生就业率91.01%。招生21624人，其中，研究生3979人（博士生410人、硕士生3569人）、普通本科生3745人、成人教育本科生627人、网络教育本专科生13273人（本科生7294人、专科生5979人）。高考北京地区提档线不限选考专业组一640分、不限选考专业组二633分、物理必考专业组641分、中外合作办学专业组（物理必考）621分。在校生83020人，其中，研究生12183人（博士生1957人、硕士生10226人）、普通本科生14934人、成人教育本专科生1752人（本科生1648人、专科生104人）、网络教育本专科生54151人（本科生33337人、专科生20814人）。留学生毕业45人、招生59人、在校生197人。网址：www.bupt.edu.cn。

2020年，学校召开中国共产党北京邮电大学第15次代表大会，举办建校65周年系列庆祝活动，积极推进各项工作取得进展。

人才培养。新增4个本科专业，3个专业通过工程教育专业认证，13门课程被评为首批国家级一流本科课程。新增国家级“新工科”研究与实践项目3个，获批北京高等教育本科教学改革创新项目5个。召开学校研究生教育工作会议，制定《关于加快新时代研究生教育改革发展的实施意见》，推动研究生教育高质量发展。首次自主增设人工智能交叉学科博士点。

科学研究。完成《北京邮电大学提升科技创新能力行动计划》阶段任务，国家自然科学基金重大项目、变革领域基础研究项目等基础性重大项目均获得历史性突破，连续三年获国家自然科学基金群体项目。师生科研团队完成嫦娥五号表取采样机械臂任务规划与仿真验证保障工作。建成学校超算中心并正式开放运营。新增系统科学领域的111基地1个。获国家科学技术奖励3项，其中，国家技术发明奖二等奖1项、国家科学技术进步奖二等奖2项。获北京市科学技术奖4项。获2020年度中国通信学会科学技术奖一等奖4项。

教师队伍建设。举办第四届信息科技国际青年学者论坛系列活动，加大海内外高层次人才及优秀青年学者的引进力度。6名教师获得国家级人才称号或项目，3名教师获评北京市高等学校教学名师奖及青年教学名师奖。强化师德师风建设，严格实行师德失范“一票否决”制度。

合作交流。与中国移动研究院成立联合创新中心，成立“北邮—华为学院”、深圳系统科学研究院。加入中国—

中东欧国家高校联合会，与10余所国外学校开展务实合作。与英国伦敦玛丽女王大学合作办学申请获北京市批准。完成南太平洋孔子学院转隶工作，成立英国伦敦玛丽女王大学孔子学院。

学校治理。启动学校章程和学术委员会章程的修订，加强规章制度的“立改废释”工作，梳理管理制度409项。召开落实《深化新时代教育评价改革总体方案》工作启动会，深化评价体系改革。

6月3日，北邮举办“最佳邮路”特色云游校园活动。图为“北邮一号”智能机器人沿“最佳邮路”行驶（北邮 供）

校园建设。推进沙河校区建设，人文学院、马克思主义学院完成整体搬迁。加强学校信息化建设，沙河校区数据中心投入使用，“学生一张表”系统上线运行，建设完成“智能化安防系统人脸识别门禁设备项目”，助力校园疫情防控。

党委书记　吴建伟
校　　长　乔建永

（刘家杰）

首期“0—1 学术沙龙”

4月1日，北邮举办“0—1学术沙龙”启动仪式暨第一期学术报告会。北邮校长以《从新冠疫情预测大数据处理谈快速计算的挑战》为题作沙龙活动首场学术报告，讲解疫情防控中的数学模型，并就几个典型的疫情预测工作进行分析。来自学校各科研院、学院（研究院）的院长、主管科研工作院领导、院学术委员会主任及校内科研人员等160余人参加报告会。“0—1学术沙龙”旨在推动学校重大科学和技术问题的征集组织，促进学术交流、繁荣学术文化、优化创新环境。

（刘家杰）

沙河数据中心产学研共建项目启动

4月8日，北邮、中国联合网络通信集团有限公司及北京市分公司联合召开“北邮—联通沙河数据中心产学研共建项目”启动会。会议通过三方远程视频会议形式举办，北邮介绍项目的背景及相关情况，对双方继续加强合作，共同努力打造全国5G教育行业应用示范区提出希望。学校、中国联通集团公司、北京市分公司相关负责人参加会议。沙河数据中心旨在满足学校管理云、教学云、科研云、5G边缘云的基本需求，是“云上北邮”建设的重要基础设施和智慧校园建设的重要组成部分，与西土城校区数据中心形成双活异地数据灾备，实现对学校下一代信息通信网络、人工智能、网络安全等重大科研课题的支撑。项目建设期5年，预计投资超9000万元。

（刘家杰）

建校65周年

10月12日至18日，北邮举办建校65周年校庆周系列活动。学校以“总结‘十三五’、规划‘十四五’，喜迎学校第十五次党代会”为主题，组织学术研讨、文化活动、校友“云返校”等活动共十余场。累计十万余人次参加活动。北邮1955年创建，原名北京邮电学院，是新中国第一所邮电高等学府；1993年，更名北京邮电大学；2004年，设立研究生院。

（刘家杰）

北京印刷学院

概述

2020年，北京印刷学院占地面积21.90万平方米，产权校舍建筑面积28.31万平方米。图书馆建筑面积1.96万平方米。全年教育经费投入51614.60万元，其中，财政拨款43825.74万元、自筹经费7788.86万元。固定资产总值175655.10万元，其中，教学、科研仪器设备资产值55736.39万元，信息化设备资产值37362.93万元。拥有教室134间，其中，网络多媒体教室90间。拥有图书124.17万册，计算机5132台。网络信息点12600个，上网课程287门，电子邮件系统用户1550个，管理信息系统数据总量3000GB，数字资源量中电子图书58.22万册、电子期刊74.70万册、学位论文472.44万册、音视频21.48万小时。学校由北京市举办，为理工院校，设有3个校区，设置13个院（系、部）。开设31个本科专业，覆盖6个学科门类；具有一级学科硕士点12个、硕士专业学位授权类别7个；

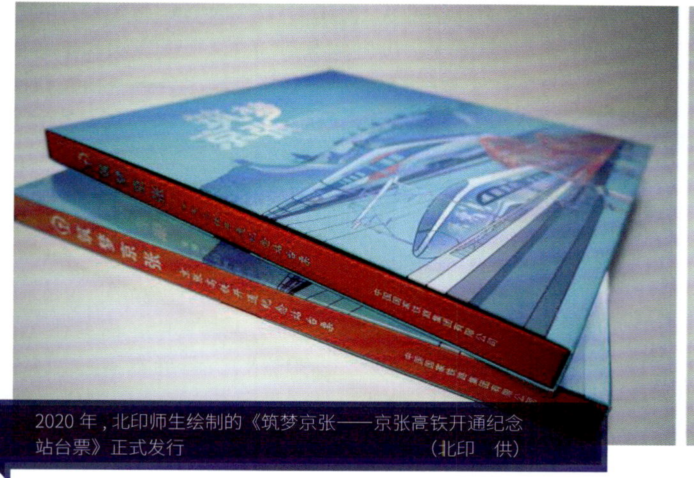

2020 年，北印师生绘制的《筑梦京张——京张高铁开通纪念站台票》正式发行 （北印 供）

博士后科研流动站 1 个，其中，博士后研究人员出站 38 人、进站 45 人、在站 5 人。“双一流”建设学科 13 个，国家级一流本科专业建设点 7 个，北京市级一流本科专业建设点 6 个，北京高校重点建设一流专业 2 个，北京高校高精尖学科 2 个。北京重点实验室（省部级以上研究院 / 实验室）11 个。教职工 849 人，其中，专任教师 532 人，包括正高级 85 人、副高级 182 人；硕士生导师 213 人。外籍教师 2 人。学历教育学生中毕业生 2434 人，其中，硕士研究生 328 人、普通本专科生 1572 人（本科生 1571 人、专科生 1 人）、成人教育本专科生 534 人（本科生 218 人、专科生 316 人）。本科毕业生就业率 98.2%。招生 2882 人，其中，硕士研究生 550 人、普通本科生 1673 人、成人教育本专科生 659 人（本科生 482 人、专科生 177 人）。高考北京地区提档线不限选考专业组 509 分、物理必考专业组 501 分、化学必考专业组 507 分、物理 / 化学专业组 502 分。在校生 9033 人，其中，硕士研究生 1261 人、普通本科生 6359 人、成人教育本专科生 1413 人（本科生 1008 人、专科生 405 人）。留学生毕业 28 人、招生 93 人、在校生 148 人。网址：www.bigc.edu.cn。

2020 年，学校深入分析发展机遇与挑战，形成高水平特色型大学建设方案和学校“十四五”事业发展规划。

人才培养。落实本科教学审核评估整改方案，完成审核评估整改回访，专家组给予“整改成效显著”的充分肯定。创新人才培养模式，实施大类招生与培养，全面实施“主修＋辅修”专业制度。坚持立德树人根本任务，推进三全育人“十大行动”计划，加快课程思政教学改革，2 门课程思政建设项目被列为北京市教学改革创新项目。学生在省部级以上学科竞赛中获奖 312 项、在国家级学科竞赛中获奖 33 项。研究生招生规模逐年扩大，全年招生 550 人，比上年增长 29%；拓展职业与继续教育培训空间，全年举办各层次培训 13 个、培训 886 人次；扩大留学生招收规模。“一带一路”国家人才培养基地取得成效，7 名国际研究生和 21 名国际本科生顺利毕业。

学科建设。推进新增博士授权单位申报和全国第五轮学科评估，获批 2 个专业学位硕士点。牵头形成《出版学一级学科论证报告》。承办全国出版学学科建设与人才培养研讨会。搭建“云端”讲台，开设 21 门次对外汉语线上课程、22 门次本科专业线上课程。

社会服务。主动服务北京“四个中心”建设，获批北京 2022 年冬奥会和冬残奥会开闭幕式创意基地。承办北京市文化创意大赛，学校文化创意产业园获评北京市级文化产业园区。助力 2020 中国印刷业创新大会，参与编制发布《珠三角区域印刷业一体化发展升级指南》，参展国际服贸会线上教育专题展。师生绘制的《筑梦京张——京张高铁开通纪念站台票》获好评。

师资建设。优化师资结构，加大专任教师人才引进工作，引进青年博士教师 22 人，学校专任教师博士比例超过 50%，达到博士授权点建设要求。理清教职工发展通道，教师系列晋升 30 人，非教师系列晋升晋级 35 人。加大思政队伍建设，引进思想政治课教师，按照 1∶350 比例配强配齐思政课教师。实施《思政课教师职务晋升聘任办法》，实行“单列指标、单设标准、单独评审”。

校园建设。加强校园基础建设，实施校本部地下管网测绘、综合楼实验室维修、大礼堂主席台装修改造、二级学院教学空间改造、西校区地下消防管道改造、新生宿舍粉刷等项目。

党委书记 高锦宏
校　　长 罗学科

（谢丹）

本科教学审核评估整改回访

11 月 27 日，北印本科教学工作审核评估整改情况说明会召开。会议简要说明实地回访工作目的、主要内容和工作安排等，学校从整体推进情况、存在的不足以及下一步建设思路 3 个方面介绍学校本科教学审核评估整改情况。专家组一致认为，学校高度重视本科教学审核评估整改工作，围绕专家反馈的意见和建议，制订完善的针对性强的整改方案，把整改工作与学校发展目标紧密结合。专家组、市政府教育督导室相关人员、学校领导及相关部门负责人等 70 余人参加会议。会前，专家组成员通过听取补充汇报、查阅材料、个别访谈、干部教师学生座谈、听课看课、现场考察形式了解学校整改落实情况。

（谢丹）

北京建筑大学

概述

2020年，北京建筑大学占地面积61.72万平方米，产权校舍建筑面积49.03万平方米。图书馆建筑面积3.80万平方米。全年教育经费投入98196.84万元，其中，财政拨款76286.47万元、自筹经费21910.37万元。固定资产总值322516.84万元，其中，教学、科研仪器设备资产值79586.45万元，信息化设备资产值41655.77万元。拥有教室146间，其中，网络多媒体教室140间。拥有图书143.09万册，计算机7703台。网络信息点21700个，上网课程3093门，电子邮件系统用户2420个，管理信息系统数据总量21000GB，数字资源量中电子图书181.79万册、电子期刊234.88万册、学位论文911.11万册、音视频1859.6小时。学校由北京市举办，为理工院校，设有2个校区，设置10个学院和1个基础教学单位，另设有科学技术发展研究院、国际发展研究院（国际教育学院）、文化发展研究院、建筑遗产研究院和继续教育学院。开设10个本科专业，覆盖5个学科门类；具有一级学科14个；一级学科博士点2个；一级学科硕士点14个、硕士学位授权交叉学科点1个、硕士专业学位授权类别10个；博士后科研流动站2个，其中，博士后研究人员出站10人、进站54人、在站41人。国家级一流本科专业建设点6个，北京市级一流本科专业建设点2个，北京高校高精尖学科3个。教育部重点实验室1个、教育部工程研究中心1个、自然资源部重点实验室1个，北京实验室1个、北京高精尖创新中心1个，北京重点实验室8个。教职工1151人，其中，专任教师755人，包括正高级143人、副高级302人；博士生导师46人、硕士生导师383人；国家级教学名师1人、全国优秀教师2人。“长江学者奖励计划”特聘教授1人、青年长江学者1人；“国家高层次人才特殊支持计划”领军人才2人；“国家杰出青年科学基金”获得者1人；北京学者3人，青年北京学者2人。外籍教师3人。学历教育学生中毕业生3151人，其中，研究生694人（博士生4人、硕士生690人）、普通本科生1957人、成人教育本专科生500人（本科生466人、专科生34人）。本科毕业生就业率91.26%。招生3281人，其中，研究生1024人（博士生31人、硕士生993人）、普通本科生2149人（普通批次招生1779人、普通专升本134人、推优士兵免试升本科89人、转段升本科招生147人）、成人教育本科生108人。高考北京地区提档线不限选考专业组530分、02物理必考专业组520分、03物理必考专业组512分、物理/化学专业组533分、物理/历史/地理专业组554分、地理必考专业组532分。在校生11294人，其中，研究生2512人（博士生82人、硕士生2430人）、普通本科生7895人、成人教育本科生766人、留学生121人。网址：www.bucea.edu.cn。

2020年，学校贯彻落实新时代党的建设总要求，扎实做好新冠肺炎疫情防控工作，稳步推进学校综合改革，不断拓展开放办学新格局。

人才培养。实施人才培养改革，召开本科人才培养工作布置会，修订2020版本科培养方案，推进“一人一教改，教改全覆盖”，完成2020年北京高等教育“本科教学改革创新项目”的申报和校内教改项目结题验收。获批首批国家级一流本科课程3个。新增实验班8个，招生大类9个。开展职业生涯主题教育40余场次、就业主题指导60余场，邀请3500家企业到学校举办双选会、宣讲会，提供就业岗位8.9万个。获第12届“挑战杯”中国大学生创业计划竞赛全国决赛铜奖1项、第六届中国国际“互联网+”大学生创新创业大赛北京赛区一等奖1项、北京地区高校优秀大学生创新创业团队评选一等奖1项。学校承办北京市级科技竞赛2项，举办校级学科类竞赛17项。

11月21日至22日，建筑大学主办2020（第五届）北京国际城市设计大会（建筑大学 供）

师资队伍。成立高层次人才办公室，修订相关文件，完善体制机制，优化引进流程，新增国家级人才4人、省部级人才7人、海外高层次人才32人。推进分层分类教师培育机制，全年累计参与各类继续教育1000余人次。新增事业编制109个，高级职称人员比例62.5%，博士学位教师占比73%，海外研修经历教师占比33.5%，45岁及以下青年教师占比63.6%。获评

其中，专任教师5502人（校本部专任教师794人、临床教师4708人），包括正高级2678人，副高级4353人；教授914人（校本部138人、附属医院776人）、副教授1300人（校本部319人、附属医院981人）；博士生导师795人、硕士生导师1172人；中科院院士3人、工程院院士3人。“国家高层次人才特殊支持计划”领军人才19人、青年拔尖人才3人；“国家杰出青年科学基金”获得者15人，“国家优秀青年科学基金”获得者13人；北京学者15人，青年北京学者9人。外籍教师9人，其中，教授6人。学历教育学生中毕业生4222人，其中，研究生1404人（博士生319人、硕士生1085人）、普通本专科生1935人（本科生1128人、专科生807人）、成人教育本专科生883人（本科生770人、专科生113人）。本科毕业生就业率75.40%。招生5216人，其中，研究生2009人（博士生618人、硕士生1391人）、普通本专科生2076人（本科生1636人、专科生440人）、成人教育本科生1131人。高考北京地区提档线不限选考专业组536分、物理必考专业组546分、物理化学必考专业组586分、物理/化学专业组564分、物理/化学/生物专业组555分。在校生15965人，其中，研究生5457人（博士生1591人、硕士生3866人）、普通本专科生7332人（本科生6093人、专科生1239人）、成人教育本专科生3176人（本科生3080人、专科生96人）。留学生毕业29人、招生77人、在校生717人。网址：www.ccmu.edu.cn。

2020年，学校统筹校园疫情防控和事业发展，推进新校区（校本部）、国际化研究型医院、首都医学科学中心三大重点建设任务，举办纪念建校60周年系列活动。学校从“高水平研究型大学”分类办学定位出发，有序推进全年各项工作任务的实施。

学科与师资队伍建设。统筹上报教育部对全国地方大学进行的“高水平大学和特色学科数据监测”数据与信息；组织11个学科参加教育部第五轮学科评估；落实基础医学、临床医学、口腔医学高精尖学科建设规划和年度建设任务；重点支持公共卫生学科建设，增加硕士和博士专项招生计划，推动整合型公共卫生人才培养。引进高水平人才和优秀青年人才30人；通过北京市海外人才项目自主认定7人；与新型研发机构联合聘用高层次人才3人；市级特设岗位教授到校开展工作。率先实施临床教师分类评聘，推进一流临床教师队伍建设；制订高水平人才队伍建设计划，初步构建优秀拔尖人才选拔和培养体系；优化编制管理和资源配置，完善教师队伍结构，提升选聘质量；加强教师个性化培养工作；强化博士后流动站的建设和管理；开展科研助理岗位招聘。

教育教学与人才培养。制定《研究生学术成果综合评价实施办法》。推进“5＋3”人才培养模式及“以器官系统为基础，以疾病为核心”的临床阶段教育教学模式改革。8门课程入选首批“双万计划”国家级一流本科课程，2门课程入选国家级虚拟仿真实验教学一流课程；评选课程思政示范课程和优秀教学案例。完成临床专科学院（系）与临床教研室的整合，推进完善联合教研室有关职能。建立在线教学“课堂评教”体系，实现学生随堂评价。建立并启用教师教学综合能力评价系统。调整本专科生培养层次规模和专业结构，设置各专业的选考科目及分组要求，新增加助产学专业招生。通过网络双选会、微信平台、网络平台和短信平台等为毕业生提供就业信息和就业服务，采取加强重点群体就业帮扶、分类帮扶等途径和办法促进毕业生就业。

科学研究与科技成果转化。获批国家自然科学基金项目383个（含研究所），比上年增加91个；总经费21833万元，比上年增长49.4%。开展线上“首医论坛”，设立临床专科学院（系）开放课题，成立临床流行病学与临床试验学系。制定《首都医科大学高水平人才队伍建设计划》，获批心血管疾病省部共建协同创新中心。获批国家级科研项目413个，获科研经费3.22亿元。获华夏医学科技奖10个；获中华中医药学会科学技术奖一等奖1个、三等奖1个。获授权专利843项，包括发明专利161项。建立医药健康科技成果管理系统和标准化评价体系。建立医工交叉研究实验室2个。举办医学新技术新产品应用场景展示。

交流合作。与“一带一路”国家高校和研究机构合作，与巴基斯坦巴利亚大学签订合作备忘录；与巴西里约州联邦农业大学、盖茨基金会签署合作协议。获批国家留学基金委人才创新项目1个。完成青海玉树“‘330’优秀青年人才孵化工程”第三期学员进修培养任务，实施玉树“‘345’本土专业技术人才培训工程”第一期培养项目，完成湖北省十堰市、湖北医药学院援合工作任务对接等。

新冠肺炎疫情防控工作。成立疫情防控工作领导小组，下设7个工作组开展疫情防控和教学科研相关工作；组织多个科研团队与国内外优势团队合作，就疫情防控开展科研攻坚；组织专家工作组为北京市教育系统等上级有关部门提供有关疫情防控咨询，向上级有关部门提交研究报告（政策建议）33篇。3所附属医院确定为救治定点医院，10所附属医院、临床医学院先后组织医疗队271人，赴湖北、武汉一线开展救治工作。500余名临床研究生根据医院疫情防控工作实际需要，多学科多专业值守医疗一线。利用38个临床专科院系平台，向上级有关主管部门推荐千名专家支持全市的网上诊疗服务。组织70余名全科医学专家进行网上咨询。近千名师生志愿者参与国家和北京市等疫情防控相关志愿服务，为北京乃至全国的抗疫防疫作贡献。

党委书记 呼文亮
校　　长 饶毅

（王于英　陈飞飞）

纪念建校60周年系列活动

10月21日至24日，首医大举办纪念建校60周年系列活动。活动以“共享精彩发展，共创美好未来”为主题，以“俭朴、隆重、喜庆、鼓劲”为活动原则，举办开幕式、医学科学高峰论坛、医学人才培养高峰论坛、文艺晚会、医学新技术新产品及成果转化展和校友座谈会。学校同时编印纪念建校 60 周年文集《首医轶事——小故事大道理》、出版《首都医科大学学报》和《医学教育管理》校庆专刊等。首医大原名北京第二医学院，1960 年 9 月 12 日建立；1985 年，更名为首都医学院；1994 年，更名为首都医科大学；2001 年，北京联合大学中医药学院、北京医科高等专科学校和北京职工医学院并入首都医科大学。截至 2020 年，累计培养毕业生近 10 万人。

（王于英　陈飞飞）

北京中医药大学

概述

2020 年，北京中医药大学占地面积 116.93 万平方米，学校产权校舍建筑面积 42.14 万平方米。和平街校区图书馆建筑面积 1.23 万平方米。全年教育经费投入 138433.99 万元，其中，财政拨款 75343.77 万元、自筹经费 63090.22 万元。固定资产总值 243124.28 万元，其中，教学、科研仪器设备资产值 69029.72 万元，信息化设备资产值 16124.42 万元。拥有教室 211 间，其中，网络多媒体教室 197 间。拥有图书 132.12 万册，计算机 2817 台。网络信息点 26739 个，上网课程 1384 门，电子邮件系统用户 9895 个，管理信息系统数据总量 96264GB，图书馆数字资源量中电子图书 139.21 万册、电子期刊 16.10 万册、学位论文 853.95 万册、音视频 1.20 万小时。学校由教育部举办，为医药院校，设有 3 个校区，设置 12 个院（系、部）。开设 16 个本科专业，覆盖 6 个学科门类；具有一级博士学位授权点 3 个，学术型二级博士学位授权点 42 个，专业型二级博士学位授权点 9 个；一级硕士学位授权点 7 个，学术型二级硕士学位授权点 47 个，专业型二级硕士学位授权点 14 个；博士后科研流动站 3 个，博士后研究人员出站 31 人、进站 73 人、在站 130 人。“双一流”建设学科 3 个，国家级一流本科专业建设点 4 个；北京市重点建设一流专业 1 个，北京高校高精尖学科 2 个。教育部重点实验室 3 个，教育部工程研究中心 3 个。市教委重点实验室 2 个，市科委重点实验室 4 个，市教委工程研究中心 1 个，国家中医药管理局重点研究室 10 个。国家级实验教学示范中心 1 个，北京市实验教学示范中心 4 个。校本部教职工 1293 人，其中，专任教师 803 人，包括正高级 222 人、副高级 260 人；工程院院士 1 人。“长江学者奖励计划”特聘教授 3 人、青年长江学者 1 人、特岗学者 2 人；“国家杰出青年科学基金”获得者 5 人，“国家优秀青年科学基金”获得者 6 人；外籍教师 4 人，其中，博士 3 人、硕士 1 人。学历教育学生中毕业生 7392 人，其中，研究生 1327 人（博士生 219 人、硕士生 1108 人）、普通本专科生 1393 人（本科生 1391 人、专科生 2 人）、成人教育本专科生 473 人（本科生 269 人、专科生 204 人）、网络教育本专科生 4199 人（本科生 2013 人、专科生 2186 人）。本科毕业生就业率 93.74%。招生 13853 人，其中，研究生 1816 人（博士生 427 人、硕士生 1389 人）、普通本科生 1969 人、网络教育本专科生 10068 人（本科生 5793 人、专科生 4275 人）。高考北京地区提档线不限选考专业组 598 分、物理 / 化学 / 生物专业组 605 分。在校生 43254 人，其中，研究生 5414 人（博士生 1301 人、硕士生 4113 人）、普通本科生 8785 人、成人教育本专科生 708 人（本科生 624 人、专科生 84 人）、网络教育本专科生 28347 人（本科生 13343 人、专科生 15004 人）。留学生毕业 85 人、招生 96 人、在校生 531 人。网址：www.bucm.edu.cn。

2020 年，学校重点工作主要包括以下几个方面：

党建思政。实施样板党支部培育工程。教师党支部书记“双带头人”实现全覆盖。建立“两委一部一中心”，成立学生思政工作委员会、马克思主义学院“大党委”；组建面向本科生、研究生一体化的新学工部，新建学生事务服务中心，构建大思政工作格局。入选首批北京高校思想政治理论课改革示范点。马克思主义学院获批北京市重点建设马克思主义学院。

1 月 27 日，北中医援鄂医疗队出征

（北中医　供）

教育教学。新增 3 个本科专业。6 门课程入选国家级一流本科课程。成立岐黄学院。首创“丹心计划”，百名硕士毕业生赴基层实践后推免读博。完成教育部首届中医“专博＋专培”培养模式试点改革。首批“＋中医”非医攻博、中西医临床医学（华佗班）顺利招生。入选“十四五”规划教材主编 43 人，居全国中医药院校之首。获评北京高校优秀本科育人团队 1 个。

学科科研。完成教育部“双一流”首轮建设任务。

完成中医生命科学和系统中药学 2 个北京高校高精尖学科年度自评工作。获国家自然科学基金项目 99 个，首次获区域联合基金项目；国家社科基金项目 6 个，创历史新高，马列学科首次获得资助。新增国家药监局重点实验室 1 个。《北京中医药大学学报》入选百种中国杰出学术期刊。

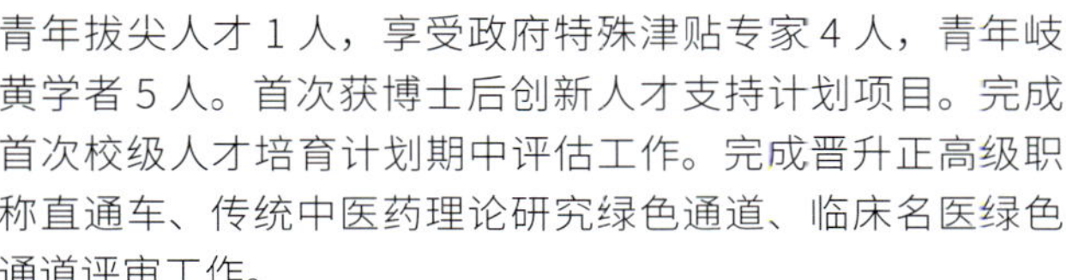
11 月，北中医获“全国文明校园”荣誉称号。图为北中医校门（北中医 供）

人才师资。新增“长江学者奖励计划”特岗学者 2 人，“国家杰出青年科学基金”获得者 1 人，“国家优秀青年科学基金”获得者 2 人，“国家高层次人才特殊支持计划”教学名师 1 人、青年拔尖人才 1 人，享受政府特殊津贴专家 4 人，青年岐黄学者 5 人。首次获博士后创新人才支持计划项目。完成首次校级人才培育计划期中评估工作。完成晋升正高级职称直通车、传统中医药理论研究绿色通道、临床名医绿色通道评审工作。

交流与合作。超额完成对接云南双柏县“六个双百”扶贫任务，脱贫攻坚工作入选全国教育扶贫典型案例。首次召开海外中医中心工作会，推进内涵建设。通过央视平台向世界介绍中医药抗疫优势，24 万人次观看。新增“高等学校学科创新引智计划”引智基地 1 个，国学与传统医药中外人文交流研究院暨人才培养基地 1 个，国家中医药管理局国际合作专项 6 个。

抗击新冠肺炎疫情。学校医护骨干组建国家中医医疗队，驰援武汉，进驻湖北省中西医结合医院，救治新冠肺炎患者尤其是危重症患者取得良好疗效。成立由校领导和院士、专家组成的医学专家组，编写完成《新型冠状病毒肺炎中医诊疗手册》。学校国医堂和附属医院开通健康防控线上咨询通道，推出“健康全球”抗疫平台。组织 200 名岐黄志愿者成立北中医“守护北京”青年突击队，服务 20 余个基层防疫工作点。3000 余名北中医学生在全国各地参与疫情联防联控，累计服务超 40000 小时。学校打造《众志成城抗疫情——打赢疫情防控的人民战争》《最美“逆行者”》系列网络“思政金课”，在中国教育电视台讲授《战“疫”，最前沿的中医药力量》大型思政公开课，组织“使命在肩、奋斗有我”大型思政融课，开展“爱国力行，思想引航”主题教育活动。开设融合创新课程《中医疫病学》。编辑出版《出征——北中医丹心报国集锦》。针对新冠肺炎急性期、恢复期，研发清瘟止咳颗粒、桔杏君子颗粒，获批北京市药品监督管理局院内制剂。开发预防新冠肺炎的“藿香苏苓双花饮”并产业化应用，于 4 月出口美国等 7 国，并完成 600 万元技术转让，获得北京地区高校大学生优秀创业团队一等奖。学校 1 个集体、3 名个人获得国家级表彰。

党委书记 谷晓红
校　　长 徐安龙

（沈琦）

岐黄学院揭牌

12 月 4 日，北中医举行岐黄学院揭牌仪式。学院以“中医与西医汇通、医工理交叉融合、医教研协同创新、学科与教育同步推进、临床与研究一体发展”为理念，以解决临床问题为指引，创建“一体化贯通式、阶段性、模块化、通关式、全程评价”的培养模式，改革课程体系，整合形成课程群，实行项目化管理。学院下设中医学（领军人才培养计划）、中西医临床医学（华佗班）等专业，采用本科与博士一贯制培养模式，学制 9 年，计划 2021 年开始招生。

（沈琦）

北京师范大学

概述

2020 年，北京师范大学产权占地面积 102.55 万平方米，产权校舍建筑面积 126.89 万平方米。图书馆建筑面积 4.27 万平方米。全年教育经费投入 426394.06 万元，其中，财政拨款 253715.32 万元、自筹经费 172678.74 万元。固定资产总值 659660.99 万元，其中，教学、科研仪器设备资产值 204750.71 万元，信息化设备资产值 49963.88 万元。拥有教室 240 间，全部为网络多媒体教室。拥有图书 499.35 万册，计算机 32406 台。网络信息点 55936 个，上网课程 7661 门，电子邮件系统用户 109373 个，管理信息系统数据总量 223.6GB，数字资源量中电子图书 972.27 万册、电子期刊 15.52 万册、学位论文 996.48 万册、音视频 32.96 万小时。学校由教育部举办，为师范院校，设有 2 个校区，设置 3 个学部、28 个学院、2 个系、11 个研究院（所）。开设 76 个本科专业，覆盖 10 个学科门类；具有一级学科 38 个；一级学科博士点 31 个、专业学位博士点 1 个;一级学科硕士点 37 个;博士后科研流动站 28 个，其中，博士后研究人员出站 74 人、进站 158 人、在站 415 人。“双一流”建设学科 11 个，国家级一流本科专业建设点 19 个，北京市级一流本科专业建设点 5 个，北京高校高精尖学科 3 个。国家重点实验室 4 个、国家工程实验室 1 个、国家野外科学观测研究站 1 个。北京高精尖创新中心 1 个，北京重点实验室 12 个。教职工 5685 人，其中，专任教师 2209 人，包括正高级 995 人、副高级 733 人；博士生导师 42 人、硕士生导师 815 人；中科院院士 1 人、工程院院士 1 人。“长江学者奖励计划”特聘教授 38 人；“国家杰出青年科学基金”获得者 50 人。外籍教师 22 人。学历教育学生中毕业生 20261 人，其中，研究生 4263 人（博士生 699 人、硕士生 3564 人）、普通本科生 2393 人、成人教育本专科生 222 人（本科生 208 人、专科生 14 人）、网络教育本专科生 13383 人（本科生 5820 人、专科生 7563 人）。本科毕业生就业率 86.57%。招生 22725 人，其中，研究生 6003 人（博士生 1142 人、硕士生 4861 人）、普通本科生 3652 人、网络教育本专科生 13070 人(本科生 8834 人、专科生 4236 人)。高考北京地区提档线不限选考专业组 660 分、物理必考专业组 662 分、物理 / 化学专业组 663 分、历史 / 地理专业组 663 分。在校生 83249 人，其中，研究生 17616 人（博士生 4889 人、硕士生 12727 人）、普通本科生 11995 人、成人教育本科生 122 人、网络教育本专科生 53516 人(本科生 29469 人、专科生 24047 人)。留学生毕业 609 人、招生 363 人、在校生 1029 人。网址：www.bnu.edu.cn。

2020 年，学校统筹推进疫情防控和学校改革发展工作，各项事业取得新进展、新成效。

学校治理。修订党委常委会和校长办公会议事规则，制定学校领导班子成员经常性沟通制度。成立依法治校工作领导小组。制定《全面推进学校治理体系和治理能力现代化工作方案》，形成研讨主题 10 个、研讨课题 34 个、问题 106 个。研究制定《学校治理体系和治理能力现代化建设中充分发挥基层党组织作用专项计划》。开展机关“三定”工作。制定《挂靠建制性科研机构管理办法》。

教育教学。开展为期一学年的教育教学大讨论，围绕思政课程、课程建设、“互联网＋教育教学”“一体两翼”、教育教学治理议题成立调研组，举办报告会、研讨会、座谈会 471 场，开展调研活动 39 次，累计参与师生 8.6 万人次，形成分析报告 39 份、调研案例 88 个。开发国内高校“互联网＋”模式的机关干部在线培训课程。北师大新兴市场研究院文库撰写《中国能否拯救世界？》获中国出版业面向海外颁发的最高奖——第 14 届中华图书特殊贡献奖。承办高校党委组织部部长和党建工作联络员培训班。

校区建设。珠海校区实现 10 个“双一流”学科和 14 个 A 类学科、14 个国家级一流本科专业落户；成立文理学院和书院 4 个；通过“一院一策”“一人一案”，搭建珠海校区转型升级平台。昌平校区吸引互联网教育智能技术及国家工程实验室、未来教育高精尖创新中心等平台入驻。完善（南北）两校区、多校园办学治理模式。

党委书记 程建平
校　　长 董奇

（申政）

在线教育隐私保护研讨会

6 月 18 日，北师大举办在线教育数据安全与个人隐私保护国际网络研讨会。会议围绕“在线教育中的数据和隐私安全”“密码学的应用有效促进在线教育的数据和隐私保护”等主题探讨交流，发布《在线学习中的个人数据和隐私保护手册》《在线教育平台的个人数据技术安全指南》《在线学习中的个人数据和隐私保护：面向学生、教师和家长的指导手册》，并提出 5 条建议，即在线教育的价值应进一步得到关注、数据安全与个人隐私保护刻不容缓、在线学习是培养数字公民的重要途径、网络空间中的合作学习助力提升协同技能、融合数字学习与传统教学以支持弹性教学。会议与联合国教科文组织联合举办。

（申政）

2020 中国未来教育高峰论坛

12 月 6 日，北师大举办 2020 中国未来教育高峰论坛。论坛以“创新与变革：面向智能时代的教育”为主题，采取线上线下相结合的方式，由成果发布、主旨演讲、圆桌论坛等环节组成。论坛邀请来自国务院发展研究中心、清华大学、好未来教育集团等研究机构、高校、企业的专家学者，从科技赋能教育、人力资本提升与教育变革、教育新业态新模式等维度，共同探讨并分享教育发展的前沿理念与实践经验。会上发布《面向智能时代：教育、技术与社会发展》的研究成果，举办“高质量发展下的人力资本需求与教育变革”“科技赋能与教育新业态新模式”“未来学校与智慧教育”主题分论坛。10 万余人次线上观看。

（申政）

首都师范大学

概述

2020 年，首都师范大学占地面积 100 万平方米，产权校舍建筑面积 77.38 万平方米、非产权校舍建筑面积 17.87 万平方米。图书馆建筑面积 2.81 万平方米。全年教育经费投入 235800.96 万元，其中，财政拨款 184812.31 万元、自筹经费 50988.65 万元。固定资产总值 360921.37 万元，其中，教学、科研仪器设备资产值 165108.67 万元，信息化设备资产值 15442.03 万元。拥有教室 762 间，其中，网络多媒体教室 358 间。拥有图书 296.24 万册，计算机 20150 台。网络信息点 42990 个，上网课程 2108 门，电子邮件系统用户 57292 个，管理信息系统数据总量 440GB，数字资源量中电子图书 176.28 万册、电子期刊 8.79 万册、学位论文 916.10 万册、音视频 19.44 万小时。学校由北京市举办，为师范院校，设置 31 个院（系、部）。开设 59 个本科专业，覆盖 10 个学科门类；一级学科博士点 17 个、二级学科博士点 6 个、专业学位博士点 1 个；一级学科硕士点 26 个、二级学科硕士点 2 个、硕士专业学位授权类别 16 个；博士后科研流动站 15 个，其中，博士后研究人员出站 17 人、进站 33 人、在站 100 人。“双一流”建设学科 1 个，国家级一流本科专业建设点 25 个，北京市级一流本科专业建设点 8 个，北京高校重点建设一流专业 3 个，北京高校高精尖学科 5 个。国家重点学科 4 个，国家重点培育学科 1 个，北京市共建学科 3 个，北京市一级重点学科 8 个，北京市一级重点建设学科 2 个，北京市一级重点培育学科 4 个。北京实验室 1 个、北京高精尖创新中心 1 个，北京重点实验室 11 个。北京国家应用数学中心 1 个，省部共建国家重点实验室培育基地 1 个，国家国际科技合作基地 1 个。教职工 2484 人，其中，专任教师 1424 人，包括正高级 356 人、副高级 604 人；博士生导师 333 人、硕士生导师 845 人；中科院院士 1 人。“长江学者奖励计划”特聘教授 12 人、青年长江学者 2 人；“国家高层次人才特殊支持计划”领军人才 10 人、青年拔尖人才 3 人；“国家杰出青年科学基金”获得者 12 人，“国家优秀青年科学基金”获得者 2 人；北京学者 5 人，青年北京学者 1 人。外籍教师 48 人，其中，教授 22 人、副教授 4 人。学历教育学生中毕业生 7861 人，其中，研究生 2274 人（博士生 145 人、硕士生 2129 人）、普通本专科生 2670 人（本科生 2631 人、专科生 39 人）、成人教育本专科生 2917 人（本科生 2435 人、专科生 482 人）。本科毕业生就业率 88.52%。招生 9708 人，其中，研究生 2769 人（博士生 271 人、硕士生 2498 人）、普通本专科生 3073 人（本科生 2931 人、专科生 142 人）、成人教育本专科生 3866 人（本科生 3264 人、专科生 602 人）。高考北京地区提档线不限选考专业组 578 分、物理必考专业组（02）574 分、物理必考专业组（03）583 分、物理 / 化学专业组 572 分、思想政治必考专业组 579 分、历史必考专业组 595 分、地理必考专业组 585 分、物理 / 化学 / 地理专业组 586 分、物理 / 化学 / 生物专业组 573 分。在校生 27101 人，其中，研究生 7726 人（博士生 1049 人、硕士生 6677 人）、普通本专科生 11899 人（本科生 11575 人、专科生 324 人）、成人教育本专科生 7476 人（本科生 6343 人、专科生 1133 人）。留学生毕业 104 人、招生 245 人、在校生 1056 人。网址：www.cnu.edu.cn。

2020 年，学校统筹推进疫情防控与学校改革发展，聚焦“双一流”建设目标，落实立德树人根本任务。

学科建设。7 门课程入选国家级一流本科课程。学校首批入选教育部中外人文交流中心“高层次国际化人才培养创新实践基地”。正式成立教育学部。在中国大学慕课平台开设慕课 51 门、北京高校优质课程研究会平台开设慕课 16 门。

科学研究。“北京国家应用数学中心”揭牌；三维信息获取与应用教育部重点实验室、太赫兹光电子学教育部重点实验室通过数理科学领域和地球科学领域实验室评估；国家自然科学基金资助项目 49 个，比上年增长 28.95%，连续 13 年获批国家自然科学基金重点项目；“医学成像中的关键数学问题及其产业应用”获批国家重点研发计划项目；获评首批教育部国家知识产权试点高校和北京市知识产权示范单位；获批 6 个省部级以上科技成果转化和知识产权运营管理平台。新申请 PCT 国际专利 5 项、新增国内专利（发明、实用新型）127 项、新增国内授权专利 214 项。获批马克思主义理论研究和建设工程重大项目 1 个；8 项成果获第八届高等学校科学研究优秀成果奖（人文社会科学）；7 项成果获北京市第 16 届哲学社会科学优秀成果奖；成立省部级哲学社会科学研究基地——西欧研究中心。

人才师资。3 人入选享受国务院政府特殊津贴专家，2 人入选国家级青年人才项目，1 人获得国家优秀青年科学基金。引进“国家高层次人才特殊支持计划”领军人才，全年开展两批次、8 名青年自主人才认定。2 人入选第 16 届北京市高等学校教学名师；2 人入选第四届北京市高等学校青年教学名师。首次实行师资博士后制度，招收 10 人。推荐入选市委讲师团宣讲专家 27 人。

合作交流。举行首届“俄中文学外交翻译奖”颁奖典礼。匈牙利国会议员及匈中双语学校独立孔子课堂师生录制“为中国加油 为武汉祈福”视频。续签境内外合作项目、合作协议 40 余个。招收国际项目学生近 2000 人，为近 30 个国家的 1.2 万余名本土汉语教师举办网上师资培训。

服务社会。实施“双优云桥”项目，开展“云跟岗”“反转式跟岗”，惠及 700 余名新疆和田教师。指导帮扶 6 所京外附属学校顺利开学。新签署基础教育服务与合作项目 8 个。与 12 所学校开展“老校长下乡”教育帮扶项目。开展 4 期市属高校教师职业发展专项网络培训；开展 7 期“高等学校传统文化与师德素养提升培训”“高校管理干部能力与综合素养提升培训”等线上培训；开展 7 期“高校专业教师课程思政建设能力提升”在线公益培训。

党委书记　郑萼

校　　长　孟繁华

（程诗惠）

教育学部成立

9 月 25 日，首师大举行教育学部成立仪式暨“新时代教师教育改革的挑战与回应”学术论坛。活动为教育学部揭牌。刘宇辉参加会议并讲话。教育学部是建立在学校与学院之间的学术自治性管理机构，运行机制采用委员会制，学部委员实施校长聘任制，首期聘任教育学部主任委员 1 人、副主任委员 3 人、委员 4 人。学部以教育学北京市共建学科和北京高校高精尖学科建设为核心任务平台，整合校内教育学学科力量，主要负责与教育学学科群建设相关的科学研究、研究生教育和社会服务等工作。“新时代教师教育改革的挑战与回应”主题论坛邀请教育专家顾明远、钟秉林及华东师范大学、清华大学等学校专家学者作主旨发言，并围绕“教师教育中大学的立场和责任”交流探讨。论坛同时设“构建中国特色教科书学的理与路”“新时代卓越教师贯通培养的探索与思考”“新时代小学教师培养模式”“新时代学前教师教育改革的理论建构”和“信息化教学变革及教师专业发展”5个分论坛。仪式和论坛线上线下同时进行，近14万人在线收看。教育部、市教委领导及北京师范大学、华东师范大学、东北师范大学等近20所师范院校和清华、北京大学等近10所综合大学代表，新华社、光明日报等12家媒体相关人员150人参与活动。

（程诗惠）

首都体育学院

概述

2020年，首都体育学院占地面积18.13万平方米，产权校舍建筑面积12.09万平方米、非产权校舍建筑面积8.33万平方米。图书馆建筑面积5301平方米。全年教育经费投入36443.85万元，其中，财政拨款27261.32万元、自筹经费9182.53万元。固定资产总值89342.43万元，其中，教学、科研仪器设备资产值20863.51万元，信息化设备资产值9688.52万元。拥有教室48间，其中，网络多媒体教室15间。拥有图书53.8万册，计算机1504台。网络信息点7459个，电子邮件系统用户11900个，管理信息系统数据总量5000GB，数字资源量中电子图书101.04万册、电子期刊17.20万册、学位论文315.31万册、音视频7.75万小时。学校由北京市举办，为体育院校，设有3个校区，设置7个院（系）。开设13个本科专业，覆盖4个学科门类；具有一级学科2个；一级学科硕士点2个、二级学科硕士点6个、硕士专业学位授权类别2个；博士后科研流动站1个。国家级一流本科专业建设点5个，北京市级一流本科专业建设点4个，北京高校重点建设一流专业2个，北京高校高精尖学科1个。北京重点实验室2个。教职工506人，其中，专任教师331人，包括正高级54人、副高级126人；博士生导师21人、硕士生导师113人。学历教育学生中毕业生1092人，其中，研究生273人（博士生2人、硕士生271人）、普通本科生609人、成人教育本专科生210人（本科生115人、专科生95人）。本科毕业生就业率92.94%。招生1474人，其中，研究生377人（博士生18人、硕士生359人）、普通本科生917人、成人教育本专科生188人（本科生58人、专科生122人）。高考北京地区提档线不限选考专业组483分。在校生4658人，其中，研究生840人（博士生53人、硕士生787人）、普通本科生3298人、成人教育本专科生520人（本科生293人、专科生227人）。留学生毕业160人、招生153人、在校生101人。网址：www.cupes.edu.cn。

2020年，学校统筹疫情防控和事业发展，围绕世界一流体育大学的建设目标，推动学校事业高质量内涵发展取得新成效。

综合改革。推进学校“十四五”发展规划编制工作，确定“建设中华体育精神和奥林匹克精神融合发展的世界一流体育大学”办学总目标和“2025年国内一流、2035年世界知名、2050年世界一流”的三步走分阶段目标。明确“高水平、小而精、国际化、服务型”的办学定位，推动“体医工”融合创新发展的办学思路，将突出在“体育教育、奥林匹克教育、体育人工智能、体医融合、文化与新闻传播、冰雪运动”六大领域办出特色。明确综合改革的路线图和时间表，科学编制高水平特色型大学建设方案。加强学校改革发展顶层设计，设立发展规划部门。加强科技创新平台规划建设，设立实验室与资产管理部门。加强思政课教师队伍后备人才培养，优化马克思主义学院机构设置。加强党对外事工作的领导，设立对外交流与合作部门，理顺学校运行机制。推动人事分配制度改革实现重大突破，出台两项核心文件，健全教师激励机制。国际奥委会批准成立北京国际奥林匹克学院，成为世界上第三所由国家政府决定成立的国际奥林匹克学院，同时也成为北京冬奥会第一个人文知识遗产。延庆新校区规划建设工作稳步推进。

6月13日至14日，首体院完成北京市2020年体育专业考试工作　（首体院　供）

人才队伍。完成新一轮处级干部换届。教职工参与率93.28%，干部平均年龄减小6岁，非本校毕业生占比 62%，专业技术、双肩挑岗位副高级职称以上占比 95%。坚持党管人才，获批北京市海聚工程自主认定单位并引进海外专家 1 人，获批博士后科研工作站 1 个。

学科和专业建设。推动体育学“高精尖”学科建设。制定首个关于加强学科建设的实施意见，启动学科带头人遴选，统筹抓好博士单位和博士点申报、第五轮学科评估、专业硕士学位水平评估等工作。3 个专业申报并全部获批北京市一流专业，学校一半以上专业入选国家“双万计划”。启动新一轮人才培养方案修订工作。获批教育部高层次国际化人才培养创新实践基地首批建设高校。1 个项目获 2016—2017 年北京高校党的建设和思想政治工作优秀成果奖。获批设置体育旅游本科专业。

科技创新。2 项国家重点研发计划获批，实现国家级重大项目零的突破。获批科研经费总额近 5000 万元。成立体育人工智能研究院、体医融合创新中心 2 个校级研究机构，确定体育运动大数据云平台关键技术及构建等 9 个研究方向，打造“体医工”融合发展创新模式。1 个项目获国家重点研发计划“科技冬奥”2020 年度项目立项资助。

基础设施建设。改善学生学习条件，改造和扩大教室面积 7300 平方米。减少训练场馆对外服务项目，14 个训练场馆 6.3 万平方米全部优先用于学生运动训练和课余活动。搭建全国首个体育人工智能高精尖创新平台，调整和扩大科研实验室布局 1.2 万平方米，布局运动训练场馆与创新平台建设智能互联，打造国家重点实验室。

对外交流合作。实施冰雪运动人才培养工程，新引进冰雪高层次人才 3 人，推动在校生“人人上冰雪”，学校冰球队首获全国大学生联赛冠军。打造中小学奥林匹克教育与冰雪进校园示范品牌，编写的《奥林匹克读本》纳入北京冬奥组委通用培训系列教材，建设冬奥驿站，举办国际冰雪论坛。研究实施《中小学体育教育提升行动计划》，助力北京市学校体育改革。与延庆区政府、北京理工大学、北京朝阳医院等建立合作关系。

党委书记 何明

（巨珊）

普通高等学校体育专业考试

6 月 13 日至 14 日，首体院克服新冠肺炎疫情影响，举办 2020 年普通高等学校体育专业考试。考试项目包括身体素质考试和专项技术考试，身体素质考试包括 100 米跑、绕杆跑、立定跳远、原地推铅球项目，专项技术考试包括田径、篮球、排球、足球（男）、体操、艺术体操（女）、武术、游泳、乒乓球项目，900 余名考生参加考试。计分办法按《北京市普通高校体育专业考试细则及评分标准》执行，体育专业考试成绩满分 100 分，其中，4 项身体素质考试成绩满分 60 分（每项身体素质各占 15 分）、专项技术成绩满分 40 分。身体素质考试与专项技术考试得分之和为体育成绩。

（巨珊）

北京外国语大学

概述

2020 年，北京外国语大学占地面积 49.21 万平方米，产权校舍建筑面积 44.74 万平方米、非产权校舍建筑面积 7.00 万平方米。图书馆建筑面积 2.43 万平方米。全年教育经费投入 13.10 亿元，其中，财政拨款 5.92 亿元、自筹经费 7.18 亿元。固定资产总值 23.51 亿元，其中，教学、科研仪器设备资产值 1.74 亿元，信息化设备资产值 1.12 亿元。拥有教室 334 间，其中，网络多媒体教室 249 间。拥有图书 149.50 万册，计算机 6067 台。网络信息点 2.24 万个，上网课程 4130 门，电子邮件系统用户 4.15 万个，管理信息系统数据总量 5000GB，数字资源量中电子图书 215.93 万册、电子期刊 6.46 万册、学位论文 35.76 万册、音视频 7.83 万小时。学校由教育部举办，为语文院校，设有 1 个校区，设置 28 个院（系、部）。开设 121 个本科专业，覆盖 7 个学科门类；一级学科博士点 2 个、二级学科博士点 20 个；一级学科硕士点 11 个、二级学科硕士点 54 个、硕士专业学位授权类别 8 个；博士后科研流动站 1 个，其中，博士后研究人员出站 7 人、进站 28 人、在站 60 人。“双一流”建设学科 1 个，国家级一流本科专业建设点 23 个，北京市级一流本科专业建设点 8 个，北京高校重点建设一流专业 2 个。教职工 1248 人，其中，专任教师 807 人，包括正高级 159 人、副高级 264 人；博士生导师 97 人、硕士生导师 267 人。“长江学者奖励计划”青年长江学者 1 人；“国家高层次人才特殊支持计划”领军人才 3 人。外籍教师 118 人，包括教授 13 人、副教授 24 人。学历教育学生中毕业生 33563 人，其中，研究生 956 人（博士生 72 人、硕士生 884 人）、普通本科生 1272 人、成人教育本专科生 90 人（本科生 67 人、专科生 23 人）、网络教育本专科生 31245 人（本科生 7671 人、专科生 23574 人）。本科毕业生就业率 96.45%。招生 18871 人，其中，研究生 1375 人（博士生 142 人、硕士生 1233 人）、普通本科生 1465 人、成人教育本科生 177 人、网络教育本专科生 15854 人（本科生 9854 人、专科生 6000 人）。高考北京地区提档线不限选考专业组 639 分、物理必考专业组 635 分、思想政治必考专业组 639 分、历史必考专业组 640 分、物理 / 历史 / 地理专业组 639 分。在校生 65253 人，其中，研究生 3453 人（博士生 578 人、硕士生 2875 人）、普通本科生 5768 人、成人教育本专科生 475 人（本科生 445 人、专科生 30 人）、网络教育本专科生 55557 人（本科生 29223 人、专科生 26334 人）。留学生毕业 1146 人、招生 1012 人、在校生 2209 人。网址：www.bfsu.edu.cn。

2020 年，学校落实立德树人根本任务，全面把握新发展阶段的新形势新要求，以推动高质量发展为主题，推进世界一流外国语大学建设。

学科建设。23 个专业入选国家级一流本科专业建设点。

马克思主义学院入选第二批北京市重点马克思主义学院。阿姆哈拉语本科专业首次开班。

科学研究。国家语言能力发展研究中心被纳入国家语言文字智库建设试点单位；二十国集团创业研究中心在高校国别和区域研究工作内部评估中获评高水平建设单位；丝绸之路研究院入选2020年度中国智库索引（CTTI）来源智库。《外语教学与研究》在《2020中国学术期刊国际引证年报（人文社会科学版）》中获评“2020中国最具国际影响力学术期刊”。此外，《外语教学与研究》《外国文学》入选2020年中国科技核心期刊（社会科学卷）。获批国家级科研项目31个、省部级A类科研项目13个、省部级B类科研项目36个。获批项目中包括国家社科基金教育学重大项目1个、国家教材委员会委托项目5个、教育部重点研究基地重大项目1个、北京市社科基金项目8个。

9月27日，北外国际组织胜任力发展中心成立

（北外　供）

人才培养。新时代第一次研究生教育工作会议召开。获评21个国家级和北京市级本科人才培养重要教学项目和教学奖项。在第九届国际口笔译大赛同声传译邀请赛、第三届中国日报社“21世纪杯”全国青年英语演讲比赛全国总决赛、第九届全国口译大赛（英语）总决赛、“俄罗斯世界”基金会国际青年论坛视频大赛、第11届全国高校法语电影配音大赛、第三届“that's阿拉伯网络小说创作与翻译大赛”等比赛中获奖。获第五届中国青年志愿服务项目大赛金奖1个、银奖1个。学生创新创业方面，获2个第四届全国国际商务专业学位研究生创新创业精英挑战赛奖项、9个项目获第六届中国国际“互联网＋”大学生创新创业大赛北京市级奖项、3个团队获北京地区高校大学生优秀创业团队奖项、学校获评2020年北京地区高校大学生优秀创业团队优秀组织奖。

交流合作。接待使馆来访团组6个、校级团组3个共42人次；新签续签以非通用语种建设、双学位培养、合作办学为主的国际交流协议18份。主办、举办国内外线上、线下研讨会和论坛8场。与中国政法大学签署涉外法治人才本硕贯通培养合作协议。

社会服务。承办第五届全国学生“学宪法讲宪法”活动全国总决赛。学校外语在线学习平台向社会免费开放。北外网课浏览量170万次，用户量22.6万个，新增注册用户9万人，累计选课38万门次，同时在线学习最高峰6万人；U讲堂浏览量53万次，用户量5.7万个；U慕课浏览量41万次，用户量3.3万；Unischool浏览量22.7万次，用户量6.7万个。多语言服务中心与市政府外办、12345市民服务热线建立专责联系人制度，开展新冠肺炎疫情防控服务保障工作。

党委书记　王定华

校　　长　杨丹

（朱玉清　吴天宇）

《全球外国语大学联盟通讯》电子期刊首发

7月，《全球外国语大学联盟通讯》电子期刊（GAFSU Newsletter）首刊发布。该期刊由全球外国语大学联盟理事会秘书处、外研社发起创建，首期收录来自15个国内外成员单位的40篇投稿，内容涉及联盟单位近期在人才培养、教学科研、国际交流等方面的最新进展和特色报道。全球外国语大学联盟2017年5月由北外倡议发起成立，来自16个国家的30所高校成为联盟首批成员，北外常设联盟理事会秘书处，至2020年7月，联盟高校35所，分布在19个国家。

（吴天宇）

阿姆哈拉语本科专业开班

9月21日，北外非洲学院阿姆哈拉语本科专业开班。专业学制4年，隶属外国语言文学一级学科，文学学科门类。主要课程包括阿姆哈拉语精读、阿姆哈拉语视听说、阿姆哈拉语笔译等。毕业要求修够169学分。专业每4年招生1次，首届学生12人。阿姆哈拉语是埃塞俄比亚的官方语言，使用人口近1亿人。北外是国内首家且唯一一家开设阿姆哈拉语本科专业的高校，进一步完善学校的学科布局。

（朱玉清　吴天宇）

“同心圆”虚拟教研室成立

12月30日，北外举办新疆大学、西藏民族大学、中国石油大学（北京）克拉玛依校区、大理大学课程思政交流会暨“同心圆”虚拟教研室成立仪式。5所高校教师代表作线上说课展示，内容涵盖大学英语听、说、读、写、译等课型，涉及首都高校和边疆高校的本科生和硕士生的课程思政实践。与会专家点评说课并提出建议。“同心圆”虚拟教研室主要带动中西部高校和中宣部第二批“三进”试点院校，开展课程思政集体备课、说课和教研观摩活动。5所高校相关负责人及教师200人在线参会。

（朱玉清）

北京第二外国语学院

概述

2020年，北京第二外国语学院占地面积21.32万平方米，产权校舍建筑面积29.24万平方米。图书馆建筑面积8086平方米。全年教育经费投入68379.28万元，其中，财政拨款56709.27万元、自筹经费11670万元。固定资产总值77296.86万元，其中，教学、科研仪器设备资产值20815.45万元，信息化设备资产值23151.39万元。拥有教室271间，全部为网络多媒体教室。拥有图书124.74万册，计算机4765台。网络信息点16415个，上网课程1648门，电子邮件系统用户23619个，管理信息系统数据总量20900GB，数字资源量中电子图书119.61万册、电子期刊155.70万册、学位论文843万册、音视频67148小时。学校由北京市举办，为语文院校，设有1个校区，设置17个院（系）。开设45个本科专业（包括26个语种专业），覆盖4个学科门类；具有一级学科硕士点5个，二级学科硕士点28个、硕士专业学位授权类别6个；联合培养博士后工作站2个，其中，博士后研究人员进站16人、出站11人、在站5人。国家级一流本科专业建设点11个，北京市级一流本科专业9个，北京高校重点建设一流专业2个。国家级特色专业4个，教育部专业综合改革试点专业1个。北京高校高精尖学科2个。教职工938人，其中，专任教师614人，包括正高级101人、副高级195人；硕士生导师306人。学历教育学生中毕业生2205人，其中，硕士研究生544人、普通本科生1478人、普通专科生77人、成人教育本科生106人。本专科毕业生就业率92.8%。招生2632人，其中，硕士研究生655人、普通本专科生1977人（本科生1712人、专科生265人）。高考北京地区提档线不限选考专业组（01）539分、不限选考专业组（02）549分。在校生9284人，其中，硕士研究生1522人、普通本专科生7459人（本科生6497人、专科生962人）、成人教育本科生303人。留学生毕业363人、招生116人、在校生782人。贯培生（中职段）毕业265人、招生15人、在校生361人。网址：www.bisu.edu.cn。

6月18日，二外通过在线方式举行2020届学生毕业典礼

（二外 供）

2020年，学校坚持“节奏不变、力度不减、标准不降”的工作总基调，全面落实2020年度工作重点，立足保基本、保运行、保发展，各事业领域应对新冠肺炎疫情挑战，适应常态化防控要求，创新开展工作，最大限度降低疫情负面影响。

“十四五”规划编制。围绕“高水平特色大学”办学定位和建设具有鲜明北京特色的高水平外国语大学奋斗目标，形成《“十四五”发展的基本思路和重点问题解决措施清单》《“十四五”发展拟实施的重大项目、重大政策、重大改革举措》两份文件。

教学改革。坚持“停课不停学”，线上线下同步教学，推进在线课程建设。引进学堂在线等在线教育平台自然科学类课程100门、通识选修慕课30门、跨专业复合非外语类在线课程24门，引进高校外语慕课联盟跨专业复合外语类在线课程13门。新建在线课程175门，其中，标准慕课95门、自行录制课程79门、虚拟仿真实验课程1门，建设类型覆盖一流专业核心课程、学生跨选相对集中的专业辅双课程、以全英文或专门语讲授的中国文化等多类型的中国（国情）课程。开展线上学术活动“云会议”、人才招聘“云面试”、国际交流合作“云外事”等。

招生与就业。学校研究生报名人数达历年之最，研究生招生考试自命题科目54门，全国考点400余个。持续加大就业市场开拓力度，累计组织线上线下大中型校园招聘会13场，吸引企业来校招聘超2000家，参会企业数增幅300%。

学科建设。“旅游经济学”获评“双万计划”国家级“一流课程”，4门课程入选北京高校优质本科课程，4个课件获评北京高校优质本科教材课件。

师资建设。1人入选国家百千万人才工程，2个党组织入选全国第二批新时代高校党建示范创建和质量创优工作培育创建单位，老教授党员先锋队获全国关心下一代工作先进集体，团委获评全国五四红旗团委。

科研工作。获省部级科研成果奖励9个，其中，文旅部文化和旅游优秀研究成果奖6个、商务部商务发展研究成果奖3个；获国家级项目16个，其中，国家级重大项目3个（国家社科重大项目2个、科技部国家重点研发计划项目1个）。获国家社科和国家自然科学一般（青年）项目13个，国家自然科学基金项目6个；获省部级科研项目43个。发表北大核心以上论文140篇，出版专著译著42部，获专利2项，软件著作权1项，全年共被省部级以上单位采纳咨政成果36项。

合作交流。推动线上国际交流合作和制度建设，线上线下国际交流稳步开展。加大线上方式推进与外方院校交流合作，欧洲地区新签署校级学生交流合作协议13份，续签合作协议2份。

党委书记 顾晓园

校　　长 计金标

（辛辰　王薇）

首届外语教学微课比赛

6月3日，二外举行首届外语教学微课比赛。比赛以提高学生的外语语言能力、跨文化交际能力和自主学习能力为主要目标，针对某一知识点、技能点或问题点开展教学设计。比赛设语言类专业组、非语言类外语教学组、高职中职英语组3个组别，由参赛教师设计作品。经个人报名、学院推荐、微课录制、专家评审环节，评选出一等奖4人、二等奖7人、三等奖7人。学校33名教师参加比赛。

（王薇）

6月3日，二外举行首届外语教学微课比赛

（二外　供）

6个专业获联合国世界旅游组织旅游教育质量认证

6月5日，二外旅游科学学院6个专业获联合国世界旅游组织（World Tourism Organization，WTO）旅游教育质量认证中心认证。6个专业分别为旅游管理、酒店管理、会展经济与管理3个本科专业，旅游管理、饭店管理、会展管理3个硕士研究生专业，全部通过国际旅游组织四年年限认证的最高等级。世界旅游组织旅游教育质量认证体系（UNWTO TedQual Certification System，简称UNWTO-TedQual认证）于1998年创设，旨在提高全球旅游教育、旅游培训及旅游研究项目的质量，推广全球旅游伦理道德规范。

（王薇）

北京语言大学

概述

2020年，北京语言大学占地面积33.03万平方米，产权校舍建筑面积42.74万平方米。图书馆建筑面积10543平方米。全年教育经费投入95763万元，其中，财政拨款38556万元、自筹经费57207万元。固定资产总值15.21亿元，其中，教学、科研仪器设备资产值2.34亿元，信息化设备资产值14797.92万元。拥有教室265间，其中，网络多媒体教室228间。拥有图书29.69万册，计算机6894台。网络信息点19477个，上网课程35门，电子邮件系统用户1532个，管理信息系统数据总量636GB，数字资源量中电子图书570.84万册、电子期刊3.83万册、学位论文17258篇/册、音视频9.44万小时。学校由教育部举办，为语言院校。设置3个学部、10个直属学院（系、教学部）和10个科研院所；拥有37个本科专业，覆盖9个学科门类；具有一级学科11个；一级学科博士点2个、专业学位博士点18个；一级学科硕士点6个、二级学科硕士点37个、硕士专业学位授权类别5个；博士后科研流动站2个，其中，博士后研究人员出站4人、进站5人、在站17人。国家级一流本科专业建设点5个，北京市级一流本科专业建设点1个，北京高校重点建设一流专业1个，北京高校高精尖学科2个。省部级以上研究中心（或基地）14个，其中，普通高等人文社会科学重点研究基地1个、北京高等学校高精尖创新中心1个。教职工1225人，其中，专任教师701人、科研机构93人，包括正高级145人、副高级279人；博士生导师97人、硕士生导师312人。“长江学者奖励计划”特聘教授1人；外籍教师111人。学历教育学生中毕业生18140人，其中，研究生680人（博士生48人、硕士生632人）、普通本科生1094人、成人教育本专科生348人（本科生265人、专科生83人）、网络教育本专科生16018人（本科生5711人、专科生10307人）。本科毕业生就业率91.05%。招生15773人，其中，研究生820人（博士生85人、硕士生735人）、普通本科生1138人、成人教育本专科生499人（本科生436人、专科生63人）、网络教育本专科生13316人（本科生6745人、专科生6571人）。高考北京地区提档线不限选考专业组610分、物理/化学/生物专业组612分、物理必考专业组602分。在校生57579人，其中，研究生2599人（博士生385人、硕士生2214人）、普通本科生4597人、成人教育本专科生1119人（本科生982人、专科生137人）、网络教育本专科生49264人（本科生23689人、专科生25575人）。留学生毕业3281人、招生2775人，在校生4572人（博士研究生100人、硕士研究生299人、本科生1837人、专科生19人、培训生2317人）。网址：blcu.edu.cn。

6月24日，北语2020届夏季毕业典礼“云”上举行

（北语 供）

2020年，学校总结“十三五”时期取得的成绩，启动“十四五”发展规划编制和学校章程修订工作，落实《深化新时代教育评价改革总体方案》，拟订工作方案和任务清单，推进学校党建工作和事业发展。

学科建设。开展学科评估评审，制定《高精尖学科建设管理办法》《实体教学科研机构管理办法》《虚体教学科研机构管理办法》。成立心理学院、国家应急语言服务团筹建工作秘书处、亚洲经典著作互译计划专项工作办公室秘书处、鲁迅与世界文化研究院、教师教育学院等教学科研平台机构。与教育部语信司续签《共建“中国语言资源保护研究中心”协议书》。继续推进学科能力提升计划和一流团队建设相关工作。推进自主增设二级学科点，4个二级学科完成备案；语言资源学、教育评价完成自设二级学科论证工作。学校获评教育部第二批新工科研究与实践项目2个，入选首批国家级一流本科课程10个、2019年北京高校优质本科课程4个（重点项目1个、一般项目3个）、2020年北京高校优质本科教材课件4个。入选2019年（首批）国家语言文字推广基地，被市教委、市语委认定为2019年语言文字工作规范化达标建设高校。

人才培养。开展校级一流课程、全英文课程、教学出版基金项目评审立项工作。获北京高等教育本科教学改革创新项目、北京高等学校高水平人才交叉培养“实培计划”。制定《北京语言大学教育教学项目管理办法》《北京语言大学本科生培养方案（2020版）》《北京语言大学研究生课程管理规定》等文件。制定《北京语言大学拔尖人才实验班管理办法（试行）》，3个拔尖人才实验班开班，建设第4个拔尖人才实验班“汉语卓越教师”中国语言文学拔尖人才实验班。组织2019年国家级大学生创新创业训练计划项目的结项工作，33个结项项目中6个项目被评定为优秀，6名指导教师获优秀指导教师称号。

科研成果。制定《北京语言大学科研绩效核算细则》《北京语言大学横向科研项目经费管理办法》，改革完善学校科研评价体系和科研管理体制机制。制定《北京语言大学科研实验室仪器设备开放共享管理办法（暂行）》，成立北京语言大学实验室安全工作领导小组，加强实验室建设和管理。推动《北京语言大学科研能力提升计划》“青蓝工程”落地。启动“国际仓颉计划”，推动世界范围内中国故事本土讲述。获国家社科基金项目5个，教育部哲学社会科学研究重大课题攻关项目1个，首次获国家社科基金冷门绝学项目1个，获国家语委重大项目2个、国家自然科学基金项目3个，获其他国家级、省部级项目45个。5项成果获第八届高等学校科学研究优秀成果奖（人文社会科学），3项成果获北京市第16届哲学社会科学优秀成果奖。获教育部中国语言资源保护奖先进集体1个、先进个人2人，获评北京市社会科学基金项目优秀二级管理单位。

师资建设。引进高层次人才6人，聘任特聘教授2人、银龄学者2人。初步完成校内各层次人选的遴选工作。基础人才工作稳步推进。完成全校各岗位教职工考核和转正定级工作，增补合作导师。1名教师获第16届北京市高等学校教学名师奖、1名教师获第四届北京市高等学校青年教学名师奖，1个团队获北京高校优秀本科育人团队称号。

交流与合作。制定《北京语言大学中外合作办学管理办法》，与14所海外高校建立全新合作关系，完成新签署、续签协议31份，新建合作项目10个。由学校牵头搭建的中俄文化艺术大学联盟中文版官方网站（试运营版）上线。中东地区首个商务汉语专科学位合作项目在沙特诺拉公主大学开课。与美国纽约州立大学石溪分校合作促进学分互认。推进雄安合作办学项目。与中国留学服务中心签订战略合作协议，开启国际本科“2＋2”项目。

国际中文教育。开发线上课程在线报名系统等线上服务，采取“线上＋线下”双轨制招生，开拓海外友好大学的线上课程项目。制定《北京语言大学关于国际学生辅导员队伍建设的实施意见》。开发线上国际中文教育项目，推动汉语教学大纲海外落地。联络20所海外合作孔子学院，向合作大学和孔子学院分4批次寄送超9万件口罩、防护服、手套、药品等防疫物资；向90余所孔子学院平台合作大学及教职人员签发慰问信。承担韩国启明大学等大学、委内瑞拉等国家孔子学院100余门线上课程，启动全球孔子学院质量评估体系调研与研发工作。

党委书记　倪海东

校　　长　刘利

（费凡）

中东地区首个商务汉语专科学位合作项目签约

6月24日，北语与沙特阿拉伯王国诺拉公主大学签署商务汉语专科学位合作协议。根据协议，双方开展商务汉语专科学位合作项目，首批招生26人。学生毕业由北语颁发商务汉语专科学位。双方约定同时推动本科甚至更高层次的合作。这是学校在中东地区建立的首个境外学历教育合作项目。

（费凡）

全球中文教学线上交流平台开启

7月4日，北语全球中文教学线上交流平台开启并举办首场研讨活动。该平台是学校搭建的公益讲座平台，试行线上云端研讨的组织形式，通过邀请和报名相结合的方式，定期发布研讨议题，聚焦全球中文教学共同关注的国际中文教学。平台通过zoom全球同步直播。首场研讨活动以“新形势下的全球中文线上教学反思与展望”为主题，法国东方语言文化学院、韩国外国语大学、日本东京外国语大学、北语9名教授围绕线上中文教学从不同的角度发表看法。来自33个国家的970余人报名参加研讨会，收到推荐研讨题目236条，在线观看直播1006人。至年底，平台举办研讨活动12场，共有来自70余个国家和地区的9666人次的观众通过注册观看直播，66名世界各地的专家与一线教师分享前沿教学理念与方法。

（费凡）

国际中文教育发展智库联合体揭牌

11月22日，北语举办首届国际中文教育发展智库论坛暨国际中文教育发展智库联合体揭牌仪式。论坛以“大变局背景下国际中文教育发展战略、路径与趋势”为主题，就大变局背景下国际中文教育的发展提出新的观念、路径和思路。中国、美国、日本等10余个国家和地区的1000余名专家学者、中文教育企业负责人及高校师生，以现场和线上的方式参加论坛。国际中文教育发展智库联合体是一个面向国际中文教育领域开展智库研究、加强合作交流、产出智库型研究成果的民间协作平台，在北语汉语国际教育研究院、浙江师范大学孔子学院发展战略研究院的倡议和推动下，由山东大学孔子学院研究中心、华南理工大学广东省公共外交与跨文化传播研究基地、科大讯飞股份有限公司等11个机构发起成立，拥有高校、企业等成员单位73家。

（费凡）

中国传媒大学

概述

2020年，中国传媒大学占地面积46.37万平方米，产权校舍建筑面积63.88万平方米。图书馆建筑面积4.39万平方米。全年教育经费投入146584.47万元，其中，财政拨款68793.27万元、自筹经费77791.20万元。固定资产总值308995.92万元，其中，教学、科研仪器设备资产值79822.35万元，信息化设备资产值27940.19万元。拥有教室368间，其中，网络多媒体教室148间。拥有图书176.28万册，计算机16360台。网络信息点14217个，上网课程26门，电子邮件系统用户10482个，管理信息系统数据总量730GB。学校由教育部举办，为语文院校，设有6个学部，20个学院。开设84个本科专业，覆盖7个学科门类；具有一级学科博士点8个、二级学科博士点1个；一级学科硕士点19个、硕士专业学位授权类别11个；博士后科研流动站7个，其中，博士后研究人员出站26人、进站15人、在站89人。“双一流”建设学科2个，国家

9月17日，传媒大学2020级新生开学典礼举行

（传媒大学　供）

级一流本科专业建设点9个，北京市级一流本科专业建设点7个，北京高校重点建设一流专业1个，北京高校高精尖学科2个。国家重点实验室1个，省部级科研平台23个，校级科研机构26个，国家级实验教学示范中心2个，北京市实验教学示范中心6个。教职工1991人，其中，专任教师1156人，包括正高级332人、副高级450人；博士生导师244人、硕士生导师520人。"长江学者奖励计划"特聘教授2人。"新世纪百千万人才工程"国家级人选3人，国家有突出贡献中青年专家4人。教育部"新（跨）世纪优秀人才支持计划"27人。全国新闻出版行业领军人才2人。外籍教师14人，包括教授1人、副教授2人。学历教育学生中毕业生40339人，其中，研究生1431人（博士生139人、硕士生1292人）、普通本专科生2313人（本科生2158人、专科生155人）、成人教育本专科生1050人（本科生956人、专科生94人）、网络教育本专科生35545人（本科生4898人、专科生30647人）。本科毕业生就业率77.86%。招生15005人，其中，研究生2106人（博士生199人、硕士生1907人）、普通本专科生2885人（本科生2671人、专科生214人）、成人教育本专科生1000人（本科生961人、专科生39人）、网络教育本专科生9015人（本科生5054人、专科生3961人）。高考北京地区提档线不限选考专业组631分、物理必考专业组624分。在校生98482人，其中，研究生6083人（博士生900人、硕士生5183人）、普通本专科生10479人（本科生9869人、专科生610人）、成人教育本专科生3733人（本科生3664人、专科生69人）、网络教育本专科生78187人（本科生31472人、专科生46715人）。留学生毕业299人、招生350人、在校生688人。进修及培训结业生6686人。网址：www.cuc.edu.cn。

2020年，学校召开第三次党代会，选举产生新一届党委和纪委，制订学校中长期发展蓝图，新修订的《中国传媒大学章程修正案》获教育部核准。

思政教育。制订《思想政治理论课质量提升创优计划》，设置"双师思政实验课""金课培育工作室"，"名师""名课"培育工作初见成效。配齐配强思政教师队伍，创新思政教师职称评审制度。开设《习近平新时代中国特色社会主义思想概论》，成为开设该课程的首批在京高校。召开学习党的十九届五中全会精神座谈会暨京东五校思政课教师五中全会精神"三进"集体备课会；开展课程思政、作品思政、实践思政、项目思政、活动思政，涌现出"实践中的马克思主义新闻观""光明影院"、动画作品集《追光·筑梦》等成果。1个学院入选第二批北京市重点建设马克思主义学院。"三全育人"工作格局初步形成。

学科建设。8门全英文慕课在国际慕课平台上线。4门本科课程、4部教材课件、4个本科教学改革创新项目入选北京高校优质本科建设项目。"中国传媒大学"强国号在"学习强国"学习平台上线，并作为首批入驻高校在"中国教育发布"App开通教育号。

基础建设。完成原综合实验楼整体改装及功能优化，并更名国重大楼。完成5GNR高塔高功率广播系统研发，并以此为基础完成中国首个5G广播校园示范网一期工程建设。

党委书记 陈文申（9月免）
廖祥忠（9月任）
校　　长 廖祥忠

（刘书峰）

国重大楼启用

12月18日，传媒大学国重大楼启用。学校对原综合实验楼整体改装及功能优化，成为媒体融合与传播国家重点实验室办公、科研、实验等的专用场所，并更名国重大楼。大楼占地面积4032平方米，建筑面积23000平方米，此次改装总投资2000万元。"媒体融合与传播国家重点实验室"2019年11月由科技部批准设立，是依托传媒大学的独立科研实体。

（刘书峰）

中央财经大学

概述

2020年，中央财经大学占地面积10.27万平方米，产

2020年春节期间，中央财大为留学生举办春节团拜会
（中央财大　供）

权校舍建筑面积 50.84 万平方米。图书馆建筑面积 2.89 万平方米。全年教育经费投入 130229.22 万元，其中，财政拨款 59188.50 万元、自筹经费 71040.72 万元。固定资产总值 311867.49 万元，其中，教学、科研仪器设备资产值 20556.44 万元，信息化设备资产值 17281.28 万元。拥有教室 223 间，全部为网络多媒体教室。拥有图书 210.66 万册，计算机 9153 台。网络信息点 34000 个，上网课程 818 门，电子邮件系统用户 47493 个，管理信息系统数据总量 6786GB，数字资源量中电子图书 708.43 万册、电子期刊 79.40 万册、学位论文 472.96 万册、音视频 9.62 万小时。学校由教育部举办，为财经院校，设有 4 个校区，设置 27 个直属院（系）。开设 55 个本科专业，覆盖 8 个学科门类；具有一级学科 16 个；一级学科博士点 5 个；一级学科硕士点 16 个、硕士专业学位授权类别 18 个；博士后科研流动站 5 个，其中，博士后研究人员出站 23 人、进站 14 人、在站 95 人。“双一流”建设学科 1 个，国家级一流本科专业建设点 12 个，北京市级一流本科专业建设点 4 个，北京高校重点建设一流专业 3 个，北京高校高精尖学科 2 个。教职工 1794 人，其中，专任教师 1226 人，包括正高级 346 人、副高级 482 人；博士生导师 230 人、硕士生导师 737 人。“长江学者奖励计划”特聘教授 3 人、讲座教授 3 人、青年长江学者 3 人；“国家杰出青年科学基金”获得者 1 人。外籍教师 12 人，其中，教授 8 人、副教授 1 人。学历教育学生中毕业生 5663 人，其中，研究生 2134 人（博士生 136 人、硕士生 1998 人）、普通本科生 2461 人、成人教育本专科生 1068 人（本科生 133 人、专科生 935 人）。本科毕业生就业率 86.71%。招生 7166 人，其中，研究生 2732 人（博士生 206 人、硕士生 2526 人）、普通本科生 2507 人、成人教育本科生 1927 人。高考北京地区提档线不限选考专业组 643 分、物理必考专业组 648 分。在校生 19834 人，其中，研究生 6135 人（博士生 777 人、硕士生 5358 人）、普通本科生 10123 人、成人教育本专科生 3576 人（本科生 3232 人、专科生 344 人）。留学生毕业 179 人、招生 164 人、在校生 390 人。网址：www.cufe.edu.cn。

2020 年，学校落实立德树人根本任务，推进“双一流”建设，提升教学质量，深化改革、推动发展。

学科建设。推进北京高校高精尖学科建设，代表性成果《国家金融安全研究报告（2020）》出版发行。

人才培养。召开本科教学改革与创新工作会和研究生教育工作会议；1 个基地入选国家首批基础学科拔尖学生培养计划 2.0 基地；成为教育部中外人文交流中心首批高层次国际化人才培养创新实践基地；首届“许国志大数据英才班”项目开班。校级在线开放课程 78 门。获评 2020 年北京高校优质本科课程 4 门、北京高校优质本科教材课件 4 个；5 项课题入选 2020 年北京高等教育本科教学改革创新项目。商学院通过国际商学院协会（AACSB）认证。

师资队伍。引进学科带头人 1 人；完成第二批“龙马学者”支持计划聘任工作，其中，3 名“龙马学者”入选国家级人才项目。

科研工作。科研项目经费 9138 万元，比上年增长 21.52%；国家级科研项目立项 70 项；政策建议和科研成果被中央和有关部门采纳 24 项。

思政工作。北京广播电视台《春风化雨 · 不负韶华》4 集专题片报道中央财大“思政 +”课程协同育人模式；中国教育电视台《课程思政面对面》第七期专题报道《课程思政面对面》课程思政具体举措与成效。“财经人 · 济世路——宕昌行”研究生助力脱贫攻坚实践调研团队获评全国大学生优秀实践团队。

开放办学。与石景山区政府、朝阳区政府签署战略协议；粤港澳大湾区（黄埔）研究院揭牌成立。与英国伯明翰大学等国（境）外高校签署合作协议 11 项；向全球 36 家合作伙伴发送慰问信、寄送抗疫物资。依托“111 基地”和海外引智平台开展线上科研合作，邀请 45 名海外专家学者举办“云课堂”29 门、“云讲座”29 场。

党委书记 何秀超
校　　长 王瑶琪

（王卉乔）

粤港澳大湾区（黄埔）研究院揭牌

9 月 27 日，中央财大粤港澳大湾区（黄埔）研究院在广州市黄埔区揭牌。研究院与广州市政府、广州开发区管委会、广州市黄埔区政府合作共建，设置金融研究中心、财税研究中心、绿色金融研究中心等 6 个研究中心，采用“以项目带学生”的模式，开展产教研融合、跨学科、复合式的专业硕士研究生培养，同时承接相关研究方向的硕士和博士研究生的实习实训、创新创业教育。研究院是学校“走出去”战略实施落地的第一步，是中央财大在京外建设的第一个研究院。

（王卉乔）

9 月 27 日，中央财大粤港澳大湾区（黄埔）研究院在广州市黄埔区揭牌　（中央财大　供）

《高校马克思主义理论教育研究》创刊

12 月 28 日，中央财大主办的《高校马克思主义理论教育研究》创刊。《高校马克思主义理论教育研究》经国家新闻出版总署批准，由教育部主管，为双月刊，主要刊载高校马克思主义理论教学研究成果。刊物开设本刊特稿、学习贯彻习近平总书记“七一”重要讲话精神、习近平新

力量体系，实行 A、B 队 24 小时备勤。

服务社会。赴四川凉山、云南安宁和广东惠州开展无人机集群灭火实战科研测试和战术研究，与应急管理部科信司建立科研测试快速响应机制。参与北京市永定河流域防汛综合演练、北京冬奥会安全服务保障系列应急演练、2020 年北京市秋冬季实训拉动演练以及北京市危化品企业安全风险评估工作。与市应急管理局共同完成“大载重超视距侦测和森林灭火无人机关键技术研发”等 3 个课题。完成国家综合性消防救援队伍总队级领导培训、全国应急救援现场指挥业务培训、北京市森林消防灭火救援培训等 8 个培训班 1000 余人次的保障任务。承建运行国家综合性消防救援队伍网络学院，举办 6 期专题培训，高效保障队伍 62198 名学员网络学习。

条件保障。完成消防体能技能、石油化工装置、山岳救援、建筑倒塌及森林火灾、电气火灾等灾害事故处置模拟训练设施主体建设，购置教学特种车辆 16 辆、装备器材 1 万余件（套）。完成 3.8 万平方米营房维修改造。开展安防升级、勤俭节约、垃圾分类等“九维一体”服务质量提升工程。引进人员被装管理系统，发放 110 余种、10.4 万余件（套）被装物资。协调财政部下达退役经费指标 2 亿余元，推进学院 3765 名人员转改落户和随调随迁配偶子女落户工作，协调解决 27 名干部教员子女入学入园和中高考优待。投入 1022 万元维修改造公寓房。

学校 2018 年 12 月 29 日成立并举行挂牌仪式，是以中国人民武装警察部队警种学院为基础更名组建的专门消防救援学院，是应急管理部直属院校，主要承担人才培养、专业培训和科研等任务，首批设置消防指挥、消防工程、飞行器控制与信息工程、思想政治教育等 4 个本科专业。学院前身为 1978 年 9 月成立的黑龙江省森林警察总队教导队；2000 年 5 月，由内蒙古、黑龙江、吉林森林警察学校合并组建武警森林指挥学校；2003 年 6 月，迁京办学；2004 年 7 月，开办本科教育；2006 年 9 月，由武警黄金技术学校、武警森林指挥学校和武警水电技术学校合并组建武警警种指挥学校；2011 年 8 月，更名为武警警种学院；2018 年 9 月 30 日，学院整体转隶应急管理部，同年 11 月 9 日，授予“中国消防救援队”队旗。

党委书记 徐宝东

院　　长 闫胜利

（王新辉）

新增抢险救援指挥与技术本科专业

2 月 25 日，消防救援学院新增抢险救援指挥与技术本科专业。该专业主要培养能在消防救援队伍从事灾害应急救援、组织指挥、执勤训练等方面工作的应用型指挥与技术人才。专业学制 4 年，隶属工学、公安技术学类。主要课程包括灾害学概论、应急管理基础、抢险救援指挥、应急救援技术、抢险救援装备、灾害现场救护。2020 年开始招生，首届学生 81 人。毕业要求学生修够 174 学分；在规定修业年限完成各教育教学环节学业任务，考核合格；体质健康测试达标，体能毕业达标考核合格。

（王新辉）

首次面向社会公开招聘教师

5 月，消防救援学院首次面向社会公开招聘教师。招聘涉及教学岗位 13 个，计划招聘教师 20 人。经网上报名、面试试讲、身体检查等程序，最终招聘来自北京大学、中国科学院、德国不莱梅雅各布大学等国内外高校和科研院所的博士（后）12 人。

（王新辉）

外交学院

概述

2020 年，外交学院占地面积 35.23 万平方米，产权校舍建筑面积 16.30 万平方米。图书馆建筑面积 1.27 万平方米。全年教育经费投入 216758.84 万元，其中，财政拨款 17967.50 万元、自筹经费 3708.34 万元。固定资产总值 41154.31 万元，其中，教学、科研仪器设备资产值 4566.12 万元，信息化设备资产值 5327.86 万元。拥有教室 109 间，其中，网络多媒体教室 98 间。拥有图书 64.22 万册，计算机 1674 台。网络信息点 7760 个，上网课程 870 门，电子邮件系统用户 4188 个，管理信息系统数据总量 3500GB，数字资源量中电子图书 137.45 万册、电子期刊 104.74 万册、学位论文 39.41 万册、音视频 1.40 万小时。学校由外交部举办，为语文院校，设有展览路校区和沙河校区。设置 9 个教学单位，36 个研究中心。学校设有中国国际关系学会、中国国际法学会 2 个国家一级学会秘书处以及北京市对外交流与外事管理研究基地，同时，学校还是东亚思想库网络、中国—东盟思想库网络、中日韩思想库网络的国家协调单位。开设 10 个本科专业，覆盖 3 个学科门类；具有一级学科 3 个；一级学科博士点 1 个、二级学科博士点 4 个；一级学科硕士点 3 个、二级学科硕士点 15 个、硕士专业学位授权类别 3 个；博士后科研流动站 1 个，其中，博士后研究人员出站 1 人、在站 6 人。“双一流”建设学科 1 个，国家级一流本科专业建设点 2 个，首批国家级一流本科课程 1 门；北京市级一流本科专业建设点 1 个，北京高校重点建设一流专业 1 个，北京高校高精尖学科 1 个。国家重点学科 2 个、北京市重点学科 3 个。教职工 474 人，其中，专任教师 220 人，包括正高级 48 人、副高级 79 人；博士生导师 13 人、硕士生导师 108 人；“长江学者奖励计划”特聘教授 1 人，“国家高层次人才特殊支持计划”领军人才 1 人，享受政府特殊津贴专家 12 人，北京市教学名师 9 人，北京市优秀教师 3 人，北京市青年教学名师 2 人。外籍教师 17 人，其中，教授 1 人、副教授 1 人。学历教育学生中毕业生 774 人，其中，研究生 366 人（博士生 26 人、硕士生 340 人）、普通本科生 334 人、成人教育专科生 74 人。

本科毕业生就业率85.45%。招生889人，其中，研究生429人（博士生28人、硕士生401人）、普通本科生366人、成人教育专科生94人。高考北京地区提档线不限选考专业组633分。在校生2608人，其中，研究生958人（博士生98人、硕士生860人）、普通本科生1433人、成人教育专科生217人。留学生毕业59人、招生26人、在校生94人。网址：www.cfau.edu.cn。

2020年，学校以服务中国特色大国外交为宗旨，统筹抓好疫情防控和教育事业发展。

“双一流”建设。开展2016—2020年“双一流”建设学科周期自评工作，完成《“双一流”建设周期总结报告》。开展北京高校高精尖学科年度自评工作，完成《外交学院深化新时代教育评价改革工作清单》。

教学改革。开设“习近平外交思想与中国特色大国外交专题研究”“习近平新时代中国特色社会主义思想专题研究”两门课程。落实转专业和辅修双学位改革，推动校际学分互认与转化工作。完善本科思政课程学分体系建设，开设形势与政策、思政课社会实践课程。获批首批国家级一流本科课程1门、北京高校优质本科教材课件重点项目1个、一般项目2个。

队伍建设。成立党委教师工作部，党委教师工作部与人事处合署办公，制定《外交学院2020年干部选拔任用工作细则》。完成一流学科高层次人才选聘，选聘卓越人才108人和创新团队成员133人，开展卓越人才年度考核工作。修订《外交学院北京市高校“高精尖”领军人才计划暂行办法》《外交学院北京市高校“高精尖”领军人才评估与考核暂行办法》，制订《外交学院管理服务团队绩效考核方案》。落实《关于扩大高校和科研院所科研相关自主权的若干意见》，制订专项工作方案。

科研工作。获国家社科基金项目立项7个，教育部项目立项2个，创办《外交学院研究报告》，增设智库类项目。新设国家安全研究中心、网络空间国际合作协同创新中心、国学中心。亚洲研究所在教育部区域国别研究中心评估工作中获评高水平建设单位，入选2020年度“中国智库索引”增补来源智库名单。

国际交流。完成外事活动75次。申请授予一定的出访来访外事审批权并获批，可自行审批除领导班子成员以外的因公临时出国和邀请副省部级以下的外国人来华事项。制定《外交学院开展线上外事活动管理办法》《外交学院与驻华使领馆开展交流活动管理办法》，修订《外交学院与境外非政府组织开展临时活动管理办法》《外交学院对外交往的规定》。与6所世界知名院校签订合作协议。

学生培养。组织研究生支教团赴重庆开展为期一年的支教志愿服务。组织暑期社会实践活动，围绕“抗疫故事”“脱贫攻坚”“公共卫生”等主题调研、宣传。39名学生参加2020年中国国际服务贸易交易会志愿服务，累计服务约3000小时。实行线上线下相结合的招生宣传方式，举办20余场就业指导活动，实行“一生一策”就业动态管理，46名毕业生考入外交部。

党委书记 齐大愚（8月24日免）

崔启明（8月24日任）

院　　长 徐坚

（顾建俊）

“译家谈”线上系列讲座

6月7日和6月14日，外交学院举办“译家谈”线上系列讲座。讲座邀请前外交部翻译室主任在“译直播”平台，对抗疫外宣翻译和2020年两会《政府工作报告》翻译进行解读。第一场讲座以《如何进行抗疫涉外翻译——以北京为例》为题，围绕涉外翻译的精准、严谨、灵活3个基本原则，讲述翻译相关文件的心得体会。第二场讲座以《2020年两会〈政府工作报告〉翻译要点》为题，以中英对照的《2020年政府工作报告重要表述摘编》为例，讲解政策性文件的翻译技巧。学校150名师生参加讲座。“译家谈”线上系列讲座由北京思必锐翻译有限责任公司主办，外交学院、西安外国语大学、东南大学等高校共同协办，旨在提升高校翻译专业师生对抗疫外宣翻译的重视程度，增进师生对政策性文件翻译的理解，提升翻译课堂教学与学术研究水平。

（顾建俊）

习近平外交思想专题讲座

10月13日、10月19日、11月24日，外交学院举办3场习近平外交思想专题讲座。讲座邀请学校领导分别以《习近平外交思想的方法论意义》《习近平外交思想与中国外交

11月28日至29日，2020外交学院国际模拟联合国大会举办
（外交学院　供）

哲学的新境界》《国际形势与中国特色大国外交》为题，讲解习近平外交思想。学生600余人次参加讲座。习近平外交思想专题讲座是“习近平外交思想与中国特色大国外交专题研究”课程的重要内容，邀请校内外专家以专题讲座的形式讲解习近平外交思想和中国特色大国外交的历史性成就，实现党的最新理论创新成果进教材、进课堂、进头脑。

（顾建俊）

中国人民公安大学

概述

2020年，中国人民公安大学占地面积76.79万平方米，产权校舍建筑面积63.14万平方米。图书馆建筑面积4.34万平方米。全年教育经费投入72188.40万元，其中，财政拨款40267.65万元、自筹经费31920.75万元。固定资产总值24.33亿元，其中，教学、科研仪器设备资产值2.14亿元，信息化设备资产值1.43亿元。拥有教室266间，其中，网络多媒体教室221间。拥有图书156万册，计算机8654台。网络信息点23500个，电子邮件系统用户34068个，管理信息系统数据总量56000GB，数字资源量中电子图书234.39万册、电子期刊15.26万册、学位论文5990册。学校由公安部举办，为政法院校，设有2个校区，设置12个院（系、部）。开设16个本科专业，15个公安专业，22个专业方向，覆盖3个学科门类；具有一级学科博士点3个；硕士专业学位授权类别4个；博士后科研流动站3个，其中，博士后研究人员出站2人、进站1人、在站18人。“双一流”建设学科1个，国家级一流本科专业建设点7个，北京市级一流本科专业建设点2个，北京高校高精尖学科1个。国家工程实验室2个，省部级重点实验室2个，省部级研究机构、实验室9个。教职工2195人，其中，专任教师693人，包括正高级117人、副高级229人；博士生导师85人、硕士生导师286人。学历教育学生中毕业生3942人，其中，研究生617人（博士生9人、硕士生608人）、普通本科生2140人、成人教育本专科生1185人（本科生1184人、专科生1人）。招生5778人，其中，研究生969人（博士生55人、硕士生914人）、普通本科生2606人、成人教育本科生2203人。高考北京地区提档线物理/化学专业组566分、思想政治必考专业组483分。在校生16033人，其中，研究生2474人（博士生204人、硕士生2270人）、普通本科生9649人、成人教育本专科生3910人。留学生毕（结）业339人、招生15人、在校生15人。网址：www.ppsuc.edu.cn。

2020年，学校立足高校特点、公安院校特色和学校工作实际，把牢固树立“三严一看齐”准军事化建设标准、全面加快“世界一流学科大学”建设作为学校主题教育最大特色、最大亮点，统筹推进主题教育与各项工作有机融合。

党建及思想政治教育工作。学校党组织关系转隶市委，党的日常工作由市委教育工委管理。学校党委调整部分校属单位党组织，成立委员会3个、撤销委员会1个、更名委员会5个。

学科及专业建设。恢复设置本科专业1个。成立“双一流”建设暨学科建设领导小组。获评北京高校优质本科课程3门、优质本科教材课件3个。4个学位授权点均通过合格评估。召开第五次科研工作会议。

学校机构建设调整。明确学院作为办学的责任主体，推动由“校办院”向“院办校”转变，建立适应现代大学办学需求的管理模式。推进学校世界一流学科建设任务分工，从外部支持、建立协调共建机制、建设高水平师资队伍、培养高素质人才、提升科研创新水平、深化国际合作交流、加强经费保障和基础建设方面推进学校建设发展。调整2个学院内设机构，5个学院更名。印发实施规章制度128项，其中，新制定64项、修订64项。学校科研处获评全国科普工作先进集体。

教育教学一体化改革。实施《中国人民公安大学教育教学一体化改革实施方案》，修订《本科人才培养方案》，优化“德智体美劳”各模块课程设置，对各专业总学分进行调减，提升课内学习质量，增加课外学习动力。适当调减教师课堂教学工作量考核标准，为教师提供更多自主教研和科研时间。制定完善教师年度教学工作考核指标体系，实施《学院本科人才培养质量评价实施细则》。持续加强学

7月11日，公安大学举办2020届学生云毕业典礼

（公安大学 供）

风建设，提高本科毕业论文评价标准，首次将本科毕业论文纳入抽检范围。开展课堂纪律规范督导巡查，对课程质量全面检查，课堂秩序明显好转，违纪现象大幅下降。

合作交流。与公安部十一局、道路交通安全研究中心签署合作协议。与安徽省公安厅签署公安教育合作协议，治安学院、交通管理学院与市公安局公安交通管理局签订战略合作协议，警体战训学院与市公安局海淀分局签订合作框架协议，治安学院与市公安局人口管理和基层工作总队、治安管理总队以及美团集团安全事务部分别签订合作协议。举办首届国家安全前沿论坛、公大·海润经济犯罪论坛。

委托培训。创新开展线上培训教学模式。依托公安部机关电视电话会议系统，举办教育帮扶黔西南州公安局视频直播培训班，培训 1362 人次；应用钉钉工作平台为西城区纪委、区监委开设 12 场线上专题讲座，培训 5000 余人次。举办首期全国警用无人机教官高级培训班、全国禁毒总队长培训班等各类培训班 45 个，培训 10251 人次。

党委书记　陈定武
校　　长　曹诗权

（邓杰）

与市公安局签订全面战略合作框架协议

1 月 16 日，公安大学与市公安局签订全面战略合作框架协议。根据协议，双方在建立干部轮岗交流机制、设立公安大学教学科研实践基地、促进实战化教育教学改革、成立首都公安民警教育培训基地、开展公安科研合作、做好首都重大活动安保增援任务方面开展高质量深层次全方位战略合作。协议有效期 3 年。学校另于 11 月 19 日与市公安局西城分局签署深化合作计划书，协议有效期 3 年。

（邓杰）

公安政治工作本科专业恢复设置

2 月 21 日，公安大学获教育部批准恢复设置公安政治工作本科专业。该专业文理兼收，学制 4 年。核心课程包括公安政治工作学、公安宣传与舆论引导、警察公共关系等，学生毕业授予法学学士学位。1985 年，学校首次设立公安政治工作专业；1999 年停办，继续开办警务硕士公安政治工作方向研究生教育；2017 年，在公安管理学本科专业中恢复下设公安政治工作方向。30 余年累计培养公安政工人才近 1000 人。

（邓杰）

公安部幼儿园公安大学教学点开园

3 月 3 日，公安部幼儿园公安大学教学点开园。该教学点占地面积 1200 平方米、建筑面积 349.5 平方米，教室 3 间。拥有教职工 6 人，其中，教师 4 人、管理人员 1 人、保洁员 1 人。办园点面向全校在职在编教职工子女招生，首批 27 名幼儿入园。

（邓杰）

国际关系学院

概述

2020 年，国际关系学院占地面积 15.80 万平方米，产权校舍建筑面积 12.50 万平方米。图书馆建筑面积 0.59 万平方米。全年教育经费投入 24682.69 万元，其中，财政拨款 21066.77 万元、自筹经费 3615.92 万元。固定资产总值 56492.71 万元，其中，教学、科研仪器设备资产值 7441.59 万元，信息化设备资产值 10779.97 万元。拥有教室 63 间，其中，网络多媒体教室 63 间。拥有图书 52.6 万册，计算机 1687 台。网络信息点 9600 个，上网课程 35 门，电子邮件系统用户 4826 个，管理信息系统数据总量 47149GB，数字资源量中电子图书 186.27 万册、电子期刊 15.86 万册、学位论文 371.09 万册、音视频 15.62 万小时。学校由教育部举办，为政法院校，设有 1 个校区，设置 7 个院（系、部）。开设 10 个本科专业，覆盖 5 个学科门类；具有一级学科 4 个；一级学科硕士点 4 个、二级学科硕士点 1 个、硕士专业学位授权类别 4 个。国家级一流本科专业建设点 5 个，北京市级一流本科专业建设点 1 个，北京高校高精尖学科 1 个。教职工 352 人，其中，专任教师 176 人，包括正高级 36 人、副高级 82 人；博士生导师 8 人、硕士生导师 366 人。外籍教师 5 人。学历教育学生中毕业生 868 人，其中，硕士研究生 316 人、普通本科生 552 人。本科毕业生就业率 75.72%。招生 781 人，其中，硕士研究生 318 人、普通本科生 463 人。高考北京地区提档线不限选考专业组 584 分、物理必考专业组 590 分。在校生 2709 人，其中，硕士研究生 683 人、普通本科生 2026 人。留学生毕业 12 人、招生 8 人。网址：www.uir.cn。

2020 年，学校坚持疫情防控和业务工作“两手抓”“同推进”，各项工作取得新成效。

党的建设。研究制定《中共国际关系学院委员会关于加强班子自身建设的意见》，修订完善《国际关系学院坚持和完善党委领导下的校长负责制实施办法》等制度，形成党委领导纵到底、横到边、全覆盖的工作格局。修订完善《国际关系学院意识形态责任制实施细则》，党委书记、院长分别给本科、研究生新生上第一课，引导学生树立正确世界观、人生观、价值观；加强对哲社科类讲座、论坛、报告会和研讨会的审批管理，组织开展学生、教师思想状况专题调研，开展教材专项排查、反境外宗教渗透等工作，筑牢校园意识形态工作防线。

学科专业建设。国际政治、法学专业入选教育部首批“双万专业”建设目录。推进国家安全高精尖学科建设，完成 2019 年度高精尖学科自评报告和教育部省级优势学科特色学科动态监测，获北京市 2020 年度专项拨款 100 万元。组织开展 2020 年博士授予单位和博士授权点申报工作，“美文阅读人文篇”获评国家级精品在线开放课程，“西方文明史导论”上线“学堂在线”国际版平台。引进优质课程 99 门次。

6月2日，国关本科生毕业论文“云答辩”全部完成
（国关学院　供）

学生教育管理。创新开展网络思政教育，国际经济系学生党支部线上党日活动被“学习强国”App重点报道；组织“同心共奏、战疫有我”线上音乐演奏，召开“众志成城、共克时艰”等主题班会，引导学生积极投身防控工作，先后有近百名学生志愿参加疫情防控。加强国防教育，鼓励支持学生参军报国，首次实现女学生参军入伍。

科研工作。获批2020年度国家社科基金年度项目4项，其他部委和横向项目多项；校内教师立项42项，经费111.5万元；学生立项140项，经费42.13万元；补充开展2019年度国家安全高精尖学科建设科研专项，立项经费34万元。《国际安全研究》期刊推进英文期刊发展建设工作，以期刊编辑部为载体，组织召开“21世纪生物安全：态势·理论·实践”等学术研讨会。创刊编发《国际关系学院研究报告》。

干部师资队伍建设。面向领导班子、中层领导干部和相关职能部门教职工有重点、分批次开展政治轮训。完成专业技术职务第4期聘任和2020年度职称评审工作。组织开展多种网上教学培训和研讨，参训教师675人次。组织开展“本科课程思政培训师培养项目”，健全师德师风建设常态化机制，组织开展首次师德年终考核测评工作。

党委书记　韦春江
校　　长　陶坚

（任婉君）

本科毕业论文“云答辩”

6月2日，国关学院本科生毕业论文“云答辩”全部完成。学院发布《关于做好2019—2020学年春季学期延期开学阶段本科教学相关工作的通知》《关于做好2020届本科生毕业论文（设计）答辩工作的通知》等，要求答辩工作原则上采取书面答辩方式，申请优秀毕业论文的须采用线上答辩方式，并要求线上答辩的学术水平、程序与线下一致。学校本科毕业生260人参加书面答辩、292人参加线上答辩，其中，优秀78人。

（任婉君）

北京体育大学

概述

2020年，北京体育大学占地面积75.52万平方米；产权校舍建筑面积51.57万平方米。图书馆建筑面积6246平方米。全年教育经费投入138629.61万元，其中，财政拨款54797.88万元、自筹经费83831.73万元。固定资产总值26.78亿元，其中，教学、科研仪器设备资产值4.36亿元，信息化设备资产值9289.51万元。拥有教室111间，其中，网络多媒体教室110间。拥有图书133.20万册，计算机4279台。网络信息点25634个，上网课程37门，电子邮件系统用户27394个，管理信息系统数据总量171.46GB，数字资源量中电子图书186.08万册、电子期刊78.67万册、学位论文884.83万册、音视频1.43万小时。学校由体育总局举办，为体育院校，设有1个校区，设有4个学部、23个学院和1个附属竞技体育学校；开设39个本科专业，覆盖8个学科门类；具有一级学科1个；一级学科博士点1个；一级学科硕士点6个。博士后科研流动站1个，其中，博士后研究人员出站11人、进站5人、在站21人。“双一流”建设学科1个，国家级一流本科专业建设点9个，北京市级一流本科专业建设点6个。教职工1121人，其中，专任教师799人，包括教授139人、副教授208人；博士生导师116人、硕士生导师409人。毕业生4287人，其中，学历教育学生中全日制研究生1177人（博士生104人、硕士生1073人）、普通本科生2393人、成人教育本专科生717人（本科生429人、专科生288人）。本科毕业生一次就业率89.5%。招生4676人，其中，学历教育学生中全日制研究生1273人（博士生126人、硕士生1147人）、普通本科生2394人、成人教育本专科生1009人（本科生744人、专科生265人）。高考北京地区提档线不限选考专业组564分、思想政治必考专业组570分、物理/化学/生物专业组567分、物理必考专业组568分、物理/化学专业组572分、历史必考专业组566分、不限选考专业组（含民委专项）537分。在校生14604人，其中，学历教育学生中全日制研究生3091人（博士生427人、硕士生2664人）、普通本科生9674人、成人教育本科生1377人，成人教育专科生462人。留学生毕业33人、招生75人、在校生288人。网址：www.bsu.edu.cn。

2020年，学校全面落实立德树人根本任务，以打赢疫情防控阻击战为首要任务，统筹推进疫情防控和事业发展，实现全校“零疑似”“零感染”目标，学校各项事业高质量发展。

落实国家重大任务要求。推动学习践行习近平总书记给研究生冠军班回信精神常态化、制度化；对标《体育强国建设纲要》，推进智能化科学训练基地建设；严抓基地封闭管理和疫情防控，建立奥运备战服务体系，提供科技服务保障，推进科技助奥研究，开展国家重点研发计划“科技冬奥”项目；全面推进青训体系建设与竞技体育人才培养；统筹资源做好体育扶贫工作。

11月27日，中国跆拳道协会青少年训练基地落户北体大
（北体大 供）

服务体育事业。发挥体育学科优势，成立运动促进心肺功能康复研究中心，研发《新冠肺炎出院患者运动康复指南》，在湖北疫区推广“诊间健身操”。《强体助肺健身术》发布后经中国教育网络电视台宣传报道，翻译成英语、法语、德语、西班牙语等语言。率先推出《北体教授说》《宅家健身》等居家科学健身指导作品。组织1012名学生在全国30个省份参与疫情防控志愿服务、居家健身推广等活动。发挥体育新兴媒体资源优势，完成中国跳水冠军达标赛、国家射击队网络视频对抗赛等赛事云直播。研发“北体传媒”App。完成体育总局中国体育国庆档系列赛事178场赛事及2场开闭幕式信号制作及转播任务。牵头31所高校开展2020年教育部《国家学生体质健康标准》测试抽查复核工作。编写发行国内首部《中国体育旅游发展报告（2019—2020）》《中国体育场馆发展报告（2019—2020）》。

学科布局。“双一流”首期建设完成，做好第五轮学科评估和专业学位水平评估工作，以“双一流”建设为契机提升学科、专业建设水平。全面深化“三个转型”（项目转型、科技转型、国际化转型）综合改革，持续增强发展新动力，推进学科布局优化。7门课程入选首批国家级一流本科课程。

人才培养。加强人才招聘与引进工作，组织5批社会公开招聘，招聘优秀人才60人，启动《青年骨干人才培养计划》，组织198名教职工参加首期青年骨干人才培训营，70名教师参加年度教师资格认定，1人获北京市高等学校教学名师奖、1人获北京市高等学校青年教学名师奖。修订《中层领导干部选拔任用工作办法》《科级干部选拔任用办法》等，任免中层干部30人；制订实施《在疫情防控阻击战中考察识别干部工作方案》，建立健全干部纪实档案，对5名干部开展重点识别及时提醒；拓宽校内外挂职渠道，选调4名干部至体育总局、北京冬奥组委工作，8名干部到体育总局、海南省教育厅等地挂职。2个集体、5名个人获2020年全国体育事业突出贡献奖。

改善办学条件。改善部分学院办公条件，新增学院工作用房6053平方米。与海淀区教委合作共建的恩济里体大幼儿园于9月正式开园，并升级成为北京市示范幼儿园。创新开展云服务解决学生学习就业难题，开展智慧校园建设，以大数据技术提升管理效能。

党委书记　曹卫东

校　　长　曹卫东

（马嘉悦）

体教融合学术研讨会

6月18日，北体大举办体教融合学术研讨会。会议以“高等院校在体教融合中的责任与担当”为主题，采取线上形式召开。与会人员围绕体教融合的内涵、发展方向、发展模式等内容交流讨论。中国高等教育学会、国家体育总局、人民日报社、国内13所高等院校的领导和专家学者，北体大教育学院全体教师和部分中层干部参加会议。

（马嘉悦）

中国跆拳道协会青少年训练基地揭牌

11月27日，中国跆拳道协会青少年训练基地在北体大揭牌成立。基地由北体大与中国跆拳道协会共建，共同探索建立中国跆拳道高水平竞技体育人才体教深度融合培养体系。基地挂牌后，学校与中国跆拳道协会共同组建跆拳道国家青年队，以基地为依托，创新培养模式。

（马嘉悦）

中央音乐学院

概述

2020年，中央音乐学院占地面积6.48万平方米，产权校舍建筑面积17.86万平方米。图书馆建筑面积0.55万平方米。全年教育经费投入56697.50万元，其中，财政拨

11 月 25 日至 27 日，中央音乐学院开展扶贫扶智工作。图为学校教师在二塘乡庄子湾小学为四年级学生上音乐课　（中央音乐学院　供）

款 32608.54 万元、自筹经费 24088.96 万元。固定资产总值 12.16 亿元，其中，教学、科研仪器设备资产值 2.5 亿元，信息化设备资产值 9167.16 万元。拥有教室 206 间，其中，网络多媒体教室 39 间。拥有图书 11.52 万册，计算机 1153 台。网络信息点 5516 个，上网课程 85 门，电子邮件系统用户 7032 个，管理信息系统数据总量 358GB，数字资源量中电子图书 7.83 万册、电子期刊 3.50 万册、学位论文 119.68 万篇、音视频 5000 小时。学校由教育部举办，为艺术院校，设有 1 个校区，设置 13 个院（系、部）。开设 3 个本科专业，覆盖 1 个学科门类；具有一级学科 1 个；一级学科博士点 1 个、二级学科博士点 5 个；一级学科硕士点 1 个、二级学科硕士点 6 个、硕士专业学位授权类别 1 个；博士后科研流动站 1 个，其中，博士后研究人员出站 4 人、进站 5 人、在站 22 人。“双一流”建设学科 1 个，国家级一流本科专业建设点 2 个，北京高校重点建设一流专业 1 个，北京高校高精尖学科 1 个。教育部人文社会科学重点研究基地 1 个，国家级实验教学示范中心 1 个，国家级非物质文化遗产研究与保护中心 1 个，国家级人才培养创新实验区 2 个。教职工 620 人，其中，专任教师 392 人，包括正高级 111 人、副高级 137 人；博士生导师 122 人、硕士生导师 193 人。国家有突出贡献中青年专家 5 人；“长江学者奖励计划”讲座教授 1 人、青年长江学者 1 人；“国家高层次人才特殊支持计划”青年拔尖人才 2 人，哲学社会科学领军人才 4 人；中宣部文化名家暨“四个一批”人才 5 人；“新世纪百千万人才工程” 4 人；“新世纪优秀人才支持计划” 28 人；享受国务院特殊津贴人员 25 人；第五届德艺双馨文艺工作者 1 人。外籍教师 33 人，其中，教授 22 人、副教授 7 人。学历教育学生中毕业生 1827 人，其中，研究生 254 人（博士生 34 人、硕士生 220 人）、普通本科生 343 人、网络教育本专科生 1230 人（本科生 636 人、专科生 594 人）。本科毕业生就业率 98.19%。招生 1301 人，其中，研究生 318 人（博士生 54 人、硕士生 264 人）、普通本科生 352 人、网络教育本科生 631 人。高考北京地区提档线不限选考专业组 316 分。在校生 9320 人，其中，研究生 867 人（博士生 138 人、硕士生 729 人）、普通本科生 1601 人、网络教育本专科生 6852 人（本科生 601 人、专科生 6251 人）。留学生毕业 6 人、招生 3 人、在校生 18 人。网址：www.ccom.edu.cn。

2020 年，学校以“双一流”建设为发展核心，以“立德树人”为根本任务。面对新冠肺炎疫情，创新工作模式，保障招生、教学、毕业、就业安置工作顺利进行，持续用新理念书写新篇章。

教育教学。以云端教学形式一对一远程指导主科教学以及公共课教学；采用师生远程网络教学，专业课上师生就同一曲目、同一演奏技巧网络打擂台等形式，提高网络教学效率，完成全年教学任务；图书馆远程开通网上查阅和检索功能；完成附中、本科、硕士、博士四大线上招生工作；开设网络课程 302 门，课时数 10268 节；在线授课教师 474 人、在线学习学生 2516 人。在教育部开展的两次全国高校在线教学状况调研中，学校 1252 名学生对学校 300 余门网课的满意度 99.22%。学校师生获重要奖项 218 项，其中，国际 185 项、首奖 115 项；国内 35 项、首奖 9 项。

学科建设。管弦系获评北京高校优秀本科育人团队。获北京市高等教育本科教学改革创新项目 2 个，入选首批国家一流本科线下课程 2 门。音乐学系 3 篇论文获北京市普通本科高校大学生优秀毕业论文。

科研工作。获国家社科基金艺术学规划项目 2 个、教育部人文社会科学研究规划项目 1 个、中宣部中华民族音乐传承出版工程理论研究项目 2 个；获教育部第八届高等学校科学研究优秀成果奖一等奖 1 项、二等奖 4 项；第 17 届霍英东青年教师奖二等奖 1 项，青年教师基金 1 项。音乐人工智能与音乐信息科技系获评科技部“111 计划”创新引智基地，产出 3 项创新成果并投入教学应用。实施“中国音乐遗产地图”等教改和科研重大项目 12 个。

社会服务。帮助青海省化隆县脱贫摘帽，协助教育部定点扶贫河北省邢台市威县、青龙满族自治县。开展“新时代宣讲师”工作，先后在浙江省宁波市鄞州经济开发区、陕西省延安市志丹县、青海省化隆县建立新时代文明实践中心试点。举办第二届中央音乐学院·延安“5·23”艺术节，与中央文明办、教育部、文化和旅游部等共同举办“美育云端课堂”。与教育部、中央广播电台、宁波市政府联合举办“立德树人、美育启智——新学期第一堂音乐课”。为延安 90 余所小学近 150 个班级举办“班班有合唱、校校有歌声”活动。学校校长与歌唱家郭淑珍教授共同为延安直播带货，推动消费扶贫。

党委书记 赵旻

院　　长 俞峰

（王小夕）

中国音乐学院

概述

2020 年，中国音乐学院占地面积 4.42 万平方米，产权校舍建筑面积 1.74 万平方米、非产权校舍建筑面积 9.69 万平方米。图书馆建筑面积 3351 平方米。全年教育经费投入 60897.59 万元，其中，财政拨款 32766.78 万元、自筹经费 28130.81 万元。固定资产总值 98342.67 万元，其中，教学、科研仪器设备资产值 46097.49 万元，信息化设备资产值 5845.26 万元。拥有教室 58 间，其中，网络多媒体教室 40 间。拥有图书 47.29 万册，计算机 1730 台。网络信息点 5844 个，电子邮件系统用户 3989 个，管理信息系统数据总量 635GB，数字资源量中电子图书 325.60 万册、电子期刊 2.19 万册、学位论文 166.88 万册、音视频 76.25 万小时。学校由北京市举办，为艺术院校，设有 1 个校区，设置 11 个院（系）。开设 3 个本科专业，覆盖 1 个学科门类；具有一级学科 1 个；一级学科博士点 1 个；一级学科硕士点 1 个、硕士专业学位授权类别 2 个；博士后科研流动站 1 个，其中，博士后研究人员出站 9 人、退站 2 人、进站 23 人、在站 12 人。“双一流”建设学科 1 个，国家级一流本科专业建设点 3 个，北京市重点建设一流专业 2 个，北京高校高精尖学科 1 个。北京高精尖创新中心 1 个。教职工 413 人，其中，专任教师 245 人，包括正高级 64 人、副高级 106 人；博士生导师 53 人、硕士生导师 112 人。全国模范教师 1 人，“国家高层次人才特殊支持计划”领军人才 2 人、青年拔尖人才 1 人，国家级教学名师 1 人，“长江学者奖励计划”青年长江学者 1 人，全国文化名家暨“四个一批”人才 2 人，全国中青年德艺双馨文艺工作者 2 人。外籍教师 28 人，其中，教授 21 人、副教授 2 人。学历教育学生中毕业生 814 人，其中，研究生 210 人（博士生 16 人、硕士生 194 人）、普通本科生 273 人、成人教育本专科生 331 人（本科生 312 人、专科生 19 人）。本科毕业生就业率 89.38%。招生 546 人，其中，研究生 188 人（博士生 28 人、硕士生 160 人）、普通本科生 358 人。在校生 3403 人，其中，研究生 607 人（博士生 72 人、硕士生 535 人）、普通本科生 1470 人、成人教育本专科生 1326 人（本科生 1325 人、专科生 1 人）。留学生毕业 6 人、招生 4 人、在校生 23 人。网址：www.ccmusic.edu.cn。

12 月 7 日，中国音乐学院在国家大剧院举办经典歌剧名曲专场音乐会（中国音乐学院 供）

2020 年，学校以分类发展进入北京市高水平研究型大学建设高校为契机，统筹谋划新时代学校教育事业发展，全面提升中国特色世界一流高等音乐学府建设水平，奋力开创高水平研究型大学建设新局面。

学科建设取得突破。强化制度建设，完成 22 个党群、行政部门共四轮的校级制度梳理、反馈、修改、复核等工作。校级制度初步编印成册，各教学系部制度建设工作正式启动。开展第五轮学科评估工作，完成“双一流”建设动态监测工作与“双一流”建设周期总结工作。探索建立中国乐派“8＋1、思政＋X”（“8”指中国乐派 8 门核心的专业基础课，“1”指包括专业主课和专业实践课的专业课；“思政”指国家规定的思想政治理论课类课程，“X”指全面人文素养课程）课程体系，分步推进课程团队与课程体系建设，聘请全国范围内的相关领域专家进行评议与交流。加大学科带头人和青年杰出人才引进力度，引进学科带头人 5 人、青年杰出人才 5 人。新增国家级人才 3 人，北京市宣传思想文化系统“四个一批”人才 1 人，北京市高校教学名师 1 人，青年教学名师 1 人。

学术活动稳步推进。以“中国乐派”建设为引领，高效推进“中国乐派”高精尖创新中心工作。完成中宣部“中华民族音乐传承出版工程”理论研究与名录编写项目。首次获得国家社科基金后期资助项目，并历史性地获得 5 个国家级社科基金研究项目。立项省部级项目 3 个，市教委项目 1 个。

对外交流有序开展。学校与全球音乐教育联盟作为参展单位，在国际服贸会教育服务专题展区进行成果展示。与全球表演艺术基金会、全球音乐教育联盟共同举办“表演艺术的可持续发展”高峰论坛暨全球音乐教育联盟 2020

年年会，来自亚洲、欧洲、北美洲、大洋洲的世界一流音乐院校校长及国际音乐界的音乐家代表齐聚线上，就“表演艺术的可持续发展”主题展开讨论。至2020年，全球音乐教育联盟共吸纳世界顶尖音乐院校79所，学校10名学生入选音乐教育联盟联合培养项目。

服务社会取得成效。学校教师参与创作并执棒的首部抗疫大型交响曲《浴火重生》在武汉琴台音乐厅首演。学校坚持“品牌、权威、质量、规范”的考级理念，全年组织考级人数近200万人次。开展“线上师资培训”，运用新型考核方式开展师资水平认证，培训工作全年收入1500余万元，考级培训总收入突破2亿元。

12月12日，中国音乐学院举行高水平研究型大学建设大会暨“五院一地”授牌仪式 （中国音乐学院 供）

党委书记 王旭东
校　　长 王黎光

（江瑾尧）

音乐厅里的思政课

10月12日，中国音乐学院、中国音协合唱联盟爱乐男声合唱团共同举办“音乐厅里的思政课”。课程以“最美的歌声献给党”为主题，包括“泱泱中华，壮丽山河”“扎根人民，奉献国家”“歌颂家乡，同心筑梦”“追梦奋斗，砥砺前行”4个单元，带领听众重温中国共产党的光辉岁月与风雨历程。400余名本科生和研究生聆听课程。“音乐厅里的思政课”以音乐厅为教学地点，以党和国家重大历史时刻和重大节日、纪念日为切入点，以思想政治理论课教学与艺术教育规律为结合点，开展“沉浸式”思政课教学。

（江瑾尧）

高水平研究型大学建设大会

12月12日，中国音乐学院举行高水平研究型大学建设大会暨“五院一地”授牌仪式。会议听取题为《中国音乐学院高水平研究型大学建设的思考与规划》的主旨发言，为学校“五院一地”颁牌。全校师生800余人参会，北京工业大学、首都师范大学、北京舞蹈学院校长及北京大学艺术学院院长致辞并发言。“五院一地”即中国音乐理论研究院、中国乐派研究院、中国声乐艺术研究院、中国音乐学院研究生院、中国音乐学院教育学院和中国音乐研究基地。其中，中国音乐理论研究院作为中国音乐文化发展的“智库”中心，承担国家文化建设的重大理论研究与规划，关注中国音乐教育体系的重大命题；中国乐派研究院侧重传承中国音乐的艺术血统；中国声乐艺术研究院旨在带动中国器乐、中国音乐创作、中国音乐理论、中国音乐教育的全面发展，服务中国乃至全球音乐文化发展；中国音乐学院研究生院是学科项目研究及培养的重要承载机构；中国音乐学院教育学院是学校服务社会音乐发展的重要机构；中国音乐研究基地作为学校科研整合平台，是科研成果重要的产出机构。

（江瑾尧）

中央美术学院

概述

2020年，中央美术学院占地面积29.64万平方米，产权校舍建筑面积29.64万平方米、非产权校舍建筑面积23031.68万平方米。图书馆建筑面积1.03万平方米。全年教育经费投入66325.09万元，其中，财政拨款36231.68万元、自筹经费30093.41万元。固定资产总值169268.23万元，其中，教学、科研仪器设备资产值22813.30万元，信息化设备资产值11815.69万元。拥有教室556间，其中，网络多媒体教室21间。拥有图书55.67万册，计算机4197台。网络信息点9500个，电子邮件系统用户15000个，管理信息系统数据总量320GB，数字资源量中电子图书468.48万册、电子期刊4701.30万册、学位论文2034.18万册、音视频12.80万小时。学校由教育部举办，为艺术院校，设有3个校区，设置13个院（系、部）。开设22个本科专业，覆盖9个学科门类；具有一级学科6个；一级学科博士点3个；一级学科硕士点6个、专业学位硕士点2个、硕士专业学位授权类别2个；博士后科研流动站3个，其中，博士后研究人员出站2人、进站6人、在站30人。国家级一流本科专业建设点11个，北京市级一流本科专业建设点2个，北京高校重点建设一流专业1个。北京高精尖创新中心1个。教职工744人，其中，专任教师425人，包括正高级161人、副高级125人；博士生导师92人、硕士生导师240人。外籍教师23人，其中，教授19人、副教授2人。学历教育学生中毕业生1178人，其中，研究生402人（博士生61人、硕士生341人）、普通本科生776人。本科毕业生就业率 80%。招生 5084 人，其中，研究生 1494 人（博士生 240 人、硕士生 1254 人）、普通本科生 3590 人。在校生 5084 人，其中，研究生 1254 人（博士生 240 人、硕士生 1254 人）、普通本科生 3830 人。留学生毕业 32 人、招生 41 人、在校生 170 人。网址：www.cafa.edu.cn。

2020 年，学校年度重点工作主要包括以下几个方面：

队伍建设。保障国际一流艺术名家、设计师与学者担任教职、投入教学科研，连续 3 年完成“中央美院国际顶尖人才引进计划”，引入海外高层次人才累计 91 人，吸引海外知名院校毕业归国人员 110 人，聘任学校杰出教授 20 人、荣誉教授 23 人、客座教授 23 人；在教师素养培训、创作科研支持保障、优秀人才表彰选拔等方面完善中青年教师培养机制；以学科分类为基础深化职称评审改革，树立反映艺术院校办学特点的人才评价导向。

教学质量。推动以美育人与立德树人的有机统一，依托“五位一体”思政课教学改革建立艺术高校思政建设新模式。由“央美命题”入手调整完善招生机制，实现优质艺术生源的精准识别和规范选拔。强化专业定位、培养目标、课程建设和教学方法的一脉贯通，形成工作室教学为主体、精专与通识兼备、创作与理论并重，国际展览、社会实践、学术论坛助力一流人才成长的学习研究和创新创业培养链。制定《中央美术学院本科教学检查及评比制度》《中央美术学院日常听课制度实施办法》等一系列质量标准和效果监控制度。对各院系组织教学检查，包括评审各院系评议推荐的在校生优秀作业、集中听取各院系评议推荐的年度优秀课程汇报并完成终审。召开研究生教育改革工作专题会。入选第三批国防教育特色学校。

科研活力增强。学校获第八届高等学校科学研究优秀成果奖（人文社会科学）6 项，省部级及以上科研项目立项 47 个，学校艺术设计研究院院长刘波及其团队设计完成中国人民警察警旗。

服务社会。“中央美院”微信公众号选送的《@ 湖北美院春来啦！请收下来自“美院一家人”的祝愿》入选 2020 教育政务新媒体年度案例，党委宣传部入选教育部政务融媒体创新创作基地。

国际交流。学校实行“开放、对话、合作与共享”的全球拓展战略，召开“弘扬中华美育精神的新艺科”建设研讨会；与 60 所国际知名艺术院校建立合作关系，开展教师互访、学生互换和海外研修项目；与全球著名艺术博物馆合作举办“安尼施·卡普尔个展”“艺术之规：德国当代艺术——‘德国 8’展览系列”“基弗在中国”等重要美术展览，发起、参与国际美术教育大会、“欢乐春节·艺术中国汇”纽约项目等国际高级别人文交流活动；建立中法学院，成为教育部唯一批准正式招生的艺术院校中外合作办学机构；优化调整留学生规模与结构，逐步提升“一带一路”沿线国家生源比例至 80% 左右。

文化传承创新。塑造“招生季”“开学季”“写生季”“毕业季”的四季校园文化品牌。成立丝绸之路艺术研究协同创新中心，打造服务“一带一路”的高端智库，组织“文明的回响”“第聂伯之会——中乌当代美术交流展”“沿巴尔干山到黑海——中保当代美术交流展”等高水平国际艺术展览，拓展与沿线国家、机构、大学的交流渠道，主动承担“中国文化走出去”的重要职责。连续 7 年承办中国非物质文化遗产传承人群研培计划，以“为民族传承，为生活创新”为宗旨，推动非物质文化遗产的传承、保护和研究。

关键领域改革。学校在专业定位、课程设置、师资配备、质量监控等多个方面深化教学改革，推进建设国家级和省级一流本科专业点 15 个。改革绩效薪酬制度、专业技术职务评聘制度，树立艺术院校人才评价导向，首创高等艺术院校理事会机制，发挥教育发展基金会在争取捐赠和融资拓展上的平台作用，形成社会力量参与治理新局面。

党委书记 高洪
院　　长 范迪安

（任劭坤）

校史图志出版

1 月 10 日，《百年美院 百年美育——中央美术学院校史图志（1918—2018）》出版。该书由党委宣传部牵头，组织专家团队编纂，共计 33 千字，包括图片 1048 张，采用 8 开本，由红线锁线装订，共计 800 页，湖南美术出版社出版。图志将“100 年”作为核心概念贯穿于全书的设计，早期历史图像采用黑、灰专色的叠印处理，

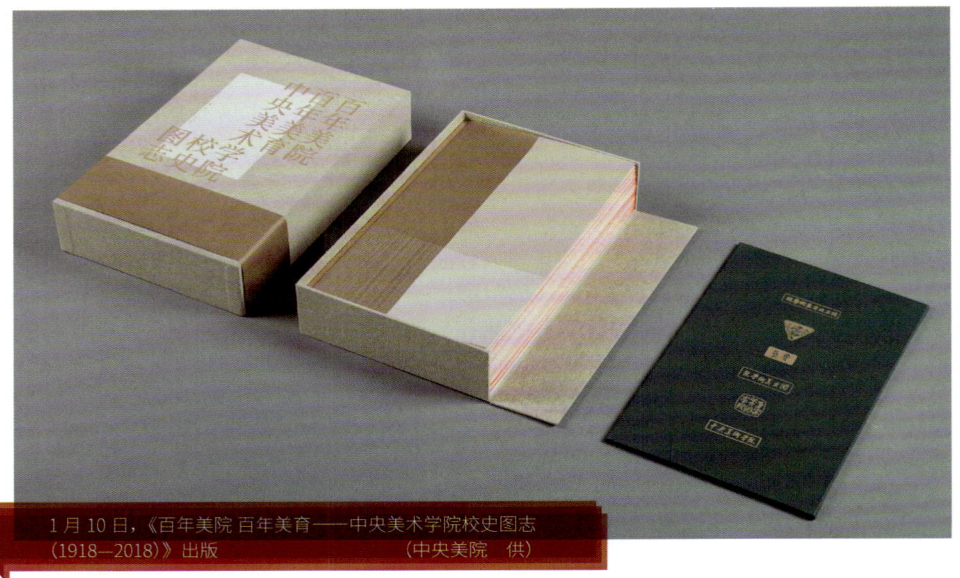

1 月 10 日，《百年美院 百年美育——中央美术学院校史图志（1918—2018）》出版（中央美院　供）

学生管理。学校获2020年北京高校毕业生就业工作先进集体。13名劳模本科班学生分别获2020年“全国劳动模范”“全国先进工作者”称号，其中，“全国劳动模范”11人、“全国先进工作者”2人。

学科建设。成功推动学校硕士学位授予权和公共管理、社会工作、新闻与传播3个专业硕士点申报通过北京市评审，进入国务院学位委员会审核程序。新增2个市级一流本科专业建设点、2门国家级一流本科课程。3门课程获北京市“优质本科课程”、3项课件获北京市“优质本科教材课件”，2个新增本科专业实现招生。

科学研究。组织完成智库研究课题10项，承接横向课题8项、完成7项，彰显学校的学术使命与学术担当。申获省部级及以上社科基金课题12项，国家社科基金后期资助项目2项、优秀博士论文出版项目1项，取得学校社科申报最好成绩。

师资队伍。完成2020年度职称评审工作、第三次岗位设置与聘用教师相关工作。通过社会招聘、毕业生招聘等方式引进人才14人。评选出首批“中工学者”5人。开展“走进中国工会”调研活动2次。面向专任教师、研究生导师、教学秘书等全体教职工开展专业化培训。全年共培训936人次，总数为上年的近2倍。

工会干部培训。学校实现工会学院与工会干部培训学院协同建设，支持工会理论研究与工会干部培训“双高地”建设、“双促进”发展。率先推出工会干部“云培训”，全年完成全国总工会培训计划培训班（网络培训班）4期，培训3086人次，同比增加1298人次。完成53门线上课程的录制，编写《习近平总书记关于工人阶级和工会工作重要论述学习讲义》，推动习近平新时代中国特色社会主义思想进课堂、进教材。成功举办工会学理事会与工会学年会、第七届全国工会干部培训院校长工作交流研讨会，巩固学校在全国工会干部教育培训中的龙头地位。职工教育数字化学习资源不断丰富，培训、就业基地进一步拓展，职工教育培训体系建设持续加强。

交流合作。学校完成14项对外交流合作的制度和工作流程修订工作。举办12场主题为“全球抗疫复工劳动关系”系列讲座，邀请来自12个国家和地区的专家学者主讲。与英国基尔大学和英国剑桥大学菲茨威廉学院两所高校签署校际合作协议；筹备和启动国际学生招生资质备案申请工作。与国网国际公司合作完成《向海而行——“一带一路”央企境外劳动关系管理与实践》。

党委书记　刘向兵
校　　长　傅德印

（周敏）

《劳动通论》出版

5月，劳关学院编纂的全国高等学校劳动教育教材《劳动通论》出版。该书主要内容涉及劳动的科学、劳动与人生、劳动与伦理等，包括14章60节，共计32万字，由高等教育出版社出版。该书贯彻新时代党的教育方针，以普及劳动科学知识、提高科学劳动素养为着力点，把劳动科学发展和劳动实践需求两个维度相结合，系统介绍劳动学科领域相关的基本知识。

（卢典）

北京警察学院

概述

2020年，北京警察学院占地面积60.77万平方米，产权校舍建筑面积21.85万平方米。图书馆建筑面积0.98万平方米。全年教育经费投入16675.29万元，全部为财政拨款。固定资产总值123342.64万元，其中，教学、科研仪器设备资产值5694.85万元，信息化设备资产值7964.87万元。拥有教室135间，其中，网络多媒体教室109间。拥有图书61.80万册，计算机3727台。网络信息点6788个，上网课程182门，电子邮件系统用户523个，管理信息系统数据总量2870GB，数字资源量中电子图书24.21万册、电子期刊15.50万册、学位论文258.39万册、音视频5.48万小时。学校由北京市举办，为政法院校，设有1个校区，设置10个系（部）。开设10个本科专业，2个专科专业，覆盖2个学科门类。教职工386人，其中，专任教师207人，包括正高级30人、副高级58人。学历教育学生中毕业生555人，其中，本科生472人、专科生83人。本科毕业生就业率98.71%。招生566人，其中，本科生486人、专科生80人。高考北京地区提档线思想政治必考专业组446分、物理/化学/生物专业组503分。在校生2173人，其中，本科生1931人、专科生242人。网址：www.bjpc.edu.cn。

2020年，学校建设办学特色鲜明、符合实战需要的国家重点公安院校，实现“国内一流、国际水平”的发展目标，坚持立德树人根本任务，推进疫情防控与教育教学，开展党委巡察整改、评估整改、教育教学改革，服务首都公安实战各项工作任务。

支援勤务。按照市公安局全国两会和疫情防控等安保部署，学校1100余名师生深入东城区、通州区等7个分局的辖区、社区及检查站等抗疫一线开展支援勤务工作，1个集体、2名民警和1名文职分别记功、嘉奖，3批次31名教师干部受到通报表彰。

师资建设。对获公安部等奖励师生给予奖励和科研经费支持，鼓励教师通过外出学习进修、在职攻读博士、参加学术交流论坛等方式提升能力；组织教师评优活动，获评第四届北京市高等学校青年教学名师1人；组织金质线上课程课件制作实操训练营线上工作坊等线上培训项目50个。

课程建设。规划传统专业、特色专业和紧缺专业的差异化发展策略和建设任务，突出涉外警务、网络安全与执法等特色专业建设，强化侦查学、治安学、刑事科学技术等传统优势专业建设，加强政治安全保卫、反恐怖、交通事

9月29日，警察学院在田径场举行2020—2021学年度开学典礼暨2020级新生军训成果汇报表演 （警察学院 供）

故处理等新建专业（方向）建设。制定《北京警察学院一流本科课程评选认定办法》，建立以合格课程建设为基础，以优秀思想政治理论课程、优质示范课程、特色课程、网络教育精品课程四类一流本科课程为引领，以线上、线下、线上线下混合、虚拟仿真实验教学及社会实践为支撑的“五种模式”课程建设体系；入选北京高校优质本科课程3门、北京高校优质本科教材课件3个；认定9门课程为学校年度一流本科课程；组织11门课程立项编写自编教材，给予3个申报北京高等教育“本科教学改革创新项目”配套经费支持。

教学改革及实验实训教学。在2020级本科生中开展大学英语分级教学改革；开发公安执法实务实训课程。组织大学生科技创新训练，立项3个国家级、6个省部级、8个院级大学生创新训练项目。安排专业综合训练替代毕业实习，提高分析、解决实际问题的能力；加强实验实训教学，认定12个实验项目、28学时的综合性、设计性实验；为刑事科学技术系毕业生毕业设计提供现场实验条件，开放足迹、指纹、文件实验室22人次、36学时。投入经费640.5万元，建设、升级改造移动互联安全实验室、虚拟仿真实验室、特种驾驶等实训场所。

校局合作。与市公安局公安交通管理局及其海淀分局等单位互动合作，完善“对口协作、研战一体化、双向交流、资源共享、学警支援”五大校局合作工作机制，与其局属25个业务部门签署对口合作协议，与其中14家单位共建学生校外实践教育基地。

思政课程建设。优化思政课程体系，开发思政选修课程，研发“四史”“首都公安史”“首都公安党建”“首都公安六种精神”等特色精品思政课程，打造学院思政课课程群。制订《课程思政工作实施方案》，推进课程思政建设工程，遴选18门课程作为课程思政示范课，全部课程参照示范课标准要求进行建设；评选课程思政示范课堂18个、优秀教师10人。加强宪法法律教育，组织开展“学宪法、讲宪法”主题演讲比赛等活动。把师德师风建设作为课程思政建设工程重要内容，组织开展课程思政理念与方法专题研修工作坊等课程思政专题培训。

在职培训。制定《关于在常态化疫情防控条件下开展在职民警培训工作方案》，对新警、司晋督及专项培训增加习近平总书记重要训词精神等培训内容。强化政治教育，积极落实疫情防控部署，明确疫情期间学员报到、训练、管理等规定。全年完成各类民警培训班88期6291人次。

党委书记 高岩

院　　长 王立

（胡欣坤）

本专科招生加试

7月29日至8月2日，警察学院完成本科生考试加试工作。学校完成2146名本科考生的心理测试、面试、体检、体能测评的加试工作，其中，男生1515人、女生631人。学校另于8月22日完成335名专科考生的心理测试、面试、体检、体能测评的加试工作，其中，男生240人、女生95人，接待考生家长800余人。

（胡欣坤）

中国科学院大学

概述

2020年，中国科学院大学占地面积334.81万平方米，产权校舍建筑面积60.94万平方米、非产权校舍建筑面积479.68万平方米。图书馆建筑面积2.56万平方米。全年教育经费投入292056.81万元，其中，财政拨款259815.74万元、自筹经费32241.07万元。固定资产总值432716.79万元，其中，教学、科研仪器设备资产值134904.38万元，信息化设备资产值27504.65万元。拥有教室251间，其中，网络多媒体教室231间。拥有图书67.40万册，计算机10738台。网络信息点44250个，上网课程42148门，电子邮件系统用户91754个，管理信息系统数据总量959GB，数字资源量中电子图书212.40万册、电子期刊3.62万册、学位论文586.47万册、音视频2.19万小时。学校由中科院举办，为综合大学，设有4个校区，设置47个院（系、部）。开设13个本科专业，覆盖2个学科门类；具有一级学科54个；一级学科博士点43个、二级学科博士点1个；一级学科硕士点55个、二级学科硕士点1个、硕士专业学位授权类别16个；博士后科研流动站12个，其中，博士后研究人员出站21人、进站105、在站213人。"双一流"建设学科2个，北京高校高精尖学科3个。国家重点实验室73个、国家研究中心2个、国家工程研究中心8个、国家工程技术研究中心17个、国家工程实验室12个、国家实验室1个、中科院重点实验室189个。专任教师3090人，包括博士生导师6786人、硕士生导师11257人；中科院院士237人、工程院院士45人。学历教育学生中毕业生11657人，其中，研究生11289人（博士生5824人、硕士生5465人）、本科生368人。招生17456人，其中，研究生17054人（博士生7104人、硕士生9950人）、本科生402人。高考北京地区提档线物理必考专业组678分、物理/化学专业组677分、物理/化学/生物专业组679分。留学生毕业369人、招生464人、在校生1696人。网址：www.ucas.edu.cn。

2020年，学校以立德树人为根本任务，推进全面从严治党，统筹疫情防控和教育教学工作，以"一流大学建设七大工程"为抓手，促进"双一流"建设取得阶段性进展，党的建设和事业发展取得新成效。

思想政治教育。修订《中国科学院大学党委意识形态工作责任制实施细则》，开展意识形态工作专题培训，落实各级领导、各级部门意识形态工作责任制，强化校园意识形态阵地管理。召开2020年全校思想政治工作会议，专题研究辅导员队伍和课程思政建设。制定马克思主义学院建设一揽子措施，制定《习近平新时代中国特色社会主义思想概论》教学方案。

教育教学质量。推进教学管理制度与机构建设，制定、修订《研究生课程学习管理规定》等10项制度文件。制定《研究生教学督导工作管理办法》，开展院系级教学督导，启动校级教学督导。在线教学慕课（MOOC）平台"国科大在线"上线运行。2个"拔尖基地"入围2020年度基础学科拔尖学生培养计划2.0基地名单。4个专业入围教育部"双一流专业"计划，其中，国家级一流本科专业3个、省级一流本科专业1个。获北京高校优秀本科育人团队1个，北京市教学名师1人，北京高校优质本科课程3门。

学科建设。完成34个一流学科建设首个五年周期总结工作。自主审核新增一级学科博士授权点2个；5门课程被认定为国家级一流本科课程。推进"双一流"建设，召开"双一流"建设周期总结专家评审会。

科技任务。获批国家自然科学基金项目72个、科技部国家重点研发类项目2个、中科院仪器装备研制项目1个。首次获批2020年度教育部哲学社会科学研究重大课题攻关项目1个、国家自然科学基金专项项目1个。

交流与合作。与美国南加州大学、比利时根特大学、芬兰坦佩雷大学签署合作交流协议。国家建设高水平大学公派研究生项目录取人数继续保持全国第一。获批面向港澳台招收本科生资格。首次获批北京市高端外国人才资助项目。

党委书记　李树深

校　　长　李树深

（顾盼）

中国社会科学院大学（中国社会科学院研究生院）

概述

2020年，中国社会科学院大学（中国社会科学院研究生院）占地面积40.84万平方米，产权校舍建筑面积13.42

9月29日，社科大向12个科教融合学院书记、院长授旗

（社科大　供）

万平方米、非产权校舍建筑面积 0.55 万平方米。图书馆建筑面积 1.24 万平方米。全年教育经费投入 64951.86 万元，其中，财政拨款 34969.10 万元、自筹经费 29982.76 万元。固定资产总值 91670.13 万元，其中，教学、科研仪器设备资产值 11740.91 万元，信息化设备资产值 6437.15 万元。拥有网络多媒体教室 80 间。拥有图书 53.60 万册，计算机 959 台。网络信息点 7975 个，上网课程 143 门，电子邮件系统用户 14190 个，管理信息系统数据总量 415GB，数字资源量中电子图书 22 万册、电子期刊 1.98 万册、学位论文 1.90 万册、音视频 420 小时。学校由社科院举办，设有 2 个校区，设置 39 个院（系、部）。设有 34 个本科专业，覆盖 6 个学科门类；具有一级学科 17 个；一级学科博士点 16 个、二级学科博士点 115 个；一级学科硕士点 17 个、二级学科硕士点 120 个、硕士专业学位授权类别 8 个；博士后科研流动站 4 个，其中，博士后研究人员出站 3 人、进站 2 人、在站 18 人。国家级一流本科专业建设点 10 个，北京市级一流本科专业建设点 3 个。省、部级重点学科（二级）5 个。省、部级研究（院、所、中心）实验室 18 个。教职工 700 人，其中，专任教师 408 人，包括正高级 53 人、副高级 106 人。2020 年科教融合改革之后，学校专任教师由专职教师、岗位教师和特聘教授组成，共计 1058 人，其中，教授 512 人、副教授 359 人。学历教育学生中毕业生 2529 人，其中，研究生 1424 人（博士生 406 人、硕士生 1018 人）、普通本科生 1105 人。毕业生就业率 80.07%。招生 2157 人，其中，研究生 1761 人（博士生 504 人、硕士生 1257 人）、普通本科生 396 人。高考北京地区提档线不限选考专业组 639 分、历史 / 地理专业组 648 分。在校生 6538 人，其中，研究生 4981 人（博士生 1897 人、硕士生 3084 人）、普通本科生 1557 人。留学生毕业 3 人、招生 3 人、在校生 12 人。非学历教育课程进修班在校生 7173 人，其中，课程班 3538 人、高级课程班 3635 人。网址：www.ucass.edu.cn；www.gscass.cn。

2020 年，学校贯彻落实党中央、社科院重大决策部署，把立德树人作为根本遵循，重点工作主要包括以下几个方面：

思政课程。学校把上好思政课作为重中之重，通过科教深度融合，依托社科院马克思主义理论、经济学、历史学、政治学等一流学科，打造“学部委员讲形势与政策课”“马克思主义学术名家大讲堂”“领导干部上讲台讲思政课”等系列思政金课。“形势与政策”思政课被评为国家一流课程。依托社科大“教育部高校思想政治工作创新发展中心”平台，推进思政课程与课程思政同向同行的改革创新。

科教融合改革。学校以“社科大与社科院发展融为一体”为遵循，依托社科院的科研、学术、人才优势，组建 12 个科教融合学院，由社科院相关研究所（院）主要负责人担任院长。全面实施岗位教师、特聘教授和专任教师、研究生导师制度，从社科院在职人员中聘请岗位教师，从社科院学部委员和退休的二级研究员中聘请特聘教授，形成四位一体的师资队伍。通过不断深化科教融合体制机制改革，实现校所优势互补、教研相互融合，着力构建具有社科院特色与优势的科教融合管理体制和高等教育办学体系。同时完成科教融合学院的党建与学生管理架构，加强学生思想引导，关注学生学风学业，重视学生心理健康。

合作交流。学校先后与退役军人事务部、住房和城乡建设部、房山区检察院等签署科研合作协议或达成合作意向。举办为期两周的 2020 年塞拉利昂减贫与可持续发展研修班。

党委书记 王京清
校　　长 张政文

（李安）

开学典礼暨科教融合学院成立大会

9 月 29 日，社科大举办 2020 年开学典礼暨科教融合学院成立大会。会议宣读《关于成立 12 个科教融合学院的决定》《关于聘任 12 个科教融合学院院长的决定》，向 12 个科教融合学院院长、书记授院旗，向学院院长、特聘教授代表颁发聘书。教师代表、学生代表分别发言。学校相关部门负责人，12 个科教融合学院领导班子成员以及本硕博新生代表、特聘教授代表、教师代表、在校生代表 500 人参加会议。为强化社科大办学定位，推进院系调整及科教融合改革工作，学校成立哲学院、经济学院、法学院、国际关系学院、马克思主义学院等 12 个科教融合学院。社科院若干名学部委员和二级研究员受聘特聘教授，上千名研究人员成为学校的岗位教师。

（李安）

中国农业科学院研究生院

概述

2020 年，中国农业科学院研究生院占地面积 1.50 万平方米，产权校舍建筑面积 4.30 万平方米。固定资产总值 17487 万元，其中，教学、科研仪器设备总值 5761 万元。全年教育经费投入 20053 万元，其中，财政拨款 11679 万元、自筹经费 8374 万元。国家农业图书馆建筑面积 31936 平方米，馆藏文献 210 万余册、33 万余种国内外图书，建有数据量 80G 以上的大型农业科学数据库。拥有计算机 100 台，虚拟教学机位 280 个。学校信息化经费投入 3600 余万元，多媒体教室 23 间，信息化设备资产 4480 余万元，网络信息点 2100 个，校园网出口总带宽 1500Mbps，电子邮件系统用户 5871 个，上网课程 65 门，数字资源量 80000GB，管理信息系统数据总量 500GB。该院研究生教育以其分布在全国 19 个省（市、自治区）的 36 个研究所为依托，研究生教育学科专业围绕中国农业科学院九大学科集群建设。涉及 17 个一级学科，其中，一级学科博士点 11 个、二级学科博士点 48 个；一级学科硕士点 17 个、二级学科硕士点 58 个；专业学位授权点 5 个。拥有中国农业领域仅有的农作物基因资源与基因改良国家重大科学工程和国家农业生物安全科学中心 2 个国家重大科技基础设施，国家重点实验室 6 个，农

9月21日，农科院举办乡村主题素质拓展活动

（农科院研究生院 供）

业农村部重点开放实验室62个；国家工程技术研究中心5个，国家工程实验室5个和国家工程研究中心2个。拥有专业技术人员6107人，其中，正高级1375人、副高级2040人；博士生导师803人、硕士生导师1301人。中科院院士4人、工程院院士13人。全日制研究生毕业1007人，其中，博士291人、硕士716人。全年招收各类研究生1668人，其中，博士575人（国内博士429人、留学生博士94人、中外合作办学项目博士52人），硕士1093人（全日制硕士1054人、非全日制硕士22人、留学生硕士17人）。现有在校研究生5559人，其中，硕士3401人、博士2158人。留学生毕业146人、招生111人、在校生486人。网址：gs.caas.cn。

招生与就业。应对疫情影响，首次采用远程网络视频的方式进行硕士研究生复试和博士研究生初试及复试考核；推进落实与浙江大学合作协议，构建多元化联合培养模式；深化博士招生制度改革，在兽医学科、畜牧学科成功试点经验基础上，全面启动实施博士研究生招生"申请—考核制"；扩大直博生规模，招生人数较上年翻一番；鼓励并支持兽医学院及京内外研究所举办具有学科特色的中小型大学生夏令营，选拔优秀生源；全年招收推免生129人，211高校生源占39.5%。开展就业宣讲会、春秋两季线上毕业生双选会和数十场专场线上双选会；丰富线上就业指导课，推送优质就业岗位116230个；积极联系协调生源较多省份，着力破解毕业生地方就业障碍；打造绿色通道，深入开展就业困难及离校未就业学生帮扶工作。

学科建设。深入推进"新农科"建设，自主设置"农业合成生物学"交叉学科，着力培养适应和引领未来农业发展的高层次、复合型人才。在农业经济管理博士学位授权二级学科下增设"乡村振兴理论与政策"研究方向，为培养具有"一懂两爱""三农情怀"的乡村振兴高层次智库研究人才搭建学科平台。

交流合作与社会服务。中外合作办学博士学位教育稳步推进，与比利时列日大学、荷兰瓦赫宁根大学博士学位教育项目招生合计51人，与瓦赫宁根大学成功续签第二期合作协议，与埃塞俄比亚、柬埔寨的大学和科研机构签订合作谅解备忘录3份。首次获国家留学基金委乡村振兴人才培养专项资助。组织留学生参与北京市社区垃圾分类志愿服务，北京日报、北京电视台、新浪微博等多家媒体进行报道。以习近平新时代中国特色社会主义思想、"四个面向""两个一流"为指引，以"脱贫攻坚、乡村振兴"为主题，以培养"一懂两爱"农业科技人才为重点，服务中国农业科学院"顶天立地"战略，服务"三农"发展，扎实做好人才培训。全年共完成21期培训任务，以及农业农村部"西部之光"访问学者、少数民族特培学员研修项目，累计线下培训1050人次，线上培训28.1万人次。

党委书记　方军
院　　长　唐华俊

（叶鹏）

（本栏责任编校　张晓兰）

110 所

中等职业学校

26 所

高等职业院校

18 所

独立设置成人
高等学校

3199 所

培训机构

2021 职业与继续教育

VOCATIONAL AND CONTINUING EDUCATION

- 职业院校教材建设与管理加强
- TAE 培训与评估四级证书引入
- 7 个集团入选教育部首批示范性职业教育集团（联盟）
- 第二批“特高”项目遴选
- 北京退役军人职业教育集团成立
- 高等学历继续教育专业设置管理改革完成
- 北京市学分银行服务体系构建

职业与继续教育

VOCATIONAL AND CONTINUING EDUCATION

综述

概述

2020 年，北京市有中等职业学校 110 所，其中，普通中等专业学校 29 所、成人中等专业学校 11 所、职业高中 44 所、技工学校 26 所。普通中等专业学校毕业生 10639 人，招生 10056 人，在校生 29127 人；教职工 3184 人，包括专任教师 1777 人；占地面积 149.29 万平方米，学校产权校舍建筑面积 89.67 万平方米；固定资产总值 33.60 亿元，包括教学、实习仪器设备资产 10.03 亿元。成人中等专业学校毕业生 4613 人，招生 1279 人，在校生 7283 人；教职工 525 人，包括专任教师 235 人；占地面积 18.02 万平方米，学校产权校舍建筑面积 9.64 万平方米；固定资产总值 1.27 亿元，包括教学、实习仪器设备资产 0.34 亿元。职业高中毕业生 2612 人，招生 4656 人，在校生 9966 人；教职工 5219 人，包括专任教师 3753 人；占地面积 211.36 万平方米，学校产权校舍建筑面积 135.59 万平方米；固定资产总值 56.18 亿元，包括教学、实习仪器设备资产 23.28 亿元。技工学校毕业生 9708 人，招生 10142 人，在校生 26737 人；教职工 2943 人，包括专任教师 1642 人。

高等职业院校 26 所，毕业生 21170 人，招生 22140 人，在校生 62202 人；教职工 8603 人，包括专任教师 4619 人；占地面积 577.11 万平方米，学校产权校舍建筑面积 359.95 万平方米；固定资产总值 149.57 亿元，包括教学、科研仪器设备资产 41 亿元。

独立设置成人高等学校 18 所，毕业生 4940 人，招生 3832 人，在校生 9802 人；教职工 3182 人，包括专任教师 1357 人；学校产权占地面积 130.84 万平方米，学校产权校舍建筑面积 79.92 万平方米；固定资产总值 29.37 亿元，包括教学、科研仪器设备资产 3.42 亿元。培训机构 3199 所，注册学生 251.18 万人。

（武晔　胡雨）

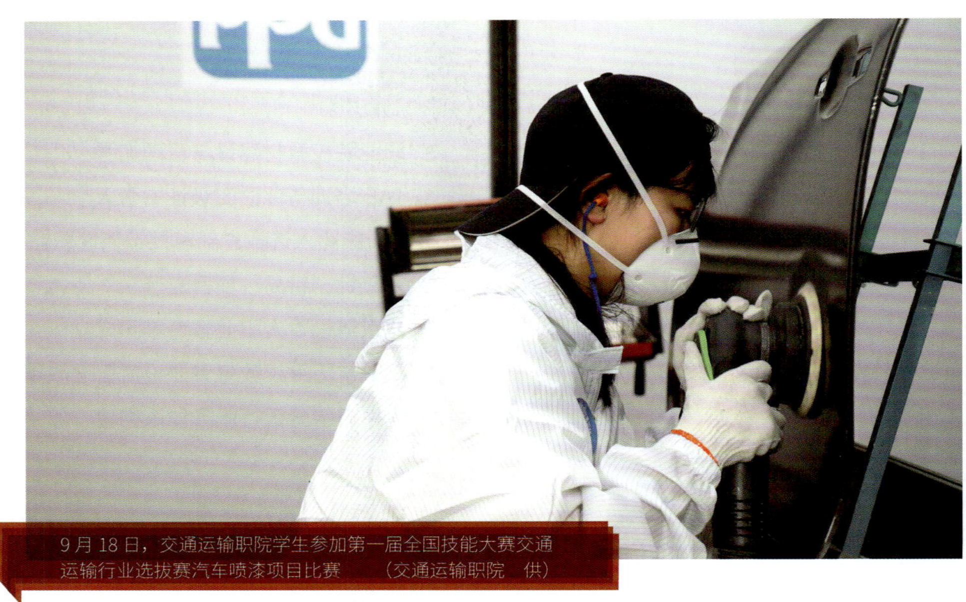

9 月 18 日，交通运输职院学生参加第一届全国技能大赛交通运输行业选拔赛汽车喷漆项目比赛　　（交通运输职院　供）

深化职业教育改革发展

2020 年，市委教育工委、市教委深入推进职业教育改革发展。5月26日，召开北京市职业教育工作推进会，对标《国家职业教育改革实施方案》，发布北京市《关于深化职业教育改革的若干意见》，部署职业教育改革发展重点任务。意见由市教委等四部门联合于5月27日印发，围绕首都“四个中心”建设和经济社会高质量发展的人才需求，坚持“开放办学、自主办学、创新办学”原则，聚焦职业教育重点难点问题，深化体制机制改革，结合已有政策和新时期首都职业教育发展需要，提出十条意见。

（余俊　王于）

职业教育现代学徒制实践稳步推行

2020年，市教委稳步推行职业教育现代学徒制实践。10月，对北京市参与国家第三批现代学徒制改革试点的北京市商业学校、北京经济管理职业学院2所学校4个专业开展市级验收，指导项目学校和专业接受国家级验收，向教育部报送市级验收总结报告和提炼的5个典型案例。通过11所学校31个专业的国家现代学徒制改革试点，探索北京特色的现代学徒制实践，创新凸显职教特色的人才培养模式，深化校企双主体育人机制改革。

（张兰）

“1＋X”证书制度试点稳步推进

2020年，市教委稳步推进“1＋X”证书制度试点工作。8月至9月，启动2020年度试点申报，组织45所院校141个专业参与155个证书试点，参与学生55210人。10月，在北京开放大学设立北京市“1＋X”证书制度试点协调推进办公室，与试点院校、培训评价组织、相关部门加强协调沟通，按时提交工作周报，组建专家组对两批16个“X证书”考核成本进行论证。11月，与教育部职业技术教育中心研究所联合举办研讨培训会，面向试点院校开展试点政策解读、培训与经验交流。12月，组织试点抽查检测，指导院校与培训评价组织开展自查，组织专家深入6所院校及评价组织现场抽查调研，并遴选10所院校15个典型案例推荐至教育部。全年有32个证书在京实施学生考评工作，参与考生5343人，通过3312人，总通过率61.99%。

（项明）

北京市学分银行服务体系构建

2020年，市教委构建北京市学分银行服务体系。9月23日，市教委发布《关于开展北京市学分银行服务体系建设试点工作的通知》，印发《北京市学分银行管理办法（试行）》，开展北京市学分银行服务体系建设试点工作。北京市学分银行服务体系由北京市学分银行管理中心、北京市学分银行管理分中心和北京市学分银行联盟成员单位构成，体系建设按照“统一规划、试点先行、分期推进”原则开展。北京市学分银行管理中心设在北京开放大学，负责学分银行的建设、运行和管理等日常工作；学分银行管理分中心依托各区开放大学分校设立，负责区域内学分银行的运行和管理工作；学分银行联盟成员单位由高等学校、中等职业学校、成人院校、行业企业等单位组成，共同倡导资源共享、课程互选、学分互认，主要负责为本单位学习者办理业务。11月11日，在北京市第16届全民终身学习活动周暨2020年职业教育活动周开幕式上，市教委与北开大共同启动北京市学分银行，为18家学分银行管理分中心和19家学分银行联盟成员单位授牌。

（陈敬文　李玥）

TAE培训与评估四级证书引入

2020年，市教委探索引入国际知名职业资格证书。在中澳职业教育合作TAFE教育模式改革项目实施过程中，探索将澳大利亚TAE培训与评估四级证书（Certificate Ⅳ in Training and Assessment）引入北京市职业院校。经市教委与澳方有关部门商洽，此次证书引入项目对11所学校60余名教师开展系统的职业教育通用能力培训，经过考核评估，35名教师通过认证，获得TAE四级证书。TAE四级证书是澳大利亚知名的职业教育教师资格证书，由澳大利亚国家质量委员

11月26日，北京市“1＋X”证书制度试点工作研讨会召开

（市教委相关处室　供）

会批准执行，获得该证书是对从事职业教育培训相关工作的教师能力的高度认可。

（余俊）

北京市深化职业教育改革校长座谈会

3月13日，北京市深化职业教育改革校长座谈会在北京财贸职业学院召开。会议由陈吉宁主持，市政府副秘书长、市教委主任、市人力社保局局长参加座谈。北京电子科技职业学院、北京工业职业技术学院、北京财贸职业学院、北京农业职业学院、北京交通运输职业学院、北京劳动保障职业学院和北京市商业学校7名校长分别汇报工作。陈吉宁提出3点意见：一是发展职业教育，要紧密贴合城市发展战略需求，这是推动首都职业教育发展的目标；二是要改革开放，优化学生培养模式；三是要探索培养学生终身学习的能力，促进成长。

（余俊）

金隅学校划转市教委管理

5月15日，市教委、市国资委、北京金隅集团召开关于北京金隅科技学校划转市教委工作协调会，决定自当日起金隅学校由金隅集团划转市教委领导和管理，成为市教委直属中职学校。金隅学校结束45年归属金隅集团管理的历史。5月19日，学校召开划转市教委工作专题部署会，部署划转相关工作，提出进一步提高政治站位、一切行动听指挥等6条工作要求。全体中层以上干部参会。金隅学校前身为创建于1955年2月的重工业部建筑材料工业管理局琉璃河技工学校，历经8次变更归属、10次更改校名，1975年由琉璃河水泥厂划归北京市建筑材料工业局水泥工业公司（北京金隅集团有限责任公司前身）管理，2008年更为现名。学校是相当正处级公益二类事业单位，配备财政补助事业编制534人、处级领导职数5人。

（董红梅　杨伟丽）

6月，金隅学校开学复课，进行线下强技能实训

（金隅学校　供）

第二批“特高”项目遴选

9月28日，市教委、市人力社保局公布第二批北京市职业院校特色高水平骨干专业（群）和实训基地（工程师学院、技术技能大师工作室）建设名单。经专家评审、综合评议和网上公示，确定第二批北京市职业院校特色高水平骨干专业（群）51个、第二批北京市职业院校特色高水平实训基地（工程师学院、技术技能大师工作室）51个。项目建设周期3年。

（张兰）

京郊职成教联盟启动暨“五育并举”研究中心成立

10月22日，北京市职业技术教育学会京郊职成教联盟启动暨“五育并举”研究中心成立仪式在北京市昌平职业学校举行。活动宣读联盟理事及组织机构选举结果，为当选者颁发聘书，为10所联盟成员校理事成员单位颁发铜牌，为联盟“五育并举”研究中心揭牌。“五育并举”研究中心成员包括京郊9个区10所中职学校，即北京市昌平职业学校、北京市延庆区第一职业学校、北京市密云区职业学校、北京市怀柔区职业学校、北京市房山区房山职业学校、北京市房山区第二职业高中、北京新城职业学校、北京市门头沟区中等职业学校、北京市平谷区职业学校、北京市大兴区第一职业学校，是在新时期、新阶段，以新视野和新格局共建、共享京郊职业教育资源，以新时期、新形势下“五育”的新视角、新理念，探索中职“五育并举”的途径、策略，形成京郊职业教育“五育”特色和实施“五育并举”的京郊经验，以京郊职业教育发展的合力，为党育人，为国育才。市、区教委及各联盟成员校领导、教师代表等90余人参加活动。京郊职成教联盟由昌平、延庆、密云、怀柔四区教委于2014年联合发起成立。

（王红梅　李晨　赵明凤）

北京首场“1＋X无人机驾驶职业技能等级证书”考试

12月12日，北京首场“1＋X无人机驾驶职业技能等级证书”考试在北京交通职业技术学院完成。考试分为理论考试和实践考核，由“1＋X无人机证书”评价组织北京优云智翔航空科技有限公司委派考评员全程监督考核。学院2019级、2020级无人机应用技术专业12名学生参加考试，其中，2人参加初级考核、10人参加中级考核，最终11人通过全部考核。交通职院是全国“1＋X无人机驾驶职业技能等级证书”试点院校，也是北京市首批举办该证书考试的院校。

（徐国栋）

北京退役军人职业教育集团成立

12月31日，市教委批复同意北京政法职业学院牵头组建北京退役军人职业教育集团。集团围绕国家关于做好退役军人职业教育的工作部署，以服务北京市退役军人职业教育和继续教育为主要任务，组织相关北京市中高等职业院校，邀请接收退役军人就业的重点企业参与，共同开展退役军人职业教育和职业培训工作，探索和积累院校制定人才培养方案、加强政治素养与职业素养教育、实施课程改革和评价方式改革、做好学员管理及就业指导等方面的规律和经验。集团首批成员包括经验丰富的8所高职院校、6所中职学校和3家企业。

（杨頔）

职业教育

第三批职业院校“一校一品”优秀德育品牌认定

1月10日，市教委认定第三批职业院校“一校一品”优秀德育品牌。26所职业院校申报。评审工作分初评、复评和终评3个阶段进行，专家组从建设理念与管理、内容与过程、效果与影响、队伍与保障、成果与特色等方面对各校上报项目进行初评，推荐15个项目进入复评，并对进入复评的项目进行现场考察，最终由市教委“一校一品”创评活动领导小组进行终评，认定北京信息职业技术学院“北信橄榄绿”等15个项目为北京市职业院校“一校一品”优秀德育品牌（三星级）。

（巫梅琳）

新增59个“3＋2”中高职衔接办学项目

1月20日，市教委、市人力社保局公布2020年新增及调整“3＋2”中高职衔接办学项目名单。经专家小组集中评审、评委会评议，新增59个项目，撤销4个项目。该项目自2012年实施至今共有试点项目379个，衔接专业覆盖率75.1%，成为中高职统筹发展的重要路径。同时，指导中高职院校继续完善一体化衔接人才培养方案，引导院校重视加强衔接课程体系建设、优化衔接课程设计。

（张兰）

职业教育新增专业103个

1月21日和2月25日，市教委公布2020年中等职业学校和高等职业教育新增专业备案名单。19所中职学校新增计算机动漫与游戏制作、智能制造技术应用、智能养老服务等45个专业（技能方向），23所高职院校新增人工智能技术服务、飞机机电设备维修、跨境电子商务等58个专业。同时，2020年有3所中职学校撤销保险事务、观光农业经营等7个专业（技能方向），2所高职院校撤销煤矿开采技术、焊接技术与自动化等7个专业。

（项明）

职业院校教师教学能力比赛

7月至8月，市教委组织开展北京市职业院校技能大赛教师教学能力比赛。比赛采用网络评审的方式进行，经系统申报、资格审核、网络评审、评委会确定，191项参赛作品获得市级奖项。12月，择优推荐20项市赛获奖作品参加全国职业院校技能大赛教师教学能力比赛，18项作品获奖，包括一等奖6项、二等奖5项、三等奖7项。参赛作品针对多元化的职业教育教学需求，实施灵活生动的教学模式，精心设计线上线下混合式教学，充分展示北京“互联网＋职业教育”的教育生态。

（项明）

12月14日，电科职院获全国职业院校技能大赛教师教学能力比赛专业技术课一等奖第一名　（电科职院　供）

职业院校教材建设与管理加强

9月至12月，市教委加强职业院校教材建设与管理。9月，组织职业院校教材内容专项排查，制定排查工作方案，召开专项会议部署，学校全面自查与市级专家重点抽查相结合，对照《大中小学教材专项排查参考要点》，累计排查职业教育教材教辅15005本，制定问题教材整改措施，形成《北京市职业院校教材内容排查工作报告》。10月至11月，研究制定《北京市职业院校教材管理办法》《北京市职业院校教材建设规划（2020—2022年）》《北京市职业院校选用境外教材管理办法》等文件，明确目标任务，强化管理职责与保障机制，同时配合教育部教材局完成国家规划落实调研，组织学校填写问卷。12月，组织职业教育与继续教育类全国优秀教材申报与评审工作，制定申报通知、评审方案、评审标准，组织专家开展线上评审，累计评审71个单位213本职继类教材，推荐69本教材（含行指委推荐8本）参加国家评审。

（项明）

7个集团入选教育部首批示范性职业教育集团（联盟）

10月15日，教育部公布第一批示范性职业教育集团（联盟）培育单位名单，北京市7个集团入选。经自愿申报、省级教育行政部门和有关行指委推荐、专家评审、公示等环节，确定首批示范性职业教育集团（联盟）培育单位150个。

（胡雨）

教育部首批示范性职业教育集团（联盟）
培育单位（北京）

职教集团	牵头单位
北京交通职业教育集团	北京交通运输职业学院
北京现代服务业职业教育集团	北京祥龙资产经营有限责任公司北京市商业学校
北京商贸职业教育集团	北京财贸职业学院
北京现代制造业职业教育集团	北京电子科技职业学院
北京电子信息职教集团	北京信息职业技术学院
北京人力资源服务职业教育集团	北京劳动保障职业学院
联想职业教育集团	联想集团

（胡雨）

两校入选鲁班工坊建设联盟成员单位

11月6日，鲁班工坊建设联盟成立大会暨职业教育“走出去”研讨会在天津召开。鲁班工坊建设联盟挂靠中国教育国际交流协会，是由中国院校、企业、科研机构和社会组织自愿结成的全国性、非营利性合作组织，将研发鲁班工坊建设标准，开展鲁班工坊立项、质量监管和终止退出工作，成为职业教育“走出去”的重要平台。联盟有72家成员单位，均由各省市教委（教育厅）推荐，其中，由北京市教委推荐，北京工业职业技术学院和北京信息职业技术学院代表北京职业院校成为联盟发起单位。

（白旭东　胡军伟）

参加全国职业院校技能大赛改革试点赛

11月8日至30日，北京职教代表团参加2020年全国职业院校技能大赛改革试点赛。代表团由车身修理等34支代表队组成，包括54名领队及工作人员、63名学生和53名指导教师，参加中职组15个项目和高职组19个项目比赛，获得中职组二等奖2个、三等奖5个，高职组二等奖2个、三等奖11个；另有6人获评“优秀工作者”，2人获评“优秀裁判员”。改革试点赛创新运行机制，建立以地方政府背书、职业院校为主体的申办机制。全国37个地区1188支队伍、2329名选手和1858名指导教师参加中、高职组37个项目比赛。

（武晔）

参加全国职业院校技能大赛中职班主任能力比赛

12月10日至12日，北京代表队参加教育部在湖南长沙举办的2020年全国职业院校技能大赛中等职业学校班主任能力比赛业务能力组现场决赛。北京市通过全市职业院校班主任基本功大赛选拔优秀选手组队参赛，获得1个一等奖、3个二等奖、3个三等奖。来自各省（区、市）、新疆生产建设兵团和计划单列市233名教师参加全国比赛，经网络评审和现场决赛，产生一等奖24个、二等奖48个、三等奖72个。

（巫梅琳）

职业教育质量年度报告编制

至12月，市教委组织编制完成职业教育质量年度报告。其中，《北京高等职业教育质量年度报告（2019）》和《北京市中等职业教育质量年度报告（2019）》采集16个区政府、52所中等职业学校、25所高等职业学院和33家企业（参与）职业教育人才培养的状态数据，全面展示2018年北京市中高等职业教育的办学成绩、社会贡献、面临问题及应对策略。报告报送教育部同时在北京职成教网相关专栏向社会发布。《北京高等职业教育质量报告（2020）》由北京教育科学研究院主编，由中国人民大学出版社出版。报告为16开本，全书9.50万字，从基本概况、学生发展、教育教学、政策保障、国际合作、服务贡献等8个方面，对2019年北京市高职教育质量状况、经验举措以及问题挑战进行系统总结。这是该报告首次公开出版。

（张兰　赵新亮）

继续教育

高等学历继续教育专业设置管理改革完成

3月至7月，市教委完成北京地区高等学历继续教育专业设置管理改革工作。按照属地化管理原则，统筹指导北京72所开展高等学历继续教育的高校，按照教育部统一部署和要求完成北京高校学历继续教育专业核验和2020年拟招生专业信息填报，比上年减少北京电子科技职业学院、北京工业职业技术学院。2020年总拟招生专业点1265个，其中，高起本237个、专升本643个、专科385个；成人高等教育783个（含业余形式546个、函授形式222个、脱产形式15个）、网络教育267个、开放教育215个；涉及总招生专业数393个，其中，高中起点专科专业161个、高中起点本科专业87个、专科起点升本科专业145个。28所央属高校拟招生专业点627个，19所市属高校拟招生专业点219个，7所高职高专院校拟招生专业点44个，2所开放大学拟招生专业点215个，14所独立设置成人高校拟招生专业点160个。

（陈雷）

继续教育系统教学骨干研修班

6月，市教委启动2020年（第七期）北京高校继续教育系统教学骨干研修班，继续与清华大学共同举办。由于新冠肺炎疫情影响，研修班完全采取线上形式授课、讲座和研讨，组织学习习近平新时代中国特色社会主义思想和党的十九大精神、构建新时代国家治理体系与提升治理能力，5G技术的发展与应用、大数据对未来社会的影响、区块链技术发展机遇、人工智能时代的互联网创新，突发的新冠肺炎疫情（防控）与中国经济趋势走向，新冠肺炎疫情防控常态下的高等继续教育新思考、新模式、新亮点和新业态等，专注于提升高校继续教育教学及管理骨干综合素质，提高政策理论水平，拓宽视野，强化能力。研修班培训学员67人，其中校处级学员占70%以上，实现北京地区高校全覆盖。

（陈雷）

3家单位入选全国首批老龄科研基地

7月7日，中国老龄协会公布第一批老龄科研基地遴选结果，北京3家机构入选。分别是中国人民大学社会与人口学院、国家开放大学老年大学和首都经济贸易大学劳动经济学院。遴选活动由中国老龄协会于2019年10月组织开展，面向全国高校、科研院（所）和党校（行政学院），经自主申报、研究筛选、审核确认和公示，认定20家单位为中国老龄协会第一批老龄科研基地。老龄科研基地围绕积极应对人口老龄化、发展老龄事业和产业的重大基础理论和政策实践问题开展研究，建设运行一个周期为3年。

（胡雨　陈思远）

中央国家机关老年大学资源共享平台启用

9月7日，国务院机关事务管理局财务管理司与国家开放大学共同举行中央国家机关老年大学资源共享平台启用仪式。中央国家机关50余个部门60所老年大学的学员、教师和管理人员1.52万人通过“桑榆金辉云课堂”微信小程序和共享平台网站参加仪式，收看“开学第一课”。建设中央国家机关老年大学资源共享平台，旨在贯彻落实党中央关于推进老年教育文化资源共建共享的要求，有效满足老同志线上学习需求，解决各部门授课资源不平衡、不充分等实际问题；同时扩大老年大学专项经费覆盖面和受益面，提高经费管理水平和使用效益。资源共享平台包括电脑端（网站）和移动端（微信小程序），既是各部门老年大学集中统一的管理服务平台，也是授课教师的教学支持平台和老同志的学习交流平台。

（陈思远）

2019北京高等学历继续教育发展报告出版

9月，《2019年度北京高等学历继续教育发展报告》出版发行。该报告由对外经济贸易大学出版社出版，全书153.70万字，包括2019年北京高等学校继续教育发展年度报告、北京各高等学校继续教育发展报告、北京部分高等学校继续教育特色报告、北京部分高等学校继续教育战“疫”纪实报告、北京高等学校继续教育管理文献、北京高等学校继续教育有关状态数据6部分内容。报告分析各校继续教育状态数据，汇总各校发展报告、特色报告、战“疫”纪实报告，呈现北京高校继续教育2019年度工作历程，初步梳理新时期高校继续教育在办学定位、质量监管、学科专业调整、特色发展、信息化建设等方面的不均衡、不充分问题，为北京高校继续教

9月7日，中央国家机关老年大学资源共享平台启用

（国开大　供）

育质量保障体系建设提供参考。

（陈雷）

昌平区校企农社乡村振兴产城教联盟成立

11月20日，昌平区校企农社乡村振兴产城教联盟成立大会暨昌平区职业教育活动周启动仪式在北京市昌平职业学校举行。会议宣布昌平区校企农社乡村振兴产城教联盟成立，宣布昌平区农旅数字化服务平台正式运行。昌平职校智慧农业专业群师生汇报服务昌平第17届苹果文化节教学项目实践情况，现场模拟直播带货教学场景。昌平区校企农社乡村振兴产城教联盟探索建立学校、企业、农户、社区四方联动发展互助新模式，实现资源整合、互补、优化与共享，构建昌平区域农旅内循环，服务乡村振兴战略，助推居民美好生活。会后，联盟召开理事会，讨论通过章程并组织开展昌平区农民合作社规范提升行动之电子商务师职业技能培训。

（邓佳钰）

高校继续教育大学生优秀毕（创）业设计（论文）遴选

12月21日，市教委公布2020年北京高校继续教育大学生优秀毕（创）业设计（论文）遴选结果。经各校推荐、专家评审、市教委审核并公示，遴选出37所高校的优秀毕业设计（论文）72篇，评选出优秀指导教师72人，另评选出优秀组织奖17个。评选范围包括在京各普通高校、独立设置成人高校（含国家开放大学、北京开放大学）2018届、2019届、2020届学历继续教育本科、专科毕业生的优秀毕（创）业设计（论文），包括在学期间的优秀实践总结报告等，要求毕业设计（论文）必须为学生本人独立完成，作者原则上为1人，创业设计可由3～5人团队完成，但申报人必须是团队负责人，每个团队限报1个创业项目。

（陈雷）

老年开放大学开展“智慧助老”行动

至年底，北京老年开放大学开展系列“智慧助老”行动。以线上直播平台为媒介，对老年人开展智能手机等相关主题的公益讲座，探索“互联网＋老年教育”教学新模式，弘扬积极老龄观；发挥系统办学优势，挖掘本校和分校师资，开展线下教学，把智能手机培训等系列课程送进养老服务机构，探索学养结合模式，推动老年人智慧生活建设，增强老年人的获得感、幸福感；开通北京老年开放大学官方微信公众号“乐龄学苑”，上传智慧生活类视频课程，内容涵盖智能手机使用的基础知识、微信使用方法、出行软件使用方法等多类知识。北京老年开放大学于2019年11月设立，至2020年11月完成全市17个分校（16个区和燕山地区）和1个行业学院挂牌工作，初步形成全市老年开放大学系统架构。

（李玥）

学习型城市建设

2020年家庭教育与家风建设项目

9月11日，由市教委、中国下一代教育基金会主办的2020年北京市家庭教育与家风建设项目启动仪式暨项目咨询培训系列活动启动会在顺义区社区教育中心市民学习中心举行。各区家庭教育负责人，顺义区教委、区妇联相关科室负责人，部分中小学校长、幼儿园园长，家庭教育指导师及家长代表100余人现场参加项目咨询培训首场活动，3万余人通过网络直播观看。至12月，开展家庭教育志愿者、基地校（社区）家庭教育骨干专业培训2562人次，家校名师走进基地校开展咨询指导讲座20场；通过微信、网信等渠道，按周龄、学段每周一次为中小学、幼儿园及职业学校学生家长精准推送家庭教育同步指导服务，覆盖全市50万个家庭；直播40场，上线音视频课程至各平台版块，近100万人次受益；制作音频课程52节、视频课程52节；完成2个家庭教育咨询服务中心试点建设，朝阳、顺义两区收集问题2万余个，线上推送答疑咨询100余次；线上线下专家咨询指导24场；购买优秀家庭教育与家风建设音视频课程200节；完成家庭教育与家风建设案例1册。

（陈敬文）

第11批首都市民学习之星评选

10月23日，市教委公布第11批首都市民学习之星名单。在个人自荐、社会举荐、部门推荐的基础上，全市申报首都市民学习之星839人，经专家组评审、征求意见、社会公示，评选出119人为第11批首都市民学习之星。

（陈敬文）

第16届全民终身学习活动周

11月11日，北京市第16届全民终身学习活动周暨2020年职业教育活动周在朝阳规划艺术馆开幕。活动周主题为“全民智学促治理，素质提升增效能”，教育部、中国成人教育协会、北京市有关委办局、朝阳区领导参加开幕式。开幕式采用线上线下相结合方式，通过网络全程直播，在京高等院校、职业院校师生和市成人教育学会及会员单位8000余人收看。开幕式上，公布119名“第11批首都市民学习之星”名单，视频宣传和现场表彰其中10名优秀代表。市教委为18家学分银行分中心和19家学分银行联盟成员单位授牌，同时为17家区级老年开放大学授牌。活动期间，16个区、部分委办局、在京高校分别举办相关活动6314场，292万余人参加活动；分别在北京电视台、民生周刊、民生网、新浪网等媒体进行报道。

（陈敬文）

学习指导师项目五年总结会

12月18日，市教委与联想集团共同组织的北京市第五批学习指导师高级研修班结业，并举办北京市学习指导师项目五年总结会。第五期学员通过10天线上线下相结合的学习培训，获得市教委和联想集团颁发的学习指导师结业证书。教育部教师工作司、市教委、联想集团党委相关领导参加项目总结会，为第五期84名学员和联想集团认证的13名企业培训师颁发证书。北京市朝阳社区学院、张家口市职教中心、联想集团共同签订校企战略合作协议，共同推进职业院校教师向培训师转型；联想集团接受教育部和北京市授予的“全国职业教育教师企业实践基地”“北京市职业院校教师企业实践基地”牌匾，同时启动人工智能方向教师企业实践开班仪式。学习指导师项目于2016年启动，政校企深度合作，5年共选拔培养328名“立师德、懂教学、能策划、会指导”的学习指导师。

（陈敬文）

北京教科院与昌平成教中心共建终身学习研究基地

12月29日，北京教育科学研究院与昌平区成人教育中心共建“北京终身学习研究基地”。双方科学制定“共建”实施方案，共同打造服务区域社会发展的成人继续教育师资队伍和干部队伍，建设首都成人继续教育教科研高地。基地面向国家“完善终身教育体系、建设学习型社会”重大战略任务，坚持“终身教育学术高地、政府决策高端智库、研究信息服务中心、终身教育实践指导中心、一流学科建设和国际学术交流中心”发展目标，推动京津冀协同发展，为建设国际一流和谐宜居之都提供智力支撑。

（沈欣忆　赵志磊）

11月11日，市教委为17家区级老年开放大学授牌
（市教委相关处室　供）

高等职业院校

北京工业职业技术学院

概述

2020年，北京工业职业技术学院占地面积24万平方米，产权校舍建筑面积23.27万平方米。图书馆建筑面积1.95万平方米。全年教育经费投入34840.69万元，其中，国家拨款31087.77万元、自筹经费3752.92万元。固定资产总值97760万元，其中，教学、科研仪器设备资产值46671万元。拥有图书77.40万册，计算机5653台。网络信息点5018个，上网课程276门，电子邮件系统用户1554个，管理信息系统数据总量533GB，数字资源量中电子图书158.45万册、电子期刊2.31万册、学位论文761.10万册、音视频22.06万小时。学校由市教委举办，为理工院校。设置7个院（系、部），开设35个专业。教职工500人。专任教师325人，包括教授及教授级高级工程师38人、副教授及高级工程师172人；博士29人，硕士156人；“双师型”教师192人。聘请校外教师14人。毕业生2007人，其中，高职生1746人、中职生261人。毕业生一次就业率85.34%，一次签约率93.47%。招生1726人，其中，高职生1368人、中职生358人。高考北京地区提档线121分。在校生5102人，其中，高职生4307人、中职生795人。网址：www.bgy.edu.cn。

2020年，学校一手抓疫情防控、一手抓事业发展，以“双高”和“特高”建设为载体，提高人才培养质量和社会服务能力。

推进“双高”建设。全面启动中国特色高水平高职学校建设。5个校企合作中心揭牌。修订完善“双高”建设方案和任务书并通过教育部审核备案，按照“双高”建设任务书开展工作，确保“双高”建设年度任务保质保量完成。

修订专业人才培养方案。围绕首都城市功能定位，打造城教融合高地，聚焦城市建设、运行、管理、智慧和服务五大领域，推动专业向“高端化、精品化、国际化、信息化”方向高质量发展。发挥两个高水平专业（群）的示范效应，带动专业建设水平整体提升。

加强“三全育人”工作。在原思政部基础上成立马克思主义学院，加强马克思主义理论研究和思想政治理论课建设。推动“课程思政”和思政课同向同行、同频共振，举办第二届“最美课堂”课程思政教学比赛，打造一批“课程思政”示范课堂和典型案例。制定《学生劳动教育实施方案》，完善劳动教育体系，设立劳动专题教育必修课程，提高劳动教育效果。学生作品获第 19 届全国大学生机器人大赛 ROBOTAC 方案设计赛一等奖。

优化师资队伍建设。聚焦提升“双师”素质，突出打造“双师型”队伍。严把教师入口关，主要引入具有企业经历的优秀人才补充教师队伍；推进教师评价和聘任机制改革，建立教师分类评价体系；组织开展“双师型”教师认定和校企合作“双师型”教师培训基地申报工作。英语教学团队获第 11 届“外教社杯”全国高校外语教学大赛（职业院校组）北京赛区微课组一等奖。

提升科技服务能力。以平台和项目为载体组建和推动科研团队建设，加强技术服务和科研成果转化。学校作为第一完成单位的科技成果“采掘装备超硬材料及耐磨涂层研制与应用”获得 2020 年度中国煤炭工业科学技术奖二等奖。

推进国际化建设。参加 2020 年中国国际服务贸易交易会教育专题展和国际教育服务贸易论坛。加入“鲁班工坊建设联盟”，推动职业教育助力“一带一路”建设。推进“走出去”试点项目实施，确保中国—赞比亚职业技术学院北工职院分院和职业教育型孔子课堂的良性运转。

承担教育帮扶任务。与湖北交通职业技术学院签订“一帮一”行动合作协议。落实与有关院校的对口帮扶协议，精准对接协作院校需求，完善分工协作、协调配合的工作机制，健全意见反馈和责任落实情况考核评价制度，提高帮扶质量。

做好新冠肺炎疫情防控。落实疫情防控工作部署，建立统一领导、分级负责、快速响应的工作机制，切实保障师生生命安全和身体健康。根据疫情防控形势变化，及时调整教学计划和教学组织形式，实现“停课不停教、停课不停学”目标，确保教学任务完成。完成毕生业离校手续办理、贯通学生专升本转段考试、学生开学返校和毕业生就业等工作期间的疫情防控工作。

党委书记　王伟

院　　长　安江英

（胡军伟）

中国特色高水平高职学校建设全面启动

1 月 3 日，北工职院召开中国特色高水平高职学校建设动员暨北京城市建设与管理职教集团年度大会，全面启动中国特色高水平高职学校建设。院长作《打造城教融合样板，服务首都城市高质量发展——建设中国特色、世界一流的高等职业学院》动员报告，中国教科院职业与继续教育研究所所长作《产教融合与职业教育改革创新》主旨报告。会上，举行校企合作共建揭牌仪式和企业捐赠仪式，华为信息与网络工程师学院、京东智能设备工程师学院、中国职业技术教育学会 BIM 技术研究院、中国职业技术教育学会 BIM 技术职业教育教师培训中心、BIM 工程师学院 5 个校企合作中心揭牌。广联达科技股份有限公司、施耐德电气（中国）有限公司、北京京东世纪贸易有限公司、深圳大疆创新科技有限公司等企业对学校进行教育捐赠。

（白旭东　胡军伟）

北京信息职业技术学院

概述

2020 年，北京信息职业技术学院占地面积 20.21 万平方米，产权校舍建筑面积 23.94 万平方米，非产权校舍建筑面积 0.14 万平方米。图书馆建筑面积 1.27 万平方米。全年教育经费投入 45806.10 万元，其中，国家拨款 43423.88 万元、自筹经费 2382.22 万元。固定资产总值 146808.18 万元，其中，教学、科研仪器设备资产值 54782.19 万元。拥有图书 65.83 万册，计算机 8044 台。网络信息点 11567 个，上网课程 675 门，电子邮件系统用户 11747 个，管理信息系统数据总量 28800GB，数字资源量中电子图书 14.65 万册、电子期刊 5.74 万册、学位论文 40.07 万册、音视频 2303

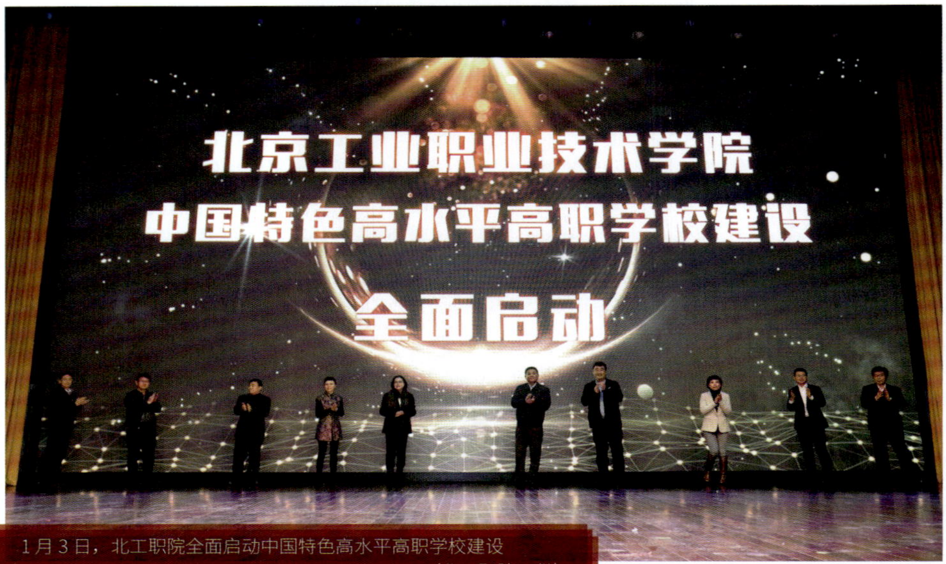

1 月 3 日，北工职院全面启动中国特色高水平高职学校建设
（北工职院　供）

小时。学校由北京电子控股有限责任公司举办，为理工院校。设有3个校区，设置5院2系4部。开设43个专业。教职工807人。专任教师395人，包括教授及教授级高级工程师14人、副教授及高级工程师154人；博士22人，硕士139人；“双师型”教师337人。聘请校外教师79人。毕业生2126人，其中，高职生1636人、中职生266人、成人教育专科生202人、留学生22人。高职毕业生一次就业率95.76%。招生2399人，其中，高职生1662人、中职生179人、成人教育专科生452人、留学生106人。高考北京地区提档线统招121分，统招艺术类164分，单考单招139分。在校生6675人，其中，高职生4905人、中职生644人、成人教育专科生870人、留学生256人。网址：www.bitc.edu.cn。

12月18日，信息职院第十届科技艺术节闭幕
（信息职院　供）

2020年，学校做好新冠肺炎疫情防控工作，创新办学体制机制，深化教育教学改革，强化社会服务能力建设，稳步推进国际教育发展，各项事业全面发展。

实施立德树人育人工程，促进学生健康成长。推进“思政课程”和“课程思政”协同育人，线上线下开展各类主题教育活动和科技文化创新活动，全面提升学生综合素养。加强学生思想教育与管理服务，持续完善德智体美劳全面培养的育人体系。

深化教育教学改革，提升人才培养质量。通过“北信在线”网络教学平台开展教学活动，线上线下即时切换，教师在线授课超过5万小时，师生访问量1.90亿人次，学年教学计划完成率100%，学生课堂教学质量满意度90%以上。启动第二批教师教学创新团队遴选，15个教学团队立项开展教师教学创新团队建设。改革课堂教学方法，打造优质课堂，完成校级70门优质课程和“互动课堂50强”立项工作。编写出版《大数据技术基础》等高职特色教材8本。启动21项“1＋X”证书制度试点。新增专业3个，其中2个专业首次招生48人。

加强内涵建设，推进“北特高”和国家“双高计划”建设。编制完成国家“双高计划”建设方案、项目建设任务书和配套政策文件。1个专业入选第二批北京市职业院校特色高水平骨干专业（群），1个学院入选第二批北京市职业院校特色高水平实训基地（工程师学院、技术技能大师工作室）。

探索“互联网＋”招生就业工作模式。搭建“互联网＋”一站式工作平台，招生计划完成率100%。通过线上线下双选会、企业专场宣讲会等方式拓展毕业生就业市场。依托“北信职业智慧众创空间”孵化创新创业项目50个。获市级各类创新创业大赛一等奖4个、二等奖10个、三等奖12个。

社会服务能力不断增强。面向全国22个省市自治区4.26万名职业院校教师开展线上信息化能力提升培训。与雄安新区管委会公共服务局合作举办第一期职业培训教师信息化教学能力提升培训。落实“砺剑工程”，为北京电子控股有限责任公司在线培训员工3350人次。实施课程教学援疆，为新疆生产建设兵团职业院校开展远程课程教学6门，惠及学生4890人次。入选北京市职业院校“双师型”教师培养培训基地。

推进教育国际化发展。新招留学生20人，海外分校埃中应用技术学院（ECCAT）招收新生106人，留学生教育规模稳步增长。华为技术有限公司埃及分公司、人民电器集团有限公司等企业与ECCAT签订校企合作意向书。学校国际化建设成果在2020年中国国际服务贸易交易会展示。

（赵燕平）

远程教学帮扶

3月2日至年底，信息职院组建教学团队为新疆石河子工程职业技术学院提供远程教学帮扶。开设高等数学、中华优秀传统文化和社交礼仪、市场营销基础、思想道德与法律基础、毛泽东思想和中国特色社会主义理论体系概论、形势政策6门远程教学课程，其中，市场营销基础课程作为示范教学包，供全国高职院校使用，并在全国公共学习平台“学银在线”上开课。受益学生2870人。

（赵燕平）

北京电子科技职业学院

概述

2020年，北京电子科技职业学院占地面积45.67万平方米，产权校舍建筑面积33.70万平方米。图书馆建筑面积2.28万平方米。全年教育经费投入64230.98万元，其中，国家拨款59198.34万元、自筹经费5032.64万元。固定资产总值230969.04万元，其中，教学、科研仪器设备资产值77722.20万元。拥有图书119.17万册，计算机10084台。网络信息点25350个，上网课程261门，电子邮件系统用户884个，管理信息系统数据总量310GB，数字资源量中电子图书120万册、电子期刊8500册、学位论文330万册、音视频9900小时。学校由市教委举办，为理工院校。设有3个校区，设置8个直属院（系），开设44个专业。教职工847人。专任教师504人，包括教授及教授级高级工程师28人、副教授及高级工程师166人；博士73人，硕士361人；“双师型”教师287人。聘请校外教师31人。毕业生2657人，其中，高职生1723人、中职生686人、成人教育专科生248人。毕业生一次就业率91.53%，一次签约率87.06%。招生2456人，其中，高职生1962人、中职生494人。高考北京地区提档线不限选考专业组251分。在校生7331人，其中，高职生5647人、中职生1363人、成人教育专科生321人。网址：www.bpi.edu.cn。

2020年，学校全面加强党的领导，推动各项事业取得新进展。成立理事会，深化学校与政府、企业、行业四方合作的高职教育体制机制改革，增强办学能力和活力。

推进“双高”“特高”建设。制定“双高”建设方案和任务书并通过教育部审核备案。全面推进“双高”年度建设任务落地，定期开展督查。2个高水平专业群、1个工程师学院、2个技能大师工作室入选第二批北京市职业院校特色高水平骨干专业（群）和实训基地（工程师学院、技术技能大师工作室）。

提升人才培养质量。制定2020版人才培养方案，构建以校企双元育人为主线的“SCI”系统化人才培养体系；设计类型学分制、模块化课程体系、小学期、“N＋2”评价方式等改革点；首次实施小学期教学，开设五大类51个模块课程。累计获批27项“1＋X”证书试点，覆盖22个专业。完成汽车制造与装备技术专业群的专业与产业发展供求关系谱系图建设，申报信息安全管理和游戏设计2个新专业。“魔术艺术人才（中国戏法）高级研修班”项目首次获批北京文化艺术基金项目立项。建设网络在线教学平台，发布网络在线教学周报。开展9场线上双选会和宣讲会，参会企业1200余家，提供岗位12000余个。做好贯通培养专升本考试工作，770名学生被对接本科院校录取。成为北京市学分银行北京经济技术开发区管理分中心。

加强师资队伍建设。制定《全面加强新时代教师队伍的指导意见》。聘请3名校外专家作为学校食品质量与安全、新能源汽车技术和飞机机电设备维修专业的带头人，选拔26名专业带头人，遴选11名具有博士学位或正高级专业技术职务的教师进行重点培养，重点建设汽车制造与装配技术、食品营养与检测2个教学创新团队。开展双师素质认定工作，“双师型”教师占比87.47%。“产教融合德技并修打造新时代‘双师型’教师队伍”案例入选首批高等职业学校“双师型”教师队伍建设典型案例名单。参加2020年全国职业院校技能大赛教学能力比赛获专业技术课一等奖第一名，参赛团队作为北京地区唯一代表进行现场展示。

提高科技创新和社会服务能力。与北京经济技术开发区签订新一轮全面战略合作协议，北京现代制造业职教集团入选国家示范性职教集团，与奇安信科技集团合作成立奇安信工程师学院，与亦庄生物医药集团合作成立北京亦庄药品生物技术工程师学院，申报1个开发区“集成电路中试基地”。突破性获得国家社科基金思政研究课题、国家社科基金教育学重大项目和北京市社科基金项目，获得3项北京市教育科学规划优先关注课题以及1项北京市艺术基金项目。成为职业教育区块链联席会和汽车职业教育区块链联盟发起单位，成为教育部职业院校校长培训基地、北京市专业技术继续教育基地。学院培训中心入选北京市高精尖产业技能提升培训机构，培训方向为新能源智能汽车、智能装备。

落实新冠肺炎疫情防控工作。制定应对方案和各项工作预案，建立信息报告体系、防控值班体系、应急处置体系以及疫情防控常态化背景下学校教育教学正常运行的制度体系。建立健康观察点，组织多次疫情防控应急演练等。

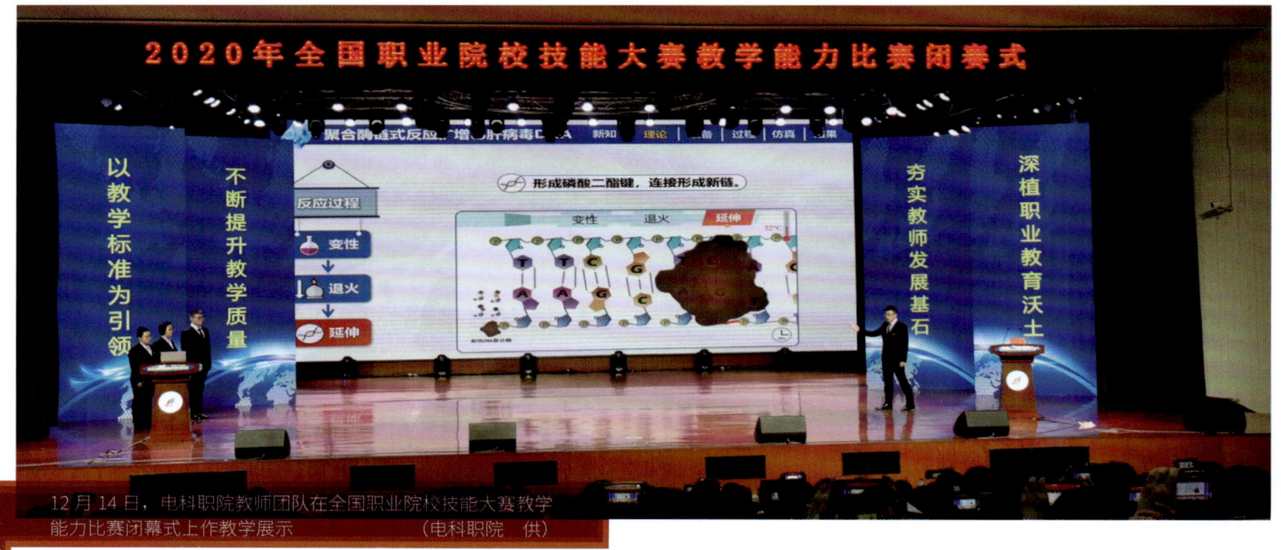

12月14日，电科职院教师团队在全国职业院校技能大赛教学能力比赛闭幕式上作教学展示 （电科职院 供）

坚持停课不停教、不停学，研究在线教学方法，启用智慧数字课程教学平台，39个专业共建在线课程1616门（含贯通培养），建设课程资源452670个，教学平台页面浏览量5.10亿人次，保质保量完成教学计划。挖掘先进典型，集中宣传疫情防控工作先进人物和感人故事，营造众志成城、共克时艰的浓厚氛围。

党委书记　楚国清（12月9日免）
院　　长　孙善学（7月30日免）
　　　　　姚光业（12月11日任）

（常立权　王琴）

奇安信工程师学院建立

8月15日，电科职院与奇安信科技集团股份有限公司举行奇安信工程师学院签约暨揭牌仪式。双方于7月22日签署共建“奇安信工程师学院”战略合作框架协议，有效期5年。根据协议，双方成立奇安信工程师学院校企合作委员会，采用委员会聘任学院院长及副院长的运行管理机制，共建工程师学院，开展学历教育、社会培训等工作，形成以学院为平台，以服务北京信息化安全建设为基础，以满足京津冀网络安全人才需求为方向的网络空间安全学院品牌。

（王琴）

与闽龙集团校企合作签约

9月17日，电科职院与闽龙集团签订战略合作协议。双方共同为“闽龙集团文化创意产教融合示范中心”和“北京电子科技职业学院创新实践基地”揭牌。根据协议，双方共同研发陶瓷线上视频课程、开发线上艺术馆视频、搭建师生教育实习实践平台、开展文创产品研发等。通过合作，提高师生教科研成果转化能力和创新实践能力，提升企业互联网产品经营技术实力、产品品质及服务质量等，形成“人才共育、技术共享、文化互补、管理互通”的校企合作长效机制。

（王琴）

8月15日，奇安信工程师学院签约暨揭牌仪式举行
（电科职院　供）

“1＋X”证书制度试点工作推进

至12月，电科职院持续推进“1＋X”证书制度试点工作。学校智能估值数据采集与应用、5G移动网络运维、游戏美术设计、物联网智能家居系统集成和应用、污水处理、智能网联汽车检测与运维等15个项目在第三批“1＋X”证书制度试点工作中获批职业技能等级证书考核资质。至年底，学校获批27项证书试点，包括初级证书10项、中级证书21项、高级证书6项；获批10项X证书考核站点资质，获批16项X证书培训站点资质，X证书覆盖22个专业，证书覆盖率73%。学校490名学生参加X证书培训，包括初级102人、中级388人；325名学生取得相应X证书，包括初级56人、中级269人。

（张强　王琴）

北京京北职业技术学院

概述

2020年，北京京北职业技术学院占地面积12.40万平方米，产权校舍建筑面积6.13万平方米。图书馆建筑面积8685平方米。全年教育经费投入8755.38万元，其中，国家拨款7379.92万元、自筹经费1375.46万元。固定资产总值23478.73万元，其中，教学、科研仪器设备资产值8142.66万元。拥有图书61.35万册，计算机824台。网络信息点1059个，上网课程7门，管理信息系统数据总量45GB，数字资源量中电子图书120500GB。学校由怀柔区政府举办，为理工院校。开设12个专业。教职工216人。专任教师144人，包括教授及教授级高级工程师5人、副教授及高级工程师59人；博士4人，硕士107人；“双师型”教师57人。聘请校外教师14人。毕业生681人。毕业生一次就业率92.48%。招生691人，其中，高职生542人、中职生149人。高考北京地区提档线文科150分、理科150分。在校生2251人，其中，高职生1949人、中职生302人。网址：www.jbzy.com.cn。

2020年，学校将新冠肺炎疫情防控作为重中之重，抓好线上、线下教学，完成工会换届、实训室改造等工作。

线上线下同质等效，做好教学工作。坚持“停课不停教，停课不停学”，专门设立教学专项工作组，统一指挥教学工作。优选腾讯会议、钉钉等平台进行网络授课，有序开展线上期中、期末考试以及线上毕业答辩、线上补考等工作。录制17

期健身指导视频，引导学生进行体育锻炼，增强体质；开展经典文学作品阅读、书法征集、抗疫征文等活动，培养学生自主学习能力。

参加职业技能竞赛。教师参加北京市职业院校技能大赛教学能力比赛获得一等奖1项、二等奖1项、三等奖3项；学生参加大学生广告大赛获得全国三等奖1项、北京市一等奖1项，参加工业和信息化部组织的数字艺术设计大赛获得一等奖4项、二等奖2项、三等奖3项。全年累计获得全国、北京市技能大赛奖项30余项。

实施校园改造。按照“理实一体化”教学要求，整合校内零散的实训室，调整学前专业练习琴房，扩建护理实训室，维修改造室内羽毛球、乒乓球场地，提高设施设备利用率。完成男生宿舍、计算机机房等场所维修改造。

推进制止餐饮浪费和垃圾分类工作。抓好源头治理，做到食堂精准备货，分析人数，定量采购，减少贮存。利用各种方式开展“光盘行动”宣传，树立以“光盘”为荣、“剩宴”为耻的新风尚。向外包单位开展节能教育，提高水、电、煤、气使用效率，降低经营成本。

做好精准资助。疫情期间为高风险地区师生寄送急需物资；为271名家庭经济困难学生每人发放200元网费补助。学生返校后向学生发放口罩等防护用品，确保学生安心生活、学习。全年累计发放各项资助金238万余元，惠及学生3681人次。

落实疫情防控。始终把师生生命安全和身体健康摆在第一位。制定相关方案、制度27项，120余人参与社区疫情防控值班工作，完成怀柔区14场核酸检测场地服务保障任务。完成专升本、“应检尽检”、秋季学期开学前师生核酸检测2700余人次。

党委书记　梁勇
院　　长　焦宝军

（王长兴）

北京交通职业技术学院

概述

2020年，北京交通职业技术学院占地面积20.38万平方米，产权校舍建筑面积9.70万平方米。图书馆建筑面积2916.95平方米。全年教育经费投入7546.10万元，其中，国家拨款6684.98万元、自筹经费861.12万元。固定资产总值23054.50万元，其中，教学、科研仪器设备资产值6412.74万元。拥有图书12.97万册，计算机1375台。上网课程30门，管理信息系统数据总量32GB，数字资源量中电子图书13.10万册、电子期刊4681种。学校由昌平区政府举办，为理工院校。设置5个系、部。开设23个专业。教职工188人。专任教师74人，包括教授及教授级高级工程师2人、副教授及高级工程师28人；博士3人，硕士57人；“双师型”教师37人。聘请校外教师26人。毕业生432人，均为高职生。毕业生一次就业率42%，一次签约率23%。招生332人，均为高职生。高考北京地区提档线128分。在校生1005人，均为高职生。网址：www.jtxy.com.cn。

2020年，学校初步形成“立足昌平、面向北京、服务区域经济发展和城市交通行业”的办学特色。

素质培养。将思想政治工作贯穿教育管理全过程，构建思政教育体系，实施五育并举、全员育人。强化人文关怀育人，坚持“德心共育、自助助人”模式，稳步推进心理健康教育。

教育教学。以特色高水平骨干专业群、高水平实训基地建设为核心目标推进学院专业建设和人才培养工作。参与国家“职业教育提质培优行动计划”建设，申报21项行动任务。课程改革按照“公共基础平台课程＋专业基础平台课程＋专业方向平台课程（专业核心课程）＋专业选修课程”课程体系重新构建，优化课程结构，推动“三教”改革。各专业发挥企业在职业教育人才培养中的作用，加强理实一体化和实践课程的设置与开发，通过改革线上线下课程教学方式，带动知识传授与能力培养的转变。

校企合作。与北京轨道交通运营管理有限公司、北京运捷科技有限公司、北京现代汽车有限公司等18家企业加强合作，合作企业录用顶岗实习毕业生比例达78.89%，实现学院、学生、企业和社会多方共赢。学院“广联达数字城市建设与管理工程师学院”入选第二批北京市职业院校特色高水平实训基地建设项目。获批建筑信息化项目管理、无人机应用技术、旅游管理等14个“1＋X”证书试点建设项目，涵盖12个专业。

服务贡献。推动区域中高职教师一体化教研协同发展，搭建昌平区域内3所职业院校（交通职院、昌平职业学校、昌平卫生学校）“互访互学”师资携手交流协同发展平台，以“区域中高职教师一体化教研”活动为载体，开展“互访互学”研究课、评优课、“三有课堂”观摩课、中高职教师信息化教学设计说课比赛、教改立项课题申报培训等主题活动。与昌平区文旅局、区退役军人事务局、十三陵特区等部门合作，将一些培训项目常态化、品牌化、多样化，形成长效机制，推进产城教融合，服务乡村振兴建设。

疫情防控。制定和完善新冠肺炎疫情防控相关制度40余项，通过各类渠道开展宣传教育。建设优质数字教学资源，开展线上线下结合教学，65名教师参与236门次课程的在线教学，731名学生完成线上学习和考核。强化学生心理疏导，帮助学生缓解疫情期间可能出现的压力和情绪困扰，培养学生积极健康的心态。

党委书记　林海波
院　　长　林海波

（冯香春）

职业教育周

11月9日至13日，交通职院开展职业教育周活动。活动围绕“提质增优促发展，立德树人谱新篇”主题，开展空中乘务专业“扬中华礼仪文化，展现时代职业风采”

礼仪操表演专题活动，旅游管理专业“红色旅游线路设计”专题活动，汽车服务与营销专业“北京现代班”专业技能竞赛活动，物业管理和消防安全专业“理实一体，品质服务”专题活动，基础部“课赛融通放飞职业理想”职业生涯规划大赛推介及集体辅导会主题活动等系列活动，展示学院职业教育改革发展成果和师生精神风貌。319 名学生参与。

（王宇）

北京青年政治学院

概述

2020 年，北京青年政治学院占地面积 2.59 万平方米，产权校舍建筑面积 7.22 万平方米。图书馆建筑面积 4618.66 平方米。全年教育经费投入 18578.48 万元，其中，国家拨款 16892.89 万元、自筹经费 1685.59 万元。固定资产总值 37109.56 万元，其中，教学、科研仪器设备资产值 4312.58 万元。拥有图书 55.60 万册，计算机 3100 台。网络信息点 4480 个，上网课程 356 门，电子邮件系统用户 770 个，管理信息系统数据总量 25079GB，数字资源量中电子图书 122.40 万册。学校由团市委举办，为语文院校。设置 6 个二级学院、1 个中心、1 个继续教育分院和 3 个研究所。开设 19 个专业。教职工 281 人。专任教师 205 人，包括教授及教授级高级工程师 17 人、副教授及高级工程师 83 人；博士 36 人，硕士 105 人；“双师型”教师 121 人。聘请校外教师 41 人。毕业生 1126 人，均为高职生。毕业生一次就业率 94.05%，一次签约率 43.78%。招生 754 人，其中，高职生 742 人、成人教育专科生 12 人。高考北京地区提档线 212 分。在校生 2433 人，其中，高职生 2401 人、成人教育专科生 32 人。网址：www.bjypc.edu.cn。

2020 年，学校落实新冠肺炎疫情常态化防控工作各项部署，聚焦立德树人根本任务，强化制度规范执行，深化体制机制改革。

加强意识形态建设。创设“1881010”机制（即全面贯彻落实《党委（党组）意识形态工作责任制实施办法》1 个文件精神，全面细化党委书记抓意识形态 8 个要求、党委领导班子 8 个要求、二级党组织书记 10 个要求，内化形成新时代高校教师职业行为 10 项准则），推进意识形态工作责任制落细落实。围绕“使命在肩，奋斗有我”主题教育，打造“使命在肩”思政课、“生命教育”人文课、“奋斗有我”榜样课、“青春记‘疫’”网络课、“脱贫一线”公开课，创新舆论引领新模式。

全面推进职业教育改革。以北京市职业院校特色高水平项目建设为抓手，统筹各二级学院参与建设项目申报工作。旅游英语专业、智慧养老学院、融媒体工程师学院、王岳川传统文化教育与推广工作室成功申报北京市职业院校特色高水平骨干专业（群）和实训基地（工程师学院、技术技能大师工作室）。

稳步推进市团校改革。研判师生思想动态，着力解决改革期的难点问题。拓宽干部教师校外挂职锻炼渠道，助力校内教师专业转型方式，最大限度满足师生诉求。

整合资源，服务社会。发挥学前教育职教集团引领作用，探索中高职一体化五年制培养模式，推进“院—校—园”产教融合发展，举办学前教育产教融合高峰论坛。“燧石工程”爱国主义教育基地入选北京市首批新时代文明实践基地。整合继续教育学院和市团校优势资源，聚焦教育培训主责主业，发挥北京市师德教育基地、北京高校继续教育高水平教学团队、北京市职工继续教育基地、北京市新时代文明实践基地作用，举办职业院校教师师德师风培训班；探索创新授课形式，与香山革命纪念馆等教育基地达成深度合作意向。

疫情防控。成立疫情防控工作领导小组，下设 9 个专项组，落实四方责任，确保“零疫情、零舆情”。调整教学方式、改进教学方法、创新教学模式，188 名教师完成 603 门课程线上授课任务，线上举办集体云班会、学生才艺厨艺大赛、云端运动会等活动，确保停课不停学。教职工党员捐款 42478.74 元助力疫情防控；1156 名学生参加疫情防控暑期志愿活动，服务北京、河南、山西等地 801 个社区；72 名 700 余人次干部教师参加团市委核酸检测采样现场督查工作，累计行程 14068 公里。

党委书记　程晓君

院　　长　乔东亮

（王玉江）

《北京青年政治学院创建记（1984—1991）》发布

10 月 8 日，北青政举办《北京青年政治学院创建记（1984—1991）》新书发布暨座谈会。会议以“使命在肩奋斗有我”为主题，回顾学院创建初心，传承学院奋斗精神，谋划新时代学院发展。20 余名老领导、建院期间老同志、校友参加座谈会，通过不同方式分享在学院工作期间的回忆和感受。该书 22.2 万字，由旅游教育出版社出版，从亲历者角度记述学院创立、办学初期的历史。

（王玉江）

首钢工学院

概述

2020 年，首钢工学院占地面积 16.75 万平方米，非产权校舍建筑面积 10.85 万平方米（首钢集团产权）。图书馆建筑面积 6129 平方米。全年教育经费投入 5318.40 万元，其中，国家拨款 240.38 万元、自筹经费 5078.02 万元。固定资产总值 8720.90 万元，其中，教学、科研仪器设备资产值 5800.87 万元。拥有图书 33.20 万册，计算机 515 台。网络信息点 3500 个，上网课程 273 门，电子邮件系统用户 550 个，管理信息系统数据总量 450GB，数字资源量中电子图书 13.08 万册、电子期刊 8000 余种、学位论文 480 万册、音视频 9750 小时。学校由首钢集团举办，为理工院校。设置 8 个院（系、部）。开设 20 个专业。教职工 233 人。专任教师 173 人，包括教授及教授级高级工程师 5 人、副教授及高级工程师 82 人；博士 5 人，硕士 83 人；“双师型”教师 48 人。聘请校外教师 29 人。毕业生 1755 人，其中，高职生 953 人、成人教育专科生 802 人。毕业生一次就业率 99.58%，一次签约率 86.46%。招生 2359 人，其中，高职生 1030 人、成人教育专科生 1329 人。高考北京地区提档线不限选考专业组 120 分。在校生 4402 人，其中，高职生 2450 人、成人教育专科生 1952 人。网址：www.sgit.edu.cn。

2020 年，学校获批成为北京市注册安全工程师继续教育机构，“网龙数字创意产业工程师学院”入选第二批“特高”建设项目，安全技术与管理专业被认定为 2020 年首都职工教育培训示范点，北京市安全生产实训基地被评为“北京市法治宣传示范基地”和“北京市公共安全教育基地”。参加北京市职业院校技能大赛教师教学能力比赛获得一等奖 2 项，全国职业院校技能大赛教师教学能力比赛获得二等奖 1 项、三等奖 1 项，创历史最好成绩。

学生教育。坚持把立德树人放在首位，构建“三全育人”工作体系。制定加强思想政治理论课建设的实施意见，通过开学第一课、新生入学教育、主题班会、微信公众号等多种形式加强对学生的思想引导、心理疏导和人文关怀。持续推进名生工程，发挥名生的示范引领作用，组织名生宣讲团深入各二级学院开展宣讲。开展“上好云端课，自主学技能”主题活动，举办“云端学习，运动相伴”线上运动会。

教育教学改革。制定专业人才培养方案管理办法，修订专业建设指导委员会章程。加大专业转型和新专业开发力度，实时优化专业布局，20 个专业基本覆盖北京现代服务业主要领域，逐步向高端、培训、多元、新产业转型发展，形成具有首钢特色的专业竞争力和品牌影响力。以机电一体化技术、电气自动化技术、计算机网络技术、环境工程技术、旅游管理 5 个试点专业和人力资源管理、数字媒体艺术设计 2 个伴随专业为引领，借鉴阶段性成果经验，按照胡格教育教学设计理念和改革路径，推进全院 2020 级所有专业教学模式改革。

创新创业教育。把创新创业教育融入日常教学全过程，构建创新创业教育课程体系。在推进“胡格模式”教学改革同时，把创新意识和创新能力纳入教学内容，突出学生综合素质尤其是创新能力培养，激发学生自主学习积极性。学生参加 2020 年第六届中国“互联网＋”大学生创新创业大赛北京赛区比赛获得一等奖 1 项、二等奖 4 项、三等奖 9 项。在 2020 年第二届北京职教国际青年创新创业技能大赛获得一等奖 1 项、三等奖 1 项。

校企合作。加强专业与产业、课程与职业岗位的对接，拓展校企合作广度与深度，创新校企合作内容，在人才培养、技术研发、技能培训、社会服务等各个领域探索校企合作新模式。与北京大学首钢医院、北京朝阳医院京西院区建立教学医院关系；与北京京煤集团总医院、首钢老年福敬老院、北京泰康之家燕园养老社区等单位开展实践合作；拓展北京康复医院、北京大学第三医院等区域内大型医院作为实训基地，签订合作协议，实施合作办学；与军航（北京）文化传媒有限公司、北京清财联航教育科技有限公司等企业签署校企合作协议；与北京诚和敬驿站养老服务有限公司开展新型学徒制联合培养，校企共同制定人才培养方案，共同落实人才培养。全年举办北京市高级研修班 8 个，北京市技师研修班 17 个，首都职工素质建设工程技术工人职业培训项目 10 个；培训人数 1226 人。开展安全生产培训 1 万人次以上。全年为首钢集团培训 28203 人，包括专业技术人员 15388 人、安全生产培训 6217 人、技能操作人员 6598 人。

党委书记　石淳光

院　　长　段宏韬

（卢芳）

“云上对话”心理援助

2 月 1 日，首钢工学院启动“云上对话”心理援助。该模式是针对特殊时期的咨询需求，利用网络平台，多层次、多模式为学生提供心理支持。至 7 月，接待个体网络咨询 105 人次、团体网络咨询 20 次 113 人次，其中，对毕业生进行就业减压辅导 12 次 66 人次、人际关系处理团体辅导 4 次 24 人次、考试焦虑专项辅导团体训练 4 次 23 人次。

（卢芳）

教学信息化改革推进

2 月至 7 月，首钢工学院推进教学信息化改革。按照“一院一方案、一周一安排、一课一清单、一班一平台、一班一主任”的教学组织原则和“计划少改、改有方案、改有审批”的教学调整原则，保证线上教学有序开展，线上线下同质等效。根据课程性质特点，100% 课程结合线上教学情况科学调整教学安排，确保教学内容不减少、要求不降低。同时，加强线上教学指引，强化学生学习的主体地位，70% 以上课程通过任务式、模块化学习，实现以学生自我学习为主，教师指导为辅，培养学生学习能力、方法能力，推动课堂革命。线上教学学生满意度 85% 以上，课程目标达成率 90% 以上。

（卢芳）

北京农业职业学院

概述

2020 年，北京农业职业学院占地面积 81.22 万平方米，产权校舍建筑面积 30.34 万平方米。图书馆建筑面积 10430.56 平方米。全年教育经费投入 49917.51 万元，其中，国家拨款 47839.01 万元、自筹经费 2078.50 万元。固定资产总值 85532.80 万元，其中，教学、科研仪器设备资产值 23364.95 万元。拥有图书 56.27 万册，计算机 4485 台。网络信息点 12200 个，上网课程 652 门，电子邮件系统用户 930 个，管理信息系统数据总量 1500GB，数字资源量中电子图书 361 万册、电子期刊 18.29 万册、学位论文 506.25 万册、音视频 10 万小时。学校由市农业农村局举办，为农业院校。设有 4 个校区，设置 9 个系部，1 个研究中心，1 个研究所。开设 42 个专业。教职工 820 人。专任教师 383 人，包括教授及教授级高级工程师 47 人、副教授及高级工程师 245 人；博士 60 人，硕士 248 人；“双师型”教师 247 人。聘请校外教师 118 人。毕业生 1429 人，其中，高职生 1303 人、中职生 108 人、成人教育专科生 18 人。毕业生一次就业率 86.03%。招生 1876 人，其中，高职生 1606 人、中职生 270 人。高考北京地区提档线不限选考专业组 124 分。在校生 5404 人，其中，高职生 4888 人、中职生 516 人。网址：www.bvca.edu.cn。

2020 年，学校多措并举抗击新冠肺炎疫情，全面推进线上线下教育教学，扎实推进“双高”“特高”建设；联合首农集团入选职业院校教师企业实践基地；成立北京乡村振兴学院。

强化“三全育人”。制定实施“三全育人”工作方案，强化具有农职特色的全员、全过程、全方位育人机制。确定独具农职特色的“铸根京郊”师德核心价值观，加强文艺体育美育工作，获首都高校第 58 届学生田径运动会暨首都高校第 12 届秋季学生田径运动会丙组团体总分第一名，实现“六连冠”；获北京市高校美育改革创新优秀案例 1 项；特色农业项目获第六届中国国际“互联网＋”大学生创新创业大赛（职教赛道）北京赛区一等奖。

教师实力不断增强，教学工作稳步提升。食品安全专业群、水利工程专业群与北京排水集团给排水工匠技师学院、京林园林工程师学院分别获批第二批北京市职业院校特色高水平骨干专业（群）和实训基地（工程师学院、技术技能大师工作室）建设单位。2 名教师在国际期刊发表重要文章；7 个教师团队参加 2020 年北京市职业院校技能大赛教师教学能力比赛全部获奖，包括一等奖 4 项、二等奖 3 项；1 名教师获全国农业农村系统先进个人称号；1 名教师入选北京市百千万人才工程，是学校首次入选该人才工程。

加强实训基地建设。园艺技术和动物医学 2 个专业入选北京市校企合作“双师型”教师培养培训基地。田间教室、星创天地和兰花文化园建设完成。现代化智能温室项目、创新创业园建设项目获批。

加强科研与成果转化。2 项成果分获北京市农业技术推广奖一等奖和三等奖。落实对接各级各类项目 48 项，对接服务产业村、合作社、农业企业等产业主体 40 余个，引进特禽、果蔬等新品种 30 余个。在第 16 届北京兰花展中，送展兰花获金奖 3 枚、银奖 2 枚。

提高社会服务工作水平。成立北京乡村振兴学院。第 15 批科技挂职团队实施各类项目 11 个，引进梅花鹿饲养等技术 19 项，种植养殖新品种 30 个，培训农民 450 余人次。由农广校牵头，联合农业高校、科研单位和涉农企业构建的农民教育培训体系更加完善，京津冀三地组建 800 人的师资库，农广校体系全年培训农民 2.30 万人。助力脱贫攻坚，服务乡村振兴，完成 10 个北京科技小院建设，牵头 23 所市属高校对接帮助 34 个低收入村全部脱低。对口支援西藏、内蒙古、河北、湖北、山西贫困地区开展脱贫攻坚。

推进国际合作与交流。开启泰国分院汉语课程及园艺专业课程线上教学新模式；举办“丝路一家亲”农业技术线上系列培训，为毛里求斯、斯里兰卡等非洲和东南亚 7 个国家培训近 200 名农技人员；与毛里求斯合作的食用菌培训项目在北京 2020 服贸会“一带一路”论坛上启动；与俄罗斯、泰国合作的科研项目有序开展；举办中荷食品安全和人才培养论坛。

党委书记　李云伏

院　　长　范双喜

（孙田田）

10 月 25 日，农职院获首都高校第 58 届学生田径运动会团体总分冠军　（农职院　供）

8月18日，农职院选育的新品种“金星”新疆杨通过国家林草局实质审查　（农职院　供）

选育新品种“金星”新疆杨通过实质审查

8月18日，农职院选育的“金星”新疆杨（Populus alba var.pyramidalis‘Jinxing’）通过国家林业和草原局植物新品种保护办公室实质审查。经现场实地进行植物新品种测试（DUS测试），专家组认为“金星”新疆杨具备植物新品种“特异性、一致性、稳定性”，符合植物新品种条件，同意通过实质审查。“金星”品种4月初至11月初新生幼叶橘红色，4月初至11月初新展叶金黄色，4月下旬至11月初成熟叶渐变为绿色；茎新梢阳面浅红色，枝梢金黄色；喜光，稍耐阴，耐寒，耐旱，耐瘠薄，不耐涝；深根性，抗风力强，生长快；适合在新疆中南部、青海、陕西北部、甘肃北部、内蒙古中西部、河北北部等地区栽培推广。

（刘宪东　石进朝）

与北京农学会、房山区科协共建科技小院签约

11月9日，农职院与北京农学会、房山区科协共建科技小院签约仪式在房山区琉璃河镇周庄村（慧田蔬菜种植合作社科技小院）举行。三方共同签署《支持北京科技小院建设对接意向书》。农职院在房山区建设6家科技小院，通过项目带动和人才支撑，与农民、企业、政府“零距离”开展科技创新、技术服务和人才培养，创新开展精准帮扶，取得良好效果。

（穆希维）

北京政法职业学院

概述

2020年，北京政法职业学院占地面积29.64万平方米，产权校舍建筑面积13.79万平方米。图书馆建筑面积1.08万平方米。全年教育经费投入22547.07万元，其中，国家拨款20588.46万元、事业收入1750万元、其他收入208.61万元。固定资产总值35459.76万元，其中，教学、科研仪器设备资产值14264.25万元。拥有图书52.44万册，计算机3553台。网络信息点3611个，上网课程336门，管理信息系统数据总量131.20GB，数字资源量879.61TB。学校由市委政法委举办，为政法院校。设置5个学院和思想政治理论课教研部。开设23个专业，包括中央和北京市重点支持建设专业5个。有中央和北京市重点支持建设实训基地5个，国家级专业教学资源库建设项目1个，国家及省部级精品课程9门，国家及省部级优秀教学成果奖13项。教职工355人。专任教师183人，包括教授及教授级高级工程师10人、副教授及高级工程师69人；博士23人，硕士136人；“双师型”教师109人。聘请校外教师80人。毕业生1227人，均为高职生。毕业生一次就业率86.72%，一次签约率52.08%。招生1029人（含学校贯通培养升入高职段学生282人），均为高职生。高考北京地区提档线120分。在校生3454人，其中，高职生2971人、中职生483人。网址：www.bcpl.cn。

2020年，学校贯彻新冠肺炎疫情防控要求，织密防控网络，落实各项防控措施，守好校园阵地。

深化教育教学改革，依法治校。制定学校《落实〈职业教育提质培优行动计划（2020—2023年）〉实施方案》及配套文件，全面推进思政课改革创新与劳动教育设计管理。完善内部管理机制，提升内部治理能力。开展新一轮规章制度“废改立”工作，把依法治理作为学校治理的基本理念和基本方式，融入、贯穿学校工作全过程和各方面，推进学校治理体系和治理能力现代化。

建立专业动态调整机制。邀请校外专家对学校专业设置与建设情况进行诊断评价，明确发展方向，厘清建设思路。结合首都经济产业发展趋势与学校专业布局结构调整，完成新专业调研、人才培养方案制订等工作。人工智能技术服务专业获教育部批复，成为北京市首批获准开设该专业的8所院校之一。

深化产教融合、校企合作。学校牵头发起的北京退役军人职教集团获市教委批复成立，召开第一次理事会议，通过集团章程和组织机构名单。继续深化与首都机场航空安保有限公司、北京环球度假区的合作。安防科技学院校企合作团队获国家级教育教学成果二等奖。信息媒体学院新华三网络安全工程师学院入选第二批北京市职业院校特色高水平实训基地。与科大讯飞股份有限公司签约共建人

10月10日，北财院与泰国罗勇技术学院举行“互联网+”中泰国际联合办学四方协议云签署仪式 （北财院 供）

工智能技术服务专业。继续推进“1+X”证书试点建设工作，遴选9个证书融入人才培养方案。参加全国司法职业院校实务技能大赛获得个人一等奖1个、二等奖2个、三等奖7个，团体二等奖1个、三等奖3个；获第十届“新华三杯”全国大学生数字技术大赛北京赛区一等奖4个。

加强教师队伍建设。针对疫情期间线上教学情况，组织教师参加“高校教师信息化教学能力提升”等专题网络培训，提升教师线上教学能力和信息化教学水平。开展“双师型”教师认定工作，加速推进高素质“双师型”教师队伍建设。开展教师教学能力比赛，促进教师综合素质、专业化水平和创新能力全面提升。1名教师获北京市先进工作者称号，3名教师分别获得北京高校第11届青年教师教学基本功大赛二等奖和优秀论文奖等奖项。

服务社会取得新成效。完成政法系统干部教育培训工作，举办全市乡镇（街道）政法委员政治轮训班、北京市政法系统专项警示教育（整顿）重点单位党组织负责人强化培训班等培训班12期，培训727人。承办的北京政法网总发稿3万余篇，总浏览量404万次。北京政法各新媒体平台发布稿件1.30万余篇，总阅读量1.29亿人次，总关注量247.80万人。原创微电影《惹祸的代步车》获第八届亚洲微电影艺术节“最佳作品奖”，微视频《穿警服的副书记》获第五届平安中国三微比赛最佳微视频奖，微电影《心瘾》获优秀微电影奖。

党委书记 孙善学

院　　长 许传玺

（李治建）

北京财贸职业学院

概述

2020年，北京财贸职业学院占地面积29.90万平方米，产权校舍建筑面积19.26万平方米、非产权校舍建筑面积10.64万平方米。图书馆建筑面积9391.71平方米。全年教育经费投入38261.17万元，其中，国家拨款34365.21万元、自筹经费3895.96万元。固定资产总值74531.93万元，其中，教学、科研仪器设备资产值25916.67万元。拥有图书90.93万册，计算机6779台。网络信息点16599个，上网课程830门，电子邮件系统用户8163个，管理信息系统数据总量49176.53GB，数字资源量中电子图书111.85万册、电子期刊14.28万册、学位论文19.37万册、音视频63255小时。学校由市教委举办，为财经院校。设有4个校区，设置11个院（系、部）。开设27个专业。教职工631人。专任教师361人，包括教授及教授级高级工程师15人、副教授及高级工程师126人；博士44人，硕士209人；“双师型”教师144人。聘请校外教师179人。毕业生1986人，其中，高职生1449人、中职生460人、成人教育专科生77人。毕业生一次就业率95.03%，一次签约率55.21%。招生2617人，其中，高职生1765人、中职生360人、成人教育专科生492人。在校生6826人，其中，高职生4997人、中职生1337人、成人教育专科生492人。网址：www.bjczy.edu.cn。

2020年，学校党建和思想政治工作水平不断提升，“双高”“特高”建设和各项事业取得新进展、新成效，特色高水平新商科职业院校建设迈入新阶段。

财贸素养教育成果丰硕。开展“使命在肩 奋斗有我”主题教育活动，坚持五育并举，做强财贸素养教育品牌。加强体育工作，开设劳动教育课程，深化心理健康教育，“领英计划”通过北京市“一校一品”德育品牌验收。师生制作的3部“在线技能学习”中英文双语微视频被教育部职教中心研究所选用，推荐到联合国教科文组织。承办第二届北京职教国际青年创新创业技能大赛，学生代表队获2个一等奖、1个二等奖，教师代表队获1个一等奖、1个二等奖。参加北京市2020年“挑战杯”首都大学生创业计划竞赛获得5金2银3铜，并以职业院校团体总分第一名的成绩首次获得“优胜团体奖”，是北京市唯一获此奖项的职业院校；参加第12届“挑战杯”全国大学生创业计划竞赛获得2金3铜，创历史最佳成绩。

宣传文化育人功能日益凸显。聚焦学校中心工作，加强主旋律宣传教育，组织宪法诵读、爱国主义教育等活动，结合疫情防控、课程思政、脱贫攻坚等工作打造“最美财贸人”品牌。微电影《成人礼》获全国职业院校“传承的力量”微视频大赛北京赛区一等奖，师生编辑制作的视频《看着你的样子，真想抱抱你》、歌曲《亿心战“疫”，武汉加油》

分别登上“学习强国”App 和“央视频”App。

“双高”“特高”建设任务稳步推进。5 个项目入选第二批北京市职业院校特色高水平骨干专业（群）和实训基地（工程师学院、技术技能大师工作室）建设名单。以智慧财经和现代商旅服务专业群为核心，以文化创意和城市建设管理专业群为骨干，编制完成“双高”“特高”建设方案，形成任务清单 432 项，组建项目团队 12 个，组织线上工作坊和研讨 40 余次，推出“财贸双高校”专题宣传 15 期，编发《双高建设月报》，形成“统一领导、分级负责、专家指导”的运行机制，达成“人人是双高建设者，事事都是双高建设内容”的共识。

科研与校企合作融入区域与行业发展。教师取得各类科研教研成果 224 项，2 个研究项目入选北京市社科基金项目，1 个教师案例入选教育部首批“双师型”教师个人成长典型案例。着力推进城市副中心“城教融合”任务，制定《校企合作管理办法》，创新开展“企业课堂”改革。

对口支援与扶贫协作不断深化。与武汉外语外事职业学院签订“一帮一”行动合作协议。继续深化与河北廊坊“北三县”、保定等地支援合作，与保定幼儿师范高等专科学校、保定市心理健康协会等单位签订培训合同 12 项，完成项目实施 17 期，累计培训 17554 人次；派出 2 支团队赴河北曲阳、涞水支教，覆盖学生 5000 余人。至年底，学校承担的门头沟区清水镇双塘涧村、密云区溪翁庄镇尖岩村、通州区西集镇吕家湾村和耿楼村 4 个帮扶村全部脱低。

疫情防控取得阶段性胜利。形成“书记、校长统一指挥，组建专班统一协调，四校区统一调度”的“三个一”工作机制，召开领导小组会议 18 次、专题会议 100 余次，制定疫情防控方案、预案 40 个，各类工作细则、规程 14 个，实现 4 个校区“疫情零发生、师生零感染”。“财贸在线”平台建课 618 门，“智慧职教”云平台建课 231 门，课堂互动 29 万人次。培育 10 门在线开放课程，支持 14 门课程、33 名教师、86 个班次在秋季学期继续开展线上线下混合式教学。在 7 月 15 日教育部职教中心研究所召开的“抗击疫情，促进学生发展——中国职教在行动”线上交流视频会上，学校分享疫情防控期间线上教学经验，是北京高职院校唯一发言代表。

党委书记　王红兵
院　　长　杨宜

（谭惜春）

与泰国罗勇技术学院联合办学

10 月 10 日，北财院—泰国罗勇技术学院“互联网＋”中泰国际联合办学四方协议云签署暨海外分校云揭牌仪式在北财院以线下和线上相结合形式举行。学校与泰国罗勇技术学院联合办学，成立北京财贸泰国罗勇分院。分院设在泰国罗勇技术学院，主要培养泰国当地会计领域国际化人才。学校将重点做好智慧财经专业群（会计专业）的标准输出和海外技术技能人才培养培训工作，为国家“双高校”和北京市“特高校”建设贡献力量。

（谭惜春）

“中国服务”智库专家库成立

10 月 21 日，在第 15 届京商论坛上，北财院成立“中国服务”智库专家库。作为中国特色高水平高职学校和专业建设重要内容，学校特聘国家、北京市行业协会会长，高校、科研机构专家学者，知名企业高管（腾讯研究院、阿里研究院、美团大学等单位负责人）成立“中国服务”智库，旨在融入服务业产业高端，集聚行业智慧和力量，开拓中国服务的研究领域，形成有价值的创新服务成果，着力推动成果的应用、转化和推广，提高财经商贸技术服务含金量。“中国服务”智库 2020 年度首批特聘专家 50 人。

（谭惜春）

北京戏曲艺术职业学院

概述

2020 年，北京戏曲艺术职业学院占地面积 2.71 万平方米，产权校舍建筑面积 3.06 万平方米。图书馆建筑面积 1569 平方米。全年教育经费投入 17956.46 万元，其中，国家拨款 16738 万元、自筹经费 1218.46 万元。固定资产总值 25398.69 万元，其中，教学、科研仪器设备资产值 21852.78 万元。拥有图书 16.18 万册，计算机 756 台。网络信息点 2000 个，管理信息系统数据总量 2GB，数字资源量中电子图书 18.67 万册、音视频 256 小时。学校由市政府举办，为艺术院校。设置 7 个系部，1 个研究中心。开设 7 个专业。教职工 375 人。专任教师 193 人，包括教授及教授级高级工程师 14 人、副教授及高级工程师 53 人；博士 10 人，硕士 119 人；“双师型”教师 98 人。聘请校外教师 116 人。毕业生 255 人，其中，高职生 124 人、中职生 131 人。毕业生一次就业率 98.39%，一次签约率 54.84%。招生 288 人，其中，高职生 144 人、中职生 144 人。高考北京地区提档线 84 分。在校生 1343 人，其中，高职生 477 人、中职生 866 人。网址：www.bjxx.com.cn。

2020 年，学校在抓好新冠肺炎疫情防控、保障师生身体健康和生命安全的同时，以“特高校”建设为工作重点，开展各项教育教学活动。

推进“特高校”建设。成立“特高校”建设项目工作领导小组，下设 3 个工作小组，并设置“特高校”建设项目管理办公室。制定年度建设事项推进清单，加强培训指导。

以赛促学、以赛促教。2 个教师团队参加北京市职业院校技能大赛教学能力比赛均获一等奖，其中 1 个团队入围全国职业院校技能大赛教学能力比赛并获三等奖。选派师生参加全国信息素养大赛，学生获得北京赛区 2 个一等奖、3 个二等奖、5 个三等奖，1 名教师获微课比赛二等奖及优秀指导教师称号。鼓励师生参加各类专业比赛和艺术展演活动。

提升就业服务质量。建立毕业生“一生一策”就业工作台账，实现“一系一案”“一类一案”“一生一策”，做到“责任清、问题清、需求清、措施清”，为毕业生排忧解难。

提高大学生创新创业水平。探索使用网络平台，线上开展创业训练营、创业大赛一对一辅导等活动。开展年度校级优秀创业团队评选和第二届“火花杯”创业大赛。组织学生创业团队参加2020年北京地区高校大学生优秀创业团队评选、第六届中国“互联网+”大学生创新创业大赛、“中国创翼”创业创新大赛等国家级创业比赛。

12月24日，北戏抗疫主题新剧目——曲艺说唱《我们的爸爸妈妈》彩排（北戏 供）

加强平安校园建设，构建和谐稳定校园环境。开展消防安全知识讲座和“关注消防、生命至上”消防基本技能培训，增强师生消防安全意识和避险自救能力。

开展形式多样的文化活动，提升学生综合素质。疫情期间组织“万众‘艺’心，同心抗‘疫’”学生作品征集活动，收集戏曲、舞蹈、音乐、曲艺、朗诵、诗歌创作等各种体裁的抗疫作品21件，强化学生家国情怀和民族自豪感。成立思政社团“思源社”，加强学生思想政治理论教育。

积极抗疫，保障教学。成立疫情防控领导小组和工作小组，制定相关工作预案和工作方案；加强宣传教育，增强师生防疫安全意识；做好防疫物资保障和环境卫生管理，加强防疫硬件建设；开展“云中课堂”线上教学活动，做到“停课不停学”；开展疫情期间“云课堂”教师培训，提升教师综合素质和教学能力。

党委书记　毕兆炜
院　　长　黄珊珊

（贺红梅）

赴欧洲参加春节艺术交流演出

1月，北戏19名师生赴欧洲参加“欢乐春节”艺术交流演出活动。演出组先后赴爱沙尼亚塔林市和芬兰赫尔辛基市，为当地市民表演《美猴王》《贵妃醉酒》《三岔口》等京剧经典剧目和《一点甜》《丝路红》《缅桂花开朵朵香》等民族舞蹈。除演出外，京剧系师生还在爱沙尼亚音乐戏剧学院举办京剧艺术工坊，现场展示并教授京剧表演中“勾脸”“甩水袖”“武生腰带扎法”等动作要领，让当地师生近距离感受京剧艺术魅力。活动由市委宣传部主办，旨在通过艺术交流演出，传播中国传统艺术文化，加强中外文化交流，为其他国家人民提供了解中国文化的窗口。

（贺红梅）

《京剧剧目辞典》修订

至年底，北戏修订完成《京剧剧目辞典》（增订版）。重新修订1989年出版、收录剧目下限为1984年的原《京剧剧目辞典》，通过考证和收集资料的方式，重新统计和整理现存京剧剧目，订正讹误，增补1984年以来特别是新时期以来中国创排的京剧剧目，使《京剧剧目辞典》成为一部囊括目前全部京剧剧目的工具书。

（贺红梅）

《中华美德故事汇》抗疫主题新剧目创作

至年底，北戏创作完成《中华美德故事汇》第六辑3部以抗击新冠肺炎疫情为主题的新剧目。3部剧目包含鼓曲联唱《温情满人间》、曲艺说唱《我们的爸爸妈妈》和舞剧《神农》，均以抗疫为主题，或歌颂抗疫战斗中涌现出的新时代楷模的感人事迹，或再现先人为抗击瘟疫、拯救百姓而舍己为人的故事。《中华美德故事汇》以弘扬社会主义核心价值观、传播中华传统美德为主题思想，由首都文明办与市文旅局联合策划，首都文明办出品，北戏创作演出，集戏曲、话剧、音乐剧、舞剧、曲艺等多种艺术形式，运用生动的舞台艺术形式宣扬中华美德和传承传统艺术。

（贺红梅）

北京经济管理职业学院

概述

2020年，北京经济管理职业学院占地面积85.80万平方米，产权校舍建筑面积21.51万平方米、非产权校舍建筑面积0.25万平方米。图书馆建筑面积8318平方米。全年教育经费投入28974.05万元，其中，国家拨款25932.39万元、自筹经费3041.66万元。固定资产总值45757.06万元，其中，教学、科研仪器设备资产值14230.53万元。拥有图书53.92万册，计算机4100台。网络信息点7435个，上网课程922门，电子邮件系统用户5012个，管理信息系统数据总量480GB，数字资源量中电子图书52.29万册、电子期刊0.98万册、学位论文31.40万册、音视频17.59万小时。学校由市教委举办，为财经院校。设有2个校区，设置10个院（系、部）。开设34个专业。教职工532人。专任教师284人，包括教授及教授级高级工程师15人、副教授及高级工程师100人；博士41人，硕士255人；“双师型”教师175人。聘请校外教师34人。毕业生744人，其中，高职生722人、成人教育专科生22人。毕业生一次就业率95.95%，一次签约率42.32%。招生1002人，其中，高职生865人、成人教育专科生137人。高考北京地区提档线文科120分、理科120分，单考单招120分。在校生2993人，其中，高职生2843人、成人教育专科生150人。网址：www.biem.edu.cn。

11月22日，永定河文化研究院成立大会暨永定河文化论坛举办
（经管职院　供）

2020年，学校统筹疫情防控和事业发展两不误、两促进，推进人才培养和内涵发展，持续深化综合改革和治理能力建设。

“三全育人”综合改革深入推进。开展“三全育人”大学习、大讨论、大落实活动和系列主题教育活动，推进“幸福学园”建设升级。开设“习近平新时代中国特色社会主义思想概论”必修课。在人才培养方案每门课程中设置思政元素；举办“课程思政”比赛和“最美课堂”大赛；开展覆盖全体教师的课程思政培训，形成具有自身特色的“12135经管模式”。作为北京唯一高职院校入选全国职业院校课程思政研究中心，获第六届首都大学生思想政治工作实效奖；“幸福学园文化”入选全国职业院校“一校一品”校园文化品牌成果，学校获评全国职业院校校园文化“一校一品”学校。

教育教学改革成果丰硕。制定学校《深化职业教育改革创新实施方案》。推进混合式教学改革，开启春季学期教学“云”模式，停课不停学、停课不停教；临空经济管理等3个专业群、科大讯飞人工智能工程师学院等4个项目获批第二批北京市职业院校“特高”项目；宝玉石鉴定与加工专业教学资源库通过教育部验收；新增“3＋2”中高职衔接办学项目9项，26个专业获批北京市“1＋X”证书制度试点，2部教材入选“十三五”职业教育国家规划教材，获批“北京市学分银行联盟成员单位”。在国家级创新创业竞赛中，获银奖1项、铜奖2项，市级奖项93项，为历年最好成绩。

产教融合校企合作向纵深拓展。完善北京数字经济职教集团治理体系；与固安县政府签订全面战略合作协议，京冀职业教育实质协同迈出新步伐；成立非遗技艺传承（花丝镶嵌）产业学院，3个教育部现代学徒制教育教学试点专业通过省级验收，学校入选“全国职业院校传统技艺传承示范基地”“中国工艺美术大师传承创新基地院校”。

技能培训和国际化办学取得新成绩。坚持“育训并重”，搭建职业技能培训平台，入选首批北京市高精尖产业技能提升培训机构、首批首都职工教育培训示范点、首批北京市校企合作的“双师型”教师培养培训基地、首批河北省退役军人培训基地，开展各类培训近900人日。全年开展安全生产类和企业管理类线上线下培训88期，培训3万余人日。推进“中澳国际学院”“中泰商务文化学院”“北京牛津商学院优质职教课程输出项目”建设，获“中泰职业教育合作突出贡献奖”。

加强校园文化建设，维护校园安全稳定。成立永定河文化研究院，举办永定河文化论坛，入选教育部第二批“高职院校文化建设与文化育人丛书”编写单位。深化科技创安，制定学校“平安校园”建设考核实施细则，推动“平安校园”建设提升。

打赢疫情防控阻击战。把师生生命安全和身体健康放在第一位，建立“四位一体”防控体系和疫情防控常态化背景下学校教育教学正常运转的制度体系，保证人才培养不断线、教学质量不降低、管理服务不缺位，实现师生“零感染”、校园无疫情。学校12项案例在2020年全国职业院校“战疫课堂”课程思政典型案例评选中获奖，包括一等奖3项、二等奖3项、三等奖2项、优秀奖4项。

党委书记　张连城
院　　长　姚光业（12月免）

（于平波）

首届“课程思政”教学大赛

1月13日，经管职院举办首届“课程思政”教学大赛决赛。比赛于2019年12月启动，各学院（部）组织初赛，推荐10组选手参加决赛。决赛设置教学设计和教学展示2个模块，教学设计模块包含基本要素、内容设计、创新设计、媒体设计4个评价指标，教学展示模块分为育人因素挖掘转化、教学内容、教学方法、教学效果、教师素养5个评价指标。比赛邀请北京联合大学马克思主义学院、北京交通大学马克思主义学院、北京青年政治学院马克思主义学院和北京第二外国语学院专家组成评委组，按照评价指标进行打分评判并当场亮分，评选出一等奖2组、二等奖2组、三等奖5组。10月，学校入选全国职业院校课程思政研究中心，是北京唯一高职院校，全国29所院校入选。

（于平波）

非遗技艺传承（花丝镶嵌）产业学院签约揭牌

11月18日，经管职院与北京东方艺珍花丝镶嵌厂共建的非遗技艺传承（花丝镶嵌）人才培养基地暨非遗技艺传承（花丝镶嵌）产业学院签约揭牌。校企共同建立面向师生、面向首都、面向全国的花丝镶嵌非遗人才培训基地，打造以传承“燕京八绝”花丝镶嵌为核心，以中国工美艺术大师、专任教师和行业技师为技术力量、以非遗技艺创意创新设计为目标的人才培养机制，加强双方在中华传统优秀文化“燕京八绝”花丝镶嵌工艺方向的人才培养和技术交流，促进传统工艺与现代技术融合，推进传统优秀技艺传承与创新。

（于平波）

北京劳动保障职业学院

概述

2020年，北京劳动保障职业学院占地面积17.89万平方米，产权校舍建筑面积10.72万平方米。图书馆建筑面积2313平方米。全年教育经费投入22521万元，其中，国家拨款19616万元、自筹经费2905万元。固定资产总值37226.04万元，其中，教学、科研仪器设备资产值22791.14万元。拥有图书24.17万册，计算机2792台。网络信息点2302个，上网课程445门，电子邮件系统用户1500个，管理信息系统数据总量450GB，数字资源量中电子图书130万册、电子期刊1.33万册、学位论文385万册、音视频6.85万小时。学校由市人力社保局举办，为财经院校。设有2个校区，设置3系2部，开设17个专业。教职工230人。专任教师153人，包括教授及教授级高级工程师9人、副教授及高级工程师57人；博士28人，硕士103人；“双师型”教师82人。聘请校外教师89人。毕业生1522人，其中，高职生973人、中职生238人、成人教育专科生311人。毕业生一次就业率90.46%，一次签约率45.44%。招生1350人，其中，高职生1099人、中职生240人、成人教育专科生11人。高考北京地区提档线121分。在校生3714人，其中，高职生2853人、中职生676人、成人教育专科生185人。网址：www.bvclss.cn。

4月10日，京劳职院与京东集团签署战略合作协议

（京劳职院　供）

2020年，学校提升思想政治教育工作质量，配齐建强思想政治教育专职教师队伍；打造“一校一品”德育品牌“红课堂”，作为学生必修课，加强学生思政教育。建立健全规章制度，修订完善各项制度200余项。

教育教学。春季学期克服新冠肺炎疫情影响，调整教学计划，利用“平台＋直播”开展线上教学，实施网格化教学管理；以国家“双高”专业群、人力资源管理专业国家级教学资源库、养老服务与管理专业国家级教学创新团队、北京“特高校”建设为抓手，承接教育部职业教育提质培优计划。学校牵头的北京人力资源服务职教集团入选教育部第一批示范性职业教育集团（联盟）培育单位。

人才培养。加强学生创新能力和职业能力培养，在新能源汽车、养老服务与管理、财务管理等专业实施“1＋X”证书制度试点；深化劳动与社会保障专业、安全技术与管理、老年服务与管理现代学徒制校企合作模式，实行校企协同育人；增设护理专业获教育部批准。承接定向援藏教育培训任务，举办北京市对口支持西部地区人才培训班，开展京蒙扶贫协作教师进京培训。

教学科研。完成市级科研课题4个，出版著作教材16部，发表论文80篇，获取专利3项；立项国家级教学成果奖培育项目4个，立项团队整合课题4个（子课题29个）、非整合课题17个。获第五届“踏瑞杯”全国高职高专人力资源管理技能大赛总决赛特等奖，全国职业院校技能大赛改革试点赛高职组“数控机床装调与技术改造”赛项三等奖；

北京市大学生工程设计表达竞赛团体赛一等奖2项、二等奖1项，个人赛获奖8金7银。

治理效能提升。完成全员岗位聘任，优化机构设置；实施二级院系管理和二级预算管理，优化管理方式；开展“院处长走流程”专项活动，简化、优化办事流程;开设“督查督办”“校园12345”专栏，提高服务师生效能。

党委书记 张青山

院　　长 李继延（2月10日免）

（程峥）

与京东物流签约合作

4月10日，京劳职院与京东物流签署战略合作协议。根据协议，双方合作开设符合首都发展的机电一体化技术新专业（京东智慧仓储订单班），并就打造“双师制”师资队伍、共建共享实训基地资源等方面达成共识，开启校企深度合作新模式。

（程峥）

教代会、工会换届

11月27日至28日，京劳职院召开第八届教职工代表大会、第十届工会会员代表大会。会议听取并通过学院工作报告、学院财务工作报告和工会工作报告等，选举产生第八届教代会执行委员会、第十届工会委员会、第十届经费审查委员会。

（程峥）

北京社会管理职业学院

概述

2020年，北京社会管理职业学院占地面积60.24万平方米，产权校舍建筑面积23.02万平方米。图书馆建筑面积14147平方米。全年教育经费投入18364万元，其中，国家拨款14505.84万元、自筹经费3858.16万元。固定资产总值31012.49万元，其中，教学、科研仪器设备资产值7081.63万元。拥有图书38.60万册，计算机2569台。网络信息点5000个，上网课程357门，电子邮件系统用户4401个，管理信息系统数据总量21000GB，数字资源量中电子图书10万册、电子期刊1915册。学校由民政部举办，为政法院校。设有2个校区，设置7个院（系、部）。开设21个专业。教职工329人。专任教师191人，包括教授及教授级高级工程师14人、副教授及高级工程师74人；博士35人，硕士219人；“双师型”教师142人。聘请校外教师54人。毕业生1292人，其中，高职生1260人、成人教育专科生32人。毕业生一次就业率81.59%，一次签约率14.18%。招生1430人，全部为高职生。高考北京地区提档线不限选考专业组124分，单考单招142分。在校生4325人，其中，高职生4302人、成人教育专科生23人。网址：www.bcsa.edu.cn。

2020年，学校完成党委纪委换届；启用大兴校区，实现北京大兴、河北燕郊双校区协同办学新格局；一手抓疫情防控，一手抓教育教学，校内无师生感染。

彰显专业特色。申报早期教育、社区管理与服务2个新专业，修订完成19个专业新版人才培养方案，形成“一专业一特点”育人新格局。老年服务与管理专业获评北京高校继续教育特色专业，婚庆服务与管理专业开发全国首个婚礼策划职业等级证书；康复辅助技术专业群入选北京市特色高水平骨干专业（群），海涛殡葬工程师学院入选北京市特色高水平工程师学院建设单位。探索试点学分银行，获批北京市首批学分银行联盟成员单位。

推动“三教”改革。开展校级在线课程和课程思政建设项目，70余门在线课程通过评审，8门课程获批首批校级课程思政示范课。5本教材入选教育部“十三五”职业教育国家规划教材。科学构建体育、美育、劳育课程育人模式，获第22届CUBA女篮全国第六名、第23届CUBA北京赛区女子组冠军、首都高校第十届拓展运动会冠军、北京市第12届健身大会健美操比赛冠军。教师团队首获全国职业院校技能大赛教学能力比赛一等奖，实现历史性突破。1名毕业生获“全国先进工作者”称号，1名毕业生获第十届全国民政行业职业技能竞赛公墓管理员职业竞赛一等奖和“全国技术能手”称号。

深化校企合作。与新疆民政厅合作培养老年服务与管理专业人才。中日养老服务政策及产业合作项目结项。与北京天恒康健养老投资管理有限公司、海涛（国际）集团、

9月，社职院大兴校区启用

（社职院　供）

郴州技师学院、吉林省民政厅等政校企单位深入合作，成立上医健康管理产业学院，打造现代化生命文化实训室，推进民政特色专业群建设。成立中国社会福利基金会民政教育专项基金，拓宽校企合作平台。

提升社会服务水平。完成“福康工程”实施效果调研评估。参与制定《新型冠状病毒感染的肺炎患者遗体处置工作指引（试行）》，组织编写《殡葬服务机构应对突发公共卫生疫情传染病遗体处置规程（草案）》《殡葬服务机构2020年清明祭扫工作指引》，开发制作“民政防控进行时”线上公益培训课程。

加快“1＋X”证书建设。依托北京中民福祉教育科技公司完成2.30万人的失智老年人照护证书考核颁证工作，开发的婚礼策划、社区治理、遗体防腐整容、殡仪服务、老年康体指导5个等级证书入选教育部第四批职业技能等级证书。中民民政职业能力建设中心获批首批部门行业职业技能等级认定试点机构。

党委书记　邹文开
院　　长　邹文开（7月免）
　　　　　王胜三（7月任）

（张冼）

民政教育专项基金设立

1月3日，社职院与中国社会福利基金会共同设立民政教育专项基金。该基金旨在搭建社会公益事业平台，服务民政教育事业发展、学校建设发展需要，为贫困生、少数民族学生、孤儿、因病致困学生、困难教师等群体提供帮扶，搭建产教融合平台、校友平台，支持与民政教育相关的公益慈善活动。

（张冼）

老年服务与管理专业首届新疆班开班

10月19日，社职院举办2020级老年服务与管理专业首届新疆班开班仪式。新疆班由学校与新疆维吾尔自治区民政厅共同筹办，旨在有针对性的为新疆培养和输送优秀老年服务与管理技能人才，为建设美丽新疆贡献民政力量。2020级新疆班招收学生38人。

（张冼）

民政职业技能培训和“1＋X”证书试点

至年底，社职院开展民政职业技能培训和“1＋X”证书试点工作。依托民政部培训中心，举办远程教育培训24场，开展直播33场，培训学员21122人。举办脱贫攻坚培训班9期，委托培训班12期，培训4376人次。依托民政部职业技能鉴定指导中心、北京中民福祉教育科技有限公司开发的婚礼策划、社区治理、遗体防腐整容、殡仪服务、老年康体指导5个等级证书入选教育部职业技术教育中心研究所“参与1＋X证书制度试点的第四批职业教育培训评价组织及职业技能等级证书名单”。推进第二批X证书“失智老年人照护”的实施，完成2.30万人的考核和1.90万人的颁证工作任务。

（张冼）

北京体育职业学院

概述

2020年，北京体育职业学院占地面积8.56万平方米，产权校舍建筑面积6.90万平方米、非产权校舍建筑面积0.41万平方米。图书馆建筑面积300平方米。全年教育经费投入5000.16万元。固定资产总值45454万元，其中，教学、科研仪器设备资产值8735万元。拥有图书14.88万册，计算机398台。网络信息点354个，上网课程438门，管理信息系统数据总量5293GB，数字资源量中电子图书680万册、电子期刊19.61万册、学位论文680万篇、音视频4.90万小时。学校由市体育局举办，为体育院校。设有3个校区，设置3个院（系、部）。开设4个专业。教职工133人。专任教师63人，包括教授及教授级高级工程师2人、副教授及高级工程师35人；博士2人，硕士26人；“双师型”教师18人。聘请校外教师19人。毕业生233人，其中，高职生94人、中职生139人。毕业生一次就业率100%，一次签约率100%。招生276人，其中，高职生141人、中职生135人。高考北京地区提档线文科125分、理科125分。在校生790人，其中，高职生342人、中职生408人、初中生40人。网址：www.bjtzhy.org。

2020年，学校践行职业教育各项政策措施，不断提升教育教学工作质量，完成新冠肺炎疫情防控特殊条件下的各项任务。

创建网上课程，开展线上教学。在疫情特殊情况下，短时间内将所有课程转化为线上课程，保障各个学历教育层次学生按时正常上课，效果良好。教师团队参加2020年北京市职业院校技能大赛教学能力比赛获得高职组一等奖。以备赛为契机，改善信息化教学条件，提升教师团队信息化教学水平。

推进课程思政建设。深入挖掘专业人才培养途径和课程思政元素，开展教师培训、继续教育平台课程学习和系、部研讨系列活动。召开“坚持立德树人方向，凝聚全员育人力量”交流研讨会，交流教师育人、课程育人、专业育人、文化育人的实践探索，提出持续推进课程思政建设工作要求，德技并举培养体育技能人才。

教科研能力稳步提升。教师教科研成果在质量和数量方面均有显著提高，教师研究课题覆盖不同层级，教师全年公开发表论文数十篇。出版为迎接冬奥会提高雪场服务人员英文水平的图书《滑雪场英语脱口而出》《新手小白学滑雪》和针对疫情期间居家健身的图书《一平米居家儿童健身》。10月，“运动与健康”专业群建设项目、王福全冰球技能工作室建设项目入选第二批北京市职业院校特色高水平骨干专业（群）和实训基地（工程师学院、技术技能大师工作室）建设项目。

疫情防控攻坚克难。严格执行有关决策部署，制作系列宣传片，做好思想宣传引领。发放防疫物品，组织居家系列活动，稳思想、聚人心。党员参加社区抗疫服务 176 人次，捐款 2.30 万元。

党委书记　王彦席

院　　长　石风华

（王亮　张颖茜　陈惠）

儿童体智能专业深化产教融合

至年底，北京体职院深化儿童体智能专业的产教融合。围绕北京市体育产业对儿童体育技能人才的需求，加快儿童体智能专业建设，与城市传奇体育科技（北京）有限公司、北京宝力豪体育健身有限公司、北京东方启明星体育文化有限公司等多家企业开展深度合作，校企双元育人，协同培养适合北京市体育产业发展特色的体育技能人才。完成 2018 级儿童体智能方向首届实习生的跟岗实习工作安排。

（朱丽敏）

北京交通运输职业学院

概述

2020 年，北京交通运输职业学院占地面积 32.60 万平方米，产权校舍建筑面积 19.90 万平方米，非产权校舍建筑面积 0.40 万平方米。图书馆建筑面积 5882 平方米。全年教育经费投入 28026.59 万元，其中，国家拨款 27928.24 万元、自筹经费 98.35 万元。固定资产总值 60101.98 万元，其中，教学、科研仪器设备资产值 41741.49 万元。拥有图书 47.23 万册，计算机 2460 台。网络信息点 5733 个，上网课程 448 门，电子邮件系统用户 40 个，管理信息系统数据总量 8820GB，数字资源量中电子图书 16.14 万册。学校由市交通委举办，为理工院校。设有 6 个校区，设置 11 个院系部，1 个研究中心。开设 27 个专业。教职工 409 人。专任教师 237 人，包括教授及教授级高级工程师 3 人、副教授及高级工程师 136 人；博士 3 人，硕士 173 人；“双师型”教师 126 人。聘请校外教师 46 人。毕业生 2312 人，其中，高职生 1567 人、中职生 709 人（含四年制中专 61 人、五年制转段学生 648 人）、成人教育专科生 36 人。高职毕业生就业率 92.41%，中职毕业生就业率 99%。招生 2298 人，其中，三年制高职生 610 人、两年制高职生（包括“3＋2”转段学生）993 人、五年制高职生 679 人、中职生 3 人、成人教育专科生 13 人。在校生 5363 人，其中，高职生 3667 人、中职生 1583 人（含五年制中职阶段）、成人教育专科生 113 人。网址：www.bjjt.edu.cn。

2020 年，学校以全面打赢疫情防控阻击战为首要任务，全面推进北京市“特高校”和国家“双高校”建设，深化产教融合、校企合作，强化内涵建设、品牌专业建设。

依托集团化办学，推进“互联网＋”职教集团“三步走”建设战略。学校牵头的北京交通职教集团入选教育部首批全国示范性职教集团（联盟）培育单位。组织京津冀沪宁晋川职教集团联盟开展专业建设交流、学生冬令营活动，成立学生素质教育工作委员会。

开展教学模式改革。适应疫情防控常态化条件，推进信息技术与课堂教学相结合。依托全国交通运输职业教育教学指导委员会信息化大赛与全国教师能力大赛，进行教法与教材改革，推进“金课”建设，以课程建设为抓手，以赛促改，以赛促建。教师获 2020 年北京市职业院校教师教学能力比赛一等奖 9 个，两队参加国赛分获一等奖和三等奖。组建首批教学创新团队，测绘无人机应用等专业全面推进“双元”教学、校企共育。

8 月 19 日，交通运输职院与超星集团签约，校企共建智慧校园

（交通运输职院　供）

加强特色高水平专业建设。落实“提质培优”行动计划，推进“1＋X”证书制度试点与专业建设、课程建设相结合，校企共同制定专业人才培养方案。增设项目信息化管理（BIM 应用）、测绘工程技术（无人机应用）、水路运输与海事管理 3 个新专业，完善水、陆、空领域的专业建设体系，补齐北京交通水运执法服务与管理专业技能型

人才的短板，构建全方位的交通育人体系。道桥、涂装、城轨、汽车等专业6个项目入选第二批北京市职业院校特色高水平实训基地（工程师学院、技术技能大师工作室）建设名单。

拓展校企合作项目。以大师工作室为依托，开展古建筑专业彩画实训课程实践。与京港地铁、京东集团、住总集团、超星集团等28家企业签约合作。与平谷区教委开展校地合作，通过联合培训、合作办学等带动区域发展和就业。承办2020年第一届全国技能大赛车身修理、汽车技术、汽车喷漆项目交通运输行业选拔赛，1名学生获汽车技术项目金奖，1名教师获评优秀指导教师。

12月4日，交通运输职院3个工程师学院、4个大师工作室揭牌
（交通运输职院 供）

强化学生教育和资助管理。完善学生资助办公室，搭建院系两级资助育人工作架构。启动疫情期间紧急救助机制，开通学生资助热线和在线学习流量补贴绿色申请通道，分批落实防疫物资补贴、家庭经济困难学生补贴、留校学生资助等政策，覆盖全校5200余名学生，总金额近170万元。获评首都学生资助典型经验单位，1名教师获评首都资助育人优秀工作者，1名学生获评首都校园励志人物。

强化志愿服务实践创新。探索立德树人实践新途径，组织开展校内外多项志愿实践。探索建设学分银行，成为北京市首批试点单位。1名教师获评“首都最美志愿者”。“北交院·志愿蓝”参评第四批“一校一品”职业院校优秀德育品牌创建。

开展线上对口帮扶。面向北京交通职教集团对口帮扶地区职业院校及集团内“3＋2”中高职衔接合作学校提供线上共享专业核心课程，开展课程观摩。北京、河北、广西、宁夏等地92名教师参与，培训时长超过100课时。引入企业资源，协助汽车专业举办7场汽车类专业教师线上技术培训，培训教师880人次。

做好疫情防控各项工作。成立疫情防控工作领导小组，研究制定疫情防控工作实施方案、应急预案，做好“停课不停学”“下沉”支援社区（村）防疫、学生返校复课等工作，关注师生心理健康，助力打赢疫情防控阻击战。

党委书记　李怡民（8月免）
　　　　　马伯夷（8月任）
院　　长　马伯夷

（赵蕊）

承办首届全国技能大赛交通运输行业选拔赛

9月18日，第一届全国技能大赛交通运输行业选拔赛车身修理、汽车技术、汽车喷漆项目比赛在交通运输职院举行。全国15支代表队40名选手同台竞技，来自交通运输职院、四川交通职业技术学院和慈溪市锦堂高级职业中学的代表分获汽车技术、汽车喷漆和车身修理项目金奖。比赛由交通运输部职业资格中心主办，交通运输职院承办，麦特汽车服务股份有限公司、北京中车行高新技术有限公司、庞贝捷漆油贸易（上海）有限公司协办。

（赵蕊　李志鸿）

3个工程师学院、4个大师工作室揭牌

12月4日，交通运输职院3个工程师学院、4个技术技能大师工作室揭牌成立。分别为首发公路工程师学院、庞贝捷（PPG）汽车涂装工程师学院、京港地铁城市轨道交通工程师学院，边精一古建营造工作室、张术华高速公路智能运维大师工作室、阚有波汽车技术大师工作室和周绪利道路桥梁工程大师工作室。其中，首发公路、庞贝捷（PPG）汽车涂装、京港地铁城市轨道交通3个工程师学院，张术华高速公路智能运维、阚有波汽车技术、周绪利道路桥梁工程3个大师工作室于9月入选第二批北京市职业院校特色高水平实训基地（工程师学院、技术技能大师工作室）。

（赵蕊　李志鸿）

全市交通职业鉴定考核及培训任务完成

至年底，交通运输职院完成全市交通职业鉴定考核及培训任务。学院继续教育中心统筹各培训分中心及专业系室、北京市交通职业技能培训学校、北京市交通运输职业技能鉴定所等部门，在新冠肺炎疫情期间，利用线上线下相结合方式开展继续教育培训考核工作。作为交通行业专业技术人员继续教育基地以及交通行业职工继续教育基地，为企业职工开展高等学历继续教育，参与业余大专及交大远程网络继续教育本科学生260人；完成轨道交通、汽车服务工程、路政工程、道路工艺、智能交通、新能源等领域相关岗位培训及急需紧缺人才培养，培训2022人，包括

岗位培训任务993人、急需紧缺人才培养培训任务1029人。至12月，完成各类鉴定考核工作累计25681人次；承办校企合作培训、专业人员技术技能人员培训等项目，全年完成各级各类交通行业职业培训29128人次。

（赵蕊　李志鸿）

北京卫生职业学院

概述

2020年，北京卫生职业学院占地面积7.20万平方米，产权校舍建筑面积2.64万平方米、非产权校舍建筑面积3.26万平方米。图书馆建筑面积747.40平方米。全年教育经费投入58633万元，其中，国家拨款教育事业费24311万元、基本建设经费30000万元、自筹经费4322万元。固定资产总值36347.40万元，其中，教学、科研仪器设备资产值13626.40万元。拥有图书49.77万册，计算机2814台。网络信息点4302个，上网课程217门，电子邮件系统用户560个，管理信息系统数据总量2480GB，数字资源量中电子图书249册。学校由市卫健委举办，为医药院校。设有3个校区，设置4个系、2个部。开设10个专业。教职工508人。专任教师200人，包括教授及教授级高级工程师1人、副教授及高级工程师66人；博士3人，硕士123人；“双师型”教师93人。聘请校外教师29人。毕业生1984人，其中，高职生1196人、中职生788人。毕业生一次就业率97.41%，一次签约率87.64%。招生2648人，其中，高职生1643人、中职生1005人。高考北京地区最低录取分数237分。在校生5623人，其中，高职生3401人、中职生2222人。网址：www.bjwszyxy.com。

2020年，学校统筹做好疫情防控和教育教学工作，推进中心工作。

思政和德育工作。制定教职工思想政治工作实施办法，建立思政工作机构。成立思想政治教学部，充实思政课教师队伍。开设军事理论课，加强思政理论课程建设，立项两门院级优质课程，完成三门课程试题库建设工作。制定学生思想政治质量提升工程实施办法，建立工作机构，完善管理机制，强化院系两级德育品牌建设，促进学生德育工作。学院获评“北京市思想政治工作优秀单位”。

师资队伍培养。制定并实施校本培训管理办法，设立各级各类培训项目，全年完成院级培训项目35个、部门级培训项目70个，完成校本培训4961人次，派出590人次参加院外培训项目64个，通过院内院外培训提升教师能力。修订新教师教学能力培养管理办法，通过组织“拜师”仪式、教学沙龙等活动，助力青年教师成长。加强对专业学科带头人和骨干人才的培养管理力度，评选出专业（学科）带头人1人、骨干教师4人。继续选拔、支持中青年教师申报市级优秀人才项目，6名教师入选北京市职业院校教师素质提升计划，医学影像专业教师入选专业创新团队。持续打造“双师型”教师队伍，双师比提升至84%。组织校级教师教学能力大赛，产生优秀作品近90个；组织教师参加北京市职业院校技能大赛教师教学能力比赛，11个参赛作品全部获奖，包括一等奖5个。

人才培养。全面实施新版人才培养方案。在2020级新生中全面启动任意选修课修读工作，建立学习情况阶段反馈制度，学生选修课学分取得比例97.89%。落实学分制管理，重新修订配套管理制度；完善并实施学生综合素质评价体系，统一评价指标内容，组织实施首次学生综合素质周的管理，强化学生综合素质的培养。

专业和课程建设。契合健康北京发展需求，拓宽学院专业设置，临床医学专业（院前急救方向）获批新增。从专业开办条件和专业培养质量两方面全面提升专业建设水平，药学专业入选北京市职业院校特色高水平骨干专业建设项目。护理专业完成特高专业年度建设任务。修订完善优质课程建设标准，10门课程立项为2020年度优质课程建设项目。34门课程的试题库建设符合要求，通过验收。

社会服务。发挥北京市民终身学习示范基地社会功能，组织通州区运河小学师生分3批次500余人参观校园文化墙、中药实训室、中药标本馆等，创新体验学习方式，营造全民终身学习氛围。与河北省威县开展第三批对口帮扶培训活动，选派中药康复技术专业教师开展医疗技术人员

2020年，卫职院接待运河小学学生参观中药标本馆

（卫职院　供）

培训。学院获北京市事业单位脱贫攻坚专项奖“嘉奖”称号。

党委书记　董维春

院　　长　黄惟清

（甄真）

两个证书通过“1＋X”证书试点评审

8月，卫职院完成“1＋X”试点院校申报，老年照护职业技能等级证书与母婴护理职业技能等级证书通过评审。至年底，先后组织3批次31人次教职员参与两个职业的相关师资培训与考评员培训，所有培训人员均取得相关证书。

（甄真）

独立设置成人高等学校选介

北京宣武红旗业余大学

概述

2020年，北京宣武红旗业余大学占地面积7415平方米，产权校舍建筑面积10480平方米。图书馆建筑面积300平方米。全年教育经费投入2918.38万元，其中，国家拨款2807.14万元、自筹经费111.24万元。固定资产净值639.97万元，其中，教学、科研仪器设备资产净值220.56万元。拥有图书6.54万册，计算机370台，大型多媒体教室4个、标准多媒体教室11个。网络信息点400个，上网课程24门，管理信息系统数据总量30GB，数字资源量中电子图书4800册、电子期刊828册。学校由西城区教委举办，设置5个教学系，2个教学站。开设10个专业，覆盖6个学科。教职工70人。专任教师38人，包括教授2人、副教授14人。聘请校外教师30人，包括副教授6人。专科学历毕业139人，招生128人，在校生336人；北京理工大学继续教育学院红旗大学教学站毕业32人，在校生79人；北京理工大学远程教育学院红旗大学学习中心毕业151人，在校生219人；北京交通大学继续教育学院红旗大学教学站毕业112人，招生118人，在校生232人。

2020年，学校坚持新冠肺炎疫情常态化管理，防控防疫教学全覆盖，落实“停课不停学”工作要求，利用优质在线课程平台及在线课程教学资源，依托各种现代信息技术手段开展线上教学。上半年组织专科学历教育3个年级31个专业班级开展线上教学活动，开设线上专业课程学习班75个。

以科研促教研、以学习促发展。完成4项市规划和市成教学会课题的开题、中期、结题工作。首次购买10人团队版的知网研学平台研学服务，开展线上研学培训。

全年面向西城区教育系统10个单位举办16场系列专题讲座，培训580人次；开办4场教育系统继续教育专项培训系列课程，培训360人次；举办2次西城区人力社保局素质讲座，培训150人次。完成新街口街道机关干部理论学习首场培训。面向西城区15个街道开展西城区市民终身学习服务基地认定工作，遴选推荐25个学习基地单位。11月，参与西城区第18届全民终身学习活动周筹备工作，学校“德润西城”道德讲堂主题实践活动和广外社区教育学校的“双提升”家庭教育模式实践探索获评北京市学习品牌项目。

年内，挂牌在学校的广外社区教育学校以腾讯直播形式，开设“古代散文鉴赏”和“摄影初级”2门课程，开课6次，参与480人次；携手白纸坊社区教育学校举办线上专题讲座4场，参与180人次。挂牌在学校的广外社区家长学校举办亲子教育活动2场，携手新东方教育集团开展线上家庭教育专题讲座6场，参与1400人次。挂牌在学校的西城区老干部大学创办微信公众号，推行线上老年教育，首次提供多种网络教育学习资源，通过多种渠道自主学习，采取各种方式与学员互动。

校　　长　钟淳（2月任）

（海玥佳）

推行线上老年教育

至年底，挂牌在红旗大学的西城区老干部大学推行线上老年教育。首次提供多种网络教育学习资源，通过电视、电脑、手机等多种渠道自主学习，以在线直播、录课、在线点评、微信教学等方式与学员开展互动，实现“停课不停学”“停课不停教”。年内，创办老干部大学微信公众号，并开通线上报名及缴费系统。

（海玥佳）

北京市总工会职工大学

概述

2020年，北京市总工会职工大学占地面积2.07万平方米，产权校舍建筑面积2.87万平方米。全年教育经费投入1205万元，其中，国家拨款891万元、自筹经费314万元。固定资产总值6423万元，其中，教学、科研仪器设备资产值3235万元。拥有图书6.74万册，计算机322台。网络信息点494个，上网课程44门，电子邮件系统用户307个，管理信息系统数据总量4027GB，数字资源量中电子图书7.80万册。学校由市总工会举办，设置2个教学系。开设2个专业，覆盖3个学科。教职工129人。专任教师18人，包括副教授5人。聘请校外教师22人，包括副教授2人。毕业生191人，其中，专科生107人、本科生84人。在校生346人，其中，专科生233人、本科生113人。招生629人，其中，专科生94人、本科生535人。全年培训工会干部14526人。依托职工素质工程平台，全年培训职工3.60万人次。

2020年，学校加强运行管理制度体系建设，全年修订学校层面制度13项，梳理部门层面制度及工作流程148项。

创新疫情防控常态化下的培训方式。创新教学形式，及时推出线上课程，探索线上培训模式。“停课不停学”阶段，在全国总工会“技能强国”平台和“北京工人”App等网络平台推出“战‘疫’工会课堂”“‘疫’起学习技能课堂”和“匠师讲堂”；依托在线平台开展继续学历教育线上直播课教学，直播课程40门、1040课时；采取线上发卷、线下回收的方式组织269人次参加课程结业考试。“全面恢复教育教学秩序”阶段，完成25期工会干部线上培训，采用线上线下相结合方式完成“寻找职工好讲师”等职工教育培训项目。依托网络平台，分享“职工领读计划”音频资源12次，新增“战‘疫’书柜”等12个主题书柜，开通数字图书馆微信端，推出“匠师熙百工”微信公众号。职工网上技能培训部分举措被列入市总工会支持企业复工复产措施，全年点击量600余万次。

工会干部教育。夯实工会干部教育培训基础，坚持集体备课评审制度、集体学习交流制度、教研组师带徒、对外学术交流及与市总部门对接机制等，全年组织4期分专题集体备课会、7期集体学习交流会，逐步建设“T型”专业化师资队伍。拓展工会干部教育教学资源建设，完成工会干部教育教学基地和实务师资征集、管理工作的顶层设计，在全市范围内开展首次教学基地和实务师资征集遴选。自主研发“系列视频微课程”30门，出版《工会干部培训教材·北京版》。开展工会干部培训202期，包括市总计划内班次37期、送教上门165期，累计培训135天、14526人次，培训满意度95%；开展计划外定制类培训5个班次，培训工会干部920人次；自有师资授课868课时，授课比率80.9%。

职工教育培训。搭建职工教育平台，推进职工教育培训一体化。制定《首都职工教育培训示范点运行管理办法》，认定首都职工教育培训示范点98个。示范点汇聚师资655人、培训课程1000余门，直接培训职工5420人，43322人天。落实首都职工技术技能素质提升计划，依托该项目招生393人。“寻找职工好讲师”比赛项目品牌逐渐形成。资助“职工读书沙龙活动”110场，带动企事业单位广泛开展系列读书活动。持续开展职工教育教学资源建设，完善《职工匠师体系构建与管理方案》，发掘职工“匠师”660余人，从中筛选150名优秀匠师作为参与职工教育培训的核心力量。组织职工匠师研修班，举办“匠师讲堂”30场，支持市级劳模开发“工业机器人基础及应用”视频课程、项目管理培训24课时，初步形成职工匠师的选拔、管理、使用、赋能和激励体系。

党委书记　刘蓉
校　　长　王冬强

（周东妹）

“寻找职工好讲师”教学基本功竞赛

10月26日至27日，市总职大依托首都职工素质建设工程平台举办第四届“寻找职工好讲师”教学基本功竞赛总决赛。比赛于8月18日开始，通过线上直播、登台试讲、线下辅导等多种教学方式融合并进。赛前，通过“中工云课堂——首都职工在线课堂”举办3场线上培训，培训导师通过线上直播方式围绕“职工讲师的角色认知与基本素养”“从课程选题到教学设计”“培训案例的搜集、开发和应用”“面授课、直播课和微视频的教学方法”4个主题开展培训，100名职工讲师参加，70名选手参加复赛，30人进入总决赛。选手通过10分钟现场教学演示，展现他们在知识萃取、课程演绎等方面的智慧与风采，最终评出一等奖3人、二等奖6人、三等奖10人。

（周东妹）

推进学历教育规范办学

至年底，市总职大推进学历教育规范办学。开展成人高考学历专项清查，对2002年至2020年间入学的5389名毕业生信息全面自查，强化学籍规范化管理。巩固落实市教委办学专项检查整改成果，落实《课程时间管理教学办法（试行）》，开展教学自查、线上听课、学生座谈，召开教师工作会，组织任课教师、教学管理人员和班主任培训，规范助学金发放，确保教学计划课时不缩水、质量有提升，学生满意度95%以上。

（周东妹）

北京教育学院

概述

2020年，北京教育学院占地面积9.59万平方米，产权校舍建筑面积7.24万平方米、非产权校舍建筑面积5.62万平方米。图书馆建筑面积5082平方米。全年教育经费投入25388.84万元，其中，国家拨款21596.85万元、自筹经费3791.99万元。固定资产原值36331.47万元，其中，教学、科研仪器设备资产原值364.86万元。拥有图书73.24万册，计算机2457台。网络多媒体教室30个。网络信息点3276个，电子邮件系统用户611个，管理信息系统数据总量30GB，数字资源量中电子图书16969册、音视频800小时。学校由市教委举办，设有4个校区，设置9个院（系、部），6个工作站。开设21个专业，覆盖7个学科4个专业大类。教职工505人。专任教师263人，包括教授23人、副教授108人。聘请校外教师28人，包括教授1人、副教授10人。毕业生538人，其中，专科生118人、本科生420人。招生252人，均为本科生。在校生1816人，其中，专科生439人、本科生1377人。全年培训10088人次。北京教育党校挂靠在教育学院。网址：www.bjie.ac.cn。

2020年，学校统筹推进疫情防控和学院改革发展工作，各项事业取得新进展新成效。

推动改革发展。审议通过新一轮机构改革与基层党组织设置方案，统筹推进学院机构改革、干部人事等各项具体改革措施的落实。与西城区教委签署教育合作协议，设立北京教育学院附属西城实验小学。与通州区联合开展促进北京城市副中心教育优质发展战略合作，打造市区合作的示范性品牌。与中央民族大学签署战略合作协议，开展教育硕士研究生联合培养。成立思想政治教育与德育学院。

完成年度重点工作。坚持“旗帜鲜明、做强做实教育党校”，发挥教育党校在首都教育高质量发展中的干部培训、思想引领、理论建设、决策咨询作用。加大中小学思政课和德育教师培训力度，以协同育人理念推动“课程思政”建设。稳步推进“3＋1＋N”人才体系建设。全年承担各类市级培训项目200余个，培训中小学幼儿园干部教师1万余人。持续完善线上线下混合式研修模式，教学总时长超过2.80万课时。完成4省9项扶贫任务，在北京市脱贫攻坚专项奖励中获集体记大功奖和个人记大功奖。学院参与的教育部中小学名校长领航工程“凉山教育帮扶行动”获“最美教师团队”称号。推进“国培计划”十年培训成果总结工作，出版4本培训成果。推动教师资格认定工作提质增效，受理9件“12345”市民热线，响应率、解决率、满意率均为100%。

推进内涵建设。持续加强师德师风建设，实行“师德失范一票否决制”。优化人才队伍结构，专任教师中具有博士学位人员占比43.10%。研训结合，学术影响力持续提升。全年立项国家级及省部级课题11个、院级课题37个，其中附属学校首次承担院级课题6个。教职工独立或者以第一作者发表论文289篇，核心及以上期刊118篇，出版著作64部。开展“校园育人环境优化行动”，完成三校区修缮改造工程，推进“平安校园”提升工程。推进软件正版化工作，开发企业微信功能推动信息化办公。

加强党的领导。完成纪检监察体制改革。开展两轮4个单位的院内巡察。推进基层党组织建设，推进党组织书记述职考核评议全覆盖。

做好疫情防控。构建部门全面参与、教职工全员联动的群防群治工作体系，召开10次常委会和6次党总支书记会，11次调整学院防控策略，实现“零确诊”“零疑似”。组织党员干部和教职工自愿捐款15万元。疫情期间为北京师生提供精准心理服务，设立“师生在线心理咨询服务”平台，平台负责人获“北京市抗击新冠肺炎疫情先进个人”称号。

党委书记　肖韵竹
院　　长　何劲松

（石燕）

为北京师生提供精准心理服务

2月起，教育学院在春季学期延期开学期间，组织教育心理系和其他心理专业相关教师为北京市中小学全体师生、班主任、心理健康教育教师分别提供精准心理支持服务。编写《北京市中小学班主任应对疫情心理防护服务与专业支持手册》（班主任使用）、《北京市中小学心理健康教育教师应对疫情心理防护服务与专业支持手册》（心理健康教育教师使用）、《北京市中小学师生应对疫情心理防护指南》（教师篇和学生篇）等，为北京市中小学师生抗击新冠肺炎疫情期间的心理支持工作作出积极贡献。统筹组织129名咨询师和15名督导师参与面向全市师生提供的网络在线心理咨询服务，至8月底，接待339名来访者，涵盖中小学生、家长和教师。“师生在线心理咨询服务”平台负责人获“北京市抗击新冠肺炎疫情先进个人”称号。

（石燕）

与区教委签约合作

9月11日和10月26日，教育学院分别与西城区教委、通州区委教育工委区教委签署合作协议。与西城区教委协议约定，北京市西城区五路通小学加挂“北京教育学院附属西城实验小学”校名牌，作为教育学院教育教学改革实践基地；教育学院继续开展关于小学教育和初中教育衔接试验的研究，在加强师德师风建设、教师专业化成长、深化教育体制改革等方面，为西城区教育改革提供智力支持。协议期3年。与通州区委教育工委、区教委启动以“促进城市副中心教育优质发展”为宗旨的五年战略合作，重点聚焦“新时代加强党对基础教育的全面领导”和“基于职级制的中小学校长素养提升”两大序列，全面开展系统培训、课题研究与科学实践。

（石燕）

与民族大学签约合作

12月14日，教育学院与中央民族大学举行战略合作框架协议签约仪式。根据协议，双方本着“优势互补、共建共享、互利双赢、协同发展”原则，联合培养教育硕士研究生、联合开展中小学教师培训项目、联合科研攻关和共享资源，并将合作成立北京教师创新学院。

（石燕）

12月14日，教育学院与民大签署战略合作框架协议
（教育学院　供）

“国培计划”十年培训成果展示与交流会

12月16日，教育学院召开“国培计划”十年培训成果展示与交流会。会议播放“北京教育学院国培十年回顾”

专题片，5 名国培项目团队负责人作汇报，诠释十年“国培计划”的历程与特色。40 余人参加现场会议，2000 余名国培学员通过线上参加会议。作为“国培计划”示范性集中培训项目的培训机构之一，教育学院围绕“示范引领、雪中送炭、促进改革”宗旨，10 年来承担“国培计划”示范性项目和中西部项目 10 类、近 20 个学科、171 个班次的培训工作；生成国培项目精品案例 10 个，开发精品课程 20 余门，出版影响力教材和著作 20 余部，发表研究论文近 50 篇；6 门培训教材首批入选“国培计划”课程资源库，2 项成果获北京市教育教学成果二等奖，2 个项目被教育部评为精品项目，2 个培训案例获“国培计划”十周年优秀培训案例；20 余名教师入选教育部国培专家库专家。为总结经验、展示成果，学院组织“国培”十年系列总结活动，先后出版《北京教育学院“国培”十年探索》《“国培计划”精品课程集》《北京教育学院国培专家风采录》《“国培计划”培训研究论文集》4 本成果，举办“国培计划”十年培训成果展，并通过学院网站进行展示。

（石燕）

北京开放大学

概述

2020 年，北京开放大学占地面积 2.61 万平方米，产权校舍建筑面积 2.78 万平方米、非产权校舍建筑面积 1.71 万平方米。图书馆建筑面积 145.60 平方米。全年教育经费投入 24419.55 万元，其中，国家拨款 12410.51 万元、自筹经费 12009.04 万元。固定资产总值 16689.66 万元，其中，教学、科研仪器设备资产值 8388.57 万元。拥有图书 4.79 万册，计算机 1366 台。网络多媒体教室 42 个。网络信息点 3200 个，上网课程 402 门，电子邮件系统用户 1984 个，管理信息系统数据总量 3900GB，数字资源量中电子图书 12.32 万册、电子期刊 7836 册、音视频 5410 小时。学校由市政府举办，设有 3 个校区。开设 33 个自办专业，包括专科专业 16 个、本科专业 17 个，覆盖 14 个学科；国家开放大学业务设有 37 个系统教学单位，开设 49 个专业，包括本科（专科起点）专业 18 个、专科专业 31 个。教职工 332 人。专任教师 117 人（含双肩挑），包括正高级职称 15 人、副高级职称 40 人。聘请校外教师 377 人，包括正高级职称 17 人、副高级职称 131 人。自办业务毕业生 2259 人，其中，专科生 719 人、本科生 1540 人；招生 8771 人，其中，专科生 4657 人、本科生 4114 人；在校生 20647 人，其中，专科生 12732 人、本科生 7915 人。国家开放大学业务毕业生 12339 人，其中，专科生 7400 人、本科生 4939 人；招生 14217 人，其中，专科生 8808 人、本科生 5409 人；在校生 64813 人，其中，专科生 42320 人、本科生 22493 人。全年培训 206841 人次。网址：www.bjou.edu.cn。

2020 年，北开大帮助老年群体跨越“数字鸿沟”
（北开大　供）

2020 年，学校聚焦转型发展，持续深化改革，推进新型大学高质量发展，各项工作成效明显。

落实“两个服务”，初步构建服务终身学习网络体系。学校终身学习服务体系有学历教育教学单位 36 个、合作学院（学习中心）12 个；社区教育指导中心分中心 11 个，首都女性学堂线下基地 19 个，学分银行管理分中心 18 个和联盟成员单位 19 个，区级老年开放大学 17 个，社区学习服务联盟单位 62 个。

统筹推进学分银行建设和“1＋X”证书制度试点工作，促进非学历与学历教育融通。成立北京市学分银行管理委员会，发布《北京市学分银行管理办法（试行）》，举行学分银行启动仪式，完善学分银行信息化平台服务。启动北京市“1＋X”证书制度试点工作协调推进办公室工作，召开专家及评价组织沟通交流会，统筹推进“1＋X”证书制度试点工作。

加强社区教育与老年教育统筹，完善社会服务功能。推进社区教育体系建设，举办第二届北京市社区教育优秀成果展演，推进垃圾分类讲座进社区。组织学习指导师进阶培训，评选社区教育先进工作者。加快推进北京老年开放大学建设，推进养教一体化项目，开展 72 期线上直播课程及讲座，开发老年智慧学习课程，开展系列“智慧助老”行动。获得北京市优秀成人继续教育院校（培训机构）、北京市第15届全民终身学习活动周特殊贡献奖等奖项，数独项目和首都女性终身学习项目被评为北京市2020年“终身学习品牌项目”。输送优质课程资源支持湖北广播电视大学和武汉广播电视大学开展网络课程教学。

10月24日，北开大召开建校60周年庆祝大会

（北开大 供）

全面深化教育教学改革，教育教学质量稳步提升。修订人才培养方案，推进自主业务管理模式、教学模式改革。优化专业布局，建设完成市、校级特色专业3个。整合课程资源，评选出98门优质课程。开展“全市一堂课”教改试点，37门试点课程学生满意率97%。探索创新创业教育与专业教育融合发展，首次参加创新创业大赛，5项作品获市级奖项。

加强信息化工作统筹和校本研究，提升支持服务水平和创新发展理性化水平。完成业务系统整合提升二期项目，实现13个系统的门户集成和数据对接。推进“双百示范”首都终身教育资源开放共享示范基地建设。举办第四届网络教育年会、北京市终身教育论坛，推进首都终身教育研究基地建设。

优化人力资源配置，健全教师发展长效机制。完善师德考核评价指标，优化教师考核评价机制和职称评审制度，健全奖励评优制度，开展量化岗位效能试点。2名教师分别被评为北京市教学名师和青年教学名师。创新师资培训机制，通过师德论坛、讲座、创新工作坊等途径，促进教师专业化成长。

党委书记 杨公鼎
校　　长 褚宏启

（程继强）

赛普体育学院揭牌

10月20日，北开大赛普体育学院揭牌。赛普体育学院是学校在“体育强国”战略背景下，为全面落实全民健身国家战略和“健康中国2030”规划纲要，立足于服务首都“四个中心”功能定位，与北京赛普力量教育科技有限公司联合共建的二级学院，旨在校企合作为健身教育多元化发展提供思路和经验，为社会输送更多健身复合型高端人才。

（李玥）

庆祝建校60周年

10月24日，北开大召开建校60周年庆祝大会。会议回顾学校60年发展历程，明确未来发展方向；表彰从事开放教育事业20年的5名分校校长。10万余人通过网络直播在线观看。学校前身为创办于1960年的北京广播电视大学，是全国建立最早的电视大学，2012年经教育部批准更名为北京开放大学。

（李玥）

国家开放大学

概述

2020年，国家开放大学占地面积8.84万平方米，产权校舍建筑面积12.13万平方米。图书馆建筑面积1.39万平方米。全年教育经费投入9.69亿元，其中，国家拨款1.18亿元、自筹经费8.51亿元。固定资产总值11.48亿元，其中，教学、科研仪器设备资产值1.70亿元。拥有图书11.70万册，计算机2958台。网络信息点4382个，上网课程4429门，电子邮件系统用户1569个，管理信息系统数据总量4752GB，数字资源量中电子图书350万册，学习网资源量15.68TB。学校由教育部举办，总部设有4个校区，全国设置学习中心3735个。设置8个院（系、部），开设237个专业，覆盖9个学科。教职工512人。专任教师131人，包括教授12人、副教授60人。聘请校外教授2人。毕业生97.62万人，其中，专科生70.91万人、本科生26.71万人。招生161.79万人，其中，专科生125.94万人、本科生35.85万人。全年授予学位8344人。高等学历教育本专科在校生466.13万人，其中，专科生106.73人、本科生359.40人。全年培训14.50万人次。网址：www.ouchn.edu.cn。

2020年，学校坚持守正创新、锐意进取，疫情防控和事业发展协调推进，治理体系和治理能力持续提升，教育教学改革取得重要进展，转型发展实现重要突破。

办学体系整体转型。印发《国家开放大学综合改革方

11月，国开大参加中国国际"互联网＋"大学生创新创业大赛获奖（国开大　供）

资源优势，率先服务"停课不停学"，免费开放网络课2万门、微课3.74万个、课程库6.82万个，服务506万人、7582家机构，各类开放资源累计访问量2亿次，自建防疫课程全网播放量超过1200万次。调整招生、教学、考试等业务工作安排，全部课程上线网络平台和"国开"App。利用云教室和双向视频系统开展多终端移动教学和直播辅导课程，举办实时直播教学3783场、在线公开课173场，观看总次数452万次。响应联合国教科文组织居家在线学习倡议，向全球提供在线学习资源，推荐专家分享在线学习经验，降低全球范围内新冠肺炎疫情对学习造成的影响。

案》，从办学性质定位、管理体制机制、质量保障体系、经费投入机制等方面制定20条政策措施，明确要求把开放大学建成终身教育、在线教育、灵活教育、对外合作的平台。39所省级广播电视大学全部更名为开放大学，综合改革方案逐渐在各地落地生效。

教育教学改革取得重要进展。落实立德树人根本任务，印发《关于深化新时代思想政治理论课改革创新工作的实施意见》《马克思主义学院建设方案》等文件，逐步完善思政教育制度体系。以"制大片"精神建设思政课教学资源，制作近400个"五分钟课程"视频，累计625.94万名学生参与思政课学习，总行为次数45亿次。优化专业结构，梳理近3年招生人数不足500人的总部牵头建设专业，暂停22个专业招生，限制41个教学资源不足、经济社会效益不佳的专业招生。落实教学过程，优化质量保障体系，首次参加中国国际"互联网＋"大学生创新创业大赛获得1银5铜，实现零的突破。加强学习资源供给，创新优质资源建设模式，建设7个系列的"名师好课"直播课程，全网直播观看量超过680万人次，在央视频、凤凰传媒、抖音、快手等各类主流媒体和新媒体渠道建设国开课程品牌。

学分银行开通落地。职业教育国家学分银行顺利推进，为"1＋X"试点院校建立机构账户4463个，为X证书报考人员开设账户83.40万个，存储学习成果10.70万个，大大增强学分银行影响力。

教育信息化持续推进。开发建设基于5G的智慧校园和信息高速公路、覆盖学习过程全周期的"国开学习网"和一站式管理平台。全年各业务平台平稳运行，学习网登录人数599.76万人，单日流量峰值217TB。

教育脱贫攻坚成效显著。扶贫项目累计投入2100万元，直接受益1.83万人。面向"三区三州"深度贫困地区、52个未摘帽贫困县和1113个贫困村实施"春雨乡村教师资助行动"和"一村一名大学生计划"，招生3179人。

疫情防控卓有成效。发挥教育信息化和数字化学习

党委书记　荆德刚
校　　长　荆德刚

（陈思远）

服务联合国教科文组织居家在线学习倡议

3月10日，国开大服务联合国教科文组织居家在线学习倡议。学校响应联合国教科文组织居家在线学习倡议，向全球提供在线学习资源，推荐专家分享在线学习经验，降低全球范围内新冠肺炎疫情对学习造成的影响。经中国联合国教科文组织全国委员会推荐，国开大成为此倡议的主要合作大学之一，向全球提供涵盖科学防疫、高等教育、职业教育、中小学教育、社会培训、语言学习等领域的优质在线学习资源。

（陈思远）

学校综合改革方案出台

8月31日，教育部印发《国家开放大学综合改革方案》。方案从办学定位、管理体制机制、质量保证体系、经费投入机制等方面制定20条政策措施，明确要求把国家开放大学建设成为全国终身教育的主要平台、在线教育的主要平台和灵活教育的平台、对外合作的平台，成为服务全民终身学习的重要力量和技能社会的有力支撑；39所省级广播电视大学统一更名为"××（省域名或城市名）开放大学"，更名后的39所地方开放大学统一纳入国家开放大学办学体系，其作为地方政府所属高等学校的隶属关系及管理体制保持不变，原有学历及非学历教育办学权保持不变，以实施国家开放大学继续教育业务为主。

（陈思远）

首获“互联网＋”大学生创新创业大赛奖牌

11月17日，第六届中国国际“互联网＋”大学生创新创业大赛总决赛中，国开大实现奖牌零的突破。学校首次获得参赛资格，16个分部59个项目进入省赛并获得金奖9个、银奖21个、铜奖29个；6个项目进入国赛，获得银奖1个、铜奖5个。来自国内外117个国家和地区4186所学校147万个项目631万人报名参赛。

（陈思远）

北京市西城经济科学大学

概述

2020年，北京市西城经济科学大学（西城区社区学院）占地面积0.68万平方米，产权校舍建筑面积1.52万平方米。图书馆建筑面积161.10万平方米。全年教育经费投入3275.25万元，其中，国家拨款3226.26万元、自筹经费48.99万元。固定资产总值1586.44万元，其中，教学、科研仪器设备资产值691.19万元。拥有图书6.71万册，计算机430台。网络多媒体教室50个。网络信息点445个，上网课程59门，电子邮件系统用户149个，管理信息系统数据总量3144.88GB。学校由西城区政府举办，设有2个校区，设置4个院（系、部）。开设6个专业，覆盖6个学科。教职工125人。专任教师46人，包括教授1人、副教授18人。毕业生268人，均为专科生。招生66人，均为专科生。在校生170人，均为专科生。全年培训1790人次。

2020年，学校坚持“面向社区、服务居民”办学宗旨，完善规章制度体系，召开教代会，完成校内第九轮岗位聘任和七、八级管理岗位职员及领导干部聘任工作。

教育教学。在新冠肺炎疫情期间“停课不停学”，完成全年教学任务，实现线上教学实践新突破。完成专业人才培养方案更新和修订，持续推进学习支持服务建设，推进校企合作，巩固合作新成果。探索管理服务新模式，实现线上论文答辩。细化教学管理环节，做好全程教学质量监管。

社区教育。全年开设7门社区教育特色课程，教学服务1198人次、168课时。以品牌活动为引领，组织“同舟共济翰墨有情”纪念抗美援朝70周年西城区市民书画精品展、西城区第18届市民学习周开幕式等专题活动，开展市民大课堂、培训讲座等多种形式学习活动，为市民参与终身学习、展示学习成果搭建平台。推广市民终身学习成果认证制度，加强认证单位和认证管理员队伍建设，对124个认证点、124名认证管理员及402名普及宣传员进行分级评定，给予积分兑换奖励和补贴。全年10个街道、26个社区参与认证制度学分认证课程，申报课程104门，总量3090课时。评审出社区老年教育特色课25门，375课时。完成“西城区学润西城‘三体一化’建设项目”立项申请、平台建设及验收等系列工作。

培训项目。线上线下并举开展继续教育，全年为西城区组织部、区财政局、区市场监督管理局、区应急管理局、区退役军人服务管理局等单位开展培训项目6个，线上培训1240人次，线下培训550人次。

教研科研活动。完成西城区学习型城区研究中心科研项目，开设“法律大讲堂”“垃圾分类”“妇幼维权指南”等社区教育课程，制作55门微课程，其中11个系列课程在北京开放大学举办的优质课程评选中被评为优质课程。

疫情防控。成立疫情防控工作领导小组，根据不同时期防控工作要求制定工作方案和工作预案；落实“四个非必要”工作要求，最大限度保障师生员工身体健康和生命安全，维护学校正常教学秩序和校园稳定。组织40名党员干部和群众志愿者到广外街道7个社区开展疫情防疫工作，为北京市打赢疫情阻击战贡献力量。

党委书记　张建国

院　　长　张建国

（张筱杰）

首次西城区行政事业财务人员网上培训

9月1日，西城区会计人员线上培训系统正式上线开课。培训为网络线上继续教育，西城经科大培训中心建立完整的线上教学平台，丰富平台知识内容与形式，打造常态化网络交流平台，总在线学习人数1200人，在线师生互动300人次。

（张筱杰）

学润西城“三体一化”建设项目

至年底，西城经科大完成“西城区学润西城‘三体一化’建设项目”系列工作。项目致力于打造集“PC端网络学习平台”“移动端App及小程序”和“智慧终端设备”三个终身学习服务载体于“学润西城”这一个学习品牌的信息化建设项目，是西城终身学习平台的窗口，通过对市民参与终身学习进行实时记载、认证、兑换，实现个性化时代的学习资源智能推送，为市民终身学习成果认证制度提供技术保障，加强信息化、网络化、社会化的终身学习支持服务体系建设。其中，“学润西城”微信公众号全年累计阅读量8825次，新冠肺炎疫情期间编发的“战疫有我西城在行动”“致敬英雄战疫联防”等图文

11月17日，西城区学润西城“三体一化”建设项目竣工验收会召开　（西城经科大　供）

推送单条阅读量在 200 次以上。

（张筱杰）

国家重点中等职业学校选介

北京市昌平职业学校

2020 年，北京市昌平职业学校占地面积 40.54 万平方米，产权校舍建筑面积 15.53 万平方米、非产权校舍建筑面积 4.10 万平方米。图书馆建筑面积 1646 平方米。全年教育经费投入 4666 万元，均为国家拨款。固定资产总值 29315.77 万元，其中，教学、实习仪器设备资产值 19109.33 万元。拥有纸质图书 12.50 万册、电子图书 16TB，计算机 1360 台。接入互联网出口带宽 1200Mbps，网络信息点 2000 个，上网课程 20 门，数字资源量 26TB。学校由昌平区教委举办，为职业高中学校。设有 7 个系部，开设 41 个专业，104 个教学班。教职工 334 人，包括正高级教师 1 人、特级校长 1 人、北京市学科教学带头人 1 人、北京市骨干教师 3 人。专任教师 175 人、教辅人员 25 人。专任教师中具有研究生学历 56 人，本科及以上学历占教师总数 100%；高级专业技术职务 77 人、中级 49 人；“双师型”教师 135 人。聘请校外教师 23 人。毕业生 848 人，就业率 100%。招生 978 人，包括京籍学生 908 人。在校生 2380 人，包括京籍学生 1782 人。网址：www.cpvs.com.cn。

2020 年，学校教育集团党委成立，坚持党对学校工作全面领导，做到疫情防控不松懈、改革发展不放松，人才培养、教育教学改革、服务经济社会发展等各方面工作有序推进。

特色高水平职业院校建设启动。北京市特色高水平职业院校建设启动会在学校召开，数字媒体艺术专业群、智慧农业专业群、学前教育专业和曹继桐烘焙技能大师工作室成为第二批北京市“特高”项目。成立专业（群）建设指导委员会，依托工程师学院，深化产教融合、校企合作，加快特高校建设进程。

落实“五育并举”推出新举措。以服务学生发展为中心推进“三路十八湾”德育体系，成立“五育并举”研究中心，系统化设计“五育并举”落实机制，深化早晚自习改革。

“三教”改革取得新进展。召开教师队伍建设大会，成立教材委员会，推进“1＋X”证书制度试点，持续深化有用、有趣、有效“三有”课堂建设，促进教学提质增效。入选首批全国职业院校“双师型”教师队伍建设典型案例。师生参加职业技能比赛、行业比赛、创新创业等各级各类比赛和评比活动获国家级、市级奖励和荣誉 90 项。

9 月 25 日，延庆一职送职业体验课到刘斌堡中心小学

（延庆一职　供）

服务脱贫攻坚、促进乡村振兴。为昌平区扶贫协作和支援合作地区开展创业致富带头人培训，开发马刨泉村核桃宴项目并开展培训，对接河北省青龙县、威县扶贫工作，为脱贫攻坚贡献职教力量。

社会服务再上新台阶。开展直播带货项目教学，帮助昌平区农户推销特色农产品，服务昌平第 17 届苹果文化节；为社区居民、中小学生提供职业技能培训、职业体验和劳动教育服务，服务百姓终身学习需求，促进区内中小学落实“五育并举”；连续第 12 年参与全国两会服务，展示中职学校责任担当。

社会影响力实现新提升。承办市职教工作推进会、全国县级职教中心联盟年会等会议；在海峡两岸职业教育论坛等会议上作主旨报告；学校服务中小学劳动教育典型经验被中国教育报、中国教育电视台等媒体报道；与河南省栾川县、青海省玉树州开展学生联合培养，为内蒙古、山东等地职业院校举办研修班，促进当地职教水平提升。

疫情防控取得阶段性胜利。始终把师生生命安全和身体健康放在第一位，坚持“严、实、细、全、硬”五字方针，构建疫情防控“1＋7＋5”工作机制；“停课不停学”，利用多种网络平台开展线上授课，采取多种形式调动学生兴趣，确保教学效果；合理安排线上学习时间，及时调整教学活动，确保学生身心健康。

（彭天夫）

北京市延庆区第一职业学校

2020 年，北京市延庆区第一职业学校占地面积 11.37 万平方米，产权校舍建筑面积 5.72 万平方米。图书馆建筑面积1879平方米。全年教育经费投入7701.80万元，全部为国家拨款。固定资产总值26199.60万元，其中，教学、实习仪器设备资产值8096.57万元。拥有图书4.92万册、电子图书0.16万册，计算机712台。网络多媒体教室96个。接入互联网出口带宽1000Mbps，网络信息点432个，数字资源量3000GB。学校由延庆区教委举办，为职业高中学校。设有8个系部，开设15个专业，40个教学班。教职工221人，包括专任教师141人、教辅人员80人。专任教师中具有研究生学历9人，本科及以上学历139人；高级专业技术职务72人、中级44人；"双师型"教师41人。聘请校外教师9人。毕业生278人，就业率98.40%，职业资格证书取证率77.20%。招生73人，均为京籍学生。在校生682人，包括京籍学生596人。

2020年，学校在抗击新冠肺炎疫情、确保师生安全健康前提下，坚持以学生全面发展为终极目标，为区域社会经济发展培养技术技能型人才。

专业发展新进步。根据发展形势调整专业名称，按系部制命名。结合区域社会经济发展趋势，申报无人机专业并获市教委批准；选派教师参加无人机培训，考取相应等级证书；购买无人机实训设备和软件，为新专业开班奠定基础。9月，无人机专业开班，首批学生7人。

职业体验新思路。开展中小学生职业体验，探索转型发展新方向。职业体验处教师积极研发新项目，采用送课下校和到校体验相结合方式，全年赴3所学校送教9次，接待8所学校1500名学生到校开展职业体验活动。

社会培训新发展。拓展服务项目，在原有绿色园艺、新时代餐桌2个项目基础上，新增垃圾分类、废旧物品利用、阳台蔬菜、微景观制作、农家凉菜制作、中式面点、服务英语、服务礼仪、美发、化妆、服装搭配、茶艺、旅游咨询等10余个服务类别，通过点单、派单、电话联系等形式组织开展大量实践服务活动。全年开展培训251期，累计培训10179人次，得到培训学员认可以及各基层乡镇街道、机关单位好评。

师生齐心共抗疫。采用线上教学方式，实现新冠肺炎疫情期间停课不停学。复课后开展常规教学评价与巡视、教学研究督导检查、师资队伍分类提升、学籍管理与高考报名等工作，落实教学、科研与师资队伍建设目标，教学秩序井然，确保疫情常态化背景下教学科研工作正常开展。

（卫秀宗）

北京市密云区职业学校

2020年，北京市密云区职业学校占地面积13.60万平方米，产权校舍建筑面积6万平方米。图书馆建筑面积3661平方米。全年教育经费投入7272万元，其中，国家拨款7133万元、自筹经费139万元。固定资产总值37176万元，其中，教学、实习仪器设备资产值16937万元。拥有图书7.70万册、电子图书10万册，计算机1272台。网络多媒体教室75个。接入互联网出口带宽1024Mbps，网络信息点1750个，上网课程30门，数字资源量22TB。学校由密云区政府举办，为职业高中学校。设有3个校区，5个系部，开设10个专业，42个教学班。教职工187人，包括专任教师125人、教辅人员41人。专任教师中具有研究生学历13人，本科及以上学历占教师总数100%；高级专业技术职务64人、中级49人；"双师型"教师44人。毕业生148人，就业率99%，职业资格证书取证率100%。招生162人，包括京籍学生162人。在校生443人，包括京籍学生424人。

2020年，学校一手抓疫情防控，一手抓教育教学，学校在教育教学、转型升级的道路上稳步发展。

提质增效，教学质量再上新台阶。数字客服专业群入围北京市第二批"特高"专业（群）；智能制造专业群按计划开展建设；新能源汽车运用与维修、无人机操控与维护技术专业与北京交通运输职业学院实施"3＋2"中高职衔接办学；聘请14名专业顾问为各专业建设出谋划策。参加第六届中国国际"互联网＋"大学生创新创业大赛职教赛道比赛获得市级二等奖1个、三等奖3个。

11月，密云区中小学生走进密云职校开展职业体验活动
（密云职校　供）

坚持三全育人。以"看见、陪伴"为工作理念，以"锲而不舍、追求卓越"为工作要求，通过规范管理、培养良好行为习惯，引领学生成长、成才。以"青春护航相伴成长"系列活动为抓手，组织主题班会评比，举办各类体育比赛，组织法治、消防、"光盘行动"、垃圾分类

等活动，开展心理健康讲座、学生主题团建、特殊团体辅导活动，提升学生职业素养。德育工作使用“护照云”搭建成才路，使学校整体德育工作再上新高度，入选北京市百所“大中小幼一体化德育研究基地校”。

发挥国家改革发展示范校作用，深度落实对口扶贫工作。接待湖北省十堰市竹溪县政府领导、职校校长等到校访学，接待河北省蔚县职教中心教师到校跟岗学习，与河北省滦平县职教中心签订合作办学协议。加强职业教育教学协同发展，加强社会培训、社区教育、职普融通等工作力度，逐步形成产、学、研、创深度融合的办学生态，在北京市事业单位脱贫攻坚专项奖励中获集体嘉奖。

（赵明凤）

北京市怀柔区职业学校

2020年，北京市怀柔区职业学校占地面积4.87万平方米，产权校舍建筑面积4.45万平方米、非产权校舍建筑面积0.42万平方米。图书馆建筑面积500平方米。全年教育经费投入7742万元，全部为国家拨款。固定资产总值18259万元，其中，教学、实习仪器设备资产值8283万元。拥有图书6.40万册，计算机850台。网络多媒体教室56个。接入互联网出口带宽100Mbps，网络信息点153个，上网课程5门，数字资源量2GB。学校由怀柔区教委举办，为职业高中学校。设有2个校区，3个系部，开设3个专业，14个教学班。教职工192人，包括专任教师115人、教辅人员48人。专任教师中具有研究生学历8人，本科及以上学历占教师总数97.40%；高级专业技术职务88人、中级64人；“双师型”教师105人。毕业生52人，就业率100%。未招生。在校生25人，包括京籍学生12人。

2020年，学校加强新冠肺炎疫情防控，坚持发展职业教育。

严格落实疫情防控举措，狠抓安全不放松。成立疫情防控工作领导小组，制定各级各类防控方案、预案41个，组织、参与对教职工、消毒人员的培训20余次。坚持每日排查监测，上报信息，多种形式全方位开展宣传教育，确保师生安全。

开展校本培训和听评课活动，激励教师成长。教师参加国培、市区校级相关培训累计33批次、2845人次。开展教学部门干部推门课、骨干教师示范课、党员教师展示课、任课教师公开课、青年教师汇报课等活动。科研室教师参与听课评课100余节。参加市职教学会京郊职成教联盟说课比赛获得一等奖1个、二等奖2个。

深化合作办学，推进对口帮扶工作。响应“南水北调”及“京津冀协同发展”号召，采取“教师走出去，学生走进来”等多种措施发挥区域优势，对口支援帮扶校。选派6名教师分赴河北怀安、内蒙古科左后旗支教。与河南省卢氏县职专开展区域合作援教交流活动。接待丰宁职教中心113名学生到校游学培训。开展农村实用人才各类培训1253人次。

（王荣梅）

北京金隅科技学校

2020年，北京金隅科技学校占地面积10.08万平方米，产权校舍建筑面积10.10万平方米。图书馆建筑面积2082.94平方米。全年教育经费投入11608.08万元，其中，国家拨款10830.38万元、自筹经费777.70万元。固定资产总值29227.97万元，其中，教学、实习仪器设备资产值14667.13万元。拥有图书16.39万册、电子图书10万册，计算机1569台。接入互联网出口带宽1000Mbps，网络信息点2003个，上网课程110门，数字资源量1321.52GB。学校由市教委举办，为普通中等专业学校。设有2个校区和邯郸、保定2个分校，设置4系1部，开设29个专业，46个教学班。教职工255人，包括专任教师162人、教辅人员16人。专任教师中具有研究生学历45人，本科及以上学历占教师总数98.80%；高级专业技术职务70人、中级62人；“双师型”教师97人。聘请校外教师42人。毕业生287人，就业率99%，职业资格证书取证率61.23%。招生296人，包括京籍学生278人。在校生1076人，包括京籍学生544人。网址：www.bjjyp.org.cn。

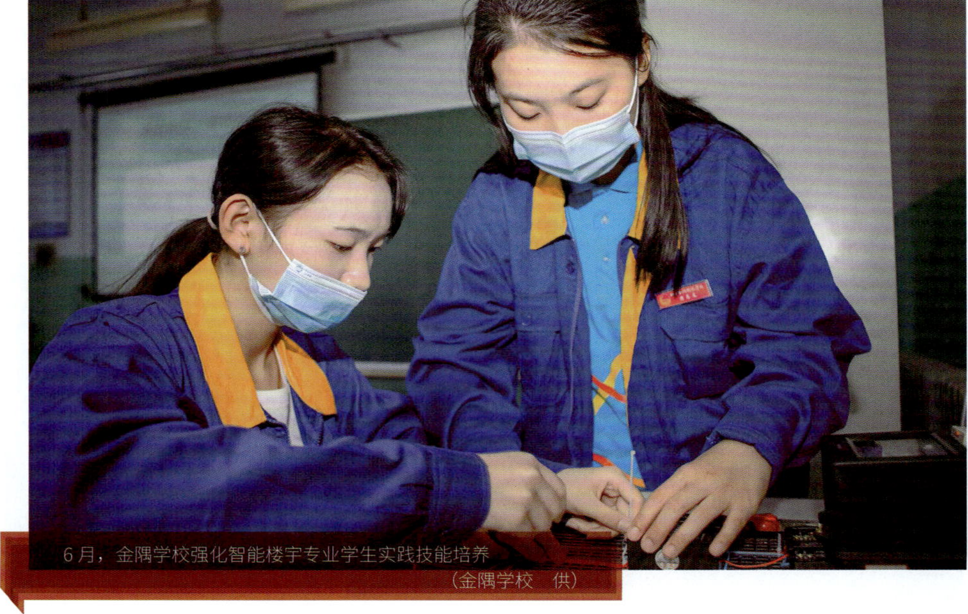

6月，金隅学校强化智能楼宇专业学生实践技能培养

（金隅学校 供）

质职业技能人才储备提供“北财经验”。获北京市事业单位脱贫攻坚专项奖励教育系统嘉奖。

疫情防控。落实主体责任，加强组织领导，健全防控机制，完善防控制度、方案和应急预案；完善卫生防疫体系，提升应急处置水平，加强校医和卫生室建设；做好心理疏导，增进家校协同，促进学生健康成长和全面发展。“停课不停学，停课不停教”，依靠“四支队伍”（一支统观全局有决断力的领导班子，一支业务过硬、纪律严明的优秀教师团队，一支全心全意为一线服务的团队，一支充满活力的宣传团队）开展线上教学活动。

（高兰静　马向燕　王营）

北京市实验职业学校

2020 年，北京市实验职业学校占地面积 1.03 万平方米，产权校舍建筑面积 1.35 万平方米。图书馆建筑面积 247 平方米。全年教育经费投入 6794.13 万元，全部为国家拨款。固定资产总值 5086.47 万元，其中，教学、实习仪器设备资产值 3303.87 万元。拥有图书 10.82 万册、电子图书 2.58 万册，计算机 1051 台。网络多媒体教室 20 个。接入互联网出口带宽 5120Mbps，网络信息点 240 个，电子邮件系统用户 153 个，上网课程 12 门，数字资源量 1470GB。学校由西城区教委举办，为职业高中学校。开设中药、学前教育 2 个专业，9 个教学班。教职工 153 人，包括专任教师 104 人、教辅人员 49 人。专任教师中具有研究生学历 6 人，本科及以上学历占教师总数 99%；高级专业技术职务 38 人、中级 45 人；“双师型”教师 69 人。招生 69 人，包括京籍学生 67 人。在校生 126 人，包括京籍学生 123 人。网址：www.bjsyzyxx.com.cn。

2020 年，学校坚持疫情防控与教育教学两手抓。落实市、区疫情防控工作部署，实施校园封闭管理，制定疫情防控专项制度、应急预案 58 项，发布信息、宣传文件 90 件，指导检查落实 52 次；坚持日报告、零报告制度；强化一日全流程规范管理、应急处置、食堂管理和家校协同，未发生任何问题。科学制定疫情期间教育教学方案，延期开学期间累计线上教学 1620 节次，参与教师 39 人，为不具备线上学习的学生配发笔记本电脑 10 台，为授课教师配发笔记本电脑 39 台；加强教育教学研究和监控，开展网上教研 28 节次，开展主题教育、心理健康辅导、家校协同教育、团组织活动等 30 余次，保障“停课不停学、停课保质量”的稳定教育教学态势。

坚持立德树人根本任务。发挥课堂主渠道功能，强化课堂育人；融入实践活动，强化实践育人；融入师资队伍建设，强化示范育人；融入中华优秀传统文化教育，强化文化育人。继续加强“以活动为载体的有效德育”研究与实践，依托“一人一档”推进小班化教育管理的实践研究；继续以“我身边的榜样”为主题开展“人人皆可成才”的成才教育。积极探索家校合作教育新方法、新模式。

整合融通优质教育资源，探索职业教育多样化发展新模式。与北京城市学院开展联合办学，开办二年制高职中药专业。学前教育专业恢复建设实训室。

推进“社区教育、中小学社会实践的组织与实施”专项研究。开展面向中小学和社区居民的职业体验课程开发和培训，在原有课程体系基础上，向有特色、精品化课程发展。年度开发课程 101 门，任课教师 58 人次，培训社区居民 10538 人次、中小学生 50508 人次，新编写课程大纲 38 门，合作的社区和企事业单位 83 个、中小学 12 所，开设课程 54 门，组织校内培训、校外培训学校转型教师 500 人次。

参与京津冀协同发展和精准扶贫等首都战略任务。先后派出骨干教师 6 人赴河北阜平、张北及内蒙古喀喇沁旗开展为期一年、半年、30 个工作日的支教工作。接待河北阜平县职业技术教育中心教师、河南邓州南阳科技职业学院管理干部到校跟岗学习。

（郝昕蕊）

北京市黄庄职业高中

2020 年，北京市黄庄职业高中占地面积 6.93 万平方米，产权校舍建筑面积 6.56 万平方米。图书馆建筑面积 1366 平方米。全年教育经费投入 7127.16 万元，其中，国家拨款 6828.70 万元、自筹经费 298.46 万元。固定资产总值 31439.99 万元，其中，教学、实习仪器设备资产值 15915.36 万元。拥有纸质图书 3.18 万册、电子图书 30 万册，计算机 1482 台。网络多媒体教室 122 个。接入互联网出口带宽 1000Mbps，网络信息点 3000 个，上网课程 2 门，数字资源量 83226GB。学校由石景山区教委举办，为职业高中学校。设有 4 个系部，开设 11 个专业，25 个教学班。教职工 157 人，包括专任教师 99 人、教辅人员 3 人。专任教师中具有研究生学历 17 人，本科及以上学历占教师总数 100%；高级专业技术职务 37 人、中级 40 人；“双师型”教师 43 人。聘请校外教师 17 人。毕业生 84 人，就业率 97.62%，职业资格证书取证率 54.22%。招生 127 人，包括京籍学生 53 人。在校生 431 人，包括京籍学生 203 人。

2020 年，学校深入职教改革，推动创新发展。

开发职业教育线上课程资源。2 月 26 日，成立“延期开学教学工作组”，部署“停课不停学”工作，指导 8 个公共基础课教研组、8 个专业教研组制定线上教学实施计划，教师借助“超星学习通”等教学平台，自主开发线上教学资源，实施线上教学。截至 7 月，94 名教师开发包括讲义、课件、视频、资料包、试题库、作业库等类别教学资源 63760 个，建设完成公共基础课、专业课、选修课在线课程 368 门。为保障在线教学实施效果，成立横向管理小组，采取后台监控、任务评价和家校合作的方式实施线上教学，保证学生在线学习效果；技术支持小组建立“黄职一屏三端技术培训微信群”，开展 3 次全体教师学习通教学平台线上培训，提供7×24小时咨询、指导、答疑。新冠肺炎疫情期间，学校德育工作立足职校及学生特点，制定德育线上实施计划“2020年春季学期延期开学德育学习任务超市”，全方位做好疫情期间心理辅导工作，保障师生心理健康，在教育教学中落实立德树人根本任务。

推进传统骨干专业转型及升级改造。学校对接区域产业调整升级及人才需求变化，根据《北京市职业教育三年行动计划》开展传统骨干专业转型及升级改造工作。升级生活服务类美发与形象设计专业、服装设计与工艺专业，转型升级为演艺演出文化创意人物造型服务方向，2020年正式招生；影像与影视技术专业启动招生，培养数字音视频工程技术和经营管理人才；转型会计专业，内化为校内通识课程；聚焦服务、文化、体育健康3个北京市产业。

开展劳动教育基地建设。实施劳动教育基地建设项目，依据国际通行课程体系进行本土化开发整合，按照生活类、服务类、生产类3个类别，开发面向石景山区中小学各年级各阶段的劳动教育课程资源。开展劳动教育必修课，开发生活性劳动、生产性劳动和服务性劳动3个类别6个模块的劳动课程，大力弘扬劳模精神、劳动精神和工匠精神，在校园内营造“劳动光荣、创造伟大”良好氛围。

加强民族团结教育。承接拉萨北京实验中学内地高中班任务，分3个年级包括89名学生及2名藏文教师。学校成立拉萨专班，从后勤保障、生活设施、师资配备、课程设置等各个环节，为学生学习和生活打好基础，全力保障师生在校期间学习和生活。开班后，拉萨班医疗、后勤保障得力，教学教育工作有序开展，学生学业在保持稳定基础上有所上升，学生参与传统文化、助力冬奥、文艺汇演等课外实践活动，取得民族团结教育工作实效。

（文昌敏）

北京市丰台区职业教育中心学校

2020年，北京市丰台区职业教育中心学校占地面积10.35万平方米，产权校舍建筑面积5.39万平方米。图书馆建筑面积2099平方米。全年教育经费投入16671.89万元，其中，国家拨款16471.89万元、自筹经费200万元。固定资产总值27323.10万元，其中，教学、实习仪器设备资产值17401万元。拥有图书13.03万册，计算机1640台。网络多媒体教室117个。接入互联网出口带宽1000Mbps，网络信息点2500个，上网课程26门，数字资源量24700GB。学校由丰台区教委举办，为职业高中学校。设有9个校区，开设18个专业，73个教学班。教职工308人，包括专任教师188人、教辅人员21人。专任教师中具有研究生学历37人，本科及以上学历占教师总数100%；高级专业技术职务58人、中级68人；“双师型”教师86人。聘请校外教师22人。毕业生639人，就业率81.52%，职业资格证书取证率88.52%。招生689人，包括京籍学生489人。在校生1600人，包括京籍学生1062人。网址：www.ftzj.com。

2020年，学校坚持立德树人、“三全育人”，将思想政治教育贯穿于学校教育全过程，推动育人水平迈上新台阶。

五部联动五育并举，打造线上“智慧学堂”。新冠肺炎疫情期间全面实施线上教学，建立科研督导室、教学处、学生处、外联处、信息中心“五部联动”机制，开发文化密码、专业探险、心灵驿站、生活能手、运动达人、创意小镇等模块化优质课程，打造“智慧学堂”。153名教师开设专业能力模块课程和公共基础课应用能力模块课程159门、选修课19门和研究性学习活动30个。开展全校范围内线上课堂教学质量视导，27名诊断专家对教师在线课堂教学、建课情况、课程资源建设、教学组织、平台使用、师生互动、目标达成等情况进行教学诊断，听课142节次，完成报告143份。

项目引领创新校企合作模式，贯通培养促进产教融合育人。完善“厚德精工”校企联盟制度建设体系，与中国全聚德（集团）股份有限公司等集团企业在订单培养、定向培养、大师工作室建设等项目基础上创新校企合作模式；与新华网股份有限公司、北京新能源汽车营销有限公司等行业龙头企业在人才培养、“三教”改革、项目开发、技术研发、社会服务等方面加强与企业深度融合，开展高端技术技能人才贯通培养，探索一体化人才培养模式，构建人才培养“立交桥”。9月，汽车运用与维修专业、学前教育专业2个骨干专业，智能技术应用专业群、影视融媒专业群2个骨干专业群，新华网融媒体工程师学院、海尔智能互联工程师学院2个工程师学院，李季咖啡技艺工作室、王家飞非遗传承与设计工作室2个技术技能大师工作室共8个项目通过市教委审批成为第二批北京市职业院校特色高水平骨干专业（群）和实训基地（工程师学院、技术技能大师工作室）建设项目。

教育精准扶贫，助力打赢脱贫攻坚收官战。开展支教、送教、挂职、互访、教研等“手拉手”项目校际交流活动，帮助结对校提升办学水平；实施“北京访学计划”，提高建档立卡贫困户学生职业技能；通过信息化手段建立资源共享机制，向结对学校推送优质教育资源，开展各种形式交流活动。选派1名教师赴新疆支教。接待河北省威县、沽源县、涞源县职教中心，内蒙古林西县职教中心、扎赉特旗中等职业学校电子商务、学前教育专业72名学生访学。

实施师资队伍“名品”工程建设，教学能力比赛再创新高。坚持“专业引领、产教融合、骨干带动、科研指引、内涵提升”，实施内培外引，“四级定位”培养，突出五项核心能力，实施师资队伍“名品”工程建设。4个专业教师团队全部获得2020年北京市职业院校技能大赛教学能力比赛一等奖。非遗传承与设计专业教师团队获得全国职业院校技能大赛教学能力比赛一等奖。

首次招收学历教育国际学生，开创留学生学历教育先河。电子商务专业招收来自“一带一路”沿线国家俄罗斯、哈萨克斯坦、吉尔吉斯斯坦的15名学生，采用“线上教学＋网络资源助学”模式开展教学活动，“云课堂”助力国际学生成长。

（张晶）

北京市电气工程学校

2020 年，北京市电气工程学校占地面积 10.19 万平方米，产权校舍建筑面积 8.02 万平方米、非产权校舍建筑面积 0.19 万平方米。图书馆建筑面积 0.26 万平方米。全年教育经费投入 9696.93 万元，其中，国家拨款 9599.89 万元、自筹经费 97.04 万元。固定资产总值 56179.28 万元，其中，教学、实习仪器设备资产值 13898.92 万元。拥有图书 12.86 万册，计算机 1636 台。网络多媒体教室 127 个。接入互联网出口带宽 100Mbps，网络信息点 4372 个，上网课程 91 门，数字资源量 40000GB。学校由朝阳区教委举办，为职业高中学校。设有 3 个校区，开设 12 个专业，44 个教学班。教职工 186 人，包括专任教师 144 人、教辅人员 6 人。专任教师中具有研究生学历 16 人，本科及以上学历占教师总数 100%；高级专业技术职务 60 人、中级 61 人；“双师型”教师 60 人。毕业生 313 人，就业率 95%，职业资格证书取证率 30%。招生 192 人，包括京籍学生 173 人。在校生 464 人，包括京籍学生 337 人。网址：dqgcxx.bjchyedu.cn。

2020 年，学校在做好疫情防控的同时，推进学校转型升级和内涵发展。

专业建设。以北京市首批工程师学院建设项目和教育部“1＋X”证书试点项目为抓手，全面推进教育教学改革。修订完善 6 个专业人才培养方案；制作完成 27 门课程线上教学资源；建成管庄校区 BIM 智能控制、综合消防、轨道交通动作识别实训室；完成北京市 2 个课题的主持申报并获批。依托深度校企合作，4 个专业群探索重构课程体系，主动开发系列配套教材及实训手册。

混合式教学。疫情防控期间，借助“学习通”App 开设线上课程 631 门，组建线上班级 1186 个，上传资源总数 22812 个，访问总量 51.39 万次。为家庭居住环境上网不便的学生购置上网卡、流量卡，受益学生 560 余人次，真正做到“在线学习一个都不能少”。

德育工作。设计各项特色活动，把主题教育有机融入学科教育，探索建构多样化、立体化、开放式的线上德育工作模式。创新性开展线上“云”主题教育活动和“云读书”“云体育”活动。梳理提炼教育实践育人成果，形成“鼓舞匠心”“瞭望镜通讯社”2 个北京市职业院校德育品牌。

3 月 10 日，电气工程学校进行“鼓舞匠心”德育品牌项目活动展示（电气工程学校　供）

教师队伍建设。构建教师能力提升三级赛事引领机制，实现专业、学科全覆盖。教师参加职业院校技能大赛教学能力比赛获得市赛一等奖 4 项、三等奖 2 项，国赛三等奖 1 项。通过“职教名师”师徒结对，提升青年教师管理水平。持续开展新时代“四有好老师”和“四个引路人”学习实践活动。新增市级学科带头人 2 人、市级骨干教师 3 人、“首都市民学习之星”1 人。1 名教师获北京市第 32 届“紫禁杯”中小学优秀班主任评选活动一等奖。

社会服务、精准扶贫。开发 10 门初中开放性科学实践活动课程，为 9696 名学生提供课程服务。面向社区和行业企业开展社会培训，全年累计培训 12426 人次。接待河北省唐山市教育局局长、唐山市第一职业中专学校校长一行到校开展京津冀职业教育协同发展交流；接收河北省张家口市阳原县职业技术教育中心 20 名建档立卡学生到校开展游学项目；完成阳原职教中心领导到校挂职学习任务。疫情期间为兄弟学校提供线上教学资源。

（林启惠）

北京市求实职业学校

2020 年，北京市求实职业学校占地面积 9.90 万平方米，产权校舍建筑面积 5.60 万平方米。图书馆建筑面积 979.90 平方米。全年教育经费投入 14444.64 万元，其中，国家拨款 13901.64 万元、自筹经费 543 万元。固定资产总值 34768.30 万元，其中，教学、实习仪器设备资产值 13807.77 万元。拥有图书 13.65 万册，计算机 2396 台。网络多媒体教室 138 个。接入互联网出口带宽 60Mbps，网络信息点 538 个，数字资源量 2900GB。学校由朝阳区教委举办，为职业高中学校。设有 8 个校区，5 个系部，开设 17 个专业，56 个教学班。教职工 394 人，包括专任教师 332 人、教辅人员 62 人。专任教师中具有研究生学历 28 人，本科及以上学历占教师总数 99.70%；高级专业技术职务 131 人、中级 151 人；“双师型”教师 106 人。毕业生 229 人，就业率 100%，职业资格证书取证率 79%。招生 300 人，包括京籍学生 271 人。在校生 557 人，包括京籍学生 499 人。网址：bjqszx.bjchyedu.cn。

2020 年，学校通过创新办学机制，打造幸福课程，建设魅力校园，使“让教育适合学生、让学校适应学生、让幸福伴随学生”的“三个让”办学理念落地生根，针对多址办学，构建“1＋4＋5＋N”管理模式，提升规范化管理水平。

落实立德树人，提升德育实效。注重课题研究，融合显性教育与隐性教育，整合家、校、企、社等各种资源，形成三全育人整体合力。加强名班主任培养，发挥示范、辐射作用。

实施质量提升计划，以教学改革为抓手激发办学活力。召开专业自评工作会，修订专业人才培养方案，吸纳“1＋X”证书课改要求、TAFE 课改理念及胡格教学理念；借力“特高骨”建设，深化产教融合，创新人才培养模式，重新修订 18 个专业及方向的教学标准，共建专业教学标准及课程标准。对标北京市教学计划诊断反馈要求和教育部专业教学标准，专业全部新增历史课程，部分工科专业新增物理课程。继续开展网络安全“3＋2”中高职衔接人才培养。

加强教师队伍建设，为改革发展提供人才支撑。推荐 27 人参加北京市第二届青年教师教学基本功大赛，组织教师申报北京市职业院校教师素质提升计划（2017—2020 年）高水平教师队伍建设支持计划选拔工作，90 余人申报朝阳区创新项目，35 个项目入选。对教师全员进行信息化能力培训，举办“守正创新，做专业的探路者”侯庆辉名师推展活动等，全面提升教师综合素质。

构建学研训督运行体系，有效开展网络教学。新冠肺炎疫情期间落实“停课不停学”要求，先后制定 5 个方案指导网络教学工作。利用学习通平台开展全课程线上教学，各专业教师利用学习通平台开展网络教研，督学组利用网络深入各班级课堂随堂听课。

深化专业内涵建设，提升专业建设水平。围绕行业市场发展需求，进行专业建设转型升级，大力开发和孵化新专业。新增飞机维修专业，申报民航运输专业（智慧机场运行方向）、移动商务专业（数据分析服务方向）、学前教育专业（早期教育方向）。学前教育成功申报北京市特色高水平骨干专业，成立学前教育专业建设联盟、智慧零售专业集群建设指导委员会，提升专业办学质量和水平。

坚持社会服务，提升学校影响力。结合职业教育特点和专业优势，整合开发中国传统文化课、科学实践课、生活劳动课等各类相关课程 60 门，推送至朝阳区中小学，丰富中小学劳动教育课程。5 月至 6 月，承接朝阳区中小学师生员工复课前核酸检测服务保障工作，40 余名干部、教职员工参与，累计接待 1.30 万余人核酸检测；7 月，为保证高考工作顺利进行，确保考生及考务人员健康，完成 42 家单位 1800 余人的核酸检测工作。

（占福林）

北京市平谷区职业学校

2020 年，北京市平谷区职业学校占地面积 4.99 万平方米，产权校舍建筑面积 5.07 万平方米。图书馆建筑面积 156 平方米。全年教育经费投入 5141.80 万元，全部为国家拨款。固定资产总值 20141.95 万元，其中，教学、实习仪器设备资产值 4356.70 万元。拥有图书 12320 册，计算机 414 台。网络多媒体教室 24 个。接入互联网出口带宽 1000Mbps，网络信息点 1520 个，上网课程 6 门，数字资源量 1.70TB。学校由平谷区教委举办，为职业高中学校。设有 2 个校区，10 个教研组，开设 9 个专业，16 个教学班。教职工 147 人，包括专任教师 66 人、教辅人员 58 人。专任教师中具有研究生学历 1 人，本科及以上学历占教师总数 92.42%；高级专业技术职务 31 人、中级 19 人；“双师型”教师 30 人。毕业生 63 人，就业率 100%。招生 144 人，包括京籍学生 142 人。在校生 309 人，包括京籍学生 302 人。

4 月，平谷职校利用峪口镇西樊各庄特产贡品红芽香椿进行菜品创新。图为创新菜品“鲍春”　（平谷职校　供）

2020 年，学校坚持安全第一，制度护航；坚持立德树人，活动育人；坚持以教育教学为中心，大力推进职业教育提档升级，推动教育教学改革，在教师培养、德育管理、对口扶贫等方面取得显著成效。

疫情防控与教育教学齐抓共管。严格落实疫情防控各项措施，成立教师志愿服务队，进行消毒、测温、疏导，下沉社区看守卡口；为避免学生到校领取教材导致人员聚集，班主任分别自驾车将课本送到学生所在社区或村镇卡口。“停课不停学”，一线教师多方研磨，打造有序、有效、有趣的空中课堂，全体学生如期完成学业。思政教师整合教学内容，改进教学方式，结合专业特点和新课标核心素养要求创设情境，启发学生思考，实现情感共鸣，做好思政战“疫”。

构建点线结合的德育网络。多部门齐抓共管，实施全过程、全方位、一体化的横向德育管理系统，营造全员育人氛围。成立“德育副校长—德育处—班主任—班干部—学生”和“德育处—学生会—文明监督岗—学生”两条纵向德育管理网络，进行分线管理，分级落实，齐抓共管。

成立专业建设领导小组，推进院校企合作。开办新能源汽车维修专业，申办航空服务、轨道交通等新专业，促进职业教育提档升级。与北京交通运输职业学院签约合作实施城市轨道交通运营管理、机电设备安装与维修、新能源汽车维修、航空物流等专业的“3＋2”中高职衔接办学。与通航未来（北京）航空技术发展集团有限公司签约在航空服务专业开展专业建设、人才培养、实习实训基地建设等方面合作。

教师分级培训，提升师资水平。组织教师参加“工匠精神”及“三有课堂”线上培训 411 人次，教师基本功线下培训 420 人次。以“多级研讨，分层培训，课堂实践”三步走落实公共基础课新课标实施，开展教师现代信息技术能力培训 200 人次。50 名教师分别参加国培及市级项目培训。

服务区域经济发展。为峪口镇西樊各庄村创新 8 种贡品红芽香椿菜品，助力云端“峪口镇网络香椿文化节”，培训 3 家“京东平谷大棚菜”。开展特色菜品烹饪培训 300 人次，信息化办公能力提升系列培训 60 人次，电商和无人机操作培训 118 人次。

（刘海燕）

北京国际职业教育学校

2020 年，北京国际职业教育学校占地面积 3.78 万平方米，产权校舍建筑面积 7.77 万平方米。图书馆建筑面积 221.50 万平方米。全年教育经费投入 13537.47 万元，其中，国家拨款 13176.19 万元、自筹经费 361.28 万元。固定资产总值 16168.32 万元，其中，教学、实习仪器设备资产值 9177.67 万元。拥有图书 22.97 万册，计算机 1785 台。网络多媒体教室 49 个。接入互联网出口带宽 1024Mbps，网络信息点 559 个，数字资源量 4928GB。学校由东城区教委举办，为职业高中学校。设有 2 个校区，开设 7 个专业，30 个教学班。教职工 289 人，包括专任教师 233 人、教辅人员 25 人。专任教师中具有研究生学历 24 人，本科及以上学历占教师总数 100%；高级专业技术职务 101 人、中级 91 人；“双师型”教师 33 人。聘请校外教师 49 人。毕业生 91 人，就业率 100%，职业资格证书取证率 4%。招生 200 人，包括京籍学生 192 人。在校生 457 人，包括京籍学生 432 人。网址：www.bjive.net。

2020 年，学校一手抓疫情防控，一手抓学校发展，一切以学生为重，一切以大局为重，全面做好防疫方案、人员摸排、数据统计、清洁消毒、出入登记、值班值守等各项防控工作，全体教职员工遵守各项防疫规定，做好教育教学互联网特色育人工作、校区整合稳定工作和基建改造工程。

以转段方案引领高端技术技能人才贯通培养。与故宫博物院、北京联合大学历史文博系合作开展的文物保护与修护专业“3＋2＋2”高端技术技能贯通人才培养首届学生完成三年中职学段教学任务，通过三方共同制定和组织的转段考试，升入高校学习。

在教学过程中，引导学生树立职业理想，通过专业技能课和专业特色活动培养学生工匠精神。开足开满文化基础课课时，提高文化基础课的教学层次和要求，组织教师教研团队针对学情开发编写配套学案，指导帮助学生开展有效学习，夯实学生文化基础，提高学生文化素养。同时锻炼动手能力，强化专业技能，全方位培养人才。

（戈萌）

北京市大兴区第一职业学校

2020 年，北京市大兴区第一职业学校占地面积 24.95 万平方米，产权校舍建筑面积 11.03 万平方米。图书馆建筑面积 1900 平方米。全年教育经费投入 15154.85 万元，全部为国家拨款。固定资产总值 48088.96 万元，其中，教学、实习仪器设备资产值 21738.99 万元。拥有纸质图书 8.26 万册、电子图书 32 万册，计算机 2963 台。网络多媒体教室 47 个、座位 2115 个。接入互联网出口带宽 200Mbps，网络信息点 66 个，上网课程 5 门，数字资源量 340GB。学校由大兴区教委举办，为职业高中学校。设有 3 个校区，4 个系部，开设 17 个专业（包括 14 个“3＋2”中高职衔接专业），40 个教学班。教职工 312 人，包括专任教师 239 人、教辅人员 73 人。专任教师中具有研究生学历 11 人，本科及以上学历占教师总数 95%；高级专业技术职务 112 人、中级 111 人；“双师型”教师 72 人。聘请校外教师 9 人。毕业生 468 人，就业率 98.72%，职业资格证书取证率 78.25%。招生 232 人，包括京籍学生 217 人。在校生 554 人，包括京籍学生 478 人。

2020年，学校紧抓疫情防控不放松，有序推进教育教学等各项工作。

疫情防控与教育教学同抓并进。制定疫情防控有关方案、预案，落实各项防控要求，保障师生生命安全，确保各项工作正常开展。“停课不停学”期间，邮寄线上授课新教材，有序实施教学计划，线上开展学科教学。同时，各专业开展学生居家学习系列活动，如现代商务服务系开展“五个一”居家学习系列活动、数字信息技术系开展画一画、拍一拍、做一做“三个一”活动等，丰富学生居家生活，保证学生身心健康。

12月25日，2020年大兴区保育员职业技能竞赛在大兴一职举办 （大兴一职 供）

持续推进教育扶贫。接待邯郸理工学校55名平面设计专业学生到校进行为期一学年的深度访学。派出3名教师赴内蒙古支教扶贫；接待内蒙古对口支援学校105名学生到校开展一个月的深度访学，以及3批19名教师到校跟岗研修。派出1名教师赴新疆开展为期两年的对口帮扶工作；接待新疆和田地区4名干部到校进行一个月的跟岗研修。获得北京市事业单位脱贫攻坚专项奖励教育系统集体记功奖。

积极开展职普融通。先后开发37门中小学社会大课堂活动课程和32门初中开放性实践活动课程，主动服务区域内基础教育。

技能大赛创佳绩。积极参加市级、国家级技能竞赛，以赛促学。全年获得国家级技能比赛一等奖1个、二等奖1个、三等奖2个。教职工获得市级奖励42人次、国家级奖励9人次；学生获得市级奖励10人次、国家级奖励8人次。

（李辉）

北京现代职业学校

2020年，北京现代职业学校占地面积3.50万平方米，产权校舍建筑面积3.12万平方米。图书馆建筑面积142平方米。全年教育经费投入7112万元，其中，国家拨款6989万元、自筹经费123万元。固定资产总值10328.61万元，其中，教学、实习仪器设备资产值5130.95万元。拥有图书29.67万册，计算机854台。网络多媒体教室40个。接入互联网出口带宽1000Mbps，网络信息点2252个，数字资源量2300GB。学校由东城区教委举办，为职业高中学校。设有2个校区。教职工147人，包括专任教师80人、教辅人员5人。专任教师中本科及以上学历占教师总数100%；高级专业技术职务32人、中级38人；“双师型”教师23人。2019年，学校加挂“东城区中小学职业体验中心”牌子，转型开展职业体验教育。

2020年，学校立足东城区学院制育人模式，强化五育并举，拓展职业启蒙教育和社区教育的场域空间，丰富职业体验课程平台。

职业体验及劳动教育。上半年拍摄并制作12门线上课程，在微信公众号“东教学苑”推送。6月中旬完成东城区青少年教育学院组织的学生暑期线上活动课程17门。下半年推进基地授课与送课下校，深入推进劳动教育课程落地实施。

中小学生课后服务。打造多姿多彩的义务教育阶段课后下午3：30至5：30的“330”“530”课堂，建立全面培育学生素养的课程体系，服务学生近1.50万次。

教育科研。创建东城区学院制“烹饪特色课程工作室”。在教科研方面获得市教育学会“十三五”教育科研优秀课题一等奖1个，论文获市级一等奖1个、二等奖3个、三等奖4个。

市民教育服务。发挥“北京市民终身学习示范基地”服务辐射功能，推进市民课程建设，全年开设市民职业体验课18门，参加学习市民1147人次，分别来自东城区16个街道。

（胡博）

北京铁路电气化学校

2020年，北京铁路电气化学校占地面积14.06万平方米，产权校舍建筑面积6.50万平方米。图书馆建筑面积1996平方米。全年教育经费投入8820.37万元，其中，国家拨款8454.30万元、自筹经费366.07万元。固定资产总值15098万元，其中，教学、实习仪器设备资产值6716.79

万元。拥有图书 17.77 万册，计算机 619 台。网络多媒体教室 181 个。接入互联网出口带宽 800Mbps，网络信息点 975 个，上网课程 55 门，数字资源量 4.46TB（含电子图书 810GB）。学校由市教委举办，为普通中等专业学校。开设 12 个专业，36 个教学班。教职工 190 人，包括专任教师 129 人、教辅人员 4 人。专任教师中具有研究生学历 29 人，本科及以上学历占教师总数 95.30%；高级专业技术职务 31 人、中级 56 人；“双师型”教师 63 人。聘请校外教师 5 人。招生 401 人，包括京籍学生 395 人。在校生 1020 人，包括京籍学生 1001 人。网址：www.jtdx.com.cn。

2020 年，学校严格贯彻新冠肺炎疫情防控要求，以贯通培养为龙头，以特高专业和天佑工程师学院建设为抓手，持续提高人才培养质量和办学水平。

稳步推进北京市特色高水平骨干专业（群）和中铁天佑工程师学院建设工作，完成专业调研，制定人才培养方案、阶段性任务书并稳步实施。先后为中国铁路北京局集团有限公司、华东交通大学、北京商鲲教育控股集团等单位组织线上线下短期培训 19770 人日。学校获批为北京市“学分银行”第一批建设单位、人力资源服务职教集团常务理事单位和现代制造业职教集团理事单位。全年组织教师参加培训 7500 人时，开展课程思政教学改革培训 6 次；组织 13 名教师参加“双师型”培养和企业实践；开展第四届教师基本功比赛；教师参加 2020 年北京市职业院校教学能力比赛获二等奖 1 项、三等奖 2 项。

深抓德育工作。深化师德师风建设；开展法制教育、宪法晨读、学风教育、“共抗疫情爱国力行”等主题活动；组织学生赴詹天佑办公室旧址参观学习；邀请教育专家、心理专家开展“家校共建”亲子沟通活动。被确定为“北京市大中小幼一体化德育研究基地校”。

严格疫情防控。成立疫情防控工作领导小组，制定数十项疫情防控工作方案、预案、制度、流程；撰写、上报百余篇报告、总结等文字材料；做好与教育、疾控、社区等部门的联系及疫情数据报送工作，保障校园环境安全和师生员工健康无事故。

（孙然）

北京市商业学校

2020 年，北京市商业学校占地面积 20.93 万平方米，产权校舍建筑面积 10.53 万平方米。图书馆建筑面积 0.30 万平方米。全年教育经费投入 19221.71 万元，其中，国家拨款 17385.48 万元、自筹经费 1836.23 万元。固定资产总值 34602.86 万元，其中，教学、实习仪器设备资产值 13966.47 万元。拥有图书 12.25 万册，计算机 6710 台。网络多媒体教室 205 个。接入互联网出口带宽 1000Mbps，网络信息点 3100 个，上网课程 65 门。学校由北京祥龙资产经营有限责任公司举办，为普通中等专业学校。设有 3 个校区，5 个系部，开设 22 个专业。教职工 328 人，包括专任教师 203 人、教辅人员 25 人。专任教师中具有研究生学历 93 人，本科及以上学历占教师总数 100%；高级专业技术职务 52 人、中级 95 人；“双师型”教师 93 人。聘请校外教师 86 人。毕业生 1332 人，就业率 100%。招生 673 人，包括京籍学生 588 人。在校生 2368 人，包括京籍学生 1632 人。网址：www.bjsx.com.cn。

2020 年，学校紧抓疫情防控和教育教学，各项工作平稳有序开展。

新冠肺炎疫情期间率先安装热成像测温设备，与深圳市腾讯计算机系统有限公司合作开发战疫打卡程序，构建“报、查、防、控”四维一体的智能校园防疫管理平台。创新教学模式和内容，开展“停课不停学”线上教学，设计开发“战疫十课”等特色课程，累计投放网络教学资源 1 万余个，开设网络课程 201 门，近 2 万课时。完成春季学期返校复课和秋季学期开学工作，教学任务完成率 100%。

推进“1＋X”证书制度试点工作，6 个“1＋X”证书认证考核站点获批，累计培训学生 694 人，完成教师培训 30 人次。通过调整修订人才培养方案、重构优化课程体系、多元路径促进教师成长、校企合作联合研发教材、改革教学模式和评价标准等举措，有效推动三教改革，全面促进学生发展，实现产教深度融合。

通过组织各类专题培训、开展实战课程等形式，加强师德师风教育，提升教师专业素质能力。“双师型”教师队伍建设入选首批全国职业院校“双师型”教师队伍建设典型案例；会计专业获批北京市校企合作“双师型”教师培养培训基地。学校教师团队参加 2020 年北京市职业院校技能大赛教学能力比赛获中职组一等奖 3 个。

探索新时代学校思政工作新模式，构建“四位一体”思政课程体系，入选全国首批“课程思政研究中心”。学校典型案例获全国职业院校“战疫课堂”课程思政典型案例评选一等奖。

承担服务首都社会责任，服务国家战略，为精准扶贫、京津冀协同发展、“一带一路”建设等国家战略提供人力支撑和服务保障。全年接收帮扶地区 250 名学生到京学习，组织帮扶地区近 200 名干部教师开展培训、取证等工作；2 名教师完成新疆支教任务；采购扶贫农产品 24.73 万元，办理扶贫卡 226 张；投入贫困学生帮扶经费 71.17 万元。实践完善“教育＋产业＋文化”北京职业教育精准扶贫模式，被评为北京市事业单位脱贫攻坚专项奖励记大功集体。

以“特高”建设为契机，系统开展立德树人引领、骨干专业（群）建设、产教融合创新、祥龙教育品牌、贯通培养示范、商科教育重构、区域服务发展、社会服务贡献、国际合作拓展、卓越师资建设、学校治理规范、智能校园升级 12 项工程建设，涵盖教育教学、综合管理服务和基础建设共 141 项任务、673 个验收点。改善教学条件和实训环境，完成师生身心素质发展中心等 11 处实训场所改造工程，合计建筑面积 2884 平方米。

（安庞靖）

北京市商贸学校

2020年，北京商贸学校占地面积5.52万平方米，产权校舍建筑面积5.41万平方米。图书馆建筑面积0.38万平方米。全年教育经费投入8844.26万元，其中，国家拨款6762.26万元、自筹经费（使用事业基金）2082万元。固定资产总值30294.16万元，其中，教学、实习仪器设备资产值16079.46万元。拥有图书7.96万册，计算机2735台。网络多媒体教室92个。接入互联网出口带宽200Mbps，网络信息点1754个，上网课程328门。学校由北京首农食品集团有限责任公司举办，为普通中等专业学校。设有4个系部，开设20个专业，36个教学班。教职工179人，包括专任教师68人、教辅人员32人。专任教师中具有研究生及以上学历46人，本科及以上学历占教师总数100%；高级专业技术职务19人、中级34人；“双师型”教师31人。聘请校外教师1人。毕业生457人。招生372人，包括京籍学生345人。在校生656人，包括京籍学生595人。网址：www.bjsmxx.com.cn。

2020年，学校贯彻落实新冠肺炎疫情防控决策部署，统筹推进疫情防控和教育教学工作；秉持“课堂就是一线”理念，全方位创新教学理念、模式和制度，推动在线教学高质量发展、线上线下教学深度融合和有机衔接。

推进教学模式改革，构建学习方式新形态。发挥“互联网＋教育”优势，通过在线教学平台建设“网络课堂”，提供丰富的课程资源；网络教学期间，教学部门坚持每周网络教学运行报告和网络教学质量评价报告“两报”制度，建立教学管理新机制；推动精品课评选活动，提升教育教学质量；贯彻落实立德树人，积极推动思政改革。成功申报数字化管理会计职业技能等级证书（初级）、虚拟现实技术开发（数字媒体专业）、游戏美术设计（动漫游戏专业）、民航旅客地面服务（航空服务专业）、幼儿照护和研学旅行策划与管理5类证书第三批试点。申报食品安全与流通专业群、财经事务专业群为第二批北京市职业院校特色高水平骨干专业（群）并获批。通过学分银行试点申报审批，成为学分银行第一批试点学校。

加强“双师型”教师队伍建设，提高学校核心竞争力。开展“双师型”教师认定工作，认定“双师型”教师31人，2020年学校“双师型”教师比例达到80%以上。

破题上路，探索创新培训工作模式。组织线上培训课程，利用自主开发的创新职教手机App平台，开展线上课程培训；拓宽线下培训渠道，承办2020年京津冀协同发展高级研修班；完成培训学校4个工种的增项工作。

探索校企合作新模式，开拓校企融合新思路。响应首农食品集团人才战略部署，成为“首农食品大学”技能培训基地；与中药协会联合建立中医药行业职业（工种）培训评价组织机构，开展中医药行业职业（工种）培训评价工作，构建中医药行业职业（工种）培训评价标准体系。

（艾民　张帆）

12月15日，商贸学校举行首农食品集团“首农大学”揭牌仪式
（商贸学校　供）

北京市供销学校

2020年，北京市供销学校占地面积8.81万平方米，产权校舍建筑面积4.64万平方米。图书馆建筑面积766平方米。全年教育经费投入3703.38万元，其中，国家拨款3611.91万元、自筹经费91.47万元。固定资产总值11999万元，其中，教学、实习仪器设备资产值4933万元。拥有图书7.13万册，计算机600台。网络多媒体教室51个。接入互联网出口带宽500Mbps，网络信息点1000个，上网课程33门，数字资源量293GB。学校由市供销合作总社举办，为普通中等专业学校。设有5个系部，开设10个专业，62个教学班。教职工85人，包括专任教师51人、教辅人员7人。专任教师中具有研究生学历18人，本科及以上学历占教师总数100%；高级专业技术职务12人、中级25人；“双师型”教师32人。毕业生69人，就业率98%，职业资格证书取证率100%。招生82人，包括京籍学生80人。在校生212人，包括京籍学生203人。

2020年，学校坚持“高端引领、面向市场、内涵发展、争创一流”的质量方针，遵循“融合、创新、务实、发展”理念，抓住师资团队、课程改革、实训设施设备建设3个重点，持续提升学校综合竞争力，促进学校健康稳定可持

12月22日，供销学校举办首届微电影节
（供销学校 供）

续发展。

坚持“每月一个主题、每月一个活动”教育管理模式，持续培养学生职业意识、职业习惯、职业道德、职业能力。举办技能文化节活动，涉及46个比赛项目，表彰649名个人和81个团体，评选出“技能之星”“读书之星”和“校园小卫士”。鼓励师生参加各类技能比赛，以赛代练激发学生专业兴趣和专业创造力。

以一体化教学改革为抓手，打造新型职教科研队伍。加大对教研组长、骨干教师和年轻教师的培养力度。教科研方面，教师发表论文46篇，校外获奖302个，出版教材、教参8本。加强校园基本建设，有效改善教育教学环境，打造优美校园。

（沈骏）

北京水利水电学校

2020年，北京水利水电学校占地面积5万平方米，产权校舍建筑面积4.49万平方米。图书馆建筑面积0.32万平方米。全年教育经费投入7107.12万元，其中，国家拨款6660.97万元、自筹经费446.15万元。固定资产总值14952.39万元，其中，教学、实习仪器设备资产值4125.16万元。拥有图书9.12万册，计算机623台。网络多媒体教室34个。接入互联网出口带宽300Mbps，网络信息点796个，上网课程81门，数字资源量22528GB。学校由市水务局举办，为普通中等专业学校。设有4个系部，开设18个专业，21个教学班。教职工147人，包括专任教师81人、教辅人员11人。专任教师中具有研究生学历20人，本科及以上学历占教师总数100%；高级专业技术职务29人、中级35人；“双师型”教师34人。聘请校外教师5人。毕业生254人，升学就业率100%，职业资格证书取证率76.77%。招生206人，包括京籍学生201人。在校生460人，包括京籍学生405人。网址：www.slsdschool.org。

2020年，学校全面统筹推进疫情防控和教育教学工作。

加强水工特高专业项目建设。凝练水利水电工程施工专业教科研成果，出版《水力学》新形态一体化教材，指导专业教师发表课程教学、专业建设等主题论文12篇。发挥“特高”项目建设辐射带动作用，开展校内外教师培养活动、水务单位技能培训活动32次。建成智能水力学运用实训基地。

实施教师专业能力提升行动。完善教师在线培养平台建设，围绕在线教学、课标调整和课程改革等热点主题，向全体教师提供培训资源225项。实施“双师型”教师培养培训计划，首批选派6名教师到北京市北运河管理处、凉水河管理处等水务一线单位参加为期半年的实践锻炼活动，选派10名教师参加市教委“双师型”培训培养活动并通过考核。

拓宽培训服务领域。主动适应首都水务改革发展需要，积极创新培训领域和形式，与华北水利水电大学等院校合作开发河长制培训项目，为水务一线的河长制工作人员搭建业务能力提升平台。开展水行政执法、水务基础知识等6个专题培训，继续承办南水北调对口支援培训。整合水务培训及国家开放大学课程资源，开展市水务系统军转干部水务综合素质培训。全年开展培训11期，覆盖市内外水利系统干部450人。

筑牢校园疫情防控防线。实施防控信息台账管理，每日点对点做好师生员工健康状况、出勤、离出京等情况上报。加强防疫物资储备，全年采购防疫物资近20万元，涉及品类20余类，确保校园防疫工作顺利开展。“停课不停学”期间，多平台开展线上教学，完成120余门专业、基础课程线上教学，开展线上教学研究成果分享与培训91期，并完善教学质量反馈机制；开展“同心抗疫”系列线上德育活动，帮助学生疏解焦虑情绪，充实居家学习生活。围绕校园疫情防控制定“一清单三方案九制度”，错时错峰安排学生在校学习生活，统筹推进校园疫情防控和教育教学中心工作。

（张一鸣）

2020 年，水电学校教师到北京市北运河管理处参加实践锻炼
（水电学校　供）

等 5 个中专专业。面向社会开展高铁运营等培训项目，累计培训学员 500 余人。

三全育人。通过开展国家宪法日暨宪法宣传系列活动、民法典普法讲座、参观中国人民志愿军抗美援朝出国作战 70 周年主题展览等活动，培育学生社会主义核心价值观，提升学生道德素养。开展课程思政专题讲座等活动，深化落实思政课程与课程思政教学改革。作为教育部批准的全国中小学生研学实践教育营地，牵头组织北京市 40 余家资源单位设计开发 4 条研学线路、1 个研学实践课程平台和 19 门线上课程。

师资建设。坚持把师德建设放在教师队伍建设首位，持续推进师德师风长效机制建设。开展“双师型”教师审核认证，认定“双师型”教师 33 人，并通过加强教师专业技能培训等措施全面提升学校“双师型”教师队伍建设水平。组织教师深入学习、有效落实公共基础课新课标。

（王爱芬）

北京市自动化工程学校

2020 年，北京市自动化工程学校占地面积 3.76 万平方米，非产权校舍建筑面积 3.34 万平方米。图书馆建筑面积 680.40 平方米。全年教育经费投入 4646.81 万元，其中，国家拨款 4474.51 万元、自筹经费 172.30 万元。固定资产总值 23976.40 万元，其中，教学、实习仪器设备资产值 10744.91 万元。拥有图书 6 万册，计算机 652 台。网络多媒体教室 55 个。接入互联网出口带宽 200Mbps，网络信息点 402 个，上网课程 8 门，数字资源量 1640GB。学校由市教委举办，为普通中等专业学校。开设 10 个专业，21 个教学班。教职工 128 人，包括专任教师 76 人、教辅人员 12 人。专任教师中具有研究生学历 21 人，本科及以上学历占教师总数 96%；高级专业技术职务 20 人、中级 38 人；“双师型”教师 41 人。毕业生 236 人，就业率 100%，职业资格证书取证率 95%。招生 206 人，包括京籍学生 197 人。在校生 382 人，包括京籍学生 364 人。网址：www.zdhschool.com.cn。

2020 年，学校坚持新冠肺炎疫情防控和教育教学工作两手抓、两推进，被认定为首都职业教育培训示范点、北京市第七批社会大课堂资源单位、北京市学分银行首批联盟成员单位。

疫情防控。落实疫情防控决策部署，坚持“外防输入、内防扩散”防疫要求，成立疫情防控工作领导小组，建立综合协调、安全防控等 8 个专项工作专班，制定学校防控工作方案，建立学校传染病疫情报告制度等 8 项制度，强化教、学、食、宿、行等方面精细化管理，严格落实校门管控、消毒通风等疫情防控措施，筑牢校园防控防线，实现校园“零感染”。按照“停课不停学”要求，开展线上教学，完成春季学期教学任务。

专业建设。加强智能制造、信息技术和轨道交通 3 个专业群建设，新申报学前教育、智能制造技术应用 2 个“3＋2”专业，申报增材制造技术应用、旅游服务与管理（研学方向）

北京市劲松职业高中

2020 年，北京市劲松职业高中占地面积 9.26 万平方米，非产权校舍建筑面积 8.42 万平方米。图书馆建筑面积 2538 平方米。全年教育经费投入 11063 万元，其中，国家拨款 10830 万元、自筹经费 233 万元。固定资产总值 60685 万元，其中，教学、实习仪器设备资产值 16125 万元。拥有纸质图书 10.35 万册、电子图书 60.20 万册，计算机 1553 台。网络多媒体教室 121 个。接入互联网出口带宽 1000Mbps，网络信息点 1730 个，上网课程 47 门，数字资源量 35000GB。学校由朝阳区教委举办，为职业高中学校。设有 4 个校区，开设 15 个专业，63 个教学班。教职工 230 人，包括专任教师 194 人、教辅人员 9 人。专任教师中具有研究生学历 50 人，本科及以上学历占教师总数 100%；高级专业技术职务 72 人、中级 82 人；“双师型”教师 44 人。毕业生 299 人，就业率 89%。招生 285 人，包括京籍学生 209 人。在校生 731 人，包括京籍学生 487 人。网址：www.jszg.com.cn。

2020 年，学校坚持“规范、创新、开放”工作思路，以全面提升育人质量为核心，做好疫情防控，推进改革发展。

筑牢防疫安全防线，完成教育教学任务。严格落实疫情防控各项工作要求，成立工作专班和 6 个专项工作小组，制定工作方案、制度、工具表 100 余个，接受防控工作检查和“四不两直”督查13次，连续上报人员防控信息213天，干部带班、各校区值班连续实行219天，确保校园平安。综合高中部3个年级平稳返校复课。双龙、常营校区承接朝阳区33318名师生返校复课核酸检测服务保障工作。为保障线上、线下教育教学工作正常进行，建设文化素养、专业技能、体育健康等5个模块68个门类线上课程及教学资源，并推送至唐山一职、唐县职教中心等帮扶学校，实现资源共享。42个社团推出系列“线上云社团”活动，满足学生多元发展需求。通过虚拟心理咨询室加强学生心理疏导，缓解学生心理压力。

深化专业内涵建设，持续提升学校育人质量。以北京市特色高水平职业院校、骨干专业和实训基地建设项目为抓手，全面推进教育教学改革。修订完善13个专业人才培养方案；出版11本“纸数一体化”教材；制作完成900分钟微课视频资源；建成大董餐饮文化体验馆及3个专业实训室；完成第二批4个“特高骨”项目申报并获批。坚持思政课程与课程思政同向同行。编写出版思政课《职业精神与职业素养》模块化校本教材，开发“劲职好故事”、国学经典诵读等系列校本课程。231名干部教师通过信息化教研平台开展教学设计研训、评价活动。依托深度校企合作，4个专业群探索重构课程体系，开发系列配套教材及实训手册。为北京市小学自然学科“空中课堂”录制课程132节。深入推进混合式、胡格模式教学模式改革，打造师生共同成长的课堂。推进教考分离，借助智慧校园无感知记录学习过程，加强过程评价，为教师实施个性化教育提供依据。

办学成效显著，持续增强学校品牌影响力。150人次学生在职业技能大赛和素养竞赛中获奖。开展各类培训7007人次。教育部授予学校国防教育特色校称号；市教委、首都精神文明办授予学校北京市中小学文明校园称号；中央电教馆认定学校为职业院校数字校园建设样板校。现代教育报、劳动午报、中国网等多家媒体对学校办学成果进行宣传报道，劲松品牌影响力持续增强。

（王为民）

中国音乐学院附属中等音乐专科学校

2020年，中国音乐学院附属中等音乐专科学校占地面积2.64万平方米，产权校舍建筑面积2.27万平方米。图书馆建筑面积243平方米。全年教育经费投入4991.36万元，其中，国家拨款4349.78万元、自筹经费641.58万元。固定资产总值1268.37万元，其中，教学、实习仪器设备资产值353.04万元。拥有图书1.99万册，计算机253台。网络多媒体教室6个。接入互联网出口带宽500Mbps，网络信息点206个，上网课程10门，数字资源量6100GB。学校由中国音乐学院举办，为普通中等专业学校。开设5个专业，18个教学班。教职工84人，包括专任教师68人、教辅人员16人。专任教师中具有研究生学历35人，本科及以上学历占教师总数100%；高级专业技术职务17人、中级40人；“双师型”教师30人。聘请校外教师43人。毕业生126人。招生165人，包括京籍学生35人。在校生718人，包括京籍学生129人。

2020年，学校坚持疫情防控与教育教学“两手抓、两不误”，如期完成教学任务，扎实推进各项工作。

疫情防控与教学管理。落实决策部署，校园全封闭管理，建立“一对一”“点对点”日报机制，精准掌握师生员工健康状况与行程动态，全体师生员工未出现任何异常情况。结合疫情防控形势及时调整教学计划，制定线上线下授课两套方案，确保线上线下教学活动即时切换、无缝衔接，保证教学任务如期完成。

师资培养与教科研工作。通过全国优秀教材申报、“首都十大教育新闻人物”评选、市级学科教学带头人和骨干教师评选等活动发挥激励机制，提升整体师资水平。1名教师入选“北京市中等职业学校骨干教师”。完成“双师型”教师认定。加强专业教材建设，5部教材入选“十三五”职业教育国家规划教材书目。

学科建设与人才培养。持续加强附中—大学专业教学一体化建设，对标大学“8＋1，思政＋X”课程体系，启动拔尖人才培养计划，为大学高精尖艺术人才培养目标输送可塑性后备人才。学生参加第四届“音中奖”全国作曲比赛5人获奖，参加2020年北京市中职学校音乐键盘演奏技能比赛9人获奖，参加2020年北京市中职学校音乐弦乐演奏技能比赛5人获奖。

德育工作。疫情期间创新开展线上德育工作，组织策划“守护”“阅读分享计划”等师生线上阅读活动。深化校园文化建设，继续发展“晓窗朗吟”读书堂和海潮文学社等特色学生社团建设。完善“家委会’建设，创新学校家庭教育工作指导模式。响应爱国卫生运动号召，启动劳动教育课程建设。实施“京津冀地区中等艺术学校学生发展实践基地”项目，举办“心之所向，‘音’爱而生”京津冀地区中等艺术学校学生发展研讨会，加强区域间德育协作机制建设。

艺术实践活动。秉承“中国乐派’人才培养宗旨和理念，强化“中国乐派”传承发展工作，加强中国乐派作品创作与表演，推进少年乐团艺术实践团体建设。编辑整理和出版“少年之光”系列音乐会、《谐韵中西》《余韵·和音》新作品音乐会等影像资料。开展女声合唱团《炎黄风情》组曲的编曲、排演、录制工作。

（冯琦）

（本栏责任编校　胡雨）

934 所
民办幼儿园

51 所
民办小学

25 所
民办普通初中

71 所
民办普通高中

19 所
民办中等职业教育学校

15 所
民办普通高校

64 所
其他民办高等教育机构

2021 | 民办教育

NON-STATE EDUCATION

- 培训机构疏解整治和规范管理推进
- 首批校外线上培训备案名单发布
- 民办非学历高等教育机构办学行为规范
- 吉利学院整体搬迁至成都

综述

概述

2020 年，北京市有各级各类民办学校 1179 所。其中，民办幼儿园 934 所，毕业 47339 人，招生 98164 人，在园 211089 人；教职工 41327 人，包括专任教师 17469 人。民办小学 51 所，毕业 6919 人，招生 7666 人，在校 43496 人；教职工 1737 人，包括专任教师 1162 人。民办普通初中 25 所，毕业 7175 人，招生 8896 人，在校 25632 人。民办普通高中 71 所，毕业 2377 人，招生 2789 人，在校 6555 人；教职工 14102 人，包括专任教师 8681 人。民办中等职业教育学校 19 所，毕业 348 人，招生 262 人，在校 866 人；教职工 610 人，包括专任教师 299 人。民办普通高校 15 所（不含北京吉利学院），毕业 14859 人，招生 15129 人，在校 53344 人；教职工 5258 人，包括专任教师 2452 人。其他民办高等教育机构 64 所，教职工 2954 人，包括专任教师 1057 人。另有在教育行政部门注册的民办职业技术培训机构 1106 所，结业 1287191 人，注册学生 1375858 人；教职工 26391 人，包括专任教师 12338 人。

（胡雨）

12 月 10 日，顺义区开展民办学校办学成果交流展示活动

（顺义区教委　供）

培训机构疏解整治和规范管理推进

2020 年，市教委落实培训机构压缩整治任务，推进培训机构疏解整治和规范管理。疏解面向全国招生为主的一般性培训机构，各区减少培训机构 41 个，减少培训 9135 人次，其中城六区压缩培训机构 35 个，减少培训 7985 人次。另外，计划外减少培训 1455 人次。

（王鑫）

民办幼儿园工资集体协商大会

1 月 7 日，北京市民办幼儿园工资集体协商大会在北京市大兴区十一建华实验幼儿园召开。会议围绕北京市民办幼儿园工资专项集体合同有关问题，就行业最低工资标准等内容开展协商。来自市教育工会、市总工会、各区教育工会主

1 月 7 日，北京市民办幼儿园工资集体协商大会召开

（十一建华幼儿园　供）

要领导及部分民办幼儿园园长代表40余人参加会议。

（刘宇芳）

吉利学院整体搬迁至成都

3月30日，教育部批复同意北京吉利学院整体搬迁至四川省成都市，更名为吉利学院。按照属地原则，学校主管机关由北京市教委调整为四川省教育厅。

（袁媛　吕其永）

民办高校招生简章和广告备案及监测

5月，市教委开展民办高校招生简章和广告备案及监测工作。因新冠肺炎疫情原因，全市民办普通高校和民办非学历高等教育机构招生简章和广告备案采取“一网通办”方式，开展网上报备；委托北京千龙新闻网络传播有限责任公司实施民办高校招生活动监测工作，采用互联网技术手段，运用“预警＋分析”双线并进，实现互联网全时监测，确保监测结果有效和报告质量可靠。

（侯照阳）

首批校外线上培训备案名单公布

9月18日，市教委公布首批52家校外线上培训备案名单。市教委持续加强对校外线上培训的日常监管，开通市教委备案内容承诺监督举报二维码，接受社会各界对备案机构的合规监督。6月，市教委推行校外线上培训备案内容承诺公示，制定备案内容承诺公示参考模板，将完成备案承诺作为予以备案的必要环节，强化校外线上培训机构的诚信意识和责任意识；要求机构在官网、App或学习平台首页的显著位置公示经营状态、收费方式和提前收费的时间、备案教师数量和资质、课程数量和内容合规性、投诉纠纷处理等内容以及监督举报二维码，并在每次签订培训服务协议、缴纳培训学费时进行明示和告知，保证学员的知情权、选择权和监督权。

（彭君）

11月23日，“双随机一公开”检查组赴培黎职院检查材料

（培黎职院　供）

民办非学历高等教育机构办学行为规范

11月10日，市教委印发《关于进一步规范民办非学历高等教育机构办学行为的意见》。意见包括发展定位、办学条件、办学行为、法人治理、共治格局5部分20条，旨在进一步规范民办非学历高等教育机构办学行为，提升发展质量和能力。意见强调规范要求，将易发高发新发的违规行为列入办学规范内容，划定规范办学的“硬边界”；明晰发展方向，首次提出非学历高等教育发展总体定位，引导学校办学符合首都经济社会发展定位，要成为首都教育的有益补充；固化实践成果，经过多年实践，固化年检制度、督导专员制度等行之有效的监管措施，同时借鉴吸收信息披露制度、风险预警制度等其他领域的成熟经验。

（姬云鹏）

“双随机一公开”行政检查

11月23日至12月15日，市教委联合市民政局对北京市35所民办普通高校和民办非学历高等教育机构备案事项的执行情况实施“双随机一公开”行政检查。19所学校检查结果合格、10所学校检查结果基本合格、6所学校检查结果不合格，要求检查结果合格、基本合格的学校再接再厉，夯实基础，持续推动备案事项有效落实，检查结果不合格的学校增强依法建章、依章立制意识，抓紧问题整改，切实规范办学行为。全部检查工作完成后，检查结果纳入检查对象的社会信用记录，并在市教委网站信息公开栏统一发布。

（詹任龙）

民办高校及其他民办高等教育机构办学状况检查

12月10日，市教委公布2019年度民办高等学校及其他民办高等教育机构办学状况检查结果。77所学校参加年检，包括11所民办普通高校、5所独立学院及61所民办非学历高等教育机构；另有4所学校未按要求参加年检。专家组审核学校提交的自查报告、办学状况调查表及2019年度财务审计报告等材料，会同相关部门对开展全日制教育并为短期培训学生提供餐饮住宿服务的26所民办非学历高等教育机构进行卫生安全、食品安全和安全稳定工作专项检查，综合考虑相关部门和专家组评审意见，结合日常管理、招生宣传监测、章程备案、信访投诉处理等情况，评定 42 所学校年检结果为“通过”等次、22 所学校为“基本通过”等次、17 所学校为“不通过”等次。年检工作委托北京民办教育协会开展。

（王敏）

2020 年北京市具有招生资格的
民办普通高校及独立学院（16 所）

北京城市学院	北京培黎职业学院
北京吉利学院	北京科技经营管理学院
首都师范大学科德学院	北京北大方正软件技术学院
北京工商大学嘉华学院	北京经济技术职业学院
北京邮电大学世纪学院	北京经贸职业学院
北京工业大学耿丹学院	北京科技职业学院
北京第二外国语学院中瑞酒店管理学院	北京艺术传媒职业学院
北京汇佳职业学院	北京网络职业学院

（王敏）

2020 年北京市具有招生资格的
民办非学历高等教育机构（48 所）

全日制民办非学历高等教育机构（19 所）	
北京应用技术专修学院	北京演艺专修学院
北京文理研修学院	北京现代音乐研修学院
北京国际标准舞研修学院	北京八维研修学院
北京北大资源研修学院	北京工商管理专修学院
北京东方文化艺术研修学院	北京世华管理专修学院
北京明园研修学院	北京航空旅游专修学院
北京影视研修学院	北京涉外经济专修学院
北京华嘉专修学院	北京新亚研修学院
北京华夏管理研修学院	北京美国英语语言专修学院
北京瀚林职业研修学院	
非全日制民办非学历高等教育机构（29 所）	
北京金融研修学院	北京长城研修学院
北京计算机专修学院	北京翻译研修学院
北京礼仪专修学院	北京民生财富研修学院
北京商务研修学院	北京国际汉语研修学院
北京国际青年研修学院	北京高等秘书研修学院
中国教育国际交流研修学院	北京珠宝首饰研修学院
北京彼得•德鲁克管理研修学院	北京高等财经科技研修学院
北京机械工程师进修学院	北京汉语国际推广中心
北京华大研修学院	中国农民研修学院
北京东方老年研修学院	北京管理软件进修学院
中关村创新研修学院	北京韩红艺术研修学院
北京蒙代尔企业家研修学院	北京当代艺术研修学院
中国现代教育研修中心	北京军地专修学院
北京摄影函授学院	北京经济研修学院
北京经济技术研修学院	

（吴金珂　王敏）

民办教育管理

海淀规范校外培训机构办学

10 月 13 日，海淀区委教育工委、区教委组织召开学科类校外培训机构规范办学工作会。会议就规范办学提出要求，包括严格做好新冠肺炎疫情常态化防控工作、严格规范办学、明确基本办学标准等。教育环境综合治理中心负责人从合规问题、校外机构治理工作脉络以及机构治理特点 3 个方面讲解校外培训机构依法合规办学具体工作要求。90 余家学科类培训机构的负责人参加会议。

（宋亚甫）

西城压缩疏解 15 个培训机构

至 10 月，西城区教委完成 15 个培训机构压缩疏解任务。区教委在市、区两级“疏解整治促提升”综合信息调度平台上完成具体培训机构名称、位置、任务等基本信息填报和压缩机构任务销账工作。

（王竞艳）

西城落实民办校租金减免补贴

至 11 月，西城区教委落实民办学校租金减免补贴 1261.60 万元。区教委制定《关于民办学校申报疫情期间减免房租补贴有关工作的通知》，指导民办学校组织开展材料申报，聘请第三方机构按照通知文件要求核验项目材料。76所民办校参加材料申报，审核通过57所。

（王竞艳）

密云校外培训机构监管

至年底，密云区教委做好新冠肺炎疫情下的校外培训机构监督管理。依法依规行政审批，按照市、区两级校外培训机构专项治理工作要求，培训机构审批实行总量控制、收口管理。全年新批学科类培训机构3个，变更、备案批准事项16项。加强疫情期间培训机构日常监管力度。1月23日起，按照疫情防控工作要求叫停29个学科机构线下培训，涉及停课学员2703人；6月，分期分批对提交复课申请的学科机构开展复课条件实地检查。全年开展日常执法检查2139次、举报执法检查133次。区内有2个学科类培训机构因资金问题退出市场，区教委协调做好利益受损群体安置和维稳工作，解决学员家长集体上访事件，协调转接学员剩余课时，涉及学费830万元，处理“接诉即办”工单和投诉举报150余件。

（张铮　李士新）

顺义加强民办校（园）及培训机构管理

至年底，顺义区教委加强民办校（园）及培训机构管理工作。受新冠肺炎疫情影响，收到针对民办校（园）及培训机构的市民退费诉求3500余件，协调民办校（园）退费9624.75万元，协调培训机构退费1000余万元。受理行政许可事项27项，其中，审批培训学校4所、幼儿园2所，下发筹设民办园5所、学校2所，变更举办者、法人和地址及增加教学点等14项。加大普惠性民办园审批力度，新审批普惠园2所，新增学位690个。6月至10月，区教委对93所民办校（园）和民办教育培训机构开展年检工作，82所合格（包括中小学11所、职业学校4所、幼儿园20所、各类培训机构47所），对于不合格的单位责令其限期整改。

（吕婷　陈艳清）

通州校外培训机构治理

至年底，通州区教委推进校外培训机构精准治理，完成校外培训机构整改任务。先后与通州区永顺镇、北苑街道、梨园镇、中仓街道、新华街道、潞城镇、玉桥街道、台湖镇、通运街道等属地联合检查176次，下发整改通知128份，取缔居民区内无证无照办学机构19个，对符合条件的68个机构引导其办理办学许可证。联合属地对培训机构疫情防控工作进行检查，统计人员流动情况。完成校外培训机构复工复产工作部署、实施，联合通州区疾控中心、通州区中小学生保健所，按培训机构复产复工标准检查培训机构复工准备工作，检查培训机构28个，整改后达到复工条件。完成9个学科类培训机构资金监管工作。

（刘森）

民办高等学校选介

北京城市学院

概述

2020年，北京城市学院占地面积131.49万平方米，产权校舍建筑面积48.50万平方米。图书馆建筑面积1.84万平方米。固定资产总值144449.30万元，其中，教学、科研仪器设备资产值23210.87万元。拥有图书187.26万册，计算机7997台。网络信息点13092个，上网课程474门，电子邮件系统用户1705个，管理信息系统数据总量107.80GB，数字资源量中电子图书133.77万册、电子期刊1.52万册、学位论文444.74万册、音视频127小时。学校由海淀区政府举办，设有3个校区，设置11个院（系、部）。开设63个本科专业、12个专科专业，覆盖9个学科门类。拥有校内本科实验场所194个，校外实训基地426个。教职工2076人，其中，专任教师828人，包括正高级职称52人、副高级职称223人。聘请校外教师1331人，包括正高级职称143人、副高级职称497人。毕业生6914人，其中，学历教育全日制普通本科生5189人、专科（高职）生

10月14日，城市学院女篮取得首都高校大学生篮球联赛乙组三连冠　（城市学院　供）

1140人，成人教育本科生64人，硕士研究生252人，七年制贯通培养中职学生269人。招生6908人，其中，学历教育全日制普通本科生5431人、专科（高职）生904人，成人教育本科生147人，硕士研究生258人，七年制贯通培养中职学生168人。全日制学历教育高考招生北京地区提档线不限选考专业组442分、物理必考专业组442分、历史/地理（选考一门）专业组457分、物理/化学/生物（选考一门）专业组452分、物理/历史/地理（选考一门）专业组450分。在校生24527人，其中，学历教育全日制普通本科生20335人、专科（高职）生2802人，成人教育本科生266人，硕士研究生576人，七年制贯通培养中职学生548人。网址：www.bcu.edu.cn。

12月10日，城市学院举办叶盛兰大剧院揭幕专场演出
（城市学院 供）

2020年，学校在新冠肺炎疫情背景下，以“确保师生安全保障最大化、发展损失影响最小化”为目标，全面推进学校内涵发展、特色发展，加快建成服务首都城市发展的高水平应用型高校。

抓好疫情防控，保障教育教学运行。开展凝心、放心、暖心、连心、安心“五心”行动，引领疫情防控工作。建立迅速反应的工作机制和网络化联系体系，及时发布防控方案，深化落实具体措施，积极开展区校合作，师生无一人确诊，未发生安全事故，教育教学工作有序开展。

聚焦本科教学，提高人才培养质量。整合原传播系和原国际语言与文化学部，成立国际文化与传播学部。新增工商管理类和旅游管理类2个大类招生专业，地理信息科学、小学教育和供应链管理3个专业开始招生，停招给排水科学与工程、环境工程、交通工程、教育学、信息管理与信息系统5个专业。完成对翻译、风景园林、物联网工程3个专业的学士学位授予权评估。将劳动教育课程纳入人才培养方案。在经济管理、信息、城市建设3个学部试点使用学校自主研发的毕业设计（论文）管理系统，2020届毕业设计（论文）质量提升。

做实思政工作，构筑立德树人体系。构建“大思政”工作体系，建立实体性学工委，推进党建和思想政治工作全覆盖。开展首批思政课程和课程思政“最美课堂”评选，培育一批校本特色“课程思政”示范课。成立“习近平新时代中国特色社会主义思想概论”教研室。顺义区新时代文明实践基地申报完成。打造以团委微信公众号“北城青年”为核心的新媒体宣传矩阵，形成“与你青听”等专属板块及“青年观”等品牌栏目，网络新媒体思想政治教育工作效果初显。

拓展社会服务，发挥高校优势作用。实施2020年低收入“引智帮扶”项目，完成就业技能培训、温室大棚智能化管理、美丽乡村文化墙设计等10个项目，促进顺义区荆坨村、小营村、下营村振兴。社会工作专业联合北城心悦社工事务所，组建“积极抗疫，安心陪伴”社工专业服务团队，面向顺义区杨镇医护人员、社区工作者和群众公益开放，提供社工督导、心理危机干预、心理咨询辅导等专业服务。承接北京市优秀社区社会工作专业人才培养计划的市级督导工作，推动和保障“优才计划”培养工作开展实施的专业性和规范性。

（高尚）

新时代“区域协调发展”理论政策宣教基地揭牌

10月20日，顺义区新时代“区域协调发展”理论政策宣教基地在城市学院揭牌。基地以区域协调发展为主题，运用图文展板、场景造型及声光电多媒体设备等，开展主题参观、专题讲座、浸入体验、全景感受、互动教育等活动，宣传解读党中央有关重大决策部署精神，培育践行社会主义核心价值观，深入开展爱国主义教育。基地的成立是城市学院加强新形势下师生思想政治教育、满足基层群众学习实践需求的重要举措，也为顺义区新时代文明实践工作增添新阵地。

（高尚）

党委、纪委换届

11月6日至8日，城市学院召开第三次党员代表大会。128名党代表参加会议，审议和讨论第二届党委、纪委工作报告，选举产生第三届党委和纪委，提出学校未来5年战略目标与主要任务。

（高尚）

叶盛兰大剧院落成

12月10日，叶盛兰大剧院在城市学院潮白讲堂揭幕。同时举行叶盛兰铜像揭幕、城市学院李宏图京剧传承工作室揭牌、城市学院与北京京剧院战略合作签约、徽派传统建筑（戏剧文化遗产）捐赠等仪式。市委教育工委书记，国家大剧院院长，市教委、市文旅局、顺义区委主要负责人及中国文联、中国戏剧家协会、中国戏曲学院、国家京剧院、北京京剧院、上海京剧院、天津京剧院等单位有关负责人参加活动，京剧叶派创始人叶盛兰大师家属和10余名叶派嫡传及再传弟子，数10名著名京剧名家以及社会各界知名人士400余人到场见证。当晚，北京京剧院梅兰芳京剧团艺术家在叶盛兰大剧院举行揭幕专场演出。叶盛兰大剧院由城市学院发起，与北京京剧院合作成立。双方将在京剧艺术传播、京剧文化研究、京剧人才培养等方面深入合作，使剧院成为学生实践平台，为高校学生传统文化和艺术专业实践活动提供支撑，助力高校戏曲艺术专业人才培养。大剧院还向社区开放，学校将组建师生京剧团，到社区、农村等基层一线推广京剧国粹艺术。

（高尚）

北京北大方正软件技术学院

概述

2020年，北京北大方正软件技术学院占地面积28.78万平方米，产权校舍建筑面积5.89万平方米、非产权校舍建筑面积0.66万平方米。图书馆建筑面积2050平方米。全年教育经费投入4277.44万元，全部自筹。固定资产总值20092.99万元，其中，教学、科研仪器设备资产值6003.88万元。拥有图书34.96万册，计算机3319台。网络信息点3000个，上网课程22门，电子邮件系统用户450个，数字资源量中电子图书12.95万册、电子期刊0.49万册、学位论文70.67万册。学校由北大方正教育投资集团有限公司举办，设置5个院（系、部）。开设24个专科专业。拥有校内专业实训室60个、综合实训室7个，校外实训基地110个。教职工109人，其中，专任教师48人，包括教授2人、副教授21人。聘请校外教师8人。毕业生611人，均为专科（高职）生。招生485人，均为专科（高职）生。全日制学历教育高考招生北京地区提档线理科120分、文科120分，单考单招120分。在校生953人，均为专科（高职）生。网址：www.pfc.edu.cn。

2020年，学校树立“健康第一，安全至上”指导思想，落实立德树人根本任务，一手抓防疫、一手抓教学，各项工作稳步开展。入选2020年首批高精尖产业技能提升培训机构。

专业建设。始终专注职业教育，明确办学定位，以提升专业服务产业发展能力为出发点，主动适应疏解非首都功能国家战略的需求以及京津冀经济结构调整和产业升级要求，逐步形成以“人工智能＋融媒体”为核心、以护理和老年服务管理为两翼、具有学院特色的“电子信息＋大健康”专业群，探索“现代学徒制工学结合”人才培养模式。与人民信产科技（天津）有限公司、北京北大方正电子有限公司签署融媒体职业人才培养基地建设协议，校企合作培养具有专业技能和创新精神的应用型、复合型新闻传播人才。召开第二届老年服务与管理专业建设指导委员会第一次会议，邀请学界、业界和医疗界专家为学院老年服务与管理专业人才培养建言献策。

人才培养。将教师教学大赛和学生技能大赛作为两个重要抓手，将专业课程改革与技能大赛紧密结合，通过汲取技能竞赛内容和标准对原有实践教学课程项目进行锤炼和提升。学生获得全国职业院校技能大赛三等奖1项，3名教师在2020年北京市职业院校教学能力比赛获得三等奖，1名教师论文获得第11届青年教师教学基本功比赛论文二等奖。

党建工作。全年党委领导成员线上线下讲党课5人次，各总支、支部开展党课教育活动33次，召开党员大会、支委会90余次，充分发挥政治核心作用。

疫情防控。成立疫情防控领导小组，制定系列防控方案和管理制度，采购防疫物资，设立临时观察点、隔离留观室等，对全院师生开展健康教育，做到零感染。

（张建红）

健康管理中心建成

9月，北大方正软件学院建成健康管理中心。中心隶属于学校健康管理学院，承担学校常态化疫情防控工作指导以及健康管理、健康促进、健康教育的职责。自成立以来，健康管理中心参与健康观察点的运行、食堂员工防疫培训等工作；针对学生开展心理健康普查，建立系统规范的学生健康档案；为师生举办多次健康知识讲座，帮助师生培养健康文明的生活态度。

（张建红）

融媒体职业人才培养基地建设签约

10月17日，北大方正软件学院举行融媒体职业人才培养基地建设暨传播与策划专业专家论证会。学院与人民信产科技（天津）有限公司、北京北大方正电子有限公司分别签署融媒体职业人才培养基地建设协议，两家企业将在专业建设、师资、实践平台等多方面与学院开展深入合作，为学院培养具有专业技能和创新精神的应用型、复合型新闻传播人才提供保障。与会专家对学院传播与策划专业建设和发展进行专业论证。来自中博教育发展基金会、北大方正教育集团、中国国际工程咨询协会、北京小逗网络科技有限公司以及上述两家企业的专家参加活动。

（张建红）

北京经贸职业学院

概述

2020年，北京经贸职业学院占地面积10.57万平方米，产权校舍建筑面积5.06万平方米。图书馆建筑面积

610 平方米。全年教育经费投入 3981.45 万元，其中，国家拨款 131.55 万元、自筹经费 3849.90 万元。固定资产总值 14786.88 万元，其中，教学、科研仪器设备资产值 1919.34 万元。拥有图书 19.39 万册，计算机 963 台。网络信息点 200 个，上网课程 4 门，管理信息系统数据总量 3GB，数字资源量中电子图书 4000 册、音视频 22 小时。学校设置 6 个系（中心），开设专业 8 个。拥有校内专业实训室 30 个、综合实训室 7 个，校外实训基地 10 个。教职工 122 人，其中，专任教师 34 人，包括教授 5 人、副教授 23 人。聘请校外教师 37 人，包括教授 1 人、副教授 6 人。毕业生 421 人，其中，学历教育全日制高职生 402 人、非学历教育学生 19 人。招生 702 人，其中，学历教育全日制高职生 520 人、非学历教育学生 182 人。全日制学历教育高考招生北京地区提档线理科 120 分、文科 120 分。在校生 1660 人，其中，学历教育全日制高职生 1378 人、非学历教育学生 282 人。网址：www.csuedu.com。

11 月 06 日，经贸职院学生参加第 23 届 CUBA 中国大学生篮球（北京赛区）联赛　（经贸职院　供）

2020 年，学校以打赢新冠肺炎疫情防控阻击战为开局，健全组织、完善预案，使疫情管理和综合服务保障高效有力。以狠抓教学改革、提高育人质量为中心，以加强思政工作、提高管理水平为保障，以强化党的领导、提升党建水平为根本，持续推进“提高学生满意度工程”，学生教育管理服务工作呈现新局面。

党建工作取得突出成效。结合疫情防控开展思政教育，弘扬正能量。加强以爱国主义为主要内容的思想引领，将防疫知识、生命教育、公共安全教育、心理健康教育纳入在线学习。组织开展“众志成城、共克时艰”网络主题教育活动，深入挖掘和宣传疫情防控工作表现突出的师生，讲好防疫抗疫故事，并作为生动素材融入思政课堂。把握教育契机，增进家校协同，创新素质教育、劳动教育形式，促进学生健康成长和全面发展。

（杨向军　王亚娜）

“我和我的校园”主题艺术展

11 月 4 日，经贸职院举办“我和我的校园”主题艺术展。艺术展以“诗、书、礼、义、乐、春秋”为主线，将爱国主义教育和专业素质教育相结合，展现有学校特色的课程思政教育模式及成果。60 余件艺术作品参加展示，涵盖绘画、书法、室内空间设计、室内装饰设计和校园文化微视频等形式，体现学校“自强砺志，尚德树人”校训，抒发广大师生爱党、爱国、爱校的真挚情怀。

（王亚娜）

北京经济技术职业学院

概述

2020 年，北京经济技术职业学院占地面积 22.36 万平方米，产权校舍建筑面积 8.81 万平方米、非产权校舍建筑面积 8.02 万平方米。图书馆建筑面积 0.29 万平方米。全年教育经费投入 2319 万元，其中，国家拨款 66.55 万元、自筹经费 2252.45 万元。固定资产总值 5310.24 万元，其中，教学、科研仪器设备资产值 1812.27 万元。拥有图书 24.16 万册，计算机 971 台。网络信息点 900 个，上网课程 27 门，电子邮件系统用户 200 个，管理信息系统数据总量 80GB，数字资源量中电子图书 11.01 万册、电子期刊 610 册、音视频 230 小时。学校由北京思华文化发展有限公司举办，设置 3 个二级学院。开设 14 个专科专业。拥有校内专业实训室 31 个、综合实训室 11 个，校外实训基地 40 个。教职工 120 人，其中，专任教师 61 人，包括教授 8 人、副教授 13 人。聘请校外教师 6 人。毕业生 366 人，全部为学历教育全日制专科（高职）生。招生 493 人，全部为学历教育全日制专科（高职）生。全日制学历教育高考招生北京地区提档线不限选考专业组最低分 172 分、最高分 241 分。在校生 1382 人，全部为专科（高职）生。网址：www.bibtedu.cn。

2020 年，学校主动服务和融入北京城市副中心与河北省廊坊市“北三县”协同发展，统筹推进新冠肺炎疫情防控和事业发展“双线作战”，实现学校稳健运行。

立德树人。着眼凝心铸魂、固本培元、思想引领，总结凝练出以爱国主义为主线，组织育人、文化育人、课程育人、资助育人、实践育人“五位一体”的“爱国北经人”德育品牌。

教育教学。在凝练专业方向、改善实训条件、深化教学改革、整体提升专业发展水平上下功夫。围绕三大特色专业群，逐渐丰富创新人才培养体系，实施“学生带着需求走进课堂、带着知识走向技能、带着技能走向岗位”的“三递进”人才培养模式，实现“知识、能力、素养”一体化，培养高素质、高技能人才。

专业建设。重点在调整专业设置、加强校企合作、改善实训条件、提升质量内涵建设上下功夫。继续落实产教融合、校企合作、工学结合的建设理念，加强原有校企合作项目的深度融合发展，各二级学院依托申报市级工程师学院、技术技能大师工作室的契机，进一步梳理凝练专业特色，进一步深化专业质量内涵建设。

以赛促教、以赛促学。5 个教师团队参加北京市职业院校教师教学能力大赛，其中 4 个团队获三等奖；学生参加蓝桥杯大赛软件类国赛获得二等奖 1 项、三等奖 2 项，参加 NCDA 全国高校数字艺术设计大赛获一、二、三等奖各 1 项，参加北京市幼儿英语教学技能大赛获二、三等奖各 1 项。全年学校获得集体项目奖 11 项；教师获奖 35 项、56 人次；学生获奖 32 项、380 人次。

疫情防控。成立新冠肺炎疫情防控工作领导小组，贯彻和落实各项防控措施；制定完善制度、方案 26 项，建立健全制度体系；深入做好思想工作，宣传引导到位；开展网络教研，做好线上线下课程衔接；强化日常管理，严格落实防控措施，维护常态化疫情防控条件下校园安全和正常教育教学活动秩序。

（庄恒辉）

北京汇佳职业学院

概述

2020 年，北京汇佳职业学院占地面积 12.53 万平方米，产权校舍建筑面积 8.42 万平方米。图书馆建筑面积 5745 平方米。全年教育经费投入 3280.22 万元，其中，国家拨款 218.48 万元、自筹经费 3061.74 万元。固定资产总值 9050.90 万元，其中，教学、科研仪器设备资产值 1636.30 万元。拥有图书 19.48 万册，计算机 382 台。网络信息点 142 个，上网课程 48 门。学校由北京汇佳科教发展有限责任公司举办，设置 2 个二级学院、1 个系部、1 个中心。开设 19 个专科专业，覆盖 10 个学科门类。拥有校内专业实训室 89 个、综合实训室 1 个，校外实训基地 29 个。教职工 130 人，其中，专任教师 50 人，包括教授 1 人、副教授 23 人。聘请校外教师 62 人。毕业生 574 人，均为专科（高职）生。招生 550 人，均为专科（高职）生。全日制学历教育高考招生北京地区提档线 120 分。在校生 1449 人，均为专科（高职）生。网址：www.hjzy.net.cn。

2020 年，学校秉持“以党建引领发展”理念，加强基层党组织规范化建设，将党建工作与教育发展具体工作深度融合。一方面做好校园疫情防控工作，一方面及时调整教育教学方案，做到“停课不停学”“停课不停教”，灵活运用线上线下教学相结合方式，实现全年教育教学预期目标。

教育教学。新冠肺炎疫情期间开展“停课不停学”线上教育教学，开设“经世优学”平台建课 48 门，上传 PPT 演示文稿及录播视频资源课程 25 门，数据资源 10GB。完成直播课程 13 门。师生使用优学平台在线总时长 3510 小时。其间组织“优秀课堂”比赛、“微课”比赛、线上教学经验分享会等教学教研活动。以赛促学，以赛促训，学生 2019—2020 学年度在省级以上各级各类职业技能比赛中获得奖项 18 项，教学团队参加北京市教师教学能力比赛获三等奖。

教育科研。完成人才培养方案修订。幼儿照护、5G 移动网络运维、3D 引擎技术应用、运动营养咨询与指导 4 项职业技能等级证书入选教育部第三批“1＋X”证书制度试点。12 月，组织完成 5G 移动网络运维职业技能等级证书试点考试。申报北京学前教育职教集团 4 项课题获批。成为 15 家市教委授牌的校企合作“双师型”教师培养培训基地之一。

12 月 24 日，汇佳职院与华航公司签订合作协议（汇佳职院　供）

校企合作产教融合。校企开设新专业，创新教育和人才培养模式。成立“汇佳＆万龙滑雪产业与教育学院”，与万龙度假天堂合作开办冰雪设施运维与管理专业，为滑雪产业培养优秀技能型人才。与北京华航航空服务有限公司开设国际商务专业（空中乘务、民航运输），为各航空公司、机场等企业输送优秀人才。第一届国际商务专业（空乘方向）于 9 月正式开班，秋季班于 12 月正式上课。与北京华晟经世公司深度融合办学，构建以“人工智能技术应用”专业为核心，包括物联网、城市轨道交通信号等专业的“人工智能”专业群。

学生准军事化管理。强化“学生一日生活准军事化、教育教学准职业化”育人特色，完善学生一日生活各项制度建设，把学生一日生活管理情况进行量化考核形成学分纳入毕业生总成绩。

（杨永琴）

汇佳 & 万龙滑雪产业与教育学院揭牌

11 月 23 日，汇佳 & 万龙滑雪产业与教育学院揭牌仪式暨首届冰雪设施运维与管理专业（万龙订单班）开班仪式在河北省张家口市崇礼区万龙滑雪场举行。成立“汇佳 & 万龙滑雪产业与教育学院”是汇佳职院创新教育和人才培养模式，把企业“请进来”，把学生“送出去”，让学生在实际岗位上学习和实践，在真实环境中跟着企业教师学习专业理论和技能，实现校企无缝对接，为滑雪产业培养优秀技能型人才。10 月，汇佳职院与万龙度假天堂建立深度校企合作关系，共同探索“现代学徒制”教学模式，建立“产、学、研”一体化教学基地，为万龙度假天堂量身定制培养高端优秀的滑雪产业人才。第一届冰雪设施运维与管理专业（万龙订单班）学生 6 人。

（杨永琴）

北京科技经营管理学院

概述

2020 年，北京科技经营管理学院占地面积 7.91 万平方米，产权校舍建筑面积 8.16 万平方米。图书馆建筑面积 680.35 平方米。全年教育经费投入 3396.01 万元，全部自筹。固定资产总值 25572.20 万元，其中，教学、科研仪器设备资产值 1066.93 万元。拥有图书 10.08 万册，计算机 478 台。网络信息点 478 个，管理信息系统数据总量 30GB。学校由蒋淑云举办，设置 9 个学院。开设 9 个专科专业。拥有校内专业实训室 7 个、综合实训室 2 个，校外实训基地 25 个。教职工 79 人，其中，专任教师 15 人，包括教授 1 人、副教授 2 人。聘请校外教师 41 人，包括教授 6 人、副教授 10 人。招生 162 人，其中，学历教育全日制普通专科（高职）生 84 人、非学历教育学生 78 人。全日制学历教育高考招生北京地区提档线理科 120 分、文科 120 分。在校生 395 人，其中，学历教育全日制普通专科（高职）生 184 人、非学历教育学生 211 人。网址：www.jgy1985.cn。

2020 年，学校一手抓疫情防控，一手抓教育教学；以立德树人为根本，加强党建和思想政治工作；以产教深度融合、专业携手共建为核心，推进人才培养模式改革；以理实课程体系和职业能力建设为抓手，全面提升人才培养质量；以师资队伍建设为重点，建立结构合理的“双师型”队伍；以制度建设和严格管理为保障，创建平安和谐稳定校园；积极化解发展难题，塑造学校品牌和声誉。

把师生生命安全和身心健康放在首位，做好校园疫情防控工作。以“使命在肩，奋斗有我”为主题，成立校园志愿服务队，开展疫情防控、垃圾分类、理想信念、国家安全和校园安全等主题教育活动，全面加强党的建设。组织学生观看“全国大学生同上一堂疫情防控思政大课”、北京大学援鄂医疗队先进事迹报告会等主题教育影片，开展爱国主义、集体主义、理想信念教育。以师德师风建设为核心，加强思想政治工作，评选校级师德之星，引导教师以德立身、以德立学、以德施教、以德育人，落实立德树人根本任务。

以教育教学工作为中心，以重实际、抓实事、求实效为教学工作基本原则，以培养学生创新精神和实践能力为重点，深化教学改革，促进产教融合，强化技能培养，校企“双元”育人，全面提升人才培养质量。根据首都“四个中心”功能定位和经济社会发展，优化专业设置，调整专业方向，增设“大数据技术”“虚拟现实”等专业方向，

10月至 11 月，科技经营管理学院举办“经管杯”篮球赛
（科技经营管理学院 供）

新增早期教育、戏剧影视表演等新专业。与3家企业签约合作，共同培养专业人才。

（李金华 赵彦平）

与3家企业签约合作

12月，科技经营管理学院与3家企业签署校企合作协议。与北京正华中天企业管理有限公司协议约定，双方共建“会计（银行定向班）”；与北京天融信教育科技有限公司协议约定，校企共建计算机应用技术（大数据技术方向）；与北京萌瑞星教育科技有限公司（红黄蓝亲子园特许经营授权单位）协议共建早期教育（红黄蓝亲子园定向培育班），为学校相关专业学生实习实训、考证和就业提供支撑。

（李金华）

北京吉利学院

概述

2020年3月30日，北京吉利学院占地面积66.11万平方米，产权校舍建筑面积43.97万平方米。图书馆建筑面积2.27万平方米。全年教育经费投入3016万元。固定资产总值90428万元，其中，教学、科研仪器设备资产值8243万元。拥有图书63.09万册，计算机3629台。网络信息点2702个，电子邮件系统用户800个，管理信息系统数据总量12.50GB，数字资源数据库3个。设置4个二级学院。开设17个高职专业、33个本科专业。教职工289人，其中，专任教师139人，包括正高级教授38人、副高级教授52人；博士16人，硕士104人；“双师型”教师42人。在校生2322人，其中，高职生1013人、本科生1309人。网址：www.bgu.edu.cn。

2020年，学校在专业建设、师资队伍、科研教改、教学条件、学科竞赛、联合培养、实习就业、社会服务等方面与吉利控股集团深度融合，形成鲜明的“企业办校、产教融合”办学特色，3个项目获教育部2020年第一批产学合作协同育人项目立项。

专业建设。围绕汽车产业链，紧扣地方产业结构，以工学为龙头，经济学、管理学、教育学、艺术学、文学、法学和理学等多学科协调发展。新增机器人工程、人工智能、金融科技、运动康复4个本科专业获教育部批准。车辆工程专业入选北京市一流本科专业。

人才培养。确立“建设具有国际影响力的应用研究型大学”愿景，实施产教深度融合的协同育人模式。推进“以赛促教、以赛促学”，学生参加全国供应链大赛、全国大学生数学建模大赛、第19届全国机器人大赛等学科竞赛获得国家级一等奖1个、二等奖2个、三等奖1个；参加第六届中国国际“互联网+”大学生创新创业大赛（北京赛区）获二等奖1个、三等奖8个。

课程建设。在遵循各专业质量标准要求的基础上，探索推进成果导向教育模式，通过梳理各专业现行毕业能力标准，力求构建科学合理、行之有效的课程体系。推进对分课堂教学改革；整合校内外资源，探索“专业+”人才教育培养模式，为学生提供更多方向模块课程选择，拓宽专业领域。

教学改革。“全媒体时代新闻传播学科融合创新的新文科建设研究”项目获批2020年北京高等教育“本科教学改革创新项目”立项项目。

疫情防控。面对新冠肺炎疫情，学校积极响应，成立疫情防控领导小组，统一协调，周密部署；采取多项措施确保毕业生顺利毕业、保障非毕业生复课复学；落实健康教育，加强心理疏导，维护学校安全稳定。

学校搬迁。3月30日，学校经教育部批准整体搬迁至四川省成都市，更名为吉利学院。按照属地原则，学校主管机关由北京市教委调整为四川省教育厅。

（段岚岚 吕其永）

10月，吉利学院与东软集团举行校企合作签约暨联合实验室揭牌仪式 （吉利学院 供）

首都师范大学科德学院

概述

2020年，首都师范大学科德学院占地面积25.88万平方米，校舍建筑面积16.48万平方米，河北易县实习实践基地39.16万平方米。图书馆建筑面积0.99万平方米。全年教育经费投入31834万元。固定资产总值82480.93万元，其中，教学、科研仪器设备资产值3834.25万元。拥有图书39.90万册，计算机1788台。网络信息点1.70万个，上网课程250门，数字资源量中电子图书107.02万册、电子期刊13.77万种、学位论文1123.62万册、音视频1.60万小时。学校由北京国融远景投资有限公司举办，设置4个学院。开设29个本科专业，覆盖6个学科门类。拥有校内实训室34个，校外实践教学基地117个。教职工317人，其中，专任教师221人，包括教授27人、副教授51人。聘请校外教师46人，包括教授6人、副教授13人。毕业生953人，均为学历教育全日制普通本科生。招生1007人，均为学历教育全日制普通本科生。全日制学历教育高考招生北京地区提档线不限选考专业组436分。在校生3835人，均为学历教育全日制普通本科生。网址：www.kdcnu.com。

10月25日至29日，第五届“科德杯”全国大学生无人机航拍竞赛举行 （科德学院 供）

2020年，学校“十三五”规划收官。围绕首都地区文化创意产业发展需要，不断推动内涵、特色、差异化发展，学科专业建设、教师结构、教科研水平、国际交流与合作等主要指标显著提升，取得一系列成果。学校转型为以艺术类学科为主的应用型本科院校。

人才培养。倡导育人为本，强调教育要从学生的现实需要出发，促进学生全面发展，培养学生“全人格”素养。在全人教育理念指导下，全面增强教师的人才培养能力，提高人才培养质量，培养适应文化创意产业发展需求的应用型本科人才。

教育教学改革探索。视觉传达设计专业获批北京市重点建设一流专业；美学原理与Maya建模基础获批“优质本科课程”；《用户体验设计》与《领读者》获批“优质本科教材课件”。组织师生参与各类竞赛，在国际、国内各大赛事活动获奖160余项，学生综合素质培养成效显著。

疫情防控。成立疫情防控工作领导小组，完善制度建设，形成疫情防控、教学、学生管理等特殊时期的工作体系。确保校园疫情防控“零感染”和校内各项工作有序开展，通过线上、线下相结合模式，按时完成教学任务。毕业班开展云答辩、云展览、云毕业典礼，实现所有毕业生及时、平安、有序离校。

（白静静）

全国大学生无人机航拍竞赛

10月25日至29日，科德学院承办第五届“科德杯”全国大学生无人机航拍竞赛。受新冠肺炎疫情影响，比赛以邀请赛的方式，向往届获奖团队和国内部分优秀高校航拍代表队发出邀请，以大学生视角、用无人机航拍的方式，展现美丽银川。国内40余所高校190余名选手切磋竞技、交流学习。竞赛产生一等奖14人、二等奖32人、三等奖54人。比赛与中国矿业大学银川学院共同承办。

（白静静）

北京工商大学嘉华学院

概述

2020年，北京工商大学嘉华学院占地面积56.42万平方米，产权校舍建筑面积8.09万平方米、非产权校舍建筑面积6.22万平方米。图书馆建筑面积1118.04平方米。全年教育经费投入24480万元。固定资产总值48802.73万元，其中，教学、科研仪器设备资产值2781.15万元。拥有图书52.40万册，计算机2126台。网络信息点4005个，上网课程137门，电子邮件系统用户229个。数字资源量中电子图书196.42万册、电子期刊28.35万册、学位论文460万册、音视频3450小时。学校由北京工商大学与北京立新源技术有限公司共同举办，设置4个院（系、部）。开设28个本科专业，覆盖6个学科门类。拥有4个教学实践中心，下设27个实验室；校外实训基地97个。教职工359人，其中，专任教师221人，包括教授17人、副教授55人。聘请校外教师51人，包括教授8人、副教授17人。毕业生1042人，均为学历教育全日制普通本科生。毕业生就业率92.96%。招生994人，均为学历教育全日制普通本科生。全日制学历教育高考招生北京地区提档线436分（综合改革）。在校生 3551 人，均为学历教育全日制普通本科生。网址：www.canvard.net.cn。

2020 年，学校坚持贯彻年度主题思想“平台、目标、成果”，一手抓疫情防控，一手抓教育教学，保证人才培养质量。

专业及课程建设取得新突破。会计学和国际商务 2 个专业获批北京市重点建设一流专业；2 个教学改革项目获批北京高等教育本科教学改革创新项目；4 门特色课程获评北京高校优质本科课程（教材课件）。

举办多项重大活动，有效提升学校品牌影响力。承办“EduHacks 国际大学生创客马拉松大赛”和“学创杯”全国大学生创业综合模拟大赛两项重要赛事，承办第三届、第四届联合国人口基金“一带一路”青年领导力培训班，提升学校知名度与社会声誉。举办世界领导力论坛，邀请联合国驻华首席代表为 2020 级新生开讲国际导师第一课。集中式外语浸泡月升级为持续式浸泡式外语教学活动，实现外语教学活动的学期全覆盖，为学生外语学习及后续双语、全英教学奠定良好基础。

拓展国际合作与交流项目，中外联合人才培养工作稳步推进。积极拓展本硕、专硕合作伙伴，对接新合作“4＋1”项目 5 项，新增英国德比大学“3＋1＋1”（国内）研究生项目。组织合作院校线上讲座 39 场次、线下讲座 3 场，由合作院校教师为学生解答疑问，解决学生在申请国外高校硕士攻读中遇到的问题；与合作院校积极沟通，克服新冠肺炎疫情影响，将以往线下内测改为线上内测，全年组织学生报名参加语言内测考试 120 人次；组织学生完成合作院校申请 260 人次，同时邀请英国萨塞克斯大学进校进行 2 场现场面试。

上下联动全力战“疫”。成立疫情防控专项工作领导小组，制定相关方案预案，落实防控工作部署和有关要求。做好宣传引导，提供心理咨询，开展系列活动，搭建疫情防控体系，保障师生身体和心理健康。

（彭士校）

承办全国大学生创业综合模拟大赛

11 月 29 日，嘉华学院承办第七届“学创杯”全国大学生创业综合模拟大赛总决赛。比赛由高等学校国家级实验教学示范中心联席会主办，自 3 月启动以来，912 所高校 2 千余支队伍 1 万余名学生参与，经过校级比赛和省级比赛，166 所院校晋级全国总决赛。总决赛通过线上方式进行，以软件对抗系统分数核定排名，决出特等奖 14 个、一等奖 56 个、二等奖 92 个。

（彭士校）

党委换届

12 月 15 日，嘉华学院召开全体党员大会进行党委换届。会议听取和审议第六届党委工作报告和党费收缴、使用、管理情况报告，采取无记名投票方式，选举产生新一届党委委员。经第七届党委第一次全体会议，等额选举产生党委书记、副书记。

（彭士校）

北京科技职业学院

概述

2020 年，北京科技职业学院占地面积 113.09 万平方米，产权校舍建筑面积 69.56 万平方米、非产权校舍建筑面积 4.14 万平方米。图书馆建筑面积 3.60 万平方米。全年教育经费投入 1156 万元，全部自筹。固定资产总值 155684.60 万元，其中，教学、科研仪器设备资产值 8736.03 万元。拥有图书 115.90 万册，计算机 1396 台。网络信息点 4380 个，上网课程 32 门，电子邮件系统用户 300 个，管理信息系统数据总量 1590GB，数字资源量中电子图书 40 万册。学校由北京北科昊月科技有限责任公司举办，设置 6 个二级学院。开设 24 个专科（高职）专业。拥有校内实践基地 51 个，校外实习实训基地 38 个。教职工 196 人，其中，专任教师 92 人，包括教授 9 人、副教授 24 人。聘请校外教师 26 人，包括教授 2 人、副教授 4 人。毕业生 722 人，其中，学历教育全日制专科（高职）生 368 人、培训生 354 人。招生 493 人，其中，学历教育全日制普通专科（高职）生 223 人、非学历教育学生 270 人。全日制学历教育高考招生北京地区提档线不限选考专业组 120 分；单考单招 120 分。在校

7 月 20 日，北科院教师参加北京市职业院校教师教学技能大赛（北科院 供）

生 1813 人，其中，学历教育全日制普通专科（高职）生 949 人、培训专业学生 864 人。网址：www.5aaa.com。

2020 年，学校坚持“以学生为本”，依法办学，规范管理，加强师德师风和师资队伍建设，积极推动“一院一品”专业建设，提高教育教学质量和学生管理水平，以“金课”评选为抓手，强化课程和专业建设。

12 月 27 日，北科院组织教育部“1＋X”幼儿照护证书考试
（北科院 供）

疫情期间线上教学。2 月 24 日起，全体师生按照“停课不停教、停课不停学”要求，利用学习通、腾讯会议等平台开展线上教学活动，累计开设课程 116 门，包括专业课 103 门、公共课 13 门，完成总课时量 5568 学时。

产教融合、以企育校。以企业管理模式、生产流程、优质产品的先进性指导专业的“教与学”，使学生在校内仿真和校外真实工作环境中，潜移默化完成职业塑造。全年有 24 个专业与 61 家企业开展产教融合，企业接纳学生实习实训 57895 人次。

加强专业和课程建设。结合北京需求，改造升级老专业，扶持优势和特色专业，引导专业向“高质量、有特色、国际化”方向发展。无人机应用技术、民航安全技术管理两个专业获批新增。推动“一院一品”建设，即一个二级学院至少建设一个特色精品专业。固定于每周五下午开展全校教研活动，促进教师成长。5 名教师入选北京市职业院校教师素质提升计划，其中 1 人入选“专业带头人”，实现学校在该项人才计划上零的突破；4 名教师入选“优秀青年骨干教师”项目。1 名教授获评第 11 批“首都市民学习之星”。

推进“1＋X”证书制度试点。成功申报幼儿照护、大数据财务分析等 9 个职业技能等级证书。推动建立“教管中心牵头、各二级学院主抓落实、全员参与”运行机制。12 月，组织 4 个教育部“1＋X”职业技能等级证书考试，参与考试学生 140 人。

加强思想政治工作。坚持立德树人根本任务，把思想政治工作贯穿教育教学全过程。系统研发中华优秀传统文化教育课程，加强中华优秀传统文化教育。与中华书局签署“中华优秀传统文化”系列教材合作项目，推进中华优秀传统文化传承发展。

（王霞　何兴安）

与中华书局签约合作

11 月 12 日，中宣部文产资金重大项目“中华优秀传统文化”系列教材高职学段战略合作签约暨项目启动仪式在中华书局举行，北科院与中华书局签约合作。根据协议，北科院牵头组织中华优秀传统文化高职学段纲要研发和教材编写工作。中华书局分别聘请学校校长和创始人为主编和顾问并为其颁发聘书。“中华优秀传统文化”系列教材定位为新时代背景下中华优秀传统文化教材的新形态，贯穿学前、小学、初中、高中、中职、高职、大学全学段，共计 90 册，其中高职学段包括学生用书与教师用书 4 册，中华书局承担项目相关教材的纲要研发、教材出版及教育培训工作。

（王霞）

试点引入 5G 云端智能安保机器人

11 月 24 日，北科院与北京电信共同试点引入基于 5G 云端的智能安保机器人。该机器人利用 5G 技术大带宽、广连接、低时延的特性，极大提升云端管理、数据分析、实时调度和任务协同能力。试点的安保机器人采用多传感器融合技术，可实现自主建图、自主规划路径、智能避障、人脸识别、车牌识别、双向语音交流、求救报警、自由巡逻、360 度全向超星光视频监控、30 米可视（白天）、远程控制等功能，其 30 倍光学变焦相机和全向云台可助其成为最强“移动全天候警眼”。新冠肺炎疫情期间，机器人与传统安保有机结合，可实现校内全天候多方位安保巡逻，极大提升学校安保智能化程度和安保等级。

（何兴安）

“1＋X”证书试点工作推进

至年底，北科院推进“1＋X”证书制度试点工作。成功申报研学旅行策划与管理（EEPM）、幼儿照护、民航旅客地面服务、界面设计、5G 移动网络运维、大数据财务分析、大数据应用开发（Java）、无人机驾驶、空中乘务 9 个职业

12月1日至3日，培黎职院举办第五届国际文化节
（培黎职院 供）

技能等级证书。推动建立“教管中心牵头、各二级学院主抓落实、全员参与”运行机制，明确工作任务，压实工作责任。12月，组织4个教育部“1＋X”职业技能等级证书考试，分别为建筑信息模型BIM、Web前端开发、大数据财务分析、幼儿照护，参与考试学生140人。

（何兴安）

北京培黎职业学院

概述

2020年，北京培黎职业学院占地面积49.09万平方米，产权校舍建筑面积8.92万平方米。图书馆建筑面积0.83万平方米。全年教育经费投入4250.04万元，其中，国家拨款416.55万元、自筹经费3833.49万元。固定资产总值6857.70万元，其中，教学、科研仪器设备资产值2264.74万元。拥有图书33.47万册，教学用计算机1690台。网络信息点1720个，上网课程36门，管理信息系统数据总量150GB，数字资源量中电子图书56000册、电子期刊1228册。学校由培黎教育发展中心举办，设置9个系。开设29个高职专业。拥有校内实训室53个，校外实习实训基地52个。教职工218人，其中，专任教师77人。聘请校外教师63人，包括教授10人、副教授28人。毕业生739人。招生651人。全日制学历教育高考招生北京地区提档线124分，美术类专业提档线201分。在校生1991人。网址：www.bjpldx.edu.cn。

2020年，学校疫情防控与教育教学同步进行。成立疫情防控工作领导小组，统筹部署，带领7个疫情防控工作组全面组织实施疫情防控工作，保证校园安全稳定、师生健康平安。

停课不停学。发挥基于信息技术的教育创新优势，全部课堂均实现线上实时教学、师生多向互动、管理同步在线，通过“雨课堂”、腾讯会议、钉钉会议等平台，采用线上音频、视频直播等形式开展线上教学和教学督导服务。109名教师面向全校学生开课339节次，学生修读4203人次，“雨课堂”平台学生互动量1.19万人次。1个班级获“北京市先进班集体”称号，2名学生获“北京市三好学生”称号，1名学生获“北京市优秀学生干部”称号。

坚定走国际化办学之路，线上汉语教学井然有序。汉语教学全部线上完成，为境内外264名留学生开设7个时段的21门课程，整体涵盖语言教学各个门类，最大限度满足各国学生学习需求，实现疫情期间“教师不停教，学生不停学，质量不降低”。全年有22名学生赴日本、19名学生赴西班牙、4名学生赴英国留学深造。

拓宽“1＋X”证书试点，推动“证、赛、课”多维融合。以职业技能培养为主线，全面贯彻落实教育部“1＋X”证书制度，2019—2020学年“1＋X”证书试点增至9个，并将试点证书课程融入人才培养方案，面向学生开展教育教学与证书评价。继续实施“校、市、国”三级竞赛体系，将职业技能竞赛纳入人才培养方案，推动“1＋X”证书、技能竞赛与实践教学相融合，提高学生技能水平。在2020年全国高职院校信息素养大赛北京地区选拔赛中1名学生获特等奖、2名学生获一等奖、1名教师获“先进个人”奖。

（邢琪）

北京邮电大学世纪学院

概述

2020年，北京邮电大学世纪学院占地面积33.30万平方米，非产权校舍建筑面积15.29万平方米。图书馆建筑面积1.51万平方米。全年教育经费投入14469.39万元，全部自筹。固定资产总值9795.79万元，其中，教学、科研仪器设备资产值4373.42万元。拥有图书67.65万册，计算机2893台。网络信息点5000个，上网课程127门，电子邮件系统用户469个，管理信息系统数据总量1000GB，数字资源量中电子图书39.37万册、电子期刊4.30万册、学位论文6万册、音视频387小时。学校由北京邮电大学与北京学涵教育科技有限公司共同举办，设置7个院（系、部）。开设15个本科专业，覆盖4个学科门类。拥有校内专业实训室 70 个、综合实训室 20 个，校外实训基地 59 个。教职工 426 人，其中，专任教师 267 人，包括教授 25 人、副教授 78 人。聘请校外教师 45 人，包括教授 3 人、副教授 16 人。毕业生 1208 人，均为全日制普通本科生。招生 1278 人，均为学历教育全日制普通本科生。全日制学历教育高考招生北京地区提档线不限选考专业组 436 分、物理必考专业组 427 分。在校生 4994 人，均为全日制普通本科生。网址：www.ccbupt.cn。

2020 年，学校采取系列防控举措，切实保障师生健康安全，同时落实立德树人根本任务，全面推进教育教学改革，完成各项重点工作任务，社会影响力不断扩大。

启动独立学院转设工作，完成专家组自查，推进迎评工作进入新阶段。

教学改革持续深化。软件工程专业入选北京市一流本科专业建设名单。全面探索“线上直播＋课程回放＋云中互动”的立体教学模式，线上教学熟练应用，首批线上资源课程建设完成，依托智慧树在线大学平台，首批课程教学信息资源建设内容涵盖平台 100% 模块。“计算机基础”获评北京高校优质本科课程，“数字图像处理”获评北京高校优质本科教材课件。

师资队伍建设强化。继续推行“优秀人才支持计划”聘岗工作，组织教职工参加各类培训 180 人次。1 名教师获第四届北京市高等学校青年教学名师奖，1 名辅导员被评为 2020 年全国民办高校优秀辅导员；教师获第 11 届青年教师教学基本功论文比赛二等奖 1 个、优秀奖 2 个，2020 年全国民办高校优秀论文三等奖 1 个。

科研教育成果显著。科研成果“VR 冬奥雪上项目科普体验系统”亮相中国国际服务贸易交易会；2 部作品入选年度“原动力”中国高校动漫出版孵化计划；教师发表各类论文 58 篇，获批专利 8 项，编写教材及专著 8 部。

师生学科竞赛成绩显著。在国际大学生数学建模竞赛、“互联网＋”大学生创新创业大赛、机械创新设计大赛、首都高校乒乓球赛等各类赛事中 72 人次获国际奖项、11 人次获国家级奖项、355 人次获省部级奖项。通信与信息工程系 2018 级退役复学学生当选 2020 年北京市优秀在校退役大学生士兵，这是学院学生首次入选。

国际合作与交流持续开展。与英国亚伯大学签署合作备忘录，与美国华盛顿大学继续教育学院签署谅解备忘录。

众志成城全力抗疫。成立疫情防控工作领导小组，严格落实联防联控、群防群控各项措施；灵活调整工作方式方法，保障规范性和人文关怀有机结合，学校整体运行平稳有序，无确诊及疑似病例，未发生任何舆情事件。

（季书一）

独立学院转设

11 月，世纪学院董事会通过转设决议，同意将学校转设为仍由北京学涵教育科技有限公司举办的独立设置民办高校。召开转设及评估工作动员大会，成立领导小组和评估办公室，明确工作进度、要求和重点，推进各项转设验收的基础工作。12 月 24 日和 28 日，分别完成职能部门、各教学单位转设评估材料自查，推进学院迎评工作进入新阶段。

（季书一）

“互联网＋教育”教学模式改革

至年底，世纪学院深入“互联网＋教育”教学模式改革。面对新冠肺炎疫情下的教学新挑战，探讨、培训、实践线上教学新模式，坚持“紧紧盯住教学目标、灵活运用教学方式、牢牢把住学习效果”的基本原则，开展教学模式改革。线上教学由起步到熟练应用，短时间内完成首批线上资源课程建设，首批课程教学信息资源建设依托智慧树在线大学平台，课程建设内容涵盖平台 100% 模块；开展线上云讲座 15 次，覆盖全院 1.50 万人次师生；全面探索“线上直播＋课程回放＋云中互动”的立体教学模式，教职工在疫情期间“停课不停教”，外籍教师远程开课，为疫情影响下的线上线下混合式教学工作提供有力保障。完成 197 个线上考场 5000 余人次线上云期末考试，完成全年教学任务，线上教学学生满意度较高。

（季书一）

北京工业大学耿丹学院

概述

2020 年，北京工业大学耿丹学院占地面积 32.20 万平方米，产权校舍建筑面积 21.75 万平方米、非产权校舍建筑面积 0.93 万平方米。图书馆建筑面积 0.90 万平方米。全年教育经费投入 5839.36 万元，全部自筹。固定资产总值 78303.50 万元，其中，教学、科研仪器设备资产值 5983.56 万元。拥有图书 71 万册，计算机 4100 台。网络信息点 10500 个，上网课程 86 门，电子邮件系统用户 3532 个，管理信息系统数据总量 80GB，数字资源量中电子图书 160 万册、电子期刊 80 万册、学位论文 1.46 万册、音视频 3.22 万小时。学校由北京耿丹教育发展中心举办，设置 4 个院（系、部）。开设 26 个本科专业，覆盖 7 个学科门类。拥有校内专业实训室 110 个、综合实训室 142 个，校外实训基地 154 个。教职工 492 人，其中，专任教师 229 人，包括教授 25 人、副教授 73 人。聘请校外教师 124 人，包括教授 16 人、副教授 68 人。毕业生 1126 人，均为学历教育全日制普通本科生。招生 1360 人，均为学历教育全日制普通本科生。全日制学历教育高考招生北京地区提档线不限选考专业组 421 分、物理必考专业组 420 分。在校生 4948 人，均为学历教育全日制普通本科生。网址：www.gengdan.edu.cn。

2020 年，学校在专业建设和课程建设上取得有效成果。

关注社会需求，动态调整学科专业布局。停招英语、公共事业管理、戏剧影视美术设计和体育经济与管理等

10 月，耿丹学院针对学生全过程教育开设游泳课程
（耿丹学院　供）

专业。打造特色优势专业，建立由校领导牵头、多部门与二级学院共同参与的协同工作机制，深化本科专业建设内涵。工程管理专业、机械设计制造及其自动化专业先后入围 2019 年度、2020 年度北京市一流本科专业建设点名单。

深化校企合作，构建产教多元实践平台。与广东顺德创新设计研究院达成深度合作，进行政产学研联合培养，共同开展以智能互联网、传感器、生物工程、新能源等为基础的科研合作；与雅昌文化集团签署战略协议，企业以视觉传达设计等相关专业的产、学、研基地等多种角色全方位融入学院教学，实现优势互补、多维合作；市场营销专业与智慧建造网签订校企合作协议，为“双师型”教师培养、学生实训、实现产教融合提供新路径。

专业交叉融合，满足人才多样化需求。调整专业人才培养方案，定期更新教学大纲、修订专业教材，科学构建课程体系。提升实践类课程学分占比；辨识出专业核心课与专业拓展课，鼓励学生在专业拓展课中进行自主选课；探索以学生兴趣为驱动的培养机制。

强化师生体育锻炼。开展全员体育健身锻炼，号召学生“走下网络、走出教室、走出宿舍、走向运动场馆”，提倡全体师生每天坚持锻炼一小时；对全体教师进行体能测试，有针对性地制定锻炼计划、安排运动项目。针对学生全过程教育开设游泳课程，把游泳纳入学校体育必修课，将学生获得游泳测试合格证书列入学生毕业要求环节。承办 2020 年首都高校跑射联项锦标赛。

疫情防控。成立疫情防控工作领导小组，制定相关制度，落实各项措施。加强师生安全教育和心理疏导，确保校园环境安全稳定。

（管书艳）

与雅昌文化集团签约合作

1 月 15 日，耿丹学院与雅昌文化集团签署战略协议。根据协议，双方优势互补、多维合作，从“文化创意”“数字出版”“短视频内容营销”等课题入手，彰显产、学、研协同发展的优势以及高水平的区域融合。校企双方整合优势资源，企业以视觉传达设计等相关专业的产、学、研基地等多种角色全方位融入学校教学中。企业的各类产品、办公环境、印刷生产线、实践工作室等资源将促进学校实践教学的发展。

（管书艳）

北京艺术传媒职业学院

概述

2020 年，北京艺术传媒职业学院占地面积 14.12 万平方米，产权校舍建筑面积 4.97 万平方米、非产权校舍建筑面积 0.50 万平方米。图书馆建筑面积 0.17 万平方米。全年教育经费投入 87 万元，其中，国家拨款 23.50 万元、自筹经费 63.50 万元。固定资产总值 1504 万元，其中，教学、科研仪器设备资产值 792 万元。拥有图书 30 万册，计算机 1043 台。网络信息点 15 个，上网课程 2 门，电子邮件系统用户 200 个，管理信息系统数据总量 200GB，数字资源量中电子图书 20 万册。学校由杨波举办，设置 12 个院（系、部）。开设 25 个本科专业。拥有校内专业实训室 10 个、综合实训室 6 个，校外实训基地 1 个。教职工 120 人，其中，专任教师 80 人，包括教授 14 人、副教授 12 人。聘请校外教师 10 人。毕业生 75 人。招生 85 人。全日制学历教育高考招生北京地区提档线理科 84 分、文科 84 分。在校生 211 人。网址：www.bjamu.cn。

2020 年，学校一手抓疫情防控，一手抓教育教学，各项工作平稳开展。

成立疫情防控工作领导小组，制定疫情防控应急预案，坚持“疫情就是命令、防控就是责任”，采取多项措

2020 年，北艺传媒举办文艺汇演活动

（北艺传媒　供）

施保障师生员工身体健康和生命安全，确保学校正常的教学和管理秩序。

疫情期间通过教学平台、网络精品课程、学习资源传递、直播教学等形式实施在线教学，确保“停课不停学”。组建在线教学保障群，解决师生在网络教学期间遇到的各类问题。疫情防控常态化条件下，推进线上线下相结合的教学模式，通过增加授课密度、增加晚自习和周末授课、适当推迟放暑假时间等多种手段保证学生保质保量完成规定课时内容。

坚持开展精准扶贫。全年选派 5 名教师到河北雄县职教中心进行义务讲学；减免部分学生学费。

（曹誉仁）

北京第二外国语学院中瑞酒店管理学院

概述

2020 年，北京第二外国语学院中瑞酒店管理学院占地面积 17.65 万平方米，产权校舍建筑面积 8.90 万平方米。图书馆建筑面积 7676 平方米。全年教育经费投入 10976 万元。固定资产总值 4.22 亿元，其中，教学、科研仪器设备资产值 3300 万元。拥有图书 29.19 万册，有单独建设的行业特色文献资源库 1 个，计算机 697 台。网络信息点 6000 个，电子邮件系统用户 11000 个，管理信息系统数据总量 40TB，数字资源量中电子图书 21724 册。学校开设 6 个专业。拥有品酒实验室、中西食品制作实验室、多媒体实验室、语音实验室和计算机中心。教职工 325 人，其中，专任教师 177 人，包括副高级以上专业技术职务 50 人。兼职教师 10 人，包括副高级以上专业技术职务 8 人。毕业生 753 人。招生 926 人。全日制学历教育高考招生北京地区提档线不限选考专业组 436 分。在校生 3151 人。网址：www.bhi.edu.cn。

2020 年，学校坚持“中瑞模式”，不断探索创新，人才培养质量和教学管理水平稳步提升。

依法治校。进一步完善董事会领导下的院长负责制，完善各项管理制度。举办第三届教代会。开展师生普法宣传教育。完善“接诉即办”工作机制，实现高办结率和高满意度。

教学改革。酒店管理专业进入教育部首批省级一流本科专业建设名单。与日本帝京科学大学合作开设健康服务管理专业。完成大学英语四六级考点建设并组织首次考试。探索开设国际课程班，为学生提供本土化的国际教育。

校企合作、对外交流。结合新增专业，拓展高端康养等行业的实习渠道。与希尔顿酒店集团、万豪酒店集团、凯悦酒店集团、凯宾斯基酒店集团、锦江酒店集团以及上海迪士尼度假区、北京环球度假区等企业共同建设校外实习就业基地 160 余个。发挥社会服务功能，面向酒店行业开展“抗击疫情 · 中瑞在线公益课”线上直播 40 余场，学员超过 5 万人次。全球合作院校数量达 26 所。举办 2020 酒店评论人才发展论坛。

师资队伍建设。重点引进高层次、高学历、高职称人才，优化教师队伍结构。引进副高级以上教师 7 人。开展 5H 认证培训、专题讲座、工作坊、教学沙龙等活动 30 余场，教师教学能力不断提升。

校园文化建设。继续丰富中瑞特色校园文化内涵。在“问候礼仪”“致谢礼仪”“感恩教育”等基础上，将垃圾分类、爱国卫生运动、光盘行动、无烟校园等内容进一步细化丰富到校园文化建设中，并作为校园文化督导检查的重要内容。

疫情防控。切实保护学校安全和师生健康，一方面按照上级统一部署和安排，完善防控工作体系和各项制度，建立校园常态化防控体系；另一方面完成线上教学、云端毕业典礼等工作，千方百计促进毕业生就业，如期实现阶段性就业率和全年就业率目标。

（韩明月）

中瑞公益讲堂系列线上讲座

2 月，中瑞学院开展公益讲堂系列线上讲座。学院携手行业具有丰富实战经验的酒店管理专家，线上面向酒店行业开展“抗击疫情 · 中瑞在线公益课”。至年底，举办公益直播 40 余场，直播时长近 2000 分钟，学员超过 5 万人次。

（郭瑞环）

北京网络职业学院

概述

2020 年，北京网络职业学院占地面积 20.01 万平方米，非产权校舍建筑面积 4.01 万平方米。图书馆建筑面积 820 平方米。全年教育经费投入 1745 万元，其中，国家拨款 83 万元、自筹经费 1662 万元。固定资产总值 2865.87 万元，其中，教学、科研仪器设备资产值 1842.48 万元。拥有图书 12 万册，计算机 502 台。网络信息点 6000 个，上网课程 8 门，电子邮件系统用户 38 个，管理信息系统数据总量 6000GB。学校由北京国信大教育发展有限公司举办，开设 9 个专科专业。拥有校内专业实训室 6 个、综合实训室 2 个，校外实训基地 6 个。教职工 143 人，其中，专任教师 60 人，包括教授及教授级高级工程师 3 人。聘请校外教师 3 人，包括副教授 1 人。毕业生 105 人。招生 138 人，均为高职生。全日制学历教育高考招生北京地区提档线 120 分。在校生 1238 人，其中，专科（高职）生 754 人、非学历教育学生 484 人。网址：www.bjwlxy.org.cn。

2020 年，学校完成党支部换届，党组织在学校建设、发展和教育改革中发挥核心作用。

推动网络教学。面对新冠肺炎疫情，改变教学模式，按原定开学时间和教学进度通过线上教学方式开展教育教学活动，实现“停课不停学”。推广部分教师的先进教学方法，开展教学研究，提高全体教师的网络教学水平。开展“以解题引导教学法”教学改革，针对技能型教育区别于其他教育培养人才的不同定位，提高高职人才培养质量。

疫情防控。成立疫情防控领导小组，科学部署；制定 10 余项方案、预案，周密落实；重细节、重监管，特殊时期实行封校管理。加强安保工作，加大宣传力度，提高师生安全意识，保障师生健康与校园安全。

（李思晗）

“以解题引导教学法”教学改革

3 月起，北网职院开展“以解题引导教学法”教学改革。在学校持续已久的“贯通式教学模式”基础上，提出“以解题引导教学法”，目的是针对技能型教育区别于其他教育培养人才的不同定位，提高高职人才培养质量。学校开展“抓解题促教学”活动，在多数教师在线下教学中运用各种项目案例具备丰富经验的基础上，进一步分解项目案例，丰富习题库，把案例教学的思路贯彻到日常教学的全过程。9 月，成立教育教学督导组，监控教学质量，保证教学过程的规范性和有效性。

（李思晗）

安保工作加强

至年底，北网职院将安保工作与疫情防控工作相结合，保障校园安全。加大宣传力度，提高师生安全意识，设定防邪教、防诈骗、防火灾等敏感节点，对返校学生发放《大学生安全手册》《秋季入学安全提示》《大学生防邪教手册》等 320 余份，宣传海报 20 余张，悬挂横幅 28 幅。全年开展安全检查 37 次，学生宿舍安全检查 31 次，上收违禁品 60 余件；针对校园重点部门安全大检查 6 次，发现隐患 10 余起，下发隐患整改通知书 15 份，且全部整改到位。为建设无烟校园，控烟检查 30 余次。在宿舍和教室配置消防器材，安装独立烟感报警器 359 个，配置干粉灭火器 353 个、消防过滤式自救呼吸器 1764 个、LED 强光手电筒 296 个、消防水桶 300 个、消防喊话喇叭 2 个，为微型消防站配置微型消防车 1 辆、正压式空气呼吸器 6 个。8 月至 11 月，分两个阶段完成学生宿舍楼的监控改造，新增摄像头 36 个，实现学生所在宿舍楼层全覆盖。

（李思晗）

民办高等教育机构选介

北京现代音乐研修学院

2020 年，北京现代音乐研修学院占地面积 3.60 万平方米，产权校舍建筑面积 7.02 万平方米。图书馆建筑面积 0.15 万平方米。全年教育经费投入 11784.95 万元。固定资产总值 20366.26 万元，其中，教学、科研仪器设备资产值 5121.28 万元。拥有图书 8.30 万册，计算机 7 台。网络信息点 1117 个，上网课程 405 门，电子邮件系统用户 680 个，管理信息系统数据总量 16GB，数字资源量中电子图书 208.42 万册、电子期刊 41.71 万册、图片 150.10 万张、视频 13.42 万种、音频 61.57 万种。学校由北京歌德永乐文化发展有限公司举办，设置 6 个院（系、部）。开设 22 个专业。拥有校内专业实训室 300 个、综合实训室 42 个，校外实训基地 2 个。教职工 546 人，其中，专任教师 268 人，包括教授 3 人、副教授 6 人；兼职教师 116 人，包括教授 4 人、副教授 4 人。结业生 906 人，招生 1084 人，注册生 3903 人。网址：www.bjcma.com。

2020 年，学校教育工作以“防疫 · 安全”为抓手，一手抓安全、一手抓教育，筑牢教育管理基石。完成教育队伍新老交替，明确工作重点、难点、亮点，实现教育工作由“向管理要平安”向“向管理要素质”转变。

进一步强化党建引领作用。以疫情防控为工作重点，有效提升思政课的针对性和思政实践活动的实效性。出品大型禁毒音乐剧《走出迷茫》。党建品牌“红狼进行曲”被评为北京市级优秀党建品牌。

实现线上线下教学无缝衔接。新冠肺炎疫情期间，以大讲堂、大师讲座、名/优师专题公开课、专业小课线上指导等形式探索网络教学授课新模式，发布课程706门次。完成“北音名师100讲”课程直播，涉及课程121门、直播69次，录播课程40余门。

师生创作成果丰硕。学院师生应北京冬奥委邀请，围绕北京冬奥会创作的4首歌曲入选北京2022年冬奥会优秀音乐作品。疫情期间，师生自发创作《心暖心等于世界》等100余首抗疫公益歌曲，其中，《请战》入选中国教育电视“全国校园抗疫歌曲”，《你安好我无恙》由央视主持人集体献唱。师生传承根脉、引领国风风潮，创作16首古诗词作品，集成“国风2020”古诗词专辑，被列为市委宣传部2021春节“赏国风、过大年”主题策划推荐活动之一。由院长作词作曲、学院师生共同演绎的大型音乐作品《大美运河》由腾讯音乐娱乐集团（TME）独家发行。

防疫防控取得阶段性胜利。成立应对疫情防控工作小组，落实各项防控要求和防控措施，备齐备足防疫物资，人防技防并举。全年召开专项会议42次，校内防疫安全检查34次；各院系组织防疫相关班会200余次；人防值守涉及11个时段12个点位；技防设施25处，流程规范有效，立体化构筑校园安全壁垒，实现校内师生零感染。

（王晖）

北京工商管理专修学院

2020年，北京工商管理专修学院占地面积5.30万平方米，产权校舍建筑面积0.11万平方米、非产权校舍建筑面积7.58万平方米。图书馆建筑面积1876.50平方米。全年教育经费投入2215.26万元。固定资产总值19328.25万元，其中，教学、科研仪器设备资产值1156.03万元。拥有图书3万册，计算机938台。网络信息点297个，上网课程21门，电子邮件系统用户90个，管理信息系统数据总量4GB。学校由英泰融通科技（北京）有限公司举办，设置7个二级学院。开设8个专业。拥有校内专业实训室8个、综合实训室2个。教职工307人，其中，专任教师105人；兼职教师1人。结业生248人，招生547人，注册生3014人。网址：www.bjuba.com.cn。

2020年，学校坚持走“以培养互联网等高新技术产业技能应用开发人才为目标，以成人成才同步教育为理念，以独特的教育教学模式为保障”的特色办学之路。

深化教育教学改革，逐步探索出“立足科教新区昌平区，面向信息技术、文化创新等产业领域，培养科技创新技能应用开发人才，服务区域社会政治经济文化建设”的办学方向。落实疏解“非首都功能”相关工作要求，加强针对京籍学生的招生工作，合理调整生源结构；引导非京籍学生返乡就业，逐步提高返乡就业比例；利用国家开放大学实验学院北工商分校的线上线下教育资源，探索面向区域社会经济文化发展需求的多种形式的培训服务模式，更好的为当地社会服务。继续与国家开放大学、中国成人教育协会合作，共同开展国家开放大学“技能＋素养”试点项目管理和运作。参加第六届中国国际“互联网＋”大学生创新创业大赛获得1个团体二等奖、1个团体三等奖。

疫情防控。面对新冠肺炎疫情，学校成立疫情防控工作专项领导组，建立疫情防控联络网，制定工作方案，落实各项制度，树立“健康第一、安全至上”思想，在预防传染病发生、维护教育教学秩序、保障校园安全稳定方面采取一系列措施，学校无一人感染，疫情防控工作取得阶段性胜利。

（崔友芝）

北京华嘉专修学院

2020年，北京华嘉专修学院占地面积5万平方米，产权校舍建筑面积3.50万平方米。图书馆建筑面积300平方米。全年教育经费投入1.98万元，全部自筹。固定资产总值780.67万元，其中，教学、科研仪器设备资产值207.22万元。拥有纸质图书2.65万册，计算机300台。学校由北京华嘉教育发展有限公司举办，设置3个院（系、部）。开设6个专业。拥有校内专业实训室2个、综合实训室1个。教职工40人，包括专任教师17人、兼职教师2人。结业生2488人，招生807人，注册生640人。网址：www.bjhj.org.cn。

2020年，学校一边扎实做好疫情防控工作，一边科学有序开展教育教学。

学院发展。增加无人机和艺术体育考前培训两个项目。上半年全国新挂牌舞蹈培训基地增加67个，全国舞蹈教师业余培训班在浙江金华、东阳开展2次，深圳惠州1次，河南郑州1次，累计培训舞蹈教师1000余人。下半年，成为国内首批“幼儿多语师资培训基地”，围绕幼儿多语教育，采用自办专业和专业共建形式，筹建全国首个多语幼师专业，同时启动多语幼师岗前培训项目。

区域共建。举行怀柔区电子竞技协会成立大会，探索产教融合新模式，依托自办电子竞技专业近5年的教研成果，参与区域电子竞技全产业链，助推区域电子竞技产业发展。与怀柔区蓝天救援队开展公益活动签约，成立怀柔区蓝天救援队华嘉学院服务站，围绕怀柔区公益事业和消防应急职业培训开展合作，为区域公益事业发展作贡献。成为怀柔区“市民终身学习示范基地”。

疫情防控。成立疫情防控领导小组，落实疫情防控各项工作，确保校园安全稳定，实现秋季返校复课并完成全部教育教学任务。

（靳雅敏）

民办中小学幼儿园选介

北京市海淀外国语实验学校附属幼儿园

2020 年，北京市海淀外国语实验学校附属幼儿园由北京创业联盟教育科技有限公司举办，为日托制民办园。占地面积 33334 平方米，建筑面积 4380.70 平方米，绿化面积 16333 平方米，运动场地面积 3150 平方米。全年教育经费投入 3246 万元，全部自筹。固定资产总值 597.42 万元。拥有图书 3600 册、计算机 36 台。拥有奥尔夫音乐室、感统训练室、美工活动室、形体室等专用教室 24 个，普通教室 15 个。教职工 129 人，包括专任教师 38 人，本科学历 26 人；保健医 5 人；生活教师 39 人；保育员 39 人。开设教学班 15 个，其中，托班 1 个、小班 4 个、中班 3 个、大班 7 个。幼儿离园 201 人、入园 202 人、在园 389 人。

2020 年，幼儿园将新冠肺炎疫情防控工作作为常态化工作落实，做到依法管理、健康第一、科学防疫、压实责任、家园联防、园医联控。同时，针对疫情期间校园安全事故特征，完善幼儿园安全保卫工作规章制度，包括门卫管理制度、“手递手”制度、外来人员证件查验制度、出入登记制度等规章制度，把安全工作放在全园工作首位。积极排查幼儿园安全隐患，及时解决、消除安全隐患，确保园所安全。“停课不停学”期间，开展“云陪伴”活动、“空中故事屋”特别活动等，丰富幼儿居家学习生活。

教研方面，以“幼儿园主题背景下的区域活动有效性”作为研究方向，开展主题背景下区域活动的现状调查分析，查找影响区域活动有效性的因素，探究主题背景下区域活动的特点，探索提高主题背景下区域活动有效性的策略。

（李文月）

北京市门头沟区龙泉大地幼儿园

2020 年，北京市门头沟区龙泉大地幼儿园为日托制民办园。占地面积 7500 平方米，校舍建筑面积 4983 平方米，运动场地面积 4199 平方米。全年教育经费投入 821.55 万元，其中，国家拨款 633.49 万元、自筹经费 188.06 万元。固定资产总值 394 万元，教学仪器设备资产值 106.19 万元。拥有图书 2.30 万册、计算机 45 台、数字资源量 600GB。教职工 79 人，包括中级职称 1 人。专任教师 30 人，本科及以上学历 17 人。保健医 6 人。保育员 30 人。开设教学班 15 个，其中，小班 6 个、中班 5 个、大班 4 个。幼儿离园 138 人、入园 166 人、在园 536 人。

2020 年，幼儿园通过校园文化建设、园本课程宣传、各种线上开放日活动、家园体验活动、主题节庆日活动等，丰富幼教服务形式，渗透、推广先进教育理念，持续以打造优质普惠民办幼儿园品牌为动力，结合“和合文化”核心思想，整体打造“爱、笑、力、美”的校园氛围，坚持走幼儿园、家庭、社区、社会四位一体的共赢之路。

加强专业引领，内化精细管理。干部队伍建设，从专技提升、素养提升、管理能力提升 3 个方面进行建设与培养。管理干部每学期一篇论文、每月一篇“管理故事”、每周一篇干部手记、每天一个记录，积淀管理经验，提升管理能力。

9 月 15 日，海淀外国语附属幼儿园大班开展自然科学主题活动
（海淀外国语附属幼儿园 供）

10 月 25 日，龙泉大地幼儿园开展光盘行动

（龙泉大地幼儿园　供）

培训 40 学时，园本培训 48 次。开展师德建设活动，通过师徒结对、师德演讲、师德考核、师德标兵评选提升教师师德素质。

以体育为特色，开展体能锻炼、体育教学活动展评、户外环境布局与创设园本教研，多形式促进幼儿体能发展，增强幼儿体质。开展户外体育活动、安全疏散演习、爱国主题月活动、半日云开放活动等，帮助幼儿获得丰富体验，实现健康全面发展。

开展“垃圾分一分、生活加十分”垃圾分类活动。制定垃圾分类管理制度，更换分类垃圾桶 15 个，教师通过图片、录制垃圾分类视频，向幼儿科普垃圾分类知识。践行光盘行动，推进爱国卫生运动，为创建环保、节约、文明、卫生城市作出努力。

落实新冠肺炎疫情防控工作。投入 14.90 万元用于疫情防控；拟定“三案八制”，配置口罩、防护服、护目镜、呕吐包、消毒液、体温枪等防疫物资，更换班级桌椅，设置一米线、临时隔离点等；开展疫情防控知识讲座、疫情防控应急演练，全园师生零确诊、零疑似。

（欧阳芙红）

分层培养，加速教师专业成长。为提高教师培养培训的序列性、层次性，初步构建“春苗”“春雨”“春风”三级培养培训体系。分层培养、逐步提升，促进教师业务能力不断提升。录制教师优质教育活动课程 30 节。

践行“中国节”主题教育活动。以中秋节、国庆节、重阳节、元旦等节日为主题背景，开展“我的中国节”系列活动，让幼儿在感受传统文化内涵的同时萌发爱国情感。以年级组为单位开展“娃娃党建”系列活动，观看红色影片、学唱红色歌曲、了解爱国故事，浸润红色文化、英雄文化，打造育人特色。

严把防疫防控关，落实“四方责任”。抓好新冠肺炎疫情防控统筹工作，加强过程性管理，时刻以师生员工健康安全为重，科学合理开展疫情防控工作。通过微信群、掌通家园、订阅号、一封信等形式加强疫情防控宣传。通过北京市健康促进幼儿园创建试点市、区级督导评估验收工作。

（赵静　程影超）

北京市昌平区幸福童年幼儿园

2020 年，北京市昌平区幸福童年幼儿园为 B 级普惠性日托制民办园。占地面积 5139 平方米，校舍建筑面积 3555 平方米。全年教育经费投入 621 万元，其中，国家拨款 463 万元、自筹经费 158 万元。固定资产总值 800 万元，教学仪器设备资产值 48 万元。拥有图书 5200 余册、计算机 28 台。有专用教室 9 个、普通教室 13 个。教职工 78 人，包括专任教师 26 人、保健医 5 人、保育员 24 人。开设教学班 13 个，其中，小班 6 个、中班 4 个、大班 3 个。幼儿离园 217 人、入园 186 人、在园 410 人。网址：www.xftnyey.com.cn。

2020 年，幼儿园加强教师队伍建设。全年教职工线上

北京王府幼儿园

2020 年，北京王府幼儿园由法政国际教育投资有限公司举办，为日托制民办园。占地面积 3.30 万平方米，校舍建筑面积 2.96 万平方米。全年教育经费投入 2184.31 万元，全部自筹。固定资产总值 509.76 万元，教学仪器设备资产值 51.68 万元。拥有图书 1.10 万册、计算机 48 台。有专用教室 15 个、普通教室 19 个。教职工 121 人，包括专任教师 73 人（含外籍教师 7 人），本科以上学历 52 人，中级以上专业技术职务 2 人；保健医 3 人；保育员 19 人。开设教学班 19 个，其中，托班 1 个、小班 7 个、中班 6 个、大班 5 个。幼儿离园 202 人、入园 154 人、在园 438 人。网址：www.bjroyalschool.com/youeryuan。

2020 年，幼儿园被评为社会组织 AAAAA 等级单位。围绕“严格防控，细化管理，加强研究，强化培训”稳步推进各项工作，积累疫情防控经验，增强全体教职工及幼儿安全卫生意识，办园质量稳步提升。

拓展线上教育渠道，完成视频公众号文章 2793 篇。组织“认识新冠病毒”绘画展、“中国医生我想对您说”、成语故事活动、英文故事活动等幼儿活动，1525 人次参与。

实施IB项目，增加小班“小小故事家”活动、牛津树阅读打卡活动等。与北京体育大学体能教练团队合作（AMT教育），面向幼儿开展体能训练、游泳、篮球、跆拳道等体育活动。教师培训与家长培训同步推进，线上、线下同步进行，教师培训48场1425人次，家长培训4场900人次。

新冠肺炎疫情期间，结合幼儿年龄特点和学习方式为家长提供丰富的视频及电子资源，组织丰富多彩的活动吸引幼儿参与，群内打卡评价，一对一电话沟通指导，增强师幼互动、一对多视频互动、同伴互动，指导幼儿成长。线上家长课堂直播2场，5000人次参与，解决家长育儿问题，家长满意度99%。

（王潇楠）

北京中芯幼儿园

2020年，北京中芯幼儿园由中芯国际集成电路制造（北京）有限公司举办，为日托制民办非企业幼儿园。占地面积5770平方米，校舍建筑面积4479平方米。全年教育经费投入1854万元，全部自筹。固定资产总值332万元。拥有图书16431册、计算机59台。专用教室4个，普通教室17个。教职工85人，包括专任教师51人，均为专科及以上学历；保育员18人，包括专科及以上学历16人；保健医4人。开设教学班17个，其中，蒙氏混龄班13个、国际班4个。幼儿离园162人、入园199人、在园477人。

2020年，幼儿园在新冠肺炎疫情常态化管理下坚持保教并重，加强幼儿体育锻炼，增强幼儿体质，守护幼儿健康，促进幼儿全方位成长。在整体教育教学活动中重视个人防护能力培养，教导幼儿洗手、消毒、戴口罩等方法，以及打喷嚏、咳嗽时的基本礼仪，增强幼儿日常防护能力；调整环境创设和布局，加强疫情防控常态化常规建设；加强幼儿户外活动安全等基本常识和能力的培养，促进幼儿养成良好习惯，提升个人防护能力和综合能力。教师利用班务会和教研时间，开展一日生活各环节的研究、交流，调整、完善、细化疫情防控常规内容和要求，合理安排蒙氏教育教学活动内容，结合品格主题活动，针对不同年龄段的具体目标任务，开展适宜不同年龄段幼儿发展水平和需求的教育教学活动，切实保证幼儿全面发展。

（陈相京）

北京市大兴区红黄蓝幼儿园

2020年，北京市大兴区红黄蓝幼儿园由北京红黄蓝儿童教育科技发展有限公司举办，为日托制民办园。占地面积4350平方米，校舍建筑面积2954平方米。全年教育经费投入766万元，其中，国家拨款565万元、自筹经费201万元。固定资产总值83.40万元。拥有图书8650册、计算机40台。专用教室3个，普通教室15个。教职工74人，包括教师30人，均为专科及以上学历；保健医4人，均为专科及以上学历。开设15个教学班，其中，小班6个、中班5个、大班4个。幼儿离园177人、入园180人、在园472人。网址：www.rybbaby.com。

2020年，幼儿园重视新冠肺炎疫情防控工作，明确各项要求，明确各岗位职责，将疫情防控和教职工及幼儿安全放在首位。加强教师职业道德教育，通过月度培训、师德演讲、日常评比等活动开展师德教育。结合教师日常教学活动中的问题，制定切实可行的教研计划，开展园本教研活动，提高日常保教工作质量。通过家长助教、家教园地、幼儿园网站、微信群等方式向家长展示幼儿园、班级幼儿活动，加强家校联系。

（白倩倩）

北京市大兴区十一建华实验幼儿园

2020年，北京市大兴区十一建华实验幼儿园由北京市建华实验学校教育基金会举办，为普惠性日托制民办园。占地面积9000平方米，校舍建筑面积4600平方米。全年教育经费投入1107.13万元，其中，国家拨款609万元、自筹经费498.13万元。固定资产总值416.05万元。拥有图书3200册，计算机42台。专用教室4个，普通教室16

10月9日，红黄蓝幼儿园举办垃圾分类教育活动
（红黄蓝幼儿园 供）

个。教职工 97 人，其中，教师 44 人，均为专科以上学历；保健员 5 人，均为专科以上学历。开设教学班 16 个，其中，小班 6 个、中班 6 个、大班 4 个。幼儿离园 167 人、入园 168 人、在园 512 人。

2020 年，幼儿园坚持“为儿童的美好人生奠基”办园宗旨，以实现“儿童今天和未来的优秀做人、成功做事、幸福生活”为教育目标，积极开展各项工作。

行政管理方面，针对疫情防控常态化形势下开园，积极部署，通过推演的方式科学布控各项工作，开展全覆盖、无死角的相关培训和实战演练，过程严谨重实效；加强“人防 · 物防 · 技防”三防合力，深入扎实开展平安校园建设，落实安全主体责任，加强教职工及幼儿的安全教育引导；卫生保健方面，精耕细作紧抓传染病防控措施落实，细化各项工作制度和流程，注重实操勤练兵，通过各类型演练提升教职工现场处置应变能力，有效预防传染病发生，确保全体师生健康安全。

教育教学方面，开设以文化为线索构建的“药果红山楂”“好柿连连”“秋菊有佳色”“秋收冬藏”等课程，培养传承民族文化的“建华娃”;开展“自动浇花器”“粮仓”“护蛋装置”等 STEM 课程，用工程、技术解决儿童生活中的真实问题；将博物馆内容与园内课程有机融合，设计适宜的博物馆活动，策划并形成博物馆活动手册，引导幼儿有目的的参观体验，形成个性化学习经验;创新幼小衔接模式，精准助力儿童入学准备。

师德与队伍建设方面，系统设计新教师培养体系，多举措助力新教师专业成长，常态化开展师德“照镜子”活动，将师德培养落实到幼儿一日生活师幼互动的“一言一行一态度”，鼓励争做最美教师。教师参加第 16 届、第 17 届“当代杯”全国幼儿教师职业技能大赛获得一等奖 47 个、二等奖 36 个、三等奖 12 个；幼儿园入选全国幼儿教师职业技能大赛先进单位。

（吴颖）

北京市延庆区人文大学附属幼儿园

2020 年，北京市延庆区人文大学附属幼儿园由北京人文研修学院（原北京人文大学）举办，为日托制民办园。占地面积 4500 平方米，校舍建筑面积 1900 平方米，户外活动场地 2600 平方米，绿化面积 1200 平方米。全年教育经费投入 174 万元，其中，国家拨款 161 万元、自筹经费 13 万元。固定资产总值 8.70 万元，教学仪器设备资产值 4.80 万元。拥有图书 1600 册，计算机 6 台。有标准幼儿活动室、室内游戏场和淘气堡拓展区、户外活动区。普通教室 4 个。教职工 18 人。专任教师 8 人，全部为专科及以上学历；保健员 2 人，包括专科及以上学历 1 人。开设教学班 4 个，其中，混龄班、小班、中班、大班各 1 个。幼儿离园 32 人、入园 49 人、在园 141 人。

2020 年，幼儿园以“人文关怀、人本发展、人人幸福”为办园理念，以“全面关注每一个孩子健康成长，热心服务每一位家长教育需求”为办园宗旨，以人文大学学术环境为依托，整合多种专业师资，共享教育文化。

师德师风建设。开展专项培训，提升教师专业素养，提高月考核中师德师风所占比重。每月组织教师进行“师德师风”演讲，评选“最美教师”，推出师德榜样，感染、带动身边教师。

养成教育。针对幼儿常规习惯养成处于弱势的现状，教师利用教研时间研究学习，理论与实践相结合，逐步改进幼儿常规习惯培训的方式方法。

家园共育。利用线上不同形式与家长探讨互动，用“美篇”记录幼儿一周学习与生活动态，让家长进一步了解幼儿在园情况，增进家园共育，提升亲子互动，教师工作得到家长肯定。

安全工作。落实“谁主管，谁负责”原则，与各个岗位人员签订疫情期间安全责任书。定期培训园所制度，开展管理规范职责讨论，明确“园长—后勤主任—年级组长—班长”分层管理路径。加大硬件设备投入，完善保健室各项设备设施，增加监控设备，保证幼儿成长环境安全、卫生。

（刘丽娜）

北京第二实验小学怡海分校

2020 年，北京第二实验小学怡海分校由北京怡海花园房地产开发有限公司举办，占地面积 7500 平方米，校舍建筑面积 13227 平方米，运动场地面积 3050 平方米。全年教育经费投入 2482.22 万元，全部自筹。固定资产总值 1051.64 万元，教学仪器设备资产值 128.01 万元。图书馆（室）藏书 5 万册，电子图书 5 万册。拥有计算机 225 台，网络多媒体教室 30 个，校园网出口总带宽 300Mbps，数字资源量 3000GB，“信息技术”课程 1 课时 / 周。教职工 106 人，包括高级职称 4 人、中级职称 18 人。专任教师 73 人，本科及以上学历 75 人。开设教学班 41 个。毕业 186 人、招生 226 人、在校生 1293 人，包括寄宿生 145 人。

2020 年，学校做好新冠肺炎疫情防控，紧抓教育教学不放松。

坚持落实立德树人根本任务。在“四建”（即德育队伍建设，家、校、社融合建设，校园文化建设，心理建设）和“四育”（即养成教育，社会主义核心价值观教育，主题教育，社会实践教育）实施过程中，细化德育的内容、途径、方法和评价，践行“爱育一流，心灵成长”校园文化，引导学生养成良好道德品质和行为习惯，形成积极健康人格和良好心理品质。

春季学期线上教学阶段，从课程、线上教学技术手段、沟通协调等方面进行创新和突破。课程方面，设置以“道德与法治”内容为核心，融合科学、劳动教育、心理教育的“健康生活”课程，为“优＋”艺术班学生提供艺术课程资源。线上教学方面，精选教学资源，因需补充资源，

9月，八中怡海分校首次成立人工智能班
（八中怡海分校 供）

录制微课，年级分享。教师自制线上教学资源，利用微课、视频指导、直播指导、分组指导、“一对一”个别指导等多种方式，提高线上教学质量。

秋季学期各学科以专题研究方式深入开展教学实践。教师开展“如何提高学生自学能力”“如何在道德与法治课中加强习惯培养”等专题研究。学校加强校本系列课程建设，科技类课程形成以科学为主、以问题为导向的 STEM 教育课程体系，艺体类课程形成以体育、美术、音乐为主，以学会审美、健康生活为导向的课程体系。学校从不断开发课程资源，到提升课程质量，再到不断凸显“校本系列课程”特色，努力提升教育水平。

教科研工作方面，学校德育、特色课程、党建等课题通过市区级相关部门评审，顺利结题。

（何媛）

北京市第八中学怡海分校

2020 年，北京市第八中学怡海分校由北京怡海花园房地产开发有限公司举办，分南北两址办学，两个校区总占地面积 4.69 万平方米，校舍建筑面积 1.90 万平方米，运动场地面积 1.91 万平方米。全年教育经费投入 6135.45 万元，全部自筹。固定资产总值 1358.26 万元。图书馆（室）藏书 3 万册，电子图书 30GB。拥有计算机 420 台。学校信息化经费投入 55 万元，校园网出口总带宽 110Mbps，数字资源量 200GB，“信息技术”课程 1 课时 / 周。普通教室 77 个、专用教室 21 个、实验室 11 个。教职工 182 人。专任教师 122 人，包括高级职称 24 人、中级职称 75 人；本科及以上学历 120 人。开设教学班 38 个（初中班 25 个、高中班 13 个）。毕业 255 人（初中 155 人、高中 100 人）。招生 319 人（初中 202 人、高中 117 人）。在校生 817 人，其中，京籍学生 506 人（初中 231 人、高中 275 人），包括寄宿生 337 人。网址：www.yh8z.com。

2020 年，学校围绕“生命至上、团结抗疫”开展教育教学工作。

防疫与教学并重。通过建设有序高效防疫体系、建立疫情防控网格化管理机制、制定防疫管理制度“两案九制”、认真执行人员情况日报制度等措施部署防疫工作。复课后，采用食堂用餐安装隔板、室外安装洗手池、垃圾分类等方式做好校内师生疫情防控工作，确保全校师生安全，实现零感染。“停课不停学”期间，引进 ManageBac 与 Classin 两个平台，开展线上线下混合式教学研究，教师利用网络平台，提高信息技术和现代教育装备应用能力；通过居家防疫、劳动锻炼、向北京市首批赴武汉抗疫会战的白衣天使致敬、开展校园志愿服务、垃圾分类等活动对学生开展体育教育和道德教育，促进学生身心健康和思想发展。

成立教代会。定期召开校务会议和全体教职工大会及教代会，每学期向全体教职工报告工作，制定工作计划；定期举办各类型座谈会，听取教代会代表和各方面意见和建议，形成党政工三位一体的民主决策机制。

重视教科研工作。继续开展区级和校级课题研究工作，学术委员会审议通过校本科研立项课题 4 项。

开展特色教育。首次成立人工智能班，年度招生 82 人，包括初中 3 个班 75 人、高中 1 个课外班 7 人。外教英语、法语、西班牙语授课 2956 课时，1898 人次参加。开设篮球、人工智能、中国传统文化、跳绳等选修课 38 门，1822 人次参加。举办“科技创造未来 2020”第六届科技节，通过体验科技产品、学生编程的机器人表演、中科院专家介绍科技产品、博士讲座、科技工程创意展、数理化生学科知识竞赛等活动，激发学生对科学的兴趣。开展体育节、跳绳比赛、跨年跑、篮球赛等活动，6123 人次参加。学校代表队参加第 18 届全国中小学信息技术创新与实践大赛（NOC2020 山东）获得一等奖 2 个、三等奖 2 个；参加北京市体育竞技比赛获得一等奖 2 个、二等奖 2 个、三等奖 1 个。

（朱晓艳）

北京市二十一世纪国际学校

2020 年，北京市二十一世纪国际学校占地面积 8.80 万平方米，校舍建筑面积 5.16 万平方米，运动场地面积 1.43 万平方米，绿化用地面积 1.40 万平方米。全年教育经费投入30708.67万元，其中，国家拨款444.87万元、自筹经费29822.21万元、其他收入441.59万元。固定资产总值39798.24万元，教学仪器设备资产值4260万元。图书馆藏书6.08万册。拥有计算机1300台，多媒体教室70个、座位1020个。学校信息化经费投入260万元，校园网出口总带宽500Mbps，数字资源量20TB，“信息技术”课程8课时/周。普通教室80个、专用教室24个、实验室6个、多功能报告厅3个、钢琴房14个。教职工463人，包括高级职称23人、中级职称55人。专任教师365人，包括特级教师2人、北京市学科教学带头人4人、北京市骨干教师6人；本科及以上学历392人。外籍教师43人。开设教学班91个（小学51个、初中22个、高中18个）。毕业480人（小学171人、初中158人、高中151人）；招生572人（小学221人、初中183人、高中168人）；在校生1721人（小学1140人、初中362人、高中219人），均为寄宿生。网址：www.21cis.com.cn。

2020年，学校不断改革创新，打造适合学生发展需求的课程；开展“全人教育”，培养德智体美劳全面发展的人才；做好新冠肺炎疫情防控工作，确保学校平稳高速发展。

深化党组织建设。作为北京市社会领域“优秀党建活动品牌”单位，在市委教育工委调研海淀区民办学校党建工作座谈会上作经验分享；作为2019年度获奖单位，在海淀区党建研究会第一届理事会上作成果交流。

做好疫情防控工作。制定开学复课疫情防控演练方案，成立疫情防控演练领导小组，下设演练评估组、疫情监测组、现场消毒组、信息排查组、隔离工作组、宣传维稳组，举办开学复课疫情防控应急演练，确保开学后教育教学有序开展。

（张娜）

北京市海嘉双语学校

2020年，北京市海嘉双语学校占地面积4.58万平方米，校舍建筑面积3.33万平方米，运动场地面积1.35万平方米。全年教育经费投入16665.33万元。固定资产总值11552.66万元。图书馆（室）藏书13.83万册，电子图书422册，订阅杂志、报刊23种。拥有计算机567台，网络多媒体教室3个、座位91个。学校信息化经费投入58.81万元，校园网出口总带宽180Mbps，数字资源量200GB，“信息技术”课程1课时/周。普通教室94个、专用教室29个、实验室6个。教职工349人。专任教师252人，包括北京市学科教学带头人1人；本科及以上学历210人。开设教学班94个（幼儿园班22个、小学班44个、初中班19个、高中班9个）。毕业生168人（小学86人、初中62人、高中20人）；招生393人（幼儿园82人、小学159人、初中110人、高中42人）；在校生1493人（幼儿园390人、小学720人、初中286人、高中97人）。

2020年，学校以“一起·奇迹”为主题，围绕“全力提升教育教学质量”的中心工作，以“立德树人”为根本任务，以加强安全为根本保障，做好新冠肺炎疫情防控工作，抓好特色学校创建，加强和改进学校管理与教师队伍建设，推进课堂教学改革，加大依法治校力度。

开展线上教学。面对新冠肺炎疫情，1100余名学生、200余名中外籍教师在线上课，中学部完成线上课程3万余课时、小学部完成线上课程2万余课时。

重视法治教育。举办依法治教和法治教育工作座谈会，聘任最高人民检察院第十检察厅厅长为学校法治副校长，协助学校开展依法治校、化解校内和涉校矛盾，落实

12月19日，二十一世纪国际学校举办“锡华杯”课堂教学大赛
（二十一世纪国际学校 供）

11月12日，牛栏山一中实验学校举办消防演习活动
（牛栏山一中实验学校 供）

未成年人保护和预防未成年人犯罪的各项措施，探索适合学校的普法教育途径，推动学校依法治校和校园法治文化建设。

探索幸福教育。与“中国教育三十人论坛”和北京大学教育学院联合举办以“共创美好人生”为主题的幸福教育论坛。海嘉教育研究院召开课题研讨会，通过实践研究，促进教师专业发展，提升教师的专业尊严和职业幸福感。

推进教师培训国际化。剑桥大学国际考评部授权学校成立剑桥国际教师职业发展中心（PDQ 中心），该中心是伦敦大学学院教育研究院论证和支持的职业发展课程项目，学校教师在校内可完成职业培训并获得相应证书。

（王伟）

北京市牛栏山一中实验学校

2020 年，北京市牛栏山一中实验学校占地面积 19 万平方米，校舍建筑面积 9 万平方米，运动场地面积 3.90 万平方米。固定资产总值 15488 万元。全年教育经费投入 19975 万元，其中，国家拨款 2549 万元、自筹经费 17426 万元。图书馆（室）藏书 3 万册，订阅杂志、报刊 220 种。拥有计算机 733 台，网络多媒体教室 112 个、座位 5060 个。学校信息化经费投入 721 万元，校园网出口总带宽 1000Mbps，数字资源量 2100GB，“信息技术”课程 1 课时 / 周。普通教室 90 个、专用教室 14 个、实验室 14 个。教职工 325 人，包括正高级职称 1 人、高级职称 68 人、中级职称 86 人。专任教师 244 人，包括特级教师 2 人、北京市骨干教师 5 人、北京市学科教学带头人 1 人；本科及以上学历 244 人。开设教学班 90 个（小学 18 个、初中 72 个）。毕业 1228 人（小学 120 人、初中 1108 人）；招生 1510 人（小学 410 人、初中 1100 人）；在校生 3931 人（小学 571 人、初中 3360 人），包括寄宿生 3000 人。

2020 年，学校落实新冠肺炎疫情防控各项要求，一手抓疫情防控，一手抓教育教学。学校获北京市第十届“国戏杯”民族器乐大赛一等奖、北京市戏曲知识大赛团体金奖。

推进课程建设。面对中高考改革要求，研究制定学校课程建设推进实施方案，以国家课程为依托，设计 40 余门选修课程，初步形成体现“科技与人文的统一，传统与创新的统一，课内与课外的统一”特点的课程体系，提升课程品质。

加强德育工作。把立德树人融入思想道德教育、文化知识教育、社会实践教育各个环节，创新德育教育形式，实现活动育人的效果。

做好疫情防控。成立疫情防控专班，以“确保师生生命安全”为第一目标，做好疫情防控工作，采取现场领取和快递配送等方式发放春季教材，确保“零接触”，实现“零感染”。

（马天翔　申雅婧）

北京市新英才学校

2020 年，北京市新英才学校是集幼儿园、小学、初中、高中、国外大学预科、汉语中心为一体的十五年一贯制的寄宿制国际化学校。占地面积 12 万平方米，校舍建筑面积 11.70 万平方米，运动场地面积 0.50 万平方米。固定资产总值 62530 万元。全年教育经费投入 25652 万元，全部自筹。图书馆（室）藏书 4.86 万册，电子图书 4 万册，订阅杂志、报刊 61 种。拥有计算机 1050 台；网络多媒体教室 150 个、座位 142 个。学校信息化经费投入 700 万元，校园网出口总带宽 850Mbps，数字资源量 14000GB，“信息技术”课程 1 课时 / 周。普通教室 115 个、专用教室 81 个。教职工 635 人，包括高级职称 7 人、中级职称 4 人、初级职称 92 人。专任教师 332 人，包括北京市骨干教师 1 人；本科及以上学历 359 人。开设教学班 115 个。毕业 536 人；招生 973 人；在校生 2439 人，包括寄宿生 1201 人。

2020 年，学校引进科技创新资源。与科大讯飞股份有限公司合作建立人工智能实验室；使用大数据精准教学系统，帮助教师精准分析学生学习情况，引进科大讯飞智慧成绩分析系统，实现学生成绩的个体分析、细节提示、精确诊断。

创新课程模式。首创“HISTREAM”课程体系，在 STEM 课程（科学、技术、工程、数学）基础上，强化艺术

11 月 19 日，王府学校开展新教师培训
（王府学校　供）

与审美，增加人文与社会、健康与修身的内容领域，强化 5R（阅读、研究、写作、成果、反思）能力，实现引领未来的全人教育。

关注教师成长。确定学校年度主题为“教师成长年”，组织全体教师参加“开放、协同、共筑英才梦”主题培训；要求教师研究课程设计、研究课堂与教学，参与公开课、优质课设计，加大科研力度。对全校教师进行校内职级评定，教师职级与工资直接挂钩。打造名师计划，设计名优教师培养方案，引入校外名师，聘请教育专家为顾问。

抓好教学管理。成立教学督导团队。通过听推门课、公开课，召开成绩分析会、教学分享会，以及师徒结对等多种形式，抓教学质量落实。要求课堂教学“日清、周复、月评”，对早自习至晚自习的教学活动实施提出细致要求。

推进平安校园建设。拟订 38 项安全预案，加大安全管理资金投入，配备专业校警队员，加大物防、技防力度。

做好疫情防控工作。成立疫情防控指挥小组，制定疫情防控工作预案，落实各项防控措施。安排师生、员工线下或线上工作学习，春季学期开学典礼、毕业典礼、校庆活动均在云端进行。向中国红十字基金会捐款 101.84 万元，用于参加疫情一线医务人员的人道救助。

（邢雪华）

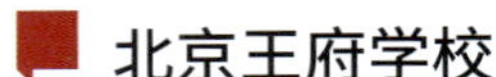

北京王府学校

2020 年，北京王府学校是中外合作办学民办学校。占地面积 10 万平方米，校舍建筑面积 6.90 万平方米，体育场（馆）面积 4.80 万平方米。全年教育经费投入 21574.33 万元，全部自筹。固定资产总值 7126.67 万元。图书馆藏书 4 万册，电子图书 2.20 万册、电子期刊 2.30 万册，引进易阅通、Jstor 数据库和大英百科线上学院版（Britannica School）3 种数据库。拥有计算机 805 台，网络多媒体教室 83 个。学校信息化经费投入 686 万元，校园网出口总带宽 1500Mbps，数字资源量 2TB，“信息技术”课程 2 课时 / 周。教职工 297 人，包括高级职称 6 人、中级职称 17 人；本科以上学历 261 人，包括硕士 172 人、博士及博士后 17 人。专任教师 135 人，包括外籍教师 37 人。开设教学班 42 个。毕业 299 人。招生 105 人。在校生 806 人，包括住宿生 166 人。

2020 年，学校一手抓疫情防控，一手抓教学质量，确保学校以教育教学为中心的各项任务有序开展。

教育教学中，将国际教育与传统文化教育相结合，坚持“五育”并举，着力实现学生思想道德素质、文化素质、科学素质、身体心理素质全面协调发展，建立知识、能力、素养三位一体的教学目标体系。

课程体系建设中，通过走班上课、移动教学、卫星教学、线上线下融合教学等教学方法和手段不断提高教学质量；推进体育、艺术、外语教学一体化建设，结合青年外交官项目，开展国际理解教育校本课程开发，并增设第二外语广播；开展国际文化知识竞赛等活动，如美国高中生数学建模竞赛、英国物理奥林匹克竞赛、美国普林斯顿物理竞赛、英国化学奥林匹克竞赛等，进一步培养学生跨文化交流能力。

推进“普通高中新课程新教材实施国家级示范校”项目，加快完成示范校建设。开展多场心理测评，举办多次心理健康讲座，帮助学生调节心理问题，促进学生心理健康发展。组织 11 次家长课堂，内容涉及健康心理、亲子教育、课程学习、升学指导等家长关心的话题，实现“家校共育、家校共谋”的教育发展理念。12 月，学校完成美国西部院校联盟（WASC）认证工作。

（郑典　潘凌燕）

北京市中芯学校

2020 年，北京市中芯学校由中芯国际集成电路制造（北京）有限公司举办，分两址办学，总占地面积 4.13 万平方米，校舍建筑面积 3.17 万平方米，体育场馆面积 1.30 万平方米。全年教育经费投入 9856 万元，全部自筹。固定资产总值 956 万元。图书馆（室）藏书 6.87 万册，电子图书 976 册，订阅杂志、报刊 26 种。拥有计算机 340 台，多媒体教室座位 200 个。学校信息化经费投入 211 万元，校园网出口总带宽 555Mbps，数字资源量 12000GB，“信息技术”课程 1 课时 / 周。普通教室 91 个、专用教室 27 个、实验室 10 个。教职工 277 人，包括高级职称 16 人、中级职称 22 人。专任教师 196 人，包括特级教师 3 人；本科及以上学历 238 人。开设教学班 67 个（小学 49 个、初中 13 个、高中 5 个）。毕业生 213 人（小学 172 人、初中 41 人）。招生 362 人（小学 203 人、初中 91 人、高中 68 人）。在校生 1581 人（小学 1228 人、初中 224 人、高中 129 人）。网址：www.bjsmicschool.com。

12 月 3 日至 6 日，君谊中学参加世界机器人大赛

（君谊中学　供）

2020 年，学校一方面做好新冠肺炎疫情防控工作，一方面紧抓教育教学不放松，完成各项工作任务。

首届英文部高中生参加全球 AP 课程考试，91% 学生通过所报科目考试。学生参加 2020ASDAN（美式）初中数学竞赛（AMT-J）获团体 3 个金奖、4 个银奖、3 个铜奖、4 个优秀奖以及个人 1 个金奖、1 个优秀奖；参加 2020 年澳大利亚数学思维挑战赛（AMC），1 人获卓越奖，6 人获一等奖、56 人获二等奖、116 人获三等奖，74 人获得数学技能奖。

举办慈善亲子义跑活动、学生作品社区义卖、中芯高中慈善音乐会、慈善义演等一系列爱心慈善活动，募款 34 万余元，全数捐赠给北京市仁爱慈善基金会儿童救助部和儿童希望救助基金会“亦庄助医小家”。

（黄晶晶）

北京市私立君谊中学

2020 年，北京市私立君谊中学占地面积 2.48 万平方米，校舍建筑面积 1.24 万平方米，运动场地面积 1.10 万平方米。全年教育经费投入 2775 万元，其中，国家拨款 13 万元、自筹经费 2762 万元。固定资产总值 611 万元。图书馆（室）藏书 6042 册，电子图书 20000 册。拥有计算机 135 台，多媒体教室座位 660 个。学校信息化经费投入 18 万元，校园网出口总带宽 200Mbps，数字资源量 256GB，“信息技术”课程 1 课时 / 周。普通教室 24 个、专用教室 9 个、实验室 3 个。教职工 155 人，包括高级职称 14 人、中级职称 10 人。专任教师 88 人，包括特级教师 1 人、北京市骨干教师 3 人；本科及以上学历 88 人。开设教学班 12 个（初中 6 个、高中 6 个）。毕业 97 人（初中 16 人、高中 81 人）。招生 135 人（初中 36 人、高中 99 人）。在校生 266 人（初中 76 人、高中 190 人），包括寄宿生 179 人。有社团 43 个。

2020 年，学校一手抓新冠肺炎疫情防控，一手抓教育教学不放松，各项工作顺利开展。疫情期间，开展线上教学，保证教学进度和教学质量；创新线上考试组考模式，由校领导、德育处和教学处、监考教师、家长、学生共同配合完成。复课后，开展线上教学经验分享会，提高全体教师线上授课能力；组织教研展示活动，促进备课组之间交流学习，提高备课组活动质量，有效提升教学质量。学生参加英国黑池舞蹈节获体育舞蹈大赛一、二、三等奖各 1 项；师生组队参加世界机器人大赛获全国总决赛一等奖。德育方面，组织京味文化探寻研学活动，认识中国文化；开展班级环境建设评比活动，营造独特班级文化氛围，促进学生身心健康成长。

（史国怡）

（本栏责任编校　胡雨）

德育

体育卫生

冬季奥林匹克教育

劳动教育

艺术与校外教育

2021 德育体育美育劳育

MORAL,PHYSICAL, AESTHETIC AND LABOUR EDUCATION

- 4.40 万人次中小学生参加“四个一”活动
- 中国冰上运动学院揭牌
- 爱国卫生运动工作方案印发
- 第五届中小学生冬季运动会
- 80 所学校被认定为第五批中小学文明校园
- 10 所学校入选首批全国“一校一案”典型案例
- 新时代爱国主义教育实施方案印发

德育体育美育劳育

MORAL，PHYSICAL，AESTHETIC AND LABOUR EDUCATION

综述

4.40万人次中小学生参加"四个一"活动

2020年，市教委继续推进"四个一"活动。1月15日，召开2020年北京市中小学生组织运行管理培训会，解读全市"四个一"活动教育教学质量提升工作方案等内容，16个区及燕山地区580名教师参加培训；10月20日，召开2020年秋季学期"四个一"活动培训会，解读《关于在疫情防控常态化条件下做好2020年秋季学期"四个一"活动的工作方案》等。10月至12月，组织4.40万人次中小学生参加"四个一"活动。其中，1.36万人次中小学生走进军事博物馆、1.50万人次中小学生走进国家博物馆、0.79万人次中小学生走进首都博物馆、0.75万人次中小学生走进抗日战争纪念馆。

（王昱人　李然　牛文国）

中国冰上运动学院揭牌

1月18日，中国冰上运动学院在北京体育大学揭牌。学院与中国滑冰协会、中国花滑协会、中国冰球协会合作共建，贯通培养短道、速滑、花滑等冰上运动项目相关专业人才，共同探索冰上运动项目人才培养新模式。学校通过"大学＋基地"办学模式，整合体育、教育和社会多方资源，依托北体大国家冰雪运动训练科研基地，使学院成为国家冰上后备人才培养基地、国家冰上教练员裁判员培养培训基地，搭建冰上运动项目赛事平台、国际交流平台。

（马嘉悦）

1月18日，中国冰上运动学院在北体大揭牌

（北体大　供）

2020 年网上夏令营

7 月 15 日至 8 月 31 日，北京学生活动管理中心举办 2020 年网上夏令营活动。夏令营设置优秀作品赏析、优质实践活动、普及性微课程三大系列线上教育活动。优秀作品赏析精选历年来北京市中小学生艺术、科技、自然教育类活动获奖作品，通过“艺 · 硕”“梦 · 创”“光 · 禾”3 个主题板块展示寓教于乐；优质实践活动包括北京市中小学生植物栽培活动、自然笔记征集活动、2020 年北京市少年宫“棋星杯”三项棋少儿大赛、社会大课堂“云游祖国”主题活动等 8 项教育主题活动；普及性微课程围绕“云”游自然、“云”强体魄、“云”享艺术、“云”践科技四大模块开展线上校外教育活动。活动累计推送公众号活动信息 29 期 77 条，专题网站活动信息 207 条。

（张瑞婷）

加强和改进中职学校德育工作

9 月 1 日，市教委印发《关于加强和改进新时代中等职业学校德育工作的实施意见》。意见在职业院校学生思想状况调研基础上，强调以立德树人为中心，健全思想政治教育长效机制，提高中等职业学校德育工作实效，形成“三全”育人态势。

（巫梅琳）

市检察机关与专门学校共建机制推进

9 月 9 日，市、区检察机关与北京市 6 所专门学校共同举办“推进北京市检察机关与专门学校共建机制深入发展座谈会”。会议围绕专门学校与检察机关共建机制组织研讨，介绍共建机制工作开展情况、推进情况，组织与会领导专家对共建机制的未来发展提出建议。市、区检察机关和海淀区委教育工委领导及 6 所学校领导教师等 40 余人参加会议。当日，海淀寄读学校“小小法治导航员”团队成立，首批选定“小小法治导航员”12 人，团队以象征“付出、爱、幸福、希望”的四叶草为标志。2019 年 11 月，市检察院率先在海淀探索“检校共建”，建立检察机关参与专门学校未成年犯罪预防和教育矫治机制。

（宋亚甫）

爱国卫生运动工作方案印发

9 月 22 日，市教委印发《深入开展新时代教育系统爱国卫生运动工作方案》。方案明确坚持党的领导、坚持预防为主、坚持全员参与、坚持常抓不懈 4 项工作原则。制定“2020 年 10 月前，各单位要建立健全爱国卫生运动工作的体制机制，年底前实现垃圾分类知识普及率达到 100%；2021 年，夯实基础，学校爱国卫生运动取得初步成效；2022 年，儿童青少年体质健康标准优良率达到 55% 以上、15 岁以上人群吸烟率低于 20%”的工作目标。列出健康教育行动、传染病防控行动、校园环境改善行动、食品安全行动、节能光盘行动、垃圾分类行动、控制烟草行动、厕所革命行动、健康促进行动 9 项重点任务，以及“建立组织机构，完善工作机制”“加强全员培训，提高防病工作技能”“强化条件保障，加强队伍建设”“加强宣传引导，营造良好氛围”“加强督导检查，推动工作落实”5 项保障措施。

（宋玉珍）

冰雪运动特色校及奥林匹克教育示范校评估认定

9 月 29 日，市教委公布 2020 年北京市冰雪运动特色学校及奥林匹克教育示范学校评估认定结果。根据各区推荐并由专家组综合评议：113 所北京市冰雪运动特色学校中，34 所被评为一类校、47 所被评为二类校、32 所被评为三

11 月 4 日，平谷一小启动冰雪项目进课堂活动
（平谷一小 供）

11月30日至12月7日，延庆一小举办宪法学习周活动
（延庆一小　供）

类校；107所北京2022年冬奥会和冬残奥会奥林匹克教育示范校全部合格；另外新增北京市冰雪运动特色学校87所、北京2022年冬奥会和冬残奥会奥林匹克教育示范学校93所。遴选评估验收工作于6月至8月开展，由北京学生活动管理中心具体实施，面向16个区及燕山地区，分为自主申报、区级审核推荐、市级审批报送和综合认定4个环节。

（李铮）

142所学校入选全国青少年校园篮球、排球特色校

10月23日，教育部公布2020年全国青少年校园篮球、排球特色学校名单，北京市新增篮球特色校100所、排球特色校42所。4月至7月，市教委牵头，北京学生活动管理中心具体实施2020年青少年校园篮球、排球特色学校遴选工作。评选活动设置自主申报、区级审核推荐、市级审批报送和综合认定4个环节。

（李铮）

第五届中小学生冬季运动会

11月10日至12月28日，市教委、国家体育总局冬季运动管理中心、市体育局、冬奥组委、奥运城市发展促进中心联合主办北京市第五届中小学生冬季运动会。运动会分别在昌平区世纪星国际冰雪体育中心、昌平区军都山滑雪场举行，设置冰上、雪上2个大项11个小项的比赛，以区为单位报名参赛，设置小学组、初中组、高中组3个组别。来自16个区及燕山地区237所学校的近1700名师生参赛。

（李铮）

80所学校被认定为第五批中小学文明校园

11月30日，市教委、首都精神文明办认定80所中小学校为第五批北京市中小学文明校园。认定工作于4月启动，经学校自主申报、各区教委及文明办联合考核推荐、市教委及首都精神文明建办审核验收、社会公示等程序，形成最终名单。

（王昱人）

10所学校入选首批全国“一校一案”典型案例

12月2日，教育部印发《关于公布首批“一校一案”落实〈中小学德育工作指南〉典型案例名单的通知》，北京10所学校的案例入选。活动收到全国各省、自治区、直辖市及新疆生产建设兵团提交的典型案例316篇，内容突出展示学校全面落实《中小学德育工作指南》课程育人、文化育人、活动育人、实践育人、管理育人、协同育人6个方面育人途径的德育工作体系。经评审，260个中小学德育工作典型经验入选。

（杨丙涛）

首批“一校一案”落实《中小学德育工作指南》
典型案例名单（北京）

学校	案例名称
首都师范大学附属顺义实验小学	落实立德树人任务 厚植学生家国情怀
北京市石景山区古城第二小学	德育无痕 育人有道

学校	案例名称
北京市延庆区第一小学	以德育德 以文化人，百年老校焕发生态新春
北京市海淀区中关村第三小学	校园里生长出“健壮”的思想
北京市海淀区教师进修学校附属实验学校	科学设计 让德育抵达心灵 价值引领 育青春质感少年
北京市东城区史家胡同小学	服务学习 实践育人
北京市朝阳区教育研究中心附属学校	立德树人育阳光智慧学子
北京四中房山分校	德育体系构建的实践研究
北京市大兴区第一中学	育德筑心 做知行合一的教育
北京市西城外国语学校	有机整合德育途径，建设“积极德育”体系

（曾婷）

新时代爱国主义教育实施方案印发

12月31日，市委、市政府印发《北京市新时代爱国主义教育实施方案》。方案明确“坚持用党的创新理论武装全党、教育人民”“深入开展中国特色社会主义和中国梦教育”“强化国情市情和形势政策教育”“大力弘扬民族精神和时代精神”“广泛开展党史、新中国史、改革开放史、社会主义发展史教育”“深入实施中华优秀传统文化传承发展工程”“强化祖国统一和民族团结进步教育”“加强国家安全教育和国防教育”8项基本内容。提出“聚焦青少年开展爱国主义教育”“发挥党员干部示范带动作用”“在广大知识分子中弘扬爱国奋斗精神”等17项具体措施。要求各区、各部门、各单位落实主体责任、强化法治保障、建立长效机制，大力加强新时代爱国主义教育。

（孙晓楠）

12月11日，清华附中举办纪念“一二·九”运动主题爱国主义教育活动暨第16届革命历史短剧展演　（清华附中　供）

德育

德育工作

抗疫主题教育活动

2月至3月，市教委面向全市中小学组织开展“凝聚正能量 同心抗疫情”主题教育活动。活动围绕爱国主义教育、感恩教育、生命教育、生态文明教育、科学教育、健康教育6项内容，录制、上线教育微课17节；开展致前线医护人员一封信、向逆行者致敬、抗疫倡议建言、爸妈的抗疫前线故事、把爱唱给您听等活动，展现师生众志成城、同心抗疫的良好精神风貌。

（林臻）

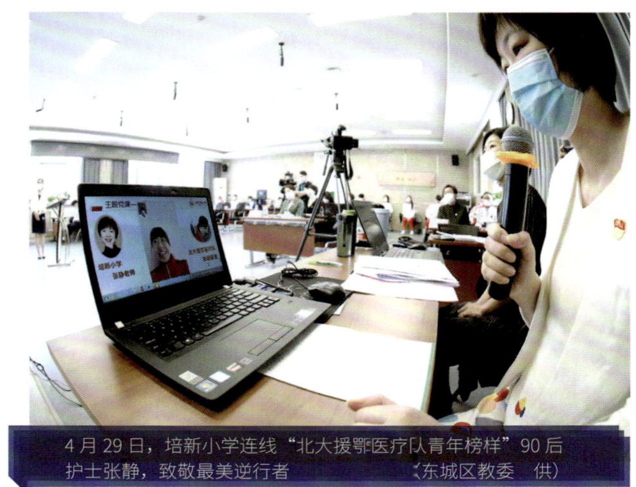

4月29日，培新小学连线“北大援鄂医疗队青年榜样”90后护士张静，致敬最美逆行者　（东城区教委　供）

“见字如面·以声传情”活动

8月9日，北京市教育学会主办的“见字如面·以声传情”展示交流活动在北京市第二中学举行。17名中小学生与表演艺术家同台，以“致成长”“致思念”“致未来”3个篇章，从一封书信开始，以声传情，诉说爱与温情。活动通过网络直播，吸引全国各地8万余人同步观看。活动源自北京市7名初中生发起的“拿起纸笔，见字如面”倡议书，收到1000余份书信文字投稿和书信朗读视频。8月2日，70余所中小学校近400名优秀选手的书信朗读作品在“博朗汇”知识店铺与观众见面，全天直播吸引北京市中小学校1.20万余人在线观看，同时收获云南、重庆、香港等地观众的点赞、留言。视频征集持续至8月31日。至11月，活动收到来自全国各地中小学生的书信作品4000余封。

（马亚莉）

两校入选普通高校中华优秀传统文化传承基地

9月17日，教育部办公厅公布2020年全国普通高校中华优秀传统文化传承基地名单，2所北京高校入选。入选高校及项目分别为北京科技大学的“传统金属工艺”和北京舞蹈学院的“民族民间舞蹈”。根据要求，各传承基地要对标基地建设原则、任务和要求，面向全校学生开设以传承项目为内容的选修课程，纳入学校人才培养方案和教学计划，实行学分制管理，切实落实2个学分；建设2～3个校级传承项目学生社团和1个实践工作坊；加强以传承项目为重点的中华优秀传统文化教育研究；辐射带动当地3所左右的中小学校和1个社区，开展基于传承项目的中华优秀传统文化普及教育活动，加强成果交流与展示，切实将传承基地打造成本校的特色和品牌。

（徐春生）

中小学时事政策系列主题教育活动

9月至12月，市教委举办中小学时事政策系列主题教育活动。开展“我和我的祖国”中小学国旗下演讲活动，征集并评选出国旗下演讲优秀稿件一、二、三等奖194份，通过媒体宣传刊载。围绕“垃圾分类，从我做起”“节约粮食，践行光盘行动”主题，组织开展小学生创作传唱新童谣活动、中学生社会实践挑战赛活动，征集到新童谣创作作品108件、社会实践项目和作品200余项。举办第四届北京市中学生时事辩论赛。全市42支学校辩论队参赛。经过初赛、复赛、半决赛、决赛共计56场比赛，最终北京市第八中学获初中组冠军、北京中学获高中组冠军。

（林臻）

学生思想道德发展实地调研指导

10月至11月，市教委开展基于学生思想道德发展改进工作情况的实地调研指导。调研工作依据“北京市中小学生思想道德发展测评与教师育人能力提升项目”整体工作安排，组建由教育行政部门、高校、科研机构、中小学20名专家、校长、教师组成的专家团队，走进16个区及燕山地区34所中小学校，通过听取汇报、课堂观摩、参观校园等形式，开展实地调研并现场反馈工作改进意见。围绕理想信念教育、行为养成教育、心理健康教育、家校协同育人4个专题，组织41所中小学校开展课题研究，总结推广学生思想道德教育有益经验。

（林臻）

第十届全国大学生红色旅游创意策划大赛

11月10日，北京第二外国语学院与中国旅游协会、中国教育电视台、福建南平市政府共同举办第十届全国大学生红色旅游创意策划大赛。比赛以“传承红色基因，践行生态文明，让青春在新时代奋斗中闪光”为主题，以“线上+线下”方式开展，参赛作品涉及旅游线路、旅游景区、文化创意产品等设计开发。来自全国298所高校的1800余支队伍9200余名师生报名参赛，收到作品近1500件。最终，评出一等奖3个、二等奖7个、三等奖20个。二外另与福建南平市签订校地合作框架协议，双方将在教育产业、红色资源开发利用等方面，建立校地对接合作机制。

（王薇）

“见字如面·对话故宫”书信交流活动启动

11月27日，市委教育工委、市教委、故宫博物院、国家大剧院联合举办的“见字如面·对话故宫”书信交流活动启动。启动仪式宣读“见字如面”书信交流活动试点单位名单，26所中小学入选。9名学生代表向全市中小学生发出“期待我们一起，见字如面，对话故宫！”倡议。活动由北京市教育学会、北京教育新闻中心、北京市教育融媒体中心共同承办。文化旅游部、教育部、国家文物局、市政府、国家大剧院领导，各区教育部门负责人、中小学校长及师生代表等200人参加启动仪式。

（谢文全）

专门教育

概述

2020年，北京市有工读学校6所，开设教学班27个，离校人数218人、入校人数198人、在校生452人，教职工270人，包括专任教师217人。

（孙晓楠）

海淀寄读学校垃圾分类教育

1月8日和5月5日，海淀寄读学校分别举办垃圾分类知识宣传活动和“垃圾分类，你我同行——全面推进生活垃圾分类工作培训会”。宣传活动以访谈节目《语天下》为线索展开，组织学生自编自导自演情景剧《感恩祖国如何不虚无》。科研小分队展示在六里屯垃圾填埋场和阿苏卫垃圾综合处理中心参观学习的经历，通过学校、社区、网络3个途径发放自制问卷380份，在教师指导下，拍摄垃圾分类广告《何以为家》，用视频、现场讲授及现场活动的方式普及垃圾分类知识。全体师生近400人参加活动。培训会采用线上线下相结合形式，普及相关知识和政策。全体教职工80余人参加学习。

（金超然　王常智）

东城工读学校与市检察院签约合作

4月8日，东城工读学校与北京市人民检察院《关于建立未成年人犯罪预防和教育矫治工作机制的合作框架协议》签约仪式在东城工读学校举行。根据协议，双方将通过“检校合作”实现检察机关司法办案和法律监督、犯罪预防职能与专门学校教育职能的有效对接，探索建立科学的未成年人罪错行为预防矫治体系，实现对未成年人的犯罪预防和全面综合司法保护。市检察院、东城区教委、东城工读学校相关负责人 4 人参加签约仪式。9 月 25 日，东城工读学校聘任市检察院检察长担任该校法治副校长。

（商彦芬）

朝阳工读学校禁毒教育

10 月 21 日，朝阳工读学校开展禁毒教育。活动由该校 1 名教师担任指导教师，通过案例讲解毒品危害以及如何在实际生活中防毒禁毒。初二年级 24 名学生参加活动。

（宋瑞）

东城工读学校法治大讲堂

12 月 11 日，东城工读学校举办法治大讲堂——预防未成年人犯罪。活动邀请北京市东城区人民检察院第一检察部一级检察官、未成年检查办案组检察官、工读学校法治副校长等专业人员到校，为全体师生上法治课。课程内容包括未成年人的界定、犯罪的定义、检察院职能等。全校师生 100 余人参加活动。

（商彦芬）

朝阳工读学校德育创新

至年底，朝阳工读学校巩固德育工作成果、创新德育特色。考虑工读教育学生实际，在德育常规管理基础上渗透职业化理念，德育工作坚持做到“五有”，即有布置、有检查、有反馈、有总结、有点评。落实停课不停学，通过网络开展品读中华诗词、学生社会实践、校园文化节、个性化心理辅导等德育活动。发挥班主任工作室作用，开展《学生伤害事故法律责任与预防处理》《禁毒教育与艾滋病的预防》《校园欺凌的预防》等法律知识说课评课系列活动，增强教师学法、懂法、用法能力，提高学生遵纪守法意识。

（宋瑞）

国防教育

北京高校军事理论课协作教学资格认证

4 月 7 日至 10 日，市教委开展“北京高校《军事理论》课协作教学资格认证工作”。认证工作首次以“多媒体＋在线会议”形式进行，邀请军事院校及北京高校军事课教学专家在线对参加调讲的教师授课进行点评，要求教师按纲按教材授课，守好教学规矩，每人授课 30 分钟，专家评议后现场确定授课专题是否通过。来自 18 所北京高校的 34 名教师参加调讲。京内外 31 所高校 80 余名军事课教师通过在线形式进行观摩。最终有 30 名教师通过认证。通过认证的教师优先参加培训研修、优先共享教学资源、优先参加科研立项、优先进行宣传推广。

（张兵）

北京高校线上国防教育主题报告会

5 月 20 日，北京高校国防教育协会举办北京高校国防教育主题报告会。中国人民解放军国防大学军事战略专家作《开拓进取——打造中国特色国防教育 3.0》主题报告，全面分析中国国防教育现状与变革需求，从统一的运行目标、系统的课程体系、生动的教材系列、专业

10 月 21 日，朝阳工读学校开展禁毒教育

（朝阳工读学校 供）

的师资队伍、规范的交流活动、全面的数据管理6个方面系统阐述打造当代具有中国特色的国防教育3.0体系的建设思路。会议由北京科技大学承办，京内外260余名高校国防教育工作者、教师代表和学生代表通过网络平台聆听报告会。

（肖娜　张兵）

北京高校兵棋推演大赛

11月30日至12月6日，北京高校国防教育协会举办第七届北京高校兵棋推演大赛。比赛全部在线上进行，邀请中国人民解放军军事科学院原研究员担任总导演，国防大学教授担任副总导演，清华大学武装部国防教育办公室主任担任裁判长，负责线上赛事指导监督和现场点评，并向参赛学生讲授相关国防军事知识。来自北京30所高校的103支队伍206名选手参赛。最终，北京中医药大学获特等奖，清华、首都师范大学、华北电力大学获一等奖。

（肖娜　张兵）

4期高校军事课小班教学与集体备课

11月至12月，市教委高校军事课教学指导委员会办公室举办4期军事课教师“小班教学与集体备课”。活动分别邀请国防大学教授主讲《毛泽东军事思想》《习近平强军思想》、空军指挥学院教授主讲《信息化作战平台》、东南大学教授主讲《国际战略形势》。4名教授结合自身备课经验，与参加集体备课的各高校军事课教师就如何备好课、上好课进行研讨。来自北京21所高校的教师51人次参加活动。

（张兵）

体育卫生

体育

清华附中男女篮双获全国冠军

8月29日，清华大学附属中学男女篮双获2019—2020耐克中国高中篮球联赛全国总决赛冠军。比赛在西安外国语大学举行，男篮以70∶55战胜湖南地质中学，以14场全胜战绩获联赛“十三冠”，清华附中女篮以66∶64战胜长沙雅礼中学，以12场连胜战绩获联赛“第六冠”。来自全国22个省区市的264支男子、108支女子球队近5000名高中生参加阶段赛事。

（陈广　郑梓怡）

首钢篮球俱乐部雏鹰班开班

10月9日，北京市第九中学·首钢篮球俱乐部雏鹰班开班仪式在九中报告厅举行。该班与首钢篮球俱乐部合作开设，双方共同探索全新的、更丰富的体教融合模式，在发展校园篮球文化、培养篮球人才、创新体育后备人才培养模式、拓宽青少年体育发展渠道上展开合作。学员周一至周五上午在九中学习文化课，下午开展日常训练。该班按照全国体育院校单招考试制定专门课程，特别安排音乐、美术及班会课，

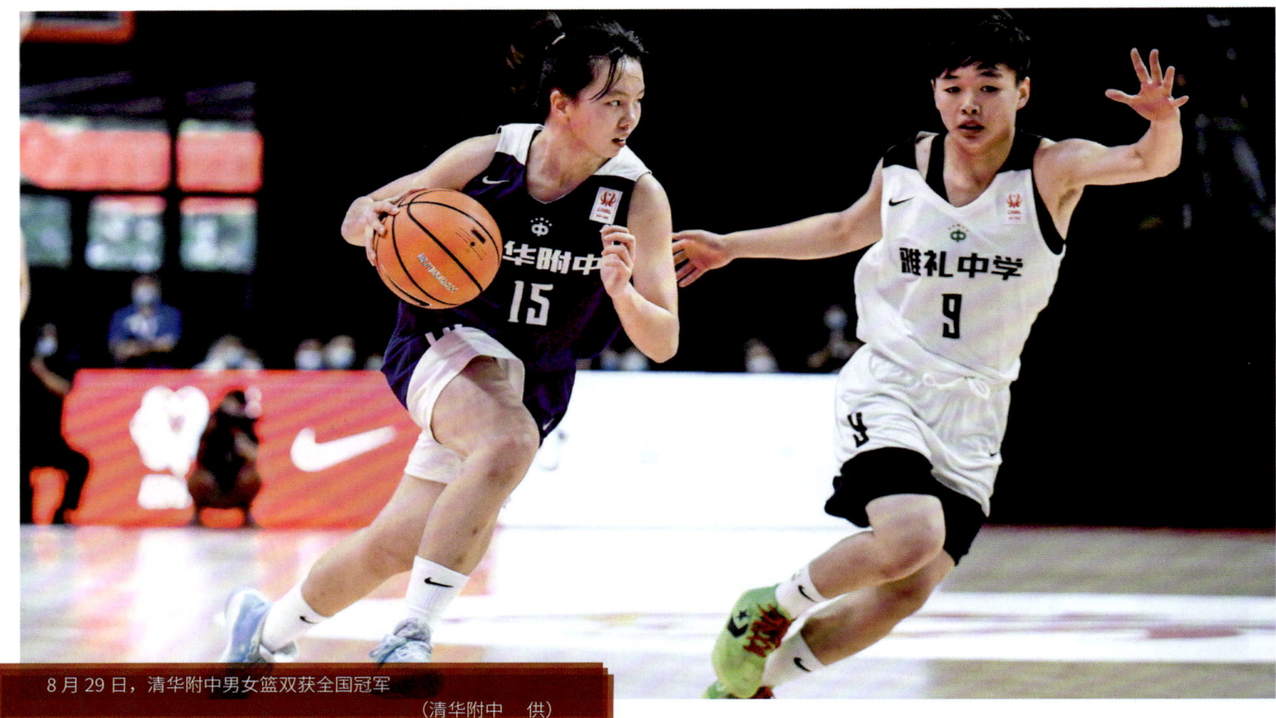

8月29日，清华附中男女篮双获全国冠军

（清华附中　供）

首批招收高一至高三年级学员 23 人（男生 15 人、女生 8 人）。

（荀梦圆）

首都高校第 58 届学生田径运动会

10 月 17 日至 18 日和 24 日至 25 日，市教委、市体育局联合主办首都高校第 58 届学生田径运动会。运动会是在新冠肺炎疫情防控常态化下举办的首个大型学生体育赛事。为确保比赛顺利进行，运动会调整组织形式，由北京林业大学和北京工业大学分别承办高水平组和普通学生组比赛。18 所学校 500 名运动员参加高水平组比赛；52 所学校 800 余名运动员参加普通学生组比赛。另外，承办校为各参赛运动队调整校园出入口，实现运动场与教学区、生活区相对隔离，在运动场入口处安装人脸识别测温设备，在场外专门设置候场区；不组织大型文体表演、不组织学生观众观赛、不举行运动员入场分列式。最终，清华大学获高水平组甲组和普通学生组甲组两个冠军，北京体育大学获高水平组甲 B 组冠军，北京建筑大学获普通学生组乙组冠军，北京农业职业学院获普通学生组丙组冠军。

（李铮）

第 58 届中学生田径运动会

10 月 23 日至 25 日，市教委、市体育局联合主办第 58 届北京市中学生田径运动会。运动会设高中男子、女子组和初中男子、女子组 4 个组别，将 16 个区及燕山地区分为团体 A 组和团体 B 组 2 个竞技组，下设 17 个小项。来自全市的 655 名学生运动员报名参赛。最终海淀区代表队和顺义区代表队分获 A 组、B 组团体总分第一名。

（李铮）

中小学生啦啦操比赛

10 月 31 日，市教委、市体育局联合主办 2020 年北京市中小学生啦啦操比赛。比赛采用线上＋线下形式进行，其中小学组比赛和校园大课间套路动作比赛采取线上形式、中学组比赛采取线下场地形式。比赛设小学低年级组（一年级至三年级）、小学高年级组（四年级至六年级）、初中组、高中组 4 个组别，另设校园大课间啦啦操比赛只分小学组和中学组。比赛首次引入直播形式。来自 15 个区 130 所学校的 5089 名学生参加 10 项比赛。

（李铮）

中小学生民族传统体育节

10 月 31 日至 11 月 8 日，市教委、市体育局联合举办 2020 年北京市中小学生民族传统体育节。10 月 31 日，分别举办跳绳比赛和轮滑比赛。跳绳比赛设中学男子组、中学女子组、小学男子组、小学女子组 4 个组别，分设 30 秒单摇编花跳（间隔交叉单摇跳）、30 秒双摇跳、30 秒双摇编花跳（间隔交叉双摇跳）3 个单人项目，1 分钟一带一单摇跳、1 分钟一带一双摇跳 2 个双人项目和 1 分钟交互绳中绳双重双摇跳、2 分钟集体“8”字跳、2 分钟集体同步跳、2 分钟集体交互绳“8”字跳 4 个多人集体项目。12 个区 32 所学校学生 1400 人次参赛。轮滑比赛设速度轮滑、平地花式 2 个项目，专门设速滑接力赛。11 月 1 日，举办花样跳绳比赛。比赛设中学组、小学组 2 个组别。各组分别按照 30%、30%、40% 的比例设一、二、三等奖，分设集体花样跳绳规定套路比赛、集体花样跳绳自编套路比赛 2 个项目。来自 8 个区 33 所学校的 650 余名学生参赛。11 月 7 日，举办踢毽比赛。比赛设中学男子组、中学女子组、小学男子组、小学女子组 4 个组别，分设一分钟单脚足内侧踢、一分钟双脚足内侧互换踢（盘踢）、一分钟膝盖互换踢（磕踢）3 个项目。8 个区 13 所学校的 130 名运动员参赛。11 月 7 日，举办跳皮筋比赛。比赛设自选套路甲组（四年级至六年级）、自选套路乙组（一年级至三年级）、规定套路甲组（四年级至六年级）、规定套路乙组（一年级至三年级）4 个组别，分设集体自编套路、集体规定套路 2 项比赛。来自 8 个区的 18 支学校代表队 300 余人参赛。11 月 7 日至 8 日，举办毽球比赛。比赛设高中男子组、高中女子组、初中男子组、初中女子组、小学男子甲组（五、六年级）、小学

11 月 7 日至 8 日，2020 年北京市中小学生民族传统体育节——毽球比赛 （市教委相关处室 供）

11月14日至15日，市教委举办北京市中小学生羽毛球比赛
（市教委相关处室 供）

女子甲组（五、六年级）、小学男子乙组（一年级至四年级）、小学女子乙组（一年级至四年级）8个组别。来自6个区18所学校的46支代表队220名运动员参赛。

（李铮）

中小学生游泳比赛

11月7日至8日，市教委、市体育局联合主办北京市中小学生游泳比赛。比赛设高中男子、女子组，初中男子、女子组，小学（五、六年级）男子、女子组6个组别。其中，初高中组设4种泳姿10个单项和2个接力项目；小学组设4种泳姿8个单项和2个接力项目。11个区122支代表队850余名中小学生参赛。

（李铮）

中小学生羽毛球比赛

11月14日至15日，市教委举办北京市中小学生羽毛球比赛。比赛设高中组、初中组、小学甲组、小学乙组4个组别，每个组别设置男单、女单、男双、女双、混双5个单项。来自13个区216所中小学的985名学生参赛。比赛控制场馆内活动人数，不设开闭幕式，按照组别划分，实行上、下午人员分流。

（李铮）

中小学生竞技健美操比赛

11月22日，市教委、市体育局联合主办2020年北京市中小学生竞技健美操比赛。比赛设小学组、初中组、高中组3个组别，每个组别按照年龄分甲、乙组。小学组设团体比赛2项，单项比赛11项；初中组设团体比赛2项，单项比赛10项；高中组设团体比赛2项，单项比赛10项。来自全市5个区14所小学、10所中学的187名学生和30余名教练员参赛。北京市海淀区第二实验小学、北京市海淀区中关村第一小学分获小学甲、乙组团体冠军；北京市第一〇一中学获初中甲、乙组2个团体冠军；人大附中西山学校、中国人民大学附属中学分获高中甲、乙组团体冠军。

（李铮）

学校卫生

中小学教师控烟教育公开课技能大赛

1月10日，市教委公布“共建无烟校园 共享健康北京”——2019年北京市中小学教师控烟教育公开课技能大赛获奖名单。比赛在各区教委推荐基础上，经组委会专家组评定，选出获奖作品112部。其中，“十佳”控烟教育公开课获奖教师20人、二等奖28人、三等奖64人；另有11个区教委获得优秀组织奖。评选活动于2019年10月至12月进行。16个区推荐万余部作品参赛。

（宋玉珍）

80场应急救护培训进校园

6月至11月，市教委举办“健康教育进校园”系列活动——北京市学生应急救护培训80场。培训主要面向高中一年级、大学一年级学生，讲授急救知识和应急技能，指导学生实地操作并发放急救盒等应急物品，惠及学生2万余人。同时针对疫情防控要求，邀请急救高级培训师将急救和疫情防控内容录制成中学版和大学版 2 个版本的线上课程，供更多学生进行非现场学习。该项培训自 2016 年开始举办，由北京教育音像报刊总社、健康咨询报社共同承办。

（张雅）

“防近视 控肥胖”健康教育系列活动

6 月至 12 月，市教委开展“防近视 控肥胖”健康教育系列活动。活动组织近视防控专家走进校园宣讲近视危害和防控知识，举办市级专家示范课 50 场，惠及师生 5 万余人；精准帮助专家资源相对缺乏的远郊区，邀请专家对学校卫生专业人员和校医开展培训；举办中小学生家庭健康管理活动，为全市一年级新生发放《北京市中小学新生家庭健康管理系列材料》；开展“我和家长一起锻炼”摄影作品征集活动、“爱眼手抄报”“爱眼日记”评选活动，收到各区报送的作品上万件，评出一、二、三等奖 136 人。活动由北京教育音像报刊总社、健康咨询报社共同承办，邀请眼科专家录制近视防控视频 20 期，微信发布近视防控相关内容 100 余条，最高单条阅读量超过 30 万次，出版学生健康内容专刊（16 个版）4 期。

（张雅）

5.50 万名中学生心理健康状况测评完成

10 月至 11 月，市教委协同市卫健委开展中学生心理体检工作。测评工作以丰台、石景山、房山三区为试点，对 107 所中学 5.50 万名中学生开展心理健康状况测评。加强医教结合，对测评中筛查发现的心理危机个案，依据严重程度分为轻度、中度、重度 3 个层级，进行主动干预和全程追踪。

（林臻）

冬季奥林匹克教育

冬奥会制服装备研发实验室揭牌

1 月 6 日，北京 2022 年冬奥会和冬残奥会制服装备研发实验室在北京服装学院揭牌。实验室由北京冬奥组委发起，围绕功能性研发，明确研发重点，开展技术攻关，为赛时工作人员、志愿者和技术官员提供专属身份标识，旨在提供一套轻便保暖、美观舒适的制服。学校与安踏体育用品有限公司合作，发挥各自在科技、人才、供应链方面专业优势，共同开展研发工作。实验室设主任 1 人、科研岗 7 人、设计师 4 人。

（付佳）

石景山“冬奥少年星火计划”启动

6 月 14 日，石景山区委、区委教育工委联合举办石景山区“冬奥少年星火计划”启动仪式。活动启动“距 2022 北京冬奥会开幕倒计时 600 天”装置，揭晓“冬奥少年”红领巾特色章，为北京市石景山区电厂路小学颁授“志愿服务队旗”、向“志愿家庭”代表颁发志愿家庭户口簿和志愿帽。电厂路小学 20 户“志愿家庭’代表通过视频连线方式参加活动。“冬奥少年星火计划”以“志愿家庭”为载体，以社区、学校为重点，组织少先队员参加冬奥志愿培训，了解奥林匹克知识，为冬奥期间在社区开展中英文引导服务、普及冰雪知识、做好服务接待奠定基础，更好开展“传递微笑 · 美化家园”社区共建等“迎冬奥”十大志愿服务示范项目，推广《北京市文明行为促进条例》，践行石景山区“擦亮城市西大门，文明祥和迎冬奥”专项行动。该计划以第八次全国少代会为契机，与少先队“雏鹰争章”品

6 月 5 日，回民实验小学增加学生户外体育锻炼

（回民实验小学 供）

牌教育活动相结合，配套“冬奥少年”特色奖章和“冬奥少年志愿先锋”荣誉称号等激励体系，提升少先队员志愿服务参与感、获得感和荣誉感。

（汤塞力）

石景山区教委与中国滑冰协会签约合作

10 月 17 日，石景山区教委与中国滑冰协会签署合作框架协议，创新“体教融合”模式。根据协议，双方将在教师培训、活动组织、“体教融合示范校”建设、课程建设、队伍建设、赛事体系、等级评定 7 个领域，开展培养滑冰运动师资、开设滑冰课程、建设校级滑冰队、举办校队训练营、组建滑冰俱乐部、举办滑冰赛事、开展滑冰冬令营、开展滑冰等级评定、组织“世界冠军进校园”活动、举办“体教融合”高峰论坛 10 个项目的合作。签约仪式为首批遴选的 8 所“全国滑冰体教融合示范学校”颁牌。

（金清苗）

海淀教职工冰雪运动俱乐部成立

11 月 6 日，海淀区教职工冰雪运动俱乐部暨冰雪运动青年思想政治教育基地启动仪式在北京科技大学附属中学举行。活动宣布成立海淀区教职工冰雪运动俱乐部，并为教职工冰雪运动俱乐部、冰雪运动青年思想政治教育基地授牌，为冰雪运动俱乐部教练员颁发聘书。俱乐部将分期招收学员，第一期计划面向海淀区教职工招募会员 100 人，于每周五（每 2 周 1 次）下午在北科大附中冰球馆开展活动。

（宋亚甫）

中小学生冬季运动系列赛

11 月 14 日至 29 日，市教委、市体育局、北京冬奥组委新闻宣传部和北京奥运城市发展促进中心联合主办 2020 年北京市中小学生冬季运动系列比赛。14 日，举办旱地越野滑轮赛，首次设置专业自由滑轮 400 米、800 米和混合接力赛项，小学组和初中组项目设置由上一届的 7 项增至 10 项。来自 12 个区 16 所学校的 19 支代表队 135 名选手参赛。21 日至 22 日，举办旱地冰球赛，设小学组、初中组和高中组 3 个组别，分别有 25 支、11 支和 5 支队伍参赛。28 日至 29 日，举办陆地冰壶比赛，设置小学男子、女子组和初中男子、女子组 4 个组别。来自 15 个区 40 所学校的 71 支代表队 347 名选手参赛。此次系列赛由北京学生活动管理中心、昌平区教委、昌平区体育局共同承办。

（李铮　傅玥　于童）

北京冬奥语言服务计划小使者展示活动

11 月，市语委举办第二届北京冬奥语言服务计划小使者展示活动。活动面向北京市语言文化联盟校，在全市百所中小学招募冬奥语言服务计划小使者 1 万人，为其发放冬奥学习材料，颁发“冬奥小使者证书”。入选学生通过中英文演讲和软笔书写形式参与活动。活动联合北京市中小学体育运动协会、全球说国际多语言平台共同主办。

（邓鸿）

北林大科技服务北京冬奥会工作推进会

12 月 8 日，北京林业大学召开科技服务 2022 年北京冬奥会（张家口赛区）工作推进会。会议肯定各团队前期工作，对统筹做好科技服务北京冬奥会工作提出项目集成、推进经验推广、加强组织领导 3 个方面的要求，听取相关负责人介绍生态建设战略合作项目进展情况、科技项目开展情况及下一步工作计划。学校相关处室及园林学院、水土保持学院、草业与草原学院负责人参加会议。2016 年起，该校先后有 14 个团队、17 个科技项目服务于北京冬奥会张家口赛区和延庆赛区的生态保护、生态治理、景观设计等领域，获批财政资金 1883 万元。

（焦隆）

中小学生冬奥知识竞赛

12 月 30 日，市教委、市体育局、北京冬奥组委新闻宣传部和北京奥运城市发展促进中心联合主办北京市中小学生冬奥知识竞赛市级总决赛。小学、初中、高中 3 个组

12 月 30 日，北京市中小学生冬奥知识竞赛市级总决赛举行

（府学胡同小学　供）

别 60 名选手经过层层选拔，进入决赛。比赛特别设置赛事团队评论环节，要求每队选手根据视频，集体完成一段经典赛事的评论，视频内容为中国运动员在历届冬奥会上的精彩表现。最终，东城、房山、朝阳代表队分获各组别冠军。

（李铮）

密云奥林匹克教育及冰雪项目进校园

至年底，密云区教委继续推进奥林匹克教育及冰雪项目进校园工作。开展校园冰雪运动特色学校及奥林匹克教育示范学校评估验收及遴选申报工作，4 所冰雪特色学校、4 所奥林匹克教育示范学校全部通过市级评审验收。通过政府购买服务的方式，与云佛山滑雪场、南山滑雪场合作，继续开展密云区“万名学生进雪场活动”，全区 46 所中小学学生 1.40 万人次走进雪场开展滑雪技术体验与学习。11 月至 12 月，举办中小学生奥林匹克艺术品征集活动，面向全区中小学校（含职业高中）在校生，征集到宣传海报、书法、冬奥手工艺纪念品、冬奥文化服装设计和冬奥文化主题摄影等作品 234 件。评选出一等奖 40 个、二等奖 60 个、三等奖 81 个。

（陈辉　李士新）

艺术与校外教育

艺术教育

中央音乐学院发起“美育云端课堂”

5 月 23 日至 28 日，中央音乐学院举办“美育云端课堂”暨第二届中央音乐学院·延安“5.23”艺术节。活动在中央文明办、教育部、文化旅游部指导下，以“贯彻党的教育方针、文艺方针，用美育传承延安精神”为主题，联合多所音乐（艺术）院校和多家文艺院团，采用“美育云端课堂”“美育大讲堂”“立德树人、美育启智”专题音乐会等多种展示方式，举办线上活动 40 余场。新华社、央视频、“学习强国”等同步播放网上展播和讲座活动。全网点击量达到 5.60 亿次。

（王小夕）

20 人入选首届全国高校美育教学指导委员会

7 月 29 日，教育部宣布成立首届全国高校美育教学指导委员会，同时公布委员名单，北京市 20 人入选。首届高校美育教指委委员共 76 人，聘期 4 年，自 2020 年 8 月起至 2024 年 8 月止。首届高校美育教指委设主任委员 2 人、副主任委员 5 人、秘书长 1 人。首届高校美育教指委秘书处设在清华大学。高校美育教指委是教育部聘请并领导的指导高等学校美育教学工作的专家组织，具有非常设机构的性质。高校美育教指委职责是：接受教育部领导和委托，开展高校美育的理论与实践研究，就高校美育课程、教材建设、教学方法改革、师资队伍建设等向教育部提出咨询意见和建议，研制高校美育教育教学基本规范、质量标准和场地设施配备要求，组织开展高校美育教师教学能力提升培训、学术研讨、经验交流、展演展示和国际交流，参与开展高校美育工作的调研、督导、检查、评估等工作。

（徐春生）

中央美院联手抖音开展乡村美育

10 月 31 日，中央美术学院联合“抖音”App 在云南大理州剑川县举办“短视频助力儿童艺术教育和美育”论坛。参会的 6 名教师带领 15 名热爱绘画的当地儿童，完成山野

10 月 31 日，中央美院在云南举办“短视频助力儿童艺术教育和美育”论坛　　（中央美院　供）

写生和现场画展。活动被光明网、央广网、中国日报网等媒体报道。学校另以驻云南大理剑川传统工艺工作站为连接，同期举办《短视频时代的非遗传播与传承》活动，讴歌剑川之美、探访交流非遗传承人。

（任劭坤）

第五届金铎奖揭晓

12月5日，北京师范大学、人民视频共同举办第五届中国VR/AR/MR创作大赛金铎奖颁奖典礼。比赛设“全景战疫”特别单元、“大美珠海”特别单元、“锦绣峨眉”特别单元和最佳VR娱乐、最佳VR旅游、最佳VR新闻等创作类型单元，设置顶级奖项金铎奖一等奖1个、二等奖2个、三等奖3个，特别单元奖全景战疫2个，大美珠海和锦绣峨眉各1个，最佳VR娱乐、最佳VR旅游、最佳VR新闻等奖项各3个。典礼同时为5G＋新媒体展示技术战略合作伙伴计划揭牌，“全国师范院校新闻传播学科联盟——快手VR人才扶持计划”启动，发布《2020中国VR产业发展与消费者调查报告》，包括VR产业发展报告、VR消费者报告、VR从业者报告和VR学术研究4个部分。国内16所师范院校新闻传播专业领导，以及VeerVR、HTC等业界人士参加颁奖典礼。

（申政）

校外教育

全市校外教育机构发展状况调研

1月3日和11月13日至27日，市教委组织全市校外教育机构发展状况调研。调研工作委托北京学生活动管理中心承办，赴房山区少年宫、怀柔区学生活动管理中心、朝阳区学生活动管理中心、大兴区少年宫调研全市校外教育机构发展状况，深入了解北京市部分校外教育机构的教育教学特色、教科研开展情况及管理运行模式。经过梳理近300篇相关文献、统计分析600余份问卷、开展4次专家研讨，完成《北京市校外教育机构现状调查报告》。

（王晓艳）

首届自然教育活动案例征集和评选活动

1月，北京学生活动管理中心、市环保局宣教中心合作举办北京市第一届自然教育活动案例征集和评选活动。活动面向全市中小学、校外教育单位（科技馆、少年宫、青少年活动中心等）、生态环境教育基地、首都生态文明教育基地、社会大课堂资源单位、自然教育中心以及师范院校和社会团体等机构的教师、科普教育工作者、志愿者等，征集优秀活动方案。活动方案内容围绕自然教育“促进人与自然产生连接”根本宗旨，充分发挥地区资源优势，体现育人理念，突出体验性和实践性，教育活动形式包括自然解说、自然游戏、自然观察等。案例需为经实践验证、具有一定可行性的教育活动，主要为大、中、小型群众性专题教育活动与“小、精、实”探究性教学活动。截至11月30日，征集案例近300个，评出优秀案例162个。其中，一等奖32个、二等奖56个、三等奖74个。

（明冠华）

首届“金蕊”自然笔记征集活动

1月至9月，北京学生活动管理中心举办首届“金蕊”自然笔记征集活动。活动以“记录身边的生物”为主题，倡导学生关爱身边的生命世界，引导学生走进自然、观察

1月至9月，学生活动管理中心举办首届“金蕊”自然笔记征集活动（学生活动管理中心 供）

12月4日至5日，外交学院举办第八届提案中国·全国大学生模拟政协提案大赛 (外交学院 供)

自然、记录自然、感受自然，促使学生从小关注身边的生物，关注生物多样性，形成正确的生态观。活动收到作品752份，评选出优秀作品450个、优秀辅导教师87人。12月，中心选送20个优秀作品参加生态环境部宣传教育中心举办的“美丽中国 我是行动者”2020年青少年自然笔记征集活动，7个学生作品被评选为全国“优秀作品”（总计97个作品获奖）。

（李艳慧）

中小学生环保主题演讲比赛

8月1日至11月18日，北京校外教育协会承办2020年北京市中小学生“我爱地球妈妈”生态环保主题演讲比赛。14个区514所学校3116名中小学生参赛，围绕“疫情下的绿色生活”主题，经区级预赛、网络选手评选、市级预选赛等环节，评选出25名小学生和17名中学生晋级市级总决赛。市级决赛评选出小学组一等奖1人、二等奖3人、三等奖6人、优秀奖15人；中学组一等奖1人、二等奖2人、三等奖3人、优秀奖11人。比赛与市环境保护宣传中心、北京少年报共同承办，由市生态环境局主办。

（王媛媛）

全国大学生模拟政协提案大赛

12月4日至5日，外交学院举办第八届提案中国·全国大学生模拟政协提案大赛。北京地区48所高校的133支队伍参赛。比赛收到提案133份，经网络初评、小组讨论、调研展示与答辩，评选出12支队伍晋级决赛。决赛为每支队伍配备1名政协委员专业指导，经领导小组讨论、调研展示与答辩，最终中国社会科学院大学获一等奖。提案中国·全国大学生模拟政协提案大赛由外交学院于2013年创办，致力于为国家发展与社会问题解决提供青年视角和青年力量，至2020年，已有6份提案作为正式提案被提交至全国政协和市政协。

（顾建俊）

科技活动

第40届北京青少年科技创新大赛

5月4日至5日，市科协、市教委、市科委、市知识产权局、怀柔区政府联合主办第40届北京青少年科技创新大赛终评。此次比赛以“发现·创新·责任”为主题，受新冠肺炎疫情影响，首次采用“云端问辩”方式进行终评，设置3分钟项目陈述和3分钟评委答辩2个终评环节。144个中学生科技创新项目、34个小学生科技创新一等奖项目、16个科技辅导员创新成果项目入围终评。最终，评出中学生科技创新项目一等奖87个、二等奖60个。比赛于2019年11月启动，全市30万名青少年参与，收到作品1892个，其中竞赛类项目1089个、展示类项目803个（少年儿童科学幻想绘画727幅、青少年科技实践活动76个），另有科技辅导员科技教育创新成果竞赛项目作品130个。项目内容涉及自然科学、工程技术及社会科学等13个学科领域。各项目最终评出一等奖237个、二等奖524个、三等奖757个。

（缐金秋　杨雪）

北京市学生金鹏科技团评审认定

8月至12月，市教委开展北京市学生金鹏科技团评审认定工作。评审采取网络材料与现场答辩相结合的方式，16个区及北京经济技术开发区的141个单位提交申

8月至12月，市教委开展北京市学生金鹏科技团评审认定工作
（市教委相关处室　供）

报材料，其中138个申报单位（机器人分团31个、模型分团29个、天文分团16个、生命科学分团23个、电子与信息分团20个、地球与环境分团12个、校外分团7个）通过区级审核，进入市级评审环节。11月16日至20日，根据网络评审成绩，72个申报单位进入现场答辩，包括新申报团60个。经评委评审后，现场答辩评分与网络材料评分加权相加后得出最终成绩，评选出金鹏科技团90个。活动由北京学生活动管理中心承办。

（卢亭　赵茜）

6名学生获第12届中国青少年科技创新奖

9月25日，共青团中央、全国青联、全国学联、全国少工委共同作出颁发第12届中国青少年科技创新奖的决定，91人获奖，包括北京市6人。此次评选活动于6月启动，在各地区选拔推荐基础上，经评委会审核并经中国青少年科技创新奖励基金管理委员会确认后产生。中国青少年科技创新奖是中国青少年科技创新领域的最高荣誉，于2004年经党中央批准，面向全日制在校学生设立，专门用于对科技创新方面取得突出成绩或显示较大潜力的青少年个人进行奖励。

（谷士清）

第12届中国青少年科技创新奖
获奖学生名单（北京）

覃乔恩（女，毛南族）	中国传媒大学附属小学六年级
王清石	北京市京源学校九年级
王薪晔（女）	北京师范大学良乡附属中学高一年级
郭京松	北京市第一〇一中学高二年级
郁子轩	北京市第十八中学高二年级
石宇轩	北京师范大学大兴附属中学高一年级

（孙晓楠）

农大学生获国际遗传工程机器大赛金牌

11月22日，中国农业大学本科生代表队在2020年国际遗传工程机器大赛（International Genetically Engineered Machine Competition, iGEM Competition）中获金牌。由该校15名本科生组成的CAU-China代表队通过项目宣传、精彩汇报和海报展示等环节，展示针对蝗虫使用的RNAi农药研究成果，以及在推动合成生物学发展方面做出的努力，继2019年后，再获该项赛事金牌。国际遗传工程机器大赛由美国麻省理工学院于2003年创办，是合成生物学领域的国际顶级大学生科技赛事，40个国家和地区的249支代表队参加2020年度比赛，最终决出金牌168个、银牌45个、铜牌26个。

（孙桂凤）

中小学科技创客活动

12月26日至27日，市教委开展北京市中小学科技创客活动。活动以“人工智能与实践创新”为主题，通过课程学习、竞赛项目、参赛作品展等多个活动单元，为青少年学生和教师搭建探索研究、创新实践、合作交流的学习平台，全程采取线上比赛形式，开展未来创新秀场和创想 AI 设计挑战 2 个项目交流竞赛。172 所学校 120 名教师 1446 名学生参赛。

（卢亭）

第 12 届中小学生科学建议奖评选

12 月 31 日，市教委公布第 12 届北京市中小学生科学建议奖获奖名单，授予 12 名学生 2020 年度北京市中小学生科学建议奖，14 名学生科学建议提名奖。评选活动于 9 月启动，以“关注社会热点，科学表达主张”为主题。来自 16 个区 358 所学校的 8000 余名学生参赛，报送科学建议和建言献策 7710 项。经网上初评、复评合议、终评答辩，评选出科学建议奖 10 项（12 人）、科学建议提名奖 10 项（14 人）、二等奖 80 项（106 人）、三等奖 123 项（154 人）。

（卢亭）

第 12 届北京市中小学生科学建议奖

姓名	学校	项目名称
孔王东	北京市第八十中学	关于北京地铁站厅街区平面示意图改进的建议
张维钧	北京市第一〇一中学	关于在北京市推广食物共享，减少食物浪费的建议
唐近豪	北京市第三十五中学	关于建立基于 5G 技术的沉浸式鸟类文化馆的建议
阮驰方 崔忆玮 张嘉祺	北京市东城区回民小学	关于物品生产环节印刷垃圾回收颜色标识的建议
李珑玥	北京景山学校	为小昆虫建设“昆虫酒店”增加城市昆虫多样性
高鼎昀	北京四中国际校区	城市护栏的安全和美观——关于城市护栏的安全问题分析及建议
张馨媛	北京市怀柔区第一中学	关于怀柔区搭建“生态桥”处理板栗园废弃物的建议
张孝山	北京市通州区第六中学	关于完善应急急救设施的建议
岳金磊	北京市密云区大城子学校	关于在大城子农村建立无水厕所的调查建议
郑哲	北京市第三十五中学	关于加强北京西山地区煤矸石堆地质灾害隐患调查和工程治理的建议

（卢亭）

劳动教育

顺义小学劳动教育推进会

10 月 14 日，顺义区教委召开“快乐劳动 幸福生活”顺义区小学劳动教育推进会。活动展示 3 节劳动教育课程及学生劳动成果，课程紧扣时代背景下节约粮食的理念，

9 月至 12 月，市教委开展第 12 届北京市中小学生科学建议奖评选活动（市教委相关处室 供）

组织学生动手动脑；组织领导、教师参观北京市顺义区港馨小学室内劳动基地、室外劳动农场等劳动教育场所，听取该校劳动教育专题汇报。全区小学德育干部、劳技学科教师、综合实践学科教师 100 余人参加活动。

（李爱民）

PDC 国际教育联盟劳动实践基地成立

11 月 6 日，“PDC 国际教育联盟劳动实践基地”在三元农业科技园成立。该基地由中国儿童少年基金会、北京市朝阳区呼家楼中心小学 PDC 教育联盟合作发起，北京三元农业有限公司承办。基地面向全国 PDC 教育联盟师生，提供劳动体验服务，以生命关爱为主题，以劳动教育为主线，以“老把式”带“小把式”为活动模式，在“行”中见“知”，寓教于劳。成立仪式上，呼家楼中心小学少工委组织 188 名少先队员代表和 30 名家长代表参加农耕体验实践活动。

（徐峪森）

求实学校推送 6 门中小学劳动教育课程

11 月 16 日，北京市求实职业学校面向朝阳区 3 所中小学推送劳动教育课程。8 名教师承担的 6 门中小学劳动教育课程在北京市朝阳区实验小学、北京市朝阳区呼家楼中心小学、北京市朝阳外国语学校北苑分校开课。

（占福林）

昌平劳动教育课程实施

11 月 16 日，北京市昌平区昌盛园小学与昌平区中小学劳动教育课程服务中心联合完成区级劳动教育课程实施。课程通过北京市昌平职业学校教师“送课下校”和学校“自主实施”2 种形式完成，将学科内容与劳动教育课程结合，进行摔倒报警器、龙骨水车、隔扇 3 个课程的劳动教育实施。该课程设置 4 课时，为必修课程，以讲授、动手实践的方式进行授课，以班级作品展、家长评估、活动展示方式进行考核，学校五年级、六年级 13 个班 542 名学生参与学习。

（徐戈）

大兴通州小学劳技学科联动

11 月 19 日，大兴区与通州区小学劳动技术学科联动教研活动在北京市大兴区永华实验学校举行。活动围绕“夯实常态课堂，启蒙技术素养”主题，采用线上与线下相结合方式呈现 3 节现场课，分别由大兴、通州两区教师执教。课后，任课教师分别介绍课程教学设计思路并进行教学反思。北京教育科学研究院教研员及大兴、通州两区学科教师等 70 余人参加活动。

（宁书平）

密云推进中小学劳动教育

至年底，密云区教委进一步推进中小学劳动教育。在巩固劳动教育“四个一”（即每天至少整理一次书桌和书包、每周做一次值日、每天做一次适量的家务劳动、定期学习一项家务技能）基础上，提出中小学生家庭劳动“四个一”（即每日一次收拾自己的房间、每周一次帮助父母做适量的家务、每月和父母开展一次亲子劳动实践、每年学习 1～2 项生活技能），同时组织线上交流展示活动，为学生提供展示与分享平台。全区乡镇中小学利用校园空余闲地建立劳

11 月 16 日，求实学校推送中小学劳动教育课程

（求实学校 供）

务清单》。北京各高校根据市委教育工委要求，修订党的政治建设实施方案（任务清单），并向市委教育工委报备。12月9日，市委常委会听取高校党的政治建设专题汇报。根据市委常委会精神，市委教育工委会同市委办公厅向中央提交专题报告。至年底，完成《关于加强高校党的政治建设的若干措施》的100项任务中的44项，其余56项正在推进。严格党组织按期换届，21所高校启动换届工作，5所高校完成换届。研究制定《关于落实〈中共中央办公厅关于进一步明确部属高校党建工作责任的通知〉的分工方案》，会同市委组织部研究制订部属高校党委组织关系转接程序，完成中国人民公安大学党组织关系转入北京市委工作。推动“两个责任”贯通协同，支持高校纪检监察体制改革，归口市委教育工委管理的62所高校全部组建全面从严治党主体责任和巡察相关部门，市属高校全部建立监察专员办公室。

11月23日，古城二小组织学生学习党的十九届五中全会精神
（古城二小　供）

（谢文全　王璟东）

中小学校党组织领导的校长负责制试点工作推进

2020年，市委组织部、市委教育工委、市教委积极推进中小学校党组织领导的校长负责制试点工作。7月至8月，市委组织部、市委教育工委、市教委相关领导带队到燕山地区调研中小学校党组织领导的校长负责制试点工作情况，到东城、通州、大兴区调研中小学党建工作情况。在前期调研及燕山地区先期试点基础上，9月27日，市委组织部、市委教育工委、市教委召开北京市中小学校党组织领导的校长负责制试点工作部署培训会，扩大试点工作范围，在东城、西城、通州、大兴4个区及燕山地区的35所学校开展试点。试点工作启动后，市委教育工委另于12月召开中小学校党组织领导的校长负责制试点工作推进会，并到北京市第五中学，通过听取汇报、随堂听课、座谈交流等形式，了解东城区试点工作推进情况，提出下一阶段工作要求。

（孙亚茹）

民办学校党建工作推进

2020年，市委教育工委积极推进民办学校党建工作。成立由市委教育工委组织二处、市教委民办教育处、北京市民办教育协会等部门和单位相关人员组成的专题调研组，在全市范围内开展民办学校党建工作专题调研。通过书面调研、实地走访、座谈交流等形式，研究破解全市民办学校党建工作重难点问题，征集民办学校对落实中组部、教育部等五部门印发的《民办学校党建工作重点任务》的意见建议，形成《北京教育系统审批管理的民办学校党建工作情况调研报告》。12月28日，市委教育工委在市委常委会上专题汇报民办学校党建工作情况。会议强调要强化民办学校党组织政治功能，要支持帮助民办学校办好思政课，提升“两个覆盖”（党的组织覆盖和工作覆盖）质量，促进民办学校规范有序健康发展。

（孙亚茹）

市属高校巡视整改

2020年，市委教育工委、市教委督促市属高校巡视整改，并落实专项整改，同时开展本级整改。2019年11月至2020年1月，市委对24个市属高校党委开展第八轮巡视。针对巡视组反馈意见，市委教育工委、市教委建立督促市属高校巡视整改机制，班子成员对照各校巡视发现问题清单，采取实地查看、听取汇报、列席相关会议活动等方式，了解各校巡视整改推进情况。累计对市属高校全覆盖督促70余次。按照市委常委会部署，市委教育工委、市教委牵头对分管领域进行专项整改。至年底，市委督查室认定市委教育工委、市教委专项整改已办结。同时，针对巡视市属高校发现的共性问题，市委教育工委、市教委开展机关本级整改，从顶层设计、制度建设、制度执行等方面，形成28项整改事项，提出70余条两委本级整改措施。至年底，各项整改任务有序落实。

（王希）

全覆盖开设“习近平新时代中国特色社会主义思想概论”课程

2020年，北京高校全覆盖启动开设“习近平新时代中国特色社会主义思想概论”课程。市委教育工委研究制定《北京高校“习近平新时代中国特色社会主义思想概论”课程教学方案》，推动全市57所高校2020—2021学年内全面启动开设“习近平新时代中国特色社会主义思想概论”课程。开课工作坚持分类指导原则，发挥首都地区资源和学科优势，委托北京高校思想政治理论课高精尖创新中心制作14讲市级网络示范课程。9月，市委教育工委举办首批“习近平新时代中国特色社会主义思想概论”师资培训班，培训思政课教师100余人。

4月29日，北大援鄂医疗队事迹网上宣讲会暨北京市学校思政课教师“同备一堂课”活动举办　（市委教育工委相关处室　供）

（姜男）

高校思政课教师“同备一堂课”

2020年，市委教育工委举办5次高校思政课教师“同备一堂课”活动。市委教育工委围绕主题分别邀请专家学者对高校思政课教师开展专题备课指导。活动受到北京及全国高校思政课教师和相关专业学生的关注，同时通过北京高校思想政治理论课高精尖创新中心网络直播平台在线直播，用户覆盖全国31个省（市、自治区）及15个国家和地区，总访问量20余万人次。《光明日报》头版报道相关活动。

（姜男）

新时代高校党建示范创建和质量创优工作

2020年，市委教育工委推进北京高校开展新时代高校党建示范创建和质量创优工作。9月，市委教育工委组织在京高校总结教育部第二批新时代高校党建示范创建和质量创优工作及首批高校“双带头人”教师党支部书记工作室建设工作进展情况，完成114个创建项目的审核上报。11月，组织在京高校开展教育部第二批“双带头人”教师党支部书记工作室建设项目申报，12个项目入选教育部第二批高校“双带头人”教师党支部书记工作室。11月至12月，组织对在京高校教育部首批新时代高校党建示范创建和质量创优工作总结验收，审批验收67个创建项目并上报教育部，其中，62个项目通过教育部验收。

（王璟东）

落实习近平给首都高校师生回信精神

2020年，市委教育工委落实习近平总书记给首都高校师生回信精神。3月15日，习近平回信勉励北京大学援鄂医疗队全体“90后”党员；5月17日，习近平给北京科技大学全体巴基斯坦留学生回信；7月7日，习近平给中国石油大学（北京）克拉玛依校区毕业生回信，寄语广大高校毕业生；10月23日，习近平回信勉励中国戏曲学院师生。市委教育工委坚持把落实习近平总书记重要指示批示精神作为首要政治任务，对习近平总书记给首都高校师生的4次重要回信精神，第一时间传达学习，抓好贯彻落实。

（谢文全）

思政课教师观摩政协会议

1月10日，市委教育工委、市政协办公厅首次组织10名高校思政课教师代表旁听市政协第十三届委员会第三次会议开幕式，思政课教师旁听政协会议机制正式建立。教师代表全程观摩会议开幕式，包括听取并审议市政协常委会工作报告、听取并审议市政协常委会提案工作报告、表彰2019年度优秀提案等环节。此举旨在贯彻“开门办思政”，利用各类平台资源，增加师生实践体验，推动思政小课堂同社会大课堂紧密结合。自学校思想政治理论课教师座谈会召开以来，北京市形成各职能部门关心支持思政课建设的局面，把以习近平为核心的党中央治国理政实践转化为思政课教学资源。2019年9月，市委教育工委、市人大常委会研究室建立思政课教师旁听人大常委会会议机制，并分别于2019年9月19日、11月25日组织思政课教师旁听人大会议。2020年1月，市委教育工委、市农业农村局组织300余名思政课教师分赴大兴区魏善庄镇李家场村、房山区韩村河镇韩村河村、门头沟区妙峰山镇炭厂村等具有代表性的京郊农村，开展“京华大地看小康”学习实践活动。

（谢文全）

第二届高校党的建设学科高端论坛

1月12日，中国人民大学举办第二届高校党的建设学科高端论坛。论坛以“坚持和完善党的领导制度体系，提高党科学执政、民主执政、依法执政水平”为主题，组织专家学者和师生代表围绕主题，以及新时代党建研究的成果和方法展开讨论，介绍各自学校马克思主义学院、马克思主义理论一级学科和党的建设二级学科的建设情况。全国50所院校的近100名专家学者、师生代表参加论坛。

（楚艳红）

高校领导干部会议

1月19日，市委教育工委、市教委召开北京高校领导干部会议。会议总结2019年工作，部署2020年重点任务。会议强调2020年工作要以党的领导为牵引，以党的建设为保证，把党的领导和党的建设作为贯穿全年的工作主线。北京高校党委书记、校长及各区教育部门负责人200余人参加会议。

（谢文全）

教育体制改革专项小组全体会议

3月30日、6月28日和11月6日，市委全面深化改革委员会教育体制改革专项小组召开3次全体会议。会议分别审议《教育体制改革专项小组关于〈北京职业教育改革发展行动计划（2018—2020年）〉和〈关于坚持和完善北京普通高等学校院（系）党组织会议和党政联席会议制度的指导意见（试行）〉落实情况督察工作计划》《关于进一步调整优化结构提高教育经费使用效益的实施方案》《关于深化新时代首都教育督导体制机制改革的实施意见》《深化新时代教育评价改革总体方案》《〈北京职业教育改革发展行动计划（2018—2020年）〉落实情况的督察报告》《关于加强新时代北京高校学生社会实践工作的指导意见》和《推进市属公办本科高校分类发展细化工作方案》等文件。市委全面深化改革委员会教育体制改革专项小组成员参加会议。

（张子珽）

北京教育系统全面从严治党工作会

5月12日，市委教育工委、市教委召开北京教育系统2020年全面从严治党工作会。会议以视频形式召开，研判教育系统全面从严治党形势，总结2019年工作，部署2020年重点工作任务。会议指出，疫情防控以来，各级党组织坚持党建引领，让党的旗帜在防控一线高高飘扬。会议强调要始终把党的政治建设放在首位，以政治监督保障制度执行；对民生实事、教育扶贫等加强监督，让“反腐红利”转化为“民生红利”。同时，市教育系统要把巡视巡察抓到底，确保每个问题整改到位，做好巡视“后半篇文章”，以巡视整改为契机推动学校改革发展。中央纪委国家监委派驻教育部纪检监察组、市纪委市监委相关负责人，两委领导班子成员及处室、直属单位负责人，61所高校党委书记、校长、纪委书记，各区委教育工委书记、区教委主任、驻区委教育工委纪检监察组组长等400余人参加会议。

（王希）

全国首个大中小学思政课一体化教研组成立

6月8日，在市委教育工委、市教委指导下，海淀区教委成立全国首个大中小学思政课一体化教研组。此举旨在解决好思政课教学内容一体化、各类课程与思政课程建设协同发展一体化、教师队伍专业发展一体化以及不同学段教学评价衔接等问题。教研组由清华大学、北京师范大学、中国地质大学（北京）、中央财经大学4所高校和中国人民大学附属中学、清华大学附属中学、北京市海淀区八里庄小学等7所域内中小学的教师与海淀区教师进修学校的教师共同组成。教研组立足思政课骨干教师需求，量身定制研修课程，推动建立思政课大中小一体化教师研修机制。至年底，教研组共开展10余次集体研讨。

（姜男　宋亚甫）

12月15日，2020年深化新时代学校思想政治理论课改革创新现场推进会——海淀区现场观摩会举办　（人大附中　供）

高校庆祝中国共产党成立 99 周年表彰大会

6 月 28 日，市委教育工委召开北京高校庆祝中国共产党成立 99 周年表彰大会。会议播放北京高校庆祝中国共产党成立 99 周年专题片《永远的先锋》，宣读《关于表彰北京高校先进党组织 优秀共产党员 优秀党务工作者的决定》，表彰先进党组织 100 个、优秀共产党员 150 人、优秀党务工作者 50 人。会议邀请 4 名优秀共产党员代表作大会交流发言。王宁参加会议并讲话。会议采用视频方式召开，北京 62 所高校干部师生 850 人在各分会场参加会议。

（王璟东）

首都当代中国马克思主义论坛

11 月 17 日，市委宣传部、北京市习近平新时代中国特色社会主义思想研究中心、北京市中国特色社会主义理论体系研究中心、北京市社会科学界联合会等单位在中国人民大学共同举办首都当代中国马克思主义论坛 · 2020。论坛以“21 世纪马克思主义的理论创新与时代价值”为主题，聚焦习近平新时代中国特色社会主义思想。与会专家学者认为，习近平新时代中国特色社会主义思想回答时代之问、人民之问，推进实践基础上的理论创新，进一步深化对共产党执政规律、社会主义建设规律、人类社会发展规律的认识，为发展马克思主义作出原创性贡献。论坛前身是 2006 年创办的马克思主义中国化论坛，已举办 15 届。部分在京中央研究机构代表、北京市研究中心研究基地代表 150 余人参加论坛。

（徐筱婧）

深化新时代学校思想政治理论课改革创新现场推进会

12 月 15 日，教育部、北京市在北京航空航天大学召开 2020 年深化新时代学校思政课改革创新现场推进会。会议部署推动新发展阶段学校思政课高质量发展相关工作，陈宝生参加会议并讲话。会议指出教育系统要对标对表党的十九届五中全会绘就的发展新蓝图，深刻把握“十四五”时期思政课高质量发展的新形势新要求，打造思政课改革创新“升级版”，做到“五个始终坚持”。要始终坚持思想引领、用党的创新理论铸魂育人；始终坚持目标导向、培养担当民族复兴大任的时代新人；始终坚持战略定力、引导学生坚定“四个自信”；始终坚持斗争精神、维护国家意识形态安全；始终坚持德育先行、建设高质量教育体系。会上，教育部大中小学思政课一体化建设指导委员会成立，北京市、天津市、吉林省、武汉大学、华南师范大学附属中学代表作交流发言。部分省、自治区和直辖市教育工委和高校主要负责人百余人参加会议。会议期间，与会人员赴清华大学、北京高校思想政治理论课高精尖创新中心、北京科技大学、北航、中国戏曲学院及海淀区部分中小学观摩北京市思政课改革创新成果。

（姜男　徐筱婧）

重要活动

习近平给世界大学气候变化联盟的学生代表回信

1 月 6 日，习近平给世界大学气候变化联盟的学生代表回信。他对大家就关乎人类未来的问题给予的共同关切表示赞赏，期待同学们为呵护好全人类共同的地球家园积极作为。他提到“很高兴收到来信。同学们来自不同国家，对气候变化这个关乎人类未来的问题有着共同关切，我对此很欣赏。”“40 多年前，我在中国西部黄土高原上的一个小村庄劳动生活多年，当时那个地区的生态环境曾因过度开发而受到严重破坏，老百姓生活也陷于贫困。我从那时起就认识到，人与自然是生命共同体，对自然的伤害最终会伤及人类自己。我提出绿水青山就是金山银山，就是希望中国既加强自身生态文明建设，主动承担应对气候变化的国际责任，又同世界各国一道，努力呵护好全人类共同的地球家园。”他表示“同学们都是世界知名高校的博士生，期待你们在这方面积极作为，也欢迎你们继续关注中国发展，给我们多提一些好的建议。”2019 年 11 月 17 日至 19 日，世界大学气候变化联盟研究生论坛在清华大学举办，来自 55 所国内外高校的 150 余名研究生参加论坛。

（吴筱君）

李克强考察协和医学院疫情防控科研攻关

2 月 9 日，李克强到北京协和医学院（中国医学科学院）病原生物学研究所考察新冠肺炎疫情防控科研攻关，慰问一线科研人员。李克强参观电镜实验室和病原系统生物学重点实验室，听取中国医学科学院负责人汇报疫情防控科研进展，了解用于研究新冠肺炎药物和疫苗的动物模型、病毒传播途径研究、抗病毒药物筛选等情况，对一线科研人员夜以继日辛勤付出、开展攻关予以肯定，勉励科研人员要在关键时刻发挥关键作用，勇于探索创新，为抗击疫情、保护人民群众生命安全和身体健康作出更大贡献。国务院及相关部门负责人陪同考察。

（孙莉娜）

蔡奇检查清华疫情防控

2 月 11 日，蔡奇到清华大学检查调研新冠肺炎疫情防控工作。他先后来到学校东南门、新斋、法律图书馆、蓝旗营社区详细了解校门人员出入管理、学生管理与集中住宿健康观察、线上教学及居民生活保障情况。蔡奇肯定清华“统筹全局、全员动员、科学防治、发挥优势、精准施策”的疫情防控做法，强调要坚决贯彻习近平总书记在北京市调研指导新冠肺炎疫情防控工作时的重要讲话精神，把师生安全健康放在第一位，全力抓好校园疫情防控工作，让莘莘学子健康成长。市相关部门负责人参加调研。

（吴筱君）

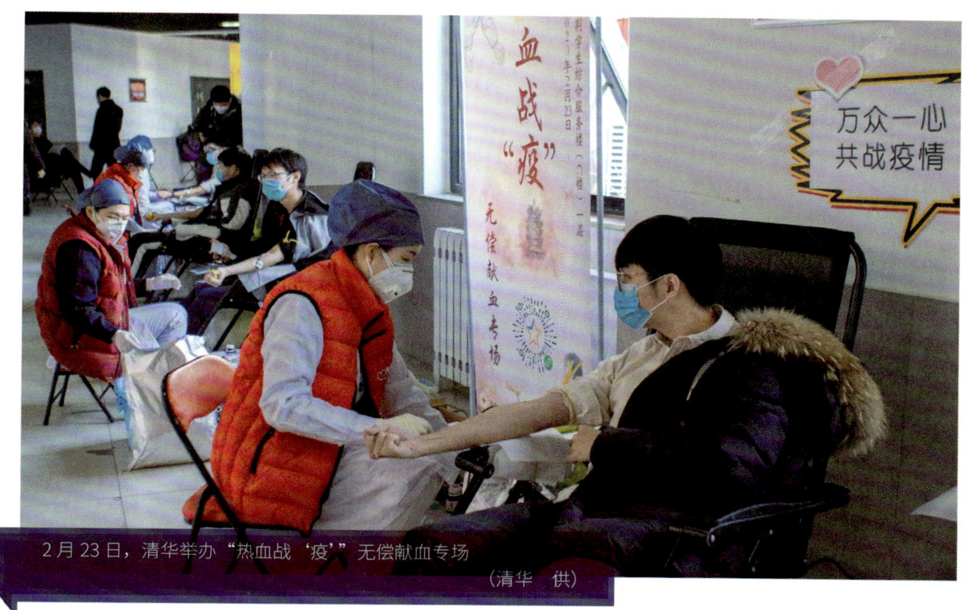

2月23日，清华举办"热血战'疫'"无偿献血专场

（清华　供）

王宁到高校调研指导疫情防控

2月17日和2月24日，王宁分别到北京科技大学、中央民族大学调研指导新冠肺炎疫情防控工作。王宁对学校疫情防控工作给予肯定，对进一步做好学生的思想教育引导、评估和确定返校时间、细化学生分期分批返校的详细工作预案、做好学生集中住宿的条件保障、做好毕业生就业相关工作提出要求。市委、市委教育工委、市教委相关人员陪同调研。

（林飞　周翊兰）

习近平考察清华疫情防控科研攻关工作

3月2日，习近平到清华大学考察新冠肺炎疫情防控科研攻关工作。习近平先后走进全球健康与传染病研究中心、生物医学检测技术及仪器北京实验室，详细了解创新药物研发进展情况和新型检测试剂、检测设备研发应用等情况，观看正在进行的酶联免疫吸附试验。随后，习近平在清华大学医学院主持召开座谈会并发表重要讲话。他代表党中央向奋斗在疫情防控科研攻关一线的广大科技工作者表示衷心的感谢和诚挚的问候。习近平强调，人类同疾病较量最有力的武器就是科学技术，人类战胜大灾大疫离不开科学发展和技术创新。要把新冠肺炎防控科研攻关作为一项重大而紧迫的任务，综合多学科力量，统一领导、协同推进，在坚持科学性、确保安全性的基础上加快研发进度，尽快攻克疫情防控的重点难点问题，为打赢疫情防控人民战争、总体战、阻击战提供强大科技支撑。相关部门负责人陪同考察。

（吴筱君）

习近平给北大援鄂医疗队全体"90后"党员回信

3月15日，习近平给北京大学援鄂医疗队全体"90后"党员回信。习近平在回信中表示，"在新冠肺炎疫情防控斗争中，你们青年人同在一线英勇奋战的广大疫情防控人员一道，不畏艰险、冲锋在前、舍生忘死，彰显了青春的蓬勃力量，交出了合格答卷。广大青年用行动证明，新时代的中国青年是好样的，是堪当大任的！我向你们、向奋斗在疫情防控各条战线上的广大青年，致以诚挚的问候！"他指出"青年一代有理想、有本领、有担当，国家就有前途，民族就有希望。希望你们努力在为人民服务中茁壮成长、在艰苦奋斗中砥砺意志品质、在实践中增长工作本领，继续在救死扶伤的岗位上拼搏奋战，带动广大青年不惧风雨、勇挑重担，让青春在党和人民最需要的地方绽放绚丽之花。"3月11日，北大援鄂医疗队的34名"90后"党员给习近平写信，汇报在抗疫一线抢救生命的情况，表达继续发挥党员作用、为打赢疫情防控阻击战贡献力量的决心。

（刘鹏　谢文全　张晓兰）

陈宝生检查初高三年级开学

4月26日，陈宝生到北京师范大学附属中学、北京市第二中学调研检查北京市2020年春季学期初高三年级开学工作。陈宝生到学校教学楼、食堂、体育馆、操场、临时观察点，了解学校教育教学安排、教学区防疫、就餐管理等情况，与返校教师交流，观摩线上教学情况，并听取北京教育系统疫情防控、初高三年级试开学、中小学线上教学等有关工作介绍。他强调要强化风险意识，克服麻痹思想，提高警惕、严加防范开学后多重叠加风险，积极应对挑战、化解压力。要提高政治站位，压实主体责任，加强复学工作重点环节的保障和督查，做到各环节责任到人、责任到事。市委、市政府、市委教育工委相关负责人陪同调研。

（谢文全）

蔡奇到北工大督促指导巡视整改

5月13日，蔡奇到北京工业大学督促指导巡视整改工作。蔡奇参观北工大数据应用技术国家工程实验室，详细了解学校打造高新材料领域高水平科技创新平台、推进产学研用深度融合等情况，观摩网上思政课程，察看学校疫情防控工作并与师生举行座谈。他强调，要始终把党的政治建设摆在首位，扛起全面从严治党主体责任，落实立德树人根本任务，以钉钉子精神抓好问题整改，推动学校改革发展，努力建设一流的高水平研究型大学。市委、市政府、市委教育工委相关负责人陪同考察。

（谢文全）

习近平给北科大巴基斯坦留学生回信

5月17日，习近平给北京科技大学全体巴基斯坦留学生回信。习近平在回信中说，“得知你们到中国留学以来，既学到了丰富知识，也结识了不少中国朋友，我为你们取得的成绩感到高兴。”他指出，“正如你们所感受到的，新冠肺炎疫情发生后，中国政府和学校始终关心在华外国留学生生命安全和身体健康，为大家提供了全方位的帮助。生命至上，不管是中国人还是在华外国人员，中国政府和中国人民都一视同仁予以关心和爱护。”习近平表示，“我了解到，在抗击疫情期间，很多留学生通过各种方式为中国人民加油鼓劲。患难见真情。中国将继续为所有在华外国留学生提供各种帮助。中国欢迎各国优秀青年来华学习深造，也希望大家多了解中国、多向世界讲讲你们所看到的中国，多同中国青年交流，同世界各国青年一道，携手为促进民心相通、推动构建人类命运共同体贡献力量。”北科大2020年有巴基斯坦留学生52人，其中，博士研究生33人、硕士研究生16人、本科生3人。留学生给习近平主席写信讲述在中国留学的经历和感受，对学校在新冠肺炎疫情暴发后给予的关心帮助表示感谢，表达学成后投身“一带一路”建设、为增进中巴友谊作贡献的愿望。

（林飞　张晓兰）

孙春兰到北京五幼慰问考察

6月1日，孙春兰到北京市第五幼儿园慰问考察。孙春兰实地察看幼儿户外活动场地、科学探索室、幼儿食堂等重点区域，观看《播种希望让爱飞翔》开学第一课，详细询问幼儿游戏、进餐、餐具消毒等复园防疫准备工作落实情况，并与青年教师沟通。北京五幼园长介绍疫情期间家园共育、常态化疫情防控、开学复园准备等工作情况。孙春兰肯定幼儿园富有童趣的防疫知识宣教、以“一桌一椅一物一标识”等措施来确保幼儿复园后健康安全的方法、培养“健康聪慧、自主自信、乐群尚美”的育人目标，认为北京五幼防疫经验以及从小培养幼儿良好习惯、启蒙科学探索精神的教育策略值得推广。孙春兰表达对幼教工作者的关怀问候，并祝福小朋友“六一”儿童节快乐。教育部、国家卫健委、市委、市政府等相关部门负责人陪同考察。

（吕晓菲　李亚东）

蔡奇检查学校返校复课后疫情防控工作

6月5日，蔡奇检查学校返校复课后新冠肺炎疫情防控工作，并在中国人民大学主持召开市委教育工作领导小组2020年第一次会议。蔡奇到北京市西城区三里河第三小学察看防疫设施和教室、医务室等，在人民大学结合模拟仿真展示平台听取返校复课和防疫工作介绍，走进校园和食堂等场所检查防疫措施，并察看北京高校思想政治理论课高精尖创新中心。在市委教育工作领导小组会议上，他指出，统筹推进疫情防控与经济社会发展是贯穿全年工作的主线，首都高校思想政治工作要与此紧密结合。他强调，要充分挖掘学校思想政治教育资源，使各类课程与思政课同向同行、形成协同效应。市委教育工作领导小组成员及相关部门负责人参加会议。

（谢文全　姜男　张子琎）

孙春兰检查高考准备工作

6月30日，孙春兰到北京市检查高考准备工作。孙春兰到北京科技大学附属中学考点和北京教育考试院，实地察看入校体温检测、防控物资准备、考场布置、应急隔离考场准备情况，了解考务指挥、考试综合管理平台运行情况，听取组考工作和监考教师培训情况汇报。她指出，高考是新冠肺炎疫情发生以来全国规模最大的一次有组织集体性活动，是对疫情常态化防控的重大考验。要制订周密的高考防疫预案和指引，细化全链条防疫措施，扎实做好考场消毒、通风和师生健康筛查，严格落实考生入场离场、戴口罩和考桌距离等防控要求，配齐防疫人员、保健医生和防疫物资，加强考生心理疏导和人文关怀，做好防暑降温、气象地质灾害预判和应对。以最高标准、最严要求，压实疫情防控和高考组织的各方责任，确保广

7月7日，人大附中学生参加高考。图为工作人员核实考生信息

（人大附中　供）

160 余人参加培训。

（孙亚茹　石燕）

市属高校坚持和完善党组织会议和党政联席会议制度情况督察

10 月，市委教育工委开展北京高校《关于坚持和完善北京普通高等学校院（系）党组织会议和党政联席会议制度的指导意见》落实情况督察。市委教育工委领导班子全体成员带队分赴 26 所市属高校开展全覆盖督察。督察组通过查阅资料、个别访谈、随机走访等方式，了解学校基本情况。督察组认为各高校高度重视，积极贯彻落实指导意见，高校院（系）党组织地位明显提升，党的领导得到明显增强，取得良好成效。12 月，市委教育工委落实中组部、教育部《普通高等学校院（系）党委会议和党政联席会议议事规则示范文本》要求，指导高校修订完善《院（系）党委会会议和党政联席会议议事规则》。

（王璟东　霍绪艳）

对市属高校开展全面从严治党归口考核

10 月至 11 月，市委教育工委对市属高校开展全面从严治党归口考核。按照《2020 年北京市全面从严治党（党建）工作考核实施方案》，市委教育工委与市纪委市监委、市委组织部、市委宣传部和市老干部局协作，由市委教育工委、市教委领导带队，组成 9 个抽查组，对 29 所市属高校（含局级直属单位）党委全面从严治党工作情况开展动态抽查。此轮抽查连同日常监督，发现问题 140 余个。市委教育工委要求，各高校党委要按照市反腐倡廉建设领导小组的反馈意见，举一反三，做好发现问题的整改工作。

（王希）

高校年轻干部培训班

11 月 24 日至 30 日，市委教育工委在国家教育行政学院举办第五期北京高校年轻干部培训班。培训班通过集中授课、集体讨论、实践教学等方式，开展理想信念教育、政治素养培养、业务能力提升等方面教育培训。来自中共中央党校、《求是》杂志社等单位的十余名专家教授为学员授课，郑吉春参加开班仪式并讲话，41 所在京高校的 41 名学员参加培训。市委教育工委另于 7 月 16 日至 9 月 16 日举办国家安全观主题教育网络培训示范班，两委机关 47 名处级干部参加培训；于 8 月 10 日至 12 日组织两委领导班子，各处处长、副处长和直属单位领导班子成员 162 人参加“全市领导干部学习贯彻党的十九届四中全会精神专题研讨班”。

（霍绪艳）

北京高校发展党员工作暨特邀党建组织员工作推进会

12 月 30 日，市委教育工委召开北京高校发展党员工作暨特邀党建组织员工作推进会。会议通过视频方式召开，介绍《北京高校聘请离退休老同志担任特邀党建组织员工作实施方案》制订的背景和过程，部署加强特邀党建组织员队伍建设的相关工作，邀请 6 名高校代表作大会交流发言。各高校分管基层党建工作的校领导、分管关工委工作的校领导、组织部门和关工委相关负责人 800 余人参加会议。

（王璟东）

北京高校 12 个工作室入选“双带头人”教师党支部书记工作室建设名单

12 月 31 日，教育部公布第二批高校“双带头人”教师党支部书记工作室建设名单，北京高校 12 个工作室入选。经省级党委教育工作部门把关推荐、专家评审、教育部党的建设和全面从严治党工作领导小组成员单位集中审议，遴选产生 100 个第二批高校“双带头人”教师党支部书记工作室，其中，北京高校工作室 12 个。工作室建设周期 3 年，每年建设经费 5 万元。

（王璟东）

第二批高校“双带头人”教师党支部书记工作室建设名单（北京）

北京大学	外国语学院阿拉伯语系党支部书记工作室
清华大学	电子系通信所党支部书记工作室
北京师范大学	生命科学学院生态学教师党支部书记工作室
中国农业大学	农学院作物生态与农作学系教工党支部书记工作室
北京科技大学	化学与生物工程学院化学与化学工程系党支部书记工作室
北京化工大学	化学工艺系党支部书记工作室
华北电力大学	电气与电子工程学院输配电系统研究所党支部书记工作室
北京航空航天大学	电子信息工程学院无线电导航教研室党支部书记工作
北京体育大学	中国排球运动学院教师党支部书记工作室
北京工业大学	材料与制造学部生态建材与晶体党支部书记工作室
北京城市学院	艺术工美党支部书记工作室
北京电子科技职业学院	汽车工程学院汽车制造技术系党支部书记工作室

（王璟东）

高校领导班子民主生活会督导

12月，市委教育工委组织开展高校2020年度领导班子民主生活会督导工作。市委教育工委按照市委统一部署，组建市委第六督导组，郑吉春任组长，其他市委教育工委领导任副组长，下设督导小组9个。督导组督导30所市属高校和北京城市学院的民主生活会，列席指导31所部属高校的民主生活会。

（霍绪艳　谢文全）

规范处级领导干部选拔任用工作

12月，市委教育工委制定印发《市委教育工委、市教委处级干部选拔任用工作流程》。文件进一步规范处级领导干部选拔任用工作程序。

（霍绪艳）

5所高校完成党委纪委换届

至年底，北京5所高校完成党委纪委换届。5所高校分别是北京财贸职业学院、北京物资学院、北京城市学院、中国农业大学、北京邮电大学。

（王璟东）

教育系统干部挂职援派

至年底，市委教育工委完成年度干部挂职和干部援派工作。选派2名机关干部参加援疆工作，2名干部到教育部、通州区教委挂职锻炼，选调1名干部到北京冬奥组委工作。协调安排1名湖北十堰市教育局干部、1名河北省教育发展研究与信息管理中心干部、1名教育部学位管理与研究生教育司干部、1名北京交通大学团委干部到两委机关挂职。

（霍绪艳）

干部管理监督

至年底，市委教育工委做好出国政审备案、社团兼职、离京请假审批等日常干部管理监督工作。接收领导干部出国（境）政审备案53人次，其中，因公17人次、因私36人次；涉及高校46人次，两委机关和直属单位7人次。接收领导干部离京外出请假报备685人次，其中，高校正职领导干部564人次、机关和直属单位121人次。接收领导干部在社会团体、基金会、民办非企业单位等社会组织以及在企业兼职申请63人次，其中，高校57人次、机关和直属单位6人次。上报两委机关和直属单位出国（境）人员备案信息36人次，其中，新增备案26人次、撤销备案10人次。

（霍绪艳）

教育系统人才选派

至年底，市委教育工委完成年度人才选派工作。选派17名高校教师参加第12批“人才京郊行”、4名高校专家学者参加“京青专家服务活动”、3名高校专家学者参加“北京院士专家南阳行”，接收2名“西部之光”访问学者到市属高校培养学习。

（霍绪艳）

宣传与思想政治教育

概述

2020年，北京教育系统围绕“聚民心、强信心、暖人心、筑同心”的工作目标，聚焦决胜全面建成小康社会和新冠肺炎疫情防控两个主题，开创宣传思想工作新局面。

以习近平新时代中国特色社会主义思想“三进”为主线，持续深化学校思政课改革创新。制定印发《北京高校习近平新时代中国特色社会主义思想概论课程教学方案》，指导高校开设“习近平新时代中国特色社会主义思想概论”必修课程。加强“习近平新时代中国特色社会主义思想在京华大地的生动实践”案例库建设，评选首批4个示范教学案例。全面开展“四史”学习教育，组织专家开设“名师大家讲党史”网络公开课。启动首批北京高校教书育人“最美课堂”工作，评选教书育人“特级教授”“特级教师”。深化北京市学校思政课教师“同备一堂课”制度，围绕习近平总书记最新重要讲话精神开展集体备课。召开北京市大中小学思政课一体化建设现场会，推动不同学段思政课一体化建设。

以主题教育为牵引，强化师生思想价值引领。围绕新冠肺炎疫情防控和全面建成小康社会重大主题，精心策划开展贯穿全年的“使命在肩、奋斗有我”主题教育活动。举办北京大学援鄂医疗队先进事迹网络报告会，开展“青春记‘疫’——大学生在行动”云晚会和原创艺术作品征集，联合“学习强国”录制疫情防控公开课“在经历中学习”“在比较中学习”，不断把主题教育活动引向深入。把疫情常态化防控与思想政治工作有机统筹起来，印发《疫情防控常态化下进一步加强北京高校思想政治工作的若干措施》，组建北京高校校园新冠肺炎疫情防控学生志愿服务队，推动新时代爱国卫生运动。

以“三全育人”改革为契机，推进思政工作改革创新。进一步落实市领导联系高校制度，蔡奇带头为高校师生宣讲党的十九届五中全会精神。举办“疫情之下大学的使命和担当”书记校长论坛暨北京市“三全育人”综合改革试点区建设推进会，专题部署推进“三全育人”综合改革试点区建设的重点任务。开展师生服务首都“四个中心”功能建设“双百行动计划”和脱贫攻坚主题社会实践调研成果征集，组织广大师生深入基层一线助力脱贫攻坚和首都建设发展。组织开展北京榜样“走进百所高校、走近百万大学生”和北京冬奥宣讲团进百所高校活动，畅通社会资源参与高校育人的“立交桥”。举办“讲述我/我们的育人故事”征文演讲等活动，推动大中小幼一体化德育体系建设。

以正面宣传为重点，打好意识形态主动仗、整体仗。

打造《老师请回答》“大中小学生同上一堂课”特别节目，邀请权威专家解读政策。构建“市—校—辅导员”信息三级推送机制，精选优质资讯推送至学生手机端。举办贯彻落实《党委（党组）意识形态工作责任制实施办法》专题培训班，着力增强教育系统做好意识形态工作的思想自觉和行动自觉。将综合研判与专题研判相结合，研判报告得到市委领导肯定。定期通报意识形态领域突出情况，每月印发《思想理论动态专报》，每日报送重点事件工作进展，完善意识形态工作体系。做好舆情事件的监测预警，妥善应对处置各类舆情事件。

1月31日，市委教育工委、市教委、北京教育电视台共同录制《老师请回答》特别节目 （新闻中心 供）

（王宇航）

55个项目获首都大学生思想政治教育工作实效奖

1月16日，市委教育工委第六届首都大学生思想政治教育工作实效奖揭晓。50所高校的112项成果参加申报，24个项目进入终评展示环节。经过现场答辩评审，最终评选出特等奖6个、一等奖8个、二等奖10个，另评选出优秀奖31个。首都大学生思想政治教育工作实效奖2009年设立，每两年评审一次，旨在总结和推广首都大学生思想政治教育工作中的典型经验和特色方法，评选并交流推广具有创新性、示范性、典型性的工作成果，是北京市大学生思想政治教育工作的最高荣誉。

（朱玉清　张晓兰）

录制《老师请回答》特别节目

1月31日，市委教育工委、市教委、北京电视台共同录制《老师请回答》大中小学生“同上一堂课”特别节目。此举旨在加强学生思想教育和心理疏导，指导学生居家学习生活。节目包括延期开学政策权威发布、青少年疫情防控指南、疫情当前谁在逆行、学生宅家心理疏导4期。刘宇辉、清华大学校长邱勇、北京育英学校校长于会详、北京史家教育集团校长王欢、北京协和医学院基础学院流行病学教授单广良参加首期节目录制。4期节目从2月3日起，每周一、周二晚间在北京卫视播出。市委教育工委、市教委全年共组织录制新冠肺炎疫情防控特别节目33期。

（甘凤妍）

首都高校大学生在行动网络主题教育活动

2月3日，市委教育工委、市教委启动首都高校“众志成城、共克时艰——大学生在行动”网络主题教育活动。活动通过组织大学生“同上一堂课”、参与“我承诺、我报到、我接力”线上活动，征集抗击新冠肺炎疫情主题艺术作品和新媒体作品，全覆盖开展线上主题班会、主题团日、主题党日的形式，教育引导大学生以实际行动助力新冠肺炎疫情防控阻击战。至年底，57所高校共举办活动1200余场，征集各类作品10万余份。

（甘凤妍）

“打赢疫情防控阻击战”思政课教师“同备一堂课”活动

2月21日，市委教育工委主办的“打赢疫情防控阻击战”北京市学校思政课教师“同备一堂课”活动在中国人民大学举办。活动邀请北京大学、清华大学、人民大学、中央财经大学4名教授分别围绕思想政治4门本科课程开展专题备课指导。活动通过北京高校思政课高精尖创新中心网络直播平台直播，参与观看的用户覆盖全国31个省（市、自治区）及15个国家和地区，总访问量10万余人次。

（吕鹏军）

“我们都是收信人”线上接力活动

3月至4月，市委教育工委组织发起“我们都是收信人”线上接力活动。活动旨在学习贯彻习近平给北京大学援鄂医疗队“90后”党员重要回信精神，首都高校50余万名大学生接力分享学习感悟。

（甘凤妍）

疫情防控公开课录制

3月至6月，市委教育工委、北京高校思想政治理论课高精尖创新中心、“学习强国”平台邀请专家学者推出“在经历中学习——疫情防控公开课”。此举旨在增强师生打赢疫情防控阻击战的信心决心。课程围绕新冠肺炎疫情防控斗争实践，邀请中国人民大学校长刘伟、中国政法大学校长马怀德、中央民族大学教授蒙曼等9名专家，分别以《如何看待新冠肺炎疫情影响下2020年中国经济增长》《为疫情防控提供有力法治保障》《事事关心人人尽力》等为题集中授课9讲。5月，结合常态化疫情防控形势，邀请首都地区教学名师和先进典型，录制第二季疫情防控公开课“在比较中学习”8讲。全年17讲课程全网观看量超过1000万人次。

（姜男）

高校心理工作专题视频会议

4月16日，市委教育工委召开北京高校心理工作专题视频会议。会议部署大学生心理健康教育工作，邀请心理专家作题为《疫情下的高校心理工作》的专题报告，清华大学、北京工业大学代表围绕疫情防控期间做好学生心理健康工作交流发言。各高校分管学生工作校领导、学工部长（研工部长）、心理中心主任等150余人参加会议。市委教育工委另于9月17日、11月12日分别召开京高校心理咨询中心主任视频会议和北京高校心理工作视频会议，交流并部署相关工作。

（王星星）

“使命在肩、奋斗有我”主题教育活动启动

4月26日，市委教育工委举行北京教育系统“使命在肩、奋斗有我”主题教育活动新闻通气会，标志活动正式启动。活动号召300万名首都师生“学起来”“唱起来”“讲起来”“做起来”，凝聚起打赢疫情防控阻击战和全面建成小康社会的强大精神力量。活动同时发布“使命在肩、奋斗有我”新时代文明工程倡议书，并介绍“青春记‘疫’——大学生在行动”主题云晚会、学生原创短视频大赛、学生原创歌曲大赛、学生原创美术作品大赛等活动有关情况。

（赵国伟）

北大援鄂医疗队事迹网上宣讲会

4月29日，市委教育工委、北京大学举办北京大学援鄂医疗队事迹网上宣讲会暨北京市学校思政课教师“同备一堂课”活动。6名北大援鄂医疗队队员代表讲述医疗队70余天在湖北抗击新冠肺炎疫情战斗中的感人故事。郑吉春参加活动并讲话。北京市大中小学全体思政课专兼职教师、高校马克思主义学院研究生通过北京高校思政课高精尖创新中心直播平台参加线上学习。

（姜男）

大学生心理健康月线上集中会诊

5月25日，市委教育工委、北京师范大学共同举办2020年“5·25”大学生心理健康教育月线上集中会诊暨总结交流会。会议以“聚力同心，战疫同行”为主题，展示“5·25”大学生心理健康教育月活动的成果，总结新冠肺炎疫情发生以来各地各高校心理健康教育工作取得的进展和成效，部署常态化疫情防控形势下进一步发挥队伍作用、加强心理健康教育工作要求。会议由教育部思政司主办，市委教育工委、北师大承办。大学生心理健康教育月自4月启动以来，全国各地高校按照组织一次专题辅导报告、一次关爱谈心帮扶、一次网络专题推送、一次在线集中会

6月14日，市委教育工委举办“使命在肩 奋斗有我——艺术名家与思政课教师面对面”活动（第一期）（市教委相关处室 供）

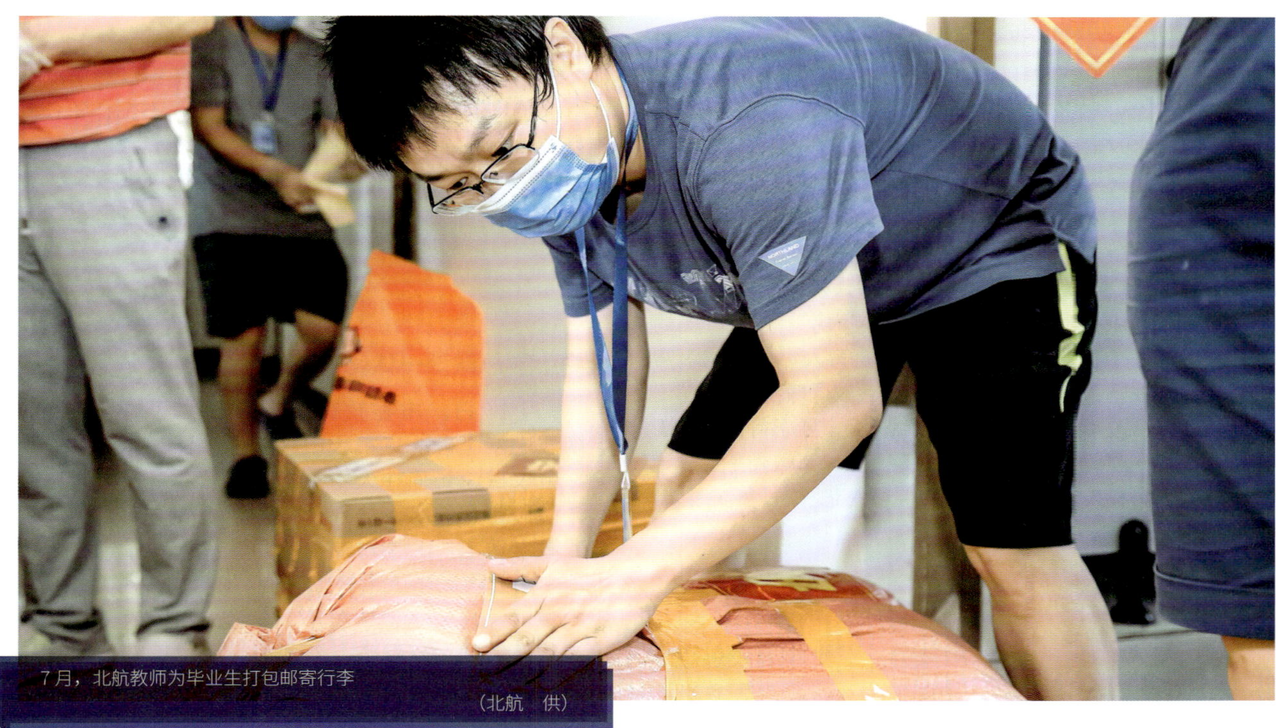

7月，北航教师为毕业生打包邮寄行李
（北航 供）

诊的要求开展活动，为学生提供心理指导服务。

（申政）

常态化下的高校疫情防控长效机制建设研讨会

6月9日，市委教育工委、市教委、北京日报社联合举办常态化下的高校疫情防控长效机制建设研讨会。清华大学卫生法研究中心主任王晨光、首都医科大学校长饶毅、北京中医药大学党委书记谷晓红、北京大学常务副校长詹启敏、北京协和医学院校长王辰分别围绕“在法治轨道上开展常态化疫情防控工作”“加快卫生管理人才队伍建设”“中医药在常态化校园疫情防控中的独特作用”“高校疫情防控长效机制建设”“在全社会开展常态化疫情防控思路”主题发言交流。来自93所高校的100余人参加研讨会。

（甘凤妍）

艺术名家与思政课教师面对面活动

6月14日，市委教育工委举办“使命在肩、奋斗有我——艺术名家与思政课教师面对面”活动（第一期）。活动由中国戏曲学院举办，采取现场与网络直播相结合的形式进行。中央美术学院院长范迪安、中国音乐学院院长王黎光等专家学者分别以《艺术院校思政课要坚持以美育人与立德树人的有机统一》《音乐创作中的初心使命》《戏剧表演中的家国情怀》《艺术的魅力·戏剧的力量》《胡琴演奏教学中的爱国情怀》《如何将艺术元素融入思政课教学》为题作专题报告，指导全市艺术类院校思政课教师集体备课。在京8所艺术类院校思政部主任和部分教师现场参会，北京市大中小学校思政课教师、高校艺术类专业师生通过北京高校思政课高精尖创新中心平台收听收看。

（姜男　江瑾尧）

最美毕业“寄”集体采访座谈会

7月15日，市委教育工委在中国人民大学举办最美毕业“寄”集体采访座谈会。市委教育工委组织新华社、中国新闻社、《中国青年报》等媒体新闻记者30余人实地走访人民大学毕业行李打包、寄送现场，邀请人民大学、北京理工大学、北京科技大学、北京外国语大学、北京工商大学代表向媒体介绍做好高校毕业生离校工作的经验做法。

（赵国伟）

暑期师生社会实践动员部署会

7月17日，市委教育工委、市教委召开北京高校“使命在肩、奋斗有我”主题教育活动推进会暨暑期师生社会实践动员部署会。会议发布2020年北京高校师生服务首都“四个中心”功能建设“双百行动计划”，启动“首都高校师生脱贫攻坚主题社会实践调研成果征集活动”。郑吉春参加会议并宣读《关于对高校师生志愿者参与首都疫情防控工作给予通报表扬的决定》，同时为“在京大学生到社区报到志愿服务队”代表授旗。国务院扶贫办、市委信息综合室、市委教育工委相关负责人及各高校主管校领导、师生代表150余人参加会议。

（甘凤妍）

“疫情之下大学的使命和担当”书记校长论坛

7月29日，教育部思政司、市委教育工委、市教委举办“疫情之下大学的使命和担当”书记校长论坛暨北京市“三全育人”综合改革试点区建设推进会。活动总结宣传疫情防控以来，首都高校立足中国大地办好中国特色世界一流大学的实践探索，谋划下一阶段常态化新冠肺炎疫情防控工作的思路举措。北京大学、清华大学、中国人民大学、北京航空航天大学、北京理工大学围绕“疫情之下大学的使命和担当”作主题交流；北京师范大学、北京科技大学、北京中医药大学、北京联合大学围绕“发挥‘三全育人’优势构筑常态化疫情防控坚强阵地”作专题交流。会议同时部署推进“三全育人”综合改革试点区建设的重点任务，要求各校按照工作台账一项一项抓好落实。市委教育工委、市教委主要领导及相关处室负责人，在京93所高校党委书记、校长参加活动。

（甘凤妍）

“名师大家讲党史”网络公开课启动

7月31日，由市委教育工委主办，北京高校思想政治理论课高精尖创新中心、中国人民大学马克思主义学院等单位承办的“名师大家讲党史”系列网络公开课启动仪式在人民大学举行。活动标志北京教育系统喜迎建党100周年主题教育活动正式启动。原中央党史研究室主任欧阳淞以《关于党的近百年历史的几个问题》为题作首场报告。郑吉春参加报告会并为欧阳淞颁发聘书。活动同时部署北京高校“四史”学习教育及主题教育活动相关工作，要求各高校要把“四史”学习教育作为一项重大的政治任务，加强组织领导、融入课程教学、强化实践育人、提早谋划设计，在北京高校持续营造喜迎建党100周年的热烈氛围。

（姜男）

落实意识形态工作责任制实施办法培训班

9月7日，市委教育工委、市委宣传部联合举办北京教育系统贯彻落实《党委（党组）意识形态工作责任制实施办法》专题培训班。市委宣传部相关负责人就新修订的《党委（党组）意识形态工作责任制实施办法》作专题辅导报告。北京62所高校党委宣传部部长、各区委教育工委书记、两委各处室相关负责人参加学习。

（王宇航）

大中小学思政课一体化建设现场会

9月14日，市委教育工委、市教委在中国人民大学附属中学举办北京市大中小学思政课一体化建设现场会。会议探讨如何在大中小学不同思政课课堂里结合不同年龄段学生特点，分别从知行意行等方面找到教学形式和教学重点。北京市海淀区中关村第三小学、人大附中、中央财经大学3名教师围绕“疫情大考的中国答卷”主题说课并作微格教学展示。与会人员同时分享一体化建设的新实践、新观点、新成果，探讨思政课学生学习方式变革和教师队伍建设的未来发展方向。来自教育部、市委教育工委、市教委的相关人员及各区中小学思政课教研员代表、大中小学思政课骨干教师代表200余人参加会议。

（姜男　宋亚甫）

网络安全宣传周系列活动

9月14日至20日，市委教育工委、市教委组织开展网络安全宣传周系列活动。活动以“网络安全为人民，网络安全靠人民”为主题，设计网络安全技能挑战赛、网络安全线上知识问答、网络安全线上课堂、网络安全微视频微网文校园征集等活动。北京各级各类学校累计100余万

校园网络“大V”座谈会

9月2日，市委教育工委组织召开校园网络“大V”座谈会。会议就做好校园常态化疫情防控工作听取师生代表意见建议。与会人员分别介绍校园疫情防控工作情况，分析当前潜在舆情风险，并就校园管理、舆论引导、思想政治工作等提出意见建议。来自北京大学、清华大学、中国人民大学等高校的10名网络“大V”参加座谈会。

（王宇航）

7月29日，教育部思政司、市委教育工委、市教委举办“疫情之下大学的使命和担当”书记校长论坛暨北京市“三全育人”综合改革试点区建设推进会（新闻中心　供）

名师生参加活动。

（王宇航）

大中小幼教师同台讲述育人故事活动

9月19日，由市委教育工委、市教委指导，北京市学校德育研究会主办的第二届北京市大中小幼教师同台讲述我（我们）的育人故事活动在北京师范大学第二附属中学举办。全市大中小幼专家、校长、园长、一线教师、社会资源单位的23名代表，同台讲述以“家校社携手育英才”为主题的育人故事。讲述内容分为“我们的育人故事”“我的育人故事”“我的思政课育人故事”“我们的协同育人故事”4类，征集参赛案例500余份。

（甘凤妍）

首个思政课案例教学基地成立

9月19日，北京市学校思政课案例库建设推进会暨教学基地授牌仪式在北京市市民热线服务中心举办。市委教育工委、市政务服务局签署首个《北京市学校思政课案例教学基地建设协议》并为“学校思想政治理论课案例教学基地”揭牌。根据协议，北京市市民热线服务中心成为“学校思想政治理论课案例教学基地”，市政务局支持案例库建设和案例教学工作，每年选派人员到高校围绕“接诉即办”开展专题讲座，并为高校师生在12345基地现场开展思政课案例教学和思政课教师学习实践提供保障。活动同时公布北京市学校思政课案例库首批案例名单，分别是“中关村自主创新实践”“12345市民服务热线的实践”“北京城市副中心建设实践”“建设香山革命纪念馆、大力弘扬香山革命精神实践”。市委教育工委、市教委、市政务服务局、中国人民大学等相关单位负责人50余人参加活动。

（姜男）

北京榜样走进百所高校报告会

9月29日，北京榜样“走进百所高校 走近百万大学生”报告会在北京科技大学举办。活动邀请7名北京榜样获得者分享自己的事迹，旨在发挥榜样的引领和示范效应，宣扬社会主义核心价值观。活动由市委宣传部、首都文明办、市委教育工委、市委讲师团联合主办，北科大承办，相关单位领导及师生代表200余人参加活动。

（林飞）

高校新上岗思政课教师培训班

10月11日至30日，市委教育工委举办2020年北京高校新上岗思政课教师培训班。培训班组织北京高校思政课特级教授、特级教师以及部分教学名师为全体新上岗思政课教师担任成长导师，开展一对一帮扶指导，同时赴城市副中心、香山革命纪念馆等地开展案例教学。110余名北京高校新上岗思政课教师经过培训获得上岗资格。培训期间，《北京高校思想政治理论课教师教学档案》正式发布，档案包含“教学诊断”“成长足迹”“教学感悟”等内容，要求各高校通过定期组织校领导、教学名师、教学督导员、学生代表对课程进行听课诊断的方式，全过程开展教学质量监测。

（姜男）

9月29日，市委宣传部、首都文明办、市委教育工委、市委讲师团在北科大举办北京榜样“走进百所高校 走近百万大学生”报告会
（北科大 供）

高校新生引航工程启动

10月16日，2020年北京高校新生引航工程启动仪式暨北京市“众志成城、共抗疫情”百姓宣讲活动在清华大学举行。清华新生代表发出“自觉落实‘八大’行动，共筑安全文明校园”的倡议。与会领导向北京高校校园疫情防控学生志愿服务队授旗，向新生代表赠送《习近平谈治国理政（第三卷）》等书籍。郑吉春参加活动并部署新生引航工程重点工作。启动仪式后，北京市“众志成城、共抗疫情”百姓宣讲团开展高校专场宣讲，8名来自各行各业的抗疫先进代表，用亲身经历向高校师生讲述发生在身边的感人故事。56所高校同步设立分会场，各高校主管学生工作校领导、学工部长、研工部长以及2020级辅导员和新生代表同步观看。市委教育工委另于11月4日在华北电力大学举办北京市“众志成城、共抗疫情”百姓宣讲活动首都大学生专场，56所高校设直播分会场。

（王星星）

北京两校入选全国职业院校课程思政研究中心

11月16日，教育部职业院校文化素质教育指导委员会公布全国职业院校课程思政研究中心名单，北京经济管理职业学校和北京市商业学校两校入选。为进一步推动全国职业院校课程思政建设走实走深，教育部职业院校文化素质教指委决定在全国职业院校课程思政研究院下设全国职业院校课程思政研究中心，全国29所职业院校入选并在11月21日举办的第十届全国职业院校“文化育人”高端论坛上接受授牌。

（于平波　安庞靖）

高校新生辅导员与高三班主任面对面活动

11月19日，市委教育工委、市教委在首都师范大学举办“对话与成长：高校新生辅导员与高三班主任面对面”活动。15所高校学工部长、新生辅导员代表，17所中学德育副校长、高三班主任代表围绕大学与中学一体化德育机制构建、大学新生适应问题等主题交流研讨。新生辅导员代表与高三班主任代表共同启动高校新生辅导员与高三班主任结对工作。活动由北京市学校德育研究会协办，首师大承办。

（王星星　赵国伟）

高校宣传部部长读书班

11月20日，市委教育工委在对外经济贸易大学举办第二期北京高校宣传部部长读书班。北京20所高校的宣传部长集体研习习近平《论党的宣传思想工作》一书，并结合当前形势和工作实际，就学习心得体会作交流发言。会议由北京高校新闻与文化传播研究会、对外经济贸易大学承办。市委教育工委另于11月25日至27日举办北京高校教师工作部部长读书班，集中学习研讨党的十九届五中全会精神、习近平总书记关于教育的重要论述、习近平《论党的宣传思想工作》等内容，郑吉春参加会议并为学员宣讲党的十九届五中全会精神。

（甘凤妍）

第二批重点建设马克思主义学院名单公布

12月18日，市委宣传部、市委教育工委公布第二批北京市重点建设马克思主义学院名单。经学校申报、材料评审、入校考察等程序，市委宣传部部务会研究确定北京邮电大学、中国传媒大学、北京林业大学、北京中医药大学、北京外国语大学、对外经济贸易大学、北京联合大学、北京工业大学8所学校的马克思主义学院为第二批北京市重点建设马克思主义学院。至2020年，北京市共有重点建设马克思主义学院16家。

（姜男）

全国高校“数字马院”联盟年会

12月20日，北京科技大学、中国农业大学、北京邮电大学联合举办全国高校“数字马院”联盟年会。年会采用现场参会和线上直播相结合的方式，介绍北科大“数字马院”建设及思政课信息化教学成果，宣读“数字马院”联盟首批理事单位名单，聘请首席培训师、首席评论员、首席信息员，同时开通“数字马院”联盟官方网站。年会由《思想教育研究》编辑部、人民网公开课、全国高校马克思主义学院数字化信息平台（数字马院）联盟主办，北京数字思政信息技术研究院协办。全国90余所高校的170余名马克思主义学院院长、思政部负责人、信息化建设项目负责人及其他代表现场参会，1.5万人次在线参加会议。

（林飞）

统一战线与群众工作

概述

2020年，北京高校组织党外知识分子发挥专业优势建言献策，加强党外代表人士队伍建设，构建“大统战”工作格局。北京高校党的关系隶属北京市委的62所高等教育机构（普通高校57所）有党外知识分子6.2万人，占知识分子总数的48%；有党外高级知识分子（副高级以上职称、副处级以上干部）1.79万人（无党派人士约1万人），占高级知识分子总数的39.7%；有民主党派基层组织330个，民主党派成员7800余人。北京高校系统推荐的第13届全国政协委员66人、政协北京市第13届委员74人。41所高校成立党外知识分子联谊会，20所高校成立归国留学人员联谊会。

（相京）

首都女教授协会换届

8月28日，首都女教授协会召开第六次会员代表大会。会议选举产生新一届理事会、监事会，北京理工大学教授何海燕当选会长。第六届理事会第一次会议投票选举副会长11人、常务理事12人、秘书长1人，提名产生副秘书长1人。市妇联、市委教育工委、北理工相关部门负责人，协会72家理事单位会员代表等200余人通过线下线上相结合方式参加会议。

（相京）

高校统战大讲堂

10月14日，市委教育工委在中国人民大学举办北京高校统战大讲堂2020年第一讲。大讲堂邀请中央统战部相关负责人以《坚持和发展我国新型政党制度》为题作专题讲座。在京26所高校统战干部和党外人士约260人通过远程视频系统参加讲座。

（相京）

民盟基础教育论坛

11月22日，民盟北京市委主办第12届民盟基础教育论坛。论坛以“展望‘十四五’规划和2035远景目标，为建设高质量教育体系而共同努力奋斗”为主题，分主旨演讲和圆桌讨论两个环节，邀请3名教育专家作学术分享，8名教育教学和教育管理一线教师及领导结合自身工作实践，围绕论坛主题作经验分享。论坛由民盟北京师范大学委员会承办，民盟北京市西城区委、民盟北京市海淀区委协办，市委领导、各区民盟盟员、高校师生、北京市基础教育一线教师等150余人参加论坛。

（牛政）

高校党外代表人士网络专题培训班

12月1日至31日，市委教育工委举办北京高校党外代表人士（民主党派基层骨干）网络专题培训班。培训班采用线上培训方式，依托中国公务员网开展。主要内容包括《中国共产党统一战线工作条例》、统战基础理论和知识、马克思主义中国化成果等。北京50余所高校的党外代表人士和民主党派基层骨干540人参加培训。

（相京）

纪检监察

概述

2020年，北京教育系统纪检监察工作突出政治监督根本职责，对两委贯彻落实习近平总书记对首都教育工作重要指示批示精神情况以及加强高校党的政治建设、意识形态责任制落实等重点跟进监督，确保党中央重大决策部署和市委有关要求落地落实。督促两委在完成上轮巡视整改的基础上统筹推进市属高校巡视整改和“四项专项”（即市属高校合作办学专项整治；加强所属企业体制改革审核把关；压减“瓦片经济”；加强教育基金会监管）工作整改任务落实。围绕新冠肺炎疫情防控主线，开展专项监督。对两委机关及直属单位厉行节约、公务消费、公车使用等开展约谈和监督检查。对行业政策执行落实情况加强监督，针对具体问题提出书面工作建议。紧盯选人用人关键环节，向两委机关出具党风廉政意见142人次。对新提任党员干部和挂职干部分别开展集体廉政谈话。加强分析研判，定期分析两委机关系统、北京高校信访举报和监督执纪立案审查情况，结合日常监督情况加强两委机关政治生态分析研判。强化执纪问责，同时针对近年来查处的直属单位“小金库”问题及违反中央八项规定精神的苗头性、倾向性问题，向机关党委发出工作建议、提醒函。

严把案件审理关，紧扣纪法衔接、执纪执法贯通重点和热点，着力破解纪法衔接的重点和难点问题，做好自办案件内部审理，并对处分决定执行情况开展自查自纠。做好高校案件统一审理，加强对高校案件工作的业务指导，加强对北京高校及直属单位案管系统数据填报的规范化管理。协助高校、区纪委区监委及外省市纪委监委进行司法查询、调取材料等案件协查相关工作。

深化落实纪检监察体制改革，落实市纪委市监委派驻机构改革调研督导反馈意见，结合工作实际，健全与驻在部门定期会商、问题线索联合排查、联合监督执纪等工作机制，与党建处（巡察办）、审计处、干部处等部门建立日常沟通机制，对机关党委、机关纪委查办案件工作提供业务指导，形成监督合力。制定加强两委机关直属单位日常监督的工作措施，细化请示报告分工安排，完善领导干部廉政档案管理工作规程等，着力提高派驻监督工作实效。协助市纪委市监委对市属高校纪检监察体制改革情况开展调研督导，推进市属高校纪检监察体制改革要求落地落实。协助推进系统巡察工作，对直属单位巡察整改情况加强监督，从强化结果运用、提高整改实效的角度提出意见建议。

2020年，北京高校纪检监察机构62个，其中，双管高校31个，纪检监察专职干部207人；市属高校31个，纪检监察专职干部176人。市纪委市监委驻市委教育工委纪检监察组在编干部21人。

（王雨）

对处级直属单位开展巡察及巡察整改专项督导

9月至11月，市委教育工委对两家处级直属单位开展第六轮巡察。市委教育工委组建巡察组，围绕“三个聚焦”，深化政治巡察，通过问卷调查、个别谈话、召开座谈会等形式，对北京西藏中学、北京市盲人学校开展巡察。市委教育工委、市教委另于11月启动实施委领导督促处级直属单位党组织巡察整改机制，对前三轮接受巡察的北京教育志编纂委员会办公室、北京教育新闻中心、北京学校后勤事务中心、北京校办产业管理中心、北京学生活动管理中心、北京自动化工程学校开展专项督导。

（王希）

全面从严治党工作情况动态抽查

10 月至 11 月，市委教育工委、市纪委市监委、市委组织部、市委宣传部、市老干部局联合对市属高校（含局级直属单位）党委开展全面从严治党工作动态抽查。按照《2020 年北京市全面从严治党（党建）工作考核实施方案》，市委教育工委、市教委组成 9 个抽查组，对 29 所市属高校（含局级直属单位）党委全面从严治党工作情况动态抽查。此轮抽查连同日常监督共发现问题 140 余个。

（谢文全　王希　王雨）

直属单位纪检工作研讨会

12 月 23 日，市委教育工委市教委机关纪委召开直属单位纪检工作研讨会。各单位围绕 2020 年纪检工作完成情况、存在的问题和建议、下一步工作计划等内容开展研讨。会议认为 2020 年纪检工作总体呈现“抓学习，整体意识有提高；搞建设，工作模式有创新；找位置，监督作用发挥有特色”3 个特点。会议提出 2021 年纪检工作的总体目标是，强基础、抓规范、提质量，要推进基础建设，做到学习创新有成效、执纪监督有储备。北京教育网络和信息中心、北京学生活动管理中心、北京西藏中学等 8 个市教委直属单位相关负责人参加会议。

（刘纪江）

高校纪检监察体制改革

至年底，驻市委教育工委纪检监察组推动高校纪检监察体制改革。各高校按照“两个责任”（主体责任、监督责任）贯通协同原则开展改革。至 12 月，归口市委教育工委管理的 62 所高校全部组建全面从严治党主体责任和巡察相关部门，市属高校全部建立监察专员办公室。

（谢文全　王雨）

疫情防控专项监督

至年底，驻市委教育工委纪检监察组围绕新冠肺炎疫情防控主线开展专项监督。深入校园一线强化监督检查，对防控措施落实、防疫物资管理使用等情况开展全覆盖检查；对中小学幼儿园开学复课工作开展抽查检查。围绕中央“六稳”“六保”任务落实，开展高校毕业生就业工作监督。关注举报热线，把新冠肺炎疫情期间毕业生迫切返校、调整艺考时间等反映集中的诉求类问题及时反馈市教委和有关学校，推动群众急难问题解决。

（王雨）

重要时间节点监督检查

至年底，驻市委教育工委开展重要时间节点监督检查工作。在元旦、春节、五一、国庆等重要节点，对两委机关及直属单位厉行节约、公务消费、公车使用等开展约谈和监督检查。重要时间节点发出节日通知提醒，强化对党员干部和教职工的纪律要求。

（王雨）

执纪问责强化

至年底，驻市委教育工委纪检监察组强化对市委教育工委、市教委执纪问责。完善信访举报办理集体研判机制，全年接收信访举报 259 件（次）。开展谈话、函询、抽查、核实工作，紧盯教育领域社会关切度高、群众反映强烈的突出问题，按照管理权限严肃查办违纪违法问题，集体处置问题线索 15 件；综合运用“四种形态”，给予党纪处分 2 人；诫勉谈话 3 人，批评教育 4 人；发出工作建议、提醒函 8 份。

（王雨）

纪检监察干部队伍建设加强

至年底，驻市委教育工委纪检监察组加强纪检监察干部建设。组织干部学习《监察法》《公职人员政务处分法》及纪检监察相关制度规定，全员参加市纪委在线考试。通过党支部集中学习、领导干部讲党课、谈心谈话等，加强思想和作风建设。

（王雨）

安全稳定

概述

2020 年，市委教育工委统筹推进校园疫情防控和安全稳定工作，指导高校稳妥处置各类突发事端，坚持实施“周小结、月研判、季通报、战时每日会商”工作机制。完成中国（北京）国际服务贸易交易会等重大活动期间安保维稳任务。召开北京高校安全稳定工作会议。组织高校开展 2020 年“4·15”全民国家安全教育日宣传教育活动。开展高校安全稳定专项督查、高校安全稳定职能部门处级负责人培训、市属高校平安校园建设考核等工作。市委教育工委被全国扫黑除恶专项斗争领导小组授予“2019 年度全国扫黑除恶专项斗争先进单位”称号。

（杨硕）

意识形态和安全稳定工作专题会

3 月 26 日，市委教育工委召开 2020 年北京高校意识形态和安全稳定工作专题视频部署会。会议传达中央和市

5月17日至18日，警察学完成支援“两会”学生警力批次返校及交接工作，980名学生返校参加“两会”安全保卫勤务（警察学院 供）

委有关会议精神，通报当前高校意识形态和安全稳定突出情况，分析研判工作形势，部署全年重点工作。56所高校、市教委5家直属单位分管领导和相关部门负责人200人参加会议。

（杨硕）

全民国家安全教育日宣传教育活动

4月，市委教育工委组织北京高校开展2020年“4·15”全民国家安全教育日宣传教育活动。活动以“坚持总体国家安全观，统筹传统安全和非传统安全，为决胜全面建成小康社会提供坚强保障”为主题，各高校统筹在线教学资源，安排专家学者、一线教师开设在线主题公开课。市委教育工委同时邀请清华大学工程院院士范维澄讲授《总体国家安全观视角下的疫情防控》公开课，北京高校全体学生通过“中国大学生在线”全媒体平台在线观看。

（杨硕）

涉校矛盾纠纷排查化解

5月，市委教育工委组织高校开展涉校矛盾纠纷排查化解专项工作。市委教育工委要求相关高校实行突出矛盾问题校领导牵头包案制，集中力量化解稳控，同时协调市相关部门配合高校落实稳控措施。至年底，各高校涉校矛盾纠纷问题未发生突出情况。

（杨硕）

高校安全稳定专项督查

6月，市委教育工委开展高校安全稳定专项督查。市委教育工委领导班子全体成员组成督查组4个，分别到北京大学、清华大学、中国人民大学等8所高校，调研走访学校综合指挥中心、食堂等，听取学校安全稳定专项汇报。督查组指导学校发现苗头问题、补齐工作短板、协调解决困难。

（杨硕）

离退休干部与关心下一代工作

概述

2020年，北京市属高校、两委机关及直属单位有离休干部589人，比上年减少69人，平均年龄90.3岁，包括中共党员511人。其中，第二次国内革命战争时期参加革命工作2人、抗战时期参加革命工作71人、解放战争时期参加革命工作516人。退休干部19767人，中共党员11305人。党的关系在北京市委的普通高校、两委及直属单位有离退休干部分党委36个，离退休干部党总支32个，离退休干部党支部1324个；老干部活动中心、站（室）145个，面积6.35万平方米；专职老干部工作人员444人。全年举办线上线下离退休老同志各类读书、学习活动160场，1.01万人次参加；举办各类情况通报会、报告会395场，2.64万人次参加。通过走访、打电话、邮寄慰问品等形式共慰问离退休老同志9.13万人次；为9064人次离退休老同志发放困难补助金、慰问金1458万元。

（杨旭）

关心下一代工作视频会议

5月7日，2020年北京教育系统关心下一代工作视频会议召开。会议听取题为《在“五化”“两实”上下功夫推动新时代关工委工作有新发展新贡献》的工作报告，布置

2020年工作，表彰“读懂中国”活动教育部关工委、北京教育系统关工委获奖作品267件、优秀组织单位73个；基础教育系统关工委十大品牌和优秀案例17个，职业教育系统关工委十大品牌和优秀案例20个；2019年北京教育系统关工委信息宣传工作先进单位59个、先进个人59人；2019年北京高校军训服装捐赠工作先进集体21个。北京教育系统关工委各基层单位的主管领导、相关负责人及思政课教学督导员、五老报告团成员等600余人在各分会场参会。

（乔永）

守正大讲堂援鄂医疗队事迹线上报告会

5月15日，北京教育系统关工委举办的守正大讲堂——北京大学援鄂医疗队先进事迹报告会在线举行。会议邀请北大第三医院国家援鄂抗疫国家医疗队队长、北大援鄂医疗队“90后”党员代表讲述“战疫”前线的点滴故事和感人瞬间。活动由北大协办。北京普通高校师生6万余人在线听取报告，当天直播累计观看超20万人次。守正大讲堂另于11月18日和11月26日在北京电子科技职业学院、北京市第十二中学分别举办“弘扬工匠精神追求卓越人生”“航空梦 强国梦”主题讲座。

（乔永）

“读懂中国”活动

6月，北京教育系统关工委组织北京地区高校开展2020“读懂中国”活动。活动以“全面小康，奋斗有我”为主题，要求大学生与作为中国道路见证者、亲历者的本校、本地“五老”牵手结对，以视频、征文、短视频、舞台剧形式记录并宣传“五老”经历和感悟。活动收到征文100余篇、微视频400余个、短视频40余个、舞台剧10余个。经北京教育系统关工委专家组评审，评出一等奖32个、二等奖53个、三等奖76个，优秀组织奖27个。北京教育系统关工委报送21件获奖作品参加全国评选。

（乔永）

“北京教育关工委”微信公众号启用

7月3日，北京教育系统关工委微信公众号“北京教育关工委”启用。启用仪式采用腾讯会议系统线上举行，北京教育系统关工委同时部署“读懂中国”、院士回母校、大国工匠进校园等相关工作。北京教育系统关工委领导，市委教育工委相关部门及各基层单位关工委负责人200余人参加线上启用仪式。该公众号由市委教育工委主管，主要用来发布工作资讯、分享工作经验、讲述“五老”故事。

（乔永）

“新时代好少年”主题教育读书活动

8月11日，北京教育系统关工委举办的北京市2020年“新时代好少年”主题教育读书活动结束。活动以“美好生活劳动创造”为主题，要求学生通过网络平台，提交演讲、朗诵、征文作品。全市中小学生和职业院校学生线上提交演讲视频1746个、征文4327篇、朗诵作品8239个。经专家评审，评选出演讲获奖作品65个、征文获奖作品155篇、朗诵获奖作品58个，先进集体17个、先进个人25人。

（乔永）

“争当垃圾分类小小推行官”活动

8月18日至9月18日，市关工委、北京教育系统关工委共同举办“争当垃圾分类小小推行官”活动。各区教育系统关工委分别开展垃圾分类宣传教育，中小学生提交短视频、摄影、歌唱、作文、绘画作品近千个。经专家评审，评选出一等奖5人、二等奖10人、三等奖24人，特别奖6人、优秀奖55人。

（乔永）

老校长下乡工作座谈会

8月26日，北京教育系统关工委召开老校长下乡工作座谈会。会议总结前一阶段工作成果，谋划推进下一阶段工作。阜平、承德、密云、延庆教育部门负责人表示，老校长下乡对教育均衡、优质发展起到推动作用，希望能继续通过北京老校长下乡工作持续推动当地教育发展。6名老校长代表作典型发言。北京教育系统关工委、市委教育工委相关负责人，阜平、承德、密云等地助教的老校长30余人参加会议。

（乔永）

关工委专项工作调研开展

9月18日至10月30日，北京教育系统关工委开展思政课教学督导员建设、二级关工委组织建设、工匠精神进校园和党建特邀组织员队伍建设工作专项调研。调研组赴北京工商大学、中央民族大学、北方工业大学、北京工业大学、北京师范大学、清华大学、中国矿业大学、中央财经大学、中国林业大学、华北电力大学10所普通高校和首钢工学院、北京市供销学校2所职业院校，实地了解情况。根据调研情况，北京教育系统关工委与市委教育工委印发《关于做好思政课信息员队伍管理衔接工作的通知》等文件，推动思政课教学督导员1：2000配备到位；制定《北京高校聘请离退休老同志担任特邀党建组织员工作实施方案》，召开北京高校发展党员工作暨特邀党建组织员工作推进视频会。

（乔永）

教育系统离退休干部工作领导小组会议

11月4日，市委教育工委召开北京教育系统离退休干部工作领导小组会议。会议审议通过《北京教育系统离退休干部工作领导小组成员调整名单》《市委教育工委市教委领导联系机关离退休干部制度》《市委教育工委市教委机关离休干部“一对一”精准服务制度》，强调要充分尊重和关心离退休老同志，结合他们的工作经历、专业特长和身体状况等特点，引导他们在关心教育下一代、参与社区公益事业、为教育改革发展建言献策等方面发挥作用。主动做好与离休干部的日常联系工作，精准开展服务，力所能及地为老同志排忧解难、办好实事。北京教育系统离退休干部工作领导小组全体成员14人参加会议。

（杨旭）

北京教育系统单位和个人获全国关心下一代工作表彰

11月17日至18日，在纪念中国关心下一代工作委员会成立30周年暨全国关心下一代工作表彰大会上，北京教育系统7个单位获“全国关心下一代工作先进集体”称号、10名个人获“全国关心下一代工作先进个人”称号。评选由中国关工委、中央文明办联合举办，经各省（市）自治区，推荐、专家评议等程序，表彰先进集体593个、先进个人1791人。

（乔永）

全国关心下一代工作先进集体（北京教育系统）

北京教育系统关心下一代工作委员会
北京大学关心下一代工作委员会
朝阳区教育系统关心下一代工作委员会
北京航空航天大学关心下一代工作委员会
北京林业大学关心下一代工作委员会
北京第二外国语学院老教授党员先锋队
北京电子科技职业学院关心下一代工作委员会

（乔永）

全国关心下一代工作先进个人（北京教育系统）

胡显章	清华大学
朱常宝（满族）	华北电力大学
徐维珍	房山区教育系统关工委
张忠廉	北京理工大学
孙铁	北京科技大学
马志成（回族）	北京工业大学
艾比布拉·胡贾（维吾尔族）	中央民族大学
刘建文	北京市西城区陶然亭小学
陈秀兰（女）	东城区教育系统关工委
韩宝芳	平谷区教育系统关工委

（乔永）

北京家校社共育咨询室建设工作推进会

11月25日，北京教育系统关工委召开北京家校社共育咨询室建设工作推进会。会议总结家校社共育咨询室建设情况。邀请大兴、房山、通州、东城区教育系统关工委相关人员代表家校社共育试点区作交流发言，各区分别从机构设置、组织力量调配、活动开展、制度机制建设方面介绍经验。市关工委、市教委、北京教育系统关工委相关人员，各区关工委、区委教育工委、区教委和区教育关工委相关人员100余人参加会议。北京家校社共育咨询室建设工作2019年启动，试点区8个，计划试点期3年。至年底，8个区建设家校社共育咨询室40个。市关工委、北京教育系统关工委另于11月13日联合印发《北京市家校社共育咨询室建设标准》。要求8个试点区每个区至少选择1所中学、1所小学、1所幼儿园、1个社区设立家校社共育咨询室，市委教育工委、市教委对试点咨询室的建设给予经费政策保障。

（乔永）

1月17日，大兴一幼举办家校社共育咨询室启动仪式

（大兴一幼 供）

老校长下乡支教团获 2020 北京榜样特别奖

12 月 29 日，北京老校长下乡支教团获 2020 北京榜样年度特别奖。北京老校长下乡支教团由东城、西城、朝阳、海淀、丰台 5 个区 32 名退休老校长、老教师组成，是北京教育系统关工委组织的公益支教群体。自 2016 年，支教团到密云、延庆及河北承德、阜平等 30 余所乡村中小学，通过授课、听课、评课方式支教，同时通过免费开放网课、结成姊妹校等举措输入教育理念、优质课程及其他教育资源。至 2020 年，支教团听课评课超过 12000 课时，亲授课 300 余课时，主持开展教研活动 200 余次，组织课外活动 160 余次，聘请专家名师开展讲座、示范课 100 余次。2020 北京榜样评选由市委宣传部、首都精神文明办主办，北京广播电视台承办，通过单位推荐、周榜样评选、月榜样评选等程序，共推选产生周榜人物 132 人、月榜人物 61 人、特别奖团体 3 个。

（赵国伟　乔永）

组织离退休老同志参与垃圾分类工作

至年底，市委教育工委组织离退休老同志参与垃圾分类工作。北京高校 2.4 万名离退休老同志网上或书面签订《垃圾分类承诺书》。市委教育工委组织北京高校与 303 个校外老同志集中居住社区开展工作对接，老同志主动到社区报到，参与社区生活垃圾分类知识宣传、桶前值守等工作，1024 名老同志承包垃圾桶（站）779 个，桶前值守近 7000 小时。

（杨旭）

党建引领老干部工作向基层延伸试点

至年底，市委教育工委推动党建引领老干部工作向基层延伸试点工作。此项工作旨在加强与老同志居住地党组织的工作对接和沟通联系，鼓励引导老同志依托社区党组织，在居住地发挥力所能及的作用，为基层治理工作贡献力量。市委教育工委上半年完成市属高校全部离退休干部居住地摸底工作；至 12 月，完成市属高校与相关试点街道社区的工作对接，向街道社区提供离退休干部基本信息和需要重点关注的困难人员名单。

（杨旭）

机关党建

概述

2020 年，市委教育工委市教委机关系统党建工作把加强党的政治建设摆在首位，聚焦首都教育改革与发展，巩固深化“不忘初心、牢记使命”主题教育成果，以培育两委机关文化为抓手，加强支部规范化建设，推动机关系统党的建设高质量发展。市委教育工委市教委机关系统有党支部 121 个，其中，两委机关处室党支部 45 个、直属单位党支部 76 个。拥有在职党员 1285 人、预备党员 17 人。

（马千里）

基层党组织书记抓党建述职评议考核

3 月，市委教育工委市教委机关党委组织 2019 年度机关和直属单位党组织书记抓党建述职评议考核。结合新冠肺炎疫情防控实际，35 个机关处室支部和 19 个直属单位党组织（含两委机关离退休干部党委）书记提交书面述职报告。通过两委领导和机关党委、机关纪委委员评议，直属单位党组织书记互评的方式开展考核。考评结果为“好”的 34 人，考核结果为“较好”的 2 人，机关党委对考核结果排名靠后的党组织书记进行约谈。

（吕晓春）

“七一”优秀表彰

7 月 1 日，市委教育工委市教委机关党委召开“七一”表彰大会。经基层党组织推荐、机关党委研究、市委教育工委批准，机关党委授予两委机关系统及直属单位 69 人“优秀共产党员”称号、15 人“优秀党务工作者”称号，授予 10 个党组织“先进党组织”称号。

（谢元君）

加强党的建设全面从严治党专题视频会

7 月 21 日，市委教育工委市教委机关党委召开两委机关系统加强党的建设全面从严治党专题视频会。会议通报 2017 年以来驻市委教育工委纪检监察组查处的两委直属单位多起违纪行为，主要涉及违反中央八项规定精神乱发津补贴、私设“小金库”项目资产使用监管不力等有关情况。会议从全面加强党的建设、从严从实抓好制度落实、进一步提高巡察整改成效三方面，对两委机关系统党建工作作出全面部署。两委处室相关负责人和直属单位党政领导班子成员近 300 人参加会议，驻市委教育工委纪检监察组负责人列席会议。

（吕晓春）

基层党组织书记培训班

9 月 16 日至 25 日，市委教育工委市教委机关党委举办基层党组织书记培训班。培训班邀请中央党校、市委党校和国防大学的专家教授，作《中国共产党党和国家机关基层组织工作条例》《中国共产党基层组织选举工作条例》《把握新时代党员干部特点增强思想政治工作针对性》《学习贯彻党支部工作条例推进党支部工作标准化规范化》《后疫情时代党建工作新形态》和《疫情后国家安全与国际形势》6 场专题报告。学员围绕如何贯彻落实《中国共产党基层组织选举工作条例》开展分组研讨。此次培训落实新冠肺炎疫情防控工作要求，严明学习和生活纪律，实行封闭管理，确保学习效果。两委机关系统122名基层党组织书记、副书记参加培训。

（宋宇杰）

在西长安街街道和平门社区开展“双报到”活动

10月29日，市委教育工委市教委机关党委与西长安街街道和平门社区开展党员“双报到”活动。活动以“党建引领新风尚 文明行动做表率”为主题，两委机关党员代表参观和平门社区智能垃圾桶等设施，了解社区开展垃圾分类情况，听取和平门社区垃圾分类指导员代表关于垃圾分类工作的意见建议，并在和平门社区小广场开展垃圾分类、“光盘行动”宣传活动。两委领导以普通党员身份参加活动，机关党委同时向和平门社区党委捐赠党建图书。

（谢元君）

直属单位落实全面从严治党情况动态抽查

10月至11月，市委教育工委市教委机关党委对直属单位落实全面从严治党情况动态抽查。机关党委、机关纪委、财务处、审计处成立抽查小组，制定两委机关系统全面从严治党（党建）考核方案、动态抽查方案和考核特色指标以及考核的8个方面94条内容。抽查小组采用查阅资料、实地察看、谈心谈话等方式，共检查15个单位，同时对存在问题现场整理并反馈整改意见，对发现的违纪违法问题线索第一时间报告移交。

（吕晓春）

开展联合党组织学习活动

12月9日，市委教育工委市教委机关党委组织12个基层党组织联合开展学习活动。活动以“教育”为背景，包括党政机关、直属单位、高校、中学、职业学校不同类型基层党组织12个。活动听取题为《深入学习贯彻五中全会精神 实现教育的高质量发展与新发展格局相适应的教育供给侧结构性改革的几点思考》的主题报告。12名基层党组织书记围绕如何学习贯彻党的十九届五中全会精神、做好本职工作、推进首都教育改革发展交流研讨。市委教育工委市教委机关、直属单位，北京化工大学，大兴区教委部分党支部党员，北京教育学院党委理论学习中心组成员等近百人参加活动。

（马千里）

中共北京市委教育工作委员会书记、副书记、委员

书　　记　王宁
常务副书记　郑吉春
副 书 记　刘宇辉　狄涛　李军锋
　　　　　李奕
委　　员　王文生（12月免）　曹文军（12月任）
　　　　　黄侃（7月免）　张永凯　丁大伟
　　　　　张洋（1月任）　刘晓明（9月任）
正局级干部　张雪

中共北京市委教育工作委员会二级巡视员、处室负责人

二级巡视员
　卢向红（4月任）　王泳（4月任）
　刘晓明（4月任，10月免）
处室负责人
　办公室主任　刘晓明（12月免）　王建辉（12月任）
　中共北京市委教育工作领导小组办公室秘书处
　　（体制改革处）处长　宋晓晖
　研究室主任　庞成立
　党建工作处（巡察办）处长　吴洁
　组织一处处长　李丽辉
　组织二处处长　李丽辉（11月兼）
　干部处处长　王泳
　宣教处处长　寇红江
　统一战线与群众工作处处长　卢向红
　安全稳定工作处处长　王建辉（12月免）
　离退休干部处处长　杜建峰
　机关党委专职副书记　马千里
　机关纪委书记　韩宝来

中共北京市纪律检查委员会、北京市监察委员会
驻中共北京市委教育工作委员会纪检监察组组长、副组长

组　长　王文生（12月免）　曹文军（12月任）
副组长　滕继辉　刘刚　杨威

（本栏责任编校　张晓兰）

政策法规

发展规划

财务

审计

基本建设

后勤管理

信息化管理

校园安全

语言文字

2021 | 综合管理

INTEGRATED MANAGEMENT

- 《北京市中小学幼儿园安全管理规定》推进实施
- “接诉即办”工作推进
- 北京教育大数据建设
- 城市副中心教育质量提升
- 教育系统垃圾分类工作推进

综合管理
INTEGRATED MANAGEMENT

综述

《北京市中小学校幼儿园安全管理规定》推进实施

2020 年，市教委推进《北京市中小学校幼儿园安全管理规定》深入实施。印发《2020 年北京市学校安全工作重点任务》，规划部署 18 个相关委办局年度学校安全任务职责。发挥市区两级学校安全工作联席会议制度作用，建立学校安全形势分析制度、情况通报机制、快速反应机制，加强校园安全重大风险研判，完善安全突发事件快速反应机制。形成市、区政府分管教育工作领导带队、各相关委办局参加的学校安全联合检查机制，坚持问题导向，继续紧盯各区在落实规定中存在的问题，重点督促校园人防、物防、技防和学校门前 100 米禁停、学校周边 200 米安全区治理等方面的整改落实。印发《关于做好 2020—2021 学年度校方责任保险及附加无过失责任保险工作的通知》，要求各区规范做好校方责任保险的投保工作。北京市率先实现学校安全工作校长（园长）负责制和 100% 建立安全工作领导组织机构，形成市区政府、街道乡镇、相关部门和学校、家长、社会各方面共建共治共享的学校安全治理“北京模式”。

（李异军）

“接诉即办”工作推进

2020 年，市教委推进 12345 市民服务热线“接诉即办”工作。市教委受理 12345 市民服务热线群众来电 4 万余件，受理派单 1 万余件，比上年分别上升 28%、320%（包括疫情相关派单占比 44%）。全年平均解决率 94.09%，满意率 96.80%，综合评分 96.57 分，在 52 个参评市属机构综合成绩第 12 名。组织相关负责人走进 12345 市民服务热线，参加第七季接听来电活动，接听课后服务、培训机构治理、新中考政策等热点问题来电 70 余件，现场会商解决群众诉求。市教委办公室、北京教育政务中心获 2020 年全市“接诉即办”改革工作“先进集体”称号。

（牛晓亮）

“放管服”改革推进

2020 年，市教委推进“放管服”改革。市教委最大化承接国家基本目录，最小颗粒度细化政务服务事项办理项，制定统一的线上线下一体化流程图表。实现 46 个办事事项在政务窗口落地，比上年精简材料 53%、压减办理时限近 15%。编制《北京市政务公开便民服务 600 问》教育篇，组织修订《政务公开全清单》。主动回应关切，实现市教委网站“一网通查”“一网通答”“一网通管”“一网通览”，形成集约化建设教育经验，配合开展全市政府电话清理整改，接通率达 95%，机关“僵尸电话”基本消除。

（牛晓亮）

北京教育大数据建设

2020 年，市教委推进北京教育大数据建设。按照“广泛汇聚、深度融合、创新应用”的建设目标，建设“1+6+N”（1 套全息教育数据库、6 个数据管理系统、N 个场景应用）教育大数据平台，梳理整合数据目录，汇聚清洗各类业务数据，同步编制教育数据汇聚规范、教育数据共享管理办法、教育数据支撑领导决策指标体系等教育大数据相关规范，指导平台建设，推动教育大数据应用，为教育决策提供支撑。

（田鹏）

教育领域“两区”建设推进

2020 年，市教委全力推进教育领域“两区”（国家服务业扩大开放综合示范区和中国〈北京〉自由贸易试验区）

建设任务。按照10月9日北京市建设国家服务业扩大开放综合示范区和中国（北京）自由贸易试验区动员部署大会指示要求，市教委树立全市一盘棋思想，迅速部署“两区”建设工作，组建工作专班，制定工作方案，建立常态化沟通机制，梳理试点政策和任务清单，积极宣传推介，争取政策突破，将“两区”建设作为深化教育开放改革的重要抓手，全力推进落实。“两区”建设涉及市教委任务7项，其中，探索引进考试机构及理工类学科国际教材、研究制定外国留学生在中国境内勤工助学管理制度、鼓励外商投资成人类教育培训机构3项为教育领域重点任务，按要求持续推进。

（詹仁龙）

部分教育功能疏解工作推进

2020年，市教委加快市属高校新校区建设，推进部分教育功能有序疏解。北京电影学院怀柔新校区一期工程收尾验收并开展新竣工配套专项实施；北京信息科技大学昌平新校区学生宿舍组团完工，教学楼组团一、二、三标段正在进行内外装修和机电设备安装、调试；北京工商大学良乡校区二期工程学生宿舍、学生食堂和学生活动中心收尾验收并开展新竣工配套专项实施；北京城市学院顺义新校区三期项目正式开工建设。研究启动首都医科大学大兴校区、首都体育学院延庆校区规划建设。

（马骏）

城市副中心教育质量提升

2020年，北京城市副中心教育质量提升。市教委加快推进优质中小学、幼儿园建设，北京学校小学部完成设施设备调试、管理团队进驻等开学准备工作，秋季学期投入使用；中学部及共享区完成建筑外立面工程。北京市第五幼儿园副中心分园开园，北海幼儿园副中心一分园、二分园移交区教委。推进教育教学改革，协调调动中国人民大学附属中学157名统筹教师到北京学校工作，指导北京学校招聘教师59人。继续实施《促进通州区基础教育质量提升计划和教师素质提升支持计划》，统筹市区两级、系统内外各类资源支持通州中小学发展，深化“手拉手结对学校”项目，开展线上互访交流700余次，1200余人次学生、300余人次干部教师参与线上经验交流、听课评课、课堂教学等活动。落实《关于北三县地区教育发展合作协议》，推进北京财贸职业学院廊坊校区发展。

（王鑫）

教育系统垃圾分类工作推进

2020年，市教委推进教育系统垃圾分类工作。市教委坚持高位推进，从立德树人高度，把生活垃圾分类这件“关键小事”统筹纳入教育全局考虑，印发《北京市学校生活垃圾分类工作方案》。开展教育系统垃圾分类工作系列新闻宣传活动，各级各类学校悬挂条幅、海报并公众号推送文章共计160万余条。组织新闻媒体开展系列宣传报道，邀请学校、学生和家长代表走进演播厅，在北京电视台录制《非常向上》《同心家长会》等电视专题节目。制定《北京市学校生活垃圾分类指引（试行）》，指导各区各校科学规范开展垃圾分类。制定《北京市教育系统垃圾分类推进工作督查工作方案》，把垃圾分类工作情况纳入挂牌责任督学督导工作，共检查点位3724个、容器9598个。

（张炀　邹翔）

政府信息公开

2020年，市教委继续做好政府信息公开工作。在新冠肺炎疫情之初，市教委即在网站设立“坚决打赢首都教育系统疫情防控阻击战”专栏，实时发布中央和市委、市政府工作部署、教育系统防疫工作及线上教育教学工作安排和指导等相关信息617条。全年主动公开文件类政府信息424条，包括行政规范性文件18条。《北京市中小学校幼儿园学生伤害事故处理办法》《北京市教育委员会关于2020年义务教育阶段入学工作意见》《北京市中等职业学校学生学籍管理办法》等行政规范性文件的政策解读同步公开。市教委网站设置“政府采购”“招考录用”专栏，公开相关信息27条。依法依规做好依申请公开办理工作，收到政府信息公开申请108件（含上年结转1件），办结107件，结转下年度1件。针对市教委政府信息公开的行政复议2件，市司法局维持信息公开答复告知书。全年无针对市教委政府信息公开工

9月至12月，潞河中学操场、楼宇修缮工程竣工并投入使用

（潞河中学　供）

作的行政诉讼和投诉举报。

（钱进军　王利利）

提高教育经费使用效益实施方案印发

5月13日，市政府办公厅印发《北京市进一步调整优化结构提高教育经费使用效益的实施方案》。方案明确要围绕首都城市战略定位，以优化支出结构、强化成本控制、提高使用效益为主线，发挥绩效导向作用，加强教育经费投入使用管理。提出完善教育经费投入机制、优化教育经费使用结构、科学管理教育经费3方面共12条内容，明确一般公共预算教育支出逐年只增不减，按在校学生人数平均的一般公共预算教育支出逐年只增不减等内容。方案同时明确各项内容的相关责任单位。要求各区要制定工作措施，分解任务，压实责任；市有关部门要加强对各区的工作指导，及时研究解决困难和问题。市教委要会同有关部门对各区任务落实情况开展监督检查。

（陈彦旭）

教育基金会专项整改

6月，市委教育工委、市教委组织18所市属高校教育基金会开展专项整改。全面梳理有关基金会管理的法律法规和规范性文件37项，形成制度汇编，研究制定《北京市教育基金会规范管理检查要点》，完善教育基金会规范管理的制度体系。针对市委第八轮巡视中发现存在教育基金会相关问题的5所高校（北方工业大学、北京第二外国语学院、北京电影学院、首都师范大学、北京联合大学）进行专项调研。通过专项整改，市委巡视组反馈的问题得到全面、彻底、坚决整改，市属高校教育基金会建设得到有效加强。

（邓永卫）

获评教育部首批教育融媒体建设试点优秀单位

11月12日至13日，在教育部2020年教育融媒体建设试点工作推进会上，北京3家单位获评教育部首批教育融媒体建设试点优秀单位。3家单位分别是市委教育工委市教委、北京大学、清华大学。市委教育工委市教委“北京市教育融媒体中心”自2019年在北京教育新闻中心挂牌成立以来，始终按照“育人为本、统筹为先、内容为王、创新为要”的内涵式首都教育融媒体建设思路和模式，以高质量新闻舆论供给体系、全媒体传播体系服务立德树人根本任务，助力推进首都教育治理体系和治理能力现代化。

（张娜）

教育社会组织管理规定修订

12月14日，市委教育工委、市教委完成修订《关于加强北京市教育社会组织管理的若干规定》并颁布施行。新修订的文件由原来4个部分变更为7个部分，共7章30条，旨在规范北京市教育社会组织的申请、登记、变更、注销程序，强化社会组织发起人（单位）的责任、教育社会组织的主体责任、教育社会组织所挂靠单位的监管责任，落实业务主管单位对教育社会组织的统筹管理职责。

（邓永卫）

两个经营类事业单位改革推进

至年底，市教委推进北京教育考试院所属北京市教育考试指导中心和北京市教育考试招生服务中心两个经营类事业单位改革工作。两个中心均为经营类事业单位，按照市委编办关于经营类事业单位改革的部署，12月底，完成2个机构的事业单位撤销工作。

（杨伟丽）

行业协会商会全面脱钩

至年底，市教委完成全面推开行业协会商会与行政机关脱钩改革工作任务。根据国家发展改革委、民政部等十部委联合印发的《关于全面推开行业协会商会与行政机关脱钩改革的实施意见》文件精神和《北京市全面推开行业协会商会与行政机关脱钩改革工作方案》工作部署，加强与市政府外办、市财政局和市民政局等相关委办局的沟通协调，在北京高校科技产业协会、北京民办教育协会、北京留学服务行业协会的配合下，完成行业协会商会与行政机关脱钩改革工作。全面脱钩以后，在机构分离方面，三家协会依法直接登记和独立运行，不再设置业务主管单位；在职能分离方面，三家协会均无行政职能，职能界限清晰；在资产财务分离方面，三家协会继续按照规定严格执行民间非营利组织会计制度，单独建账、独立核算，实行独立财务管理；在人员管理分离方面，三家协会均具有人事自主权，依法建立规范用人制度，依章程自主选人用人；在党建、外事分离方面，三家协会党建工作归口市行业协会商会综合党委统一领导，外事工作由市政府外办管理。

（邓永卫）

办结人大代表建议及政协提案

至年底，市教委协调办理人大代表建议、政协提案313件。其中，全国人大代表建议2件、全国政协提案2件，市人大代表建议106件、市政协提案203件。涉及市教委处室18个，全部按期办结。建议提案涉及基础教育学段有关工作、校园食品安全、职业教育改革发展等方面。代表委员对市教委承办的建议提案答复意见满意率99.5%。市教委另配合市人大调研学前教育师资队伍建设情况、普通高等教育考试招生工作情况、提升学生配餐质量问题。11月26日，市十五届人大常委会第26次会议审议《关于学前教育三年行动计划完成情况的报告》，认为市政府高度重视第三期学前教育行动计划的实施，及时制定各项配套政策，加强部门协同配合，持续加大经费投入，努力扩增学位资源，大力发展普惠性幼儿园，不断提升师资水平和办园质量。全市学前教育在入园率、普惠率、无证园治理和规范发展方面实现预定工作目标。同时提出，虽然三年来全市学前教育事业发展取得长足进步，但是离广大人民群众对接受高质量学前教育的强烈需求相比还有差距。

（董景涛）

受理行政审批事项 203967 件

至年底，市教委政务窗口受理行政审批事项 203967 件。市教委政务窗口全年受理行政审批事项 203967 件，全部办结，办结率 100%，群众评价满意率 100%。接待面对面咨询和电话咨询 3000 余人次。市教委派驻窗口的审批人员全部从前台退到后台，主要负责审批、前台的业务培训和指导以及政务服务改革措施在窗口的落地工作。完成“网上办”“不见面办”、一站式服务、电子证照改革、双授权、群众最多跑一次、增加邮政快递服务、最多签两次政务改革措施。实现新冠肺炎疫情期间“服务不断、质量不降、内容不减”“小小窗口满满服务”的工作要求。市教委被市政务局评为年度先进单位，9 人次被评为季度先进工作者、1 人被评为北京市窗口之星，获群众感谢信 7 封。

（于广吉）

受理信访事项 1325 件

至年底，市教委受理群众信访事项 1325 件。其中，办理群众来信 513 件，接待群众来访 430 批次（包括集体访 26 批次）。办理国家信访局、市信访办（市长信箱）转办件 382 件，完成复查（复核）26 件。获得群众赠送锦旗 7 面，表扬信 6 封。市信访工作联席会议交办市教委信访积案 48 件，结案化解 36 件，在关于开展集中治理重复信访、化解信访积案专项工作中首年化解率 75%。市教委另办理市纪委政风行风热线转办件 1106 件，督办市教委主要领导批阅群众来信 150 件。

（牛晓亮）

12 月 4 日，东城回民小学开展宪法学习，学生唱响宪法歌曲
（东城回民小学　供）

北京教育系统新冠肺炎疫情防控归档

至年底，市教委完成北京教育系统新冠肺炎疫情防控归档。市教委汇总各类疫情文件、照片、音视频档案 1397 件，其中，文书档案 1069 件、数码照片 192 件、视频档案 121 件、实物 15 件。同时，做好档案测评与复查工作，开展档案清查，确保档案准确完整。

（牛晓亮）

政策法规

概述

2020 年，北京教育法治工作围绕新冠肺炎疫情防控和首都教育改革发展，推进政策研究和教育法治各项工作。

做好新冠肺炎疫情防控相关法治工作。市教委印发《教育系统疫情防控工作有关法律问题指引》，强化“双随机、一公开”（即在监管过程中随机抽取检查对象、随机选派执法检查人员，抽查情况及查处结果及时向社会公开）疫情防控执法检查，充分发挥法律顾问和法治副校长等法治队伍的作用，提高新冠肺炎疫情防控法治化水平。印发《关于做好疫情防控期间法治工作的通知》，围绕传染病防治法及其实施条例、突发事件应对法、野生动物保护法等法律法规和疫情防控政策措施开展重点宣传，引导广大师生员工增强法治意识，冷静应对疫情，自觉遵守各项依法防控措施。编写新冠肺炎疫情防控期间干部师生普法工作信息，总结疫情防控常态化下推进普法任务的新模式、新方法，被司法部全文采用。

推进教育法规规章修订。继续跟踪国家立法进程，推进修订地方性法规、政府规章。会同市司法局等部门完成《北京市教育督导规定》修订的立项论证。整合高校和专业机构专家资源组建《北京市教育督导规定》修订工作课题组，组织北京教育科学研究院督评中心和首都师范大学开展修订立法调研和立项论证，完成立法调研报告和立项论证报告，协助市司法局召开立项论证会，完成立项任务，将《北京市教育督导规定》修订纳入 2021 年市政府规章立法计划。

强化依法治教。印发《2020 年教育法治工作要点》，明确法治工作总体要求，从扎实推进教育法治建设、不断提升依法行政水平、着力提高依法治校能力、进一步增强法治宣传教育实效、加强教育法治保障 5 个方面部署 17 项重点工作。召开全市教育法治工作会议，围绕突出立法规范，加强教育法制建设等要求，明确年度重点工作任务。完成涉及开放政策的地方性法规、规章、规范性文件清理工作。梳理编制教育系统政务服务事项目录，梳理调整后，教育系统政务服务事项93项，其中，行政许可17项、行政处罚50项、行政给付1项、行政检查6项、行政确认1项、行政奖励4项、其他行政权力14项。印发行政规范性文件18个，包括市教委《关于2020年义务教育阶段入学工作的意见》《关于做好2020年高级中等学校考试招生工作的意见》《关于进一步规范民办非学历高等教育机构办学行为的意见》等，编制2020年市教委行政规范性文件目录。

推进教育执法。落实行政执法公示制度、执法全过程记录制度、重大执法决定法制审核制度，实行行政执法情况通报制度，压实执法责任。制发8期《教育行政执法情况通报》，通报市教委机关各处室、各区教委执法检查、处罚情况。全年执法检查31661件，比上年增加11913件，行政处罚15件。办理各类教育行政案件59件，其中，教师申诉案件3件、学生申诉案件12件、行政复议案件18件、被复议案件6件、行政诉讼案件20件。组织两期面向市教委机关干部和区教委机关行政执法人员的专题培训。

加强依法治校。组织举办中小学依法治校工作推进会，并面向区、校解读《北京市中小学依法治校基本标准》。采取线上培训方式，完成高校依法治校专题培训。联合六部门拟制印发《北京市中小学校幼儿园学生伤害事故处理办法》。同时推进市教委直属学校章程建设。

推进法治宣传教育。落实领导干部学法要求，组织市教委办公会会前学法4次。突出宪法教育核心地位，广泛动员大中小学生参与“学宪法讲宪法”活动。47万余人累计答题203万余次，88014人次参与宪法演讲，提交演讲视频1328件。完成教育系统各单位“七五”普法总结自查，推荐教育系统7名先进个人和6个先进单位入选市级“七五”普法先进。广泛征集师生法治动漫微视频作品近500部，市教委获优秀组织单位称号。深化推进教检合作，最高检干部任中小学法治副校长，学校普法力量专业能力和水平明显提升。开展新冠肺炎疫情防治法治知识宣传教育。通过多种形式组织民法典学习，累计49万余人次参与。

（杨俊　李群伟）

中小学校幼儿园学生伤害事故处理办法印发

5月21日，市教委联合北京高院、市检察院、市公安局、市司法局、市卫生健康委、北京银保监局6家单位印发《北京市中小学校幼儿园学生伤害事故处理办法》。办法全面涵盖学生伤害事故发生后的应急处置、责任认定、损害赔偿、纠纷解决、舆情引导等各方面工作，突出事故处理中的矛盾纠纷化解，突破现有体制机制，为学校提供更为完善的法律服务体系，切实落实依法治教、依法治校。包括总则、事故处置、事故纠纷化解、事故赔偿、“校闹”处置、附则共6章40条内容。

（杨俊）

机关大讲堂集体学习民法典

6月30日，市委教育工委、市教委以理论学习中心组集体学习（扩大）会议暨机关大讲堂活动的形式学习《中华人民共和国民法典》。讲堂邀请中国政法大学民商经济法学院院长作专题辅导报告。报告围绕民法典的编纂历程、结构内容等深入解读，聚焦立法精神，阐述条文要义，解析民法典的新规定、新概念、新精神。市委教育工委、市教委机关56个基层党组织、20个直属单位的1001人通过北京高校思想政治理论课高精尖创新中心在线直播平台参加学习。

（朱迎）

组织学生参加全国学生“学宪法讲宪法”活动

6月，市教委组织北京大中小学生参与第五届全国学生“学宪法讲宪法”活动。在宪法演讲和法律知识竞赛全国总决赛中，由中国政法大学等学校8名学生组成的北京代表队分获初中组演讲一等奖、大学组演讲一等奖、大学

6月，在全国学生“学宪法讲宪法”知识竞赛总决赛上的北京队选手　（市教委相关处室　供）

组最佳表达奖、小学组演讲三等奖、高中组演讲三等奖、知识竞赛团队二等奖的好成绩。在推进“学宪法讲宪法”网上学习和争当“宪法小卫士”活动中，累计8434万人次参与宪法网络学习，88.81万人次通过在线学习与测评成为“宪法小卫士”，学生总体参与率43.24%，排全国第十名。市教委获第五届全国学生“学宪法讲宪法”线上线下系列活动优秀组织奖。

（朱迎　解淑平）

北京市法治宣传教育示范基地揭牌

10月29日，北京市法治宣传教育示范基地揭牌仪式暨法治宣传教育活动在首钢工学院举行。市委全面依法治市委员会守法普法协调小组于2019年6月在全市范围内组织开展北京市第一批“法治宣传教育示范基地”评选活动，经市应急管理局推荐、实地考察评估、集中审议，首钢工学院北京市安全生产实训基地入选北京市第一批法治宣传教育示范基地，是北京市首批命名挂牌的10家基地之一。北京市安全生产实训基地坐落在首钢工学院内，是由市应急管理局和首钢工学院联合打造的安全应急领域政校合作基地，在建设之初就把“法治型”作为实训基地的重要建设内容和方向，搭建推进法治文化建设的坚实载体，开展一系列常态化、智能化、互动化的法治宣传活动，获得企业、群众认可。至2020年8月基地接待参观企业68家，共1043人；实训47家单位，共3946人；开展市应急管理局安全生产执法队队长培训、安全生产检查（督查检查）队队长培训、安全生产执法监察人员培训等，累计培训6113人。

（卢芳）

大中小法治教育一体化建设工程启动

12月3日，北京市东城区史家胡同小学、北京市第二中学、中国政法大学共同启动“大中小法治教育一体化建设工程”。3所学校签订《青少年法治教育与大中小学思政一体化教学基地共建协议》，史家胡同小学、二中聘任法大5名教师为中小学思政教师（兼职），法大聘任史家胡同小学4名教师为该校研究生实践导师。根据协议，3所学校还将开展集体备课、交流学习等活动，合作开展青少年法治教育课程和思想政治理论课程教学研讨，探索贯通培养和一体化育人规律，将高校的智识优势和中小学的实践特点相结合，实现资源互补，增强法治教育和思政课教学的实效性。协议有效期3年。

（李媛媛　李震　闫旭）

国家宪法日“宪法晨读”活动

12月4日，市教委在首都师范大学附属小学举办2020年教育系统国家宪法日“宪法晨读”北京市分会场活动。首师大附小全体师生通过全国青少年普法网收看网络直播，与全国各地师生同步诵读部分《宪法》内容，并在主会场的带领下，齐唱《宪法伴我们成长》。首师大附小师生300余人参加活动。

（解淑平）

新冠肺炎疫情防控期间干部师生普法工作

至年底，市教委推进新冠肺炎疫情防控期间干部师生普法工作。针对教育系统面临的法律问题和法律风险，印发《关于做好疫情防控期间法治工作的通知》，强调应对疫情，教育部门和学校有落实政府要求参与疫情防控的法定职责。同时编发《新冠疫情期间学校法律风险防范指引》。要求各高校、中小学4月15日错峰错时观看“2020年全民国家安全教育日高校公开课”，引导学生将总体国家安全观贯穿抗疫全过程。与北京教育法治研究基地（中国政法大学）合作，开发中小学教师法治教育平台。开发试用“依法治教”手机学法小程序提供网上法律学习服务，并面向全系统干部师生开放使用，至年底，参与学习15915人、累计学习167002人次。市教委同时于4月组织机关干部通过法院“智慧云法庭”观摩教育涉诉案件，强化干部依法履职意识。

（朱迎）

教育领域营商环境改革优化

至年底，市教委组织教育领域深化“放管服”改革，优化教育领域营商环境。召开优化营商环境工作主任办公会、专题会，完善工作机制，建立专班工作群，全年报送各类材料200余份；印发《北京市教育领域营商环境建设

12月3日，史家胡同小学、二中、法大共同启动“大中小法治教育建设一体化”工程，图为“同上一节课”活动（史家胡同小学　供）

工作分工方案》，组织市委教育工委、市教委 16 个处室 63 人后台支撑国家营商环境评价填报，提供准备各类政策文件 204 份，各类截屏、小视频、案例 236 件。

（杨俊）

文件清理工作完成

至年底，市教委完成 3 项文件清理工作。清理不符合国家《优化营商环境条例》和《北京市优化营商环境条例》有关的地方性法规、规章、规范性文件，清理地方性法规 7 项、政府规章 3 项、以市政府名义印发的文件 65 项、市教委行政规范性文件 286 项；经清理，市教委涉及营商环境的地方性法规 1 项、以市政府名义印发的文件 1 项、市教委规范性文件 5 项。协助市市场监督管理局清理妨碍统一市场和公平竞争的政策措施，清理政府规章 3 项、以市政府名义印发的文件 65 项、市教委行政规范性文件 286 项和其他政策措施 1 项；涉及市场主体经济活动的文件和其他政策措施 22 项，清理地方性法规 6 项，其中，全面修订 3 项、保留 3 项。完成涉及民法典法规规章规范性文件清理工作，清理政府规章 3 项，以市政府、市政府办公厅名义制发的行政规范性文件 65 项，市教委行政规范性文件 286 项；经清理，涉及地方性法规 6 项，其中，全面修订 3 项、保留 3 项。

（李群伟）

发展规划

概述

2020 年，市教委开展“十四五”规划编制，完成“十三五”规划总结评估，强化研究驱动，以市级规划课题和两委 4 个重点问题为抓手，明确首都教育“十四五”时期教育发展的思路和任务。与相关委办局联合印发《关于进一步加强全市中小学学位建设的工作方案》。完成 2019—2020 学年度教育事业统计的数据采集、核验、发布等工作，全面铺开 2020—2021 学年度各项统计工作。不断提高教育事业统计数据质量，持续推进教育统计数据服务平台建设。组织开展教育统计分析专题研究，努力为教育宏观管理和科学决策提供支持，助力首都教育事业发展和重点工作推进。

完成疫情防控下的各项考试组织工作。结合疫情防控形势变化，研究中高考等 20 余项考试安排，提前分析研判，做好多种工作预案和风险防控预案。制定中高考疫情防控方案等各类工作预案 30 余个，及时向社会发布各类考试安排公告。研究批复 140 余个招生单位的研究生复试和博士招生方案。确保高考从计划编制、高考赋分、查分复核、志愿辅导、招生录取、计划调整环节改革措施平稳落地；第一时间向市委、市政府和教育部申请确定高考时间；会同北京教育考试院研究调整艺术、体育等专业测试工作方案，及时调控因考试方式调整带来的舆情问题；在疫情防控关键期，采取“居家分散 网上考试”的方式，组织实施新高考适应性测试；抓住有利窗口期，完成英语听力考试、高考体检等任务；调整考试方式，稳妥组织实施第一次贯通高端技能人才培养项目转段升本科考试；完成高职升本科、高职自主招生、第二学士学位等考试录取工作等。落实研究生复试、中考、社会考试等其他各类考试的疫情防控和组织工作。

实现教育领域京津冀协同发展中期目标。推进“疏整促”专项行动，严格控制教育发展规模，累计减少市属高校和普通中专招生计划 1.5 万人，其中，减少京外招生计划 1.1 万人；推动累计压缩各类教育培训机构 193 个，减少培训 6 万余人次。重点推进北京城市学院等 11 所高校疏解项目。“十三五”期间，在京高校向城六区外转移学生 7.6 万人，其中，市属高校 2.3 万人、中央部委属高校 5.3 万人。协调推进城市副中心教育设施建设，实现北京学校小学部、北京市第五幼儿园副中心分园招生办学。统筹各部门在育人方式、办学模式、管理机制、保障机制等方面支持副中心先行先试。统筹各类优质教育资源全力支持河北雄安新区建设，3 所“交钥匙”援建学校加快建设。锚定 2020 年京津冀协同发展战略中期节点目标，实现“十三五”时期教育专项计划各项任务完成。首次开展京津冀高职院校跨省单招。完善京津冀教育部门间的经常性对话和定期会面机制。

（姚林修）

市属高校机构编制调整

3 月，市委编办批复同意调整市属高校财政补助事业编制。北京农学院增加财政补助事业编制 71 人，北京建筑大学增加财政补助事业编制 109 人，所需编制从北京联合大学应用文理学院调剂 80 人、首都经济贸易大学调剂 100 人。调整后，农学院财政补助事业编制由 772 人增至 843 人，建筑大学财政补助事业编制由 1111 人增至 1220 人，北京联大应用文理学院财政补助事业编制由 470 人减至 390 人，首经贸财政补助事业编制由 2087 人减至 1987 人。

（杨伟丽）

核定调剂 3 所新建学校编制

9 月，市委编办核定北京第一实验学校、北京第一实验中学、北京第四实验学校 3 所学校编制。市委编办核定北京第一实验学校财政补助事业编制 206 人、校级领导职数 1 正 6 副；北京第一实验中学财政补助事业编制 277 人、校级领导职数 1 正 6 副；北京第四实验学校财政补助事业编制 307 人、校级领导职数 1 正 6 副。所需编制从北京电子科技职业学院调剂 260 人、首都师范大学调剂 290 人、北京联合大学商务学院调剂 100 人、北京联合大学生物化学工程学院调剂 140 人。调整后，电科职院财政补助事业编制从 1255 人减至 995 人，首师大财政补助事业编制从 3099 人减至 2809 人，北京联大商务学院财政补助事业编制从 285 人减至 185 人，北京联大生物化学工程学院财政补助事业编制从 434 人减至 294 人。

（杨伟丽）

加强中小学学位建设工作方案印发

12 月 30 日，市教委、市发展改革委、市公安局、市财政局、市规划自然资源委、市住房城乡建设委联合印发《关于进一步加强全市中小学学位建设的工作方案》。方案旨在解决因全市中小学适龄人口规模快速增加而引起的教育需求与学位供给不充分、布局不均衡之间的问题。方案在分年份、分区域、分学段的中小学学位需求的基础上，从“建、扩、收、调、拓”5 个维度拓展学位资源，包括总体要求、重点任务、组织实施 3 部分内容。方案提出通过加快中小学校建设、充分挖掘利用现有教育资源、加大出租出借校舍的回收力度、统筹使用各类教育设施、积极面向校外拓展办学资源等措施扩充中小学学位，统筹使用设施规划、土地使用、优质资源、项目建设、招生入学等政策予以保障。方案同时明确相关责任单位，要求各方要加强市级统筹、强化区级主责、健全实施机制、强化督导检查。

（王鑫）

推进院校调整

至年底，市教委统筹推进院校调整。推动首都体育学院加挂“北京国际奥林匹克学院”牌子；推动北京吉利学院更名并搬迁至四川省办学；统筹北京金隅科技学校划转至市教委的相关工作；完成北京邮电大学世纪学院举办者变更；完成北京医药集团职工大学名称变更。落实教育部关于独立学院转设的要求，逐校对接研究学校具体情况和转设工作思路，研究制订北京市独立学院转设工作总体方案，加快推进北京工商大学嘉华学院转设。

（崔晶）

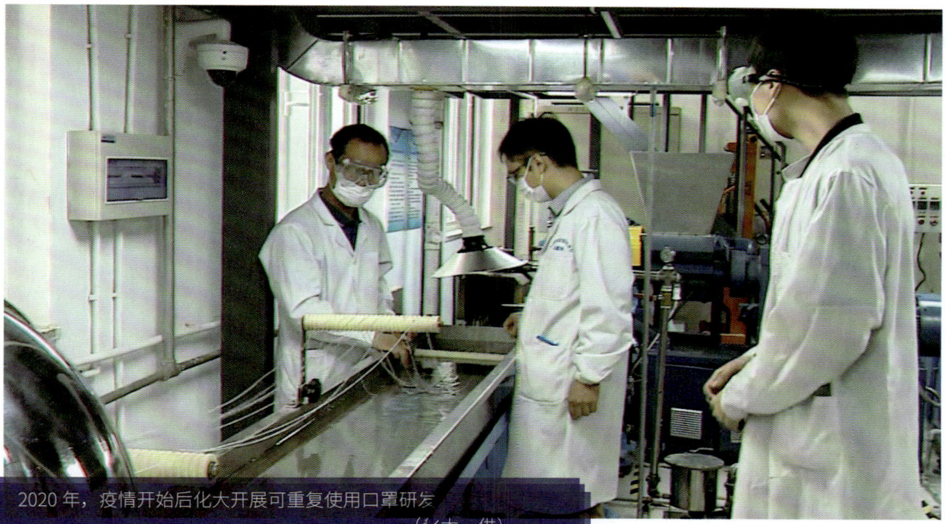

2020 年，疫情开始后化大开展可重复使用口罩研发
（化大 供）

财务

概述

2020 年，市教委财务工作创新管理思路，优化结构，简政放权，加强监管，提升资金效益，完成各项工作任务。全年市级财政拨款教育经费预算 343.13 亿元，其中，市本级预算单位资金 216.43 亿元，市对区补助资金 126.70 亿元。

（李高远　徐达）

决算编报

1 月至 2 月，市教委完成所属预决算单位 2019 年决算数据审核、汇总、上报工作。决算数据包括市教委机关事业及所属 54 个事业单位（含 25 所市属高等院校、5 所中等专业学校、24 个直属单位）。数据显示，2019 年决算全年收入 317.02 亿元，包括财政拨款 260.13 亿元；支出 313.17 亿元。市教委另于 8 月印发关于 2019 年度部门决算的批复，批复各预算单位 2019 年度部门决算。

（李奇）

追加疫情应急科研攻关项目经费

2 月和 6 月，市教委分别追加新冠肺炎疫情应急科研攻关项目经费 956.75 万元和 839.95 万元。费用主要用于支持清华大学、北京大学等高校的 21 个项目，项目主要涉及新冠肺炎病毒溯源、疫苗研发、药物研制等。市教委另于 4 月 23 日印发《关于有效应对新冠肺炎疫情影响进一步加强预算管理的通知》，要求各直属预算单位强化“保基本、保运转”与疫情防控并重的支出政策导向。发挥专业优势，支持高校加快防控新冠肺炎科技研发攻关，鼓励综合多学科力量联合开展科研攻关；调整优化支出结构，及时核减受疫情影响的大型会议、体育赛事等聚集性活动和因公出访活动经费，调整用于疫情防控、复工复学、线上授课等项目；硬化约束，规范流程，除疫情防控、市委市政府重点项目、基础设施更新改造重点项目等经费外，原则上不再追加资金；落实疫情防控采购便利化要求，提高采购效率，确保疫情防控及时到位。

（陈彦旭）

预决算公开

2月至8月，市教委完成相关财务预算决算公开。2月公开2020年部门预算收入支出总体情况、“三公经费”、政府采购、政府购买服务、机关运行经费、项目支出绩效目标以及学前教育专项资金的预算情况，8月公开2019年部门决算和“三公经费”。市教委制定相关公开文件，严格把关，加强数据材料审核，确保公开数据真实可靠。

（李高远）

市属高校“瓦片经济”问题整改

2月至12月，市教委开展市属高校出租、出借、对外投资及房屋租用（瓦片经济）问题专项整改。市教委、市财政局联合印发《关于落实市教委所属事业单位国有资产管理问题整改的通知》，要求各高校对出租、出借、对外投资及房屋租用情况全面梳理和自查，同时明确房屋、土地出租出借问题的整改原则和后期管理方式。市教委另就相关问题，分批约谈11所高校主管校领导及财务、资产等相关部门负责人，调研了解各校存在的具体问题及整改措施，跟踪问效整改落实情况，同时以点带面开展市属高校内控评价工作，指导学校完善和落实相关制度，规范财务管理工作。

（李宵瑶）

疫情期间民办幼儿园帮扶政策制定

3月26日，市教委、市财政局印发《关于新冠肺炎疫情期间支持民办幼儿园稳定发展的通知》。文件明确，经区教委认定且符合市级财政补助条件的普惠性幼儿园，按照2020年1月北京市学前教育综合管理系统中的在园幼儿数，于3月底前一次性拨付2020年1月至6月的生均定额补助；对保育教育费收费标准在4000元/（生·月）以下运转困难的民办非普惠性幼儿园，按照上年北京市最低工资标准和幼儿园在职员工数给予帮扶补助；支持符合条件且有意愿的非普惠性幼儿园转为普惠性幼儿园，市级财政按标准自1月起给予普惠性幼儿园补助。文件同时要求各区在市级政策的基础上，可结合区域内幼儿园实际情况制定本区扶持政策，促进民办园稳定健康发展。市教委于3月共拨付876家普惠性幼儿园10.7亿元；2月至4月拨付帮扶和转普资金663.8万元，帮扶幼儿园43家；至4月，累计拨付转普资金3.5亿元，支持117家非普惠性幼儿园转普惠。

（陈彦旭）

2020年，农大附中增加桌椅间距，保证学生安全距离
（海淀区教委　供）

规范疫情防控期间各类教育收费

6月15日，市教委印发《关于做好疫情防控期间各级各类学校和幼儿园收费管理工作的通知》。文件提出公办民办同政策，各级各类学校、幼儿园要严格落实按学年（学期、月）收费政策，不得借疫情防控名义违规乱收费，未复课的不得收费；据实收取住宿费，各级各类学校在疫情防控期间应根据学生实际住宿天数收取住宿费，提前预收的需合理结算退回；建立多部门联动机制，市区各级教育、发改、财政、市场监管部门根据职责，加强对教育收费的管理，严查各种乱收费行为。

（陈彦旭）

加强区教育用地和房产出租出借管理

7月13日，市政府教育督导室、市教委、市财政局印发《关于加强各区教育用地和房产出租出借管理工作的通知》。文件要求各区政府加强教育用地和房产出租出借管理，尽快收回已出租出借的土地和房产用于教育。对于各区通过适当方式，依法依规将已出租、合建教育用地和房产提前收回用于补充学位的，市级财政分别给予2000元/平方米、4000元/平方米的奖励。至年底，全市共收回教育用地10092平方米。

（陈彦旭）

事业单位产权登记

8月至10月，市教委开展所属事业单位2019年度产权登记。81家市教委所属事业单位参加产权登记。截至 2019 年 12 月 31 日，国有资产总额 4850956.33 万元、负债总额 369692.8 万元、资产总额 5220649.13 万元。

（霍宁）

预算编制

10 月至 12 月，市教委完成所属预算单位及市对区教育补助 2021 年预算的审核、汇总、上报工作。市本级预算包括市教委机关事业及所属 54 个事业单位（含 25 所市属高等院校、5 所中等专业学校、24 个直属单位）。全年财政拨款 197.11 亿元；预算支出 293.84 亿元；市对区教育补助经费 126.70 亿元。

（李高远　徐达）

事前绩效评估

至年底，市教委接受市财政局 2021 年事前项目绩效评估并自行开展事前项目绩效评估。接受市财政局 2021 年事前绩效评估项目 31 个，涉及单位 14 家、资金 7.79 亿元;评估结果为“支持”的 9 个、“退回完善”的 5 个、“部分支持”的 11 个、“不予支持”的 6 个。市教委自行开展 2021 年事前绩效评估项目 154 个,涉及单位 27 家、资金 6.83 亿元。此举旨在把绩效管理理念纳入预算评审环节，在预算评审过程中实现评审结果与绩效目标的设置相匹配。

（徐达）

部分基本经费拨款制度修订

至年底，市教委修订部分基本经费拨款制度。在人员经费中，市级中等职业学校、中小学校和特殊教育学校人员经费定额标准，按照人员经费政策进行调整，同时将物业补贴、采暖补贴、党建思政工作补贴等纳入定额中。在生均公用经费中，把本科高校本科生均公用经费定额按照学科大类拨款；基础设施改造定额中的小额修缮、网络思政工作专项经费、思想政治工作和党务工作队伍建设专项经费在生均公用定额经费中统筹安排；取消“1 年（含）以上双培、外培在中央高校或国外学校的学生，财政拨款标准为学科财政拨款定额 2/3”的规定；不再设财政负担比例和系数。在市属高校经费中，设立分类发展经费，包括分类发展定额和分类发展专项；原则上将市属高校纳入专户管理的学费住宿费收入不少于 30% 用于分类发展建设。

（李高远）

审计

概述

2020 年，北京市教育系统内部审计机构 72 个，包括独立设置审计机构 41 个，专职内部审计人员 159 人。全年完成审计项目 3593 个，其中，重大政策跟踪审计 27 个、财务收支审计 295 个、经济责任审计 704 个、基本建设（修缮）审计 1652 个、科研经费审计和审签 543 个、内部控制审计和绩效审计 72 个、专项审计和审计调查 300 个。促进增收节支 2.25 亿元，提出意见建议被采纳 3869 条。市教委制定、修订《北京市教育系统内部审计工作实施办法》《北京市教育系统建设工程管理审计办法》等 4 项制度。

（张作勇）

审计工作会

4 月 10 日，市教委召开 2020 年北京市教育系统内部审计工作会议。会议总结 2019 年审计工作，部署 2020 年

7 月 8 日，北理工举行 2020 年毕业典礼暨学位授予仪式
（北理工　供）

重点工作。市教委主任、市纪委市监委驻市委教育工委纪检监察组组长参加会议并讲话。会议传达全市审计工作会议精神，强调审计工作要提高政治站位，不断增强责任感和使命感。要坚持党对审计工作的领导，把旗帜鲜明讲政治贯穿于审计工作全过程、各环节；要围绕中心，突出重点，推进审计全覆盖；要健全贯通协调机制，充分发挥审计监督职能作用;要推进审计整改责任落实，力戒形式主义、官僚主义，提高内部管理水平。各区教委、市属高校、市教委机关处室及直属单位主要负责人、审计机构和财务部门负责人，以及市教委特约审计员等200余人参加视频会议。

（李新影）

市属高校及直属单位内部审计实现全覆盖

4月至11月，市教委组织开展市属高校及直属单位内部审计自查工作，实现内部审计全覆盖。市教委组织19所市属高校和25个直属单位开展2019年度预算执行和其他财政收支内部审计自查，发现问题318个，涉及资金106755.36万元。至11月30日，44个单位按照边审边改、立整立改的要求，制定整改措施222条，涉及金额20322.82万元；完善或建立的内部管理制度62个。

（张迎春）

预算执行与决算审计

4月至12月，市教委开展2019年度预算执行与决算审计。市教委对北京建筑大学、北京印刷学院、北京电子科技职业学院、北京石油化工学院、首都体育学院、北京服装学院6所市属高校和北京教育学院、北京市教育技术设备中心、北京西藏中学、北京市校办产业管理中心4家直属单位开展2019年度预算执行与决算审计。发现问题62个，涉及资金17113.13万元，提出审计意见和建议并被采纳90条。

（张迎春）

4名领导干部经济责任审计

5月至10月，市委教育工委、市教委完成4名领导干部经济责任审计。根据领导干部的职责权限，结合履职特点，先后完成北京教育学院、北京西藏中学、北京市校办产业管理中心、北京市教育技术设备中心4家单位4名领导干部经济责任审计，并出具审计报告、审计结果报告。审计总金额293292.96万元，发现问题53个，涉及资金16462.37万元，提出审计意见建议并被采纳69条。市教委另于1月印发《关于公开2019年直属单位领导干部经济责任审计结果及查出问题整改情况的通知》，在市教委直属单位范围内通报对2个直属单位的审计结果以及单位对审计发现问题的整改情况。

（徐焕喆　张作勇　霍绪艳）

内部审计工作评价

6月至10月，市教委组织25所市属高校开展内部审计工作评价。各高校分别从制度建设、队伍建设、审计业务等方面开展自评。在自评基础上，市教委会同市审计局聘任高校审计处长组成专家组，通过听取汇报、查阅资料、召开座谈会等方式，分别对北京工业大学、北京物资学院2所学校内部审计工作进行检查。内部审计工作评价得到教育部财务司和市审计局的支持肯定。

（张作勇）

市教育系统内部审计工作实施办法修订

7月，市委教育工委、市教委修订《北京市教育系统内部审计工作实施办法》。办法共8章50条。与修订前相比，在结构上增加1章；在内容上对适用范围、内部审计内涵、领导体制、机构和人员、职责权限、工作程序以及责任追究进行修订，同时增加“审计结果运用”相关内容。

（张作勇）

9月，北航志愿者在国家会议中心服务2020年中国国际服务贸易交易会　（北航　供）

国际服贸会教育项目经费审计

7月至10月，市教委对2020年中国国际服务贸易交易会项目开展跟踪审计。市教委按照北京市统一部署和2020年国际服贸会审计服务保障工作要求，成立审计组开展专项审计，促进节约资金74.09万元，组织收入121万元。项目执行期间，审计组向承办单位提供审计咨询意见7条，向市审计局报送审计工作报告3份，累计提出管理建议被采纳9条，保障项目资金规范使用，提高资金使用绩效。

（李新影）

内部控制审计

7月至12月，市教委对两所市属高校开展内部控制审计。市教委对北京建筑大学、北京服装学院2019年1月1日至2019年12月31日期间学校内部控制设计的健全性及运行的有效性进行检查和评价，并出具审计报告。审计总金额379846.84万元，发现问题27个。提出审计意见建议并被采纳32条。

（张作勇）

重大政策跟踪审计

9月至12月，市教委开展重大政策跟踪审计，完成“高校社会力量参与小学体育美育发展项目政策绩效审计”。先后对市教委体育卫生与艺术教育处、20家资源单位实施现场审计调查，对13家资源单位实施非现场审计调查，面向16个区及燕山地区教委和110所对接小学开展座谈、调研。其间，组织专家论证会2次、专题研究会2次。市教委最终出具专项审计调查报告，针对优化资源配置、组织管理方式、完善保障机制、加强项目绩效管理4方面提出审计建议。

（李新影）

疫情防控专项经费审计

9月至12月，市教委对北京高校食堂餐饮等公共场所环境采样核酸检测经费开展专项审计。审计组出具审计报告1份，审计总金额196.40万元，提出审计意见及建议并被采纳1条。

（徐焕喆）

市教委内部审计工作实施办法印发

10月，市委教育工委、市教委联合印发《北京市教育委员会内部审计工作实施办法》。办法明确市委教育工委市教委审计工作协调小组主要职责、审计处职责和权限、审计工作程序、审计整改和结果运用、责任追究等内容，为开展市教委内部审计工作提供制度保障。办法自10月14日开始施行。

（张作勇）

审计工作协调小组议事规则修订

10月，市委教育工委、市教委联合印发《中共北京市委教育工作委员会北京市教育委员会审计工作协调小组议事规则》。办法明确市委教育工委市教委审计工作协调小组主要职责、成员处室主要职责、会议机制等内容，为开展市教委内部审计工作提供制度保障。办法自10月14日开始施行。

（张作勇）

后续审计

10月至12月，市教委先后完成对北京市教育系统人才交流服务中心、北京教育老干部活动中心两家单位经济责任审计后续审计。通过后续审计，了解单位对审计发现

2020年，疫情防控期间，对外经贸大校医院护士每天在隔离区域消杀并进行医疗垃圾清运　（对外经贸大　供）

2020 年，卫职院新院区项目开工建设

（卫职院　供）

问题采取的具体措施及效果，测试类似问题是否再次发生，促进单位完善内部控制，提升管理科学化水平。审计总金额 2679.03 万元，新发现问题 1 个，提出审计意见建议并被采纳 7 条。审计整改完成率 100%。

（徐焕喆）

审计整改约谈

11 月 24 日至 26 日，市委教育工委、市教委对 4 个单位主要负责人开展审计整改约谈。市委教育工委市教委审计工作协调小组组长、副组长分别约谈北京教育学院、北京市教育系统人才交流服务中心、北京市教育技术设备中心、北京西藏中学主要负责人。要求对照问题，加强日常监管，加强业务培训，传导压力，促进单位主要负责人履行审计整改工作第一责任人的责任。

（张作勇）

教育乱收费摸查

11 月，市教委组织各区教委、高等院校等 121 个单位开展教育乱收费摸查工作。各单位重点摸查内容包括 6 个方面，即教育收费公示管理不规范问题、违规收取择校费问题、违规收取服务性收费与代收费问题、违规上调学费和住宿费等问题、违规克扣伙食费等问题、疫情防控期间违规收费问题。各单位边摸查边整改，整改完成率 100%。

（李新影）

市教育系统建设工程管理审计办法印发

12 月 30 日，市教委印发《北京市教育系统建设工程管理审计办法》。办法明确建设工程管理审计应遵循的原则和方法、职责权限和程序、审计内容、审计结果运用、责任追究等内容，共 6 章 22 条。办法自发布之日起实施。2000 年 11 月 24 日印发的《北京市教育系统基建及修缮工程项目审计办法（试行）》、2011 年 12 月 2 日印发的《关于进一步加强教育系统建设工程和修缮工程项目审计工作的意见》同时废止。

（张作勇）

审计整改跟踪检查

至 12 月，市教委对 2016 年至 2019 年未完成整改的审计项目开展跟踪检查。核实各单位提交的整改材料，按照对账销号清单制度，督促单位完成审计整改。审计整改销号率达 99%，另有 5 个历史遗留问题仍在整改中。

（张作勇）

规范教育收费工作

至年底，市治理教育乱收费局际联席会议办公室开展规范教育收费工作。制定落实教育部《关于进一步加强和规范教育收费管理的意见》的工作方案，落实全国治理教育乱收费部际联席会议办公室疫情防控预警 2 次。组织接听举报电话 5740 个，比上年同期增长 73.94%，其中，与收费有关电话 3355 个，比上年同期增长 138.11%。编制工作月报 12 期，市教委主任批示 6 期。编制问题清单 82 个，提供有关部门参阅。受理群众投诉事项 13 件、办理全国治理办转办件和领导批办件 4 件，全部办结。移交市教委突发事件应急工作处、学前教育处、民办教育处有关涉及重大舆情事项及不在受理范围的问题 9 个。市教委另于 4 月调整市教委治理教育乱收费工作领导小组成员，市教委主任任组长，成员包括政策研究与法制工作处、发展规划处、财务处等 15 个处室负责人，领导小组办公室设在审计处。9 月，结合有关处室三定方案和工作需要，明确市教委治理教育乱收费工作领导小组成员职责并完善相关制度。

（李新影）

基本建设

概述

2020年，北京市各级各类学校基本建设完成投资604976.90万元。其中，国家投资588337.20万元（中央投资15867.80万元、北京市地方安排249135.40万元、区安排323334.00万元）、自筹资金16639.70万元。在施建筑面积3806679平方米，包括新开工面积2240195平方米。竣工建筑面积682992平方米，其中，教学及辅助用房426765平方米、行政办公用房57896平方米、生活服务用房133162平方米、其他用房65169平方米。新增固定资产210510.30万元。

（黄莹莹）

中小学校剩余旱厕改造完成

5月，市教委完成全市中小学校剩余40个旱厕改造。市教委排查16个区（含燕山地区）约1600所中小学校4万余个厕所，锁定剩余旱厕40个。通过全市动员、协调联动，建立台账、主动销账、一校一案、指导跟进、督办跟踪措施，克服疫情影响，40个旱厕全部改造完成。

（张逊）

城市副中心重点建设项目推进

至年底，市教委统筹推进城市副中心重点建设项目。协同城市副中心工程办、通州区教委和各项目单位，推进城市副中心北京学校、北京市第五幼儿园城市副中心园、北京市北海幼儿园副中心园、北京第一实验学校建设。其中，北京学校小学部和五幼城市副中心园于9月开学开园、两所北海幼儿园副中心园年底按期开园、北京第一实验学校年底开工、北京学校中学部共享区主要工程完成。

（张逊）

8所市级统筹建设优质学校开工建设

至年底，8所市级统筹建设优质学校开工建设。其中，市建共管学校2所、市建区办学校6所。市教委按照《关于市级统筹一批优质学校工作方案》，推进在“三城一区”、城市副中心、丽泽商务区、大兴新机场等重点地区，由市级支持17所优质中小学校规划建设。17所学校包括7所市建共管学校和10所市建区办学校。市教委联合市发展改革委、市财政局、市规划自然资源委等部门继续协调推进优质学校的建设管理等各项工作，各区优质学校建设工作专班在区政府统筹协调下有序开展项目建设。

（黄莹莹）

良乡沙河高教园区建设推进

至年底，市教委推进良乡沙河高教园区建设发展。市教委会同市财政局、房山区、昌平区论证高教园区环境提升项目，分别下达3.7亿元和3.6亿元资金用于支持两个高教园区共享发展、吸引人才、职住平衡、公共配套、科教融合、功能完善和环境提升项目。至2020年，11所入驻高校校舍实施总建筑面积（含竣工及在建）304万平方米，入驻学生7.51万人，迁入国家“双一流”学科8个，市高精尖学科9个，整体迁入一级学科50个，引导已建科研平台部分或整建制迁入省部级以上科研平台42个，推出30余门优质共享课程。

（马骏）

12月28日，北海幼儿园副中心园正式开园并举办开学第一课
（通州区教委 供）

雄安新区“交钥匙”学校建设推进

至年底，北京市推进雄安新区“交钥匙”学校建设。市教委与北京市第四中学、北京市东城区史家胡同小学、北京市北海幼儿园发挥“交钥匙”学校建设项目工作专班作用，派专人常驻雄安新区开展工作，通过项目调度会、部门协商会、实地调研检查等措施，推进3所学校建设工作。至12月底，幼儿园主楼已完工、围墙和传达室工程启动；中学和小学完成主体结构施工，室内外装修工程开展；3所学校同步开展设备设施采购准备。

（黄莹莹）

“回天地区”三年行动计划教育项目按计划实施

至年底，市教委推进“回天地区”三年行动计划教育项目，32个项目全部按计划实施。其中，已建成投用并移交项目14个、已完工新建改扩建项目3个，其余15个新建项目全部开工。项目实施过程中，市教委加强现场调研、方案指导和项目监督，督促区政府发挥主体责任，市区合力加大资金支持力度和规划建设推进力度。项目全部建成后可提供学位2万个左右，基本满足“回天地区”现阶段各学段入学需求。

（黄莹莹）

后勤管理

概述

2020年，北京教育系统后勤管理工作围绕新冠肺炎疫情防控和首都教育改革发展大局，回应师生期待和社会关切，扎实推动重点工作，化解热点难点问题。在疫情初期防控物资极度紧缺情况下，利用现有高校后勤系统快速反应机制，组成高校疫情防控物资保障联盟，广开渠道、资源共享、第一时间协调采购到疫情防控物资。印发《北京市中小学幼儿园厕所管理规范（试行）》《北京市学校生活垃圾分类工作方案》，发布《学校食堂制止餐饮浪费践行“光盘行动”指引》《北京市学校生活垃圾分类指引（试行）》，开展绿色学校创建工作，同时推进节能减排和垃圾分类等各项工作，完成后勤管理年度工作目标和各项任务，后勤工作服务教学科研的质量和水平得到不断提升。北京93所高校拥有校区167个、学生公寓1166栋、学生食堂535个、教学楼591栋和后勤从业人员59597人。

（鲜万标　崔莲莲）

11月，芳草地国际学校慈云分校开展“光盘行动”
（朝阳区教委　供）

中小学幼儿园厕所管理规范

1月6日，市教委印发《北京市中小学校幼儿园厕所管理规范（试行）》。此举旨在认真贯彻落实习近平总书记关于“厕所革命”的重要指示精神和市委市政府关于推进“厕所革命”决策部署，进一步加强全市中小学校、幼儿园厕所规范化管理，不断提升校园厕所管理服务水平。文件包括7章25条内容，从组织管理、卫生保洁、设施设备维护、宣传教育、监督检查5个方面规范中小学校、幼儿园厕所管理工作。

（程增科　常勇）

学校践行“光盘行动”指引发布

9月24日，市委教育工委、市教委印发《关于贯彻落实习近平总书记重要指示精神坚决制止餐饮浪费行为的实施方案》。方案旨在进一步强化制度保障，加强教育引导，推动实践养成，细化食堂管理，践行“光盘行动”，营造浪费可耻、节约光荣的良好氛围。《高校食堂制止餐饮浪费践行“光盘行动”指引》《中小学校食堂制止餐饮浪费践行“光盘行动”指引》另于9月28日分别发布。指引把制止餐饮浪费与推动厨余垃圾减量、贯彻落实《北京市文明行为促进条例》和文明创建活动结合起来，旨在进一步促进城市文明进步，推动学校师生养成勤俭节约良好习惯。

（程增科　常勇）

2020年，丰师附小二年级新队员身穿校服分批入队
（丰师附小 供）

15个单位入选节约型公共机构示范单位

12月15日，北京教育系统15个单位入选2019—2020年节约型公共机构示范单位、3个单位入选2019—2020年能效领跑者名单。评选由国管局、国家发展改革委、财政部组织开展，经各地区、各部门申报（推荐）、创建、初评，国管局、国家发展改革委、财政部复核验收，确定2019—2020年节约型公共机构示范单位1506个，北京教育系统入选单位15个；2019—2020年能效领跑者单位192个，北京教育系统入选单位3个。

（张炀 邹翔 张晓兰）

2019—2020年节约型公共机构示范单位（北京教育系统）

北京市顺义区第一中学附属小学	北京市第八中学大兴分校
北京印刷学院	北京市顺义区马坡中心小学校
首都医科大学	北京景山学校远洋分校
北京市顺义区第九中学	北京市平谷区第一幼儿园
北京市顺义区仁和中学	中国农业大学
北京市大兴区第一中学	北京科技大学
北京市平谷区东交民巷小学马坊分校	中央财经大学
北京市黄庄职业高中	

（张炀 邹翔）

2019—2020年公共机构能效领跑者（北京教育系统）

首都师范大学	北京市顺义区张镇中心小学校
北京大学第三医院	

（张炀 邹翔）

绿色学校创建方案印发

12月31日，市教委、市发展改革委联合印发《北京市绿色学校创建行动方案》。绿色学校创建行动是贯彻落实习近平生态文明思想和党的十九大精神的一项重要举措，有利于在学校厚植绿色发展理念，养成健康向上的绿色生活方式，提升师生生态文明素养。创建内容包括开展生态文明教育、实施绿色规划管理、建设绿色环保校园、培育绿色校园文化、推进绿色创新研究等内容。计划到2022年底，全市60%以上的学校达到绿色学校创建要求，力争实现突破70%的创建目标，市、区教委按年度对绿色学校创建行动开展情况和实施效果评估检查。

（张炀 邹翔）

校方责任保险及附加无过失责任保险投保完成

至12月，北京学校后勤事务中心完成2020—2021学年校方责任保险及附加无过失责任保险投保工作。校方责任保险主险投保206万人，保费1030万元；附加无过失保险投保161.82万人，保费810万元。理赔工作正常有序开展，维护学校正常教学秩序和教育系统稳定。

（陈娜）

校服征订 130 万件（套）

至年底，北京学校后勤事务中心完成各区校服征订基本情况数据统计。全市共征订校服 130 万件（套），其中，体育装 106 万件（套）、制式装 14 万件（套）、其他款 10 万件（套），减免 621 件（套）。顺义、燕山政府买单 80926 件（套）。

（陈娜）

高校食堂平抑资金 2.02 亿元发放

至年底，市教委加强高校食堂平抑资金监管，全年发放高校食堂平抑资金 2.02 亿元。完成 2019 年度高校学生食堂价格平抑资金审计有关意见反馈和问题整改，开展 31 所高校学生食堂价格平抑资金整改报告审核，确保监管责任落实到位，有效发挥平抑资金稳控饭菜价格作用。

（程增科 常勇 崔莲莲）

信息化管理

概述

2020 年，北京教育信息化坚持“素养为先、融合创新、优质协同、首善引领”的工作理念，坚持新冠肺炎疫情防控和业务工作双线作战，做好《北京教育信息化三年行动计划（2018—2020）》收官工作，运用新技术、新方法，破解新问题、开拓新局面。印发《关于疫情防控期间以信息化支持教育教学工作的通知》，加强基础网络环境保障、汇聚开放各类优质教育资源、提升在线教育平台服务能力，保障线上教育教学。发挥社会资源优势，搭建“1＋1＋4＋9”（即北京数字学校网站＋北京歌华有线 12 个频道＋4 家 IPTV＋腾讯、快手、百度等 9 家企业技术平台）的多技术平台支撑体系，保障新冠肺炎疫情期间“学校不停课、教师不停教、学生不停学”。加快视频会议系统建设，建成覆盖 20 个直属单位、24 所市属高校、16 个区及燕山地区教委的视频会议系统，新冠肺炎疫情以来保障会议 1000 余次。建设北京教育大数据平台，制定数据汇聚共享标准和管理办法，开展场景式应用。完善教育管理、教育服务、教育资源三大平台建设，支持教育信息融合创新“双百”示范行动深入实施，带动“智慧校园”建设。调整成立市教育系统网络安全和信息化工作领导小组，加强组织领导，统筹研究部署年度网络安全和信息化工作，确保北京教育系统网络和信息安全“零事故”。

（田鹏）

9 月 16 日，朝阳区白家庄小学举行网络安全教育活动暨 2020 年朝阳区教育系统网络安全宣传周活动（朝阳区白家庄小学 供）

中小学师生电脑作品评选

1 月 7 日，市教委启动第 21 届北京市中小学师生电脑作品交流展示活动。2191 件电脑作品参选，其中，学生作品 1075 件、教师作品 1116 件。经评选，1392 件作品获奖，其中，学生作品 632 件、教师作品 760 件。市教委将评选出的 124 件作品推荐参加全国学生信息素养提升实践活动，均获交流证书，其中，6 名学生获得“创新之星”称号。其中，92 支代表队参加机器人、人工智能、创客项目比赛，88 支代表队获奖；31 支代表队和 12 名中小学生参加机器人、人工智能和创客比赛。推荐 50 件教师作品参加全国教育教学信息化大奖赛，包括创新作品 9 件、典型作品 18 件、研讨作品 17 件等。组织评选活动由北京教育网络和信息中心承办。

（赵筱姝）

教育系统软件正版化工作启动

3 月，北京教育系统软件正版化工作启动。市教委印发《关于转发〈北京市 2020 年软件正版化工作推进方案〉的通知》，成立市教委软件正版化工作领导小组，组织人员参加市级相关业务培训，并重点在直属单位开展软件正版化情况的调研摸底，建立业务台账，逐步完善组织机构和制度措施，标志教育系统软件正版化工作进入规范化、常态化、普遍化的新阶段。

（张军）

教育系统网络安全和信息化工作领导小组成立

7月15日，北京市教育系统网络安全和信息化工作领导小组成立并召开第一次会议。会议听取领导小组办公室关于市教育系统网络安全和信息化工作有关情况汇报，并就如何发挥领导小组职责、统筹做好市教育系统网信工作进行研究。会议强调，网络安全工作已成为各级各部门各单位的一项重要政治任务，要求市教育系统加强组织领导，健全责任体系，抓好制度落实，不断提升网信工作能力和水平。领导小组由市委教育工委常务副书记、市教委主任任组长，市委教育工委、市教委相关主管领导任副组长，有关处室主要负责人为成员。领导小组主要职责是统筹协调解决市教育系统网络安全与信息化重大问题；研究制定市教育系统网络安全与信息化发展规划、工作计划、政策规定和工作标准等。领导小组办公室设在宣教处和教育信息化处，是领导小组的日常办事机构。

（张如双　王宇航）

教育信息化工作会

10月28日，市教委召开2020年北京市教育信息化工作会议。会议总结新冠肺炎疫情期间教育信息化支撑“学校不停课、教师不停教、学生不停学”的经验做法，回顾北京教育信息化近三年取得的阶段性成果，分析北京教育信息化面临的形势和任务，并部署下一阶段工作。会议同时为北京市教育信息化创新研究基地授牌，邀请北京市海淀区第二实验小学、北京市第四中学、朝阳区教委、北京建筑大学代表作大会交流发言。会议采取线上线下结合方式，各区教委、市属高校、直属单位的教育信息化分管负责人、部门负责人，部分中小学（幼儿园）校长（园长）及信息化工作负责人800余人参加会议。

（陈萌）

国家级信息化教学实验区项目启动

10月30日，朝阳区教委举办“基于教学改革、融合信息技术的新型教与学模式”实验区项目启动会。会议介绍国家级信息化教学实验区背景及意义，解读实验区工作方案、实验任务及研究方向。项目实验周期3年，被纳入朝阳区“十四五”教育发展规划，遴选60所区级信息化教学实验校参与研究。朝阳区于8月获批成为教育部办公厅“基于教学改革、融合信息技术的新型教与学模式”实验区，全市5个区入选。

（于瑞利）

中小学“空中课堂”拍摄

12月25日，北京教育网络和信息中心组织各区和信息中心完成北京市中小学“空中课堂”摄制工作。在新冠肺炎疫情突发情况下，市教委为保证中小学生“停课不停学”，将中小学所有课程录制成视频，通过歌华有线及各个网络平台开展教学活动。拍摄工作始于2月8日，信息中心组织各区中小学和信息中心组建“空中课堂”摄制基地73个，制定《空中课堂摄制规范》，拍摄、审定、收集、整理9610节国家及北京市“空中课堂”课程视频资源，播放次数30亿次，保证“停课不停学”。50个学校和教育单位494人参与拍摄。

（马东）

教育系统网络安全培训视频会

12月28日，市委教育工委、市教委召开年度教育系统网络安全培训视频会。会议通报年度北京市教育系统网络安全工作情况，分析网络安全和信息化工作面临形势与挑战，部署2021年网络安全工作。会议邀请中国科学院信息工程研究所专家作题为《网络空间安全技术及发展趋势》的讲座，朝阳区教委、北京工业大学就新冠疫情防控期间“停课不停学”网络安全保障工作及本单位网络安全工作特色做法作经验交流。各区教委、市属高校、民办高校、直属单位、教育类社团等单位主管领导及相关部门负责人400人参加培训会。

（张如双）

校园安全

概述

2020年，北京教育系统校园安全工作强化政治站位，牢固树立“首都无小事，事事连政治”的思想，坚持“红线”意识和底线思维，积极推进中小学校“平安校园”建设，努力防范和化解校园安全风险，保障在校师生生命安全。推进《北京市中小学校幼儿园安全管理规定》深入实施。印发《2020年北京市学校安全工作重点任务》《关于做好2020—2021学年度校方责任保险及附加无过失责任保险工作的通知》。完成中小学幼儿园“雪亮工程”三年行动建设目标。在全国率先实现学校安全工作校长（园长）负责制并100%建立安全工作领导组织机构。完成北京市中小学幼儿园“平安校园”三年建设工程，16个区3013所学校100%完成区级达标验收。开展校园交通安全工作和校车安全专项治理工作，启动应急示范学校试点创建工作，在全市基础教育系统稳步推进扫黑除恶专项斗争“行业清源”工作。重点做好校园周边交通和治安环境的综合治理，包括校园门前100米（校门两侧各50米）禁止停放机动车、学校周边200米范围内建立学生安全区域等，开展校园安全工作联合检查和安全管理规定落实‘回头看’等相关工作，针对督导检查和调研中发现的安全问题进行分区、分学段统计分析，形成安全问题清单。完成2020年小黄帽采购、配发工作，向16个区（含燕山地区）新入学一年级学生配

12月1日，昌平区小学“12·2全国交通安全日”嘉年华主题教育活动举办 （昌平区教委 供）

发小黄帽 207918 套。

（战先政 武怀海 陈鼎琪）

安全宣传教育活动

4 月 30 日，市教委印发《开展 2020 年“应急宣传进万家”和“安全生产月”活动的通知》。文件要求各单位立足疫情防控特点，灵活运用“空中课堂”“微课程”“网上班队会”等形式，为广大师生提供安全常识咨询服务，开展“5.12 全国防灾减灾日”“6.16 全国安全宣传咨询日”等主题宣传教育活动。市教委另于 8 月 31 日联合市应急管理局、市公安局、市消防救援总队、市城市管理委、市地震局、北京广播电视台主办《2020 北京市中小学生公共安全开学第一课》，节目聚焦当下社会热点，涵盖居家防疫、溺水防汛、防火逃生、用气用电、高空抛物、地震避险、心理健康领域安全知识。

（李异军）

安全生产专项整治三年行动启动

7 月 16 日，市教委印发《北京市学校安全生产专项整治三年行动方案》。文件明确，各学校要重点围绕消防、危化品、交通、在校就餐及饮用水等，开展安全生产专项整治三年行动，加强隐患统计、挂账销账和督促整改。市教委成立学校安全生产专项整治三年行动工作专班，同时印发《北京市学校安全生产专项整治三年行动目标任务清单》，明确重点任务、牵头单位及工作目标。

（李异军 王建水）

市应急示范学校试点创建工作启动

7 月 30 日，市应急管理局、市教委印发《应急示范学校创建试点工作的实施方案》。方案针对中小学、幼儿园应对处置自然灾害、事故灾难、公共卫生、社会安全 4 类突发事件，围绕应急准备、科学应对处置、做好善后工作 3 个方面，突出科学应对、组织管理、应急培训、应急演练、有效疏散、物资保障、心理干预 7 个环节，构建学校应急管理体系，解决学校“面对突发事件怎么看”“应急准备怎么做”“应对处置怎么办”的现实问题。11 月 25 日，首批创建试点学校启动应急演练。市教委同时联合关工委、999 急救中心开展应急救援进校园活动，选派优秀讲师把应急救援知识精品课程带进校园，至年底，走进 12 个区的 32 所学校，覆盖学生人数 6.4 万人次。

（李异军）

市属高校平安校园建设考核

12 月，市委教育工委、市教委组织开展社会治安综合治理（平安校园建设）考核工作。考核工作面向 25 所市属高校，通过日常工作评价与自查自评相结合的方式量化计分，对各单位全年的安全稳定工作整体评价。经考核，北京第二外国语学院、北京物资学院等 8 所高校年度社会治安综合治理（平安校园建设）考核结果优秀。

（杨硕）

中小学幼儿园平安校园建设工程完成

至年底，北京市中小学幼儿园平安校园建设工程完成。全年完成 6 个区 24 所学校的平安校园建设检查验收。至此，16 个区 3013 所学校 100% 完成区级达标验收。通过 3 年平安校园建设，全市中小学幼儿园安全工作安全责任体系更加完善，安全管理制度机制更加科学，人防、物防、技防基础更加牢固，安全宣传教育更加有效，安全应急处置更加迅速，学校安全工作整体水平不断提升。2018 年，市委教育工委、市教委、首都综治办、市公安局联合印发《关于推进中小学幼儿园平安校园建设工作的意见（试行）》和《北京市中小学幼儿园平安校园建设标准（试行）》，明确从 2018 年到 2020 年开展 3 年的平安校园建设，使全市中小学幼儿园基本达到平安校园建设标准，各区基本完成中小学幼儿园平安校园建设达标任务。

（李异军 战先政 纪心光）

校园交通安全工作和校车安全专项治理工作推进

至年底，市教委、市公安局交管局联合开展校园交通安全工作和校车安全专项治理工作。市教委与市公安局交管局梳理全市校车审批运行情况，研究校车专项治理方案，针对存在问题，印发《进一步加强校车安全管理工作的通知》。组织核查13个区195所学校幼儿园585辆校车运行管理情况，摸排8个区53所学校幼儿园自购119辆校车审批使用情况。要求各区依法依规加强校车使用的安全管理，坚决打击治理"黑校车"，加强对学生及家长的乘车安全教育。与市公安局交管局联合开展2020—2021年度小黄帽路队制评比暨学生文明交通实践教育活动，加强校园交通安全宣传教育。

（李异军　王建水）

中小学幼儿园"雪亮工程"三年行动建设目标完成

至年底，市教委完成中小学幼儿园"雪亮工程"三年行动建设目标。全市中小学建设各类视频监控167767路，各幼儿园建设视频监控121370路，中小学幼儿园重点部位监控覆盖率达100%。通过不断完善校园视频监控系统，为震慑涉校违法犯罪、维护校园安全提供技术支撑，为校园学生伤害事件、校园周边环境整治和交通综合治理提供图像和信息支持，为公安司法机关案件侦查提供视频证据。

（李异军）

语言文字

概述

2020年，北京市语言文字工作围绕首都城市战略定位，服务经济社会发展，树立"大语言文字"思想，加强各级各类学校以及社会层面语言文字建设，发挥语言文字服务功能作用，促进社会语言生活和谐发展。

强化学习宣传教育，营造良好的语言文字工作氛围。贯彻落实全国语言文字会议精神和国务院办公厅《关于全面加强新时代语言文字工作指导性意见》，召开全市语言文字会议，组织市、区语委成员单位及高校语言文字干部近350人，分3期集中开展语言文字政策和业务培训。编写《北京语言生活状况报告（2020）》。承担教育部、国家语委第23届全国推广普通话宣传周北京现场开幕式活动，印发《国家通用语言文字规范宣传手册》等学习资料以及各种宣传材料几十万份，制作宣传展板200余块，张贴宣传画近万张，发放宣传口袋2万余个。各级党政机关、窗口行业、学校等通过拉横幅、张贴宣传标语、出专刊等方式，广泛宣传语言文字法律法规和方针政策，提高语言文字工作的社会影响力。

加强常规工作开展，夯实语言文字工作基础。深化学校语言文字工作规范化达标建设，完成对94所高等院校（含成人高校）和第三批427所基础教育阶段学校规范化达标认定以及技工院校语言文字规范化达标建设。结合市民语言文化大讲堂活动，开展线上、线下相结合的送课活动，受众10万人次。继续开展辩论赛等语言类比赛和研讨活动，推进中华经典诵读工程建设，组织第二届中华经典诵写讲大赛北京市初赛工作和北京市中华经典诵读工程系列活动。组织"中国诗词大会（第六季）"北京赛区选手选拔活动。开展"推普助力脱贫攻坚"工作，利用首都师范大学"双优云桥""乐智阅读"平台，对和田地区和新疆生产建设兵团第十四师骨干教师实施国家通用语言能力一对一远程培训，累计培训700人。委托北京教育学院对100名甘肃临夏州语言文字工作骨干教师组织两期线上普通话培训，并购买推普书籍捐赠给甘肃省临夏州及青海玉树州，帮助当地开展推普工作。

加大用字监督管理，提高城市语言文字规范化水平。加强监督队伍建设，组建100名社会用字义务监督员队伍，举办新聘社会用字义务监督员社会用字监督线上培训活动，开发微信小程序"用语规范统计"。发挥成员单位职能作用，印发《北京市公共场所外语标识管理规定》，加大对公共场所外语标识整治力度。把语言文字规范化要求纳入文明城市、文明村镇、文明单位、文明校园创建内容，开展全市宣传栏整治提升和错别字专项排查，规范全市户外设施文字内容。重视网络语言监管，市网信管理部门指导今日头条、百度、腾讯等属地网站做好语言文明教育内容的权威新闻稿件推送转载，加大规范治理网络"语言暴力"现象。协同市场监督管理局对涉嫌违法广告、欺骗考生公司进行依法处罚。

完善体系能力建设，增强开展语言文字工作能力。加强对各区语委及高校业务的领导，建立工作报告机制。开展语言文字工作调查，掌握全市语言文字工作基本情况。结合教育部开展2019年语言文字统计工作，对各区、各高校语言文字工作基本情况进行调查。完成普通话普及情况调查。开展理论研究和业务培训，完成《防疫期间语言文字相关主题教育研究》《北京高校语言文字工作问题与对策》研究报告。开展19批次1752人次的骨干测试员轮训；举办第14期北京市级测试员资格培训班。市残联等单位联合印发《北京市推广国家通用手语和国家通用盲文实施方案》，组织开展市、区各类通用手语、通用盲文手语培训班9期，2000余残障人员参与培训。市场监督管理局开展语言文字方面法律法规培训。市网信部门组织开展3期共计311人次从业人员培训活动。秉承服务社会宗旨，构建多维度普通话测试服务体系。全年完成普通话测试216批次7.11万人次；免费公益培训12场，参训考生2355人次；全年服务考生咨询7233人次。面向少数民族考生测试6000余人次；为基础教育阶段中小学生提供普通话培训及试点测试2000余人次，为考生提供免费证书快递服务2.62万余人次；为香港恒生大学和香港中文大学完成网络远程实时普通话测试3批1940余人次；组织听障人士参加"国家普通话水平替代性测试"培训及测试61人次。

（邓鸿）

"特殊时期、别样生活"征文活动

3月，市语委面向150所北京语言文化联盟校开展"特殊时期、别样生活”征文活动。活动由北京语言文字协会承办，要求学生记录抗击新冠肺炎疫情时期，我们爱家人、爱亲友、爱北京、爱祖国的点点滴滴。活动收到16个区130所学校3200篇作品，经专家评委评选，选出优秀作品300篇，并印制成《同心同行——北京市中小学2020年抗“疫”期间习作集》。

（邓鸿）

国内首次远程实时普通话测试

5月17日至25日，北京市语言文字测试中心受国家测试中心委托，在国内首次使用网络模式对香港恒生大学学生开展远程实时普通话测试。测试包括朗读字词、朗读短文、命题说话等内容，通过远程网络模式开展。877人参加普通话水平测试并完成“普通话出关试”。北京市语言文字测试中心另于11月14日至18日和12月4日至12日，先后两次使用网络模式对香港恒生大学、香港中文大学组织的考生开展远程实时普通话测试，共有1063名考生参加普通话水平测试，其中，820人完成“普通话出关试”。全年共测试考生1940人。

（邓鸿）

诵读知识系列讲座

5月22日至6月12日，市教委、市语委举办第二届“诵读中国”经典诵读大赛北京市初赛诵读知识系列讲座。讲座举办4期，邀请经典诵读方面的专家学者分别就“朗诵艺术”“情声和谐：朗诵艺术创作”“留学生与中华经典诵读”“朗诵艺术鉴赏与实践”主题详细讲授，并解答听众提问。活动由中国传媒大学国家语言文字推广基地承办，通过腾讯会议和腾讯会议直播同时举行，各区、有关高校以及全国、世界各地近2000人通过会议平台参加讲座。

（邓鸿）

9月30日，峪分附小举办“吟诵经典传诗韵 童心飞扬颂佳节”经典诗词吟唱活动 （峪分附小 供）

全国推广普通话宣传周

9月14日，教育部、国家语委、市政府举行第23届全国推广普通话宣传周北京现场开幕式。开幕式播放北京市语言文字工作宣传片，举办经典诵读、琵琶合奏、武术等文艺节目展示活动。北京市语言文字工作成果展在世纪坛艺术馆同期举行。开幕式北京现场由市教委、市语委共同承办，首次举办融媒体直播活动，全国推广普通话宣传周领导小组各成员单位相关人员、各区语言文字工作部门相关负责人及大中小学师生和群众100余人参加现场活动。2020年推广普通话宣传周9月14日至20日举行，主题是“同讲普通话，携手进小康”，开幕式以线上方式在北京、乌鲁木齐、和田3个城市同步举行，教育部、国家语委、新疆及北京相关领导参加开幕式并讲话。

（邓鸿）

《中国诗词大会》第六季北京赛区选拔活动

10月17日，市教委、市语委举办《中国诗词大会》第六季北京赛区选拔活动。各区及46所高校推荐576名选手参加比赛。通过30秒自我介绍、4～6人飞花令以及专家一对一提问等环节，北京赛区13人入围第六季《中国诗词大会》总决赛，入围人数为全国各大赛区之首。活动由教育部、国家语委、中央广播电视总台指导，北京教育音像报刊总社承办。

（解淑平　邓鸿）

中华经典诵读工程系列活动

11月，市语委办举办2020年北京市中华经典诵读工程系列赛事活动。活动以“推动全面建成小康社会，助力打赢疫情防控阻击战和脱贫攻坚战”为主题，通过诵读、诗词讲解、微课、汉字听写、篆刻、诗文创作等活动传承中华优秀文化、抒发家国情怀、弘扬抗疫精神。经过初赛、决赛，评选出“诵读中国”经典诵读比赛一等奖14个、二等奖37个、三等奖58个、优秀奖78个；“诗教中国”诗词讲解比赛一等奖19个、二等奖36个、三等奖55个、优秀奖55个；中华传统文化微课比赛一等奖21个、二等奖39个、三等奖54个、优秀奖49个；汉字听写比赛一等奖26个、二等奖49个、三等奖75个、优秀奖73个；“印记中国”学生篆刻比赛一等奖13个、二等奖27个、三等奖40个、优秀奖52个；“诗文中国”诗文创作比赛一等奖24个、二等奖58个、三等奖87个、优秀奖62个；另评选优秀指导教师奖 558 个、优秀组织奖 147 个。

（邓鸿　解淑平）

听障人员普通话水平测试培训

12 月 9 日至 13 日，市语委办、北京市语言文字测试中心在北京联合大学特殊教育学院举办北京市听障人员普通话水平测试培训班。培训依托南京特殊教育师范学院残障人士普通话推广中心师资力量，是首次在北京市举办的听障人士普通话测试培训。培训包括汉语拼音标注、词汇手语表达、命题手语表达等内容。来自中国残疾人艺术团、北京联大特殊教育学院学生以及社会听障人员 61 人参加测试培训。培训后，参训人员全部参加听障人士普通话测试，53 人取得普通话测试等级证书。培训旨在推进手语普通话测试工作，加强特殊教育事业师资队伍建设，为听障人员考取教师资格证、从事教师及其他相关职业奠定基础。

（邓鸿）

北京市语言文字会议

12 月 31 日，市语委以视频形式召开北京市语言文字会议。会议传达全国语言文字会议精神和国务院办公厅《关于全面加强新时代语言文字工作的指导性意见》，总结部署市语言文字工作，提出要深刻认识做好新时代语言文字工作的重要意义，准确把握新时代语言文字工作总体要求，研究制定语言文字发展规划，开创新时代北京市语言文字工作新格局。教育部语用司、市语委、市教委主要负责人参加会议并讲话。市委宣传部、西城区语委、北京语言大学、顺义区后沙峪中心小学校相关人员作大会交流发言。市语委委员单位相关负责人、各区语委委员、在京高校及教育相关单位负责人 1000 余人在分会场参加会议。

（邓鸿）

北京市教育委员会主任、副主任，一级巡视员、二级巡视员

主　　任　刘宇辉

副 主 任　黄侃（7 月免）　张永凯　丁大伟　张洋（1 月任）　刘晓明（10 月任）　赵海兴（挂职，4 月免）　温涛（挂职，6 月任）

一级巡视员　黄侃（7 月任）　王定东

二级巡视员　冯洪荣　葛巨众　王海平（9 月退休）

北京市人民政府教育督导室主任、副主任

主　任　刘宇辉

副主任　冯义国

北京市教育委员会二级巡视员、处室负责人

二级巡视员

杨江林（4 月任）　张龙（4 月任）

周彤（4 月任，5 月免）　王东江（4 月任）

张凤华（4 月任）

处室负责人

办公室（突发事件应急工作处）主任（处长）

周彤（5 月免）　张洋（5 月任，12 月免）

刘新军（12 月任）

政策研究与法制工作处处长　王艳霞

发展规划处（功能疏解工作处）处长　姚林修

基本建设处处长　张龙（4 月免）　冷传才（12 月任）

学前教育处处长　郭春彦

基础教育一处处长　魏旭斌

基础教育二处处长　徐建姝

职业教育与成人教育处处长　王东江

高等教育处处长　刘霄

民办教育处处长　聂荣

高校学生处处长　刘新军

科学技术与研究生工作处（北京市学位委员会办公室）

处长（主任）　李善廷

体育卫生与艺术教育处处长　杨志强

督政处处长　张凤华

督学处处长　龙梅

评估与监测处处长　张晓玲

教育信息化处处长　张宪国

扶贫协作与支援合作处处长　王力忘

国际合作与交流处（港澳台事务及侨务工作办公室）

处长（主任）　潘芳芳

学校后勤处处长　武怀海

语言文字工作处处长　王栋

审计处处长　陶春梅

财务处处长　范忠伟

人事处（师资管理办公室）处长（主任）　杨江林

工会专职副主席　吴雅星

（本栏责任编校　张晓兰）

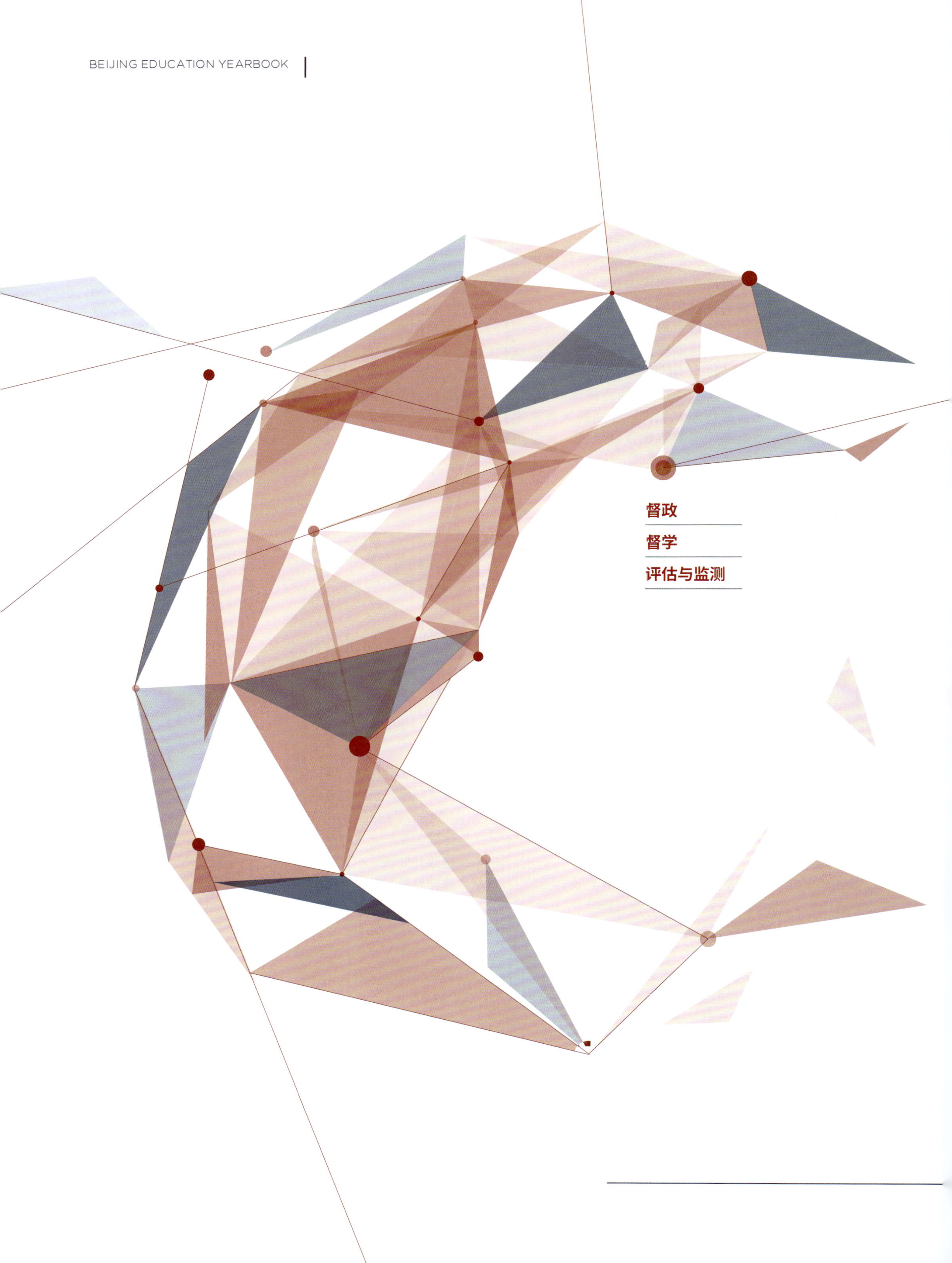

督政 督学 评估与监测

2021 教育督导

EDUCATION SUPERVISION

- 教育评估监测工作创新开展
- 市级督导部门机构职责调整
- 挂牌责任督学专项督导
- 幼儿园办园质量督导评估

教育督导

EDUCATION SUPERVISION

综述

教育评估监测工作创新开展

2020 年，市教委围绕首都教育工作重点，修订完善评估监测指标工具和工作流程，提高评估监测工作水平。市教委继续实施学前教育发展状况监测、国家义务教育质量监测、中等职业学校办学能力评估、高等职业院校适应社会需求能力评估、高等教育质量监测和硕士论文抽检、教育工作满意度调查等。学前教育发展状况监测根据《县域学前教育普及普惠督导评估办法》，立足实际，调整完善监测指标工具和监测方式，建立“在线填报、数据联动”的北京市学前教育监测系统，加强数据共享，减轻基层负担。国家义务教育质量监测工作结合新冠肺炎疫情防控要求，创新工作方式方法，将 2020 年国家义务教育质量监测组织实施和疫情防控统筹安排；同时强化结果运用，将 2019 年监测结果反馈给各区政府，建立市区校三级报告解读机制，分层组织监测结果解读会，指导各区利用好监测结果，为提升义务教育质量提供依据。组织北京地区中等职业学校和高等职业院校参加第三轮全国职业院校评估工作，完成《北京市中等职业学校办学能力评估报告》和《北京市高等职业院校适应社会需求能力评估报告》。组织北京地区 64 所高校编制发布《2019—2020 学年本科教学质量报告》，编制完成《北京地区高等学校本科教学质量分析报告》，促进学校进一步改进本科教育教学工作，提升人才培养质量。组织完成北京地区 2018—2019 学年硕士论文抽检工作，将抽检结果反馈给各学位授予单位；强化约谈机制，对连续 2 年出现“存在问题论文”且数量较多的硕士学位授予单位进行约谈，夯实学位授予单位质量主体责任。开展北京市教育工作满意度调查，将 2020 年新冠肺炎疫情防控期间有关情况纳入满意度调查，完全采用网络调查方式收集数据；将调查结果反馈给各区政府以及市教委有关部门，推动区政府及相关职能部门进一步重视满意度调查结果，有针对性做好改进工作。

（王德文）

6月1日，海淀区 8 万名中小学生返校

（海淀区教委　供）

市级督导部门机构职责调整

2020 年，市委编办发函，明确市教委办公室增加“承担北京市人民政府教育督导委员会办公室日常工作，发布教育督导评估、评价、监测报告”的职责。至此，市级督导部门形成“三处一办”新格局。2015年，市政府教育督导室主要职责、内设机构和人员编制进行重大调整，设正局级专职主任1人，副主任3人，职能处室6个，编制29人。2016年，市政府教育督导委员会成立，作为议事协调机构，在市政府领导下独立行使教育督导职能。2018年，北京市机构改革中，市教委加挂市政府教育督导室牌子，市教委主任兼任市政府教育督导室主任。市教委内设督政处、督学处、评估与监测处3个职能处室，编制19人，履行督导各项职责任务。

（胥丹丹）

挂牌责任督学专项督导

2020年，市教委组织挂牌责任督学开展专项督导工作。围绕新冠肺炎疫情防控、线上学科教学、初三高三试开学、中高考、秋季开学、安全管理、校园垃圾分类、心理健康教育等工作情况，组织1450余名挂牌责任督学对全市中小学校（幼儿园）实施13轮全覆盖专项督导。召开3次全市视频会议，部署专项督导工作。累计组织挂牌责任督学1.2万余人次开展督导工作，指导学校整改问题1000余项。依托市教育督导信息管理系统和手机蓝信平台，实现督导情况的实时上报、实时汇总，形成13份督导报告报送领导和相关部门，及时为防控部署和教育决策提供重要参考。针对督导发现的问题，以市政府教育督导委员会办公室名义向4个区政府印发整改通知，督促抓好问题整改。8月27日，国务院教育督导委员会办公室面向各省市专门印发《关于转发北京市〈关于开展中小学校幼儿园2020年秋季开学准备工作专项督导的通知〉的函》，肯定北京市挂牌责任督学专项督导工作在保障学校常态化疫情防控情况下如期平稳开学方面起到的示范作用，并向各省市推广北京市专项督导做法。

（龙梅）

幼儿园办园质量督导评估

2020年，市教委继续推进幼儿园办园质量督导评估。市教委面向1000余名市区专家，开展网上专题培训，研制《督导评估工作程序要求》等5个工作文件，进一步规范督导评估实施。按照自2019年起每3年完成1轮对全市所有幼儿园办园质量督导评估的工作安排，组织全市幼儿园100%完成自评，委派360人次市级专家，参与各区自评为A级园的幼儿园的督导评估，并对各区督导评估工作组织情况观察督导，全年督导评估幼儿园近580所。把民办园全部纳入督导评估范围，推动学前教育普及普惠安全优质发展。统筹开展教育部幼儿园办园行为督导评估、北京市幼儿园办园质量督导评估，确保评估指标相互整合、评估过程相互融合、评估效果相互促进。

（龙梅）

市政府教育督导委员会工作会议

6月15日，市政府教育督导委员会2020年工作会议召开。会议传达《关于深化新时代教育督导体制机制改革的意见》精神，汇报《北京市关于深化新时代首都教育督导体制机制改革的实施意见（征求意见稿）》制订情况、2019年北京教育督导工作、2020年工作思路，审议通过2019年北京市教育督导报告。会议同时调整市政府教育督导委员会成员单位，首次明确各成员单位职责。调整后，新增市委教育工委、市委社会工委市民政局、市农业农村局、市应急管理局、市政府教育督导室、团市委6家成员单位，成员单位增至27家。市政府教育督导委员会委员、成员单

10月至11月，海淀区教育督导室完成20所幼儿园办园质量督导评估 （海淀区教委 供）

位督学及办公室成员 40 余人参加会议。

（胥丹丹）

深化新时代教育督导体制机制改革实施意见印发

9 月 17 日，市委教育工作领导小组印发《北京市关于深化新时代教育督导体制机制改革的实施意见》。文件细化“强化督政、优化督学、科学实施评估监测”三方面内容，提出构建对市级有关部门和区级政府、乡镇（街道）政府履行教育职责的分级督导机制；健全完善市级统筹制定标准、区级为主组织实施，对学校进行督导评价的工作机制；继续建立健全各级各类教育评估监测制度，健全完善教育督导部门统一归口管理、多方参与的教育评估监测机制。意见强调要配齐配强各级督学，提高督学专业化水平，督学与学校配置比例不低于 1∶3。明确到 2022 年建成全面覆盖、管理科学、体系开放、运转高效、结果权威、问责有力，与首都教育治理体系和治理能力相适应的教育督导体制机制。

（胥丹丹）

教育工作满意度达到“比较满意”以上水平

9 月至 11 月，市教委组织开展北京市教育工作满意度调查。调查内容主要包括公众对政府职责、学校管理、师资队伍、教育效果 4 个方面教育工作的满意度，并结合最新政策文件要求及新冠肺炎疫情情况对调查内容和调查工作优化调整。按照科学抽样、网络调查的方式，调查 30503 名学生家长，1044 名人大代表、政协委员，6855 名校（园）长、教师，1528 名督学，总计 39930 人。调查结果显示，公众对市区域教育工作满意度综合得分为 81.4 分，达到“比较满意”以上水平。另据相关数据显示，16 个区及燕山地区教育工作满意度亦均达到“比较满意”水平。

（赵兴　卢珂）

贯彻落实《深化新时代教育评价改革总体方案》培训

12 月 22 日，市委教育工作领导小组办公室以视频会议形式举办贯彻落实《深化新时代教育评价改革总体方案》培训。培训邀请中央教育工作领导小组秘书组秘书局局长、教育部综合改革司司长刘自成对《深化新时代教育评价改革总体方案》作辅导报告。报告围绕总体方案出台的背景和意义、基本定位和特点、主要内容和精神、具体实施和落实等方面，全面解读方案。市委教育工委、市教委领导班子成员及全体机关干部，直属单位党政主要负责人，各区分管教育副区长、区教育两委领导班子成员，各市属高校领导班子成员参加培训。

（张子琎）

督政

首次实现对区级政府履行教育职责综合督导全覆盖

10 月 13 日至 22 日，市政府教育督导委员会办公室对区级政府履行教育职责情况开展驻地式综合督导检查。市政府督导委员会办公室组成 4 个检查组，分赴石景山、门头沟、房山、大兴、昌平、平谷、怀柔、延庆 8 个区及燕山办事处，通过听取区政府专题汇报、查阅相关资料、召开座谈会、实地考察学校及幼儿园方式了解教育专项规划、资源布局、学位供给等方面情况。市政府教育督导委员会办公室综合各区自查自评、相关数据监测、实地核查和满

10 月 13 日至 22 日，市政府教育督导委员会办公室对区级政府履行教育职责情况开展驻地式综合督导检查（市教委相关处室　供）

9月27日，石景山实验中学分校举办趣味体育项目篮球赛
（石景山实验中学分校　供）

意度调查等情况形成督导评价意见和督导检查报告并反馈各区政府，指导各区制定整改方案，明确整改时间表和路线图。市政府教育督导委员会办公室另于2019年10月28日至2020年11月7日完成东城、西城、朝阳、海淀、丰台、顺义、通州、密云8个区的区级政府履行教育职责情况综合督导检查。至此，首次实现对区级政府履行教育职责综合督导全覆盖。

（胥丹丹）

义务教育优质均衡发展情况督导调研

11月11日至18日，市政府教育督导室督导调研密云区、朝阳区和东城区推进义务教育优质均衡发展情况。督导组听取各区义务教育优质均衡发展情况汇报，反馈义务教育优质均衡督导评估重点指标监测结果，并就重点指标达标情况、主要问题和困难及采取的工作措施进行座谈交流。督导组指导各区对照国家标准精准施策，破解制约区域义务教育优质均衡发展的痛点难点问题，同时就北京市义务教育优质均衡发展监测系统区、校层面操作使用等问题进行研讨交流。

（胥丹丹）

督学

职业院校技能型人才培养质量督导调研

9月至10月，市教委开展职业院校督导调研。调研组围绕完善现代职业教育体系、深化办学模式改革、推进技能型人才培养等，对北京市经济管理学校、北京信息职业技术学院等职业院校开展技能型人才培养督导调研工作。调研旨在了解职业院校技能型人才培养工作现状，听取职业院校对于督导评估工作的意见建议，探索符合职业教育特点、适应北京市经济社会发展和京津冀协同发展需要的教育督导模式，促进职业院校提升技能型人才培养质量和内涵建设水平。

（龙梅）

市属高校本科教学审核评估整改回访

9月至12月，市教委开展市属高校本科教学审核评估整改回访。市教委组织专家组对北京印刷学院等第三批接受审核评估的7所高校落实整改工作情况进行回访。在前两批回访工作基础上，结合市属高校分类发展新形势、新任务和学校实际，进一步强化分类指导，细化回访内容清单，明确14个回访工作要点，完善回访工作程序，提高工作精准度。实地回访中，专家组调阅数百份制度文件和学生毕业论文，访谈座谈260余人次，听课看课40余节，考察高校相对薄弱的教学条件和教学设施的改善情况，最终形成回访工作报告。市教委同时向各学校反馈回访意见，并面向市属高校印发回访工作报告。

（龙梅）

中小学校全面实施素质教育督导评估

10月至11月，市教委开展中小学校全面实施素质教育督导评估。根据《北京市普通中小学校全面实施素质教育督导评价方案》，按照市级统筹、区级主责原则，组织指导各区开展素质教育督导评估。创新开展市区联合督导，组建市区联合专家组，实地督导评估石景山区、顺义区4所中小学校。专家组随堂听课148节，访谈干部师生375人，组织 627 名师生、家长参加问卷调查。总结形成督导评估报告，并将督导评估意见反馈相关学校。此次督导通过创新“联合督导”工作方式，进一步减轻基层负担，提高督导工作质量，促进市区督学队伍互相交流、共同提升。

（龙梅）

各类督学培训开展

至年底，市教委开展各类督学培训。创新培训模式方法，开展 4 次督学大讲堂线上培训；指导督学研修中心完善课程设计，面向市区督学分层分类开展教育督导体制机制改革、学校内部督导、挂牌督导等 7 项专题培训，培训覆盖督学 1300 余人。根据国务院教育督导办要求，做好学习贯彻《关于深化新时代教育督导体制机制改革的意见》精神专题网络培训班、新任督学任职资格网络培训班学员选派和组织管理工作。在新任督学培训班原分配的 50 个名额基础上，主动争取 120 余个参训名额，扩大宣传培训覆盖面。编制印发《学校督导工作文件选编》，指导市区督学提升政策水平。

（龙梅）

督学工作信息化运行管理模式优化

至年底，市教委优化督学工作信息管理系统、完善信息管理模式。优化升级幼儿园办园质量督导评估信息管理系统，在实现从学前教育综合管理系统提取相关数据的同时，将教育部办园行为督导评估、学前发展状况监测等涉及的 367 项指标整合为 164 项，确保幼儿园一次填报数据支撑 3 项评估工作，减轻基层负担。细化建立专家管理子系统，开发随机抽取专家、线上委派任务、自动通知等功能，对 400 名市级专家进行动态管理，使专家选派更加客观、科学、高效。加强中小学校全面实施素质教育督导评价、责任督学挂牌督导、督学队伍信息管理系统建设，完善一体化平台管理、多终端共享的学校督导工作大数据库，提升管理效能。

（龙梅）

强化督学工作总结宣传

至年底，市教委强化督学工作总结宣传。开展第三届教育督导优秀论文、案例征集评选活动，评选 169 篇优秀论文、案例并集结出版。推荐优秀挂牌督导工作案例至教育部。为各区推荐的 32 名“督学之星”制作宣传片，通过地铁电视、学习强国 App、现代教育报等平台播放，宣传责任督学先进事迹。召开第三届教育督导优秀论文、案例交流表彰大会，推广督学创新经验，进一步发挥优秀督学模范带头作用。

（龙梅）

评估与监测

第三轮全国职业院校评估开展

7 月至 12 月，市教委组织开展第三轮全国职业院校评估。组织北京地区 72 所中高职院校在全国职业院校评估数据采集系统中完成数据信息填报及问卷填答。指导 26 所高职院校做好自评工作并在本校门户网站公开。在分析中高职院校所填报的数据和高职院校自评的基础上，结合实际，完成《北京市中等职业学校办学能力评估报告》和《北京市高等职业院校适应社会需求能力评估报告》，总结提炼北京市职业教育发展的成效与特色亮点，推动中高职特色发展。

（赵兴）

国家义务教育质量监测完成

9 月 28 日，市教委组织全市 16 个区及燕山地区完成 2020 年国家义务教育质量监测工作（受新冠肺炎疫情影响，2020 年监测时间由往年的春季学期改在秋季学期）。全市 371 所义务教育阶段学校（小学 228 所、初中 143 所）五年级、九年级 14053 名学生，4128 名校长、班主任、德育和科学学科相关教师，参加全国义务教育阶段学生德育、科学学习质量监测的现场测试。市教委结合工作实际，创新工作机制，建立领导小组成员分片联系、成员单位包干联系区教委的两包片制度；规范操

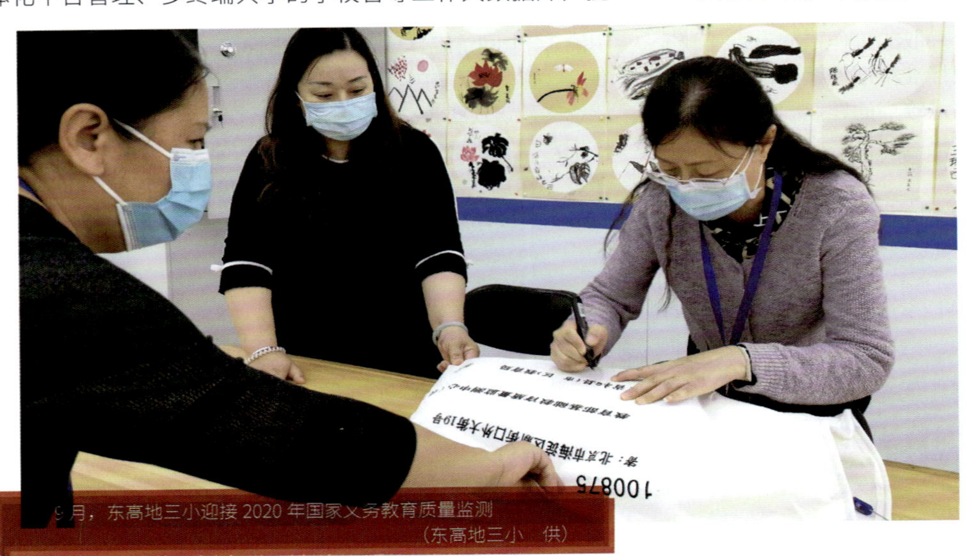

9 月，东高地三小迎接 2020 年国家义务教育质量监测
（东高地三小 供）

11月10日，六一幼儿院玉泉山院区接受北京市学前教育督导组办园质量督导评估。图为评估组人员与幼儿对话 （六一幼儿院 供）

作，强化监控，建立起“七个关键时点及时报告”工作机制。市教委主要领导分赴东城、西城、海淀、丰台、房山、大兴、昌平、怀柔和密云区巡视测试工作。

（沈柳莺）

学前教育发展状况监测完成

9月至12月，市教委完成2019—2020学年度北京市学前教育发展状况监测。监测内容主要包括学前教育发展规模、幼儿园结构与布局、适龄儿童入园率、教师队伍结构、学前教育经费投入等8个指标，17个监测要素，62个监测点。16个区及燕山地区的2663所幼儿园（含社区办园点）完成发展状况数据填报。监测结果显示，北京市学前教育在园儿童规模和学位数增长较快，在园（点）人数超过56万人，无证园治理工作取得重大进展，社区办园点规模扩大。全市幼儿毛入园率超过90%、普惠率达88%、公办园在园幼儿占比59.62%，完成北京市第三期学前教育行动计划发展目标。在教育部公布的各省市教育事业发展统计数据中，北京市学前教育继续保持多项指标排名前列。

（沈柳莺）

硕士学位论文抽检合格率99.44%

12月21日，市教委向北京地区各相关学位授予单位反馈2018—2019学年度硕士学位论文抽检结果。2018—2019学年度，北京地区125个学位授予单位（军队系统除外）共抽检硕士论文2505篇，涵盖13个学科门类100个一级学科和456个二级学科。抽检结果显示，2018—2019学年度北京地区抽检合格硕士学位论文2491篇，占抽检硕士学位论文总体比例99.44%；存在问题学位论文14篇，占抽检硕士学位论文总体比例0.56%。市教委同时约谈连续两年抽检有多篇不合格论文的单位。

（杨旸）

（本栏责任编校　张晓兰）

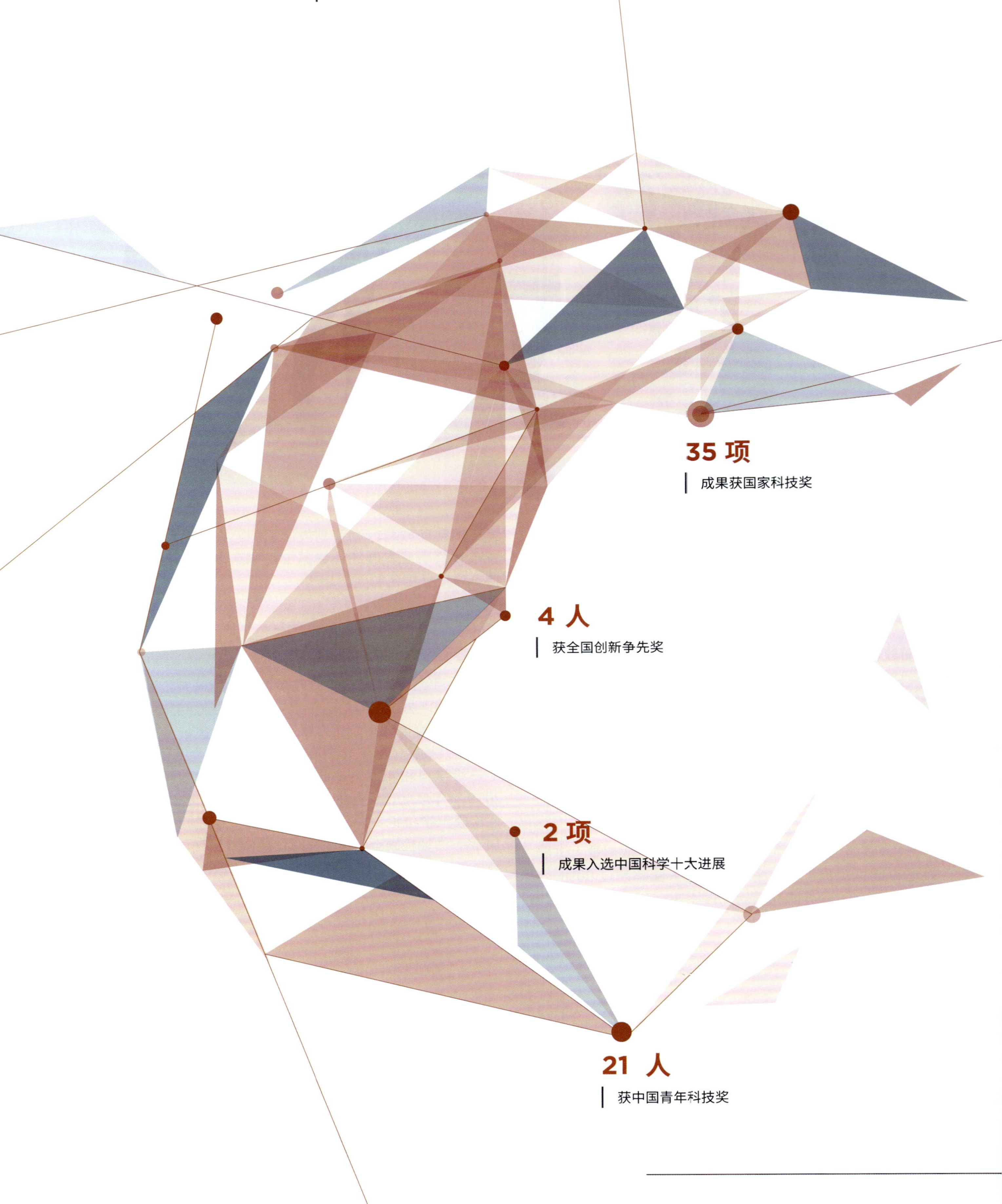
35 项
成果获国家科技奖
4 人
获全国创新争先奖
2 项
成果入选中国科学十大进展
21 人
获中国青年科技奖

2021 | 科学研究

SCIENTIFIC RESEARCH

- 科技人员及投入
- 科技活动
- 科技产出
- 科技推广
- 社科人员及投入
- 社科活动
- 人文社科研究成果

77 所设有理工农医类高校
有教学与科研人员 78516 人

25 所设有理工农医类市属高校
有教学与科研人员 39648 人

91 所设有人文社科类普通本科高校
共有人文社科活动人员 38208 人

53 所设有人文社科类市属高校
有人文社科活动人员 14940 人

北京地区高校出版科技专著 1977 部
北京地区高校出版人文社科著作 3286 部

综述

概述

2020 年，北京地区高校及附属医院教学与科研人员 116724 人，科研活动人员 123424 人；科研经费总投入 386.3 亿元；承担研究项目 130440 项；发表学术论文 126673 篇、出版学术专著 4142 部，获省部级及以上奖励 220 项；研究机构 853 个，当年研究与发展（R&D）经费支出 134.2 亿元，年末科研仪器设备原值 294.7 亿元。

（刘帅）

科技人员及投入

2020 年，北京地区 77 所设有理工农医类高校（含 30 所高校附属医院）有教学与科研人员 78516 人，包括具有教授职称 9945 人、具有高级职称 31805 人；研究与发展（R&D）人员 73429 人；科技经费投入 353.5 亿元，包括政府资金投入 248.7 亿元、企事业单位委托投入 97.5 亿元。市属 25 所设有理工农医类高校（含 19 所高校附属医院）有教学与科研人员 39648 人，包括具有教授职称 1966 人、具有高级职称 10873 人；研究与发展（R&D）人员 19721 人；科技经费投入 35 亿元，包括政府资金投入 27.7 亿元、企事业单位委托投入 6.6 亿元。

（刘帅）

科技活动

2020 年，北京地区 77 所设有理工农医类高校（含 30 所高校附属医院）有科研活动机构 853 个；开展科技课题 77911 项，其中，研究与发展（R&D）课题 69624 项、研究与发展（R&D）成果应用及科技服务课题 8287 项；派遣进修访问学者 523 人次，接受进修访问学者 777 人次；出席国际学术会议 14353 人次，交流论文 5476 篇。25 所市属设有理工农医类高校（含 19 所高校附属医院）有科研活动机构 194 个；开展科技课题 12793 项，其中，研究与发展（R&D）课题 12067 项，研究与发展（R&D）成果应用及科技服务课题 726 项；派遣进修访问学者 141 人次，接受进修访问学者 200 人次；出席国际学术会议 6496 人次，交流论文 1730 篇。

（刘帅）

科技产出

2020 年，北京地区高校出版科技专著 1977 部，包括大专院校教科书 27 部，另有编著 1497 部；发表学术论文 94649 篇，包括在国外学术刊物发表 54573 篇；收录论文包括《科学引文索引》（SCI）41094 篇、《工程索引》（EI）30275 篇、《科技会议索引》（ISTP）5353 篇；获奖成果 121 项（第一单位），包括省部级奖 109 项。市属高校出版科技专著 20 部；发表学术论文 17963 篇，包括国外学术刊物发表 7683 篇；收录论文包括《科学引文索引》（SCI）6730 篇、《工程索引》（EI）2546 篇、《科技会议索引》（ISTP）505 篇；获奖成果 27 项（第一单位），包括省部级 26 项。

（刘帅）

科技推广

2020 年，北京地区高校签订技术转让合同 1348 项，合同总金额 17.31 亿元，当年实际收入 5.26 亿元。包括专利出售合同 943 项，合同总金额 6.73 亿元，当年实际收入 2.79 亿元；北京地区高校申请专利 19484 项，其中，发明专利 16540 项、实用新型 2604 项、外观设计 340 项。北京市属高校签订技术转让合同 393 项，合同总金额

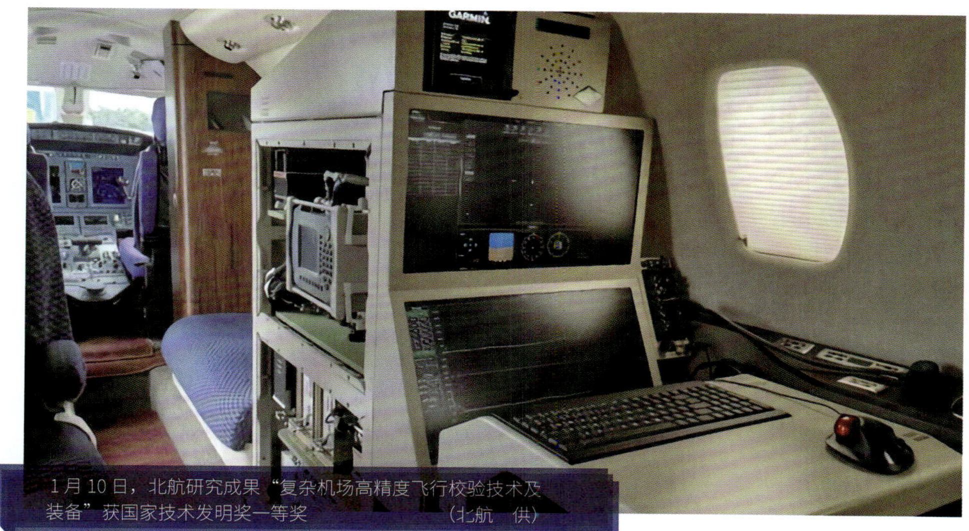
1月10日，北航研究成果“复杂机场高精度飞行校验技术及装备”获国家技术发明奖一等奖 （北航 供）

14486.2万元，实际收入8987.3万元。包括专利出售合同133项，合同总金额1543.7万元，当年实际收入1178.5万元；北京市属高校申请专利3736项，占北京地区高校专利申请量的19.2%，其中，发明专利2674项、实用新型1012项、外观设计50项。

（刘帅）

社科人员及投入

2020年，北京地区91所设有人文社科全日制普通本科高校人文社会科学活动人员38208人，研究与发展（R&D）人员49995人；53所市属高校人文社会科学活动人员14940人，研究与发展（R&D）人员13906人。北京地区高校投入人文社科研究经费32.8亿元，其中，政府资金投入19.7亿元，企事业单位委托资金投入11.1亿元，其他资金投入2.0亿元；北京市属高校人文社科经费总投入6.7亿元，其中，政府资金投入4.7亿元，占北京地区高校政府资金投入的23.9%；企事业单位委托资金投入1.9亿元，占北京地区高校企事业单位委托资金投入的17.1%；其他资金投入0.1亿元，占北京地区高校其它资金投入的5%。

（刘帅）

社科活动

2020年，北京地区高校在研人文社科项目52529项，当年投入经费总额2.3亿元；举办学术会议1513次，其中，独办1056次、合办457次，参加学术会议23254人次，提交论文8336篇；受聘讲学派出3291人次，来校受聘讲学3077人次；进修学习派出2475人次，来校进修学习940人次；合作研究课题952项。从在研项目级别看，国家级项目8977项，占在研项目总数的17.1%；省部级项目8820项，占在研项目总数的16.8%；其他项目34732项，占在研项目总数的66.1%。市属高校在研人文社科项目11858个，占北京地区高校在研人文社科项目总数的22.6%；当年投入经费总额0.36亿元，占北京地区高校当年投入经费总额的15.7%。举办学术会议213次，其中独办146次、合办67次，参加学术会议6487人次，提交论文2024篇；受聘讲学派出877人次，来校受聘讲学838人次；进修学习派出1755人次，来校进修学习431人次；合作研究课题195项。

（刘帅）

人文社科研究成果

2020年，北京地区高校出版人文社科著作3286部；发表人文社科学术论文32024篇；提交研究与咨询报告2170篇，研究与咨询报告被采纳964篇。市属高校出版人文社科著作750部，占北京地区高校出版人文社科著作总数的22.8%；发表人文社科学术论文7060篇，占北京地区高校发表人文社科学术论文总数的22%；提交研究与咨询报告443篇，占北京地区高校提交有关部门研究报告总数的46%，研究报告被采纳147篇。

（刘帅）

北京高校35项成果获国家科技奖

1月10日，2019年度国家科学技术奖励大会在北京人民大会堂举行，北京高校作为第一完成单位的35项通用成果获国家科学技术奖励。其中，获得国家自然科学奖二等奖7项，国家技术发明奖一等奖1项、二等奖7项，国家科学技术进步奖二等奖20项。2019年度国家科学技术奖授予国家最高科学技术奖2人，国家自然科学奖授奖一等奖1项、二等奖45项，国家技术发明奖一等奖3项、二等奖62项，国家科学技术进步奖授奖特等奖3项、一等奖22项、二等奖160项，授予10名外籍专家中华人民共和国国际科学技术合作奖。

（曾婷）

2019年度国家科学技术奖励获奖项目
（通用项目　北京高校　第一完成单位）

国家自然科学奖获奖项目
二等奖
北京大学
大气复合污染条件下新粒子生成与二次气溶胶增长机制
磁性纳米材料构筑与多功能调控

清华大学
Pinkall—Sterling 猜想和超曲面几何的研究
动态系统运行安全性评估理论与方法
基于全寿命周期的钢管混凝土结构损伤机理与分析理论
软材料与生物软组织的表面失稳力学研究

中国人民大学
铁基超导电子结构与磁相互作用的理论研究

国家技术发明奖获奖项目

一等奖

北京航空航天大学
复杂机场高精度飞行校验技术及装备

二等奖

清华大学
先进 MEMS 卫星设计制造关键技术及应用

北京科技大学
高性能特种粉体材料近终形制造技术及应用

北京交通大学
耐酸碱、高速、分瓣式磁性液体旋转密封关键技术与应用

北京邮电大学
面向一体化无线网络的多域资源认知与虚拟化关键技术

中国农业大学
新型饲用氨基酸与猪低蛋白质饲料创制技术

中国矿业大学（北京）
矿井人员与车辆精确定位关键技术与系统

中国石油大学（北京）
满足国 V/VI 升级的 FCC 汽油关键组分定向分离技术

国家科学技术进步奖获奖项目

二 等 奖

北京大学
药物新制剂中乳化关键技术体系的建立与应用

清华大学
商用车机械自动变速式混合动力系统总成关键技术及其产业化应用
编码摄像关键技术及应用
绿色公共建筑环境与节能设计关键技术研究及应用
复杂水域动力特征和生境要素模拟与调控关键技术及应用
车用高性能制动系统关键技术及产业化

北京航空航天大学
大尺寸铝合金车轮成型关键技术及应用
面向公共安全的大规模监控视频智能处理技术及应用
中国民航数字化协同管制新技术及应用
新能源汽车能源系统关键共性检测技术及标准体系

北京理工大学
易燃易爆危险物质爆炸防控关键技术与装备

北京邮电大学
超高速超长距离 T 比特光传输系统关键技术与工程实现
大容量弹性化灵活带宽光网络技术创新与规模应用

中国农业大学
饲草优质高效青贮关键技术与应用
北方玉米少免耕高速精量播种关键技术与装备
水产集约化养殖精准测控关键技术与装备

中国矿业大学（北京）
煤矸石山自燃污染控制与生态修复关键技术及应用

华北电力大学
新型多温区 SCR 脱硝催化剂与低能耗脱硝技术及应用

北京协和医学院
基于外周血分子分型的肺癌个体化诊疗体系建立及临床推广应用
女性盆底功能障碍性疾病治疗体系的建立和推广

（曾婷）

北京高校 2 项成果入选 2019 年度中国科学十大进展

2 月 27 日，北京高校 2 项成果入选 2019 年度中国科学十大进展。入选成果为清华大学的“构架出面向人工通用智能的异构芯片”和北京大学的“阐明铕离子对提升钙钛矿太阳能电池寿命的机理”。该遴选活动由科学技术部高技术研究发展中心牵头，联合《中国基础科学》《科技导报》《中国科学院院刊》《中国科学基金》和《科学通报》5 家编辑部共同组织。遴选程序分为推荐、初选和终选 3 个环节，邀请专家从 320 项推荐科学研究进展中初选出 30 项进入终选，终选采取网上投票方式，邀请中国科学院院士、中国工程院院士、国家重点实验室主任、部分国家重点研发计划总体专家组专家和项目负责人等 2600 余名专家学者网上投票，得票数排名前 10 位入选。

（曾婷）

11 个新冠肺炎疫情防控应急科研攻关项目获批立项

2 月 28 日，市教委、市财政局联合公布北京高校新冠肺炎疫情防控应急科研攻关项目名单。该项目充分发挥高校学科综合和科技创新优势，通过前期征集、评审遴选，最终确定 11 个项目予以立项支持。项目包含新型冠状病毒感染肺炎的重症救治、检测系统、病毒溯源、药物研发、疫苗研发、防护装备等研究方向。至年底，双光融合高精准度高效率智能体温检测系统、广域红外测温系统、基于影像与临床信息的 AI 定量辅助诊断系统等应急攻关项目成果在北京、湖北、山东、广西等省市防控一线得到应用。

（刘安邦）

北京高校新冠肺炎疫情防控应急科研攻关项目名单

北京大学
人工智能辅助血浆代谢组学快速检测新冠肺炎
新型冠状病毒现场快速精准检测技术
双光融合高精准度高效率智能体温检测系统

清华大学
基于影像与临床信息的新型冠状病毒人工智能定量辅助诊断系统研究
新冠肺炎众智网络监测平台研发和应用

中国科学院大学
广域智能红外体温筛查设备系统

中国人民大学
疫区医疗机构污水处理系统集成化装备开发

北京协和医学院
免核酸提取免逆转录的2019—nCoV高通量RNA快速检测试剂盒研发与应用

首都医科大学
新型冠状病毒蛋白质组芯片的研制开发

北方工业大学
防疫用双模隔离帐篷

北京石油化工学院
集装箱式新型冠状病毒污染医疗污水应急处理技术与设备

（刘安邦）

4名高校教师获全国创新争先奖章

5月30日，第二届全国创新争先奖表彰奖励大会在京举行，4所高校4名个人获全国创新争先奖章、10所高校26名个人获全国创新争先奖状。会议采取线上线下相结合的方式召开，全国10个项目获得全国创新争先奖牌、29人获得全国创新争先奖章、262人获得全国创新争先奖状。该届评选特别设立“疫情防控”和“脱贫攻坚”专题，表彰为疫情防控斗争和决战脱贫攻坚作出重要贡献的科技工作者。该奖项于2017年经党中央批准，由中国科协和人力社保部、科技部、国资委共同设立，表彰在基础研究和前沿探索、重大装备和工程攻关、成果转化和创新创业、科普及社会服务等方面作出卓越贡献的优秀科技工作者和优秀团队，每3年评选一次，其中贡献突出者获颁奖章并享受省部级表彰。

（曾婷）

北京高等学校高精尖创新中心建设管理办法修订

7月8日，市教委修订印发《北京高等学校高精尖创新中心建设管理办法》。办法明确高精尖中心建设任务、建设原则、支持方式和考核方式等内容。市教委于2015年启动实施“北京高校高精尖创新中心建设计划”，并制定《北京高等学校高精尖创新中心建设管理办法》，经过近五年建设，原有管理办法已不能较好适应高精尖中心建设需求，故重作修订。2020年，高精尖计划进入第二个建设周期。

（王永刚　曾婷）

推动树立正确评价导向促进科学研究健康发展

7月10日，市教委联合市科委印发《关于树立正确评价导向促进北京高校科学研究健康发展的意见》。该意见贯彻落实教育部、科技部《关于规范高等学校SCI论文相关指标使用 树立正确评价导向的若干意见》，从充分认识科研评价对促进科研创新的重要意义、树立正确导向全面优化科研评价工作、弘扬科学家精神不断净化学术生态、加强实施保障将优化科研评价工作落到实处4个方面，推动北京高校结合分类发展实际，树立正确评价导向，完善科研评价制度，优化科研评价体系，促进科学研究健康发展。

（刘安邦）

北京高校21人获中国青年科技奖

10月15日，第16届中国青年科技奖获奖名单公布，北京高校21人获奖，包括特别奖2人。清华大学7人、北京大学6人，北京航空航天大学5人，中国矿业大学（北京）、中国农业大学、北京科技大学各1人入选。全国100人获奖，包括10人获特别奖。中国青年科技奖是由钱学森等老一辈科学家提议设立，由中央组织部、人力社保部、中国科协共同设立并组织实施，表彰在国家经济发展、社会进步和科技创新中作出突出贡献的青年科技人才。该奖项每2年评选一次，每届获奖人数不超过100人。

（曾婷）

1所高校入选教育部前沿科学中心

12月31日，北京交通大学智慧高铁系统前沿科学中心获教育部立项建设。中心围绕“全天候列车自主运行、全过程旅客易行服务、全生命高铁健康管理”3个重点方向科学技术难题，开展基础理论和应用基础研究，支撑国内“高铁名片”和“交通强国”建设。教育部前沿科学中心2018年设立，是国内高等学校基础研究珠峰计划的核心内容，旨在推动高等学校加强基础研究、实现创新引领。至2020年，教育部立项前沿科学中心15个，其中，北京高校5个，分别是清华大学量子信息前沿科学中心、北京大学纳光电子前沿科学中心、北京航空航天大学超循环气动热力前沿科学中心、北京理工大学高能量物质前沿科学中心、北京交通大学智慧高铁系统前沿科学中心。

（高杰）

科研管理

39 个卓越青年科学家计划项目完成年度评估

1 月，市教委组织 39 个“卓越青年科学家计划项目”开展年度自评。自评结果显示，项目实施以来取得积极进展，新建科研平台 15 个，科研场地 2 万余平方米，引进高层次研究人员约 170 人，在站博士后 90 余人，建立起以卓青项目负责人为核心、青年人员为骨干、研究生参与的研究队伍，发表学术论文 421 篇，授权发明专利 70 项，获省部级以上科技奖励 9 项。

（刘安邦）

高校科技成果转移转化促进中心建设

5 月 12 日，市教委发布《关于进一步提升北京高校专利质量加快促进科技成果转移转化的意见》。文件提出要探索构建新型科技成果转移转化组织模式，加强高水平科研成果发掘、高质量专利培育、高标准转化服务，按照“成熟一个、建设一个”的原则，建设一批北京高校科技成果转移转化促进中心，打造高水平、专业化科技成果转移转化示范服务平台。至年底，立项支持北京理工大学、北京航空航天大学、北京工业大学 3 所高校分别建设北京高校科技成果转移转化促进中心。

（刘安邦）

13 个高精尖创新中心完成周期评估

5 月，市教委完成第一批 13 个高精尖创新中心周期评估。评估工作采取第三方评估模式，委托国家科技评估中心负责组织实施，13 个中心全部通过周期评估。

（刘安邦）

完成周期评估的 13 个高精尖创新中心名单

完成周期评估的 13 个高精尖创新中心名单
北京大学工程科学与新兴技术高精尖创新中心
清华大学未来芯片技术高精尖创新中心
清华大学结构生物学高精尖创新中心
北京航空航天大学大数据科学与脑机智能高精尖创新中心
中国农业大学食品营养与人类健康高精尖创新中心
北京理工大学智能机器人与系统高精尖创新中心
中央美术学院视觉艺术高精尖创新中心
首都医科大学人脑保护高精尖创新中心
首都师范大学成像理论与技术高精尖创新中心
北京化工大学软物质科学与工程高精尖创新中心
北京工业大学未来网络科技高精尖创新中心
北京师范大学未来教育高精尖创新中心
中国人民大学北京高校思想政治理论课高精尖创新中心

（刘安邦）

哲社研究基地建设管理办法印发

7 月 15 日，市社科联、市社科规划办与市教委联合印发《北京市哲学社会科学研究基地建设管理办法（试行）》。管理办法从组织管理、建设任务、考核评估等方面，加强研究基地建设和管理，推动研究基地成为关注北京、研究北京、服务北京的知名首都问题研究机构，成为首都新型智库体系的重要组成力量和首都高端智库建设的重要培育梯队。

（张豫）

北京实验室完成新建评估

11 月，市教委完成 4 个北京实验室新建工作。支持北京大学集成电路与未来技术北京实验室、清华大学脑与认知智能北京实验室、北京工业大学智慧环保北京实验室、清华大学环境前沿技术北京实验室立项建设。12 月，市教委完成 2 个北京实验室周期评估检查。对首都师范大学水资源安全北京实验室、北京林业大学城乡生态环境北京实验室开展周期评估检查，经过单位自评和专家实地考评等，2 个北京实验室通过周期评估。

（刘安邦）

443 个项目入选科研计划项目

12 月，市教委公布 2021 年度市教委科研计划项目名单。经项目申请、学校初选推荐、市教委评审等程序，31 所高校 443 个科研项目入选。科技计划资助项目 275 个，其中，科技重点项目（市自然基金—市教委联合资助）50 个、一般项目 225 个；社科计划资助项目 168 个，其中，社科重点项目 26 个、一般项目 142 个。

（刘安邦　张豫）

科研成果

首颗空间引力波探测技术实验卫星“太极一号”交付

1 月 8 日，中国科学院大学、中国科学院举行中国首颗空间引力波探测技术实验卫星“太极一号”在轨交付仪式。会议听取卫星在轨测试实验情况，介绍寿命期工作安排，卫星用户单位、研制单位、长期管理单位、地面支撑单位在卫星在轨交付使用证书上签字。“太极一号”于 2019 年 8 月

31 日发射成功，是中国空间科学（二期）战略性先导科技专项首发星。在轨测试期间，“太极一号”对空间引力波探测所需要的超高精度测量和控制技术展开激光干涉仪、无拖曳控制、超稳超静平台、引力参考传感器、微推进器等在轨实验验证。测试表明，卫星各项功能、性能指标满足研制总要求，部分核心载荷性能实测指标超过设计指标一个量级，验证空间引力波探测关键技术路线，成果超出预期。

（顾盼）

2019 年度中国十大学术热点发布

1 月 9 日，2019 年度中国十大学术热点发布会暨哲学社会科学研究展望论坛在中国人民大学举行。会议发布 2019 年度中国十大学术热点，分别是：习近平外交思想研究、新中国成立 70 周年：成就梳理、经验总结与理论阐释、国家制度和国家治理问题研究、五四运动百年回顾、船山学新诠释、中国社会学重建 40 年的回顾与展望、中华民族共同体意识研究、中国脱贫攻坚理论与实践、空间布局优化与区域协调发展研究、信息社会的学习方式变革。该评选活动始于 2003 年，由人民大学书报资料中心、光明日报社理论部和《学术月刊》杂志社共同主办。

（楚艳红）

平卡尔—斯特林（Pinkall—Sterling）猜想和超曲面几何的研究获国家自然科学奖二等奖

1 月 10 日，清华大学独立承担的“平卡尔—斯特林（Pinkall—Sterling）猜想和超曲面几何的研究”项目获 2019 年度国家自然科学奖二等奖。1989 年平卡尔（U.Pinkall）和斯特林（I.Sterling）在数学期刊《数学年刊》（Annals of Mathematics）发表论文提出平卡尔—斯特林猜想，三维球面中常平均曲率的嵌入环面是旋转环面。该项目给出三维球面中常平均曲率嵌入环面的完全分类，完全解决平卡尔—斯特林猜想，给出具有平行三次（Cubic）形式的局部严格凸的仿射超曲面完全分类，完全解决弗兰克 · 摩根（Frank Morgan）和仪我美一（Yoshikazu Giga）提出的关于异向情形亚历山德罗夫定理的公开问题。

（吴筱君）

基于全寿命周期的钢管混凝土结构损伤机理与分析理论获国家自然科学奖二等奖

1 月 10 日，清华大学作为第一完成单位承担的“基于全寿命周期的钢管混凝土结构损伤机理与分析理论”项目获 2019 年度国家自然科学奖二等奖。该项目揭示核心混凝土被动约束机制的科学难题，建立其通用型本构模型，阐明钢管混凝土结构的损伤机理、受力性能和计算方法，建立基于全寿命周期的钢管混凝土结构分析理论体系。主要成果被多部教材、专著、国家行业标准采纳，并被直接应用于多个标志性工程设计，推动结构工程学科发展。

（吴筱君）

动态系统运行安全性评估理论与方法获国家自然科学奖二等奖

1 月 10 日，清华大学作为第一完成单位承担的“动态系统运行安全性评估理论与方法”项目获 2019 年度国家自然科学奖二等奖。该项目在动态系统运行安全性评估理论方向取得系统性创新成果，建立全潜空间投影过程监测理论，提出一种动态系统可靠性实时预测方法，建立随机退化系统剩余寿命估计理论，引领国际新的研究方向。8 篇代表性论文被《科学引文索引》（SCI）正面他引 811 次，2 篇论文相关检索全球引用第一，部分成果已在战略导弹惯导平台寿命预测与延寿中得到应用。

（吴筱君）

磁性纳米材料构筑与多功能调控获国家自然科学奖二等奖

1 月 10 日，北京大学作为第一完成单位承担的“磁性纳米材料构筑与多功能调控”项目获 2019 年国家自然科学奖二等奖。该项目属于新材料、磁学、纳米技术交叉领域，发现晶面稳定规律，提出卤素稳定晶面效应和表面能调控生长机制策略，建立磁性纳米材料控制合成理论与技术，发展单分散、耦合磁体等新材料，构建生物医学多模态分子探针和费托合成纳米催化剂。成果推动磁性材料理论发展，拓展磁性材料多功能性，使其在生物医学、纳米催化等领域具有更广泛应用，对相关材料性能调控亦有指导意义。

（冯路）

大气复合污染条件下新粒子生成与二次气溶胶增长机制获国家自然科学奖二等奖

1 月 10 日，北京大学作为第一完成单位承担的“大气复合污染条件下新粒子生成与二次气溶胶增长机制”项目获 2019 年国家自然科学奖二等奖。该项目以“大气成核—初始增长—持续增长—区域 PM2.5 污染和霾”为主线，揭示大气复合污染条件下独特的新粒子生成和增长机制，阐明和量化污染演变过程中二次转化途径及其贡献，提出污染地区大气核化致霾新机制，开辟污染地区大气化学研究新方向，丰富大气环境化学理论，为 PM2.5 污染防控提供科学支撑。

（冯路）

铁基超导电子结构与磁相互作用的理论研究获国家自然科学奖二等奖

1 月 10 日，中国人民大学作为第一完成单位的“铁基超导电子结构与磁相互作用的理论研究”项目获 2019 年度国家自然科学奖二等奖。铁基超导是凝聚态物理学的重要研究方向，对探索非常规高温超导机理具有重大意义。该项目最早发现并预言铁基超导母体是反铁磁半金属，指出由砷或硒传递的反铁磁超交换是主要的磁相互作用，是导致超导电子配对的主要原因，并在此基础上成功预言铁基超导的两种新的磁有序结构。这些发现揭示其中磁相互作用的微观起源，加深对铁基超导基本性质的认识，推动该领域的发展。

（吕鹏军）

先进 MEMS 卫星设计制造关键技术及应用获国家技术发明奖二等奖

1月10日，清华大学独立承担的“先进 MEMS 卫星设计制造关键技术及应用”项目获 2019 年度国家技术发明奖二等奖。MEMS 卫星是以微机电系统为核心，具有功能密度高、研制周期短、应用灵活的纳型卫星。项目提出高可靠集中式最小系统和高性能弹性化扩展系统体系架构，确保在轨高效工作与高性能任务兼顾。该项目基于 MEMS 技术的卫星功能部件，显著提升纳型卫星的功能密度比，发明高精度星敏感器及空间多目标一体化感知测量方法，以星场为参考，在轨统一遥感相机、探测载荷等测量基准。该成果在探月工程、高分专项等重大任务中成功应用。

（吴筱君）

复杂水域水动力特征和生境要素模拟与调控关键技术与应用获国家科学技术进步奖二等奖

1月10日，清华大学作为第一完成单位承担的“复杂水域水动力特征和生境要素模拟与调控关键技术与应用”项目获 2019 年度国家科学技术进步奖二等奖。该项目针对大规模水电开发和水资源利用所引起的水温、溶解氧、藻类等生境要素变化，自主研发复杂水域生境要素精细模拟系统和理论方法，全面揭示复杂水域生境要素演变规律与动力机制，系统研发“控滞升温”“控时削峰”的生态调控关键技术，实现复杂水域生境要素模拟与水动力调控关键技术的创新和突破，并将成果直接应用于中国 2/3 以上的 200 米高坝工程和 200 万千瓦特大型水电站，支撑数十个世界级重大工程的设计建设与运行管理，保障流域工程安全与生态安全。

（吴筱君）

编码摄像关键技术及应用获国家科学技术进步奖二等奖

1月10日，清华大学作为第一完成单位承担的“编码摄像关键技术及应用”项目获 2019 年度国家科学技术进步奖二等奖。该项目组通过对光照和光路进行编码调制与重构，实现大纵深场景全清晰感知、复杂环境精确深度感知，突破传统光学成像景深、时空分辨率等性能瓶颈和信息维度缺失局限。在应用基础理论、共性核心技术、关键装备平台等方面取得一系列突破性成果，形成整套编码摄像技术新体系，研制一系列装备和系统，实现规模化应用并取得良好的经济和社会效益。

（吴筱君）

绿色公共建筑环境与节能设计关键技术研究及应用获国家科学技术进步奖二等奖

1月10日，清华大学作为第一完成单位承担的“绿色公共建筑环境与节能设计关键技术研究及应用”项目获 2019 年度国家科学技术进步奖二等奖。该项目面向城镇化领域健康环境营造和节能减排国家重大需求，重点突破公共建筑环境营造新方法、性能导向设计新技术以及高效节能新产品三方面关键技术，开发具有国际领先水平的即绘即模拟软件——穆萨（MOOSAS），引领国内公共建筑环境营造与节能设计方法创新及设备系统升级。成果被 5 部国家或行业标准采纳，在全国 12 家大型甲级设计院推广约 5800 万余平方米。近 3 年直接经济效益约 17.6 亿元，累计节能 2.7 亿度电。

（吴筱君）

车用高性能制动系统关键技术及产业化获国家科学技术进步奖二等奖

1月10日，清华大学作为第一完成单位承担的“车用高性能制动系统关键技术及产业化”项目获 2019 年度国家科学技术进步奖二等奖。该项目组瞄准汽车强国核心零部件自主创新战略需求，首次提出智能驾驶辅助系统的新型共用架构，基于该架构突破汽车节能与安全驾驶辅助技术瓶颈，形成自主知识产权的系列化核心技术。原创压力限差阀芯振颤控制技术，实现制动压力精准快速控制；原创制动介质动态平衡技术，为制动能量高效率回收扫清障碍；原创动态负载高精度加载技术，为高性能制动系统开发提供关键实验条件。高安全控制、高能效回收、高精度加载关键指标均优于国际垄断供应商，首次实现在国内乘用车和商用车企业的大规模前装配套。

（吴筱君）

商用车机械自动变速式混合动力系统总成关键技术及其产业化应用获国家科学技术进步奖二等奖

1月10日，清华大学作为第一完成单位承担的“商用车机械自动变速式混合动力系统总成关键技术及其产业化应用”项目获 2019 年度国家科学技术进步奖二等奖。该项目发明机械自动变速式并联混合动力系统总成，研制具备多档位变速与多模式切换功能的动力耦合装置，研发出系统驱动、制动过程中安全及平顺性控制技术，提出整机高效节能优化控制方法，节油率 45%。开发商用车并联混动、混联混动等系列产品，应用到 10 万余辆新能源汽车上，并出口欧盟、澳大利亚等国际市场。近 3 年直接经济效益约 53.7 亿元，应用车型累计节油约每年 69 万吨，二氧化碳减排约每年 216 万吨。

（吴筱君）

新型多温区 SCR 脱硝催化剂与低能耗脱硝技术及应用获国家科学技术进步奖二等奖

1月10日，华北电力大学主持完成的“新型多温区 SCR 脱硝催化剂与低能耗脱硝技术及应用”项目获 2019 年国家科学技术进步奖二等奖。该项目针对 SCR 脱硝关键基础和技术问题，采用理论研究、实验模拟和工程验证相结合的手段，自主研发平板式中温 SCR 脱硝催化剂、平板式特种 SCR 脱硝催化剂（宽温差、低温、高温、抗砷中毒等）及成套工业化生产技术，拓展 SCR 脱硝催化剂应用领域。系统开发高效低能耗 SCR 脱硝工程设计技术，确保脱硝系统安全、高效、低能耗和稳定运行。该项目首次在国际上研发适用于多温区与含硫含砷等复杂烟气的新型平板式高效 SCR 脱硝催化剂与成套生产技术；首次在国内研发平板式中温 SCR 脱硝催化剂的核心技术和成套设备，突破国外技术封锁，形成国内唯一具有自主知识产权的成套技术，大幅降低氮氧化物的排放。

（王振华）

药物新制剂中乳化关键技术体系的建立与应用获国家科技进步奖二等奖

1 月 10 日，北京大学作为第一完成单位承担的“药物新制剂中乳化关键技术体系的建立与应用”项目获 2019 年国家科学技术进步奖二等奖。该项目着力攻克难溶药物口服吸收差等重大问题，率先创建新型乳化关键技术体系，实现新型乳化技术从无到有、从追踪到超越的历史性突破，改变中国高端制剂依赖进口、乳化技术落后的现状，打破国际技术壁垒，形成自主知识产权。该项目已带动 3 个创新乳化制剂投入生产，涵盖不同治疗领域、不同药物剂型和不同给药途径，累计销售 100 余亿元。

（冯路）

首届中国医学重大进展发布

1 月 13 日，中国医学科学院举办首届中国医学重大进展发布会。发布会发布并解读《2019 年度中国医学重大进展》，发布临床医学、口腔医学、基础医学与生物学、药学、卫生健康与环境医学、生物医学工程与信息学 6 大医学领域重大进展。该研究围绕医学领域重大科学发现、重要产品，以客观数据为基础，以专家研判为依据，遵从定量分析与定性研究相结合、数据挖掘与专家论证相结合原则，以国内学者发表的医学研究论文数据、国家药监局批准上市的药物和批准上市或进入特别审查程序的国产创新医疗器械、注册的临床试验为基础数据进行遴选，并经中国医学科学院 6 个学部委员专委会终审产生。

（孙莉娜）

合成单层二维材料取得新方法

1 月 22 日，北京航空航天大学作为第一单位的研究成果《拓扑转化非范德华固体制备二维过渡金属硫族化物》(Conversion of non-van der Waals solids to 2D transition-metal chalcogenides）在《自然》(Nature）在线发表。该研究提出制备单层二维材料的新方法——拓扑转化法，通过转化非范德华固体〔过渡金属碳化物、氮化物和碳氮化物（MAX 相）等〕制备单层二维过渡金属硫族化物，实现超稳定和超高单层率的二维过渡金属硫族化物宏量制备，攻克单层二维材料难以制备和不稳定的国际性难题，所制备单层二维材料在电子器件、光电器件、催化和能源存储领域中具有广阔应用前景。

（朴悦嘉）

新型可重复利用口罩材料研制

2 月 7 日，北京化工大学开展口罩荷电再生重复使用技术研究。该研究面向新冠肺炎疫情应急时期口罩重复使用的问题，发现采用便携式静电发生器（如家用电器）对普通一次性医用平面无纺布口罩进行二次荷电处理，使其再生静电效应而达到可重复使用的现象，由此提出并形成口罩荷电再生重复使用技术方法及其导则。再生口罩样品经检测表明，3 类口罩（一次性医用口罩、一次性医用外科口罩和国外进口 KF94 口罩）再生后，口罩重要指标（0.1 微米微粒过滤效率，即阻隔率）与新口罩相当（衰减约 0.5% ～ 1.5%）；一次性防尘口罩再生后，其过滤效率较新口罩提升 50%；一次性医用外科口罩荷电再生循环 10 次后，其过滤效率与新口罩相当（衰减约 0.5%）。该研究表明口罩重复使用是可行的，可缓解疫情期间市场需求与供给矛盾，节约资源、减少环境污染。

（肖勇）

六项呼吸道病毒核酸检测试剂盒获国家药监审批

2 月 22 日，清华大学联合四川大学华西医院、博奥生物集团有限公司共同设计开发的“六项呼吸道病毒核酸检测试剂盒（恒温扩增芯片法）”获国家药监局新型冠状病毒应急医疗器械审批批准，广泛应用到疫情防控前线。该项目是用于呼吸道多病毒检测的全新微流控芯片系统，只需采集患者口咽拭子等分泌物样本，能在 1.5 小时内一次性检测包括新型冠状病毒（2019-nCoV）在内的 6 种呼吸道常见病毒，获 15 项授权专利。除新型冠状病毒外，该系统还可以比其他已获批单一指标检测产品快一倍的速度同时检测其他 5 种呼吸道常见病毒。

（吴筱君）

阐明铕离子对提升钙钛矿太阳能电池寿命的机理入选中国科学十大进展

2 月 27 日，北京大学作为第一完成单位的研究成果“阐明铕离子对提升钙钛矿太阳能电池寿命的机理”入选 2019 年度中国科学十大进展。该研究旨在提升钛矿太阳能电池本征稳定性，通过在钙钛矿活性层中引入铕离子对（Eu^{3+}/Eu^{2+}）作为“氧化还原梭”，同时消除 Pb^0 和 I^0 缺陷，进而大幅提升器件使用寿命。同时，引入铕离子对薄膜器件表现出优异的热稳定性和光稳定性，在连续太阳光照或 85° C 加热 1000 小时后，器件仍可分别保持原有效率的 91% 和 89%，在最大功率点连续工作 500 小时后保持原有效率的 91%。该方法解决铅卤钙钛矿太阳能电池中限制其稳定性的一个重要本质性因素，可以推广至其他钙钛矿光电器件，对于其他面临类似问题的无机半导体器件具有参考意义。

（冯路）

超强复合材料制备技术取得新进展

4月8日，北京航空航天大学的研究成果《超强层状纳米复合材料的增强新机制和大面积制备技术》（Layered nanocomposites by shear-flow-induced alignment of nanosheets）在《自然》（Nature）在线发表。该研究发展一种基于液体超铺展制备层状结构复合膜的新方法，解决层状结构复合材料无法大面积连续制备的难题，提出无机纳米限域空间内高分子链的运动受限是导致复合材料超高力学性能的科学机理，为仿生材料的结构设计及大规模生产提供新的解决途径。

（朴悦嘉）

破译抗新冠病毒关键药靶三维结构发表

4月9日和4月10日，清华大学作为第一完成单位的研究成果《SARS-CoV-2 中 Mpro 的结构及其抑制剂的发现》（Structure of Mpro from SARS-CoV-2 and discovery of its inhibitors）、《新型冠状病毒 RNA 依赖的 RNA 聚合酶结构》（Structure of the RNA-dependent RNA polymerase from COVID-19virus）先后在《自然》（Nature）和《科学》（Science）上在线发表。该研究在新冠病毒抗病毒药物核心靶点主蛋白酶（Mpro）和 RNA 依赖的 RNA 聚合酶（RdRp）三维结构研究中取得重要进展，解析主蛋白酶（Mpro）及其与抑制剂 N3 复合物的高分辨率晶体结构，并在蛋白质结构数据库（PDB）公开结构坐标，为抗新冠病毒药物研发提供关键的结构生物学基础。

（吴筱君）

演化权衡成果发表

4月30日，中国地质大学（北京）领衔的研究成果《寒武纪节肢动物繁殖之演化权衡》在《科学进展》（Science Advances）上发表。该研究将“演化权衡”（Evolutionary Trade-off）自然法则追溯到距今5.2亿年前的寒武纪早期，展现“演化权衡”在寒武纪原始节肢动物中的清晰记录，通过对寒武纪节肢动物孵育行为的研究，论证已知最早的演化权衡现象，并提出在早期节肢动物走向辐射演化并大量繁殖的过程中，“权衡”机制可能曾经扮演非常重要的角色。该研究发现，从演化的角度来看，它们在后代的数量和质量之间进行“权衡”——“多子多福”兴于寒武纪早期，而“优生优育”则在寒武纪中期受到青睐。

（李媛媛）

方舱庇护医院卫生政策文章发表

4月，北京协和医学院领衔的关于方舱庇护医院（Fangcang shelter hospitals）的卫生政策文章在《柳叶刀》（The Lancet）发表。该文章描述湖北省武汉市在发生新冠肺炎疫情期间，方舱庇护医院的构建与应用情况，并阐明其3个主要特点（建设快、规模大、成本低）和5个主要功能（隔离、分诊、基本医疗、密切监测和快速转诊、基本生活和社会活动）。

（孙莉娜）

北大两项成果入选全国十大考古新发现

5月5日，北京大学与相关单位联合发掘的河南淮阳平粮台城址和湖北随州枣树林春秋曾国贵族墓地两项成果入选2019年度全国十大考古新发现。河南淮阳平粮台城址位于河南省周口市淮阳区大连乡大朱庄村西南，1980年发现并发掘，是中国最早确认的新石器时代城址之一。2014年至2019年，北大对其进行系统勘探、调查与发掘，发现古城遗址平面方正规整、内部中轴对称的特点，是中国古代城市规划思想源头，在城市发展史上具有里程碑意义；城门及城内发现多处陶水管排水设施，为研究早期城市水资源管理系统提供重要线索。湖北随州枣树林春秋曾国贵族墓地清理春秋曾国墓葬86座，曾公求、曾侯宝和曾侯得3组曾侯墓葬及其车坑、马坑及相关不同级别贵族墓的发掘，弥补春秋中期曾国考古缺环。

（冯路）

极光计划成果发表

5月11日，清华大学空间天文项目“极光计划”最新成果在《自然·天文》（Nature Astronomy）发表，标志着由于技术困难停滞40余年的天文软X射线偏振探测窗口重新开启。该研究在卫星上经过一年的观测，X射线偏振探测器探测到来自蟹状星云及脉冲星的软X射线偏振信号，并首次发现脉冲星自转突变和恢复过程中X射线偏振信号的变化，说明在此过程中脉冲星磁场发生变化。“极光计划”是利用自主研发的10公斤级微小卫星平台在卫星轨道上直接验证X射线偏振探测技术，为未来空间天文探测开辟快速低成本路径。

（吴筱君）

分离抗新冠病毒的单克隆抗体研究取得进展

5月26日，清华大学作为第一完成单位的研究成果《人类新冠病毒自然感染诱导的中和抗体》（Human neutralizing antibodies elicited by SARS-CoV-2 infection）在《自然》（Nature）在线发表。该研究从新冠肺炎康复者血液B淋巴细胞中成功分离出200余株抗新冠病毒的单克隆抗体及其编码基因，揭示人受体 ACE2 特异性介导新冠病毒细胞侵染的结构基础，解析新冠病毒表面刺突糖蛋白受体结合区（RBD）与人受体 ACE2 蛋白复合物的晶体结构，准确定位出二者相互作用位点，阐明新冠病毒刺突糖蛋白介导细胞侵染的结构基础及分子机制，为治疗性抗体药物开发以及疫苗的设计奠定基础。

（吴筱君）

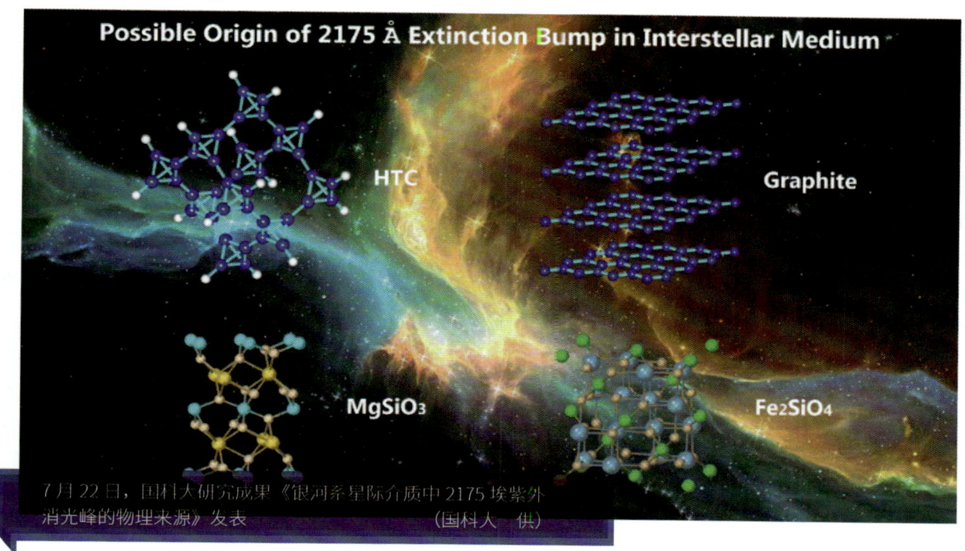

7月22日，国科大研究成果《银河系星际介质中2175埃紫外消光峰的物理来源》发表 （国科大 供）

535kV 直流断路器通过人工短路试验

6月9日，清华大学研制的2台超高压535千瓦直流断路器，在世界上首个超高压柔性直流电网工程人工短路试验中完成规定操作。3毫秒内完成故障电流开断，并成功实现重合闸，标志着技术指标国际最高的535kV/25kA/3ms直流断路器满足工程应用要求，为“张北可再生能源柔性直流电网试验示范工程”正式投运奠定基础。该创新断路器技术具有完全知识产权，在国际上首创耦合负压混合式直流断路器拓扑结构、突破低损耗高可靠换流技术，解决电力电子开关双向可控通流及高效大容量开断问题等，研究成果完善大容量直流超快速开断理论和技术体系，从拓扑结构、换流方式、产品研制、工程应用等方面实现创新突破。

（吴筱君）

金刚石增韧机制研究取得新进展

6月18日，北京航空航天大学研究成果《具有优异韧性的多级结构金刚石复合材料》（Hierarchically structured diamond composite with exceptional toughness）在《自然》（Nature）在线发表。该研究给出4种金刚石多型体（2H，4H，9R，15R）存在的确切实验证据，并提出利用金刚石多型体进一步增韧纳米孪晶金刚石的新思想。通过组织调控制备出具有多级结构特征的金刚石复合材料，由约0.8纳米厚非立方的金刚石多型体、约5纳米厚的纳米孪晶立方金刚石和约22纳米的立方金刚石晶粒分三级组装而成。采用原位力学实验方法从微纳尺度乃至原子尺度系统研究具有多级结构的纳米孪晶复合金刚石的增韧机制，提出金刚石增韧的新思路，解决金刚石材料无法兼具超硬、超韧的科学难题。

（朴悦嘉）

星际介质中紫外消光峰物理来源研究成果发表

7月22日，中国科学院大学研究成果《银河系星际介质中2175埃紫外消光峰的物理来源》（Towards understanding physical origin of 2175 Aextinction bump in interstellar medium）在天文学国际权威期刊《皇家天文学会月刊》〔Monthly Notices of the Royal Astronomical Society 497，2190-2200（2020）〕发表。该研究通过提出新模型——混合物模型，对银河系星际介质中2175埃紫外消光峰的物理来源给出全新解释，指出星际介质中2175埃紫外消光峰与氢化的T—碳分子〔hydrogenated T-carbon molecule，分子式为$C_{40}H_{16}$（简称HTC）〕团簇可能密切相关。氢化的T—碳（HTC）分子是一种新碳物质，目前尚未见到在实验室合成。通过计算发现，HTC分子紫外光谱在2175埃处具有吸收峰。通过该模型，将HTC混合物、石墨、$MgSiO_3$和Fe_2SiO_4的吸收谱进行线性组合，发现银河系中任选6个星系的紫外消光谱都可以被很好地拟合。该研究得到国家重点研发计划、中科院、国家自然科学基金委和市科委资助，相关计算在中科院超级计算中心平台完成。

（顾盼）

抗菌药物耐受性形成机制取得重要进展

7月28日，中国农业大学的研究成果《亚抑菌浓度抗菌药物促进上皮细胞中细菌持留》（Sublethal levels of antibiotics promote bacterial persistence in epithelial cells）在《先进科学》（Advanced Science）发表。研究结果初步阐明体内细菌抗菌药物耐受性形成机制和抗菌药物治疗后病原菌扩散现象，补充细菌在抗菌药物压力下的存活策略，完善抗菌药物耐受性产生机制，为优化现有抗菌药物使用，减缓耐药性的出现提供新思路。

（孙桂凤）

重力与大气科学卫星成功发射

8月6日12时零1秒，清华大学研制的重力与大气科学卫星在中国酒泉卫星发射中心成功发射。该卫星主要目标是进行低轨大气密度和长波重力场联合探测，采用球形结构和双频GNSS接收机作为任务载荷，可实现厘米级精密定轨、高精度大气密度探测和重力场有效阶数恢复，是中国首个专用于重力与大气科学测量的卫星。

（吴筱君）

牙髓间充质干细胞注射液获批

8月14日，首都医科大学与北京三有利和泽生物科技有限公司共同申报的“人牙髓间充质干细胞注射液”获国家药品监督管理局药品审评中心（CDE）临床试验默示许可。该注射液是国内首个用于慢性牙周炎的间充质干细胞治疗药物，同时也是国内首个牙源间充质干细胞药物，标志着“人牙髓间充质干细胞”作为药物在慢性牙周炎治疗领域正式步入临床探索阶段。该药物局部注射后，人牙髓间充质干细胞局限在牙周组织中发挥其生物学及免疫学特性，促进牙周组织再生和修复。该新药有望为人类慢性牙周炎再生治疗提供新的治疗药物和方法。

（王于英　陈飞飞）

年度中国医院（医学院）校科技量值发布

8月21日，中国医学科学院举办2019年度中国医院科技量值与2019年度中国医学院校科技量值（STEM）发布会。发布会发布并解读《2019年度中国医院科技量值报告》与《2019年度中国医学院校科技量值报告》。该报告覆盖全国1633家医院，涵盖综合和31个学科前100名医院排名（不包括军队医院）。综合排名前10名的医院分别是四川大学华西医院、中国医学科学院北京协和医院、浙江大学医学院附属第一医院、复旦大学附属中山医院、上海交通大学医学院附属瑞金医院、北京大学第三医院、中国医学科学院肿瘤医院、北京大学第一医院、上海交通大学医学院附属第九人民医院、中南大学湘雅医院。2019年度STEM评价注重标志性成果质量，坚持原创性、高质量评价标准，修订《三类高质量论文》论文指标中的结构和比例。国家卫健委、全国三级医院、医学院校、科研机构等领导与专家学者150余人参加会议。

（孙莉娜）

地大松科三井开钻

9月24日，中国地质大学（北京）在吉林省长春市农安县举行松科三井开钻仪式。该项目由“三井四孔”组成，即松科一井南孔、北孔，松科二井和松科三井。松科一井于2007年完钻，获取2485.89米上白垩统连续岩心，取心收获率达96.46%；松科二井于2018年完钻，完钻井深7018米，是国际大陆科学钻探计划（ICDP）成立24年以来大陆科学钻探最深纪录，取心长度最长4134.81米、单回次取心长度最长40.86米、取心直径最大214毫米等工程技术领域均创新纪录；松科三井设计井深为3600米，计划取心长度1580米，取心的地层层位时代属于地球历史最热时期，被称为“热室地球”的白垩纪中期，对研究长周期温室气候变化具有重大科学价值。

（李媛媛）

城轨交通地面式超级电容混合储能装置试验成功

9月25日，北京交通大学自主研发的世界首套城轨交通地面式超级电容混合储能装置在北京地铁八通线梨园站挂网试验成功。该装置回收利用列车再生制动能量，在供电系统突发故障时，利用储能装置将列车紧急牵引至邻近地铁站。该项目搭建城市轨道交通车辆运行与供电系统联合仿真平台，通过第三方评测，所研制的超级电容、钛酸锂电池混合储能装置平均节能率超过15%。

（高杰）

新矿物碲钨矿入选2019年度矿物

9月，中国地质大学（北京）发现的新矿物碲钨矿被国际矿物学会矿物分类及命名委员会（IMA-CNMNC）授予最高荣誉“2019年度矿物”。碲钨矿在云南省华坪县境内新元古代结晶基底的半风化石英二长岩中发

9月24日，地大举办松科三井开钻仪式

（地大　供）

现，靠近辉长岩接触带。伴生矿物有碱性长石、黑云母、斜生辉石、钛铁矿、锆石、黝帘石、电气石、独居石（Ce）、尿石（Ce）、白钨矿、碲铁矿和新矿物乌木铁矿（$KAl_{0.33}W_{2.67}O_9$，IMA2017-067a），此外还有一种与 WO3 相对应的未确定的潜在新矿物。该矿物因具有独特的成分和结构而备受关注，以半金属碲和钨、钾构成，是目前唯一一种 K-Te-W 的天然矿物，也是世界上首次发现天然存在的新型钨青铜型衍生结构，钨氧八面体共顶角连接成六方环状孔道结构。该发现对于研究碲的晶体化学特性及碲矿新的独立碲矿床以及花岗岩型碲矿床新类型具有重大理论和实际意义。

（李媛媛）

玉米密植高产可持续生产研究取得重要进展

10 月 12 日，中国农业大学联合国内多家农业科研部门在《可再生和可持续能源评论》（Renewable and Sustainable Energy Reviews）杂志上发表题为《玉米高收益低耗能生产转型实现可持续发展》（Converting maize production with low emergy cost and high economic return for sustainable development）研究成果。该研究通过覆盖全国玉米主产区 40 个站点的田间实证，将优良品种选用和栽培管理相结合，建立高产、高经济效益、低能耗、可持续的玉米生产体系。该体系平均产量为 11.6Mg ha-1，实现品种产量潜力的 80% 以上，这一产量水平与国际当前玉米生产水平最高区域相当。与传统体系相比，该体系经济效益提高 47%，可持续性提高 19%。

（孙桂凤）

世界上首个单分子驻极体发现

10 月 12 日，中国人民大学的研究项目《一个碳 82 笼中钆原子的单分子驻极体》（“A Gd@C_{82} single-molecule electret”）在《自然 · 纳米技术》（Nature Nanotechnology）出版。该研究通过理论计算和实验测量发现世界上首个单分子驻极体（electret）-Gd@C_{82}，在驻极体被人类合成 100 年后将其物理尺寸压缩到极致的单分子水平（~1 nm，十亿分之一米），这是目前人类所知最小的驻极体。该分子中的 Gd（钆，一种稀土元素）原子可以被人为控制地在两个不同位置间移动而用于信息编码，为未来存储器小型化提供一种新方案，展现出作为一个新兴研究方向的巨大潜力。

（张珊）

类脑计算完备性首次提出

10 月 14 日，清华大学研究论文《一种类脑计算系统层次结构》在《自然》（Nature）发表。该成果首次提出“类脑计算完备性”以及软硬件去耦合的类脑计算系统层次结构，通过理论论证与原型实验证明该类系统的硬件完备性与编译可行性，并扩展类脑计算系统应用范围，使之能支持通用计算，填补完备性理论与相应系统层次结构方面的空白，有利于自主掌握新型计算机系统核心技术。该成果在第七届世界互联网大会入选特别推荐成果。特别推荐成果由大会从每年全球数百个申报项目中评选发布，代表当年互联网和信息技术领域最高水平。

（吴筱君）

工业化油气流首次在燕山构造带发现

10 月 30 日，中国地质大学（北京）在燕山构造带滦平盆地的勘探中获得页岩油气流。经评价，滦平盆地油气勘查区块为油气矿业权空白区，发现油气资源尚属首次，属地质条件较好的二类区块，符合油气探矿权出让区块设置条件，可纳入油气探矿权出让区块项目库，具有良好勘探开发前景。滦页 1 井的成功钻探，打破滦平盆地乃至燕山构造带无油气发现的历史，打开油气勘探新局面，对京津地区油气能源供给具有重要意义。

（李媛媛）

北斗三号系统完成技术验证

11 月 2 日至 13 日，北斗三号全球卫星导航系统全部性能指标完成专家技术验证。该验证标志着将北斗系统正式写入国际民航组织标准的最核心、最主要工作已经完成，北斗三号系统相关民用信号第一次成体系化地通过国际组织的深入技术验证，中国民航第一次以自身团队为核心成功推进中国自主创新的复杂巨系统成为国际民航组织标准。北斗国际民航组织标准化工作团队以北京航空航天大学国家空管新航行系统技术重点实验室为核心组建，历时 10 年推进标准验证工作。

（朴悦嘉）

“北航空事卫星一号”发射成功

11 月 6 日 11 时 19 分，北京航空航天大学研制的“北航空事卫星一号”搭载“长征六号”运载火箭在太原卫星发射中心发射成功。“北航空事卫星一号”是北航国家空管新航行系统技术重点实验室与天仪研究院联合设计的科学实验卫星，也是中国空事卫星系统的首颗关键载荷技术验证卫星。卫星主体 282.1mm×268.1mm×361.3mm，太阳能帆板面积 1501.3mm×268.1mm，质量约 12 千克，发射轨道高度 484.24 千米，主要在轨开展航空机载 ADS-B 信号接收转发、激光通讯星地数传技术探索等实验。卫星预计使用寿命一年半。

（朴悦嘉）

中国“绿都”首次发布

11 月 6 日，北京林业大学发布首次中国“绿都”评价研究成果。该研究首次提出“绿都”的科学内涵，即“以‘两山’理论为指导，以‘两山’转化为目标，以陆地最大生态系统森林为底色，通过有效的林业绿色治理，构建完备的林业生态体系，建设发达的新型林业产业体系，对经济社会高水平、可持续发展形成有力支撑，实现生态、经济、社会相互协调的区域发展状态。该研究包含 5 个二级指标、44 个三级指标，收集全国 297 个地级及以上城市基础数据、官方公开数据，对“绿都”建设进展和水平进行客观评价，选出 53 个城市纳入评价名单。最终，福建省三明市、吉林省白山市、浙江省丽水市等 10 个城市进入中国“绿都”综合评价前十名。

（焦隆）

恒阻大变形缆索及其恒阻装置获中国专利金奖

11 月 11 日，中国矿业大学（北京）的研究成果“恒阻大变形缆索及其恒阻装置”项目获第 21 届中国专利金奖。该项目突破岩体非线性大变形灾害控制受制于材料变形能力不足的技术瓶颈，具有“高恒阻、大变形、吸收能量和多次冲击而不断”的超常力学特性，开发“NPR＋”灾害控制综合技术，有效解决岩爆、动压巷道和滑坡等重大灾害控制的科学难题。成果已被 200 余家地灾防治中心和矿业集团在矿山、西气东输、高速公路、水利、文物遗址保护工程中大量采用；在地质灾害监测预警领域，利用该专利技术建成 543 个地灾牛顿力监测点，先后成功预报滑坡 16 次，撤出人员 240 人，挽救百余人生命和数以亿计财产损失。

（杨恬）

《清华大学藏战国竹简（拾）》发布

11 月 20 日，《清华大学藏战国竹简（拾）》成果发布。《清华大学藏战国竹简（拾）》收录竹简 5 种 8 篇，包括《四告》《四时》《司岁》《行称》《病方》，皆为前所未见的佚文，为历史学、文献学、古文字学、天文学提供研究资料。其中《四告》是自《尹诰》《说命》《摄命》等篇之后，又一次整理发布的书类文献。《四告》为 50 支竹简的一卷竹书，内容分别是周公旦、周公之子伯禽、周穆王满、召伯虎的告辞。抄写内容相关但又相互独立的 4 篇文献。每篇提行书写，篇末有终绝符号，从简背序号来看，第一篇与第二篇，第二篇与第三篇之间原应有“空白插页”。这种外部形态，也让学者开始重新思考竹书的主观单位“篇”与客观单位“卷”的关系。“清华简”于 2008 年入藏清华大学，已整理报告并出版 10 辑。

（吴筱君）

“天格计划”三号卫星载荷发射入轨

12 月 22 日，清华大学“天格计划”学生团队自主研发的三号卫星载荷（GRID-03）搭乘“中国长征八号”运载火箭首次从海南文昌卫星发射中心成功发射。该卫星对 GRID-02 载荷的程序固件进行基于实时操作系统的重构和关键代码段的逐指令优化，在保持探测器设计不变的基础上，数采模块升级以学生创业团队提供的全数字化单元为核心，伽马光子探测的死时间从约 50 微秒减少到了 10 微秒以下，进一步提升在轨处理等性能。“天格计划”是一个以学生为主体、面向基础科学前沿的科研实践项目，也是一个理工学科交叉的基础科学人才培养项目。

（吴筱君）

紫花苜蓿种子搭载探月工程嫦娥五号归来

12 月 23 日，中国农业大学接受探月工程“嫦娥五号”搭载的紫花苜蓿种子及证书。“嫦娥五号”探月搭载是中国首次，搭载多家单位提供的水稻、苜蓿、燕麦等各类农作物种子 30 余种，旨在开展航天育种、航天搭载和空间诱变试验。苜蓿是中国优质短缺饲草，每年需大量进口，苜蓿种业也是中国生物种业的一块短板。该实验按照航天育种规范，选择紫花苜蓿优异新品种开展。

（孙桂凤）

教育科学研究

疫情对首都职业教育的影响及对策研究

3 月至 5 月，北京教育科学研究院开展疫情对首都职业教育的影响及对策研究。对高职、职高、中专、技校 4 类院校进行线上调研、分专题个性化访谈及问卷调查，撰

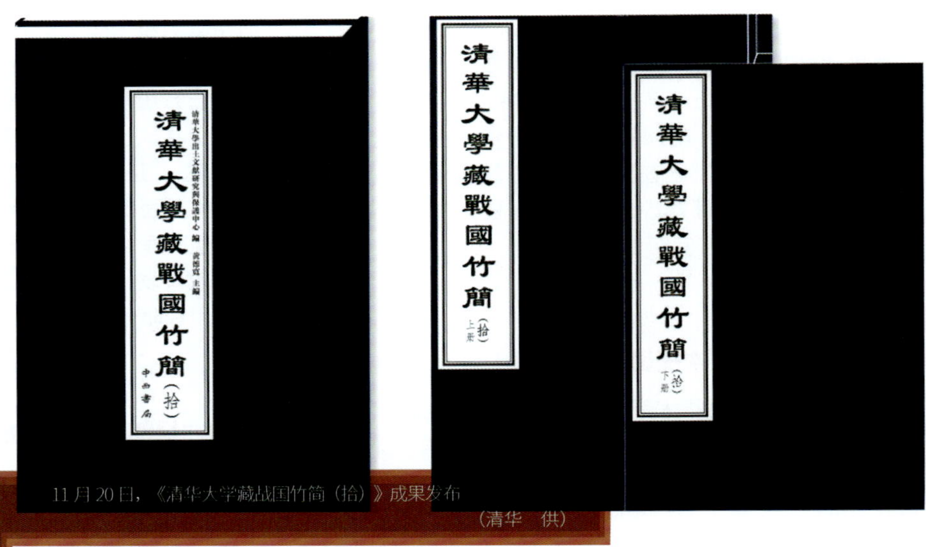

11 月 20 日，《清华大学藏战国竹简（拾）》成果发布

（清华　供）

写完成《疫情防控期间职业教育教学改革对策及启示》《关于加强职业院校在线教学能力的若干思考》《职业院校在线教育的实践研究》《互联网学习资源与信息化教学资源辨析及其在成人教育中的应用》《职业教育专业建设支撑“新基建”的关键策略》《疫情视域下澳大利亚职业教育的举措与启示》等系列论文，为疫情期间职业教育教学提供指导和借鉴。

（吕良燕）

学前教育发展战略与规划研究结题

5 月，北京教育科学研究院承担的北京市教育发展规划优先关注课题“北京市学前教育发展战略与规划研究”结题。该课题 2018 年立项，通过对北京 2035 学前教育发展战略开展多途径研究，认为北京市学前教育应坚持高质量普及普惠发展道路，提出应坚持政府主导原则，逐步建立学前教育公共服务体系，并逐步向 0～3 岁延伸，构建托幼一体化的教育服务体系等研究结论。课题组在《学前教育》《教育快报》发表题为《推进本市普惠性幼儿园的成绩、挑战与建议》，出版著作《为学前教育均衡、优质发展保驾护航：北京市学前教育发展战略与规划研究》。

（张霞）

422 个教育科学规划课题立项

6 月 21 日，北京市教育科学规划领导小组审议确定 2020 年度北京市教育科学规划课题立项 421 个。其中，重大课题 1 个、优先关注课题 26 个、重点课题 38 个、校本研究专项课题 26 个、青年专项课题 39 个，一般课题 291 个。68 所高校（科研机构）及 16 个区（含燕山地区）申报课题 2354 个，其中，重大课题 1 个、优先关注课题 99 个、重点课题 539 个、青年专项课题 765 个、校本研究专项课题 206 个、一般课题 744 个。12 月，经北京市教育科学规划领导小组审批，增立 1 个重大课题。至年底，处理重要事项变更 58 个、中期检查课题 175 个、课题结题鉴定 164 个。

（庞立场）

教师发展蓝皮书完成

6 月至 12 月，北京教育科学研究院完成“教师发展蓝皮书——北京市中小学教师减负”课题研究。课题组通过多种方式调研中小学教师负担情况，收集中小学学校、教师负担统计数据，召开中小学校长（书记）、一线教师系列座谈会，对 16 个区中小学各 10% 的教师开展在线问卷调查。研究显示，中小学教师工作时间较长，迎接各种督查检查评比考核等非教育教学工作较多，工作负担较重，亟需采取措施减轻中小学教师不合理负担。课题组完成《教师发展蓝皮书——北京市中小学教师减负专题研究报告》，为北京市中小学教师减负政策文件研制提供决策参考。

（宋洪鹏）

乡村教师支持计划政策评估研究完成

7 月至 12 月，北京教育科学研究院完成北京市乡村教师支持计划政策评估研究课题。课题组选取 11 个区教委人事科长、校长、普通乡村教师和优秀乡村教师代表四类群体开展线上座谈、电话访谈和线上问卷调查。调研数据显示，北京市出台一系列配套文件保障乡村教师支持计划政策落实，各区形成许多有益经验，在一定程度上对乡村教师队伍起到“下得去、留得住、教得好”的积极作用。该研究发现政策在实施中存在知晓度不够、乡村教师专业提升待加强、乡村教师管理体制机制待完善等问题，仍需进一步解决。该课题完成《北京市乡村教师支持计划政策评估研究报告》。

（宋洪鹏）

校外在线培训规范发展与治理机制研究

8 月至 12 月，北京教育科学研究院开展“北京市校外在线培训规范发展与治理机制”研究。该研究对已备案校外在线培训机构开展问卷调查，对部分学科类线上培训机构代表进行“一对一”访谈，实地考察好未来、洋葱学院、作业帮等代表机构，分析研究校外线上培训机构的社会贡献及存在问题。该研究完成《北京市校外线上培训规范发展与治理机制研究》《北京市学科类校外线上培训机构监管机制研究》等报告。

（周蔺）

12 项课题入选全国教育科学规划课题

9 月 7 日，北京教育科学规划领导小组办公室完成全国教育科学 2020 年度课题申报。报送课题申报材料 189 项，经评审，12 项入选全国教育科学规划课题，7 项报送 2020 年国家社科基金后期资助（教育学）项目。

（王一丹）

市级校外教育科研规划课题结题评选

9 月 16 日至 17 日，北京学生活动管理中心举行北京市课外、校外教育“十三五”科研规划课题结题评选活动。184 项课题结题，经过初评和终评等程序，评选出一等奖 24 项、二等奖 38 项、三等奖 34 项。

（王晓艳）

高校专业评价研究

12 月，北京教育科学研究院完成自主研究项目“北京高校专业评价报告 2020”。项目结合学生发展及高等教育质量评价理论最新进展，完善高校专业评价指标体系；以就业竞争与职业发展力指标为突破口，对会计学、计算机科学与技术等 100 个专业进行评价，并将评价结果形成可视化图册。

（刘娟）

融合教育实践研究

至年底，北京教育科学研究院研究制订《北京市普通学校融合教育推行委员会制度实施方案（试行）》。该方案聚焦融合教育质量提升，选取东城、西城、朝阳、石景山、通州、顺义6个区22所中小学校、幼儿园开展试点探索，在行动研究中完善制度设计，为全市范围内推行融合教育推行委员会制度提供实践经验和典型案例。编制《遇见特殊需要学生——每位教师都应该知道的事》图书，由华夏出版社出版发行，全书15万字，主要介绍融合教育背景、政策发展、教学方法以及支持服务体系等，简便易懂阐述融合教育相关知识。

（杜媛）

北京教育发展研究报告出版

至年底，北京教育科学研究院编著的《北京教育发展研究报告·2019—2020年卷》由社会科学文献出版社出版发行。报告全新改版，首次纳入北京教育蓝皮书系列。在内容上由“总报告＋分报告”框架组成，分报告分政策规划、学前教育、中小学教育、教育改革、教育人才、教育专题、经验借鉴篇7个部分26篇研究报告。报告以“更优质的首都教育”为主题，分析“十三五”教育规划执行情况，展示各级各类教育发展最新进展，论述首都教育发展热点难点问题，为推进首都教育现代化向更高水平优质均衡发展提供智力支撑。

（朱庆环）

教育教学研究

市级课程建设优秀成果评选

6月11日，北京教育科学研究院公布2019—2020学年度北京市课程建设优秀成果评选结果。评出一等奖20个、二等奖81个、三等奖132个。各区中小学校229个课程建设成果参加评选，经过区级初评、市级复评和终评等评选程序确定入选成果。

（李群）

社区教师线上研磨课

7月28日至8月13日，北京教育科学研究院举办2020年北京社区教育教师教学能力提升“线上研磨课”交流活动。活动通过腾讯会议平台开展，持续举办19场，16个区成教中心、社教中心、社区学院、职业学校、街道（乡镇）成人学校等社区教育单位135名教师参加活动，30名专兼职教研员参与点评，59名社区教育教师获奖。

（赵志磊　邢贞良）

首届普通高中特色课程征集评选

9月，北京教育科学研究院举办首届北京市普通高中特色课程征集认定活动。经过各区初选和推荐，100门课程进入市级认定，经过复评和认定等程序，40门课程入选。其中，人文、科技、数理、艺体类课程各10门。按课程门类，包含国家课程校本实施方案10门和校本课程30门。

（黄晓玲）

同课异构教学研究

10月至11月，北京教育科学研究院分别在朝阳区和通州区举办北京市青年教师“同课异构”教学研究活动。各区中小学百余名教师就同一学科同一课题分别授课，从不同角度设计教学、研究学习与实践探索，展示提升教学品质的成果。活动采用市区联动、研训一体、教学研究与青年教师队伍建设深度结合的方式为青年教师搭建展示平台，推动课堂教学方式探索与变革、交流与分享，引导教师在教学实践中关注学生可持续发展。活动通过网络平台

10月29日至30日，北京市义务教育阶段青年教师同课异构教学研究活动举办　（北京教科院　供）

进行同步直播，点击量超百万。

（时雁）

中小学优秀研学旅行课程开发成果评选

10月13日，北京教育科学研究院召开第二届北京市中小学优秀研学旅行课程开发成果评审会。会议采取线上专家评审和线下专家合议相结合方式，依据《评选工作方案》《北京市中小学优秀研学旅行课程成果评价标准》，经高校、杂志社及研学资源管理单位课程领域相关专家对135份研学旅行课程成果进行终评，评出一等奖21个、二等奖40个、三等奖61个。此次评审反映出学校在研学旅行课程体系化建设上重视研学课程内容与各学科整合，强调项目式学习、注重学生参与感。

（王禹苏）

中小学心理健康教育优秀成果交流展示

11月18日，北京教育科学研究院举办北京市第十届中小学心理健康教育优秀成果交流展示活动。6名获特等奖教师分别做心理课例、案例、微课展示与交流；获实践推进卓越贡献奖以及专业引领卓越贡献奖的教师回顾北京市中小学心理健康教育工作，特别是在新冠肺炎疫情期间的教育探索历程。活动聚焦疫情期间学生居家学习所产生的一系列心理问题开展研讨，从不同视角提出意见建议，为疫情常态化心理健康教育工作提供支持与保障。

（朱凌云）

27所学校入选市级基础教育课程建设先进单位

11月19日，北京市基础教育课程教材改革实验工作领导小组公布2019—2020年度北京市基础教育课程建设先进单位评选结果。通过文本审阅、现场答辩、综合分析、交流研讨、实地考察等环节，经过各区初评和市级复评、终评等评选程序，27所学校入选基础教育课程建设先进单位。该评选由北京教育科学研究院承办，于2月启动，29所学校申报，各区初评后29所学校进入市级复评。

（李群）

义务教育课程整体育人现场会

11月20日，北京教育科学研究院在北京市顺义区杨镇第二中学召开北京市义务教育课程整体育人现场会。活动以“绽放个体生命活力、实现课程整体育人”为主题，分为线上观摩和现场汇报2部分。线上观摩由首都师范大学附属实验小学、北京市顺义区第十三中学、杨镇二中3所学校录制的14节涵盖小学语文、综合实践、道德与法治等学科的特色课程组成，扫码观看。现场会设置校长汇报、学科课程经验交流、专家点评指导等环节。会议提出课程改革首先要做观念的变革，转变观念才能更好发挥课程引领作用；课程建设要守正出新，尊重育人规律，要研究德智体美劳五育并举理念下区域课程整体育人的新经验，破解学校课程整体育人新问题。北京教科院、北京师范大学、顺义区教委、顺义区教育研究和教师研修中心以及各区100余名干部教师参加现场会。

（江峰）

中学法治教育名师工作室教学展示观摩

12月15日，市教委、首都师范大学在北京中学举行北京市中学法治教育名师工作室教学展示观摩活动。北京中学法治教育名师工作室实践导师示范“公民权利的保障书”教学课，东城区教师研修中心、北京市第一〇一中学、北京大学附属中学石景山学校3名工作室优秀学员展示道德与法治课教学设计。全市16个区（含燕山地区）的80名中学法治教育教师参与现场观摩。

（朱迎）

第三届北京市中小学实验教学说课活动

12月16日，市教委公布第三届北京市中小学实验教学说课活动案例名单。66个案例入选市级展示案例，15个被推荐代表北京市参加第八届全国中小学实验教学说课活动。该活动于6月至12月进行，在全市中小学校225个案例中经学校申报、区级遴选、市级评选等环节择优入选。该活动由北京教育科学研究院与北京市教育技术设备中心承办。

（赵文强　陆小红）

“一师一优课，一课一名师”活动

至年底，北京教育网络和信息中心组织开展北京市“一师一优课、一课一名师”活动。组织指导全市教师晒课13453节，比上年增加一倍，评选出区级优课1200节、省级优课700节。在北京市优课应用小程序中推送优课1808节，录制完成优质示范资源视频68节，通过优课数据分析和研究生成《现代信息技术在中小学智慧课堂中应用现状研究》报告。

（车英子）

道德教育课程构建和课堂探究

至年底，北京教育科学研究院开发完成6节以儿童哲学方式构建的小学道德教育课程。课程以儿童哲学为基本理念进行构建，是北京市第一个儿童哲学课程。该课程与北京市禁毒教育管理基地联合开发，以北京市朝阳区垂杨柳中心小学为实验基地，以小学毒品预防为主要内容展开理论研究和实践探索。

（赵澜波）

（本栏责任编校　曾婷）

93 人

北京市首批中小学特级校长

7 人

市属高校入选青年北京学者

1213 人

市教委系统接收非京生源毕业生

141 人

入选市高校教学名师

10 人

入选全国先进工作者

2021 | 师资建设

TEACHERS CONSTRUCTION

- “十三五”时期教师培训任务收官
- 师德师风建设工作新格局构建
- 市属高校特设岗位试点工作完成
- 减轻中小学教师负担的若干措施印发
- 设专项基金奖励优秀乡村教师
- 职业院校教师培训基地和企业实践基地遴选
- 职业院校“双师型”教师认定办法印发

师资建设

TEACHERS CONSTRUCTION

综述

“十三五”时期教师培训任务收官

2020 年，市教委完成“十三五”时期教师培训任务收官工作。完成名师名校长发展工程、特级教师工作室、北京市幼儿园特级教师工作室等市级高端培训；完成“十三五”时期各区教育系统干部教师培训评估验收；完成中小学教师“十三五”公共必修课培训，全市中小学教师公共必修课整体达标率 99.77%；完成“十三五”乡村教师市级示范性培训。“十三五”时期，规划设计和组织各类别针对农村校（园）长、教师的培训，惠及 5 万余人次，其中，4658 名农村新教师参加“启航计划——新教师培训”、630 名农村校长参加“启航计划——校长任职资格培训”、715 名农村教师参加“青蓝计划——优秀青年干部教师培训”、559 名农村校长教师参加“卓越计划——校长教师高级研修项目”、12472 名农村教师参加“协同创新学校计划”、2394 名农村教师参加“支持通州教师素质提升专项计划”、9710 名农村教师参加“教育教学改革特色专题培训”、1309 名农村校（园）长参加“北京市乡村园长领导能力提升培训”、331 名农村幼儿园教师参加“北京市乡村幼儿园教师专业素养提升培训”、680 名农村校长参加“U-D 合作实践取向乡村中小学业务校长专题研修”、2860 名农村校长参加“新起点——北京市乡村中小学初任教师教育教学基本功提升计划”、13879 名农村校（园）长教师参加“首都师范大学与远郊区区域教育合作项目”。

（李海燕　陈静）

10 月和 11 月，怀柔区举办初中物理教师实验技能专项培训
（怀柔区教委　供）

师德师风建设工作新格局构建

2020 年，北京市构建师德师风建设工作新格局。市委教育工委、市教委等 11 个部门联合印发《关于进一步加强和改进新时代师德师风建设的若干措施》，从整体上顶层设计师德师风建设的方向目标、工作重点、任务举措，建立健全师德师风建设长效机制，构建多层面、多环节、多主体参与的师德师风建设工作新格局。转发教育部办公厅印发的《中小学教师培训课程指导标准（师德修养）》文件，指导各区教委在教师培训组织实施工作中落实师德培养。

（陈静）

人才重点任务落实

2020年，市教委继续落实全市人才重点任务。坚持由市教委主任牵头、分管副主任协助、相关职能处室各司其职的工作机制，按月召开项目落实情况推进会，完成2020年重点工作：一是协调高校系统引进3名海外战略科技人才领衔的高水平创新团队，支持培养4名本土战略科技人才领衔的高水平创新团队，支持培育战略科技人才；二是科技成果转移转化骨干人才培养工作，清华大学9月启动2021级非全日制金融硕士（技术转移）招生工作，招收并培养30名金融专业学位（科技创新金融方向）硕士研究生；北京理工大学、北京工业大学启动技术转移专业方向研究生教育改革试点工作。

（纪奇明）

中学教师开放型在线辅导计划试点继续推进

2020年，市教委继续推进北京市中学教师开放型在线辅导计划试点工作。项目在通州、延庆、怀柔、密云、平谷、房山、门头沟和大兴区初中全体学生中开展，覆盖187个初中学段项目校9万余名学生。试点期间，通过搭建中学教师开放型在线辅导管理服务平台，教师使用电脑，学生使用手机、平板电脑等移动终端，共同实现基于音频、图片和文本的实时在线辅导。辅导形式包括“一对一”在线辅导、“一对多”在线辅导、微课辅导和“问题广场”4种。全市招募辅导教师14368人，其中，60%为区级骨干及以上称号教师。全年3386名教师为28241名学生开展有效辅导，其中，“一对一”辅导37.10万次，时长10.70万小时；教师开设“一对多”在线辅导课程15989节，累计时长1.80万小时；上传微课2231节，包括优质微课142节；“问题广场”解答问题19.50万个，提供答案49.50万个。

（崔亚超）

通州区教师素质提升支持计划持续实施

2020年，市教委统筹北京市教师培训资源，持续实施并完成通州区教师素质提升支持计划年度工作任务。78个名校长、名园长、名教师工作室与24个市区级教师培训实践基地对接，全年采用线上与线下相结合方式开展活动301次；骨干教师送教到校活动开展121次；组织实施“互联网+”助力通州区全面深化教育改革项目活动173次；组织教师参与市级高端研修近2500人次；组织331名教师参与中学教师开放型在线辅导，通过挖掘辅导中的共性问题反哺学校教研教学，提升教师教学能力和学生学习能力。

（崔亚超）

9月8日，东城回民小学开展师德师风建设微党课培训

（东城回民小学 供）

“紫禁杯”北京市优秀班主任评选表彰

1月3日，市教委举办“仁爱·智慧·魅力”第32届北京市中小学“紫禁杯”优秀班主任暨第7届北京市中小学“学生喜爱的班主任”评选总结展示交流活动。活动表彰北京市中小学“紫禁杯”优秀班主任400人、中小学“学生喜爱的班主任”200人，公布“紫禁杯”优秀班主任标识，展示北京市优秀班主任的专业素养和魅力风采。活动由北京教育科学研究院承办，各区教育行政部门负责人、中小学德育干部、优秀班主任代表400人参加。

（杨丙涛）

职业院校教师素质提升计划人选公布

1月13日，市教委公布2020年度北京市职业院校教师素质提升计划资助名单。经学校申报、专家组评议、北京市职业院校教师素质提升计划领导小组审定，2020年度北京市职业院校特聘专家15人、职教名师26人、专业带头人50人、专业创新团队20个、优秀青年骨干教师197人。

（纪奇明）

首批认定93名中小学特级校长

1月14日，市委教育工委、市教委公布北京市首批93名中小学特级校长名单。市委教育工委、市教委于2019年11月开展首批中小学校长职级评审和认定工作，通过推行校长职级制，打破校长终身制，促进“职务能上能下、待遇能高能低、流动能进能出”。经北京市中小学校长职级制评审委员会评审，认定北京市首批中小学特级校长93人、高级校长888人、中级校长904人、初级校长104人，职级待遇从 2019 年 1 月起计算。

（胡雨　纪奇明）

市属高校特设岗位试点工作完成

1 月，北京工业大学、首都医科大学、首都体育学院开展特设岗位试点工作。此举旨在支持鼓励事业单位聘用高层次急需紧缺人才，推进北京全国科技创新中心和文化中心建设。3 所学校按照引进高端领军人才的标准，坚持高待遇与高标准、高要求挂钩的原则，设置急需紧缺高层次专业技术岗位，通过对外宣讲延揽、猎头推荐等方式，招聘人工智能、环境工程、肿瘤科学等方面人才 6 人。经试点，3 所学校认为试点工作取得预期效果，相应学科和专业领域有较明显进步，但仍存在团队和平台建设配套、人才薪酬待遇等相关问题，并就有关经验做法和意见建议形成书面总结提交市人力社保局。

（高新民）

9 个案例入选首批全国职业院校“双师型”教师队伍建设典型案例

4 月 29 日，教育部公布首批全国职业院校“双师型”教师队伍建设典型案例，北京 9 个案例入选。经院校申报、教育行政部门推荐、专家评审、网上公示等程序，选出首批全国职业院校“双师型”教师队伍建设典型案例，其中，首批高等职业学校“双师型”教师队伍建设典型案例 100 个，北京市 3 个；首批中等职业学校“双师型”教师队伍建设典型案例 100 个，北京市 2 个；首批高等职业学校“双师型”教师个人专业发展典型案例 70 个，北京市 3 个；首批中等职业学校“双师型”教师个人专业发展典型案例 50 个，北京市 1 个。

（胡雨）

首批“紫禁杯”学校优秀班主任工作坊评选

4 月至 7 月，北京教育科学研究院开展首批北京市“紫禁杯”班主任工作室学校优秀班主任工作坊评选。该评选面向全市各中小学校开展，经评审，35 所学校入选。工作坊运行周期 2 年，在北京教科院班主任研究中心指导下开展班主任队伍建设相关研究和实践。

（杨丙涛）

市属高校 7 人入选青年北京学者

9 月 3 日，市人才工作局公布 2020 年青年北京学者名单。经学校申报、专家评议、评审委员会审定，18 人当选，包括市属高校 7 人。该评选瞄准世界科技前沿和国家重大发展战略，围绕新时期首都城市战略定位，遵循引领性、国际化人才培养方向，着力培养造就一批前沿基础科学研究领域的开拓者、战略性新兴产业和现代工程技术的创造者、哲学社会科学和文化艺术领域的领军者，全力助推具有全球影响力的科技创新中心和国际一流和谐宜居之都建设。青年北京学者计划每两年选拔一次，每次不超过 20 人。

（纪奇明）

2020 年青年北京学者（市属高校）

单位	姓名
北京工业大学	崔玲丽　李健　尉海军
首都医科大学宣武医院	郝峻巍
北京建筑大学	李海燕
首都经济贸易大学	蒋雪梅
中国戏曲学院	颜全毅

（纪奇明）

窦桂梅当选全国教书育人楷模

9 月 4 日，中宣部和教育部联合公布 2020 年全国教书育人楷模名单，清华大学附属小学窦桂梅当选。教育部自 2010 年以来会同有关单位每年遴选 10 名师德表现和教育教学实绩突出，在社会上有良好声望的优秀教师作为“全国教书育人楷模”，2020 年首次增加 2 个优秀抗击新冠肺炎疫情教师名额，推出 12 名“全国教书育人楷模”。窦桂梅为清华附小党总支书记、校长。

（杨馨珠）

市属高校 10 人入选市级百千万人才工程

10 月 19 日，市人才工作局公布 2020 年北京市百千万人才工程人选名单。40 人当选，包括市属高校系统 10 人。该项工作始于 2014 年，计划用 10 年时间，选拔培养 200 名从事基础研究工作的“市级工程”人选，与“北京学者计划”和“国家百千万人才工程”形成衔接。市级人选每年选拔一次，主要在新型研发机构以及医药健康、人工智能、新能源智能汽车、新材料和科技服务业的高新技术企业中从事一线科研工作。

（纪奇明）

2020 年北京市百千万人才工程人选（市属高校）

单位	姓名
北京工业大学	高国华　李洪义　彭凌云
北方工业大学	李建林
首都医科大学宣武医院	洪韬
首都医科大学北京脑重大疾病研究院	刘桂友

单位	姓名
首都经济贸易大学	尚华艳
北京工商大学	王小艺
北京建筑大学	王衍学
首都医科大学	王友信

（纪奇明）

学科教学带头人、骨干教师和班主任评选

10月，市教委开展2020年北京市幼儿园、中小学校、中等职业学校学科教学带头人和骨干教师评选，以及中小学骨干班主任评选。经评选委员会评审及市教委审定，400人当选学科教学带头人、2196人当选骨干教师、492人当选骨干班主任。批准时间为12月30日，有效期为2021年1月1日至2023年12月31日。

（李海燕　陈静）

北京高校优秀本科育人团队和教学管理人员评选

11月13日，市教委公布北京高校优秀本科育人团队和优秀本科教学管理人员名单。北京高校41个团队获评“北京高校优秀本科育人团队”，42人获评“北京高校优秀本科教学管理人员”。优秀本科育人团队评选面向北京地区普通本科高等学校负责本科人才培养的教研室、研究所、实验室等基层教学组织，优秀本科教学管理人员评选面向北京地区普通本科高校在本科教学管理岗位上工作的教学管理人员。

（赵晓琳）

4名教师获杰出教学奖

11月20日，第二届教学大师奖、杰出教学奖和创新创业英才奖获奖名单发布，北京4名教师获杰出教学奖。获奖教师分别是北京大学李晓明、清华大学朱邦芬、北京航空航天大学王华明、中国矿业大学于洪珍。该届评选评出1个教学大师奖、9个杰出教学奖、10个创新创业英才奖。教学大师奖、杰出教学奖、创新创业英才奖由教育部指导，中国教师发展基金会和深圳市陈一丹公益慈善基金会于2019年发起设立，陈一丹基金会每年捐赠1500万元用于该项奖励。

（曾婷）

10人入选全国先进工作者

11月24日，全国劳动模范和先进工作者表彰大会在北京人民大会堂举行，北京教育系统10人获得全国先进工作者称号。习近平出席大会并发表讲话。王沪宁宣读《中共中央、国务院关于表彰全国劳动模范和先进工作者的决定》。决定指出，2015年以来，各行各业涌现出一大批爱岗敬业、锐意创新、勇于担当、无私奉献的先进模范人物，党中央、国务院决定，授予1689人全国劳动模范称号，授予804人全国先进工作者称号。全国劳动模范和先进工作者每5年评选一次。

（胡雨）

2020年全国先进工作者（北京教育系统）

姓名	单位及职务
李昂	首都医科大学附属北京地坛医院院长，主任医师
李太生	中国医学科学院北京协和医院感染内科主任，主任医师
杨华清	首都医科大学附属北京康复医院骨科—康复中心主任，主任医师
李晓辉	首都医科大学附属北京潞河医院副院长，主任医师
姜培学	清华大学能源与动力工程系主任，教授
孙诗兵	北京工业大学教师，教授
张继平	北京大学北京国际数学研究中心副主任，教授
王俊成	北京市第八中学党委书记、校长，正高级教师
刘可钦（女）	北京市海淀区中关村第三小学校长，正高级教师
周瑾（女）	北京市第十二中学教师，高级教师

（华蕾）

第七届北京高校辅导员素质能力大赛

11月28日至30日，市委教育工委举办第七届北京高校辅导员素质能力大赛。比赛立足新冠肺炎疫情防控常态化的新形势，以辅导员队伍专业化职业化为着力点，考察辅导员的问题意识、服务意识、创新意识及处理复杂问题的能力。经基础知识测试、案例研讨、谈心谈话等环节，评出一等奖3个、二等奖7个、三等奖10个。比赛由北京师范大学北京高校辅导员培训研修基地承办，各高校选拔推荐52名辅导员参加比赛。

（申政）

首都基础教育人才发展研讨会

12月15日，市教委召开首都基础教育人才发展2020年研讨会。会议盘点首都“十三五”期间、特别是2020年教师队伍建设和教育人才培养经验，展望“十四五”时期首都教育发展前景和要点，探讨实现“十四五”时期首都基础教育人才队伍高质量发展的路径和策略。来自市委教

育工委、市教委、高校和科研院所的相关领导和专家，各区委教育工委、区教委、区教师培训机构以及中小学的管理者、研究者等 120 人参加研讨，围绕“面向‘十四五’的首都基础教育教师队伍建设”议题发表观点，分享经验。活动由北京教育学院承办。

（石燕）

3 人当选市劳动模范

12 月 22 日，市委、市政府召开北京市劳动模范、先进工作者和人民满意的公务员表彰大会，北京教育系统 3 人当选北京市劳动模范，125 人当选北京市先进工作者，20 个单位当选北京市模范集体。3 名劳动模范分别为北京市朝阳区金色摇篮全程实验学校教研组组长李丹（女、满族）、北京市朝阳区小橡树三元桥幼儿园教师薛小青（女）和北京市朝阳区立城苑小金星幼儿园教师杨清海（女）。蔡奇出席会议并讲话。会议表彰北京市劳动模范 664 人、先进工作者 484 人、北京市模范集体 186 个。

（胡雨）

减轻中小学教师负担的若干措施印发

12 月 25 日，市委办公厅、市政府办公厅印发《关于减轻中小学教师负担进一步营造教育教学良好环境的若干措施》。文件从统筹规范督查检查评比考核事项、统筹规范社会事务进校园、统筹规范精简相关报表填写工作、统筹规范中小学教师抽调借用和参加培训事宜、推进学校治理体系和治理能力现代化、强化组织保障 6 个方面列出 20 项减负措施和 16 条减负清单，旨在减轻中小学教师负担，营造全社会尊师重教的氛围，为教师安心、热心、舒心、精心从教创造良好环境。

（崔亚超）

141 人入选市高校教学名师

12 月 25 日，市教委公布第 16 届北京市高等学校教学名师奖和第四届北京市高等学校青年教学名师奖获奖名单。教学名师奖评选面向具有 15 年及以上高等教育教学经历，近 3 年实际课堂教学任务平均不少于 64 学时 / 年的高校教师；青年教学名师评选面向具有 8 年及以上高等教育教学经历且年龄不超过 45 岁，近 3 年实际课堂教学任务平均不少于 64 学时 / 年的高校青年教师。经学校推荐、评审专家组评议、评审委员会投票、市教委审核并公示，71 名教师获第 16 届北京市高等学校教学名师奖，70 名教师获第 4 届北京市高等学校青年教学名师奖。

（赵晓琳）

202 人当选市特级教师

12 月 28 日，市教委、市人力社保局公布 2020 年北京市特级教师名单。经北京市特级教师评选委员会评选、公示，并报市政府批准，202 人当选北京市特级教师，从 2021 年 1 月 1 日起享受特级教师津贴等有关待遇。

（李海燕　陈静）

9 月 14 日，北京市特级教师学科评议会召开
（人才交流中心　供）

拓展中小学教师来源行动计划

至年底，市教委继续实施《北京市拓展中小学教师来源行动计划（2018—2022 年）》。开展“北京市乡村教师特岗计划”“北京市公开招聘城区中小学史地政生等紧缺学科教师三年行动计划”两项招聘工作，增加招收公费师范生 1880 人，招聘紧缺学科教师 1000 余人。北京师范大学和首都师范大学完成定向培养高起点教师工作，实际完成培训任务的学术型研究生 185 人，实际到基础教育领域工作的教师 129 人。

（房卫青）

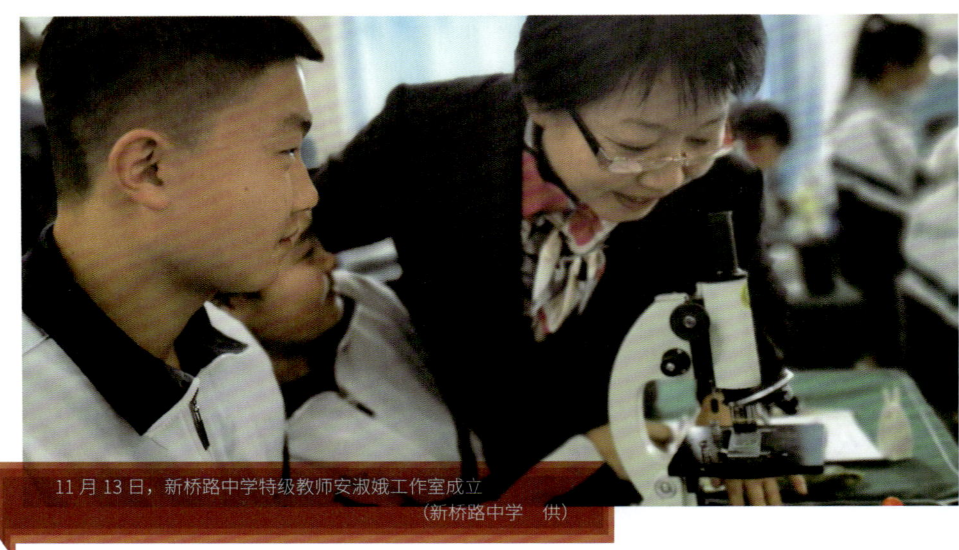

11 月 13 日，新桥路中学特级教师安淑娥工作室成立
（新桥路中学　供）

师德建设

房山与北师大合作开展师德涵养综合改革项目

1月3日，房山区教委启动师德涵养综合改革项目。项目与北京师范大学中华文化教育研究院、继续教育与教师培训学院联合开展。项目实施以“传承师道，立德树人”为理念，以“中华文化涵养师德”为主要路径，采取“种大树、立学校、研课程”3个举措，本着“边实施、边优化、边总结、边推广”思路，以3年为1个周期，分阶段、有步骤地推动各项工作，旨在通过项目实施，全面探索房山区中华文化涵养师德区域联动新模式，构建有房山特色、管用、接地气的师德养成新模型。项目基于房山区已有特色文化，聘请教育、哲学、历史等领域权威专家，分别于8月和12月启动“致敬燕国”燕都文化特色课程建设和大石窝文字特色课程建设工作。

（石金生）

中小学教师师德修养培训课程指导标准发布

8月12日，市教委转发教育部办公厅《中小学教师培训课程指导标准（师德修养）》等3个文件，要求各区教委在教师培训组织实施工作中参照执行。教育部办公厅于7月21日印发上述文件，规范和指导五年一周期教师全员培训工作。其中，在师德修养方面，中小学教师师德修养培训课程的内容框架以“理想信念”“道德情操”“扎实学识”“仁爱之心”为一级指标，包含12个二级指标，二级指标中又分别或交叉细化出28个研修主题，指导教师培训机构围绕各研修主题设计相应的课程专题。

（胡雨）

开展向张桂梅学习活动

9月4日，市教委转发《教育部关于在教育系统深入开展向张桂梅同志学习的通知》，要求各区教委、各高等学校、各相关单位深入学习张桂梅先进事迹。利用报刊、广播、电视、微博、微信以及校报校刊、展板橱窗等宣传阵地，宣传、学习、弘扬张桂梅先进事迹。张桂梅，女，1957年6月生于黑龙江省牡丹江市，曾获全国师德标兵、全国先进工作者、全国优秀教师等荣誉称号。

（胡雨）

8月27日至9月7日，昌平工业幼儿园开展师德师风培训

（昌平工业幼儿园　供）

中小学思政课与德育教师培训成果展示交流活动

11月3日，北京教育学院举办中小学思政课与德育教师培训成果展示交流活动。活动包括思政课与德育课培训教学观摩和交流以及成果展示交流会两个阶段。活动展示两堂教学课，介绍近年来中小学思政课与德育教师培训总体情况、特色与经验，学员代表交流汇报研修的成效、特色与经验。与会领导为新成立的“思想政治教育与德育学院”揭牌。约100人参加活动。

（石燕）

师德师风建设若干措施颁布

11月6日，市委教育工委、市教委、市委组织部、市委宣传部、市发改委、市财政局、市人力社保局、市文化和旅游局、市文物局、市体育局、市科协联合印发《关于进一步加强和改进新时代师德师风建设的若干措施》。文件从整体上顶层设计师德师风建设的方向目标、工作重点、任务举措，建立健全师德师风建设长效机制，推进落实北京高校、中小学、幼儿园教师职业行为十项准则、师德考核办法和违反职业道德行为处理办法，构建多层面、多环节、多主体参与的师德师风建设工作新格局。

（胡雨　杨伟丽）

信息职院表彰首届师德标兵

11月20日，北京信息职业技术学院召开首届师德标兵表彰大会。会议举行师德标兵宣传片《择一事，终一生》首映式，为10名获评“2019年度师德标兵”称号的教师颁奖。4名师德标兵代表分享立德树人，全心全意做学生锤炼品格、学习知识、创新思维、奉献祖国的引路人的经验和体会。学校领导、师德标兵、全体教师、辅导员等350余人参加表彰大会。

（赵燕平）

西城举办幼儿教师师德展示会

12月22日，西城区教委学前教育科、区教育研修学院学前部联合举办李楠、杜楠“走进童心世界，做专业爱心幼儿教师”师德展示会。展示会通过现场加网络直播的形式，以专题短片、主题汇报、座谈等多种形式进行。西城区曙光幼儿园教师李楠以《在研究的路上遇见生命的印记》为题，分享从初识教育到走近童心再到同生共长的专业成长历程与心得体会；西城区槐柏幼儿园教师杜楠以《爱润童心，情暖教育》为题，分享她在教育实践中的案例和感受，以及对教育事业的理解和追求。西城区委教育工委、区教委、区教育研修学院有关领导以及西城区各幼儿园业务副园长、教师代表共200余人参会。

（王丽萍）

12月22日，西城举办幼儿教师师德展示会
（西城区教委　供）

师资管理

特岗计划乡村教师招聘308人

5月12日，市教委发布《2020年北京市特岗计划乡村教师招聘公告》，为10个远郊区乡村中小学校招聘中小学音乐、体育、美术、历史、地理、生物紧缺学科教师。招聘面向列入国家统一招生计划、培养方式为非定向的2020年应届毕业生，包括北京地区普通高等学校的本科及以上学历毕业生、京外省级师范类普通高等学校的本科学历师范专业毕业生及硕士研究生以上学历毕业生。非北京生源毕业生须符合北京市进京落户条件。中小学教师招聘岗位350个，经过报名、资格审查、线上综合测试等程序，招聘教师308人。

（房卫青）

市教委直属事业单位招聘42人

6月，市教委发布《直属处级事业单位2020年公开招聘工作人员公告》。招聘对象为列入国家统一招生计划、培养方式为非定向的2020年应届毕业生以及社会人员，招聘程序包括报名、资格审查、线上综合测试、公示等。招聘岗位46个，实际招聘42人。

（房卫青）

设专项基金奖励优秀乡村教师

7月7日，市教委经商北京银行，决定建立北京市乡村教师专项基金，对优秀乡村教师给予奖励。每年从在乡村学校任教满30年的乡村教师中奖励100人，从在乡村学校任教满20年的乡村教师中奖励200人。给予受奖励人员奖金，由北京银行提供保障。

（杨馨珠）

师范生免费教育协议书签订

9月，市教委、相关培养院校与2020年北京市新招收的3276名师范生签订《北京市师范生公费教育协议书》。其中，中华女子学院144人、首都体育学院331人、北京服装学院50人、首都师范大学1667人、中央民族大学50人、北京联合大学795人、北京青年政治学院154人、北京舞蹈学院35人、中国音乐学院50人。根据协议，师范生在4年修读年限内免缴学费并领取生活补助，同时可享受其他非义务性奖学金；毕业时在需求岗位范围内双向选择，要求在北京市从事中小学校、幼儿园教育教学工作（含教育行政及相关部门审批注册的中等及中等以下学历教育机构）不少于5年。市教委同时组织完成首都师范大学为远郊区定向培养84名“一专多能”乡村教师公费师范生相关工作。

（房卫青）

接收非京生源毕业生1213人

至年底，市教委系统接收非北京生源毕业生1213人。根据市人力社保局2020年接收非北京生源毕业生计划下达数及工作安排要求，完成对市属高校、直属单位、城六区教委的非北京生源计划分配、网上材料审核申报以及进京落户手续办理等工作，接收非京生源毕业生1213人。

（房卫青）

教师管理信息系统维护

至年底，市教委完成北京市教师管理信息系统教师信息集中更新维护。继续推动“伴随式采集”和“高频度审核”，提高数据质量。配合减轻中小学教师负担任务，在系统中开发内置教师常用表格下载信息一键带入（特级教师、市级学科教学带头人、市级骨干教师、正高级教师、校长职级制等评选评审申报表格）和教师花名册生成功能，减轻基层学校和教师重复填表任务，为教师减负。全年采集 3310 所学校 27.70 万名教师数据，其中 9 月后更新率 94.9%。

（崔亚超）

职业院校教师培训基地和企业实践基地遴选

9 月 17 日，市教委公布北京市职业院校校企合作的“双师型”教师培养培训基地和职业院校教师企业实践基地名单。经学校申报、专家组评议、北京市职业院校教师素质提升计划领导小组审定，决定北方工业大学等 15 所院校作为北京市职业院校校企合作的“双师型”教师培养培训基地、中联企业管理集团有限公司等 20 家企业作为北京市职业院校教师企业实践基地，承担相关培训项目。

（张冼　胡雨）

师资培训

中小学教师信息技术应用能力提升工程 2.0 试点培训

3 月 25 日，市教委印发《北京市中小学教师信息技术应用能力提升工程 2.0 实施方案（试行）》。按照“市级规划指导、区级统筹监督、培训机构助力、整校推进、示范引领”的实施策略，计划到 2022 年，构建以校为本、基于课堂、应用驱动、融合创新、评用结合的教师信息素养发展新机制，对全市中小学（含幼儿园、职业高中）教师开展不少于 50 学时的能力提升工程全员培训，基本实现校长信息化领导力、教师信息化教学能力、培训团队信息化指导能力显著提升，全面促进信息技术与教育教学融合创新发展的“三提升一全面”总体发展目标。2020 年，组织开展试点工作，全市上报试点校 63 所，专任教师 8522 人。试点校中乡村校 15 所，乡村校专任教师 1577 人。

（李海燕　陈静）

职业院校校企合作的“双师型”教师培养培训基地

单位名称	专业
北方工业大学	5G 工程
北京工业职业技术学院	会计
	云计算
	建筑
	机电一体化
北京电子科技职业学院	电子信息工程
	艺术设计
	生物技术与大健康
	汽车制造与技术服务
	先进制造
北京财贸职业学院	财务会计
	金融
	智慧商业
	旅游
北京经济管理职业学院	数字财金
	人工智能
北京信息职业技术学院	计算机

首次培训者线上培训

6 月 3 日至 4 日，市教委首次尝试开展培训者线上培训。培训应对新冠肺炎疫情影响，以“把握趋势、聚焦标准、思考未来”为主题，围绕“在线教育与未来学校新生态、混合教学与学校未来的变革”等问题进行专题培训。各区培训者就疫情期间在线培训的实践与对未来干部培训转型的思考、未来教育发展对干部培训的影响及对策等问题进行交流研讨。来自各区培训机构主管干训工作的院（校）长、干训主任及专职教师 128 人参加培训。

（邓永卫）

11 月 27 日，商业学校校企合作“双师型”教师培养培训基地组织的第一期培训结业仪式举行　（商业学校　供）

单位名称	专业
北京交通运输职业学院	道桥
	轨道交通
	汽车
北京农业职业学院	园艺技术
	动物医学
北京劳动保障职业学院	人力资源和社会保障
	老年服务与管理
北京社会管理职业学院	健康养老
北京汇佳职业学院	学前教育
北京市求实职业学校	学前教育（幼儿保育）
北京市昌平职业学校	航空服务
北京市商业学校	会计
北京市丰台区职业教育中心学校	非遗传承与设计

（张冼　胡雨）

中小学新任教师教学风采展示

9月26日，北京市中小学新任教师第四届“启航杯”教学风采展示活动总结交流大会在北京教育学院召开。活动以“弘扬伟大抗疫精神，系好教师职业生涯第一粒扣子”为主题，经“市—区—校”三级选拔，633名新任教师代表全市2019年新入职中小学教师提交“线上教学设计方案、说课和在线教学视频”作品，参加线上展示活动。教育学院组织由高校、教科研机构、一线特级教师、市级学科带头人组成的评委组进行在线评选，最终127名信息技术应用娴熟、基本技能扎实、各具教学风采的青年教师获得一等奖。活动由教育学院和中国教育技术协会微格教学专业委员会联合组织，引领2019年入职新教师在“停课不停学”情况下更快地适应教学情况的变化，更好地提升教学技能和信息技术应用能力。

（石燕）

中小学班主任基本功培训展示

9月至12月，北京教育科学研究院举办第四届北京市中小学班主任基本功培训与展示活动。活动面向全市所有40岁以下、担任班主任3年以上的教师，开展校级、区级和市级3个阶段教学基本功培训和展示。经评审，评出市级一等奖51人、二等奖73人、三等奖76人，最佳方略奖、最佳班会奖、最具智慧奖、最具魅力奖各7人。

（杨丙涛）

第三期教育行动研究工作坊成果交流分享会

10月25日，北京教育科学研究院举办第三期教育行动研究工作坊成果交流分享会。会议听取学员代表展示学习过程和初步结果，国内外教育专家进行点评。教师代表以及专家100余人参与现场活动，4000人在线同步观看。工作坊是面向北京市中小学教师举办的研究方法研修班，分为教育叙事探究班、教育管理案例研究班和教育调查研究班，由北京大学教学团队带领，教师利用一年时间边学方法边做研究，对学校日常教育教学和党建工作中反复发生的棘手问题开展深入思考和行动干预，旨在将研究思维融入日常工作，为德育教师队伍培养开拓新范式，促进教师专业成长。第三期教育行动研究工作坊有93名德育骨干教师接受12次研究方法培训，包括新冠肺炎疫情期间的4次网课。

（王富伟）

全市校外教师培训

12月2日至3日、8日至10日，北京学生活动管理中心举办北京市校外教师培训。培训围绕“新时期校外教师理论素养与应用能力提升”主题，分线下和线上两种方式，50学时，1200人次参训。

（王晓艳）

中小学幼儿园校（园）长安全工作培训

至年底，北京学校后勤事务中心举办中小学幼儿园校（园）长安全工作培训。600余名校（园）长参加培训。持续开展《北京市中小学校幼儿园安全管理规定》（试行）宣贯培训，通过抓关键少数，提升全市中小学幼儿园“一把手”的安全责任意识，提升基础教育系统校园安全管理工作整体水平。“十三五”期间，按照市教委对中小学校（园）长安全培训计划，累计培训3600余名中小学幼儿园校（园）长。

（纪心光　张逸凡）

11月3日，密云区中小学班主任基本功展示活动（小学组）举办　（密云区教委　供）

职称评定与资格认定

市教委直属单位职称备案

1月至5月，北京教育综合服务中心受理市教委9个直属单位职称备案。年度备案290人，其中，正高级4人、副高级49人、中级88人、初级149人。办理核发各级专业技术资格证书215本。

（李静华渊）

职业院校“双师型”教师认定办法印发

6月22日，市教委印发《北京市职业院校“双师型”教师认定办法（试行）》。办法界定“双师型”教师内涵，明确“双师型”教师认定有效期为5年，规定“双师型”教师认定的基本条件和实践教学能力认定条件，旨在落实产教融合、校企“双元”育人发展目标，构建具有首都职业教育特色的“双师型”教师队伍建设体系和认证体系。

（纪奇明　胡雨）

教师资格考试

10月30日，市教委、北京教育考试院组织北京地区2020年度国家教师资格考试。受新冠肺炎疫情影响，上半年中小学教师资格考试延期至下半年一并举行。中小学教师资格考试笔试报名104391人，实际参加考试79908人，笔试合格22111人，通过率27.67%。面试于2021年1月进行。

（李海燕　陈静）

中职学校教师职称制度改革深化

11月3日，市教委配合市人力社保局研制印发《北京市深化中等职业学校教师职称制度改革实施办法》。该办法以激励教师提高师德修养和教书育人水平为目的，构建分类清晰、名称统一、科学规范的中等职业学校教师职称制度，畅通中等职业学校教师职业发展通道。办法完善中职学校教师职称设置和职称层级，首次在中职学校开设正高级职称，2021年启动中职职称改革后的首次评审。

（杨伟丽）

中小学校长职级评审

11月12日，市教委开展2020年中小学校长职级评审和认定工作。各区根据中小学校长总人数，测算高级、中级和初级校长评审的指标结构；结合校长队伍建设实际，严格控制高级校长结构比例，预留出未来发展空间。同时，要求各区健全完善中小学校长任期目标管理制度、中小学校长年度和任期目标考核评价制度、中小学校长绩效工资制度、中小学校长奖惩机制、中小学特级校长流动制度、中小学校长培训制度6项制度情况，加强校长队伍建设。

（邓永卫）

17483人通过教师资格认定

至年底，北京市17483人通过教师资格认定。全年完成各类教师资格认定17483人，包括高校教师资格4856人、高中教师资格4630人、中职教师资格125人、中职实习指导教师资格1人、初中教师资格1476人、小学教师资格4768人、幼儿园教师资格1627人。

（李海燕　陈静　石燕）

中小学教师196人晋升正高级教师

至年底，北京市中小学教师196人晋升正高级教师。北京教育综合服务中心打造“互联网＋职称评审”办公平台，研究“申报、推荐、审核、答辩、评审、批复”一体的全方位在线职称评审解决方案。全年参评中小学正高级教师专业技术职务评审207人，通过196人，通过率94.69%。

（杨伟丽　李静华渊）

高校教师99人通过专业技术职务学术评议

至年底，北京市高校教师99人通过专业技术职务学术评议。在全面下放市属高校教师职务评审权的基础上，市教委加强对市属高校职称评聘情况和评聘结果监管，委托北京教育综合服务中心负责高等学校教师专业技术职务学术评议工作。全年参加高等学校教师专业技术职务学术评议117人，通过99人，通过率84.62%。

（杨伟丽　李静华渊）

2020年，高校教师专业技术职务学术评议工作开展

（综合服务中心　供）

15人通过政工职称评审

至年底，北京教育系统15人通过政工职称评审。经个人申请、学校推荐、答辩评审等程序，15人通过政工职称评审及备案。其中，评审备案政工师5人、评审高级政工师10人。

（霍绪艳）

（本栏责任编校　胡雨）

242423 人

高等教育培养毕业生

10 人

当选北京市优秀学生

连续 3 届

获全国大学生创新创业大赛冠军

2021 | 学生管理

STUDENTS MANAGEMENT

- 多措并举推进高校毕业就业工作
- 确立“1＋3＋5”学生资助改革
- 北京高校连续三届获全国大学生创新创业大赛冠军
- 高校毕业就业质量年度报告发布

学生管理
STUDENTS MANAGEMENT

综述

多措并举推进高校毕业就业工作

2020 年，市教委应对疫情影响，多措并举推进北京高校毕业就业工作。3 月 12 日，市教委联合市人力社保局召开 2020 届北京高校毕业生就业工作推进视频会，从加强组织领导、抓好工作落实、鼓励工作创新和注重风险防范四个方面，提出要坚决贯彻疫情防控工作及“稳就业”决策部署，全力应对疫情，做好高校毕业生就业工作，努力确保 2020 届北京高校毕业生充分、高质量就业。北京地区各普通高校主管校领导、就业部门负责人。院系相关负责人和毕业年级辅导员代表等 2000 余人参会。同日，印发《关于做好疫情防控期间高校应届毕业生毕业就业工作的通知》，要求各高校深刻认识大学生毕业就业工作的重要性，全面统筹谋划毕业就业相关工作。6 月 10 日，以视频会议形式召开 2020 届北京高校毕业生就业工作推进会，指出受经济下行压力和疫情叠加影响，高校毕业生就业形势严峻复杂，强调要把高校毕业生就业作为重中之重，让毕业生顺利毕业，尽早就业。市委教育工委、市教委领导在市教委主会场参加会议，市教委相关处室、各普通高校主要校领导、分管校领导、就业部门负责人 350 余人在分会场参会。

（张海涛　张富宇）

大学生实践创新创业训练

2020 年，市教委及各普通高等学校坚持以学生为中心，开展实践创新创业训练。加强“实培计划”项目建设管理，注重学思结合、知行统一、因材施教，提升人才培养质量，增强大学生素质能力。完成“实培计划”916 个项目立项，完成 2019 年“实培计划”项目过程审核、结题总结、绩效评价等工作。组织 2020 年度国家级、市级、校级大学生创新创业训练计划立项、结题、年度报告等。全市高校立项国家级项目 2849 个、市级项目 4707 个、校级项目 8434 个。国家级大学生创新创业训练计划项目结题 3145 个，市级项目结题 3216 个，校级项目结题 7309 个。组织市属高校参加第 13 届全国大学生创新创业年会，获优秀组织奖。

（荣燕宁）

6 月，北邮召开 2020 届毕业生就业工作促进会
（北邮　供）

确立“1＋3＋5”学生资助政策

2020年，市教委确立“1＋3＋5”学生资助政策架构。“1”即家庭经济困难学生指导意见；“3”即幼儿园、义务教育、高中及以上3大系列管理办法；“5”即伙食补助、国家助学贷款、饮水洗澡电话补贴、马克思主义理论双百奖学金等5项政策。

（李静华渊）

学籍学历和就业管理

2020年，市教委坚持依法行政，严格规范管理，做好日常学籍学历和就业管理工作。转发教育部《关于应对新冠肺炎疫情做好2020届全国普通高校毕业生就业创业工作文件的通知》，印发《关于开展2020届北京高校毕业生就业统计核查工作的通知》，部署北京高校2020届毕业生就业创业工作，规范管理就业统计工作。

（张海涛）

大学生征兵

2020年，北京市大学生征兵工作完成。大学学历新兵占征集任务94.6%，较上年提高2.1个百分点。本科及以上学历占大学生新兵总数52.7%；“双一流”高校学生占大学生新兵总数21.8%；毕业生占大学生新兵总数29%。大学生、“双一流”高校、毕业生3类群体征集数量及各自所占新兵比例数均创新高。

（孙世光）

退役大学生士兵就业升学

2020年，市教委落实退役大学生士兵就业和升学工作。就业方面，为符合条件的1600余名退役大学生士兵提供2504个定向招录招聘岗位。升学方面，服役期间获一次“优秀士兵”称号，免试专升本；没有获“优秀士兵”称号，可不受名额比例限制，直接参加专升本考试，录取比例不低于50%。全年136名符合条件的大学生士兵参加专升本考试、835名大学生士兵免试升入本科。

（孙世光）

学生资助监管责任规范

2020年，市教委强化学生资助资金监管，深化“检查考评并行”的双监管机制。2月17日，市教委、市财政局联合印发《关于进一步加强我市基础教育阶段学生资助工作的通知》，强调区级教育、财政部门对基础教育资助工作的监管责任和学校主体责任，明确资格认定流程、资金发放方式和周期等管理要求。9月，转发教育部《中等职业学校学生资助工作指南》，细化市、区教委职成、财务、信息、资助等部门和单位以及中职学校责任分工。截至11月，市教委以资金发放和政策落实为监管重点，整合自查自纠、专项检查、现场抽查、绩效考评等工作，完成对16个区（含燕山地区）和部分区属校、市属高校、中职学校55家单位资金审查、业务检查，以及104家单位绩效考评。

（李静华渊）

6月23日，清华举行2020年本科生“云毕业典礼”

（清华 供）

优秀学生评选

2月至6月，市教委开展2019—2020年度北京市三好学生、先进班集体、优秀学生干部和优秀学生评选活动。评选出市级三好学生10652人，先进班集体447个，优秀学生干部476人。7月24日，市教委召开“学习同伴榜样 扬帆青春梦想”2019—2020学年度北京市优秀学生表彰会。会议宣读2019—2020学年度北京市优秀学生表彰决定，为10名获北京市优秀学生荣誉称号的学生颁发证书，并对首都中小学生提出“要坚定理想信念，树立远大志向，做有理想的时代新人”“要培养人文情怀，弘扬科学精神，做有本领的时代新人”“要积极走进社会，投身社会实践，做有担当的时代新人”3点希望。

（王昱人）

北京市优秀学生名单

姓名	学校
张骞月	北京汇文中学
刘　度	北京师范大学第二附属中学
姚苏元	北京市第八十中学
匡雯怡	清华大学附属中学
李雨霖	北京市通州区潞河中学
武席萱	人大附中北京经济开发区学校
张云泽	北京市延庆区第一中学
于　静	北京市经济管理学校
徐佳丽	北京市商业学校
马敬文	北京市密云区职业学校

（王昱人）

中等职业学校学生学籍管理办法出台

4月26日，市教委印发《北京市中等职业学校学生学籍管理办法》。办法分为8章，规定学生入学注册的资格、期限和主要程序（手续），明确获取学籍的条件及学生学籍档案的主要内容；转学与转专业、休学、复学与退学的条件、办理程序等事项。特别明确加入“学生获得的职业资格证书、职业技能等级证书可折算相应学分或免于相关专业技能课程考试、考查”体现《国家职业教育改革实施方案》关于建立和推广国家资历框架、“1＋X”证书的新精神。文件还规定奖励与处分、毕业与结业等事项。

（巫梅琳　华蕾）

积分落户教育背景审核

7月至8月，北京市教育系统人才交流服务中心开展积分落户教育背景审核。对12万申报人中未能直接通过在线比对的数据进行多轮次审核，完成国内学历学位复查审核2329人次，同比增长435%，国（境）外学历学位审核2291人次，6032人通过积分落户拟获落户资格。

（祝欣）

全国大学生创新创业大赛北京赛区比赛

9月5日至6日，市教委在北京邮电大学举办第六届中国国际“互联网＋”大学生创新创业大赛北京赛区复赛。比赛以“我敢闯、我会创”为主题，各学校参赛项目7634项，参与学生38888人次。经过网审初评，320个项目进入高教主赛道、青年红色筑梦之旅赛道市级复赛决赛，93个项目进入职教赛道市级复赛决赛。经过路演、现场评分等环节，评出一等奖项目95个（高教主赛道49个、青年红色筑梦之旅赛道16个、职教赛道30个）。北京理工大学的“星网测通”项目获冠军，“耐德佳——头戴显示光学解决方案全球领先者”项目获亚军，清华大学的“高能效工业边缘AI芯片及应用”项目、北邮的“超凡幻境——未来全息光场显示的定义者”项目获季军。比赛正值防控新冠肺炎疫情关键时期，各参赛单位开展线上线下相结合的“青年红色筑梦之旅”活动，对接全国52个贫困县项目112个。研制网上评审系统，形成北京赛区“云讲座”“云培训”“云评审”“云路演”“云展示”，构建云端办赛新局面，做到赛事规模不减，赛事活动不少。

（荣燕宁　武晔）

高等教育培养毕业生242423人

截至10月，北京地区普通高等学校、研究生培养单位培养毕业生242423人。北京生源毕业生64539人，占毕业生总数26.62%。按照毕业去向统计显示，升学46048人、出国（境）16535人、拟继续升学4020人、申请暂不就业1026人、待就业19713人。扣除上述各种情况，实际参加就业人数155081人，占毕业生总数63.97%。按教育部统计口径，截至10月31日，毕业生总体就业率89.79%，其中，博士生93.37%、硕士生92.31%、本科生87.26%、高职（专科）生91.57%。北京地区各高校家庭经济困难等特殊困难毕业生1.8万人，就业率90.34%，高于整体就业率。北京地区高校毕业生到西部地区就业1.6万人，基层就业2.4万人，自主创业1249人。

（张海涛）

两名学生获创新创业英才奖

11月20日，第二届创新创业英才奖获奖名单发布，北京高校2名学生获奖。获奖学生分别是清华大学李京阳和北京大学陈方平。李京阳创业团队的“交叉双旋翼复合推力尾桨无人直升机”项目和陈方平创业团队的“天地一体智能无人机不间断巡检系统”项目曾分别获第五届中国“互联网＋”大学生创新创业大赛总冠军和金奖。该评选在教育部支持下，由中国教师发展基金会发起设立，陈一丹基金会提供资助，主要表彰创新创业成绩突出的大学生，每年奖励10人，以资助或支持创业形式每人奖励50万元。

（曾婷）

两所高校入选第三批双创示范基地

12月20日，国务院办公厅印发《关于建设第三批大众创业万众创新示范基地的通知》，北京两所高校入选。北京航空航天大学和北京理工大学获批创业就业方向双创示范基地。第三批全国双创示范基地92个，其中，创新创业方向25个、融通创新方向27个、精益创业方向32、全球化创业方向8个。

（华蕾）

北京高校连续三届获全国大学生创新创业大赛冠军

12月30日，教育部公布第六届中国国际“互联网+”大学生创新创业大赛获奖名单，北京8个项目获高教主赛道金奖。其中，北京理工大学“星网测通”项目获总冠军，清华大学“高能效工业边缘芯片及应用”项目获亚军，这是北京高校连续三届获高教主赛道冠军。北京工业大学“照明卫士——隧道智慧照明系统引领者”项目获金奖，实现市属高校金奖“零的突破”。北京大学的“宇航芯——高可靠高性能自主可控模拟芯片”项目、清华的“5G通信氮化镓功放芯片”项目、北理工的“京工智演——数字表演产业化的领航者”项目、“智引微创：一体化穿刺手术导航机器人领航者”项目、“‘猎鹰’——开创城市环境下的无人机防控新时代”项目获金奖。比赛由教育部会同11个部委和广东省政府于6月至11月举办，全国总决赛于11月17日至18日举办。比赛首次将名称改为“中国国际‘互联网+’大学生创新创业大赛”，设高教主赛道、青年红色筑梦之旅赛道、职教赛道、萌芽赛道，117个国家和地区4186所学校147万个项目参加。通过校级初赛、省级复赛、全国总决赛，产生高教主赛道大陆项目金奖57个、港澳台地区项目金奖5个、国际项目金奖40个。在前6届全国总决赛中，北京高校代表队成为全国唯一连续闯进冠亚军决赛的队伍，获得奖牌152个，其中，冠军4个、亚军3个、季军2个，金奖28个、银奖39个、铜奖76个。

（荣燕宁　曾婷）

学籍管理

毕业生学历证书电子注册

7月，市教委完成毕业生学历证书电子注册工作。审核注册93所普通高等教育学校（按教育部国标代码计算）毕业生学历证书150571本，比上年增加2048本。其中，本科生123734本、专科（含高职）生26639本、第二学士学位生198本。审核注册143个研究生培养单位毕业生学历证书107249本，比上年增加9726本。其中，博士生20664本、硕士生86585本。审核注册76所成人高等教育学校毕业生学历证书50258本，比上年减少9120本。其中，本科生33987本、专科生16271本。审核注册17所高校网络教育学院毕业生学历证书370519本，比上年增加35617本。其中，本科生118732本、专科生251787本。

（张道明）

高校学籍学历管理工作交流会

11月5日，市教委召开2020年北京地区高等教育学生学籍学历管理工作交流会。会议总结2020年工作，对学信网平台使用进行培训，部署2021年有关工作。来自高校教务处、学生处、研究生院（部）和科研单位主管学生学籍学历工作相关代表45人参加。

（张道明）

新生学籍电子注册

12月，市教委完成新生学籍电子注册。审核注册97所普通高等教育学校（按教育部国标代码计算）新生157733人，比上年增加1410人。其中，本科生129177人、专科（高职）生25831人、第二学士学位生2725人。审核注册147个研究生培养单位新生141524人，比上年增加10134人。其中，博士生29435人、硕士生112089人。审核注册18所高校网络教育学院新生169657人，比上年减少136006人。其中，本科生126045人、专科生43612人。4月，审核注册89所成人高等教育学校新生42454人，比上年减少7651人，其中，本科生32821人、专科生9633人。

（张道明）

创新创业

150个团队获市级优秀创业团队

9月9日，市教委公布2020年北京地区高校大学生优秀创业团队评选结果。41所高校150个创业团队入选，其中，一等奖30个、二等奖50个、三等奖70个。该评选由北京市教育系统人才交流服务中心承办，于6月至8月举办，65所高校1568个大学生创业团队参加评选。经团队报名、学校初评、线上专家复评、线上答辩预赛和决赛5个环节，最终确定优秀名单。比赛进行网络直播，观看超过8万人次，创业团队参评人数再创新高，全年吸纳优秀创业团队70余个入驻北京高校大学生创业园。

（吴静　祝欣）

2020 年北京地区高校大学生优秀创业团队一等奖

北京理工大学	北京哨兵科技有限公司、智引微创、“猎鹰”城市空天安全守卫者、雁字成行——数字表演全流程平台引领者、北京理工大学宇航学院ASDG——ADAPT 学科组、中远智芯——智能光学芯片开拓者、锋行钠电、新能源汽车分布式驱动底盘控制创新团队、智云光刀
北京大学	北京博雅聚力新材料技术有限公司、北京云圣智能科技有限责任公司
清华大学	弘润清源（北京）科技有限公司、新能源锂电全气候快充与安全管理专家、ScholarLamp——科研全过程创作交流分享平台
北京邮电大学	超凡幻境——未来全息光场显示技术的定义者、电子龙科技
中国传媒大学	北京冠声文化传播有限公司
中国人民大学	北京星核力文化发展有限公司
北京中医药大学	北京饮水斋中医文化传播有限公司、当新冠肺炎遇上中医药——藿香苏苓双花饮、“云苣莱调”系列——让您的健康从“肠”计议
北京航空航天大学	旋鹰科技
北京外国语大学	柳编小镇有限公司
中国农业大学	中青益草——优质自主创新青贮菌剂先驱、中农智检——农药残留手机快速检测智能平台、北京微光宠物医疗创业团队
中国石油大学（北京）	北京聚源科技有限责任公司
北京建筑大学	路迅科技：应急抢通道路快速建设技术先行者
北京信息科技大学	“晶圆科技”团队
中国矿业大学（北京）	图说天下

（吴静　祝欣）

“挑战杯”首都大学生创业计划竞赛

9 月 12 日，由市教委、团市委、市科委、市科协、市青联、市学联联合主办的首都“挑战杯”大学生创业计划竞赛颁奖。80 余所高校 800 余项作品参赛，涵盖科技创新和未来产业、乡村振兴和脱贫攻坚、城市治理和社会服务、生态环保和可持续发展、文化创意和区域合作 5 大类，最终评选出金奖 64 项、银奖 176 项、铜奖 240 项。北京航空航天大学获得总分第一名。该比赛由北京工业大学承办。

（朴悦嘉）

第二届北京职教国际青年创新创业技能大赛

9 月 26 日至 27 日，市教委在北京财贸职业学院举行第二届北京职教国际青年创新创业技能大赛。比赛以“搭建国际平台 · 服务城市发展 · 赋能职教未来”为主题，学生创业项目覆盖技术发明、文化创意、商务服务、餐旅服务、农业服务、体育运动、养老产业、物流、传媒

9 月 26 日，市教委举办第二届北京职教国际青年创新创业技能大赛　（市教委相关处室　供）

11月20日，北理工获第六届中国国际"互联网"大学生创新创业大赛获总冠军　（北理工　供）

等多个领域，并首次增设教师赛。全市30余所院校、近500名教师、千余名学生参赛。学生赛通过企业创业模拟运营和企业运营汇报答辩两个阶段，北京财贸职业学院（2支团队）、北京经济管理职业学院（1支团队）、首钢工学院（1支团队）4支代表队获高职组一等奖；北京市大兴区第一职业学校、北京市经济管理学校获中职组一等奖。教师赛设置专创融合教学设计、教学设计汇报2个环节，北京财贸职业学院、北京市昌平职业学校分获高职组和中职组一等奖。大赛还评选出优秀裁判员7人、优秀工作者8人、优秀组织奖5个。该比赛选拔出北京职业院校代表队参加第四届中英"一带一路"国际青年创新创业技能线上大赛，9所职业院校13支队伍进入国赛决赛，最终10支学生队伍获奖（包括一等奖3个、二等奖4个、三等奖3个），4支教师参赛队伍全部获奖。

（陈敬文）

星网测通项目获全国大学生创新创业大赛总冠军

11月18日，北京理工大学的"星网测通"项目在第六届中国国际"互联网＋"大学生创新创业大赛总决赛中获总冠军。该项目针对卫星互联网这一重要太空基础设施，打破国外对中国航天领域测量技术封锁，解决制约中国通信卫星发展的卡脖子问题。该项目研究团队耗时12年，发明宽带链路测量仪，实现9种调制模式的柔性测量，用一台设备测数百个场景；发明参数矩阵测量仪和十二分量模拟源，实现20余种波形的低复杂度测量，为用户节省90%的成本。目前，"星网测通"设备可满足多个国家重大型号研制急需，保障神舟飞船宇航员和地面之间天地通话链路畅通，保证"天通一号"卫星按时飞向太空，填补北斗系统测量手段空白。

（荣燕宁　曾婷　岳鹏）

"一街三园多点"创业孵化体系继续完善

至年底，市教委探索建设北京高校大学生创业园市级"三园"与高校"多点"分园孵化共享体系。"一街三园多点"孵化总面积近8万平方米，在园团队1056个，孵化大学生创业者（带动就业）6923人。其中，市级"三园"孵化面积2.15万平方米，在园孵化创业团队303个，带动就业2217人；25所高校分园，孵化面积近6万平方米，在园孵化团队753个，孵化人数4706人。提供12项"管家式"全链条创业孵化服务，基本满足大学生多样化创业需求。市级"三园"中，150个团队完成工商注册，注册资金4.38亿元；66个团队完成社会融资3.50亿元；注册商标及申请专利1367项，2020年度营业额3.97亿元。25所高校分园中，157个团队完成工商注册，注册资金合计2.80亿元；完成社会融资2.24亿元；注册商标及申请专利509项；2020年度营业额2.35亿元。该项工作由北京市教育系统人才交流服务中心承办。

（祝欣）

毕业与就业

八校联合化工行业线上双选会

4月2日，北京化工大学等8所高校联合举办2020届联合化工行业空中双选会。双选会采取线上方式举办，819家单位提供招聘职位近3000个。4万余名学生在线参加，达成就业意向5200余个。双选会由化工大、中国石油大学（北京）、大连理工大学、华东理工大学、南京工业大学、天津大学、浙江大学、中南大学3所高校联合中国石油和化学工业联合会、中国人才交流协会共同举办。

（肖勇）

秋季线下校园双选会

11月10日，北京信息科技大学、市教委高校毕业生就业指导中心联合举办2021届毕业生秋季第二场校园双选会。双选会邀请78家信息产业特色用人单位参会，提供就业岗位需求3000余个。

（孙旭）

2021届北京高校毕业生就业创业工作会

12月8日，市教委联合市人力社保局召开2021届北京高校毕业生就业创业工作会。会议总结2020届北京高校毕业生就业创业工作，分析研判就业形势，部署2021届北京高校毕业生就业创业工作。会议提出要落实中央和北京市“稳就业”“保就业”决策部署，在疫情防控常态化条件下，结合北京高校实际，全面动员、全力出击、全方位落实，用心用情用力、从严从实从细，努力做好2021届毕业生就业工作。会议提出各高校要牢牢把握引导毕业生为国效力的工作导向、开拓就业市场的工作重点、提升就业服务质量的工作抓手、帮扶困难毕业生就业的工作底线和创业带动就业的创新点5项要求。会上，为2020年北京高校毕业生就业工作先进集体和优秀创业团队“最佳组织奖”高校颁奖。北京地区普通高校主管校领导、就业部门负责人、北京市各区人力社保局负责人、市属单位代表260人参加会议。

（张海涛）

高校毕业生就业质量年度报告发布

12月，市教委发布《2020年北京地区高校毕业生就业质量年度报告》。报告由3个章节和附录组成，全面反映2020年北京地区高校毕业生就业创业工作整体情况。内容涵盖毕业生规模、结构和毕业去向情况；与就业质量相关的部分指标，包括对已落实工作的满意度、专业与岗位相关度、对工作发展空间评分、对工资福利满意度和社保相关情况等内容；附录为各学校相关数据统计。报告数据来源于两部分：一是2020年北京地区高校毕业生就业信息库（数据统计时间截至10月31日），二是毕业生就业创业状况问卷调查（调查时间为6月2日至8月20日）。调查有效样本量为58765份，约占北京地区毕业生总数的24.66%。

（张海涛）

线上线下双轮驱动学生就业服务

至年底，为克服新冠肺炎疫情影响，北京市教育系统人才交流服务中心应用就业信息系统实现毕业生就业双选会线上线下双轮驱动，提升市校两级就业市场服务。举办毕业生专场双选会266场，其中，线上双选会175场、线下双选会91场。参会单位33857家（次），需求人数1926252人次，参会学生944309人次，均创历史新高。

（祝欣）

征兵工作

在校退役大学生士兵宣讲活动

5月28日，2020年北京市优秀在校退役大学生士兵宣讲活动启动仪式暨首场报告会通过线上形式举办。6名优秀在校退役大学生士兵代表用自己参军入伍的切身体会和成长感悟，讲述在部队成长蜕变、践行中国梦、强军梦的故事，鼓励更多大学生响应国家号召，献身国防，投身军营，用青春书写热血军旅人生。北京卫戍区、市教委、北京高校国防教育协会有关领导以及北京高校教师、学生代表1500余人参加活动。根据评审专家组推荐，遴选20名北京市优秀在校退役大学生士兵组成2020年征兵宣讲团（含2名2020年北京征兵宣传形象大使），面向北京高校开展征兵宣传。

（肖娜）

30人获评优秀在校退役大学生士兵

6月，北京市征兵办公室、市教委举办2020年北京市优秀在校退役大学生士兵评选活动。64所高校推荐80名在校退役大学生士兵参评，经资格审核、述优答辩、专家评审等环节，30人获2020年北京市优秀在校退役大学生士兵称号。评选活动由北京高校国防教育协会承办。该活动覆盖全市92所高校1万余名退役大学生，获评大学生士兵组成国防教育宣讲团赴各高校巡回宣讲。北京市已连续4年举办该活动。

（孙世光　肖娜）

20所高校入选市级征兵工作先进单位

7月14日，市政府召开2020年征兵工作电视电话会议，表彰高校征兵工作先进集体和个人。20所高校获评北京市“2019年度高校征兵工作先进单位”，20名高校个人获评北京市“2019年度高校征兵工作先进个人”。

（孙世光）

2019年度高校征兵工作先进单位

清华大学	北京体育大学
北京交通大学	北京工业职业技术学院
北京科技大学	北京信息职业技术学院
北方工业大学	北京电子科技职业学院
北京化工大学	北京信息科技大学
中国人民公安大学	北京联合大学

9月，2020年北京市学生资助评选活动颁奖典礼

（学生管理中心 供）

北京城市学院	北京邮电大学世纪学院
北京政法职业学院	北京劳动保障职业学院
中国劳动关系学院	北京社会管理职业学院
北京经济技术职业学院	北京交通运输职业学院

（孙世光）

奖贷助学

基础教育阶段学生资助加强

2月17日，市教委、市财政局印发《关于进一步加强我市基础教育阶段学生资助工作的通知》。文件从高度重视学生资助工作、持续完善资助管理制度、不断健全资助监管机制3个方面对学生资助管理进行规范，要求各区要提高政治站位，夯实主体责任，聚焦重点群体，规范资金发放方管理使用，加强结余资金管理，加强受助学生资格审核，强化区校监管职责，拓宽政策宣传渠道，加大监督检查力度，确保家庭经济困难学生应助尽助。

（陈彦旭）

家庭经济困难学生认定

3月23日，市教委、市财政局、市民政局等7个委办局联合印发《关于做好北京市家庭经济困难学生认定工作的指导意见》。统一所有教育阶段家庭经济困难学生认定原则、标准、依据和要求，12类特殊群体全部纳入政策范围。家庭经济困难学生指本人及其家庭的经济能力难以满足在校期间的学习、生活基本支出的学生。

（李静华渊）

“助学圆梦育新人”评选宣传

7月至9月，北京市学生资助事务管理中心开展“助学圆梦育新人 决战决胜谱新篇”学生资助评选宣传活动。经过材料初评、事迹展播、综合评审等环节，评选出首都校园励志人物30人、首都资助育人优秀工作者30人、首都学生资助典型经验单位20个、首都学生资助推荐学习单位16个和首都学生资助推荐学习个人81人。9月25日，举行颁奖典礼，表彰获奖个人及单位。

（李静华渊）

高中以上学生资助资金管理实施办法印发

12月14日，市教委、市财政局、市人力社保局、市民政局等6部门联合印发《北京市高等教育、中等职业教育、普通高中学生资助资金管理实施办法》。文件整合修订北京市现行普通高中、中等职业教育、高等教育学段的20项学生奖助政策，统一高中及以上教育阶段各项助、免政策的受助群体。

（李静华渊）

全面落实学生资助政策

至年底，北京市学生资助事务管理中心全面落实学生资助政策，各项资助资金及时足额拨付到位。完成从学前到研究生学段资助项目29个，其中，高等教育15个、中等职业教育4个、普通高中教育5个、义务教育4个、学前教育1个。国家资助全年受助学生（不含义务教育免学杂费、免借读费）185.7万人次，资金累计12.74亿元。

（李静华渊）

（本栏责任编校　曾婷）

51364 人

高考统一招生录取

72977 人

中考统招录取

3224 人

高职生升入本科学习

112835 人

北京 143 个高等学校和科研机构招收硕士生

29781 人

北京 82 个高等学校和科研机构（不含解放军在京单位）招收博士生

2021 | 招生与考试

ENROLLING AND TESTING

- 高考综合改革首次实施
- 疫情防控下的各类考试
- 北京 8 所高校入选基础学科招生改革试点
- 初中学业水平考试首次实施
- 市属成人高等教育招生规模明显减少

招生与考试

ENROLLING AND TESTING

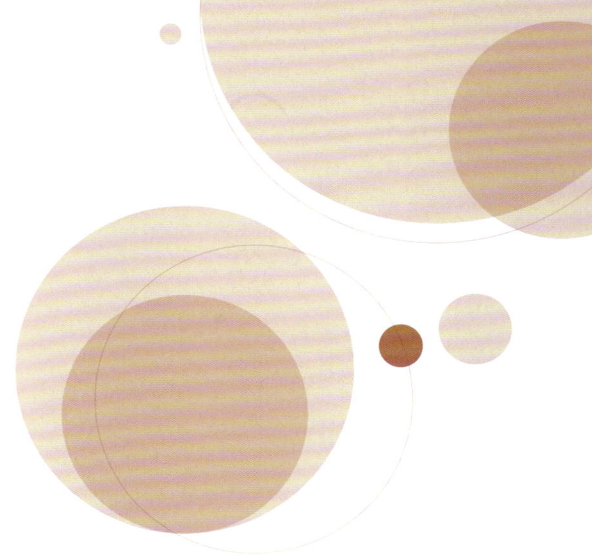

综述

高考综合改革首次实施

2020 年，北京市普通高等学校招生考试制度综合改革首次实施。高考统考统招方面，考试科目采取“3＋3”模式，成绩由语文、数学、外语 3 门和考生选考的 3 门普通高中学业水平等级性考试科目成绩构成，不分文理科，语文、数学、外语每门科目满分 150 分，选考科目每门满分 100 分，即高校招生录取满分值为 750 分。录取方式实行高考志愿考后知分填报，普通批次按照“分数优先、遵循志愿”原则进行平行志愿投档。本科录取采用“两依据一参考”，即依据统一高考成绩和高中学业水平等级性考试成绩，参考学生综合素质评价档案，以院校专业组方式举行。高职院校实施分类考试招生改革，采用“统考＋合格性学业水平考试”招生模式，高考成绩由语文、数学、外语 3 门统一高考成绩组成。招生高校根据各专业培养需求从合格性学业水平考试科目中选定 2 门，所选学业水平考试科目考生成绩需达到合格。除统一高考外，高职院校分类考试招生包括高职自主招生、单考单招等形式，推行“文化素质＋职业技能”评价方式，逐步使高职分类考试招生成为高职招生的主渠道。在部分高校探索开展综合评价录取模式改革试点，综合评价录取依据统一高考成绩、学业水平考试成绩、面试成绩、普通高中综合素质评价进行录取，高考成绩占比原则上不低于总成绩 60%。

（曾婷　刘莹）

市属高校研究生招生规模适度增长

2020 年，市属高校研究生招生规模保持适度增长。全年市属高校研究生招生计划 19056 人，比上年增长 12.27%。其中，博士生招生计划 1609 人，比上年增长 14.60%；硕士生招生计划 17447 人，比上年增长 12.06%。实际招生 18845 人，其中，博士生 1593 人、硕士生 17252 人。

（姚转珍）

市属成人高等教育招生规模明显减少

2020 年，北京市属成人高等教育招生规模较上年明显减少。市属成人高等教育实际招生 17513 人，比上年减少 15.09%。其中，本科（含高中起点本科和专科起点本科）实际招生 10958 人、专科（高职）实际招生 6555 人。

（姚转珍）

考试命题改革

2020 年，北京教育考试院深化考试命题改革。高考命题坚持“变中求稳”工作总基调，继续坚持“四个突出，四个考出来”命题理念，坚持立德树人根本任务，充分体现德智体美劳全面发展的人才培养目标，实现疫情防控下新高考命题平稳落地。中考命题克服全科开考挑战，通过搭建“两个平台”（即搭建考生自我展示平台和教师教学平台），把握“三个注重”（即试题注重全面考查、注重基础考查、注重发展潜能考查），为减负创造良好考试环境。完成中、高考英语机考命题工作，学业水平合格性考试命题实现平稳过渡。持续完善自学考试标准化题库建设，采用信息化手段，提高命题管理水平，提升命题科学化水平。调整以日常入闱补充卷库为主的题库建设方式，提升题库应急能力。

（刘莹）

高端技术技能人才贯通培养项目继续推进

2020 年，市教委继续稳步推进高端技术技能人才贯通培养项目。按照“做精做简”原则，结合首都经济社会发展和产业结构调整对应用型人才的需求，适当精简贯通培养试验院校，调整优化招生专业和招生规模。全年长放贯通培养招生计划3100人，完成招生计划3055人，计划完成率98.55%。完成2015届贯通培养学生专升本转段工作，1794人参加考试，1788人通过，淘汰率0.33%。

（余俊）

疫情防控下的各类考试

2020年，市教委做好疫情防控下各类考试招生组织工作。分析研判中考、高考、自学考试、社会考试、研究生复试等20余项考试安排，召开会议60余次，制定各类工作预案30余个。至7月，调整原定上半年举行的各项招生考试，高考外语口试等7项考试取消、中高考等15项考试延期举行。高级中等学校招生考试由6月23日至25日延期至7月17日至19日举行；第二次高中学业水平合格性考试由6月23日至25日延期至9月23日至25日举行；高考由6月7日至9日延期至7月8日至10日举行；取消高考外语口试和高水平运动队招生全市统测，研究生复试工作全部采用远程复试方式举行。成人高考学位英语考试由原来上下半年各举行一次，改为合并于11月14日举行。高等教育自学考试由4月进行的上半年自学考试推迟至8月1日至2日举行；下半年考试如期举行。首次为高考考生提供准考证网上打印服务，首次全部考点设置校门到考场雨廊，首次组织考生、家长代表参观评卷现场。硕士研究生招生考试首次在隔离点设考点考场，被“集中隔离观察”和“居家观察”的45名考生完成考试。通过适度增加考试科目安排，延长注册报考、论文申报、毕业申报时限等政策调整，最大限度满足疫情形势下考生需求，保障考生利益。社会考试中，上半年的教师资格证书考试、大学英语四六级考试、计算机等级考试和书画等级考试均取消，下半年各项考试如期举行。

（王鑫　刘莹）

疫情防控形势下高考平稳组织

2020年，北京市在疫情防控形势下实现高考平稳组织。市委常委会、市委深化改革领导小组会、市政府专题会科学研判高考改革，主要领导参与关键环节和重要政策谋划。主管市领导牵头，围绕报名、命题、考试、成绩发布、志愿填报、录取、舆情处置等重点环节，逐一制定应对措施，在教育部确定全国高考推迟一个月进行后，迅速调整各项考试时间安排。以招生录取改革为关键，将“考”“招”“教”各环节整体设计，精心打造北京试卷，引导学生科学选科，创新开展线上考试；教育、公安、卫健、宣传、网信、气象、属地等部门协同联动，研究制定《北京市高考中考疫情防控方案》，实施全员核酸检测，设置防疫副主考，配足备用考场，“一考一案”明确应急处置流程，“一类一策”做好特殊考生考试安排，因地制宜解决远途考生赴考困难，做到“应检尽检、应考尽考”。研究调整艺术、体育类特殊类型考试方式，抓住有利窗口期，完成体育专业考试、英语听力考试、高考体检等任务。紧急调整考试方式，稳妥组织实施高职升本科、贯通转段、高职自主招生等工作。社会和考生反映平稳，北京成为全国唯一在疫情防控二级响应形势下实现高考综合改革落地的省市。

（谢文全　王鑫）

北京8所高校入选基础学科招生改革试点

1月13日，教育部印发《关于在部分高校开展基础学科招生改革试点工作的意见》（也称“强基计划”），北京8所高校入选基础学科招生改革试点。8所学校分别是北京大学、中国人民大学、清华大学、北京航空航天大学、北京理工大学、中国农业大学、北京师范大学、中央民族大学。全国36所高校入选。该文件对开展强基计划相关工作作出部署，从2020年起在部分高校试点开展基础

7月7日，高考考试考务指挥中心全景

（北京考试院　供图）

学科招生改革，不再组织开展高校自主招生。强基计划主要选拔培养有志于服务国家重大战略需求且综合素质优秀或基础学科拔尖的学生。聚焦高端芯片与软件、智能科技、新材料、先进制造和国家安全等关键领域以及国家人才紧缺的人文社会科学领域，突出基础学科支撑引领作用，重点在数学、物理、化学、生物及历史、哲学、古文字学等相关专业招生。文件就招生办法、培养模式、规范管理、组织领导等方面进行部署。

（曾婷）

初中学业水平考试首次实施

3月23日，市教委印发《北京市初中学业水平考试实施办法》。办法明确考试科目为《义务教育课程设置实验方案》所设定的全部科目，设置语文、数学、外语、道德与法治、历史、地理、物理、化学、生物、体育与健康、艺术（音乐、美术）、综合实践活动（信息技术和劳动技术）12门科目。其中，语文、数学2门科目采用笔试方式；外语考试采用笔试、听力和口语考试方式，听力和口语考试与笔试分离；道德与法治、历史、地理、物理、化学、生物6门科目采用笔试和参加实践活动方式；体育与健康采用现场考试和过程性考核方式；艺术（音乐、美术）依据学生平时表现和综合测评确定成绩；综合实践活动（信息技术和劳动技术）依据学生实际操作能力确定成绩。考试成绩以原始成绩和等级成绩呈现，原始成绩主要用于中招录取，等级成绩主要用于毕业认定和自主招生。9月23日，首次初中学业水平考试初二年级地理、生物科目考试开考。全市设17个考区187个考点3190个考场，92669人参加考试，两考合一平稳开局。

（刘碧原　王小东）

优质高中校额到校招生

4月17日，市教委公布《关于做好2020年高级中等学校考试招生工作的意见》，明确完善优质高中“市级统筹”和“校额到校”招生方式。到校名额招生采用校内选拔方式，按考生志愿及成绩录取。录取成绩满分仍以580分计，由中考文化课成绩、初中综合素质评价成绩和体育成绩3部分组成。其中，中考文化课和初中综合素质评价成绩满分540分，按7∶3比例计入，体育满分40分。全市优质高中安排校额到校计划1.7万个，占优质高中招生计划比例50%以上。

（张桓）

义务教育入学

4月22日，经市政府批准，市教委印发《关于2020年义务教育阶段入学工作的意见》。明确区政府统筹，坚持免试、就近、平稳有序、严格规范4项工作原则。公办小学、初中就近入学率保持在99%以上。

（刘碧原）

教育考试招生工作电视电话会议

6月18日，教育考试招生工作电视电话会议召开。会议设立北京教育考试院主会场、各区和高校分会场。会议

7月7日，延庆学生高考第一天　（延庆区教委　供）

9月1日，中关村二小举行开学教育活动

（中关村二小 供）

要求认清形势，切实增强做好考试招生工作的责任感和紧迫感；严防严控，全力打赢教育考试疫情防控阻击战；变中求稳，确保高考综合改革平稳落地。市招考委主任及委员、市国家教育考试局际联席会议成员单位负责人在主会场参加会议，市教委、市公安局、市卫生健康委、市国家保密局、市经济和信息化局、市委网信办、朝阳区和中国人民大学负责人分别发言。

（王继磊）

高级中等学校招生

概述

2020 年，北京市 77583 人报名参加北京市高级中等学校招生考试，比上年增加 9349 人。招生学校 342 所，招生计划 87489 人，比上年增加 14775 人。录取考生 72977 人，完成招生计划 83.41%。普通高中招生计划 60607 人，中专、技校、职业高中和五年高职等职技类学校招生计划 26882 人。提前招生学校 113 所，招生计划 20104 人；参加校额到校招生学校 101 所，招生计划 18838 人；参加统一招生学校 313 所，招生计划 50446 人。招生计划普职比 7：3，录取普职比 7.7：2.3。综合社会实践和开放性科学实践活动 2 项均满分的考生 74591 人，中考英语听说机考考生平均分 35.8 分。1607 名考生获加分和优先照顾录取资格，包括少数民族考生 5 人。

（王小东）

中考体育现场考试

6 月 10 日至 7 月 1 日，2020 年北京市高级中等学校招生考试体育现场考试举行，80981 名考生参加考试。受新冠肺炎疫情影响，考试采用各区教委负责，考生所在学校组织本校考生在校内完成考试方式进行。评分标准按合格性考试要求，考生完成相应考试项目即为合格。

（王小东）

两次英语听说机考

6 月 13 日和 12 月 19 日，2020 年北京市高级中等学校招生考试第二次英语听说机考和 2021 年初中学业水平考试第一次英语听说机考举行。6 月，全市设 17 个考区、230 个考点、551 个考场、17 个备用考点，6.4 万人参加考试。12 月，全市设 17 个考区、246 个考点、590 个考场，8.7 万余名考生参加考试。

（王小东）

682 人回户籍所在地参加中考

6 月 16 日，北京市 682 人回户籍所在区参加 2020 年北京市高级中等学校招生考试。学生回各区中招办办理确认手续，各区中招办依据考生户口簿再次审核考生回户籍报考资格，并向考生宣讲中招报考有关规定和要求。

（王小东）

77583 名考生参加中考文化课考试

7 月 17 日至 19 日，2020 年北京市高级中等学校招

7月19日，北京市高级中等学校招生考试北京市赵登禹学校考点 （新闻中心 供）

生考试文化课考试举行。全市设17个考区、221个考点、4023个考场、27个备用考点、1033个备用考场，77583名考生参加考试。由于疫情影响，考试时间由6月24日至26日调整为7月。强化组考力度，市领导对组织工作提出要求，利用国家教育考试综合管理平台对考试情况进行检查；各区和考点细化工作方案，优化服务措施，克服各种不利影响，实现“平安中考”目标。

（王小东）

加试、提前招生专业测试

7月28日至29日，2020年北京市高级中等学校统一招生加试和提前招生专业测试举行。20所加试学校对考生进行网上加试，106所提前招生学校对考生进行网上专业测试。

（王小东）

中招录取考生72977人

9月，北京市各类高级中等学校完成招生72977人。全市计划招生87489人，完成计划83.41%。其中，普通高中招生56219人、贯通培养项目招生3055人、五年制高职招生1848人、中专学校学校招生4415人、技工学校招生3163人、职业高中招生4277人。14所贯通项目学校计划招生3100人，录取考生3055人，完成计划98.55%；113所提前招生学校计划招生20104人，录取考生14111人，完成计划70.19%；101所“校额到校”计划招生18838人，录取考生14975人，完成计划79.49%。313所统一招生学校计划招生50446人，录取考生42919人，完成计划85.08%，包括135所具有招收特殊学生资格及任务的普通高中招收特殊学生5122人。312所招生学校机录考生37797人。申请参加补录学校99所，补录考生972人。

（王小东 张桓）

中专校外省新生户口迁京审核

11月27日，北京教育考试院为经批准招收外省市新生的中等专业学校办理外省市新生户口迁京审核手续。办理户口迁京998人，占审核备案新生80.7%。

（王小东）

听力、言语残疾考生参加初中学业水平考试获优待

12月7日，市教委发布《关于听力及言语障碍考生参加2021年初中学业水平考试英语听说计算机考试有关事项的通知》。文件规定，凡持有《中华人民共和国残疾人证》或北京市残疾人联合会制发的《北京通·残疾人服务一卡通》的听力、言语残疾考生或听力言语多重残疾考生参加初中学业水平考试时，可不参加英语听说机考，听说部分按满分计入英语成绩。

（曾婷）

初中综合素质评价继续纳入中考录取

至年底，初中综合素质评价继续纳入北京市高级中等学校招生录取。与校额到校招生“硬挂钩”。参加校额到校招生的初中学校需要按要求给初三毕业生综评划定等级，同时还要根据学校标准将学生综评结果转换为相应分

数（满分 162 分），与文化成绩的 70% 和体育成绩共同组成校额到校录取成绩。初中综合素质评价成绩满分 7069 人，占具有校额到校录取资格考生的 33.4%。

（王小东）

普通高中学业水平合格性考试

概述

2020 年，北京市普通高中学业水平合格性考试报考 119913 人，389484 科次。其中，第一次报考 55421 人，152625 科次，普通高中类 53641 人、职技类 1460 人、社会类 320 人；第二次报考 64492 人，236859 科次，普通高中类 61708 人、职技类 2635 人、社会类 149 人。颁发《北京市高中学业水平合格证》52397 份，其中，普高类合格证 51977 份、职技类合格证 53 份、社会类合格证 367 份。全市参加高中会考应届普通高中毕业生 54624 人，取得合格证 50938 人，占毕业生总人数的 93.25%。

（肖军）

两次普通高中学业水平合格性考试

1 月 5 日至 7 日和 9 月 23 日至 25 日，北京市两次普通高中学业水平合格性考试举行。1 月，55421 人报考语文、数学、外语、思想政治、物理、化学、生物、历史和地理 9 个学科，152625 科次。17 个考区设置 90 个考点，5278 个考试场次。9 月，64492 人报考语文、数学、外语、思想政治、历史、地理、物理、化学、生物 9 个学科，236859 科次。17 个考区设置考点 95 个，8296 个考试场次。10 月 23 日，559 人获 2020 年《北京市高中学业水平考试合格证》，其中，普高类 453 人、职技类 6 人、社会类 100 人。

（肖军）

高中学业水平合格证核发

8 月 5 日，2020 年《北京市普通高中学业水平合格性考试合格证》核发完成。51838 名学生获合格证，其中，应届生 50938 人、往届生 586 人、社会类 257 人、职技类 47 人。2020 年全市普通高中应届毕业生 54624 人，合格率 93.25%。

（肖军）

59469 人报考 2021 年第一次学考合格考

11 月 27 日，59469 人报名参加 2021 年第一次高中学业水平合格性考试，报考总科次 255729 个。其中，57166 名普高类学生报考总科次 249393 个，2020 名职技类学生报考总科次 4969 个，283 名社会类学生报考总科次 1367 个。全市设考点 93 个。

（肖军）

普通高等学校招生

概述

2020 年，全国 726 所高等学校在京招生。全市 56512 人报名参加 2020 年普通高等学校招生考试，录取 51364 人。统招部分报名 53294 人，录取新生 48672 人，其中，本科 41163 人，专科 7509 人（高会统招录取 3620

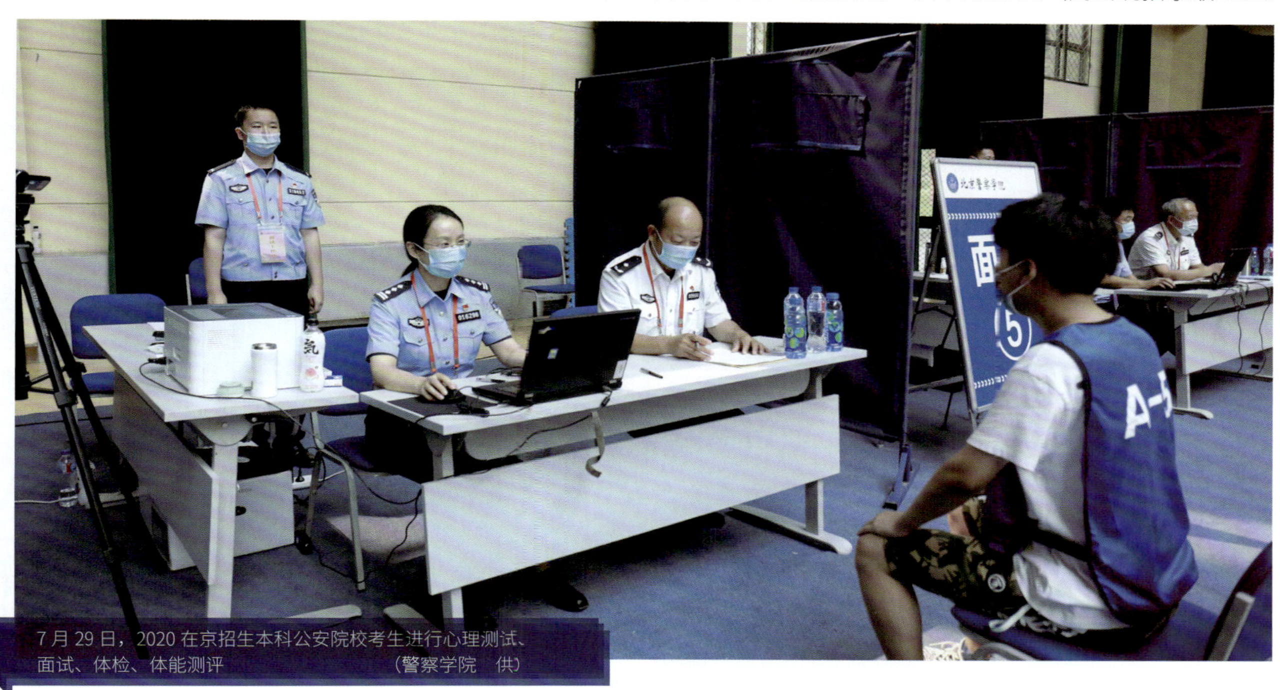

7 月 29 日，2020 在京招生本科公安院校考生进行心理测试、面试、体检、体能测评 （警察学院 供）

人、高职自主招生录取3889人）；高职单独招生部分报名3218人，录取2692人，其中，高职自主招生录取2671人、单独考试招生录取11人、联大师资班录取10人。第二学位录取3918人。

（姜华）

高考改革工作部署会

1月20日，北京市高考改革工作部署会在市教委召开。会议介绍高考改革主要变化、考试安排、高招录取工作方案以及面临的风险挑战和需要重点加强的工作。会议要求要高度重视，勇于担当，切实增强做好高考改革工作的使命感和责任感；要加强培训，广泛宣传，确保高考改革工作上下联动、形成合力；要加强领导，精心组织，确保各项改革举措平稳落地。各区教委、考试中心相关负责人参加会议。

（王继磊）

港澳台侨学生联招

3月1日至31日，普通高校联合招收华侨、港澳、台湾地区学生入学考试报名。97人在京报名。8月3日至4日，入学考试在北京科技大学附属中学举行，94人（含华侨考生25人）参加考试。

（姜华）

新高考适应性测试

3月3日至6日，北京市组织2020年新高考适应性测试。为应对新冠肺炎疫情，5万余名考生采取居家分散考试方式参加测试。考试过程平稳有序，实现预期目标。这是全国唯一一次大规模新高考测试活动。北京市2020年进入高考综合改革实施阶段，考试采取“3＋3”模式，考试科目和考试安排较往年有较大变化，为使考生熟悉试题结构和考试流程，举行该测试。

（姜华）

36所高职院校完成自主招生6560人

5月21日，36所高职院校完成2020年自主招生考试。计划招生14932人，6721人报名参加考试，录取6560人。

（姜华）

732人参加体育单招文化课统一考试

6月6日至7日，北京市2020年普通高校运动训练、武术与民族传统体育专业招生文化课统一考试在北京市陈经纶中学举行。考试科目为语文、数学、政治和英语4科，各科试卷满分为150分，总分600分。732人报名参加。

（姜华）

1473人参加体育专业测试

6月13日至14日，北京市完成2020年普通高等学校体育教育、社会体育、休闲体育、体育管理与指导、体育训练、冰雪运动专业测试。测试在首都体育学院举行，测试项目为田径、篮球、排球、足球、体操、艺术体操（女）、武术、游泳和乒乓球等。全市1473人参加考试。

（姜华）

高考英语听力机考

6月20日，2020年北京市高考英语第二次听力机考完成。报名考生39142人，设立17个考区、163个考点、384个考场，举行5个场次考试。12月12日，2021年第

9月，北航2020级新生开学第一课

（北航 供）

一次英语听说机考报名考生47976人。设立17个考区，166个考点、405个考场、14962个考试机位，举行4个场次考试。

（姜华）

49475人参加高考

7月7日至10日，北京市2020年普通高等学校招生全国统一考试及高中学业水平等级性考试举行。49475人参加考试，其中，统考49225人、单考单招250人。设置17个考区、133个考点（含备用考点23个）、2517个考场。包括统考109个考点，2497个考场；单考14个考点，20个考场。7月9日至24日，高考评卷工作在北京大学、清华大学、北京师范大学、首都师范大学、北京第二外国语学院和北京工业大学6个评卷点举行，继续采用全科目网上评卷，扫描考生答题卡35万余张，累计评阅试卷30万份，参加评卷教师1290人。

（姜华）

44558名考生参加高考本科志愿填报

7月27日至31日，北京市44558名统考考生和24名单考考生完成高考志愿填报。本科普通批志愿设置为院校专业组方式，可填报30个平行志愿。本科提前批分艺术类和普通类，考生选报其中一类，不能兼报。艺术类和普通类均设置A、B两段，并分别按顺序依次录取。对高水平艺术团和高水平运动队特殊类型招生单独设置特殊类型志愿。

（姜华）

119人被香港院校录取

7月，9所香港院校在京录取新生119人。其中，香港大学、香港科技大学等7所自主招生高校录取新生79人；香港中文大学和香港城市大学继续参加本科提前批次录取，录取40人。

（姜华）

726所高校计划在京招生48593人

7月，北京市完成2020年普通高校招生计划汇总工作。在京招生高校726所，计划招生48593人（含统考艺术类分省招生计划）。另外，高职班、师资班单独招生376人。按学历层次分：本科计划招生38109人、专科10484人；按学校所在地域分：在京院校计划招生41096人，其中，部委院校5358人，占招生计划总数的11.03%；市属市管院校35738人，占招生计划总数的73.54%；外埠院校7497人，占招生计划总数的15.43%。

（姜华）

市属高校普通高等教育计划招生73446人

7月，市教委下达市属高校普通高等教育招生计划。市属高校普通高等教育招生计划73446人，其中，本科招生计划46253人、高职（专科）招生计划27193人。为落实国家第二学士学位扩招任务，安排第二学士学位招生计划2500人。

（王鑫）

5.17万余人报考2021年高考

11月30日，2021年普通高等学校招生考试报名工作完成。5.17万余人报名，比上年减少8.48%。其中，全国统考报名4.90万人，减少8.16%；高职单考单招报名2700人，比上年减少13.74%。包括应届生4.8万人、往届生3800人；男生2.6万人、女生2.55万人；城镇考生4.1万人、农村考生1.08万人。此外，2021年北京市继续实施进城务工人员随迁子女在京参加高职招生考试政

5月，北大方正软件技术学院2020年自主招生考试
（北大方正软件技术学院 供）

策，470 余人提出申请，经审核，符合条件并参加高考报名 319 人。

（姜华）

高招扩招专项考试录取 666 人

11 月至 12 月下旬，北京市组织高职扩招专项考试招生工作。18 所高职院校参加扩招，录取 666 人。

（姜华）

3440 人参加 2021 年美术类专业统一测试

12 月 5 日，北京市 2021 年美术类专业统一测试完成。测试在北京工业大学、首都师范大学、北方工业大学、北京城市学院 4 个考点举行，实际参加考试 3440 人。12 月 6 日至 10 日，考试评卷工作在首师大和北京服装学院举行，并于 25 日公布考试合格成绩要求。本科合格要求为 3 门科目总成绩不低于 180 分，且其中 2 门科目各不低于 60 分；高职（专科）、高职单考单招合格要求为 3 门科目总成绩不低于 120 分。经评定，3365 人取得美术统考合格资格，占实考人数的 97.82%。其中，取得本科合格资格考生 2989 人，占实考人数的 86.89%。

（姜华）

3224 名高职生升入本科学习

至年底，北京市 14 所高校参加高职招生，计划招生 2457 人，实际录取 2397 人（含实行计划单列的退役士兵考生 75 人）。6 月 13 日，北京市 40 所高校推荐的高等职业教育（专科层次）优秀应届毕业生 3370 人（含退役士兵考生 136 人）参加“高职升本科”文化课考试。考试在中国劳动关系学院、北京联合大学、北京城市学院、北京财贸职业学院、北方工业大学和北京农学院 6 个考点举行。此外，经市教委审核批准，录取符合免试专升本的优秀退役士兵 827 人。

（姜华）

研究生招生

概述

2020 年，全国下达北京市研究生（博士生、硕士生）招生计划 146616 人，较上年增长 5.83%。硕士生招生计划 116813 人，较上年增长 5.52%。其中，全日制学术学位招生计划 49503 人、全日制专业学位招生计划 49707 人，非全日制学术学位招生计划 161 人、非全日制专业学位招生计划 17442 人。博士研究生招生计划 29803 人，较上年增长 7.11%。

报考硕士考生 455901 人，其中，全国网上报名系统报考北京招生单位的硕士考生 425295 人，较上年增长 10.94%；推免服务系统接收推荐免试硕士考生 30606 人，较上年增长 6.11%。报考博士考生 75536 人，较上年增长 15.36%。

录取研究生（博士生、硕士生）142616 人，较上年增长 7.85%。在京 143 家招生单位录取硕士生 112835 人，较上年增长 7.84%。其中，全日制学术学位录取 48359 人、全日制专业学位录取 48459 人，非全日制学术学位录取 154 人、非全日制专业学位录取 15863 人。在京 82 家招生单位招收博士生 29781 人，较上年增长 7.91%。

（郝娜）

面向港澳台地区招收研究生 614 人

8 月 30 日，2020 年北京市 29 家招生单位面向香港、

8 月 26 日，清华线上线下的方式举行 2020 级研究生开学典礼
（清华 供）

澳门、台湾地区招收研究生614人。其中，攻读硕士学位85人、攻读博士学位529人。受到新冠肺炎疫情影响，该项考试招生工作全部采用网络远程方式进行。

（郝娜）

30606名优秀毕业生获推免

10月9日，北京市2020年普通高等学校推荐30606名优秀应届本科生免试攻读研究生，较上年增长6.11%。88个招生单位接收推免生，其中，硕士研究生25366人、直博生5240人。

（郝娜）

同等学力申请硕士学位全国统考

11月1日，北京市2020年同等学力人员申请硕士学位外国语水平和学科综合水平统一考试举行。设11个考点，新增首都经济贸易大学和首都医科大学2个考点，设1443个考场。北京市报名27903人，较上年减少5.73%；报考42345科次，较上年减少5.93%。经学位授予单位审核通过，报考外国语水平考试考生20492人，较上年减少2.33%；报考学科综合水平考试考生21853人，较上年减少9.06%。

（郝娜）

137755人报名硕士研究生招生考试

11月10日，北京市2021年全国硕士研究生招生考试报名工作结束。137755人报名在京参加考试，比上年增加1856人。其中，报考京内126个招生单位考生123454人，报考外埠500个招生单位考生14301人。全国报考北京招生单位考生447270人（不含推免考生），比上年增长5.17%。

（郝娜）

全国硕士研究生招生考试

12月26日至28日，北京市2021年全国硕士研究生招生考试举行。设66个考点、5115个考场，包含特殊（隔离）考点7个，特殊（隔离）考场31个。考试科目涵盖24个全国统考科目和8332科次招生单位自命题科目。

（郝娜）

成人高等学校招生

概述

2020年，66所成人高等学校在京招生，比上年减少1所，招生专业758个，比上年减少22个。招生专业中市属高校招生专业436个，减少39个；部属高校招生专业322个，增加17个。按学习形式分，脱产专业16个，减少7个；业余专业678个，减少30个；函授专业64个，增加15个。按专业层次分，高起专专业277个，减少40个；高起本专业169个，增加27个；专升本专业312个，减少9个。4所高校有单考单招专业11个。报名确认考生21809人，比上年减少21403人。其中，考试生21276人、免试生533人。在京招生院校计划招生18282人，比上年减少17740人。按院校归属统计：部属院校计划8327人，占比45.55%；市属院校计划9955人，占比54.45%。按学历层次统计：高起专计划3409人，占比18.65%；高起本计划1960人，占比10.72%；专升本计划12913人，占比70.63%。按学习方式统计：脱产计划175人，占比0.96%；业余计划15560人，占比85.11%；函授计划2547人，占比13.93%。单考单招：招生计划1247人，比上年减少11人。录取新生17869人，完成调整计划的97.74%。

（潘妍）

首次实施非京籍考生报考政策

8月28日至9月16日，2020年北京市成人高校招生考试网上报名工作完成，首次实施非京籍考生持北京市居住证报考政策。受新冠肺炎疫情影响，取消现场确认环节，采用网上信息填报、上传照片及身份证信息、线下资格审核、网上缴费等方式报名。报名考生29301人，通过资格审核23037人，缴费成功21809人（包括考试生21276人、免试生533人），比上年减少49.5%。按报考志愿层次统计：报考高起专4031人，占比18.48%；报考高起本2338人，占比10.72%；报考专升本15440人，占比70.80%。

（潘妍）

成人高校招生全国统考

10月24日至25日，2020年北京市成人高校招生全国统一考试举行。全市设17个考区、44个考点、817个标准化考场，比上年减少29个考点、708个考场。实考考生19072人，其中，高起专3572人、高起本2111人、专升本13389人。

（潘妍）

44154人报考下半年成人本科学士学位英语考试

11月14日，下半年北京地区成人本科学士学位英语统一考试举行。该考试为取消外埠考点政策实施以来的首次考试，首次实施考生自行网上缴费报名，44154人报考（包含外埠回京考生7534人）。实考考生19072人，其中，高起专3572人、高起本2111人、专升本13389人。设考点44个，考场1496个。考试成绩于12月10日发布。60分及以上考生3127人，合格率9.87%。受新冠疫情影响，2020年上半年学位英语考试与下半年考试合并举行。

（潘妍）

成人高校招生录取最低控制分数线划定

11 月 23 日，北京市成人高校招生录取最低控制分数线划定。高起专：文史外语类 100 分、艺术类 80 分、理工类 102 分；高起本：文史外语类 157 分、艺术类 141 分、理工类 122 分；专升本：文史中医类 157 分、艺术类 166 分、理工类 120 分、经济管理类 117 分、法学类 195 分、教育学类 152 分、农学类 148 分、医学类 174 分。

（潘妍）

成人高校录取新生 17869 人

12 月 25 日，66 所成人高校录取新生 17869 人。录取分两个批次进行，第一批为本科批次，录取新生 14537 人，其中，高起本录取 1906 人、专升本录取 12631 人；第二批为专科批次，录取新生 3332 人。4 所院校参加“校企合作”项目试点，报名 368 人、录取 342 人;6 所院校参加“专升本推优免试入学”项目试点，报名 563 人、录取 434 人。单考单招录取新生 1256 人，比上年减少 1 人。

（潘妍）

高等教育自学考试

概述

2020 年，北京高等教育自学考试 19 所主考学校开考 56 个专业，其中，专科 22 个、本科 34 个。开考课程 471 门次（不含实习、实践、论文）。公布教材 446 种，新编和修订 21 门课程大纲。组织大规模报考 2 次，报考 93920 人次，比上年减少 26.23%；报考 263819 科次，比上年减少 31.01%；注册新生 20160 人，比上年减少 31.06%。论文申报 3420 人。审核办理毕业生 5541 人，其中，本科 3583 人、专科 1958 人，比上年减少 20.5%；3235 人获学士学位，比上年减少 14.0%。全年组织笔试课程考试 2 次，设置考区 17 个、考点 153 个，考试 13759 场次，参与监考员 5358 人、17806 人次；4 个考区为 8 名考生设置特殊单独考场。组织 2 期网上评卷 175103 份，发布 3 期成绩 295137 科次，其中，笔试课程 263671 科次，笔试＋实践课程 12945 科次，非笔试课程 18521 科次。受理成绩复核 17666 科次。

（包小光）

网上申办学位

5 月 18 日至 22 日、10 月 19 日至 23 日，北京市高等教育自学考试办公室组织自考本科毕业生网上申办学位。经审核后推荐给主考学校，由学校学位委员会审核后授予学位。5 月，1408 人申请成功，10 月，1618 人申请成功。

（包小光）

网上申报毕业

7 月 3 日至 31 日、12 月 16 日至 30 日，北京市高等教育自学考试办公室组织网上申报毕业。7 月，经各区自学考试办公室、主考学校审核，1913 名考生成功办理毕业手续，其中，本科 1819 人、专科 94 人；12 月，2263 名考生成功办理毕业手续，其中，本科 803 人、专科 1460 人。9 月 7 日至 30 日，为受疫情影响参加延期考试后达到申请毕业条件的考生专次安排网上申报毕业。经各区自考办、主考学校审核，507 名考生成功办理毕业手续，其中，本科 72 人、专科 435 人。

（包小光）

上半年自学考试延期

8 月 1 日至 2 日，2020 年北京市高等教育自学考试上半年自学考试举行。设 17 个考区考点校 64 个、考场 5061 个，2132 名监考员，实考 56646 科次，实考率 66.6%。评卷学校 10 所，评阅答卷 216 科 56646 份。9 月 6 日，发布考试成绩 216 门课程 85069 科次。受新冠肺炎疫情影响，原定于 4 月举行的上半年自学考试延期至 8 月举行。延期考试只安排笔试考试中的全国统考课考试，北京自命题课程、停考过渡期及主考学校专业课程、非笔试课程、实践类课程考试调整至下半年举行。6 月 19 日至 22 日报考，暂停新生注册。34137 名考生报考笔试课程 85069 科次，开考 58 个专业、219 门课程。

（包小光）

本科毕业论文（设计）申报

9 月 8 日至 10 日和 12 月 17 日至 22 日，北京市高等教育自学考试本科毕业论文（设计）分两次申报。受新冠肺炎疫情影响，2020 年上半年本科毕业论文（设计）申报推迟至 9 月，902 名考生申报。12 月，2021 年上半年本科毕业论文（设计）开展网上申报，2518 名考生申报。

（包小光）

下半年自学考试

10 月 17 日至 18 日、24 日至 25 日，2020 年北京市高等教育下半年自学考试举行。59783 名考生报考笔试课程 178750 科次，实践、非笔试课程 15108 科次。开考 58 个专业、410 门课程。实考 118457 科次，实考率 66.3%。开设 17 个考区、考点校 89 个、考场 8698 个，为 8 名涉及青岛地区来京考试的考生安排 33 场次备用考场。处理违规 156 人。12 月 15 日，545 门课程发布成绩 207558 科次，其中，笔试课程 178602 科次，笔试加实践课程 12945 科次，实践、非笔试课程 16011 科次。

（包小光）

社会考试

概述

2020 年，北京教育考试院举办 6 个社会考试项目，组织 12 次考试，报考 493370 人次。全年新增 36 个考点，其中，中小学教师资格考试 30 个，全国大学英语四、六级口语考试 6 个。培训和考核全国计算机等级考试系统管理员 22 人次，全国大学英语四、六级口语考试系统管理员 119 人，伦敦三一学院英语口试考官 25 人。

（伍亚娜）

全国计算机等级考试（NCRE）

9 月 27 日至 30 日，全国计算机等级考试（NCRE）举行。考试开考 4 个级别 21 个科目，所有科目均采取无纸化上机考试形式，使用同一套考试系统进行。全市报名 6420 人次，其中，一级 1857 人次，占考生总数的 28.93%；二级 4431 人次，占考生总数的 69.02%；三级 130 人次，占考生总数的 2.02%；四级 2 人次，占考生总数的 0.03%。2452 人次取得合格证书，取证率 38.19%。

（周德松）

全国大学外语四、六级考试（CET）

9 月和 12 月，北京教育考试院组织北京地区全国大学英语四、六级考试。344855 人参加考试。9 月，报考 33980 人，其中，英语四级考生 14334 人、六级考生 19334 人，日语四级考生 103 人、六级考生 37 人，德语四级考生 25 人、六级考生 10 人，俄语四级考生 52 人、六级考生 7 人，法语四级考生 78 人。全市设 22 个考点，3 个分校区考点，25 个考试地点，1339 个考场，其中，四级 572 个考场、六级 767 个考场，1 名视力残疾考生和 9 名听力残疾考生参加考试。12 月，报考 310875 人，其中，英语四级考生 150955 人、六级考生 159920 人。全市设 79 个考点，17 个分校区考点，96 个考试地点，10579 个考场，其中，四级 5145 个考场、六级 5434 个考场，27 名视力残疾考生、98 名听力残疾考生和 5 位肢体残疾考生参加考试，申请盲文卷 9 人，申请大字卷 9 人，申请听力免考 90 人。受新冠肺炎疫情影响，上半年北京地区全国大学英语四、六级考试延期至 9 月举行。

（金辉）

中小学教师资格考试（NTCE）

10 月 31 日，北京市中小学教师资格考试（NTCE）举行。考试分为 7 个类别 39 个科目，报名 104391 人，223254 科次，比上年同期增长 22.81%，创历史新高。其中，师范生 13893 人，占比 13.31%，非师范生 90498 人，占比 86.69%；在校生 48097 人，占比 46.07%，非在校生 56294 人，占比 53.93%；男生 22056 人，占比 21.13%，女生 82335 人，占比 78.87%。考试设 4 个考区，55 个考点（包括新设立考点高校 30 个），7516 个场次。笔试合格人数 22111 人，通过率 27.67%。

（宋戌）

中国书画等级考试（CCPT）

11 月 21 日至 22 日，北京教育考试院举行中国书画等级考试（CCPT）。考试开考 45 个科目级别，年报名 933 人次。其中，毛笔书法 543 人次、硬笔书法 219 人次、素描 88 人次、色彩 58 人次、动漫画 25 人次。按报考级别，初级 369 人次、中级 427 人次、高级 137 人次。778 人次取得合格证书，取证率 83.39%。受新冠肺炎疫情影响，原定于 5 月举办的考试取消。

（周德松）

全国大学英语四、六级口语考试（CET－SET）

11 月，北京教育考试院组织 2020 年下半年北京地区全国大学英语四、六级口语考试（CET－SET）。35868 人参加考试，其中，四级考生 24715 人、六级考生 11153 人。考试设 49 个考点，4 个分校区考点，53 个考试地点。受新冠肺炎疫情影响，原定于 5 月举办的全国大学英语四、六级口语考试取消。

（金辉）

伦敦三一学院英语口语等级考试（GESE）

11 月至 12 月，北京教育考试院举行伦敦三一学院英语口语等级考试（GESE）7 次。903 人次参加考试，发放证书 813 张，取证率 91.35%，其中，优秀率 16.85%、良好率 32.92%。受新冠肺炎疫情影响，原定于 2 月举办的考试取消，3 月至 10 月未组织考试。

（肖立宏）

（本栏责任编校　曾婷）

23 个

中外合作办学机构

127 个

中外合作办学项目

7.20 万人次

在京高校和中小学
外国留学生

1.04 万人

在京高校和中小学港澳台侨学生

2021 | 交流与合作

COMMUNICATION AND COOPERATION

- 外籍人员子女学校管理办法修订
- 北京高校招收和培养国际学生管理办法印发
- 国际服贸会教育服务专题展及论坛举办
- 引进外籍教师参与中小学英语教学改革
- 《“一带一路”大百科》新书发布
- 北京15所高校对口帮扶湖北高校毕业生就业创业
- 职业教育脱贫攻坚任务完成
- 教育扶贫支援工作总结宣传

交流与合作

COMMUNICATION AND COOPERATION

综述

教育国际影响力提升

2020 年，市教委创新工作方式，提升北京教育国际影响力。举办中国国际服务贸易交易会教育服务专题展及论坛，活动呈现“多业态、多形式”特色，突出“科技、前沿、新颖”亮点。探索加强与泰国、马来西亚等“一带一路”沿线国家在职业教育领域的合作。继续加强与法国、日本、韩国等国家的教育交流与合作。

（刁文淇）

支持中外合作办学

2020 年，市教委引进优质教育资源，支持北京市学校与国外学校通过多种方式合作办学，推动教育教学改革和人才培养模式创新。北京市有中外合作办学机构 23 个、中外合作办学项目 127 个。报教育部审批本科及以上中外合作办学机构和项目 32 个（含延期）。受理本科及以下中外合作办学机构和项目 18 个（含延期）。按照政务服务事项管理要求，规范办事流程，所有行政许可和备案事项进驻政务服务大厅，及时对外公开办事指南；规范高等学校办学活动，配合教育部做好本科及以上层次机构和项目评估，通报并公示 2020 年本科及以上层次中外合作办学评估结果，督促问题项目整改；加强对中外合作办学监管，开展对本科以下中外合作办学机构和项目抽查，对发现的问题及时要求整改；召开业务培训会。

（郭奇琦）

继续保持与港澳台地区教育合作交流

2020 年，市教委继续保持与港澳台地区合作交流。召开京港、京澳青少年交流专项工作领导小组全体会议，加强各有关单位协同联动，与港澳地区保持紧密联系。推动高校扎实推进港澳台学生国情教育，完善课程设置，丰富教育形式。指导各区、各高校继续与港澳台地区友好交流校及交流合作较多的学校开展线上交流，探索交流合作新内容和新形式。

（蒋小婷）

规范因公出国（境）管理

2020 年，市教委持续规范因公出国（境）管理。7 月 30 日，召开两委机关、市属高校、直属单位因公出访业务工作培训会，培训北京市因公出访有关政策和最新要求，就进一步加强因公出国（境）管理工作再次提出明确要求，进一步规范教育两委、市属高校因公出访工作。

（刁文淇）

国家公派出国留学

2020 年，市教委完成国家留学基金资助出国留学选拔工作。包含国家留学基金公派高级研究学者及访问学者（含博士后）、建设高水平大学公派研究生项目等 7 个大项目 21 个子项目，受理 325 人，录取（含候选人）202 人。

（郭奇琦）

金砖国家智库合作中方理事会年会

1 月 3 日，第三届金砖国家智库合作中方理事会年会暨第二届万寿国际形势研讨会在北京第二外国语学院举办。会议以“百年变局下的复兴之路”为主题，发布《新型南南合作蓝皮书——金砖国家合作发展报告（2019）》《金砖国家可持续发展报告（2018）》，举行金砖国家智库合作中方理事会官方网站揭牌仪式，70 余名专家学者围绕“百年变局与中美关系”“全球治理与新型南南合作”“新工业革命与人类命运共同体构建”等议题探讨交流。来自高校、研究机构及企事业单位等近百家理事单位相关代表与专家学者200余人参加会议。会议由金砖国家智库合作中方理事会主办、二外承办。

（王薇）

全球大学特别对话线上会议

4月24日，清华大学、联合国教科文组织联合在线举办“全球大学特别对话:新冠疫情下的大学在线教育及展望”会议。会议发布《清华大学疫情期间在线教育阶段性研究报告》，来自6大洲15个国家21所高校的校领导和专家学者以及联合国教科文组织代表，共商全球疫情蔓延下的在线教育挑战与变革，共谋交流合作新发展。联合国教科文组织全球代表处官员、国内外专家学者以及媒体代表100人旁听会议。

（吴筱君）

2020世界和平论坛特别视频会议

6月16日至17日，清华大学举办2020世界和平论坛特别视频会议。会议以“后疫情时代:中国与世界”为主题，针对当今世界人类所面临的新安全挑战讨论交流，提出建设性应对方案，并就如何继续应对疫情后续影响，促进国际秩序的良性变化，以及如何塑造开放和进步的国际体系展开沟通对话。来自多个国家的前政要、智库负责人和专家学者18人参加会议。世界和平论坛创办于2012年，由清华主办、中国人民外交学会协办、清华国际关系研究院承办，是中国第一个高级别非官方年度国际安全论坛，至2020年已举办八届。

（吴筱君）

外籍人员子女学校管理办法修订

6月18日，市教委、市民政局印发《北京市外籍人员子女学校管理办法（修订）》。修订后的管理办法明确界定外籍人员子女学校审批权限下放后市、区教委的管理职责，允许中国国家机构以外的社会组织和个人开办外籍人员子女学校。管理办法新增“教学管理”章节，从学校课程设置、教学内容审核、奖惩评价机制、硬件条件、课外活动、经验交流等方面提出要求，强化质量导向，压实办学主体责任，为进一步完善外籍人员子女学校管理提供政策依据。

（刘月）

2020全球暑期学校

7月20日至28日，清华大学举办2020年全球暑期学校。活动以“面向疫情后的世界”为主题，运用云讲座、云研讨、云参观、云观演形式，邀请海内外知名教授授课，使学生理解和认识疫情后世界所面临的机遇和挑战，并探讨未来世界可持续发展的解决方案。课程内容涵盖经济、教育、社会、人工智能、气候变化等多方面，课程形式包括学术讲座、小组讨论和文化体验活动。课程以“自主学习、智慧教学、普惠教育、高质教育”为目标，努力实现“突破物理边界、技术限制、身份制约、面向社会”的深层开放性以及“课上课下融合、校内校外融合、国内国外融合、线上线下融合”的高度融合感。活动12场主旨演讲以公开英文讲座的方式，通过清华大学学堂在线等公共平台面向社会直播，全球79个国家和地区154所高校1000余名学生参加活动。其间，学校邀请联合国秘书长古特雷斯以《后疫情世界的气候治理》为题为“气候变化大讲堂”课程致辞，这是古特雷斯自新冠肺炎疫情暴发以来首次面向全球师生公开演讲。

（吴筱君）

国际高端智库云端论坛

8月31日，中联部当代世界研究中心和中国人民大学重阳金融研究院共同主办“超越意识形态差异，共建人类命运共同体”国际高端智库云端论坛。论坛采取网络视频连线形式，围绕“消除意识形态偏见，共同应对全球性危机”“合作共赢是中美两国相处的正确选择”交流研讨。论坛发布全球百家智库的《关于加强国际合作、推动构建人类命运共同体的共同倡议》，体现国内外专家学者对超越意识形态分歧、维护中美关系稳定、加强国际交流合作、推动构建人类命运共同体的期待。论坛指导单位为“一带一路”智库合作联盟，来自20余个国家的30余名政要和智库学者参加。

（楚艳红）

4月24日，“全球大学特别对话：新冠疫情下的大学在线教育及展望”会议在线召开　（清华　供）

国际服贸会教育服务专题展及论坛

9月4日至9日，由商务部和市政府联合主办的2020年中国国际服务贸易交易会在北京国家会议中心举办。市教委承办新增设的教育服务专题，包括教育服务专题展和国际教育服务贸易论坛两项内容。教育服务专题展以“教育引领未来——开放、合作、创新、发展”为主题，以线下线上相结合的方式呈现，线下展会包括国际教育交流、中外合作办学、留学服务和在线教育4个区块，覆盖时下最热门的教育新形势、新业态。国内外121个教育服务机构和企业参展（同时参加线下线上展览的展商46个、只参加线上展览的展商75个），展示内容国际化率超过60%。截至9月10日，教育专题展线上注册用户访问量11591人，页面浏览量52285次；展台累计浏览量31000次，累计访问人数16000人，云洽谈累计发起328次，参展商直播15场，13家线下参展单位如期发布成果17项。9月5日，以“全球化背景下的国际教育服务贸易发展趋势及后疫情时代教育发展新机遇”为主题的国际教育服务贸易论坛举办，副市长张家明、教育部国际合作与交流司司长及联合国教科文组织执行局主席分别通过线下和线上的方式出席论坛并致辞。刘宇辉主持开幕式。开幕式上，“中文联盟”云服务、“网络中文课堂”项目等教育产品向社会发布。教育专题展区6家单位获评“线上优秀展位”、3家单位获评“线下优秀展区”，国际教育服务贸易论坛被评为“优秀会议活动”。

（刘亮）

中美大学校长论坛

10月13日，清华大学与美国耶鲁大学共同举办中美大学校长论坛。论坛以“建设更开放、更融合、更有韧性的大学”为主题，孙春兰发表视频致辞。论坛下设“更开放的大学”“更融合的大学”“更有韧性的大学”3场分论坛。与会嘉宾在线上围绕高校间合作抗疫、联合办学、在线教学等话题探讨新形势下推进两国高等教育发展合作。20所中美大学的校长参加论坛。

（吴筱君）

高校外事工作培训班

11月4日至6日，市教委联合市政府外办举办2020年度国际交往中心功能建设北京高校教育外事工作培训班。邀请教育部、外交部等相关领域专家进行专题授课，从宏观层面解读教育部等八部门《关于加快和扩大新时代教育对外开放的意见》，分析当前国际形势和有关政策要求；从微观层面解析各高校对外开放工作遇到的共性问题，针对中外合作办学管理、来华留学管理、涉港澳台教育交流、非政府组织管理等业务开展专项培训。培训班由首都经济贸易大学承办，来自北京81所高校100余名外事部门负责人参加培训。

（刘月）

世界人文社会科学高校联盟2020年会暨“人工智能+”线上论坛

11月11日至12月2日，中国人民大学和意大利路易斯大学共同主办世界人文社会科学高校联盟2020年会暨“人工智能＋”线上论坛。活动围绕人工智能与大数据技术应用、人工智能与未来法治、人工智能与公共治理、人工智能与数字经济举办4场线上国际研讨。吸引巴西FGV大学、俄罗斯国立高等经济大学、土耳其考其大学、南非斯坦陵布什大学等联盟内高校2000名听众。世界人文社会科学高校联盟是意大利路易斯大学与中国人民大学共同发起成立的首个全球高校联盟，也是全球首个以人文社会科学为主要合作领域的大学联盟，旨在推动全球以人文社会科学为优势的大学在人才培养、科学研究、学术创新、政策制定、文化传播等领域的交流合作，积极参与全球治理，提升政策影响力，成为全球人文社会科学高等教育的“领跑者”。

（张珊）

10月13日，中美大学校长论坛举办

（清华　供）

世界大学气候变化联盟研究生论坛

11月14日至16日，清华大学举办第二届世界大学气候变化联盟研究生论坛暨2020年研究生国际学术论坛。论坛以“气候变化与后疫情时代的绿色复苏”为主题，采用线上线下相结合方式，与会嘉宾共同探讨气候变化问题。来自13个国家、47所国内外高校220余名师生参加。中国日报、光明网、中国国际广播电台等20余个媒体平台全球直播，在线观看超过50万人次。

（吴筱君）

中日韩思想库网络国家协调员会议

12月8日，中日韩思想库网络（NTCT）召开第五次国家协调员会议暨2020年年会。会议以线上形式举行。国家协调员会议围绕中日韩思想库网络运行机制、进展与问题、未来发展方向等事项达成多项共识；讨论关于《NTCT 1号备忘录》修改问题，就联合研究工作组组织形式、研究内容、经费来源等达成基本共识。2020年年会围绕“区域全面经济伙伴关系协定签订的意义及其影响”“全面与进步跨太平伙伴关系协定的前景与趋势”“三国未来的经济合作方向”等议题讨论。中日韩三国专家学者20余人参加会议。中日韩思想库网络由中方倡议于2015年成立，旨在加强三国智库间交流，三国外交部分别指定中国外交学院、日本国际关系论坛和韩国国立外交院为国家协调单位。学校另于12月22日举办第六届中日韩外交培训机构合作会议，会议通过视频形式，以“后疫情时代的外交官培训”为主题，回顾三国外交学院合作机制，建议三国在网络学习、技术支持、加强互动与交流方面进一步开展合作。三国外交培训机构20余人参加会议。

（顾建俊）

首届世界慕课大会

12月9日至11日，清华大学、联合国教科文组织教育信息技术研究所联合举办首届世界慕课大会。会议以“学习革命与高等教育变革”为主题，采取线上线下相结合方式，围绕“慕课平台推动学习革命”“虚拟仿真：信息技术与教学变革”“慕课资源共享与全球高等教育合作”“慕课：以学习革命推动大学教育变革”主题，探讨前沿科技在塑造高等教育未来中的作用。陈宝生参加会议并作主旨报告。会上，世界慕课联盟成立并同期发布《慕课发展北京宣言》。全球2000余个国际组织、政府机构、高校和在线教育机构的代表和嘉宾参加大会。世界慕课联盟由14个国家的17所大学与3家在线教育机构共同发起成立，秘书处设在清华，并由清华担任联盟首届主席单位，首批20个成员单位包括康奈尔大学、法国交叉科学研究院、蒙古科技大学等。

（吴筱君）

国际交流与合作

友好往来

大学抗击新冠疫情特别工作会议

3月27日，亚洲大学联盟主办的大学抗击新冠疫情特别工作会议在清华大学举行。会议旨在进一步加强海内外高校间疫情防控交流，深化教育科研合作。清华分享疫情发生以来学校采取的一系列举措和成效，宣布设立春风基金国际科研项目支持计划，鼓励和支持开展疫情相关的国际联合研究。泰国朱拉隆功大学、新加坡国立大学、哈萨克斯坦纳扎尔巴耶夫大学、印度尼西亚大学、瑞士日内瓦大学等大学的校长或校方代表发言，分享各高校疫情防控、在线教育、科研创新等方面经验做法，表达加强务实合作、携手打赢疫情阻击战的意愿。来自12个国家和地区14所大学的校长或防控疫情委员会主席在线参加会议。

（吴筱君）

中国—东盟高校医学联盟抗疫经验分享视频交流会

5月19日，北京大学、中国—东盟中心、泰国玛希隆大学共同举办中国—东盟高校医学联盟抗疫经验分享视频交流会。会议以“新冠肺炎的诊疗、救治和预防控制”为主题，

3月27日，大学抗击新冠疫情特别工作会议在清华举行

（清华　供）

各国医学专家从大学在抗击新冠肺炎疫情中发挥的作用、新冠肺炎流行的预防和控制、重症病例的诊疗等角度分享各自领域的抗疫经验和有效实践。中国 18 所院校、东盟国家 22 所院校的专家学者 200 余人参加交流会。中国—东盟高校医学联盟由北大医学部 2019 年 10 月牵头成立，旨在推动中国与东盟国家医学院校和医疗卫生机构在医学教育、医学研究和医疗卫生等领域交流与合作。

（徐聪颖）

“看中国·外国青年影像计划”十周年活动

12 月 18 日，北京师范大学举办“看中国 · 外国青年影像计划”十周年图片展揭幕式和 2020“看中国”收官展映。图片展总结“看中国”活动十年成果与收获。影片放映环节，展映宣传片《2020 看中国》和 2020 年“看中国”三部优秀代表作品《乡村大篷车：中国现代化留下了什么？》《苦尽柑来》《光》。三部作品以“农事农家农人”“后疫情时代”为主题，展示当代农家生活、美丽的乡村精神以及新冠肺炎疫情之下人们的责任和坚守。大电影由德国、美国、新加坡等国青年赴中国各地拍摄完成。高校、媒体代表 100 余人参加活动。“看中国”项目是由北师大会林文化基金会、中国文化国际传播研究院主办的跨文化体验与影像创作活动，2011 年启动，至 2020 年，活动邀请 70 余个国家 700 余名外国青年拍摄纪录短片 700 余部。

（申政）

一带一路

北语一带一路研究院揭牌

1 月 7 日，北京语言大学一带一路研究院揭牌，同时北京高校卓越青年科学家计划“‘一带一路’汉学话语体系研究”项目启动。研究院设院长 1 人、副院长 3 人，作为全国唯一一所以汉学为研究基础和研究特色的科研基地，将以非洲、拉美和中东地区作为研究基础，以俄罗斯等具有区域带动性的国家作为研究重点，以蒙古、尼泊尔、伊朗等中国周边国家作为首要研究对象，围绕国家文化外交战略，建立和健全与重点国家地区的有关机构在学术交流、论坛会议、课题研究等方面的合作机制。

（费凡）

抗疫资料汇编（阿拉伯文版）发布

5 月 6 日，北京大学连线阿拉伯国家驻华使领馆，举办《抗击新冠疫情资料汇编（阿拉伯文版）》视频发布会。汇编资料包括国家卫生健康委印发的《新型冠状病毒肺炎防控方案》（一至六版）、《新型冠状病毒肺炎诊疗方案》（第七版）等重要防控和治疗专业指导性文献。《抗击新冠疫情资料汇编》由北大翻译成阿拉伯语，以便阿拉伯国家的政府和民众了解、借鉴。阿拉伯国家驻华使节团团长、沙特阿拉伯王国驻华大使等 11 个国家驻华大使及 9 名阿拉伯国家驻华使馆外交官 20 人通过视频参会。全国人大常委会、教育部国际合作与交流司，学校领导与校内相关单位教师现场参加会议。

（张子瑞）

《“一带一路”大百科》新书发布

6 月 17 日，中国人民大学举行《“一带一路”大百科》新书云发布会。该书由人民大学教授刘伟担任主编，由长江出版传媒集团崇文书局出版发行，16 开，全书 100 万字，由国内外上百名学者组成的编委会聚力编纂而成，以百科全书的形式，将“一带一路”知识细分为 48 个分目，概括为 1000 余个条目释文，详细阐述“一带一路”的历史渊源、理论依据、发展思路和已有成就。

（张珊）

中国—东盟思想库网络工作组系列会议

7 月至 10 月，外交学院举办中国—东盟思想库网络（NACT）线上工作组系列会议。包括与老挝外交学院联合主办“新冠肺炎疫情下的中国—东盟减贫合作”工作组会议，与印度尼西亚卡查玛达大学联合主办“中国和东盟未来劳动力：挑战与应对”工作组会议，与菲律宾外交学院

12 月 18 日，“看中国 · 外国青年影像计划”十周年图片展揭幕
（北师大　供）

联合主办“推进数字平台管理区域合作：新常态对东盟和中国的影响及未来发展”工作组视频会议。中国与东盟等国专家学者参加会议。中国—东盟思想库网络于 2013 年成立，作为中国—东盟合作框架下重要的第二轨道外交机制，每年开展 2～3 项联合工作组研究并召开工作组会议。

（顾建俊）

与毛里求斯合作开展食用菌种植技术培训

9 月 5 日，北京农业职业学院与北京农学会、毛里求斯社会服务理事会、毛里求斯福尔肯公民联盟、毛里求斯大学农学院共同开展的“丝路一家亲”食用菌种植技术培训项目在 2020 年中国国际服务贸易交易会“一带一路”国际青年创新创业论坛上宣布启动。项目由北京农学会、农职院选派技术人员和专业教师，面向毛里求斯福尔肯公民联盟的农场主、农业技术人员、农民和其他有意愿学习食用菌种植技术的人员开展食用菌种植技术的系统培训，在毛里求斯推广食用菌种植技术，并以此推动中国和毛里求斯两国在绿色农业领域交流与合作，促进两国在农业科研领域共同发展，改善毛里求斯小型农业种植者生活水平。

（武晋）

“一带一路”科技与经济合作联合培训中心揭牌

9 月 25 日，北京工商大学—经济合作组织科学基金会（BTBU－ECOSF）“一带一路”科技与经济合作联合培训中心揭牌。联合培训中心于 7 月获批，并分别于 7 月 23 日、8 月 20 日和 8 月 27 日举办人工智能抗击疫情、新技术治理蝗虫灾害、科技信息管理等领域的巴基斯坦科技人员培训班，累计培训来自巴基斯坦大学、研究机构、政府机构等单位工作人员 240 人。中心设专家委员会，由工商大学和经济合作组织科学基金会共同推荐的中外知名学者组成。培训领域包括大数据管理、金融科技、水资源、清洁能源、气候变化、新技术应用、食品安全等，为中国学者、企业和组织机构提供“一带一路”国家科技标准、知识产权保护、投资环境等领域培训，助力“一带一路”国家经济发展。

（杨蓉　张凯伟）

首届“一带一路”绿色发展大会

9 月 26 日，首届“一带一路”绿色发展大会在人民日报社举行。会议主题为“绿色文明互鉴：开启共建绿色‘一带一路’高质量国际合作新征程”，邀请 45 个国家 50 余家机构代表参会和发言。会议由人民网、人民视频全程播出，并获得联合国亚洲及太平洋经济社会委员会（UN－ESCAP）官方视频和推特的宣传与推广。

（徐筱婧）

塞拉利昂减贫与可持续发展研修班

10 月 12 日，中国社会科学院大学举办 2020 年塞拉利昂减贫与可持续发展研修班线上开班仪式。研修班旨在为中塞双方围绕共同关心的问题搭建沟通交流平台，讲座内容包括人口政策、普惠金融、精准扶贫、环境保护、现代农业、抗疫经验等，为期两周，学校教师与塞拉利昂政府官员和专家学者近 50 人探讨交流减贫与可持续发展经验。研修班由非洲研究院主办，学校与中国社会科学院国际合作局、塞拉利昂马可尼大学中非研究院承办。

（李安）

“一带一路”建筑类大学国际联盟 2020 年会议

10 月 30 日，“一带一路”建筑类大学国际联盟 2020 年会议暨校长论坛举办。会议采取“云会议”形式，采取线上线下相结合方式，以“构建‘一带一路’建筑教育共同体”为主题，探讨建筑工程领域创新人才培养与交流合作，以及全球新冠肺炎疫情常态化背景下，把握新机遇、迎接新挑战，推动构建全球建筑领域高等教育共同体。会议由联盟主席单位北京建筑大学和法国犹尼亚高等工程师学院联合举办，来自 12 个国家 26 所高校 150 余名中外建筑类高校校长、专家学者参加会议。校长论坛环节，来自 7 个国家 15 名中外大学校长分享各校先进建筑类教育经验，探讨共享优质教育资源、推动各国建筑类教育提速发展等问题。长安大学、武汉大学中国测绘遥感信息工程国家重点实验室、土耳其伊希克大学等 7 所高校加入“一带一路”建筑类

10 月 30 日，“一带一路”建筑类大学国际联盟 2020 年会议暨校长论坛举办　（建筑大学　供）

大学国际联盟。联盟成员增至27个国家和地区的64所高校。同期，举办首届“一带一路”建筑类大学国际联盟大学生建筑和结构设计竞赛，以“一带一路，建设未来”为主题，分为建筑设计、土木结构2个方向，分别聚焦历史城区中的未来图书馆设计及桥梁设计，吸引国内外18所高校50个参赛队伍250余名师生参与。

（何其锋）

“一带一路”青年领导力培训班

10月30日、11月12日，北京工商大学嘉华学院承办第三届、第四届联合国人口基金“一带一路”青年领导力培训班。培训班由联合国人口基金会主办，各为期5天，每届42名学员。来自联合国、清华大学、优客工场等不同领域的教师、无国界医生、领导力专家等从不同角度为学员授课。学员通过课程学习、实地走访，分组完成可持续发展议题课题汇报，获得结业证书，加入关注全球可持续发展目标的阵营。

（彭士校）

“一带一路”教育论坛

12月2日，北京师范大学、俄罗斯国家研究型高等经济大学联合举办的2020年“一带一路”教育论坛在线开幕。论坛以“‘一带一路’框架下的教育合作与发展”为主题，分主论坛和3场分论坛，来自中国、俄罗斯、意大利、荷兰、菲律宾、以色列的教育专家学者，以及来自联合国教科文组织阿拉木图办事处、联合国教科文组织非洲能力建设所、东南亚教育部长组织秘书处等国际组织负责人，共议教育未来。3场分论坛分别以“新冠疫情下‘一带一路’沿线国家的教育应对：经验与反思”“‘一带一路’框架下的人才培养与教育合作”“建设高质量的教师队伍：‘一带一路’国家的政策与实践”为主题，吸引160余人在线参与演讲和讨论。

（申政）

10月30日，第三届联合国人口基金“一带一路”青年领导力培训班举办 （嘉华学院 供）

“一带一路”音乐教育联盟国际会议

12月8日，中央音乐学院召开2020年“一带一路”音乐教育联盟国际会议。会议采取线上方式，与会代表就联盟年度工作报告、各院校在新冠肺炎疫情期间开展的教学活动和数字化媒体交流推广的国际交流活动以及2021年联盟工作计划等议题讨论交流。哈尔滨音乐学院、日内瓦高等音乐学院（瑞士）、玛希隆大学音乐学院（泰国）等19所中外音乐（艺术）学院参加会议。“一带一路”音乐教育联盟于2017年5月5日成立，在教育部指导下由中央音乐学院发起，旨在加强“一带一路”国家音乐学院之间交流与合作。

（王小夕）

外国学生教育与管理

概述

2020年，在北京市高校和中小学学习的外国留学生7.20万人次。2月，市教委会同市政府外办、市公安局联合制定《北京地区高等学校招收和培养国际学生管理办法》，规范北京地区高等学校招收、培养、管理国际学生行为。精准实施北京市外国留学生奖学金和“一带一路”奖学金，年度资助4600余名留学生在京学习。启动《北京市中小学招收和培养国际学生管理办法》《北京市来华留学生高等教育质量发展指标体系》等文件的研究制定工作，进一步完善国际学生管理政策，完善来华留学质量标准，搭建“留学北京”政策框架。按照中外趋同原则，指导区教委和高校创新方式方法，积极稳妥做好留学生新冠肺炎疫情防控工作。

（刘亮）

北京高校招收和培养国际学生管理办法印发

2月2日，市教委、市政府外办、市公安局联合印发《北京地区高等学校招收和培养国际学生管理办法》。办法分为8章53条，明确新形势下国际学生有关管理部门的职责分工，以及高校在国际学生管理方面的责任；明确提出将来华国际学生教育纳入学校教育质量保障体系，努力提升来华留学工作质量；明确国际学生的权利和义务。办法统一采用“国际学生”的表述，旨在进一步规范北京地区高等学校招收、培养、管理和服务国际学生工作，推动教育对外交流与合作，提高首都教育国际化水平。

（胡雨）

第二届来华留学生本科教育高峰论坛

11 月 7 日，北京语言大学举办第二届来华留学生本科教育高峰论坛。论坛以“来华留学生汉语本科教育”为主题，采取主旨报告和分组讨论相结合、线上线下相结合的形式，来自全国 46 所高校的专家学者就来华留学生汉语本科课程设置、教学理念与方法、教学资源建设、汉语本体与习得研究、线上汉语教学面临的问题与对策 5 个分议题展开探讨，160 余名专家和教师参加论坛。

（费凡）

国际汉语教育

概述

2020 年，市教委继续指导各区、各高校推动国际中文教育发展。全年向教育部中外语言交流合作中心报送国家公派教师 11 人。指导北京国际汉语研修学院做好“俄罗斯本土汉语教师（在线）研修项目”。

（蒋小婷）

2020 国际中文教育交流周

12 月 14 日，北京语言大学启动 2020 国际中文教育交流周。交流周以“新项目、新伙伴、新发展”为主题，采取线上线下相结合、以线上为主的方式，举办活动 23 场，分议题 60 余个，包括国际中文教育愿景与使命、创新与发展等论坛，中文教师专业发展、在线教学资源建设等研讨，“中文＋职业技能”项目、区域 / 国别中文教育政策等交流，以及“汉字风景”“民以食为天”“唱歌学中文”等线上展示体验活动。150 余名北京高校师生代表以及全球 100 余个国家 1600 余名观众线上参加活动。

（费凡）

2020 年亚洲孔子学院合作论坛

12 月 15 日，中国国际中文教育基金会和北京语言大学联合主办 2020 年亚洲孔子学院合作论坛。论坛以“协同创新，共谋孔子学院新发展”为主题，围绕新时期孔子学院的发展，通过互联网在“云端”展开交流，亚洲地区孔子学院（课堂）中外方合作机构的教育、管理人员以及留学生代表 900 余人参加论坛。中国国际中文教育基金会于 2020 年 6 月在北京成立，由 27 个高校、企业和社会组织联合发起，旨在通过支持世界范围内的中文教育项目，促进人文交流，增进国际理解，为推动世界多元文明交流互鉴、共同构建人类命运共同体贡献力量。

（费凡）

港澳台侨交流与合作

概述

2020 年，北京市具有接收港澳台侨学生资质的高校和科研院所 56 所，其中 47 所学校有港澳台侨学生就读。在北京市高校和中小学就读的港澳台侨学生 10439 人，其中，高校 4726 人、中小学 5713 人。在高校就读的 4726 人中，香港学生 1864 人、澳门学生 912 人、台湾学生 1840 人、侨生 110 人。在中小学就读的 5713 人中，香港学生 4891 人、澳门学生 78 人、台湾学生 605 人、侨生 139 人。

（蒋小婷）

51 个项目入选京港澳姊妹校交流项目

1 月 2 日，市教委公布 2020 年度京港澳姊妹校交流项目入选学校名单。经学校申报、专家评审、市教委审核等程序，2020 年度共有 51 个项目入选，其中，26 项为北京师生赴港澳、25 项为港澳师生来京。

（郭奇琦）

港澳台侨学生国情教育线上主题系列讲座

7 月 15 日，北京市高等教育学会启动“求是云讲堂”北京市港澳台侨学生国情教育线上主题系列讲座。第一讲由中国人民大学法学院教授作“法律与历史的中国思考”专题讲座。该活动由市高教学会与人民大学共同主办，邀请相关专家学者围绕中国文化、中国法制、中国政治、中国经济 4 个板块开展 20 场线上主题讲座，提升港澳台侨学生对国情社情的认知，筑牢港澳台侨学生文化认同、民族认同和国家认同的思想根基。2020 年度以中国文化板块为主，全年共开展“法律与历史的中国思考”“中国经济史的结构与变迁”“中国传统文化之道——以《周易》《道德经》为例”“敦煌艺术与丝路文化交流”和“当代中国文化转型与发展概说”5 场主题讲座。

（刘晖）

第五届京台青年创新创业大赛

7 月 31 日至 9 月 15 日，北京电子科技职业学院联合北京台资企业协会、海淀区青年联合会主办第五届京台青年创新创业大赛暨“创青春——中关村 U30”台湾专场活动。比赛分为北京和台湾两个赛区，项目聚焦新产品、新业态、新服务、新模式，涵盖人工智能、大数据、5G、物联网、医疗健康等领域，500 余支台湾青年创业团队报名参赛。两地 29 支团队晋级决赛，评选出一等奖 1 个、二等奖 3 个、三等奖 3 个、优秀奖 22 个。比赛由北京远见育成科技孵化器有限公司、北京创业孵育协会、北京台资企业协会青年

7月31日至9月15日，第五届京台青年创新创业大赛举办
（电科职院 供）

会等单位承办。

（王琴）

第12届海峡两岸职业教育论坛

10月16日，第12届海峡论坛·海峡两岸职业教育论坛在北京举行。论坛主题为“线上职业教育的机遇与挑战”，来自海峡两岸的8名职教专家围绕线上职业教育的前景、模式、内容、组织管理、学生心理关怀等议题，从理论研究和实践探索两方面作学术报告。北京市昌平职业学校校长受邀作《乘数字经济时代之势 办产业企业期盼的职业教育》学术报告。论坛由中华职业教育社、台湾海峡两岸教育交流促进协会、台湾成人及终身教育学会等单位主办，采用线上线下结合的交流模式，设北京市主会场和台中市分会场，50余人参加，2000余人观看网络直播。

（李晨）

港澳台侨新生线上“开学第一课”

10月23日，北京市高等教育学会在线举办2020年北京市港澳台侨新生“开学第一课”活动。2020最美教师、中国人民大学马克思主义学院党委书记王易以《弘扬中华民族精神，做刚健有为的时代新人》为题作“开学第一课”主题报告。人民大学、澳门特别行政区驻北京办事处、中央人民政府驻香港特别行政区联络办公室北京联络部、教育部港澳台事务办公室、国务院台湾事务办公室交流局有关领导及北京市42所高校的港澳台侨学生共同在线聆听报告。

10月23日，2020年北京市港澳台侨新生“开学第一课”在线开课
（人民大学 供）

（刘晖）

港澳台学生国情教育实践活动

11月4日至8日，中国人民大学开展“同心笃行”港澳台学生国情教育实践系列活动。活动以“重走人大烽火路”为主题，组织港澳台学生前往延安、西安调研，旨在通过机构参访、实践调研、心得分享等方式，增进港澳台学生对人民大学校史和中国革命历史的了解。

（楚艳红）

京台基础教育校长峰会

11月23日至29日，市台办、市教委举办第六届京台基础教育校长峰会。峰会以“面向未来的基础教育”为主题，通过线上与线下相结合方式，围绕传统文化与当代科技相融合的现代教育、全面建成智育智慧校园等内容交流研讨，旨在充分发挥首都教育引领作用，提升京台基础教育校长峰会专业性和影响力。峰会依托海淀区举办，北京市第十九中学、北京市海淀区教师进修学校附属实验学校、北京市海淀区中关村第三小学、北京市海淀区七一小学共同承办，在北京、台北、高雄设置会场，京台两地100余名中小学校长、教师、学生共同参加。

（蒋小婷）

扶贫协作与支援合作

概述

2020年，市委教育工委、市教委统筹抓好新冠肺炎疫情防控和脱贫攻坚工作，稳妥推进市区两级教育援助项目有效实施，助力结对帮扶贫困县如期脱贫摘帽，推动受援地区教育教学水平不断提升。全年选派329名干部教师开展“组团式”支教，制定并印发《关于进一步做好援派教育人才工作的通知》。加强对口高中班规范管理，调整办班规模结构。助力新疆和田地区墨玉县、洛浦县脱贫摘帽，选派 87 名支教教师，捐赠图书 2 万余册，购买滞销产品 900 余万元。依托“首都教育远程互助工程”创新实施“云帮扶”项目 10 余个，全市培训受援地区干部教师 76447 人。选派 2881 名专家教师送教讲学、70 名大学生实习支教，新增 132 所结对帮扶学校，资助 17489 名贫困学生。教育系统向结对贫困县捐赠物品 62246 件，动员 13 家社会单位捐赠价值 2.30 亿元优质在线教育资源。推进市属高校“引智帮扶”北京市低收入村工作。持续开展援助雄安新区办学，将优质教育资源向河北省廊坊市三河、大厂、香河“北三县”延伸，推进京津冀教育协同发展。大力开展消费扶贫，完成预留扶贫产品采购额 4000 余万元，在 50 所高校布设扶贫产品智能专柜 295 台。举办全市打赢教育脱贫攻坚战专题培训，完成“十三五”时期北京市教育扶贫支援工作总结和典型案例汇编，开展“十四五”时期智力支援和教育对口支援工作规划研究。

（王力志）

9 月 15 日，中央音乐学院驻村干部为青海化隆二塘乡中心学校小学生上音乐课　　（中央音乐学院　供）

北京高校引智帮扶低收入村总结交流会

1 月 3 日，市委教育工委、市教委、市农业农村局在北京联合大学召开北京高校“引智帮扶”低收入村 2019 年工作总结交流会。会议通报北京高校“引智帮扶”低收入村工作实施进展情况并提出下一步工作思路。部分帮扶高校、驻村第一书记和脱低村代表作交流发言，市农业农村局代表介绍北京市低收入村帮扶工作的形势并对高校帮扶工作提出指导建议。会议肯定北京高校“引智帮扶”低收入村取得的阶段性成效，指出高校要从提高政治站位、精准帮扶措施、强化组织保障等方面继续发挥人才优势、科技优势、智力优势和社会资源优势，继续做好“引智帮扶”工作，深度落实乡村振兴战略。市委教育工委、市教委、市农业农村局分管领导及相关处室，23 所市属高校领导及部门负责人，2 所部属高校部门负责人，与市属高校结对的 34 个低收入村负责人、驻村干部以及所在区农业农村局负责人参加会议。

（项明　李鹏）

“首都教育远程互助工程—和田项目”推进

1 月 9 日，“首都教育远程互助工程—和田项目”汇报展示会在首都师范大学举行。首师大和北京师范大学相关项目负责人作总结展示汇报。教育部教师工作司、和田地委教育工委、市教委、市扶贫支援办、市援疆和田指挥部、首都师范大学等单位领导参加。该项目于 2019 年 9 月在新疆和田地区和新疆生产建设兵团第十四师试点启动，首批为 100 名中小学教师提供国家通用语言文字水平和教育教学能力提升培训。至 2020 年底，完成第二期、第三期项目实施，培训和田地区骨干教师 600 人。

（贺捷）

“首都教育远程互助工程—银川 COP 项目”启动

3 月 3 日，首都师范大学在宁夏银川启动“课堂教学行为大数据分析（靠谱 COP）项目”。靠谱 COP 项目首席专家、首师大博士生导师作首场线上专题报告《靠谱 COP 项目的基本理论与实践》，银川市教育科学研究所和银川市名师工作室的名师、各县区教研员、4 所靠谱 COP 项目学校主管及靠谱 COP 项目助学服务团队 70 余人在线交流教育问题。40 名银川市中小学教师及教研员成为靠谱 COP 研修教师。靠谱 COP 项目是首都教育远程互助工程“首都带首府”京银“互联网＋教育”首都师范大学双优云桥项目主要内容之一，该项目以全新的一体化网络研修方式在云端与研修教师共享知识盛宴，共谋教师专业发展。

（贺捷）

清华发起“春霖”抗疫助学行动

3 月 12 日，清华大学联合上海交通大学、南京大学、浙江大学、武汉大学、西安交通大学发起“春霖”抗疫助学行动。行动面向国家贫困地区专项招生计划实施区域的高三学生，设置学业提升、政策咨询、硬件帮扶 3 个帮扶计划。其中，学业提升计划针对高三尚未开学的省份开设“朋辈学堂”，组织品学兼优的在校生志愿者对申请学生开展学业帮扶，课业辅导科目涵盖高中语文、数学、英语、物理、化学、生物、历史、地理、思想政治 9 个学科；政策咨询计划在国家专项和高校专项的政策公布后，6 校招生办面向申请“春霖”行动的高三学生开展线上招生政策咨询；硬件帮扶计划面向家庭经济困难、没有网络终端无法开展在线学习的学生开展硬件帮扶。项目收到 21 个省份 198 所中学 2884 名高三学生的申请，包括湖北省 11 所中学 164 名学生。

（吴筱君）

推普助力脱贫

3 月，市教委、市语委推进对口支援地区推普助力脱贫工作。市教委、市语委会商甘肃省教育厅、省语委和青海玉树州教育局，联系甘肃临夏州、青海玉树地区，依据当地学龄前儿童语言发展状况、普通话学习环境和幼儿园教师需求以及青壮年农牧民、基层干部普通话水平实际情况，开展推普助力脱贫工作的捐书援助活动。购买《普通话1000句》2000册、《幼儿普通话365句》1800册，总价值11万元，邮寄至甘肃省临夏州临夏市、临夏县、东乡县、和政县、广河县、石山县、康乐县、永靖县及青海玉树州的幼儿园、教研室等单位。9月19日至29日、10月10日至20日，市语委办举办两期北京市“推普脱贫”对口支援甘肃省临夏州语言文字工作骨干教师普通话在线培训。培训采用线上、线下相结合形式，运用集中训练、一对一辅导、专家讲座和语言实践与展示4种辅导形式，包括词语朗读、篇章朗读、口语表达、一对一辅导、语言展示活动和普通话测试指导6门课程。培训由北京教育学院承办，培训团队设立“学院主管领导、项目负责人和领队、班主任、班委”四级管理体系，为学员课余安排文化考察、朗诵、合唱等活动，提供多样运用普通话的机会。市语委办、甘肃省语委办、北京教育学院等单位相关负责人参加开班仪式并讲话。来自甘肃省临夏州100名教师参加培训。

（邓鸿）

北京15所高校对口帮扶湖北高校毕业生就业创业

4月8日，北京15所高校入选第一批全国高校与湖北高校“一帮一”行动名单。为做好“稳就业”工作，切实帮扶湖北高校毕业生顺利就业创业，教育部启动实施全国高校与湖北高校毕业生就业创业工作“一帮一”行动，首批确定48对高校开展帮扶行动，其中，北京地区15所高校对口帮扶湖北地区15所高校。帮扶行动时间为4月至9月，并根据疫情防控安排适时调整。支援高校与受援高校将在充分协商基础上，明确帮扶工作目标和具体措施，建立共享就业岗位信息、共同开拓就业渠道、共同加强就业指导、共用优质教学资源、共同开展创业实践活动、共同提高就业管理水平“六共”帮扶机制。

（胡雨）

第一批全国高校与湖北高校
“一帮一”行动名单（北京）

受援高校	支援高校
武汉大学	北京大学
华中科技大学	清华大学
华中师范大学	北京师范大学
武汉理工大学	中国人民大学
中国地质大学（武汉）	北京理工大学
中南财经政法大学	中央财经大学
武汉工程大学	中国石油大学（北京）
湖北中医药大学	北京中医药大学
湖北汽车工业学院	北京航空航天大学
湖北民族大学	中央民族大学
武汉体育学院	北京体育大学
湖北美术学院	中央美术学院
湖北科技学院	北京科技大学
武汉生物工程学院	中国农业大学
湖北交通职业技术学院	北京工业职业技术学院

（胡雨）

援派教育人才政策完善

5月6日，市委教育工委、市教委印发《关于进一步做好援派教育人才工作的通知》。通知明确援派教育人才的待遇保障、培养使用、子女教育、学习培训等方面内容，鼓励各单位优选优派，激励援派教育人才干事创业。向新疆和田地区及新疆生产建设兵团第十四师选派266名干部教师，继续开展援派教育人才集中考核。

（李鹏）

北大对口帮扶弥渡县脱贫摘帽

5月16日，北京大学定点帮扶的云南省弥渡县退出贫困县序列。弥渡县52个贫困村脱贫，贫困发生率从25.26%下降至1.47%。自2013年，学校定点帮扶云南省弥渡县，启动“1＋8＋N”帮扶工作新模式（“1”即全校统筹，“8”即8个院系对口帮扶8个乡镇，“N”即结合实际需要不断增加其他资源及帮扶主体），实施精准扶贫。至2020年，学校累计投入帮扶资金11035万余元、引进帮扶资金2亿余元、协调落地重大项目10余个。争取落地1.79亿元资金建设彭家庄中型水库，解决全县储备饮用水源问题，水库库容1200万立方米，移民搬迁166户634人；帮助德苴乡争取花渔洞光伏提水工程项目，到位资金1000万元，解决德苴乡近1万名村民和2万亩耕地的生活生产用水问题；开展消费扶贫，采购农产品276.6万元、帮助销售农产品11114.7万元;投资60万元在德苴青丰村开展“厨房革命”，受益507户。

（徐聪颖）

京藏优质资源远程互动教学

6月1日至5日，2020年京藏优质教育资源远程互动教学项目在北京市和西藏自治区拉萨市两地同时举办。项目由北京市第八中学、北京实验学校（海淀）、北京市第五十中学、北京市广渠门中学、北京市陈经纶中学5所学校的北京市正高级教师、特级教师、骨干教师等承担教研任务，以网络教研形式，针对2019年高考全国三卷进行知识点梳理和重点知识总结，涉及语文、英语、数学、物理、化学、生物、地理、历史8个学科。该项目从2017年试运营开始，已实施79次，其中，远程授课34次、远程评课说课34次、远程大型专题教研11次。项目涉及高中全学科和初中语文、数学、英语、物理、化学、生物、政治、地理、历史9个学科。京藏两地参与项目教师840余人次，直接授课惠及学生2000余人次。

（张剑平）

黄庄职高承接拉萨北京实验中学北京班

6月，北京市黄庄职业高中受北京市援藏指挥部与石景山区委区政府委托，承接拉萨北京实验中学北京班部分学生培养任务。学校成立“拉萨工作专班”，下设拉萨专班办公室，负责全面统筹拉萨班师生教育教学、生活保障、防疫等工作。9月4日和23日，拉萨北京实验中学北京班高二、高三年级63名学生和1名随行藏文教师、高一年级28名新生和1名随行藏文教师先后抵达黄庄职高。北京班在校期间采取封闭式管理，每班配备教学、生活班主任各1人，负责学生学习安排、身心健康和纪律管理等工作，拉萨班行政教师负责夜班、节假日轮岗值守。专班负责制订教育教学工作计划并组织实施，开设体育、艺术、劳技3类课程以及冰雪运动等课外实践活动，丰富学生文体活动形式。

（古春燕　文昌敦）

高校毕业生赴新疆西藏工作

6月至9月，市教委配合新疆及西藏组织部门开展优秀毕业生招录工作。经过选拔，34人赴新疆及西藏基层工作。

（张海涛）

11月29日，黄庄职高拉萨班学生体验皮影制作活动

（黄庄职高　供）

教育扶贫成效考核及问题整改会

7月15日，市教委召开全市教育扶贫成效考核及问题整改工作视频会议。会议通报2019年扶贫支援成效考核结果及问题整改要求，总结上半年教育扶贫支援工作推进落实情况，明确下半年思路举措，强调要进一步发挥对各区教育扶贫支援统筹协调作用，深入推进消费扶贫工作。市纪委市监委驻市委教育工委纪检监察组、市教委有关处室，各区教委、各市属高校、各直属单位负责人参加会议。

（李鹏）

农学院举办基层扶贫干部培训班

8月28日至9月4日，北京农学院举办基层扶贫干部培训班。培训针对扶贫干部的需求，突出扶贫政策理论解读，同时包括实务操作案例、农业发展前沿理论成果、乡村治理理论实践等内容。培训依托农学院教学和见习基地资源，同期组织现场考察和观摩，学员走访都市农业示范、农业休闲体验、智慧农业等基地并赴顺义区龙湾屯镇柳庄户村（乡村振兴、三产融合）党性教育考察点观摩学习。培训班由河北省涞源县委、内蒙古自治区兴和县扶贫办联合主办，80余名基层扶贫干部全程参加封闭培训。

（王磊）

清华“乡村振兴工作站”山东文登站落成

8月29日，清华大学“乡村振兴工作站”山东文登站落成仪式暨“清华学子山东行”总结交流会在山东省威海市文登区大水泊镇举行。山东文登站是学校乡村振兴工作站第一批签约站点，是建成投入使用的第4个工作站。2007年，清华在全国高校首创“乡村振兴工作站”模式，至2020年，在全国15个省份设立25个乡村振兴工作站点，来自60余所大专院校121支队伍超过1400人次师生开展“工作站”建设与公益实践。10月，“清华大学首创‘乡村振兴工作站’模式助力脱贫攻坚到乡村振兴的有效衔接”项目入选第五届教育部直属高校精准扶贫精准脱贫典型项目。

（吴筱君）

市委教育工委、市教委领导赴受援地区调研

8月至11月，市委教育工委、市教委领导分别赴西藏、新疆、青海、内蒙古、河北调研指导。考察北京市教育援助和结对帮扶进展情况，慰问援派干部教师，召开工作座谈会。在新疆调研期间，市教委与新疆教育厅签订教育合作框架协议，在基础教育、职业教育、高等教育和教师队伍建设等方面开展合作。

（贺捷）

高校“资源环境扶贫联盟”成立

9月30日，高校“资源环境扶贫联盟”成立。联盟以“平等、共享、发展、互补”为原则，发挥资源环境类高校的学科优势，旨在开展高校组团式扶贫协作模式，实现优势互补、分工协作。联盟由中国地质大学（北京）、北京科技大学、中国矿业大学（北京）、中国石油大学（北京）、东北大学、华东理工大学、中国矿业大学、河海大学、中国地质大学（武汉）、青海大学10所高校共同发起成立，秘书处设于地大（北京），理事会为最高决策机构。

（李媛媛）

中央美院公益美术教育支教活动

10月13日至11月28日，中央美术学院组织开展“红旗梦想艺术课堂”长征沿途公益美术教育支教活动。学校思政部、城市设计学院、造型学院教师3人赴四川甘孜州、甘肃陇南市宕昌县、贵州黔东南州台江县、云南禄劝彝族苗族自治县，对当地300余名专兼职美术教师开展理论和实践培训。2018年至2020年，“红旗梦想艺术课堂”项目在长征路沿线国家级贫困县开办项目培训22期，接受艺术普及教育的基层艺术教师1500余人，受益学生20余万人。

（任劭坤）

10月14日，“大爱北京”北京市献爱心、助扶贫募捐活动在首都图书馆举行 （市教委相关处室 供）

教育系统16人和4个集体获市扶贫协作奖

10月14日，北京市举办扶贫先进事迹报告会，表彰2019年度“北京市扶贫协作奖”获奖单位和个人，教育系统16名个人和4个集体获奖。其中，9人获突出贡献奖、6人获爱心贡献奖、1人获创新案例奖，3个集体获组织工作奖，1个单位获社会责任奖。全市150名个人和80个集体获奖，包括突出贡献奖100人、爱心奉献奖30人、创新案例奖20人、组织工作奖50个、社会责任奖30个。

（贺捷）

动员社会力量捐赠在线教育资源

10月14日，“大爱北京”北京市献爱心、助扶贫募捐活动在首都图书馆举行。市教委联合市扶贫支援办动员北京教育科学研究院、国家基础教育资源共建共享联盟、新东方教育集团等13家北京市教育机构，面向受援地区学校和师生捐赠价值2.30亿元优质在线教育资源。

（李鹏）

新疆塔城首届“人大班”开班

11月23日，新疆塔城市第四中学首届“人大班”举行开班仪式。2016年以来，中国人民大学每年向塔城地区派出研究生支教团，支持当地基础教育和人才培养工作。成立“人大班”旨在围绕“培养担当民族复兴大任的时代新人”战略任务，投入更多力量、资源与关爱，帮助当地学生更好成长成才。

（楚艳红）

农学院扶贫案例入选全球减贫案例征集活动首批最佳案例

11月24日，北京农学院报送的“‘教授工作站’助产业扶贫——北京农学院引智帮扶北京市延庆区大庄科乡黄土梁村打造香草产业”案例入选第二届全球减贫案例征集活动首批34个最佳案例获奖名单，是北京唯一入选高校。学校于2016年底组织专家团队帮扶延庆区大庄科乡黄土梁村，引入香草种植与加工项目，至2019年全村33个低收入户全部超过低收入线，黄土梁村退出低收入村行列。第二届全球减贫案例征集活动于2019年10月16日启动，由中国国际扶贫中心、

中国互联网新闻中心、世界银行、亚洲开发银行、联合国粮食及农业组织、国际农业发展基金、世界粮食计划署联合发起，面向全球关心扶贫的组织和个人征集原创优秀减贫案例。

（三磊）

农大河边扶贫实验项目获奖

12月1日，中国农业大学河边扶贫实验项目“瑶族妈妈客房”入选凤凰网行动者联盟2020全国十大公益项目。“瑶族妈妈客房”项目是云南省勐腊县河边村扶贫实验的核心项目，项目于2015年启动，通过新业态产业的开发带动及综合性贫困治理，实现村民收入翻番、整村脱贫、村容村貌整体提升。学校累计500人次赴河边村开展调研、规划和项目实施，累计投入300余万元。自2017年以来，以“瑶族妈妈客房”为核心的新业态产业为河边村累计创收400余万元，帮助瑶族妇女及全村实现脱贫。评选由凤凰网主办，收到报名资料861份，最终评出年度十大公益人物、年度十大公益项目、年度十大公益企业、年度十大公益创意。

（孙佳凤）

北京乡村振兴学院揭牌

12月15日，北京乡村振兴学院揭牌仪式在北京农业职业学院举行。来自教育部、农业农村部、市委农工委、市农业农村局、市教委、北京首农食品集团等单位有关领导参加揭牌仪式。北京乡村振兴学院是农职院内设机构，下设农民学历提升部、乡村人才培训部、农业科技服务部、乡村振兴研究咨询部。乡村振兴学院在市委农工委、农业农村局和市教委指导下，围绕北京市乡村振兴急需的各级各类人才开展学历提升和教育培训；为首都乡村振兴提供技术支持和智力服务；围绕北京乡村振兴开展调查研究，为上级有关部门决策提供政策咨询和研究支撑；面向京津冀及北京对外援助地区提供人才和智力支持。

（孙丑田）

选派对口支援教师

至年底，市教委先后完成第十批援疆教师（干部）及援青援藏教师选派任务。全年选派对口支援教师（干部）276人，其中，对口支援西藏拉萨教师（干部）5人，工作年限2年；对口支援新疆和田教师（干部）256人，教师工作年限2年、干部工作年限3年；对口支援青海玉树教师（干部）5人，工作年限1年。对口支援教师（干部）从全市16个区、燕山地区和市属高校、教育学院等单位选派，根据各区在职专任教师数量并参考各区干部教师队伍状况进行名额分配。与往年相比，2020年援派任务在数量上明显增加，在质量上明显提高，在援派范围上有明显拓展。此外，组织36名教师开展面向四川省凉山彝族自治州的教育帮扶行动。相关区和学校选派政治素质过硬、业务技能精湛、身体健康的骨干教师承担支教任务，展示首都形象、展现名校长领航工程建设风采。

（邓永卫）

消费扶贫

至年底，市委教育工委、市教委开展消费扶贫。所属预算单位采购扶贫产品4018.26万元，在50所高校布设扶贫产品智能专柜295台，购买新疆和田地区挂牌督战县滞销农副产品900.66万元，带贫人数10余万人。

（贺捷）

职业教育脱贫攻坚任务完成

至年底，北京市职业教育脱贫攻坚任务完成。北京市职业教育面向新疆和田、西藏拉萨、青海玉树、河北、内蒙古、云南、湖北、宁夏、河南、辽宁等扶贫协作地区持续发力，大力实施帮扶。各职业院校克服新冠肺炎疫情影响，完善防疫制度，丰富工作方式，线上、线下交替运行，利用疫情缓解期，恢复线下访学，强化学生实习实训，开展技术技能比赛，实施干部教师交流培训，各项扶贫协作任务稳步推进，确保各项脱贫攻坚任务高质量完成。2020年，北京职教领域实施扶贫协作项目114个，开展干部教师赴扶贫协作地区挂职、交流，培训128人次；接待学生来京访学825人次，应邀到扶贫协作地区开展培训2918人次；为扶贫协作地区培养中职学生256人；落实接待干部教师来京挂职、跟岗和培训506人。11月，推进巩固脱贫攻坚成果同乡村振兴相结合首个试点项目启动，北京市昌平职业学校与河北省青龙县、威县签署巩固脱贫攻坚成果合作协议。

（杨颉）

教育扶贫支援工作总结宣传

至年底，市教委总结宣传“十三五”时期北京市教育扶贫支援工作。系统梳理党的十八大以来及“十三五”时期北京市教育扶贫支援工作成效，形成5万余字总结报告及援藏、援疆、援青、援蒙、援冀分报告，21项教育扶贫支援数据；研究制定宣传方案，发表署名文章、开设宣传专栏、制作资料宣传片，在中央及市属媒体报道教育扶贫先进人物和典型项目243条，4个典型项目入选国家案例。

（李鹏）

（本栏责任编校 胡雨）

明天幼稚集团跨省送教

首届京冀小学生“欢乐冰雪季”活动

首个落地雄安新区的北京重点高校创新平台揭牌

首届京雄职业院校学生技能大赛

2021 | 京津冀教育协同发展

BEIJING-TIANJIN-HEBEI EDUCATION COORDINATED DEVELOPMENT

- 京津冀教育协同发展深化
- 支持雄安新区教育发展
- 京津冀毕业生就业市场一体化建设推进
- 京津冀抗击疫情线上培训交流

京津冀教育协同发展

BEIJING-TIANJIN-HEBEI EDUCATION COORDINATED DEVELOPMENT

综述

京津冀教育协同发展深化

2020 年，市教委深化京津冀教育协同发展。市教委印发《2020 年教育领域疏解协同工作要点》和《2020 年教育系统疏解整治促提升专项行动计划》，明确重点任务、职责分工、保障措施。结合“十四五”时期规划编制工作，对优化教育资源结构布局等问题进行深层次、系统性谋划。组织相关学校到河北省廊坊市三河、大厂、香河“北三县”和雄安新区等地调研对接，研究细化合作项目，充分调动各级各类学校积极性和创造性。落实标准化台账制度，细化时间表、路线图，完善市区、市校两级联动机制，推动各项任务落点落图落实。坚持市属高校新校区建设周报告、月调度、季度现场观摩的督查推进机制，及时掌握各项任务完成情况、存在问题和下一阶段目标。统筹做好新冠肺炎疫情防控工作，加强舆情引导，把握好工作力度、节奏和时间窗口。用好疏解政策，对有效落实疏解任务的央属高校一次性支持 4296 万元。

（王鑫）

支持雄安新区教育发展

2020 年，市教委支持雄安新区教育发展。推进雄安新区“交钥匙”学校建设项目，召开专题会议，研究推进委托办学事宜。开展组团式援助，组织校本教研、“同课异构”课堂教学比赛、研学旅行课程开发、“名师工作室”等活动，建设“家门口的北京名校”。在雄安新区设立 4 个名师工作室，组织雄安新区近 20 名教研员来京跟岗研修，组织 100 余名学科骨干教师来京参加教学能力提升培训。启动中小学名校长培养工程云培训，全年举办 8 场直播活动，并开展线上个性化指导。发挥市属高校作用，支持雄安新区建设发展，北京舞蹈学院开展京津冀“非遗”传统舞蹈女性参与研究，北京信息职业技术学院与雄安新区公共服务局在教师培训、农民技能培训、继续教育等领域开展合作。协调雄安新区公共服务局落实北京艺术传媒职业学院办学用地。北京艺术传媒职业学院与雄县

12 月，京津冀首届千人现场书法展示活动举办

（夏各庄中心小学 供）

职教中心签订合作办学协议，选派 4 名教师赴雄安开展支教帮扶。北京市丰台区职业教育中心学校、北京金隅科技学校联合雄安新区 3 所职业学校共同举办首届“京雄”职业院校学生技能大赛，两地职业院校 108 名学生参赛。

（王鑫）

京津冀班主任主题征文活动

4 月至 7 月，北京教育科学研究院与天津、河北相关教育部门联合举办“立德树人与班主任工作创新”主题征文活动。评出一等奖 30 篇、二等奖 45 篇、三等奖 75 篇。其中，北京市一等奖 10 篇、二等奖 15 篇、三等奖 25 篇。

（杨庆涛）

京津冀抗击疫情线上培训交流

6 月 29 日，北京教育装备行业协会、河北省教育装备行业协会、北京市教育学会中小学后勤管理研究会、中小学生态校园行动工作委员会联合主办“守护校园生活安全——抗击疫情在行动”线上培训交流活动。活动采用远程直播方式，以有效保障校园生活安全、展示装备技术助力疫情防控为宗旨，中国疾病预防控制中心专家围绕校园水质安全、教室空气管控、食堂食品安全、校园空气消杀等方面进行专题讲座，教育装备企业展示介绍校园抗击疫情行动案例及相关产品。京津冀三地教育装备管理人员、中小学校长、幼儿园园长、后勤主任、医务人员、食堂管理人员等参加，在线人数超过 3.50 万人次。

（赵文强）

首个落地雄安新区的北京重点高校创新平台揭牌

8 月 25 日，北京交通大学雄安数字交通创新中心在河北省雄安新区揭牌。该中心是第一个落地雄安新区的北京重点高校创新平台，主要职责是利用雄安新区数字交通应用场景，推动学校有关车路协同、智能道路等科技成果的先行先试和落地转化，支撑雄安新区高标准高质量打造交通强国示范区。

（高杰）

8 月 25 日，北京交大雄安数字交通创新中心在雄安新区揭牌

（北京交大供）

京雄职教教育教学诊断暨骨干教师培训

9 月，由市教委组织，北京市丰台区职业教育中心学校、北京金隅科技学校及河北省容城县职业技术教育中心共同承办的京雄职教教育教学诊断暨骨干教师培训在河北容城职教中心举办。活动为期 5 天，以“转型升级，提质图强，打造与雄安新区相契合的职业教育”为主题，围绕学习雄安新区规划纲要，贯彻北京非首都功能疏解，推进雄安新区职业学校加强专业建设，服务产业发展，促进京雄两地职业学校在改革中抓住机遇、直面挑战、提升水平等方面展开。北京职教专家通过深入课堂听课、开展讲座、实践交流、专题培训等形式，对容城县、安新县、雄县的学校发展定位、教育教学工作等方面进行诊断与指导，为三县骨干教师开展行动导向教学法和混合式教学法专题讲座，取得良好效果。

（杨颉）

通州与三河市教育协同发展框架协议签订

11 月 19 日，通州区教委与河北省三河市教育和体育局签订教育协同发展框架协议。根据协议，两地中小学和幼儿园通过“手拉手”“联盟校”等形式，推动校际交流、深度融合；双方加强师资培训和教研交流，互派干部教师进行挂职跟岗。合作旨在增进两地信息资源共享，促进学生跨区域交流，探索合作办学有效路径，构建更加高效的协同联络工作机制。

（韩晓峰）

京津冀毕业生就业市场一体化建设推进

至年底，北京市教育系统人才交流服务中心推动“京津冀毕业生就业市场一体化”建设。实行线上线下联动，推进“京津冀一体化”毕业生人才战略合作。举办 9 场京津冀专场网络双选会，参会单位 1600 余个，提供就业机会 6.60 万个，吸引 3.50 万人次毕业生参会。其中，京津冀地区 2021 届高校应届毕业生医学类急需紧缺人才引进专场洽谈会和京津冀地区体育类高校 2020 年秋季联合校园双选会参会单位 196 个，提供就业机会 9900 余个，吸引 667 人次毕业生参与。

（祝欣）

学前教育

六一幼儿院与易县一幼手拉手

2月至6月，北京市六一幼儿院与河北省保定市易县第一幼儿园开展手拉手工作。六一幼儿院录制“制定发展规划、工作计划能力的提升”“如何调动教师参与园本教研的积极性”和“儿童食品卫生管理”等面向管理者、保健医以及一线教师的网络视频学习资料16个，向学前教育核心期刊推送新冠肺炎疫情期间易县一幼开展科学育儿的文章18篇，完成手拉手工作总结5篇。根据易县一幼教师需求开展线上教研活动；易县一幼园长、副园长、保教主任和小、中、大12个班的班长等17人参与六一幼儿院“一日生活之过渡环节培训”线下教研活动，听取六一幼儿院教师进行过渡环节经验分享。

（迟芳）

红黄蓝体系京津冀协同发展学习交流

10月28日，北京市大兴区红黄蓝幼儿园举办红黄蓝体系京津冀协同发展学习交流活动。为达到“共生、共享、共发展”目的，接待唐山、廊坊、燕郊等地区红黄蓝加盟园到幼儿园学习参观，搭建互动沟通桥梁，推进加盟园各项工作科学化、制度化和规范化发展。全体教职员工及全体幼儿550余人参加。

（白倩倩）

明天幼稚集团跨省送教

11月，北京明天幼稚集团开展跨省送教活动。活动旨在发挥明天幼稚集团优质教育辐射作用，落实与河北省保定市易县幼儿园签署的手拉手工作协议。选派集团5名教师到易县第二幼儿园开展送教活动，举办《幼儿园区域游戏活动指导》《幼儿园课程设计》专题讲座，现场指导并评价班级活动，组织2节示范公开课，易县二幼及易县国培班教师70余人参加活动。选派集团总部4名教师到易县智慧树幼儿园送教，作《幼儿园卫生保健管理》专题报告，组织3节示范公开课，对智慧树幼儿园教师体育教学、音乐教学及幼儿园早操、阳光体育活动等开展专题指导，智慧树幼儿园教师30余人参加活动。

（陈艳宇）

基础教育

首届京冀小学生“欢乐冰雪季”活动

1月3日，首届京冀小学生“欢乐冰雪季”活动在北京市延庆区太平庄中心小学举行。开幕式上，太平庄小学、北京市海淀区太平路小学、北京市延庆区沈家营中心小学分别进行冰上舞蹈、队列滑、花样滑冰、速度滑冰表演；太平庄小学与北京市延庆区珍珠泉中心小学进行冰球表演赛。来自延庆、海淀、河北宣化三地的200名小学生和幼儿参加活动。2014年起，延庆区教委结合“冬奥进校园”工作，提出“十百千万”工程，支持各学校自建滑冰场，开展滑冰运动。2016年，太平庄小学滑冰场建成并投入使用，投资80万元，建筑面积1800平方米，是延庆区最大的校内滑冰场。

（赵文新）

京津冀冰雪课程展示活动

1月15日，京津冀中小学奥林匹克教育及校园冰雪运

1月15日，校园冰雪运动推广经验交流研讨活动在广渠门中学举行 （广渠门中学 供）

动推广经验交流研讨活动暨“Hello！冰 go”北京市广渠门中学附属花市小学冰雪课程展示活动在北京市广渠门中学举行。展示活动中的冰雪剧剧本创作、表演编排、舞台设计等环节均由广渠门中学教师团队完成，演员均为学校师生，300 人参与演出，其中 170 余人上冰表演。学生展示速度滑冰、花样滑冰、冰球等运动项目，展示啦啦操、武术、京剧等社团学习成果。市教委、东城区政府及区教委领导、广渠门中学和花市小学师生代表等 800 人参与活动。

（吴臻）

京津冀图书馆“双基”云培训

4 月 22 日，京津冀三地中小学图书馆员基本素养和基本技能线上培训活动启动。活动旨在加强中小学图书馆管理人员专业化培训，提高中小学图书馆管理人员素质。培训采取线上授课形式，历时 9 个月，分 6 期开展。来自全国 25 个省、自治区、直辖市 1 万余人次参加直播课程学习，5000 余人次参与讨论发言，15 万人次观看回放。教育部教师工作司将培训活动列为全国 52 个贫困县“筑基”图书馆员系列培训。活动由中国教育装备行业协会、北京市教育技术设备中心、天津市教育科学研究院教育技术装备中心、河北省教育技术装备管理中心共同发起，京冀教育装备行业协会协办。

（赵文强）

京津冀中小学生天文艺术节

10 月 30 日至 12 月 30 日，北京校外教育协会与北京天文馆联合主办“太空 · 你好”第二届京津冀中小学生天文艺术节活动。来自京津冀三地 97 所中小学校和校外机构提交作品 1537 部，其中，绘画作品 1320 幅、摄影作品 138 件、手工作品 70 套、科普剧 9 部。经过初评、终评，181 部作品获奖，其中，绘画类一等奖 10 部、二等奖 30 部、三等奖 100 部；摄影类一等奖 3 部、二等奖 8 部、三等奖 11 部；手工类一等奖 2 部、二等奖 5 部、三等奖 8 部；科普剧一等奖 1 部、二等奖 1 部、三等奖 2 部。活动授予北京市少年宫等 10 家单位优秀组织奖，授予 35 名教师优秀指导教师奖。

（王媛媛）

10 月至 12 月，第二届京津冀中小学生天文艺术节举办，图为手工参赛作品 （校外教育协会 供）

京津冀车辆模型邀请赛

11 月 21 日，第 12 届北京市体育大会 2020 年京津冀车辆模型邀请赛暨北京市青少年车辆模型比赛在北京教育科学研究院通州区第一实验小学开赛。车模比赛项目设置 1/27MINI—Z 遥控车竞速赛、1/10 安全行车计时赛、1/24 遥控车竞速赛、二对二遥控车台球挑战赛、橡筋动力车拼装定点、四驱车拼装竞速赛、幻影 F1 三项全能团体赛、创意汽车绘画赛 8 个比赛项目。比赛较往年增加安全行车项目。来自京津冀三地 800 余名学生参赛。活动由市体育局、市体育总会主办，市体育总会秘书处、通州区教委和市模型运动协会承办。

（吴秀玉）

高等教育

河北文旅 5G 大数据创新实验室成立

5 月 20 日，由河北省文化和旅游厅、联通大数据有限公司、中国联通河北省分公司、北京第二外国语学院共同筹建的“文旅 5G 大数据创新实验室”成立。校政企利用行业管理、技术服务、科学研究优势资源，率先联合打造具有行业领先理念的“政产学研”一体化应用创新实验室平台。该平台利用联通大数据，在文化和旅游市场经济运行监测、旅游统计优化、智慧文旅建设、文旅目的地营销等方面应用，从根本上优化文化和旅游行业现代化治理体系和治理能力。

（王薇）

京津冀公安院校合作第三届学术研讨会

11 月 27 日，京津冀公安院校合作第三届学术研讨会召开。会议以“深化京津冀警务合作，推动京津冀协同发展”为主题，设置河北公安警察职业学院主会场和北京警察学院、天津公安警官职业学院分会场，三地获奖民警以网络视频会议的形式，围绕警务理论与警务实践相结合开展研讨。研讨会收到论文 228 篇，包括北京 60 篇、天津 120 篇、河北 48 篇，评选出获奖论文 89 篇，其中，北京警察学院 9 篇论文获奖，包括一、二、三等奖各 3 篇。来自河北警院、天津警院、警察学院及实战部门专家学者、获奖作者百余人参加研讨会。研讨会由河北警院、天津警院、警察学院联合主办。

（胡欣坤）

人民大学体育产业研究院（正定）揭牌

12 月 17 日，中国人民大学体育产业研究院（正定）在河北体育学院正定新区校区揭牌。研究院推进和落实河北省政府与人民大学全面深化合作协议，围绕京津冀协同发展、雄安新区规划建设、北京冬奥会筹办等重大国家战略，聚焦北京冬奥会筹办，整合学校、河北省相关单位优势，助推河北省体育产业发展，助力“经济强省、美丽河北”建设。学校将发挥学科、智力、人才优势，重点谋划和研究“主办冬奥会背景下的冰雪运动参与和消费、京津冀体育协同发展、雄安新区体育创新综合体、崇礼国际冰雪小镇”等重大项目，为河北省体育改革与发展的重大理论和现实问题提供战略咨询。

（徐筱婧）

京津冀农林高校协同创新联盟交流推进会

12 月 19 日，京津冀农林高校协同创新联盟 2020 年交流推进会在北京农业职业学院举行。各成员单位围绕“总结‘十三五’、布局‘十四五’，服务京津冀全面乡村振兴”主题，分别总结“十三五”期间各自发展及京津冀协同创新情况，展望“十四五”时期工作，并就联盟高校如何发挥联盟的独特作用，为京津冀经济社会发展及乡村振兴作出更大贡献等议题提出建设性建议。各成员单位就如何开展教学工作、人员交流、科技研发等双多边合作事宜开展交流。中国农业大学、北京林业大学、北京农学院、天津农学院、河北农业大学、河北工程大学、河北北方学院、河北科技师范学院、农职院 9 所京津冀农林高校及天津市农业广播电视学校、河北省农业广播电视学校的主要领导及相关人员参加会议。

（孙田田）

职业与继续教育

京津冀地区中等艺术学校学生发展研讨会

1 月 7 日至 8 日，中国音乐学院附属中等音乐专科学校实施“京津冀地区中等艺术学校学生发展实践基地”项目，举办“心之所向，‘音’爱而生”京津冀地区中等艺术学校学生发展研讨会。邀请学校以及中国戏曲学院附属中等戏曲学校、北京舞蹈学院附属中等舞蹈学校、中央美术学院附属中等美术学校、天津音乐学院附属中等音乐学校、浙江音乐学院附属音乐学校、石家庄市艺术学校、河北艺术职业学院等艺术院校的学生工作主管领导和负责人，围绕学生管理工作先进经验、学生成长、班主任工作、艺术类院校学生工作等主题交流研讨，探索中等艺术类专业院校学生管理的共性规律，深入细致探讨中等艺术类学校学生发展特点，加强区域间德育协作机制建设。

（冯琦）

京津冀农民交流

9 月 24 日至 25 日，北京市农业广播电视学校昌平区分校接待承德市农业广播电视学校 50 余名林果专业农民来昌平学习。组织学员分别到北京营坊昆利果品专业合作社、北京汇康有机专业合作社和北京鑫城缘果品专业合作社参加果树栽培等系列培训，聘请专家现场回答学员问题。

（焦秀颖）

雄安新区信息化教学能力提升培训

10 月 12 日至 16 日，雄安新区第一期信息化教学能力提升培训班在北京信息职业技术学院举办。该培训专

11 月 27 日，京津冀公安院校合作第三届学术研讨会以网络视频会议形式在三地公安院校举行 （警察学院 供）

471 人、特殊教育 121 人、工读学校 53 人、成人教育学校 161 人、校外教育 345 人、其他教育单位 630 人），包括高级职称 2837 人、中级职称 5540 人。北京市特级教师 69 人、北京市骨干教师 171 人、北京市学科教学带头人 34 人。全年教育总投入 2.77 亿元。中小学固定资产总值 52.10 亿元。

12 月 11 日，回民实验小学举办跳绳比赛
（回民实验小学 供）

2020 年，东城区教委探索非常态下的教育治理方式，疫情防控和教育发展同步推进。

防控态势平稳向好。建立“塔型”闭环指挥体系，形成“一办十二组”区域顶层疫情防控指挥系统。建立“十大数据通联组”“十个重点人群防控系统”。协调区卫健委、区疾控中心等 8 个委办局组成工作专班，确保复课过程中卫生防疫、饮食饮水、公安交通、物资准备等各方面工作安全有序、科学有效。秋季学期开学后，启动新的“一六五三”疫情防控模式。全区中小学、幼儿园基本实现“积极、稳妥、循序、安全”常态运行目标。

立德树人扎实推进。发挥德育主阵地作用，举办垃圾分类主题教育活动，开展线上“五四”青年节、“六一”儿童节等主题教育活动等。各中小学通过开展“书画致敬英雄”、抗疫班会等主题活动进行爱国主义教育。加强研究和创新，制订学生学习计划和教师指导计划。依据春季、秋季学期教育教学整体安排，做好线上教学与线下教学过渡和衔接，教学考一体化管理，切实减轻学生课业负担。实施教育质量提升三年行动计划，从基础调研入手，以新中高考改革为突破，着眼优质均衡，布局全面质量提升；倡导深入课堂开展调查研究，重点加强新高考背景下的选科指导、高中新课程新教材实施、综合素质评价机制等问题研究。“健康·成长 2020 工程”进入全面总结阶段，将学生身心健康放在首位，指导各校开展各项体育锻炼，注意学生用眼健康，加强心理辅导。

家校共育机制创新。开通家庭教育指导服务平台，推出“守望相助、温馨陪伴”趣味课堂，累计推出家庭教育课程 109 节。启动“心手·相连 2035 工程”，在前期开展系列家校社共育活动基础上，纵向建机制、横向搭平台，建立起区家庭教育指导服务中心、学区分中心和学校 3 个层级的“1 + 8 + X”东城区青少年家庭教育指导服务网络。同时，成立北京市首个“家校社协同育人示范性实践研究区”，借助北京市学校德育研究会专业指导开展系列实践研究。启动首批家庭教育指导服务师专题培训，培训学员 200 余人。

人才队伍建设加强。启动教育人才队伍质量提升三年行动计划。在强化防控工作教师管理机制的同时，开展多种形式教研活动，提高教师在线指导学习实施能力，组织开展教师教学基本功、教师能力提升在线培训。

重点工作同步抓好。通过深度整合教育系统内资源、有效利用社会资源、挖掘利用空间扩大街道办园规模、支持单位自办园、鼓励引导社会力量举办民办园和社区办园点等途径完成年度扩增 2100 个学前学位任务。通过盘活系统内闲置资源、统筹协调学区落实等途径应对小学学位紧缺，提供学位 1.40 万个。完成东城区教育发展“十四五”规划初稿编制。

（关英　李银姬　李媛媛）

扶贫协作工作推进

2020 年，东城区教委继续推进扶贫协作工作。区教委向内蒙古、河北等地派出常驻一部教师 2 批次 50 人次，派出短期支教教师 4 人次。组织教师 2 批次 55 人赴河北张家口市崇礼区开展送教、讲座等活动，利用远程教育平台完成线上教研、同步教学等活动 120 余次。接待来自 6 个地区的干部教师 11 批次 254 人到东城实地交流、跟岗培训。全年购买扶贫产品消费总额 470 余万元。8 月 11 日，东城区 7 所中小学、幼儿园组建教学研讨团到河北张家口市崇礼区各结对校开展 2020 年首批线下“同课异构”教学研讨活动。活动组织两地 64 名教师展示 64 节“无学生”课堂，涉及 32 个主题。

（李倩　李媛媛）

教育系统综合评价重启

6 月，东城区委教育工委、区教委决定恢复 2014 年以来暂停的东城区教育系统综合评价工作，计划于 2021 年上半年对全区教育系统中小学（含职业学校、特殊教育学校）、幼儿园、校外单位及直属单位，共计 107 个法人单位进行 2020 年度综合评价。9 月，成立东城区教育系统综合评价领导小组，制定《2020 东城区教育系统综合评价工作方案》，研制评价指标。综合评价工作根据单位性质，制定 19 套综合评价指标体系，由日常评价、实地评价、综合评定 3 个部分组成，最终评价结果以“指标体系分数＋奖励分数＋一票否决情况”呈现。

（苏炜　李媛媛）

近视防控特色校评选督导考核

11 月 9 日至 16 日，东城区教委联合区卫健委、区保健所、区疾控中心开展东城区近视防控工作特色学校评选督导考核工作。评估工作面向前期遴选出的 22 所中小学开展，通过听取汇报、查阅档案、学生访谈等方式，挖掘典型经验和特色工作做法。最终评选出东城区首批近视防控工作特色学校 17 所（小学 11 所、中学 5 所、九年一贯制学校 1 所）。

（陈凯　李媛媛）

“高参小”工作表彰

11 月 11 日，东城区委教育工委、区教委举办“音戏筑梦，体艺飞扬”——北京市东城区开展北京高校社会力量参与小学体育美育发展工作总结表彰会。会议表彰 31 名“优秀工作者”，为 5 所高校和 1 个社会团体颁发“项目引领奖”，为 12 所小学颁发“项目成长奖”，为 3 所高校、2 个社会专业团体和 10 所小学颁发“项目优秀合作奖”。北京市“高参小”领导小组办公室、市教委、东城区教育两委等相关单位领导，参与“高参小”项目的 8 所高校、3 个艺术院团及 22 所小学相关负责人参加会议。东城区“高参小”项目于 2014 年启动，先后有 8 所高校、3 个艺术院团与 22 所小学签约合作，惠及 19 万名学生。项目累计向学校输送教师 1262 人次，本科生和研究生 2467 人次；在项目小学开设音乐、体育、舞蹈等课程 185 门，每周平均授课 493 课时；帮助学校开发校本教材 36 种；18 所学校实现“高参小”项目一年级至六年级全覆盖；结合课外活动为小学新建立体育、艺术等社团 197 个，惠及学生 7817 人；累计组织 2 万余名学生走进高校和艺术院团观看演出；每年平均开展教师培训 211 次，累计培养小学教师 1102 人次。

（尚辉　李媛媛）

第 40 届学生科技节开幕

11 月 12 日，东城区第 40 届学生科技节在北京市第五十五中学开幕。开幕式展示区内 40 余所中小学的学生居家学习期间创作的科技创意作品，为获得第 39 届学生科技节“科技教育园丁奖”的 48 名教师颁发证书，启动“人工智能教育共同体”和“东城区青少年垃圾分类养成计划”科普实践活动。第 40 届学生科技节以“创新源于实践，科技助力成长”为主题，面向全区中小学组织开展天文、模型、机器人等 40 余项区级科技竞赛；组织各个学校围绕重大科学事件和社会热点，宣讲和展示中国科技创新成果，普及科学知识；联合科技馆和各科普基地举办科普活动。

（高岱琳　李媛媛）

清华研究生走进东城推进基础教育思政课改革

11 月 17 日，东城区委教育工委、区教委与清华大学马克思主义学院联合启动推动基础教育思政课改革创新主题实践活动。活动发布《清华大学马克思主义学院研究生走进东城主题实践活动方案》，选定 13 所中小学为首批实践活动基地校。双方将通过清华研究生走进东城实践活动基地校跟班听课、宣讲，以及双向成立思政课青年教师成长营的方式，实现基础教育与高校联动，加强干部教师，特别是思政课教师的政治意识，探索新时代教育教学方法。市委教育工委、东城区委、北京教育科学研究院等相关单位领导，东城区教育系统思政课教师代表、教研员等 2000 余人参加线上、线下启动活动。

（郭文伟　李媛媛）

首批依法治校标准校和示范校评审

12 月 18 日，东城区教委通报首批依法治校创建评审工作情况。依法治校创建评审工作于 4 月启动，通过第三方材料初审、区教委科室（部门）打分复审、第三方现场终审等评审过程，认定 92 所中小学为“东城区依法治校标

9 月 4 日，宣武回民小学举办法治课进校园活动

（宣武回民小学　供）

准校”，38 所中小学为“东城区依法治校示范校”。

（祖峥嵘　李媛媛）

“家校社”协同育人实践研究示范区建设

12 月 24 日，由东城区委教育工委、区教委主办的东城区“家校社”协同育人实践研究示范区建设推进会在北京市东城区史家胡同小学举行。活动设置东朝建学区家庭教育指导服务分中心成果展示和“家校社”协同育人实践研究示范区建设推进会 2 个板块。推进会从理念倡导、理论研究、实践先行、经验宣传 4 个方面对下一步示范区建设提出要求，发布首批“东城区好家长必修课”课程单，共 19 个专题。全区各学校校长、骨干班主任代表、家长代表等 180 余人参加会议。

（闫旭）

居家锻炼形成体育新模式

至年底，东城区教委探索师生居家锻炼体育新模式。2 月 20 日至 6 月 24 日，北京市东城区教师研修中心体育教研室发起体育教师居家体能锻炼活动，每周面向全区体育教师推出 3 个挑战项目和 1 个体育娱乐项目，中学教师 260 余人、小学教师 300 余人在微信群内接龙、打卡，形成以“练”促“研”，以“玩”促“教”的体育网络研修新模式。4 月 12 日，北京体育教研微信平台推出《北京市中小学生居家体育锻炼手册（教师秀）》栏目，该栏目素材全部由东城区中小学体育教师提供。5 月 16 日和 7 月 4 日，分别举办东城区首次中学生“居家战疫”线上运动会和东城区小学生“云竞赛”线上运动会。中学生运动会设男生 1 分钟俯卧撑和女生 1 分钟仰卧起坐 2 个项目。25 所学校 183 名学生参赛。小学生运动会设 30 秒跪姿俯卧撑和 1 分钟 V 字交替抬腿 2 个项目。30 所学校 400 余名学生参赛。7 月 13 日至 9 月 4 日，举办中小学线上“奔跑东城”居家定向比赛。30 余所中小学学生 3000 人次参赛。

（支唯薇　陈凯　李媛媛）

西城区

概述

2020 年，西城区教委辖属教育单位 223 个。其中，幼儿园 87 所（教育部门办园 30 所、其他部门办园 13 所、地方企业办园 2 所、部队办园 3 所、集体办园 10 所、民办园 29 所），小学 57 所（全部为教育部门办校），初级中学 3 所（全部为教育部门办校），完全中学 32 所（全部为教育部门办校），教育部门办高级中学 1 所，九年一贯制学校 2 所（教育部门办校 1 所、民办校 1 所），十二年一贯制学校 3 所（教育部门办校 2 所、民办校 1 所），特殊教育学校 2 所，中等职业学校 4 所，工读学校 1 所，其他法人单位 19 个，校外教育单位 12 个。招生 52069 人（幼儿园 9825 人、小学 21066 人、初中 12984 人、普通高中 7930 人、中等职业学校 264 人）；毕业 34002 人（幼儿园 6356 人、小学 12406 人、初中 8911 人、普通高中 6329 人）；在校生 178043 人（幼儿园 23498 人、小学 99221 人、初中 34781 人、普通高中 19689 人、中等职业学校 501 人、特殊教育学校 353 人）。教职工总数 20109 人（幼儿园 4429 人、小学 6673 人、中学 8061 人、中等职业学校 681 人、特殊教育 230 人、工读学校 35 人），包括高级职称 3359 人、中级职称 5770 人。北京市特级教师 82 人、北京市骨干教师 173 人、北京市学科教学带头人 36 人、北京市骨干班主任 47 人。全年教育经费投入 99.68 亿元，固定资产净值 30.75 亿元。设立学区 11 个。

12 月 12 日，西城区教委举办青少年机器人大赛

（西城区教委　供）

2020 年，西城区教委统筹推进疫情防控和教育教学工作，完成学位保障、资源建设、队伍建设等市、区重点任务。西城区获批普通高中新课程新教材实施国家级示范区，区教委获评“全国未成年人思想道德建设工作先进单位”并被市委、市政府评为北京市抗击新冠肺炎疫情先进集体。

“五育并举”落实立德树人根本任务。把握新课程新教材国家级示范区示范校建设契机，发布 46 个研究课题，推进高中课程改革。举办小学生“我爱地球妈妈”环保演讲比赛、学生科技节、中小学生冬奥知识竞赛等活动。完成国家学生体质健康标准测试和数据上报工作，全区中小学生测试合格率 97.9%。新增“全国校园足球特色学校”2 所，“全国校园篮球特色学校”9 所，“全国校园排球特色学校”6 所，“全国冰雪运动特色学校”2 所，“全国奥林匹克教育示范学校”7 所。

围绕“七有”“五性”需求提升教育公共服务水平。聚焦群众反映问题，成立 10 个热线工作小组，提升教育治理能力。完成辖区内多年无办学资质的“兴华小学”校址回收工作，安置学生 600 余人到辖区内 11 所小学。新增公办幼儿园 4 所、民办幼儿园 5 所，增加学位 2000 个，提高普惠园覆盖率至 82.49%；新增义务教育学位 1.25 万个。强化民办校监督与管理，开展区属民办校 2019 年年度检查工作和 2020 年换发办学许可证工作，为 182 所通过年检的民办校（园）统一换发办学许可证。首次实施四、六年级区级教育质量监测，形成区级总报告和 63 个校级报告，做到“一校一报告”。

干部教师队伍建设新进展。研究制定“教育人才引进管理办法”，面向全国引进名校长和优秀教师。加大教师招聘工作力度，全年引进、招聘教师 1101 人，培训新教师 1577 人。将新任教师培训考核与北京市“启航杯”新任教师教学风采展示活动相结合，以网络课程形式进行，最终选派 59 人参加市级展示活动，获一等奖 10 项。调整认定 37 个“名师工作室”，组织 27 名导师团成员对 37 家聘任单位进行指导。推荐 17 人参评北京市“紫禁杯”班主任并获批准，其中 1 人获特等奖；推荐 2 个学校工作坊参评北京市“紫禁杯”优秀班主任工作室学校优秀工作坊并获批准。

家校社协同育人，终身教育体系不断完善。开创“西城校长讲家教”网上课堂，启动中小学家长学校云课堂，强化家校协同育人机制。深化市民学习基地建设，6 个项目获评“北京市终身学习品牌项目”，市民终身学习基地达到 101 家。

完善招生入学办法，落实核心区控规精神。在义务教育招生入学中，全面推动多校划片和 6 年 1 个学位政策落地。完成全年疏解 15 个教育培训机构任务，完成率 100%。高中阶段招收体育、艺术、科技特长生 416 人，其中体育 103 人、艺术 142 人、科技 171 人。中考报名 8962 人，其中有升学资格考生 8631 人（京籍 8421 人、非京籍九种情况 87 人、非京籍随迁子女 109 人、非京籍既符合九种情况又符合随迁子女 14 人），录取 8462 人，总升学率 98.04%。

发挥引领辐射作用。推进北京城市副中心、雄安新区 4 所分校建设，选派 55 名教师到河北、内蒙古开展教育人才交流。接待 6 批次 159 名教师到区内 30 余所学校交流学习。派出 22 名教师赴新疆和田支教、3 名干部教师赴西藏拉萨支教。利用网络平台开展远程教育合作，新疆、内蒙古等地 5000 余名干部教师注册并使用西城教育研修网。组织 30 人次教师重点支持河北、内蒙古、新疆等地的职业教育帮扶工作。

（杨海蓉）

中小学线上学习平台建设

2020 年，西城区教委不断加强西城区中小学线上学习平台建设。2 月至 7 月，平台提供小学线上课程 1100 节、中学线上课程 2602 节，另为市级平台提供中学线上课程 461 节。其中，专门为中小学生定制综合实践课程 10 门，结合居家生活开发涉及家政、厨艺、非物质文化遗产类等近 30 节劳动教育课程。同时向提出需求的 6 个区 8 所学校

9 月至 11 月，西城区教委举办首届西城区中小学生体能比赛

（西城区教委 供）

近万名师生提供“西城区线上学习平台”使用权限。4月13日至30日，面向全区中小学生家长推送“西城校长讲家教”网上指导课程。课程邀请西城区7名特级校长和优秀校长代表，分小学、中学非毕业年级和毕业年级3个阶段，每周推送1节。家长可通过学生的账号登录平台收看。7月，西城区加速平台升级，建立北京西城数字学校，并于9月7日起以周为单位为小学一年级至六年级学生提供语文、数学、英语、科学、音乐、道德与法治学科线上学习课程。2020—2021学年度第一学期，西城数字学校提供小学线上课程1449节。8月，启动西城区中小学生家长学校网上课堂，面向小一、初一和高一3个起始年级的学生家长，定期推送网上课程。至年底，共推出讲座12期。

（谢歆　陈甜甜　石虹）

首次实行义务教育阶段民办与公办同步招录

2020年，西城区继续推进单校划片和多校划片相结合的入学方式。按照市教委“公民同招”统筹规划，第一年实行民办中小学与公办中小学同步报名、同步录取，采取电脑派位方式进行录取。小学入学新生21174人，其中京籍适龄儿童19930人（居民户籍18732人、集体户籍1194人、本市无房家庭4人）、非京籍适龄儿童1244人（包括按市民对待242人）。北京小学、京华实验学校、北京市铁路第二中学（小学部）、北京市正泽学校、北京师范大学亚太实验学校5所学校同步面向适龄儿童开展小学入学报名、电脑派位工作；学区派位录取新生416人。初中录取新生13025人（京籍11940人、非京籍1085人）。对口直升派位录取1090人，录取比例增至80%；学区派位录取8990人。

（袁伟）

学区制建设

2020年，西城区教委继续推进学区理事会机构搭建，做好学区制建设工作。新街口、展览路、西长安街、德胜、广外、月坛、什刹海、陶白、大春天、广牛10个学区成立学区理事会。各学区办公室深入开展学区共享资源调研，在辖区中小学、幼儿园与社会资源之间搭建桥梁；参与学区校外培训机构专项治理整改工作；配合相关部门开展学校安全检查工作。

（李同焕）

四、六年级区级质量监测

1月8日至10日，西城区首次实施四、六年级语文、数学、英语学科以及体育健康和视力质量监测。通过分析收集到的数据形成区级总报告以及63个校级报告，做到“一校一报告”。监测结果显示：西城区各校小学生语文、数学、英语学科学习习惯、学业发展水平整体良好，学生体质健康整体基本达标，差异不大，但学生视力不良情况有待改善。

（王锦红）

兴华小学终止办学

2月18日，西城区印发《推进兴华小学终止办学的工作方案》。根据工作需要成立约谈沟通、学生安置、教师分流、学校现场、保障落实5个工作组。工作组与举办者深入沟通，动员和劝说举办者主动终止办学，共同就学生安置和教师分流问题交换意见，形成共识。该校有在校生600余人，分别被安置分流到辖区内11所小学。6月底，区教委收回兴华小学校舍。北京市西城区兴华小学建于2008年，长期存在非法办学、占用公办校资源、违规招收学生等问题。

（王竞艳）

首届中小学生体能比赛

9月至11月，西城区教委举办首届西城区中小学生体能比赛。比赛设置小学一分钟跳绳、仰卧起坐、原地爬行；中学男生一分钟跳绳、引体向上、立卧撑和中学女生一分钟跳绳、仰卧起坐、立卧撑3个组别9个项目，分为班级赛、校级赛和区级赛，实现全员参赛。11月14日，区级决赛举行。68所小学、30所中学选派1020名学生参赛。比赛奖励团体总分前八名的学校并为全部参赛队员每人颁发1枚完赛奖牌。

（刘瑶）

义务教育学校全面达标

11月，西城区教委完成第三批义务教育学校管理标准化验收工作。全区18所申报学校（小学7所、九年一贯制学校2所、中学9所）全部通过验收。至此，通过3年3批义务教育学校标准化建设，西城区实现义务教育学校全面达标。

（王锦红）

2021年高考第一次英语听说机考

12月12日，西城区完成北京市2021年高考第一次英语听说机考组考工作。全区设27个考点，进行考试185场次。全区有5804名考生参加考试，涉及特殊考生7人。针对疫情情况，区卫健委选派27名有经验的医生作为防疫副主考参与考试期间的疫情防控，指导做好校园防疫工作。

（郝颖）

市民终身学习基地增至101家

至年底，西城区教委遴选市民终身学习基地25家，全区市民终身学习基地增至101家。同时，继续依托社区教育学校服务体系，开展线上社区教育培训；升级改造数字化社区教育网络建设，加强网络学习资源建设。全年有5人获北京市第11批首都学习之星称号。

（李同焕）

新增幼儿学位110个

至年底，西城区教委通过新建幼儿园和新开设幼儿园班，新增幼儿学位110个。9月，民办园北京德胜盛德艺术幼儿园开园。园所占地面积2280平方米，建筑面积3000平方米，有教职工56人，规划开设教学班10个，首届开设幼儿班8个，招收幼儿80人。区教委办附设幼儿班——北京启喑实验学校附属幼儿班于11月开班，计划开设教学班12个，首届开设幼儿班1个，招收幼儿30人。

（王丽萍）

朝阳区

概述

2020年，朝阳区教委辖属教育单位483个。其中，幼儿园292所（教育部门办园33所、其他部门办园4所、地方企业办园15所、事业单位办园15所、部队办园6所、集体办园38所、民办园181所），小学74所（教育部门办校66所、民办校8所），初级中学9所（全部为教育部门办校），完全中学13所（教育部门办校11所、民办校2所），高级中学3所（教育部门办校1所、民办校2所），九年一贯制学校39所（教育部门办校31所、民办校8所），十二年一贯制学校31所（教育部门办校17所、民办校14所），特殊教育学校1所，中等职业学校5所，其他法人单位16个。招生89859人（幼儿园33812人、小学31555人、初中18294人、普通高中5543人、中等职业学校655人）；毕业57446人（幼儿园21424人、小学20993人、初中10226人、普通高中4402人、中等职业学校401人）；在校生307332人（幼儿园88926人、小学156698人、初中46620人、普通高中13859人、中等职业学校1229人）。全区有教职工39969人（幼儿园16811人、小学7085人、中学15162人、中等职业学校811人、特殊教育100人），包括高级职称3895人、中级职称7725人。北京市特级教师248人、北京市骨干教师332人、北京市学科教学带头人68人。全年教育总投入112.29亿元。全区教育固定资产总值119.60亿元。新建小学1所，设立学区15个。

2020年，朝阳区教委统筹做好疫情防控和义务教育优质均衡发展工作。组建“1＋12＋6＋9”疫情防控体系，获评“北京市抗击新冠肺炎疫情先进集体”。优化教育资源配置，12个学校（校区）实现优质化发展，公办中小学优质资源覆盖率100%。通过朝阳教育云推送学生居家学习课程资源包，实现疫情期间线上教学高效率。义务教育实现一年级学生100%就近入学，最后一批义务教育管理标准化建设54校通过达标验收，初三年级9700名学生开放性科学实践活动获20分满分，占毕业生总数的99.7%。初中毕业考试和高中招生考试实现“两考合一”。

各级各类教育实现新发展。学前教育三期计划收官，常住人口适龄幼儿入园率90%以上，普惠性幼儿园覆盖率83%以上。义务教育优质均衡实现全覆盖，集团化办学、学区制管理发展机制带动12个中小学及校区转型升级，实现公办中小学优质教育资源100%全覆盖。新增北京市职业院校第二批北京市特色高水平骨干专业（群）专业4个、高水平实训基地3个，“一校一品”优秀德育品牌影响力和育人效果凸显，职业高中学生获北京市餐厅服务项目选拔赛金奖并参加中华人民共和国第一届职业技能大赛。国际教育服务水平提升，北京中学东坝南校区、国际人才社区学校等国际化学校建设取得阶段性进展，大望京区域半小时优质国际教育服务圈初步形成。推进民办学校教育质量与信用评价公开，在全市率先探索第三方对民办培训机构预付费资金监管模式。完成非法自办校和无证幼儿园分类治理任务，非法自办校和无证园问题基本解决。完善中小学德育一体化体系，向全区家长提供家庭教育指导课程服务70余节；以“朝阳校园足球”等5个公众号为载体，推送微课、专家讲堂等信息200期，指导学生居家锻炼、掌握健康常识；组织“三大战疫有我有你”作品征集等活动，参与学生超过6万人次；依托职业学校为16所普通中学派送劳动教育课程30余门。完成首届初中劳动技术、信息技术学业水平考试。

教育人才队伍发展实现新提升。全年调整校级正职干部56人次、校级副职干部37人次。推进导师带教、市级

9月11日，朝阳实验小学三里屯分校体育教师到河北对口支援学校支教（朝阳区教委 供）

研修合作共同体、“博研苑”等高端人才培养项目，为市级学科带头人、市级骨干教师、博士教师选配专家导师，为高层次人才成长搭建平台。完成职称全系列评审和3年1次各类骨干评选工作。通过北京市“十三五”时期干部教师培训评估验收。

1月17日，呼家楼中心小学团结湖分校举办第五届文化节暨第一届京剧节　（朝阳区教委　供）

教育服务保障能力得到新提高。全区83所结对单位全部完成教育扶贫任务。区教委被评为北京市国家安全工作先进集体。有序整改国有资产出租出借；政务服务事项网上办结率继续提升，依法完成行政许可事项1382件，备案事项157件。区教育系统受理市民热线“接诉即办”来件14261件，全年办结率100%。区委教育工委、区教委被评为市委、市政府“首都拥军优属拥政爱民模范单位”“北京市‘七五’普法先进集体”，朝阳区入选教育部“基于教学改革、融合信息技术的新型教与学模式”实验区、教育部“基础教育国家级优秀教学成果推广应用示范区”。朝阳区教育关工委被评为“全国关心下一代工作先进集体”，是全市唯一入选的区级教育单位。

落实疫情期间减免中小微企业房租有关政策，助力学校纾困解难。学生资助聚焦重点群体精准帮扶，区教委获“首都学生资助典型经验单位”称号。通过线上、线下培训手段开展教育扶贫。100名干部教师赴受援地支教，接收受援地区154名干部教师来区跟岗培训。

（张明）

干部教师队伍建设

2020年，朝阳区教委加强干部教师队伍建设。创新干部教师研训模式，形成线上线下相结合学、思、考闭环培训管理机制。推进导师带教、市级研修合作共同体、博研苑等高端人才培养项目。统筹全区学校编制管理，按照“区管校用”原则，建立超编教师资源调配库，用于调剂缺编单位人员需求，全年为35所中小学调剂学科教师194人。完成基层学校283名临时聘用教师审批和备案审核工作，解决学科教师缺口问题。采用面授和网授相结合形式，对幼儿园干部教师实施分岗培训，开设专业必修、选修培训课程19门，培训学员27137人次，保证幼儿园教师必修任务完成。完成2019届新任教师上岗培训，959名新任教师全部结业，其中191人达到优秀等级。启动第五轮新任教师3年整体培训培养，培训为期1年，2020届579名中小学新任教师参训。印发《朝阳区深化新时代中小学校思想政治理论课改革创新实施意见》；创设网络述职评议系统和主题式培训模式，确保283个基层党组织书记年度述职评议考核两个“全覆盖”。

（李丽艳　耿建　宋丹）

素质教育加强

2020年，朝阳区教委着力加强素质教育，培育全面发展的学生。制订新冠肺炎疫情期间师生心理健康教育十项措施，开展“凝聚正能量　同心抗疫情”“2020·清明祭英烈”等线上教育活动。编写《朝阳区中小学校垃圾分类知识教育读本》，开展百余场垃圾分类活动；通过举办“制止餐饮浪费行为”“美好‘食’光”等校园系列活动，让学生践行“光盘行动”；开展“12·4宪法诵读”“争做守法小公民”和“五个一”法治教育等活动，引导学生树立法治观念。加大劳动教育力度，对普通中小学兼任劳动教育课程教师进行线上劳动教育专题培训，利用职业学校资源开发劳动教育课程及区级选课系统，举行“劳动是最好的教育”主题总结会。举办第五届校园文化节；完成“十三五”时期评选百个学校文化特色品牌项目任务；完成2020年度全国文明城区和未成年思想道德建设测评，1所学校入选第二届全国文明校园。全区中小学校“交通副校长”增至65人。区教委获教育部支持未成年人校外教育项目经费支持149.26万元，用于建设线上资源教室及课外校外课程研发。4所学校被认定为区级青少年校园足球特色学校，8所学校被认定为全国青少年校园足球特色学校。

（乔春江　李扬）

学前教育普惠多元发展

2020年，朝阳区推动学前教育普惠多元发展，形成以公益普惠幼儿园为主体、符合区域需求的各类民办幼儿园为补充的多元发展新格局。通过新接收配套园、改造系统内资源举办普惠园、解决历史欠配欠缴、支持其他机关企事业单位和社会力量办园等方式，扩充学位 8800 个。推进城镇小区配套幼儿园治理工作，涉及配套幼儿园转普惠园 95 址，全部完成普惠性幼儿园认定。利用其他国有资源办园、社会资源举办非普惠园转制形式并举，在入园紧张地区鼓励非普惠性民办幼儿园开办普惠班。普惠性幼儿园覆盖率提升至 83%。开展学前教育督查工作，建立督查员月考核机制，将督查检查结果运用于幼儿园年检和考核中。按计划完成 22 所幼儿园等级认定，实现《朝阳区第三期学前教育行动计划》中提出的“实现幼儿园级类管理全覆盖”工作目标。全区有 307 址幼儿园被纳入级类管理，级类覆盖率 80.1%，其中一级以上幼儿园 248 址，占比 64.8%。完成区域内 122 址普惠园课程论证和指导。

（邢凯）

第三期学前教育行动计划完成

2020 年，朝阳区完成第三期学前教育行动计划目标。第三期计划于 2018 年启动，其间，全区新增学前教育学位 2.70 万个，常住人口适龄幼儿入园率达到 90%，毛入园率超过 100%，普惠率由 2017 年的 45.1% 提升至 83%；全区公办园占比 51%，一级以上幼儿园占比 64.8%；规范整治无证幼儿园 235 所。2018 年至 2020 年，政府累计投入学前教育财政性经费 475187.67 万元（市级投入 178905.51 万元、区级投入 296282.16 万元），经费投入占教育经费总投入比率逐年上升，2020 年达到 14.3%。幼儿园专职保安配备率、封闭化管理达标率、一键式报警器和视频监控系统达标率实现“3 个 100%”。

（邢凯　慕学锋）

职业教育发展

2020 年，朝阳区着力提升职业教育办学水平和服务能力。全区 3 所职业学校有序推进线上教学，开展课程资源建设，加强居家劳动指导，培养学生劳动观念，带动家庭、社区参与垃圾分类。区教委指导各校制定促进毕业生就业专项工作方案，促进毕业生就业；组织建立教学计划备案机制。优化专业结构布局，新增专业（方向）5 个，撤销专业（方向）4 个，新增“3 + 2”中高职衔接办学专业（方向）8 个。推进北京市特色高水平骨干专业（群）建设，整合学校资源，4 个专业入选北京市特色高水平骨干专业（群）建设名单，全区“特高”骨干专业（群）数目增至 7 个，另有“特高”实训基地（工程师学院、技术技能大师工作室）6 个。完成 900 余名职高学籍和成人中专学籍学生毕业材料审核，完成 2020 年全国中等职业学校专业设置管理系统信息填报区级审核。

（张林）

市民终身学习推进

2020 年，朝阳区利用现有优质资源，继续推进市民终身学习。全区有职工大学 1 所（北京市朝阳区职工大学），市民终身学习示范基地 10 个，市民终身教育服务中心 6 个，街乡社区教育中心 43 个，社区教育学校 476 所。区教委推进老年大学分校“一校一品”特色建设，采取线上线下相结合的教学方式，开展社区教育骨干培训——“种子工程项目”，授课 450 余次，全年培训学员 17680 人次。疫情期间，利用网络平台为社区教育骨干学员、志愿者、社区青少年等推送防疫知识、垃圾分类、制止餐饮浪费等普及宣传课程。线上线下相结合研发“学生家庭生活指导及劳动教育视频课程”“家庭教育指导专家公众号直

11 月 26 日，三里屯幼儿园冬季锻炼活动启动

（三里屯幼儿园　供）

播课”150余节，专家下校下园举办讲座44场，惠及市民15万人次。

（刘顺宝　王艳萍）

民办教育监管加强

2020年，朝阳区教委推进民办教育改革创新。暂停线下培训，对群众提供的疫情期间民办学校擅自复课问题线索，坚持接诉即办、从速办结、严查严办，开展多部门联合执法检查20次，其中“天景恒国际教育机构”疫情期间擅自开展线下活动问题，经联合调查，由区市场监管局依法吊销其营业执照，这是全市首家因疫情防控期间擅自恢复营业而被吊销执照的培训机构。对提交书面申请且符合复课条件的88校（126址）学科类校外培训机构（含教委已批的其他培训学校）进行全覆盖检查，建立问题台账。制定《朝阳区教育系统民办学校分类登记工作实施方案》，推动现有民办学校变更法人登记类型。全年处理民办学校电话投诉1640件，政民互动3588件，信访事项22件，下发责令限期改正通知书105件，规范办学告知书18件。全年平稳关停未审批自办学校4所，历时近17年，完成未审批自办校治理目标。对无证幼儿园实施分类整治，规范7所无证园达到办园条件纳入民办园管理。全年疏解无证园29所，疏解培训学校13所。

（白俊毅）

教育督导落实

2020年，朝阳区加强教育督导，助力区域教育改革。履行监督政府职能，完成对朝阳区43个街道、地区（乡）办事处依法落实教育责任督导考核评价工作，为政府绩效管理考评提供数据信息。完成北京市关于开展义务教育教师工资待遇落实情况自查工作和北京市推进区域义务教育优质均衡发展专题督导调研。全面启动普通中小学综合督导工作，对全体中小学责任督学及学校校长、督评主管进行工作培训。围绕教育教学开学条件、垃圾分类工作、中高考考点等重点工作项目，完成各学段专项督导和经常性督导任务，责任督学下校9720余次。开展朝阳区幼儿园办园质量督导评估，完成378所（址）幼儿园网上自评，对154所幼儿园进行实地评估，完成148所幼儿园验收。

（苏纪玲）

陈经纶中学与国科大合作办学

4月28日，北京市陈经纶中学与中国科学院大学签署战略合作框架协议。双方协议共建中国科学院大学附属科技学校，同时在陈经纶中学所属嘉铭分校和保利分校挂牌。根据协议，双方将依托附属科技学校，发挥国科大在拔尖创新型人才培养、科教融合育人和科教资源等方面优势，以及陈经纶中学在基础教育改革和集团化办学等方面优势，合作打造中国科学院大学基础教育示范基地。10月16日，双方举办合作办学揭牌仪式，为“中国科学院大学基础教育示范基地”“中国科学院大学附属科技学校”“中国科学院大学附属科技学校科技创新实验班”揭牌，同时宣布成立院士教研室，为欧阳钟灿院士、李永舫院士颁发“中国科学院大学附属科技学校院士教研室特聘专家”聘书。

（罗军）

校园篮球教体融合启动

10月23日，朝阳区教委举办校园篮球“教体融合”启动仪式。活动为北京中学颁发篮球训练营总营证书，为16所分营承办校、18所成员校颁发证书，为“朝阳之星”男、女篮总教练颁发聘书。“朝阳之星”篮球训练营承办校、成员校师生代表300余人参加活动。

（周杰）

49项“名校长工程”课题结题

10月28日，朝阳区教委举行“名校长工程”校长课题结题答辩会。评审专家团由来自北京师范大学、首都师范大学、北京市督学研修中心教育评估与监测中心、北京

11月29日，朝阳区举办首届“朝阳之星”校园篮球赛
（明远教育书院实验小学　供）

教育学院的6名专家组成。经评审，参加答辩的49项课题全部符合结题鉴定要求，顺利结题。“名校长工程”校长课题是“双名工程”的组成部分，49项校长课题涵盖德育、管理、师资培养、队伍建设等领域。

（孙闪闪）

45个中小微企业租赁项目减免租金784.90万元

12月13日，朝阳区教育系统完成中小微企业房租减免任务。区教委国有资产管理中心按照区政府《关于支持企业应对新型冠状病毒感染的肺炎疫情稳定发展的若干措施》和区财政局《关于做好事业单位中小微企业房租减免工作的通知》要求，梳理教育系统所属各单位房产出租情况，按政策对45个租赁项目减免租金784.90万元。

（宋秀春）

3093.31万元学生资助金落实

至年底，朝阳区资助学生358403人次，落实学生资助总金额3093.31万元。其中，学前教育阶段资助262人次，资助金额21.36万元；义务教育阶段资助355928人次，资助金额2854.40万元；普通高中阶段资助1039人次，资助金额72.13万元；职业高中阶段资助1174人次，资助金额145.42万元。10月中旬，全区完成秋季各级各类学校家庭经济困难学生普查登记和首次认定，涉及494所学校（幼儿园278所、九年义务教育学校166所、普通高中46所、职业高中4所），308510名学生。

（马恬静）

丰台区

概述

2020年，丰台区教委辖属教育单位281个。其中，幼儿园145所（教育部门办园28所、其他部门办园4所、地方企业办园4所、事业单位办园1所、部队办园13所、集体办园23所、民办园72所），小学70所（教育部门办校65所、民办校5所），初级中学11所（教育部门办校10所、民办校1所），完全中学12所（全部为教育部门办校），高级中学4所（全部为民办校），九年一贯制学校13所（教育部门办校11所、其他部门办校1所、民办校1所），十二年一贯制学校5所（教育部门办校4所、民办校1所），特殊教育学校1所，中等职业学校5所，其他法人单位15个。招生42592人（幼儿园17592人、小学13590人、初中7629人、普通高中3145人、中等职业学校636人）；毕业28990人（幼儿园10971人、小学10172人、初中4648人、普通高中2425人、中等职业学校774人）；在校生140515人（幼儿园45012人、小学66600人、初中19032人、普通高中8148人、中等职业学校1536人、特殊教育学校187人）。教职工总数18278人（幼儿园7515人、小学4698人、中学5717人、中等职业学校307人、特殊教育41人），包括高级职称1777人、中级职称4450人。北京市特级教师76人、北京市骨干教师162人、北京市学科教学带头人28人。全年教育总投入54.68亿元。中小学固定资产总值30.89亿元（不含特教）。设立教育集群8个。

2020年，丰台区教育系统坚持一手抓疫情防控、一手抓事业发展，加快推进教育现代化。

10月28日，丰台区教委举办北京小学丰台万年花城分校办学实践研讨会　（丰台区教委　供）

优化教育布局。加快推进北京教育学院丰台分院实验学校市级重点建设项目等5个区级重点建设项目；加快办理北大附小丰台学校改扩建等2项建设工程前期手续，完成周庄子家园配套幼儿园等3所幼儿园和星河城配套小学接收工作。撤销北京市丰台区人民村小学整体并入北京市丰台区看丹小学，整合后的看丹小学和北京市丰台区看丹中学分别整体并入北京市丰台区丰台二中教育集团，分别更名为北京市丰台区丰台第二中学附属看丹小学和北京市丰台区丰台第二中学看丹校区；完成北京教育学院附属丰台学校对分校的合并，扩大优质资源覆盖范围；推进首都师范大学附属中学在分钟寺地区合作办学，引导优质资源向教育薄弱地区布局；完成7所停招学校撤并分流工作。推进第三期学前教育行动计划，新增普惠性学前学位990个；创新方式方法，推进无证幼儿园综合治理，将13个街乡镇86所无证园审批为社区办园点。

提高教育教学质量。强化德育工作，挖掘地区特色资源，开展“全要素、贯通式、实践性”思政课程体系研究，推动构建符合区域特点、贯通各学段、师生充分参与融入的新型思政课程。组织“凝聚正能量、同心抗疫情”主题活动。发挥职成一体化发展优势，成功申报市级特高专业（群）、工程师学院、大师工作室等8个项目，成立丰台区老年开放大学，持续开展丽泽大讲堂活动，探索线上终身教育新模式。

推进教育改革。全面开展线上教学，推进各校国家课程校本化实施。规范民办教育发展，分3批认定46所（53址）幼儿园为普惠性民办幼儿园，完成9718.50万元生均补贴拨付工作，惠及在园幼儿1.48万人。制定《关于落实受疫情影响支持民办幼儿园和教育培训机构稳定健康发展工作措施的方案》，帮助相关教育机构渡过难关。完成7家学科类教育培训机构审批工作。完成新一届中小学兼职督学换届聘任工作，组建专家团队，完成对公办园、民办园、社区办园点的自评及实地督评工作。

夯实工作基础。完成2批次应届毕业生公开招聘和退役士兵招聘，招聘应届毕业生338人。完成正高级教师、市级学科带头人、市级骨干教师（班主任）初评和推荐工作，新增特级教师12人。深化绩效工资改革，坚持向教育教学一线、班主任、骨干教师倾斜。推进城市安全隐患治理三年行动工作，年度监督检查学校幼儿园300所次，完成率100%。制定贯彻落实《北京市中小学校幼儿园安全管理规定（试行）》工作方案，建立区级学校安全工作联席会议制度，进一步实现资源整合、协同治理。开展垃圾分类、爱卫创卫工作，成立教育系统工作专班，统筹爱卫、创卫、垃圾分类、光盘行动等工作。开展“小手拉大手，垃圾分类你我同行”等主题教育活动。接待来访1170人次，受理群众接诉即办3852件，完成人大代表建议、政协委员提案办理44件。与对口帮扶地区新建结对校18对，选派校长、德育干部送教，派遣教师支教36人，连续10年做好内地新疆高中班承办工作。

（陶慧贤　武卫华）

教育帮扶活动

2020年，丰台区继续推进对口帮扶工作。8月15日至19日，选派10名优秀教师到河北涞源，开展“2020年京冀对口帮扶涞源县小学班主任教育管理能力提升项目培训”。涞源县100名小学班主任参加培训。11月，北京教育学院丰台分院组织专家团队14人开展为期5天的援藏活动。活动内容包括参观拉萨北京实验中学“山水学府生态校园”特色校园文化，沟通听评课和培训需求，举办学科专题讲座等。北京市丰台区职业教育中心学校开展支教、送教、挂职等“手拉手”项目校际交流活动；实施“北京访学计划”，提高建档立卡贫困户学生职业技能；通过信息化手段建立资源共享机制，向结对学校推送优质教育资源。完成河北威县、沽源县、涞源县职教中心和内蒙古林西县职教中心、扎赉特旗中等职业学校电子商务、学前教育专业72名学生访学接待工作。

（刘建　蒋莎莎　孙晓娟）

教师合唱团创编防疫歌曲《守护》

2月，由丰台区教师合唱团原创录制的抗疫歌曲《守护》在腾讯视频、优酷视频、网易视频等媒体平台播放。该歌曲由合唱团2名音乐教师居家完成词曲创作和编排。歌曲时长5分32秒，由合唱团全体教师51人线上完成识谱、练唱、录音及后期剪辑等工作。

（王云鹏）

10月13日至12月15日，教育学院丰台分院举办第六期中华优秀传统文化习养教室种子教师培训　（丰台区教委　供）

中华优秀传统文化习养教室种子教师培训

3月31日至5月26日和10月13日至12月15日，北京教育学院丰台分院分别举办第五期和第六期中华优秀传统文化习养教室种子教师培训。2次培训均以线上线下相结合的方式开展，面向中小学教师，实现全国227个城市3000余人次线上参训。研修班举办专家讲座10次、专题研讨会3场、研学体验2次、案例分享会1场，形成21万字的案例集。

（王贝贝）

7所首批中小学生涯教育基地校揭牌

12月24日，丰台区首批中小学生涯教育基地校揭牌。相关评选工作由北京教育学院丰台分院主办，经学校申报、评审组初评、复评后，认定首批基地校7所。各校将发挥自身优势，在促进本校学生全面发展基础上，带动全区，辐射全市，推动区域生涯教育工作深入、可持续发展。

（卢元娟）

“十三五”名校长（园长）工作室结业

12月28日，丰台区教委举办丰台区“十三五”名校长（园长）工作室结业典礼。活动中，2名名校长（园长）代表、2名工作室学员代表和2名工作室特聘专家分别作典型发言；丰台区委教育工委、区教委领导，名校长（园长）共同为学员颁发结业证书和理论实践成果集。该项工作于2018年启动，首批成立名校长（园长）工作室6个。经过3年学习，6个工作室的学员经考核全部达到合格标准，顺利结业，形成《蓄势待发　乘风破浪》学习成果文集。

（史雨淋）

561课时“空中课堂”义务教育课程录制完成

至年底，北京教育学院丰台分院完成561课时“空中课堂”义务教育课程录制工作。录制工作选取信息中心、北京市丰台区丰台第五小学、首都医科大学附属小学、北京师范大学实验中学丰台学校4个单位建立拍摄基地。4月13日至6月22日，完成477课时春季学期义务教育学科课程录制；8月17日至10月21日，完成114课时秋季学期义务教育初中课程录制。全部课程分别在歌华有线“空中课堂”12个电视频道播出和回放，同时在北京数字学校网站和互联网平台提供点播。

（刘顺长）

至年底，教育学院丰台分院完成561课时“空中课堂”义务教育课程录制工作　（丰台区教委　供）

两家青少年法治教育实践基地挂牌

至年底，丰台区新增2家青少年法治教育基地。2个基地分别设在北京市丰台区丰台第二中学教育集团和北京市第十八中学附属小学，将探索创新法治宣传教育的方式和手段，丰富完善法治宣传教育的内容和载体，凝聚各方力量构建学校、社会、家庭三位一体的青少年法治教育体系，形成多方参与的青少年法治教育格局，打造丰台青少年法治宣传教育品牌，形成丰台普法新名片。至此，丰台区青少年法治教育基地挂牌单位达到4家。

（张晓莞）

石景山区

概述

2020年，石景山区教委辖属教育单位109个。其中，幼儿园46所（教育部门办园10所、民办园29所、地方企业办园3所、事业单位办园1所、部队办园2所、集体办园1所），小学25所（全部为教育部门办校），初级中学6所（全部为教育部门办校），九年一贯制学校5所（教育部门办校4所、民办校1所），高级中学2所（全部为教育部门办校），完全中学3所（全部为教育部门办校），十二年一贯制学校5所（教育部门办校3所、地方企业办校1所、民办校1所），特殊教育学校1所，中等职业学校3所，其他法人单位13个。招生15616人（幼儿园6136人、小学4847人、初中3123人、普通高中1428人、职业高中82人）；毕业10853人（幼儿园3360人、小学3767人、初中2214人、普通高中1416人、职业高中96人）；在校生51840人（幼儿园15361人、小学24131人、初中8392人、普通高中3655人、职业高中220人、特殊教育学校81人）。教职工总数7150人（幼儿园2704人、小学1353人、中学2890人、中等职业学校169人、特殊教育34人），包括高级职称1011人、中级职称1794人。北京市特级教师21人、北京市骨干教师55人、北京市学科教学带头人12人。全年教育总投入23.20亿元。中小学固定资产总值28.61亿元。设立学区4个。

2020年，石景山区教育系统统筹推进“十三五”和“十四五”过渡衔接，统筹疫情防控和教育事业改革协调发展。加强党对教育事业的领导，印发《石景山区关于进一步深化集团化办学改革实施意见》《关于深化新时代学校思想政治理论课改革创新实施方案》等。夯实基层党组织建设，打造“红帆”教育党建品牌，推进“双报到”工作，开展“一校一品牌、一校一特色”基层党建品牌建设。加强干部队伍建设，推进校长职级制改革，开展第二期“书记、校长工作室”工作总结，市级重点课题“校长职级制背景下的校长队伍建设”立项。提升文明创建工作水平，构筑“1＋8＋3”文明建设推进体系。其中，“1”是创建文明校园，100%公办、民办校参与文明校园创建，15所学校被评为首都文明校园，25所学校获首都文明校园提名；“8”是开展“新时代好少年”学习宣传、“传承红色基因”系列教育、中华优秀传统文化传承、学雷锋志愿服务、“劳动美”社会实践、“阳光成长”心理健康教育、中小学冰雪运动、新时代校园爱国卫生运动8项爱国文明教育主题活动；“3”是构建“小手拉大手　文明齐步走‘六个一’”教育体系、学校家庭社会“三结合”教育体系、校园周边环境综合治理体系3个家校文明建设体系。推进“红领巾奖章”激励体系试点工作。

坚持五育并举。落实立德树人任务，开展“新时代好少年”学习宣传活动，3名学生获评2020年首都“新时代好少年”，1名辅导员获评“全国优秀少先队辅导员”、2名学生获评“全国优秀少先队员”。构建区级录课中心，开展“一师一优课，一课一名师”活动，推进“当代好课堂”课改项目。制定区域学生创新培养行动计划，形成市、区、校三级创新人才培养机制。创新“体教融合”，与中国滑冰协会开展合作，完成全区210名体育教师滑冰初级指导员培训，举办第二届中小学生冬运会。加强心理健康教育，编写和录制《石景山区生命教育读本》等教育资源，建好用好未成年人心理健康辅导站，4303人次受益。制定《石景山区统筹推进中小学2020—2021年第一学期期末及寒假心理健康教育工作实施方案》，完善心理健康问题预警机制。

提高教育公共服务水平。通过将接收的小区配套园举办为公办园或普惠园、审批民办普惠园、推动普惠园满学位招生等举措，提高学前教育普惠率。印发《石景山区进一步深化教育教学改革　全面提高义务教育质量实施意见》，制定教学管理、考试组织等6项工作方案，科学合理开展课程实施。发挥北京市职业教育培训基地作用，开展在校生、残疾人、失业人员、市民终身教育、行业工程师培训和中小学生职业体验等社会培训5000人次。通过“三石学堂”线上学习平台，推送科学防疫、运动养生等17类“课程群”。成立民办教育管理服务中心，向79个校外培训机构颁发办学行为规范公示牌，将营利性培训机构纳入预付费监管平台。科学编制教育专项规划，建立GIS基础教育数据库。提升校园安全管理水平，为全区各校配备2名法治副校长、1名交通副校长、1名消防副校长、1名消防协管员，全区100%中小学、幼儿园达到平安校园建设标准。强化食品卫生安全管理，建立食材物料进货渠道定期摸排和冷冻冷藏食品定期检测制度。制定《石景山区教育系统推进新时代爱国卫生运动工作方案》，统筹推进健康教育等“九大行动”。

做好基础管理，服务保障疫情防控和事业整体发展。制定《石景山区教育委员会主任办公会制度》《石景山区教育系统学生集体外出活动备案管理办法（试行）》《外国学生就读石景山区幼儿园、普通中小学、中等职业学校管理办法》《石景山区教育系统外籍教师管理办法》等，提升教育治理能力和水平。建立统一领导、科室协调、各负其责的信访工作机制。

（姜玮　王蕾）

教育帮扶

2020年，石景山区教育系统继续开展对内蒙古宁城、内蒙古莫旗、河北顺平、青海称多四地的扶“智”与扶“志”工作。选派40名干部教师开展支教工作；加强人才培训，录制课程60余节，线上培训受援地区干部教师4780人次；承接受援地区271名干部教师来区研修学习、下校跟岗实

2020年，北方工大附属学校支教宁城教师作四年级全县公开课
（石景山区教委　供）

践；43 对结对校利用网络开展教育教学研讨交流、向白衣天使致敬等主题教育活动；资助受援地区贫困学生 5468 人。

（姜玮）

集团化办学改革研讨

1 月 13 日，石景山区教委召开集团化办学改革研讨会。会议组织研讨《石景山区关于进一步深化集团化办学改革的实施意见》，作出“立足区情和教育集团化办学改革实际，吸纳国内、北京市先进区县成功经验，推动课程教学资源流动和共享，促进集团内涵质量提升和人才的贯通培养，加大人事管理机制改革，充分盘活教育人力资源，健全考核评估和奖励激励机制，奖励激励政策向教育教学一线教师和跨校轮岗交流、任职的干部教师倾斜”的工作要求。区教育两委领导，石景山区 8 个教育集团核心校负责人及部分成员校校长 20 人参加研讨交流。

（丁荣利）

石景山区中小学首届冬季运动会

1 月 18 日，“冰雪好少年　筑梦石景山”北京市石景山区奥林匹克教育成果展示暨中小学生首届冬季运动会开幕式在石景山区市民冰雪中心举行。开幕式集中展示石景山区冬奥知识普及、冰雪运动技能提升、冬奥精神传承、冬奥教育品牌学校建设 4 项重点工作成果。来自全区 20 余所冰雪运动特色学校的 300 余名学生参加开幕式演出。区委、区人大、区政府、区政协、北京冬奥组委、市教委、中国滑冰协会等相关部门领导，教育系统师生代表等 1300 余人参加开幕式。运动会为期 3 天，设置短道速滑、冰壶、冰球 3V3、花样滑冰队列滑 4 个项目，同时开展会徽、会旗、口号、奖牌设计等征集活动，形成赛事品牌文化。

（金清苗）

36009 册垃圾分类知识读本印发

9 月 7 日，石景山区教委、区城市管理委员会共同编印《石景山区垃圾分类知识学生读本》36009 册。根据中小学生不同的年龄阶段、认知特点和实际需求，该读本分为小学低段、小学高段、中学阶段 3 册，记录垃圾分类相关通识性知识，为学校校本课程开发与实施、垃圾分类知识推广普及提供素材和依据。

（康爱农）

职业教育活动周

11 月 18 日，石景山区教委举办“全民智学促治理　素质提升增效能”2020 年石景山区职业教育活动周主题活动。现场进行“中宣部数字影音互动科技与标准国家重点实验室”“健康产业供应链的社会培训基地”“中央广播电视总台著名播音员、节目主持人虹云老师工作室”3 个重点项目签约，同时发布自主开发的劳动教育基地资源。劳动教育资源面向全区中小学，横向分为生活类、服务类、生产类 3 个大类，纵向分为小学低年级（三年级至四年级）、小学高年级（五年级至六年级）、初中（七年级至八年级）3 个阶段，推出 3 个类别 6 个层级 96 门课程，采取线上、线下 2 种授课模式，利用学生碎片化时间，建立家校社协同育人途径。相关单位及企业代表等 80 余人参加活动。

（彭中群）

“当代好课堂”课改项目推进

至年底，石景山区教委继续推进“当代好课堂”课程教学改革项目。11 月 4 日，召开 2020 年“当代好课堂”项目工作研讨会，22 所项目校分别从项目工作开展情况、成效、存在问题及下一步工作思路等方面汇报工作。12 月，委托北京菲尔麦德咨询有限公司对“当代好课堂”项目开

1 月 18 日，石景山区中小学首届冬季运动会开幕

（石景山区教委　供）

展第三方绩效评价。评价结论为：该项目绩效目标明确合理，项目组织机构完整，执行规范有效，项目效果显著。经专家统一意见，综合评价90分，评价等级为优。

（王贤鑫）

海淀区

概述

2020年，海淀区教委辖属教育单位419个。其中，幼儿园201所（教育部门办园21所、其他部门办园17所、地方企业办园4所、事业单位办园26所、部队办园36所、集体办园24所、民办园72所、中外合作办园1所），小学122所（教育部门办校97所、其他部门办校9所、民办校16所），初级中学6所（全部为教育部门办校），完全中学38所（教育部门办校29所、其他部门办校4所、民办校5所），高级中学3所（其他部门办校1所、民办校2所），特殊教育学校2所，工读学校1所，职业高中1所，其他法人单位45个。招生103243人（幼儿园27898人、小学34204人、初中25188人、普通高中15046人、职业高中907人）；毕业70996人（幼儿园10249人、小学26537人、初中19452人、普通高中14082人、职业高中676人）；在校生364700人（幼儿园72439人、小学179579人、初中69748人、普通高中40302人、职业高中2152人、特殊教育学校480人）。教职工总数38197人（幼儿园13130人、小学8390人、中学15914人、中等职业学校415人、特殊教育270人、工读教育77人），包括高级职称4835人、中级职称8577人。北京市特级教师211人、北京市骨干教师305人、北京市学科教学带头人63人。全年教育总投入141.59亿元。中小学固定资产总值140.18亿元。新建小学2所、九年一贯制学校1所。设立学区17个。

2020年，海淀区教育系统在推进海淀教育高质量发展上持续发力。

推动各级各类教育优质均衡发展。完成第三期学前教育三年行动计划，扩增幼儿园学位9300个，3年累计增加学位2.43万个。5项新建改扩建工程新建改扩建面积76029平方米；8项紧急扩学位应急工程扩建综修面积11480平方米，增加中小学学位4760个。持续在北部地区引入优质资源，为北京市海淀区和平小学加挂“北京市海淀区教育科学研究院未来实验小学”校牌，引入北京市十一学校等5所优质中小学到北部办学，推进部分中学开办小学部，3所中学增设小学部并开学招生。推动中国地质大学、中国政法大学支持4所中小学发展项目，借助驻区高校资源优势，提升中小学办学品质。新评选第二批新优质学校26所，扩充优质教育资源总量。认定18所新品牌学校，完成“十三五”时期高中学校分层分类发展规划，持续通过新品牌建设为全区高中学校多样化特色发展提供先进经验。入选普通高中新课程新教材实施国家级示范区，成立示范区建设工作领导小组和工作小组，将示范区建设纳入区委教育工作领导小组议事日程，加强顶层设计、统筹推进。完成中国教育学会高中新课程新教材实施“领航计划”培训团队研修、省域研修实施方案研制和部分实施工作。

“互联网＋教育”彰显海淀教育创新基因。成立海淀区互联网教育研究院。启用全市首个区级中小学资源平台，提供五大资源库，建成支持6000个自然班同时在线授课的

11月19日，中关村一小原创校园京剧《精忠报国》获“小梅花”集体节目称号　　（海淀区教委 供）

云直播平台。研制 2020 春季、秋季学期中小学全学段、全学科“海淀 · 空中课堂”微视频课程资源 9007 个。承担教育部 2020 年秋季学期国家中小学网络云平台和中国教育电视台“同上一堂课”课程资源建设工作，完成中小学 11 个学科 2084 个课程资源包研发工作。申报并获批成为教育部“基于教学改革，融合信息技术的新型教与学模式”实验区。加快智慧校园建设，推进中关村科学城“未来实验学校”等 70 个智慧校园建设工作。完成 1078 间智慧教室升级改造工作。

深化职业教育内涵发展。开设“3 ＋ 2”中高职衔接专业，推进职普融通，与中国人民大学附属中学合作，开办综合高中班，深化教育教学模式改革。开展校企合作，建设市级特高骨干专业（群）、工程师学院，全国中职首家国家信息安全水平考试（NISP）授权认证中心落户海淀。探索“互联网＋德育”教育新模式，打造北京市“一校一品”德育品牌。推进双创课程实施和平台建设。

融合教育形成海淀经验。全面落实海淀区特殊教育提升计划，新建学区资源中心 5 个，学校资源教室 5 个。疫情期间因时制宜推进“一生一案”实践，解决 49 名重残儿童教育安置问题；走进 40 所学校为 500 余名学生提供筛查评估，为重难点个案提供直接教学支持 1780 课时。开展专业主题线上培训，辐射 5 省市 5 万余名特殊教育教师、资源教师。随班就读工作经验在教育部官网作为典型经验向全国推广。

民办教育规范有序发展。确保校外培训机构在延期开学期间“零开课”。引导培训机构签订主动退费承诺，实施无条件按比例退费，先后组织 60 个培训机构签订承诺书。分类推进无证园治理，推进社区办园点转化，基本消除无证园。设立审批民办幼儿园 15 所，增加学前学位 4800 个；设立民办学校 2 所，增加学位 2000 个；新审批营利性校外培训机构 26 个，开展不定期巡查，引导举办者依法依规办学。

做好教育对口支援工作。区教委获“北京市扶贫协作奖组织工作奖”。开放中小学资源平台，为受援地中小学师生提供免费课程万余节。承接 115 名受援地干部教师来京跟岗培训。新增各地结对学校 47 所。选派 40 名干部教师赴新疆、45 名教师赴内蒙古和河北开展援助工作。支持当地 21 名援疆干部教师、4 名援藏干部、1 名援青教师、6 名援蒙援冀教师继续完成支教任务。根据受援地区需求，组织学科专家、干部党建专家赴各地送教讲学。

（尹涛　宋亚甬）

学前教育普惠优质发展

2020 年，海淀区教委完成第三期学前教育行动计划各项任务，推动学前教育普惠优质发展。增加普惠性学位 7800 余个，学前三年毛入园率达到 91%，全区有普惠性幼儿园 173 所，提供普惠性学位 6.60 万个，普惠性学前教育覆盖率达到 92%。完成 304 所幼儿园（点）自评，对 21 所幼儿园开展办园质量督导评估，督评结果为 A 等级园 6 所、B 等级园 13 所、C 等级园 2 所。

（宋亚甬）

垃圾分类工作推进

2020 年，海淀区教育系统高度重视垃圾分类工作。疫情期间，海淀中小学资源平台开设专栏，将环境保护、城市文明、垃圾分类等教育视频资料集中上传，供全区 30 余万名中小学生学习。成立区教育系统生活垃圾分类工作领导小组，下设综合协调组、实施保障组、学校教育组、信息宣传组、党建引领组、监督执纪组 6 个小组；要求全系统各单位各学校积极行动起来，在中小学生中普及垃圾分类知识，通过“小手拉大手”鼓励学生带动家庭影响社会，共同参与垃圾分类。4 月 30 日，通过视频会议形式举行生活垃圾分类承诺签约仪式，采取“现场＋云签约”2 种形式，

4 月 30 日，海淀区教育系统举办生活垃圾分类承诺签约仪式
（海淀区教委　供）

同时启动面向教育系统各单位以及全区学生和家长进行生活垃圾分类承诺签约的部署。视频会议主会场，5所学校和幼儿园与区教委签订落实生活垃圾分类责任的承诺；北京交通大学附属小学分会场，学校、学生和家长签订家校携手践行生活垃圾分类承诺书。

（宋亚甫）

体质健康提升“三精准”项目推进

2020年，海淀区教委继续推进学生体质健康提升“三精准”项目。项目联合北京师范大学专家团队，更科学有效、精准指导全区中小学生体质提升的探索和改革。“三精准”即精准测试、精准分析和精准干预，通过精准采集学生身体成分数据及多维度健康指标数据；对学校、年级、班级以及每名学生的数据进行精准分析，出具体适能健康报告，为下一步对学生身体的精准干预提供可靠依据，通过持续监测和精准干预做到大面积、大幅度提升学生体质。9月18日，举办学生体质健康提升“三精准”座谈会，要求有关部门及8所试点校将工作具体落实到位，探索高标准海淀版《学生体质健康标准》，形成增强学生体质健康“海淀模式”。10月27日至11月10日，举办“三精准”精准测试工作，增加健康体适能拓展测试项目，检测和评估感统失调、上肢及抓握能力弱等相关问题。来自8所试点校小学一年级至五年级和初一、初二年级的8164名学生参加测试。专家团队为区级及每所学校从学校、年级、班级、体育教师和学生本人5个层次出具分析报告，并从学生和学校2个层面进行干预指导。根据测试结果，每名学生获得个性化“运动处方”，并结合微信小程序，呈现过往和实时体测数据与状态分析，定期更新“运动处方”。

（宋亚甫）

线上线下送教送课

2020年，海淀区继续推进教育帮扶工作，线上线下送教送课。4月，加强与受援地区沟通交流，发挥在线帮扶优势，深化教育扶贫工作。组织区内15所学校与河北省赤城县第二批15所学校进行手拉手结对网络签约，实现赤城县乡镇学校结对全覆盖。区教委鼓励各校开放自有网络资源，采取教师、学生在线一对一结对的方式开展在线教育帮扶。海淀区教育科学研究院升级优化海淀视频资源网，除原有“一师一优课”内容以及海淀区自有的教学微课、校园电视台节目、学生影视作品等，增加“百校百剧”安全教育类资源，为受援地学生增加“空中课堂”栏目模块并为各受援地各增加100个用户。4月起，海淀区中小学资源平台向各结对地区中小学师生免费开放并开辟“多元文化”栏目。9月12日，北京市信息管理学校为帮扶校学生搭建实习就业平台，安排内蒙古科右前旗民族中等职业学校4名学生进入广电国际酒店中餐厅顶岗实习，跟随酒店师傅进行为期1年的跟岗实习。此次帮扶属于教育扶贫就业的破冰项目，运行情况具有示范和引领作用。9月，6所中小学为内蒙古、河北两地8所中小学送教送课。11月11日至12日，与内蒙古敖汉旗新建立7对手拉手学校，其中6所学校以“一拖二”形式结对，新增北京交通大学附属中学与敖汉旗新惠第六中学结对。

（宋亚甫）

首个区级中小学资源平台启用

2月17日，海淀区中小学资源平台启用。平台面向全区师生投放学习资源，内设人文、科学、信息、学科、综合5个资源库，“空中课堂”和“多元发展”2类资源包，同时提供每周7天每天24小时的问题答疑和指导帮助等在线服务。平台注册用户62万余人，高峰日浏览量40余万次，累计浏览量超过4000万次。

（宋亚甫）

国内首部校园安全教育电影首播

3月29日，由海淀区教委牵头出品的国内首部校园安全教育电影《妈妈你真棒》首播，上午9时起，在腾讯视频搜索“妈妈你真棒”即可会员免费观影。该电影联合教育部规建中心、应急管理部宣教中心、共青团中央网络影视中心等6家单位策划出品。2019年9月，该电影入选教育部、中宣部《第39批向全国中小学生推荐优秀影片》，于同年9月至12月在北京、上海、广州进行点映，并于2020年2月27日入围第53届休斯顿国际电影节最佳叙事长片。影片在90分钟内展现20余种灾害的应对知识和应急技巧。2名主演来自海淀区2所学校，校园部分拍摄取景于北京市第一〇一中学。

（宋亚甫）

中学增设小学部首次电脑派位

6月13日，海淀区教委首次对3所中学增设小学部实现电脑派位入学。海淀区政府、区委教育工委、区教委等单位领导，相关5个学区、增设小学部的3所中学校长、部分家长代表共同见证派位全过程。在公证处公证员监督下，最终，280名适龄儿童被派入北京教育科学研究院实验小学、人大附中翠微学校小学部和上地实验学校小学部3所中学增设小学部。自2020年起，海淀区新建小学和中学新增设的小学部，原则上实施多校划片。

（宋亚甫）

率先使用国家教育考试综合管理平台

7月7日，海淀区率先使用国家教育考试综合管理平台。海淀区作为北京市国家教育考试综合管理平台试点地区，遵循《国家教育考试综合管理平台建设指南》，通过“一网、三库、五系统”（“一网”指区、考点、考场三级联通的考试专网；“三库”指考生库、工作人员库、考试场所库；“五系统”指试卷流转跟踪、远程电子高清巡查、试卷智能保密、身份识别认证、可视辅助决策系统），建设“区—考点—考场”

三级共享的国家教育考试管理云平台，实现考情数据全入库、高清视频全覆盖、指挥指令实时达、考务管理电子化。

（宋亚甫）

心理安全教育项目

10月20日，海淀区教委启动“心理安全教育项目”。项目组建由北京教育科学研究院教授、国家二级心理咨询师、中小学心理教师等组成的保障团队，选取八里庄学区作为试点学区，面向学区内8所中小学开展。至年底，采取线上线下相结合方式，完成心理微课推送，开发制作视频微课30节，每周在“八里庄学区心理安全驿站”微信公众号发布；围绕学生心理危机产生的主要因素，设计出团体活动方案；根据学生心理普测反映出的问题和面向师生家长的调研，为学校依需定制专家讲座23场，其中学生讲座14场、家长讲座6场、教师班主任讲座3场，惠及8116人次。项目组以腾讯会议形式开展心理教师专题教研活动5次，面向家长举办10场线上专家讲座和10场线下“高效能父母”家长工作坊。经专家汇总统计分析，形成《八里庄学区心理健康测评综合报告》，对疑似存在心理安全隐患的学生，按照3个层次分别由班主任、学校心理教师、学区心理援助机构专家提供关注和跟进。专家团队为有心理困扰和家庭教育咨询需求的学生和家长提供心理辅导，累计超过360小时。

（宋亚甫）

教育创新人才培育工程启动

10月21日，海淀区教育创新人才培育工程启动仪式在北京市十一学校举行。该工程是区委、区政府落实2019年海淀区教育大会精神、创新教育人才培养模式的举措。区委教育工委、区教委和十一学校教育联盟总校、李希贵校长工作室于2019年下半年启动海淀教育创新人才培育工程计划。经过全区教育系统各单位推荐、笔试、面试、考察等环节，遴选出首期学员33人。项目以3学年为期，每学年分为春季、夏季、秋季3个学期，每学期集中学习1周，其他时间自主学习或在线交流，设置5类课程，以日常学习情况、参与性与创造性、进步与增值等对学员进行结业综合评定，着重提升青年管理干部的组织能力、决策能力和问题解决能力等关键能力，培育一批政治过硬、品德高尚、业务精湛、治校有方的领导人员。

（宋亚甫　潘超）

10月20日，海淀区教委启动“心理安全教育项目”
（海淀区教委　供）

学习心理品质调查项目完成

至年底，海淀区教委完成中小学生学习心理品质调查项目。该项目与北京师范大学基础教育质量监测协同创新中心合作开展，面向小学五、六年级学生和全体中学生124520人开展调查，结合日常观察和访谈，建立心理档案，开展分层心理服务。教育部、北师大专家，区教育科学研究院相关人员，中小学生学习心理品质调查项目组成员，区属各中小学校长和心理教师等200余人全程参与。项目最终形成海淀区中小学生学习心理品质调查报告1份，包括海淀区中小学生学习心理品质整体状况、影响中小学生学习心理品质的关键因素、需要重点关注的学生群体和学校中小学生心理健康预防与促进建议；中小学生学习心理品质学校反馈报告246份，包括学生学校心理品质整体状况、影响中小学生学习心理品质的关键因素情况及建议；有抑郁倾向、焦虑倾向、自杀或自伤意向（重度、中度、轻度）的学生心理健康风险人员名单246份。

（宋亚甫）

门头沟区

概述

2020年，门头沟区教委辖属教育单位97个。其中，幼儿园42所（教育部门办园25所、地方企业办园1所、民办园16所），小学23所，初级中学9所，完全中学4所，九年一贯制学校2所，十二年一贯制学校1所，特殊教育学校2所，中等职业学校1所，其他法人单位13个。招生9640人（幼儿园4220人、小学2739人、初中1723人、普通高中950人、中等职业学校8人）；毕业6364人（幼儿园2206人、小学1900人、初中1440人、普通高中800人、中等职业学校18人）；在校生30990人（幼儿园9624人、小学13841人、初中4732人、普通高中2642人、中等职业学校70人、特殊教育学校81人）。教职工总数3834人（幼儿园728人、小学1308人、中学1200人、中等职业学校120人、特殊教育30人、其他法人单位448人），包括高级职称963人、中级职称1591人。北京市特级教师7人、北京市骨干教师45人、北京市学科教学带头人6人。全年教育总投入19.40亿元。中小学固定资产总值30.09亿元。

2020年，门头沟区教委全面推进教育基础设施建设，着力优化调整教育资源配置，不断推进教育精品区建设。

教育改革发展取得新突破。发挥北部、中部、中南部和南部地区4个教育带优质学校带动作用，通过名校办分校、集团化办学、教育联盟、校际联盟等办学方式，落实北京市优质均衡发展计划。发挥优质小学引领作用，扩大小学办附属幼儿园的数量，提升区域幼儿园办园水平。推进16对城乡一体化学校建设捆绑发展。推进干部教师人事制度改革，通过“区管校聘”“共享教师”“银龄计划”“名师送教”等措施，加大优质师资普惠面，使教师由“单位人”转变为“系统人”。实行校长任期制，促进优秀校长向山区校和薄弱学校流动。完善校长职级制评价、考核、奖惩、培养、交流等实施细则，认定评审高级校长7人、中级校长6人，建设教育系统高素质专业化校长队伍。

教育内涵发展达到新水平。利用门头沟区独特的地理优势、历代传承的“六大文化”，结合“创城”“创耒”工作，讲好“四个一”的门头沟故事，传承红色基因。区域合作逐步深入，与西城区合作开展教研交流活动，推进与北京师范大学教育学部合作。健全习近平新时代中国特色社会主义思想教育学习机制，坚持各类培训“书记首课制”。实现党支部体检全覆盖，推进党组织规范化建设。以红色党建为统领，推进“红色+”党建品牌矩阵建设。推出“重温平西抗战历史传承红色基因”精品党课，开展“新时代中小学校党的建设质量提升”课题研究。组织3000余名党员群众参与“桶站值守”，支持推进垃圾分类工作。

立德树人，坚持创新。利用“互联网+”平台，提供爱国主义教育课程和资源。把抗击新冠肺炎疫情作为爱国主义教育的生动教材，优化教育内容和教育方式。推进“一站一营三全”育人模式。完成“北京市中小学生思想道德发展测评项目”调研。加强社会主义核心价值观教育，开展“门头沟区中小学‘致敬先锋　抗疫有我’主题教育实践活动”等系列活动，举办2020年门头沟区小学生宪法知识竞赛和中学生时事竞赛。打造少先队、共青团品牌项目，开展“与文明同行　争做新时代好队员”主题队日活动、“青春心向党　战‘疫’有担当”特别主题云团日活动等活动。完成北京市空中课堂（秋季）京版教材部分课程录制工作，组织教师录制数学课69节（初中49节、小学20节）。

教学改革不断深化。召开“线上线下混合式学习方式的思考与实践”研讨会，坚持疫情期间“停课不停学”。研制线上课程资源，通过空中课堂、微信等平台发布，惠及全区2万余名学生。建立四级调度指挥体系，做到“一校一策”，确保返校复课工作万无一失。推进小学生态课堂、中学有效常态课堂建设。完成义务教育学校管理标准化建设，实现100%达标。

学生素养全面加强。开展门头沟区第三届小学语文经典诵读活动、小学生英语配音比赛和中学第三届英语戏剧节等系列活动，提升学生学科综合素养。推进初中开放性科学实践活动，参与学生5000余人。继续推进校园冰雪运动和奥林匹克教育工作，开展冬奥知识竞赛、冰雪体验等活动。校园足球发展体系基本形成，区教委被认定为全国青少年校园足球“满天星”训练营，2所中小学被认定为国家级校园足球特色学校，6所幼儿园被认定为国家级足球特色幼儿园。

积极解决群众关切热点问题。学前教育普惠优质发展，常住适龄幼儿入园率由91.16%提升至96%，一级及以上园所占比达到40%。普惠性幼儿园覆盖率达到100%，提前超额完成北京市第三期学前教育三年行动计划中普惠率80%的任务。15所幼儿园质量督导评估评级达到B级以上，其中2所幼儿园达到A级。坚持融合发展，加强特殊教育资源持续供给。开展主题教育活动，落实新疆班生均补助标准，深化民族教育。提高“接诉即办”工作水平。

10月22日，门头沟老年大学开设书法课 （门头沟区教委　供）

完善监督管理机制。围绕春秋季开学、疫情防控等工作开展7次经常性督导，保障学校及园所正常教育教学。加强校园安全管理，“平安校园”区级验收通过率97.2%。创新安全宣传教育形式，利用“门头沟区学校安全教育平台”，构建从幼儿园到高中全年龄段、全覆盖的阶梯渐进式安全课程系统。加大人防、物防、技防投入，在全市教育系统率先实现学校消防中控室24小时双人持证值守要求。开展行政执法推进区域教育治理，以校章建设为抓手推进中小学内部治理。

（邓浩）

区融合教育推行委员会成立

2020年，门头沟区委教育工委、区教委成立融合教育推行委员会推进融合教育工作。6月，区教委、区特教中心启动融合教育推行委员会及专家委员会成立及运行调研工作。11月23日，区教委、区特教中心联合召开门头沟区2020年融合教育培训暨巡回指导工作布置会。会议针对普通学校随班就读学生举办《个别化教育计划制定》主题讲座；围绕保障残疾儿童接受义务教育权益，解读随班就读备案管理要求、程序，以及相关学生资助、毕业升学等优惠与保障政策。区教委、区特教中心相关负责人，各中小学融合教育干部、资源教师等80人参加会议。12月4日，区委教育工委、区教委发布《门头沟区融合教育推行委员会建设方案》，决定成立门头沟区融合教育推行委员会。委员会由区级领导小组、学校融合教育推行委员会和区级特殊教育专家委员会共同构成，主要承担对全区普通中小学随班就读学生协调、保障工作，聘任社会工作、心理咨询、医疗康复等各领域专家委员15人。

（张博文　陈海凤）

与清华附中合作筹建潭柘寺学校

6月10日，门头沟区政府与清华大学附属中学签订《门头沟区人民政府清华大学附属中学合作筹建潭柘寺学校协议》，在潭柘寺镇共同筹建潭柘寺学校。学校由清华附中选派包括执行校长在内的管理团队和骨干教师负责管理和教学，进行一体化管理，设置学前部、小学部和中学部，其中学前部包括3所幼儿园、小学部包括2所小学、中学部为1所完全中学。

（裴福珍）

学校安全生产专项整治三年行动启动

6月，门头沟区教委启动学校安全生产专项整治三年行动。行动计划分4个阶段进行，重点从宣传贯彻、落实主体责任、实验室危险化学品安全管理、消防安全管理、校车安全管理和水、电、气、热及设施设备运行安全管理6个方面开展工作，推进校园安全治理体系和治理能力现代化建设。

（王冬冬）

“8＋1”行动助推区域教育质量提升

7月21日，2020年“8＋1”行动推进会在门头沟区召开。会议组织参会人员实地考察“8＋1”行动重点项目“景山学校京西实验学校”施工现场，组织商讨民进北京市委对门头沟区6个项目的帮扶支持计划，以及台盟北京市委对“助梦起航”、图书捐赠、中华优秀传统文化教育等6个项目的支持计划，并签订合作意向书。11月16日，在民进北京市委推动下，区教委与北京师范大学教师教育研究中心签约共建“门头沟区未来教育家培育基地”。基地立足“8＋1”行动创新模式，以开展教育家型教师培养实践、实施教育家型教师研究、研发教育家型教师培养课程体系为主要路径，着力培养教育家型教师。“8＋1”行动于2013年12月4日启动，是在中共北京市委领导下，市委统战部统筹指导下，8个民主党派北京市委汇聚优质资源重点支持门头沟区发展的统一行动。

（李执）

6期市民培训

9月至11月，门头沟社区学院依托和引进资源面向市民举办3期烘焙制作培训和3期民俗旅游从业者培训。9月15日，组织炭厂村中专班学员和民俗旅游从业者40人到北京市农业广播电视学校怀柔分校实训基地“老A农场”和“峪园精品民宿”参观学习。9月16日，在军庄镇举办“巧手做月饼，欢喜迎中秋”月饼制作培训活动。20余名村民参加培训。10月27日，组织炭厂村13名民俗旅游从业者到房山区黄山店村姥姥家精品民宿和快活林民宿参观学习。10月29日，在爨柏景区举办桃酥烘焙培训，

11月9日，龙泉大地幼儿园举办消防安全月系列活动

（龙泉大地幼儿园　供）

示范讲解桃酥的制作方法和注意事项。15名景区工作人员参加培训。11月25日，聘请怀柔农广校教师，为族厂村17名民俗旅游从业者开展家庭厨艺培训。11月28日，在永定镇西山燕庐社区开展“亲子烘焙活动”，组织家长和小朋友共同完成桃酥制作。12组家庭参加活动。

（王晓民）

中小学生近视率和肥胖率均有所上升

10月12日至11月20日，门头沟区教委完成辖区中小学校学生健康体检。全区有应体检学生21225人，实际体检学生21152人，体检率99.66%。中小学生近视率55.32%、肥胖率26.57%，相较2019年分别上升2.28和4.17个百分点。

（董立雪）

山鹰工作坊成立

10月16日，门头沟区“山鹰工作坊”成立。该工作坊涵盖中考9个学科和幼儿园健康、语言、社会、科学、艺术5个领域，成员包括29名山区青年教师和58名优秀导师。工作坊培训活动为期1年，设置学科教学指导、跟岗学习、融合培训、论文撰写4个阶段性活动。

（王朝华）

家园共育经典案例集出版

12月，《3～6岁儿童养育全计划——家园共育经典案例集》出版。该书由门头沟区教委、区教师进修学校与父母必读杂志社联合出版，为幼儿园家园共育优秀案例评选活动成果集，所选案例全部来自门头沟区。全书15万字，分为健康领域、语言、社会、解决家园综合问题4个方面内容，包括详实篇（收录52篇）、精编篇（收录39篇）2种案例类型。

（李文丽）

11月28日，门头沟社区学院举办“亲子烘焙活动”

（门头沟区教委 供）

房山区

概述

2020年，房山区教委辖属教育单位275个。其中，幼儿园120所（教育部门办园38所、其他部门办园4所、民办园78所），小学101所（公办校96所、民办校5所），初级中学26所（全部为公办校），完全中学4所（全部为公办校），高级中学4所（全部为公办校），九年一贯制学校7所（公办校6所、民办校1所），十二年一贯制学校4所（公办校2所、民办校2所），特殊教育学校1所，中等职业学校8所。招生32811人（幼儿园12370人、小学11387人、初中6092人、普通高中2782人、职业高中163人、特殊教育学校17人）；毕业24136人（幼儿园9343人、小学7316人、初中4805人、普通高中2494人、职业高中168人、特殊教育学校10人）；在校生111429人（幼儿园32183人、小学54520人、初中16747人、普通高中7430人、职业高中438人、特殊教育学校111人）。教职工总数13543人（幼儿园5241人、小学3596人、中学4057人、职业高中220人、特殊教育33人），包括高级职称1803人、中级职称4250人。北京市特级教师41人、北京市骨干教师128人、北京市学科教学带头人19人。全年教育总投入45亿元。中小学固定资产总值35.03亿元。设立学区23个。

2020年，房山区教育系统以防控和教育两种思维统筹推进，各项工作取得新进展、新成效。

教育综合改革扎实推进。启动“十四五”教育规划编制，拟定《北京市房山区“十四五”时期教育改革和发展规划》。推进学区制建设，借助北京师范大学中华文化教育研究院优质资源，推动琉璃河学区实施燕都文化特色课程研发项目，在大石窝学区实施汉字文化涵养师德研究项目。同步启动空中课堂，实现线上线下课程随时切换，无缝衔接。完成46所民办幼儿园（办园点）转办为普惠性幼儿园工作，普惠园覆盖率达到95.85%。完成第三批30所学校达标创建任务，全区义务教育学校全部完成《义务教育学校管理标准》达标创建。加强劳动教育学科建设，组织教研员、骨干教师开发“我劳动、我快乐”线上课程。拓展校内劳动实践场地，开展校园“劳动小能手”评比、学生家务劳动比赛、“劳动章”特色争章活动等劳动教育活动。

教育服务水平全面提高。完善教师收入分配奖励机制，用增量解决改革任务增加、教师贡献差异等问题。以25个名师工作室建设为抓手，搭建教师专业化成长体系。以落实《北京市中小学校幼儿园安全管理规定（试行）》为契机，推进中小学、幼儿园“平安校园”建设。补充和完善学校门前及周边道路6类交通标志标识标线241处，安装违停抓拍监控设备3处。加强学校技防建设，更新和完善一键式报警装置，实现与房山公安分局接警平台联网联动。落实教育扶贫工作，深化与受援地区学校的结对工作，指导全区49所学校与受援地区结对学校签订差异性年度帮扶协议。不断优化督政、督学和评估监测三位一体教育督导格局，落实《房山区兼职督学管理办法》。

12月9日，房山区教委与首师大签订教育合作协议
（房山区教委 供）

教育治理水平稳步提升。进一步完善校外培训机构管理办法，修订《民办教育机构评价办法》，坚持民办教育动态管理，增加违规收费、超纲教学等评价内容，根据检查或投诉情况，分别给予扣分或责令整改等处罚。提升“接诉即办”工作质量，完善“接诉即办”工作的实施方案，建立快速响应、快速解决、研判化解、考核评价机制，形成工作专班、各科室、各基层单位横纵联动的三级工作体系，落实渐次升级工作要求。推进垃圾分类工作，成立垃圾分类工作领导小组和工作专班，印发《北京市房山区教育系统生活垃圾分类工作实施方案》和《房山区教育系统生活垃圾分类16条标准》，成立宣讲培训组等6个小组，通过环境清洁日、党员干部桶前值守、小手拉大手等主题活动推进生活垃圾分类工作。提前谋划招生入学工作，组织相关专业人员深入社区，将入学政策宣传工作做到百姓家门口。

（石金生）

家庭教育工作推进

2020年，房山区教委推进家庭教育工作。成立房山区家庭教育指导中心，开通区、校两级家庭教育咨询热线，编制《房山区中小学家长委员会工作指导手册》，规范各中小学家长学校、家长委员会建设，丰富家长会形式和内容，完善教师家访制度，推动家校共育常态化机制建设。举办家庭教育与家长学校建设指导师资培训班，举办“育子有方好家长”大讨论及评选、“重家教 树家风 传美德 共育人”主题教育实践、“中小学家庭教育故事征文”等活动，深化家校共育理念。借助北京师范大学、北京教育学院等专家资源开展家庭教育大讲堂，开发“网上家长学校课程”，全年遴选、推送精品家庭教育音视频资源295个，心理讲座33讲。

（石金生）

打造高水平校长教师队伍

2020年，房山区教委着力打造高水平校长教师队伍。成立3个特级校长工作室，以“校长工作室”为依托，先后开展针对新校长和成熟校长的个别指导活动，组织“迎接教育变革，应对时代挑战”——“京山杯”校长论坛。组织教学干部97人次走进49所小学参与学科视导，跨校评课近500节。成立“房山区小学道德与法治教师研修共同体”。完成“骨干教师素养导向下的研修实践考核”与“教研组长主题化研修设计”培训。开展小学非骨干教师基本功培训与展示活动，1700余名45岁以下教师全员参与区校评比。完成房山区第四届班主任基本功培训与展示活动，选拔出12名中小学班主任代表参加市级展示，其中2人获一等奖。组织教师参加第33届北京市中小学“紫禁杯”优秀班主任评选，2人获特等奖、9人获一等奖。

（石金生）

体育教育工作加强

2020年，房山区教委进一步加强体育教育工作。开展家校共育，开发线上微课近百节，开展线上视频教学数万次，专项指导学生家庭体育锻炼。《国家学生体质健康标准》测试及格率98.42%，同比增长1.58个百分点；优秀率22.58%，同比增长7.56个百分点。体育教师专业技能和教学水平不断提高，组织区级线上线下培训10次，参训教师1000人次。推进特色建设，全区有国家级足球特色校20所、国家级足球特色试点园4所、国家级篮球特色校15所、国家级排球特色校1所、北京市冰雪特色校14所、北京2022年冬奥会和冬残奥会奥林匹克教育示范校14所。

（石金生）

扶贫协作和支援合作

2020年，房山区教委继续推进扶贫协作和支援合作。区教委领导先后赴内蒙古突泉县、河北曲阳县开展对接交流。区教委选派支教教师25人分赴河北涞水县、曲阳县和内蒙古突泉县、察右中旗4地12所学校承担教育教学和业务指导工作。全区参与结对帮扶工作的学校增至45所，通过主动共享线上教育资源，开展线上教研、评课等活动，分享《北京数字学校》及区级课程资源。推动中职学校联系共建，发挥区内职业教育设备、师资、劳务市场、技术等方面优势。北京市房山区第二职业高中负责接收的1名河北地区建档立卡贫困生于7月毕业。

（石金生）

与首师大开展教育合作

6月和12月，房山区教委分别与首都师范大学初等教育学院和体育教研部签订教育合作协议。6月30日，与初等教育学院签订教育合作协议。根据协议，房山区将利用首师大优质资源，重点支持首都师范大学附属中学实验学校、首都师范大学附属房山学校、首都师范大学附属房山小学3所学校发展；在房山建立首师大初教院学生实习基地，推进初教院硕士研究生在房山区小学的顶岗支教工作；探索教师素质提升模式，促进房山基础教育优质均衡发展。同时，房山区将作为首师大初教院教育研究师范生、硕士生培养质量提升的研究基地。12月9日，与首师大体育教研部签订教育合作协议。根据协议，双方将合作推进体育教师培养、培训与体育教学研究工作。

（石金生）

大数据助力房山教育质量改进

10月21日，房山区教委举办“大数据助力房山区教育质量改进”与“双师服务”项目阶段总结暨新学期工作部署会。会上，“大数据”项目北京师范大学团队作总结汇报，基于3年大数据，呈现项目推进效果。会议解读部署新学年“大数据”项目规划，概括为“134方案”，即“1个总体目标、3个工作策略、4个领域重点任务”。会议表彰“大数据”项目优秀教研员4人、优秀教师16人（初中13人、高中3人），“深度应用奖”获奖学校4所、“优秀组织奖”获奖学校6所。房山区教委领导，北师大未来教育高精尖创新中心领导及项目团队，房山区教师进修学校相关负责人，各中学主管校长、项目负责人、获奖教师代表等100余人参加会议。

（石金生）

推进靠谱COP项目

至年底，房山区继续推进靠谱COP项目建设。项目围绕教师专业发展，以教研成果产出为导向，采用线上线下相结合的混合研修方式，基于课堂教学行为大数据和教师实践性知识大数据开展反思性实践。全年完成20学时的专题培训，深入10所项目校开展课堂观察与诊断46节次，持续开展5个主题的网络研修活动，10所小学在靠谱COP项目助学服务团队指导下开展主题式校本研修活动24次。项目研修教师实践性知识增长率25.16%，课堂教学行为改进率10.88%，形成一批优秀课例、教师反思数字故事（DST）和校本研修手册等教研成果，获省部级奖励92项。

（石金生）

通州区

概述

2020年，通州区教委辖属教育单位368个。其中，幼儿园227所（教育部门办园45所、其他部门办园1所、部队办园1所、集体办园40所、民办园140所），小学82所（教育部门办校77所、民办校5所），初级中学15所（全部为教育部门办校），完全中学9所（教育部门办校8所、民办校1所），高级中学2所（教育部门办校1所、民办校1所），九年一贯制学校12所（教育部门办校9所、民办校3所），十二年一贯制学校5所（教育部门办校4所、民办校1所），特殊教育学校1所，中等职业学校2所，其他法人单位13个。招生58845人（幼儿园32071人、小学15470人、初中7570人、普通高中3462人、中等职业学校272人）；毕业25904人（幼儿园8977人、小学8989人、初中5237人、普通高中2580人、中等职业学校121人）；在校生156538人（幼儿园51553人、小学74881人、初中20761人、普通高中8687人、中等职业学校489人、特殊教育学校167人）。教职工总数18276人（幼儿园8353人、小学4659人、中学5062人、中等职业学校140人、特殊教育62人），包括高级职称1289人、中级职称3201人。北京市特级教师13人、北京市骨干教师170人、北京市骨干班主任28人、北京市学科教学带头人19人。全年教育总投入51.30亿元。中小学固定资产总值34.47亿元。新建2所小学。

2020年，通州区委教育工委、区教委立足北京城市副中心建设发展大局，统筹推进新冠肺炎疫情防控和教育事业发展。

推进基础教育优质均衡发展。20所幼儿园开园，扩充学前学位6200个。新审批民办幼儿园（点）171个，转化学前学位3.60万个，关停无证园131所。民办非普惠园转普惠园120所（点），全区学前教育普惠率升至92%。全市率先上线“通州区民办教育服务平台”，实现普惠园、普惠政策线上公开。推进提升百年校、挖掘特色校、扶持农村校、保障优质校四大工程。获批“基于教学改革、融合信息技术的新型教与学模式”国家级实验区、北京市普通高中新课程新教材实施示范区。坚持毕业年级目标管理和“双线”全过程服务，促进教育质量提升。对全区中小学操场和幼儿园室外公共活动场所进行大规模升级改造，首批改造103块场地全部通过验收并投入使用。

推进职成教育改革。推进“3＋2”中高职衔接办学改革试验，北京新城职业学校与北京交通运输职业学院合作，新增“汽车检测与维修技术”中高职衔接办学项目，累计开展合作办学项目8个。新开设4个企业订单班，旅游服务与管理、娱乐设施运营与维护2个专业与环球影城签订人才储备班协议。做好职高毕业生就业服务，全年就业率98.9%。深化通蒙对口支援，承接12名建档立卡、品学兼优学生来通就读。全年开展成人教育、社区教育线上线下各类培训2000余次，惠及8万余人次。遴选区级社区教育优秀培训项目13个，评选区级社区教育先进工作者38人。培育认定区级学习型家庭101个，市、区级市民学习之星90人。新增北京市终身学习品牌项目4个，北京市优秀成人继续教育院校2所。

培育全面发展的学生。完善特教网络教育资源，推出《特绘之声》绘本阅读视频微课71节。召开融合教育工作推进会，为10所成员校授牌。完成24所学校随班就读学生工作方案审查，拨付390万元支持学校特教工作。制定并落实加强中小学体育增强学生体质健康二十条措施试点学校工作实施方案。9所学校被评为全国青少年校园篮球特色学校，5所学校被评为全国青少年校园排球特色学校。6所学校被评为北京市冰雪特色学校，7所学校被评为奥林匹克教育示范学校。新推荐全国青少年校园足球特色学校1所，北京市青少年校园足球特色学校7所，全国足球特色幼儿园10所。坚持立德树人，印发《生态文明教育垃圾分类读本》2万余册，开展“益启分”垃圾分类系列主题实践活动，多渠道宣传垃圾分类知识6000余条。北京新城职业学校“悠扬”艺术团德育品牌通过“一校一品”德育品牌复评验收。

提升教育服务能力。落实教育系统“接诉即办”工作实施方案，建立日汇报、周调度、月通报工作机制，印发教育系统“接诉即办”工作手册，编制“通州区教委接诉即办组织分工思维导图”。扩容教育咨询热线，全年接听电话51183通，呼出16495通，新增案件派转机制，派转案件565件，直接答复率98.9%。全年接收“接诉即办”工单4457件，接收信访件172个。开设北京首个教育咨询社区工作服务站，实现家门口解决群众问题。全年向内蒙古派驻干部教师11人，援疆教师16人。赴内蒙古三旗签订对口帮扶协议3份，区内41所学校与当地61所学校建立长期结对帮扶关系，339人赴蒙送教讲学，接待挂职锻炼、跟岗研修干部教师263人，举办培训班315班次，培训当地教师9417人次，资助当地贫困生16人。支援拉萨城关区海萨小学阶梯教室和图书阅览室改造。与三河市签订教育协同发展框架协议。

加强干部教师队伍建设。与北京教育学院联合开展“促进城市副中心教育优质发展”战略合作，研制《北京城市副中心基于职级制的中小学校长素养提升规划（2020—2025）》，启动项目3个，建立“北京城市副中心中小学校长职级制度研究实践基地”，成立“通州区特级校长工作室”4个，获批中小学校党组织领导的校长负责制试点区。印发并落实《通州区中小学校长绩效工资分配办法（试行）》，制定并施行《通州区关于进一步完善义务教育学校绩效工资分配制度的实施方案》，设置“校长基金”，深化区管校聘改革。获批北京市教师“区管校聘”首批改革试点区，统筹调配159名教师至52所中小学、幼儿园任教，农村薄弱校、结构性缺编学校师资压力缓解。在全市率先研发启用线上面试平台，招聘毕业生344人，调入优秀在职教师60人。启动2批社会化人才招聘，择优录用467人。“名校长、名园长、名师”三名工作室开展活动301次；依托北京教育科学研究院开展骨干教师送教到校活动121次；借助北京师范大学“互联网＋”助力全面深化教育改革项目开展活动173次；8所学校加入北京教育学院“协同创新学校计划”，开展培训56次；组织教师参与市级高端研修2500人次。

完成全年教育督导任务。全年聘请21名中小学责任督学、112名幼儿园责任督学，先后12次对120所中小学、303所幼儿园展开地毯式督导，提交督导报告单975次，形成专项督导报告。组织61名专家完成60所幼儿园办园质量督导评估工作，其中B级40所、C级20所。制定通州区学校幼儿园学年度绩效考核实施方案（试行），完成对123家单位的绩效考核。完成学前教育发展状况监测数据审核上报工作。组织20所学校853名师生参与完成2020年国家义务教育质量监测工作。

做好教育系统疫情防控工作。落实常态化疫情防控，完善防控设备设施，为学校安装体感测温设备260套，设立校医室和隔离观察室556间，加装洗手池2492个，改造厕所136个。全市率先选聘派驻中小学卫生健康副校长69人。搭建多元教育资源云平台，组织骨干教师面向中小学

11月21日，通州区教委承办京津冀车辆模型邀请赛
（通州区教委　供）

生开设线上“名师课堂”，组织特级校长录制学校管理课程。开展“运河计划”教育领域人才线上教学展示活动50余节。遴选256名优秀教师、骨干研修员录制网络课程2000节，课程点击量700余万次。推出《心语之约》线上心理健康系列微课程，1.20万人次参与学习。

（李瑶　白文会）

教育帮扶

2020年，通州区教委继续推进教育帮扶和对口支援工作。7月19日至24日和11月30日至12月7日，分别举办“2020年内蒙古三旗基础教育干部教师高级研修班”和“支援内蒙古翁牛特旗学校干部高级研修班（二期）”，分别培训当地干部教师60人、38人。培训聘请高校及教科研单位专家讲授教师专业发展、学校特色课程建设、大数据与人工智能等课程，邀请北京优秀初高中教师分享实践经验。8月17日至20日，通州区教师研修中心一行13人到内蒙古奈曼旗开展支教工作，与奈曼旗教师进修学校签订2020年通州区教师研修中心支持奈曼旗教师进修学校教育发展协议。区教师研修中心为受援学校开设中小学校长班、高中教师培训班、班主任培训班、幼儿园园长班、骨干教师班5个班13门课程。10月20日，区教委与武当山特区教育局对口协作工作座谈会召开。会议介绍两地对口协作成果，共商两地对口协作新目标、新方向、新未来。

（白文会　闫德胜　韩尧峰）

义务教育入学工作

2020年，通州区有序推进义务教育入学工作。相关单位提前开展招生专项调研和适龄儿童数据信息采集工作，研判入学形势，完善义务教育入学政策。优化疫情防控期间入学工作流程，利用微信公众号、教育咨询中心网站、服务热线等途径，为学生和家长提供信息咨询便利。2所新建中小学投入使用、31所学校扩班151个、建设快装校舍5061.73平方米增班40个、适当增加班级容量，增加义务教育学位10510个，基本满足新增学位需求。全区小学入学15647人，较上年增加1730人、增幅12%；初中入学8141人，较上年增加572人、增幅8%。

（张强）

人大附中通州校区“1＋3”项目试验班招生

7月4日，中国人民大学附属中学通州校区“1＋3”项目试验班启动招生。招生面向城六区和通州区一般公办初中二年级学生，开设3个班，招收87人，录取进入试验班的学生需要参加初中学业水平考试，合格后免中考直升本校高中，连续完成初三及高中共4年学习。该项目为北京市“1＋3”培养试验学校项目，开设包括运河中医药文化在内的特色系列课程。

（韩晓峰）

首家教育咨询社区服务站建成

7月28日，通州区教委在通运街道紫荆雅园社区建成首家教育咨询社区服务站。服务站着眼于拓宽教育阵地，为学生及家长提供个性化的家庭教育咨询、心理健康指导。服务站聘用专职工作人员4人，均有35年以上的教育教学工作经历，且在家庭教育、青少年心理和学前教育方面具有丰富实践经验，以提供“一对一”个性化的服务为主，为学生、家长提供直接到站咨询服务。

（白文会）

2所副中心园开园

9月10日和12月28日，北京市第五幼儿园城市副中心园和北京市北海幼儿园城市副中心园分别举办开园典礼。五幼副中心园筹建于2017年3月，于2020年5月12日完成主体移交。园所位于潞源街道，占地面积5211平方米，建筑面积12076.55平方米，可容纳教学班12个，提供学位360个。首批开设教学班7个，招收幼儿184人。北海幼儿园副中心园分两址办园，一分园位于通州区朗晴园二区40号，建筑面积13071平方米；二分园位于朗晴园三区56号，建筑面积为13428平方米。2个园所均于2020年7月完工并通过验收，总计可容纳教学班24个，提供学位720个。首批招收幼儿213人。

（白文会　张莹）

9月10日，北京市第五幼儿园城市副中心园开园

（通州区教委　供）

与教育学院战略合作启动

10月16日，通州区委教育工委、区教委与北京教育学院五年战略合作启动会召开。教育学院与通州区委教育工委签订《关于联合开展促进北京城市副中心教育优质发展的战略合作框架协议》。战略合作重点聚焦新时代加强党对基础教育的全面领导、基于职级制的中小学校长素养提升两大序列；涉及开展新时代加强党对基础教育的全面领导的研究、实践与培训，建立“北京城市副中心中小学校长职级制度研究实践基地”，研制《北京城市副中心基于职级制的中小学校长素养提升规划（2020—2025）》3项内容；双方将在5年内持续推进课题研究、专项培训、平台建设等工作，依托北京教育学院基础教育党建研究中心和校长学院，聘请中央党校、市委党校和高校科研院所资深专家等提供专业支撑与支持。会议为中小学校长职级制度研究实践基地揭牌。另外，项目为通州区4名首批特级校长建立特级校长工作室，并于当日为4个工作室颁牌。全区中小学、幼儿园、职业学校党政正职及通州区优秀青年教师领导力提升培训班学员等300余人参加活动。

（王川）

副中心首届同课异构教学研讨

11月26日，通州区教委与北京教育科学研究院联合举办“基于情境式教学、提高学生探究能力”——北京城市副中心首届同课异构教学研讨活动。活动设置小学、初中、高中3个分会场，围绕基于情境式教学，提高学生探究能力主题进行交流研讨。来自北京14个区71所学校的91名教师参加活动。

（谢海明）

11月26日，北京城市副中心首届同课异构教学研讨活动举行
（通州区教委 供）

7批次转化116所无证园为普惠过渡期园

至年底，通州区教委推进无证幼儿园分类治理，分7批次转化116所无证园为普惠过渡期幼儿园。转化工作涉及幼儿14262人，累计拨付生均定额补助资金7762.04万元。其中，第一批9所，涉及幼儿2085人，拨付补助金1634.89万元；第二批20所，涉及幼儿3077人，拨付补助金1961.21万元；第三批15所，涉及幼儿2832人，拨付补助金1685.04万元；第四批17所，涉及幼儿1969人，拨付补助金993.14万元；第五批10所，涉及幼儿1111人，拨付补助金356.75万元；第六批37所，涉及幼儿2198人，拨付补助金892.84万元；第七批8所，涉及幼儿990人，拨付补助金238.17万元。

（李维深）

顺义区

概述

2020年，顺义区教委辖属教育单位219个。其中，幼儿园106所（教育部门办园54所、部队办园1所、集体办园25所、民办园26所），小学50所（教育部门办校47所、民办校3所），初级中学17所（全部为教育部门办校），完全中学2所（全部为教育部门办校），高级中学4所（全部为教育部门办校），九年一贯制学校4所（教育部门办校3所、民办校1所），十二年一贯制学校7所（全部为民办校），特殊教育学校2所（教育部门办校1所、其他部门办校1所），中等职业学校6所（教育部门办校2所、民办校3所、成人中专学校1所），其他法人单位21个。招生33246人（幼儿园12785人、小学11120人、初中6164人、普通高中3075人、特殊教育学校99人、中等职业学校3人）；毕业24098人（幼儿园8972人、小学6888人、初中5167人、普通高中3033人、特殊教育学校35人、中等职业学校3人）；在校生113370人（幼儿园32365人、小学53743人、初中17817人、普通高中9130人、中等职业学校14人、特殊教育学校301人）。教职工总数14688人（幼儿园5175人、小学3873人、中学5338人、中等职业学校177人、特殊教育125人），包括高级职称2299人、中级职称4299人。北京市特级教师59人、北京市骨干教师 122 人、北京市学科教学带头人 21 人。全年教育总投入 74.62 亿元。中小学固定资产总值 29.39 亿元。新建幼儿园 5 所、中学 1 所。

2020 年，顺义区教委突出党建引领作用，党管人才毫不动摇。履行《教育系统事业单位领导干部选拔任用、管理办法》，新提拔干部 58 人。推进校长职级制，档案核查正职校（园）长（书记）177 人。

育人质量不断提升。全年组织 7 万名学生参与社会大课堂、“四个一”等活动。在北京市中学生田径运动会中，连续第 29 次夺冠；在北京市阳光少年艺术节展演中表演类收获 2 金 6 银，美术作品收获 7 金 10 银 3 铜，创历史最好成绩。做好线上教学保障，录制上传第一阶段市教委“空中课堂”112 节，承担录课数量排全市第二；录制、编辑、上传市级优质课 176 节；录制、上传区级优质资源课 513 节（例），访问量 30 余万次。

加强队伍建设。开展“市、区级系列骨干教师”评选工作。经区级遴选推荐、市级专家评审与批准，10 人被评为北京市特级教师、21 人被评为北京市学科教学带头人、122 人被评为北京市骨干教师、25 人被评为北京市骨干班主任。区级评选中，50 人被评为顺义区特级教师、150 人被评为顺义区学科教学带头人、144 人被评为顺义区百优班主任、1200 人被评为顺义区骨干教师、100 人被评为顺义区园丁新星。公开招聘中小学教师 167 人、幼儿园额度管理教师 190 人。

资源保障充分合理。全年完成固定资产投资总额 3 亿元。6 个在建工程按照年度工作计划开展建设。完成板桥三期、四期 2 所配套园接收工作。完成保开学修缮项目 7 项，解决学位 1200 余个。处置应急突发工程 19 项。采取新建改扩建、支持举办普惠性民办园、备案社区办园点等方式，增加学前学位 3110 个，涉及园所（办园点）36 个。推进教育集团化建设，新成立光明小学教育集团，将北京市顺义区牛栏山第二小学并入牛栏山一中教育集团实施统一管理。

创设和谐稳定教育环境。义务教育阶段入学 17284 人（小学 11120 人、初中 6164 人）。注册学籍 111124 人，处理户口进京、关键信息变更等学籍异动 1698 条。实现营养午餐全覆盖，通过公开招标，选定 15 家食堂托管供餐企业、5 家外供餐企业，满足 4 万余名中小学生在校用午餐需求。宣传舆论引领有效，制作《运动战疫》《奋进担当托举希望》等专题宣传片 10 余部，监测教育舆情 208 件，编纂《教育舆情参考》30 期，出版《顺义教育》6 期、《教育动态》14 期、《顺义教育信息》35 期、《当春》6 期，编印《2019 年顺义区退休校园长办学思想集萃》《顺义教育年鉴 2016》。法治工作不断强化，信用顺义平台累计填报信息 100 余条，联合检查违法办学行为 10 次，完成行政处罚 1 件，审核 121 所学校的校章建设，行政执法专项检查和平台录入 1700 余次，机关人员参加行政执法资格考试，通过率 100%。审核备案重大合同 160 份。落实对全区 46 所普惠园（含普惠性社区办园点）的生均补助，对 30 所幼儿园进行扩学位补助、对 3 所普惠性民办园进行租金补助等，共计 11191.94 万元。治理无证园 15 所。推进特殊教育工作，完成北京市特教中心微课和资源包开发任务，区内适龄残疾儿童义务教育入学率达到 100%。

监督评价科学严密。组织全区督学参加北京市督学大讲堂培训、网络培训，累计 161 人次。组织 29 名行政督学开展开学、中高考考点疫情防控等专项督导 12 次。142 所幼儿园完成自评，60 所幼儿园接受督导评估。68 所中小学四年级、八年级 1 万余名师生和家长参与全覆盖式国家义

10 月 23 日，顺义区第六届小学足球嘉年华活动在育星体育中心举行　（顺义区教委　供）

务教育质量测试。完成2020年学校教育满意度调查，回收有效问卷107325份。满意度综合得分幼儿园92.7分、小学86.7分、中学87.1分。“中小学发展状况督导评估”项目应用大数据、云计算等新技术实现评估创新。9所学校参加顺义区教师绩效考核与专业发展评价项目。

（杨海红 贾刘玉 杨宝刚）

80所义务教育学校完成管理标准达标建设

2020年，顺义区80所义务教育学校完成管理标准达标建设。其中，公办小学47所、公办中学21所、特殊教育学校1所、民办校11所。至此，全区160所义务教育学校全部完成管理标准达标建设，完成率100%。

（蔡杰）

规范非京籍适龄儿童义务教育证明材料审核

4月30日，顺义区教育考试中心印发《非本市户籍适龄儿童在顺义区接受义务教育证明证件材料审核实施细则》。实施细则由区教委根据市教委“四证”审核指导要求，结合调研实际情况制订，明确审核内容、审核程序及审核标准，要求相关单位加强培训，做好对标准的宣传、说明、解释工作。

（耿鑫磊 孙晓楠）

69名教师分赴5地支教

6月4日，顺义区教育系统支教教师行前部署暨欢送会在顺义区教师研修中心报告厅举行。区委教育工委、区教委选派69名教师分赴河北沽源县、河北万全区、内蒙古巴林左旗、内蒙古科左中旗、西藏尼木县5地开展支教工作。区教委相关科室负责人以及参与援派工作学校（幼儿园）的主管干部、支教教师等100余人参加会议。

（郭丹青）

9月9日，顺义教育系统支教教师出发赴西藏尼木县开展支教工作 （顺义区教委 供）

“顺义教育普法”公众号上线

6月9日，顺义区教育法治事务中心官方微信公众号“顺义教育普法”上线。“顺义教育普法”致力于向师生传递法治理念，为师生提供免费线上学习资源，定期推送教育法治资讯、发布教育法治动态。该公众号设置法治教育、督查动态和合同资讯3个板块。师生可以通过手机微信查找公众号“顺义教育普法”或者直接扫描二维码进行关注。至年底，公众号访问量4万余次。

（单江玉）

中考体检受限率较上年下降10.45%

6月9日至7月26日，顺义区中小学卫生保健所组织完成中考体检。全区24所中学初三毕业生4489人（男生2375人、女生2114人）参加中考体检。其中，完全合格729人（男生454人、女生275人），完全合格率16.24%；基本合格2057人（男生1113人、女生944人），基本合格率45.82%；考取中专、技校及高中受限1703人（男生808人、女生895人），受限率37.94%，较上一年下降10.45%，包括因视力原因专业受限（不合格）1692人。

（于金龙）

光明小学教育集团成立

8月13日，顺义区教委举办光明小学教育集团成立大会。光明小学教育集团包括北京市顺义区光明小学、北京市顺义区李各庄学校2个校区，2个校区实行“一体化”管理，由光明小学校长担任集团校长，兼任两校区法人、校长。集团内实行管理互通、人员流动、研训联动、质量同进、文化共建。9月3日，光明小学教育集团成立揭牌仪式在李各庄校区举行。北京市顺义区光明小学始建于1979年，占地面积2万平方米，建筑面积1.70万平方米，有教职工126人，包括专任教师99人，北京市骨干教师2人。北京市顺义区李各庄学校前身为北京市顺义区李各庄小学，始建于1976年；2006年4月，与李各庄中学合并为一所九年一贯制学校；2008年8月，中学部合并到木林中学，成为独立小学，占地面积

2.98 万平方米，建筑面积 0.87 万平方米，有教职工 3[illegible] 人，包括专任教师 27 人。

（古立新）

70 所中小学学生午餐全覆盖

9 月，顺义区实现全区 70 所中小学学生午餐全覆盖，惠及学生 50504 人。该项工作于 6 月启动，顺义区教委分别印发《顺义区中小学校食堂管理办法》和《顺义区中小学校外供餐实施办法》。7 月底，顺义区学校后勤管理服务中心委托区属国有企业为第三方，实行社会公开招标方式，先后选定 15 家食堂托管供餐企业、5 家外供餐企业为全区中小学提供用餐保障服务。

（王海微）

幼儿园课程资源绘本读本内容排查

10 月 12 日至 14 日，顺义区教委开展幼儿园课程资源和绘本读本内容排查。排查工作面向全区 98 所幼儿园展开，其中教育部门办园 54 所、集体办园 24 所、部队办园 1 所、社区办园点 19 个。排查结果显示，教育部门办园及部队办园排查课程资源及绘本 496375 本，其中 34688 本存在问题；集体办园和社区办园点排查课程资源及绘本 59436 本，其中 5775 本存在问题，主要表现为绘本纯英文、绘本内容突显外国风俗文化内容等。12 月，区教委再次组织排查工作。各园所课程资源和绘本读本内容经再次自查、调整后投放，全部符合要求。

（纪宇）

“变教为学”现场交流展示暨城乡学校手拉手

12 月 9 日，北京市顺义区北小营中心小学与首都师范大学初等教育学院共同举办“变教为学”现场交流展示活动暨城乡学校手拉手签订仪式。活动设置课堂教学展示和城乡学校手拉手协议签订 2 个环节。课堂教学展示分别在主会场和分会场进行，其中 2 名教师在主会场作“鸡兔同笼”同课异构教学展示；“变教为学”项目组 12 名教师在分会场分别作数学、语文、英语学科课堂教学展示。北小营中心小学与北京市顺义区东风小学签订城乡学校手拉手协议。根据协议，两校将实现资源共商、共建、共享。区教委相关负责人、“变教为学”项目各实验校领导教师等 100 余人参加活动，河北省张家口市万全区安家堡小学领导教师通过线上直播方式观摩活动。

（李义）

昌平区

概述

2020 年，昌平区教委辖属教育单位 335 个。其中，幼儿园 160 所（教育部门办园 32 所、地方企业办园 3 所、事业单位办园 3 所、部队办园 7 所、集体办园 26 所、民办园 89 所），小学 93 所（教育部门办校 79 所、民办校 14 所），初级中学 13 所，九年一贯制 17 所，十二年一贯制 19 所，完全中学 7 所，高级中学 1 所、特殊教育学校 1 所，职业高中 3 所，中等职业学校 3 所，其他法人单位 18 个。招生 44101 人（幼儿园 19545 人、小学 13329 人、初中 6443 人、普通高中 2186 人、中等职业学校 2576 人、特殊教育学校 22 人）；毕业 26505 人（幼儿园 10438 人、小学 7957 人、初中 3253 人、普通高中 1806 人、中等职业学校 3018 人、特殊教育学校 33 人）；在校生 135086 人（幼儿园 44238 人、小学 60768 人、初中 17171 人、普通高中 5972 人、职业教育学校 6804 人、特殊教育学校 133 人）。公立中小学幼儿园教职工总数 9701 人（幼儿园 1295 人、中小学 8406 人）、中等职业学校 1098 人、特殊教育 38 人，包括高级职称 1316 人、中级职称 2688 人。北京市特级教师 40 人、北京市骨干教师 162 人、北京市学科教学带头人 19 人。全年教育总投入 57.49 亿元。中小学固定资产总值 24.13 亿元。设立学区 4 个。

10 月 12 日至 14 日，顺义区教委开展幼儿园课程资源和绘本读本内容排查 （顺义区教委 供）

2020 年，昌平区教育系统全体干部教师，全力完成疫情防控和改革发展各项任务。

统筹推进区域教育优质均衡发展。推进各项教育改

革发展，新建改建扩建幼儿园 10 所，扩充学前教育学位 3660 个。扩大公办幼儿园占比，新增公办园学位 2130 个。完成 58 所幼儿园（点）转普惠园工作。全年增加普惠性学前教育学位 1.57 万个，普惠率 89.3%。“幼升小”新增学位 5436 个、“小升初”增加学位 2182 个，设立义务教育招生入学回天工作站，把政策咨询和热线电话送到群众家门口。加大教育基础设施建设，新建、改扩建学校 7 个。完成紫金新干线配套学校、世涛天朗小区配套幼儿园 2 个项目移交接收工作。深化学区制管理集团化办学改革，在 4 个学区和 4 个教育集团基础上，以扩优提质为目标，调整 4 所学校办学体制，改革覆盖率 48%。落实“回天三年行动计划”，2 个项目开工，5 个项目推进前期手续，“回天地区”学校“手拉手”项目开展“拉手”活动 400 余次。成立昌平一中教育集团本部、回龙观育新教育集团本部 2 个高中艺术教育基地校，为 81 名学生提供支持服务。昌平职业学校 3 个专业（群）、1 个大师工作室进入第二批北京市职业院校特色高水平骨干专业（群）和实训基地建设行列。

强化校园安全建设。贯彻落实《北京市中小学校幼儿园安全管理规定》。召开昌平区学校安全工作联席会第四次会议，推进中小学幼儿园“平安校园”建设，召开专题培训会 8 次。建立 263 人的专职安全管理干部队伍，增配专职保安 684 人，设置硬质防冲撞路桩 121 套，新建一键式报警装置 162 个，校园封闭化管理达标率、专职保安配备达标率、一键式报警和视频监控系统达标率均为 100%。开展安全生产专项整治三年行动，派出检查人员 307 人次，隐患整改率 100%。加强安全宣传教育培训，师生宣传教育覆盖率 100%。开展消防安全、安全生产、校园安全等专题培训 17 次。成立 8 个校园安全协作组，指导开展自查互查、演练观摩、专题培训等协作组活动 20 次。

深化教育改革，增强昌平教育影响力。上好战疫“思政课”，围绕疫情防控组织班级研讨、制作手抄报、撰写抗疫心得体会等活动。提供学前绘本等教育资源 660 余个，中小学各类学习资源 3.80 万个，将 350 余名教师录制的 442 个线上教育资源面向全市推广。北京市昌平职业学校中小学劳动教育案例入选教育部劳动教育典型做法并被《中国教育报》宣传报道；北京市昌平区第一中学“云课堂”授课方式被央视《焦点访谈》栏目报道；首都师范大学附属回龙观育新学校线上体育教学与评价工作被市教委作为典型经验推广，并被央视新闻选用播报。区教委选派 17 名援疆教师赴新疆开展为期 2 年的支教工作。继续开展北京市中学教师开放型在线辅导工作，以“互联网＋”和大数据创新教育公共服务方式，为中学生提供精准化、个性化和多样化的在线教育供给，全年累计辅导学生 19299 人次，1 对 1 辅导积分 852691 分，被评优微课 23 个。开展“城乡市民教育大讲堂”培训活动，在全区 22 个镇（街）、62 个社区累计培训社区居民 11248 人次。

2020 年，昌平社区学院开展居民手工艺培训
（昌平区教委　供）

确保全系统 31 万名师生员工健康安全，有效防止疫情进校园。全区 20 余个部门和镇（街）协同配合，筑牢疫情防控和考试安全“两道防线”，实现健康考试、安全考试、温馨考试，5293 名考生平稳顺利参加中高考。教育系统派出下沉干部 70 人，4392 名在职党员到社区报到，2.20 万人次参与疫情防控。

（杨然　王丽梅　朱君兰）

“光盘行动”常态化教育机制形成

2020 年，昌平区教委将“光盘行动”与“三爱三节”专题教育相结合，与贯彻落实《北京市文明行为促进条例》相结合，形成常态化教育机制。先后印发《中小学校食堂制止餐饮浪费　践行“光盘行动”指引》《“光盘行动，杜绝浪费”倡议书》，结合学校现有课程，开展节粮教育活动。将学校节粮教育纳入年度考核，把“制止餐饮浪费　践行光盘行动”作为 10 项经常性督导重要内容之一，以督导组形式，深入全区中小学校开展实地督导检查。指导各学校通过举办主题班（团、队）会、主题辩论赛、演讲比赛等活动，引导学生从小形成节约粮食的意识和行为习惯。其中，将北京市昌平区燕丹学校打造为“光盘行动”教育最美标签，该校经验先后被《北京教育报》《现代教育报》“学习强国”等媒体报道。

（谷长志　樊勇）

10月，教工幼儿园持续开展“光盘，我们在行动”主题教育实践活动　　（教工幼儿园　供）

“回天地区”公共服务和基础设施优化

2020年，昌平区持续推进回龙观天通苑地区公共服务和基础设施优化提升。2018年，市政府办公厅为缓解“回天地区”居民入园入学难题、满足回天居民优质教育等需求，解决该区域公共服务和基础设施的难题，制定《优化提升回龙观天通苑地区公共服务和基础设施三年行动计划（2018—2020年）》。3年间，昌平区坚持建管并重、提质增效，围绕“回天地区”居民最关心的教育公共服务和基础设施难题，加大资金支持和建设推进力度，新建并移交幼儿园、中小学项目15个，增加学位6060个，其中幼儿学位4020个、中小学学位2040个。

（辛颖）

教育对口支援持续推进

2020年，昌平区教委持续推进教育对口支援工作。全年新增“手拉手”结对学校13对，其中河北省尚义县3对、内蒙古阿鲁科尔沁旗10对。根据受援地区实际需求，选派29名教师赴内蒙古阿鲁科尔沁旗、太仆寺旗，河北尚义县开展支教工作，支教时长分别为13个月、7个月、4个月；采用“线下＋线上”方式，与太仆寺旗、阿鲁科尔沁旗、尚义县合作开展10批次师资培训，惠及当地教师426人。推动学校落实扶贫采购任务，通过‘四中心、百专柜”、北京市消费扶贫双创中心等渠道，购买内蒙古、河北地区农副产品合计250.83万元，预留份额完成比例137.91%。

（臧鹏）

昌平实验学校与昌平第四学校合并

5月1日，北京市昌平区实验学校与北京市昌平区第四学校合并为北京市昌平区实验学校。学校办学类型为十二年一贯制，设校长1人、副校长6人。学校成立中国共产党北京市昌平区实验学校委员会，设党委书记1人、党委副书记2人，下设6个党支部。合并后，昌平实验学校分三址办学，分别为振兴路校区、永安路校区和郝庄校区，3个校区总占地面积97332平方米，校舍建筑面积56018平方米，运动场地面积33768平方米。学校有学生3852人、教师372人。昌平实验学校成立于1929年，时称昌平县立乡村师范学校；1935年，更名为县立简易师范学校；1958年，更名为昌平师范学校；2001年，更名为北京市昌平实验中学;2016年，更为现名。昌平第四学校成立于1985年，时称昌平区第四中学；2018年，更为现名。

（廖顺华）

骨干教师送课下乡

10月至12月，昌平区教育学会和小学语文研究会联合开展市级骨干教师送课下乡活动。活动组织6名北京市骨干教师走进区内6所学校，采取同课异构形式，与乡村学校教师同上一节课，并于课后就教育教学理念、教学方法进行交流。12名教师展示课程12节，累计70名教师参加活动。

（刘淑明）

回天地区学校科技教育联盟启动大会

11月13日，昌平区教委举办“回天地区学校科技教育联盟启动大会”暨“首期 STEM ＋创意机器人工作室教研沙龙”。参会领导宣布成立“回天地区科技教育联盟”，并为“STEM ＋”创新教育发展共同体创意机器人工作室揭牌。北京师范大学教授作《科学教育是创新人才培养的基础》讲座，北京市昌平区第二中学回龙观校区、北京市昌平区回龙观中心第二小学作学校科技教育经验分享。相关学校科技主管领导及教师 30 余人参与活动。“回天地区科技教育联盟”由区教委发起建立，有成员校 18 所，将整合“回天地区”科技教育资源，挖掘各学校科技教育潜力，结合各学校发展特色，优化资源布局，进一步提高科技教育资源使用效益，带动“回天地区”科技教育整体发展。

（佟婧楠）

“五老讲师团”线上线下宣讲 44 场

至年底，昌平区教育关工委“五老讲师团”完成线上线下宣讲 44 场。讲师团成员加入区委组织部、区老干部局“宣讲团”，面向各镇（街）、社区居民进行党的政策宣传和中华民族传统文化、英雄人物事迹宣讲。指导各学校为青少年接受理想信念教育创造条件，使用电子设备、网络视频、腾讯会议等举办线上宣讲讲座，每月至少 2 次，涉及“习近平的故事”“追忆红色记忆的人”“南口战役”等内容。讲师团成立于 2004 年，由昌平区人大、区法院和区教育系统退休老干部、老教师组成，共计 34 人。至 2020 年，讲师团深入学校、乡镇、社区开展讲座、辅导等，惠及 20 余万人次；出版关心下一代丛书 20 余部。2011 年，被教育部关工委评为全国教育系统关心下一代工作先进集体；2012 年，被市委宣传部评为理论宣讲先进集体；2019 年，入选北京教育系统关工委十大品牌。

（宋屹杰）

大兴区

概述

2020 年，大兴区教委辖属教育单位 273 个。其中，幼儿园 108 所（教育部门办园 47 所、集体办园 3 所、民办园 58 所），小学 83 所（教育部门办校 76 所、民办校 7 所），九年一贯制学校 17 所（教育部门办校 13 所、民办校 3 所、县级其他部门办校 1 所），十二年一贯制学校 6 所（教育部门办校 5 所、民办校 1 所），中学 22 所（教育部门办校 20 所、民办校 2 所），中等职业学校 8 所（教育部门办校 1 所、民办校 2 所、中等技术学校 1 所、地方企业办中等技术学校 1 所、省级其他部门办中等技术学校 3 所），特殊教育学校 1 所，其他法人单位 28 个（无学生单位 14 个、成人学校 14 所）。招生 44340 人（幼儿园 18018 人、小学 14662 人、初中 7183 人、普通高中 3008 人、中等职业学校 1469 人）；毕业 28498 人（幼儿园 10425 人、小学 8669 人、初中 5170 人、普通高中 2431 人、中等职业学校 1803 人）；在校生 141930 人（幼儿园 41995 人、小学 69660 人、初中 18934 人、普通高中 7277 人、中等职业学校 3910 人、特殊教育学校 154 人）。教职工总数 11899 人（幼儿园 1773 人、小学 3694 人、中学 5491 人、中等职业学校 312 人、特殊教育 32 人、无学生单位 597 人），包括高级职称 2299 人、中级职称 5327 人。北京市特级教师 46 人、北京市骨干教师 151 人、北京市学科教学带头人 18 人。全年教育总投入 71.53 亿元。中小学固定资产总值 39.98 亿元。乡镇成人学校 14 所、培训机构 89 个。新增民办幼儿园 5 所。设立学区 8 个。

2020 年，大兴区教委发挥党建引领带动作用，推进中心工作开展。通过“市区专家领导—教育工委—基层党组织”

11 月 13 日，昌平区教委“回天地区学校科技教育联盟启动大会”暨“首期 STEM 创意机器人工作室教研沙龙”举行（昌平二中　供）

三级联动“云端”学习形式，创新开展理论中心组学习活动。创新开办兴教微论坛。探索“互联网＋党务”新模式，按时按质开展“三会一课”、主题党日活动，推进“主题党日＋”模式系列化、特色化、专题化。服务中心工作，统筹保障落实，推进文明城区创建工作，完成大兴区未成年人心理健康辅导站、青少年课外活动中心建设，完成82所学校实地检查工作。推进教育系统接诉即办、垃圾分类、对口帮扶工作。

坚持五育并举，护航学生成长。制定《大兴区中学延期开学高考备考工作方案》《关于进一步做好中小学延期开学相关工作的方案》《大兴区中学2020年春季学期教育教学工作指导建议》等指导性文件。按照“健康第一、面向全体、五育并举、自主发展、家校协同”总体要求，高质量建设“大兴教育数字平台”，上传微课视频9000节。录播“同心战疫”栏目28期，开设“名优教师电视公开课”118节。探索建立“1＋2＋N”德育创新模式。

强化统筹推进，推动教育高质量发展。推进基础设施建设，大兴一中西校区和庞各庄2号地小学、中学工程建设完成95%。与西城区教委签订合作框架协议，采取委托办学模式引入北京八中。在新航城地区引入2所海淀名校，推动区域教育发展。成立大兴一中教育集团。通过“一查、一会、一反馈”加强对全区各类型幼儿园的全面督查。持续推进平安校园建设，全区各学校100%通过区级平安校园达标验收。学前教育围绕“普及、普惠、安全、优质”工作目标，以扩资源、推普惠、提质量、抓治理为重点，全面落实各项工作任务。通过接收小区配套园、审批民办园、扩班挖潜等途径扩增学位，各类型幼儿园（含办园点）在园幼儿44797人。通过政策宣传动员等多种形式，推动完成18所民办园转普工作，普惠率96%。落实市级补助政策，加大区级资金投入力度，全年拨付市、区级补助资金2.80亿元。

培养专业化干部教师队伍。修订、完善《关于规范干部选拔任用工作的实施意见》，启动第二期名校长培养工程，制订30名优秀中层干部选拔方案，追踪30名硕博副校长培养工作。以北京市校长职级制评定标准为基础，将校长职级的民主测评与校级干部学年考核‘两考合一”。在教师常规培训的基础上，重点加强对村办园、社区办园点教师的培训，提高培训针对性，开展教师教学基本功考核及第二届骨干教师“绽放杯”教学风采展示活动。

抓紧抓实疫情防控，保障师生生命安全。成立大兴区教育系统疫情防控领导小组，全面领导和组织、协调、指挥疫情防控工作，印发《大兴区教育系统疫情防控工作方案》等，启动多轮教委、镇、校三级网格式督查。申请拨付防疫物资购置专项资金124万元，为135所学校、幼儿园配备口罩、橡胶手套、隔离衣等防护物资近110万个（件）。

（李金艳　王海艳）

特教工作质量提升

2020年，大兴区优化管理，努力提升特殊教育教学质量。制订《大兴区普通学校融合教育推行委员会工作职责》，组织全部81所中小学建立融合教育学校推行委员会。先后16次开展巡回指导活动；通过电话、微信等形式帮助融合教育学校解决学生问题，指导学校工作。分层培训与教研，运用线上平台组织“学校情境中的学习问题”系列线上教研活动5次。9月至11月，举办大兴区融合教育干部、教师能力提升系列培训40学时，培训融合教育干部教师126人。组织“个别化教育计划的制定”专题培训，培训干部教师290余人。

（陈淼）

11月，北京教科院大兴实验小学开展社会实践活动

（北京教科院大兴实验小学　供）

督导工作质量提升

2020 年，大兴区有序推进教育督导法治化、专业化和现代化建设，促进督导工作质量提升。开展学年疫情防控及重点工作完成情况专项督导，全面开展教育满意度测评，并将“接诉即办”纳入考核范围。调整责任区设置，将全区所有已审批的民办中小学幼儿园纳入挂牌督导范围，责任区数量增至 22 个；充实人员，责任督学增至 64 人。完成对各中小学幼儿园的 16 轮专项督导，64 名挂牌责任督学入校督导 2100 余人次，上报各类督导报告单数千份。按照市督导室统一部署，系统开展办园质量督导评估，监督指导各级各类幼儿园完成年度网上自评。组织开展教育工作满意度年度调查工作、学前教育发展状况监测、“减负”专项督导监测等工作；完成国家义务教育质量监测组织工作，涉及样本校 20 所。组织专兼职督学参加国家、市级相关培训，按计划开展区级培训活动，提升督导队伍综合素质和专业化水平。

（王建春）

对口支援工作

2020 年，大兴区教委继续推进对口支援工作。新增结对学校 15 对（内蒙古地区 8 对、新疆地区 7 对），其中幼儿园 7 对、小学 3 对、中学 4 对、职业学校 1 对。完成对口单位人员来京跟岗研修接待工作，接待受援地区跟岗教师 132 人。其中，根据市教委安排接待跟岗干部教师 2 批次 37 人；接待内蒙古地区跟岗干部教师 73 人；接待新疆和田县跟岗干部 22 人。选派 69 名教师赴内蒙古、新疆开展支教送教工作，其中支教内蒙古教师 53 人、支教新疆教师 16 人。区内相关学校开展送教、教育教学交流活动 6 次，培训受援地教师 865 人次。

（陈征）

为抗疫一线医护人员子女免费送课

4 月 29 日，大兴区教委联合区卫健委举行“战疫天使真情回馈”线上培训免费送课公益活动。活动主要服务于 155 名抗击新冠肺炎疫情期间奋战在一线的区属医护人员子女，提供小学一年级至高中三年级全学科线上课程培训，为期 3 个月。活动与学而思培优、一起学网校、高思教育、三好网 4 家教育培训机构合作，学生可任选 1 家参加培训。区教委负责持续关注公益活动后期开展情况，监督服务机构履行送课承诺。

（周明霞）

优秀中层干部（青年教师）公开选拔

7 月，大兴区教委开展大兴区优秀中层干部（青年教师）公开选拔。189 名青年教师通过视频会议形式参加线上选拔笔试考试，70 人进入面试环节。由首都师范大学专家团队和大兴区 4 名特级校长组成面试组，通过政治品格及素养、综合分析能力、组织协调能力等考核，35 人合格。大兴区教育两委将与首师大专家团队合作，采取集中授课、自学与讨论相结合的方式，对合格者开展为期 1 年的在职培训。

（巴宇萌）

新增 6 家中小学生社会大课堂区级资源单位

8 月 23 日，大兴区中小学生社会大课堂办公室为新增的 6 家大兴区中小学生社会大课堂资源单位颁发审批书和铜牌。6 家新增资源单位分别为北京厚泽食育文化有限公司、北京永定河绿色港湾青少年实践教育基地、北京大兴农品青少年实践教育基地、北京御林古桑园青少年实践教育基地、北京德安汽车运动青少年实践教育基地和北京兰亭文化园。至此，区级资源单位增至 17 家。

（韩景贵）

大兴一中教育集团成立

10 月 30 日，大兴区第一中学教育集团成立暨大兴一中班子调整宣布会在北京市大兴区第一中学举行。会议宣布大兴一中教育集团成立、干部任免决定，同时为大兴一中教育集团授牌。该校校长荣俊利担任大兴一中党委书记、大兴一中教育集团总校长，大兴区教委副主任王群会担任大兴一中校长（兼）。按照分批分期建设原则，集团首先吸纳大兴一中西校区（暂用名）、大兴一中东校区（暂用名），之后将根据教育布局和资源调整需要研究确定一批中小学、幼儿园纳入集团。

（王明）

6 月至 12 月，大兴一幼教师走进内蒙古察右前旗民族幼儿园开展送教活动 （大兴一幼 供）

怀柔区

概述

2020年，怀柔区教委辖属教育单位127个。其中，幼儿园79所（教育部门办园17所、事业单位办园2所、部队办园1所、集体办园13所、民办园46所），小学18所（全部为教育部门办校），初级中学10所（全部为教育部门办校），完全中学4所（全部为教育部门办校），九年一贯制学校4所（全部为教育部门办校），民办十二年一贯制学校1所，特殊教育学校1所，中等职业学校2所（教育部门办校1所、民办校1所），其他法人单位8个。招生11626人（幼儿园4359人、小学3230人、初中2547人、普通高中1330人、特殊教育学校7人、中等职业学校153人）；毕业9561人（幼儿园3602人、小学2833人、初中1917人、普通高中1009人、中等职业学校200人）；在校生39361人（幼儿园10988人、小学17569人、初中6728人、普通高中3644人、中等职业学校337人、特殊教育学校95人）。教职工总数6401人（幼儿园2087人、小学1570人、中学2430人、中等职业学校281人、特殊教育33人），包括高级职称1231人、中级职称2357人。北京市特级教师15人、北京市骨干教师50人、北京市学科教学带头人7人。全年教育总投入25.60亿元。中小学固定资产总值21.16亿元。设立学区11个（中学5个、小学6个），学前教育联盟5个。

2020年，怀柔区教委统筹布局城乡教育资源，优质均衡发展教育。完成全区“十四五”时期教育专项规划编制。重点提高汤河口中学设施配建标准；强化科学城教育配套建设，提升优质教育和国际教育服务能力；调整北京市怀柔区第一中学、首都师范大学附属红螺寺中学为完全中学，将原北京市怀柔区九渡河镇中心小学九渡河分址、黄花城分址以及北京市怀柔区九渡河中学调整成立九年一贯制北京市怀柔区九渡河学校。全区累计新增小学学位470个。2所幼儿园开园，增加学前教育学位690个。推进怀柔科学城“100 · 365”重点项目，北京市第一0一中学怀柔分校北区宿舍楼投入使用，北京第三实验学校、科学城国际学校、国际人才社区幼儿园、中关村一小怀柔分校新址和北京市怀柔区第七小学均已确定选址。深化一体化办学工作，制定《怀柔区城乡一体化办学模式和管理办法》，配套出台《一体化办学专项资金管理规定》，九渡河镇中心小学与北京市十一学校一体化办学，全区一体化办学学校达到8所，覆盖幼儿园、小学、初中、高中各学段。全年对8所一体化学校累计投入3.72亿元，支持学校发展，改善办学环境。

推进教育内涵发展。制订《怀柔区小学德育工作实施方案》，将劳动教育纳入中小学综合素质评价，探索构建劳动教育课程体系。组织全系统120余个基层单位和5万余名师生员工参与垃圾分类教育活动，开展专题教育活动1024次、征集垃圾分类作品8000余件。实施名师名校长培养、中小学课程改革、学生培优、教科研支持中小学改革等项目，加强对各中小学落实教学管理相关文件精神及教学常规管理的检查。发挥中国科学院大学、中科院科研院所、科学城高新技术企业资源优势，为全区中小学配齐科技副校长，开展金鹏科技论坛、STEAM＋科技创新挑战赛、观鸟比赛等近20项科技项目，打造科技教育特色。重点打造攀岩、独轮车、冰壶、国际象棋、篮球、足球等10余项体育特色项目。依托北京师范大学“国培计划——领航工程”培养名校长队伍，筹建名校长领航工作室，开展“党旗引领，防疫复学两手抓”书记工作室网上专题培训，通过“芦咏莉校长工作室”“吴正宪小学数学特级教师工作室”开展校长骨干教师培训。按照市、区、校三级分层、分类、分岗开展全员培训，探索“互联网＋”培训新途径。推进5个特级教师工作室建设，借助海淀—怀柔一体化教研发展项目，成立24个“名

11月19日至20日，怀柔区冰壶代表队在北京市第五届中小学生冬季运动会冰壶比赛中获2个冠军　（怀柔区教委　供）

师工作室”，205 名教研员、骨干教师参加培训。评选正高级教师 7 人，北京市特级教师 5 人，北京市学科教学带头人 7 人，北京市骨干教师 50 人。

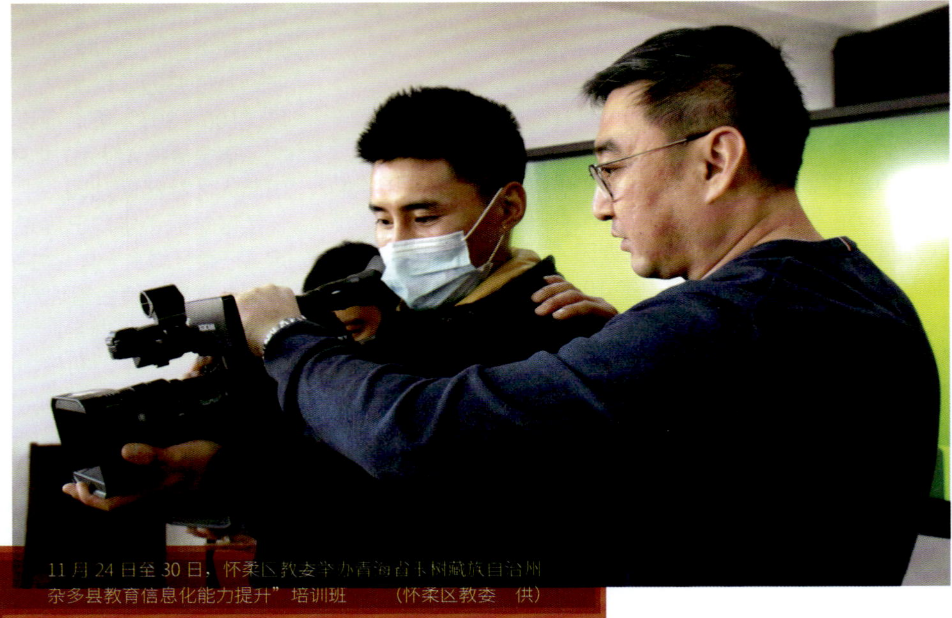

11 月 24 日至 30 日，怀柔区教委举办青海省玉树藏族自治州杂多县教育信息化能力提升”培训班　（怀柔区教委　供）

深化教育领域综合改革。理顺教育管理部门与学校关系，推进简政放权，营造“机关围着基层转，基层围着教学转”教育文化。由各基层单位推荐、教育两委考核任用选拔副校级干部，健全“区管校聘”机制，给予基层单位更多人事自主权，规范各类“进校园”活动，减少不必要的下校检查和考核评比。推进教科研改革，制订《怀柔区教科研中心综合改革项目方案》，调整机构与职能，将 16 个处室整合，成立 5 个中心。完善事业单位工作人员考核评价体系，将考核结果作为续聘、解聘、增资、晋级、奖惩的重要依据。起草《关于推进尊师重教工作的实施意见》，吸引和稳定优秀人才从教。制定并落实《关于进一步完善教育系统所属事业单位绩效工资分配办法的指导意见》，优化教师绩效工资分配。

强化教育发展保障。利用“互联网＋教育”，在小学、初中和高中 3 个学段，开展直播课程 705 节，总时长 22419 分钟，录制点播课程 2300 余节。起草《关于深化新时代教育督导体制机制改革的实施方案》，强化督政、督学、评估监测。采取远程互动、送讲送课、教师集中培训、学生游学、物资捐赠等活动，促进与“四省六地”的教育协作工作，先后组织区内 27 所中小学、幼儿园与受援地区 57 所中小学、幼儿园建立帮扶关系，开展线上线下教育教学交流 50 余次，培训受援地区教师 1000 余人次，选派 12 名支教教师赴受援地区支教 1 年，接收 50 余名受援地区干部教师来怀跟岗挂职；疫情期间组织教师为受援地区捐款 19.98 万元，为丰宁县、卢氏县、杂多县购买教育教学用品价值 14 万元。

疫情防控。承担全区 170 余所中小学、幼儿园、下属中心单位及校外培训机构 5 万余名师生员工（含离退休人员），约占全区人口 1/8 群体的疫情防控工作。全面启动“日报告”“零报告”制度，面向全区师生展开摸排工作。成立 24 个督查检查组，对全区中小学、幼儿园、民办教育机构开展全方位、地毯式督查检查。4900 余名干部教师通过视频、微信公众号、《致家长和学生的一封信》等形式向全体师生、家长进行宣传，征集上传学生抗疫作品 1.40 万件。组织系统内 100 余家单位开展疫情防控爱国卫生行动，对系统内 64 家食堂和 3 家送餐企业进行全面消杀。

（綦金秋）

对口帮扶

2020 年，怀柔区教委继续推进对口帮扶工作。8 月 15 日至 21 日，举办对口扶贫协作与支援合作地区教师研修班，从核心素养视角阐释问题解决的概念，明确教师应当从知识的传播者向学习的促进者转变。来自河北丰宁县、怀安县，河南卢氏县和内蒙古四子王旗、科左后旗的 120 名教师修满学时，取得结业证书。2018 年至 2020 年，区教委连续 3 年举办对口帮扶关系地区干部教师研修班，累计培训 500 余人。11 月 24 日至 30 日，青海杂多县教师代表一行 18 人来怀参加“怀柔—杂多教育信息化能力提升”培训活动，内容包括摄影和摄像的基础知识与实操、校园网络的基础管理、多媒体设备与条幅屏的使用技巧与图像处理软件基础操作等。区教委搭建 N 师课堂，除讲师外，每次课程再配备 7 名辅导教师，确保参训教师得到快速高效指导。参训教师全部通过现场考核，取得结业证书。11 月 26 日，怀柔区“赵兰香特级教师工作室四子王旗工作室”启动，由赵兰香担任主持人，来自怀柔区 4 所幼儿园的 5 名教师担任送课教师，在四子王旗 3 所幼儿园分别揭牌，吸纳 3 所幼儿园的 20 余名教师加入。赵兰香，女，1966 年 12 月出生，现任北京市怀柔区第四幼儿园书记兼园长，北京市特级教师，北京市辛勤育苗先进个人，北京市优秀教师，曾获宋庆龄幼儿教育奖，出版有专著《教研路上共成长》。

（綦金秋　贾祎　高凤英）

推进学前教育改革创新

2020 年，怀柔区启动幼儿园课程建设，推进学前教育改革创新。1 月 10 日，区教科研中心举办“经验分享促发展　凝聚力量再前行”课程故事分享暨学期成果交流活动，组织听取 11 名教师分享课程实践探索中的课程故事。9 月 22 日，区教科研中心举办《怀柔区幼儿园课程组织与实施指导建议（试行）》研用启动暨现场培训活动，介绍建议整体思路和研发过程，明确此次研用课程的思想和方向。全区23所实验园业务干部、教师以及学前教研室全体成员，共计95人参加活动。10月19日至22日，区教科研中心组织完成大、中、小班课程案例现场培训。实验园业务干部、教师120余人次参训。全区23所实验园、72个实验班，运用指导建议中的课程案例开展教学研究，教研员分别走进20所实验园50余个课程现场，帮助、指导教师理清问题、明确理念与做法。12月15日，区教科研中心举办研用《怀柔区幼儿园课程组织与实施指导建议（试行）》现场交流观摩研讨活动，邀请4名北京教育科学研究院专家在主会场和4个分会场，采用业务干部交流、现场活动观摩、片区负责教研员现场教研等方式展开研讨。区教委、区教科研中心领导及相关工作人员以及全区25所实验园的业务干部、教师等100余人参加活动。

10月16日，怀柔区教委与国家画院举办“书法进校园”合作项目启动仪式　（怀柔区教委　供）

（綫金秋　刘晓杰）

成人社区教育线上技能培训

2月12日，怀柔区社区教育中心成人社区教育“空中课堂”启动。社区教育中心协调、调动北京小白河种植专业合作社、北京巧媳妇合作社、北京君艺美花卉种养植合作社和北京月亮湖种养殖基地教师、专家资源，创建8个微信群，先后开设“手工编织”“蘑菇种植”“市民终身教育”等课程。2000余人完成在线注册，通过微信、“怀柔学习网”参加学习。至7月，线上培训36.57万人次。

（綫金秋　孟宪敏）

与国家画院开展书法进校园合作

9月4日，怀柔区教委与中国国家画院书法篆刻院签订“书法进校园”项目合作协议。双方合作内容包括“培育书法教育基地校，打造书法教育品牌”“开展教师书法培训，培养书法专业师资”“国家画院书法艺术品套装进校园，打造校园书法文化”等。签约期限为1年。10月16日，举行“书法进校园”合作项目启动仪式，介绍项目内容，宣布10所书法教育基地校名单。根据合作协议，国家画院艺术家每周三走进基地校，以授课、讲座、社团指导等形式，教授书法课程、指导书法社团活动。10月23日，“书法进校园”教师培训班开班，每周五面向全区中小学书法教师进行系列培训指导。培训班有学员50人。至年底，开展基地校授课指导110次，书法教师培训指导10次。

（綫金秋　杨雪）

特级教师工作室增至7个

9月16日，怀柔区教委举办“王长青特级教师工作室”结业汇报暨2020年特级教师工作室启动仪式。活动中，王长青以“搭建平台与青年教师共成长”为主题作第一期工作室结业交流；工作室学员分享成长经历。区教委宣布增建王长青（第二期）、刘宇宏、刘良田、胡美茹、崔海明5个特级教师工作室，为5个工作室授牌，并为5名特级教师颁发为期3年的聘书。至此，怀柔区共有7个特级教师工作室分别引领数学、语文、化学、美术、体育5个学科发展，实现学段全覆盖。2016年，怀柔区成立第一个以王长青命名的特级教师工作室；2019年，成立张凤勤、赵兰香2个特级教师工作室。

（綫金秋　李雪）

《民法典》培训进社区

10月11日至12月31日，怀柔区社区教育中心在泉河街道12个社区开展“民法典宣讲进社区活动”。活动邀请北京广播电视大学法学教授举办《民法中的家长里短——〈民法典〉中的新变化》专题讲座，普法宣讲《民法典》颁布实施的重要意义、《民法典》的具体内容及居民关心的法条。活动举办讲座9场，惠及社区居民525人。

（綫金秋　孟宪敏）

首届中小学生科技嘉年华活动

10月29日，怀柔区教委、北京怀柔科学城管理委员会共同举办怀柔科学城第一届中小学生科技嘉年华暨怀柔

10月29日，首届中小学生科技嘉年华暨怀柔中小学生走进科学城活动启动　　（怀柔区教委　供）

中小学生走进科学城活动。活动设置室内项目展示区15个、室外项目展示区17个以及科学快车展示区1个，举办表演类、展示类、制作类、体验类和挑战类5个类别近40项活动，涉及化学、人工智能、心理、物理、机械、前沿科技等多个学科领域。全区1500名小学生走进怀柔科学城创新小镇参加活动。

（綫金秋　赵晓光）

棒球公益课进校园活动启动

11月26日，怀柔区教委、区体育局与中国棒球协会、MLB美国职业棒球大联盟共同举办“北京市棒球公益课进校园活动”暨“北京市棒球公益课走进桥小活动”启动仪式。活动为区内2所小学颁授“MLB FIRST PITCH棒球公益课示范学校”铜牌。来自MLB美国职业棒球大联盟的专业教练为北京市怀柔区桥梓镇中心小学二年级30名棒球“零基础”学生代表上第一课，讲授传球、打击、投球、跑垒等技术。

（綫金秋　杨雪）

特殊教育专家委员会启动

11月27日，怀柔区举行特殊教育专家委员会启动仪式。会议宣读特殊教育工作联席会议制度，审议通过专家委员会成立方案，选举产生专家委员会主任1人、副主任1人、办公室主任1人和各专家组成员19人。区教委、区残联、区民政局、区卫健委相关负责人，区特殊教育专家委员会成员以及各中小学融合教育资源中心负责人30人参加活动。

（綫金秋　邢桂伶）

吴正宪工作站怀柔分站一期结站二期启动

12月18日，怀柔区教委举办“吴正宪小学数学教师工作站怀柔分站”第一期结站暨第二期启动会。会议回顾工作站3年研修历程，听取6名学员分享加入工作站后的成长经历和心得体会，为12名优秀学员颁发证书。第一期工作站于2017年6月启动，3年间，组织成员参与国家级展示课4次，成员获得市级展示课三等奖以上7次、发表国家级论文5篇。区教委为吴正宪颁发聘书，启动工作站第二期。二期工作站有成员35人。北京教育科学研究院、区教委、区教科研中心领导，大兴、门头沟、平谷3区吴正宪工作站分站负责人，各小学相关领导、教师代表等130余人参加会议。

（綫金秋　彭海成）

12月18日，怀柔区教委举办“吴正宪小学数学教师工作站怀柔分站”第一期结站暨第二期启动会　（怀柔区教委　供）

3个青少年法治教育实践基地揭牌

12月24日，怀柔区教委举行怀柔区青少年法治教育实践基地揭牌仪式。活动为北京市怀柔区北房中学、北京市怀柔区怀柔镇中心小学和北京市怀柔区桥梓镇中心小学

3个青少年法治教育实践基地揭牌。基地的成立旨在加强预防和减少青少年违法犯罪，促进其健康成长，为青少年、学生家长、社会各界提供法治宣传教育服务。怀柔区教委、区司法局相关负责人，3所基地校领导和北房中学初二年级学生120余人参加活动。

（缐金秋　张红东）

平谷区

概述

2020年，平谷区教委辖属教育单位167个。其中，幼儿园90所（教育部门办园5所、集体办园39所、民办园46所），小学46所（教育部门办校45所、民办校1所），初级中学12所（全部为教育部门办校），完全中学4所（全部为教育部门办校），九年一贯制学校2所（全部为教育部门办校），民办十二年一贯制学校1所，特殊教育学校1所，中等职业学校1所，其他法人单位10个。招生14702人（幼儿园6184人、小学4160人、初中2575人、普通高中1619人、中等职业学校144人、特殊教育学校20人）；毕业10987人（幼儿园4363人、小学2885人、初中2221人、普通高中1432人、中等职业学校63人、特殊教育学校23人）；在校生46788人（幼儿园14608人、小学20109人、初中7288人、普通高中4358人、中等职业学校309人、特殊教育学校116人）。教职工总数7281人（幼儿园2272人、小学2102人、中学2699人、中等职业学校146人、特殊教育62人），包括高级职称1601人、中级职称2690人。北京市特级教师7人、北京市骨干教师50人、北京市学科教学带头人6人。全年教育总投入25.30亿元。中小学固定资产总值13.32亿元，中等职业学校固定资产总值3.01亿元。

2020年，平谷区教委“小切口、微改革”，教育教学质量稳中有升。创新“互联网+线上教学”模式，提出“整合·融合·配合”理念，发挥中心备课组和学科教学基地作用，推送并整合优质云课程资源。在原有4个学科基地基础上建立全学段23个学科教学基地，发挥优秀教师的头雁作用与核心作用，带动优势学科发展。针对部分高分段学生“瘸腿”问题，开发高端临界生提升课堂22轮208节课，919人次学生参与各轮次学习。坚持全学段、全员、全学科阅读活动，以语文素养的提升带动全学科素养提升。以翱翔计划和创新人才培养为引领，开展线上时事辩论赛、时政论坛等活动。

以生为本，德育为先，能力为重。开展学段间多学科阅读活动与时政教育，以加强中小学段间贯通德育体系研究。召开心理健康教育专项工作视频会，开展“凝聚正能量，同心抗疫情”“生态环保云课堂，垃圾分类宣传”“学寄语谈体会　见行动”“珍爱生命，远离毒品，拥抱美好人生”主题教育活动。落实绿谷读书行动计划，推进小学阶段整本书阅读和全学科阅读，开展2020“绿谷读书”线上阅读展示活动。

促规范、提质量，提升各类幼儿园办园质量。加强幼儿园分层管理，明确各类幼儿园发展目标和任务。丰富完善疫情期间线上指导课程资源库建设；加强园所信息化管理水平提升。推进幼儿园主题活动课程建设，构建幼儿园课程活动模式，建立区级“优秀主题活动资源

11月12日，平谷区教委举办第二届中小学航空航天模型比赛
（平谷区教委　供）

库”。树立“一日活动皆课程”教育观，强化教师目标意识；教研活动制度化、常态化，助力教育质量提升。

关注主体发展，提升教师专业素养。加强师德师风建设，深化“双积分”管理。通过及时、公开、准确的评价，规范党员干部和教师的教育教学行为。招聘正式编制教师84人。依托人才储备计划，招聘35名专聘教师充实到小学教学岗位；为解决农村幼儿园专业教师缺乏的问题，招聘71名专聘教师充实到幼儿园教学岗位。完善绩效工资分配方案，坚持向一线教师、骨干教师和农村教师倾斜。

关注学生健康，提升学生综合素质。持续推进垃圾分类、餐桌文明等社会公德教育。切实控制近视、肥胖发生与增长，开展“防近视、控肥胖”重点校实地巡察、视导活动。完成14所国家级足球特色校实地调研。

（吴玉仙　严铭）

学科基地建设启动

11月3日，平谷区教委启动平谷区学科教学基地建设。学科教学基地贯通幼、小、初、高4个学段，覆盖23个学科，汇聚全区300余名教学能手，组织同学段、同学科教师共同开展教研活动，促进学校间各学科间深度交流，提升教研实效性。

（吴玉仙）

中小学生心理健康工作室启动

11月13日，平谷区中小学生心理健康工作室在北京市平谷中学启动。工作室由区教育工会牵头成立，设在平谷中学，成员包括心理教师11人，下设峪口工作站、山东庄工作站、夏各庄工作站、马坊工作站4个工作站。工作室每2周活动1次，每学期走进1个工作站开展活动，形成“中心带动、区域联动、资源共享、优势互补、精准帮扶”的工作模式。工作室力争在6年内完成对全区中小学生心理状况的大数据调查，重点分析网络成瘾、挫折压力等影响学生学习成绩的因素，形成符合平谷区学生特点的心理课程；申请学生心理咨询热线，设立心理咨询邮箱；依托“妈妈讲堂”，组织工作室成员到乡村讲课，指导家长掌握科学的心理健康教育理念与方法，创设有利于学生健康成长的家庭环境。

（吴玉仙）

阳光体育中小学生系列比赛

11月至12月，平谷区教委举办“阳光体育”中小学生系列比赛。11月14日，举办中小学生篮球比赛。30所学校61支球队800余名学生参加比赛。11月24日，举办中小学生跆拳道比赛。400余名运动员参赛，5所学校获奖。11月28日，举办第四届“詹天佑杯”中小学生棒垒球锦标赛，设置U8徒手组、U8手套组、U8女子组、U10抛打组、U10投打组、U15慢投组6个组别。全区16所中小学24支队伍300余名中小学生参加比赛。12月1日，举办中小学生武术比赛。26所中小学280名运动员参加比赛。12月4日，举办中小学生跳绳、踢毽比赛。36所学校2096人参加比赛。

（吴玉仙）

首个成人教育思政实践基地成立

12月10日，平谷区首个成人教育思政实践基地在平谷区博物馆揭牌。为推动成人教育思想政治理论课改革，

11月24日，平谷区教委举办中小学生跆拳道比赛
（平谷区教委　供）

北京开放大学平谷分校与平谷区博物馆签订共享共建合作协议，“思想政治教育社会实践基地”在平谷区博物馆挂牌。基地将开展博物馆参观、志愿者服务、思政课教师培养等活动；同时北开大平谷分校将为博物馆提供志愿者培训、接待等支持和服务，实现优势互补，资源共享。当日，举行首次师生参观实践活动。

（赵国玲）

吴正宪工作站平谷分站结站

12月21日，吴正宪小学数学教师工作站平谷分站结站研修活动在北京第一师范学校附属小学平谷分校举行。活动组织观看工作站总结宣传片，听取总结报告，组织工作站成员代表分享成长故事，为33名成员代表颁发结业证书。一师附小平谷分校、区教育研修中心相关人员，工作站全体教师，平谷区小学数学名师工作室教师及各小学业务干部、数学教师等140余人参加活动。该工作站成立于2018年3月27日，有5所联盟校，480名学员。

（吴玉仙）

做强“妈妈讲堂”

至年底，平谷区委教育工委三举措做强“妈妈讲堂”。吸纳新讲师，以自荐、他荐方式吸收更多优秀女干部、优秀女家长、优秀女教师加入“妈妈讲堂”讲师团；邀请爸爸讲，挖掘利用学生家长和教育系统优秀男教师资源，开办“爸爸讲堂”；方便家长学，将优秀讲稿通过学校微信公众号推送给家长。全年推出4次线上讲座和12次线下讲座，惠及师生及家长11900人。“妈妈讲堂”开办于2019年12月10日，以“帮助家长加强自身修养，营造良好家庭教育环境，提高家庭教育水平，尤其是提高母亲在教育培养孩子方面的认知和能力”为宗旨和目标，2019年举办讲座4次。

（王涛）

密云区

概述

2020年，密云区教委辖属教育单位152个。其中，幼儿园77所（教育部门办园51所、地方企业办园4所、集体办园2所、民办园20所），小学40所（全部为教育部门办校），初级中学17所（全部为教育部门办校），教育部门办完全中学1所，高级中学3所（全部为教育部门办校），九年一贯制学校2所（全部为教育部门办校），特殊教育学校1所，中等职业学校1所，其他法人单位10个。招生14019人（幼儿园4471人、小学3916人、初中3511人、普通高中2004人、中等职业学校117人）；毕业11977人（幼儿园4097人、小学3710人、初中2682人、普通高中1405人、中等职业学校83人）；在校生51454人（幼儿园13206人、小学22232人、初中9939人、普通高中5516人、中等职业学校405人、特殊教育学校156人）。教职工总数5866人（幼儿园1077人、小学2183人、中学2362人、中等职业学校197人、特殊教育学校47人），包括高级职称1311人、中级职称2344人。北京市特级教师16人、北京市骨干教师67人、北京市学科教学带头人12人。全年教育总投入28.10亿元。教委系统固定资产总值30.77亿元。新审批设立普惠性民办园5所。设立高中教育集团2个、初中学区4个、小学城乡教育共同体7个、幼儿园学习与发展共同体5个。

9月16日，密云区教委在巨各庄镇开展第23届推普周活动

（密云区教委 供）

2020年，密云区教育两委深入学习贯彻习近平总书记疫情防控重要讲话及给建设守护密云水库乡亲们重要回信精神，推动教育事业健康、可持续发展。

加强党对教育工作的全面领导。教育引导广大师生积极践行“两山”理念，履行保水责任。开展“党课开讲啦”“使命在肩，奋斗有我”、密云水库建成60周年等一系列主题教育活动。完善教师考评机制，激励广大教职工担当作为、干事创业。通过“线上+线下”方式组织各级各类师资培训20余项，培训教师1.60万人次。

坚持质量为本，推进线

上线下各类教育。落实第三期学前教育三年行动计划，审批普惠性民办园3所，新增学前教育学位1710个。23所幼儿园完成首轮北京市幼儿园办园质量督导，认定A级园5所、B级园17所、C级园1所。开展新一轮普惠园认定工作，认定非教育部门办普惠性幼儿园24所，包括民办园18所。制定印发《密云区中小学生居家学习与生活指南》，创新居家学习形式。深化与海淀、朝阳两区的教育协作，推进城乡一体化学校、友好合作校建设，提升学校办学品质。深化教育集团、学区、共同体建设，优质教育资源覆盖面不断扩大。职业学校启动智能制造市级特色高水平骨干专业群建设，建成中高职衔接办学专业9项。

落实支持服务各项保障。推动3项在建工程复工，加快推进5项工程前期手续办理，全区办学条件持续改善。协同相关部门，通过新建学校食堂、引导企业配餐等措施，推进中小学生午餐供给。实现中小学营养午餐全覆盖，全区5000余名有需求的学生实现在校就餐。推进生活垃圾分类工作，培训教职工万余人次，师生知晓率100%。全区84所中小学、幼儿园建成平安校园，建成率100%。

推进信息技术与教育教学深度融合。整体把握2020年春季学期教育教学工作，利用好市级资源，合理录制区级学科课程，优化教学实施，开展线上答疑，推进信息技术与教育教学融合。利用直播课堂等网络平台，开发推送在线学习资源2600余节，学生参与近300万人次。密云区入选教育部"基于教学改革、融合信息技术的新型教与学模式"实验区。

加强教师队伍建设。坚持政策引航，以"规"立德，制定《中小学师德建设五年行动计划》《密云区教委系统教职工考核实施办法》等系列文件，强化制度建设，规范师德行为。落实师德师风责任清单、任务清单、负面清单，形成可考核、可督查、可追溯的师德师风实效性建设责任链条。与首都师范大学、北京师范大学等高校，各级科研、教研部门合作，推进"百名教师拜师项目""百名思政课教师综合素养提升项目""教师研究工作室项目""青年教师先锋行动计划"等培训项目，培养不同层级、不同类别优秀骨干教师。以需求导向、问题引领、任务驱动为原则开展分岗培训，组织实施暑期专任教师能力提升培训、研训一体课程培训、初中班主任"理论素养与核心育人能力"提升培训、非专任教师专项技能培训、幼儿园教师专业必修课程培训，培训教师4.50万人次。开展综合素养与能力测试，面向中小学音体美、信息技术、非专任等1600名教师开展综合素养与能力测试。优化人力资源配置。引进非京籍大学生63人，招聘本市应届大学生86人，外区调入21人充实教师队伍；组织116名教师交流轮岗。

（王云阶　李秀军　樊纪萍）

垃圾分类工作推进

2020年，密云区教委多措并举推进垃圾分类工作。加强领导，将垃圾分类工作纳入"一把手工程"。区、校两级分别制定学校生活垃圾分类工作实施方案，明确工作目标、工作任务、工作要求。全区各学校、幼儿园、直属单位配备垃圾分类容器7878个，悬挂横幅、标语、海报487次，开展宣传教育118次。各校通过微信美篇、空中课堂、主题班队会等形式开展垃圾分类宣传教育，垃圾分类知识普及率100%。将垃圾分类教育与生态文明教育、养成教育有机结合。在全体师生中开展垃圾分类小妙招征集活动，征集小妙招223份。各学校干部教师带头践行垃圾分类，为学生做示范，再通过"一个学生带动一个家庭，一个家庭带动一个社区"形式，开展"晒晒我家垃圾分类上红榜"活动，2023个学生家庭上红榜。

（佟志新　李士新）

9月，密云区中小学生吃上外供餐企业配送的营养午餐

（密云区教委　供）

推进未供餐学校午餐配送

2020年，密云区教委推进未供餐学校午餐配送工作。协同区市场监管部门，宣传配餐政策、要求，引导更多企业参与配餐工作；针对区内20所未供餐学校召开“密云区学生营养餐配送工作推进会”，明确要求全区中小学在2020年底前为有在校就餐需求的学生提供午餐；制订中小学校外供餐实施办法，通过实地考察，与4家符合相关资质且愿意参与学生午餐配送的企业签订合同。截至9月，20所学校为2990名学生提供在校午餐，提前完成目标。

（佟志新　李士新）

教育精准帮扶

2020年，密云区教委扎实做好教育帮扶工作。全年选派扶贫支教教师41人，包括支援新疆7人、支援青海3人；全年接收各地教育人才来密云跟岗学习77人。与河北滦平县、蔚县和青海玉树市结对学校各增加2所，与各地协议扶贫协作校增至28所，结对校线上线下开展校际贫困生指导，惠及700余人，为教师开展送教讲学，惠及460余人次。创新帮扶形式，通过网络教研和线上教学指导培训受援地区中小学、幼儿园干部教师960人次；为内蒙古、河北两地师生开展网络授课指导，惠及1300余人；为内蒙古库伦旗2000余名干部教师举办教育信息化专题讲座4场。向蔚县、滦平县困难学校捐赠办公电脑66台，学生住宿床柜、教学桌椅950余件，图书400册，合计账面价值170万元。组织师生捐赠书籍、文体用具、保暖衣物3800余件，助学金4.30万元，直接帮助贫困和患病学生28人。

（李毅）

第三期学前教育行动计划落实

2020年，密云区第三期学前教育行动计划完成，计划内容得到全面落实。第三期计划于2018年启动，在有效实施前两期三年行动计划的基础上，全力推动学前教育普及普惠安全优质发展。其间，区教委研究制定《密云区普惠性幼儿园认定与管理实施细则（试行）》《密云区学前教育事业发展补助资金管理使用实施细则（修订）》《密云区普惠性幼儿园教职工工资指导意见》等系列文件。学前教育供给能力显著提升，改扩建幼儿园3所，接收小区配套幼儿园1所，审批民办幼儿园8所，共计增加学前教育学位3300个，包括普惠性学位3060个。学前教育普及水平稳步提升，全区3～6岁儿童入园率98.9%，比2018年提高0.1个百分点；普惠程度不断提高，全区普惠性幼儿园覆盖率达96.2%，比2018年提高4.1个百分点；自2018年起，密云区无证园始终保持“零状态”。2018年1月至2020年12月，投入学前专项资金21619.24万元，其中生均定额补助19599.94万元、一次性扩学位补助1080万元、一次性转普奖励资金939.30万元。

（张燕妮）

区教育综合服务中心成立

5月，经密云区编制办公室批复成立北京市密云区教育综合服务中心。该中心为区教委所属正科级公益一类财政补助事业单位，编制25人，实有22人，办公地点在区教委。中心主要职责为政府信息公开、政务公开、信访投诉受理等相关事务性工作；负责区教委系统专业技术人员职称评审和在职教职工及退休人员工资、福利等相关事务性工作；

12月30日，密云三幼第二届阅读节闭幕

（密云三幼　供）

负责教委系统所属单位财务财产管理、基建修缮工程检查，审计调查等相关事务性工作；负责密云区基础教育质量监测、评估，民办教育管理、校外机构监管及职业高中、中小学、幼儿园安全检查等相关事务性工作。

（李士新）

区社区教育中心原创话剧首演

8月26日，密云区社区教育中心“梦源美丽乡村”原创作品工作室创作的话剧《奋斗的幸福》在密云大剧院首演。该剧以60年前修建密云水库过程中涌现出的先进团体——“十姐妹突击队”为原型，再现20万人建设密云水库这一可歌可泣的历史故事。2名“十姐妹突击队”成员，区委、区人大、区政府、区政协领导及各行各业观众1200余人观看演出。

（高艺文）

8月26日，密云区社区教育中心原创话剧《奋斗的幸福》在密云大剧院首演 （密云区教委 供）

中小学庆祝密云水库建成60周年

9月至12月，密云区教委开展中小学庆祝密云水库建成60周年“忆水库 爱密云 保生态 思未来”主题教育活动。区教委组织3.80万名中小学生、教师及家长在线观看北京电视台与密云区政府共同推出的“密云水库建成60周年”大型直播报道；以密云水库为主题，录制“开学第一课”，在歌华有线面向全市中小学生播放；在全区中小学开展主题班会（队）会、诗词创作、创编童谣等活动，弘扬密云水库艰苦奋斗的创业精神、团结奋进的协作精神、大胆实践的创新精神、胸怀全局的奉献精神。1958年6月底，国务院作出修建密云水库的决定，1958年7月，来自密云、怀柔、平谷等28个县区的20.60万名民工参与施工，其中密云区参建人数5200余人。密云水库于1960年建成，是京津唐地区第一大水库，华北地区第二大水库。

（雒晓波）

小学生滑冰队成立

10月2日，密云区小学生滑冰队成立。区教委从区内5所小学的四年级至六年级选拔出104名具有一定冰雪运动基础的学生，聘请原国家集训队教练担任主教练。10月3日至7日，开展第一阶段为期5天的训练，设置体能、技术动作、比赛规则等训练和培训内容。

（陈辉 李士新）

教育督导机构调整

12月2日，密云区教育督导委员会召开会议，对区政府教育督导委员会机构进行调整。依据《中共北京市密云区委机构编制委员会办公室关于调整北京市密云区人民政府教育督导委员会的通知》，增加区政府办主任为副主任，增加区委组织部、区委宣传部、区经信局等11个部门为成员单位。至此，密云区教育督导委员会成员单位由原来的16个调整至27个。

（孙芳莹 李士新）

中小幼平安校园建设全部达标

12月25日，密云区通过市教委平安校园建设达标验收，全区84所中小学、幼儿园全部达到平安校园建设标准。2018年至2020年，密云区教委多举措、有序推进平安校园创建工作。3年间，区教委投入平安建设资金2.39亿元，各校开展平安校园建设投入资金3200万元。全区中小学、幼儿园全部按要求建立专门安全机构、

10月7日，密云区小学生滑冰队集中训练 （密云区教委 供）

配备专职安全干部，按标准配备保安人员；全部安装一键报警设施并与属地安全部门联网，视频监控做到全覆盖、无死角并与区教委联网；校门口全部安装硬隔离设施，消防安全设备设施符合消防要求，防卫器械装备等按规定配备到位，“三防”主要建设项目100%达标。结合平安校园建设，相关安全制度和应急预案分别增加923项和773项。校园周边200米安全区域上网场所减少4处，彩票售卖点减少3处，游戏厅、歌舞厅等娱乐场所减少2处，售卖烟草商店减少7处，店外经营减少4处，流动商贩减少34处；中小学校园周边“六类交通设施”进一步健全，全部建立民警、保安、教师、志愿者“四支队伍”。首批达标的平安校园，在区教委系统2018年安全工作综合考核中，被认定为安全工作先进单位；每年有10%的学校在区委政法委“平安密云”建设考核中被认定为优秀等次，并给予有关单位每人3000元的奖励。2020年，设立安全防疫专项奖，引导、激励各单位切实提升对安全工作的重视程度。11月至12月，聘任10名消防官兵担任中小学、幼儿园消防副校（园）长；聘任12名交通警察，担任51所中小学的交通副校长12人。

（马飞　李士新）

延庆区

概述

2020年，延庆区教委辖属教育单位113个。其中，幼儿园47所（教育部门办园35所、民办园12所），小学28所，初级中学11所，完全中学2所，高级中学2所，九年一贯制学校5所，特殊教育学校1所，中等职业学校1所，其他法人单位16个。招生9394人（幼儿园3335人、小学2611人、初中1968人、普通高中1299人、中等职业学校181人）；毕业7898人（幼儿园2794人、小学2068人、初中1704人、普通高中1054人、中等职业学校278人）；在校生30681人（幼儿园7858人、小学13182人、初中5622人、普通高中3365人、中等职业学校568人、特殊教育学校86人）。教职工总数4885人（幼儿园1234人、小学1364人、中学2024人、中等职业学校222人、特殊教育41人），包括专任教师3467人。专任教师中，高级职称577人、中级职称1215人。北京市特级教师18人、北京市骨干教师58人、北京市学科教学带头人8人。全年教育总投入35.51亿元。中小学固定资产总值18.26亿元。设立学区13个（幼儿园4个、小学5个、初中3个、高中1个）。

2020年，延庆区教育系统坚持深化综合改革，推进教育均衡发展。区教委完成租址办园改建项目，新建公办园2所，引进博雅年华教育集团、黄麓教育集团2家高端学前教育机构，委托举办普惠性民办园3所，5所幼儿园增加学前学位1530个。落实各项补助1835.40万元，普惠性幼儿园覆盖率99.8%。制定《加强乡镇（街道）教育管理工作的实施方案》，在18个乡镇、街道设立教委办公室，配备25名教育干事，负责协助本级政府统筹区域内各类教育管理工作。3个教育学校（园所）建设项目开工；3所幼儿园室内外装修项目完工并投入使用。在全市教育满意度第三方测评中，延庆区以90.80分的总成绩位列第一。

培养全面发展的学生。区教委制定《关于坚决制止餐

1月13日，延庆举办学生冰雪趣味运动会

（延庆区教委　供）

饮浪费行为的实施方案》，加大制止餐饮浪费宣传力度。加大校园宣传力度，培养学生戴口罩、勤洗手的良好卫生习惯。制定并落实《北京市延庆区儿童青少年近视综合防控工作方案》。组织开展"抗击疫情"书法、绘画、手抄报征集等活动，结合学生参与艺术学习及活动情况，开展学生艺术测评工作。打造声乐教育艺术特色，学校在开齐开足音乐、美术等课程基础上，开设合唱、戏曲、书法等艺术社团。加强劳动和实践教育，统筹实施中小学生实践教育活动，家校协同培养中小学生必备生活技能。组织开展法律法规学习活动360次，参与法治学习6万人次。完成依法治区"七五"普法验收，区教委被评为"北京市'七五'普法先进集体"。选派园艺、烹饪等专业师生200人到世园会园区酒店、特许商店、展园进行延庆特色文化宣传、志愿服务等。在职业高中新增冰雪专业，招生13人。新增4处市级培训基地，涉及农民培训等内容，培训1.50万人次。培养市级学习品牌1个，开设家长讲堂70次，5000人次参加培训。112名受援地区学生到北京市延庆区第一职业学校接受职业技能培训。

干部教师队伍建设。调整校科级干部45人次，聘任中层干部369人，压减中层干部71人。组织61人次参加市级以上干部培训，选派20名校级干部及中层干部到东城挂职。用好监督执纪"四种形态"，处理59人。全区中小学校超编分流250人，整体超编额度下降9个百分点。压减编外用工220人，用工减少30%。组织教师参加城乡交流轮岗194人，较上学年增长41.6%。选派教师到市区学校挂职和顶岗学习22人，从市区引进优秀教师7人。补充新教师98人。

推进交流合作。组织14所中小学与海淀区12所中小学结成帮扶结对校，22名教研员与海淀研训员拜师结对。委托海淀区教师进修学校在延庆成立26个名师工作室，组织干部教师620人次参加"海淀进修学校教育集团线上教学研讨会"。选派32名骨干教师赴受援地区开展支教服务；接收46名受援地干部教师到区内优质学校跟岗培训；新增2所对口帮扶结对学校，全区通过结对形式输出优势资源参与教育扶贫的学校增至26所，全年开展活动100余次。

打造区域教育特色。实施校园冰雪运动特色发展行动计划，持续开展学生滑冰滑雪基本技能培训，惠及学生2万人，成立冬奥会三大赛区学校奥林匹克教育联盟，9所中小学被认定为国家级冰雪特色学校，11所中小学被认定为国家级奥林匹克教育示范学校。推进全国青少年校园足球试点区和满天星训练营工作，15所学校被认定为全国校园足球特色学校，4所学校被认定为北京市校园足球特色学校，9所幼儿园全部被认定为全国足球特色幼儿园。完善青少年足球后备人才培养体系建设，累计建立班级足球队800支、校级足球队120支、区级足球队12支，青少年儿童校园足球普及率100%。

疫情防控。区教委开展动态人员摸排，辐射学生及家长14万人；加强居家指导，统筹使用市、区优质课程资源2万节，覆盖全学科、全学段。为1300名川、山区学生提供平板电脑，解决学生实际困难；推行"一米家访"和山区学校联合属地引导学生居家锻炼特色工作。

（赵文新）

多举措解决幼儿入园学位紧张问题

2020年，延庆区教委多举措解决城区幼儿入园学位紧张问题。区教委通过租址办园方式，新建北京市延庆区第

2020年，延庆区新增5所幼儿园
（延庆区教委　供）

一幼儿园会展分园和北京市延庆区第二幼儿园分园2所公办园，开设小班24个，新增学位720个；引进2家优质民办教育机构，分别开办延庆区博雅世园幼儿园、延庆区博雅万科幼儿园和泛美幼儿园延庆园区3所普惠性民办园，开设小班27个，新增学位810个。完成区域内11所民办园、5个社区办园点的普惠园认定工作，全区幼儿园普惠率99.6%。6月2日，区委、区政府联合印发《延庆区"七有""五性"三年提升计划》，实施期限为2020年至2022年，其中"七有"中的第一有即为"幼有所育"。计划确定"坚持广覆盖、保基本、有质量，构建以公办园为主体，普惠性民办园、社区办园点为补充的学前教育公共服务体系"总体目标。计划明确通过"扩大教育部门办园规模""支持有条件的机关和企事业单位等其他主体办园""采取政府购买服务等多种措施加大财政投入力度"等方式增加普惠幼教资源。

（张美丽）

创城工作

2020年，延庆区教委继续开展全国文明城区创建工作。教育系统设置安装社会主义核心价值观、讲文明树新风、关爱保护未成年人等各类宣传设施以及新冠肺炎疫情防控、节约粮食、光盘行动温馨提示等标识6000处（块）；利用电子屏滚动播放创城宣传口号，通过班会等向师生宣传推广"延延说文明"系列视频；通过《延庆教育》电视节目、《延庆教育信息》等平台，宣传未成年人思想道德建设相关工作，延庆教育公众号累计发布相关微信500条，点击量60万次；将"一米家访""大喇叭广播操"等典型工作案例推送到《北京日报》、北京电视台等市级媒体平台进行宣传；每周推送创城知识，召开区、校两级动员部署会210场（次）；开展创城知识培训、测试、竞赛120场（次）；通过"小手拉大手"深入家庭、社区、社会开展宣传和志愿服务活动；设立创城文明监督岗316个，全天对单位内及门前三包责任区进行巡视，2400名师生参与执勤；为校外培训机构统一制作创城宣传品、指导其建立健全各项规章制度，成立10个督查组每周以"四不两直"方式对各单位进行督查等。

（张美丽）

高素质农民培育班开班

10月12日，延庆农广校2020年高素质农民培育班开班。培育班主要面向农村合作社社长及村委会书记，招生80人，开设计算机操作、植物画制作、芽苗菜种植等课程，共计120学时。培训采取笔试考核方式，成绩合格学员可取得毕业证书。

（宋佳）

第五届中学生汉字听写大赛

10月30日，延庆区教委、区语委、区教科研中心联合举办第五届初中学生汉字听写大赛。比赛与"中国汉字听写大会"赛制相同，设置给汉字注音、找出词语中错误的字并改正、选出与主题短语无关的短语等题型。经过笔试和半决赛，产生城区队、川区队各3支，30人进入决赛。最终评出团体一等奖2个、二等奖4个。

（赵文新）

飞行员招生专场宣讲会

11月14日，中国东方航空股份有限公司北京分公司延庆区招飞专场宣讲会在北京市延庆区第三中学举行。活动介绍2021年东航北京分公司招飞计划，邀请2名毕业于延庆，就读于北京航空航天大学的飞行学员分享成长经历，组织相关专家从专业角度讲解航空医学鉴定知识。东航相关负责人、延庆区教委领导以及延庆区4所高中校校长和学生代表等200人参加活动。2016年8月，区教委在北京市延庆区第五中学启动民航飞行员早期培养试点工作。截至2020年，累计培养全公费飞行员28人，毕业后升入北航4人、中国民航大学17人、中国民用航空飞行学院4人、滨州学院3人，其中50%被东航北京分公司录用。

（赵文新）

延海教育奖学金发放

12月，延庆区教委发放首届"延海教育奖学金"50万元。经校级初评、区教委审核，评出获奖学生585人，其中中学405人、小学180人。"延海教育奖学金"由区教委依托延庆海淀教育合作项目于2020年9月为优秀学生设立，由区财政局拨款，每学年评定1次，面向公办中学（含中等职业学校）、小学（含特殊教育中心）在籍生（团体），设定具有良好的思想道德品质、积极参加美育教育活动、做力所能及的家务劳动和校园劳动等6个方面的评选条件。2019年4月11日，延庆区政府与海淀区政府签订教育结对协议，在教科研、干部教师高端培训、资源共享等方面开展合作。

（张美丽）

194名教师参与岗位交流

至年底，延庆区教委组织194名教师参与岗位交流工作。其中，城区学校选派教师100人（全职交流92人、兼职交流8人）到对口川、山区任教；94人从农村学校到城区学校、幼儿园顶岗交流。教师交流轮岗以学区内城乡校际间双向交流为主，也可以在学区内或跨学区校际间交流。城区教师到乡村学校全职交流，承担所交流学校的教学任务，发挥示范引领作用；乡村学校教师到城区学校顶岗交流，接收学校采取导师制等多种方式帮助其提高专业素养；学区内牵头校和其他学校的教育教学干部可采用兼职交流方式。教师参加全职交流和兼职交流，交流周期均为2年。2010年至2020年，延庆区城区学校、幼儿园共选派752人（全职交流607人、兼职交流145人）到农村学校任教；农村学校共选派教师 453 人到城区挂职培养或顶岗交流。

（张美丽）

燕山地区

概述

2020 年，燕山教委辖属教育单位 27 个。其中，幼儿园 7 所、小学 7 所、中学 5 所、中等职业学校 1 所、其他法人单位 7 个。招生 2279 人（幼儿园 628 人、小学 667 人、初中 649 人、普通高中 335 人）；毕业 2122 人（幼儿园 580 人、小学 696 人、初中 439 人、普通高中 407 人）；在校生 8369 人（幼儿园 1892 人、小学 3093 人、初中 2316 人、普通高中 1068 人）。教职工总数 1073 人（幼儿园 217 人、小学 281 人、中学 460 人、其他直属单位 115 人），包括高级职称 211 人、中级职称 487 人。北京市特级教师 2 人、北京市骨干教师 11 人、北京市学科教学带头人 1 人。全年教育总投入 4.77 亿元，中小学固定资产总值 3.79 亿元。设立学区 4 个。

2020 年，燕山教委全力打好校园疫情防控阻击战，守牢校园疫情防线，推动地区教育事业稳步发展。

核心素养全面提升。组织各学校以全民抗击疫情为契机开展教育活动，统筹课程学习和战疫专题教育。推进养成教育、心理健康教育、节约教育、垃圾分类等工作，通过开展“桶前值守”“光盘行动”等主题教育活动，倡导绿色文明生活方式。加快建立与疫情相适应的教育教学秩序，基于学情并围绕教学重点，开展教学视导工作，召开燕山地区教学工作会，不断优化教学方式。

提升各级各类教育品质。总结学前教育三期行动计划目标及措施落实情况，筹备迎接全国县域学前教育普及普惠评估工作任务清单，与北京教育科学研究院培训中心合作实施燕山地区学前系统教师研修项目。深化初高中课程联盟建设，制定《燕山教委初高中教育联盟实施方案》《“五四”学制背景下衔接、贯通课程探索与实践实施方案》，对衔接与贯通实践进行深入研究。

加强干部教师队伍建设。发挥班主任辐射作用，制定并试行《“十四五”时期中小学骨干班主任（幼儿园骨干班长）评选和管理办法（试行）》，评选出第一批 23 名中小学、幼儿园骨干班主任（班长）。开展燕山地区班主任基本功培训与展示活动、班主任轮训活动，提升班主任的思想政治素质和专业素养。创新教研形式，为教师线上线下教学提供高质量教学资源。与北京师范大学教育集团联合启动的“励耘好校长计划”之燕山卓越校长培养工程深入实施，带动干部教师办学治校能力全面提升。《燕山教育》复刊，为教师创设展示交流平台。

增强教育服务保障能力。推进燕山教育系统“十四五”规划编制工作。完成北京师范大学燕化附属中学本校区改造扩建、教学楼加固工程。东风中小学操场改造项目完成并投入使用。考试中心国家考务平台一期建设完成并投入使用。完成校园视频监控系统区级平台升级改造项目，对有学生单位进行一键报警升级改造。会同相关部门开展学校周边环境治理排查工作，确保校园及周边治安环境整治到位；对学校传染病防控、食堂、饮用水等具体工作进行检查指导，保证学校食品卫生健康安全。

打赢疫情防控阻击战。强化校园疫情防控措施，为所有中小学校安装红外成像测温考勤系统，实现入学测温和考勤记录双重功能。

（韩巍）

9 月 15 日至 23 日，燕山教委开展秋季中小学教学综合视导

（燕山教委 供）

庆祝中国共产党成立99周年系列活动

6月至7月，燕山教委开展庆祝中国共产党成立99周年“使命在肩　奋斗有我”主题系列活动。6月29日，燕山“联盟助教·统筹促育”区域化党建联盟举办庆七一线上朗诵会。20余名师生代表演绎《红岩情》《可爱的中国》等诵读篇目，来自联盟单位的近400名领导干部、党员、教师、居民、学生通过网络参与活动。7月1日，燕山教委主任为燕山教育系统各基层单位书记讲党课；燕山“联盟助教·统筹促育”区域化党建联盟召开工作例会并举行主题党日活动，开展《传承石油精神、弘扬烟花传统》主题授课活动；燕山教委党委组织地区中学全体思政课教师参加第七期北京市学校思政课教师“同备一堂课”活动。同时，燕山教委党委带领教育系统党员干部响应上级号召，于“七一”期间，在全地区教育系统开展“共产党员献爱心”活动；组织干部教师下沉社区一线，协助办理地区居民出入证，在社区卡口提供执勤服务。

（李晶晶　程健　张智琪）

学校卫生工作联合检查

9月7日至9日，燕山教委联合燕山市场监督管理分局、燕山卫生监督所、燕山疾控中心对燕山教委所属10所中小学、7所幼儿园、1所职业学校开展学校卫生工作联合专项检查。检查食品安全、传染病防控、饮用水卫生等工作落实情况。检查结果显示：各单位在疫情防控期间，严格按照各项要求开展卫生防病工作，建立以校长、园长为第一责任人的疫情防控工作领导小组，分工明确，责任到人；食品安全工作按照食堂量化分级标准严格执行，做到校园直饮水定期检测与消毒；严格晨午检制度，因病缺勤追踪登记、消毒记录、开窗通风等工作及时完成并记录；部分单位在具体细节落实上有待改进。

（刘达）

《民法典》进校园

11月17日，燕山教委召开《民法典》进校园系列活动启动暨宣贯培训会。活动中，燕山办事处司法办向燕山教委所属单位赠送《民法典》丛书55套，并就地区普法重点工作、青少年法治培训、以案释法等普法途径三方面工作进行介绍；特邀主讲律师开启《民法典》进校园第一讲，解读说明《民法典》编纂的起因、法律内容、新增部分以及其中的重要条款，引用案例对学校经常出现的伤害事故进行定责分析。燕山教委所属中小学、幼儿园法治教育主管领导，北京师范大学燕化附属中学学生等200人参加活动。

（张岳川）

“燕翔杯”展示活动

11月17日至25日和12月1日至14日，燕山教委分别举办第六届基础教育“燕翔杯”教师优课展示活动和第三届学前教育“燕翔杯”幼儿半日展示活动。基础教育展示活动围绕“同课异构　同题共研　有效衔接”主题，纵向贯通小学、初中、高中3个学段，组织中小学英语、道德与法治、物理、体育、书法5个学科44名教师作优课展示。所有学科通过直播或点播的方式在线呈现，供学科教研和教师培训使用，也为地区储备更多优质线上教学资源。学前教育展示活动采用录像和半日活动相结合的形式。各园对常态化幼儿半日活动进行全流程录像，剪辑为2小时左右的活动视频（包括幼儿入园、生活过渡、区域活动等内容）。燕山地区7所幼儿园20名教师参加活动。

（元丽平　贾淑丽）

11月17日至25日，燕山教委举办第六届基础教育“燕翔杯”优课展示活动　（燕山教委　供）

各区委教育工委、区教委领导名单

中共北京市东城区委教育工作委员会
　书　　记　刘藻
北京市东城区教育委员会
　主　　任　周玉玲

中共北京市西城区委教育工作委员会
　书　　记　丁大伟（2月15日免）
　　　　　　缪剑虹（4月10日兼任、12月25日免）
　　　　　　赵蓬欣（12月25日任）
北京市西城区教育委员会
　主　　任　赵蓬欣

中共北京市朝阳区委教育工作委员会
　书　　记　周炜
北京市朝阳区教育委员会
　主　　任　肖汶

中共北京市丰台区委教育工作委员会
　书　　记　房书勇
北京市丰台区教育委员会
　主　　任　张洋（4月16日免）
　　　　　　杨晓辉（5月28日任）

中共北京市石景山区委教育工作委员会
　书　　记　石显富
北京市石景山区教育委员会
　主　　任　李秀兰

中共北京市海淀区委教育工作委员会
　书　　记　尹丽君
北京市海淀区教育委员会
　主　　任　王方

北京市门头沟区教育委员会
　主　　任　陈江锋

中共北京市房山区委教育工作委员会
　书　　记　杜成喜
北京市房山区教育委员会
　主　　任　顾成强

中共北京市通州区委教育工作委员会
　书　　记　刘青松
北京市通州区教育委员会
　主　　任　申键

中共北京市顺义区委教育工作委员会
　书　　记　武捷（9月16日免）
　　　　　　冯江全（9月16日任）
北京市顺义区教育委员会
　主　　任　武捷（10月30日免）
　　　　　　冯江全（10月30日任）

中共北京市昌平区委教育工作委员会
　书　　记　王建
北京市昌平区教育委员会
　主　　任　王建

中共北京市大兴区委教育工作委员会
　书　　记　王学军（4月8日免）
　　　　　　周爱彬（4月8日任）
北京市大兴区教育委员会
　主　　任　王学军（4月8日免）
　　　　　　赵建国（4月8日任）

中共北京市怀柔区委教育工作委员会
　书　　记　肖正凯
北京市怀柔区教育委员会
　主　　任　肖正凯（1月21日免）
　　　　　　徐志芳（1月21日任）

中共北京市平谷区委教育工作委员会
　书　　记　崔东辉
北京市平谷区教育委员会
　主　　任　李学东（2月11日逝世）
　　　　　　路宝银（6月5日任）

中共北京市密云区委教育工作委员会

书　记　张文亮

北京市密云区教育委员会

主　任　杨福军

中共北京市延庆区委教育工作委员会

书　记　常迎六

北京市延庆区教育委员会

主　任　王建军

北京市房山区燕山教育委员会

党委书记　王迪

主　任　张荣波

各区政府教育督导室领导名单

北京市东城区人民政府教育督导室

主　任　周玉玲

北京市朝阳区人民政府教育督导室

主　任　肖汶

北京市丰台区人民政府教育督导室

主　任　杨晓辉（5月8日任）

北京市石景山区人民政府教育督导室

主　任　李秀兰

北京市海淀区人民政府教育督导室

主　任　王方（兼）

北京市房山区人民政府教育督导室

主　任　顾成强

北京市通州区人民政府教育督导室

主　任　申键（2019年10月14日任）

北京市顺义区人民政府教育督导室

主　任　武捷（9月28日免）

冯江全（9月28日任）

北京市昌平区人民政府教育督导室

主　任　王建

北京市大兴区人民政府教育督导室

主　任　王学军（4月8日免）

赵建国（4月8日任）

北京市怀柔区人民政府教育督导室

主　任　王恩成（1月26日免）

徐志芳（1月26日任）

北京市延庆区人民政府教育督导室

主　任　王建军

北京市房山区人民政府燕山办事处教育督导室

主　任　张凤玲（9月17日免）

（本栏责任编校　孙晓楠）

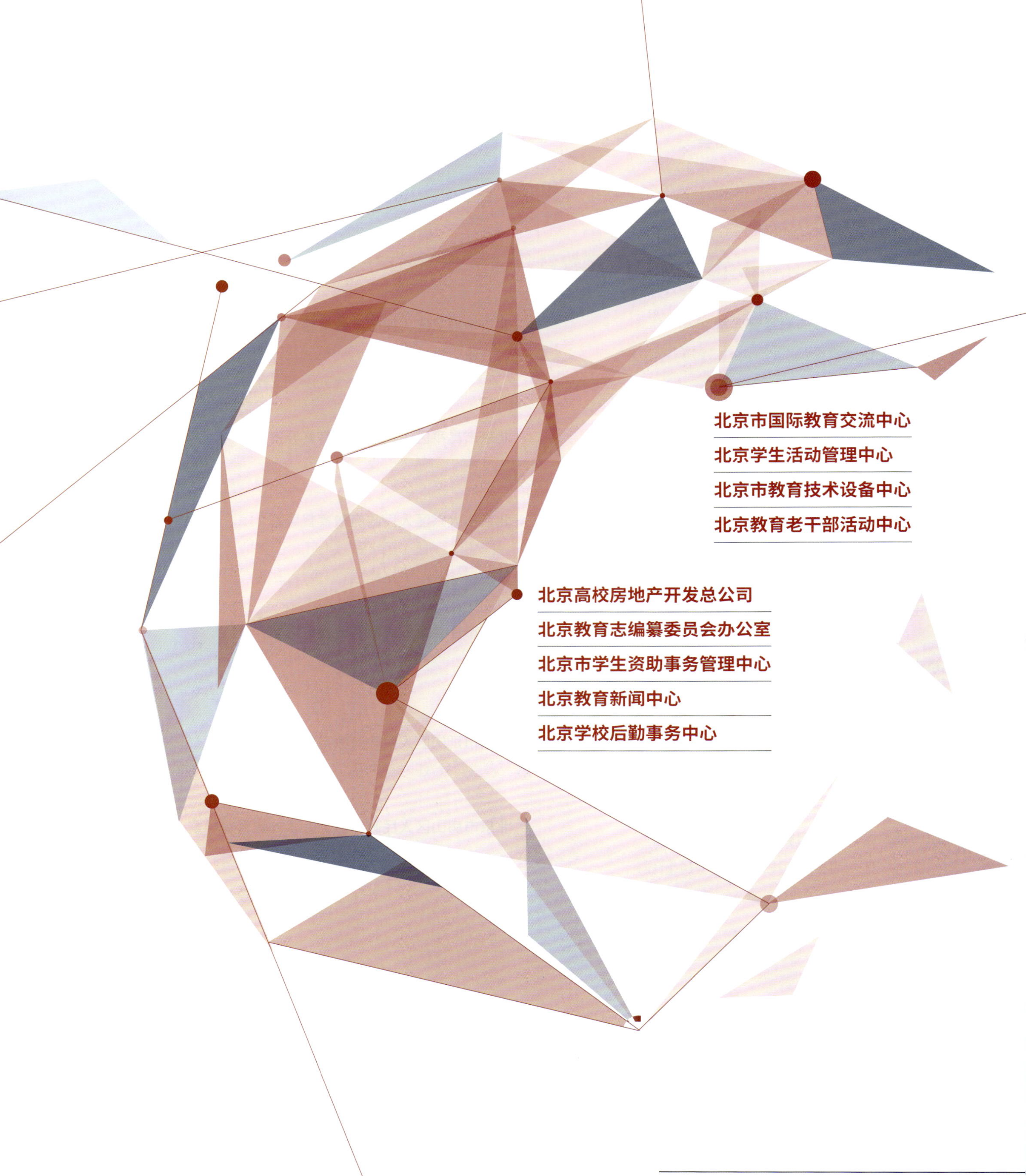

北京市国际教育交流中心

北京学生活动管理中心

北京市教育技术设备中心

北京教育老干部活动中心

北京高校房地产开发总公司

北京教育志编纂委员会办公室

北京市学生资助事务管理中心

北京教育新闻中心

北京学校后勤事务中心

2021 | 市教委直属单位

UNITS DIRECTLY SUBORDINATE TO BEIJING MUNICIPAL EDUCATION

- 北京教育科学研究院
- 北京教育考试院
- 北京教育音像报刊总社
- 北京市教工休养院
- 北京市校办产业管理中心
- 北京教育网络和信息中心
- 北京教育综合服务中心
- 北京市教育系统人才交流服务中心

市教委直属单位

UNITS DIRECTLY SUBORDINATE TO BEIJING MUNICIPAL EDUCATION

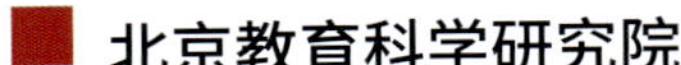

北京教育科学研究院

概述

2020年，北京教育科学研究院内设机构22个，其中，教育科学、教学研究及辅助机构14个，机关行政处室8个。在职职工376人，具有专业技术职务321人，包括高级专业技术职务191人、中级116人；具有本科以上学历365人，含博士84人、硕士160人；享受政府特殊津贴专家1人、全国模范教师1人、北京市先进工作者1人、全国优秀教师2人、首都劳动奖章获得者1人、北京市“五四”奖章获得者1人、北京市特级教师19人、北京市优秀教师6人、北京市优秀教育工作者1人、北京市优秀青年知识分子2人、北京市幼儿园中小学中等职业学校学科教学带头人9人、北京市幼儿园中小学中等职业学校骨干教师5人。主要开展教育宏观决策研究、教育教学研究、教育理论研究；对教育科学、教学研究进行领导和管理；为政府教育行政部门宏观决策及学校管理提供服务，为提高学校教育教学质量提供服务。全年承担140余项重要课题和项目研究任务，包含各级各类规划课题19项，包含教育部课题1项、北京市社会科学基金项

9月10日，北京教科院调研附属顺义实验小学

（北京教科院　供）

目 3 个、北京市教育科学规划课题 15 项、市委教育工委、市教委委托课题 1 项，市教委下达的业务专项任务 1 项、教育部等上级部门临时性委托任务 55 项、各区及学校委托等各类横向项目 14 个。承担、参与起草政府文件 138 份。各类学术期刊发表教育类学术论文 338 篇，包含核心期刊 129 篇，外刊 4 篇。出版专著、编著、译著等著作类成果 96 本，省部级以上教材 12 部。获各类科研成果奖 10 项。网址：www.bjesr.cn。

落实“四方责任”，做好院区和全院职工自身防控。预判停课风险，研制中小学课程调整方案、学生居家学习指导手册等文件。组织全市 4000 余名教师录制“空中课堂”课程万余节，通过以数字学校为主体的多渠道传播，保障全市中小学教育教学工作。及时提供介绍全球教育系统抗疫举措相关材料，开展“疫情对首都教育的影响、对策及启示”研究、“全国新冠肺炎疫情防控与经济社会秩序恢复”专题研究。

发挥首都教育智库作用，围绕“首都教育与四个中心建设”主题开展研究。参与完成“‘十四五’时期北京市推进教育现代化的思路与措施”重大课题。参与北京市“十四五”教育规划研制并承接全市 6 个区“十四五”规划研制工作。完成教育部委托课题“新时代高等继续教育综合改革实施方案”研制。完成年度《北京普通高等学校本科教学质量分析报告》《北京高等职业教育质量报告》《北京市学习型城市年度监测报告》等。完成国家学前教育立法调研。完成“北京市教育科学规划 2020 年度课题”申报、评审立项。《教育科学研究》《班主任》办刊质量稳定，《教育快报》内刊继续强化。

提升教师专业素养，服务教学活动。举办市级同课异构研讨活动，提高课堂教学效果。搭建“聚智论坛”“京沪基础教育快线”“学校影响力”等交流培训平台，为一线教育工作者提供科研服务。实施中小学生学业能力水平监测、综合素质评价。开展普通高中多样化发展研究，为丰台、密云等区开展学校满意度调查。开展第三期德育教师研修培训活动，开展中小学立德树人系统化落实机制研究，推动大中小幼一体化德育体系建设。探索北京基础教育阶段人才培养创新机制。开展第 33 届北京市“紫禁杯”优秀班主任暨第 8 届“学生喜爱的班主任”评选表彰活动，持续推进实施名师名校长名园长发展工程，开展学前教研指导网络培训，完成北京高校师生关系调研，推进学习型社会与生态文明的融合研究与实践创新。

继续开展教育帮扶与合作。组织专家教师 32 人赴西藏拉萨、内蒙古乌兰察布、四川什邡、宁夏银川送教送培；组织雄安新区三县 61 名教研员在京培训；组织 6 名专家为河南光山、陕西宁陕远程授课；为内蒙古乌兰察布、河北大名远程授课，各类形式培训 4145 人次；为河北、内蒙古两地 6 市县免费提供数字学校账号 10446 个。

院　长　方中雄

副院长　桑锦龙　刘占军

（倪永娟）

京沪教育论坛

4 月 17 日和 5 月 15 日、9 月 6 日，北京教科院举办两次京沪教育论坛。与上海终身教育研究院共同举办京沪终身教育云论坛，以“疫情下的终身教育研究：反思与展望”为主题，通过主题发言、研讨交流等多种形式，分享最新研究成果，展开对话交流。北京教科院和上海相关单位 50 余人参加论坛。与华东师范大学基础教育改革与发展研究所共同举办第 21 届京沪基础教育快线论坛，包括线上线下两种形式，围绕“智能化时代的学校育人方式变革”，探讨智能时代下学校育人方式的挑战与应对、价值与目标、路径与方法。京沪两地学校共同分享经验，京沪及深圳、重庆、杭州等地 30 余名专家学者、一线校长参加论坛，千余人在线参会。

（林世员　张筱菁）

中小学校育人过程的整体优化论坛

11 月 6 日，北京教科院和中青年理论工作者研究会举办中小学校育人过程的整体优化论坛。论坛探讨陶西平整体优化思想在学校发展层面的精神内涵、实践形态、发展影响等，通过管理、媒体、学校、科研等多视角讨论，梳理陶西平思想的历史形象和时代要义。各区 100 余人参加现场活动，7000 余人次线上观看直播。

（蔡歆）

第六届雏鹰爱心论坛

12 月 27 日，北京教科院召开第六届雏鹰爱心论坛。论坛以线上录播形式开展，分为文明传递、尊老助弱、劳动致爱、雏鹰战疫 4 个板块。来自北京、天津、河北、浙江 39 所学校 224 名师生参与的 26 个项目开展交流，1000 余人线上观看论坛。

（张昕妍）

翱翔学员培养

至年底，北京教科院继续开展翱翔学员培养。指导第 12 批 4 个领域 297 名学员开展宅家探究，完成探究作品 263 份，创新第 12 批翱翔学员评价方式，邀请百余名专家对学员开展“云”评价；举办第 12 届北京青少年翱翔科学线上论坛；开展第 13 批 234 名学员培养工作；完成第 14 批翱翔学员推选，148 所高中 1238 余名学生网上申报，组织专家对 658 人进行评审。

（郭娜）

产教融合共同体构建研究

至年底，北京教科院加强产教融合共同体构建研究，持续推进北京职业院校工程师学院及技术技能大师项目建设及质量监测工作。遴选第二批 51 个项目开展立项建设；完成北京产教融合创新平台体系建设研究，研制影响区域产教融合的影响因素和指标，对 31 个省、直辖市、自治区产教融合度开展测评。12 月，完成北京市产教融合共同体构建研究课题。

（霍丽娟）

《教育快报》编发

至年底，北京教科院编发《教育快报》"教育决策参考"发刊 15 期，"国际教育动态"发刊 32 期，包含专刊 17 期。"教育决策参考"聚焦北京市生均教育经费、义务教育学位供需、职业教育支撑"新基建"人才培养等方面内容。同时，针对新冠肺炎疫情对首都教育的影响及对策，编发政策建议 7 期，内容包含教育舆情分析、疫情对首都学前教育的影响、中小学生心理健康、中小学在线教育教学等。"国际教育动态"主要反映世界城市、主要发达国家、重要国际组织、全球知名智库的教育政策和改革措施，针对国际社会应对疫情的思路和举措，编发专刊 5 期，内容包含教科文组织规划远程学习及适时复学的指导建议、新冠肺炎疫情对各国教育的影响及应对措施、后疫情时代发达国家教育改革动向等。

（李志涛）

聚智云讲坛

至年底，北京教科院举办 15 期聚智云讲坛。年度以"科研助力学生学习"为主题，通过"腾讯会议"平台播出，每两周一次，每次 1 小时，每次展示 2～3 项科研成果。15 个区 46 名教师围绕学习习惯培养、学习方法指导、操作能力训练、思维等方面分享研究成果，近 4000 名教师观看讲座。

（佟德）

北京教育考试院

概述

2020 年，北京教育考试院占地面积 1.43 万平方米、建筑面积 3.25 万平方米。设有 17 个部门，其中，综合处室 5 个、综合业务处室 5 个、业务处室 6 个以及直属单位 1 个，为北京考试报社。全额拨款在职人员 168 人，包括专业技术人员 79 人（含双肩挑 1 人）、高级职称 27 人、中级职称 44 人。全年组织命制各类试题 613 套、印制试卷 245.4 万份、答题卡 278.6 万张，组织各类考试 33 次，涉及考生 179 万人，评阅试卷 233.5 万份，发放证书 5.2 万份，为各级各类招生单位录取新生 28.5 万人。北京考试报社拓宽服务领域，改进服务方式，主报发行 61 期 404 万字，编校各类特刊 543 个版面 230 余万字。北京考试报 5 个官方微信公众号关注近 22 万人，对考生开展全方位宣传服务和政策指导。北京考试院网站全年点击数 5.44 亿次，发布招生计划数据 10788 条，为社会提供 168 万余科次成绩查询，提供 13.14 万个中、高、成考考生录取结果查询，组织完成 42 万人次网上报名报考，组织完成 4 次大型网上咨询活动，在线回答考生各类问题 1.5 万个，回答率 89.62%。网址：www.bjeea.cn、www.bjeea.edu.cn。

法治化建设。增设法务管理岗。聘请专业律师团队担任法律顾问，提供专业法律咨询，妥善应对考试招生工作中的各类涉法事件；在中高考等重要敏感期，组织突发事件应急专家组，提前进行分析研判存在的风险隐患，制定应急工作预案。加强普法教育，强化全院干部职工法律意识和法治观念。

科研评价能力。申报并获批各级各类科研课题 26 项。开展各类考试数据分析研究，探索学生学业诊断报告研究和增值评价研究，为教育教学和考生学习发展提供更好服务。举办首届北京教育测量与评价国际研讨会，与国际一流考试机构共同打造学习交流平台。

多媒体宣传格局。构建一报两网三微新型多媒体宣传格局。策划、组织、实施、创新主题宣传和招考改革报道，提供精准宣传服务，与考生实现互动。成立新高考综合改革宣传小组，做好改革方案和相关政策解读。

咨询服务。建立并开通"一号通"咨询电话，制定"一号通"管理办法，畅通考生咨询渠道，提升考生满意度。探索智能客服在教育考试领域的应用，共同推动 AI 技术在服务考生、服务社会方面的应用，进一步提高咨询服务的质量和效率。

"接诉即办"。定期组织召开信访会商会暨"接诉即办"工作部署会、信访矛盾纠纷分析会，建立集受理、响应、办理、考核、督察督办于一体的标准化管理模式，建立"快速响应""限时办理"工作制度，妥善处理解决群众诉求。及时协调律师咨询和指导，督促处室按时进行回复，做到件件有回音、事事有着落。

抗击新冠肺炎疫情。完成教师资格考试、同等学力全国统考、成人学位英语考试、高考美术类专业统考以及全国硕士研究生招生考试 5 项考试 35 万名考生和考务工作人员的核酸检测。保障包括中考、高考在内的近 20 次考试安全有序进行，涉及考生近 60 万人次，未出现 1 例疫情突发事件。制订 24 项 70 余条疫情防控措施，涉及人员管理、入院管控、消毒清洁、用餐管理等多项工作。

党委书记　李石柱
院　　长　李石柱
副 院 长　李鸿江　许晓革　袁槐莲

（刘莹）

高招广播电台咨询系列活动

4 月 1 日至 30 日，市教委、北京考试院、北京城市广播、北京考试报社联合举办高考招生本科、专科院校广播电台咨询系列活动。咨询节目通过北京城市广播"教育面对面"栏目播出，每天播出 1.5 小时，80 余所本科高校以及北京市体检中心、部分区考试中心高招办负责人参加节目录制。

（姜华）

高考评卷媒体开放日

7月16日，北京考试院举办高考评卷媒体开放日活动。活动在清华大学、北京考试院举行，北京大学相关评卷专家通过视频会议形式参加。30余家在京新闻媒体参加活动。

（姜华）

在京本科高校招生咨询活动

7月20日，为帮助考生、家长了解高校在京招生政策，做好高考志愿填报，北京考试院组织在京本科高校开展网上咨询活动。63所招生院校、市高招办、17个区高招办、市体检中心远程在线解答考生问题。活动期间，咨询网站点击55余万次，回答提问3459个。

（姜华）

首届北京教育测量与评价国际研讨会

12月12日，北京考试院和美国教育考试服务中心（ETS）主办首届北京教育测量与评价国际研讨会。会议邀请美国教育考试服务中心（ETS）、国内高校等机构专家学者分享经验，交流思想，探讨问题，展望未来。会议聚焦多维度教育评价实践与探索，注重教育评估创新，着力提高学习测评质量与效益，展示中国英语能力等级量表理论与实践，直面教育测评中设定划界分数问题与挑战，关注招考改革背景下教育测量与评价。各区考试中心及考试院等相关专家学者近200人参加会议。

（刘莹 华蕾）

信息化技术支撑能力加强

至年底，北京考试院统筹推进考试综合管理平台建设。全面完成中、高考英语听力机考系统软硬件环境建设，支撑新高考制度改革。推进“业务上云”，逐步向集约化发展迈进。与科大讯飞公司合作开发AI咨询平台，缓解咨询电话接听压力。吸收应用图像智能识别、语音智能应用等新技术，在中、高考英语听说机考刷脸登录、机器智能评卷、智能试卷保密室建设等方面，进行实质性应用。

（刘莹）

北京教育音像报刊总社

概述

2020年，北京教育音像报刊总社下辖“二报三刊”和1个音像出版社。“二报”为《现代教育报》（独立法人事业单位）和《健康咨询报》，“三刊”为《学前教育（幼教版、家教版）》《北京教育（高教版、普教版、德育版）》《中小学信息技术教育》，1个音像出版社为北京高教电子音像出版社有限责任公司（独立法人单位）。总社内设9个管理部门，在职职工179人，含高级专业技术职务22人、中级65人。《中国教育报》北京记者站挂靠总社。

总社立足“二报三刊”专业化发展，聚焦首都教育改革中心工作，按照教育公共服务需求明确事业发展总体思路，加强舆论引导，建设教育新闻宣传生力军。

加强首都教育新闻舆论阵地建设。全年聚焦坚决打赢疫情防控阻击战、决战脱贫攻坚、“十三五”收官、教育评价改革、中高考改革等重点工作开展主题宣传报道。总社各媒体刊发抗击疫情相关文章千余篇，直接阅读量百万次。推动媒体融合发展，总社及所属各报、刊、新媒体充分联合学习强国号、央视频、抖音、快手、微信等平台，多渠道推广专业原创作品，增强传播力，扩大影响力。

12月4日，北京教育系统举行“国家宪法日”主题教育活动

（音像报刊总社 供）

做好教育公共服务。全年围绕探索项目创新，深耕品牌项目，承担近50个教育服务项目。承担北京市青少年法治教育中心工作，举办教师法治教育基本能力展评、国家宪法日主题教育等活动；承担北京市教育学会初中教育研究分会秘书处管理工作；承担市教委对口扶贫支援工作，完成“京藏优质教育资源远程共享”“张家口市贫困县信息技术骨干教师培训”“北京专家教师

赴大名县示范讲学”“北京专家教师赴滦南县示范讲学”等培训和送教项目；承担“农村教育研究平台建设”项目，开展课题研究、专家引领和宣传推广，为农村中小学发展和教师队伍素质提升搭建平台。举办北京市学生资助人物评选宣传、《中国诗词大会》第六季北京赛区选拔等活动。

加强业务管理。完成社会效益评价考核、报刊年度出版核验，按期完成报刊审读和阅评工作。加强采编业务培训，组织线上线下、社内外业务培训10次。组织开展“‘疫’不容辞，温暖前行”记者节主题活动，充分展示总社媒体人面对重大新闻事件的责任与担当。推进版权保护相关工作。改版创新“身边的好学校”“现代教育大讲堂”“现教论坛”等传统项目。全年获北京新闻奖、北京专业报刊好新闻奖等13项奖励及荣誉，总社获2020年度《人民教育》品牌提升力二等奖、北京市事业单位脱贫攻坚专项嘉奖。

网址：www.yxbk.com。新浪及腾讯官方微博：北京教育播报。官方微信公众平台订阅号：bjedu-news。

党委书记　李开发

社　　长　李开发

（张建平）

“打赢战‘疫’”系列报道

2月10日，音像报刊总社在“北京教师”微信公众号推出“打赢战‘疫’”系列报道。报道主要以市委教育工委、市教委政策措施发布和各区学校防控疫情报道为主，在抗击疫情关键期引导北京师生增强防控意识、普及防疫科学知识。刊发学校抗击新冠肺炎疫情报道及校长指导类文章，就“延迟返校”“停课不停学”“如何确保师生安全”等政策，通过书信、录音、视频等形式与学生及家长交流分享，开展线上指导。3月9日，推出“上好返校第一课”系列报道。与广东、上海共同举办“非常时期·非常课”特别活动，联合推出《晴窗一扇昂扬向远》《冬长蓄势满　春归正当时》《数说战“疫”》等特级校长及一线教师文章28篇，用“北上广”三地专家的智慧与思考，为中小学校开学返校工作提供借鉴和参考。疫情期间，该微信公众号粉丝量递增过万，文章累计阅读量万余次。

（张朝晖）

助力北京农村地区教育发展

2月，音像报刊总社联合北京四中网校开展为农村中小学免费送课活动。活动为13个区39所农村学校1.4万余名中小学生提供免费课程服务。4月，组织专家指导学校开展专题研究，征集70余所学校325篇论文；召开农研会学术年会、通联专题研讨会、改版专题研讨会3场，开展80余场线上培训和专题研修；采写近30篇农村中小学教育发展相关报道。

（韩莉）

中高考启航

6月，音像报刊总社开展数次中高考宣传指导系列活动，首次启动中高考启航项目。联合北方工业大学、北京语言大学、北京工商大学等高校和北京中学、北京化工大学附属中学等中学开展招生宣传活动，编辑出版36版高招特刊《今年高考志愿怎么填》，通过对话高校招生办主任、高考志愿填报专家、中学校长，为新高考首年的首都考生提供志愿填报指导服务。此外，创新性开展中高招直播论坛系列活动，举办家长和考生“云游学校”活动，通过云端直接对话班主任。

（韩莉）

打赢教育脱贫攻坚战专题培训班

9月23日至25日，音像报刊总社举办2020年打赢教育脱贫攻坚战专题培训班。培训班为全市教育系统扶贫干部统一思想、理清工作思路、掌握工作方法提供支持，各区教委、直属单位、部分中小幼职学校相关负责人170人参加培训。

（韩莉）

创新教育实践研训活动

至年底，音像报刊总社举办北京创新教育实践研训线上系列活动。在CCTalk直播平台上举办线上活动8次、直播8场，累计参与学习10400人次。活动涵盖人工智能与创新课程设计、研学旅行与育人方式改革、建构面向未来的线上线下融合教育等内容。

（仲玉维）

学生战疫作品征集展示活动

至年底，音像报刊总社开展北京市中小学生“三大战疫有我有你”作品征集展示活动。该活动围绕“英雄战疫”“亲情战疫”和“运动战疫”3个主题，利用疫情危机所承载的生命教育、科学教育、信念教育、爱国教育、感恩教育等教育资源对学生进行社会主义核心价值观教育。该活动通过“丘瑞斯”官微、北京学生健康教育宣传活动中心官微、首都教育微信公众号等多个微信公众号对外发布，征集学生作品15万件，近3000所学校113万人次学生参加活动。“学习强国”平台持续转发优秀作品8期。

（张雅）

舆论宣传新亮点

至年底，音像报刊总社加强选题策划和新闻采写，凸显教育舆论宣传新亮点。紧扣大中小一体化思政课、教育脱贫攻坚、首都教育改革等重大选题，着重强化内容深度和原创性。《教师周刊》推出教育扶贫支援合作专栏，完成73个人物和2个教育扶贫项目报道；《家长周刊》设置“首都德育”专版，收集500余篇疫情中育人故事，精选100

篇优秀案例专版刊登并集结成册，体现北京市中小学校指导服务家庭教育好案例、好经验、好方法；开展“走进德育基地校系列报道”，挖掘展示一线学校德育好方法。

（韩莉）

教育督导委托专项

至年底，音像报刊总社持续开展教育督导委托专项项目。组织社内外专家对390篇论文、255篇案例进行初评、终评，确定入围作品，召开教育督导论文案例征集颁奖大会；完成32集《督导之星》电视专题片拍摄剪辑，在地铁、学习强国号、央视频号等平台播出；完成督导网站和督导公号日常运维工作。

（韩莉）

北京市教工休养院

概述

2020年，北京市教工休养院占地面积133635平方米，建筑面积45204平方米，水域面积11223平方米，绿地面积77208平方米，树种200余种。内设15个部室，职工256人，在职事业编制78人。全年严格贯彻执行新冠肺炎疫情防控措施，实现“零感染、零确诊”目标；完成首都大学生集中居住健康观察点改造工程；完成北京市教育考试院命题、阅卷接待工作7714人次。

（刘子婧）

考试院命题教师接待

4月至12月，教工休养院承担命题教师接待工作。接待北京教育考试院高考命题、中高考英语听力机考命题、初中高中学业水平合格性考试命题及阅卷服务保障工作8次，接待北京考试院命题7714人次。

（刘子婧）

首都大学生集中居住健康观察点建设

至年底，教工休养院建设首都高校大学生集中居住健康观察点。投入资金140万元，历时两个月，将休养院西小院改造成符合标准的健康观察点用房，在原有客房基础上，可同时接待留观学生203人。

（刘子婧）

完善基础设施建设

至年底，教工休养院投入965万元完成多项基础设施建设。项目包括阅卷基地配套信息化项目（二期）建设、天然气管道接入工程等。

（刘子婧）

北京市校办产业管理中心

概述

2020年，北京市校办产业管理中心设办公室、国资企管科、科技成果推广科、综合科4个科室，在编13人。全年协调拟定并组织实施全市校办产业工作政策、发展规划和年度计划；对全市校办产业进行宏观管理、监督、协调、服务，全市校办产业国有经营性资产监管和规范化建设工作有序推进，全年发文45件，包含直属单位企业清理规范、高校企业体制改革、僵尸企业清理等专项工作发文14件，企业产权登记发文3件，企业审批事项发文10件，企业国有资产评估备案发文10件（办理企业国有资产评估备案事项33项）。完成事业单位所属企业国有资产产权登记115家，其中，占有登记10家、年度检查82家、变动登记11家、注销登记12家。阶段性完成吊销企业清理专项工作，完成清产核资审计企业54户。截至2019年底，54所北京地区普通高校投资企业1161户，资产8895.15亿元，所有者权益1831.46亿元；市教委监管企业资产51.65亿元，负债总额11.05亿元，所有者权益40.50亿元，国有资本及权益总额40.46亿元，较

至年底，教工休养院建设首都高校大学生集中居住健康观察点
（教工休养院 供）

年初实现国有资产保值增值 106.87%，企业营业总收入 20.21 亿元，净利润 2.02 亿元。审核市属（市管）高等学校、中等专业学校及其他市属教育机构校办企业设立、合并、分立、解散、破产、清算、资本变动、债券发行、股份发行与转让等；指导部委在京高等学校，监督市属（市管）高等学校、中等专业学校及其他市属教育机构校办企业建立完善企业职工养老、医疗、伤残、失业等各项社会保障制度；指导市教委直属单位所属企业劳动用工、工资奖金及财务管理工作；负责北京地区校办产业系统表彰奖励工作；组织校办企业干部职工业务培训工作；开展全市中小学校学生统一着装管理。

（宋慧宇）

高校科技园现状调研

4 月，校产管理中心开展高校科技园现状调研。通过实地调研、信息整理、咨询等方式对市属 13 家高校科技园、部属 23 家高校科技园运营情况进行摸底，撰写《北京市大学科技园调研报告》和《北京高校科技园案例》。调研结果显示北京市大学科技园在发展中存在思路不清、定位不准、政策不明确、管理不到位，谁都管、谁都不管等问题，北京市属高校科技园存在发展程度不一、发展水平不一、整体水平较弱等问题。11 月，向市委报送《关于推动本市大学科技园高质量发展的建议》。

（宋慧宇）

多渠道服务高校科技成果转化推广

6 月至 12 月，校产管理中心通过中心公众号发布企业需求、点对点联系高校等方式，精准对接科技成果供需双方，多渠道服务高校科技成果转化。6 月 18 日，组织北京高校科技成果项目参加“中国行——走进南阳科技成果转化项目对接会”，对接地方经济发展需求，寻求合作空间。协助华北电力大学等高校开展科技成果相关活动宣传，与昌发展奇点中心、中关村信息谷等企业、单位合作，拓宽科技成果合作渠道，联系河南汉达生物科技公司与北京农学院“复合生物除臭技术的研发与应用”项目线上精准对接，为中国农业大学“一种姜中水溶性天然芳香组分的制备方法及饮料”项目提供后续对接服务等。12 月 18 日，与南阳高新技术产业开发区、北京中关村信息谷资产管理公司联合主办“深化京宛合作优化创新资源配置”线上路演活动。组织北京化工大学、北京信息科技大学 4 个项目与南阳地方政府和企业就符合当地经济转型升级发展的技术需求与后续合作意向进行精准对接。

（宋慧宇）

机关事业单位所办企业清理规范

至年底，校产管理中心持续推进机关事业单位所办企业清理规范。完成清理规范工作企业 49 户，包含已批复保留 5 户；未完成清理企业 9 户，主要是小股东和涉诉企业；另有北京高校房地产开发总公司 6 户企业持续推进清理。

（宋慧宇）

高校所属企业体制改革推进

至年底，校产管理中心全面推进高校所属企业体制改革。审核相关 21 所市属高校所属企业体制改革工作方案。纳入体制改革工作范围企业 453 户，其中，拟清理关闭企业 278 户、拟脱钩剥离企业 91 户、拟保留管理企业 84 户。北京建筑大学和北京电子科技职业学院作为试点高校，所属企业全部完成改革方案的审核、批复。12 月 10 日，《北京市高等学校所属企业体制改革工作指引》印发，指导各高校所属企业体制改革工作。

（宋慧宇）

“僵尸企业”处置

至年底，校产管理中心处置“僵尸企业”工作完成率超过 90%。经过各单位摸排，17 家单位上报 208 户“僵尸企业”。经过召开工作布置会、约谈相关单位负责人等方式，完成处置 192 户，完成率 92.3%。“僵尸企业”处置工作，是高校企业体制改革工作的重要组成部分，也是清理关闭企业中的难点部分。“僵尸企业”处置工作通过协调法院进行破产清算程序、协调市场监管部门简化手续和流程等，为后续高校企业体制改革工作作出有益探索。

（宋慧宇）

全民所有制企业公司制改革推进

至年底，校产管理中心结合事业单位企业清理规范和高校企业体制改革，推进全民所有制企业公司制改革。市教委所属单位所办企业中全民所有制企业 33 户，14 户清理关闭，17 户保留或拟保留企业将进行公司制改革。

（宋慧宇）

北京教育网络和信息中心

概述

2020 年，北京教育网络和信息中心设有研究指导部、网络与电子政务部、系统管理部等 9 个部门。在职职工 63 人，包括高级专业技术职称 13 人、中级 12 人、初级 19 人。

助力抗击新冠肺炎疫情。组织各区中小学和信息中心组建“空中课堂”摄制基地 73 个，组织拍摄、审定、收集、整理 9610 节国家及北京市“空中课堂”课程视频资源，播放 30 亿次。完成疫情防控期间两委机关信息技术支持服务与电子政务系统运维工作。

推进教育治理能力现代化。完成疫情防控期间两委机关信息技术支持服务与电子政务系统运维，组织北京教育信息网传输网改造，完成市级考务专网建设和2020年中高考远程电子巡查系统网络保障工作。创建政务云虚拟服务器835台，存储空间约750TB，完成各系统向政务云迁移。编制《信息系统上线前安全检测管理办法》，定期开展内部漏洞扫描，实现全年网络安全零事故。参与教育部、北京市教育系统网络安全专项攻防演习，处理攻击事件8939次，形成防守成果报告366份。启动市教委综合办公平台、档案系统项目建设，协助市委教育工委完成内网和OA办公系统更新。对66个系统、275个备案App开展远程检测和渗透测试，督促开展网络安全整改工作。统筹执行行业等保测评项目，组织市教委7个直属单位完成17个三级、22个二级网络安全等级保护测评。建设完成北京市教育大数据平台、校园安全管理服务平台、教育系统新冠肺炎疫情数据上报系统等7个系统，形成教育信息化服务体系。完善数字教育资源，全年更新接入国家公共资源、北京市级资源、社会化资源3大类47个小类693万余条；开放资源服务接口，实现“统一课程资源包”标准化，并对多源数字资源目录进行规范化管理，做到系统互通、资源互信。“北京市中小学数字德育平台”面向全市中小学生开展2020年网上冬令营活动。

提升师生信息素养与创新能力。继续组织开展“一师一优课、一课一名师”活动，评选审查优质资源示范课68节，研究形成《现代信息技术在中小学智慧课堂中应用现状研究》报告。完成第一批教育信息化创新融合“双百”示范行动74个基地和58个课题认定。为6个市教委直属单位提供OA系统部署上线。组织北京市教育技术应用研究2020年度课题评审，立项课题99个，结题22个。开展中小学人工智能教育试点工作、中小学师生电脑作品交流展示和中小幼校园影视评比等活动。

加大信息技术服务保障力度。完成市教委网站改版，发布行政规范性文件、政策解读、最新信息公开等信息355条。保障市教委正式视频会议1095次，其他例行视频会议调试258次，总数为上年的10倍。市委教育工委使用视频会议1000余次，为上年的6～7倍。6月，市教委视频会议系统具备面向委内各会议室、17个区教委、24个直属单位、24个市属高校的全口径服务能力。为市教委桌面设备提供技术支持1025次，办公局域网维护121次，电子政务和其他工作343次。为市委教育工委桌面设备提供技术支持700余次，各类会议支持服务459次。办公局域网维护184次，电子政务服务365次，其他临时性工作216次。为教育两委提供政务邮箱和无线网络开通等服务120余次，为市教委直属单位提供政务邮箱服务近90次，协助公检法等单位查询信息20余次。借助备用链路，市级线路实现零中断。协助各区处理内部网络故障排查4次、公网资源访问问题15次。持续做好智慧校园资源服务与应用监测云平台运维，实时采集97所数字校园实验校924个应用服务的访问情况，形成全市中小学校信息化及资源应用情况仪表盘。已经接入97所学校924个应用系统，累计积累监测分析数据超过4.5亿条。受理基础设施相关变更申请200余次，包含信息中心各系统向政务云的迁移、义教平台保障等重要变更，全年执行率100%。签署行业IT基础设施服务协议4份。为落实副中心数据中心管理要求，对市委教育工委部署在C1数据中心的两个机柜设备设施定期进行巡检，做好设备部署方案、进出登记、报备、管理等工作。

（聂冯接）

疫情防控专题上线发布

2月16日，信息中心在市教委官网上线疫情防控专题。截至12月，对外发布信息529条。

（王娟）

网络安全攻防演习

5月至6月，信息中心组织参与全国教育系统2020年网络安全攻防演习，完成针对全国中职学生管理信息系统、全国教师管理信息系统等专项攻防演习。8月下旬至9月上旬，参与2020年北京市重大网络安全事件应急演练。9月中旬至下旬，参与公安部针对教育系统及相关系统的专项攻防演习。11月，参与市公安局专项攻防演习。在各次活动中，累计发现攻击或疑似攻击18万余次，经分析，处理攻击事件8939次，形成防守成果报告366份。

（王娟）

10月，信息中心录制优质示范课

（信息中心 供）

教育信息网传输网改造

6月，北京教育信息网传输网改造完成。改造后，各节点波分设备具备骨干层160Gbps传输能力、汇聚层40Gbps传输能力，核心到区为星型结构，满足业务网和考务专网物理隔离，同时保证各业务的网络带宽资源满足用户要求。实施过程中未对重点业务造成中断影响，保证市级考试综合管理平台在中高考前开通使用，并承载2020年中高考网络传输保障。

（王娟）

网络安全管理

6月和9月，信息中心组织市属教育行业102个信息系统定级评审专家会，统筹执行行业等保测评项目，涵盖7个直属单位，17个三级、22个二级网络安全等级保护测评工作。9月，教育App公司推进备案工作，涉及260余个教育类App，同时发现275个已完成备案App的安全漏洞并进行通报。12月，组织专业技术力量对全行业开展远程检测、渗透测试，并以听汇报、查资料、现场查看等方式组织对20家单位开展网络安全工作现场检查调研和服务。完成年度网络安全重点时期保障，组织实时网络监控、响应，全年报送平安72天，实现全年网络安全零事故。

（王娟）

信息化融合“双百”示范基地与课题校调研建设

9月，信息中心面向第一批“双百”教育信息化创新融合示范基地与课题校开展调研与建设指导。调研指导工作通过在线会议、在线视频、电话、邮件等方式指导学校根据任务书开展建设。同时，调研“停课不停学”对创新“双百”示范行动的推进情况，为系统呈现区、校“停课不停学”实践模式，回顾和反思“停课不停学”实践过程，总结和提炼“停课不停学”实践经验，促进后疫情时代信息化应用的发展，了解各区、校混合式教学模式、育人模式的发展，形成调研材料。

（顾忆岚　宋洁）

教育信息网及数据中心运维

至年底，信息中心保障北京教育信息网及数据中心正常运维。保障北京教育信息网一二三期骨干网及25所高校城域网维护光缆长度568.084公里，接续盒504个，系统正常运行率99%以上。市教委和信息中心至三大运营商互联网出口平均延迟8.13～13.45毫秒，丢包率小于0.01%，全年可用性100%。厂桥、和平门两地机房，直接维护81台市级网络设备、185个模块，主要安全设备50余台、各类服务器500余台，存储系统8套，虚拟化平台4套，虚拟服务器520余台。政务云创建虚拟服务器835台，使用vCPU6130个，内存19562GB，存储空间750TB。厂桥机房采购部署NAS存储设备1台、IPsecVPN设备1台，保障空中课堂等相关课程资源的集中存储、相关视频监控数据的安全传输。整体优化厂桥机房拓扑网络，将厂桥机房所有网段纳入防护范围，利用VPN与堡垒机作为厂桥机房唯一登录入口，使网络安全及相关设备运维更加合理高效，同时提升机房整体安全性。

（王娟）

网络设备维修维护

至年底，信息中心开展网络设备维修维护。每季度巡检各网络设备节点，抢修及排除故障15次，布放光缆0.6公里，增加接续盒9个，熔接156芯。两地机房设施巡检28次，更换风系皮带、室外风机、加湿罐、压缩机及各类耗材、配件415件。两地机房硬件设备维护服务386次。维修更换监控摄像机3台，无线设备1台，光模块1个（怀柔9508）。两地消防处理修复设备及线路故障12次，更换应急照明灯具、烟雾探测器、备用电池等设备11个，组织应急演练1次。网络调整185次，服务器维护255次，网络应急保障2次。两地机房网络安全设备异常情况处理14次，设备配置调整437条，设备升级20次。市属高校资产系统各节点（25所高校）软件现场巡检技术服务2次，解决各项问题1605个，用户总体满意度96%。硬件每季度巡检，现场应急维护服务27次。数据库运维服务130次，应急及重新搭建数据库7次，虚拟化运维205次，应急响应21次。

（王娟）

教育公共资源平台建设与推广

至年底，信息中心开展北京市教育公共资源平台建设与推广。加强资源汇聚，全年更新接入国家公共资源平台38类，北京市数字学校空中课堂、北京市研究性学习平台等北京市级资源6类、百度智慧课堂、微视频教学资源库等社会化资源3类，合计3大类47小类来源693万余条，全面提升资源供给数量。加强资源加工，实现“统一课程资源包”标准化呈现，提供资源在线快速浏览服务。加强资源管理，构建形成包含3801个教材15565条章节目录的章节目录树，以及覆盖学段、科目、年级等2万余个动态标签的目录体系，实现多源数字资源目录规范化、动态化管理。

（顾忆岚　宋洁）

信息化服务中心服务工作

至年底，北京市信息化服务中心（call center）为市教委“北京市义务教育入学服务平台”等20个业务平台提供400电话人工技术支持和问题解答服务，全年呼入108109条咨询电话，通话时长319059分钟，平均通话时长每电话2.95分钟。用户满意度达到99%，快速有效地为市民解决市教委各平台使用技术问题。

（车英子）

北京教育综合服务中心

概述

2020年，北京教育综合服务中心设部门4个，职工26人，全部在编。全年完成市教委行政审批窗口服务、北京市非紧急救助服务中心教育委员会分中心解答咨询、市教委政府信息公开、高等院校及科研院所学位授予信息管理、教育系统专业技术人员职称评审、教育系统政工系列职称评审等工作。同时，承担北京市教育基金会常务理事会办公室日常管理工作。机要文件交换工作中，完成机要文件交换6976件（其中发信4121件、收信2855件）。学位授予信息管理工作中，2019—2020学年度第一学期75个学位授予单位报送电子数据37176条（含光盘报送数据），第二学期139个学位授予单位报送电子数据249384条（含光盘报送数据）；全年受理36个学位授予单位61次信息修改，2个单位信息补报，受理11个单位撤销备案13名学生学位等；组织北京地区学位授予信息专项清理，清缴50个学位授予单位4000余条历史沉淀的学位信息问题数据；组织自2016年自行设计印刷学位证书以来首次证书样式备案。职称评审工作中，负责高等学校教师专业技术职务学术评议和中小学正高级教师专业技术职务评审，全年参评高等学校教师专业技术职务学术评议117人，通过99人，通过率84.61%，参评中小学正高级教师专业技术职务评审207人，通过196人，通过率94.69%。

（李静华渊）

政务服务窗口改革

至年底，综合服务中心以“放管服”改革为主线，推进窗口服务工作。精简政务服务事项，取消“民办非学历高等教育机构地址变更”等6个办事项，压减材料53.09%，压减审批时限12.53%，分别超额完成“超越行动计划”要求的压减20%、10%目标。提升网办率，加大网办业务宣传力度，网办受理率93.6%。推进“双授权”，加强市教委政务服务事项标准化建设，编制“签一次”“签两次”清单和委托受理清单，市教委46个办事项审批决定权均实现“签一次”或“签两次”。开通网上咨询，专人专责，即时在线回应和处理群众咨询，并将在线解答内容整理、编入政务知识库，打造群众办事的“在线客服”。结合政策调整和事项目录更新，对高频事项全部制作事项示范文本，及时修订、上线。承接国家政务服务20个教育服务事项工作。全年受理政务服务事项203967件，办结203986件，接待群众咨询3000次，协调引导和劝返上访人员近20人次，获感谢信7封，办事群众评价满意率100%。市教委获评2020年市政务服务中心“先进单位”。

（李静华渊）

信息公开

至年底，综合服务中心加强政策文件主动公开管理机制。严格做好政府网站文件发布管理，规范收集文件、办公室报批、法规处备案、文件编序、上网公布、归档邮寄等流程。提高特殊文件主动公开时效性，最短时间内向社会公布。及时处理、热心接待市教委信息公开来电来访。全年依申请公开108件，政府网站主动公开政府文件277件（其中规范性文件20件），整理需要保留的行政规范性文件286件，主动公开市教委处室政府采购文件6件，各单位人员招聘文件8件，接待市民来访5人次。

（李静华渊）

北京市教育系统人才交流服务中心

概述

2020年，北京市教育系统人才交流服务中心（北京高校毕业生就业指导中心）在职职工64人，在编36人。中心设办公室（财务资产部）、信息开发与学籍就业事务部（积分落户服务办公室）、人事服务部、市场发展部、就业创业服务部、研究室、学历认证服务部7个部门。全年深化党建引领，深化内部管理，压实疫情防控责任，确保中心及大学生创业园“零感染”。做好毕业生就业服务，策划“延期开学不停学，就业服务不断线”主题活动。继续关注特殊就业群体，组织召开退役军人专场招聘会3场、区教委专场教育双选会2场。完善“一街三园多点”创业孵化体系，提供12项“管家式”全链条创业孵化服务，完成150个优秀创业团队评选和入驻创业园工作，不断提升创业孵化增值服务内涵及创业孵化成效。举办5期高校就业专题、生涯规划指导等就业创业教师培训，参与554人次。完成10个区350名北京市乡村教师、市教委13家直属事业单位46人公开招聘，3293份市属公费师范生协议交接、签收工作。完成干部人事档案整理和教育系统档案专项审核工作。协助完成教师评优工作。编制7份市级就业调查专题报告，为32所高校编制校级就业质量年报服务，修订《北京地区高校毕业生就业实手册（2020版）》；协助教育部完成高校毕业生就业状况跟踪调查项目；完成毕业生办理就业手续及各层次学籍数据审核。开展积分落户教育背景审核；完成学历学位复查审核4620人次；受理学历认证申请29078份，校对数据55261份。北京高校毕业生就业信息网：www.bjbys.net.cn；北京教育人才网：www.jyrc.com.cn。

（祝欣）

就业手续办理及学籍学历审核

6月15日，人才交流中心设立“政务大厅”临时窗口，实现就业手续全程网办。全年为173所高校及科研院所24

万名毕业生办理就业手续，出具报到证 19 万张，办理改派手续 7679 人次，户口改迁手续 823 人次，退学报到证 249 人次。完成 12144 名优秀毕业生数据备案和证书打印工作，发放 2021 届本专科、研究生毕业生就业协议书、推荐表、登记表 60.5 万份。协助市教委完成各层次学籍学历数据审核 346 万条。

（祝欣）

人事档案管理服务

至年底，人才交流中心管理各类教师及未就业毕业生人事档案 8817 卷。其中，教师档案 2263 卷、毕业生档案 6554 卷。完成 13 家单位 32 名公开招聘人员档案审核。协助朝阳区、丰台区、石景山区教委所属部分中小学幼儿园完成 5635 卷干部人事档案整理工作和教育系统 3670 卷档案专项审核。完成 10 家高校 3293 份市属公费师范生协议交接与签收工作。完成 145 人次师范生履约管理工作。

（祝欣）

就业和教育人才信息编发

至年底，人才交流中心利用各种平台编发就业和教育人才相关信息。编发就业网和教育人才网信息 1405 篇。“成功就业”微信订阅号内容推送 291 期 1041 篇，比上年增长 32.44%。开设《就业名师讲堂》专栏，内容制作 23 期，《高校速递》主题内容制作 4 期，《延期开学不停学，就业服务不断线》主题内容制作 2 期，阅读量 365 万余人次，比上年增长 24.15%。

（祝欣）

北京市国际教育交流中心

概述

2020 年，北京市国际教育交流中心（北京市汉语国际推广中心、北京市港澳台教育交流中心）有教职工 31 人。全年承担重大国际交往活动服务保障工作，参与 2020 年中国国际服务贸易交易会教育板块招展、筹展、论坛及峰会筹办等工作，吸引 43 家展商参加线下展会，121 家展商参加线上展览。继续履行教育外事工作职能，受理国家留学基金公派留学工作，涉及高级研究及访问学者、建设高水平大学等 7 个大项 21 个子项目 325 人；开展汉语教师志愿者工作，完成孔子学院公派教师等项目组织招募工作以及志愿者材料在线审核；克服新冠肺炎疫情、航班取消等困难，帮助 2019 年派出的 5 名赴泰汉语教师志愿者归国；完成 41 所学校外教管理工作。网址：www.biee.bjedu.cn。

（史玉婷）

引进外籍教师参与中小学英语教学改革

2 月，国际教育交流中心管理引进外籍教师参与中小学英语教学改革项目。至 5 月，对 2019 年度引进外籍教师参与英语教学改革项目以及延庆区、密云区外籍教师工作进行收尾，完成 41 所学校外籍教师管理工作。按照疫情防控要求，督促各学校与外籍教师保持联络，与项目校和合作机构加强沟通，每日上报在京外籍教师体温与健康状况，及时向校方和外籍教师发布通知，保障信息沟通顺畅。协助项目校及外籍教师收集材料、代办手续并进行流程指导，确保涉外防疫工作万无一失。

（史玉婷）

服贸会教育板块筹办工作

9 月 4 日至 9 日，国际教育交流中心承担中国国际服务贸易交易会教育板块招展、筹展、峰会及论坛筹办等工作。教育专题展会首次以线下线上相结合的方式呈现，121 家教育展商参加线上展览，注册用户访问量、线上展厅用户数均破万，页面浏览 52285 次，累计发起云洽谈 328 次，参展商直播 15 场，直播、点播观看总人数破千。43 家展商参加线下展会，分为国际教育交流、中外合作办学、留学服务和在线教育 4 个区块，覆盖最热门的教育新形势、新业态。

（史玉婷）

北京学生活动管理中心

概述

北京学生活动管理中心（北京市少年宫、北京市青少年科技馆、北京教学植物园）占地面积 14.42 万平方米、建筑面积 4.92 万平方米。中心内设部门 21 个。教职工 203 人，包括专业技术人员 158 人、高级职称 49 人、正高级教师 2 人、特级教师 1 人、市级学科带头人 1 人、市级骨干教师 1 人。

学生活动中心将新冠肺炎疫情防控作为全年工作重心和首要任务，统筹抓好疫情防控和事业发展，多措并举压紧压实工作责任，实现单位“零感染”。选派 10 余人参与全市教育系统疫情防控专项督导和联络工作，指导部分区和高校开展复课复学。

加强活动管理和教育教学工作。成立教学工作指导委员会。承办市级艺术、体育、科技类学生实践活动近 20 项，秋季学期开设艺术、体育、科技、美术等类别兴趣小组项目 50 余个近 400 个班，招收学员 5800 余人次。开展“自然笔记”“神奇的中草药”作品征集、线上植物栽培等活动，推广普及自然科普、植物知识等。举办爱眼日主题活动、“云游祖国”线上夏令营和寒露、霜降、立冬节气等 6 次线上主题活动。组织北京市学生金帆艺

10月26日，学生活动管理中心举办“新时代好少年、寻找最美孝心少年”先进事迹发布活动 （学生活动管理中心 供）

术团、金鹏科技团、金帆书画院、北京阳光少年艺术团评审。开展冰雪示范校和冰雪、篮球、排球特色校评估遴选。

加强干部教师队伍建设。完成新一轮全员岗位聘任，更名和调整8个部门名称和职责，增设纪检审计办公室。评选正高级教师1人、市级学科带头人1人和市级骨干教师1人，开展中心级学科带头人、骨干和优秀青年教师评选。

深化“管理服务年”，改善教学环境和办学条件，加大校园文化建设力度，推进智慧校园建设。完成建设科普橱窗22块、汲水设施3处，安全加固木化石区并新增木化石体验区面积110平方米，撰写植物标牌文稿501种，完成制作2000个。

调研全市校外教育发展现状，开展市级科研规划课题结题评选活动，组织全市校外教师专业培训，办好《首都校外教育》。加强社会大课堂资源单位管理，推进“四个一”活动复课，登记认定市级资源单位488家，征集发布线上课程资源185项、线下活动1458个。开展6轮全覆盖学前教育督查工作，服务和规范全市各类园所的办园行为。

（张艳飞　胡舟野）

8次植物主题科普活动

1月至10月，学生活动管理中心举办8次植物主题科普活动，近3000名中小学生参加。1月11日，举办‘绿色科技俱乐部第二届征文活动和自然笔记征集活动”颁奖仪式，评选出优秀作品20个；1月11日至12日，举办第六届“弘扬中华文化学习传统技艺”主题公益科普冬令营，60名五、六年级小学生参加；3月至8月，制作24节植物主题教育微课；3月22日至9月30日，举办“植物之用——神奇的中草药”作品征集活动，收集作品353个，评选获奖作品147个，优秀指导教师39人；7月15日至9月30日，举办网上植物栽培活动，16个区339所学校近1800名中小学生参加，768人获一等奖、807人获二等奖、153人获优秀奖，317人获地球小卫士、美育小达人、小植物学家、植物小作家和种植小劳模5个单项奖；7月15日至9月30日，参加2020年网上夏令营优秀作品赏析系列活动，展示70个作品；10月31日，举办第一届“爱劳动庆丰收”丰收节，20余名小学生和幼儿参加；11月，推荐303个自然笔记作品参加由首都绿化委员会办公室主办的自然笔记征集活动，获一等奖1个、二等奖1个、三等奖4个，6名教师获优秀指导教师奖。

（马凯）

6次美术小组实践活动

2月至7月，学生活动管理中心组织6次美术小组实践活动。组织学员优秀作品在市教委、市红领巾通讯社、市学生金帆书画院、中心等官方微博、微信公众号展示；组织学员参加“众志成城，战胜疫情——北京市学生金帆书画院学生书法作品”网络展；组织学员参加“齐心聚力，我们加油——北京市少年宫防控新冠肺炎”美术作品展，分6期在中心微信公众号展出；组织学员优秀作品在红通社设立的“防疫战疫”好少年在行动专刊展示；组织北京市学生金帆书画院分院师生参加“中国色彩，为祖国点赞”书画作品网络展；组织学员参加2020年网上夏令营美术、书法、摄影优秀作品赏析活动。

（杜怡斋）

首次推出网络微课堂

2月至9月，学生活动管理中心首次推出网络微课堂。录制美术、体育、艺术、科技、植物类优质线上课程50余节，在“微·聚”空间播放。

（赵川龙）

承办4项市级学生科技竞赛

5月至12月，学生活动管理中心承办4项市级学生科技竞赛。5月30日至31日，承办第20届北京市中小学生金鹏科技论坛，16个区1400名学生参赛，628项学生作品参加市级评审；9月至12月，承办第12届北

11月21至22日，2020年北京市中小学生冬季运动系列比赛——旱地冰球赛举行　（学生活动管理中心　供）

京市中小学生科学建议奖活动，16 个区 358 所学校 8000 余名学生参赛；12 月 13 日，承办北京市中小学生电子与信息创意实践活动，16 个区 250 所学校 945 名学生参加；12 月 19 日，承办北京市中小学生航天科技体验与创意设计大赛，16 个区及燕山地区、北京经济技术开发区 165 所学校 484 名中小学生参加。

（张峥　蒋小建　郑升）

教学工作指导委员会成立

8 月 27 日，学生活动管理中心成立教学工作指导委员会。教指委旨在为兴趣小组教育教学出现的重大问题提出工作建议，参与教学管理决策。至年底，开展教学工作指导 4 次，围绕手风琴团暑期线上实验课开设、“教学四个一”活动、新项目论证等少年宫教育教学发展与改革重点问题开展研讨。

（赵川龙）

5 次德育主题教育活动

8 月至 12 月，学生活动管理中心举办 5 次德育主题教育活动。8 月 1 日，开展“致敬最可爱的人”主题教育活动，参与学生 413 人次；9 月至 11 月，举办“生活拍了拍你”劳动技能展示活动，全市 12 个区 27 所小学参加，征集劳动收账、节气日记、微视频 2000 余幅作品，获奖作品 1400 余幅；10 月 16 日至 22 日，举办“今天，你光盘了吗”世界粮食日主题教育活动，全市 14 个区 7706 人次参加，满分学生 1132 人次；10 月，举办“穿越千年的你——连环画作品征集”重阳节主题教育活动，全市 10 个区 29 所小学参加，征集作品 600 余幅，获奖作品 300 余幅；12 月，举办“你好，24 节气”主题教育活动，征集吟诵、绘画、摄影、书法、手抄报作品 350 余幅，获奖作品 100 余幅。

（马凯　李鹤群）

承办 3 项市级运动会

10 月至 11 月，学生活动管理中心承办 3 项市级运动会。10 月 23 日至 25 日，承办第 58 届北京市中学生田径运动会，655 名学生参赛；11 月 10 日至 12 月 28 日，承办北京市第五届中小学生冬季运动会，16 个区及燕山地区 237 所学校近 1700 名师生参赛；11 月，承办北京市中小学生冬季运动系列比赛，包括旱地越野滑轮比赛、旱地冰球比赛和陆地冰壶比赛。

（董默轩　徐颖　傅玥）

艺术小组教学实践

至年底，学生活动管理中心组织艺术小组教学实践。手风琴、管乐、舞蹈等项目各教学班及 5 个乐团开展 7 个月线上教学及排练，对 500 余名学员完成近 4 万次视频回复；合唱团学员及家长“云”原创抗疫歌曲《春暖花开》《明天，你好》等歌曲被相关媒体及高校美育云端课堂选用；声乐项目学员隔空演奏、演唱，为抗击疫情加油，被市教委官方微博、环球童声音乐网站选用；舞蹈团、合唱团、手风琴团、管乐团、朗诵团参加 2020 年网上夏令营优秀作品赏析活动；舞蹈团 76 名师生参与“我和祖国一起成长”——青少年儿童庆祝中华人民共和国成立 71 周年主题活动；舞蹈团 70 名学员参与“新时代好少年”“寻找最美孝心少年”公益活动颁奖典礼录制；合唱团、手风琴团和管乐团分别参与中央电视台综合频道节目录制及采访，参与师生 200 人；舞蹈团参加“银河之声——2021 新年童声合唱”特别节目录制，参与学员 60 人。

（金冠西）

北京市教育技术设备中心

概述

2020年，北京市教育技术设备中心建筑面积3144平方米，其中，办公场所2144平方米、库房1000平方米。中心设办公室、发展规划科、管理科、技术科、采购科，职工36人。全年承担对中小学教育技术装备管理与实践教学研究职能；负责北京市中小学校实验室（专用教室）和教学仪器设备的建设、配备、管理、使用和质量检测及技术服务；开展全市初中开放性科学实践活动日常管理，承担电话咨询、日常管理、费用结算、投诉处理、数据分析等工作，接待资源单位、学校及家长热线电话400余次；完成21家资源单位账户信息变更，进行核实结算；组织第十届书香燕京阅读指导活动；开展中小学教育装备适用性评估；修订义务教育办学条件标准细则；举办第三届北京市中小学实验教学说课活动；审查清理中小学馆藏图书等。

（赵文强）

修订义务教育办学条件标准细则

2月至12月，设备中心修订义务教育办学条件标准细则。2月至7月，围绕小学数学、科学、音乐、体育和美术5个学科和初中数学、物理、化学、生物、地理、音乐、体育和美术8个学科，完善所需教学仪器设备标准修订。8月至12月，完成剩余全部学科所需教学仪器设备标准修订。根据实验教学需求，制订"实验版"实践活动手册，对实验教学仪器的要点、安全性能等方面进行描述。

（赵文强）

中小学图书馆图书审查清理专项行动

3月至12月，设备中心开展全市中小学图书馆图书审查清理专项行动。完成审查清理16个区1455所学校，清查图书馆（室）1829所，审查图书4543.67万册，清理下架图书107.55万册。11月，完成对朝阳区、延庆区、大兴区、房山区的市级专项抽查工作。

（赵文强）

编制中小学校体育器材、场地标准汇编

5月至8月，设备中心完成《北京市中小学校体育器材、场地标准汇编》编制。编制汇总球类、田径、体操、健康、水上或冰雪运动、民族民间、新兴运动、健身训练8类体育器材标准及中小学体育场地、场馆相关标准65项。梳理对比各标准的关键指标和技术要求，为教育装备部门和学校在体育设备设施采购配备、使用维护时提供服务和指南。

（赵文强）

第三届北京市中小学实验教学说课活动

6月至8月，市教委举办第三届北京市中小学实验教学说课活动。经学校申报、区级遴选、市级评选等环节，225个案例参加活动，其中66个案例被评为市级展示案例，15个案例被推荐参加第八届全国中小学实验教学说课活动，获现场说课案例全国第一（并列）。活动由设备中心和北京教育科学研究院共同承办，北京教育装备行业协会协办。

（赵文强）

开放性科学实践活动数据统计分析

9月至11月，设备中心对2016—2020年初中开放性科学实践活动学科选课数据进行统计分析。分别完成学生对各领域课程选择偏好统计分析、学生选课最喜欢的前10%课程统计分析、事业单位中标数量及接待学生人数统计分析、资源单位数量与接待学生人数统计分析、连续中标资源单位数据分析、连续3年督查数据统计分析、选课量排名前20位的资源单位分析，为督查管理工作及活动改进提供重要数据支撑。部分数据做一定的归因分析与推测判断。

（赵文强）

教育装备适用性评估

9月至12月，设备中心针对学校拥有率高的两类产品开展教育装备适用性评估。选定5个品牌教学触控一体机，通过测试与评估，完成触控一体机行业分析报告框架设计；选定2个品牌（进口、国产各一）教学传感器进行适用性研究与安全性评估。

（赵文强）

中小学校办学条件数据统计分析

10月，设备中心依托北京市中小学校办学条件管理系统完成2020北京市中小学校办学条件数据统计分析报告。指导各区做好中小学校办学条件数据统计工作。实现北京市中小学校办学条件管理系统与市级大数据中心数据实时对接。

（赵文强）

北京教育老干部活动中心

概述

2020年，北京教育老干部活动中心有正式职工21人，内设办公室、活动部、生活服务部、宣传教育科4个部门，同时挂北京教育老干部大学和北京教育老干部党校2块牌子。建筑面积5174.4平方米，设有图书阅览、书画、棋牌、台球、乒乓球、手工等厅室。中心以"加强教育系统

1 月 19 日，老干部活动中心举办两委机关离退休老同志 2020 年新春团拜会（老干部活动中心 供）

离退休老同志思想政治引领和政治作用发挥”为根本任务，以创建“文体活动展示平台、工作骨干培训基地、文化养老示范中心”为抓手，克服新冠肺炎疫情带来的复课挑战，解决直播设备和网络设备等教学硬件条件问题，通过多种方式培训老同志使用教学软件，实现老干部学习工作从线下到线上的全面转变。

（王黎黎）

离退休老同志新春团拜会

1 月 19 日，老干部活动中心举办两委机关离退休老同志新春团拜会。活动包含老同志自编自演的舞蹈、京剧、合唱、三句半、配乐故事等节目，教育系统老领导等 160 余人参加。并为到场的 80 岁以上老同志赠送吉祥寿礼。

（王黎黎）

线上复课

9 月 7 日，北京教育老干部大学实现全面线上复课。34 个班 1100 余名学员实现网络教学，授课内容包括篆书、山水画、中医、诗词等。老干部活动中心通过屏幕共享、微信语音指导、制作短视频等形式，辅导老同志学习使用软件，开展线上教学活动。

（王黎黎）

北京高校房地产开发总公司

概述

2020 年，北京高校房地产开发总公司有正式员工 31 人，包括具有高级职称 3 人、中级职称 11 人。设有办公室、党办、财务部、工程部、经营开发部、房改办、审计部。公司下属全资子公司为北京育新物业管理公司、北京育新实验幼儿园及北京市黄山教育研究中心。下属北京育新物业管理公司为国家一级资质物业服务企业；下属北京育新实验幼儿园为北京市示范幼儿园。公司协助市教委完成住房售房工作的最后售房程序，为 3 名住户办理“不动产权证书”。协助高校教师办理央产房上市手续，为 160 余名住户开具《住宅专项维修资金交存情况说明》。完成对近 80 所高校从 1993 年至今缴纳的集资款以及财政拨款的整理统计工作。开启育新花园 2#—3#、15#—16# 楼商业楼整体改造项目。受理“12345 接诉即办”案件 2 件，公司内部“接诉即办”案件 2 件，及时完成转办及处理工作。北京育新实验幼儿园完成内控制度修改及完善。

（李婷婷）

审计制度体系规范完善

7 月 1 日，高校房地产总公司制定《北京高校房地产开发总公司内部审计业务外包管理办法（试行）》和内部审计业务外包流程图。12 月 30 日，发布实施《北京高校房地产开发总公司所属单位主要领导人经济责任审计办法》和《北京高校房地产开发总公司内部审计工作实施办法》，进一步强化审计制度建设。

（廉国京　李婷婷）

下属单位规范清理工作稳步推进

至年底，高校房地产总公司稳步推进下属单位规范清理工作。9 家下属子公司清理完成 3 家，分别是高房资产管理公司、众利恒公司和首育科技公司；育新创景公司完成审计、评估工作，准备股权转让；绿化中心进入法律程序；门窗公司成立自查小组进行自查；吉林怡恒伟业审计工作完成;2 家“僵尸企业”（首创资产管理公司与首创科技公司）

于10月向法院递交申请注销破产资料。

（杨文宾　李婷婷）

北京教育志编纂委员会办公室

概述

2020年，北京教育志编纂委员会办公室设有编辑一室、编辑二室和综合办公室，职工11人，包括高级专业技术职务2人、中级3人。完成《北京教育年鉴》（2020）网络版发布，完成《北京教育年鉴》（2020）微信小程序发布，印制完成《北京教育年鉴简本》（2020），出版《北京教育年鉴》（2020）正本纸质年鉴；为《中国教育年鉴》《北京年鉴》《北京农村年鉴》等提供相关内容；继续推进“北京教育年鉴在线资源平台”网站、北京教育年鉴数据资源库、北京教育年鉴在线编纂系统更新改造，数据资源库收录文字4400万字、条目12万个、图片3万幅，在线资源平台访问量259万次/年，开发“北京教育年鉴在线编纂系统”的智能化功能，满足条目编写、智能编校等需求。《北京志·教育志》（1991—2010）由北京出版社出版发行。编纂完成《第二轮北京教育志工作文件汇编》，全面总结二轮修志工作。编纂完成《北京教育志编纂委员会办公室教育史料实物题录》，在原有教育史料登记簿基础上，对馆藏7105件教育史料实物开展重新整理、分类、著录。

（王永刚）

《北京志·教育志》出版发行

2月，《北京志·教育志》（1991—2010）由北京出版社出版发行。该书由北京市地方志编纂委员会组织编写，市教委承编，是第二轮《北京志》70部分志之一。《北京志·教育志》编纂工作于2007年启动，历时十余载。市委教育工委和市教委机关各处室、各区教委、各高校、市教委直属单位等150余个单位参与编写工作。全书正文9篇，文前彩图16页，收录63万余字、143幅图片、229个表格、21个示意图。该书从教育规模、教学、学生、教师、科研、管理等多个角度，客观真实地反映20年间北京地区各级各类教育事业发展脉络和特点，突出北京教育亮点和特色，体现时代特征和首都特色，是首都教育史志事业取得的重要成果，标志着北京教育系统第二轮修志工作基本完成。

2月，《北京志·教育志》（1991—2010）出版发行

（教志办　供）

（林业）

二轮修志工作文件汇编编写完成

10月，教志办全面总结二轮修志工作，编纂完成《第二轮北京教育志工作文件汇编》。汇编整理2004年以来，北京教育系统第二轮修志工作重要文件，分规划方案、队伍建设、资料收集、业务规范、审改验收五部分内容，并附“第二轮北京教育志编修工作大事记”。全书收录文件65篇，12万字。

（林业）

馆藏教育史料实物重新整理著录

11月，教志办编纂完成《北京教育志编纂委员会办公室教育史料实物题录》。该题录在原有教育史料登记簿基础上，对馆藏7105件教育史料实物开展重新整理、分类、著录。新的题录归并部分重复和系列实物，设23大类49个小类，著录史料4098条（7105件），著录项包括品名、年代、说明、资料编号。教志办成立以来，在教育志研究和博物馆筹建过程中陆续收集一批教育史料实物，包括教材讲义、图书、报纸期刊、证书、匾额、照片挂图等，形成年代上讫明清，下至社会主义建设新时期，使用地域和范围以北京为主。

（林业）

北京教育系统年鉴论文征集和评选工作完成

11月，北京教育系统年鉴论文征集和评选工作完成。该工作于3月启动，面向全北京教育系统年鉴工作者，以“新时代年鉴的规范与创新”为主题，包括年鉴编纂规范化、年鉴创新、年鉴供给侧改革、年鉴编纂流程、年鉴资料的开发和利用等内容。论文形式包括理论研究论文、编纂工作经验总结、年鉴资料使用心得等。经专家评审，评选优秀论文6篇。以获奖论文为基础，《北京教育史志丛刊》出版年鉴专刊（总第109期）。

（张驰）

《北京教育年鉴》（2020）编纂完成

至年底，教志办完成《北京教育年鉴》(2020)编纂工作。收到来稿300万字，包括条目7000余个，图片4700幅、视频218个，编辑部自查资料近200万字。年鉴仍然以网络版、正本纸质图书和简本形式呈现，并同时在微信小程序（掌上北京教育年鉴）中发布网络版和正本纸质年鉴版本。网络版年鉴发布在“北京教育年鉴在线资源平台”网站（njzypt.jyzh.cn）上，收录实际字数130万字（不同于版面字数），包括条目4000余个、图片1650余幅、视频83条，链接文献70余条。简本年鉴收录文字版面字数29万字，图片124幅，以口袋书的形式方便读者查阅。正本年鉴由北京出版社出版发行，收录文字180万字、图片487幅。2020卷年鉴首次设置“专栏”，记录“首都教育系统庆祝中华人民共和国成立70周年”的总体情况，图文并茂记录北京教育系统师生参与庆祝中华人民共和国成立70周年庆典全过程。

（华蕾）

北京市学生资助事务管理中心

概述

2020年，北京市学生资助事务管理中心有职工10人，全部在编。全年完成学生资助政策研究制定，确立“1＋3＋5”资助政策架构，参与研究制定《关于做好北京市家庭经济困难学生认定工作的指导意见》《北京市高等教育、中等职业教育、普通高中学生资助资金管理实施办法》。对55家区校开展资助资金核查，对16家市属高校和中专学校开展资助业务现场检查。启动市级系统绩效考评模块建设，发挥系统数据统计功能，提升资助工作信息化管理水平。构建学生资助全媒体宣传格局，用好主流媒体，在《北京日报》客户端推送6个学段资助政策长图，在《北京考试报》开展“国奖之星”专题报道，分15期18版报道40余篇典型事迹，《首都高校这样做学生资助》《北京市持续做好学生资助宣传工作》等10余篇简讯被“中国学生资助”微信公众号（或官网）采用并报道。分学段、多形式组织开展学生资助业务培训，提升资助工作人员政策理论水平和业务执行能力。

（李静华渊）

10月，学生资助中心组织“春知润”资助育人社会实践团参观北京市经济技术开发区 （学生资助中心 供）

学生资助自有宣传平台创建

4月，学生资助中心制作入学“三不愁”动图和资助政策页面，印制《北京市学生资助政策使用手册》折页2万余册。5月，印发致初中、高中毕业生的“两封信”。9月，编制《北京市2019年学生资助发展报告》。集结2019年北京市“助学·筑梦·铸人”主题宣传活动获奖作品，出版《助学筑梦铸人》优秀获奖作品专刊。12月，学生资助中心创建学生资助自有传播平台，创办学生资助专刊，开通“北京学生资助”微信公众号。

（李静华渊）

“春知润”资助育人社会实践

10月，学生资助中心组织“春知润”资助育人社会实践。实践团成员赴北京经济技术开发区、腾讯北京总部、顺丰华北分拨中心、北京同仁堂等地区和高新企业，多角度、多视野了解社会、认知国家发展。社会实践团成员是受国家资助政策帮助而成长成才的优秀受助学生代表，包括国家奖学金、国家励志奖学金获得者和“首都校园励志人物”。

（李静华渊）

学生资助精准度提升

至年底，学生资助中心提高资助帮扶工作精准度，确保应助尽助。优化“先普查后认定”精准筛查机制，通过自上而下学校摸底排查和自下而上学生申请认定的紧密衔接，采取主动干预或需求评估的方式确保精准帮扶。借助全国、市级系统实行双平台精准化管理，提升学生资助数据质量。围绕辅助全国系统、规范业务管理、对接政务平台等对市资助系统进行功能优化与升级，组织区属学校参加市资助系统线上线下培训和全国系统直播培训。建立“专家为主平台为辅”跟踪复核机制，邀请业务专家参与本专科和中职国家奖学金预评审、家庭经济困难学生认定材料复审，确保申报材料质量。

（李静 华渊）

9月9日，世贸天阶教师节宣传大屏

（新闻中心 供）

北京教育新闻中心

概述

2020 年，北京教育新闻中心设有办公室、策划部、舆情部、网络视频部 4 个职能科室，职工 33 人，全部在编。面对新冠肺炎疫情防控常态化新形势，围绕两委中心工作，聚焦立德树人根本任务，持续加强正面宣传，强化舆情防控，以“融媒体”思路不断增强首都教育新闻舆论工作影响力，助力打赢疫情防控阻击战，提升首都教育积极形象。加强意识形态建设，完善制度体系建设，提升内部治理能力和规范化管理水平，打造高素质专业化干部队伍；权威解读疫情期间教育举措，搭建融媒体宣传平台，全媒体供给优质内容，创新建设融媒育人平台，提升宣传服务水平和舆论引导能力；坚持把权威性、服务型、融合化作为市教育两委“首都教育”系列政务新媒体建设方向，以“三微两端一抖”为抓手，以建设北京市教育融媒体中心为契机，变政务新媒体为政务融媒体，将其打造成权威信息发布平台、便捷政民互动平台、快速解读回应平台和高效融媒传播平台；创新技术手段，更新工作理念，贴近受众偏好，采用一次采集、多种生成、多元传播的融媒体思维进行宣传产品的生产制作，制作出生动、直观、形象的首都教育宣传视频产品。获评教育部首批教育融媒体建设试点优秀单位。

网址：微博“北京市教委”、微信公众号（视频号）“首都教育”、抖音“首都教育（1707183434）”、快手“首都教育”。

（张娜）

“首都教育”官方抖音号和官方快手号上线

5 月，新闻中心“首都教育”官方抖音号和官方快手号上线。至 12 月，双平台粉丝突破 50 万，播放量突破 2.12 亿次，获赞数超 710 万，被抖音短视频平台评为“2020 年政务抖音号优秀创作者”。

（张娜）

教育信息权威发布

至年底，新闻中心坚持用好教育新闻发布“主渠道”，及时向全社会发布相关信息。依托市级新闻发布会及时权威发布延期开学、返校复课、招生考试、高校及中小学寒假安排等大事要事；通过策划专题节目、接受媒体采访等形式主动持续解读体质健康、毕业生行李打包、校园封闭管理等热点焦点问题；通过组织媒体到学校集体采访等形式宣传报道开学准备、抗疫故事、线上教学等变化动态。抗击新冠肺炎疫情期间，主动发布、回应、集体采访 209 次，媒体报道 10000 余篇，中央电视台《新闻联播》报道 11 次，相关话题 36 次登上新浪微博热搜榜，平均阅读量超 1 亿次，最高阅读量超 4 亿次；市教委领导接受采访、参与节目录制，主动回应热点问题 66 次；市区教育部门参加新闻发布会 24 场，现场回应热点问题 145 个。

（张娜）

舆论影响力提升

至年底，新闻中心及时发布权威信息、迅速回应热点舆情，首都教育“两微一端”新媒体平台有效提升网络舆论引导力和影响力。官方微信公众号粉丝量突破 101.8 万，入选省级教育部门微信影响力十强，排名第三；官方微博粉丝量突破 224 万，入选省级教育部门微博影响力十强，排名第四。主题策划“双‘特’战‘疫’”被教育部新闻办公室评为“2020 教育政务新媒体年度案例”。在“中国教育发布”客户端发布的文章数排名全国教育系统第二，被推荐首页次数排名全国教育系统第一。

（张娜）

打造政务融媒体传播矩阵

至年底，新闻中心以官方微博、微信、客户端、抖音、快手号为抓手，打造政务融媒体传播矩阵。坚持“一次采集、多种生成、多元传播”融媒体思路，打造“双特战疫”等融媒体品牌，回应网友“真问题”，指导生活、引导思想、疏导心理，实现有效服务引导；推动政媒关系转型升级，增强宣传引导效果。抗击新冠肺炎疫情期间，官方融媒体矩阵推送图文消息、音视频3000余条，总阅读量3.5亿次，包括官方微信围绕教育政策发布引导文章750篇，总阅读数4150万次，41篇阅读量超10万次，单篇最高阅读量448万次；官方微博推送2000余篇，总阅读数超1.5亿次；官方抖音及快手号推送339条，总播放量超过1.5亿次，总获赞数超过500万。822人次“双特”来稿1167篇，官微专栏发布453期，解答回应师生家长问题100余种，总阅读量近3000万次；制作新冠肺炎疫情相关政策发布、家庭教育、中高考等视频产品46期，融媒体产品近100条；与北京日报、北京电台、北京电视台等联合策划系列融媒体直播节目9次，累计收听、观看、阅读量超过2000万次。

（张娜）

视频平台直播新形式

至年底，新闻中心在抖音、快手平台策划开展35场直播，观看量111万人次。包括抖音直播《青春记疫——大学生在行动云晚会》单场观看量14万人次，快手直播《北京市教委权威解读2020高考防疫和组织工作方案》单场观看量超30万人次。“对话市教委新闻发言人、中小学校长全面解答返校复课安排”单场观看10.1万人次，点赞数33.6万。与“北京日报”联合策划推出《同学们，欢迎回“家”》全媒体特别节目，市教委新闻发言人、中小学校长走进演播室，围绕返校复课学生适应调整等热点焦点问题在线直播交流；推出《欢迎回“家”——直击北京中小学生返校复课》图文视频现场直播，观看量超1000万人次。

（张娜）

首都教育特色视频产品

至年底，新闻中心打造首都教育特色视频产品。制作生产9期《双特在线，帮您战疫》、2期《抗击疫情这堂课，我们该怎么上》、20期《双特战疫专栏特别节目》、13期首都教育重大新闻发布会视频产品和15期返校复课融媒体产品，部分产品被教育部和河南、贵州、江西等省教育部门采用推广。连续6年打造《师说》原创品牌，联合多家单位，创新融媒节目形式，升级改版《健康小课堂》，推出23期，平均单期点击量超3万，获国家、北京市卫健委等多个奖项。在“首都教育新媒体联盟”微信公号打造“战‘疫’一课”专栏，指导学生上好特殊时期的爱国课、奋斗课、指导课、人生课。同时，推出《好书共读》与《佳肴2（居家做美食）》两档节目，引起良好社会反响。

（张娜）

系列主题宣传

至年底，新闻中心围绕首都教育重要事项开展系列宣传。组织策划“疫情防控主题宣传”“开学及教师节主题宣传”“教育服贸会主题宣传”“‘十三五’成就主题宣传”“校园生活垃圾分类主题宣传”等重要主题宣传。抗击新冠肺炎疫情期间，围绕北京线上线下混合式教育模式，与央视《焦点访谈》栏目组深入沟通策划，历时近2个月时间精心打磨推出《“云课堂”的启示》节目。

（张娜）

北京学校后勤事务中心

概述

2020年，北京学校后勤事务中心设安全科、后勤科和办公室，职工16人，全部在编。全年严格落实疫情防控要求，推动学校安全和后勤工作正常有序开展。全力做好教育系统疫情防控物资保障和内部疫情防控，累计为93所高校、两委机关及直属单位、内高班调配口罩1500万只，为中小学校幼儿园4053个校区调拨口罩510万余只，另外调配调拨测温枪1723支、84消毒液3480公斤、医用消毒酒精5200公斤、免洗消毒洗手凝胶7380瓶和1748升。做好教育系统智能体温计发放和管理。校园安全管理方面，配合市教委做好《北京市中小学校幼儿园安全管理规定（试行）》贯彻落实和有关情况调研，针对安全问题进行分区、分学段统计分析，形成安全问题清单；重点做好校园周边交通和治安环境的综合治理；完成年度全市600余名校（园）长安全专题培训；开展中小学幼儿园“平安校园”建设达标验收及数据统计；在5个区14所学校开展“应急救援培训进校园”活动；做好市教委隐患排查治理三年行动信息系统日常管理；完成2020—2021学年度校方责任保险及附加无过失责任保险投保；推进学校周边交通综合治理，开展入校检查和基础信息数据统计；完成207918套小学生交通安全帽（小黄帽）采购、配发。后勤保障管理方面，完成食品安全快速检测仪试剂耗材采购、配发及部分快速检测工作；召开教育系统食品安全工作年度培训会；完成北京高校2020—2021学年度学生食堂价格平抑资金拨付；完成全市中小学幼儿园在校就餐基础数据汇总统计；推动中小学生营养午餐全覆盖；完成高校后勤数据统计；完成各区校服征订基本情况和数据统计；完成教育系统新能源物流配送车辆优先通行工作；做好教育系统节能减排工作；完成各类学校学生公交卡新生办理及补办，为33所科研机构、79所普通高校、59所中等职业

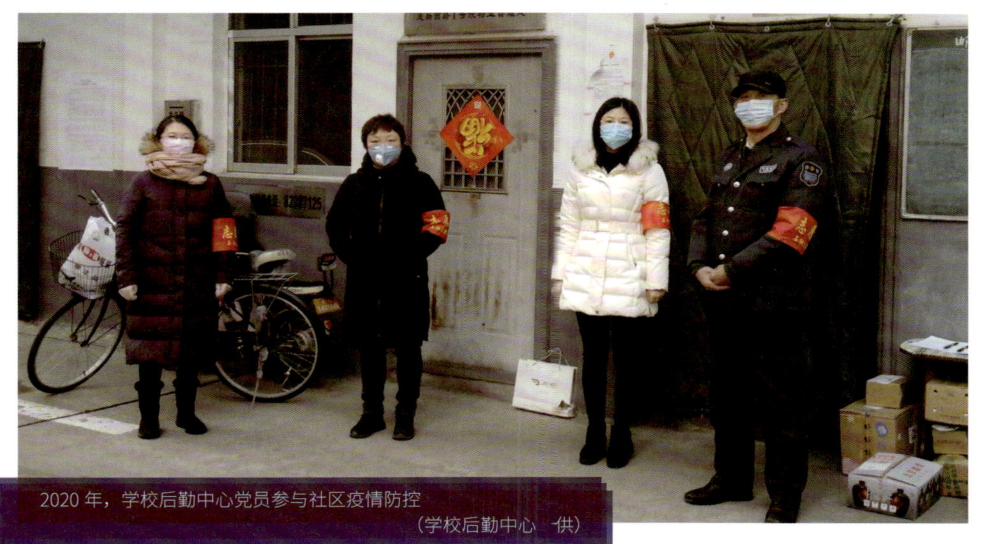

2020 年，学校后勤中心党员参与社区疫情防控

（学校后勤中心 供）

学校办理学生公交卡。

（张楠）

教育系统智能体温计管理

3 月至 9 月，学校后勤中心开展教育系统智能体温计发放和管理工作。为教育系统重点人群（高校、内高班、直属单位的厨师）发放 1749 台智能体温计，采取建立教育系统智能体温计管理台账，做好每日督促，关注体温异常情况、及时销账并及时解决使用单位提出的问题，做好节假日期间各项措施督促落实等措施，加强智能体温计管理使用工作。截至 9 月，教育系统日活率维持在 97% 以上。

（王佳）

节能减排

4 月至 12 月，学校后勤中心持续推动节能减排工作。组织评选教育系统节能先进典型，1 所高校获评全国能效领跑者；5 所高校获评全国节约型公共机构示范单位。11 月 26 日至 27 日、12 月 1 日至 2 日，分别举办高校节能减排工作培训会和中小学节能减排工作培训会，邀请市城管委、市发改委、北京林业大学等单位作相关政策解读和经验交流，92 所高校节能减排主管领导、相关工作人员 200 人和 16 个区教委及下属中小学主管领导、工作人员 200 余人参加会议。全年，通过教育系统节能减排应用平台，实现对教育系统所有用能单位的水、电、气、热、油、煤等用能数据采集，保证基础数据全面准确。

（张炀　张棣滢）

学校周边交通综合治理

至年底，学校后勤中心协助市教委、市交通委、市交管局推进学校周边交通综合治理。对已列入 2020 年市政府重要民生实事项目的 17 所学校周边交通综合治理落实情况开展入校检查；开展全市 1921 所中、小学（含分校）周边交通基础信息数据统计；协助市教委开展全市校车情况专项摸排工作，全面梳理北京市校车安全管理情况。

（王帅）

未提供在校午餐学校减少至 25 所

至年底，学校后勤中心做好中小学、幼儿园学生在校就餐管理工作。年初，面对 10 个远郊区 246 所中小学校未实现学生营养午餐全覆盖情况，深入地区了解情况，推进各区解决学生在校就餐问题。至 12 月底，全市未提供在校午餐学校减少至 25 所。10 月，开展中小学、幼儿园在校就餐基础数据汇总统计，统计内容包括食堂数量、学生在校就餐情况、外送餐情况和食堂阳光餐饮建设情况等，完成 16 个区中小学、幼儿园在校就餐基础数据汇总。

（王佳）

教育系统新能源物流配送车辆优先通行

至年底，学校后勤中心完成教育系统新能源物流配送车辆优先通行工作。按季度提升货车通行证发放车辆中新能源货车比例，教育系统四季度货车通行证发放车辆中新能源货车比例 94%，超额完成比例提升任务。

（王佳）

应急救援培训进校园

至年底，学校后勤中心组织推进应急救援培训进校园工作。在部分中小学开展逃生避险、自救互救等教育教学活动，促进学生增强自我保护意识和安全防护能力，促进学校提升安全管理水平和应急处置能力，推动校园应急救援家庭应急救援、社会应急救援三位一体建设。全年为 5 个区 14 所学校开展培训。

（陈娜）

（本栏责任编校　曾婷）

北京老教育工作者总会

北京校外教育协会

北京高校国防教育协会

北京教育装备行业协会

北京市红十字会

2021 | 社会团体

SOCIAL GROUPS

- 北京市教育学会
- 北京市高等教育学会
- 北京市职业技术教育学会
- 北京民办教育协会
- 北京市学前儿童保教工作者协会

社会团体

北京市教育学会

概述

2020 年，北京市教育学会有专业研究分会（专业委员会）76 个，区教育学会 17 个（含燕山）；个人会员 7.50 万人。完成第九届理事会换届工作暨市教育学会成立 40 周年纪念活动。带领和引导会员围绕北京市基础教育改革和发展，开展教育学术研究、教育科普宣传、教育专题调研、学术交流等活动，全年组织学术活动 25 场次，线下 3580 人次参加，线上 5.10 万人次参加；组织科普活动 152 场次，线下 1 万人次参加，线上 1 万人次参加；组织各类培训 12 次，7225 人次受训；组织国内教育研讨交流活动 2 次，300 人次参加。复核评审各区教育学会和各专业研究分会（专业委员会）报送的“十三五”教育科研课题 1798 项，1754 项课题获准结题，评出一等奖课题 338 项、二等奖课题 591 项。学会所属各研究分会（专业委员会）及各区教育学会全年组织学术活动 284 场次，68.46 万人次参加；组织科普活动 181 场次，652.59 万人次参加；组织各类培训 3619 次，7.02 万人次受训；组织评审调研课题 77 次；撰写文章（论文）358 篇；组织国内教育研讨交流活动 46 次，2782 人次参加。

面对新冠肺炎疫情，向会员单位发出“防控新冠病毒，我们共同努力”倡议，得到 73 个分支机构和 17 个区教育学会响应。各会员单位研究与探讨线上教育新方式，打响云端战役，开展“校长行动”。在微信公众平台开通“情系湖北”“‘疫’起记录”“防疫‘小喇叭’”“邀您线上一起阅读”等抗疫专栏。在北京市第二中学举办“拿起纸笔 · 见字如面 · 以声传情”展演活动和启动仪式，16 个区百所学校 10 万人线上、线下参与活动。

（马亚莉）

赴内蒙古兴安盟交流帮扶

10 月 8 日至 10 日，市教育学会代表团 13 人赴内蒙古兴安盟开展教育教学交流及支教活动。代表团到兴安盟圣陶青少年综合实践与劳动教育学校看环境、听介绍、提建议，与学生一起参与智能机械臂、直升机搭建等课程体验，与学校教师交流和探讨综合实践教育教学有关问题。在兴安

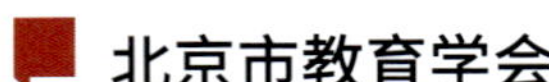

10 月，市教育学会代表团赴内蒙古兴安盟开展教育教学交流，图为课堂教学展示交流活动　　（市教育学会　供）

盟工农小学开展京蒙中小学课堂教学展示交流活动，两地学校教师分别开展展示课，并听取教育学会专家指导。在内蒙古突泉县青少年活动中心举办“京蒙教育手牵手，结对帮扶心连心”主题支教活动之“魅力突泉诗韵中国”朗诵会。在突泉县第一中学举行“京蒙教育手牵手，结对帮扶心连心”北京史家教育集团经验分享报告会，听取史家教育集团4名专家作教育教学经验讲座，突泉县中小学、教研室领导及教师500余人参会。代表团还深入突泉县开展研修活动，在突泉县青少年活动中心、突泉县三街小学、突泉县实验小学、突泉县第五中学开展学科研讨、专家评课、培训等活动，指导、培训教研员16人、教师679人、学生527人。市教育学会自2017年与内蒙古兴安盟开展对口教育帮扶。

（马亚莉）

12月11日，史家教育集团全科阅读项目研讨会召开
（市教育学会 供）

成立40周年纪念大会

11月4日至5日，市教育学会成立40周年纪念大会暨第10届会员代表大会在北京市第十二中学召开。会议通过第九届理事会工作报告，选举产生第十届理事会会长、秘书长，73名理事、29名常务理事、3名监事会成员及监事长。会议通过学会会费收取和管理办法等文件，表彰2015—2020年优秀会员单位，授予温寒江教育理论研究终身荣誉奖。王宁向学会表示祝贺，充分肯定学会成立40年来为首都基础教育作出的贡献，希望学会站在新的历史起点上，总结经验，传承创新，展现新作为，作出新贡献。350人参加会议。市教育学会于1980年成立，是北京市成立最早、覆盖面最广的社会学术团体。

（马亚莉）

2020年学术年会

11月6日，市教育学会召开2020年学术年会。会议以“立德树人，实现教育过程的整体优化”为主题，听取教育部基础教育司司长作《激发学校生机活力，全面提升基础教育质量》主题报告，中国教育学会秘书长作《深化教育综合改革，提升立德树人水平》报告，北京教育科学研究院院长作《最好的纪念——陶西平教育思想研究的初步构想》报告，北京开放大学校长作《整体优化教育过程，培养学生创新能力》报告，北京市第十二中学联合学校总校校长作《仁心笃行 高山仰止——追寻老校长足迹，传承教育家思想》报告。350名会员和中小学干部教师参加会议。年会设立“中小学校育人过程的整体优化”“教育评价与督导的整体优化”“实现学前教育整体优化 促进学前教育更高质量发展”“优化资源配置，创新育人实践”“可持续发展教育促进教育整体优化”和“高举联合国教科文组织旗帜，播撒和平种子”6个分论坛，分别由各相关专业委员会承办。近百名会员在分论坛交流发言。全国各地教育工作者5.10万人在线观看直播。之后一个月，各区教育学会和各专业委员会连续举办24场分论坛，线下3500余人、线上数万人参加。

（马亚莉）

中小学学科阅读项目推进

至年底，市教育学会推进中小学学科阅读项目。1月15日，组织16个区中小学学科阅读联盟校召开中小学学科阅读项目第一次工作会议，介绍北京市中小学学科阅读项目具体实施的7项内容和3年工作规划，部署年度重点工作。2月17日，中小学学科阅读项目“在线阅读指导”正式上线开播。项目组在新冠肺炎疫情期间，推出北京市中小学生阅读倡议书与推荐书单，协助指导线上阅读教学工作，配合开学后教学进度，组织各个学段优秀教师，与市教委“北京数字学校”平台融合，为全市在校中小学生提供课标同步在线阅读指导微课。以“北京市中小学学科阅读”微信公众号作为补充，提供近万本中小学优秀导读、拓展阅读资源，引导学生阅读，完成阅读认证与评价。开展“诗词传诵人”和“学习、测试、唱诵”等拓展阅读活动，最大程度降低疫情对新学期教学进度的影响。至年底，全市有344所学校38774名学生登录平台，认证通过188350本图书，发表411896个图文音频等不同形式的读后创作作品。

（马亚莉）

“十三五”科研课题结题

至年底，市教育学会“十三五”科研课题结题。“十三五”期间，学会接受申报课题 2173 项，立项课题 2141 项。按照《北京市教育学会“十三五”教育科研课题管理办法》和《北京市教育学会优秀课题评选办法》要求，6 月，组织专家以线上线下相结合方式对各区教育学会和各专业研究分会（专业委员会）上报的 1798 项课题进行复核评审，1754 项课题获准结题，其中 338 项课题获一等奖、591 项课题获二等奖。

（马亚莉）

北京市高等教育学会

概述

2020 年，北京市高等教育学会有团体会员单位 86 个，其中，普通本科院校 59 个、高职院校 18 个、独立院校 5 个、教育管理科研院所 1 个、其他单位 3 个。全年举办各类学术年会、研讨会、学术报告会、学术论坛 76 场次，9890 人次参与；科普活动 3 次；课题研究、调研 102 项，220 人次参与；培训活动 15 次，6760 人次参与。

（刘晖）

北京高校复学防控经验交流会

5 月 22 日，市高教学会卫生工作研究分会召开线上北京高校复学防控经验交流会。各高校校医院领导交流研讨复学可能遇到的问题，对上课期间发现学生发热如何处理转运、消杀，返校期间遇到各类突发情况如何处理等细节问题进行探讨，浙江大学领导交流复学工作中的医疗防护经验，并对提问一一解答。来自北京大学、北京工业大学等 60 余所高校 154 人参加会议。

（刘晖）

生态文明教育研究院设立

10 月，市高教学会设立生态文明教育研究院。研究院为学会内设机构，遵守学会章程，设院长 1 人、常务副院长 1 人，根据工作需要聘任兼职研究人员承担研究任务，其宗旨是充分发挥高校人才集聚的优势，深入开展生态文明教育理论研究、专题研究，探索生态文明教育内涵、方法、途径，用新的创意、新的发现、新的成果推进教育领域生态文明建设，为高校、企业、社会搭建研究、展示和交流平台。

（刘晖）

疫情防控背景下高校学业辅导工作在线研讨会

11 月 27 日，市高教学会召开新冠肺炎疫情防控背景下高校学业辅导工作在线研讨会暨学术年会。会议以“弘扬伟大抗疫精神，推进学业辅导体系建设”为主题，总结学业辅导研究分会成立 3 年来开展的工作，对未来工作进行规划与展望，分享北京工业大学探索学业辅导新方法和新途径的经验，并从加强思想引领、强化工作创新、发挥示范作用等方面对学业辅导研究分会的未来工作提出新倡议和新要求。来自全国 65 所高校 200 余名教育工作者参会。

（刘晖）

北京市职业技术教育学会

概述

2020 年，北京市职业技术教育学会设有秘书处（办公室、学术部、财务部）和 29 个分支机构（专业委员会、学科研究会），有团体会员 109 个，其中，高职院校 19 个，中专学校 19 个，职业高中 35 个，技工学校 18 个，市、区科研与服务机构 18 个。有常务理事 49 人、理事 161 人、个人会员 400 人。吸纳京郊职成教联盟为会员单位，促进京郊中等职业教育办学水平和人才培养质量进一步提升。会同市教委继续组织开展北京市第四批职业院校“一校一品”优秀德育品牌创建评选工作，打造“一校一品”优秀德育品牌集群。“北京职业素养”公共服务云平台正式投入运行，16 所中职学校首批使用。

新冠肺炎疫情特殊时期，采取“线上线下相结合、以线上为主”的工作模式，利用微信群发布各类通知，通报防疫情况，收取科研课题及论文成果，采取音视频方式进行网上学习交流。适应形势变化，开展线上线下教师培训，组织电子商务、信息化教学能力、思政课、会计、先进制造、“双师型”教师等多项培训，4520 名教师参加。

（张新颖）

吸纳京郊职成教联盟为会员单位

10 月 22 日，市职教学会京郊职成教联盟启动暨“五育并举”研究中心成立仪式在北京市昌平职业学校举行。京郊职成教联盟成为市职教学会下属二级分支机构。仪式上，播放京郊职成教联盟活动视频，回顾联盟取得的成绩，为 10 所联盟成员校理事成员单位颁发牌匾，为 2 名联盟总顾问颁发聘书，并启动成立“五育并举”研究中心。活动介绍“五育并举”研究中心成立背景，听取昌平职校“劳动六艺”课程体系情况和学校为昌平区中小学生提供劳动教育服务的情况介绍，观看学校教师再现“掌中的五育”课堂情境。市教委相关处室、教育科研机构、昌平区教委、联盟成员校领导及教师 90 余人参会。京郊职成教联盟由昌平、延庆、密云、怀柔四区教委联合发起，覆盖京郊 9 个区 10 所中职学校，自 2014 年 4 月 30 日成立以来，开展各类活动 30 余次，参与教师近 3000 人次，有效促进联盟校际之间和教师间学习与交流。

（张新颖）

“北京职业素养”公共服务云平台启用

至年底，市职教学会依托北京教育网络和信息中心数据中心构建的“北京职业素养”公共服务云平台投入运行。16所中职学校利用该平台，记录学生成长主线，以职业精神培养和职业行为养成为核心，清晰呈现学生在职业精神和职业行为方面的具体表现，为培养德智体美劳全面发展的职业人服务。

（张新颖）

北京民办教育协会

概述

2020年，北京民办教育协会有团体会员单位675个，基础教育分会、农民工子女教育分会、互联网教育分会和汉语国际推广分会4个分支机构。全年编辑印发《北京民办教育参考》10期，发至会员单位、相关民办教育机构及其他省市民办教育行业组织等500余家。组织专家完成77所民办高等教育机构办学状况年度检查工作，组织各类活动40余次。

面对新冠肺炎疫情，协会开展“联合抗疫”专项宣传，聚焦全市民办学校疫情防控，组织收集100余所民办学校和培训机构疫情防控的典型做法和优秀案例，通过微信公众号、官方网站、“抖音”App等平台进行宣传。协会领导及有关人员及时面商，在线研讨，形成解决疫情期间民办教育机构困难的专项建议，上报有关部门，推动政策出台。

（王敏）

北京民办教育公益云招聘活动

6月至8月，民教协会举办北京民办教育公益云招聘活动。活动旨在加强对应届民办高校毕业生就业群体的帮扶。21家教育集团（企业）提供近6000个招聘岗位，涉及120余种岗位类型，覆盖全国20余个省市自治区，涵盖教育培训、民办中小学、民办幼儿园等类型，且多以各类型头部教育集团（企业）为主。来自北京城市学院、北京汇佳职业学院等14所民办普通高校及独立学院的1.52万名应届毕业生参与活动。活动期间，协会官微对参加云招聘的教育企业及民办高校进行集中展示，吸引万余人在线浏览。

（王敏）

发挥智库作用

至年底，民教协会参与重点文件起草，加强重点课题研究，发挥智库作用。参与《民办学校党建工作重点任务》初稿撰写工作，多次组织民办学校为进一步修订文件建言献策。承担教育部思政司委托的《民办高校党建工作“十四五”规划和2035远景目标》起草工作，并通过座谈研讨、书面调研等形式访谈全国130余所民办高校的党委书记和部分省教育工委主管领导。组织召开北京市民办高校党组织负责人在线研讨会，就‘十四五”时期党建引领北京市民办高等教育事业发展问题进行专题研讨。加强重点课题研究，承接并完成市委组织部、市委教育工委委托的“北京市民办教育培训机构党建工作状况和有效途径研究”课题，完成北京市高校党建研究会立项课题“重大突发事件应对下的北京民办高校党组织作用发挥研究”，努力突破行业党建难题。

（王敏）

北京市学前儿童保教工作者协会

概述

2020年，北京市学前儿童保教工作者协会有单位会员和个人会员247个，覆盖从业保教工作者约5000人。根据领导干部不得兼任社会团体法人代表的规定要求，经上级批准，更换法人代表。坚持助力首都学前教育发展，为会员单位服务，为幼儿园服务，为保教工作者服务，贯彻落实并完成2020年工作计划。严格落实市教委关于抗击新冠

12月5日至6日，第二届张雪门教育思想与幼儿园课程建设学术研讨会召开（保教协会 供）

肺炎疫情的工作要求。严谨筹备协会换届各项工作。

（李华）

张雪门学前教育思想主题系列活动

6月至12月，保教协会张雪门学前教育思想研究专业委员会先后开展论文征集、视频征集和学术论坛3项活动。9月至11月，开展第一届“张雪门杯”幼儿园教师专业技能展示活动。12月5日至6日，举办第二届张雪门教育思想与幼儿园课程建设学术研讨会，6名专家围绕张雪门教育思想与教师专业发展、与课程建设等主题作报告。200余人参加现场活动，线上点击量12.80万次。

（李华）

北京老教育工作者总会

概述

2020年，北京老教育工作者总会有团体会员单位45个；会员124164人，比上年增加532人；基层分会2248个；文化体育社团2043个。全年开展活动3728次，其中，各区老教育工作者协会开展活动2376次、高等学校老教育工作者协会开展活动1352次。坚持开展纵横码推广工作和密云区支教工作。

面对新冠肺炎疫情，成立疫情防控工作领导小组，建立疫情期间重大情况报告制度。发挥《京华烛心》会刊引导作用，宣传老教育工作者撰写的赞美一线医护人员抗疫精神、参与社区防控和垃圾分类公益活动等事迹的文章；发挥网络优势作用，通过微信群和微信公众号推送疫情防控要求和相关学习资料；开展各协会工作情况交流，以及会员居家学习及创作的摄影、诗歌、书法、绘画、手工制作等成果展示活动。

（陈继霞）

2020年，平谷老教师协会举办防疫作品展

（老教总会 供）

支教工作

至年底，老教总会坚持支教工作。支教团按支教计划完成第一学期支教任务；第二学期根据密云区委教育工委、区教委和受助学校要求，10月开始赴密云库南二学区5所学校支教，完成入职三年青年教师培训、骨干教师教学特色培训，以及首次参加中考“史地政生”全科教师的教学、教材、课标等培训，指导学校教学科研课题研究及教师论文写作。

（陈继霞）

纵横码推广

至年底，老教总会在新冠肺炎疫情特殊时期坚持推广线上纵横码教学、培训和比赛工作。11月6日，市教委、老教总会、市职教学会、市成教学会联合举办2020年CKC杯北京纵横汉字输入技能大奖赛，表彰和奖励获奖的191名选手、12个组织单位以及45项纵横码应用优秀成果。

（陈继霞）

北京校外教育协会

概述

2020年，北京校外教育协会有会员单位161个。组织开展2020年北京阳光少年活动，组织会员单位开展科学教师训练营等培训交流活动，承办中小学生环保主题演讲比赛、“定格动画”短视频征集活动、第九届环球自然日活动、京津冀中小学生天文艺术节等主题教育活动。

（王媛媛）

科学教师训练营

11月16日至17日，校外教育协会举办2020年科学教师训练营活动。邀请来自科普教育领域的知名专家、学者和具有丰富科普教育经验的一线教师授课，通过课堂教学、研讨交流、实地调研等形式让学员共同参与，培养科学素养，开阔科学视野。来自全市校外教育机构和校外场馆等59个会员单位110余人参加活动。

（王媛媛）

11月16日至17日，校外教育协会开展2020年科学教师训练营活动 （校外教育协会 供）

北京高校国防教育协会

概述

2020年，北京高校国防教育协会有本、专科院校会员单位73个，军训基地及相关企业会员单位16个。秘书处办公地点设在首都师范大学。全年组织北京高校定向运动裁判员线上培训、北京高校线上国防教育主题报告会、第七届北京高校兵棋推演大赛等国防教育相关活动10项。

（肖娜）

北京高校定向运动裁判员线上培训

5月2日，北京高校2020年定向运动教练员、裁判员理论知识线上培训结束。培训由国防教育协会与北京、甘肃、重庆、海南等多省市定向运动相关组织联合举办，采取网络直播与云课堂相结合的形式进行授课和问题答疑。多名具备国家级资格的裁判围绕中国徒步定向运动规则、国际定向运动地图规范、定向运动线路设计、定向裁判员管理办法、定向裁判工作流程及裁判法、定向裁判工作流程实践6个专题展开教学研讨。培训为期一周，来自北京航空航天大学、北京中医药大学等26所高校53名教师与学生参加培训。

（肖娜）

北京教育装备行业协会

概述

2020年，北京教育装备行业协会有会员单位249个，其中，事业单位会员26个、企业单位会员223个。完成换届工作，选举产生第六届理事会、监事会。组织北京企业参加第78届中国教育装备展示会。举办京津冀抗击新冠肺炎疫情线上培训交流活动、京津冀三地中小学图书馆员基本素养和基本技能线上培训活动，协办第三届北京市中小学实验教学说课活动。向新疆和田地区墨玉县、洛浦县捐赠图书10203册，价值20万元（码洋33.33万元），助力教育脱贫攻坚。

履行社会责任，参与抗疫行动，为学校学生“停课不停学”搭建平台，助力教学。发出“为打赢疫情阻击战助力”的行业倡议书，会员单位积极响应，20家信息化建设与应用会员单位向各级各类学校免费开放会议直播平台、教学直播平台，用于教育系统疫情防控部署、网上直播教学。29个会员单位和非会员单位为疫区捐资捐物，助力抗疫。

（赵文强）

换届选举

1月10日，教育装备行业协会召开第六届会员大会。158个会员单位参加。会议听取第五届理事会工作报告、财务报告和第五届监事会工作报告，选举产生第六届理事会、监事会成员，表彰优秀会员单位及产品等。随后召开第六届理事会、监事会第一次会议，产生会长、副会长、监事长、秘书长和常务理事。会长通报协会2020年工作要点，明确提出第六届理事会办会宗旨为“服务立会、科技兴会、规范办会、团结强会”。

（赵文强）

组织参加中国教育装备展示会

10月23日至25日，教育装备行业协会组织北京企业赴重庆参加第78届中国教育装备展示会。北京代表团55家企业参展，展位596个，参展面积5364平方米。参展企业与全国各地同行和用户进行交流洽商。东城、延庆、平谷等区教委领导、校长和装备部门领导参观考察。

（赵文强）

北京市红十字会

概述

2020年，北京市红十字会有基层组织1781个，其中，学校红十字会基层组织1636个，包括高等院校89个、中小学校1547个。全市红十字青少年会员77万人，红十字青少年志愿者22万人。全年举办高校红十字骨干培训3次、各类讲座6场，组织开展高校各类红十字活动11项，立项实施红十字主题社会实践项目10个；完成2020年“十佳百优”青少年活动和青少年会员评选，评选出48个“优秀红十字青少年活动”和161名“优秀青少年红十字会员”；全年开展红十字应急救护取证培训，4.10万人参加，其中，培训高校和中小学校学生1.50万人；市红十字会捐献服务中心成功捐献造血干细胞35例，包括首都高校学生7例。

（郑卫东）

首都高校红十字青年参与湖北抗疫志愿服务活动

1月至3月，首都高校红十字青年参与湖北抗击新冠肺炎疫情志愿服务活动。根据志愿服务分工，首都高校红十字青年主要负责个人和企业物资捐赠热线接听、信息登记上报、数据录入及统计等工作。志愿服务活动期间，首都高校红十字志愿者24小时值班值守，累计接听电话1299个，统计捐献信息4450条，与武汉红十字志愿者相互鼓励、携手抗疫，为支援湖北抗疫发挥重要作用。

（杨一）

首都高校线上红十字知识竞赛

5月5日至8日，市红十字会举办“首善北京 共筑博爱”首都高校红十字知识竞赛。竞赛以线上方式进行，题目内容包括红十字运动、预防艾滋病、急救技能、新冠肺炎疫情防控、防灾减灾、国际人道法、青春善言行知识等。77所首都高校的学生参与，答题期间小程序总访问量218686次，总访问人数14340人。活动评选出“答题明星”150人、“团体先锋”高校30个。

（杨一）

首都高校青春善言行线上主题辩论赛

7月，市红十字会举办“首善北京，理辨人道”首都高校青春善言行主题辩论赛。辩论赛利用腾讯会议软件线上举行，36所高校52支队伍200余人参加，数量创历史最高。辩论赛有辩题13个，经过6轮32场线上比赛，中国人民公安大学代表队获得冠军。活动观赛700余人次，同步推出的辩论赛系列文章阅读量5600余次。

（杨一）

门头沟红十字青少年知识竞赛

9月30日，门头沟区红十字会举办红十字青少年知识竞赛。竞赛内容包括红十字急救、新冠肺炎病毒防控、垃圾分类等方面知识。全区36所中小学1080人参加，评出

12月2日，怀柔区渤海小学红十字志愿者开展防疫抗艾文明宣传进社区活动　（市红十字会　供）

10 月 31 日，首都高校预防艾滋病同伴教育活动举办（市红十字会 供）

一等奖 72 人、二等奖 108 人、三等奖 180 人。活动促进全区青少年学生进一步了解掌握红十字急救知识，提高青少年学生疫情防控意识，倡导青少年学生养成“绿色、生态、健康、环保”生活方式。

（安子燕）

首都高校同伴教育系列活动

10 月至 11 月，市红十字会举办首都高校同伴教育系列活动。10 月 25 日，2020 年首都高校探索人道法同伴教育活动举办，由北京市东直门中学教师授课，讲授“人道视角”概念、国际人道法基本原则、国际人道法的应用、违反国际人道法的行为，以及不同身份情况下应对违反国际人道法行为的方法。来自 18 所高校 30 余名学生参加活动。10 月 31 日，2020 首都高校预防艾滋病同伴教育活动举办，内容包括介绍艾滋病流行趋势、讲解防艾知识、学习安全套的正确使用方法、性教育、高校间经验交流 5 个部分。31 所高校红十字会骨干成员参与。11 月 1 日，2020 年首都高校青春善言行同伴教育活动在市红十字会举办，通过体验式教育传播人道主义理念，进一步在高校校园内推广青春善言行项目，推动红十字文化在首都高校间传播。来自 20 所高校 30 余名学生参加活动。

（杨一）

第八届首都高校手语歌大赛

11 月，市红十字会主办、北京林业大学红十字会承办“首善北京 疫中有爱”第八届首都高校手语歌大赛。活动旨在鼓励大学生关心关爱聋哑人群体，把温暖和阳光传递给身边的残疾人群体和弱势群体，发扬人道、博爱、奉献的红十字精神。活动采取线上方式进行，先期由组委会发布与抗疫、奉献相关歌曲，各高校红十字会根据曲目组织学生学习手语知识、录制手语歌和手语情景剧作品，最后由评委评选。21 所学校提交作品，经 6 名手语专家评选打分，中国地质大学（北京）获一等奖，首都师范大学、首都医科大学获二等奖，北京体育大学、中国人民公安大学、北京林业大学、北京中医药大学、北京卫生职业学院获三等奖。

（杨一）

（本栏责任编校　胡雨）

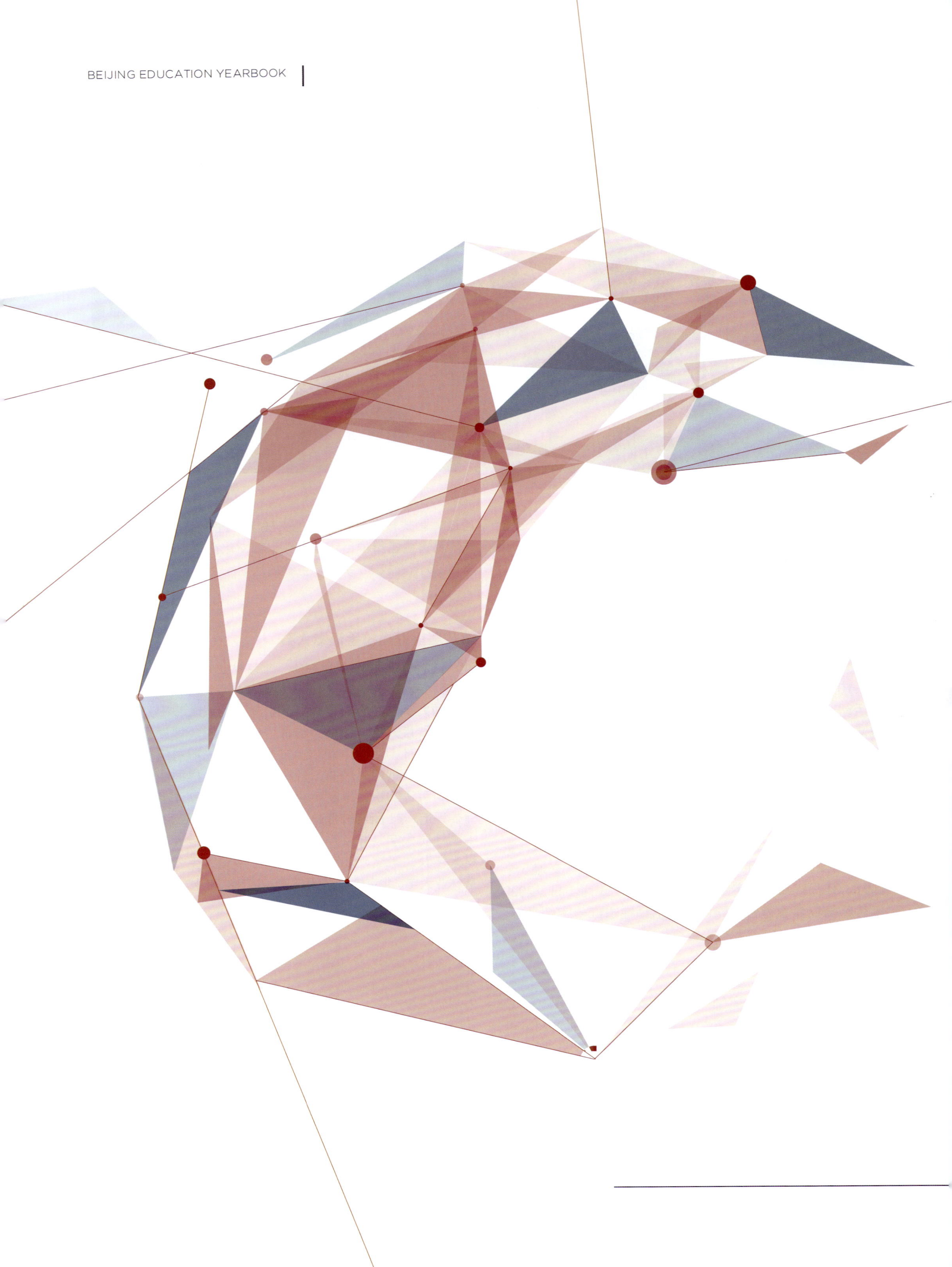

2021 | 人物

PERSONAGE

人 物

PERSONAGE

先进人物

薛澜

5 月 30 日，清华大学教授薛澜获第二届全国创新争先奖章。薛澜，1959 年生于北京。1982 年毕业于长春光学精密机械学院获学士学位，1985 年赴美留学，先后在纽约州立大学石溪分校获技术系统管理硕士学位、公共政策与管理硕士学位，在卡耐基梅隆大学获工程与公共政策博士学位。1991—1996 年任教于美国乔治 · 华盛顿大学，1996 年回国任教于清华。现任清华苏世民书院院长，清华人工智能国际治理研究院院长，清华工程科技战略研究院副院长，清华中国科技政策研究中心主任，同时任国家战略咨询与综合评估特邀委员会委员、联合国可持续发展网络（SDSN）领导委员会联合主席、中国科学与科技政策研究会副理事长等职。主要研究方向为公共政策与管理、科技政策与管理、创新政策及管理等，在国内外发表论文近百篇，主持或参与编写著作 16 部。曾获清华学术新人奖、清华良师益友奖、国家自然科学基金委员会杰出青年基金。

（吴筱君）

2 月，地大教授成秋明主持国际地质科学联合会第 74 届执行委员会会议　（地大　供）

魏少军

5 月，清华大学教授魏少军获 2020 年度电气与电子工程师协会（IEEE）产业先驱奖。魏少军，1958 年 5 月出生于北京。1984 年获清华无线电电子学系工学硕士学位，1991 年获比利时蒙斯理工大学微电子学实验室工学博士学位。1995 年回国后曾长期在工业界工作，现任清华微电子学研究所所长、“核高基”国家科技重大专项技术总师、中国半导体行业协会副理事长、世界半导体理事会中国主席、国际电气和电子工程师学会会士等。长期致力于超大

5 月，清华大学教授魏少军获 2020 年度 IEEE 产业先驱奖　（清华　供）

规模集成电路设计方法学的研究、可重构计算架构研究和通信专用集成电路技术研究，发表论文200余篇，拥有数10件中国和美国发明专利，出版专著5册。电气与电子工程师协会（IEEE）产业先驱奖1999年设立，旨在表彰为成果转化作出杰出或开创性贡献的人士，截至2020年，全球仅18人曾获该奖项。

（吴筱君）

成秋明

7月27日，中国地质大学（北京）教授成秋明当选欧洲科学院外籍院士。成秋明，1960年3月出生，籍贯山西省太谷县。1982年获长春地质学院（现吉林大学）学士学位，1985获同校硕士学位后留校任教，1994年获加拿大渥太华大学地学博士学位，1994—1995年在加拿大能源部作博士后研究，2002年以“长江学者”特聘教授引入地大，2004年起担任地质过程与矿产资源国家重点实验室主任。现任国际地质科学联合会主席、国际地质大会理事会联合主席、国际科学理事会科学规划委员会首届委员。长期从事数学地球科学研究，创立地质过程奇异性理论、非线性矿产定量预测理论与方法体系。发现成矿、地震、火山等复杂地质事件质量和能量密度普遍具有分形分布规律，提出“分形密度”新概念，建立“密度—尺度”分形模型，推导度量复杂地质过程中物质超常聚集与能量巨量释放强度的“奇异性指数”，研发复杂背景与叠加异常分离、弱信息提取和多源信息融合等新技术，实现奇异性事件结构、规律和过程的定量表征与模拟，以及覆盖区和深部矿产定量预测，开辟地学大数据分析新领域。在复杂地质过程模拟、地学数据智能分析、矿产资源定量预测等方面取得系统性、创造性学术成果，主编及合作主编国际期刊专辑9期、国际丛书5部，发表论文330余篇，包含被《科学引文索引》（SCI）收录150余篇、《工程索引》（EI）收录170余篇，被75个国家790余家机构在270余种期刊他引2500余次。相关成果被写入国际《勘查与环境地球化学手册》《数学地质》教材。曾获2013年国家科技进步二等奖（排名第一）、国际数学地球科学协会（IAMG）最高奖——克伦宾奖、国家杰出青年科学基金、中国地质调查局“李四光学者”等奖项，国家重点研发计划项目主持人。

（李媛媛）

孙茂松

8月，清华大学教授孙茂松当选欧洲科学院外籍院士。孙茂松，1962年出生于山东，1981年和1988年获清华工学学士学位和硕士学位，2004年获香港城市大学哲学博士（计算语言学）学位。现任清华人工智能研究院常务副院长、教育部在线教育研究中心副主任、清华大规模在线开放教育研究中心主任。曾任清华计算机系主任、党委书记。主要研究方向为自然语言理解、中文信息处理、Web智能、社会计算和计算教育学等，主持完成文本信息处理领域国际标准2项，在国际刊物、国际会议、国内核心刊物上发表论文130余篇。欧洲科学院院士主要从欧洲各国科学院院士中选出，代表欧洲人文和自然科学界最优秀的科学精英和学术权威，截至2020年，50名中国学者入选。

（吴筱君）

窦桂梅

9月4日，清华大学附属小学党总支书记、校长窦桂梅当选2020年全国教书育人楷模。窦桂梅，女，1967年4月出生于吉林省蛟河县，中共党员。立足讲台34年，从“基于教材，超越教材；立足课堂，超越课堂；尊重教师，超越教师”3个超越的探索，到“语文立人”主题教学的提出，“1＋X”课程整体建构，再到“成志教育”立德树人育人模式构建与实践，始终围绕完整人的发展，几十年投身主题教学理论与实践探索。心系全国儿童和教师，带领全体教师通过清华附小互联网学校，向900个贫困县3800个远程教学站输送课程。新冠肺炎疫情防控期间，她带领团队273名教师承担国家“云课堂”微课346节、“同上一堂课”电视直播课816节

5月31日，窦桂梅在2020级启程学段家校共育同上一堂课活动中分享报告 （清华附小 供）

录制直播任务。曾获全国模范教师、全国师德先进个人等荣誉。

（代养兵）

戚发轫

9月9日，北京航空航天大学教授戚发轫获2020年“最美教师”称号。戚发轫，1933年4月26日出生于辽宁省复县，1957年毕业于北京航空学院飞机系后分配到中国运载火箭技术研究院工作；1967年调入中国空间技术研究院从事卫星和飞船研制，曾担任过多个卫星型号和飞船总设计师。1983年至1991年担任中国空间技术研究院副院长、院长，1992年担任神舟飞船总设计师，2001年当选中国工程院院士。现任中国航天科技集团科技委顾问，中国空间技术研究院技术顾问。2004年至2010年任北航宇航学院院长，2010年至今任名誉院长。高度重视人才培养，将航天型号研制经历及航天精神融入教学，连续17年为学院新生讲授开学第一课，出任宇航学院航宇问天总师班班主任，培养博士研究生29人，一半以上成为中国航天系统领军及骨干人才；推动重大科研基础设施建设，2006年组建真空羽流实验室。曾获国家科技进步奖特等奖2次，一等奖、二等奖、三等奖各1次，全国“五一”劳动奖章。2000年获中国工程科技奖，2003年获何梁何利基金科学与技术进步奖，2016年获全国先进科普工作者，2019年获国际宇航联合会“名人堂”奖。

（朴悦嘉）

李衍达

9月27日，清华大学教授李衍达获首批中国生物信息学终身成就奖。李衍达，1936年10月生于广东。1959年毕业于清华后留校任教至今。1978年至1981年作为中国第一批赴美访问学者在麻省理工学院访问。1991年当选中国科学院院士。1992年至1994年任清华自动化系主任，1994年至2004年任清华信息科学技术学院院长。长期从事信号处理理论方法及应用研究，如利用部分数据重构信号、小波分析、分形信号处理以及这些方法在油气勘探与开发中的应用。1997年以来，主要致力于生物信息学研究，将复杂系统信息处理和模式识别方法应用在分子生物学中；在基因组序列信息结构、基因调控网络建模和仿真等方面的研究中取得创新性成果。曾主持自然科学基金重大项目，曾获国家自然科学奖、4次获教育部科技进步奖。

（吴筱君）

孙之荣

9月27日，清华大学教授孙之荣获首批中国生物信息学终身成就奖。孙之荣，1947年4月生于江苏。1970年在清华毕业后留校，先后在自动化系和生命科学学院任教，1984年转入清华生物系至今。1985年开始从事理论生物物理研究，1993年扩展至生物信息学领域。曾任中国细胞学会功能基因组信息学系与系统生物学分会会长，教育部生物信息学重点实验室主任。致力于将复杂系统的控制信息理论和方法应用于生命科学与医学研究，在蛋白质结构模型和预测、基因组序列信息结构解析、基因调控网络建模与仿真、复杂疾病的系统生物学研究等诸多方面均取得突出成果。2001年在国际上首次将机器学习支持向量机（SVM）算法应用于蛋白质亚细胞定位和蛋白质结构模型研究，在生物信息学领域产生广泛影响。曾获清华梅贻琦基础研究成果二等奖、国际高被引用率论文学者称号。

9月27日，清华教授孙之荣获首批中国生物信息学终身成就奖（清华 供）

（吴筱君）

程和平

11月3日，北京大学教授程和平获何梁何利基金科学与技术进步奖。程和平，1962年12月出生，籍贯安徽桐城。1980年至1987年就读于北大力学系，获学士和生物工程专业硕士学位，同时辅修生物学系生理学专业，获第二学士学位；1987年至1989年任教于北大无线电电子学系；1995年获美国马里兰大学医学院博士学位；细胞生物学家，长期从事钙信号和细胞活性氧信号方面研究。1993年发现并命名细胞钙信号的基本单位——“钙火花”，揭示钙火花产生与调控机理，深入研究钙火花在各种可兴奋性及非兴奋性细胞中的生物学功能。在细胞活性氧信号研究方面，利用自行设计的新型荧光蛋白超氧探针，建成表达超氧探针的转基因动物，并通过活体动物显微成像技术，发现单个线粒体的超氧爆发现象，命名为“超氧炫”。领衔跨学科团队实现双光子显微镜核心部件微型化，将原本几百公斤的仪器缩减为几十公斤的组合体，核心部件缩减至2.2克。曾两度受聘为心脏973项目首席科学家，主持国家重大科研仪器设备研制专项“超高时空分辨微型化双光子在体显微成像系统”。2000年获聘教育部长江特聘教授；2004年获聘美国国立卫生研究院（NIH）老年研究所终身资深研究员；2013年当选为中国科学院院士；2019年获聘中国医学科学院学部委员。

（冯路）

沈建忠

11月3日，中国农业大学教授沈建忠获何梁何利基金科学与技术进步奖。沈建忠，1963年3月22日出生，籍贯浙江省桐乡市。1980年考入北京农业大学，先后获学士、硕士学位。1988年留校任教。1997年获农大博士学位。1996年至今担任农大动物医学院副院长、院长，2015年当选中国工程院院士。长期从事动物源性食品药物残留检测技术、细菌动物源病原微生物耐药性形成与控制等领域的教学科研工作。在细菌耐药研究领域，首先发现动物源和人源细菌中mcr-1、optrA、tet（X3/X4）等耐药新机制，揭示动物源耐药细菌、基因可通过环境和食物链进行传播的风险。在动物源食品安全研究领域，创新小分子危害物半抗原设计理论，创制百余种单克隆抗体、单链抗体、受体蛋白等新型生物识别材料，构建具有国际先进水平的高性能抗体制备技术平台。以第一作者或通讯作者被《科学引文索引》（SCI）收录论文200余篇，获国家发明专利70余项，主持制定兽药残留检测方法国家和行业标准50余项。先后获国家科技进步奖二等奖2项、国家技术发明奖二等奖1项，省部级科技成果奖一等奖3项，培养硕士、博士研究生180余人。

（孙桂凤）

11月3日，农大教授沈建忠获何梁何利基金科学与技术进步奖

（农大 供）

颜学庆

11月3日，北京大学教授颜学庆获何梁何利基金科学与技术进步奖。颜学庆，1977年7月出生，籍贯湖南省冷水滩市。1999年毕业于清华大学工程物理系，2004年获北大粒子物理博士学位，曾就职于德国法兰克福大学应用物理研究所，2017年任北大重离子物理所所长。主要开展基于超强激光与等离子体相互作用中的粒子加速和辐射等相关物理问题的研究，方向为强场物理、激光加速器、激光加速与辐射在生物、医学和材料中的应用研究。研究成果获中国核物理学会胡济民教育科学奖（2007）和世界加速器大会加速器奖（2019）。2010年获国家杰出青年基金，2011年获霍英东青年基金，2014年入选科技部创新人才推进计划青年领军人才，2015年入选中组部万人计划。

（冯路）

季加孚

11月3日，北京大学肿瘤医院教授季加孚获何梁何利基金科学与技术进步奖。季加孚，1959年12月出生于内蒙古。1982年获内蒙古医学院临床医学系学士学位，1990年获北京医科大学肿瘤学专业硕士学位，2015年获英国卡迪夫大学肿瘤学专业博士学位。现任北大肿瘤医院院长，教育部恶性肿瘤发病机制及转化重点实验室主任，北大肿瘤研究中心主任，第12届国际胃癌学会主席。从事肿瘤学医教研一线工作近40年，主导建立与普及胃癌综合诊疗体系，尤其是针对治疗难、预后差的问题，创新根治手术及围手术期治疗模式，引领胃癌诊疗精准化、智能化的转型升级，显著改善手术安全和长期生存，带领中国胃癌治疗水平跻身国际一流行列。主持国家科技支撑计划、863计划、国自然重点项目等32项，以第一或通讯作者发表学术论文396篇。主编专著6部，获得发明专利3项，主持制定指南、规范及共识18部。2017年获国家科技进步二等奖，入选北京学者。

（冯路）

聂建国

11月13日，清华大学教授聂建国当选日本工程院外籍院士。聂建国，1958年8月出生于湖南。1982年获湖南大学土木工程系学士学位，1984年获郑州工学院硕士学位，1992年获南斯拉夫铁托格勒大学博士学位，1994年于清华土木工程系博士后出站并留校任教至今。2013年当选中国工程院院士。现任清华未来城镇与基础设施研究院院长、清华土木工程安全与耐久教育部重点实验室主任、清华学术委员会主任、清华科学技术协会副主席。长期从事钢—混凝土组合结构研究与推广应用工作，研发一系列组合结构新形式和新技术，发展组合结构设计计算理论和设计方法，拓宽组合结构的工程应用领域。以第一完成人获国家技术发明奖一等奖和国家科技进步奖二等奖各1项、光华工程科技奖、何梁何利基金科学与技术进步奖、全国创新争先奖、全国模范教师、全国先进工作者等荣誉。日本工程院成立于1987年，由大学、产业界以及国家机关中在工程及科学技术相关领域作出卓越贡献，并具有重要领导和指导地位的人士组成。截至2020年，16名国际知名专家教授入选日本工程院外籍院士。

（吴筱君）

王华明

11月20日，北京航空航天大学教授王华明获第二届杰出教学奖。王华明，1962年出生，四川合江人。1983年获四川工业学院（现西华大学）学士学位，1986年获西安交通大学硕士学士，1989年获中国矿业大学（北京）博士学位，1992年到北航工作至今。2015年当选中国工程院院士。现任大型金属构件增材制造国家工程实验室、国防科技工业激光增材制造技术研究应用中心、大型整体金属构件激光直接制造教育部工程研究中心及大型关键金属构件激光直接制造北京市工程技术研究中心主任。热爱教学事业，担任本科生班主任，以高度责任心和使命感倾注于立德树人根本任务，坚持为本科生授课。所教授的《增材制造技术》课程获批国家级精品视频公开课，被评为北京市教育创新标兵，被学生誉为"最爱戴的老师"；其团队先后入选教育部创新团队、国家"万人计划"重点领域创新团队、工业与信息化部"工信先锋"团队及首批"全国高校黄大年式教师团队"。曾获国家技术发明奖一等奖、国防科技工业杰出人才奖、全国五一劳动奖章、航空报国金奖一等奖、何梁何利基金科学与技术进步奖和北京高校教学名师等荣誉。

（朴悦嘉）

逝世人物

刘文华

3月12日，中国人民大学荣誉一级教授刘文华因病逝世，享年88岁。刘文华，1932年出生，河南林县人。1951年考入东北人民大学法律系；1955年考入人民大学法律系民法教研室攻读研究生，后留资料室工作；1958年至1978年在北京第三通用机械厂工作；1979年重返人民大学任教，先后担任人民大学经济法教研室副主任、主任，兼任北京市法学会经济法学研究会会长，北京培黎大学校长。1993年任经济法学博士生导师，是新中国第一批经济法学博士生导师，是中国经济法学重要开拓者和奠基人。1983年编写全国第一本《经济法原理讲义》，主要著作有《经济法手稿》《中国经济法教程》《经济法基础理论教程》等。运用辩证唯物论和系统论，先后提出"结合论""纵横统一论""分合论""社会基本矛盾论"等学术观点。

（吕鹏军）

赵振东

9月17日，北京协和医学院（中国医学科学院）研究员赵振东因奋战在疫苗研发一线，连续工作200余天，过度劳累突发心脏疾病倒在出差途中，经抢救无效在北京逝世，享年53岁。赵振东，1966年10月出生，籍贯河北省武邑县。1995年至1998年，在北京医科大学第三医院攻读医学博士，主要从事哮喘发病机制研究；1998年至2002年，在美国克利夫兰诊所勒纳（Lerner）研究所免疫学系从事博士后研究，主要研究方向为天然免疫信号转导；2002年至2008年，在北京大学免疫学系任职副教授，主要从事T细胞生物学和树突细胞的分化成熟研究；2008年至2020年，在中国医学科学院病原生物学研究所工作，主要从事重要病原体诱导的天然免疫逃逸和细胞自噬的分子调控机制研究、T细胞的免疫生物学研究、溶瘤病毒、小分子抗体和基于CAR-T和CAR-T的肿瘤细胞免疫治疗研究等。曾担任中国"十二五"艾滋病和病毒性肝炎等重大传染病防治科技重大专项"艾滋病功能性治愈"项目负责人，主持或参与973、863和国家自然科学基金等项目。11月30日，协和医学院举行赵振东先进事迹报告会，《人民日报》、人民政协网、《环球时报》等媒体报道赵振东事迹。

（孙莉娜）

唐荣锡

10月2日，北京航空航天大学教授唐荣锡逝世，享年92岁。唐荣锡，1928年11月出生于上海，籍贯安徽省歙县。享受政府特殊津贴、正局级待遇。1949年6月毕业于上海交通大学机械工程系，1952年8月参与北京航空学院创建工作，1956至1958年在莫斯科航空工艺学院飞机制造教研室进修，1983年获北京市教育系统先进工作者称号，1991年获航空航天部"有突出贡献专家"称号。他是中国计算机辅助设计（CAD）、计算机辅助制造（CAM）的主要开拓者和奠基人之一，先后编写《飞机制造工艺学》《CAD/CAM数据管理技术》《CAD/CAM技术》等教材和著作，为国内飞机制造工艺、计算机辅助设计制造技术研究奠定重要基础。

（朴悦嘉）

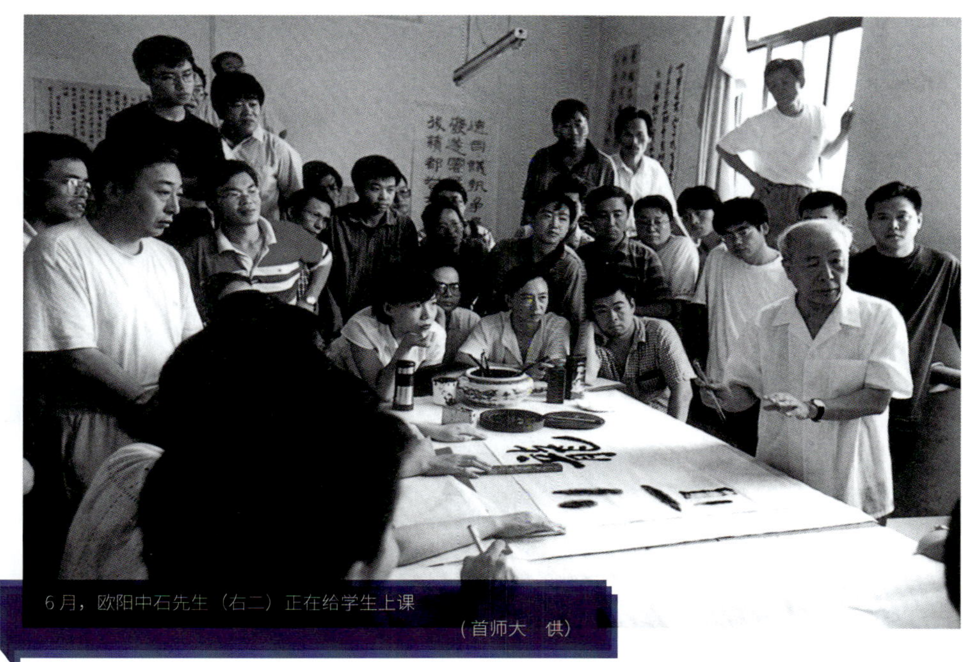
6月，欧阳中石先生（右二）正在给学生上课
（首师大 供）

李煌果

11 月 4 日，北京联合大学第三任校长李煌果因病逝世，享年 89 岁。李煌果，1931 年 5 月出生，1949 年 1 月加入民主青年联盟，6 月加入中国共产党。1950 年至 1952 年在中国矿业学院机械系学习，1952 年至 1955 年历任北京矿业学院党总支副书记、党委委员、常委、宣传部部长，1979 年至 1983 年先后任北京市高教局大学处副处长、北京市委教育部办公室副主任，1982 年至 1983 年任北京邮电学院分院临时党委副书记，1983 年起历任北京市高教局党组成员、副局长、党组副书记，1990 年至 1994 年兼任北京联合大学校长。1995 年 3 月离休。

（王岩）

欧阳中石

11 月 5 日 3 时 18 分，首都师范大学教授、中国著名教育家、书法家欧阳中石在北京逝世，享年 93 岁。欧阳中石，山东省肥城市人，1928 年 10 月出生，1954 年毕业于北京大学后开始在中学从事基层教育工作。1981 年调北京师范学院教育系承担书法教育工作。1985 年参与创办中国书画函授大学（今重组为中国书画国际大学）并担任学术委员会主席。1993 年，在首师大设立美术学（书法教育）博士点。2006 年，欧阳中石获第二届“中国书法兰亭奖——终身成就奖”。欧阳中石是当代高等书法教育的重要奠基人和开拓者，中央文史馆馆员，首师大中国书法文化研究院教授、名誉院长，中国人民政治协商会议全国委员会第八、九、十、十一、十二届委员，中国书法家协会原顾问。

（程诗惠）

（本栏责任编校　曾婷）

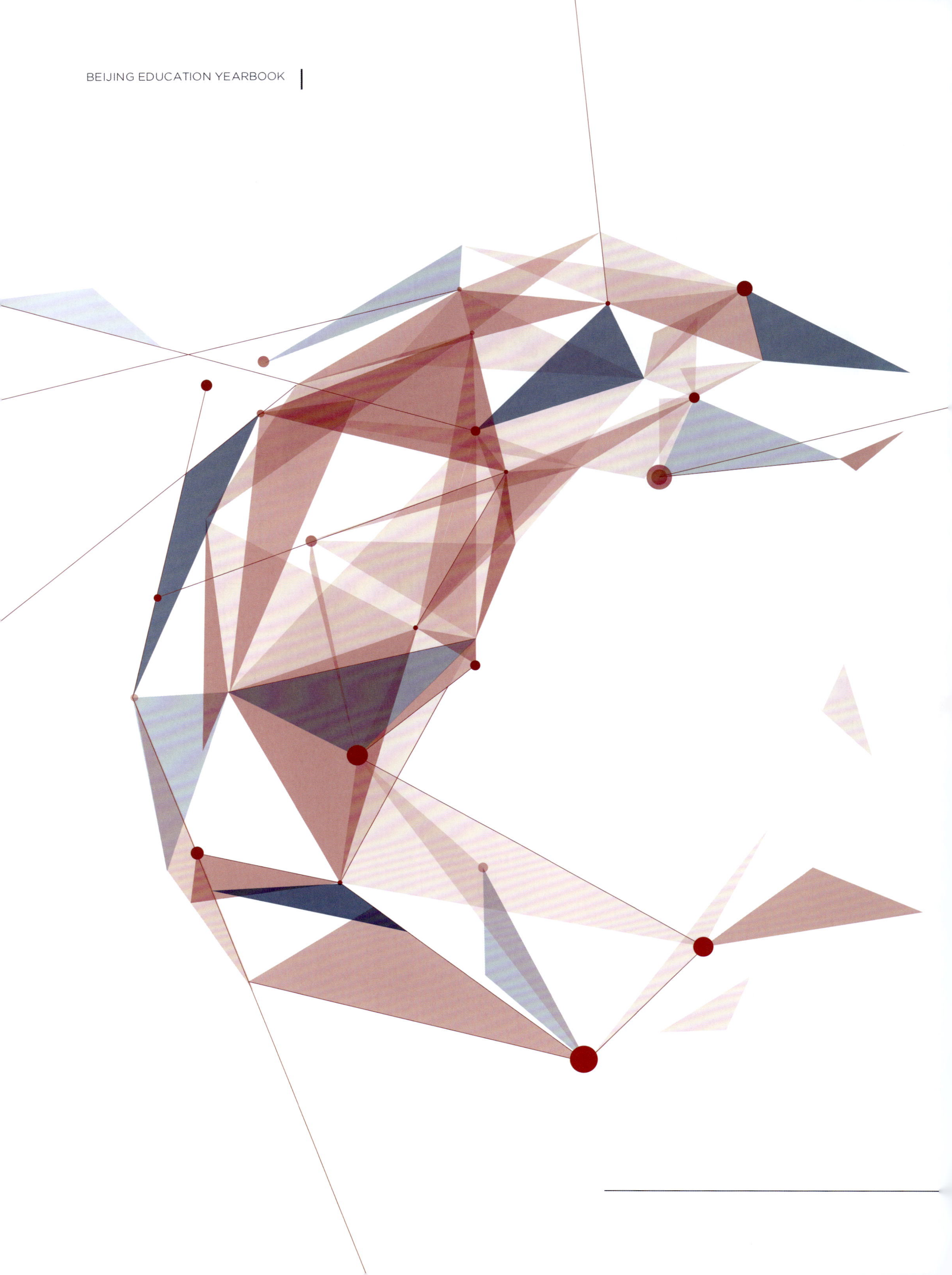

2021 专文与纪实

SPECIALIZED ARTICLES AND RECORDS

专文与纪实

SPECIALIZED ARTICLES AND RECORDS

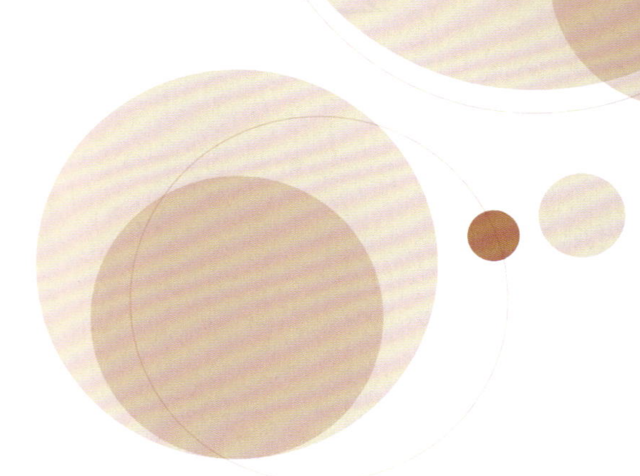

北京教育扶贫支援路越走越宽

脱贫攻坚，既是一项严肃的政治任务，也是北京义不容辞的责任与担当。“十三五”以来，北京市教育系统积极落实对口支援和国家东西部扶贫协作任务，服务国家重大项目，有效推进区域交流合作。全市共有 1300 余所大中小幼职院校承担项目任务，1.7 万余名干部教师赴受援地挂职和支教，覆盖全国 18 个省份 40 余个地区的 100 余个县旗市。北京的教育帮扶，带动受援地区教育教学水平提高，促进当地教育发展，同时也推进北京教育整体水平提升。

全市联动全员参与，教育扶贫支援“一盘棋”

北京市教育系统各单位、各院校的广大干部教师真情

2017 年北京市职业教育示范讲学团赴和田送教讲学
（市教委相关处室　供）

投入、真心付出，从各级教育行政部门到各区政府，从高等教育到基础教育、职业教育和特殊教育，从对口支援、扶贫协作到区域合作，从机关干部到一线教师，从退休老教师到在校大学生和社会爱心企业人士，全部积极参加进来，贡献智慧与力量。

在这一过程中，市委教育工委、市教委统筹全市教育资源，在市教委设立扶贫支援处，形成前方带队伍、后方作支撑的协调联动机制，构建起“市级统筹、区校联动、高校参与、社会帮扶、网络助推”的工作运行机制，形成多层次、全方位、广覆盖的教育扶贫支援格局。

2018 年 10 月，北京昌平职业学校，河北省张家口市骨干教师能力提升研修班（市教委相关处室 供）

各区教委发挥扶贫支援主力军作用，16 个区结对帮扶 90 个贫困旗县，1167 所学校与受援地学校建立“手拉手”结对关系。在京高校和直管直属单位发挥优势、协同发力，全市 42 所高校与受援地区高校开展结对交流与合作，积极开展智力援助。数十名退休老校长、老教师走进乡村学校课堂发挥引领作用，万余名大学生志愿者奔赴扶贫一线支教送教展现赤子情怀，近百家民办教育机构、爱心企业、基金会捐资捐物彰显社会责任与担当。

聚焦受援地区需求，扭住弱项短板发力

实践中，北京教育援助紧紧抓住受援地区干部教师专业提升这个重点，通过持续支教“输血”、培训“造血”，为受援地干部教师提供先进的理念和方法。2016 年以来，为受援地区培训学校管理干部 2 万余人、骨干教师 8 万余人、专业技术人才近 3 万人，接待来京挂职工作和跟岗学习的受援地区干部教师 2.5 万余人。

在组织实施中，把优质资源集中投向到贫困地区、贫困乡村、建档立卡贫困户子女；将主要力量聚焦到义务教育阶段帮扶、受援地干部教师能力提升；针对受援地教育生态系统中的不同群体、不同领域、不同层面，采取不同的有效办法。比如，面向受援地学校校长、管理干部，依托首都高校及科研院所资源在京集中培训，提升办学理念和管理水平；面向一线教师，打造“教师培训基地”本地培训，组织“北京专家教师讲学团”送教培训，增强教育教学能力，促进学校整体发展水平提升。此外，还探索出“倾情式”培养、“交融式”研学、“手拉手”帮扶、职业教育帮扶、推普助力脱贫攻坚等精准聚焦受援地教育发展难点问题的有效方式，取得较好的成效。

不断调整优化，全面提升质量效益

进入“十三五”以来，北京教育援助在持续改善教育基础设施的同时，根据各受援地区不同需求，更加注重激发受援地内生动力，推动受援地教育内涵式发展。2014 年，北京开创“组团式”教育援藏的先河，2017 年后又拓展到新疆和田、青海玉树和雄安新区，逐步形成“校级领导＋中层干部＋骨干教师”的选派结构，以及一区对一县、重点打造一校的“组团式”支教机制。

为探寻更加精准、高效的援助方式，北京从 2011 年开始在教育扶贫中尝试运用“互联网－教育”“人工智能＋教育”新技术新手段，专门建设北京教育对口支援与区域合作网，向受援地推送优质课程资源授权账号，组织优质资源远程互动教学，开展骨干教师同步课堂、网络教研。2019 年又启动实施“首都教育远程互助工程”，实现跨区域的远程在线资源互联共享、教师互助教研、师生互动交流。10 年间，北京教育扶贫支援走过一条从静态到动态、从单向到双向、从教学到教研，功能不断完善、受众不断扩大、覆盖区域不断拓展的探索实践之路。特别是面对 2020 年突如其来的新冠肺炎疫情，互联网“云帮扶”发挥不可替代的作用，在 4 个月内实施项目 10 余个，培训受援地干部教师 4000 人。

教育援助与自我教育结合，强化使命担当

亲身参与到打赢脱贫攻坚、全面建成小康社会的历史进程，切身感受到受援地区教育面貌一点一滴的变化，对北京教育系统干部教师来说是一种思想的洗礼、情怀的升华、个人的成长，对北京教育优质均衡发展也提供有益借鉴。

从教育援藏、教育援疆、教育援青，到教育帮扶蒙冀、南水北调教育协作，到拓展京沈、京银、京赣、京湘、京什等区域合作，再到京津冀教育协同发展，服务雄安新区，通过人员互动，观念互通，作风互鉴，方法互学，北京市

教育扶贫支援路子越走越宽，越走越坚定。全面建成小康社会后，虽然教育扶贫支援的形势发生变化，但乡村振兴是长期国家战略，相对贫困问题也长期存在，教育公平仍然是相当一个时期的突出矛盾，实现教育现代化成为全国各族人民的可期目标。

行百里者半九十。在实现“两个一百年”奋斗目标的伟大征程中，北京市教育系统将在深化教育体制机制改革与促进教育治理能力和治理体系现代化的过程中，适应新形势、新要求和新挑战，探索教育扶贫支援与乡村振兴战略有机衔接的新思路新手段，为加快实现教育现代化、推动教育高质量发展持续贡献力量。

（刘宇辉　市教委主任）

北京市“十三五”时期教育规划总结评估报告

教育是国之大计、党之大计。习近平总书记十分关心首都教育事业，党的十八大以来多次视察首都教育系统，并作出一系列重要指示批示，为做好首都教育工作提供根本遵循。“十三五”时期，首都教育系统以习近平新时代中国特色社会主义思想为指导，深入学习贯彻习近平总书记关于教育的重要论述和对北京重要讲话精神，坚持稳中求进工作总基调，坚持新发展理念，在市委、市政府的正确领导下，首都教育以加强党的领导和政治建设为坚强保证，坚持以人民为中心，坚持优先发展，持续深化综合改革，育人水平、服务经济社会发展能力、人民群众获得感均有明显提升，圆满完成“十三五”时期教育规划确定的主要任务，在全国率先实现教育现代化，为中国特色社会主义教育现代化建设积累一系列先行经验，为提升中国教育的世界影响力作出重要贡献，为建设国际一流的和谐宜居之都提供强有力的人才和智力支持，为首都教育开启面向2035战略目标的新征程奠定良好基础。

立德树人谱写新篇章

始终牢牢把握为党育人、为国育才的初心和使命，坚持党的全面领导，遵循教育发展规律，不断探索中国特色、首都特点的教育发展之路。把加强党的领导贯穿到办学治校、教书育人全过程，以党的政治建设为统领抓高校党的建设、以重大活动为契机抓思想政治教育、以教师党支部为依托抓课程思政建设、以疫情防控为战场抓基层组织力，首都教育系统党组织的引领力、战斗力和创新力持续快速提升。成立市委教育工作领导小组，召开全市教育大会，制定“4＋N”政策体系，进一步完善首都教育改革发展的顶层设计。实施“一十百千”工程，开展“四个一”活动，大力构建大中小幼一体化德育体系，在全学段开展“我和

2018年2月27日，东城区组织47万名中小学生参加“四个一”活动　（东城区教委　供）

我的祖国”“使命在肩、奋斗有我”主题教育活动。创新性探索大学生思想政治教育，扎实推进全国“三全育人”综合改革试点区建设，取得积极成效。中小学幼儿园德育工作体系进一步完善，学生思想道德水平和文明素养进一步提高。首都教育长期保持安全稳定局面。在服务保障新中国成立70周年庆祝活动中，北京9万名师生圆满完成各项任务，充分展示当代青少年的风采，得到社会各界的高度评价。

教育现代化迈上新台阶

首都教育发展水平继续处于全国领先地位，主要教育指标均排在全国前列，若干重要指标位居首位，提前达到《中国教育现代化2035》确定的主要事业发展目标。通过国际比较，首都教育达到世界发达国家水平，普及程度、教育质量、公共财政教育支出等指标处于世界前列。

教育公平达到新高度

坚持以人民为中心，聚焦“七有”“五性”要求，积极回应群众对教育公平的热切期盼，在促进教育公平方面持续发力。在学前教育领域，五年累计增加学前教育学位23万个，学前教育普及、普惠程度大幅提升，有效缓解入园难、入园贵问题。在义务教育阶段，通过不断扩充优质教育资源和规范入学办法，在“资源优质”和“机会公平”上同时发力，全面推进城乡一体化发展，将优质教育资源重点投向矛盾突出区域和发展薄弱环节，基础教育优质均衡发展实现新突破，小学、初中的就近入学比例均达到99%以上，使老百姓在家门口就能上好学校，有效破解择校难题。教育集团158个、学区131个，三分之二以上中小学校纳入学区制管理，培育孵化出一批跨域结合、体制创新、运行顺畅、成效明显的学区、办学集团和区域发展共同体；基础教育城乡间、区域间、校际间的发展差距不断缩小，人民群众满意度快速提升。中考中招选择机会更为丰富，高考高招录取率持续保持在90%以上，群众满意度不断提高。

教育质量实现新提升

首都教育在办学传统、办学理念、课程教学、教师队伍等方面的优势不断增强。树立科学的质量观，致力“让每个人都有人生出彩的机会”，积极推进“五育”并举，深化符合新时代内涵的素质教育。构建具有首都特点的学生核心素养框架，不断扩大和升级优质教育资源，在优化育人模式、改进学校管理、优化课程设置、强化学科（专业）建设、深化教学研究、提升课堂效能、深化教育评价改革、配齐建强干部教师队伍、创新信息技术应用、加强教育品牌培育等方面持续发力，积极参与全国科技创新中心建设，高校在关键核心技术研发、大科学装置建设与运营、技术转移和技术服务等方面发挥重要作用，首都教育的育人质量不断攀升，服务首都和国家经济社会发展的能力切实增强。北京地区有34所高校、162个学科进入国家高等教育“双一流”建设名单，北京高校A+类学科数量占全国的44%；建设100个一流专业，实施高水平人才交叉培养计划，每年近万名学生受益；重点打造8个北京学院、8个卓越联盟，22个高精尖创新中心；北京高校主持的42项科技成果获国家科学技术奖励（一等奖2项、二等奖40项），其中通用项目35项（占全国高校主持通用项目成果获奖总数的22%）；高等学校产出大批人文社会科学重大成果，初步建成一批新型高端智库。推进职业教育有特色的、高质量发展，7所职业院校入选国家职业教育“双高

2019年10月1日，工商大学师生参加庆祝中华人民共和国成立70周年群众游行 （工商大学 供）

2017年起，石景山区普及校园冰雪运动（石景山区教委 供）

计划"。教育部评估监测结果显示，北京市义务教育质量稳居全国前列。北京整体参与2018年国际学生评估项目（PISA2018）测试，取得全部3项科目（阅读、数学、科学）第一的成绩。高考高招录取率持续保持在90%以上。北京国际奥林匹克学院作为全球第三家获国际奥委会批准成立。

教育综合改革取得新突破

教育领域综合改革的系统性、整体性、协同性不断增强。重塑教育资源观，加强市级统筹引导，坚持规模与质量齐增的"双增量"改革思路，创新推进资源供给侧改革，通过学区制、教育集团化、九年一贯制、"高参小"等诸多举措，实现优质资源硬增长；着力激发教师队伍活力，优化首都教育系统引才、育才、用才机制，倾力打造北京数字化精品课程，提升优质教育资源软实力。组织实施新一轮中考改革，高考综合改革平稳落地，考试招生制度改革取得重大进展。"校额到校""市级统筹""1＋3"培养等方式对促进教育公平发挥良好作用。高端技术技能人才贯通培养项目、中高职衔接项目进一步拓宽职业人才培养通道。市属高校分类发展格局基本形成。高校、科研院所、艺术院团共同参与中小学办学，有效扩大优质教育资源覆盖面。加强教师队伍建设，评选出首批中小学特级校长。采取市级统筹，依托全市1000余家社会大课堂资源单位，先后推出初中开放科学实践活动项目和中小学社会综合实践活动项目，满足全市学生个性化学习需求。全力推进"管办评"分离和放管服改革，由"层级管理"向"精准服务"转型，落实学校办学主体地位，深入推进办学体制改革和学校内部治理，不断完善新型跨界治理结构。统筹协调政府、学校、社会多元治理主体关系，逐步构建起良性互动的协同治理机制。民办教育分类管理、教育督导体制机制取得新突破，各级各类学校办学活力进一步激发。

服务首都发展作出新贡献

高校积极参与国际科技创新中心建设，在关键核心技术研发、大科学装置建设与运营、技术转移和技术服务等方面发挥重要作用。北京地区高校获国家科学技术奖励数量占全国高校获奖数的22%，占全市获奖数的49.3%。布局99个高精尖学科，建设22个高精尖创新中心，获得国家级、省部级科学技术奖励100余项。高校产出一批具有重大带动作用和影响的科技创新成果，培养打造一批具有国际影响力的科学家、科技领军人才、高水平创新团队。全民受教育程度不断提升，全市新增劳动力受教育年限达到15.7年，教育为建设高精尖经济结构提供有力的人才支撑。

京津冀教育协同发展开创新局面

积极推动教育领域"疏整促"工作，严格控制市属高校和中职学校招生规模，以建设良乡、沙河大学城为重点促进部分中央高校向外转移，聚焦推进北京工商大学、北京电影学院、北京城市学院等5所市属高校向外疏解，教育空间布局不断优化。统筹优质教育资源在城市副中心规划建设14所优质学校，北京学校、北京市西城区黄城根小学分校等开始招生。积极参与支持雄安新区建设，4所援助学校办学水平明显提升，3所"交钥匙"学校建设进展顺利。京津冀教育协同发展不断深化，教育资源共建共享水平显著提高。以援藏、援疆等为重点，深化教育扶贫协作和支援合作，为决胜脱贫攻坚作出贡献，并形成北京经验。

教育开放构筑新格局

深化教育系统内部、教育系统内外、区域内外、国际间的资源整合共享以及全方位、深层次、宽领域的教育交流与合作，推进首都教育的高质量、高标准、高水平发展。教育系统内外逐步形成纵向衔接、横向沟通、内外融合、线上线下混合的教育资源整合、共建与共享的良好态势以及协同、贯通创新育人的有效模式。教育对外开放的政策日益完备，管理服务持续优化，在京就读外国留学生近11万人次，成为亚太地区重要留学目的地之一。北京与境外建立交流关系的学校近2700所，中外合作办学机构与项目约150个，各级各类学校的国际化水平持续提高，首都教育的国际影响力不断增强。

教育保障能力实现新提升

各级政府高度重视教育事业，确保教育优先发展。“十三五”期间较好地实现“两个确保”，即确保一般公共预算教育支出逐年只增不减，确保按在校学生人数平均的一般公共预算教育支出逐年只增不减。投入持续增加，结构不断优化，2020年全市教育财政经费投入1128亿元，公共财政教育支出占公共财政支出比例15.85%。改革教育经费体制，投入市级财政资金150余亿元引导民办幼儿园转成普惠园，让更多老百姓受益。健全教师绩效工资激励机制，落实乡村教师岗位生活补助，每年向3万余名乡村教师发放岗位生活补助，教师收入水平不断提升。督政、督学、评估监测“三位一体职能”日趋完善，包括“职能体系”“工作运行体系”“政策标准体系”“支持保障体系”在内的现代教育督导体系基本建成。深入推进“平安校园”建设，出台中小学幼儿园安全规定100条，为家长送上“定心丸”。全市中小学幼儿园“阳光餐饮”建设覆盖率99%。

教育系统疫情防控夺取新胜利

始终把师生员工生命安全和身体健康放在首位，取得抗击新冠肺炎疫情斗争重大战略成果。构建起市、区、校三级防控体系，以首善标准奋力打好疫情防控阻击战，筑好教育战“疫”的“防火墙”。“一区一案”“一校一策”制定防控预案，精准精细做好校园疫情防控工作，做到校内师生员工“零感染”。广大教师学生积极投身疫情防控工作，1.2万个基层党组织、5万余名党员投入防控一线，北京大学援鄂医疗队、首都医科大学疫情防控志愿者等得到党中央的充分肯定。坚持“停课不停教、停课不停学”，在确保教学不停步、育人不断线、成长不延期方面形成宝贵经验，社会反响良好，走在全国前列。首都教育积极主动探索教育模式变革，通过学校小课堂、空中云课堂与社会大课堂的良性互动，形成线上线下协同的新型高效教学模式，构建起政府主导、多渠道、广覆盖、学校教育内容与企业技术融合的多元化在线教育平台新格局，全面强化家庭、学校、社会协同育人。实现二级应急响应下的中高考工作平稳落地。倾力倾心做好高校就业工作，出台多项促进就业政策措施，加强困难群体

3月20日，垂杨柳中心小学劲松分校开展学生走进故宫参观学习活动 （垂杨柳中心小学劲松分校 供）

毕业生帮扶，实现北京高校 2020 届毕业生整体就业率达到 92%。首都教育以抗击疫情为契机，加快 5G、大数据、人工智能、区块链等高新技术与教育融合创新发展从理念到实践的进程，也促进模式教育、管理方式、治理能力的提升，全面推动首都教育系统应急管理体系的新一轮完善。

五年的成绩来之不易，根本在于始终坚持以习近平新时代中国特色社会主义思想为指导，努力推动习近平总书记关于教育的重要论述在首都落地生根，形成生动实践。五年来，始终坚持落实立德树人根本任务，全面发展素质教育，孩子们眼中有光、心中有梦，每个孩子都有更多人生出彩的机会；始终坚持把服务首都“四个中心”功能建设作为首都教育的基本职责，为建设国际一流的和谐宜居之都提供有力的人才保障和智力支持；始终坚持以人民为中心，努力破解人民群众关心的教育热点难点问题，持续提高人民群众的教育获得感和满意度；始终坚持教育优先发展，持续提升教育保障能力，得到全社会的关心、理解和支持，汇聚起办好教育的强大合力；始终坚持以改革创新为根本动力，持续完善教育体制机制，努力推进首都教育治理体系和治理能力现代化。首都教育正在发生深刻转型，教育面貌正在发生格局性变化，为“十四五”时期开启高水平教育现代化建设新征程奠定坚实基础，首都教育站在新的历史起点上。

（市教委发展规划处）

2020 年北京市第三期学前教育行动计划收官

学前教育是终身学习的开端，是国民教育体系的重要组成部分，是重要的社会公益事业。办好学前教育、实现幼有所育，是落实党的十九大重大决策部署的重要举措，是为老百姓办实事的重要民生工程。2018 年 1 月，市政府办公厅印发《北京市第三期学前教育行动计划》（以下简称《学前教育行动计划》），提出“到 2020 年，基本建成广覆盖、保基本、有质量的学前教育公共服务体系；全市适龄儿童入园率达到 85% 以上，普惠性幼儿园覆盖率（公办幼儿园和普惠性民办幼儿园在园幼儿数占在园幼儿总数的比例）达到 80% 以上；无证办园现象基本消除，学前教育管理科学规范”等发展目标。

三年来，市区两级政府按照“市级统筹、区级主责，政府主导、社会参与，公益普惠、主体多元，灵活多样、就近就便”的原则，努力构建以公办幼儿园和普惠性民办幼儿园为主体、公办民办并举的多种形式的学前教育体系。通过坚持“扩学位、促改革、强管理、提质量”四个方面

十三五时期，石景山区普惠性幼儿园覆盖率达到 86%

（石景山区教委 供）

同步抓、同步落实、同步见效，全市学前教育取得长足发展。

截至 2020 年 10 月，全市适龄儿童入园率达到 90%，“入园难”问题得到基本缓解，普惠性幼儿园覆盖率达到 87%，无证办园现象基本消除。全市学前教育在入园率、普惠率、无证园治理和规范发展方面实现预定工作目标。

一、学位扩增情况

为进一步增加学前教育学位资源供给，《学前教育行动计划》提出扩大公办园规模、支持普惠性民办园发展、开展无证园分类治理、发展多样化学前教育服务等举措。三年来，市区两级坚持因地制宜、多措并举、保存量与做增量齐头并进，通过扶持新建、改建、扩建、以租代建、举办社区办园点等方式，公民并举，不断扩增学前教育学位资源。

实施《学前教育行动计划》期间，全市共增加学位 179550 个。其中，连续三年通过实施北京市重要民生实事项目，新建、改建、扩建 403 所幼儿园，新增学位 9.3 万余个；通过挖潜、鼓励社会力量多种形式办园等方式增加学位 3.5 万余个；通过引导无证园改造提升备案为社区办园点增加学位 5.1 万余个。

三年来，市区两级教育行政部门将无证园纳入学前教育工作督查范围并配备专职督学，采取多种方式指导、督导无证园，保障安全运行、逐步规范办园。按照“规范一批、取缔一批”的分类治理工作思路，引导和督促经改造能够达到审批条件的无证园举办者加大资金投入、改善办园条件，取得办园许可证或备案成社区办园点。对存在严重安全隐患的无证园，坚决予以关停。各相关区政府成立专项治理领导小组，摸清工作底数，建立工作台账，制定治理方案；市教委按月督办治理进展情况，督促落实到位；市政府按月督查各区治理进展情况，将无证园治理纳入绩效考核。

二、普惠园发展情况

全市采取“以公办园为主，以城镇居住区配套幼儿园委托民办普惠为补充，鼓励民办幼儿园自愿参与”的“转普”工作方案。在推进学前教育普惠发展的过程中，坚持普惠制学前教育政府主导、普惠性幼儿园社会共同举办；坚持普惠制的政策导向，所有办园主体都可以自愿选择办；坚持普惠制不排斥多样性，统筹协调满足多样需求；坚持普惠园有质量，对普惠性幼儿园按照“质量标准统一、补助标准统一、收费标准统一”和“促进教师待遇缩小差距”的政策进行管理。

三年来，北京市持续加大学前教育经费投入，市对区学前教育专项转移支付资金共安排 110 亿元，比 2015—2017 年转移支付学前专项投入增长 51.27 亿元，增幅为 87.3%。

在政策实施过程中，市级财政通过提供 1000 元 / 生·月生均定额补助、10000 元 / 生一次性新增普惠园学位补助、5 元 / 天 · 平米租金补助、3000 元 / 生“转普”一次性奖励的方式，鼓励机关部门、部队、企事业单位、社会团体、个人面向社会提供普惠性学前教育服务，支持普惠性幼儿园提高办园质量。

2020 年初新冠肺炎疫情发生之后，按照市委市政府要求，市教委与市国资、税务、财政等部门联动，及时研究

2019 年 4 月 30 日，北京实验学校附属幼儿园举办第一届魅力体育节　（北京实验学校附属幼儿园　供）

2019 年 12 月 20 日，延庆一幼足球游戏化教学观摩培训
（延庆区第一幼儿园 供）

出台系列扶持幼儿园健康发展的政策，包括：向存量普惠性幼儿园一次性拨付 2020 年 1—6 月生均定额补助，减轻资金压力；对在疫情期间“转普”的民办幼儿园，市级财政按标准自 2020 年 1 月起拨付生均定额补助；对运转困难、确实在解决区域“入园难”方面发挥重要作用的非普惠性民办幼儿园，按照 2019 年北京市最低工资标准和幼儿园在职员工数给予市级财政帮扶，补助资金用于发放教职员工工资；对承租京内市、区属国有企业房产办园的民办幼儿园，免收 2020 年 2—4 月房租。2020 年 9 月新学年开学，全市民办幼儿园基本按要求在规定时间开学。

截至 2020 年 10 月，全市普惠性幼儿园（点）共计 1989 所，在园幼儿 50.5 万人，全市学前教育普惠率达到 87%，完成《学前教育行动计划》中所提出的学前教育普惠率达到 80% 以上的发展目标。

三、管理与质量建设情况

在《学前教育行动计划》实施过程中，全面加强党对学前教育工作的领导，不断完善体制机制，规范管理，提升质量。市教委牵头制定并推动落实《关于进一步加强学前教育管理的意见》，明确“儿童优先、安全第一、权责统一、保教并重”的工作要求，明确“市级统筹、区级主责、街道（乡镇）参与”的管理体制和学前教育工作分级责任制，明确“谁审批、谁监管，谁举办、谁主责”的管理原则，明确管办评“多标合一、一标多用”的工作思路，将各类型幼儿园全部纳入动态统一管理范围。三年来，主要开展以下几方面工作：

一是健全普惠发展保障机制。积极探索学前教育绩效成本预算管理模式，印发《北京市市对区促进基础教育事业发展（学前学段）专项转移支付资金管理办法（修订）》和《北京市市级财政支持学前教育事业发展补助资金管理使用实施细则（修订）》，进一步完善普惠性学前教育成本分担机制、市级财政保障方式与学前教育学段市级财政经费管理使用办法。印发《北京市普惠性幼儿园认定与管理办法（试行）》，明确普惠性幼儿园的认定范围、申报条件、认定程序、退出机制、保障支持和日常监管要求，建立健全普惠性幼儿园管理制度。

二是强化幼儿园办园规范。各区教委按照办园条件标准、社区办园点安全管理要求等文件，将审批与登记备案内容、工作要求、工作流程等相关信息向社会公开。推动落实《北京市学前教育社区办园点安全管理工作基本要求（试行）》，鼓励各区加大力度，规范治理无证园，积极培育社区办园点。同时，严格执行民办园年检制度，区教委依法依规对民办幼儿园在财务、收费、保育教育、招生、安全等方面进行年检，对存在违法违规行为的园所依法处理。将民办园纳入专职督查和办园质量督导评估范围，评价标准、评价要求与公办园相一致。全市各类型幼儿园视频监控在幼儿公共活动区域全覆盖、一键式报警全覆盖、保安员配备全覆盖。

三是加强学前教育队伍建设与管理。加大学前教育师资培养力度，拓宽幼儿园教师引入渠道，支持通过政府购买服务等多种方式补充师资。制定并落实学前教育全员培训规划，健全分层、分类及重点项目相结合的培训机制。不断完善幼儿园教师职称制度，提高幼儿园中高级职称比例；打通中小学（幼儿园）教师职称系列；将非教育行政部门举办的幼儿园教师纳入教师职称评定范围；坚持把幼儿园教师的师德师风建设放在首位，在入职考察、工作考核、职称评定、评优评先等环节实行师德师风“一票否决制”。关注学前教育教师心理健康，积极扩大学前教育教师心理辅导资源。对全市幼儿园教职工信息及时更新维护，建立

2019年4月1日起，怀柔区区第一幼儿园实施“陪餐”制度
（怀柔区教委 供）

幼儿园教职工的电子档案，不断加强幼儿园教师管理信息系统建设。

市委、市政府印发《关于全面深化新时代教师队伍建设改革的实施意见》，明确提出要提高公办幼儿园非在编教师工资待遇，缩小与在编教师的工资差距，逐步实现同工同酬。开展并完成一轮学前教育绩效成本测算，明确普惠性幼儿园用于人员经费支出比例占保教费收入和财政生均定额补助收入之和的比例原则上不低于70%，推动非教育部门办的普惠性幼儿园逐步提升教师工资待遇。

2018—2020年，全市高等教育机构开设的学前教育专业（含中央高校）为学前教育培养师资近1.5万人，努力满足学前教育发展对师资的需求。

四是提升幼儿园管理水平与保教质量。加强幼儿园党组织建设，充分发挥党组织政治核心和战斗堡垒作用。依法落实幼儿园举办者与管理者办园责任。明确幼儿园举办者应当依法履行办园主体责任，保障进行保育、教育以及维修或扩建改建幼儿园园舍与设施的经费，确保幼儿园正常运行、安全稳定。明确幼儿园实行园长负责制，园长要充分发挥园务委员会、教职工代表大会、家长委员会的作用，依法进行民主管理。

认真落实《幼儿园工作规程》《幼儿园教育指导纲要》《3～6岁儿童学习与发展指南》要求，要求各类幼儿园坚持正确办园方向，尊重幼儿身心发展规律，坚持以游戏为基本活动，坚持全面发展。不断完善学前教育教研体系，积极推进全市学前教育教研全覆盖项目，构建市—区—园三级教研共同体网络，区域内教研覆盖各类园所、区域之间教研手拉手，充分发挥教研对提升办园质量和水平的作用，推动全市学前教育质量均衡发展。印发《关于开展幼儿园“小学化”专项治理工作的通知》，开展幼儿园“小学化”专项治理，市区两级通过专题培训、园所自查、协作组互查、专项督导、定期督查等方式，防止纠正幼儿园“小学化”倾向，促进幼儿身心全面和谐发展。在全市范围内开展“学前教育保教活动优秀案例”遴选活动，搭建研究与交流展示平台，推动教师专研保育教育活动，不断提高专业水平。

五是加强学前教育考核检查和督导评估。将学前教育学位保障等事项列入市政府重要民生实事和重点工作，将学前教育发展各项资源配备情况纳入区级政府履行教育职责情况综合督导内容。组建市区两级101人专职督查队伍、188人兼职督查队伍，建立督查工作机制，对各类型幼儿园开展12轮全覆盖日常巡检。建立幼儿园责任督学挂牌督导制度，全市组建配备1340名幼儿园责任督学，实现幼儿园责任督学挂牌督导全覆盖。印发《北京市幼儿园办园质量督导评估办法（试行）》，统一幼儿园评价标准和评价方式，将全市面向3～6岁儿童提供保教服务的幼儿园（点）全部纳入督导评估范围，构建起全覆盖的幼儿园办园质量督导评价体系。

通过持续实施学前教育行动计划，北京市的学前教育获得极大发展，全市学前教育机构数量和在园幼儿数量达到新峰值，为北京市实现“幼有所育”打下重要而坚实的工作基础。同时，人民群众对学前教育的便利、安全、公平、普惠、优质等方面提出越来越高的期待，全市学前教育也面临由数量扩增向内涵发展与质量提升迈进的新课题，面临优布局、保存量、强管理、提质量等问题。

下一步，北京市学前教育将坚持以习近平新时代中国特色社会主义思想为指导，加强党对学前教育工作的领导，主动适应新形势、新要求、新期待，坚持问题导向，坚持以人民为中心，努力推动北京市学前教育发展迈上新台阶、开创新局面。

（市教委学前教育处）

（本栏责任编校 华蕾）

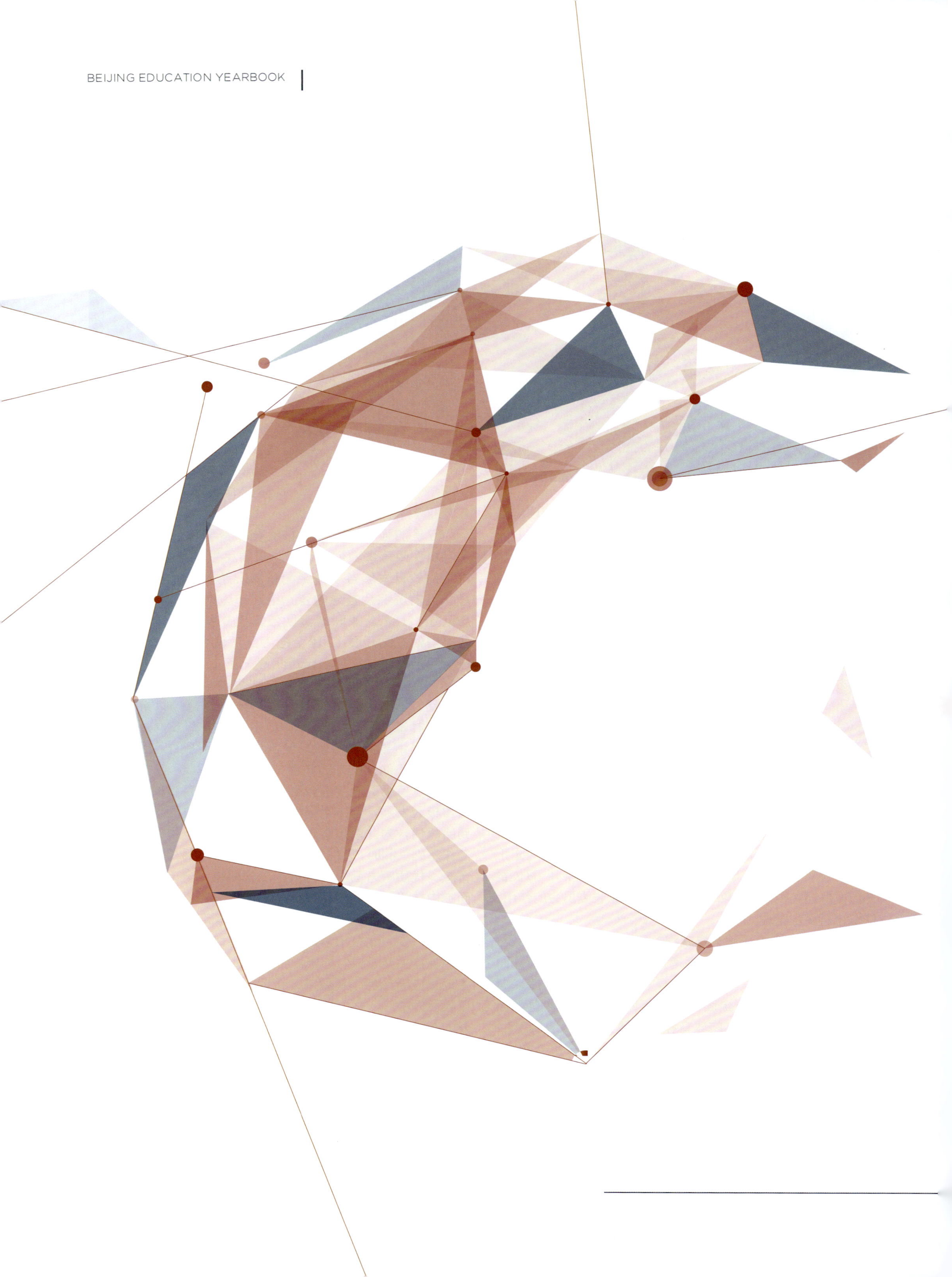

2021 | 文献

DOCUMENTS

- 北京市进一步调整优化结构提高教育经费使用效益的实施方案
- 北京市关于深化新时代教育督导体制机制改革的实施意见
- 关于减轻中小学教师负担进一步营造教育教学良好环境的若干措施
- 关于全面加强和改进新时代学校体育工作的行动方案
- 北京市新时代爱国主义教育实施方案

北京市人民政府办公厅关于印发《北京市进一步调整优化结构提高教育经费使用效益的实施方案》的通知

各区人民政府，市政府各委、办、局，各市属机构：

《北京市进一步调整优化结构提高教育经费使用效益的实施方案》已经市政府同意，现印发给你们，请结合实际认真贯彻执行。

2020 年 5 月 13 日

北京市进一步调整优化结构提高教育经费使用效益的实施方案

为深入贯彻落实《国务院办公厅关于进一步调整优化结构提高教育经费使用效益的意见》（国办发〔2018〕82 号），全面加强教育经费投入使用管理，提高教育经费使用效益，结合本市实际，制定本实施方案。

一、总体要求

以习近平新时代中国特色社会主义思想为指导，深入贯彻落实习近平总书记关于教育的重要论述和全国教育大会精神，紧紧围绕首都城市战略定位，以优化支出结构、强化成本控制、提高使用效益为主线，发挥绩效导向作用，全面加强教育经费投入使用管理，着力提升教育质量、促进教育公平、补齐教育短板，加快推进新时代首都教育现代化，办好人民满意的教育。

到 2022 年，全面建立与首都教育现代化相适应的教育经费投入使用管理制度体系，确保调结构、提效益取得阶段性重大成果。到 2025 年，教育经费保障更加充足、管理更加科学、效益更加显现，服务首都教育改革发展能力进一步提升。

二、完善教育经费投入机制

（一）持续保障财政投入。坚持教育优先发展战略，确保一般公共预算教育支出逐年只增不减，确保按在校学生人数平均的一般公共预算教育支出逐年只增不减，更多通过政策设计、制度设计、标准设计带动投入，落实财政教育支出责任。建立健全全市教育标准体系，科学核定基本办学成本，落实各类教育生均经费拨款制度，完善动态调整机制。财政部门要及时足额返还教育部门、学校等单位上缴的财政专户资金，上述单位要将返还的教育收费收入作为本单位事业收入，纳入预算管理。（责任单位：市财政局、市教委，各区人民政府）

（二）合理划分教育领域财政事权和支出责任。合理划分市、区两级政府教育领域财政事权和支出责任，进一步完善基础教育市级统筹、区级主责的管理体制。加强市级统筹能力，完善市对区教育转移支付，加快推进教育领域基本公共服务均等化。各区对本区基础教育改革发展稳定负有主要责任，要统筹保障和管理教育发展所需各类资源。学前教育、普通高中教育、职业教育、普通高等教育等其他教育，坚持举办者投入为主、受教育者合理分担、其他多种渠道筹措经费的投入机制，所需财政补助经费主要按照隶属关系通过现行财政保障渠道支持。（责任单位：市财政局、市教委，各区人民政府）

（三）鼓励扩大社会投入。完善政府补贴、政府购买服务、捐赠激励、土地划拨等政策制度，落实相关税费优惠、建设用地管理等政策，引导社会力量加大教育投入。继续完善市属高校接受社会捐赠收入财政配比政策，充分发挥各级教育基金会作用，吸引社会捐赠。完善非义务教育培养成本分担机制，动态管理学费、住宿费等收费标准。自费来华留学生学费标准由学校自主确定。（责任单位：市财政局、市发展改革委、北京市税务局、市规划自然资源委、市教委，各区人民政府）

三、优化教育经费使用结构

（四）保障构建德智体美劳全面培养的教育体系。落实立德树人根本任务，坚持德智体美劳“五育”并举，加大课程和教学改革、教材建设、教研活动等方面的投入力度。支持开展理想信念、社会主义核心价值观、中华优秀传统文化等教育活动，构建系统衔接的大中小幼一体化德育体系。统筹课堂学习和课外实践，支持开展科学教育和实验教学，提升智育水平。加强中小学体育教育，重点做好校园足球、冰雪运动、奥林匹克知识教育等方面的经费保障，持续完善学校体育场馆等配套设施。增强美育熏陶，加强美育工作，持续支持戏曲、民族艺术、高雅艺术等进校园活动。支持开展学生生活实践、劳动技术和职业体验教育活动，着力提升劳动教育支撑保障能力。（责任单位：市教委、市委教育工委、市财政局、市卫生健康委、市体育局、市发展改革委，各区人民政府）

（五）支持提升首都教育质量。始终坚持把义务教育作为教育投入的重中之重，不断完善城乡义务教育经费保障机制。继续支持各类中小学改革项目，推进义务教育优质均衡发展。完善市级优质高中教育资源统筹机制，扩大优质高中办学规模，引导高中学校特色发展。支持开展职业教育实训实习，推进技术技能人才培养。坚持“以本为本”，支持高校健全教学质量保障体系，培养创新人才。支持高水平教育信息化服务平台和资源建设，促进信息化与教育深度融合，创新教育教学模式，支撑首都教育发展。（责任单位：市教委、市财政局、市人力资源社会保障局、市经济和信息化局，各区人民政府）

（六）不断提高教师队伍建设保障水平。将教师队伍建设作为教育投入重点予以优先保障，鼓励吸引优秀人才从事教育事业，加大体育、美育、劳动教育等紧缺学科教师的配备力度。按需保障教师培训经费投入，不断提升教师专业素质能力。优先落实义务教育教师工资待遇政策，财政经费优先保障中小学教职工工资发放。完善中小学教师工资正常增长机制和中小学教师工资与公务员工资同步调整联动机制，确保中小学教师平均工资收入水平不低于或高于本地区公务员平均工资收入水平。提高公办幼儿园非在编教师工资待遇，缩小与在编教师的工资差距，逐步实现同工同酬。持续实施乡村教师岗位生活补助政策。落实建设乡村教师周转宿舍和为乡村教师租赁周转房政策。支持职业院校“双师型”教师和特殊教育学校教师队伍建设。加大对高层次人才培育和引进支持力度，充分发挥海聚工程、高层次人才创新创业支持计划、高精尖创新中心及卓越青年科学家等项目优势，支持建设高水平高校人才队伍。（责任单位：市教委、市人力资源社会保障局、市财政局、市发展改革委、市规划自然资源委、市住房城乡建设委，各区人民政府）

（七）着力缩小城乡间教育发展差距。推进中小学区域集团化办学、学区制改革、九年一贯制办学和城乡中小学校一体化发展。加大对生态涵养区教育事业发展的支持力度，提升农村地区教育水平。支持乡村小规模学校和乡镇寄宿制学校建设。加大市级统筹力度，在城市副中心、“三城一区”等重点产业功能区和人才聚集区统筹建设一批优质学校。（责任单位：市教委、市财政局、市人力资源社会保障局、市发展改革委、市规划自然资源委、市住房城乡建设委，各区人民政府）

9月28日，喇叭沟门满族乡中心小学开展“前进！满乡少年”体育嘉年华课间操挑战赛 （喇叭沟门满族乡中心小学 供）

（八）支持解决人民群众关注的热点难点问题。完善市、区两级财政保障学前教育事业发展的长效机制，通过给予扩学位补助、租金补贴、生均定额补助等方式，扩大学前教育学位供给。全面提升城市副中心、城市南部地区、回天地区教育质量，进一步补齐教育资源短板，支持城区优质学校与相关地区学校开展帮扶活动。不断健全学生资助制度，完善资助办法。每学年对各类在校生资助情况进行排查，实现应助尽助，提高精准资助水平。（责任单位：市教委、市财政局、市发展改革委、市人力资源社会保障局、市民政局，各区人民政府）

（九）聚焦服务首都经济社会发展。在保障教育事业基本运转需求的基础上，教育经费优先保障市委市政府确定的教育领域重大政策、发展规划等方面工作。深化市属高校预算拨款制度改革，推动市属高校内涵、特色、差异化发展。支持国家"双一流"建设、高精尖学科建设和一流专业建设等，引导中央和市属高校主动服务首都经济社会发展。深化高精尖创新中心和北京实验室建设，提升高校科技创新能力。优化科技成果转化环境，推进高校科技成果转化。推动高校所属企业体制改革，促进产学研深度融合。支持高校之间、高校和社会单位之间资源共享，密切对接"三城一区"发展和科技创新需求，增强服务保障能力。重点推进教育领域疏解整治促提升行动，支持高校新校区建设，优化老校区功能。积极推动良乡、沙河高教园区建设和提升，持续优化教育资源布局。完善现代职业教育体系，深度推进产教融合、城教融合，提升职业教育与高精尖产业结构的契合度。落实京津冀协同发展战略，全力支持雄安新区教育发展。推进共建"一带一路"教育行动，优化教育对外开放布局。（责任单位：市教委、市财政局、市人力资源社会保障局、市发展改革委、市委外办市政府外办，相关区人民政府）

四、科学管理教育经费

（十）落实管理责任。按照深化"放管服"改革要求，进一步简政放权，落实市、区两级教育经费统筹权和各级各类学校经费使用自主权。建立健全"谁使用、谁负责"的教育经费使用管理责任体系。教育部门和学校是教育经费的直接使用者、管理者，在教育经费使用管理中负有主体责任，要会同相关部门科学规划事业发展和经费投入方向，依法依规、合理有效使用教育经费。财政部门要按规定落实国家财政教育投入等政策，优先保障教育支出，加强预决算管理。发展改革部门要优先规划教育发展，依法加强成本监审，建立健全收费标准动态调整机制。人力资源社会保障部门要优先保障学校教职工配备，完善并落实教师待遇政策。（责任单位：市教委、市财政局、市发展改革委、市人力资源社会保障局，各区人民政府）

（十一）改进管理方式。以监审、监控、监督为着力点，不断完善教育经费监管体系。健全预算审核机制，对重大政策和重点项目开展事前绩效评估。坚持按需预算，预算安排按照年度内预计实际支出数额下达。硬化预算执行约束，从严控制预算调剂事项。加强信息公开，按照要求公开部门和单位预决算信息。完善以内控为核心的财务管理制度，健全经济活动内部控制体系，有效防控经济风险。监测教育经费执行情况，发布教育经费执行情况统计公告，加强统计数据分析利用。教育经费投入使用管理情况纳入教育督导范围。审计机关要依法对财政教育资金的投入使用管理情况开展审计监督，加强对内部审计工作的指导和监督。教育部门和学校要加强内部审计监督，提高审计质量，强化审计结果运用，推动完善内部治理。推进经济责任审计党政同责同审，实现领导干部经济责任审计全覆盖。鼓励各区建立和完善中小学校长任期经济责任审计制度。（责任单位：市教委、市财政局、市发展改革委、市审计局、市委组织部，各区人民政府）

（十二）提高使用绩效。各级教育部门和学校要牢固树立"花钱必问效、无效必问责"的理念，逐步推进各类教育全成本预算绩效管理，建立和完善教育领域全方位、全过程、全覆盖的预算绩效管理体系。强化预算绩效目标管理，紧密结合教育事业发展，优化绩效目标设置，完善绩效目标随同预算批复下达机制。对绩效目标实现程度进行监控，发现问题及时纠正。对实施期超过一年的重大政策和重点项目实行全周期跟踪问效，建立动态评价调整机制，政策到期、绩效低下的要及时清理和退出。强化绩效结果应用，将绩效评价结果作为完善政策、编制预算、优化结构、改进管理的重要依据，作为领导干部考核的重要内容。加大绩效信息公开力度，推进绩效目标和绩效评价报告"双公开"。坚持过"紧日子"思想和勤俭节约办教育理念，严格执行项目管理相关规定，加强建设项目投资管控，严控超规模、超标准、超概算项目，严禁形象工程、政绩工程，严禁超标准建设豪华学校，确保每一笔教育经费都要用到刀刃上。（责任单位：市教委、市财政局、市发展改革委、市委组织部，各区人民政府）

（十三）增强管理能力。市、区教育财务管理部门要进一步提高服务意识，提升服务能力和水平，全面增强依法理财、科学理财本领。健全和完善教育资金分配使用管理等制度体系，加强教育财务管理信息化建设，提高科学化、信息化管理水平。加强教育财务管理干部队伍培训，增强专业化管理本领。教育部门和学校要按照不相容岗位相分离的原则，合理设置会计、出纳、资产管理和审计等岗位，配齐配好管理机构和专业人员。推动落实并探索创新高校总会计师委派制度，加强学生资助、经费监管等队伍建设。（责任单位：市教委、市委组织部、市委编办、市财政局、市人力资源社会保障局，各区人民政府）

各区要健全工作机制，加强统筹协调，形成工作合力，认真落实优化教育经费使用结构、提高使用效益等各项任务，制定切实可行的工作措施，逐项分解任务，压实责任，确保工作成效。市有关部门要加强对各区的工作指导，及时研究解决困难和问题。市教委要会同有关部门对各区任务落实情况开展监督检查，对发现的问题，督促整改落实。对违反财经纪律的行为，依纪依规严肃处理。有违法行为的，按照相关法律法规进行处罚，构成犯罪的，依法追究刑事责任。

中共北京市委教育工作领导小组关于印发《北京市关于深化新时代教育督导体制机制改革的实施意见》的通知

市委教育工作领导小组各成员单位，各区委教育工作领导小组，相关单位：

《北京市关于深化新时代教育督导体制机制改革的实施意见》已经市委全面深化改革委员会第十二次会议讨论通过，现印发给你们，请结合实际认真贯彻落实。

2020 年 9 月 17 日

北京市关于深化新时代教育督导体制机制改革的实施意见

为贯彻落实中共中央办公厅、国务院办公厅《关于深化新时代教育督导体制机制改革的意见》（厅字〔2020〕1号），结合首都教育工作实际，现就进一步深化我市教育督导体制机制改革，提出如下实施意见。

一、总体要求

（一）指导思想

以习近平新时代中国特色社会主义思想为指导，全面贯彻党的十九大和全国、北京市教育大会精神，坚持社会主义办学方向，紧紧围绕确保教育优先发展、落实立德树人根本任务，坚持首善标准，加强政府统筹，以优化管理体制、完善运行机制、强化结果运用为突破口，不断提高教育督导质量和水平，推动有关部门、各级政府、各级各类学校和其他教育机构（以下统称学校）切实履行教育职责。

（二）主要目标

到 2022 年，建成全面覆盖、管理科学、体系开放、运转高效、结果权威、问责有力，与首都教育治理体系和治理能力相适应的教育督导体制机制，为办好人民满意的首都教育提供坚实保障。

（三）基本原则

坚持目标导向，全面落实中央改革要求。结合本市实际，进一步明确教育督导体制机制改革阶段目标、主要任务和实施举措，不断完善教育治理体系，提升教育治理能力。

坚持问题导向，着力推进教育督导体制机制改革创新。主动适应新时代教育改革发展的新形势新任务新要求，聚焦教育督导机构不健全、权威性不够、结果运用不充分等突出问题，加强顶层设计，把握关键环节，不断完善体制机制，努力破解教育督导重点难点痛点问题，切实增强教育督导的权威性和实效性。

坚持首善标准，不断提升教育督导质量和水平。立足首都“四个中心”功能定位，充分发挥示范引领作用，高标准高质量贯彻落实新时代教育督导改革目标任务。全面梳理、凝练教育督导改革成果和经验，推动形成生动实践，为实现首都教育现代化奠定坚实基础。

二、主要任务

（一）进一步深化教育督导管理体制改革

完善教育督导领导体系建设。北京市人民政府教育督导委员会由分管教育工作的副市长任主任，市政府联系教育工作的副秘书长和市教委主任任副主任。北京市人民政府教育督导委员会成员单位包括市委组织部、市委宣传部、市委教育工委、市委编办、市委社会工委市民政局、市发展改革委、市教委、市科委、市经济和信息化局、市民族宗教委、市公安局、市司法局、市财政局、市人力资源社会保障局、市规划自然资源委、市住房城乡建设委、市城市管理委、市交通委、市农业农村局、市卫生健康委、市应急局、市市场监管局、市审计局、市体育局、市统计局、市政府教育督导室、共青团市委等部门和单位，办公室设在市政府教育督导室，承担日常工作。各区结合实际，比照上述做法，强化区级政府教育督导职能，理顺管理体制，健全机构设置，创新工作机制，充实教育督导力量，确保负责教育督导的机构独立行使职能。（责任单位：市委编办、市政府教育督导委员会各成员单位、各区政府）

全面落实教育督导职能。市、区两级教育督导机构要严格依照《教育督导条例》等法律法规，强化督政、督学、评估监测职能，加强对下一级政府履行教育职责的督导，重在发现问题、诊断问题、督促整改，确保党和国家的教育方针政策落地生根。市政府教育督导委员会统筹指导本市教育督导工作，负责研究制定本市教育督导的重大政策，审议本市教育督导发展规划和重要事项，聘任市级督学，每年至少组织一次综合督导。市政府教育督导室负责统筹规划、组织实施本市教育督导工作，定期对市政府相关部门和区级政府履行教育职责情况进行督导评估，对各级各类学校规范办学情况和教育教学水平进行督导评估，对全市各级各类教育发展状况和质量进行监测。各区要参照市级做法，进一步完善教育督导职能。各级各类学校要深入

实施内部督导，健全教育教学质量保障体系。（责任单位：市政府教育督导委员会各成员单位、各区政府）

优化教育督导管理体系。建立完善市级统筹、分级负责、协调有力、运转顺畅的管理体系。完善教育督导委员会工作规则，明确成员单位职责，健全沟通联动机制。各成员单位要安排专门人员负责联系教育督导工作，成员单位要积极参加督导，履行应尽职责，形成统一协调、分工负责、齐抓共管的工作格局。加强教育督导部门与教育行政部门的协同协作，建立完善督前会商、结果通报、问题整改等联动机制。加强市、区联动，市级教育督导机构要强化对区级教育督导机构的业务指导、督促检查。区级教育督导机构年度工作计划、重大事项和督导结果须向市级教育督导机构报告。（责任单位：市政府教育督导委员会各成员单位、各区政府）

（二）进一步深化教育督导运行机制改革

强化督政。构建对市级有关部门和区级政府、乡镇（街道）政府履行教育职责的分级督导机制，定期开展对本级政府相关部门及下一级政府履行教育职责情况的督导。重点督导评价党中央、国务院和市委、市政府重大教育决策部署落实情况，主要包括办学标准执行、教育投入落实和经费管理、教师编制待遇、重大教育工程项目实施等情况。加强义务教育均衡发展常态监测和督导评价工作。完善控辍保学督导机制和考核问责机制。组织开展教育热点难点问题和重点工作专项督导。（责任单位：市教委、市政府教育督导室、各区政府）

优化督学。健全完善市级统筹制定标准、区级为主组织实施，对学校进行督导评价的工作机制。重点督导学校落实立德树人情况，主要包括学校党建及党建带团建队建、意识形态工作责任制落实、教育教学、科学研究、师德师风、资源配置、安全稳定等情况，促进学校规范办学行为、发展素质教育。加强中小学校、幼儿园责任督学挂牌督导工作，创新督学责任区建设。推进完善各级各类学校内部督导，优化学校内部治理。原则上，学校校（园）长在一个任期内要接受一次综合督导。加强对民办学校的全方位督导。（责任单位：市教委、市政府教育督导室、各区政府）

科学实施评估监测。建立健全各级各类教育评估监测制度，健全完善教育督导部门统一归口管理、多方参与的教育评估监测机制。完善评估监测指标体系，加强对学校办学状况和教育教学质量的评估监测。开展学前教育发展状况、义务教育质量和发展状况、高等教育教学质量常态监测。开展职业教育和高等教育评估。开展硕士学位论文抽检。完善第三方评估监测机制。开展首都教育工作公众满意度调查。（责任单位：市教委、市政府教育督导室、各区政府）

创新教育督导模式方法。遵循教育督导规律，全面推进智慧督导。建立完善综合督导、专项督导、经常性督导、内部督导等科学高效的教育督导模式。统筹督政、督学、评估监测工作，整合实施各项督导检查、评估监测，提高督导工作效能，减轻基层负担。完善督导信息化建设，充分利用现代信息技术开展网上督导、云端监测。鼓励和引导基层创新督导模式方法，提高教育督导针对性和实效性。（责任单位：市教委、市政府教育督导室、各区政府）

（三）进一步深化教育督导问责机制改革

完善报告制度。各级教育督导机构开展教育督导工作，均要形成督导报告。健全教育督导报告发布制度，坚持市、区两级教育督导机构“谁组织、谁发布、谁负责”的原则，完善发布办法，规范发布流程，利用政府门户网站、新闻媒体及新媒体等载体，以适当方式向社会公开发布督导报告，接受人民群众监督。（责任单位：市教委、市政府教育督导室、各区政府）

规范反馈制度。各级教育督导机构应及时向被督导单位反馈督导结果及存在的问题，下达整改决定，提出整改要求和工作建议，同时抄送被督导单位业务主管部门。（责任单位：市教委、市政府教育督导室、各区政府）

严肃约谈制度。对贯彻落实党的教育方针和党中央、国务院教育决策部署以及市委、市政府工作要求不坚决不彻底，履行教育职责不到位，教育攻坚任务完成严重滞后，办学行为不规范，教育教学质量下降，安全问题较多或拒不接受教育督导的被督导单位，由教育督导机构对其相关负责人进行约谈。约谈书面记录要报送被督导单位所在地党委和政府及上级部门备案，作为政绩和绩效考核的重要依据。（责任单位：市委教育工委、市教委、市政府教育督导室、各区政府）

12月29日，朝阳区教委开展诊断式督导实践研究。图为研究人员走进幼儿园 （朝阳区教委 供）

强化整改制度。各级教育督导机构要督促被督导单位牢固树立"问题必整改，整改必到位"的责任意识，切实维护督导严肃性。被督导单位要按照整改意见，制定整改方案，落实整改措施，在规定期限内报告整改结果并向社会公布整改情况。对整改不到位、不及时的，市、区教育督导机构要发督办单，限期整改并公布整改情况。被督导单位的主管部门要履行主体责任，指导督促被督导单位落实整改意见，整改不力要负连带责任。（责任单位：市教委、市政府教育督导室、各区政府）

健全复查制度。市、区教育督导机构要对本行政区域内被督导事项建立"回头看"机制，针对整改情况适时进行复查，督促整改落实，防止问题反弹。（责任单位：市教委、市政府教育督导室、各区政府）

建立通报制度。对教育督导发现的问题整改不力、推诿扯皮、不作为或没有完成整改落实任务的被督导单位，由教育督导机构将督导结果、工作表现和整改情况通报其所在地党委和政府及上级部门，建议其领导班子成员不得评优评先、提拔使用或者转任重要职务。对落实党中央、国务院和市委、市政府教育决策部署不力及违反有关教育法律法规的行为，要在新闻媒体予以曝光。（责任单位：市委教育工委、市教委、市政府教育督导室、各区政府）

压实问责制度。整合教育监管力量，建立教育督导与教育行政审批、处罚、执法等联动机制，明确部门分工，压实工作责任。对履职评价不合格、整改不力，阻挠、干扰和不配合教育督导工作，对教育群体性事件多发高发、应对不力、群众反映强烈，因履行教育职责严重失职导致发生重大安全事故或重大涉校案事件，出现违法办学、侵犯受教育者和教师及学校合法权益、教师师德失范违法行为等，造成严重后果的被督导单位，根据情节轻重，严肃追究相关单位负责人的责任，违法行为移交执法部门调查处理，涉嫌犯罪的依法追究刑事责任。对于民办学校存在此类情况的，根据情节轻重，按照有关规定，教育行政主管部门可依法督促学校撤换相关负责人，审批部门可依法吊销办学许可证。问责和处理结果要及时向社会公布。（责任单位：市教委、市政府教育督导室、各区政府）

落实激励制度。市、区政府要将教育督导结果及整改情况作为领导干部考核、任免、奖惩的重要参考。对教育督导结果优秀的被督导单位及有关负责人进行表彰，在政策支持、资源配置等方面予以优先考虑。（责任单位：市委组织部、市委教育工委、市教委、市政府教育督导室、各区政府）

（四）进一步深化教育督导队伍管理机制改革

配齐配强各级督学。市、区政府要高度重视教育督导队伍建设，按照相关规定，聘任讲政治、敢担当、懂教育的市、区级督学。结合工作实际，建设数量充足、结构合理、业务精湛、廉洁高效、专兼结合的督学队伍。原则上，各区督学与学校数配备比例不低于 1 ： 3，部分学生数较多的学校按 1 ： 1 的比例配备。专兼职督学的具体比例由各区根据实际情况确定。（责任单位：市教委、市政府教育督导室、各区政府）

创新督学聘用方式。完善督学选聘标准，健全督学遴选程序，择优选聘督学。根据履职需要，从具有行政管理和学校管理经验的专家、教学科研骨干和学科带头人等干部教师中选聘专兼职督学。从退休时间不长且身体健康的干部中，聘用一批政治素质过硬、专业经历丰富、工作责任心强的督学，从事督政工作；从退休时间不长且身体健康的校长、教师、专家中，聘用一批业务优秀、工作敬业、有多岗位从业经验的督学，从事学校督导工作。逐步扩大专职督学比例。建设一批恪尽职守、敢于督导、精于督导的督学骨干力量，保证督学队伍相对稳定。（责任单位：市教委、市政府教育督导室、各区政府）

提高督学专业化水平。健全督学培训机制，制定培训规划，完善督学培训课程、教材，建设教育督导培训示范基地，优化督学培训方式和手段。依托现代信息技术，形成完善的市、区两级培训体系，分级分类开展培训。将督学培训纳入教育管理干部培训计划，与高校联合培养培训教育督导专门人才，提高督学培训实效。总结推广督学工作经验，提升督学队伍工作能力和专业水平。（责任单位：市教委、市政府教育督导室、市人力资源社会保障局、各区政府）

严格教育督导队伍管理监督。实行督学分级分类管理，市、区教育督导机构分别对本级督学进行管理，制定考核标准，做好年度考核和聘期考核，强化实绩考核。完善督学激励机制，结合教育事业发展实际，拓宽专职督学职业发展与晋升渠道，合理确定兼职督学督导工作量，调动督学工作积极性。建立健全督学退出机制。市、区政府建立对本级教育督导机构的监督制度，市级教育督导机构要完善对区级教育督导机构的监督，健全教育督导岗位责任追究机制。公开挂牌督学联系方式和督导事项，接受社会监督。严明政治纪律和政治规矩，不断提高教育督导队伍政治素质。加强职业道德建设，确保督导人员依法督导、文明督导。严格执行廉政纪律和工作纪律，督促督学坚持原则，公正履职。对督学的违纪违规行为，认真查实，严肃处理。（责任单位：市教委、市政府教育督导室、市财政局、各区政府）

（五）进一步深化教育督导保障机制改革

加强教育督导法治建设。完善教育督导法规规章，加快相关规章制度建设。强化程序意识，细化工作规范，完善督导流程，使教育督导各方面、各环节的工作都有章可循。推进《北京市教育督导规定》修订，开展教育督导地方性法规相关调研工作。明确教育督导法律地位，完善教育督导法律依据，进一步强化依法履职、依法督导意识和责任。（责任单位：市司法局、市教委、市政府教育督导室）

强化教育督导专业支撑。整合教育督导专业力量，充分发挥教育督导专业机构职能作用，开展教育督导理论与实践研究、政策咨询、督学培训、项目实施等工作。发挥高等院校、科研院所及北京市教育督导学会等学术团体和社会组织作用，围绕教育督导领域重点难点热点问题开展深入研究与实践，提升教育督导专业化水平。（责任单位：市教委、市政府教育督导室）

加快教育督导信息化建设。进一步完善北京市教育督导信息管理应用平台和教育督导数据库。推进市级统一建设和市、区、校、督学四级应用的工作模式，构建智能化教育督导管理应用体系，提高信息化、科学化水平。（责任单位：市教委、市政府教育督导室、市经济和信息化局、各区政府）

三、工作要求

（一）加强组织领导

全面加强党对教育督导工作的领导。由市委、市政府分管教育工作的负责同志统筹协调相关工作，充分发挥市政府教育督导委员会的协同作用，明确部门职责，压实工作任务。将贯彻落实中央改革要求纳入市委教育工作领导小组年度工作计划，督促各相关部门如期落实改革事项。（责任单位：市政府教育督导委员会各成员单位）

（二）加强宣传交流

充分利用报刊、电视、互联网等媒体，广泛宣传改革政策举措，开展政策解读，及时回应社会关切，努力营造全社会关心支持教育督导改革发展的良好氛围。加强教育督导工作国际交流，参与国际教育评价项目，交流宣传中国特色教育督导工作经验。健全教育督导京津冀区域协作机制，深入开展区域交流与合作，引领教育督导水平提升。（责任单位：市委宣传部、市委教育工委、市教委、市政府教育督导室、各区政府）

（三）加强条件保障

市、区政府要将教育督导工作经费列入本级财政预算，提高经费管理使用效率。采取有效措施，妥善解决教育督导工作所需通信、交通、食宿、劳务等费用，切实保障督学办公用房、办公设备等，为教育督导工作提供必要条件，保证教育督导各项工作有效开展。（责任单位：市财政局、市教委、市政府教育督导室、各区政府）

（四）加强督导落实

市委、市政府各相关部门结合自身职责，强化协同联动、履行主体责任。各区对照要求，制定时间表、路线图、任务书，扎实推进教育督导体制机制改革。市政府教育督导委员会组织协调对改革任务落实情况的督促检查，切实将工作要求落到实处，取得实效。（责任单位：市政府教育督导委员会各成员单位、各区政府）

中共北京市委办公厅　北京市人民政府办公厅印发《关于减轻中小学教师负担进一步营造教育教学良好环境的若干措施》的通知

各区委、区政府，市委各部委办，市各国家机关，各国有企业，各人民团体，各高等院校：

经市委、市政府同意，现将《关于减轻中小学教师负担进一步营造教育教学良好环境的若干措施》印发给你们，请结合实际认真贯彻落实。

2020 年 12 月 25 日

关于减轻中小学教师负担进一步营造教育教学良好环境的若干措施

为深入贯彻全国教育大会和中共中央办公厅、国务院办公厅《关于减轻中小学教师负担进一步营造教育教学良好环境的若干意见》精神，进一步营造全社会尊师重教的浓厚氛围，为教师安心、热心、舒心、静心从教创造更加良好环境，现就减轻中小学教师负担提出如下措施。

一、统筹规范督查检查评比考核事项

1. 实行年度计划和审批报备制度。各级党委和政府要统一部署和依法依规开展督查检查评比考核工作。除党中央、国务院以及市、区党委和政府统一部署开展的督查检查评比考核外，各部门拟开展的涉及中小学校和教师的督查检查评比考核事项，按照归口管理原则，实行年度计划和审批报备制度，年初分别报同级党委办公厅（室）、政府办公厅（室）研究审核，经党委办公厅（室）统一报党委审批。上报内容包括名称、依据、内容、对象、方式、时间、参与单位等。除教育部门外，其他部门不得自行设置以中小学教师为对象的督查检查评比考核事项，确需开展的要商同级教育部门，按程序报批后实施。

2. 严格控制总量和频次。涉及中小学校和教师的督查检查评比考核事项，由同级教育部门统筹协调开展，内容相关或时间相近的事项可合并进行，涉及多部门的要联合开展，不能层层加码、扩大范围、增加环节、延长时间，坚决避免对中小学校和教师随意提出要求。部门督查检查不能打着市、区党委和政府的旗号，日常调研指导工作不能随意冠以督查、检查、巡查、督察、督导等名义。各区要对现有涉及中小学校和教师的督查检查评比考核事项进行一次集中

清理，确保对中小学校和教师的督查检查评比考核事项在现有基础上减少50%以上。清理后保留的事项实行清单管理，经区委教育工作领导小组审批后报市委教育工作领导小组备案，今后发生变化的于年初按上述审批备案程序执行。

3. 改进方式方法。各种常规管理工作的督查检查，坚持走群众路线，简化程序，加强常态化了解，注重工作实绩，更多关注改革发展、政策落地情况。坚持问题导向，灵活运用实地暗访、随机抽查、“四不两直”调研等方式，关键看决策部署是否真正落实、教师是否真正满意。考核评价要突出国家和本市关于基础教育决策部署的贯彻执行情况，科学合理设置综合考核评价指标体系，充分考虑不同学段、不同类型中小学校的特点，体现差异化要求；要突出重点，精简指标和内容，避免面面俱到和重复雷同；要突出立德树人的政策导向，坚决克服“五唯”的顽瘴痼疾，从根本上解决教育评价指挥棒问题。

二、统筹规范社会事务进校园

4. 统筹规范基础教育扶贫协作和支援合作任务。市、区教育部门负责统筹基础教育扶贫协作和支援合作任务，按照上级部署的任务和要求，整合教育资源，精细谋划，科学设计，合理安排部署“援疆”“援藏”“援青”等教育扶贫、支持城市副中心和河北雄安新区建设、辐射带动其他地区以及本市区域间基础教育优质均衡发展等各项任务。

5. 统筹规范中小学校承接各种考试考务工作任务。市教育部门负责统筹教育系统中高考、国家教师资格考试等各项考试承接工作；相关部门组织的各种社会考试主要通过协调高校和职业院校承接考务工作，需要协调中小学校承接考务工作的，年初将考试工作计划报同级教育部门统筹，按计划执行。

6. 合理安排专项任务。各级党委和政府统一部署开展的维护稳定、扫黑除恶、防灾减灾、消防安全、交通安全、垃圾分类、防疫防艾等重要专项工作，确需中小学校和教师参与的，一般不得影响正常教育教学。对专项任务涉及内容已纳入地方课程或校本课程的，由教育部门根据中小学生身心发展阶段统筹实施，不再重复安排。如遇特殊时期和紧急情况确需中小学校和教师参加的专项任务，由教育部门根据上级要求布置。

7. 科学安排有关教育宣传活动。面向中小学生开展的安全法治、传统文化、廉洁文化、民族艺术、科普知识、冬奥知识、救护知识等专题（主题）教育宣传活动，由教育部门整体规划、统筹安排、分类指导。要根据中小学生德智体美劳全面发展的需要合理融入教学安排，尽可能与相关课程有机结合。

10月26日，财会学校培训中心组织教师提升培训活动
（李纪军　摄）

8. 合理安排城市创优评先和大型活动服务任务。各级党委和政府统一部署开展的文明、卫生、绿色、宜居、旅游等城市创优评先活动和大型活动服务保障任务，涉及中小学校的，由教育部门严格按要求依程序统筹安排。

9. 合理安排街道社区事务。街道社区发展社区教育，吸引中小学校参与社区建设相关活动，不得影响正常教育教学。对教师参与相关活动提出不合理要求或所提要求影响正常教育教学的，学校有权予以拒绝。

三、统筹规范精简相关报表填写工作

10. 规范精简各类报表填写和材料报送工作。各级党委和政府及教育部门要严格规范涉及中小学教师的报表填写和材料报送工作，根据需要进行统筹安排，精简内容和频次，杜绝多头布置和重复上报。

11. 严格规范教育统计和调研工作。严格贯彻落实《教育统计管理规定》有关要求，规范中小学校教育统计工作。除统计部门外，其他部门开展涉及中小学和教师的教育统计工作，须报请同级政府统计部门审批同意后，由同级教育部门统一安排实施。针对中小学教师开展的调研活动，须经同级教育部门同意并部署，实行总量控制。

12. 提升数据采集信息化水平和使用效益。市、区教育部门和学校要加强信息管理系统建设，规范和统一各类数据的基础信息字段和标准，健全、完善并整合各类教育信息管理系统，建立市、区教育大数据平台和数据交换中心，实行统一认证登录，形成一次采集多次使用的数据共享机制。

13. 加强市教师管理信息系统建设。落实教育部教师管理信息系统建设要求，完善市教师管理信息系统建设及工作机制，统筹规划市、区教师信息融通工作，避免重复采集。强化数据权威性，持续推动市教师管理信息系统作为教师信息唯一来源并融入市、区教育大数据平台。

四、统筹规范中小学教师抽调借用、参加培训事宜

14. 从严规范借用中小学教师行为。教育部门统筹中小学教师安排使用工作，严格限制和规范有关部门抽调借用中小学教师。各区教育部门要对现有抽调借用中小学教师情况进行一次集中清理规范，将结果报送区委教育工作领导小组审批。按照非必要不抽调的原则，严格控制安排中小学干部教师参与督导、检查、评比、验收等工作的人员数量和次数。借用中小学教师参与贯彻落实党和国家重大决策部署任务，应在不影响学校正常教育教学情况下，经区教育部门同意，报区委审批备案，借用期限原则上不超过半年。

15. 统筹规范中小学教师培训工作。教育部门统筹管理中小学教师各项培训活动，科学设计培训规划，合理安排每年教师培训任务。全面推进中小学教师教研和培训一体化工作，减少教师重复劳动。创新教师培训方式，结合教师工作和生活实际，优化培训内容，采取线上线下相结合的混合式培训、菜单式选学、开放式培训等多种形式，提升培训的针对性、主动性和实效性。对于非教育教学方面的培训，市、区教育部门要严格把关，除相关部门依法依规开展的培训外，能取消的取消，能合并的合并。

五、推进学校治理体系和治理能力现代化

16. 提升中小学校治理效能。健全现代中小学校制度体系，推进学校治理能力现代化。学校领导班子和管理人员要不断提升自身综合素质和管理水平，完善和创新教育教学管理方式，深化教育评价和人事制度改革，营造教育教学良好环境，结合实际合理确定不同年级、学科、岗位教师的教学工作量标准，确保教师的时间和精力集中在教育教学核心任务上。

17. 提高教师综合素质。不断提升教师热爱教育事业的情怀和工作热情。市、区教育部门和学校要指导教师树立正确的教育质量观、人才观、师生观、教学观，促进学生的全面发展和健康成长。改革教师评价，引导教师不断提高教书育人素质能力，鼓励教师运用现代信息技术推进教育方式、育人方式变革和线上线下融合化教育教学，提高工作效率和质量。通过培训提升教师心理健康水平，引导教师掌握恰当的心理调适方法，缓解压力，提高职业幸福感。

六、强化组织保障

18. 加强组织领导。各级党委和政府要高度重视，切实履行责任，把减轻中小学教师负担工作纳入重要议事日程，严格落实审批和报备制度，扎实推进落实。市、区党委教育工作领导小组要加强统筹协调、宣传引导、督促落实。市、区教育部门要在党委和政府的领导下，认真落实好组织实施工作。要依法保障学校办学自主权和中小学教师各项权益，激励教师肯干能干做出成绩。严格教职工编制管理，严禁挤占、挪用、截留编制和有编不补。对适合社会力量提供的工勤和教学辅助等服务，鼓励采取购买服务方式解决。

19. 加强督导监管。市政府教育督导室要把减轻中小学教师负担工作纳入对区政府履行教育职责的督导范围，重点督导各区对清理后保留的督查检查评比考核工作事项清单的执行情况。市、区政府教育督导室要把减轻中小学教师负担工作作为教育督导和开学检查的重要内容。注重运用信息技术手段，以督促减，以减增效，指导各区各校做好落实工作。坚持定期督导与长期监管相结合，将结果作为各级党政领导班子和有关领导干部综合考核评价、奖惩任免的重要参考，对于执行不力、落实不到位的要严肃问责。要加强对教师负担情况的监测研究，及时追踪收集相关数据，为教师减负提供决策依据。

20. 加强宣传引导。各级党委和政府及教育部门要加大宣传力度，通过多种形式，广泛宣传党的教育方针和党中央、国务院关于教师队伍建设的决策部署，广泛宣传中小学教师教书育人、立德树人、培养社会主义建设者和接班人的神圣使命，大力倡导尊师重教，努力引导全社会进一步理解教育工作、关心中小学教师发展，共同营造良好的教育教学环境。

附件：北京市中小学教师减负清单

附件：北京市中小学教师减负清单

1. 严格实行中小学校和教师督查检查评比考核事项年度计划和审批报备制度，未按规定程序报批备案、未列入年度计划的，不得开展。

2. 严格控制涉及中小学校和教师的督查检查评比考核事项总量和频次，能合并的尽量合并，不得多头重复开展同类事项，不得干扰正常教育教学工作。各类创建活动、综合督导、评估验收、评选评价等，原则上 3 至 5 年开展 1 次；专项督导、教学视导、学科视导，原则上每所学校每年不超过 1 次；每月 1 次的相关检查、经常性督导要调整为每学期 2 次；统筹安排对中小学校的全面从严治党（党建）工作考核、中小学绩效考核、“平安校园”建设考核，每年开展 1 次。

3. 严格把握考核评价要突出立德树人的政策导向，坚决克服在各类考核评价过程中唯分数、唯升学、唯文凭、唯论文、唯帽子的顽瘴痼疾，从根本上解决教育评价指挥棒问题。

4. 严格简化考核评价程序要求，不得简单以留痕作为评价工作成效的标准，不得以微信工作群、政务 App（应用程序）上传工作场景截图或录制视频等方式来代替实际工作评价。

5. 严格统筹规范中小学校承接各种考试考务工作任务，需要协调中小学校承接考务工作的，由同级教育部门按年初上报计划执行。合理分解考试承接和监考任务，避免相对集中安排在部分学校和部分教师群体。

6. 严格按要求统筹安排专项社会事务和教育宣传活动

进校园，确需中小学校和教师参与的，由教育部门统筹实施，一般不得影响正常教育教学，不得重复安排，不得强制要求中小学教师撰写各种思想汇报、心得体会、征文总结等。

7. 严格按程序统筹安排城市创优评先活动和大型活动服务保障任务，未经教育部门统筹安排的，原则上不得自行安排中小学教师上街执勤或承担与教师职责无关的工作，不得向中小学教师摊派参加志愿活动的指令性任务，不得擅自进校园指导教师开展相关工作。

8. 合理安排和吸引中小学校参与社区建设相关活动，街道社区对教师参与相关活动提出不合理要求或所提要求影响正常教育教学的，学校有权予以拒绝。

9. 严格规范涉及中小学校和教师的教育统计工作，未按规定程序报批备案的不得开展。

10. 严格规范涉及中小学校和教师的报表填写和材料报送工作，未经教育部门统筹安排的，不得让中小学校和教师重复或多头填报各种表格，撰写提交教学案例、自查报告、工作总结等材料。

11. 严格规范针对中小学校和教师开展的调研等相关活动，未经教育部门同意不得开展调研活动，坚决避免不同部门重复调研。不得硬性要求中小学校和教师参加各类社会性评比、知识竞赛、文艺汇演、问卷调查等活动。

12. 严格规范教师信息采集和使用，提升数据采集的信息化水平，健全市教师信息管理系统，不得随意要求中小学教师重复交叉填报教师信息，精简填报内容和次数，建立一次采集多次使用的数据共享机制。

13. 严格限制和规范抽调借用中小学教师，不得随意长期抽调借用中小学教师，影响学校正常教育教学。

14. 严格统筹规范中小学教师培训工作，不得随意安排中小学教师参加与教育教学无关的培训活动；对于非教育教学方面的培训，教育部门要严格把关，除相关部门依法依规开展的培训外，不得把无关培训摊派给教师。

15. 科学合理确定中小学教师教学工作量标准及其时间的有效分配，不得硬性安排教师参加内容重复的教育教学竞赛活动，不得随意增加教师非教学工作量，支持教师充分利用信息技术手段优质高效完成工作任务。不得安排中小学教师承担寄宿制学校的安保、学校食堂管理等非教学管理工作。

16. 严格教职工编制管理，创新编制管理方式，严禁挤占、挪用、截留编制和有编不补。

中共北京市委办公厅 北京市人民政府办公厅 印发《关于全面加强和改进新时代学校体育工作的行动方案》的通知

各区委、区政府，市委各部委办，市各国家机关，各国有企业，各人民团体，各高等院校：

经市委、市政府同意，现将《关于全面加强和改进新时代学校体育工作的行动方案》印发给你们，请结合实际认真贯彻落实。

2020 年 12 月 30 日

关于全面加强和改进新时代学校体育工作的行动方案

为贯彻落实习近平总书记关于教育、体育的重要论述精神，切实加强和改进新时代学校体育工作，根据中共中央办公厅、国务院办公厅《关于全面加强和改进新时代学校体育工作的意见》，结合本市实际，制定如下方案。

一、总体要求

（一）指导思想

以习近平新时代中国特色社会主义思想为指导，全面贯彻党的教育方针，坚持社会主义办学方向，以立德树人为根本，以社会主义核心价值观为引领，以服务学生全面发展、增强综合素质为目标，坚持健康第一的教育理念，推动青少年文化学习和体育锻炼协调发展，将深化学校体育改革作为实施素质教育的重要手段，以强化体育课和课外锻炼为基础，进一步丰富学校体育供给、加强师资队伍建设、深化协同机制、完善评价机制、强化资源保障，扎实提升体育教育的育人水平，帮助学生在体育锻炼中享受乐趣、增强体质、健全人格、锤炼意志，培养德智体美劳全面发展的社会主义建设者和接班人，为首都经济社会发展提供强大的人才支持和智力支撑。

（二）基本原则

坚持面向未来。立足时代需求，更新教育理念，深化教学改革，使学校体育同教育事业的改革发展要求相适应，同广大学生对优质丰富体育资源的期盼相契合，同构建德智体美劳全面培养的教育体系相匹配。坚持“五育并举”，厚植“以体载德”“以体育美”“以体促劳”“以体筑智”的育人观念，扭转“重智轻体”和“唯升学率”的片面认识，引导学生养成终身锻炼的良好习惯，实现全面发展。

坚持问题导向。聚焦学生体质健康监测、“小眼镜”“小胖墩”现象反映的普遍性问题，以提升课堂教学质量、强化课外体育锻炼、扩大普及比赛活动为着力点，补齐师资、场馆、器材等短板，有效破解制约学校体育发展的瓶颈问题，促进学校体育健康发展。

坚持改革创新。着力推进学校体育育人理念、育人模式和方式方法变革，鼓励学校体育特色发展。弘扬中华体育精神，推广中华传统体育项目，形成“一校一品”“一校多品”的学校体育发展新局面。以发展校园足球、普及冰雪运动为突破口，进一步激发学校体育工作的活力。引导改革成果向学校体育基础性、常规性工作渗透，为实现学校体育工作的内涵发展和整体跃升奠定坚实基础。

坚持科学锻炼。以增强学生体质、促进身体健康为目标，遵循青少年成长成才规律和体育运动规律，坚持因材施教的理念，重视差异化教学和个体化指导，切实增强全体学生体育锻炼的科学性、针对性和实效性，避免“应试体育”教育。

坚持协同推进。加强政府统筹，强化部门协作，凝聚社会共识，联动家庭力量，深化体教融合，健全协同育人机制，建立完善家庭、学校、政府、社会共同关心支持学生全面健康成长的激励机制，为学生纵向升学和横向进入专业运动队、职业体育俱乐部打通通道。进一步优化学校体育改革发展的内外环境，有效促进学校体育育人水平的全面提升。

（三）工作目标

到 2022 年，配齐配强体育教师，开齐开足体育课，办学条件全面改善，学校体育工作制度机制更加健全，教学、训练、竞赛体系普遍建立，教育教学质量全面提高，育人成效显著增强，学生身体素质和综合素养明显提升。到 2030 年，学生体质健康水平全面达到《“健康中国 2030”规划纲要》要求，保持全国领先。到 2035 年，多样化、现代化、高质量的学校体育体系基本形成。

二、重点任务

（一）构建具有北京特点的体育与健康课程体系。学校体育课程注重大中小幼相衔接，聚焦提升学生核心素养。学前教育阶段开展适合幼儿身心特点的游戏活动，培养体育兴趣爱好，促进运动机能协调发展。基础教育阶段将体育与健康纳入课程综合改革统筹谋划，促进“五育”学科课程融合发展、协同育人；制定北京市中小学体育与健康课程实施方案，按照重基础、多样化、强专项的要求，构建学段衔接、贯通培养的一体化体育课程内容体系。职业教育体育课程与职业技能培养相结合，培养身心健康的技术人才。高等教育阶段体育课程与创新人才培养相结合，培养具有崇高精神追求、高尚人格修养的高素质人才，将体育纳入人才培养方案，学生体质健康达标、修满体育学分方可毕业；鼓励高校和科研院所将体育课程纳入研究生教育公共课程体系。

（二）增加学生体育锻炼时间，提升锻炼实效。鼓励基础教育阶段学校每天开设 1 节体育课，小学每周至少 5 节体育课，初中每周 4 ～ 5 节，高中每周 3 ～ 5 节。增加的课时从地方课程和校本课程中统筹安排。进一步增加学生课外体育活动时间，确保学生每天在校内外各参加 1 小时以上体育锻炼。高等学校要将体育工作纳入学生培养目标，结合专业设置广泛开展学校体育活动和竞赛，引导学生养成终身锻炼习惯。

（三）深化体育教学训练方式改革。以培养学生运动兴趣和体育养成为导向，坚持因材施教，强化教学相长。聚焦“健康知识＋基本运动技能＋专项运动技能”的学校体育教学模式，教会学生科学锻炼和健康知识，指导学生掌握跑、跳、投等基本运动技能和足球、篮球、排球、田径、游泳、体操、武术、冰雪运动等专项运动技能。创新体育与健康课程教学方式，优化教学组织模式，提升课堂教学

11 月，阳光体育平谷区第十四届中小学生武术比赛举办

（平谷区教委　供）

7月13日，明远教育书院实验小学青年城校区开设足球特色课程
（明远教育书院实验小学 供）

质量，促进学生兴趣培养、主动参与、自主锻炼。规范体育课教学，科学设计和安排运动负荷。将教师评价导向从教了多少转向教会了多少、从完成课时数量转向教育教学质量。健全体育锻炼制度，广泛开展普及性体育活动，组建体育兴趣小组、社团和俱乐部，推动学生积极参与常规课余训练和体育竞赛。

（四）健全体育竞赛和人才培养体系。建立校内竞赛、校际联赛、选拔性竞赛为一体的大中小学体育竞赛体系，构建市、区、校三级体育竞赛制度和选拔性竞赛体系。进一步完善分学段、分等级、跨区域的校园体育竞赛机制，促进各类体育竞赛活动全员化、常态化、品牌化发展。市级每年举办综合性、高水平、专业化的体育竞赛活动，发挥示范引领作用。各区要积极开展丰富多彩的青少年体育竞赛活动，定期举办学生运动会和体育节。鼓励中小学以班级、年级为单位开展校内体育周赛、月赛、季赛，每年至少举办一次全员参与的综合性运动会。强化安全教育，加强体育活动安全管理。深化体教融合，整合体教优质资源，在青少年赛事活动体系、注册管理、组织实施、场地共享、课余训练、后备人才培养、教练员裁判员培训等方面探索一体化组织管理机制。加强中小学体育传统特色学校建设，支持高校建立高水平运动队。鼓励中小学校与高校高水平运动队、专业运动队、体育职业俱乐部、社团组织等合作开展课余训练。发挥高水平竞技体育的示范引领作用，推动学校竞技体育与群众体育协同发展，形成体教深度融合、高水平发展的长效机制。

（五）加强体育教师队伍建设。配齐配强中小学体育教师。围绕教会、勤练、常赛的要求，完善体育教师绩效工资和考核评价机制。把师德师风作为第一标准，全面提升体育教师的综合素养和执教能力。大力加强高校体育教育专业建设，支持体育类一流专业建设，提高体育人才培养质量。加强新任体育教师培训，强化基本功技能考核，充分发挥市、区体育骨干教师、学科带头人、特级教师的引领作用。在大中小学校设立专（兼）职教练员岗位，研究制定北京市兼职体育教师管理细则，支持优秀教练员、退役运动员以及其他体育专业人员，经过培训和考核进入中小学任教。有条件的区或学校可通过购买服务方式，与相关专业机构等社会力量合作，向中小学提供体育教育教学服务。实施体育教育专业大学生支教计划。鼓励小学低年级教师经过专门培训兼上体育课。将体育教师课余指导学生勤练和常赛，以及承担学校安排的课间操、体育活动课、课后训练、课外活动、课后服务、指导参赛和走教任务等计入工作量，在绩效工资分配方案中给予充分考虑。完善体育教师职称评聘标准，确保体育教师在职务职称晋升、教学科研成果评定等方面，与其他学科教师享受同等待遇。坚持教学为本、科研先行，提升体育教师科研能力。加大对体育教师表彰力度，在教学成果奖等评选表彰中，体育教师要占有一定比例。落实高校高职体育专业和高校高水平运动队专业教师、教练员配备最低标准，不达标的高校原则上不得开办相关专业。

（六）推进学校体育重点项目改革。认真总结、系统梳理、及时推广各区各学校体育改革的成功经验和有益做法，进一步激发学校体育工作的活力和动能。深入推进青少年校园足球的普及发展，大力提升校园足球特色学校的建设质量。全面落实《北京2022年冬奥会和冬残奥会中小学生奥林匹克教育计划》，广泛开展冰雪进校园活动。弘扬和传承中华传统体育文化，积极推广武术、摔跤、棋类、射艺、毽球、五禽操、舞龙舞狮、抖空竹等中华传统体育项目，因地制宜组织开展教学、训练、竞赛活动，形成中华传统体育项目竞赛体系。构建校园体育文化发展与传播体系，涵养阳光健康、拼搏向上的思想文化，培养学生爱国主义、集体主义、社会主义精神，增强文化自信，促进学生知行合一、刚健有为、自强不息。引导高校和社会资源支持中小学体育改革重点向农村和远郊区倾斜，研究优质资源支持农村和远郊区学校体育发展的政策措施。

（七）推进学校体育评价改革。建立日常参与、体质监测、运动过程中的健康监测和专项运动技能测试相结合的考查机制，将达到国家学生体质健康标准要求作为教育教学考核、示范学校评选的重要内容。完善学生体质健康档案，中小学校要客观记录学生日常体育参与情况和体质健康监测结果，定期向家长反馈。积极推进体育考试改革，科学设置体育与健康学业水平考试（核）内容、方式和计分办法，发挥体育考试的导向作用，合理确定并逐步提高分值，适时推出体育考试改革方案。推动高校在招生测试中增设体育项目，高校要根据人才培养目标和专业学习需要，将学生综合素质评价结果作为招生录取的重要参考。

（八）推进学校、家庭与社会体育融合发展。统筹整合社会资源，完善学校和公共体育场馆开放互促共进机制，推进学校体育场馆向社会开放、公共体育场馆向学生免费或半价开放，提高体育场馆开放程度和利用效率。鼓励学校和社会体育场馆合作开设体育课程。城市和社区建设规划要统筹学生体育锻炼需要，新建项目优先建在学校及其周边。综合利用公共体育设施，更好地为中小学生课后“三点半”和校外体育锻炼服务。通过入户指导、开展亲子活动、开设家长课堂等方式，进一步加强中小学生体育锻炼的家庭指导。引导家长利用周末和节假日等休息时间，陪伴学生参与体育锻炼。将组织开展青少年体育活动纳入基层政府公共服务职能，加强街道（乡镇）、社区（村）青少年体育服务体系和能力建设，利用节假日和业余时间积极开展青少年社区体育活动，形成学校、家庭和社会体育良性互动的机制。健全家庭、学校、政府、社会共同参与的学校体育运动伤害风险防范和处理机制。

三、保障措施

（一）加强组织领导和经费保障。各级党委和政府要把学校体育工作纳入重要议事日程，加强总体谋划和顶层设计。党政主要负责同志要关心重视学校体育工作，并纳入相关领导干部培训计划。健全政府主导、部门协作、社会参与的学校体育发展机制。强化区级主体责任，将学校体育工作纳入各区经济社会发展总体规划和目标责任考核体系。各区、各相关部门要研究制定强化学校体育工作的具体措施，制定体育教师配备和场地器材建设三年行动计划。完善学校体育卫生工作联席会议制度，抓好统筹协调，推动各项工作落实见效。各级政府要调整优化教育支出结构，完善投入机制，统筹安排财政转移支付资金和本级财力支持学校体育工作。鼓励和引导社会资金支持学校体育发展，吸引社会捐赠，多渠道增加投入。

（二）优化资源配置。按照有关标准，配齐用好满足体育教学和实践需求的场馆设施。把农村学校体育设施建设纳入义务教育均衡发展规划。加快推进学校室内体育场馆建设。各区要将学校体育场地建设用地纳入国土空间规划和土地供应计划予以优先保障。鼓励和支持城区学校利用地下、楼顶等空间建设体育场地，郊区学校在改造和建设规划时要留足学生锻炼空间。支持有条件的学校建设游泳馆和室内冰场。鼓励学校探索与周边学校、社区等共享共用公共体育场馆，支持有条件的公园、社区规划建设青少年体育场地设施，为学生锻炼创造条件。各区要制定具体方案，列出清单并向社会公开，“一校一策”协调解决体育场地设施不足的实际困难。加强高校体育场馆建设，鼓励有条件的高校与属地政府共建共享。各区各学校要配好体育教学所需器材设备，完善体育器材补充机制。

（三）健全教育督导评价体系。将政策措施落实情况、学生体质健康状况、素质测评情况和支持学校开展体育工作情况等纳入教育督导评估范围，逐步将体育考核纳入人才培养和选拔的评价指标体系。落实学校体育工作综合考核评价制度，并作为各区政府和学校绩效考核的重要指标。加大督导检查力度，对学生体质健康水平持续下降的区和学校负责人，依规依法予以问责。把体育工作及其效果作为高校办学评价的重要指标，纳入高校本科教学工作评估指标体系和“双一流”建设成效评价。

（四）营造社会氛围。加强学校体育工作宣传力度，加大典型经验和先进事迹的成果展示，定期举办学校体育教育教学成果展示活动，扩大宣传覆盖面和影响力，推出一批体育工作突出的学校和德智体美劳全面发展的学生。积极引导各区各学校和全社会统一思想认识，树立科学的素质教育观、健康观和人才观，努力营造全社会理解、支持、重视和参与学校体育的良好氛围。

中共北京市委　北京市人民政府
关于印发《北京市新时代爱国主义教育实施方案》的通知

各区委、区政府，市委各部委办，市各国家机关，各国有企业，各人民团体，各高等院校：

现将《北京市新时代爱国主义教育实施方案》印发给你们，请结合实际认真贯彻落实。

2020 年 12 月 31 日

北京市新时代爱国主义教育实施方案

为深入贯彻落实中共中央、国务院《新时代爱国主义教育实施纲要》，大力加强新时代爱国主义教育，结合本市实际，制定如下实施方案。

一、总体要求

以马克思列宁主义、毛泽东思想、邓小平理论、“三个代表”重要思想、科学发展观、习近平新时代中国特色社会主义思想为指导，着眼培养担当民族复兴大任的时代新人，坚持把实现中华民族伟大复兴的中国梦作为鲜明主题，坚持爱党爱国爱社会主义相统一，坚持以维护祖国统一和民族团结为着力点，坚持以立为本、重在建设，坚持立足中国又面向世界，始终高扬爱国主义旗帜，着力培养爱国之情、砥砺强国之志、实践报国之行，使爱国主义成为全市人民的坚定信念、精神力量和自觉行动，打造全国爱国主义教育高地，让爱国主义在首都奏响最强音，为建设国际一流的和谐宜居之都提供强大精神动力。

二、基本内容

1. 坚持用党的创新理论武装全党、教育人民。深入开展习近平新时代中国特色社会主义思想学习教育，引导广大党员干部群众准确把握核心要义、丰富内涵、精神实质、实践要求，深入贯彻习近平总书记对北京重要讲话精神，切实增强“四个意识”、坚定“四个自信”、做到“两个维护”，夯实全市人民团结奋斗的共同思想基础。构建以党委（党组）理论学习中心组为龙头、覆盖党的各级组织的全方位学习体系，建设一批马克思主义读书会等群众性学习组织，始终在学思用贯通、知信行统一上走在前列。推进马克思主义理论研究和建设工程，以北京市习近平新时代中国特色社会主义思想研究中心为尖兵，建设一批重点马克思主义学院，打造马克思主义研究传播中心，加强马克思主义理论研究和建设。巩固提升《北京日报·理论周刊》《前线》等理论宣传主阵地，打造现象级理论宣传融媒体产品，用好“学习强国”平台，完善多层次宣讲体系，让党的创新理论“飞入寻常百姓家”。引导广大干部群众坚持知行合一、学以致用，把学习教育成果转化为爱国报国的实际行动，展现新气象、激发新作为，进一步推动党的创新理论在京华大地形成生动实践。

2. 深入开展中国特色社会主义和中国梦教育。高举中国特色社会主义伟大旗帜，推动理想信念教育常态化制度化，通过主题党课、团课、队课，报告会、宣讲会、展览展示、演讲比赛、座谈研讨、诵读“红色家书”等活动，引导人们通过历史与现实、国际与国内的对比，深刻认识中国共产党为什么“能”、马克思主义为什么“行”、中国特色社会主义为什么“好”，牢固树立共产主义远大理想和中国特色社会主义共同理想。把举办重大活动以及抗击新冠肺炎等重大疫情、抢险救灾等重大突发事件，作为爱国主义教育生动教材，通过多种形式的学习、宣传和教育，充分展示中国共产党领导的政治优势和中国特色社会主义的制度优势，引导人们理解把握爱国主义的本质就是坚持爱国和爱党、爱社会主义高度统一。深入开展中国梦教育，通过主题征文、知识竞赛、巡讲巡演等形式，引导人们自觉把实现个人理想追求融入实现中国梦的生动实践，争做新时代的奋斗者、追梦人。

3. 强化国情市情和形势政策教育。深入开展国情教育，让人们了解我国发展新的历史方位、社会主要矛盾的变化，引导人们从基本国情出发考虑和处理问题，激发人们立足市情和本职岗位爱国奋斗、振兴中华。围绕党和国家中心工作，结合群众关心的社会热点，通过形势政策报告会、实践案例教学、通俗理论读物、网上访谈等多种形式，深入解读国际国内形势，帮助人们树立正确的历史观、大局观、角色观，把思想和行动统一到党中央和市委的决策部署上来，建功立业新时代。

12 月 4 日，首师大附中举办纪念“一二·九”爱国运动远足活动
（首师大附中 供）

4. 大力弘扬民族精神和时代精神。聚焦培养担当民

族复兴大任的时代新人，培育和践行社会主义核心价值观，组织开展主题鲜明、形式多样的爱国主义、集体主义、社会主义教育，大力弘扬以爱国主义为核心的民族精神和以改革创新为核心的时代精神，倡导一切有利于团结统一、爱好和平、勤劳勇敢、自强不息的思想和观念，构筑中华民族共有精神家园。聚焦建设国际一流的和谐宜居之都，大力弘扬改革开放精神、劳动精神、劳模精神、工匠精神、优秀企业家精神、科学家精神、伟大抗疫精神，开展以劳动创造幸福为主题的宣传教育，提倡艰苦奋斗、勤俭节约，生动展示市民群众在新时代的新作为，激励人们走好新时代长征路。

5. 广泛开展党史、新中国史、改革开放史、社会主义发展史教育。深入挖掘革命传统、革命精神蕴含的红色基因，结合新的时代特点赋予新的内涵，开展丰富多彩的宣教活动，推进红色基因代代传。通过展览展示、知识竞赛、宣讲演讲等活动，充分展现我国社会主义现代化建设取得的伟大成就和人民群众生活的巨大变化，引导人们深刻认识坚持中国共产党领导、坚持社会主义道路、坚持改革开放是历史和人民的选择，坚决反对历史虚无主义，坚定不移深化改革、扩大开放，扎扎实实把自己的事情办好。

6. 深入实施中华优秀传统文化传承发展工程。从中华民族悠久历史和灿烂文化中汲取智慧和营养，传承发展以古都文化、红色文化、京味文化、创新文化为主要内容的首都文化，推动中华优秀传统文化创造性转化、创新性发展。加强文化遗产保护利用，积极推进戏曲振兴、戏曲进校园等工作，推出一批弘扬传统文化的文艺作品和品牌栏目节目，着力打造一批首都特色文化品牌，加强优秀传统文化的全媒体传播，引导人们自觉延续文化基因。把北京建设成为世界文明交流互鉴的首要窗口，推动中华优秀传统文化走出去，促进中外文化交流，不断增强中华优秀传统文化的生命力和影响力。反对文化虚无主义，引导人们树立和坚持正确的历史观、民族观、国家观、文化观，不断增强中华民族的归属感、认同感、尊严感、荣誉感。

7. 强化祖国统一和民族团结进步教育。加强祖国统一教育，发挥首都区位和文化资源优势，通过组织主题教育、文化活动等多种形式，增进广大同胞的心灵契合、互信认同，引导全体中华儿女为实现民族伟大复兴、推进祖国和平统一而共同奋斗。广泛开展民族团结进步宣传教育活动，不断铸牢中华民族共同体意识。

8. 加强国家安全教育和国防教育。重点结合“4 · 15”全民国家安全教育日和“11 · 1”反间谍法宣传日开展主题教育，通过举办展览、创作文艺作品、加强媒体宣传等方式，深入学习宣传总体国家安全观，增强民众国家安全意识和“国家兴亡、匹夫有责”的责任感，自觉维护政治安全、国土安全、经济安全、社会安全、网络安全和外部安全。发挥首都独特优势，构建多方参与、全员覆盖、综合发力的全民国防教育新格局，军地有关部门发挥骨干作用，各级各类教育机构发挥主阵地作用，从青少年抓起，厚植国家意识、国防意识，使关心国防、热爱国防、建设国防、保卫国防成为全社会的思想共识和自觉行动。深入开展增强忧患意识、防范化解重大风险的宣传教育，引导广大干部群众强化风险意识，做到居安思危、防患未然。

三、具体措施

1. 聚焦青少年开展爱国主义教育。将弘扬爱国主义精神贯穿学校教育教学全过程，健全大中小学爱国主义课程体系，开设以爱国主义教育为主要内容的选修课和专题讲座，支持鼓励开发微课、微视频等在线课程。组织推出爱国主义精品出版物，开发体现爱国主义教育要求的音乐、美术、书法、舞蹈、戏剧作品，结合青少年兴趣点和接受习惯，大力开发并积极推介富有爱国主义气息的网络文学、

1月13日，东城区举办第三届中小学生民族民间传统文化节
（甘伟　摄）

动漫、有声读物、网络游戏、手机游戏、短视频等，进一步增强吸引力感染力。深入实施思想政治工作质量提升工程，抓好思政课和课程思政改革创新，推动大中小学思政课一体化建设，建设习近平新时代中国特色社会主义思想在京华大地的生动实践教学案例库并组织案例教学，每年评选一批教书育人“最美课堂”，加强思政理论课教师队伍建设，采取互动式、启发式、交流式教学，增强思想性理论性和亲和力针对性，引导学生树立国家意识、增进爱国情感。广泛组织开展实践活动，将爱国主义教育融入党日团日、少先队日、班队会中，深化开展文明校园创建，强化校训校歌校史的爱国主义教育功能。每年围绕党和国家中心工作开展贯穿全年的主题教育活动，组织“中华礼仪教育普及工程”、“新时代好少年”学习宣传活动、“传承红色基因”教育活动等系列活动。开展大中小学生爱国主义基地现场教育教学活动，组织好社会大课堂实践活动，在中小学校持续开展“四个一”活动，在高校实施文化育人“六个一”计划。拓展社会实践领域，组织学生参加研学旅行、军事训练、文化科技卫生“三下乡”、学雷锋志愿服务、创新创业、公益活动等，更好了解国情民情，强化责任担当，在实践中传承爱国主义精神。

6月1日，陈经纶中学民族分校少先队员在入校欢迎仪式上用队礼致敬英雄　　　　（陈经纶中学民族分校　供）

2. 发挥党员干部示范带动作用。巩固拓展“不忘初心、牢记使命”主题教育成果，将爱国主义宣传教育融入党员干部教育体系，引导广大党员干部做爱国主义的坚定弘扬者和实践者，同违背爱国主义的言行作坚决斗争。组织党员干部参观纪念馆、展览馆、博物馆、烈士纪念设施等爱国主义教育场所，开展重温入党誓词、诗歌经典颂读等特色教育活动。深入推进党员领导干部上讲台开展形势政策宣传和思想政治教育，深化基层党组织和党员干部“双报到”工作，引导广大党员干部以身作则，牢记初心使命，勇于担当作为。

3. 在广大知识分子中弘扬爱国奋斗精神。深入开展“弘扬爱国奋斗精神、建功立业新时代”活动，广泛宣传优秀知识分子的爱国奋斗先进事迹，弘扬“两弹一星”精神、载人航天精神、北斗精神等时代精神，引导新时代知识分子立足本职、拼搏奋斗、创新创造。广泛动员和组织教师、文艺工作者、科技工作者等深入改革开放前沿、经济发展一线和革命老区、民族地区、边疆地区，开展调研考察和咨询服务，深入了解国情，坚定爱国追求。

4. 激发社会各界人士的爱国热情。坚持信任尊重团结引导，增进和凝聚政治共识，夯实共同思想政治基础，不断扩大团结面。加强祖国统一和“一国两制”实践教育，加强与香港特别行政区同胞、澳门特别行政区同胞、台湾同胞和海外侨胞的交流交往，通过举办座谈会、报告会、国情研修班和调研考察等方式，组织邀请港澳台同胞和海外侨胞来京领略中华历史文化积淀、感受祖国改革发展成就，增进国家认同、民族认同、文化认同，自觉维护祖国统一和民族团结。举办海外华人中文歌曲大赛，弘扬中华文化，传播中国声音。强化民族团结进步教育，培养选树宣传民族团结进步先进典型，发挥民族团结进步教育基地作用，围绕“中华民族一家亲、同心共筑中国梦”主题，开展民族文化宣传活动。加强宗教人士爱国主义教育，坚持我国宗教中国化方向，开展以国旗、宪法和法律法规、社会主义核心价值观、中华优秀传统文化“四进”宗教活动场所为主题的和谐寺观教堂创建活动，宣传宗教界代表人士爱国爱教先进事迹，讲好爱国爱教故事。

5. 调动首都市民群众的积极性主动性。突出爱国主义教育的群众性，广泛开展各类爱国主义教育宣传活动，组织动员老干部、老战士、老专家、老教师、老模范和北京榜样等先进典型到广大群众特别是青少年中，讲述亲身经历，弘扬爱国传统。通过开展职业精神职业道德教育、建立健全相关制度规范、加强行业和舆论监督等方式，充分调动各行各业人士的爱国热情和社会担当，引导社会各界人士增强道德自律、履行社会责任。坚持结合人们生产生活实际，把爱国主义教育融入到新时代文明实践中心建设、学雷锋志愿服务、精神文明创建中，体现到百姓宣讲、文艺演出、广场舞、邻居节等群众性活动中，引导人们自我宣传、自我教育、自我提高。

6. 建好用好全市爱国主义教育基地。落实好爱国主义教育基地管理相关规范，健全全市爱国主义教育基地管理机制和工作体系，不断壮大全国爱国主义教育示范基地队伍，适时培育、命名市级爱国主义教育基地，推动全市教育基地工作提质增效。用好北京市爱国主义教育基地工作联席会议制度，完善常态化工作机制，推动形成齐抓共管的良好格局。用好北京市爱国主义教育基地考核奖励制度，完善动态调整和激励机制，推动教育基地建设管理标准化、规范化、常态化。加强爱国主义教育基地内容建设，改进展陈方式，着力打造主题突出、导向鲜明、内涵丰富的精品陈列。塑造品牌活动，强化爱国主义教育、红色教育功能，完善免费开放政策和保障机制，为社会各界参观学习提供更好的服务。结合重要时间节点，组织举办临展、联展、巡展，进一步发挥教育功能。通过举办红色故事讲解员大赛、组织教育基地业务培训班和开展科学理论、党史、国史专题培训，提升讲解水平，建强讲解员队伍。建立教育基地“结对子”帮扶机制，组织动员教育基地之间精准对接帮扶，带动教育基地整体工作水平跃升。建好“京华丹心”爱国主义教育网上阵地和融媒体平台，实现矩阵式管理、立体化传播、线上线下一体化服务。

7. 健全首都红色文化保护传承利用体系。充分利用北京丰富的红色文化资源，推进革命文物集中连片主题保护，打造红色文化弘扬传承重点品牌，以北大红楼及其周边区域为主，形成中国共产党早期北京革命活动主题片区；以卢沟桥和宛平城、中国人民抗日战争纪念馆为重点，形成抗日战争主题片区；以香山革命纪念地为主，形成建立新中国主题片区。通过保护提升革命旧址、挖掘精神内涵、举办展览展示、组织参观瞻仰等方式，弘扬革命文化，传承红色基因。

8. 用好国防教育资源。依托军地资源，优化结构布局，提升质量水平，建设一批国防特色鲜明、功能设施配套、作用发挥明显的国防教育基地。结合全民国防教育日、国防教育法颁布实施纪念日等重要节点开展主题教育，营造浓厚氛围。加强大中小学国防教育，建立完善军事训练机制，在高中阶段学校期间和高等教育期间应分别安排一次国防教育军事训练。每年视情开展军营开放日活动，组织各界群众到军营参观。邀请军事院校知名专家教授，到党政机关、企事业单位和大中小学校进行国防教育授课，增强首都干部群众的国防观念、强化国防意识。

9. 运用仪式礼仪开展教育。认真贯彻执行国旗法、国徽法、国歌法，大力普及国旗、国徽、国歌知识，广泛宣传国旗升挂、国徽使用、国歌奏唱礼仪。广泛开展“同升国旗、同唱国歌”活动，在重大庆祝纪念活动、大型文体活动等重要时间节点，举行升国旗、唱国歌活动。全市各级广播电台、电视台每天定时在主频率、主频道播放国歌。国庆期间，各级党政机关、人民团体、大型企事业单位、城乡社区和爱国主义教育基地等，组织升国旗仪式并悬挂国旗，鼓励居民家庭在家门前适当位置悬挂国旗。认真组织宪法宣誓仪式、入党入团入队仪式等，通过公开宣誓、重温誓词等形式，强化国家意识和集体观念。

12月11日，清华附中举办纪念“一二·九”运动主题爱国主义教育活动 （清华附中 供）

10. 组织重大纪念活动。充分挖掘重大纪念日、重大历史事件蕴含的爱国主义教育资源，结合开启全面建设社会主义现代化国家新征程以及“七一”党的生日、“八一”建军节等重要时间节点，开展纪念活动和群众性主题教育。在国庆节期间，持续开展“我和我的祖国”“倡导国庆新民俗，打造爱国活动周”活动，通过主题宣讲、大合唱、共和国故事汇、快闪、灯光秀、游园活动等形式，将国庆黄金周打造成爱国活动周。在全民族抗战爆发纪念日、中国人民抗日战争胜利纪念日、烈士纪念日期间，精心组织纪念仪式、瞻仰纪念碑、祭扫烈士墓、走访慰问烈士遗属等活动，激发爱国热情、凝聚奋进力量。

11. 充分发挥节日的涵育功能。大力实施中国传统节日振兴工程，深化“我们的节日”主题活动，利用春节、元宵、清明、端午、七夕、中秋、重阳等重要传统节日，挖掘文化内涵，创新理念方法，开展民俗展示、经典诵读、文化体验等活动，引导市民在广泛参与中弘扬优秀文化、增进家国情怀。结合元旦、“三八”国际妇女节、“五一”国际劳动节、“五四”青年节、“六一”国际儿童节和中国农民丰收节等，开展各具特色的庆祝活动，激发人们的爱国主义和集体主义精神。

12. 依托自然人文景观和重大工程开展教育。立足首都深厚的文脉底蕴和资源优势，建设彰显中华文化魅力的世界旅游目的地，加强对讲解员、导游、解说词、旅游项目等的规范管理，全面提升文化内涵，寓爱国主义教育于游览观光之中。传承发展古都文化旅游资源，依托中轴线和大运河、长城、西山永定河文化带等历史文化资源，精心打造一批国际精品旅游路线。健全首都红色文化旅游体系，围绕红色主题片区策划设计红色旅游精品路线，推动红色旅游内涵式发展，让游客在游览中领略红色传统。挖掘提升京味文化旅游资源，依托京剧、北京曲剧、京韵大鼓等艺术，加强地理要素与文化内涵的关联表达，让游客感受到浓郁的京城文化气息。用好创新文化旅游资源，围绕高校和科研院所聚集区、科技创新企业聚集区、文化产业园区，精心设计旅游路线。

13. 构建立体传播格局。全市各级各类媒体要聚焦爱国主义主题，适应分众化、差异化传播趋势，创新方法手段，使爱国主义宣传接地气、有生气、聚人气。把爱国主义主题融入贯穿媒体融合发展，打通网上网下、版面页面，推出系列专题专栏、新闻报道、言论评论以及融媒体产品，加强“北京云”平台和各区融媒体中心建设，生动讲好爱国故事，形成爱国主义宣传“大合唱”。制作刊播爱国主义优秀公益广告作品，在街道、公园、车站、机场等公共场所张贴悬挂格言、警句、标语口号、宣传挂图，生动形象做好宣传。坚持正确舆论导向，对虚无历史、消解主流价值的错误思想言论，及时进行批驳和辨析引导。

14. 开展先进典型学习宣传活动。宣传弘扬英模精神，大力宣传为中华民族和中国人民作出贡献的英雄，宣传革命、建设、改革时期涌现出的英雄烈士和模范人物，宣传具有爱国情怀的在京先贤、知名人物。选树宣传时代典型，不断完善典型人物评选宣传机制，选树和宣传一大批立得住、叫得响、传得开的北京榜样，统筹健康卫士、国企楷模、最美警察、师德榜样、最美职工、青年榜样等榜样子品牌，持续推出一批在全国有广泛影响力、覆盖各个群体的重大典型，力争在时代楷模、全国道德模范评选中走在前列，充分发挥典型引领作用。广泛开展“学榜样、我行动”活动，尊崇褒扬、关心关爱英雄模范和先进人物，维护英雄模范、先进人物的荣誉和形象，落实榜样待遇和礼遇，营造崇尚英雄、关爱英雄的浓厚氛围。

15. 推进优秀文艺作品创作生产。把爱国主义作为常写常新的主题，加大北京现实题材创作力度，围绕建党100周年等重大时间节点，不断推出讴歌党、讴歌祖国、讴歌人民、讴歌英雄的精品力作。持续做好“五个一工程”和北京市文学艺术奖评选，深入实施文化精品工程，加大对爱国主义题材文学、电影、电视剧、戏剧、歌曲等创作扶持力度，唱响爱国主义正气歌。实施文化名家领军工程，建设首都文化人才高地，把爱国主义作为文艺创作和评论评奖的鲜明导向，倡导讲品位、讲格调、讲责任，始终保持社会主义文艺的爱国底色。

16. 唱响互联网爱国主义主旋律。加强爱国主义网络内容建设，广泛开展网上主题教育活动，制作推介体现爱国主义内容、适合网络传播的音频、短视频、网络文章、纪录片、微电影等，让爱国主义充盈网络空间。实施爱国主义数字建设工程，推动爱国主义教育基地、红色旅游与网络传播有机结合，创新传播载体手段，积极运用微博微信、社交媒体、视频网站、手机客户端等传播平台，运用虚拟现实、增强现实、混合现实等新技术，充分发挥“学习强国”学习平台重要作用，生动活泼开展网上爱国主义教育。加强网上舆论引导，依法依规进行综合治理，引导网民自觉抵制损害国家荣誉、否定中华优秀传统文化的错误言行，维护良好网络秩序。推进“争做中国好网民工程”，组织开展网上志愿服务、文化交流、道德培育等活动，加强社会网络素养教育，汇聚网上正能量。

17. 涵养积极进取开放包容理性平和的国民心态。倡导践行和平发展合作共赢、构建人类命运共同体等理念，紧紧围绕党和国家工作全局、对外发展战略、国际交往中心功能建设，讲好中国故事，讲好北京故事，把阐释推介当代中国价值贯穿于文化交流、文化传播和文化贸易中，展示伟大社会主义祖国首都的良好形象，引导人们全面客观地认识当代中国、看待外部世界，做到自尊自信、理性平和。紧紧围绕首都中心工作，围绕干部群众关切，深入开展人文关怀和心理疏导，大力弘扬首都市民热情开朗、大气开放、积极向上、乐于助人的优良传统，推动爱国之情转化为实际行动。

四、组织保障

1. 落实主体责任。各区各部门各单位要认真学习好、宣传好、贯彻好《新时代爱国主义教育实施纲要》。各级党委和政府要切实担负起政治责任和领导责任，把爱国主义教育摆上重要日程，纳入意识形态工作责任制，加强阵地建设和管理，抓好各项任务落实。要进一步健全党委统一领导、党政齐抓共管、宣传部门统筹协调、有关部门各负其责的工作格局，健全爱国主义教育联席会议制度，加强工作指导和沟通协调，形成齐抓共管的良好格局。

2. 强化法治保障。把爱国主义精神融入相关法律法规和政策制度，体现到市民公约、村规民约、学生守则、行业规范、团体章程等的制定完善中，发挥指引、约束和规范作用。加强法治宣传教育，在全社会深入学习宣传宪法、国家安全法、英雄烈士保护法、文物保护法等，加强公共卫生安全、生物安全和爱国卫生相关法规的宣传教育，使普法过程成为爱国主义教育过程。综合运用行政、法律等手段，对不尊重国歌国旗国徽等国家象征与标志，对侵害英雄烈士姓名、肖像、名誉、荣誉等行为，对破坏污损爱国主义教育场所设施，对宣扬、美化侵略战争和侵略行为等，依法依规进行严肃处理。依法严惩暴力恐怖、民族分裂等危害国家安全和社会稳定的犯罪行为。

3. 建立长效机制。建立完善爱国主义教育常态化长效化机制，把爱国主义教育抓在经常、融入日常，在深化、转化上下工夫，在具象化、细微处下工夫，坚持虚功实做、久久为功。各级财政要加强对爱国主义教育工作的经费保障，为各类爱国主义教育平台建设、活动开展提供必要支持，完善落实爱国主义教育基地免费开放政策和保障机制。加强爱国主义教育理论研究和宣传阐释，推出一批高质量研究成果，充分运用学习交流、理论研讨、现场观摩等平台，及时总结推广先进经验，推动爱国主义教育向纵深拓展。坚持从实际出发，务实节俭开展教育、组织活动，杜绝铺张浪费，不给基层和群众增加负担，坚决反对形式主义、官僚主义。

（本栏责任编校　张晓兰）

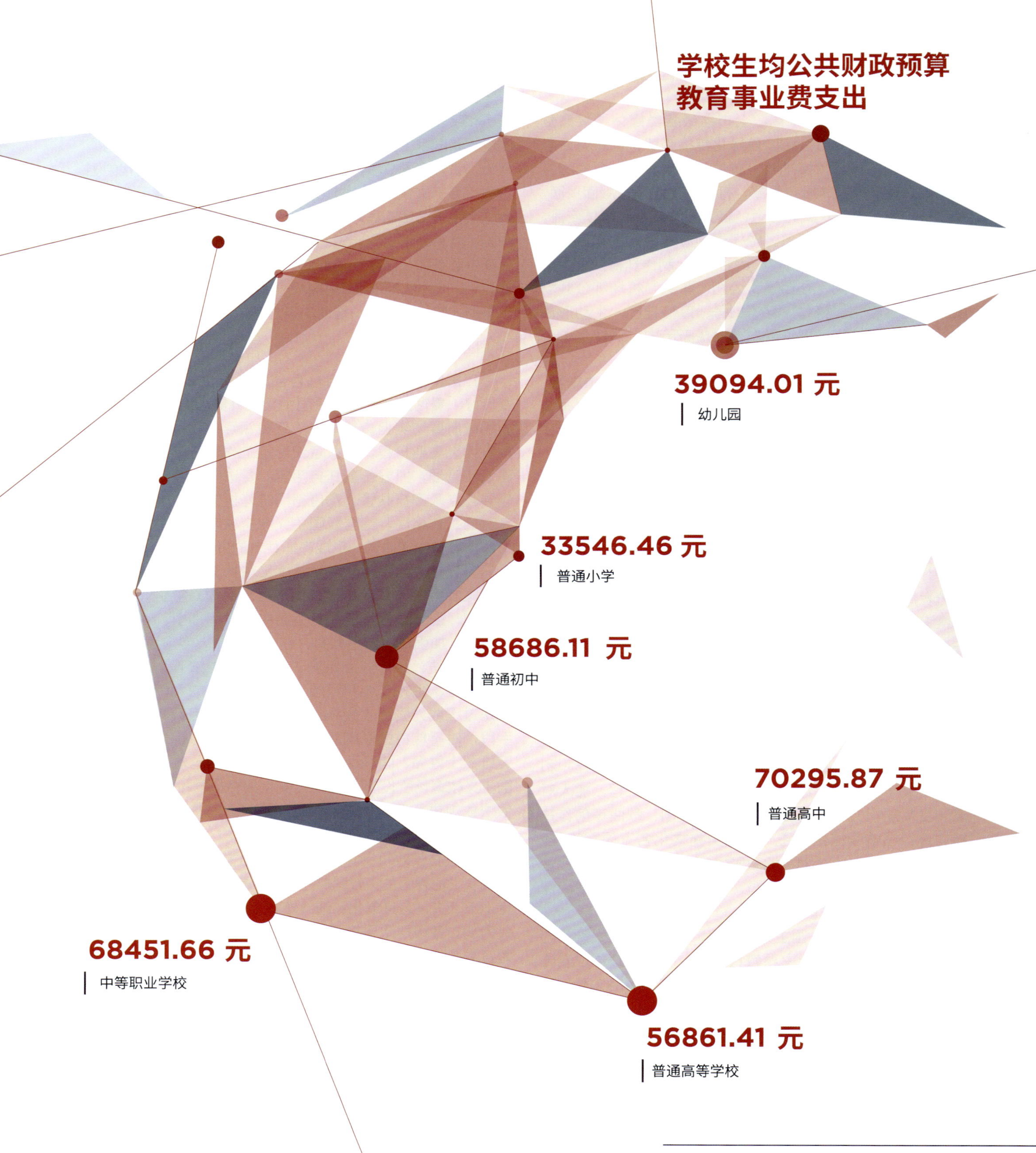
学校生均公共财政预算
教育事业费支出
39094.01 元
幼儿园
33546.46 元
普通小学
58686.11 元
普通初中
70295.87 元
普通高中
68451.66 元
中等职业学校
56861.41 元
普通高等学校

2021 调研报告

RESEARCH REPORTS

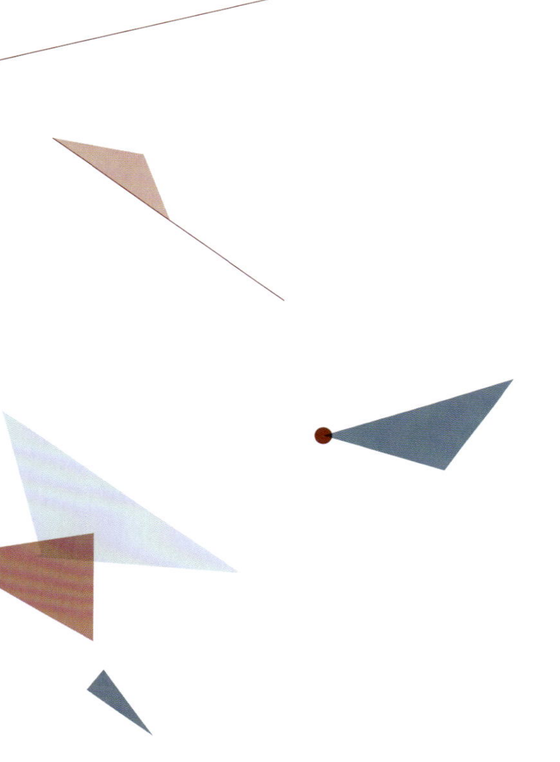

北京市 2020 年教育经费执行情况的公告

《中华人民共和国教育法》第五十五条规定："全国各级财政支出总额中教育经费所占比例应当随着国民经济的发展逐步提高"，第五十六条规定："各级人民政府教育财政拨款的增长应当高于财政经常性收入的增长，并使按在校学生人数平均的教育费用逐步增长，保证教师工资和学生人均公用经费逐步增长"。现将2020年北京市教育经费执行情况公告如下：

一、教育经费执行总体情况

本市地方各级政府一般公共预算教育经费（包括教育事业费、基建经费、教育费附加）1128.00 亿元，比上年增长 0.23%。财政部于 2004 年 1 月印发了《关于统一界定地方经常性收入口径的意见》（财预〔2004〕20 号），对财政经常性收入口径做出了界定，按此口径调整 2020 年财政经常性收入 4789.15 亿元，比上年降低 3.78%，一般公共预算教育经费增长比例高于财政经常性收入增长比例 4.01 个百分点。

2020 年本市一般公共预算支出 7116.18 亿元，一般公共预算教育经费占一般公共预算支出的比例为 15.85%，比上年增长 0.66 个百分点。

二、各级教育生均一般公共预算教育事业费支出增长情况

2020 年全市幼儿园、普通小学、普通初中、普通高中、中等职业学校、普通高等学校生均一般公共预算教育事业费支出情况分别是：

（一）全市幼儿园为 39094.01 元，比上年的 37465.30 元增长 4.35%。

（二）全市普通小学为 33546.46 元，比上年的 33775.31 元减少 0.68%。

（三）全市普通初中为 58686.11 元，比上年的 61004.53 元减少 3.80%。

（四）全市普通高中为 70295.87 元，比上年的 70582.25 元减少 0.41%。

（五）全市中等职业学校为 68451.66 元，比上年的 66304.61 元增长 3.24%。

（六）全市普通高等学校为 56861.41 元，比上年的 64026.48 元减少 11.19%。

三、各级教育生均一般公共预算公用经费支出增长情况

2020 年全市幼儿园、普通小学、普通初中、普通高中、中等职业学校、普通高等学校生均一般公共预算公用经费支出情况分别是：

（一）全市幼儿园为 12966.63 元，比上年的 12929.31 元增长 0.29%。

（二）全市普通小学为 8472.08 元，比上年的 9974.53 元减少 15.06%。

（三）全市普通初中为 15479.42 元，比上年的 17814.78 元减少 13.11%。

（四）全市普通高中为 18998.99 元，比上年的 19742.13 元减少 3.76%。

（五）全市中等职业学校为 22601.06 元，比上年的 23283.10 元减少 2.93%。

（六）全市普通高等学校为 21588.60 元，比上年的 27433.19 元减少 21.30%。

特此公告。

附件：2020 年北京市教育经费执行情况统计表

北京市教育委员会
北京市财政局
北京市统计局
北京市发展和改革委员会
北京市科学技术委员会
2021 年 12 月 24 日

注：

1. 公告中的 2020 年本市一般公共预算支出 7116.18 亿元来源于《北京市 2020 年决算报告》。
2. 公告中的 2019 年和 2020 年涉及的所有普通高等学校生均指标，弹性学制学生数按 1/2 系数折算。

2020 年北京市教育经费执行情况统计表

表一　一般公共预算教育经费增长情况

地区	一般公共预算教育经费（亿元）	一般公共预算教育经费占一般公共预算支出比例（%）	一般公共预算教育经费本年比上年增长（%）	财政经常性收入本年比上年增长（%）	一般公共预算教育经费增长与财政经常性收入增长幅度比较（百分点）
东城区	70.20	26.12	0.63	-5.00	5.63
西城区	72.58	17.36	7.71	-3.36	11.07
朝阳区	97.99	19.47	-10.25	-11.00	0.75
丰台区	41.57	14.86	5.38	-9.26	14.64
石景山区	20.43	17.93	8.82	5.01	3.81
海淀区	130.12	21.24	4.05	-6.47	10.52
门头沟区	18.72	17.51	-4.94	-1.98	-2.96
房山区	53.93	21.23	-3.85	18.64	-22.49
通州区	47.17	15.37	1.39	7.23	-5.84
顺义区	52.06	16.51	10.11	3.18	6.93
昌平区	53.17	20.05	14.53	12.90	1.63
大兴区	53.94	18.14	13.13	-4.43	17.56
怀柔区	24.39	16.30	2.45	2.43	0.02
平谷区	22.09	18.48	-4.08	3.50	-7.58
密云区	24.91	16.01	3.77	2.50	1.27
延庆区	20.72	14.90	0.60	0.01	0.59

注：一般公共预算支出来源于《北京市 2020 年决算报告》。

表二　各级教育生均一般公共预算教育事业费支出增长情况

单位：元

地区	幼儿园			普通小学			普通初中			普通高中		
	2019 年	2020 年	增长率（%）	2019 年	2020 年	增长率（%）	2019 年	2020 年	增长率（%）	2019 年	2020 年	增长率（%）
东城区	58925.85	59050.35	0.21	38672.51	35884.44	-7.21	67711.40	61444.79	-9.25	81905.90	74478.89	-9.07
西城区	40828.53	46330.50	13.48	26421.51	26479.25	0.22	48901.95	51978.78	6.29	71276.26	84096.46	17.99
朝阳区	37807.88	34261.61	-9.38	31120.94	31029.29	-0.29	55831.77	53239.86	-4.64	82763.29	76885.03	-7.10
丰台区	19772.26	27912.05	41.17	26665.78	30569.50	14.64	54354.82	55520.45	2.14	58614.58	59820.29	2.06

续表

地区	幼儿园			普通小学			普通初中			普通高中		
	2019 年	2020 年	增长率(%)	2019 年	2020 年	增长率(%)	2019 年	2020 年	增长率(%)	2019 年	2020 年	增长率(%)
石景山区	37172.02	39477.43	6.20	32513.62	34488.75	6.07	62719.64	67438.24	7.52	64272.47	70024.65	8.95
海淀区	40645.44	35768.18	-12.00	33662.35	31689.26	-5.86	53478.12	49871.06	-6.74	63702.89	60790.53	-4.57
门头沟区	55696.83	59288.25	6.45	48364.51	47306.10	-2.19	79781.81	77651.61	-2.67	72979.46	82193.54	12.63
房山区	33913.13	44407.64	30.95	29561.17	32002.67	8.26	58129.77	68245.81	17.40	53660.55	58927.35	9.82
通州区	36273.30	39685.65	9.41	30074.57	32552.82	8.24	56975.32	51464.83	-9.67	64478.10	62457.19	-3.13
顺义区	33513.43	33496.49	-0.05	33757.45	33619.48	-0.41	71233.06	66827.96	-6.18	79786.98	83411.58	4.54
昌平区	39512.82	37115.10	-6.07	38054.19	36603.85	-3.81	64687.93	56066.72	-13.33	70577.84	59483.14	-15.72
大兴区	33053.85	38017.98	15.02	33108.09	33597.00	1.48	62357.27	60119.85	-3.59	57422.41	67505.32	17.56
怀柔区	53586.23	48477.41	-9.53	41892.62	42225.28	0.79	91274.64	83254.46	-8.79	76397.37	70767.96	-7.37
平谷区	17758.54	18556.49	4.49	49241.04	46293.39	-5.99	89515.78	84718.93	-5.36	65238.24	58086.97	-10.96
密云区	42395.14	44171.51	4.19	38561.15	38642.22	0.21	63139.05	64297.48	1.83	56145.65	53967.19	-3.88
延庆区	47817.95	64827.64	35.57	53648.31	56949.36	6.15	90418.07	90462.69	0.05	76893.78	76918.26	0.03

表三 各级教育生均一般公共预算公用经费支出增长情况

单位：元

地区	幼儿园			普通小学			普通初中			普通高中		
	2019 年	2020 年	增长率(%)	2019 年	2020 年	增长率(%)	2019 年	2020 年	增长率(%)	2019 年	2020 年	增长率(%)
东城区	14915.20	14453.07	-3.10	8020.83	5764.44	-28.13	15379.21	10481.71	-31.84	15457.10	11027.99	-28.65
西城区	10585.62	13887.94	31.20	7699.21	7111.36	-7.64	14151.20	17781.59	25.65	17436.03	32664.95	87.34
朝阳区	22682.20	20342.66	-10.31	8314.28	5543.79	-33.32	17538.75	14361.25	-18.12	33531.56	25543.52	-23.82
丰台区	4882.50	6807.19	39.42	5645.50	5463.29	-3.23	11823.78	10244.08	-13.36	13948.21	11585.21	-16.94
石景山区	8286.28	7317.77	-11.69	7492.22	6510.51	-13.10	16052.27	15883.27	-1.05	16435.52	15175.16	-7.67
海淀区	15902.34	10874.42	-31.62	12521.16	11517.20	-8.02	17363.33	16793.40	-3.28	20993.05	18669.39	-11.07
门头沟区	19068.62	12145.72	-36.31	14894.78	11651.68	-21.77	21695.18	17703.05	-18.40	28720.05	25370.50	-11.66
房山区	5454.88	5462.39	0.14	7925.89	4847.15	-38.84	16359.59	16526.84	1.02	10864.24	11034.17	1.56
通州区	17364.26	18544.41	6.80	11380.37	12494.93	9.79	21459.30	14131.75	-34.15	22937.93	18044.79	-21.33
顺义区	9801.91	8767.60	-10.55	7090.72	7900.00	11.41	15283.92	15539.80	1.67	15597.46	21118.16	35.39
昌平区	12305.85	10444.26	-15.13	10440.71	10077.50	-3.48	18823.87	14129.90	-24.94	24306.22	18037.15	-25.79
大兴区	12034.50	16610.81	38.03	9463.75	7704.78	-18.59	18251.16	14357.76	-21.33	11430.07	16501.03	44.37
怀柔区	15949.10	10357.31	-35.06	11996.86	8638.56	-27.99	29668.40	18551.17	-37.47	22220.22	15421.81	-30.60
平谷区	5435.54	9697.45	78.41	7780.40	7743.66	-0.47	16956.92	17726.09	4.54	12291.42	8813.50	-28.30
密云区	7005.81	7022.07	0.23	12954.39	11686.63	-9.79	19913.09	19927.59	0.07	17152.97	13903.63	-18.94
延庆区	10926.74	19355.02	77.13	11969.68	11995.35	0.21	25391.90	21303.67	-16.10	22210.00	22365.80	0.70

疫情对首都教育的影响对策及启示政策建议报告

引言

新冠肺炎疫情暴发并迅速蔓延，对各行各业产生重大影响，尤其对教育系统产生巨大冲击。在市委市政府的坚强领导下，在教育部指导下，北京教育系统坚决落实“坚定信心、同舟共济、科学防治、精准施策”总要求，举全系统之力、集全系统之智，奋力打好疫情防控阻击战，统筹推进疫情防控和教育改革发展稳定各项工作。当前，准确把握疫情对首都教育的影响，研究提出具体可操作和前瞻性的对策建议，对“后疫情”时代首都教育事业的高质量发展具有极为重要的意义。

为准确把握疫情对首都教育的影响，在王宁主持并指导下，市委教育工委、市教委与北京师范大学成立联合调研组开展“疫情对首都教育的影响、对策及启示”的课题研究。联合调研组调研市教委9个处室、8个区教育行政部门、近40所学校、10家企业，总访谈超过400人，形成120万余字抄清；从高校、区教委、中小学在内76家单位征集219篇抗疫成果材料；借鉴2020年4月下旬面向首都中小学生开展的“停课不停学”的调查问卷数据，包括小学36888人、初中34626人和高中5763人。在调研访谈、案例征集以及调查问卷的基础上，总结疫情对首都教育系统的挑战与经验，并结合教育发展规律提出首都教育未来发展的政策建议。

一、疫情对首都教育的挑战

疫情对首都教育工作的正常开展带来严峻挑战，同时，在疫情冲击之下，首都教育系统也显现出亟待解决的突出问题，主要表现在以下10个方面：

（一）非常态教育应急体系不完善

为保护师生的身心健康，保障首都教育事业的有序发展，北京教育系统启动多项应急计划，在应对疫情期间的确保师生生命安全、教育教学工作顺利开展上发挥巨大的作用，但也凸显出教育系统公共卫生防疫与应急体系、非常态教育保障体系不健全等问题。公共卫生应急管理体制机制不健全，各部门横向联动机制、市—区—校纵向联动机制需要规范。应急设施、应急物资储备短缺，应急人员力量不足，应急资源调配困难，影响精准高效实施应急措施。各种防疫调研填报工作繁琐，填报手续复杂，增加教师工作量，政策下达与落实的效率受到影响。

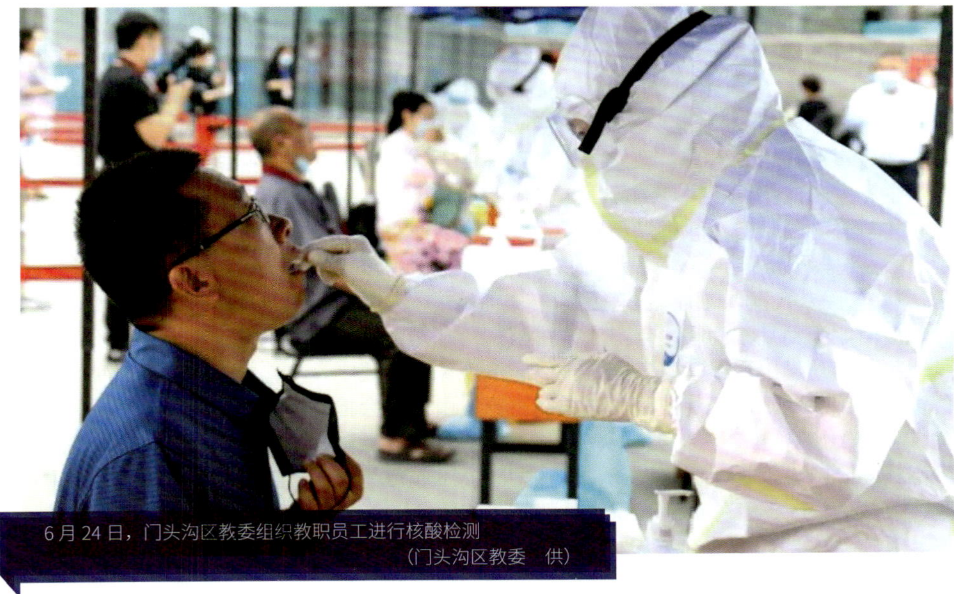

6月24日，门头沟区教委组织教职员工进行核酸检测

（门头沟区教委　供）

（二）非常规应急管理制度不健全

教育信息化建设缺乏统筹和长远规划，各级各类机构建设各自为政，教育信息化建设存在粗放型治理的问题。教育应急机制不健全，缺乏整体协调的政策链条，应急预案不完备，应对政策多变且要求复杂，加重一线教职工的工作负担。学生管理工作从线下到线上的转换机制尚未成熟，缺乏有计划且长远的落实措施。对于教育管理中新出现的问题与漏洞，教育系统还缺乏动态和及时的管理应对机制。

（三）基础设施与技术应用不均衡

信息化硬件设施不全，高峰时段的用网需求超过现有载荷限制，影响师生的线上教学体验与教学效率。教学应用的平台和小程序繁杂，缺乏功能齐全的汇聚型大平台建设，学生隐私数据泄露让人担忧。教育资源缺乏专业性、针对性，没有按照教学需求与教学规律进行组织，加重教师备课的负担与压力。不同经济收入区域或群体在线教育设备与优质教师资源配置差距较大，教育不均衡问题或被进一步拉大。

（四）师生信息化素养仍有待提高

疫情期间线上教学线下“搬家”的痕迹明显，普遍存在师生交互不足、学业进程监管不力的问题，教学过程体验不佳，教学效率低，影响教育质量。部分教师尚不拥有足够的专业水平面对在线教学与新课程改革，校际、城乡教师与学生群体间水平差异被在线学习进一步拉大。学生无法迅速适应以线上学习的方式进行常规学习，无法自如地适应线上的师生、生生交互，且利用网络资源主动开展自主学习、主动解决问题的意识较为薄弱；自我控制能力弱的学生出现在线学习兴趣降低、线上学习敷衍等问题，造成学生间的两极分化现象越来越严重。

（五）人才培养机制无法适应变革

疫情打乱初中和高中毕业生的备考安排，对中考和高考产生极大的影响，也延伸到对中学生生涯规划教育产生重要的影响，构建贯穿终身的生涯教育体系成为教育的重要任务。疫情对职业教育人才培养产生较大影响，对实训实操的教学与实习产生负面影响，职业学校人才培养模式相对封闭，以市场为导向的专业调整体系尚未完善。高等院校实验室科研项目受阻严重。国际国内学术交流活动基本停滞，亟需探索建设新型、多元的学术活动开展路径。疫情对普通本科高校和高职院校毕业生产生严重影响，学生就业创业面临巨大挑战。

（六）师生身心健康受到严重影响

在疫情期间，学生、教师和家长不同群体都经历较大的心理波动，从疫情防控、线上学习、返校复课、疫情复发、常态抗疫到戴口罩开展课程教学，不同群体受到不同但较大的心理困扰。疫情阻碍学生同伴之间的社会化交往，缺乏面对面地与同学交流，感到孤独和无力，尤其是滞留在学校的学生自由行动受限，产生更强烈的孤独感、焦虑感。长期居家学习对师生的身心健康产生负面影响，线上教学与学习的时间过长，缺乏体育锻炼，导致心理压抑与身体肥胖。部分企业提供的教育服务存在低俗内容、诱导游戏消费等问题，对学生身心健康产生影响。

（七）家校协同育人体系运转不畅

家庭教育缺乏权威的指导，家长教育孩子的能力与水平差距较大。有些家长缺乏良好的家庭教育知识，无法与孩子和谐共处，无法建立良好的亲子关系，导致家庭教育效果较差。学校教育强调教师的知识讲授与学生的知识接受，不注重培养学生自主学习与独立思考能力，增加居家学习的家庭监督负担。家长与教师将教育孩子的责任相互推诿，家校衔接与共育的路径不清晰。高昂费用的在线辅导班盛行，加重家长的经济压力。

（八）国际教育与合作遭受严峻考验

疫情给国际教育工作的开展带来重重困难，来京留学和首都学生出国留学计划受阻，跨国科研项目无法开展。国际上与首都防疫政策多变，来华留学防疫管理复杂。国际在线教育存在较大时差、教学质量难以保证等问题，引发学生和家长的集体不满。国际互访的中断不利于吸引外籍人才，影响国际教育教师队伍的稳定性。留学意愿因客观原因被迫转移，留学计划受阻，国际人才培养困难重重。

（九）民办教育机构陷入生存困境

疫情期间幼儿园面临生存与管理挑战，幼儿园师资流失，民办幼儿园出现经营不下去甚至倒闭的现象，造成学位更加紧张。幼儿教师专业素养与技能匮乏，引发社会担忧。部分幼师缺乏线上教育技能，家长对于幼儿的线上教学不认同，部分家长配合度较差。幼儿园防疫工作负荷过大，很多幼师缺乏卫生健康知识，导致防疫措施落实不到位。部分民办学校、课外辅导机构，无法正常开展教学业务，面临招生困难、退费等系列问题，维持生存遭遇挑战，部分培训机构倒闭跑路，带来社会问题。

（十）毕业生就业创业受到严重打击

疫情对普通本科高校、高职院校毕业生产生严重影响，学生就业创业面临巨大挑战。新冠肺炎疫情给首都师生生命安全与经济发展造成双重影响，一方面，人员流动受到限制，各行各业停工停产使得很多企业难以为继，社会就业需求大大减少；另一方面，受疫情影响，教师招聘、公务员考试、企业招聘等都做出延期处理，使得 2020 年毕业生无法及时参加招聘活动，无法保质保量找到工作；再次，2020 年普通高校毕业生基数大，高校毕业生叠加农村城镇化人口的就业压力，更增加毕业生的就业竞争强度；此外，疫情对经济发展的强烈冲击使得毕业生创业受到严重打击，经济形势低迷，创业所需资金、场地等成本增加，业务绩效却难以提升，创业公司存活率低。

二、首都教育成功应对疫情的经验与启示

疫情期间，北京市各级各类学校迅速启动战时机制，对在线学习进行整体统筹与精准调控，创新开展“停课不停学”各项工作，保证在线教育平稳有序开展。同时，坚决守护师生生命安全和身体健康，取得疫情防控重大战略成果，为“后疫情”时代首都教育改革和发展提供丰富的经验和重要启示。

（一）坚持党的集中统一领导

坚持中国共产党统一、强有力的领导。党的领导是中国特色社会主义本质特征，是中国特色社会主义最大优势。抗疫斗争的伟大实践，更加深切感受到党对教育工作统一、强有力的领导是战胜一切风险挑战的“定海神针”和制胜法宝，也是办好教育的根本保证。

坚持正确的政治方向，凝心聚力形成思想同心、工作同步的育人合力，打造统一、坚强有力的领导集体。在疫情防控期间，首都教育系统深入贯彻落实新时代党的组织路线，努力把党建设得更加坚强有力。建立健全党对教育工作领导的组织体系、制度体系、工作机制，构建德智体美劳全面培养的教育体系。

坚持将教育系统自身的发展与党中央建设教育强国、人才强国的重大部署相统一。指导各级各类学校建设政治强、情怀深、思维新、视野广、自律严、人格正的教师队伍，培养有坚定信仰、有坚强定力、德智体美劳全面发展的社会主义合格建设者和可靠接班人。

定期组织督导评估，层层压实落实责任，确保党的教育方针落到实处。号召各级各类学校以现实为教材，加强宣传引导工作，厚植学生爱党、爱国、爱社会主义的情怀。

（二）形成系统化推进各项工作的思路

形成系统化的问题解决思路，强调各项政策体现的协调性，形成政策链条。首都教育系统各级单位统筹疫情防控和教育发展各项工作，最终确保教育一方净土，教育教学平稳有序恢复。其中最重要的经验是突破“头痛医头、脚痛医脚”的片面、单一政策推进方式，用总体思维方式系统推进各方面的应急工作。

疫情期间的实践提示是把教育系统看成是一个有层次

的、各因子在功能上协调一致发生作用的生态系统，以系统化的思维认识教育问题，从全局角度解决教育问题。教育作为一项复杂的系统，需要各级教育部门站在全局高度，按照国家整体统筹、区域整体推进、各部门相互协调的原则有组织地推进实际问题的解决。教育系统各管理部门之间要打破传统科层制下条块分割的教育业务处理模式，从全系统的视角进行统筹优化，推进各部门教育业务的协同，构建协同治理模式。

（三）坚持以民众实际需求为工作抓手

疫情期间“停课不停学”工作推进，充分体现贯彻以人民为中心的理念，以民众实际需求为工作抓手，充分发挥教育系统的智力优势、资源优势、人才优势，高标准、高效率开展创新攻关，不断丰富教育供给，推动教育多元化发展，为学生提供合适的优质教育，建设高质量在线教育体系。

加强信息技术与教育深度融合的路径探索。逐步形成智能学习、深度学习、终身学习、泛在学习等新的教育形态，系统重塑教育供给模式和教学生态，超前布局一批以新技术为牵引的新兴学科、交叉学科，以新一代信息技术“重塑”人才培养体系，逐步打造人才培养质量新增长极，实现教育质量公平发展。

（四）创新特殊时期的思政教育体系

科学设计教学专题，优化整合教材内容，全面推进课程思政建设。将抗疫故事与学校教材相融合，挖掘抗疫过程中的思想政治教育意义，转化成思政教育资源；将生命教育融入心理健康教育课程，开发坚持政治性和学理性相统一、知识性和价值性相统一的思政教材，实现从教材体系到教学体系的转化，实现从知识体系向信仰体系的转化。坚定学生的“四个自信”。以党中央准确把握疫情发展态势，果断部署、综合研判、科学防治、精准施策，统筹推进疫情防控和经济社会发展，领导全国人民夺取抗击疫情重大胜利为题材，加强学生对中国特色社会主义的道路自信、理论自信、制度自信、文化自信。厚植学生的爱国情怀。以抗击疫情中广大医务工作者、解放军指战员、社区工作者、基层干部、志愿者、人民群众宅心仁厚的仁爱精神、迎难而上的牺牲精神、众志成城的互助精神、不屈不挠的斗争精神为鲜活素材，对学生开展最生动、最硬核的爱国主义教育，丰富新时期爱国主义的精神内涵。

注重发挥思政课立德树人作用，涵养学生爱国奉献的家国情怀。引导学生从抗击疫情的斗争实践和深刻认识中增强社会责任感，培养学生自觉把个人前途命运与国家、民族的前途命运紧密联系的责任担当，面对风险、挑战，勇担时代使命。对学生开展爱国教育、责任教育、感恩教育、生命教育、科学教育等，帮助学生树立正确的世界观、人生观和价值观，不断增强道路自信、理论自信、制度自信、文化自信，实现全员全过程全方位育人。

全面提升教师思政素养，提高教师铸魂育人能力。培养教师信息技术素养，加强教师利用教育信息化设施开好思政课的能力水平。培养教师成为“政治要强、情怀要深、思维要新、视野要广、自律要严、人格要正”的思政型教师。加强对师生的思想道德教育、生命安全和身心健康教育，提升师生法治和规则意识。

构建课程思政实践教学立体格局和“互联网＋思政”教学新模式。创新思政课程的教育教学形式和内容，实现“思政课程”与“课程思政”两个课堂融合。鼓励教师注重实践教育，构建良性互动的师生课堂教学共同体，讲精“思政课”，上好“体验课”，深化主题教育，强化爱国担当。

（五）成功实现民意与社会舆情引导

高度重视民意与社会舆情引导，加强信息化传播中意识形态的管控阵地。网络空间成为人们生产生活的新空间，疫情发生初期，网民竞相发声，各种情绪互相交织、放大蔓延，其中不乏负面情绪与言论，对人民群众、尤其是缺乏辨别能力的青少年造成很大影响。首都相关部门及时发布权威信息，公开透明回应群众关切，及时回应社会关切和舆论关注，全方位推进舆情的管理与应对工作，最终及时有效地化解舆论危机，凝聚共克时艰的强大正能量。此次疫情的提示是在发生重大突发事件时高度重视民意与社会舆情引导的重要性，启发是进一步加强教育领域舆情管理和应对。进一步加强主流媒体的权威性、发挥好主流媒体的引领作用，加大正能量和真实情况的宣传报道，对网络舆情进行引导，使正面真实的声音占据主导地位。坚持党管意识形态原则，巩固马克思主义在意识形态领域的领导地位，深入学习贯彻习近平新时代中国特色社会主义思想，坚持依法管网治网，密切观测舆情发展态势，敢于针对网民所关心的热点问题和焦点问题进行积极回应、正确引导和解疑释惑，做到面对问题不回避、表态不含糊。

抓好实体处置，加强部门间协调联动，做到线下处置与线上应对统筹协调，实现线下实体处置与线上舆论引导的良性联动。利用技术手段推动网络舆情从“末端处置”向“源头治理”转变。借助舆情监测平台以及信息化工具、大数据分析等技术进行舆情风险前置，更应提高自身对于舆情的敏感嗅觉，针对公众关切的、可能给学生发展或教育管理带来负面影响的问题提前进行制度上的安排，提早规避可能带来的负面舆论。也要注意补齐决策制度短板，建立权威的民意反馈通道，通过畅通民意表达的渠道，广泛采纳各利益相关方的意见诉求，促进决策主体的多元化，从根源上避免“一刀切”、政策执行僵化、形式主义等顽疾引发的负面舆情。

（六）建立社会化参与的教育统一战线

建立社会力量参与的“统一战线”，健全学校家庭社会协同育人机制。疫情初期，北京作为最早做出积极应对的城市之一，不仅从政策层面给予一系列部署和指导，更建立社会联动机制，确保对多主体参与的支持，很多大学、专业机构、企业纷纷参与到教育公共服务中，发挥非常积极的作用，社会化参与实现对教育公共服务的流程再造。

疫情期间的应急教育服务，形成政府主导、科技支撑、社会参与、家校联动、按需选择、尊重差异的教育生态体系。政府、学校、企业、社会组织、家庭产生较为紧密的联动，建立健全校务委员会、教师委员会、家长委员会等协商对话机制，构建政府、学校、社会、家庭的协同治理格局，推动教育治理体系和治理能力现代化。政府购买社会高质量的教育服务的形式，鼓励社会力量供给教育设施、教育资源和教师资源。

面对疫情时期教育变革转型过程中提炼的智慧和经验，针对后疫情时代深化教育综合改革，加快推进教育治理体系和治理能力现代化的发展需求和特点，教育领域逐步转变自上而下、一元单向的管理思路，形成一个包含多元主体，围绕一个目标，共同参与、协调互动的教育治理新格局。逐步实现教育治理由政府主导，吸收社会力量参与，正确处理和协调政府、社会、学校、家庭等多方资源和相互关系，逐步建立规范的治理体系，基本形成教育治理统一战线。

（七）首都教育成功应对疫情的启示

启示一：加强党的统一领导，紧密团结人民群众。中国共产党来自人民、植根人民，始终坚持一切为了人民、一切依靠人民，得到最广大人民衷心拥护和坚定支持，中国共产党所具有的无比坚强的领导力，是风雨来袭时中国人民最可靠的主心骨。任何时候，都要坚持和加强党的全面领导，不断增强党的政治领导力、思想引领力、群众组织力、社会号召力，永远保持党同人民群众的血肉联系。首都教育系统领导班子要加强自身的思想政治建设，引导师生团结在党的周围，牢固树立“四个意识”、坚定“四个自信”，做到“两个维护”，不折不扣落实好“四为”方针，引导广大青年学子坚定跟党走、奋进新时代。

启示二：系统化思维推进教育深水区改革，提升现代教育治理能力。首都教育正处于战略发展期和机遇期，教育主管部门和各级各类学校领导、党员干部要牢固树立政治意识、大局意识、责任意识，全面了解首都教育现状和发展大趋势，自觉从“四个中心”建设大局出发思考问题、开展工作，开拓创新，在深化教育改革中注重系统性、整体性、协同性，抓教育改革方案协同，抓教育改革落实协同，抓教育改革效果协同。首都教育系统要加强人机联合决策能力，完善决策机制，注重发挥群众智慧，加强技术在教育治理中的应用，构建协同治理模式，提升现代化教育治理能力。教育系统还要整体上重视和防范各种风险，早谋划早预测早应对，最大限度减少意外灾害对教育系统的负面影响。

启示三：以人民为中心办教育，创新教育公共服务。发展首都教育事业，要体现以人民为中心的发展思想，要贯穿办好人民满意的教育理念。坚持优先发展教育事业，坚守为党育人、为国育才，培养德智体美劳全面发展的社会主义建设者和接班人。以人民为中心办教育，要公平配置教育资源，加大乡村教育公共服务，为弱势群体、郊区学校提供优质教育资源和公共服务，要不断促进教育发展成果更多更公平惠及首都人民。办好人民满意的教育，要创新公共服务，努力丰富教育公共服务的供给，构建优质、公平、全纳、满足个性发展的新型公共服务体系，让每个人的创造能力和价值得到充分体现。

启示四：深入推进课程思政建设，提升思想政治教育亲和力和针对性。注重发挥思政课立德树人作用，培育学生爱国奉献的家国情怀，引导学生坚定理想信念，提升学生品德修养，增长学生知识见识，培养学生奋斗精神，增强学生综合素养。将思政与时政相结合，挖掘首都抗疫实践中的思政思想，融入到教育教学过程中，提升思政教育亲和度。要秉承“生活承载思政”和“思政寓于生活”的新理念，加强基于现实生活的思政课程资源建设，提炼接近学生现实生活的典型案例、典型人物，建立完善全方位、多层次思政教育体系，把思想政治工作贯穿学习、生活全过程，通过鲜活实例，让学生对思政内容感知、理解、认同并践行。

启示五：树立政府公开、透明、权威的公共形象，积极疏导舆情。各级政府部门要重视舆情引导，建立健全舆情监测体系，主动加强网络舆情研判、分析和处置。建立快速反应的舆情应对体系，要善于应对舆情，在重大事件舆情发展上政府部门要及时发出权威声音，确保政府部门信息的透明性与权威性，紧抓舆情引导的主动权。各级政府部门和各级各类学校要加强自身管理和监督，提高政治站位，强化政治担当，唱好主旋律、发出好声音、凝聚正能量。要严格落实意识形态工作责任制，切实维护网络意识形态安全，打造安全的网络空间。

启示六：加强社会化协同育人，构建教育治理统一战线。高度重视教育的社会性参与，充分利用首都的优势文化、智力资源，引导社会力量提供教育服务，建设明确教育目标、多元主体参与、协同育人、协调互动的教育治理新格局，建立新型的教育资源与服务治理机制，健全和完善教育供给投入体系，形成政府主导、科技支撑、社会参与、家校联动、按需选择、尊重差异的教育生态体系。打破政府孤立实施教育治理的格局，融合政府机制、社会机制与市场机制，促进政府、学校与社会的有效组合与协作，建设社会化协同的现代化教育治理新形态。

三、后疫情时代教育系统变革的对策建议

疫情对首都教育领域的影响是长远的、深刻的，由近及远呈“水波分布状”，如图 1 所示。首先是面对教育系统常态业务运转失灵的突发应急；其次是应急的一些创新措施带来的人才培养模式变革的迫切需求；第三是对教育公共服务的供给模式产生意义深远的影响。

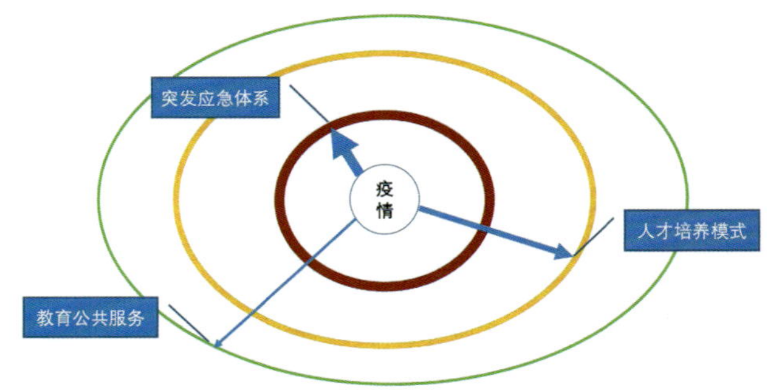

图 1　疫情对首都教育领域的影响的“水波模型”

为巩固疫情灾难应对成果，发挥疫情应对措施的长效作用，首都教育系统应准确把握疫情对首都教育的渐次影响，总结梳理面对教育系统常态业务瘫痪的突发应急对策，构建创新型人才培养模式，推进教育公共服务与治理现代化，继续深化教育改革，推进教育系统性变革，构建适应时代发展的教育新生态。

（一）非常时期应急体系建设

新冠疫情对教育造成重大影响，为保护学生身心健康，保障教育事业健康有序发展，首都教育系统启动多项应急计划，为疫情期间教育教学顺利开展发挥重要作用。在后疫情时期，为进一步提高教育系统的应急效率，首都教育系统在公共卫生应急体系、非常态教学应急体系、关键性教育活动保障体系、衍生灾害应急体系、应急力量储备体系等方面需要做出重要变革。

1. 健全公共卫生防疫与应急体系

强化责任意识，健全教育系统公共卫生应急体系。各地和学校要落实疫情处理管理责任，完善、规范应急治理卫生条例和制度，建设、完善不同等级灾害的应急预案，明确应急处置措施，全方位加强学校公共卫生防控体系建设。成立应急领导小组，加强组织领导，有效指导教育行政部门和学校做好防控工作。构建分级行动方案，针对不同问题有序启动反应机制，及时回应热点问题，有效管控舆情。科学实施教育系统应对突发疫情的举措，针对教育系统内外出现的突发、紧急、重大问题做好制度设计，把应急体系纳入督导检查范围。

“平战结合”常态化，逐级建立物资储备机制。全方位改善学校环境卫生条件，确保防疫物资合理供给。推进教室、宿舍、食堂、运动场馆、图书馆、厕所等重点区域和场所环境卫生改善整体行动，为广大师生创造干净卫生、健康文明的校园环境。学校医务室要落实学校传染病防控措施，以防控新型冠状病毒感染的肺炎等传染病为重点，规范学生晨午检、因病缺勤、病因追查与登记等工作，落实早发现、早报告、早治疗。做好学生个人清洁卫生管理，密切关注师生健康，积极获取专业指导，配合卫生健康等部门集中救治、全力救治患者，分类做好应对方案。建立教育行政部门、学校和教育企业的联防资源供给机制，依据各级各类教育财力与需求，分级分类制定差异化的资源保障方案。加大医疗机构防护物资储备，增加公共场所的清洁物资和消毒物资储备，鼓励家庭储备必备的医疗物资。强化政策引导和干预，协调“平”“战”时的医疗物资储备矛盾，与市疾控中心配合，统一采购，分发领用，合理配置医疗物资，灵活调整物资储备和使用分配，联防联动，逐级建立应急物资协调和储备机制。

完善安全教育长效机制，宣传普及疫情防治知识和生命教育。各地坚持教育在先、预防在前的原则，广泛开展安全教育和疫情应急演练，通过多种形式开展传染病防控宣传教育，普及疫情防治和防控要求，帮助师生提高防范意识、了解防治知识。把安全教育作为学校的一项常态化工作，帮助师生树立安全意识，养成良好卫生习惯和健康生活方式，积极参加体育锻炼，保持充足睡眠，增强体质和免疫力。加强生命教育，指导学生认识生命的价值和意义，使学生认识并尊重生命实体的生长规律、生命形态，正确对待生与死、健康与疾病；使学生认识生命本体的价值，追求个体素质提高、集体利益至上、甘于奉献等积极的价值观念；使学生认识生命共同体的价值，培养学生的集体意识和国家意识。

2. 加强非常态教学应急体系建设

加强网络、信息技术设备等硬件环境建设，为非常态教学提供物理设施支持。加大城乡、边远山区信息基础设施建设力度，加快陈旧网络基础设施改造升级，加强各级各类学校基础网络、数据机房、教学系统的运行维护和安全保障，完善网络带宽与基础设施部署，协调并确保不同网络运营商跨网、跨区域、跨平台的传输质量，保障教师、学生、教育部门等对网络的使用需求。积极运用大数据、人工智能、云计算等技术，提供全面、平稳、安全的云服务。建立服务器弹性扩容机制，定期进行资料备份，确保持续生成的教学资源能够安全储存。深化5G等新型技术在教育领域中的应用，推动教育专网建设与部署，确保在线教育拥有快速、稳定、可靠、安全的网络服务和环境。全面普及可管、可控的智能学习终端建设，做到人人拥有学习智能终端。加快电视网、电信网、互联网等多网融合，构建多元供给渠道，确保教育资源公共服务在所有地区的无障碍传输，满足不同地区、不同学校、不同条件下的教育教学需求。

设计与开发满足个性化培养的大数据智能教学平台，建设智能教育环境。加强教学平台建设，构建智能化网络教育环境，为教育教学提供完整的支持，满足教师备课、设计、教学、管理、课堂讨论、课下辅导、师生交流等需求。积极引导企业提供可嵌入的工具和网络服务，建立多种平台之间相互调用、嵌套的在线教学服务生态，提升网络教学平台的并发性与稳定性。严格规范各类平台的数据使用权限，建立健全伦理与数据隐私保护机制，打造绿色安全

2月至5月，昌平机关幼儿园举办居家抗击疫情活动 （王瑶 摄）

的网络教学环境。

加强网络教研的软件和硬件设施建设，完善网络教研环境。建设教师教育和网络教研云平台，支持教师在线培训、终身学习。加强教研平台对教学大数据的智能化分析、可视化呈现和及时性反馈，支持教师资源获取、信息交流、知识建构、发展创造。支持教师组建在线教研共同体，充分利用首都教育、科技、文化资源优势，形成覆盖城乡学校的教师教研网络。逐步推进智能检课教室建设，利用智能感知设备、传感网和大数据云平台实现对教师、学习者、教学环境信息的实时感测，为教师提供丰富的准确的教育教学信息，提高教师教研效果和效率。

加强教学资源建设，为师生提供丰富的教学资源支持。加强课程资源建设，持续汇聚与开发各学段优质的数字化教学资源与课程内容，包括微课、慕课、电子教材、模拟仿真实验、AR/VR 等数字资源，并对各类资源进行语义标注，实现学习资源的按需推送，健全智能化的数字教育资源库。建立资源生成、使用、消费、流转的激励机制，促进原创资源的持续生成。加快数字教学资源公共服务体系建设，减少资源的重复开发。协调社会多方力量，鼓励社会机构提供科技探究、职业体验、艺术熏陶、体育锻炼、劳动技能、心理健康、安全教育、应急状况处理等优质教学资源，政府进行有组织的资源采购。完善区域、学区课程资源共建共享机制，面向全市各校、全体师生开放共享，提高教学资源使用效率。建立多种形态并存、适应不同技术环境的数字教育生态，满足不同条件下的资源传输与应用需求，提高资源在特殊条件下的适应能力。持续推进中小学教师开放型在线辅导计划，逐步从郊区普及到所有区县，为全市学生提供多样化、个性化、精准化的在线教育服务。

3. 构建关键性教育活动保障体系

制定线上线下结合的招生方案，创新工作方式。各相关部门和中小学校要严密组织，规范操作，严格落实教育部和北京市疫情防控工作的总体部署和要求，制定周密的招生入学工作实施方案。通过互联网平台，为学生、家长提供全面、透明、公正的招生信息服务。在全力抓好疫情防控的基础上，创新工作方式，完善操作程序，减少线下环节。做好线上便利服务、加强线上考试、入学审核、数据安全等工作，避免人员聚集，做好健康防护，维护学校秩序，确保小学、初中、高中各教育阶段入学工作顺利开展。

建立新型教育评价体制机制，严密做好中考、高考组织实施工作。建立健全线上线下教学无缝衔接机制，确保应急状态下开展高质量在线教学，加强对教师在线教学的评价与考核，促进教师在线教学质量提升，探索教学及评价网络一体化，提供作业、辅导、考试、数据分析的系统服务。严密做好中考、高考组织实施工作，加强教育考试机构工作队伍和能力建设，认真做好重大突发事件下的命题、考务和评卷教师的选拔培训工作，为考试内容改革提供重要支撑。严控考场环境卫生，健全联防联控、齐抓共管的工作机制，确保考场师生的健康安全。净化涉考网络环境、打击替考作弊行为，综合治理考试环境。健全高考安全突发事件应急处置机制，加强对舆情和突发事件的研判预警，依法依规妥善处置突发事件。细化完善应急预案，针对疫情中、高风险地区的考生，建立相应的独立考试细则。

完善就业政策链条，强调政策之间相互配合，形成保障就业创业的政策合力。建立灵活的学生档案管理机制，对应届毕业生的档案保留设置两年缓冲期。扩大研究生招生指标，鼓励毕业生攻读第二学士学位。扩大中小学和幼儿园教师招聘规模。鼓励学校和企业实施免费实训，按照实习生人数和实习时间为企业和学校提供相应的补贴，鼓励企业吸收实习生。加强对弱势群体的支持，分类分层做好精准指导和帮扶。建立家庭经济困难、身体残疾、少数民族毕业生就业工作台账，实行分类帮扶和“一生一策”动态管理，实行“一对一”帮扶举措。加强就业创业指导，推进就业创业指导课程建设，提高学生就业创业能力，制定优惠政策帮助大学生创业，减轻大学生创业的经济负担。加强大学生就业创业服务基础设施建设，建立就业创业公共服务网点，加强就业信息化设施建设与应用。

4. 建设应急衍生灾害的干预体系

构建学生心理辅导与干预应急体系，关注学生心理健康。建设学生心理大数据嵌入式的采集系统，完善学生心理健康档案，全面了解学生的心理健康状况，做好科学诊断，制定有针对性的心理健康教育工作方案。建立首都心理互助共享平台，扩大心理辅导工作开展的途径。利用平台开展心理辅导互助工作，建设空中心理课堂、线上咨询室、心理辅导热线等。构建“学校、家庭、社会”三位一体心理健康教育工作体系。加强学校专业心理健康教育和家庭和谐亲子关系的协同发展，推进医教合作，建立学生心理健康发展的社会支持系统。开设心理健康教育课，开展多元化的心理健康教育活动，提高学生认知水平、提高学生自我控制与自我管理能力、培养学习意志力和良好的情绪调控能力，全面提升学生心理健康水平。

建立健全幼儿园及民办教育应急体系，保障幼儿教育和民办教育顺利开展。加大对幼儿园及民办教育的扶持力度，采用发放生均定额补助、减免房租、延期纳税、减半征收社保、推迟年检、信贷优惠等方式对幼儿园及民办教育机构提供支持。设立幼儿园教师长期从教津贴，允许各类民办园适当提取本园共管账户资金，用于发放教职工工资，稳定民办幼儿园师资队伍。切实保证普惠性民办幼儿园教师待遇，明确非在编教师最低工资标准，加强财政补助经费的监管，切实保障财政经费补贴到教师。鼓励金融机构对民办教育机构提供贷款扶持，采取贷款延期、转贷或无还本续贷等方式给予受疫情影响暂时资金运转困难的民办教育机构短期宽限减缓。

构建国际教育应急体系，完善留学生招生制度和培养制度。采取灵活的留学生招生政策，建立并完善留学生申请考核制度，线上申请与线下申请相结合，实施线上面试与考核。采取多样化的教学模式，积极推进线上线下混合式教学，创新混合式教学模式，提高线上教学效果。灵活安排教学时间，针对留在国内和留在国外的留学生采取不同时段、不同模式的教学活动，解决时差带来的作息问题。加强对在首都地区外国留学生的管理，密切关注留学生状况，落实好生活保障，加强留学生心理疏导，保障留学生的身心健康。针对留学生的个体情况，采取灵活的签证延期和停留居留证件办理措施，保障留学生合法停留居留。

5. 强化灾害应急储备体系建设

加大防疫物资储备力度，保障疫情期间医疗、生活、生产需求。确保防护用品、测温工具、消杀药品等防疫物资储备充足，建立科学合理的管理制度，确保防疫物资采购到位、调配到位、使用到位、储备到位。加强优质数字化教育资源建设，保障疫情期间各级各类教育需求。

加强教育系统应急处理人力资源的储备，确保特殊时期能够顺利、有序开展教育活动。加强对教育管理者、在线教学各环节负责人的培训，提升应急处理人员的素质和能力，确保各区、各校能够组建一套完整的“在线教学班子”与质量管理体系。关注教师和教学管理者应对突发事件的素质和能力培养，保障疫情期间各级各类人员发挥重要作用。

关注中等职业卫生教育，培养基础医疗建设人才。北京市面临较严重的老龄化问题，需要更多的医疗机构、医疗资源和设施、医护人员等，为应对老龄化增加对疫情期间医护人员需求的叠加作用，解决偏远和欠发达地区教育卫生领域基层人才短缺问题，重视大规模疫情期间基层队伍的建设和力量储备，培养基础性医疗人才，为各地教育卫生系统发展提供人力资源支撑。加大医学生的招生和培养，完善医学人才培养体系，建设医疗人才库，突发情况及时响应与调度，满足基础教育卫生系统的需求。立足平时，加强医疗机构建设，完善传染病防治设施建设，重视重大疫情学科建设，提升重大传染病救治能力和储备能力。着眼战时，统筹应急状态下医疗卫生机构动员响应、区域联动、人员调集，健全分级、分层、分流的重大疫情救治机制。

（二）构建创新型人才培养模式

新冠肺炎疫情对教育产生重大影响，迫切需要教育领域以互联网、人工智能、5G等新兴技术为基础设施和创新要素，转变课程表现形态、教学模式、评价模式等，构建智能时代的新型人才培养模式，培育智能时代所需的多样化、国际化、创新型人才，以应对疫情等极端复杂境遇的挑战。

1. 以立德树人为核心培养创新型人才

培养智能时代的创新型人才，助力人才强国。做好智能时代人才培养的顶层设计，坚守“为党育人，为国育才”的初心使命，重新定位新时代人才培养的具体目标和方向，由“知识型人才”向“创新型人才”转型，切实提高人才培养质量；明确新时代人才培养的核心能力和素养，制定创新型人才培养方案、课程内容、教学方式和评价方式，培育符合国家人才战略和未来社会发展需要的创新型人才。

牢牢把握立德树人根本任务。实现思政课程显性教育与课程思政隐性教育的有机结合，实现立德树人与育人育才的有机结合。提炼思政教育的核心内容，建设思政教育关键载体，创新思政教育方式方法，注重传承红色基因，铸牢新时代社会主义建设者和接班人的政治灵魂；注重培育大国情怀，面向社会主义现代化强国建设和人类命运共同体构建，培养具有大国责任和世界眼光的时代新人；注重促进学生全面发展，完善“五育并举”的人才培养体系；健全“全员育人、全过程育人、全方位育人”的体制机制，构建学校、家庭、社会共同育人的格局。

鼓励学生发挥主观能动性，成为有目标、有反思意识的主动学习者。培养学生的综合素质，提升学生自主发展的内驱力，引导学生学会学习；优化教学内容，调整课程组织，转变教师理念，改善学习方式，完善教育评价，提高学生自主学习能力；注重引导学生能够依据自身兴趣爱好、学习需求选择课程资源开展学习，学生能自我管理，合理安排时间，参与线上线下学习活动。

关注学生信息素养发展，发挥技术帮助实现学生人生价值的作用。引导学生熟练利用信息化工具开展学习、寻求帮助、获取资源，提升信息鉴别能力；引导学生习得在线学习的策略、方法与能力，重视发展学习者高水平的认知和非认知技能，如批判性和创新性思维、人际交往技能、个人内省技能、全球公民技能等。

关注智能时代学生认知和学习行为规律的研究。深入研究在线教育、智能教育、融合教育、终身教育、跨文化教育，探索学习规律和教育规律，为教育改革创新奠定坚实的理论基础；加强“人机结合”思维模式的研究，鼓励利用人工智能增强学生的思维能力，关注学生数字健康，引导学生发挥技术正向效能、合理规避技术应用风险。

帮助学生实现在陌生的环境中自我定向，找到应对不确定性的正确办法。确保学生能够驾驭不确定性，具有跨越时间（过去、现在和未来）、社会空间（家庭、社区、区域、国家和世界）及数字空间的能力，引导学生与自然界建立联系，认识自然界的脆弱、复杂与价值，为学习者提供终身学习机会，让他们能不间断地更新自我技能。

2. 构建数字化、立体化的课程形态

优化课程的目标设置，确保培养学习者具备适应终身发展和社会发展需要的必备品格和关键能力，获得高水平的认知与非认知技能。将信息素养作为学校课程设置的基础目标，为学生的社会生存、可持续发展与幸福生活奠基。

转变课程的表现形态，开发数字化、立体化、线上线下融合的混合式课程，将大规模在线开放课程融入学校教育，成为学校常态课程的有机组成部分；发展动态可重组的课程设计，打造移动化、泛在化的课程。在移动设备普及基础上，将微型课程嵌入到日常生活，实现基于情境问题动态地配置课程。

转变课程结构，将分散式课程结构转向整合式课程结构，开发以技术为中介的、旨在培养学生核心素养的、多学科融合的课程；突出强调课程的学术性内容与生活性内容的融合与转化，借助互联网技术连接实际生活，通过项目设计与实施，将学科知识转化为可解决实际问题的生活性知识，促进学生的全面发展。

转变课程的实施方式，实现模块化、碎片化的课程内容组织和课程实施。课程实施空间将从班级、学校扩展到网络空间、网络社区，实现跨越学校边界的课程协同运行。

推动跨学科的、多元相关利益者参与的课程开发方式，吸纳社会力量参与大型开放式网络课程建设，确保所有层次和所有教育形式中的开放资源访问与可持续发展，支撑全民学习、终身教育。加大应用优质在线开放课程的力度，建立跨学校、跨区域的课程共享与学分认定制度，完善准入机制。推进学校内部特色课程资源的开放共享，如创客实验室、AI 教育实验室、虚拟实验室等。鼓励学校引入科技馆、博物馆等各类相关教育机构的课程资源，支持学校与校外相关教育机构协同开发课程资源。

3. 创新多形态混合式教学模式

鼓励教师实施多种方式相结合的教学活动，创新混合式教学模式。倡导教师在教书育人中实现线上教育与线下教育相混合，多种教学理论支持的教学模式相混合，教师主导活动和学生主体参与相混合，物理教学空间和智慧学习空间相混合，推进信息技术与教育深度融合，构建“主导—主体相结合”的新型教学结构。鼓励教师突破固有的课堂时间限制、学科界限，开设跨学科的教育教学，探索基于 STEM 教育和创客教育的创新型学科混合式教学。

创新多元主体参与的混合式教学模式，开展由学校、社会组织、家庭等主体协作的混合式教学。汇聚学校、家庭、教育服务机构、相关企业等多方优势，突破学校边界、家校共育障碍与体制壁垒，开展校际协同教学、家校互动教学、校企联动教学，实现校内服务与校外社会服务的优势互补，构建学校教育、家庭教育、社会教育高度融合的协同育人体系，为后疫情时代的教学创新奠定基础。

鼓励在混合式学习过程中创新运用教育大数据，实现规模化教学与个性化培养相结合。采用智能技术全方位获取和存储学习者的数据，通过多模态数据对学习者进行精准画像，包括学习者的学习风格、学业基础、情绪状态、学习空间等，根据学习者画像为其选择合适的课程、内容、目标、方法等，使得每名学习者都能得到适合自己发展水平的教育资源和学习服务。采用智能化在线教学平台分析学生的学习过程数据，以过程性数据作为学习支持和评价的工具，制定符合学生发展需求的个性化培养方案。基于大数据技术兼顾学生共性和个性的学习需求，提供包容、优质的教学服务。给予优等生和学困生等少数处于教学两端的学生区别指导和学习支持服务。

9 月 1 日，厂桥小学举办“思政讲堂——抗疫故事开讲啦”活动

（厂桥小学 供）

4. 建立核心素养导向的教育评价模式

完善教育评价标准，坚持评价为提高立德树人成效、促进学生核心素养发展。加快完善各级各类学校评价标准，健全学校内部质量保障制度，促进学生身心健康、全面发展；强化思想政治和师德师风在教师评价中的地位，坚持“破五唯”，坚持评价为了提升教师教书育人能力。

拓展教育评价内容，注重德智体美劳多维度的综合评价。以科学成才为指导，以品德和能力发展为目标，设计能够科学评估学生综合素质的教育评价内容；评价内容兼顾学生认知结构、知识结构、情感结构、能力倾向和个性特征，创新面向核心素养的过程性评价，完善德智体美劳评价体系，切实引导学生坚定理想信念、培育家国情怀、提升学习能力、培养奋斗精神、增强核心素养。

探索多样化教育评价方式，采用互联网技术开展嵌入式、伴随式评价，提高教育评价的科学性、专业性、客观性；采用人工智能技术诊断评价学生的问题解决能力、监测心理健康与体质健康水平，提供及时的预警与干预机制；创建智慧型教育评价环境，通过各种智能终端采集不同场景下学生学习过程的数据，实现基于证据的精准评价；提高教育评价结果反馈的速度和质量，用大数据与学习分析技术自动生成及时性、定制化的评价反馈报告，提供及时的改进建议与干预措施，充分发挥评价的学生成长导向和激励功能。

5. 构建线上线下结合的无缝学习生态

借助物联网和情境感知技术构建万物互联、智慧感知、虚实融合的无缝学习生态，实现学校的物理空间和虚拟空间有机衔接；打造集“备课、授课、学习、科研、培训、管理、家校互动”等功能于一体的虚拟校园空间，为教师、学生、管理者、家长等多种角色，提供适切的教育资源和学习支持服务。

建立多种学习终端设备数据共享机制，实现多终端间的数据同步，建设全校共享的大数据中心，实现学校智慧运行；利用 5G 网络切片技术及虚拟网络功能，搭建绿色、安全的校园网络环境，保障各类用户的数据安全，最大限度为未成年学生隔离网络不良信息；为学校各类业务按需部署专用网络，满足不同业务场景对网络的需求，提高网络的服务效率。

推动学校内外的教育场景互联，构建全社会协同育人新格局；鼓励引导社会力量提供优质教育资源与学习支持服务，依托社会机构建立实践教育基地和体验式学习基地，探索灵活的实习实训制度；打破学校教育与社会教育、普通教育与职业教育的壁垒，健全职业教育与普通教育、学历教育与非学历教育、职前教育与职后教育沟通衔接的机制，努力建设“人人皆学、处处能学、时时可学”的学习之都，探索灵活的学习成果认证和学分积累转换制度，推进北京市学分银行和终身学习电子档案建设，率先实现普通教育、职业教育与继续教育相互之间的学分互认；积极探索人工智能、大数据、区块链等新技术在学分银行中的创新应用，为学习者提供智能化和个性化服务。

健全家校协同育人新机制，打造以家庭教育为基础、学校教育为中心、社区教育为延伸和补充的立体化家庭教育模式。充分利用家长委员会组织，引导家长发挥好第一任老师的作用；学校要加强三全育人工作，形成家庭教育指导服务体系，发挥好家庭教育的指导作用；打造科学育人多元共同体，明确家庭、学校和社会责任义务并进行监督，推动“家—校—社”协同联动，有机构建家庭、学校、社会三位一体联合推进的育人新机制，协同遵循教育规律，针对学生问题开展联动合作。

6. 提升教师专业素养和数据素养

创新教师培养模式，建立高等学校、基础教育学校、教育研究机构、行业企业协同培养教师的体制机制，优化教师队伍结构，提高教师专业水平和教学能力。提升教师的教学理论知识和教学技能，培养教师适应未来教育的思维模式。完善提升教师教学能力的培训课程体系，推广在线教学、线上线下混合式教学等优秀教学案例。强化教师的数据意识，提升教师数据处理能力，开展教师数据素养提升全员培训，将数据应用能力纳入到定期考核标准中，为个性化、核心素养导向教学的实施培养师资力量。

增强对教师个性化教学的专业支持，指导教师积极探索个性化教学新模式。创建数据教学共同体，构建数据驱动的教学文化，促进智能教学环境和智慧技术的常态应用，使线上教学成为学校教育的有机组成部分。增强教师进行个性化教学设计的意识和能力。推动教师创新课堂教学形式，开展科学的分层教学设计，为不同类型的学习者进行不同的教学准备，提供相应的学习支持。强化教师促进学生个性发展的理念，尊重学生的多元智能和个体差异，促使学习者在不同的价值取向中定位自己的发展方向和价值立场，以适应未来个性化和复杂的社会。

增强教师应用人工智能技术的意识和能力，做到人机协同育人，让人工智能承担更多知识传授方面的工作，教师的重心转向对学生的能力培养、素养培育、心理干预、人格塑造等更高层次的育人任务。转变教师知识传授式的教学模式，在人工智能支撑下转换工作重心，培养学生的自主学习、深度学习、批判反思、创新等机器无法代替的适应未来社会需求的思维能力。

7. 强化学研相济的科教协同育人机制

重视具备原创精神以及重大实践问题解决能力的创新人才培养。根据不同高校、科研机构的专业化特色，建设专门的科研创新人才培养基地，培养具有深厚科学素养和科学精神的拔尖创新人才；打通“重科研轻教学”盲点，建立教研一体、学研相济的科教协同育人机制，制定产学研合作协同育人计划。面向国家发展战略、四个中心建设和京津冀一体化区域经济发展需求，探索体制改革，创新运行机制，完善校校、校企、校地、校所以及国际合作的协同育人机制。优化学校科研管理制度，明确科研育人功能，引导首都高校科学研究瞄准国家发展战略和首都四个中心建设的重大需求，树立师生科研服务社会发展与经济建设的意识，鼓励师生研发原创成果，并将成果积极孵化、转化运用。改革课程体系与教学内容，探索“企业人才需求订单＋校企联合培养”模式。

改进学术评价方法，在学术评价方面强调科研育人。引导教师吸收学生进入团队，围绕重大现实问题开展科研，在科技攻关中以言传身教的方式开展教学。鼓励科研反哺教学，实现前沿科研成果科普化，将科研与教学相融合，建立科教联动机制，将最前沿的科技知识和科技创新成果融入教材、走进课堂，通过多渠道、多环节向学生传授；鼓励教师将科研成果转化为实验教学资源，不断更新实验教学内容，促进科研与实践教学融合，提升学生实践、创新能力。发挥教师队伍科研育人主体作用，将“担任本科生学业导师、指导学生课外创新实践项目等培养提高学生专业能力的相关工作”纳入科研评价内容。科学技术奖励中加入立德树人、师德师风与人才培养情况，引导科研人员注重科教融合。

注重传承老一辈科学家奉献祖国的精神，在重大科技问题解决过程中，有目的、有意识地培养大学生实事求是、坚持真理的科学态度和严谨踏实的治学精神。构建集教育、预防、监督、惩治于一体的学术诚信体系，加强科研诚信教育制度化建设，构建全覆盖的科研诚信教育体系。针对研究生、高年级本科生、新上岗研究生导师、新入职教师和青年科技工作者等不同群体，量身打造针对性强、特色鲜明、形式多样的宣讲教育活动。推进科研诚信教育进教材、进课堂、进实验室。组织专家编写师生学术规范与学术道德规范及警示读本，让科研诚信教育入课本；在研究生中开设科研诚信公共选修课，使科研诚信教育入课堂；严格规范科研过程与学术发布，实施科研诚信一票否决制，使科研诚信教育进入实验室。

建立重点实验室、科研基地、智库等各类创新平台向本科人才培养开放的长效机制，吸纳更多优秀学生参与科研工作，接受科研素养训练，将教师指导研究生所取得高水平学术成果、学科竞赛成果等纳入研究生教育绩效，促进科研资源向教学活动中集聚，将科学精神、创新思维、创造能力的培养贯穿于教育全过程。加强大学生创新实践基地建设，完善大学生创新实践中心育人机制，设立创新实践中心专项经费与指导团队，吸引有兴趣学生开展科技创新实践。

8. 大力发展开放型、高质量的国际教育

建立首都与国际接轨的开放型教育新体系。完善国际化人才培养体系，打造海外学习项目集群，丰富海外学习选项包，为国内学生提供多样化的学习机会，培养具有国际竞争力的现代化人才。建立全体系、全口径教育对外开放体系，探索国际化人才培养的大中小学衔接机制，加快教育体制互通和学历、学分互认，引导首都各学段学校与国外共同组建合作平台；加强与欧美发达国家、“一带一路”

沿线国家的教育和科研合作，通过建立“产学研用结合的国际合作联合实验室”等深化国际科研合作。

加大国际教育供给，完善国际教育发展规划。在首都科技发展新区和教育重点区域合理布局国际学校，合理确定中外合作办学规模，发挥其在推动国际教育发展方面的辐射和引领作用，健全国内重点高校与国外知名院校联合培养人才的机制；借鉴发达国家经验发展在线教育，动员高校建设在线教学国际化平台，鼓励各高校开发高质量的国际课程，构建种类齐全、语种丰富、开放共享的在线教育资源体系，同时兼顾引进全球性、区域性顶尖高校的一流课程，发展国际教育服务贸易市场。

提升首都高校、企事业单位等渠道推广汉语国际化的能力，面向首都高校和驻京外企、使领馆等扶持符合国际传播特点的创新性科研项目，发掘汉语的文化意义，凝练汉语的文化特色；促进汉语国际教育专业的发展，培养具备推动汉语国际化发展的高端人才，以海外汉语教师志愿者等合作项目传播中华文化传统与现代的价值观。

（三）推进教育公共服务与治理现代化

疫情倒逼人们再次审视传统基于学校的、标准化的、班级的、线下为主的服务供给方式存在的突出问题。多变的外部社会环境下，也对如何提供适应、灵活、人性化的现代化教育治理提出新的挑战。而随着互联网、大数据和人工智能技术的普及和发展，则为上述问题的解决提供新思路、新方法。

1. 转变首都教育信息化的工作重心

转变教育信息化的工作重心，构建新型的教育生态。疫情期间的超大规模在线教育实践暴露出当前教育信息化实施过程中存在“重建设、轻应用”“重硬件、轻服务”的问题。首都要率先转变教育信息化的工作重心，构建从建设驱动到问题解决驱动、从硬件驱动到服务驱动的信息化发展模式，推动教育信息生态系统从以硬件为中心的低级态进化到以人为中心的高级态，要引领全国教育信息化健康发展。政府、学校以及社会等主体要跳出技术思维框架，利用信息技术手段实现教育教学、教育监测、教育评价等方面的信息化、科学化与智能化。

构建虚实融合的智慧教育生态，推进网络学习空间和物理学习空间在资源建设、资源共享、教育管理、教学支持、教育评价、教育决策等方面的融合；建设智慧校园、智慧社会、智慧教育，着眼于产学研融合发展，合理调整学科专业布局，深化产教融合、科教融合、理实融合。建立健全多元主体参与的全面、公开、透明的教育系统，实现基于大数据的政府主导、学校主体、社会监督的“互联网+教育治理”新模式。通过多方发力，构建以教师和学生和谐发展为核心价值，以信息化教学实践为核心驱动力，以应用导向设计为指导的高级教育生态。

2. 建立健全教育数据利用的地方条例

立足教育治理体系和治理能力的现代化建设目标，探索建立教育数据利用的地方条例。结合北京教育实际，建立个体教育数据使用的区域标准；面向青少年成长的身心发展规律，建立数字内容的分级标准，并推进在互联网行业全面应用；完善在线教育数据使用及安全管理规范，加强数据监管，保障数据安全；完善网络教学平台数据联通、交换标准，支持数据跨平台、跨系统流动。

探索引入区域数据信托机构。建立从区域到个人的双向赋权管理模式，对各区域的教育数据源，按隐私保护要求部署统一的数据分析运行环境，由专门的机构运行数据分析调试平台，在该平台上编写和调试教育大数据分析程序，然后分发到多个运行环境中执行，采用关联分析并挖掘来自多个数据源的数据，对数据的使用分级授权。

探索数据集合与共享的地方治理模式。在区域治理现代化的建设与布局中，融入大数据理念推进构建聚集性、系统性数据集合与共享的地方治理模式，注重建设不同区域内同一层级部门间的数据共享机制，加强合作互通，最大化地利用公开数据，高效探索数据集合与共享的内在规律与应用价值。依托教育云平台，推进企业、协会、科研机构等社会组织将积累的社会数据资源进行平台对接，完善数据共享标准，建立部门、地域等高效协同的数据共享体系，实现数据开放共享。

3. 完善各类教育系统数据互联互通体系

规划当下及未来教育数据互联互通的体系，解决信息与数据相互隔离的孤岛问题，促进数据在各部门业务之间无缝流转，推进各部门基于数据的业务流程创新，整合多角度数据进行教育决策。完善教育大数据分析系统，利用多系统、多平台的互联互通，汇聚和分析学生行为大数据，实时了解学生学习状态、身心健康、物理地点移动情况、饮食起居情况、社交活动参与情况等，促进学生个性化发展。

融通教育系统多角色分发应用数据。整合教育系统中教育部门领导、校长、班主任、教师、学生、家长等多角色数据，设计数据流转的业务流程，强化各治理主体间的数据共享意识，改善以往经验治理、形式治理的状态，以共享数据为纽带，调适政府与人民的“主宾位置”，提高公众参与社会治理的主动性和互动性，拓宽治理主体范围，形成政府、企业、社会组织、公民多元主体合作共治格局。明确共享单位的权利和义务，在保障国家、企业、个人隐私的前提下，最大限度地挖掘和释放大数据“红利”，实现各部门治理的高效协同。

4. 构建社会化协同的教育服务供给体系

明确教育供给目标，全程贯彻供给为了孩子成长的基本思路。构建以立德树人为统领的育人为主的供给策略，形成融合德智体美劳全面发展的新型供给方法，建设以“育”为主的供给内容，以学生学、关注孩子的学习状态为主，建设生态化的育人环境；打造全社会协同的供给方式，实现属地供给和跨区域共同供给，建立基本公共服务、准公共服务和增值服务相互配合支持的教育供给体系；设置灵活及时的供给节奏，建立兼顾事前、事中和事后的供给管理体系。

注重由传统的线下服务供给转变为线上线下融合的服务供给。充分利用互联网平台的优势，建立常态化的在线教育服务供给体系。政府要从关注资源、基础设施建设到关注老百姓可以实际获得的教育公共服务建设。教育服务要以学习者的需求满足为核心出发点，从面向群体的供给逐渐转向面向个体的精准化、个性化、适应性供给，以政府投入保基本，积极探索基于互联网的开放型辅导、教师开放型网络研修和开放型综合实践活动、开放型素质教育等体现智能化、个性化、社会化的教育服务创新形态。逐步建立面向消费的多元教育服务的精准供给体系。

建立开放的教师组织体系。在保留教师既有的人事关系基础上，赋予教师开放的身份属性，打通教师服务在虚实空间流通的渠道。针对教师虚实融合的特点，探索在线批阅、在线答疑、个性化辅导、双师课堂、学习社区等各种在线教育服务创新形态。建立教师智力资源在线流转机制、在线服务质量监管机制和绩效激励机制等，保障服务的可持续、良性开展。

优化教育服务购买机制。树立“服务超越产品、直接解决问题、提高行政绩效”的服务购买理念，加大对教育信息化服务类内容的购买力度。制定相应的标准规范，引导市场更好地进行服务目标定位。利用大数据、学习分析等技术及时、准确了解用户需求和问题，适时调整服务策略，提高服务效果。在“政府购买、企业提供和学校使用服务”三方运营模式之下，进一步理顺多方关系，形成良性的服务业态链。

进一步推进大规模社会化教育服务协同，打造教育统一战线。构建全社会共建、共享、共治的教育公共服务体系。将政府机制、社会机制与市场机制进行有效组合与相互协作，开发数据、资源、平台和服务相关规范和共享机制，实现各种人力、物力学习资源的汇聚和配置，打破社会组织服务的边界，建立服务学生健康成长的统一战线，为首都人民终身学习提供服务。完善终身学习制度，发挥各级各类教育机构在创建学习型社会中的重要作用，鼓励学校为市民终身学习提供咨询和指导服务。建设首都市民终身学习服务基地，加快形成覆盖城乡、面向全体市民的终身学习网络和服务平台。

5. 健全基于大数据的教育质量监测体系

开展大数据支撑下的教育教学质量监测与督导。从教学质量监测的多个角度进行设计，利用大数据了解学生学科能力、核心素养、学科知识等方面的发展情况，要以常态化监测对教学质量进行评估、反思与定向督导。形成面向区域的监测改进行动，包括开展大数据监测下的教师能力培训、聚焦学生核心素养培养的实践活动、面向核心学校管理者的数据精研学习、面向区域教研员的学科教研转型实践，引导区域在监测后形成更加有力的改进行动。

完善教育质量监测体系，建立促进学生全面发展的评价系统。进一步借鉴国际组织和发达国家教育质量监测技术手段，结合首都教育发展实情和教育教学实践，深入研究大规模教育测评技术方法和首都教育教学客观情况，完善基础教育质量监测框架，健全基础教育质量监测体系，发挥教育评价良性导向作用。

开展大数据支持下的教师队伍建设督导。建设区域教师发展大数据系统，采集与分析教师基本信息、教师职业技能、教师心理建设等方面数据，把握教师队伍建设结构与方向，构建高素质创新型的教师队伍。

开展大数据支持下的学校管理督导。利用区域体育健康大数据、心理健康大数据、学校校园生活大数据进行定向督导，了解学校思想品德教育情况、体育卫生情况、校舍和设备使用情况等，完善教育督导和评估监测结果使用制度。

6. 建设学生心理健康预警与干预体系

加强网络环境与智能学习终端管理，提升学生网络素养。强化技术手段对学习终端的管理，多手段并举解决手机沉迷问题，加强网络素养教育与合理引导并举，教育学生正确对待网络、学会规避风险和预防沉迷；明确不良信息范围，界定各方职责，大力改进网络空间管理，持续加强内容管理；加强数字健康相关研究，引导学校、学生及家庭了解数字健康相关知识，完善发展数字健康的措施与方法，切实保证学生在数字时代的健康生活；充分利用技术手段开展特殊教育，保证每一个学生接受优质教育的权利，保障特殊学生群体的身心健康。

建立市级学生心理健康多模态预警系统。每学年常态化筛查学生心理健康情况，完善学生心理健康测评数据库，利用人工智能技术发现潜在风险学生，形成重点定期追踪机制，特殊时期心理教师电话回访，联合学校、教师、家长进行共同观察；形成“三全”常态身心健康守护机制，发掘并整合学校资源，形成“全员、全过程、全方位”的“三全”常态身心健康守护机制。

强化人工智能在学生心理工作场景中的应用，加强心理辅导教师队伍建设，培养线上线下相结合的双师型心理教师。采用基于人工智能的心理咨询系统进行线上心理辅导，收集与分析学生的问题行为表现，提供及时的定向帮扶措施。从各区遴选有资质有经验的心理教师组建线下辅导咨询队伍，定期开展教师培训、心理辅导实践实训，提升教师心理咨询能力。积极吸纳优秀毕业生进入心理教师队伍，不断充实扩大心理健康教育服务组织。

严格落实师生心理健康信息和数据保密制度。制定严格规范的心理健康辅导制度，学生测评数据、预约、辅导记录等资料严格管理，心理辅导教师、平台维护等各类人员严禁各种形式的资料流出，切实做好保密工作。

7. 建立智能、协同的教育服务监管体系

构建基于大数据的教育服务实时监管与预警平台。借助物联网、大数据、人工智能、云计算等技术，对教育服务机构提交的信息进行智能识别、校对。在教育服务属地管理的基础上，建立京津冀教育服务协同监管平台，实现区域内数据整合，做到真实透明监管。通过对监管信息的智能化收集、归类整理、共享，实现对公办学校、民办学校、教育辅导机构、在线教育 App 等教育服务机构的过程性、参与性、建设性监控，提升监管的科学性。

建立系统性的教育服务监管标准。形成完整覆盖幼儿教育、中小学教育、高等教育、特殊教育、成人教育以及校外辅导机构等多类型多层次办学主体的规范标准，对不同教育服务机构在办学资格、教育规范、教育安全、师资要求、教育质量等方面设立差异化的监管方向与目标。建立联审联管机制，把事前审批转变为过程性的动态、实时、精细监管，通过随时诊断和发现运行过程中的异常状况，实现教育危机及时预警，并进一步提出更具针对性的改进措施。

优化教育服务监管模式。构建监管数据的共享机制，为多元化的教育服务主体提供评估支持，将委托独立第三方监管模式引入教育服务监管领域，引导社会力量特别是高校、智库、企业等具有专业知识储备的机构加入监管工作，提高监管的高效性与精准性。建立监管机制与决策机制的协同模式，使利益相关者做出选择，实现以科学监管提升公众对教育服务的满意度。

8. 建立人机结合的智能决策与治理体系

建设适宜于人机结合的新型决策主体的决策机制，构建智能化教育治理体系。通过融合数据与信息、工具与方法、分析与决策三个要素模块，结合北京教育实际建构智能化决策模型，提升教育管理者在宏观指导和中观、微观层面的部署实操等方面的准确性与高效性。把人工智能技术引入教育决策与治理，构建面向国家宏观层面的教育资源布局与国家教育水平监控、区域中观层面的学校布局与绩效评估、学校微观层面的校园安全、教师发展与学生个性化成长等不同治理需求的智能化教育治理体系。

准确把握人工智能“为人服务”的价值属性，围绕人的需求与利益来建设人工智能决策体系。形成议题选取、专家论证、效果评估等决策机制，确保决策结果具有价值与工具的双重合理性。推进不同算法决策系统间的交叉验证。确立数字资产的地位、建设良好的管控协调机制。在人机结合的行政决策过程中，公开决策形成的算法、流程和验证过程，提高决策的透明度，建立说明理由制度，对上述过程进行说明，实现社会公众的有效监督。

明确政府在教育行政决策过程中对个人隐私保护的职责，作为数据和算法的主要受益方，政府有义务加强决策过程中对个人信息的保护，要求和监督相关机构或个人在获取数据时取得个人的授权，合法收集数据。要提升教育行业从业者应用人工智能技术的水平，决策智能化要求政府部门拥有具备人工智能专业知识的人才，以便对智能决策进行实质性审查。

9. 建立服务四个中心的高精尖科研体系

推进以重大实践问题解决为导向的科研。科研工作不仅要瞄准可能颠覆未来社会发展形态的新理念、新技术和新方法，更要强调实事求是，结合本土化需求和特色，挖掘关键科技问题，积极开展原创性研究，在基础理论与技术取得重大突破，重视科研成果在社会实践与产业发展中的应用，构建支持首都四个中心建设的高精尖科研体系。

关注基础研究能力突破。牢牢掌握科技创新的“总机关”，加强基础学科建设，建立支持科研人员将“冷板凳坐热”的科研评价机制，强化原始创新、集成创新和引进消化吸收再创新。着眼于关键核心技术突破，聚焦国家发展战略、“大国重器”研发，推进“三城一区”融合发展，加强中关村科学城、怀柔科学城、未来科学城与首都高校、科研机构、企事业科研部门合作创新，集中攻关核心关键技术，加快建设国际科技创新中心。

联合各事业单位、大型企业或公司合力开展应用型、实践型和交叉型问题的研究。鼓励科研人员积极参与全球性的或其他国家发起的具有重大价值的国际性的重大科研项目。通过合作型和创新型项目吸引高端人才来华开展合作交流，不断壮大首都科技创新研究的人才队伍，提升首都科研创新能力和国际化水平。

10. 探索未来学校的发展理念与模式

打造智慧化未来学校。将智能学习环境列入教育领域的新基建重点工程，推动教育信息化建设转型升级，支撑引领未来教育发展；建立健全个性化、适应性、面向人的全面发展与终身学习的课程、学习方式、教学与评价体系，确保每一个人都有受教育的权利、都能享受优质教育、都能够获得个性化成长。

建设扁平化的教育公共服务治理组织结构。积极关注教育 4.0 时代的教育理念和需求，协同社会各方力量，制定教育改革的政策措施，保障学习者的可及性和包容性学习，促进教育公平，支持学校自主的教育模式创新，为学校发展赋能。主动加强与企业、社区及其他利益相关者的合作，促进多方的资源、信息和人才流通，并从以上社会相关子系统和部门获得技术和资金支持；同时也向其提供人才、场所和信息服务，双方或多方形成互补，实现共赢。

加强人工智能教师研究规划。积极部署智能时代的 AI 教师系列研究。聚焦人工智能如何减轻教师负担、增强教师教育智能，开展相关理论、技术和模式等研究。围绕教师日常工作和教学业务形态，探索人工智能在工作代理、课程服务、智能教学、学习辅导、智慧教研、三全育人等不同层面上的功能，形成“人工智能＋教师”的新模式、新形态。通过教师与人工智能深度协同，释放教师活力，支持教育回归本真。

（市委常委、市委教育工委书记　王宁）

关于深化高校巡视巡察成果运用的研究

党的十八大以来，以习近平同志为核心的党中央高度重视巡视工作，把巡视纳入“四个全面”战略布局，作为全面从严治党的重要抓手，确立巡视工作方针、明确政治巡视定位，建立巡视巡察上下联动的监督网，推动巡视巡察工作取得了令人瞩目的成绩。党的十九大后，巡视巡察工作进一步深化发展，把发现问题作为主要任务，把推动问题解决作为落脚点，聚焦政治巡视巡察属性，突出巡视巡察整改落实，强化巡视巡察成果运用，注重解决共性问题开展综合有效治理，用整改成效推动改革、促进发展，进一步增强了党的执政能力、厚植了党的执政基础。

高校紧跟党中央步伐，自觉向党中央看齐，不折不扣地落实中央巡视方针和政治巡视要求，初步建立了巡视巡察上下联动工作格局，推动巡视巡察工作纵向到底、横向到边，发挥了维护高校改革发展稳定大局的作用，发现问题、形成震慑的威力已经逐步显现，高校巡视巡察的“形”已初具规模，但高校巡视巡察的“神”还需要在整改落实中不断深化，在推动改革、促进发展中不断加强，通过提高巡视巡察成果运用的联动性、实效性、久远性，进一步提升巡视巡察成果运用的深度、广度和力度，让高校巡视巡察工作在改进中加强、在规范中提高，在整改落实中体现价值意义、在成果运用中体现功用效益，切实彰显巡视巡察推动改革、促进发展的作用。

《中央巡视工作规划（2018—2022 年）》明确提出，做好巡视“后半篇”文章，强化巡视整改和成果运用，并将其写入“政治巡视进一步深化、巡视监督体系进一步完善、全覆盖质量进一步提高、成果运用进一步强化、监督合力进一步形成”总体目标，凸显了中央对巡视巡察整改和成果运用的高度重视，彰显出推动巡视巡察成果运用的坚强决心。

本课题研究遵循高校全面从严治党的发展趋势与工作规律，从巡视巡察在高校的作用发挥入题，重在扎实做好巡视巡察“后半篇”文章，重点分析高校巡视巡察成果运用的现状、存在的问题及原因，通过对北京高校的实证分析研究，探讨高校巡视巡察成果运用的路径，为高校巡视巡察高质量发展提供可参考的有效方案。

一、高校巡视巡察成果运用的现状

（一）党的十九大前高校巡视成果运用情况

党的十八大后，党中央统一安排部署，在 2013 年和 2014 年分别对中国人民大学和复旦大学开展了巡视，在 2017 年分别对清华大学、北京大学等 29 所中管高校党委开展了专项巡视。教育部党组、北京市委紧跟党中央巡视的步伐，先后组建巡视组对教育部直属高校、北京市属高校开展了巡视。这一时期高校基本没有开展巡察，个别高校试点的校内巡察与党建检查等业务督导工作无异，不具有巡察的属性。因此，巡视成果运用以整改落实上级巡视发现的问题为主，重点是党的领导弱化、党的建设缺失和全面从严治党不力方面的问题以及领导干部问题线索的处理，整改的基本要求是“条条有整改、件件有着落、事事有回音”，方式方法主要是研究出台针对具体问题的具体举措，成果运用集中体现在堵塞漏洞、完善制度上。

5 月 19 日，市属高校巡视整改推进会议召开（蔡赫 摄）

（二）党的十九大后高校巡视巡察成果运用情况

党的十九大后，党中央对巡视巡察工作作出新部署、提出新要求，明确了在市县党委建立巡察制度，形成巡视巡察上下联动的监督网。高校党委深入学习贯彻习近平总书记关于巡视巡察工作重要论述，遵照《中国共产党章程》中组织制度的有关精神，按照《中国共产党巡视工作条例》相关规定，建立巡察制度，设立巡察机构，对所管理的党组织进行巡察监督。从目前情况看，无论是中管高校、教育部直属高校还是北京市属高校，都已接受过上级的巡视，也先后启动了校内巡察工作。截止 2020 年底，党中央对中管高校党委的新一轮巡视还未启动，教育部党组按照巡视规划已对 28 所直属高校党委开展了巡视，北京市委已对其管理的 26 所高校开展了一轮全覆盖巡视。从巡视巡察情况看，高校巡视巡察成果运用全面推进，既有对巡视成果的深化运用，也有对巡察成果的转化运用，还有巡视巡察成果的联动运用。成果运用也从过去的“改错式”治标向“究因式”治本转变，重点围绕提高治理效能、推动改革发展来开展，基本要求是“系统集成、协同高效”的原则，把当下改与长久立结合起来，成果运用集中体现在推动改革、促进发展上。

（三）高校巡视巡察成果运用的发展趋势

当前，巡视巡察整改的权威性和政治性显著增强，不仅推动了具体问题的解决，更压实了被巡视巡察党组织管党治党的政治责任，使巡视巡察整改从“要我改”变为“我要改”。各高校既重当前又重长远，既重个性又重共性，既重局部又重整体，既有“改”的举措又有“立”的机制，有力推动了巡视巡察反馈问题的解决，为巡视巡察发挥标本兼治作用夯实了基础。巡视巡察工作也正在由重视“前半篇”向更突出成果运用的“后半篇”转变，正在把巡视巡察推动解决全面从严治党中的深层次问题所具备的制度优势转化为治理效能，通过对巡视巡察成果的内涵剖析和成果运用的研究，不断探讨总结行之有效的运用路径，充分发挥巡视巡察标本兼治的作用，不断提高巡视巡察成果运用的水平。

北京市委巡视工作领导小组出台《关于北京市委巡视办与党的关系在京双管高校党委巡察办加强工作协作配合的意见》，通过定期通报情况和沟通工作，推进共性问题、突出问题的协同整改，在成果运用的共享上率先开展了有益探索。北京高校坚持系统观念，把巡视巡察发现问题的整改与巩固深化主题教育成果等问题一体推进、集成整改。

二、高校巡视巡察成果运用存在的问题及原因分析

（一）高校巡视巡察成果运用存在的问题

1. 高校巡视巡察成果范围不清晰。高校巡视巡察形成的成果应该包括哪些，在当前的成果运用工作中不是很明确。一轮巡视巡察工作后，形成的成果不仅应包括巡视巡察报告中点出的问题、提出的意见建议，也包括立行立改事项、问题线索处理和专项报告中的工作建议等。但在北京高校调研发现，高校巡视巡察成果运用集中在巡视巡察报告中点出的问题上。在实际工作中，高校把主要的精力放在报告问题部分的具体条目整改上，对一轮巡视巡察形成的其他成果缺乏正确的认识，或者忽视了巡视巡察形成的其他成果，如谈话报告中对班子成员的画像等。巡视巡察是一个全方位的政治监督，监督的重点是“四个落实”，标准是“四个对照”，核心是结合职能责任查找偏差与问题，因此体现的是全面地把脉诊断，巡视巡察成果必然也是多方面的。高校对巡视巡察成果的认定还不全面，需要进一步准确地界定巡视巡察成果，才能加以科学合理、全面综合的利用。

2. 巡视巡察成果运用存在不平衡。一是高校普遍重视巡视成果，相应地重视巡视成果的运用，党组织主要负责人把主要的精力放在巡视成果运用上，对上级巡视点出的问题、提供的问题线索十分重视，而对巡察成果的运用重视不够，大多数听完巡察汇报就很少过问，导致巡察成果运用不深入，转化为治理效能的不多，存在巡视成果运用和巡察成果运用不平衡的现象；二是对巡视巡察成果中容易整改的、整改成效快的问题下的工夫多，对一些整改难度大、整改周期长的问题有畏难情绪，缺乏长期整改的思想准备，也没有长久整改的制度保障，甚至有随着时间推移逃避整改的现象；三是对原则性、根本性、体制性的问题研究不深入，往往把落脚点放在一些表象问题、细小问题的整改上，整改措施不痛不痒，整改时间宽泛模糊，不触及根本、不涉及内因，抓不住主要矛盾，看不见矛盾的主要方面。

3. 综合运用巡视巡察成果不深入。当前，高校对巡视巡察成果运用普遍的做法是针对问题进行条目式的整改，多是就事论事。一方面，整改是分散式进行的，调研发现，有的高校干部的问题归组织部门负责，违纪的问题归纪检部门负责，师德师风的问题归教师工作部门负责，其他的问题归被巡察单位党组织负责，成果运用的主体之间缺乏联动，相互信息沟通不畅，各自为政，成果运用比较松散，没有统筹联动；另一方面，成果运用直线推进，问题线索处置归于纪律规矩，对照六大纪律得出结果，政治建设归于能力素质提升，查找思想认识和站位方面的原因，提出改进措施等，巡视巡察成果运用相互割裂，没有相互作用，没有系统推进，形成一盘棋。另外，对巡视巡察成果直接运用、一次性运用的情况较好，缺乏综合运用、深化运用，“只见树木不见森林”的情况比较普遍，如对干部问题线索处置后，对出现这些问题的制度漏洞有所改进，打了补丁、补了短板，但是对背后的机制体制问题探究不深入，认识不到位，推进改革发展的作用没有充分发挥出来。

4. 成果运用评价机制不健全。高校巡视巡察成果运用缺乏科学合理的评价，成果运用主要依靠被巡视巡察党组织和相关职能部门的主动性，成果运用的好坏在很大程度上取决于主要负责人的认识和重视程度，对成果运用的随意性较大。如在调研中发现一些被巡视巡察单位在落实整改过程中缺乏斗争精神，往往出现避重就轻的“打折扣”现象，一碰到“难啃的硬骨头”就退缩，一牵扯到利益就搞变通，造成一些问题久拖不决甚至变本加厉。但目前对于诸如此类千差万别的成果运用情况，没有开展及时的督查，缺乏有效的评判，也没有统一衡量的标准，还没有建立起对巡视巡察成果运用的综合评价机制，对巡视巡察成果的直接运用、综合运用和深化运用的分类、逐级评价机制需要进一步健全。

（二）成果运用存在问题的原因分析

1. 对成果运用的重视程度还不够。高校对巡视巡察“前半篇”文章，尤其是进驻现场的巡视巡察工作高度重视，但与其相反的是，对巡视巡察成果运用“后半篇”文章关注不够、重视不够。有的党组织巡视巡察工作结束后，紧张的状态立刻松懈，存在“巡视巡察只是一阵风，驻点结束就轻松”

5月7日，市委第三巡视组巡视北京印刷学院党委情况反馈会议举办 （北印 供）

的现象；部分领导干部对巡视巡察整改不关心、持续推进的力度不强，有的甚至不配合、故意推脱责任；有的党组织存在过关心态，以能完成整改报告罗列的问题为目的，对巡视巡察指出的问题“应景式”编排整改措施，“填空式”出台措施，而对实际运用效果不管不顾；有的党组织对巡视巡察成果运用“蜻蜓点水”，主要负责人“只表态不表率、只挂帅不出征”，对巡视巡察成果运用的思想认识还不到位。整体上看，对巡视巡察成果运用的重视程度没有达到“前半篇”的程度，存在“求完成”“快过关”的心理。

2. 对成果运用的方法研究还不多。巡视巡察成果运用是巡视巡察工作的重要环节和关键步骤，直接影响着巡视巡察的权威性和严肃性。但当前对巡视巡察工作的理论方法研究集中在“前半篇”，研究的成果和形成的方法也相对比较多，而对“后半篇”的研究才刚刚起步，把工作实践和理论方法结合起来的研究还不是很多，涉及的研究成果也不够深入，对巡视巡察成果运用的步骤、方法、主体、责任等深入细致的研究少之又少，有价值的研究成果缺乏，形成可参考、可利用的方式方法还待进一步挖掘。同时，网络、报纸等新闻媒体对现场巡视巡察关注报道得多，而整改阶段的关注报道较少，客观上造成了研究重心的失衡，也造成了巡视巡察成果运用主体、研究者把精力更多地放在容易被关注的方面和环节，而成果运用阶段缺乏理论支撑、缺乏流程再造、缺乏方式方法创新等。

3. 对成果运用跟进监督有待加强。从调研情况来看，高校普遍认为巡视成果运用的监督在纪委，而巡察成果运用的监督应在巡察办，这与党中央要求纪检监察机关和组织部门加强对巡视巡察成果运用日常监督的要求不一致。在巡视巡察成果运用的实际中，巡察办由于职权、人员等方面的限制，对整改落实日常监督跟进还不及时，有的高校党委巡察办开展了巡视巡察成果运用的督查工作，但是督查方法单一，有一定局限性和不适应性，整改标准不明确，很难发现实质性问题，需要按照党中央的统一要求，明确巡视巡察整改日常监督的责任，建立巡察办、纪检监察和组织部门三方联动的监督机制，建立巡视巡察成果运用台账，确保成果运用的责任落到实处、取得实效。

4. 成果运用的长效机制还未健全。当前，巡视巡察上下联动、横向贯通的工作体系正在逐步完善，高校正在按照党中央和教育系统关于巡视巡察工作的部署推进各项工作，基本都已设立巡察办，开展了巡察工作，但是巡察成果的运用尚都处于探索阶段，还没有成熟的机制体制。这既需要党中央层面和教育系统有针对性地总结巡视巡察成果运用的经验，出台相关制度，明确成果运用的范围、主体、途径，也需要各高校针对自身的情况，结合工作实际，大胆探索创新，凝练总结各自经验的同时，通过建立健全举一反三的长效机制，明确巡视巡察成果深化运用的方式方法等，让巡视巡察成果发挥标本兼治的战略作用。

三、高校巡视巡察成果运用的路径分析

（一）高校巡视巡察成果的确定

1. 高校巡视巡察成果的范围与分类。明确巡视巡察成果的范围和内容是做好巡视巡察成果运用的基础，只有范围和内容清晰了，成果运用才能有的放矢、有针对性，才能全面深入下去。结合当前高校巡视巡察的实际情况来看，高校巡视巡察的成果应是多方面的，按照来源划分，可以归为两大类，一类是上级巡视后反馈移交给学校的反馈意见和问题线索，一类是高校开展巡察后提交给领导小组审阅的所有材料及形成的意见；按照成果的性质划分，可以分为情况报告、谈话报告、问题线索、问题底稿、专项报告等成果；按照成果的形式划分，可以分为问题、建议、线索、记录、清单、底稿等；按照成果形成的时间划分，可以分为巡视巡察中提出的立行立改事项，巡视巡察后的反馈意见，整改落实期间领导的批示指示，整改完成后领导小组提出的评价和建议等。概括来说，一轮巡视巡察后，所有与被巡视巡察单位相关的意见建议，以及需要职能部门统筹处理和解决的问题都属于巡视巡察成果。

2. 高校巡视巡察成果的责任与主体。高校巡视巡察成果的范围明确后，不是天然就能确定这些类型的成果为巡视巡察成果，需要巡察组和巡察办一起梳理出哪些成果可以纳入巡视巡察成果，哪些是过程性材料，哪些是支撑材料。根据北京高校调研的实际情况看，在巡视工作结束后，巡视反馈会上的反馈报告和移交的问题线索需要由党委成立专门的工作组来梳理，而校内巡察现场工作结束后，在领导小组听取巡察组汇报后确定的成果由巡察办来梳理。从目前的工作实际来看，巡视巡察成果运用的主体是派出巡视巡察的党组织和被巡察单位的党组织，包括两级党组织的部分职能部门，如组织部门、纪检部门、思政部门等。具体来说，巡察办公室承担着成果运用的统筹协调职能，需要建立工作台账，实时掌握成果运用的动态，定期汇总整理被巡视巡察单位报送的成果运用情况；巡视巡察组在成果运用中要集中审核巡视巡察整改报告，提出意见建议，对成果运用的成效结合前期的巡视巡察了解情况作出评判；纪检监察部门作为巡视巡察整改和成果运用的日常监督实施主体，承担着被巡视巡察单位整改情况督查督办的职责，负责对整改不力的单位及责任人进行提醒谈话、问责处理；组织部门承担着充分运用巡视巡察成果，把巡视巡察整改和选人用人、干部考核与调整结合起来的职责；思政部门承担着业务工作的督导指导和改进提升以及建章立制的任务。

（二）高校巡视巡察成果运用的原则

1. 全面贯彻习近平总书记关于成果运用的指示精神。习近平总书记深刻指出，巡视发现问题的目的是解决问题，发现问题不解决，比不巡视的效果还坏；做好巡视“后半篇”文章关键要在整改上发力，巡视整改是“四个意识”的试金石，整改不落实，就是对党不忠诚、对人民不负责，巡视魅力就会逐步褪色，效果就会大打折扣，最后就变成“稻草人”；巡视把大家监督的积极性调动起来了，如果最后不了了之，大事化小、小事化了，反而会有负作用，挫伤大家的积极性，形成“破窗效应”。巡视巡察成果运用要全面贯彻总书记关于成果运用的重要指示精神，坚持以习近平新时代中国特色社会主义思想为指导，全面

贯彻落实党的十九大和十九届二中、三中、四中、五中全会精神，坚持巡视工作方针，落实党的教育方针，紧扣北京首善之区的政治站位和高校立德树人的职责定位，以政治建设为统领，聚焦“两个维护”的根本任务来落实巡视整改的政治要求。

2. 要坚持系统观念统筹协调地推进。巡视巡察成果运用是巡视巡察工作的延续，要前瞻性思考、全局性谋划、战略性布局、整体性推进。一是要坚持实事求是、依规依纪、与时俱进的原则，准确把握全面从严治党的阶段性特征，运用发展的、联系的、辩证的观点，综合分析研判问题，客观公正反映问题，依规依纪处理问题，严肃认真解决问题；二是坚持明确责任、狠抓落实、科学有效、标本兼治的原则，夯实巡视巡察整改的主体责任、监督责任，要把巡视巡察整改融入日常工作、融入深化改革、融入全面从严治党、融入班子队伍建设，坚持与上一轮巡视巡察、主题教育、审计等发现问题集成整改、一体整改，坚持完善成果运用的体制机制、规范操作流程、提高运用效率，推动标本兼治；三是坚持贯通融合、协作创新、推动改革、促进发展的原则。坚持思想贯通、责任贯通、机制贯通，运用系统思维完善巡视巡察成果运用的顶层设计，打通主体责任和监督责任，形成巡视巡察与主要监督部门全过程协作机制，建立巡视巡察与事业发展核心部门双向反馈机制，创新方式方法，运用信息化手段，构建上下联动、系统集成、协同高效的巡视巡察成果运用闭环系统，以巡视巡察工作实际成效推动改革、促进发展。

（三）高校巡视巡察成果运用的路径

1. 按照“四个融入”的要求抓好成果运用。习近平总书记在听取中央第五轮巡视情况汇报时，明确提出把抓整改融入日常工作、融入深化改革、融入全面从严治党，融入班子队伍建设。“四个融入”的要求，为巡视巡察成果运用提供了方向路径和根本遵循。

一是把巡视巡察成果融入日常工作。高校党委要自觉扛起主体责任，把巡视巡察成果作为落实管党治党政治责任的主要抓手，从顶层谋划的角度做好巡视巡察成果融入日常工作的部署。党委书记作为第一责任人，既要带头重视巡视巡察成果，又要带动班子成员重视巡视巡察成果运用；既要在其日常工作中紧盯巡视巡察问题的协调解决，又要在日常决策部署时考虑巡视巡察成果的运用。班子成员要积极履行“一岗双责”，推进巡视巡察成果在分管领域的运用，定期听、实际看、重点研、逐项审。相关职能部门和被巡视巡察单位要统筹日常工作的开展，明确整改时限及责任领导、责任单位，列出清单、建立台账，一项一项盯紧抓实，一件一件对账销号。各级纪检监察机关和组织部门要把督促巡视巡察整改作为日常监督重要内容和抓手，坚持责任不落实不放过、问题不解决不放过、整改不彻底不放过，推动整改抓到位、见实效。

二是把巡视巡察成果融入深化改革。巡视巡察的落脚点是推动改革、促进发展，用好巡视巡察成果就是要进一步地推动改革发展，要把对巡视巡察成果的运用看作是促进事业发展的良好机遇，坚持当下改和长远立相结合，在改的基础上加强系统研究，从战略的高度认真谋划巡视巡察发现问题背后的机制体制问题，进一步完善制度规则、顺畅流程环节，着力固根基、扬优势、补短板、强弱项，把解决共性问题、突出问题与完善制度结合起来，在治标的基础上有针对性的加强体制机制创新，形成一整套机制和措施，推动巡视巡察成果运用与学校治理体系、治理能力相互促进、有机贯通，做深做实“后半篇”文章。

三是把巡视巡察成果融入全面从严治党。巡视巡察作为党内监督，具有政治性、权威性、主动性、深入性、融合性等特点，发挥着党内监督的主导作用。巡视巡察整改是检验“四个意识”强不强的试金石，整改不落实，就是政治上不担当。高校党委要将巡视巡察成果运用要求落实到全面从严治党各个环节，推动信息、资源、力量和监督成果的共享共用，做到系统集成、协同高效，把巡视巡察的制度优势转化为党内监督优势、推动全面从严治党的优势。要进一步深化巡视巡察工作标本兼治的作用，强化不敢腐的震慑，扎牢不能腐的笼子，增强不想腐的自觉，让党员干部习惯在受监督和约束的环境中工作生活。

四是把巡视巡察成果融入班子队伍建设。巡视巡察成果运用是考验各级党组织和党员干部是否敢于担当的“试金石”。习近平总书记强调，如果发现问题不处理，巡视就形同虚设，必须切实运用巡视成果，做好分类处置，确保件件有着落、事事有回音。整改不落实，就是对党不忠诚、对人民不负责，并强调组织部门要将整改落实情况作为班子年度综合考核的重要内容。因此，高校在今后的工作中要坚持把巡视巡察成果作为领导班子和领导干部考核内容，作为干部评价使用和奖惩的重要依据。在干部调整工作中，注重了解考察对象巡视巡察整改落实及成果运用的情况。对巡视巡察成果运用不重视、不落实、不配合，对敷衍整改、整改不力、拒不整改的，发现问题不报告、不处置、不推动的严肃追究相关人员的责任。

2. 加强巡视巡察成果的深化运用。巡视巡察本质是上级党组织对下级党组织履行党的领导职能责任的政治监督。高校作为贯彻落实党中央决策部署的“最后一公里”，肩负着为党育人、为国育才的重大职责使命，是党的全部工作和战斗力的基础，要在巡视巡察成果“四个融入”的基础上，进一步深化运用，立足服务教育教学、服务师生员工、服务立德树人根本任务，着力发现和解决责任不明确、不全面、不落实等问题，厚植党执政的政治基础和群众基础。

一是推动巡视巡察成果在广大师生员工中见到实效。赵乐际同志强调，巡察的方向在基层、重点在基层。基层党组织是党的“一线指挥部”，领导力发挥的如何直接关系党中央决策部署能否一贯到底，直接体现群众获得感幸福感安全感。巡视巡察的成果最终发挥作用的情况，最直接的衡量标准是基层群众的感受。尤其是巡察发现的问题就在群众身边，具有具体性、时效性，能不能及时整改、是否整改到位、效果怎么样，师生看得到、感受得到，直接关系巡察权威和公信力。巡视巡察成果运用既要“短平快”地解决问题，形成立竿见影的效果，又要以此为基础，找到“致灾因子”，健全长效机制，让师生员工不再为此再跑路、再反映，要通过成果的深化运用，使同类问题不再发生，推动解决师生员工关切的“小问题”,使之成为赢得民心向背的“大政治”，让师生员工真切地感受到巡视巡察的效果和作用。

二是推动巡视巡察成果为立德树人根本任务服务。巡视发现的问题和巡察发现的问题，包括审计发现的问题、主题教育检视的问题，其内在的关联性是一致的，具有相通性，都是为了推进高校治理体系和治理能力的提高，最终目的是为了促进立德树人各项工作，营造风清气正的政治生态和育人环境，培养德智体美劳全面发展的社会主义建设者和接班人。因此，高校巡视巡察成果的运用必须解放思想、创新思路，着眼于管长远、见长效，在坚定理想信念、厚植爱国情怀、加强品德修养、增长知识见识、培养奋斗精神、增强综合素质方面下工夫，深入推动开展专项治理，通过集成整改、一体整改，真正让巡视巡察“实”起来、成果运用“长”起来、立德树人“显”起来。

四、建立健全高校巡视巡察成果运用的保障机制

（一）健全巡视巡察成果运用的责任落实机制

1. 主体责任。党章明确开展巡视巡察工作的责任主体是党委（党组），巡视巡察成果运用的责任主体自然也是党委，高校两级党委要承担巡视巡察成果用的主体责任，党委书记承担第一责任人责任，要把巡视巡察成果作为“书记工程”来抓，做到重点工作亲自部署、重大事项亲自过问、重要环节亲自协调、重要问题亲自督办。巡视巡察领导小组要认真研究谋划巡视巡察成果运用工作，领导小组组长和副组长要增强主动性，把巡视巡察成果运用工作与全面从严治党工作有机结合起来，推动成果综合运用。班子成员要坚持“一岗双责”，重视和支持巡视巡察成果运用工作，结合分管领域和部门职能职责，做好信息情况通报、人员力量支持、提供专业协助等工作，督促并抓好整改落实和成果运用。

2. 监督责任。巡视巡察办要认真履行统筹协调、指导督导、服务保障职能，协助党委落实主体责任，当好领导小组参谋助手，提高工作规范化水平，监督巡视巡察成果运用台账的进展情况。纪检监察机关和组织部门要担负起巡视巡察成果运用的日常监督责任，按照职能监督的程序和要求，盯紧盯实、对账销号，推动成果运用的常态化长效化。校内其他职能部门要履行好职能监督责任，在日常业务开展指导中注意巡视巡察成果的运用，确保巡视巡察成果运用落到实处。

（二）实施巡视巡察成果运用约谈通报机制

建立健全巡视巡察领导小组约谈巡视巡察成果运用主体责任负责人的制度，通过定期约谈各责任主体负责人，督促真认账、真反思、真整改，督促其履行“一岗双责”，扣好整改“第一粒扣子”。在整改过程中，要当面指出整改存在的问题，强调需要持续加强整改的事项，提出整改建议，共同为落实好巡视巡察整改工作，出谋划策、同向发力。整改到位的督促建立长效机制，防止问题反弹；整改基本到位的，继续盯紧重点人、重点事、重点问题，以重点事项整改带动其他问题深入整改；整改迟缓的，明确指出问题，重申整改要求，责令抓好落实。以约谈强化问题导向，客观剖析巡视巡察发现的突出问题，督促“一把手”正确认识问题，认真抓好整改。同时，建立巡视巡察整改通报制度，将巡视巡察中发现的普遍性和突出性问题、整改进展和取得的典型经验进行通报，起到触类旁通、举一反三的作用。

（三）建立巡视巡察成果运用公开考评机制

坚持定性评价与定量评价相结合的原则，探索建立“1＋5”巡视巡察成果运用的量化评估指标体系。即：1 个激励性指标重点是巡视巡察成果运用的创新做法，作为加分项纳入评估;5 个约束性指标重点针对“主体责任落实、整改组织落实、整改任务落实、满意度测评、综合评价”等 5 个方面若干项具体内容进行全面评估。分别赋予“1＋5”指标分值，提高量化评估的操作性和针对性，力求客观真实评估成果运用情况。探索建立巡视巡察成果运用多维度检查评估机制。从“高度、力度、广度、深度”等四个维度出发，综合采用听取汇报、个别访谈、查阅台账、实地走访、问卷调查、民主测评等方式，对巡视巡察成果运用的情况进行督查，积极探索借用科技手段和第三方力量开展评估工作。依据综合评价给予好、较好、一般、较差四个等级，纳入年度考核和全面从严治党工作考核内容。

（四）建立巡视巡察成果运用追责问责机制

巡视巡察“回头看”是巡视巡察成果运用督查的最后环节，主要针对经过多次督查后仍存在整改不力的单位。通过开展巡视巡察“回头看”，重点聚焦问题是否整改、线索是否认真核查处理、群众反映强烈的问题是否落实。对于巡视巡察“回头看”发现的问题，向巡视巡察工作领导小组汇报后，督促有关部门严肃问责，公开曝光。明确对巡视巡察整改过程中虚假整改、查处移交问题线索不力、“新官不理旧账”、师生对巡视巡察整改落实工作不满意等情况追责问责。对不按规定要求完成交办问题整改的，工作弄虚作假、应付了事的，对相关单位主要负责同志及相关人员进行追责，追责情况作为确定被巡视巡察“回头看”单位年度评议、年度目标考核的重要依据。

高校作为党领导下的高校，是中国特色社会主义高校，肩负着为党育人、为国育才的重大职责使命，要紧跟党中央步伐，深刻领会党中央在关心什么、强调什么，深刻领会什么是党和国家最重要的利益、什么是最需要坚定维护的立场，坚持党中央决策部署到哪里、巡视巡察就跟进到哪里，自觉把聚焦点、着力点放到贯彻落实政治巡视巡察的要求上来，用好巡视巡察这个管党治党利器，推动高校巡视巡察高质量发展，把巡视巡察成果运用与高校综合改革结合起来，深化标本兼治，在培养社会主义建设者和接班人的工作中站稳立场、把牢方向，在完成好立德树人根本任务的过程中坚定理想信念、坚守价值取向，确保高校成为坚持党的全面领导的坚强阵地。

（市委教育工委常务副书记　郑吉春）

首都教育发展“十四五”规划前期研究

针对“十四五”时期经济社会发展，中央政治局会议明确提出必须做到“五个坚持”，这一重要的战略判断和指导思想是本课题开展研究的基本遵循和主要依据。

一、“十三五”时期首都教育现代化建设的成就

“十三五”时期，北京市立足“四个中心”城市战略定位，切实落实《北京市中长期教育改革和发展规划纲要（2010—2020 年）》和《北京市“十三五”时期教育改革和发展规划》，牢固树立和贯彻落实创新、协调、绿色、开放、共享的发展理念，聚焦立德树人根本任务，巩固教育优先发展地位，紧紧围绕提高教育质量这一战略主题，以促进学生健康成长和全面发展为根本，以加强党的领导为坚强保证，深化教育综合改革，全面推进首都教育事业科学发展和京津冀教育协同发展，科学育人能力、服务经济社会发展能力、人民群众的教育满意度和获得感均有明显提升，为首都建设国际一流的和谐宜居之都提供了强有力的人才支持、智力支持和创新支持。正因如此，2018 年 10 月召开的全市教育大会明确指出，到 2020 年北京将全面实现“十三五”发展目标，总体实现教育现代化。从北京市“十三五”教育规划主要指标进展的监测情况来看，截至 2019 年，除了职业教育“双师型”教师比例、公共财政教育支出占公共财政支出比例、在京国际学生规模指标、中小学建网学校比例慢于进度要求外，规划确定的 12 个指标中，有 8 项已提前完成（见表 1）。同时，“十三五”期间北京市在新时代教育现代化建设的战略谋划、落实立德树人根本任务、发展公平而有质量的教育、强化教师队伍建设、教育服务支撑经济社会能力建设、统筹推进疫情防控和教育教学模式创新等关键领域取得了积极进展。

表 1 “十三五”期间北京市教育事业发展与人力资源开发主要指标进展

指标		2015 年	2019 年	2020 年
学前三年毛入园率（%）		95	＞95	95
义务教育毛入学率（%）		＞100	＞100	⩾100
高中阶段教育毛入学率（%）		99	＞99	＞99
高等教育毛入学率（%）		60	＞60	＞60
新增劳动力平均受教育年限（年）		15	15.7	＞15
主要劳动年龄人口受过高等教育的比例（%）		40	48	＞48
从业人员继续教育年参与率（%）		＞60	80	80
义务教育专任教师中本科及以上学历人员比例（%）		91.4	95.8	＞95
职业教育“双师型”教师比例（%）	中等职业教育	53	58	＞80
	高等职业教育	65	64	＞80
公共财政教育支出占公共财政支出比例（%）		16.8	15.2	17
在京国际学生规模（万人次）		12	11	15
中小学建网学校比例（%）		95.4	95.1	100

二、首都教育现代化建设面临的主要问题

尽管“十三五”以来首都教育现代化建设取得重要成就，但是面对新形势新任务，必须清醒地看到，首都教育发展仍存在许多不平衡不充分的问题，还不能完全适应首都经济社会发展和人民群众日益增长的新要求新期盼。

（一）基础教育学位供给不适应城市人口发展带来的新变化

城市人口总量和分布依然是制约首都教育现代化建设的最大变量。基础教育资源供给还不适应学龄人口总量快速增长带来的新需求，基础教育资源配置还不能跟上城市人口分布的新变化，“入园难”“入学难”问题还不同程度地存在。小学教育阶段在 2021 年前后，学位需求数将突破百万，2025 年将达到峰值约 126.2 万，缺口约为 32.4 万。初中教育阶段缺口也基本呈现逐年扩大的情况，2025 缺口约为 15.6 万，义务教育阶段学位需求在 2025 年达到峰值约为 173 万，缺口约为 48 万（详见表 2）。除全市基础教育学位供给整体出现缺口外，具体到各区和具体的区域，学位缺口各有不同，城六区教育资源的布局结构问题更为突出。简言之，“十四五”期间我市既要妥善应对基础教育各学段的阶段性学位缺口压力，又要以更大的力度解决人口区域变动所带来的基础教育资源布局结构调整难题。

表 2 “十四五”期间北京市义务教育阶段学位及缺口预测

单位：万①

年份	小学教育阶段		初中教育阶段		义务教育阶段	
	预测值	缺口	预测值	缺口	预测值	缺口
2021	105.0	-10.8	34.3	-3.4	139.2	-14.2
2022	115.8	-21.7	36.4	-5.5	152.2	-27.2

① 预测充分考虑到实际学龄人口情况与数据可获得性，在不同年份分别使用在校生数列预测法、出生人口队列预测法以及未来出生人口预测法，对不同阶段适龄人口数进行了预测。保持 2010 年分年龄生育率不变，设置预测假设：1. 二孩政策假设，2016 年后人口出生数在原基础上增加 50%；2. 各阶段年龄假设，学前阶段年龄为 3 至 5 岁、小学阶段为 6 至 11 岁、普通初中为 12 至 14 岁。

年份	小学教育阶段		初中教育阶段		义务教育阶段	
	预测值	缺口	预测值	缺口	预测值	缺口
2023	123.3	-29.2	40.1	-9.2	163.4	-38.4
2024	125.1	-30.9	44.1	-13.2	169.2	-44.1
2025	126.6	-32.4	46.4	-15.6	173.0	-48.0

（二）基础教育优质资源分布仍然不均衡

受历史原因影响，首都中心城区聚集了大量的优质基础教育资源，而东城区、西城区和海淀区（简称“东西海”三区）的优质教育资源更为密集。以原有的市级示范幼儿园评价为例，北京市共有市级示范幼儿园147所，城六区占据110所，占比高达74.8%，而“东西海”三区就有67所，占比为45.6%。市级示范性普通高中、金帆艺术团承办学校、金鹏科技团承办学校等指标也表现出同样的特征（详见表3）。

表3　北京市基础教育优质资源在中心城区的聚集情况

	全市总数（所）	城六区数量及占比	“东西海”数量及占比
市级示范幼儿园	147	110（74.8%）	67（45.6%）
市级示范性普通高中	74	52（70.3%）	38（51.4%）
金帆艺术团承办学校	89	81（91.0%）	66（74.2%）
金鹏科技团承办学校	56	48（85.7%）	37（66.1%）

注：数据来源于历年《北京教育年鉴》、北京市教委官网。各区优质学校具体分布情况参见《北京教育发展研究报告（2019—2020）》《北京市“十三五”时期教育规划实施监测研究》相关内容。

同时，学校规模区域分布不均。2019年基础教育整体在校生规模与占比较大的4个区依次是海淀区、朝阳区、西城区、东城区，规模与占比最小4个区的依次为门头沟、延庆、怀柔、平谷。义务教育阶段东城区、西城区、海淀区的校均和班均规模都高于全市平均水平。全市范围内的“大班额”与“小土豆学校”同时并存。

（三）教育支撑服务首都高质量发展的能力还不充分

科学的教育理念尚未牢固确立，素质教育尚未得到充分发展，学校办学模式和培养模式单一的问题还不同程度地存在，部分学生体质健康状况不容乐观，课业负担过重现象仍然在一定范围内存在。市民个性化、多样化教育需求尚不能得到有效满足，终身教育体系仍需进一步完善。人才培养类型结构、学科专业结构和知识能力结构还不能满足城市经济结构转型升级的需要。例如，北京市10个高精尖产业对专科及以上层次的高素质技术技能人才有强烈需求，但供给不足。电子信息类高职高专毕业生只能满足需求量的1/10，本科及以上学历的人员只能满足需求的1/3，未来行业人才缺口每年不会低于10万人。首都高校在科研成果转化、应用、孵化和培育等方面，在产学研联合攻关，服务北京重大产业，解决企业技术难题和产业升级，以创业促进毕业生就业等方面，仍需发挥更大作用。此外，在京国际学生规模受国内外多种因素影响，增长比较缓慢，同时与一些国际化大都市的水平相比还存在较大差距。

（四）教师队伍建设尚不能适应教育现代化建设新需求

高素质专业化教师队伍发展不充分也是制约我市教育健康发展的重要因素之一。一是在基础教育领域，教师队伍整体数量不足，需求压力大。学前教育阶段专任教师短缺，职称的数量、等级和薪酬待遇方面与中小学相比差距较大。普通中小学阶段教师培养结构有待优化，教师队伍总量超编与结构性缺编并存，教师队伍的信息化、国际化素养不高，优质教师资源分布不均衡，高层次领军人才仍显稀缺。特殊教育领域教师老龄化严重，缺乏稳定、专业化的来源，新教师补充乏力。二是在职业教育领域，“双师型”教师占比不高，教师队伍中仍缺少有深厚行业背景和工匠精神的大师级领军人才。三是在高等教育领域，市属高校教师教学专业化水平薄弱，高层次人才队伍依然紧缺，青年教师专业化发展不足，团队建设与专业化发展薄弱。高层次人才引进和管理办法还欠科学，“引”“育”矛盾比较突出。针对管理人员的专业化建设与相应的管理与发展激励机制还没有很好地建立起来。

12月29日，北师大大兴附小开展新时代少先队辅导员专业成长领航行动（赵闪闪　摄）

（五）教育治理能力和治理体系现代化任务依然艰巨

首都教育治理能力和治理体系现代化任务还很艰巨，全面加强教育系统政治建设的任务依然紧迫，统筹教育发展规模、速度、质量、结构、效益、安全的能力需要进一步提升，全社会推动教育发展的合力仍需增强，推动京津冀教育协同发展依然任重道远。

三、“十四五”时期首都教育现代化建设面临的新形势

“十四五”是具有承前启后、继往开来历史意义的重要阶段，正好处在中共十九大到二十大之间。习近平总书记指出“从十九大到二十大，是‘两个一百年’奋斗目标的历史交汇期。我们既要全面建成小康社会、实现第一个百年奋斗目标，又要乘势而上开启全面建设社会主义现代化国家新征程，向第二个百年奋斗目标进军。这就需要我们有更加强烈的担当精神，勇于涉险滩、破坚冰、攻堡垒、拔城池”。特别是新冠肺炎疫情的出现，给各国人民生命财产带来巨大损失，对全球经济社会发展也带来了全面、深刻和长远的影响。因此“十四五”教育规划编制过程中需要持续评估和分析新冠肺炎疫情的发展及其对未来我国教育发展的影响。

初步分析，“十四五”期间治理体系和治理能力现代化将全面加强；国际国内互促的双循环发展的经济新格局正在形成；新时代爱国主义文化将持续繁荣发展；科学技术的自主创新越来越受到重视；生态文明的理念和实践将更加广泛深入；人类命运共同体理念和实践将向纵深发展；追求公平而卓越的世界教育发展趋势深入发展；全球性城市以教育和人才为核心的综合竞争将更加激烈；统筹推进疫情防控和教育改革发展稳定的任务更加紧迫。面对“十四五”期间的内外部形势，首都教育现代化建设必须加强前瞻性思考、全局性谋划、战略性布局、整体性推进教育改革发展稳定工作，善于在危机中育新机、于变局中开新局。

四、“十四五”时期推进首都教育现代化建设的基本思路

（一）准确把握阶段性特征，全面推进首都教育协调发展

“总体教育现代化”意味着北京教育发展水平，达到了世界发达国家的主要指标。这是一个巨大的成就，但从历史发展的宏观视野审视，它仍然是“全面实现教育现代化阶段”的入门水平。从“总体教育现代化”向“高水平教育现代化”迈进有着丰富的内涵，但最主要的要求就是实现首都教育发展的合规律性和合目的性的统一。一方面要努力实现首都教育发展的合规律性，另一方面要努力实现首都教育发展的合目的性，立足北京进入“减量发展”“创新发展”“绿色发展”阶段的特征，合理配置教育资源，努力办好人民满意的教育。

（二）增强教育改革的政治自觉，全面落实立德树人根本任务

“十四五”时期北京应立足实际，聚焦立德树人根本任务，落实中央系列重大教育改革部署，坚守为党育人为国育才的初心使命，进一步强化教育系统政治建设，加强党对教育工作的全面领导，守好意识形态前沿阵地，积极探索“三全育人”“五育并举”的现代育人方式，在培养德智体美劳全面发展的社会主义建设者和接班人方面走在全国前列。

（三）对接经济社会重大战略需求，全面加强教育支撑经济社会发展能力

面对“后疫情时代”国内外风险挑战明显上升的复杂局面，要促进首都高质量发展，必须加快提高教育系统、特别是高等教育和职业教育支撑经济社会发展的能力。

（四）深化关键领域重大改革，全面提升教育治理体系和能力现代化水平

要聚焦首都教育关键领域重大改革，攻坚克难，努力实现以点带面整体提升。落实“健全总揽全局、协调各方的党的领导制度体系”，落实“构建服务全民终身学习的教育体系”的部署，落实“把我国制度优势更好转化为国家治理效能”的要求，持续完善政府教育治理方式。努力形成既有利于政府进行统筹管理，又能调动各种社会力量参与教育管理的富有活力的教育治理格局。

（五）聚焦学习方式变革创新，全面推进信息技术与教育的融合发展

聚焦学习方式的变革，加快教育信息化基础设施建设和数字教育资源建设，创新教学方法，促进信息技术与学校教育的深度融合，促进“线上教育”和“线下教育”的协调发展，普遍提高学生和教师的信息化素养将是“十四五”期间首都教育现代化建设的重要战略着力点。

（六）贯彻疫情防控常态化要求，全面强化师生和校园安全体系建设

当前新冠肺炎疫情仍在全球蔓延，必须统筹推进疫情防控和教育改革发展稳定任务。进一步从战略高度重视师生安全问题，强化各级各类学校的校园安全体系建设，切实提高学校和师生应对突发安全危机的意识和能力。

五、“十四五”时期推进首都教育现代化建设的主要措施

（一）明确阶段性教育发展目标，科学构建新时代首都教育现代化监测指标体系

一是建议将“十四五”时期首都教育现代化的战略目标确定为：到 2025 年，高水平教育现代化建设取得积极进展。教育现代化水平继续保持全国领先地位，超越发达国家平均水平，多样化可选择的优质教育资源更加丰富，服务全民终身学习的现代教育体系更加完善，教育服务经济社会发展的能力显著提高，教育改革发展成果更好、更公平地惠及人民群众，人民群众的教育获得感和满意度显著提高，教育国际影响力和竞争力显著增强，为实现首都教育现代化 2035 年目标奠定坚实基础。

二是建议进一步调整思路，科学构建新时代首都教育现代化监测指标体系。从促进各级各类教育协调发展以及促进教育与经济社会协调发展并重的角度推进新时代首都教育现代建设（见表 4）。

表 4　北京市不同阶段教育现代化发展目标

	2020 年	2022 年	2025 年	2035 年
总目标	1. 建成公平、优质、创新、开放的首都教育和先进的学习型城市。 2. 全面完成《北京市中长期教育改革和发展规划纲要(2010—2020 年)》确定的各项任务。 3. 实现教育现代化。	1. 进一步巩固提升教育现代化成果。 2. 教育服务首都“四个中心”功能建设的能力进一步提高。 3. 教育改革发展成果更好地惠及人民群众。 4. 社会关注的教育热点难点问题得到有效缓解。 5. 多样化可选择的优质教育资源更加丰富。 6. 人民群众的教育获得感显著增强。	1. 高水平教育现代化建设取得积极进展。教育现代化水平进一步提高，继续保持全国领先地位，超越发达国家平均水平。 2. 多样化可选择的优质教育资源更加丰富。 3. 服务全民终身学习的现代教育体系更加完善。 4. 教育服务经济社会发展的能力显著提高。 5. 教育改革发展成果更好、更公平地惠及人民群众。 6. 人民群众的教育获得感和满意程度显著提高。 7. 教育国际影响力和竞争力显著增强。 8. 为实现首都教育现代化 2035 年目标奠定坚实基础。	1. 实现高水平教育现代化。 2. 建成理念先进、体系完备、质量优良、环境优越、保障有力的首都教育，构建充满活力、丰富多彩的终身学习环境。 3. 满足新时代首都人民对更加公平更高质量教育的需要。 4. 使北京成为全球主要留学中心和世界杰出青年向往的留学目的地，为初步建成国际一流的和谐宜居之都提供重要支撑。
基本理念	1. 坚持以人为本、全面实施素质教育 2. 坚持德育为先 3. 坚持能力为重 4. 坚持全面发展 5. 坚持面向人人		1. 以德为先 2. 全面发展 3. 面向人人 4. 终身学习 5. 因材施教 6. 知行合一 7. 融合发展 8. 共建共享	
基本原则	1. 优先发展 2. 统筹协调 3. 优质育人 4. 改革创新	1. 立足当前，着眼长远。 2. 聚焦重点，带动全局。 3. 问题导向，改革创新。 4. 细化目标，分步推进。	1. 党的领导 2. 首都特点 3. 优先发展 4. 服务人民 5. 改革创新 6. 依法治教 7. 统筹协调	
主要发展目标	1. 教育事业发展全国领先。 2. 基本公共教育服务更加公平。 3. 优质教育供给显著增加。 4. 教育治理体系规范高效。 5. 教育辐射影响力持续提高。	1. 构建德智体美劳全面培养的教育体系。 2. 普及普惠有质量的学前教育。 3. 更加优质均衡的义务教育。 4. 高质量多样化的高中教育。 5. 布局合理产教融合的职业教育。 6. 优势特色更加突出的高等教育。 7. 高素质专业化的教师队伍。 8. 规范高效的教育治理体系。	1. 教育事业发展全国领先。 2. 德智体美劳全面培养的教育体系基本形成。 3. 学前教育普及普惠安全优质水平提升。 4. 义务教育更加优质均衡。 5. 高中教育更加优质多样。 6. 职业教育服务城市发展能力显著提升。 7. 高等教育国际竞争力全面提升。 8. 特殊教育更加适合残疾少年儿童发展。 9. 终身学习环境更加优越。 10. 教育治理新格局基本形成。 11. 人民群众教育获得感明显增强。 12. 京津冀教育协同发展水平不断提升。	1. 建成德智体美劳全面培养的教育体系。 2. 全面普及高质量的学前教育。 3. 高标准实现优质均衡的义务教育。 4. 提供高质量多样化的高中阶段教育。 5. 职业教育有力支撑城市发展。 6. 高等教育国际竞争力全面提升。 7. 残疾儿童少年都享有适宜的教育。 8. 形成充满活力的终身学习环境。 9. 形成全社会共同参与的教育治理新格局。 10. 人民群众教育获得感明显增强。

（二）深化教育的供给侧结构改革，加快建设现代化公共教育服务体系

一是全面推进首都学前教育普及普惠安全优质发展。进一步扩大公共财政对学前教育的倾斜力度，启动首都学前教育质量提升改革工程；推进学前教育数字资源共享平台建设，构建学前教育数字资源公共服务体系。

二是多措并举扩大基础教育阶段学位供给。借鉴学前教育学位扩充经验，抓好当前的窗口期，加紧规划建设小学，适度提前布局初中学位。着重加强学位短缺区和学位饱和区相应学段的学位布局力度，明确市及各区的职责，对各区落实学位扩充的力度进行督导。鼓励各区结合本区教育实际，开展区内学位供需预测，依据预

测结果，精准布局学位（见表 5）。

表 5　“十四五”时期北京市各区小学和初中学位供需及对策

学位供需预警区	小学	初中	重点对策
学位短缺区（学位利用率>100%）	通州、顺义、西城、东城、海淀、房山、大兴	西城、顺义	通过新建、挖潜、统筹、借用、租赁等多种方式，补充学位供给
学位饱和区（学位利用率90%~100%）	朝阳、丰台、怀柔	东城、海淀、通州	适度扩充学位供给，密切监测学位供给
学位平衡区（学位利用率80%~90%）	昌平、门头沟、平谷、密云	房山、平谷	密切监测学位供需变化
学位富余区（学位利用率<80%）	石景山、延庆	朝阳、丰台、石景山、昌平、大兴、门头沟、怀柔、密云、延庆	有条件的地区开展小班教学，鼓励特色办学，提升学校吸引力

三是进一步促进基础教育优质均衡发展。继续强化城市南部和西部教育规划建设，着力改变南北、东西教育发展不均衡局面，缩小教育服务水平差距。主动对接城市人口和产业布局，加强天通苑、回龙观等人口密集区域，三城一区、城市副中心、北京大兴国际机场临空经济区等重点功能区，以及金融、科技、文化创意、信息、商务服务等现代服务业聚集区的教育设施规划建设，形成与区域经济社会发展需求相适应的基本公共教育服务体系。

四是持续扩大基础教育优质资源辐射范围。加大市级优质高中教育资源统筹力度，大幅提升优质高中教育资源总量，扩大郊区优质高中教育资源。推动普通教育与职业教育的融合，为学生提供多元化的学习机会和资源。分区域分阶段扩大优质基础教育资源规模。推进学校标准化建设。进一步推进学区制管理和集团化办学。更大面积推进高校和科研院所创办附中附小。扩大政府购买教育服务的范围和规模，深化委托办学、合作办学试点。

五是加快建设首都特色现代化特殊教育体系。着重提升残疾儿童青少年学前教育、高中及以上教育阶段的普及水平，着力推进融合教育生态建设和制度建设。支持特殊教育学校增建学前部或附设特殊幼儿园，每个学区至少有 1～2 所幼儿园接收残疾儿童。优化残疾学生中招方案，推动高等融合教育，支持普通高校、开放大学、成人高校等面向残疾学生开展继续教育，拓宽和完善残疾人终身学习通道。

六是积极探索“人工智能＋教育”发展新模式。加快构建线上线下混合式教育供给体系。为教育信息化发展提供科学的技术基础和有效可靠的设施设备。加快建设基于 5G 和人工智能技术的首都教育信息基础设施，构建数字校园泛在感知环境，形成人人、时时、处处可学的网络化学习环境。提供丰富优质的数字教育资源。积极开发数字教育资源，加强相互间合作，共同构建服务全民终身学习的首都数字教育资源平台。

七是积极构建融通便捷的终身教育体系。强化新时期学习型城市建设领导体制，研究推动首都终身学习立法工作，加快制订北京市资历框架。畅通学习成才的立交桥。构建终身学习成果认证体系。推进北京市学分银行和各级学分认证中心建设，科学推进市民终身学习成果的积累、转化与认证。拓展继续教育渠道，增强社区教育供给，大力发展老年教育和家庭教育。推进学习型城市建设监测工作。

（三）落实立德树人根本任务，建成德智体美劳全面培养的教育体系

一是全面推动习近平新时代中国特色社会主义思想进教材进课堂进头脑。用好马克思主义理论研究和建设工程重点教材，用好国家统编教材。深度挖掘高校各学科门类专业课程和中小学语文、历史、地理、体育、艺术等所有课程蕴含的思想政治教育资源，使各类课程与思政课同向同行，形成协同效应。推出一批高质量、有深度、有分量的研究成果。

二是全面推进学生德智体美劳全面发展。坚持立德树人根本任务，把立德树人融入思想道德教育、文化知识教育、社会实践教育各个环节。完善素质教育推进思路，通过课程改革、教学改革和考试评价制度改革，推进全科、全程、全员育人和实践育人。完善相关政策让更多的高校和高水

12 月 15 日，北京小学通州分校金帆管乐团开展评审工作
（北京小学通州分校　供）

平艺术团体积极推动中小学的科技、体育、美育特色发展。把劳动教育纳入人才培养全过程，健全劳动教育课程。

三是全面加强学校家庭社会协同育人工作机制。积极整合学校、家庭、社会各方面的力量，形成协同育人机制。引导家长掌握科学的育人理念和方法，重视培育良好家风，深入开展家庭教育。赋予家长更多的教育知情权和参与权，真正行使好学校家委会、家长教师协会的职责，形成家校教育合力。购买社会资源参与学校课程建设，通过各类跨界合作给学生提供更多丰富多元的课程选择。

（四）推进人才培养模式创新，提升教育服务经济社会发展能力

一是完善首都特色基础教育质量标准和监测制度。研制符合北京城市功能定位的义务教育优质均衡发展评估标准。完善学生综合素质评价制度，着力促进每一个学生综合素质的全面提升。遴选一批新课程新教材示范区和示范校，发挥引领作用。加强课程教材监管，定期组织课程方案执行、课程标准落实和教材使用情况检查。严格学分管理，落实学业质量标准。

二是加强职业教育技术技能紧缺人才培养培训。精准对接高精尖产业、文化创意产业和城市运行保障人才需求，继续遴选和建设一批工程师学院和技术技能大师工作室，创设产教融合新载体。建立以行业企业和毕业生为主的职业教育质量评价机制，推动职业院校提高响应市场需求的能力。组建北京卫生健康、体育职业教育集团。

三是持续增强高等教育国际竞争力。全面提高人才培养质量。建立不同类型、不同层次人才培养质量标准。打造首都特色“金课”，打造首都特色“金专业”。建立首都OBE 课程专业数据中心，开展首都课程专业和学生发展的监测评估。重视基础科学研究，创造潜心基础科学研究、卡脖子技术攻关、人才培养成长的良好环境。创建首都产业、高校、高教园区、创业孵化园、科研产出转化等紧密衔接的创新创业生态体系。

四是积极稳妥有序疏解北京非首都教育功能。推进良乡、沙河高教园区向科教融合新城转化。支持在京高等学校通过部分学科院系搬迁、整体搬迁等方式向外疏解。大力提升城市副中心教育质量。推动符合雄安新区定位的部分教育功能向新区转移。建立教师动态调整和区域统筹机制。构建京津冀区域义务教育均衡发展评价指标体系。探索“通武廊”基础教育协同发展的样板模式。

五是进一步扩大教育对外开放。构建北京市高校留学生教育质量评价体系。鼓励更多在京高校参加教育部组织的“来华留学质量认证试点”工作。加强留学生教育学科专业体系建设。加大“引智”工作和本土教师国际化培养的力度。加强中外合作办学质量监管，健全质量保障体系，建立更加科学、严格的质量评估办法和标准，探索建立中外合作办学质量认证机制，打造一批示范性中外合作办学项目。

（五）坚持教育优先发展，强化高水平教育现代化建设保障能力

一是坚持和强化党对教育工作的全面领导。深入贯彻落实党的十九届四中全会精神，健全党领导教育发展的制度体系、管理体制、运行机制，以党建引领教育治理创新，推进教育治理体系和治理能力现代化，将党的政治优势转化为治理优势。提高依法治教水平，善于运用法治思维和法治方式推动教育改革发展。

二是完善教育经费投入机制和结构。坚持教育优先发展战略，确保两个只增不减。建立健全全市教育标准体系，科学核定基本办学成本，落实各类教育生均经费拨款制度，完善动态调整机制。扩大学校经费使用自主权，优化学校内部经费使用结构。科学管理教育经费，逐步推进各类教育全成本预算绩效管理，将绩效评价结果作为完善政策、编制预算、优化结构、改进管理的重要依据，作为领导干部考核的重要内容。

三是全面深化新时代教师队伍建设改革。全面加强教师党支部和党员队伍建设。全面提高教师思想政治素质。全面加强师德建设。加大学前教育教师和中小学体育、美育、劳动教育等紧缺学科教师的培养和配备力度。建立健全教育行政部门、师范生培养院校（师范专业）、教师专业发展机构、优质中小学幼儿园四位一体的教师教育协同机制。建立健全市、区、校三级教师专业发展支持体系。建立有吸引力和竞争力的教师薪酬制度，显著提升教师的政治地位、社会地位、职业地位。

四是全面提升首都教育系统应急治理能力。建立健全教育系统危机动态预警、风险研判和舆情监测评估机制。建立健全各级各类学校内部应急管理制度体系、应急预案工作机制和考核评估机制。建立健全教育应急管理内外联动工作机制联合卫生、应急、财政、工信、发改、环境等部门建立跨领域、跨部门的应急教育管理机制。发挥党建引领作用，强化校地协同，统筹应对教育领域突发应急事件。

（市委教育工委副书记、市教委主任　刘宇辉）

2019—2020 年对区级人民政府履行教育职责情况综合督导检查报告

为推动区级人民政府履行教育职责，保障教育优先发展，根据国务院办公厅《关于对省级人民政府履行教育职责的评价办法》（国办发〔2017〕49 号）和市政府办公厅《关于对区政府和市政府有关部门履行教育职责情况督导评价的工作方案》（京政办字〔2018〕22 号）相关工作要求，按照北京市 2019 和 2020 年对区级人民政府履行教育职责综合督导检查工作安排，市教委于 2019 年 10 月 28 日至 11 月 7 日和 2020 年 10 月 13 日至 10 月 22 日期间，

以市政府教育督导委员会办公室名义先后对全市16个区和燕山地区（其中：2019年八个区，2020年八个区和燕山地区）“切实落实教育优先发展要求，全面优化区域教育规划布局和资源配置，全面落实区域教育发展的条件保障，加强教育管理，积极推进督导检查反馈问题整改”情况进行了综合督导检查。综合各区自查自评、市级相关监测、实地督导检查和满意度调查情况，形成以下督导检查报告。

一、综合督导检查工作情况

对区级政府履行教育职责的综合督导检查采取各区自查与市级督导检查组实地督查相结合的方式进行。联合市委编办、市发展改革委、市财政局、市人力社保局、市卫生健康委、市规划自然资源委等6家委办局和市教委9个处室，组织了60余人的督导队伍，成立四个督导检查组，分别赴各区开展驻区督导。督导检查组通过听取区政府工作汇报、查阅相关资料、召开座谈会、实地考察学校及幼儿园、随堂听课、随机访谈等形式详细了解情况，深入中小学和幼儿园近130所，召开座谈会48场次，与600余位区、校同志座谈、访谈，查阅档案资料两千余卷。在综合分析的基础上形成了对各区督导检查反馈意见和整体情况督导报告。目前，对各区的反馈意见以市政府教育督导委员会办公室的名义已印发各区政府，督促各区政府研究制定整改方案，切实推进相关问题整改。

二、区政府履行教育职责情况

各区重视教育事业发展，加强组织领导，明确职责任务，完善工作机制，不断加大保障力度、优化资源配置、深化综合改革，多措并举推进区域教育事业健康发展，努力办人民满意的教育。

（一）学习宣传贯彻落实全国和全市教育大会精神，全面落实立德树人根本任务

1. 加强方向引领，深入学习宣传贯彻落实全国和全市教育大会精神

各区把学习宣传贯彻落实习近平新时代中国特色社会主义思想、全国和全市教育大会精神，作为推进教育事业发展的思想统领和方向引领。通过理论中心组学习、主要领导讲党课、干部集中轮训、教育系统宣讲等形式，统一思想认识、明确发展方向。

东城区通过干部教师“专训＋轮训”、举办“教育的智慧”专家系列报告会、开展校园宣讲等方式，加大学习宣传力度。组建121支校园宣讲团，开展理论宣讲1608场，确保学习宣传全覆盖。海淀区重点围绕贯彻落实十九大精神、习近平新时代中国特色社会主义思想、全国和全市教育大会精神等主题进行集中学习。邀请专家解读《中国教育现代化2035》，深入研究全市教育大会的决策部署，积极推进习近平新时代中国特色社会主义思想进教材、进课堂、进师生头脑，贯穿教育教学全过程。

2. 召开全区教育大会，完善教育发展体制机制，绘制教育发展蓝图

根据全国和全市教育大会精神和要求，各区认真筹备、精心组织召开全区教育大会。以教育现代化为目标，出台系列规划方案、政策制度，整体谋划教育事业发展。积极推进综合改革任务落实，着力加强组织领导、部门协同，实施系列改革工程，多措并举推进教育事业发展，努力办好人民满意的教育。

西城区出台《西城教育现代化2035》《加快推进西城区教育现代化实施方案（2018—2022年）》等系列文件，建立区属相关部门统筹协调、部门协作的工作机制，推进改革措施落地实施。东城区出台《东城教育现代化2035》《东城区全面发展素质教育培养新时代社会主义建设者和接班人的实施意见》等四个配套文件，形成“1＋5”目标任务体系，推进建设国家“智慧教育示范区”。顺义区全面启动《顺义区教育改革发展“1＋7”三年行动计划（2019—2022年）》，聚焦群众关心的热点难点问题，健全教育公共服务体系。昌平区、延庆区、燕山地区区委区政府加强对教育工作的领导，将相关职能部门履行教育职责情况纳入政府绩效考核，夯实教育改革发展组织保障。

（二）加强教育规划，优化结构布局和资源配置

1. 注重顶层设计，推进教育设施专项规划编制和修订工作

各区按照市教委、市规划自然资源委印发的《关于开展基础教育设施专项规划编制有关工作的函》（京教函〔2018〕117号）及启动会精神，加强基础现状研究和区域教育发展的整体谋划，着力补齐发展短板、扩增优质资源、优化均衡配置，推进教育设施专项规划的编制和修订。

东城区完成分区规划阶段成果，建立了基础教育设施数据库，并对原专项规划进行评估。通过“保补优实”四条规划策略及路径，最大可能保障基础教育用地的落实。2019年，已完成与核心区控规团队对接工作。通州区结合北京城市副中心定位，编制《通州区教育设施专项规划（2016年—2035年）》，形成了规模适度超前、布局相对均衡、服务全面覆盖的城市副中心基础教育设施体系，确保城市副中心未来教育发展优先落图。怀柔区将《怀柔区基础教育设施专项规划（2017年—2035年）》与《怀柔区分区规划（2017年—2035年）》《怀柔科学城规划（2018年—2035年）》同步编制，做到基础教育设施落点落图，优化区域教育结构和学校布局。门头沟区坚持“教育优先，可持续发展，满足需求，均衡优质”的原则，新增教育设施用地87.5公顷，基础教育用地达到4000平方米／千人。

2. 优化结构布局，不断扩大优质资源

为全面优化区域教育结构布局，各区深化教育综合改革，统筹配置区域教育资源，重视资源的挖掘、整合和共享，深入推进学区制、集团化办学体制机制改革，发挥优质教育资源辐射带动作用，整体提升教育质量水平。

通州区借势副中心规划建设，一手抓优质教育资源引进，一手抓本土教育提升，围绕建设北京市基础教育综合改革实验区，实施基础教育质量提升计划，持续提

升区域教育教学质量。密云区结合区域发展规划、人口分布特点和学龄人口变化趋势，推进密云核心城区、密云生态商务区、怀柔科学城东区以及多所乡村学校建设，构建“三区多点”教育布局，整体优化区域教育资源配置。房山区完善“一环两带三区”教育布局，在平原乡镇农村教育发展环打造“一镇一品”学区制，在两个山区沟域地带打造乡村教育联盟品牌，在三个城镇教育聚集区推进集团化办学。

3. 加大建设力度，不断增加学前教育和义务教育学位供给

各区积极谋划、加快推进学校建设，加大深入挖潜力度，盘活教育系统内部资源，通过新建和改扩建教育设施、改造闲置校舍、整合职业教育资源等举措，最大限度增加学位，提升学位供给能力。同时，加强区级统筹，整合区域各类资源优先用于教育，积极扩增学前教育、义务教育学位，努力保障学位供给。

海淀区将解决“入园难”问题作为重大民生工程，与29个街镇签订《海淀区第三期学前教育三年行动计划发展任务责任书》，通过新建、改扩建、以租代建等多种途径扩增班级，支持和鼓励驻区单位办园，多措并举扩增学前教育学位，2018—2019年共扩增学前教育学位12000个。西城区将义务教育学位保障工作列为首要民生工程，成立了以区长任组长的区级工作专班，压实街道办事处属地政府责任，挖掘辖区内可利用资源优先用于教育。丰台区将学前教育发展纳入区委区政府议事日程，将扩学位任务列入区政府折子工程，建立区相关委办局和各街乡镇主管领导为成员的联席会议制度，强化部门联动，扩增学前教育学位，2019年扩增学前学位2540个。房山区2019年新增中小学学位4600个，2018—2019年新增学前教育学位?6000个。大兴区2019年扩充学位7350个，新增学前学位3500个。

（三）加大工作力度，保障教育经费投入和教师资源配置

1. 加大教育经费投入，加强教育事业发展财力保障

各区加大教育经费投入，发挥财政预算对教育资金安排和使用的引导作用，不断完善教育经费保障机制。在支出安排上，优化支出结构，压缩一般性支出，优先保障教育重点工作与改革发展需要。特别是保障了一般公共预算教育经费支出总量不同程度增长，部分区保障力度和增长幅度较大。

2018年，密云区一般公共预算教育经费支出比上一年增长13.65%，学前教育生均一般公共预算教育经费支出比上年增长了21.40%；朝阳区下大气力破解入园难，学前教育生均一般公共预算教育经费支出比上年增长了49.98%。

2019年，平谷区在区财政收入负增长的情况下仍保证了一般公共预算教育经费支出的增长；门头沟区普通初中、普通小学生均一般公共预算教育经费支出增长分别为12.88%和28.64%；西城区普通初中、普通小学生均一般公共预算教育经费支出增长分别为15.74%和16.56%；昌平区普通初中、普通小学生均一般公共预算教育经费支出增长分别为18.19%和24.05%。

2. 不断提高教师待遇，统筹教师资源配置

各区落实政府法定职责要求，均实现了确保中小学教师年平均工资收入水平不低于公务员年平均工资收入水平。各区加大经费投入、加强区级统筹，不断加大教师资源配置保障力度。

朝阳区完善教师编制总量管理、动态调整机制，优先保障教师编制配置，跨领域调剂1200个编制保障教师资源配置。海淀区建立区级编制跨行业调整机制，统筹盘活事业编制存量保障教师资源配置。创新建立人才储备库，实行“区聘校用”管理模式，逐步加大政府购买服务力度，通过统筹规划、非编管理、动态调剂、双向流动等方式，形成“五库三统筹”保障体系。房山区探索和构建区级层面“周转池”和区教育系统“调剂池”，在盘活区级层面编制存量，补充教育系统需求的同时，建立教育系统内部的调剂机制，加大对一线教师编制配置保障力度。

（四）强化教育管理，认真落实专项工作任务要求

1. 认真落实控辍保学和学生资助各项政策要求

各区认真落实义务教育入学相关要求，加强区级统筹领导，规范入学细则标准，完善入学操作流程，重视政策宣传解读，建立部门联动长效工作机制，探索实施以学区为单元的就近入学政策，最大限度满足百姓就近、公平“上好学”需求。加强日常管理，健全管理体系，完善公安、教育部门和街道协同联动的控辍保学工作机制，做好义务教育阶段控辍保学工作和相关学生资助补助工作。

顺义区将控辍保学纳入《对区政府有关部门和镇政府履行教育职责情况督导评价的工作方案》，将督导评价结果作为党政主要领导的考核依据。延庆区建立由区民政局牵头，区教委等17个部门参与的“留守儿童关爱保护工作联席会议机制”，健全对留守、困境等特殊群体学生的登记跟踪制度和专项保障机制。怀柔区建立控辍保学机制，规范中小学校学籍管理，开展专项核查，将辖区户籍和随迁子女适龄儿童少年全部纳入跟踪管控范围。

2. 积极推进近视肥胖防控工作

各区加强教育、卫生部门的协同，整合社会资源，加强宣传教育，强化督导评价，推进中小学生近视防控工作。大部分区制定了区级综合防控实施方案，加强工作统筹领导，明确职责任务，细化任务措施。

东城区2016年启动“健康·成长2020工程”，制发了区级儿童青少年近视防控工作方案、近视防控工作督导考核方案等文件，与同仁医院等专业机构联动，加强对近视防控的专业宣传和指导，初步建立起政府主导、家校社综合防控机制。全区中小学生视力不良、肥胖检出率实现连续四年整体下降。密云区出台《关于强化学校体育促进学生身心健康全面发展的实施意见》，严格规范学生作息时间，坚持每天课间操、集体跑步各半小时，切实保障每天一小时体育锻炼。建立近视防控考核激励机制，将防控工作纳入学校工作绩效考核，并设立单项奖，防控工作成效显著。2018年全市抽测显示，该区青少年儿童视力不良检出率全市最低。延庆区提出“六大行动、二十项任务”推进近视肥胖防控，建立分级预警约谈制度。学生视力不

良检出率和肥胖检出率呈现出逐年下降的良好态势。

3. 不断完善教育行政执法工作机制

各区不断加强和完善教育行政执法工作，加强执法检查队伍配置，完善执法检查制度机制，通过教育系统内部综合执法、部门联动协同执法等方式，不断提升教育行政执法的规范性、专业性，推动问题解决，服务教育事业发展。

朝阳区完善教育行政执法工作领导体系、运行机制和保障措施。建立委办局联合执法和区教委内部综合执法机制，加强对违规办学的查处和校园及周边环境的综合治理。海淀区初步形成督导与行政联合执法机制。坚持对重点地区进行每周工作日一次加周末一次的“一加一”驻点密集执法，对不规范的社会培训机构责令整改。石景山区成立区民办教育管理服务中心，印发《石景山区关于进一步加强教育培训市场监管工作的办法》，提升教育依法行政、依法治校水平。

三、综合督导检查发现的主要问题

（一）基础教育设施专项规划编制及部分教育建设项目推进落实不到位

1. 新一轮基础教育设施专项规划编制科学性有待提升，部门协调联动力度有待加强

部分区在基础教育设施专项规划（2017 年—2035 年）的编制过程中，与全市各区控制性详规和乡镇域国土空间规划对接联动不够。教育设施落图落地率有待提高，空间布局可行性和科学性有待加强。学位供给难点区域规划解决措施乏力，专项规划对解决学位紧张问题的针对性、有效性有待加强。规划编制工作进展缓慢，政府统筹和部门协同力度有待进一步加强。

2. 教育规划建设项目和居住区配套教育设施推进落实缓慢

教育设施专项规划推进实施过程中，受审批程序、部门协同、经费保障等因素影响，部分区规划建设项目推进缓慢，居住区配套教育设施建设与移交不到位。

（二）学位缺口较大，供需矛盾较为突出

1. 学位供给总量不足与局部矛盾突出问题并存

由于生源持续增加、可规划建设土地资源受限和教育用地储备不足等原因，大部分区存在学位供给总量不足与局部供需矛盾突出的问题。部分区学位缺口较大，现有教育资源难以满足学位需求。

2. 学位需求预测不科学、不准确

《义务教育法》规定地方各级人民政府应当保障适龄儿童、少年在户籍所在地学校就近入学，为常住适龄儿童提供平等接受义务教育的条件，但部分区规划编制过程中对学位需求的预测口径不规范，需求底数不准确。

（三）落实经费保障要求不到位

大部分区一般公共预算教育经费支出实现增长，但部分区教育经费支出结构性问题凸显。受年度工程建设数量、年度重点任务经费保障等因素影响，部分区不同程度存在基础教育学段生均一般公共预算教育经费支出下降的问题。

（四）教师资源总量不足和结构性缺编矛盾突出，编制保障政策有待完善

在生源不断增加，编制总量没有增加的情况下，有的区面临教师编制总量不足的政策性瓶颈，存在教师总量不足和部分学科结构性缺编问题。同时，各区不同程度采取编外聘任方式，加强教师资源配置，但随着编外聘任教师数量不断增加，部分区学前教育编外聘任教师占比较大，存在一定安全风险隐患。

（五）中小学办学空间被挤占问题普遍存在，办学条件不达标问题突出

由于生源持续激增，受空间资源有限和建设进度缓慢的限制和影响，部分区学位扩增困难大。部分区存在中小学专用教室被挤占、超规模办学、超规定班额办学等情况，办学条件不达标问题凸显，小学学段、城区和优质学校尤为突出。办学空间不断被挤占，已经影响到教育教学开展和学生在校学习生活质量，也存在一定安全隐患。

（六）义务教育优质均衡发展存在明显短板，对照国家标准要求差距较大

对照国家关于义务教育优质均衡发展县（区）标准要求，我市各区在资源配置、教育质量等量化指标和刚性要求方面存在较大差距。国家要求义务教育优质均衡发展县（区）资源配置指标要做到区内校校、项项达标且达到规定差异系数，国家义务教育学业质量监测水平达到三级。监测显示，目前我市没有一个区全面达标，在生均教学及辅助用房面积和生均运动场馆面积等指标方面存在瓶颈性困难。

一是资源配置指标未达到国家标准，特别是资源配置七项内容中的生均教学及辅助用房、生均体育运动场馆等普遍存在不达标的情况。二是资源配置指标的均衡程度未达到标准要求且有的区差距较大（差异系数要求小学不高于 0.50，中学不高于 0.45)。三是资源配置项目达标情况较好区，学业质量监测水平偏低。相对于国家关于义务教育优质均衡发展资源配置和质量水平并重的要求，我市义务教育学业质量监测水平较好的区普遍存在资源配置短板，资源配置差距相对较小的区学业质量监测成绩偏低。

（七）中小学近视防控任务艰巨，统筹协同力度有待进一步加强

中小学近视防控形势严峻，部分区中小学生视力不良检出率呈现上升趋势，整体水平居于高位。部分区统筹协调、部门联动工作机制有待完善和深化，部门职责任务、工作要求、防控举措有待进一步明确和落实。学生眼保健操、电子设备使用、活动锻炼时间保证等基础性防控措施有待进一步细化落实。实地察看中小学和幼儿园，发现普遍存在教育教学中使用电子设备时间较长的情况，对室内光线、照明设备等环境条件关注不够，近视防控的自觉性有待增强，工作措施有待进一步落实。部分学校落实眼保健操制度要求不规范、不到位。

四、工作建议

（一）深入推进基础教育设施专项规划编制和落实工作，优化资源布局，切实保障学位供给

压实区级政府主体责任，强化部门联动，将教育优先

发展落到实处，切实提高基础教育设施专项规划编制重视程度和实施力度。要将教育设施的空间规划与教育事业的发展规划紧密结合，为教育事业发展提供空间保障和硬件支撑。加强各学段学龄人口趋势预测，严格落实总规千人教育指标要求，结合重点区域、关键时段、高峰学段，合理测算设施总量，促进设施落图落位。强化保障措施，加强用地、政策、资金等全方位的保障力度，提前安排设施建设，优化实施路径，努力提高教育设施保障与教育需求匹配度。在保障学位的基础上，加强教育设施布局引导、优质辐射，优化教育资源空间布局。

进一步加大区政府统筹力度，创新体制机制，加强政策保障，盘活区域各类资源优先用于教育资源配置，优先保障学位紧张、缺口较大区域的教育资源配置。按照相关法律及政策规定，落实居住区配套教育设施同步规划、同步建设、同步验收、同步交付使用工作要求。解决居住区配套教育设施“应建未建、应交未交”等问题，全力保障适龄儿童入学及入园的学位供给。

（二）加大教育保障力度，提高教育资源配置水平

要确保教育优先发展，进一步加大教育资源配置力度，积极整合拓展各类教育资源，提升办学条件保障水平。对于超建设规模办学、超规定班额办学、借址办学学校，建立工作台账，采取按街区规划、统筹配置教育资源、“一校一策”等措施，不断改善办学条件。加强对农村学校和办学条件相对薄弱学校的资源配置力度，为学校规范办学、有序开展教育教学提供有利条件保障。

人事、编制、财政、教育等相关部门应加强统筹协调，深入研究，进一步深化人事制度改革，创新政策措施，盘活区域资源，落实编制配备，完善保障机制，切实保障教师资源配置，为教育事业改革发展夯实人力资源基础。

要全面落实“两个确保”要求，切实保障教育经费投入，优化教育支出结构，提升经费使用效益，保障各级各类教育持续健康发展。

（三）提高认识，加大力度，切实推进区域义务教育优质均衡发展

要进一步提高对推进义务教育优质均衡发展的认识，落实区政府保障和发展义务教育的主体责任。加强政府统筹领导，健全部门协同机制，加强对本区义务教育优质均衡发展的现状梳理、问题分析及未来规划。对照国家和北京市义务教育优质均衡发展标准要求，明确推进工作的时间表、路线图和任务书。坚持目标导向和问题导向相结合，推进建设和督导评价相结合，全面规划、精准施策，“抓重点、补短板、强弱项、提质量”，切实推进义务教育优质均衡发展。

（四）积极推进区域学前教育普及普惠，提升学前教育公共服务水平

要坚持目标导向和问题导向相结合，落实政府责任，多措并举扩增学前教育学位，满足入园需求。进一步加大统筹协调和监督监管力度，推进已规未建和已建未交配套幼儿园项目建设和接收工作。进一步完善学前教育投入保障和政策扶持机制，提高普惠性幼儿园覆盖率，提升学前教育公共服务水平。

（五）加强统筹协调，切实加强中小学生近视防控工作

要认真落实《北京市儿童青少年近视防控十条措施》，加强统筹协调力度，完善联防联控工作机制，切实承担并履行好儿童青少年近视防控主体责任。按照国家和北京市防控任务要求，明确部门职责任务和工作要求，协调推进防控工作。进一步将眼保健操、体育活动锻炼以及电子设备规范使用等基础性防控措施落细落小落实。加大校医队伍建设力度，落实校医配备标准要求。加大宣传力度，推进家校社协同联动，关口前移，提高防控效果，促进学生健康成长、全面发展。

（六）进一步加强市级相关部门对区政府及相关垂管部门的管理、督促和指导，健全部门协同联动制度机制

市级相关部门需进一步加强对各区教育设施规划编制及落实情况的检查指导，强化过程跟踪、标准指导、审批把关，督促各区按照城市总规要求，依据分区规划，结合区域功能定位和“十四五”规划，科学合理做好基础教育设施专项规划编制工作。健全完善相关政策，给予人口导入区在规划建设、编制保障、经费支持等方面适当的政策倾斜。

进一步加强对编制政策改革落实情况的调研，加强政策研究和工作指导，完善编外教师聘用工作规范，健全教师待遇保障机制。针对各区聘任编外教师等问题，加强现状调研和改革政策指导，进一步健全制度机制，规范教师编制配置管理工作。

进一步健全市级统筹、部门联动机制，加大基础教育学位供给和资源配置保障力度。完善市级规划、住建、发改等部门协同机制，支持和督促各区加快教育规划项目的推进落实，特别是加大对未同步规划、同步建设、同步移交使用项目整改情况的检查，督促教育规划落实到位。

进一步加强对近视防控任务落实情况的检查指导，加强工作统筹协同、职责任务分工、机制方法创新、举措有效落实等方面的检查和指导，督促各区切实推进中小学生近视防控工作，提升学生体质健康水平。

（市教委督政处）

（本栏责任编校　张晓兰）

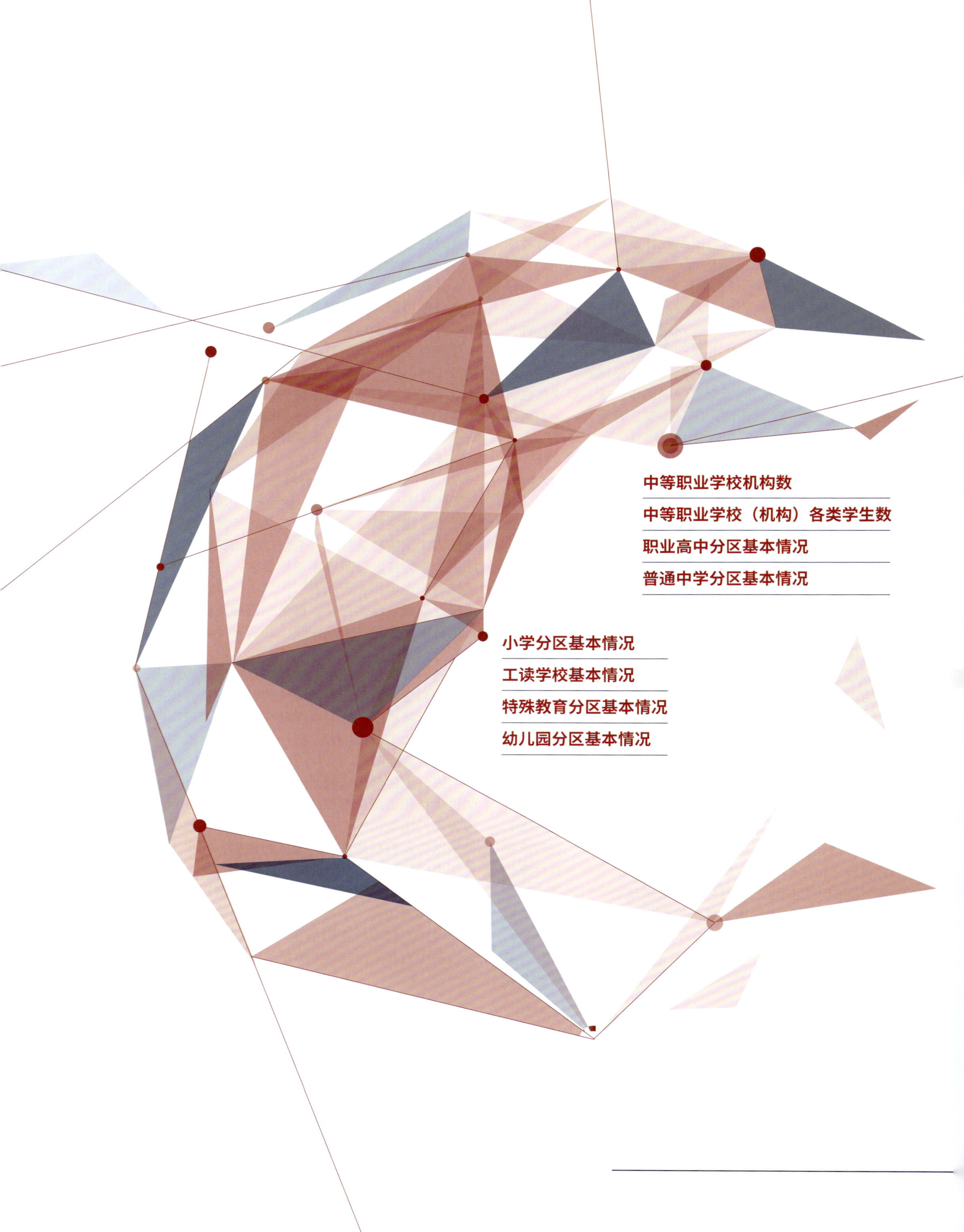

中等职业学校机构数

中等职业学校（机构）各类学生数

职业高中分区基本情况

普通中学分区基本情况

小学分区基本情况

工读学校基本情况

特殊教育分区基本情况

幼儿园分区基本情况

2021 统计表

STATISTICAL LIST

- 各级各类学校校数、教职工、专任教师情况
- 各级各类学历教育学生情况
- 各级各类非学历教育学生情况
- 各级民办教育和中外合作办教育基本情况
- 普通高校分学科研究生数
- 普通本科、专科学生数（分类型、性质类别）
- 高等学校教职工情况

STATISTICAL
LIST

统计表

2020—2021 学年度北京市教育事业统计资料

一、综合

1-1 各级各类学校校数、教职工、专任教师情况

单位：人

	校数（所）	教职工数	
		计	其中：专任教师
总计	3799	409303	256594
一、高等教育	174	152002	73059
（一）研究生培养机构	（145）		（62590）
1. 高等学校	（59）		（51484）
2. 科研机构	（86）		（11106）
（二）普通高等学校	92	145866	70645
1. 中央部委属高校	39	107987	48358
2. 市属高校	53	37879	22287
其中：公办高校	38	32621	19835
民办高校	15	5258	2452
（三）成人高等学校	18	3182	1357
（四）民办的其他高等教育机构	64	2954	1057
二、中等教育	766	104791	81122
（一）高中阶段教育	431	104791	56849
1. 普通高中	321	92920	49442
2. 中等职业教育	110	11871	7407
普通中专	29	3184	1777
成人中专	11	525	235
职业高中	44	5219	3753
技工学校	26	2943	1642
（二）初中阶段教育	335		24273
三、小学教育	934	62495	56412
四、工读学校	6	270	217
五、特殊教育	20	1278	1044
六、学前教育	1899	88467	44740

注：
1. “（）”内数据未包含在总计中。
2. 因完全中学中的高中、初中教职工不易区分统计，故普通高中教职工数包含普通初中教职工数。

1-2 各级各类学历教育学生情况

单位：人

	毕业生数	招生数	在校生数	预计毕业生数
总计	1082842	1169955	4038504	648702
一、高等教育	643745	535288	1946077	349338
（一）研究生	100366	133689	386576	139736
1. 高等学校	95260	127173	366470	131700
2. 科研机构	5106	6516	20106	8036
（二）普通本专科	147556	159301	590335	154935
1. 中央部委属高校	76288	82846	326921	79721
2. 市属高校	71268	76455	263414	75214
其中：公办高校	56661	61584	210643	60524
民办高校	14607	14871	52768	14690
（三）成人本专科	48258	41862	117817	54667
1. 成人高等学校	4940	3832	9802	5107
2. 普通高等学校	43318	38030	108015	49560
（四）在职人员攻读硕士学位			13043	
（五）网络本专科生	347565	200436	838306	
二、中等教育	167817	209327	563743	163683
（一）高中阶段教育	79666	87204	233265	71645
1. 普通高中	52094	61071	160152	47121
其中：本市户籍	48992	57604	148943	43990
2. 中等职业教育	27572	26133	73113	24524
普通中专	10639	10056	29127	8048
成人中专	4613	1279	7283	4454
职业高中	2612	4656	9966	2305
技工学校	9708	10142	26737	9717
（二）初中阶段教育	88151	122123	330478	92038
其中：本市户籍	75177	100427	271296	76718
三、小学教育	136671	202157	995046	135681
其中：本市户籍	98935	155059	741427	100619
四、工读学校	218	198	452	
五、特殊教育	1507	1218	7308	
六、学前教育	132884	2211767	525878	

补充资料：外国留学生在校学生数为 39291 人。
注：高等教育小计中未包含自学考试的学生数。

1-3 各级各类非学历教育学生情况

单位：人、人次

	毕（结）业生数	在校(注册)生数
总计	4478801	—
一、高等教育	1945176	1678
（一）自考助学班	12	232
（二）普通预科生	—	1446
（三）进修及培训	1945164	—
二、中等教育	2533625	
其中：资格证书培训	178427	—
岗位证书培训	189458	—
（一）中等职业教育	72304	—
其中：资格证书培训	1626	—
岗位证书培训	8007	—
（二）职业技术培训机构	2461321	—
其中：资格证书培训	176801	—
岗位证书培训	181451	—

1–4 各级民办教育和中外合作办教育基本情况

单位：人

	校数（所）	毕业生数	招生数	在校生数	教职工数		兼任教师
					计	其中：专任教师	
总计	1185	79291	133269	341910	66506	31344	3143
一、高等教育	79	14859	15129	53344	8212	3509	3007
民办普通高校	15	14859	15129	53344	5258	2452	1879
民办高等教育机构	64				2954	1057	1128
二、中等教育	119	9977	12048	33256	15111	9156	84
（一）高中阶段教育	94	2802	3152	7624	15111	9156	84
1. 民办普通高中	71	2377	2789	6555	14102	8681	17
2. 中外合作办普通高中	4	77	101	203	399	176	1
3. 民办中等职业教育	19	348	262	866	610	299	66
4. 中外合作办中等职业教育							
（二）初中阶段教育	25	7175	8896	25632	—	—	—
1. 民办普通初中	25	7175	8896	25632			
2. 中外合作办普通初中	—	—	—	—	—	—	—
三、民办小学	51	6919	7666	43496	1737	1162	
1. 民办小学	51	6919	7666	43496	1737	1162	
2. 中外合作办小学	—	—	—	—	—	—	—
四、民办幼儿园	936	47536	98426	211814	41446	17517	52
1. 民办幼儿园	934	47339	98164	211089	41327	17469	52
2. 中外合作办幼儿园	2	197	262	725	119	48	
另有：职业技术培训机构	1107	1287391	—	1376058	26400	12340	5771
1. 民办职业技术培训机构	1106	1287191	—	1375858	26391	12338	5769
2. 中外合作办职业技术培训机构	1	200	—	200	9	2	2

注：培训机构毕业生数为结业人次数，在校生数为注册学生数。

二、高等教育

2-1 普通高校分学科研究生数

		毕业生数		
		合计	硕士	博士
总计		95260	79418	15842
其中：女		50556	43696	6860
学术型学位	小计	49656	34608	15048
	哲　学	567	371	196
	经济学	2994	2279	715
	法　学	4677	3769	908
	教育学	1692	1355	337
	文　学	3567	2909	658
	历史学	556	376	180
	理　学	7445	3736	3709
	工　学	18916	13380	5536
	农　学	1202	670	532
	医　学	2400	1350	1050
	军事学	4	1	3
	管理学	4260	3307	953
	艺术学	1376	1105	271
专业学位	小计	45604	44810	794
	哲　学			
	经济学	3882	3882	
	法　学	4057	4057	
	教育学	3319	3273	46
	文　学	1938	1938	
	历史学	175	175	
	理　学			
	工　学	14431	14396	35
	农　学	1398	1398	
	医　学	2653	1940	713
	军事学			
	管理学	11642	11642	
	艺术学	2109	2109	

单位：人

	招生数			在校生数		
	合计	硕士	博士	合计	硕士	博士
	127173	102721	24452	366470	264619	101851
	65220	54854	10366	183205	141033	42172
	64456	42108	22348	211175	114930	96245
	672	427	245	2355	1231	1124
	3422	2416	1006	10950	6210	4740
	5986	4430	1556	17892	11326	6566
	2139	1625	514	6659	4564	2095
	3950	3058	892	12686	8750	3936
	726	460	266	2538	1321	1217
	10754	5721	5033	36412	15505	20907
	24975	16122	8853	85052	45318	39734
	1706	1067	639	4827	2343	2484
	3405	1813	1592	10229	5038	5191
				6		6
	4946	3686	1260	16199	9668	6531
	1775	1283	492	5370	3656	1714
	62717	60613	2104	155295	149689	5606
	5234	5234		10265	10265	
	4841	4841		12015	12015	
	4488	4302	186	10590	10011	579
	2545	2545		5206	5206	
	213	213		501	501	
	20919	20102	817	55867	53899	1968
	1963	1934	29	4093	4005	88
	3572	2500	1072	10280	7309	2971
	16102	16102		38102	38102	
	2840	2840		8376	8376	

2-2 普通本科、专科学生数（分类型、性质类别）

		学校数（所）		毕业生数		
		计	其中：中央	合计	专科	本科
总计		92	39	147556	25840	121716
按类型分	本科院校	67	39	126790	5074	121716
	其中：独立学院	5		5201		5201
	专科院校	25		20269	20269	
	其中：高等职业学校	24		19222	19222	
	其他机构（不计校数）	4	1	497	497	
按性质类别分	综合大学	5	3	18712	1363	17349
	理工院校	30	13	58624	10195	48429
	农业院校	3	1	5866	1317	4549
	林业院校	1	1	3152		3152
	医药院校	4	2	4608	2005	2603
	师范院校	2	1	5063	39	5024
	语文院校	10	6	11873	2321	9552
	财经院校	16	2	19249	5044	14205
	政法院校	8	5	9779	3299	6480
	体育院校	3	1	3101	99	3002
	艺术院校	9	3	4795	158	4637
	民族院校	1	1	2734		2734
按举办者分	1. 中央部门	39	39	76288	1696	74592
	教育部	25	25	55667	351	55316
	其他部门	14	14	20621	1345	19276
	2. 地方	38		56661	19927	36734
	教育部门	24		43137	6875	36262
	其他部门	14		13524	13052	472
	3. 民办	15		14607	4217	10390

单位：人

	招生数			在校生数		
	合计	专科	本科	合计	专科	本科
	159301	**25691**	**133610**	**590335**	**72798**	**517537**
	137678	4068	133610	529080	11543	517537
	5356		5356	20398		20398
	21160	21160		59752	59752	
	20422	20422		57357	57357	
	463	463		1503	1503	
	18714	1206	17508	70219	3634	66585
	63723	10004	53719	235597	26959	208638
	6859	1606	5253	24864	4903	19961
	3434		3434	13693		13693
	5926	2083	3843	20514	4647	15867
	5423	142	5281	22026	324	21702
	11599	1861	9738	43950	5953	37997
	21664	5907	15757	76511	17392	59119
	10071	2565	7506	36492	8095	28397
	3443	132	3311	13317	345	12972
	5487	185	5302	21640	546	21094
	2958		2958	11512		11512
	82846	730	82116	326921	2276	324645
	61523	414	61109	244820	1151	243669
	21323	316	21007	82101	1125	80976
	61584	20877	40707	210646	58487	152159
	47597	7376	40221	171497	21269	150228
	13987	13501	486	39149	37218	1931
	14871	4084	10787	52768	12035	40733

2-3 高等学校教职工情况

	教职工数		
	合计	校本部教职工	
		计	专任教师
一、普通高校	145866	127244	70645
其中：女	74712	64628	32454
分类型　本科院校	137073	118487	65983
其中：独立学院	1906	1906	1077
专科院校	8370	8334	4446
其中：高等职业学校	8081	8049	4240
其他机构	423	423	216
分性质类别　综合大学	24139	21362	10606
理工院校	54997	48228	28005
农业院校	4459	4346	2777
林业院校	2044	1989	1312
医药院校	17201	9192	3453
师范院校	8134	8005	3813
语文院校	8968	8590	5753
财经院校	10809	10715	6617
政法院校	6328	6266	3044
体育院校	1760	1726	1193
艺术院校	5215	5104	2966
民族院校	1812	1721	1106
分举办者　1. 中央部门	107987	89941	48358
教育部	72980	63518	33334
其他部门	35007	26423	15024
2. 地方	32621	32045	19835
教育部门	26957	26404	16776
其他部门	5664	5641	3059
3. 民办	5258	5258	2452
二、成人高校	3182	3159	1357
其中：女	1922	1901	905

单位：人

	教职工数					
	校本部教职工			科研机构人员	校办企业职工	辅设机构人员
	行政人员	教辅人员	工勤人员			
	26368	18556	11675	8651	1107	8864
	15767	12026	4381	3820	293	5971
	23939	17582	10983	8640	1094	8852
	336	122	371			
	2346	868	674	11	13	12
	2307	831	671	8	13	11
	83	106	18			
	3945	3663	3148	2148	125	504
	10151	5214	4858	4465	690	1614
	978	434	157	5	22	86
	388	253	36		27	28
	1291	4150	298	1770	15	6224
	1881	1225	1086	23	106	
	1813	646	378	158	15	205
	2490	961	647		76	18
	1474	866	882		3	59
	383	95	55		9	25
	1212	849	77	46	19	46
	362	200	53	36		55
	18204	14481	8898	8535	811	8700
	14005	9113	7066	6562	616	2284
	4199	5368	1832	1973	195	6416
	6944	3699	1567	116	296	164
	5368	3025	1235	108	289	156
	1576	674	332	8	7	8
	1220	376	1210			
	970	618	214	17		6
	568	371	57	15		6

三、中等职业教育

3-1 中等职业学校机构数

	合计	中央部门
总计	84	8
普通中等专业学校	29	7
成人中等专业学校	11	1
职业高中学校	44	
附设中职班（不计校数）	29	1

3-2 中等职业学校（机构）各类学生数

	毕（结）业生数	
	计	其中：获得职业资格证书
一、中职学生计	17864	7759
其中：中职全日制学生	16247	7759
中职非全日制学生	1617	
普通中专学生	10639	4132
成人中专学生	4613	2001
其中：全日制学生	2996	2001
非全日制学生	1617	
职业高中学生	2612	1626
二、培训学生	72304	
三、外国留学生	106	

单位：所

	地方				民办
	计	教育部门	其他部门	地方企业	
	57	35	18	4	19
	21	6	14	1	1
	9	2	4	3	1
	27	27			17
	26	17	9		2

注：中等职业学校中不包含技工学校数。

单位：人

	招生数				在校生数
	计	其中：应届毕业生		其中：五年制高职 / 中职段	
		计	其中：初中毕业		
	15991	14750	14238	9040	46376
	15106	14750	14238	9040	42208
	885				4168
	10056	9728	9216	6960	29127
	1279	374	374		7283
	394	374	374		3115
	885				4168
	4656	4648	4648	2080	9966
					149

3-3 职业高中分区县基本情况

	校数（所）	毕业生数	招生数
总计	44	2612	4656
东城区	3	151	277
西城区	4		264
朝阳区	5	401	655
丰台区	5	169	439
石景山区	3	96	82
海淀区	1	676	904
门头沟区	1	18	8
房山区	4	168	163
其中：房山	3	168	163
燕山	1		
通州区	2	121	272
顺义区	5	3	3
昌平区	3	342	980
大兴区	3	137	233
怀柔区	2	37	4
平谷区	1	63	144
密云区	1	148	155
延庆区	1	82	73

单位：人

	在校生数	教职工数	专任教师
	9966	5219	3753
	646	459	365
	501	681	542
	1229	811	670
	861	350	201
	220	169	99
	2152	416	308
	33	120	83
	438	261	201
	438	220	166
		41	35
	489	140	116
	14	151	53
	1989	489	334
	507	336	238
	16	281	151
	309	146	56
	413	187	125
	149	222	141

四、普通中学

4-1 普通中学分区基本情况

	校数(所)		班数(个)			毕业生数	
	合计	其中：高中及完中	合计	初中	高中	初中	高中
总计	656	321	15621	10534	5087	88151	52094
东城区	40	31	1220	720	500	6669	4957
西城区	41	36	1579	947	632	8911	6329
朝阳区	95	47	2215	1724	491	10182	4168
丰台区	48	21	937	655	282	4648	2425
石景山区	22	11	408	280	128	2214	1416
海淀区	82	65	3383	2063	1320	19452	14082
门头沟区	17	6	252	167	85	1440	800
房山区	50	13	837	589	248	5322	2894
其中：房山	45	12	736	522	214	4805	2494
燕山	5	1	101	67	34	517	400
通州区	43	16	840	601	239	5237	2580
顺义区	34	13	785	536	249	5167	3033
昌平区	57	27	819	632	187	4757	1806
大兴区	45	17	861	626	235	5170	2431
怀柔区	19	5	364	257	107	1917	1009
平谷区	19	5	347	225	122	2221	1432
密云区	24	4	475	314	161	3140	1678
延庆区	20	4	299	198	101	1704	1054

单位：人

	招生数		在校生数			教职工数	
	初中	高中	合计	初中	高中	合计	其中：专任教师
	122123	**61071**	**490630**	**330478**	**160152**	**92920**	**73715**
	8696	5748	39151	23943	15208	6641	5832
	12984	7930	54470	34781	19689	8061	6515
	18224	5513	60192	46424	13768	15162	12847
	7629	3145	27180	19032	8148	5717	4827
	3123	1428	12047	8392	3655	2890	2297
	25188	15046	110050	69748	40302	15914	12252
	1723	950	7374	4732	2642	1276	979
	6646	3177	27503	19014	8489	4463	3625
	6092	2782	24177	16747	7430	4057	3260
	554	395	3326	2267	1059	406	365
	7570	3462	29448	20761	8687	5062	3979
	6164	3075	26947	17817	9130	5338	3921
	6436	2185	23143	17171	5972	6702	4950
	7183	3008	26211	18934	7277	6068	4907
	2547	1330	10372	6728	3644	2430	1811
	2575	1619	11646	7288	4358	2699	1679
	3467	2156	15909	10091	5818	2473	1946
	1968	1299	8987	5622	3365	2024	1348

五、小学

5-1 小学分区基本情况

	校数(所)	班数(个)	毕业生数
总计	934	29085	136671
东城区	47	1764	9185
西城区	57	2660	12406
朝阳区	74	5050	20887
丰台区	74	1972	10172
石景山区	25	758	3767
海淀区	87	4834	26537
门头沟区	23	430	1900
房山区	108	1745	7893
其中：房山	101	1653	7316
燕山	7	92	577
通州区	82	1970	8989
顺义区	50	1569	6888
昌平区	93	1931	7957
大兴区	83	2069	8669
怀柔区	18	522	2833
平谷区	46	665	2885
密云区	39	676	3635
延庆区	28	470	2068

六、工读学校

6-1 工读学校基本情况

	校数(所)	班数(个)	离校人数
合计	6	27	218
其中：女			37

单位：人

	招生数	在校生数	教职工数	
			合计	其中：专任教师
	202157	995046	62495	56412
	13234	65508	5550	5184
	21066	99221	6673	6218
	31426	155758	7085	6667
	13590	66600	4698	4376
	4847	24131	1353	1191
	34204	179579	8390	7895
	2739	13841	1224	1008
	12073	57695	3866	3408
	11387	54520	3596	3161
	686	3175	270	247
	15470	74881	4659	4292
	11120	53743	3873	3291
	13329	60768	3996	3529
	14662	69660	3959	3497
	3230	17569	1570	1296
	4160	20109	2102	1770
	4396	22801	2133	1715
	2611	13182	1364	1075

单位：人

	入校人数	在校生数	教职工数	
			计	其中：专任教师
	198	452	270	217
	37	71	118	97

七、特殊教育

7-1 特殊教育分区基本情况

	校数(所)	班数(个)	毕业生数
总计	20	344	1507
东城区	2	22	67
西城区	2	54	169
朝阳区	1	41	446
丰台区	1	13	92
石景山区	1	10	30
海淀区	2	61	224
门头沟区	1	9	22
房山区	1	20	73
其中：房山	1	18	73
燕山		2	
通州区	1	17	33
顺义区	2	29	65
昌平区	1	9	116
大兴区	1	12	61
怀柔区	1	10	10
平谷区	1	16	44
密云区	1	12	25
延庆区	1	9	30

单位：人

	招生数	在校生数	教职工数	
			合计	其中：专任教师
	1218	7308	1278	1044
	45	381	121	112
	145	598	230	201
	220	1467	79	74
	88	554	41	39
	29	141	34	30
	153	1139	270	217
	19	118	30	24
	51	354	33	29
	50	323	33	29
	1	31		
	47	386	62	57
	131	507	125	72
	119	510	38	28
	75	476	32	27
	19	173	33	30
	34	207	62	37
	24	146	47	35
	19	151	41	32

八、幼儿教育

8-1 幼儿园分区基本情况

	园数(所)	班数(个)	离园(班)人数
总计	1899	18770	132884
东城区	68	701	5297
西城区	87	908	6356
朝阳区	292	3292	21424
丰台区	145	1606	10971
石景山区	46	580	3360
海淀区	201	2395	19249
门头沟区	42	345	2206
房山区	127	1218	9899
其中：房山	120	1160	9343
燕山	7	58	556
通州区	227	1947	8977
顺义区	106	1011	8972
昌平区	160	1595	10438
大兴区	108	1451	10425
怀柔区	78	373	3602
平谷区	90	574	4363
密云区	75	490	4551
延庆区	47	284	2794

单位：人

	入园（班）人数	在园（班）人数	教职工数	
			合计	其中：专任教师
	221767	525878	88467	44740
	7594	19582	3597	2372
	9825	23498	4229	2625
	33812	88926	16811	8168
	17592	45012	7515	3673
	6136	15361	2704	1300
	27898	72439	13130	6014
	4220	9624	1586	989
	12950	33921	5455	2977
	12370	32183	5241	2840
	580	1738	214	137
	32071	51553	8353	3880
	12785	32365	5175	2267
	19545	44238	7365	3477
	18018	41995	4754	2578
	4359	10988	2083	1264
	6184	14608	2272	1000
	5443	13910	2204	1285
	3335	7858	1234	871

41 人

全国抗击新冠肺炎疫情
先进个人

231 个

2020 年北京高校“优质本科课程”

51 个

第二批北京市职业院校特色
高水平骨干专业（群）

93 个

2019 年北京市
中小学特级校长

2021 | 附录

APPENDIX

全国抗击新冠肺炎疫情先进（北京教育系统）

全国抗击新冠肺炎疫情先进个人

童朝晖	首都医科大学附属北京朝阳医院党委委员、副院长，主任医师
蒋荣猛	首都医科大学附属北京地坛医院感染中心主任医师、国家感染性疾病医疗质量控制中心办公室主任
郭会敏（女）	首都医科大学附属北京佑安医院内科总护士长、感染中心总护士长，副主任护师
刘清泉	首都医科大学附属北京中医医院党委副书记、院长，主任医师
丁新民	首都医科大学附属北京世纪坛医院呼吸与危重症医学科副主任，主任医师
李素英（女）	首都医科大学附属北京佑安医院原感染管理科主任，主任医师
西英俊	首都医科大学附属北京安定医院临床 16 病区主任，主任医师
刘景院	首都医科大学附属北京地坛医院重症医学科主任，主任医师
孙兵	首都医科大学附属北京朝阳医院呼吸与危重症医学科主任医师
梁连春	首都医科大学附属北京佑安医院感染中心二科主任，主任医师
骆金铠（女，满族）	首都医科大学附属北京友谊医院护理部主任、护理教研室主任，副主任护师
唐子人（回族）	首都医科大学附属北京朝阳医院急诊科副主任，主任医师
周建新	首都医科大学附属北京天坛医院党委委员、副院长，主任医师
卢联合（满族）	首都医科大学附属北京地坛医院感染管理处处长，主任医师
金荣华	首都医科大学附属北京佑安医院党委副书记、院长，主任医师
文静（女）	首都医科大学附属北京地坛医院感染中心总护士长，副主任护师
姜利（女）	首都医科大学宣武医院重症医学科主任，主任医师
纪智礼	首都医科大学附属北京潞河医院党委书记、院长，主任医师
郭军	清华大学附属北京清华长庚医院呼吸与危重症医学科内科部第二党支部书记，副主任医师
叶永安	北京中医药大学东直门医院党委书记，主任医师
孟捷（回族）	北京中医药大学东方医院脾胃肝胆科主任医师
刘正印	北京协和医院感染内科主任医师
张抒扬（女）	北京协和医院党委书记，主任医师
周翔	北京协和医院重症医学科副主任，主任医师
杜斌	北京协和医院内科 ICU 主任，主任医师
韩丁	北京协和医院副院长，副主任医师
王秋（女）	北京大学人民医院急诊科护士长
李六亿（女）	北京大学第一医院感染管理－疾病预防控制处处长
乔杰（女）	北京大学医学部常务副主任、北京大学第三医院院长，主任医师
沈宁（女）	北京大学第三医院副院长，感染疾病中心主任、呼吸与危重症医学科副主任，主任医师
刘新民	北京大学第一医院院长，主任医师
姜保国	北京大学人民医院院长，主任医师
马靖（女）	北京大学第一医院呼吸和危重症医学科副主任，主任医师
安友仲	北京大学人民医院重症医学科主任，主任医师
袁晓宁（女）	北京大学第三医院医院感染管理科副主任，主任护师
朱凤雪（女）	北京大学人民医院创伤救治中心副主任，主任医师
王贵强	北京大学第一医院感染疾病科主任，主任医师
王玉英（女）	北京大学第一医院胸外科大外科护士长，副主任护师
王雯（女）	北京大学人民医院呼吸科、内科护士长
葛庆岗	北京大学第三医院危重医学科副主任，主任医师
李佩涛（女）	北京大学第三医院护理部护士长

（华蕾）

全国抗击新冠肺炎疫情先进集体

首都医科大学附属北京地坛医院党委

首都医科大学附属北京佑安医院党委

国家援鄂抗疫中医医疗队（北京中医药大学东直门医院、东方医院）

北京协和医院党委

北京大学第一医院援鄂抗疫国家医疗队

北京大学人民医院援鄂抗疫国家医疗队

北京大学第三医院援鄂抗疫国家医疗队

（华蕾）

基础教育

北京市中小学生社会大课堂第七批市级资源单位名单

（按拼音顺序排列）

艾药园中医药文化科普教学基地

爱翌安全技术服务（北京有限公司）

爱阅读（北京）文化传媒有限公司

八达岭梦幻长城球幕影院

北京安定贾尚精品种植园

北京北人文化产业发展有限公司

北京便宜坊烤鸭集团有限公司便宜坊鲜鱼口店

北京崇德堂文化传播有限公司

北京大道农业有限公司

北京稻香湖投资发展有限责任公司

北京迪生数字娱乐科技股份有限公司

北京东方芊健体育产业有限公司

北京工美集团有限责任公司

北京工艺艺嘉贸易有限责任公司

北京公共安全体验馆

北京古御道生态旅游开发有限公司

北京海鲸花养蜂专业合作社

北京涵芬楼书店有限公司

北京和园旅游有限公司

北京红泥乐现代农业有限公司

北京花儿朵朵花仙子农业有限公司

北京华源惠众环保科技有限公司

北京怀柔月亮湖现代农事体验教育园（北京桃山月亮湖种养殖专业合作社）

北京环宇兄弟国际文化传媒股份有限公司

北京极星农业有限公司

北京剑高励业体育发展有限责任公司

北京金叵罗禄存小米种植专业合作社

北京京南荣耀体育发展有限公司

北京井上添花民俗旅游专业合作社

北京军兴广达农产品产销专业合作社

北京君德益文化发展有限公司

北京科技职业学院

北京科学中心

北京喇叭沟门喜鹊登科种植专业合作社

北京喇叭沟原始森林旅游有限公司

北京力天新园科技发展有限公司（中国室内空气净化科技馆）

北京亮相传媒文化有限公司

北京六必居食品有限公司

北京六渡河旅游开发有限责任公司

北京梦想青春飞扬文化有限公司

北京密水云山旅游开发有限责任公司（仙居谷风景区）

北京清心居农庄有限公司

北京森根比亚生物工程技术有限公司

北京师范大学

北京十三陵龙膳园农家乐旅游观光园有限责任公司

北京石泰文化发展有限公司

北京市朝阳区社区青少年教育培训中心

北京市第三十五中学

北京市东城区龙潭西湖公园管理处

北京市房山区房山职业学校

北京市高两河彩绘厂

北京市海淀科技中心

北京市海淀区中科科学文化传播发展中心

北京市节约用水管理中心

北京市科技教育促进会
北京市蓝调庄园文化发展有限公司
北京市南口农场有限公司
北京市平谷区博物馆
北京市平谷区气象局
北京市平谷区山东庄镇桃棚村村民委员会
北京市气象探测中心（北京市观象台）
北京市天桥剧场
北京市自动化工程学校
北京天恒安科集团有限公司
北京天桥艺术中管理有限公司
北京同达应急救援技术培训中心
北京文旺阁木作博物馆
北京响水湖长城旅游有限公司
北京兴业富民果蔬种植专业合作社
北京尤伦斯美术馆
北京御泽翔云航空科普基地
北京御泽翔云航空模拟训练基地
北京长城和平国际文化艺术中心
北京智瑞天成文化产业发展有限公司
北京中德启锐消防安全科普教育基地
北京中宏润禾农业科技开发有限公司
城西再生水厂
东方时尚驾驶学校
东江国际艺术园
东四胡同博物馆
法晚新（北京）教育科技有限公司
飞行家北京太空体验馆
飞览天下文化发展有限公司
凤孝五育文化园
古陶文明博物馆
广誉远
国际安全防卫基地
国家图书馆
汉字文化馆
捍能国际文化（北京）有限公司
皇家建筑模型博物馆
金栗种植合作社
金中都紫砂艺术馆
京东植物工厂
康顺达生态园
雷锋农艺文化园
礼贤王庄手工艺实践教育基地
龙世博世界花卉大观园
绿得金三农教育基地
绿骑士（北京）教育咨询有限公司
南山健源农教基地
朴素生活体验馆
青山农俗文化劳动体验园
青少年航天增材制造科普教育基地
全国青少年学生法治教育实践示范基地
森沃（北京）体育文化有限公司
尚大沃联福生态亲子农场
什刹海文化展示中心
生命湖有氧乐园
世界种子科技展示中心
首钢工学院
双益发国际文创园
顺义区非物质文化遗产教育实践基地
天霸（北京）航空科技有限公司
TSC 运动中心
万般钢琴及艺术博物馆
希望田野文化旅游发展有限公司
祥瑞博雅生存安全技能实训基地
亚洲一号京东智慧物流体验基地
医疗实践基地
印象林海园艺
元源书院
越竹斋
中关村智造大街
中国海关博物馆
中国化工博物馆
中国科学院微电子研究所
中国林业科学研究院木材工业研究所

中国农业机械化科学研究院北京农机试验站	中国原子能科学研究院
中国评剧院有限责任公司	中华航天博物馆
中国少年儿童发展服务中心	中华世纪坛艺术馆
中国少年儿童新闻出版总社	中科编易（北京）科技有限公司
中国铁道科学研究院集团有限公司	中农春雨自然学校
《中国图片》期刊社有限责任公司	

（牛文国）

普通高等教育

2020 年北京高校“优质本科课程”名单

序号	学校名称	项目名称	主讲人	课程类型	项目类型
1	北京大学	仪器分析（小班阅读讨论课）	李娜	专业课	重点
2	中国人民大学	财政学	贾俊雪	专业课	重点
3	清华大学	数据结构	邓俊辉	专业课	重点
4	北京交通大学	管理运筹学（A）	张星臣	专业课	重点
5	北京科技大学	概率论与数理统计	赵鲁涛	公共课	重点
6	北京化工大学	高分子化学	程珏	专业课	重点
7	北京邮电大学	信息与通信工程专业导论	纪阳	专业课	重点
8	中国农业大学	动物解剖学	陈耀星	专业课	重点
9	北京林业大学	森林培育学	贾黎明	专业课	重点
10	北京中医药大学	中药鉴定学	闫永红	专业课	重点
11	北京师范大学	有机化学 II A（双语）	邢国文	专业课	重点
12	北京语言大学	日语精读	单文垠	专业课	重点
13	中国传媒大学	实践中的马克思主义新闻观	涂凌波	专业课	重点
14	中央财经大学	思想道德修养与法律基础	冯秀军	公共课	重点
15	对外经济贸易大学	财务会计	钱爱民	公共课、专业课	重点
16	中国政法大学	民事诉讼法	杨秀清	专业课	重点
17	中国矿业大学（北京）	公差与技术测量基础	翟国栋	专业课	重点
18	中国石油大学（北京）	运筹学	张宝生	专业课	重点
19	中国地质大学（北京）	地球科学概论	颜丹平	专业课	重点
20	北京航空航天大学	飞机结构设计	程小全	专业课	重点
21	北京理工大学	普通物理 III（电磁学）	胡海云	专业课	重点
22	北京电子科技学院	保密管理概论	孙宝云	专业课	重点
23	外交学院	英语辩论	冉继军	专业课	重点
24	北京体育大学	体育科学研究方法	张凯	专业课	重点
25	中央民族大学	遗传学	周宜君	专业课	重点
26	中国劳动关系学院	劳动法	姜颖	专业课	重点
27	中国社会科学院大学	创业基础	王艳茹	公共课	重点
28	北京工业大学	高等数学	范周田	公共课	重点
29	北京工商大学	大学物理	李宝河	公共课	重点
30	北京建筑大学	建筑构造	刘博	专业课	重点
31	北京石油化工学院	聚合物制备工程	戴玉华	专业课	重点
32	北京农学院	农村统计与调查	刘芳	专业课	重点
33	首都医科大学	神经病学	王拥军	专业课	重点

序号	学校名称	项目名称	主讲人	课程类型	项目类型
34	首都体育学院	学校体育学	刘海元	专业课	重点
35	北京物资学院	仓储与库存管理	张旭凤	专业课	重点
36	首都经济贸易大学	服务营销	王永贵	专业课	重点
37	中国戏曲学院	京剧表演主修课程（武生专业）	徐小刚	专业课	重点
38	北京电影学院	电影照明技巧	雷载兴	专业课	重点
39	北京信息科技大学	机械设计	米洁	专业课	重点
40	北京联合大学	计算机网络与应用	杜煜	专业课	重点
41	北京大学	电磁学	孟策	专业课	
42	北京大学	宗教学导论	吴飞	专业课	
43	北京大学	新闻理论	王维佳	专业课	
44	北京大学	健康评估 I	孙玉梅	专业课	
45	中国人民大学	城市经济学	叶裕民	专业课	
46	中国人民大学	概念物理 I	张威	公共课	
47	中国人民大学	诊所式法律教育	潘文军	专业课	
48	中国人民大学	人生哲学	李茂森	公共课	
49	清华大学	国际关系分析	阎学通	公共课	
50	清华大学	有机化学	赵亮	专业课	
51	清华大学	传热学	姜培学	专业课	
52	清华大学	侵权行为法	程啸	专业课	
53	北京交通大学	运输经济学	欧国立	专业课	
54	北京交通大学	大学物理	郑凯	公共课	
55	北京交通大学	操作系统 (A)	翟高寿	专业课	
56	北京科技大学	参数检测及仪表	张朝晖	专业课	
57	北京科技大学	液压与气压传动	郑莉芳	专业课	
58	北京科技大学	商业计划书制作与演示设计	邓立治	专业课	
59	北京化工大学	分子生物学与基因工程	王文雅	专业课	
60	北京化工大学	微观经济学	刘学之	专业课	
61	北京化工大学	婚姻家庭继承法	樊丽君	专业课	
62	北京邮电大学	信号与系统	尹霄丽	专业课	
63	北京邮电大学	现代工程设计表达方法学	徐晓慧	公共课	
64	北京邮电大学	镜头语言设计	贾云鹏	专业课	
65	中国农业大学	微观经济学	臧日宏	专业课	
66	中国农业大学	植物育种原理	李保云	专业课	
67	中国农业大学	高等数学（A）上	甄苓	公共课	
68	中国农业大学	思想道德修养与法律基础	李明	公共课	
69	北京林业大学	树木学	张志翔	专业课	
70	北京林业大学	数据库系统	陈志泊	专业课	
71	北京林业大学	园林植物遗传育种学	戴思兰	专业课	
72	北京中医药大学	中医儿科学	王俊宏	专业课	
73	北京中医药大学	中医基础学	王彤	专业课	
74	北京中医药大学	物理学	侯俊玲	公共课	
75	北京师范大学	社会科学统计软件及应用	马秀麟	公共课	
76	北京师范大学	基础物理	李融武	公共课	
77	北京师范大学	中国近代史学思潮	张越	专业课	
78	北京师范大学	心理统计	刘红云	专业课	
79	北京外国语大学	文学理论	白亮	专业课	

序号	学校名称	项目名称	主讲人	课程类型	项目类型
80	北京外国语大学	国际政治——地缘政治热点问题（法语）	戴冬梅	专业课	
81	北京外国语大学	英汉交传入门	邓小文	专业课	
82	北京外国语大学	外交中的人与事	田小惠	公共课	
83	北京语言大学	《聊斋志异》赏析	成敏	专业课	
84	北京语言大学	网页设计基础	赵慧周	专业课	
85	北京语言大学	马克思主义基本原理概论	杜运辉	专业课	
86	中国传媒大学	设计概论	芦影	专业课	
87	中国传媒大学	播音主持业务	成倍	专业课	
88	中国传媒大学	数据结构	周菁	专业课	
89	中央财经大学	项目评估	宋砚秋	专业课	
90	中央财经大学	影视人类学	王修晓	公共课	
91	中央财经大学	证据法	郭华	专业课	
92	对外经济贸易大学	金融工程学	冯建芬	专业课	
93	对外经济贸易大学	网络营销	华迎	专业课	
94	对外经济贸易大学	公共管理学	宋衍涛	专业课、公共课	
95	国际关系学院	英语基础	边永卫	专业课	
96	国际关系学院	网球基础课	罗文	公共课	
97	国际关系学院	汉英笔译实务	石延芳	专业课	
98	国际关系学院	美国文明进程	张孟媛	专业课	
99	中央音乐学院	中国古代音乐史	章华英	专业课	
100	中央音乐学院	中国音乐美学史	程乾	专业课	
101	中央音乐学院	视唱练耳——外国音乐文化（世界民族音乐、欧洲早期声乐作品）	姚瑶	专业课	
102	中央美术学院	风景园林遗产保护	吴祥艳	专业课	
103	中央美术学院	人文大讲堂	孙骞谦	公共课	
104	中央美术学院	传统文化考察与转换	武宏	专业课	
105	中央戏剧学院	软景绘制（二）	李宇慧	专业课	
106	中央戏剧学院	文化活动管理	马艳萍	专业课	
107	中央戏剧学院	音乐剧表演片断教学	李雅药	专业课	
108	中国政法大学	当代中国社会	孟庆延	公共课	
109	中国政法大学	政治经济学（二）	熊金武	专业课	
110	中国政法大学	国际法	朱利江	专业课	
111	华北电力大学	发电厂电气部分	张东英	专业课	
112	华北电力大学	微观经济学	李晓宇	专业课	
113	华北电力大学	核电厂系统与设备	吕雪峰	专业课	
114	华北电力大学	水文水利计算	李继清	专业课	
115	中国矿业大学（北京）	微观经济学	童磊	专业课	
116	中国矿业大学（北京）	高等数学	吴楠	公共课	
117	中国矿业大学（北京）	非金属矿物材料	孙志明	专业课	
118	中国石油大学（北京）	岩石力学	张广清	专业课	
119	中国石油大学（北京）	油矿地质学	岳大力	专业课	
120	中国石油大学（北京）	电化学基础	邱萍	专业课	
121	中国地质大学（北京）	综合地质学	李亚林	专业课	
122	中国地质大学（北京）	材料力学	吕建国	专业课	
123	中国地质大学（北京）	土地资源学	赵华甫	专业课	
124	北京航空航天大学	大学计算机基础	曹庆华	公共课	
125	北京航空航天大学	飞行动力学基础	师鹏	专业课	

序号	学校名称	项目名称	主讲人	课程类型	项目类型
126	北京航空航天大学	信号分析与处理	王睿	专业课	
127	北京航空航天大学	高分子物理	杨继萍	专业课	
128	北京理工大学	飞行力学（研究型课程）	林海	专业课	
129	北京理工大学	流体力学	黄彪	专业课	
130	北京理工大学	数学实验	李炳照	公共课	
131	北京理工大学	中国社会问题研究	郑佳然	专业课	
132	北京电子科技学院	毛泽东思想和中国特色社会主义理论体系概论	陈鑫	公共课	
133	北京电子科技学院	计算机组成原理	傅仕诤	专业课	
134	北京协和医学院	生长发育	李杨	公共课	
135	北京协和医学院	人体解剖学	马超	专业课	
136	外交学院	交替口译专题	徐然	专业课	
137	外交学院	国际商事仲裁制度（英语授课）	杨赟	专业课	
138	中国人民公安大学	公共安全危机管理	王建新	专业课	
139	中国人民公安大学	警务保障总论	李辉	专业课	
140	中国人民公安大学	普通物理	卢树华	公共课	
141	北京体育大学	运动生物力学	李翰君	专业课	
142	北京体育大学	肌肉骨骼康复	钱菁华	专业课	
143	中央民族大学	现代教育技术学	江凤娟	专业课	
144	中央民族大学	社会保障学	金红磊	专业课	
145	中央民族大学	计算机导论	翁彧	专业课	
146	中华女子学院	女性 / 性别社会学	李洁	专业课	
147	中华女子学院	女性领导力与个性发展	侯典牧	专业课	
148	中华女子学院	功能性服装设计项目课程	王露	专业课	
149	中国劳动关系学院	创业管理	赵鑫全	专业课	
150	中国劳动关系学院	酒店餐饮管理	甄少波	专业课	
151	中国科学院大学	热学	杨义峰	公共课	
152	中国科学院大学	计算机组成原理与配套实验课程	张科	专业课	
153	中国科学院大学	相图和相结构	刘向峰	专业课	
154	中国社会科学院大学	宏观经济学	黄敬宝	专业课	
155	中国社会科学院大学	新媒体写作	王凯山	专业课	
156	中国消防救援学院	消防基层政治工作	张亚	公共课	
157	北京工业大学	工程力学	杨庆生	公共课	
158	北京工业大学	数据库原理	杜金莲	专业课	
159	北京工业大学	弹性力学	彭一江	专业课	
160	北方工业大学	计算机图形学	蔡兴泉	专业课	
161	北方工业大学	建筑初步	潘明率	专业课	
162	北方工业大学	隧道与地下工程施工	崔光耀	专业课	
163	北方工业大学	概率论与数理统计	刘喜波	公共课	
164	北京工商大学	流通经济学	郭馨梅	专业课	
165	北京工商大学	电机与拖动基础	刘翠玲	专业课	
166	北京工商大学	统计学	方燕	专业课	
167	北京服装学院	版式设计	曹向晖	专业课	
168	北京服装学院	有机化学 2	李秀艳	专业课	
169	北京服装学院	服装 CAD 应用	郭瑞良	专业课	
170	北京服装学院	图案基础	张向宇	公共课	
171	北京印刷学院	高等数学	朱晓峰	公共课	

序号	学校名称	项目名称	主讲人	课程类型	项目类型
172	北京印刷学院	数字媒体技术与内容管理	王亮	专业课	
173	北京印刷学院	视听语言	张为	专业课	
174	北京印刷学院	电路分析基础	李旸	专业课	
175	北京建筑大学	机械原理	窦蕴平	专业课	
176	北京建筑大学	计算思维导论	吕橙	公共课	
177	北京建筑大学	模拟电子技术	黎芳	专业课	
178	北京石油化工学院	高等数学 A（I）和 A（II）	崔丽敏	公共课	
179	北京石油化工学院	计算机网络	张晓明	专业课	
180	北京石油化工学院	化工原理	葛明兰	专业课	
181	北京农学院	绿色化学	曲江兰	专业课	
182	北京农学院	饲料学	齐晓龙	专业课	
183	北京农学院	中华龙舟	闫晓军	公共课	
184	首都医科大学	大学英语	刘娟	公共课	
185	首都医科大学	医学影像学	王振常	专业课	
186	首都医科大学	药物的波谱解析	赵明	专业课	
187	首都师范大学	计算机网络原理	陈文龙	专业课	
188	首都师范大学	地理信息系统原理与方法（英）	王涛	专业课	
189	首都师范大学	教育法学	劳凯声	专业课	
190	首都师范大学	思想政治教育心理学	杨芷英	专业课	
191	首都体育学院	体育市场营销	骆秉全	专业课	
192	首都体育学院	专项训练理论与实践（武术套路）	杨静	专业课	
193	首都体育学院	专项理论与实践（舞蹈）	冯爱云	专业课	
194	北京第二外国语学院	文学导论	龙云	专业课	
195	北京第二外国语学院	交替传译	姜钰	专业课	
196	北京第二外国语学院	国际服务贸易	王海文	专业课	
197	北京第二外国语学院	饭店职业素养	李朋波	专业课	
198	北京物资学院	统计学	周丽	专业课	
199	北京物资学院	物流学	翁心刚	专业课	
200	北京物资学院	综合商务英语	王淑花	专业课	
201	首都经济贸易大学	人力资源管理导论	周施恩	专业课	
202	首都经济贸易大学	审计学	顾奋玲	专业课	
203	首都经济贸易大学	商业银行经营管理	高杰英	专业课	
204	中国音乐学院	长笛主课	倪一珍	专业课	
205	中国音乐学院	管弦乐法	罗麦朔	专业课	
206	中国音乐学院	表演	郭震	公共课	
207	中国戏曲学院	京剧唱腔写作	沈鹏飞	专业课	
208	中国戏曲学院	戏曲角色创造	王绍军	专业课	
209	北京电影学院	电影表演创作技巧 II	赵宁宇	专业课	
210	北京电影学院	逻辑思维方法与训练	侯杰耀	专业课	
211	北京舞蹈学院	西方舞蹈史	慕羽	专业课	
212	北京舞蹈学院	中国民族民间舞（朝鲜族鼓舞）基础训练	池咚咚	专业课	
213	北京信息科技大学	神经网络	陈雯柏	专业课	
214	北京信息科技大学	传感器原理及应用	王晓飞	专业课	
215	北京信息科技大学	高频电子线路	张月霞	专业课	
216	北京联合大学	国画技法	戴文俊	专业课	
217	北京联合大学	成本会计	徐鲲	专业课	

序号	学校名称	项目名称	主讲人	课程类型	项目类型
218	北京联合大学	档案文献编纂学	叶莎莎	专业课	
219	北京城市学院	中外教育史	石焕霞	专业课	
220	北京城市学院	机器人设计原理	郭迎九	专业课	
221	北京城市学院	中药化学实验	秦雯	专业课	
222	北京警察学院	《警务技能 I》	高志程	公共课	
223	北京警察学院	马克思主义基本原理概论	秦小钢	公共课	
224	北京警察学院	公安人力资源管理	万亮亮	专业课	
225	首都师范大学科德学院	美学原理	岳继平	专业课	
226	首都师范大学科德学院	Maya 建模基础	訾舒丹	专业课	
227	北京工商大学嘉华学院	CPA 税法	孙雪梅	专业课	
228	北京工商大学嘉华学院	ERP 沙盘	王印	专业课	
229	北京邮电大学世纪学院	《计算机基础》	邓玉洁	公共课	
230	北京工业大学耿丹学院	电路分析基础	张黎	专业课	
231	北京第二外国语学院中瑞酒店管理学院	国际商务礼仪	崔超	专业课	

2020 年北京高校“优质本科教材课件”名单

序号	学校名称	项目名称	主编	出版社	类型	项目类型
1	北京大学	流行病学（第 8 版）	詹思延	人民卫生出版社	教材	重点
2	清华大学	大气污染控制工程	郝吉明	高等教育出版社	教材	重点
3	北京交通大学	数字信号处理	陈后金	高等教育出版社	教材	重点
4	北京科技大学	现代物流信息技术（第 3 版）	王道平	北京大学出版社	教材	重点
5	北京邮电大学	现代通信技术（第 5 版）	纪越峰	北京邮电大学出版社	教材	重点
6	中国农业大学	植病流行学	马占鸿	科学出版社	教材	重点
7	北京林业大学	西方园林史——19 世纪之前	朱建宁、赵晶	中国林业出版社	教材	重点
8	北京师范大学	中国近代文化史	张昭军、孙燕京	中华书局	教材	重点
9	北京外国语大学	现代西班牙语（3）	董燕生、刘建	外语教学与研究出版社	教材	重点
10	中国传媒大学	电视节目导播（第 2 版）	郑月	中国传媒大学出版社	教材	重点
11	中央财经大学	宏观经济学	张苏	清华大学出版社	教材	重点
12	对外经济贸易大学	模拟法庭实验教程（第 3 版）	陈学权	高等教育出版社	教材	重点
13	中央音乐学院	世界民族音乐	安平	高等教育出版社	教材	重点
14	中央美术学院	艺术考察	张伟、杨昆		课件	重点
15	中央戏剧学院	戏剧视觉与当代艺术	孙大庆	文化艺术出版社	教材	重点
16	中国政法大学	竞争法学	刘继峰	北京大学出版社	教材	重点
17	华北电力大学	新能源科学与工程专业导论	杨世关	中国水利水电出版社	教材	重点
18	中国石油大学（北京）	管道及储罐强度设计	帅健	石油工业出版社	教材	重点
19	中国地质大学（北京）	晶体光学与造岩矿物	赵志丹	地质出版社	教材	重点
20	北京航空航天大学	工科数学分析教程（上、下册）	杨小远	科学出版社	教材	重点
21	北京理工大学	管理运筹学	韩伯棠		课件	重点
22	北京协和医学院	医学影像学	金征宇	人民卫生出版社	教材	重点
23	外交学院	外交谈判	熊炜	北京大学出版社	教材	重点
24	中国人民公安大学	公安学基础理论	黄冬		课件	重点
25	北京体育大学	中医养生康复	白震民	北京体育大学出版社	教材	重点
26	中国科学院大学	基础代数（第一、二卷）	席南华	科学出版社	教材	重点
27	北京工业大学	工程图学基础	刘志峰、李富平	机械工业出版社	教材	重点
28	北方工业大学	电机与拖动基础及 MATLAB 仿真	陈亚爱	机械工业出版社	教材	重点

序号	学校名称	项目名称	主编	出版社	类型	项目类型
29	北京工商大学	投资银行学（第4版）	周莉	高等教育出版社	课件	重点
30	北京服装学院	室内设计+室内设计史	李瑞君	中国建筑工业出版社	教材	重点
31	北京印刷学院	出版管理概论	王关义	高等教育出版社	教材	重点
32	北京建筑大学	土木工程制图	杨谆	科学出版社	教材	重点
33	首都医科大学	儿科学（第4版）	申昆玲	北京大学医学出版社	教材	重点
34	首都师范大学	数理统计	何书元	高等教育出版社	教材	重点
35	首都体育学院	体育经济学	王子朴		课件	重点
36	北京第二外国语学院	旅游景区开发与管理	邹统钎	清华大学出版社	教材	重点
37	北京物资学院	物联网技术（第2版）	刘军	机械工业出版社	教材	重点
38	首都经济贸易大学	国际贸易	燕秋梅、刘宏	首都经济贸易大学出版社	教材	重点
39	中国音乐学院	中国戏曲音乐经典导聆与模唱	袁环		课件	重点
40	北京舞蹈学院	赣南采茶舞蹈教材与教学实践	郭磊	人民音乐出版社	教材	重点
41	北京信息科技大学	《通信原理简明教程》立体化教材课件	李学华、吴韶波、杨玮、陈硕	清华大学出版社	教材	重点
42	北京城市学院	大学英语预备级立体化教材	祁颖、贾辉、朱燕、陈秀明	高等教育出版社	教材	重点
43	北京警察学院	警务技能实训教程	朱海明、木志友	中国人民公安大学出版社	教材	重点
44	北京大学	综合自然地理学（第3版）	蒙吉军	北京大学出版社	教材	
45	北京大学	电子线路分析与设计	陈江		课件	
46	北京大学	20世纪西方音乐	毕明辉		课件	
47	北京大学	货币搜寻理论十四讲	韩晗	北京大学出版社	教材	
48	中国人民大学	统计学（第7版）	贾俊平	中国人民大学出版社	教材	
49	中国人民大学	社会保障理论（第4版）	李珍	中国劳动社会保障出版社	教材	
50	中国人民大学	考古学概论（第2版）	马利清	中国人民大学出版社	教材	
51	中国人民大学	外国新闻传播史	陈继静		课件	
52	中国人民大学	高等代数A	胡长英		课件	
53	清华大学	数字电子技术基础（第6版）	阎石王红	高等教育出版社	教材	
54	清华大学	《结构力学》网络立体化教材课件	邢沁妍		课件	
55	清华大学	流体力学	彭杰		课件	
56	清华大学	医学组织学图谱与实习指导	王大亮、周德山、郭晓霞、徐健	清华大学出版社	教材	
57	北京交通大学	单片机原理与应用	戴胜华	高等教育出版社	教材	
58	北京交通大学	动车组装备	刘志明、史红梅	中国铁道出版社	教材	
59	北京交通大学	商务英语教程	邵钦瑜	高等教育出版社	教材	
60	北京科技大学	高等数学（上、下册）	郑连存、胡志兴	高等教育出版社	教材	
61	北京科技大学	通用学术英语1&2	张敬源	高等教育出版社	教材	
62	北京科技大学	嵌入式Linux编程与实践教程	王粉花	科学出版社	教材	
63	北京化工大学	化工过程分析与合成数字课程	张卫东	高等教育出版社/高等教育电子音像出版社	教材	
64	北京化工大学	线性代数	姜广峰、崔丽鸿	高等教育出版社	教材	
65	北京化工大学	复杂物质剖析技术	董慧茹、王志华	化学工业出版社	教材	
66	北京化工大学	会计学	王淑慧	机械工业出版社	教材	
67	北京邮电大学	电路分析基础（第3版）	俎云霄、李巍海、侯宾、张勇	电子工业出版社	教材	
68	北京邮电大学	计算机组成原理（第6版·立体化教材）	白中英、戴志涛	科学出版社	教材	
69	北京邮电大学	高等数学（第2版）（双语）	袁健华、艾文宝	北京邮电大学出版社	教材	

序号	学校名称	项目名称	主编	出版社	类型	项目类型
70	中国农业大学	农学原理	胡跃高、曾昭海	中国农业大学出版社	教材	
71	中国农业大学	汽车拖拉机发动机原理	辛喆	中国农业大学出版社	教材	
72	中国农业大学	大学物理实验教程	何志巍、朱世秋、徐艳月	机械工业出版社	教材	
73	中国农业大学	农业法学	任大鹏	法律出版社	教材	
74	北京林业大学	树木学	张志翔	中国林业出版社	教材	
75	北京林业大学	国际贸易理论与实务	缪东玲	北京大学出版社	教材	
76	北京林业大学	数据结构算法动态演示课件——舞动的算法	李冬梅	人民邮电出版社	课件	
77	北京中医药大学	内经选读	翟双庆	中国中医药出版社	教材	
78	北京中医药大学	按摩推拿学	于天源	中国中医药出版社	教材	
79	北京中医药大学	儿科护理学	段红梅	人民卫生出版社	教材	
80	北京中医药大学	推拿学	李多多	中国中医药出版社	课件	
81	北京师范大学	循环经济与可持续发展型企业	毛建素	中国环境出版社	教材	
82	北京师范大学	变态心理学	王建平	中国人民大学出版社	教材	
83	北京师范大学	汉字学	齐元涛		课件	
84	北京师范大学	数学模型与数学建模	刘来福、黄海洋、曾文艺	北京师范大学出版社	教材	
85	北京外国语大学	大学思辨英语教程·议论文写作	张莲	外语教学与研究出版社	教材	
86	北京外国语大学	大学思辨英语教程·写作 1	杨鲁新	外语教学与研究出版社	教材	
87	北京外国语大学	大众传媒与媒介素养	翟峥		课件	
88	北京语言大学	美术英语	陆薇、胡晓丽	知识产权出版社	教材	
89	北京语言大学	中国经济聚焦——高级商务汉语综合教程	冯传强	北京大学出版社	教材	
90	北京语言大学	六朝文选注	侯文华	北京语言大学出版社	教材	
91	北京语言大学	企业生产制造应用——基于用友 ERP 产品微课教程	李吉梅	清华大学出版社	教材	
92	中国传媒大学	《大学物理精讲精练》大学物理课件	梁红		课件	
93	中国传媒大学	游戏引擎原理及应用	韩红雷		课件	
94	中国传媒大学	广播电视网络技术	李彬		课件	
95	中央财经大学	公司理财	王汀汀	东北财经大学出版社	教材	
96	中央财经大学	保险学概论	许飞琼	中国金融出版社	教材	
97	中央财经大学	计量经济学	潘省初、周凌瑶	中国人民大学出版社	教材	
98	对外经济贸易大学	《线性代数》(线性代数辅导讲义)	张立卓	(辅导讲义由清华大学出版社出版)	课件	
99	对外经济贸易大学	国际商务	王炜瀚、王健	机械工业出版社	教材	
100	对外经济贸易大学	《高级商务英语听说(第三版)》优质立体化课件	江春	对外经济贸易大学出版社	课件	
101	国际关系学院	传播学核心理论与概念	董璐	北京大学出版社	教材	
102	国际关系学院	高级法语	陈蜜		课件	
103	国际关系学院	政府绩效管理	葛蕾蕾		课件	
104	国际关系学院	社会学概论	柴茂昌		课件	
105	中央音乐学院	音乐学院英语教程	赵奇	中央音乐学院出版社	教材	
106	中央音乐学院	西方音乐通史(下)	毛羽		课件	
107	中央美术学院	线性素描	唐勇力、廖勤	河北美术出版社	教材	
108	中央美术学院	汉字作为方法(中文字体设计基础)	蒋华		课件	

序号	学校名称	项目名称	主编	出版社	类型	项目类型
109	中央戏剧学院	形体训练教程	余欣		课件	
110	中央戏剧学院	小学戏剧课堂课程教材	周艳、姬沛、孙菲等	中国戏剧出版社文化艺术出版社	教材	
111	中国政法大学	国际私法	杜新丽宣增益	中国政法大学出版社	教材	
112	中国政法大学	政策科学	翟校义		课件	
113	中国政法大学	大众传媒与媒介素养	王天铮		课件	
114	华北电力大学	材料科学基础	李宝让	中国电力出版社	教材	
115	华北电力大学	企业财务分析	李涛	中国电力出版社	教材	
116	华北电力大学	水资源系统优化原理与方法	门宝辉	科学出版社	教材	
117	中国矿业大学（北京）	图解室内设计入门与方法	李晓丹	机械工业出版社	教材	
118	中国矿业大学（北京）	材料力学性能	彭瑞东	机械工业出版社	教材	
119	中国矿业大学（北京）	客户关系管理	伍京华	人民邮电出版社	教材	
120	中国矿业大学（北京）	摄影测量学基础	杨可明	中国电力出版社	教材	
121	中国石油大学（北京）	油藏工程原理与方法	刘慧卿	中国石油大学出版社	教材	
122	中国石油大学（北京）	泵与压缩机	姬忠礼	石油工业出版社	教材	
123	中国石油大学（北京）	C 语言及其程序设计	李国和	电子工业出版社	教材	
124	中国地质大学（北京）	石油工业概论	李治平	石油工业出版社	教材	
125	中国地质大学（北京）	料工器——玉的鉴赏与评价	郭颖	高等教育出版社	教材	
126	中国地质大学（北京）	地球物理测井教程	邹长春	地质出版社	教材	
127	北京航空航天大学	飞机总体设计	刘虎	北京航空航天大学出版社	教材	
128	北京航空航天大学	计算机组成与实现	高小鹏	高等教育出版社	教材	
129	北京航空航天大学	职业生涯规划与就业创业指导	苏文平	中国人民大学出版社	教材	
130	北京航空航天大学	智能控制（第 4 版）	刘金琨	电子工业出版社	教材	
131	北京理工大学	理论力学	张强		课件	
132	北京理工大学	随机信号分析与估计	宋承天	北京理工大学出版社	教材	
133	北京理工大学	线性代数	孙良、闫桂峰	高等教育出版社	教材	
134	北京理工大学	德语基础语言学导论	张勇	北京理工大学出版社	教材	
135	北京电子科技学院	概率论与数理统计及 SPSS 软件应用	孟璀	人民邮电出版社	教材	
136	北京电子科技学院	思想道德修养与法律基础	付赵震		课件	
137	北京电子科技学院	大学生自我成长与就业指导	李亚兰	中国原子能出版社	教材	
138	北京协和医学院	医学实用多元统计学	姜晶梅	科学出版社	教材	
139	北京协和医学院	生长与发展	陈京立	中国协和医科大学出版社	教材	
140	外交学院	国际公务员制度	牛仲君	北京大学出版社	教材	
141	外交学院	当代西方政治制度导论	唐晓	中国人民大学出版社	教材	
142	中国人民公安大学	侦查讯问学	毕惜茜	中国人民公安大学出版社	教材	
143	中国人民公安大学	警察武器使用——手枪	常小龙	中国人民公安大学出版社	教材	
144	北京体育大学	体育舞蹈运动教程	李小芬	北京体育大学出版社	教材	
145	北京体育大学	身心智慧——武术技艺道	武冬		课件	
146	中央民族大学	藏传佛教思想史纲	班班多杰	人民出版社	教材	
147	中央民族大学	中国近现代史纲要	杨宗丽		课件	
148	中央民族大学	苗族舞蹈女班教材	崔月梅	北京环球音像出版社	教材	
149	中央民族大学	刑事法律思维表达与文书写作	李扬、王一超	法律出版社	教材	
150	中华女子学院	马克思主义基本原理概论课	任琳		课件	
151	中华女子学院	幼儿园游戏与指导	邹敏	东北师范大学出版社	教材	
152	中华女子学院	主持人即兴口语表达	周子云	中国传媒大学出版社	教材	
153	中国劳动关系学院	诗词格律与写作	贺严、解文超	知识产权出版社	教材	

序号	学校名称	项目名称	主编	出版社	类型	项目类型
154	中国劳动关系学院	商务实务教程	钟懿辉、赵鑫全	中国经济出版社	教材	
155	中国劳动关系学院	劳动经济学	杜宇		课件	
156	中国科学院大学	前沿化学实验	杨国强	科学出版社	教材	
157	中国科学院大学	电磁学	王建雄		课件	
158	中国社会科学院大学	数据新闻实战	刘英华	电子工业出版社	教材	
159	中国社会科学院大学	哲学导论	李涛		课件	
160	中国社会科学院大学	中级微观经济学	李石强		课件	
161	中国消防救援学院	森林火灾监测与预警	殷继艳、李勇	中国林业出版社	教材	
162	北京工业大学	道路勘测设计	张志清	科学出版社	教材	
163	北京工业大学	交通工程总论	杨孝宽、贺玉龙	人民交通出版社	教材	
164	北京工业大学	大学物理简明双语教程	杨红卫、刘凤艳	北京工业大学出版社	教材	
165	北方工业大学	马克思主义基本原理	张茂林		课件	
166	北方工业大学	线性代数及其应用	邹杰涛	科学出版社	教材	
167	北方工业大学	市场营销学	陶晓波	中国人民大学出版社	课件	
168	北京工商大学	中级财务会计	毛新述	清华大学出版社	教材	
169	北京工商大学	电工电子技术基本教程（第 2 版）	付扬、黎明	机械工业出版社	教材	
170	北京工商大学	数字图像处理及应用	陈天华	清华大学出版社	教材	
171	北京服装学院	服装工效学	张辉	中国纺织出版社	教材	
172	北京服装学院	视觉与风格风光摄影	董冬	人民邮电出版社	教材	
173	北京服装学院	服装表演学	李玮琦	中国纺织出版社	教材	
174	北京印刷学院	出版概论	张文红	高等教育出版社	教材	
175	北京印刷学院	色彩管理原理与应用	徐艳芳	文化发展出版社	教材	
176	北京印刷学院	三维建模经典案例教程	范士喜	清华大学出版社	教材	
177	北京建筑大学	卫星定位原理与应用	王坚	测绘出版社	教材	
178	北京建筑大学	工程项目管理	戚振强	中国建筑工业出版社	教材	
179	北京建筑大学	城市轨道交通车辆电器与装备	陈新华	清华大学出版社	教材	
180	北京石油化工学院	线性代数	杜建卫	西安交通大学出版社	教材	
181	北京石油化工学院	工程制图教程（云教材）	丁乔	西安交通大学出版社	教材	
182	北京石油化工学院	工程力学（云教材）	许月梅	西安交通大学出版社	教材	
183	北京石油化工学院	管理仿真模拟	张小红	化学工业出版社	教材	
184	北京农学院	线性代数问题解析与模型分析	颜亭玉、刘建慧	中国农业出版社	教材	
185	北京农学院	大学计算机基础（第 2 版）	张仁龙、刘莹莹	中国农业出版社	教材	
186	北京农学院	农事学实践教程	赵波	中国农业大学出版社	教材	
187	北京农学院	旅游学概论	马亮		课件	
188	首都医科大学	神经病学（第 4 版）	王拥军	北京大学医学出版社	教材	
189	首都医科大学	医学免疫学（第 4 版）	安云庆、王炜、张须龙	北京大学医学出版社	教材	
190	首都医科大学	医学英语视听说 I	卢凤香、监艳红	中国人民大学出版社	教材	
191	首都师范大学	初等教育史	夏鹏翔、唐延延	北京师范大学出版社	教材	
192	首都师范大学	信息技术与课程整合	乔爱玲		课件	
193	首都师范大学	“西班牙文学选读”立体化课件	蔡潇洁	高等教育出版社、高等教育电子音像出版社	课件	
194	首都体育学院	冬季奥运项目报道手册	陈岐岳	中国传媒大学出版社	教材	
195	首都体育学院	篮球运动技术教学双语教程	霍笑敏	北京体育大学出版社	教材	
196	首都体育学院	人体解剖学	戴昕		课件	

序号	学校名称	项目名称	主编	出版社	类型	项目类型
197	北京第二外国语学院	日语会话	江新兴	旅游教育出版社	教材	
198	北京第二外国语学院	新编英语小说鉴赏	黄敏	中国人民大学出版社	教材	
199	北京第二外国语学院	日语古典语法	谢立群	中国传媒大学出版社	课件	
200	北京物资学院	物联网技术（第 2 版）	刘军	机械工业出版社	教材	
201	北京物资学院	国际贸易实务（英文版）	谢桂梅	清华大学出版社	教材	
202	北京物资学院	配送中心规划与运作管理	张竞禾	中国财富出版社	教材	
203	首都经济贸易大学	财政学	李红霞、姚东旭	中国财政经济出版社	教材	
204	首都经济贸易大学	创新创业思维与 MVC.net 互联网 + 实现	刘经纬	首都经济贸易大学出版社	教材	
205	首都经济贸易大学	财务管理学	闫华红、邹颖	首都经济贸易大学出版社	教材	
206	中国音乐学院	跨文化交际：中英文对比	张桂萍	外语教学与研究出版社	教材	
207	中国音乐学院	艺术概论	龚元		课件	
208	中国戏曲学院	戏曲舞台设计基础——古建临摹	张杨		课件	
209	中国戏曲学院	中国京剧史	冯淼		课件	
210	中国戏曲学院	故事模型编剧法	安莹		课件	
211	北京电影学院	视频技术基础	孙略	世界图书出版公司	教材	
212	北京电影学院	影视录音工艺与技巧	王珏	中国传媒大学出版社	教材	
213	北京电影学院	影视服装设计	王展	中国电影出版社	教材	
214	北京舞蹈学院	中国古典舞基本功训练教材	庞丹	上海音乐出版社、上海文艺音像电子出版社	教材	
215	北京信息科技大学	DSP 原理及应用	艾红	高等教育出版社	教材	
216	北京信息科技大学	“互联网＋”大学生创新创业实践教程	康海燕、朱万祥、司夏萌	北京邮电大学出版社	教材	
217	北京信息科技大学	信号与系统基础及应用	张晓青	机械工业出版社	教材	
218	北京联合大学	药物制剂生产设备及车间工艺设计	韩永萍	化学工业出版社	教材	
219	北京联合大学	多媒体技术与应用	安继芳	清华大学出版社	教材	
220	北京联合大学	设计素描	何海燕	北京出版集团公司北京出版社	教材	
221	北京联合大学	C 程序设计教程	李红豫	清华大学出版社	教材	
222	北京城市学院	西班牙语高级阅读	叶映芳、刘娇月	北京出版社	教材	
223	北京城市学院	现代仪器分析实验指导	田婧	北京出版社	教材	
224	北京警察学院	法医学	李健	中国人民公安大学出版社	教材	
225	北京警察学院	治安案件查处	吕福鑫		课件	
226	北京吉利学院	管理学理论与实务	任广新、陈葆华	北京大学出版社	教材	
227	北京吉利学院	电工学——电工技术	崔财豪		课件	
228	首都师范大学科德学院	用户体验设计	赵芳	辽宁美术出版社	教材	
229	首都师范大学科德学院	领读者	郑伟	中国传媒大学出版社	教材	
230	北京工商大学嘉华学院	公司治理与薪酬设计	贾美霞		课件	
231	北京工商大学嘉华学院	会计学	闫晓明		课件	
232	北京邮电大学世纪学院	数字图像处理	吴娱	北京邮电大学出版社	教材	
233	北京工业大学耿丹学院	商业空间设计	陈琳		课件	
234	北京第二外国语学院中瑞酒店管理学院	餐饮服务原理	迟梦飞	无	课件	

（陈雷）

职业与继续教育

第二批北京市职业院校特色高水平骨干专业（群）建设名单

（排名不分先后）

学校名称	专业（群）名称
北京市丰台区职业教育中心学校	影视融媒专业群
北京市昌平职业学校	数字媒体艺术专业群
北京市工贸技师学院	视听媒体艺术专业群
北京市经济管理学校	移动应用与服务专业群
北京经济管理职业学院	人工智能专业群
北京工业职业技术学院	智能网络建设维护应用群
北京轻工技师学院	智能控制技术应用专业群
北京市丰台区职业教育中心学校	智能技术应用专业群
北京汽车技师学院	高端装备制造专业群
北京工业职业技术学院	智能建造专业群
北京信息职业技术学院	电子信息工程技术专业
北京金隅科技学校	楼宇智能化技术服务与管理专业群
北京经济管理职业学院	临空经济管理专业群
北京电子信息技师学院	空港运行保障专业群
北京电子科技职业学院	飞机及空港设备维修专业群
北京市新媒体技师学院	机场设备运维专业群
北京市求实职业学校	智慧民航服务专业群
北京市工业技师学院	汽车服务专业群
北京市丰台区职业教育中心学校	汽车运用与维修专业
北京市对外贸易学校	国际城市交通服务专业群
北京农业职业学院	食品安全专业群
北京市经济管理学校	食品安全与营养专业群
北京商贸学校	食品安全与流通专业群
北京卫生职业学院	药学专业
北京社会管理职业学院	康复辅助技术专业群
北京市劲松职业高中	老年人服务与管理专业
北京体育职业学院	运动与健康专业群
北京市丰台区职业教育中心学校	学前教育专业
北京市信息管理学校	学前教育专业
北京国际职业教育学校	学前教育专业
北京市昌平职业学校	学前教育专业
北京财贸职业学院	文化旅游专业群
北京青年政治学院	旅游英语专业
北京市国际艺术学校	杂技与魔术表演专业
北京国际职业教育学校	文物保护与修复专业
北京电子科技职业学院	艺术设计专业群
北京市工艺美术高级技工学校	珠宝首饰专业群
北京市昌平职业学校	智慧农业专业群
北京市园林学校	园林技术专业
北京农业职业学院	水利工程专业群
北京市求实职业学校	智慧零售专业群
北京市信息管理学校	智慧商务专业群
北京市商业学校	智慧商业专业群
北京财贸职业学院	智慧商业专业群
北京市对外贸易学校	国际商务服务专业群
北京国际职业教育学校	国际商务专业
北京市劲松职业高中	跨境贸易电子商务专业群
北京市经济管理学校	智能财经专业群
北京经济管理职业学院	数字财金专业群
北京商贸学校	财经事务专业群
北京市密云区职业学校	数字客服专业群

（胡雨）

第二批北京市职业院校特色高水平实训基地（工程师学院、技术技能大师工作室）建设名单

（排名不分先后）

学校名称	项目名称	企业名称
北京工业职业技术学院	施耐德电气城市能效管理应用工程师学院	施耐德电气（中国）有限公司
北京交通职业技术学院	广联达数字城市建设与管理工程师学院	广联达科技股份有限公司
北京市经济管理学校	大唐网络云计算工程师学院	大唐网络有限公司
北京市丰台区职业教育中心学校	海尔智能互联工程师学院	海尔信息科技（深圳）有限公司/海尔集团
北京市信息管理学校	百度人工智能工程师学院	北京百度网讯科技有限公司
北京经济管理职业学院	科大讯飞人工智能工程师学院	科大讯飞股份有限公司
北京政法职业学院	新华三网络安全工程师学院	新华三技术有限公司
北京市经贸高级技术学校	奇虎360网络安全服务工程师学院	北京奇虎测腾科技有限公司
北京市信息管理学校	天融信网络空间安全工程师学院	北京天融信网络安全技术有限公司
北京市求实职业学校	神州数码智慧网络工程师学院	北京神州数码云科信息技术有限公司
北京电子科技职业学院	北京亦庄药品生物技术工程师学院	北京亦庄国际生物医药科技有限公司
北京交通运输职业学院	首发公路工程师学院	北京首发公路养护工程有限公司
北京市商业学校	祥龙博瑞汽车工程师学院	北京祥龙博瑞汽车服务（集团）有限公司

学校名称	项目名称	企业名称
北京交通运输职业学院	庞贝捷（PPG）汽车涂装工程师学院	上海庞贝捷漆汩贸易有限公司
北京交通运输职业学院	京港地铁城市轨道交通工程师学院	北京京港地铁有限公司
北京农业职业学院	北京排水集团给排水工匠技师学院	北京城市排水集团有限责任公司
北京水利水电学校	京水大禹工程师学院	北京市自来水集团、北京城市排水集团
北京工业职业技术学院	广联达 BIM 工程师学院	广联达科技股份有限公司
北京财贸职业学院	广联达数字造价工程师学院	广联达科技股份有限公司
北京青年政治学院	东华软件智慧养老学院	东华软件股份公司
北京农业职业学院	京林园林工程师学院	北京京林园林绿化工程有限公司
北京市园林学校	绿京华园林工程师学院	北京绿京华生态园林股份有限公司
北京工业职业技术学院	中青旅智慧文旅学院	中青旅控股股份有限公司
北京信息职业技术学院	完美世界数字文化创意设计师学院	完美世界教育科技（北京）有限公司
首钢工学院	网龙数字创意工程师学院	福建网龙计算机网络信息技术有限公司
北京市丰台区职业教育中心学校	新华网融媒体工程师学院	新华网股份有限公司
北京市劲松职业高中	人民网融媒体工程师学院	人民视听科技有限公司
北京青年政治学院	清博融媒体工程师学院	北京清博大数据科技有限公司
北京市对外贸易学校	北辰会展服务管理学院	北京北辰会展集团有限公司
北京经济管理职业学院	京东国际数字贸易学院	京东教育文化有限公司
北京市对外贸易学校	京东跨境电商工程师学院	京东教育文化有限公司（京东集团）
北京经济管理职业学院	中联数字财金工程师学院	中联企业管理集团有限公司
北京财贸职业学院	中联智能财税学院	中联企业管理集团有限公司
北京社会管理职业学院	海涛生命服务学院	秦皇岛海涛万福集团
北京电子科技职业学院	张晋芳 LED 显示芯片技术技能工作室	北京集创北方科技股份有限公司
北京交通运输职业学院	张术华高速公路智能运维大师工作室	北京云星宇科技服务有限公司
北京交通运输职业学院	阚有波汽车技术大师工作室	安莱（北京）汽车技术研究院
北京市商业学校	魏俊强汽车维修大师工作室	北京祥龙博瑞汽车服务（集团）有限公司
北京电子科技职业学院	袁騉水处理技术技能大师工作室	北京化育厚德咨询有限责任公司
北京交通运输职业学院	周绪利道路桥梁工程大师工作室	北京市道路工程质量监督站
北京市工业技师学院	霍海峻文物修复与保护工作室	北京易渲艺术品鉴定有限公司
北京市丰台区职业教育中心学校	王家飞非遗与设计工作室	北京光彩无限管理咨询有限公司
北京财贸职业学院	倪东侃织染艺术工作室	北京丝纶纺织股份有限公司
北京青年政治学院	王岳川传统文化教育与推广工作室	河南荣生书法导报出版有限公司
北京市信息管理学校	张承光科普产品设计与制作大师工作室	颐信泰通（北京）信息科技股份有限公司
北京市商业学校	秦英瑞视光技艺大师工作室	北京大明眼镜股份有限公司
北京体育职业学院	王福全冰球技能工作室	北京华星冰雪文化发展集团有限公司
北京市丰台区职业教育中心学校	李季咖啡技艺工作室	1. 北京季明咖啡投资管理有限公司 2. 阿拉比卡咖啡（北京）有限公司
北京市昌平职业学校	曹继桐烘焙技能大师工作室	北京海伦阳光食品技术推广中心有限公司
北京经济管理职业学院	李浩国际餐饮艺术设计大师工作室	甜园坊（北京）食品科技有限公司
北京市劲松职业高中	宋志春美发美容大师工作室	北京东方骏美发美容中心

（胡雨）

师资建设

2020 年北京市先进工作者（教育系统）

安军（女）	北京市第一〇一中学生物教研组组长，正高级教师
曹立波（女）	中央民族大学文学院教师，教授
陈大勇	北京市房山区阎村镇社区成人职业学校党支部书记、校长，高级教师
陈姗（女）	北京市海淀区五一小学校长，正高级教师
陈铁苹（女）	北京市朝阳区白家庄小学教师，高级教师
陈湘宁（女）	北京农学院食品科学与工程学院教师，教授
陈晓燕（女）	北京经济管理职业学院马克思主义学院党总支书记、院长，教授
陈旭（女）	北京市陈经纶中学教师，高级教师
陈志海	首都医科大学附属北京地坛医院感染性疾病诊治与研究中心副主任、感染二科主任，主任医师
戴晶晶（女）	中国戏曲学院新媒体艺术系视觉传达设计专业教师，讲师

邓艳芳（女）	北京市丰台区丰台第五小学教师，高级教师
杜福栋	北京市通州区永乐店中学党总支书记、校长，高级教师
方东平（朝鲜族）	清华大学土木水利学院党委书记，教授
丰志奎（女）	北京市昌平区昌盛园小学教师，高级教师
冯雅男（女）	北京市东城区板厂小学党支部书记兼校长，高级教师
高爱军（女）	北京市大兴区第二小学党支部书记、校长，高级教师
宫声凯	北京航空航天大学前沿科学技术创新研究院教师，教授
巩爱弟（女）	北京市昌平区机关幼儿园副园长，高级教师
谷金双（女）	北京市朝阳区劲松第一幼儿园保教主任，高级教师
郭京（女）	首都医科大学宣武医院护士，护师
郭军	北京清华长庚医院医生，副主任医师
郭凯	北京工业职业技术学院汽车检测维修专业教师，工程师
洪俊杰	对外经济贸易大学国际经济贸易学院院长，教授
侯克明	北京电影学院导演系教师，教授
胡中杰	首都医科大学附属北京佑安医院医务处主任，主任医师
华扬（女）	首都医科大学宣武医院血管超声科主任，主任医师、教授
黄晓武（女）	首都医科大学附属复兴医院科室副主任，主任医师
纪智礼	首都医科大学附属北京潞河医院党委书记、院长，主任医师
贾少英（女）	北京联合大学马克思主义学院教师，教授
姜爱华（女）	中央财经大学财政税务学院教师，教授
蒋秀凤（女）	北京市顺义区高丽营第二小学教导副主任、教师，高级教师
康绍忠	中国农业大学中国农业水问题研究中心主任，教授
寇富弄（女）	首都师范大学附属丽泽中学教师，高级教师
李凤莲（女，满族）	北京市朝阳区清友实验幼儿园党支部书记、园长，正高级教师
李厚林	首都体育学院体育教育训练学院教师，教授
李京兰（女）	北京师范大学朝阳附属学校教师，高级教师
李小梅（女）	清华大学第一附属医院心脏小儿科主任，主任医师、教授
李晓刚	北京科技大学新材料技术研究院教师，教授
李秀娥（女）	北京大学口腔医院护理部主任，主任护师
李雁	首都医科大学附属北京世纪坛医院腹膜肿瘤外科主任，主任医师
李珍珠（女）	北京市昌平区教师进修学校教研员，高级教师
梁博（女）	北京市顺义牛栏山第一中学教师，高级教师
梁腾霄	北京中医药大学东直门医院医生，副主任医师
凌杰	北京景山学校教师，高级教师
刘景院	首都医科大学附属北京地坛医院重症医学科主任，主任医师
刘全华	北京市海淀北部新区实验学校后勤主任，高级教师
刘晓昶（女）	北京市第五十七中学校长，高级教师
刘秀伟（女）	北京印刷学院设计艺术学院教师，教授
刘雪梅（女）	北京市陈经纶中学劲松分校校长，高级教师
刘岩（女）	北京舞蹈学院人文学院教师，教授
刘燕（女）	北京林业大学园林学院教师，教授
刘怡（女）	首都医科大学附属北京口腔医院牙周科主任，主任医师
芦咏莉（女）	北京第二实验小学党委副书记、校长，教授
彭木根	北京邮电大学网络与交换技术国家重点实验室副主任，教授
彭如臣	首都医科大学附属北京潞河医院医学影像中心主任，主任医师
齐振军	北京市朝阳师范学校附属小学校长，高级教师
钱素云（女）	首都医科大学附属北京儿童医院重症医学科主任、内科教研室主任，主任医师、教授
秦川（女）	中国医学科学院医学实验动物研究所所长，教授、研究员
任东	首都师范大学生命科学学院教师，研究员
任志梅（女）	首都师范大学附属顺义实验小学党支部书记、校长，高级教师
沈建忠	中国农业大学动物医学院院长，教授
师德光	北京市第九中学新疆部主任
时景来	北京市昌平职业学校教师，高级教师
舒华（女）	北京师范大学心理学部教师，教授
宋彪	中国人民大学学校办公室副主任，副教授
宋茂盛	北京市门头沟区育园小学党总支书记、校长，高级教师
宋为	北京市朝阳区垂杨柳中心小学教师，高级教师
孙凤英（女）	北京市昌平区七里渠中心小学教师，高级教师
孙健	北京市大兴区永华实验学校校长，高级教师
孙静（女）	北京市日坛中学教研组长，高级教师
陶勇	首都医科大学附属北京朝阳医院眼科副主任，主任医师
滕亚杰（女）	北京市东城区灯市口小学校长，高级教师
田立平	北京物资学院信息学院教师，教授
汪海燕	中国政法大学刑事司法学院院长，教授
王成	北京理工大学爆炸科学与技术国家重点实验室主任，教授
王东兴（满族）	北京市昌平区南邵中学教师，一级教师
王红（女）	北京市通州区贡院小学教师，高级教师

王欢（女）	北京市东城区史家胡同小学校长，正高级教师
王静（女）	北京工商大学食品与健康学院院长，教授
王力	北方工业大学电气与控制工程学院院长，教授
王少伦	中央美术学院造型学院教师，教授
王晓红（女）	中国传媒大学教务处处长，教授
王薏（女）	北京市朝阳区芳草地国际学校远洋小学党支部书记、校长，高级教师
王跃辉（回族）	北京市劲松职业高中教师，高级教师
王兆嘉（女）	北京中医药大学东方医院护士长，主管护师
魏文胜	北京大学生命科学学院教师，教授
吴胜和	中国石油大学（北京）地球科学学院教师，教授
吴田荣（女）	北京市东城区和平里第四小学校长，高级教师
吴伟东（女）	北京市第一六一中学党委副书记、校长，正高级教师
武强	中国矿业大学（北京）国家煤矿水害防治工程技术研究中心主任，教授
肖建国	北京市海淀工读学校党支部书记、校长，高级教师
颜丹平	中国地质大学（北京）地球科学与资源学院教师，教授
颜九红（女）	北京政法职业学院应用法律系教师，教授
杨国旺	首都医科大学附属北京中医医院肿瘤科主任、北京中医医院顺义医院执行院长，主任医师
杨静（女）	北京市昌平区第二中学回龙观校区信息中心主任，高级教师
杨卫民	北京化工大学机电工程学院院长，教授
杨雪梅（女）	北京教育学院教育管理与心理教育学院教师，教授
尹德利	北京市东方德才学校教师，高级教师
宇波	北京石油化工学院机械工程学院教师，教授
袁建峰	北京大学第一医院对口支援办公室主任，副主任医师
战东林	北京市大兴区第一中学教师，一级教师
张凤勤（女）	北京市怀柔区第三中学执行校长，高级教师
张海燕（女）	北京市通州区如意中心幼儿园兼北京市通州区芙蓉幼儿园党支部书记、园长，高级教师
张宏科	北京交通大学下一代互联网互联设备国家工程实验室主任，教授
张化永	华北电力大学工程生态学与非线性科学研究中心主任，教授
张惠芹（女）	北京第二外国语学院欧洲学院教师，教授
张慧萍（女）	北京市门头沟区教师进修学校教师，高级教师
张敬贤（女）	北京市平谷区第五中学教师，高级教师
张柳	北京大学人民医院医生，副主任医师
张其慧（女）	北京中医药大学附属护国寺中医医院科室主任、室站负责人，主任医师
张邱岳（女）	北京市平谷区第一幼儿园教师，一级教师
张文（女）	北京市西城区华嘉小学党支部书记兼校长，高级教师
张雅静（女）	北京市朝阳区三里屯幼儿园培训主任，高级教师
赵爱芹（女）	北京市丰台区职业教育中心学校校长，高级教师
赵方红（女）	北京市延庆区教育科学研究中心副主任，正高级教师
赵璐玫（女）	北京市海淀区实验小学校长，正高级教师
赵文红（女，满族）	北京市房山区良乡小学党支部书记、校长，正高级教师
赵轩	北京教育音像报刊总社行政办公室主任助理
赵研（女）	首都师范大学附属苹果园中学教师，正高级教师
郑淑敏（女）	北京市丰台区嘉园第一幼儿园园长，高级教师
钟亚利（女，回族）	北京市朝阳区垂杨柳中心小学校长，高级教师
周炜	中共北京市朝阳区委教育工作委员会书记，工程师
周有祥	北京市昌平区第一中学教学主任，正高级教师
朱静珍（女）	北京市密云区第三中学教师，正高级教师
祝连庆	北京信息科技大学教育部重点实验室主任，教授

（胡雨）

2020 年北京市模范集体（教育系统）

北京大学人民医院
北京服装学院国庆盛典系列服装设计团队
北京工业大学附属中学十八里店分校体育教研组
北京工业大学艺术设计学院彩车设计团队
北京建筑大学测绘与城市空间信息学院
北京师范大学石景山附属幼儿园教科研室
北京石油学院附属小学
北京市朝阳区实验小学
北京市朝阳外国语学校语文教研组
北京市丰台区丰台第二中学物理教研组
北京市通州区新苗幼儿园
北京市延庆区医院（北京大学第三医院延庆医院）
北京体育大学服务保障国庆 70 周年庆典团队
北京中医药大学东直门医院援鄂医疗队
清华大学核能与新能源技术研究院
首都经济贸易大学国家税收法律研究基地
首都医科大学附属北京地坛医院
首都医科大学附属北京友谊医院急诊科
首都医科大学附属北京佑安医院
中央财经大学金融学院

（胡雨）

2019 年北京市中小学特级校长名单

姓名	工作单位	所属区
白淑兰	北京市崇文小学	东城区
陈爱玉	北京市第一七一中学	东城区
王欢	史家胡同小学	东城区
王蕾	北京市第一六六中学	东城区
张忠萍	北京第一师范学校附属小学	东城区
周晔	北京市东城区特殊教育学校	东城区
陈国才	北京师范大学附属实验中学	西城区
李明新	北京小学	西城区
李庆元	北京市西城区师范学校附属小学	西城区
柳茹	北京市北海幼儿园	西城区
马景林	北京市第四中学	西城区
麦峰	北京市西城区黄城根小学	西城区
苏冰	北京市第十五中学	西城区
王俊成	北京市第八中学	西城区
吴伟东	北京市第一六一中学	西城区
陈立华	北京市朝阳区实验小学	朝阳区
陈秀珍	北京市和平街第一中学	朝阳区
胡爱国	北京市朝阳区实验小学	朝阳区
李凤莲	北京市朝阳区清友实验幼儿园	朝阳区
刘国雄	对外经济贸易大学附属中学（北京市第九十四中学）	朝阳区
刘强	北京市第八十中学	朝阳区
马骏	北京市朝阳区呼家楼中心小学	朝阳区
齐振军	北京市朝阳师范学校附属小学	朝阳区
田树林	北京市第八十中学	朝阳区
夏青峰	北京中学	朝阳区
夏志清	北京市日坛中学	朝阳区
杨丽欣	北京市朝阳区惠新里幼儿园	朝阳区
于渊莘	北京市朝阳区劲松第一幼儿园	朝阳区
钟亚利	北京市朝阳区垂杨柳中心小学	朝阳区
祖雪媛	北京市朝阳区白家庄小学	朝阳区
管杰	北京市第十八中学	丰台区
焦素琴	北京市丰台区丰台第二中学	丰台区
李磊	北京市丰台区丰台第五小学	丰台区
李有毅	北京市第十二中学	丰台区
刘显洋	北京小学丰台万年花城分校	丰台区
申瑞芝	北京市丰台区芳古园小学	丰台区
吴东慧	北京市丰台区芳庄第三幼儿园	丰台区
游向红	北京市丰台区丰台第二幼儿园	丰台区
赵爱芹	北京市丰台区职业教育中心学校	丰台区
朱继文	北京市丰台区丰台第一幼儿园	丰台区
白宏宽	北京市京源学校	石景山区
叶艳	北京市石景山区古城小学	石景山区
陈姗	北京市海淀区五一小学	海淀区
窦桂梅	清华大学附属小学	海淀区
雷海环	北京明天幼稚集团	海淀区
刘畅	北京市海淀区中关村第一小学	海淀区
刘可钦	北京市海淀区中关村第三小学	海淀区
刘小惠	中国人民大学附属中学	海淀区
陆云泉	北京市第一〇一中学	海淀区
马万成	北京市海淀区民族小学	海淀区
任志瑜	北京理工大学附属中学	海淀区
田琳	中央民族大学附属中学	海淀区
王涛	北京市第一〇一中学	海淀区
尹超	北京大学附属小学	海淀区
于会祥	北京市育英学校	海淀区
赵璐玫	北京市海淀区实验小学	海淀区
郑瑞芳	中国人民大学附属小学	海淀区
李红莲	北京市房山区良乡第四小学	房山区
刘建友	北京师范大学良乡附属中学	房山区
佟明河	北京市房山区良乡第二中学	房山区
赵文红	北京市房山区良乡小学	房山区
沙晓燕	北京市房山区长阳第一小学（北京小学长阳分校）	房山区
陈金香	北京教育科学研究院通州区第一实验小学	通州区
杜福栋	北京市通州区永乐店中学	通州区
李文凤	北京市史家小学通州分校	通州区
徐华	北京市通州区潞河中学	通州区
王阔	北京市顺义区东风小学	顺义区
张宝兰	北京市顺义区建南幼儿园	顺义区
张春德	北京市顺义区杨镇第一中学	顺义区
张华礼	北京市顺义牛栏山第一中学	顺义区
张玲	北京市顺义区幸福幼儿园	顺义区
朱秋庭	北京市顺义区西辛小学	顺义区
段福生	北京市昌平职业学校	昌平区
李乃让	北京市昌平区城北中心小学	昌平区
林立	北京市昌平区第一中学	昌平区
刘淑新	北京市昌平区机关幼儿园	昌平区
王冬青	北京市昌平实验中学	昌平区
高爱军	北京市大兴区第二小学	大兴区
贾海军	北京市大兴区兴华中学	大兴区
荣俊利	北京市大兴区第一中学	大兴区
孙唯	北京教育科学研究院旧宫实验小学	大兴区
张文凤	北京小学翡翠城分校	大兴区
周景芝	北京市大兴区第四幼儿园	大兴区
曹彦彦	北京市大峪中学	门头沟区
魏芳	北京市大峪中学分校	门头沟区
刘立清	北京市怀柔区第二中学	怀柔区
张学立	北京市平谷区刘家河中学	平谷区
冯振开	北京市密云区第六中学	密云区
王长华	北京市密云区第二小学	密云区
魏国民	北京市密云区第三小学	密云区
段金星	北京市延庆区第一小学	延庆区
陶汪来	北京市延庆区第一中学	延庆区
沈杰	首都师范大学附属中学	市教委直属学校

（胡雨）

2020年度北京市职业院校特聘专家名单

姓名	学校
奥岩	北京经济管理职业学院
徐珍喜	北京电子科技职业学院
苏然	北京轻工技师学院
李夺	北京市园林学校
魏俊强	北京市商业学校
蒋金波	北京交通运输职业学院
李景明	北京市昌平职业学校
董振祥	北京市劲松职业高中
高顺利	北京劳动保障职业学院
刘俐惠	北京卫生职业学院
管建国	北京农业职业学院
周彦君	北京市工艺美术高级技工学校
潘跃勇	北京市求实职业学校
翟静	北京汇佳职业学院
朱继红	北京信息职业技术学院

（胡雨）

部分单位全称简称对照表

由于篇幅有限，年鉴中出现的国务院和北京市部分机构名称原则上使用规范简称。学校、市教委直属单位和社会团体等单位名称在本单位栏目内或在同一条目中第二次出现时使用简称。以下为部分单位全称简称对照表。

国务院部分机构全称简称对照表

全称	简称
中华人民共和国外交部	外交部
中华人民共和国国防部	国防部
中华人民共和国国家发展和改革委员会	发展改革委
中华人民共和国教育部	教育部
中华人民共和国科学技术部	科技部
中华人民共和国工业和信息化部	工业和信息化部
中华人民共和国国家民族事务委员会	国家民委
中华人民共和国公安部	公安部
中华人民共和国国家安全部	安全部
中华人民共和国民政部	民政部
中华人民共和国司法部	司法部
中华人民共和国财政部	财政部
中华人民共和国人力资源和社会保障部	人力资源社会保障部
中华人民共和国自然资源部	自然资源部
中华人民共和国生态环境部	生态环境部
中华人民共和国住房和城乡建设部	住房城乡建设部
中华人民共和国交通运输部	交通运输部
中华人民共和国水利部	水利部
中华人民共和国农业农村部	农业农村部
中华人民共和国商务部	商务部
中华人民共和国文化和旅游部	文化和旅游部
中华人民共和国国家卫生健康委员会	卫生健康委
中华人民共和国退役军人事务部	退役军人部
中华人民共和国应急管理部	应急部
国务院国有资产监督管理委员会	国资委
中华人民共和国海关总署	海关总署
国家税务总局	税务总局
国家市场监督管理总局	市场监管总局
国家广播电视总局	广电总局
国家体育总局	体育总局
国家统计局	统计局
国家医疗保障局	医保局
国家林业和草原局	林草局
国家知识产权局	知识产权局

（孙晓楠）

北京市部分机构全称简称对照表

全称	简称
中国共产党北京市委员会	市委
北京市人民政府	市政府
中共北京市委教育工作委员会	市委教育工委
北京市教育委员会	市教委
北京市人民政府教育督导室	市政府教育督导室
中共北京市委教育工作委员会、北京市教育委员会	两委
北京市发展和改革委员会	市发展改革委
北京市科学技术委员会	市科委
北京市经济和信息化局	市经济和信息化局
北京市民族宗教事务委员会	市民族宗教委
北京市公安局	市公安局
北京市民政局	市民政局
北京市司法局	市司法局
北京市财政局	市财政局
北京市人力资源和社会保障局	市人力资源社会保障局
北京市规划和自然资源委员会	市规划自然资源委
北京市生态环境局	市生态环境局
北京市住房和城乡建设委员会	市住房城乡建设委
北京市城市管理委员会	市城市管理委
北京市交通委员会	市交通委
北京市农业农村局	市农业农村局
北京市水务局	市水务局
北京市商务局	市商务局

北京市文化和旅游局	市文化和旅游局
北京市卫生健康委员会	市卫生健康委
北京市审计局	市审计局
北京市人民政府外事办公室	市政府外办
北京市人民政府国有资产监督管理委员会	市国资委
北京市市场监督管理局	市市场监管局
北京市应急管理局	市应急局
北京市广播电视局	市广电局
北京市文物局	市文物局
北京市体育局	市体育局
北京市统计局	市统计局
北京市园林绿化局	市园林绿化局
北京市地方金融监督管理局	市金融监管局
北京市知识产权局	市知识产权局
北京市人民防空办公室	市人防办

（孙晓楠）

部分学校全称简称对照表

普通高等学校

北京大学	北大
中国人民大学	人民大学
清华大学	清华
北京交通大学	北京交大
北京工业大学	北工大
北京航空航天大学	北航
北京理工大学	北理工
北京科技大学	北科大
北方工业大学	北方工大
北京化工大学	化大
北京工商大学	工商大学
北京服装学院	北服
北京邮电大学	北邮
北京印刷学院	北印
北京建筑大学	建筑大学
北京石油化工学院	石化学院
北京电子科技学院	电科院
中国农业大学	农大
北京农学院	农学院
北京林业大学	北林大
北京协和医学院	协和医学院
首都医科大学	首医大
北京中医药大学	中医药大学
北京师范大学	北师大
首都师范大学	首师大
首都体育学院	首体院
北京外国语大学	北外
北京第二外国语学院	二外
北京语言大学	北语
中国传媒大学	传媒大学
中央财经大学	中央财大
对外经济贸易大学	对外经贸大
北京物资学院	物资学院
首都经济贸易大学	首经贸
外交学院	外交学院
中国人民公安大学	公安大学
国际关系学院	国关学院
北京体育大学	北体大
中央音乐学院	中央音乐学院
中国音乐学院	中国音乐学院
中央美术学院	中央美院
中央戏剧学院	戏剧学院
中国戏曲学院	戏曲学院
北京电影学院	电影学院
北京舞蹈学院	舞蹈学院
中央民族大学	民大
中国政法大学	法大
华北电力大学	电力大学
中华女子学院	女子学院
北京信息科技大学	信息科大
中国矿业大学（北京）	矿大
中国石油大学（北京）	石油大学
中国地质大学（北京）	地大
北京联合大学	联合大学
中国青年政治学院	中青院
中国劳动关系学院	劳关学院
北京警察学院	警察学院
中国科学院大学	国科大
中国社会科学院大学	社科大
中国农业科学院研究生院	农科院研究生院
北京工业职业技术学院	北工职院
北京信息职业技术学院	信息职院
北京电子科技职业学院	电科职院
北京京北职业技术学院	京北职院
北京交通职业技术学院	交通职院
北京青年政治学院	北青政
首钢工学院	首钢工学院
北京农业职业学院	农职院
北京政法职业学院	政法职院
北京财贸职业学院	北财院
北京戏曲艺术职业学院	北戏
北京经济管理职业学院	经管职院
北京劳动保障职业学院	京劳职院
北京社会管理职业学院	社职院
北京体育职业学院	北京体职院
北京交通运输职业学院	交通运输职院
北京卫生职业学院	卫职院

全称	简称
民办高等学校及高等教育机构	
北京城市学院	城市学院
北京北大方正软件技术学院	北大方正软件学院
北京经贸职业学院	经贸职院
北京经济技术职业学院	经济职院
北京汇佳职业学院	汇佳职院
北京吉利学院	吉利学院
首都师范大学科德学院	科德学院
北京工商大学嘉华学院	嘉华学院
北京科技职业学院	北科院
北京培黎职业学院	培黎职院
北京邮电大学世纪学院	世纪学院
北京工业大学耿丹学院	耿丹学院
北京第二外国语学院中瑞酒店管理学院	中瑞学院
北京网络职业学院	北网职院
北京现代音乐研修学院	北音
北京工商管理专修学院	北工商
成人高等学校	
国家开放大学	国开大
北京教育学院	教育学院
北京开放大学	北开大
北京宣武红旗业余大学	红旗大学
北京市总工会职工大学	市总职大
北京市西城经济科学大学	西城经科大
国家重点中等职业学校	
北京市昌平职业学校	昌平职校
北京市延庆区第一职业学校	延庆一职
北京市密云区职业学校	密云职校
北京市怀柔区职业学校	怀柔职校
北京金隅科技学校	金隅学校
北京市园林学校	园林学校
中央音乐学院附属中等音乐学校	中央音乐学院附中
北京市什刹海体育运动学校	什刹海体校
北京市外事学校	外事学校
北京市西城职业学校	西城职校
北京市财会学校	财会学校
北京市实验职业学校	实验职校
北京市黄庄职业高中	黄庄职高
北京市丰台区职业教育中心学校	丰台职教中心校
北京市电气工程学校	电气工程学校
北京市求实职业学校	求实学校
北京市平谷区职业学校	平谷职校
北京国际职业教育学校	北京国职
北京市大兴区第一职业学校	大兴一职
北京现代职业学校	现代职校
北京铁路电气化学校	京铁电校
北京市商业学校	商业学校
北京商贸学校	商贸学校
北京市供销学校	供销学校
北京水利水电学校	水电学校
北京市自动化工程学校	自动化学校
北京市劲松职业高中	劲松职高
中国音乐学院附属中等音乐专科学校	中国音乐学院附中

（张晓兰　胡雨）

市教委直属单位全称简称对照表

全称	简称
北京教育科学研究院	北京教科院
北京教育考试院	北京考试院
北京教育音像报刊总社	音像报刊总社
北京市教工休养院	教工休养院
北京市校办产业管理中心	校产管理中心
北京教育网络和信息中心	信息中心
北京教育综合服务中心	综合服务中心
北京市教育系统人才交流服务中心	人才交流中心
北京市国际教育交流中心	国际教育交流中心
北京学生活动管理中心	学生活动管理中心
北京市教育技术设备中心	设备中心
北京教育老干部活动中心	老干部活动中心
北京高校房地产开发总公司	高校房地产总公司
北京教育志编纂委员会办公室	教志办
北京市学生资助事务管理中心	学生资助中心
北京教育新闻中心	新闻中心
北京学校后勤事务中心	学校后勤事务中心

（曾婷）

社会团体全称简称对照表

全称	简称
北京市教育学会	市教育学会
北京市高等教育学会	市高教学会
北京市职业技术教育学会	市职教学会
北京民办教育协会	民教协会
北京市学前儿童保教工作者协会	保教协会
北京老教育工作者总会	老教总会
北京校外教育协会	校外教育协会
北京高校国防教育协会	国防教育协会
北京教育装备行业协会	教育装备行业协会
北京市红十字会	市红十字会
北京市民族教育学会	市民族教育学会

（胡雨）

（本栏责任编校　华蕾）

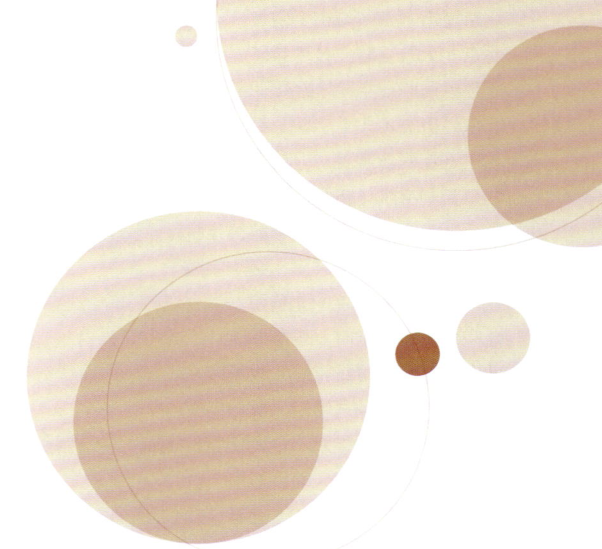

INDEX
索 引

说　明：

一、本索引由条目主题词、随文图片、随文表格、单位名称和人名五部分组成。

二、本索引词条均以汉语拼音顺序排列，第一个字相同的，按第二个字顺序排列，余类推。其中，随文表格按照页码顺序排列。

三、本索引数码标记依次为：页码、栏序、本栏目自上而下条目所处位置，三部分均用“/”隔开。如：安全教育活动 402/左 /1，则表示 402 页左栏第 1 个条目内容涉及“安全教育活动”。

四、本索引检索范围包括全书各级各类教育的主体部分。特载、调研报告等文章体的内容，以及名单不在检索范围。

五、条目主题词索引选取出现频次较高、社会关注度较高，以及体现新事物、新情况、新发展的词语，检索内容涉及该主题词表述主旨。部分主题词包含二级主题词。例如：“冰雪活动”主题词下设“冰雪运动特色校及奥林匹克教育示范校评估认定”“小学生滑冰队成立”“延庆四幼滑雪体验活动”等二级主题词。

六、图片和表格索引只标注表格所在页码，不标注栏别。

七、单位名称索引检索到单位名称标题栏，以及除本栏以外的具有检索意义的内容。

八、人名索引不含外国人（华侨华人除外）。

条目主题词索引

E

F

G

M

N

P

Q

R

S

T

W

X

随文图片索引

A

B

Q

R

S

T

W

X

Y

Z

随文表格索引

单位名索引

C

D

F

G

H

M

人名索引